今日北大

邓小平

1987年10月，邓小平同志为《北京大学年鉴》的前身《今日北大》题写书名。

北京大学年鉴

PEKING UNIVERSITY YEARBOOK

2018

《北京大学年鉴》编委会 编

2020年·北京

图书在版编目(CIP)数据

北京大学年鉴.2018/《北京大学年鉴》编委会编.—北京:商务印书馆,2020
ISBN 978-7-100-18126-6

Ⅰ.①北… Ⅱ.①北… Ⅲ.①北京大学—2018—年鉴 Ⅳ.①G649.281-54

中国版本图书馆 CIP 数据核字(2020)第 032869 号

权利保留,侵权必究。

北京大学年鉴(2018)
《北京大学年鉴》编委会 编

商 务 印 书 馆 出 版
(北京王府井大街36号 邮政编码100710)
商 务 印 书 馆 发 行
北京虎彩文化传播有限公司印刷
ISBN 978-7-100-18126-6

2020年5月第1版 开本 889×1194 1/16
2020年5月北京第1次印刷 印张 47 插页 10
定价:500.00元

1月9日,北大校友屠呦呦获国家最高科学技术奖。(宣传部 供)

12月28日,全国第四轮学科评估结果公布:北大21个学科获A+,居全国高校之首。(宣传部 供)

11月29日,北京大学丁石孙、厉以宁、温儒敏、张思明等4位教授入选"当代教育名家"。(宣传部 供)

10月1日,北大登山队成功登顶世界第六高峰——卓奥友峰。(宣传部 供)

3月1日,中央第十三巡视组专项巡视北京大学党委工作动员会召开。(宣传部 供)

8月29日,"纪念中日邦交正常化45周年——中日大学生千人交流大会"在北京大学举行,国务院副总理刘延东出席大会并发表主旨讲话。(宣传部 供)

5月4日,北京大学120周年校庆年启动仪式举行。(宣传部 供)

11月18日,中国共产党北京大学第十三次党员代表大会开幕。(宣传部 供)

11月19日,中国共产党北京大学第十三届委员会和中国共产党北京大学第十三届纪律检查委员会委员合影。(宣传部 供)

11月3日,中国共产党北京大学医学部第十三次党员代表大会召开。(医学部 供)

11月1日,西南联合大学建校80周年纪念大会在北京大学举行。(宣传部 供)

8月13至14日,第二十四届世界哲学大会启动仪式暨"学以成人"国际学术研讨会在北京大学举行。(宣传部 供)

5月31日,北京大学召开"成功研制新一代微型化双光子荧光显微镜"专题新闻发布会。(宣传部 供)

8月22日,以"通识教育与'双一流'建设"为主题的第三届(2017年)大学通识教育联盟年会在北京大学召开。(宣传部 供)

10月29日,中共第十九届中央委员会候补委员、北京大学党委书记郝平给青年学子上党课,一起学习领会十九大精神。(宣传部 供)

9月9日,北京大学政府和社会资本合作研究中心成立。(宣传部 供)

9月20日,人文社会科学研究院成立一周年,举行"文研周年"系列庆祝活动。(文研院 供)

3月11日,北京大学与湖南省人民政府签署战略合作协议。(宣传部 供)

7月26日,北大医院第三批"组团式"援藏医疗工作队欢送会。(宣传部 供)

5月4日,木兰汇公益基金会捐赠仪式暨何巧女董事长北京大学名誉校董授予仪式在朗润园举行。(基金会 供)

11月8日,香港嘉华集团主席吕志和在北大捐资设立"吕志和生命科学学院基金"。(基金会、生命科学学院 供)

12月18日至22日,教育基金会理事长郝平率团访问香港,看望在港校友,并拜访多位长期支持北大的名誉校董和友好人士。(基金会 供)

2月21日，法国总理贝尔纳·卡泽纳夫访问北京大学并发表演讲。（宣传部供）

3月17日，沙特国王萨勒曼访问北京大学，出席阿卜杜勒·阿齐兹国王公共图书馆北京大学分馆落成典礼，同时接受北京大学名誉博士学位。（宣传部供）

3月24日，北京大学名誉校董、比尔及梅琳达·盖茨基金会联席主席比尔·盖茨访问北京大学并发表演讲。（宣传部供）

4月8日，泰国诗琳通公主访问北京大学，并为北大全球大学生创新创业中心题词。（宣传部 供）

4月10日，挪威首相埃尔娜·索尔贝格访问北京大学并发表演讲。（宣传部 供）

4月18日至23日，意大利著名学者、政治家、欧盟委员会原主席罗马诺·普罗迪访问北京大学并发表系列演讲。（光华管理学院 供）

12月15日，韩国总统文在寅访问北京大学并发表演讲。（宣传部 供）

6月14日，在第十九届CUBA全国大学生篮球联赛男篮总决赛中，北京大学再次夺得总冠军。（宣传部 供）

5月4日，"守正创新，引领未来：讲述——北京大学建校119周年'双一流'建设推进会"举行。（宣传部 供）

1月27日,农历大年三十,北京大学举行2017年留校人员春节联欢会。校长林建华与师生欢聚勺园食堂,一起包饺子共度佳节。(宣传部 供)

4月22日,北京大学举行第二十四届体育文化节暨2017年春季田径运动会。图为选手冲刺。(宣传部 供)

7月4日和5日,北京大学举行2017年本科生和研究生毕业典礼暨学位授予仪式。(宣传部 供)

9月2日,在2017年迎新现场,校长林建华体验数字迎新系统。(宣传部 供)

9月2日,留学生迎新现场。(宣传部 供)

9月18日,肿瘤医院举行"医患携手,筑梦北肿"心语墙启动仪式。(肿瘤医院 供)

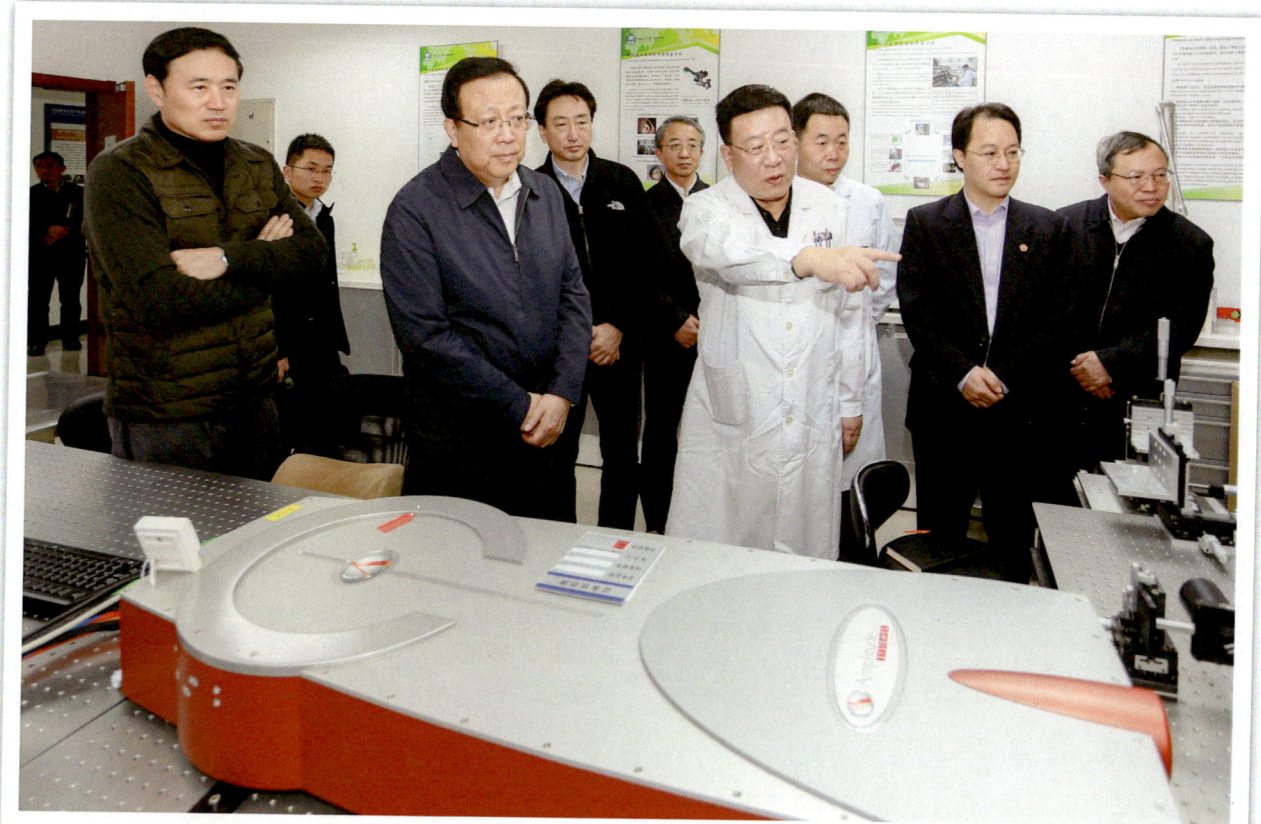

11月7日,北京大学党委书记郝平赴口腔医院调研。(口腔医院 供)

12月12日,北京大学原创音乐剧《大钊先生》在百周年纪念讲堂首次试演。(宣传部 供)

阿卜杜勒·阿齐兹国王公共图书馆暨北京大学古籍图书馆，建筑面积12,648平方米。2015年3月开工，2017年11月竣工。（基建工程部供）

附属小学泡泡体育馆，建筑面积11,647平方米。2014年7月开工，2017年8月竣工并投入使用。（基建工程部供）

《北京大学年鉴（2018）》编辑委员会

主　　任：郝　平　　林建华
副 主 任：于鸿君　安钰峰　叶静漪　刘玉村　高　松　王仰麟
　　　　　田　刚　詹启敏　王　博　龚旗煌　陈宝剑　柴　真
　　　　　蒋朗朗
委　　员：肖　渊　龚文东　陈斌斌　雷　虹　余　浚　胡新龙
　　　　　胡少诚　李　航　魏　姝　李海峰

《北京大学年鉴（2018）》编辑部

主　　编：安钰峰
副 主 编：龚文东　陈斌斌　刘　鹏　李海峰
执行主编：孙启明　徐聪颖
编　　辑（按姓氏笔画为序）：
　　　　　马　麟　王天天　王　浩　方晓晖　龙　昊　卢　赫
　　　　　田祎娴　冯　路　任嘉庆　刘凡子　刘　钊　刘津汀
　　　　　刘语潇　汤继强　李　彤　杨凌春　杨　凌　杨　超
　　　　　利冠廷　余侨林　张子瑞　张昕扬　张雪原　邵琳琳
　　　　　罗天灵　单凯雯　贺俊峰　黄　曦　傅翰文　谢蒙恩

编辑说明

《北京大学年鉴》是全面、客观、系统记述北京大学发展基本情况的大型专业性工具书，汇辑了北京大学一年内各方面、各层次的重要信息、资料和数据。

《北京大学年鉴（2018）》是北京大学建校以来的第二十本年鉴，反映了北京大学2017年度在教学改革、学科建设、科学研究、社会服务、对外交流等方面的发展进程和最新成就。

本年鉴以文章和条目为基本体裁，以条目为主，文字力求客观准确、简明扼要。全书共分特载，专文，北大概况，机构与干部，学部、院系及实体研究机构，教育教学，科研管理，党政管理与群团工作，后勤管理与保障，社会服务与联络，医院，其他单位，人物，党发、校发文件目录，表彰与奖励，毕业生名单，附录等基本栏目。

本年鉴主要收录了各单位2017年1月1日至12月31日期间发生的重大事件，部分内容依据实际情况，在时限上略有延伸。统计图表附在相关内容之后。本年鉴所刊内容由各单位确定专人负责提供，并经本单位领导审定。读者可以通过书前目录、书口梯标检索相关资料。

《北京大学年鉴（2018）》由北京大学党委办公室、校长办公室组织编写，在编写过程中，得到了各有关单位和部门的大力支持，在此表示衷心感谢。由于年鉴内容繁杂、众手成书，难免存在错漏之处，欢迎读者批评指正。

《北京大学年鉴》编辑部
2019年5月

目 录

特 载

习近平给南南合作与发展学院首届硕士
毕业生回信 …………………………………… 002
中央第十三巡视组专项巡视北京大学党委 …… 003
　　中央第十三巡视组专项巡视北京大学党委
　　工作动员会召开 …………………………… 003
　　中央第十三巡视组向北京大学党委反馈
　　专项巡视情况 ……………………………… 004

中共北京大学委员会关于巡视整改情况的通报 …… 005
中国共产党北京大学第十三次党代会 ………… 020
　　中国共产党北京大学第十三次党员代表
　　大会召开 …………………………………… 020
　　以党的十九大精神为指引开启中国特色世界一流大
　　学发展新征程——在中国共产党北京大学第十三次
　　党员代表大会上的报告 …………………… 024

专 文

以"中国梦"激扬"青春梦"
　　——传承五四精神　落实立德树人 ……… 040
守正创新，引领未来
　　——在北京大学建校 119 周年"双一流"建设
　　　推进会上的讲话 ………………………… 042

吃亏就是占便宜
　　——在北京大学 2017 年毕业典礼上的致辞 …… 044
深入学习贯彻习近平新时代中国特色社会主义思想
加快"双一流"建设　实现高校内涵式发展 …… 046

北大概况

2017 年发展概况 ……………………………… 052
2017 年大事记 ………………………………… 056

2017 年基本数据 ……………………………… 062

机构与干部

学校领导机构 …………………………………… 068
校务委员会 ……………………………………… 069

学术委员会 ……………………………………… 069
学科建设委员会 ………………………………… 070

专业技术职务评审委员会	070	各院、系、所、中心负责人	072
学位评定委员会	070	机关各部门、工会、团委负责人	075
教职工代表大会执行委员会	071	直属、附属单位负责人	077
学部负责人	071	各民主党派和归国华侨联合会负责人	078

学部、院系及实体研究机构

理学部 ······ 082
 数学科学学院 ······ 083
 物理学院 ······ 086
 化学与分子工程学院 ······ 088
 生命科学学院 ······ 090
 城市与环境学院 ······ 094
 地球与空间科学学院 ······ 097
 心理与认知科学学院 ······ 101
 建筑与景观设计学院 ······ 103
 统计科学中心 ······ 104

信息与工程科学部 ······ 106
 信息科学技术学院 ······ 107
 工学院 ······ 109
 计算机科学技术研究所 ······ 113
 软件与微电子学院 ······ 114
 环境科学与工程学院 ······ 116
 高能效计算与应用中心 ······ 117

人文学部 ······ 118
 中国语言文学系 ······ 119
 历史学系 ······ 121
 考古文博学院 ······ 122
 哲学系（宗教学系） ······ 124
 外国语学院 ······ 126
 对外汉语教育学院 ······ 129
 艺术学院 ······ 132
 歌剧研究院 ······ 134
 《儒藏》编纂与研究中心 ······ 135

社会科学学部 ······ 135
 国际关系学院 ······ 136
 法学院 ······ 138
 信息管理系 ······ 141

 社会学系 ······ 143
 政府管理学院 ······ 145
 马克思主义学院 ······ 148
 教育学院 ······ 151
 新闻与传播学院 ······ 154
 体育教研部 ······ 155
 新媒体研究院 ······ 156
 中国社会科学调查中心 ······ 158
 国际战略研究院 ······ 160

经济与管理学部 ······ 161
 经济学院 ······ 161
 光华管理学院 ······ 164
 人口研究所 ······ 167
 国家发展研究院 ······ 168

医学部 ······ 170
 基础医学院 ······ 170
 药学院 ······ 172
 公共卫生学院 ······ 174
 护理学院 ······ 175
 医学人文研究院/公共教学部 ······ 178
 医药卫生分析中心 ······ 180
 中国药物依赖性研究所 ······ 181
 医学教育研究所 ······ 182
 中国卫生发展研究中心 ······ 183
 医学信息学中心 ······ 184
 健康医疗大数据研究中心 ······ 185

跨学科类及其他 ······ 186
 元培学院 ······ 186
 燕京学堂 ······ 187
 前沿交叉学科研究院 ······ 189
 分子医学研究所 ······ 193

科维理天文与天体物理研究所 ……… 194
北京国际数学研究中心 ……… 195
海洋研究院 ……… 196
现代农学院 ……… 197

人文社会科学研究院 ……… 198
中国画法研究院 ……… 198
深圳研究生院 ……… 199

教育教学

本科生教育 ……… 206
 医学本科教育 ……… 208
研究生教育 ……… 292
 医学研究生教育 ……… 296
继续教育 ……… 304

继续教育学院 ……… 305
 医学继续教育 ……… 306
留学生与港澳台学生教育 ……… 307
 医学部留学生与港澳台学生教育 ……… 308
教师教学发展 ……… 308

科研管理

理工医科科研管理 ……… 312
 《北京大学学报（自然科学版）》 ……… 314
 《北京大学学报（医学版）》 ……… 314

人文社科科研管理 ……… 344
 《北京大学学报（哲学社会科学版）》 ……… 346

党政管理与群团工作

纪检监察工作 ……… 362
组织工作 ……… 363
宣传工作 ……… 364
统战工作 ……… 366
学生工作 ……… 369
 学生就业指导服务中心 ……… 370
 青年研究中心 ……… 372
 学生资助中心 ……… 372
 学生心理健康教育与咨询中心 ……… 374
 医学部学生工作 ……… 375
保卫工作 ……… 376
保密工作 ……… 377
政策法规研究 ……… 379
学科建设 ……… 380
对外交流 ……… 381
人事管理 ……… 383

离退休工作 ……… 394
财务工作 ……… 395
实验室与设备管理 ……… 398
审计工作 ……… 419
网络安全与信息化管理 ……… 422
 信息化建设与管理 ……… 422
 计算中心 ……… 422
 医学部信息通讯中心 ……… 425
工会与教代会工作 ……… 427
共青团工作 ……… 428
机关党建 ……… 433
后勤党建 ……… 434
直属单位党建 ……… 435
产业系统党建 ……… 436
 医学部产业党建 ……… 437

后勤管理与保障

总务工作	440	校园服务中心	450
会议中心	442	房地产管理	452
餐饮中心	444	基建工作	456
动力中心	445	肖家河项目建设	458
公寓服务中心	446	昌平校区管理	460

社会服务与联络

国内合作	464	北大方正集团	478
首都发展研究院	465	北大资源集团	480
深港产学研基地	466	北京北大维信生物科技有限公司	481
科技开发	467	医学部产业管理	482
校办产业管理	476	筹资与基金管理	483
北大科技园	477	校友工作	484

医 院

医院管理	488	第六医院	502
第一医院	489	深圳医院	504
人民医院	492	首钢医院	505
第三医院	494	国际医院	506
口腔医院	496	滨海医院	509
肿瘤医院	499	校医院	512

其他单位

图书馆	516	医学部实验动物科学部	524
医学图书馆	518	燕园街道办事处	525
出版社	519	燕园社区服务中心	526
校史馆	521	附属中学	526
档案馆	522	附属小学	528
医学部档案馆	523		

人　物

在校院士名录 …………………………… 532	教授名录 …………………………… 545
2017年增选院士简介 …………………… 533	2017年在教育战线工作满三十年教职工名单 ……… 569
哲学社会科学资深教授名录 …………… 534	2017年逝世人员名单 ………………… 574
长江学者名录 …………………………… 535	2017年授予的名誉博士名单 ………… 580
国家杰出青年基金获得者名录 ………… 541	2017年授予的名誉教授名单 ………… 581
百千万人才名录 ………………………… 544	2017年聘请的客座教授名单 ………… 581

党发、校发文件目录

2017年部分党发文件目录 …………… 584	2017年部分校发文件目录 …………… 586

表彰与奖励

党建与思想政治工作奖励 …………… 590	学生奖励 ……………………………… 623
集体和教师奖励 ………………………… 595	学生奖学金 …………………………… 663
教师奖教金 ……………………………… 618	共青团系统奖励 ……………………… 685

毕业生名单

本科毕业生名单 ………………………… 692	研究生毕业生名单 …………………… 709

附　录

2017年部分媒体报道索引 …………… 732	校历 …………………………………… 745

特　载

习近平给南南合作与发展学院首届硕士毕业生回信

新华社北京 10 月 18 日电 国家主席习近平 11 日给南南合作与发展学院首届硕士毕业生回信。全文如下：

南南合作与发展学院首届硕士毕业生：

你们好！来信收悉。得知你们圆满完成学业、成为南南合作与发展学院的首届毕业生，而且学有所思、学有所获，我感到十分高兴。

你们在信中表示，促进公平、包容、可持续发展是大家的共同心愿。这正是中国倡导建立南南学院的初衷。南南合作是发展中国家联合自强、应对挑战的伟大事业。中国将发挥好南南学院的平台作用，推动开展南南合作，促进广大发展中国家共同走上发展繁荣之路。

作为首届毕业生，你们满载荣耀，使命光荣。希望你们坚持学习、学以致用，行远升高、积厚成器，努力探索符合本国国情的可持续发展道路，成为各自国家改革发展的领导者。希望你们珍惜同各位老师、同学、朋友在中国结下的情谊，书写你们国家同中国友好合作新篇章，成为全球南南合作的践行者。

请代我向你们的家人问好，欢迎有机会再回中国来！

中华人民共和国主席习近平
2017 年 10 月 11 日

2015 年 9 月，习近平在出席联合国成立 70 周年系列峰会时宣布，中国将设立南南合作与发展学院。2016 年 4 月，南南学院在北京大学正式成立。学院旨在为广大发展中国家培养高端人才，搭建发展中国家沟通交流平台，推动南南合作为世界共同发展贡献更大力量。

南南学院首期项目 2016 年 9 月开学，共录取来自 27 个亚非拉欧发展中国家的 48 名政府官员、议员、金融从业者和学者作为硕士、博士学员。2017 年 7 月 6 日，南南学院首届 26 名硕士毕业生在毕业典礼现场朗读致习近平感谢信，感谢中国政府给予他们提升知识水平、学习中国改革开放成功经验机会，表示他们在南南学院学习到了清晰理念和丰富管理知识。相信南南学院将助力学员们成为各自国家改革发展的成功领导者。

中央第十三巡视组专项巡视北京大学党委

中央第十三巡视组专项巡视北京大学党委工作动员会召开

根据中央关于巡视工作的统一部署，2017年3月1日下午，中央第十三巡视组专项巡视北京大学党委工作动员会召开。会前，中央书记处书记、中央巡视工作领导小组副组长赵洪祝主持召开与北京大学党委书记郝平、校长林建华的见面沟通会，中央巡视工作领导小组成员、办公室主任黎晓宏传达了习近平总书记关于巡视工作的重要讲话精神。会上，中央第十三巡视组组长朱保成就即将开展的专项巡视工作作了讲话，赵洪祝就配合做好巡视工作提出要求。郝平主持会议并作表态发言。

中央第十三巡视组副组长王海沙、王新哲、李赤一及巡视组全体成员，中央纪委驻教育部纪检组负责同志，北京大学领导班子成员出席会议，全校各单位处级以上干部、校学术委员会委员、院士等教师代表，学生代表，离退休代表和其他各方面代表及有关人员，共650余人列席会议。

赵洪祝指出，党的十八大以来，在以习近平同志为核心的党中央坚强有力领导下，巡视工作在坚持中深化、在深化中坚持，不断与时俱进，站位越来越高，定位越来越准确，成效越来越显著。政治巡视是政治体检，要在政治高度上突出党的领导，在政治要求上抓住党的建设，在政治定位上聚焦全面从严治党，深入查找政治偏差，发挥政治"显微镜"、政治"探照灯"作用。北京大学党委要以巡视为契机，站在巩固党的执政基础的政治高度，坚守政治信仰、站稳政治立场、把准政治方向，始终同党中央保持高度一致，做到旗帜鲜明讲政治，意志坚定讲忠诚，使命光荣讲担当，切实担负起全面从严治党的主体责任，支持纪检机构履行好党内监督专责机关职责，把严的要求贯穿管党治党全过程，营造风清气正的政治生态。北京大学党委和各级党员领导干部要切实增强自觉接受监督的政治意识，充分信任、坚决支持配合中央巡视组工作，加强对巡视组的监督，共同完成好这次巡视任务。对妨碍、干扰巡视工作的行为，将依纪依规严肃处理、追究责任。

朱保成指出，党的十八大以来，以习近平同志为核心的党中央把全面从严治党纳入"四个全面"战略布局，不断增强全面从严治党的系统性、创造性、实效性，开启了管党治党的新征程。巡视是全面从严治党的战略部署，是加强党内监督的战略性制度安排，是促进标本兼治的战略举措，是国之利器、党之利器。要深入学习贯彻习近平总书记关于巡视工作的重要论述和系列重要讲话精神，提高政治站位和政治觉悟，坚定不移深化政治巡视，准确把握政治巡视内涵，突出巡视监督的政治作用，推动全面从严治党向纵深发展。正确把握政治和业务的关系，坚持从政治上发现问题，以"四个意识"为政治标杆，把贯彻"五位一体"总体布局和"四个全面"战略布局作为基本政治要求，把维护党中央集中统一领导作为根本政治任务，贯彻新发展理念，坚定"四个自信"，坚持问题导向，查找政治偏差，坚决维护以习近平同志为核心的党中央权威，为实现"两个一百年"奋斗目标和中华民族伟大复兴的中国梦提供有力保障。北京大学党委和各级党员领导干部要牢固树立"四个意识"，以党的旗帜为旗帜、以党的意志为意志，以党的使命为使命，坚决维护党中央集中统一领导，结合实际贯彻落实中央各项决策部署，推进各项事业发展取得新成效。

朱保成强调，中央巡视组将坚决贯彻落实党的十八大和十八届三中、四中、五中、六中全会精神，以习近平总书记系列重要讲话精神为指引，深入了解党的组织和党的领导干部在尊崇党章、坚持党的领导、加强党的建设和落实党的路线方针政策方面情况，履行全面从严治党责任、执行党的纪律、落实中央八项规定精神、党风廉政建设和反腐败工作以及选人用人情况，发现并推动解决存在的突出问题，督促领导干部切实承担起管党治党政治责任，严肃党内政治生活，净化党内政治生态，强化党内监督，严明党的纪律，推动全面从严治党从宽松软走向严紧硬。紧扣高校特点，紧盯高校党委和党员领导干部，突出"关键少数"，坚持以下看上，重点检查高校贯彻党的教育方针，坚持正确办学方向，落实意识形态责任制、执行党委领导下的校长负责制、加强和改进基层党组织建设等情况，促进营造风清气正的高校环境，构建立德树人的良好政治生态。

郝平表示，中央第十三巡视组到北大开展专项巡视，是对学校党委履行管党治党、办学治校主体责任的一次"政治体检"和"综合会诊"，充分体现了以习近平同志为核心的党中央对北大工作的亲切关怀和高度重视。北大党委要认真学习贯彻习近平总书记关于巡视工作的重要论述和党中央治国理政新理念新思想新战略，真诚拥护巡视、全力支持巡视、积极配合巡视。通过巡视，学校党委将更清楚地认识到自身工作与中央要求之间的差距，更清楚地看到在坚持党的领导、加强党的建设、全面从严治党方面存在的突出问题，必将推动学校攻坚克难、补齐短板。

郝平强调，北大作为高等教育战线上的"排头兵"，必须带头讲政治，必须以更高的标准、更严的要求，推动全面从严治党向纵深发展。当前，北大正处在创建中国特色世界一流大学的关键时期，要把这次专项巡视与深入学习贯彻党的十八届六中全会精神、全国高校思想政治工作会议精神结合起来，不断增强政治意识、大局意识、核心意识、看齐意识。要以这次巡视为重大契机和重要动力，抓好巡视整改，全面加强学校党建和思想政治工作，切实转变作风，落实好党的知识分子政策，多做让师生员工放心、顺心、舒心、暖心的实事，营造好气候，创造好生态，聚天下英才而用之，进一步加快"双一流"建设，以优异的成绩迎接党的十九大胜利召开。

据悉，中央巡视组将在北京大学工作2个月左右。巡视期间（3月1日—4月30日）分别设专门值班电话：010-62730300；专门邮政信箱：北京市邮政10102号信箱（邮编100091）。巡视组每天受理电话的时间为：8:00—20:00。根据巡视工作条例规定，中央巡视组主要受理反映北京大学党委领导班子及其成员、下一级党组织领导班子主要负责人和重要岗位领导干部问题的来信来电来访，重点是关于违反政治纪律、组织纪律、廉洁纪律、群众纪律、工作纪律和生活纪律等方面的举报和反映。其他不属于巡视受理范围的信访问题，将按规定由北京大学和有关部门认真处理。

中央第十三巡视组向北京大学党委反馈专项巡视情况

根据中央巡视工作领导小组的部署，2017年6月9日，中央第十三巡视组向北京大学党委反馈专项巡视情况。中央书记处书记、中央巡视工作领导小组副组长赵洪祝主持召开向北京大学党委书记郝平的反馈会议，出席向北京大学党委领导班子反馈专项巡视情况会议，对北京大学党委主要负责人和党委领导班子抓好巡视整改工作提出要求。中央巡视工作领导小组成员、办公室主任黎晓宏向郝平传达了习近平总书记关于巡视工作的重要讲话精神，中央第十三巡视组组长朱保成代表中央巡视组分别向郝平和北京大学党委领导班子反馈了专项巡视情况，副组长王海沙、王新哲、李赤一参加反馈会议。郝平主持向领导班子反馈会议并就做好巡视整改工作作表态讲话。

根据中央统一部署，2017年3月1日至4月30日，中央第十三巡视组对北京大学党委进行了专项巡视。巡视组认真贯彻中央巡视工作方针，坚定不移深化政治巡视，以"四个意识"为政治标杆，把坚决维护党中央集中统一领导作为根本政治任务，把贯彻"五位一体"总体布局和"四个全面"战略布局作为基本政治要求，突出问题导向，聚焦坚持党的领导、加强党的建设、全面从严治党，盯住党委，突出"关键少数"，查找政治偏差，从严从实开展巡视监督，发现问题、形成震慑，推动改革、促进发展，充分发挥政治"显微镜"、政治"探照灯"作用，发挥标本兼治战略作用。通过广泛开展个别谈话，认真受理群众来信来访，调阅有关文件资料，深入了解情况，顺利完成了巡视任务。中央巡视工作领导小组听取了巡视组的巡视情况汇报，并向中央政治局常委会报告了有关情况。

赵洪祝对巡视整改提出明确要求，强调巡视是发现问题，整改是解决问题。巡视是政治体检，整改是政治任务。北京大学党委要增强"四个意识"，强化政治责任，针对巡视发现的问题纠正、纠错、纠偏，一件一件抓，把"四个意识"体现在具体行动中，成为巡视整改的标杆。要高度重视中央巡视组反馈的意见，深入分析，深挖病根，精准发力，综合施策，集中整治，既要有当下改的举措，也要有长久立的机制，做到条条要整改、件件有着落。党委书记和班子成员要坚决把自己摆进去，自觉为党担责、为党尽责、为党负责，主动认领责任，带头落实整改，既督任务、督进度、督成效，又查认识、查责任、查作风，做到真认账、真反思、真整改、真负责，确保整改取得扎实成效。对巡视整改情况，要以适当形式向社会公开，接受干部群众监督，中央巡视工作领导小组办公室将适时组织开展监督检查。

朱保成指出，党的十八大以来，北京大学党委能够认真学习贯彻党的十八大，十八届三中、四中、五中、六中全会精神和习近平总书记系列重要讲话精神，努力落实全面从严治党要求，各项工作取得了一定成效。巡视中，巡视组发现和干部群众反映了一些问题，主要是：党委领导作用发挥不够，"四个意识"不够强，贯彻党的教育方针和重大决策部署不深入，落实扎根中国大地建设世界一流大学的要求不到位。意识形态工作责任制落实不到位。贯彻党委领导下的校长负责制不够自觉。党的建设薄弱，政治保障作用未能充分发挥。党内政治生活不严肃，基层党建工作软弱。选人用人问题突出，程序规矩不严、制度执行不力、机构编制管理混乱。"两个责任"落实不到位，管校治校宽松软。党委担当不够，纪委监督执纪问责不力。校办企业管理混乱，附属医院管理薄弱，廉洁风险突出。执行中央八项规定精神不力。同时，巡视组还收到反映一些领导干部的问题线索，已按有关规定转中央纪委、中央组织部等有关方面处理。

朱保成提出了四点意见建议。一是北京大学党委要认真贯彻党的十八大及十八届三中、四中、五中、六中全会精神，提高政治站位和政治觉悟，增强"四个意识"，坚决维护以习近平同志为核心的党中央权威和集中统一领导，深入贯彻习近平总书记系列重要讲话精神，贯彻落实中央"五位一体"总体布局、"四个全面"战略布局和新发展理念，坚定"四个自信"，结合实际贯彻落实全国高校思想政治工作会议精神，落实意识形态工作责任制，完善党委领导下的校长负责制。二是严肃党内政治生活，强化党内监督，维护党内良好政治生态，召开巡视整改专题民主生活会，把依规治党、从严治党的制度利器用起来，推动改革，促进发展。加强基层党建工作，扎实推进"两学一做"学习教育常态化制度化，把思想政治工作同党的建设工作结合起来。专项整治选人用人问题。三是认真履行"两个责任"。党委要坚持以身作则、率先垂范。加强纪委力量，强化监督执纪问责，认真核查中央巡视组移交的问题线索。严格"一案双查"，加大工作力度，实践运用好"四种形态"，及时开展警示教育。四是强化党委对校办企业和所属医院的领导，完善制度机制。对教育基金会、科研经费管理、招生、合作办医等开展集中专项整治。要针对巡视反馈指出的问题和提出的意见建议，深刻剖析问题根源，举一反三，用好巡视成果，以巡视整改的实际成效迎接党的十九大胜利召开。

郝平表示，这次专项巡视是对北大党委的"政治体检"和"综合会诊"，是对党员干部和广大师生的一次深刻的党性党风党纪教育。中央巡视组指出的问题客观中肯、切中要害、发人深省，提出的整改意见指导性、针对性很强，学校党委完全拥护、诚恳接受。北大党委要认真贯彻落实习近平总书记关于巡视工作的重要讲话精神，紧紧围绕坚持党的领导、加强党的建设、落实"两个责任"、全面从严治党的根本要求，针对巡视组指出的问题逐条逐项制定整改任务清单和责任清单，全面、深入、彻底地整改，确保事事有回音、件件有着落，切实把"四个意识"体现到具体工作和行动中，努力做高校整改的标杆。

郝平表示，北大党委要继承和发扬光荣革命传统，在坚持党的领导、强化"四个意识"上必须有更高的标准和更严的要求，更加自觉地在思想上政治上行动上同以习近平同志为核心的党中央保持高度一致。北大党委将以巡视整改为动力，坚持问题导向，把解决问题与促进工作结合起来，切实加强党委领导作用，牢固坚持社会主义办学方向，自觉落实好党委领导下的校长负责制，奋力推进全面从严治党，持续推动学校党的建设和思想政治工作迈上新台阶。北大党委将以巡视整改为抓手，进一步提高政治站位，切实履行好管党治党、管校治校主体责任，全面深化综合改革，加快"双一流"建设，营造立德树人、奋发向上、风清气正的良好氛围，让党中央放心、让师生员工满意，以优异的成绩、良好的精神风貌迎接党的十九大胜利召开。

中央第十三巡视组有关成员、中央纪委驻教育部纪检组负责同志、北京市委分管教育工作领导同志、北京大学党委领导班子成员出席会议；全校各单位处级以上干部，校学术委员会委员、院士等教师代表，学生代表，离退休代表和其他各方面代表及有关人员列席会议。

中共北京大学委员会关于巡视整改情况的通报

根据中央统一部署，2017年3月1日至4月30日，中央第十三巡视组对北京大学党委进行专项巡视。2017年6月9日，中央巡视组向北京大学党委反馈了巡视意见。根据《中国共产党巡视工作条例》和《中国共产党党内监督条例》有关规定，现将巡视反馈意见整改情况予以公布。

一、以钉钉子精神坚决把巡视整改工作作为最重大最严肃的政治任务来抓，强化标杆意识，努力成为巡视整改的标杆

中央巡视组指出的问题，客观中肯、切中要害、发人深省；提出的整改意见，指导性、针对性很强。这是对北大党委和全体党员的一次深刻教育，也是鞭策和激励，为北大进一步落实党要管党、从严治党提供了重要契机和动力。对巡视反馈意见和整改建议，北大党委完全拥护、诚恳接受、照单全收、严肃对待、全面整改，共确定41个专项整改任务，并细化为362

条具体举措。

作为新文化运动的中心和"五四"运动的策源地，作为中国最早传播马克思主义和民主科学思想的发祥地，作为中国共产党最早的活动基地，北京大学为民族的振兴和解放、国家的建设和发展、社会的文明和进步作出了不可替代的贡献，在中国走向现代化的进程中起到了重要的先锋作用。爱国、进步、民主、科学的传统在这里生生不息、代代相传。北大党委要继承和弘扬光荣传统，不仅要进一步加快"双一流"建设、当好高等教育改革发展的排头兵，更要坚决落实中央要求，进一步增强"四个意识"，更加自觉地肩负起崇高使命和责任，更加自觉地在思想上政治上行动上同以习近平同志为核心的党中央保持高度一致，成为高校党建和思想政治工作的一面旗帜，要以更高的标准、更严的要求、更实的作风，坚决抓好整改，确保中央的决策部署在北大落地生根。

在两个月的整改工作中，北大党委坚决把巡视整改作为当前最重大的政治任务来抓。针对巡视发现的问题，深刻反思、认真总结，坚决纠正、纠错、纠偏，坚决做到不推、不拖、不虚，确保事事有回音，件件有着落。党委正按照中央要求，牢固树立标杆意识，切实履行主体责任，盯住问题勇于担当，把巡视整改作为铸魂工程、强身工程、清洁工程、筑基工程，抓细节、抓具体，抓长期、抓常态，抓严格、抓实效，以逐项整改求实效达到整体整改见实效，努力在坚持党的领导、坚持社会主义办学方向方面做出表率，在落实党委领导下的校长负责制方面做出表率，在加强基层党的建设方面做出表率，在落实意识形态工作责任制方面做出表率，在加强和改进思想政治工作方面做出表率，在深化教育综合改革、加快"双一流"建设方面做出表率，成为巡视整改的标杆，成为中国特色社会主义大学的标杆。

（一）增强"四个意识"，提高政治站位，在坚持党的领导、加强党的建设上做标杆

中央巡视组反馈意见后，北大党委立即召开党委常委会，深入学习习近平总书记在中央政治局常委会听取第十二轮巡视情况汇报时的重要讲话精神，认真研究中央巡视反馈意见，把思想和行动统一到习近平总书记重要讲话精神和中央的要求上来。6月28日，中央政治局召开会议，审议《关于巡视31所中管高校党委情况的专题报告》，习近平总书记作了重要讲话。北大党委迅速组织学习传达，进一步统一思想、提高认识。

在整改工作中，北大党委修订了《关于进一步加强和改进学校党委领导班子建设的意见》，制订了《关于进一步加强党委常委会自身建设的意见》等一系列制度，切实加强党委自身建设，坚决贯彻党的教育方针，落实党委领导下的校长负责制，管好意识形态阵地，确保党的路线方针政策在北大落到实处。

巡视期间，北大召开了巡视动员大会、警示教育大会和反馈情况大会，会议的规模、人员范围是近年来最大的，影响深远。北大党委注意巩固、深化这几次大会取得的教育效果，在全校党员中进行深入的党性党风党纪教育。经过广泛动员、凝聚共识，北大党委深刻认识到：我们要创建的世界一流大学，是扎根中国大地的中国特色世界一流大学；办好中国特色社会主义高校，必须高举旗帜、不忘初心、把准航向、守住根本，必须牢固树立"四个意识"，内化于心、外化于行；必须坚持党对高校的领导，坚持要管党、从严治党，不断加强党建和思想政治工作，这是中国高校最鲜明的特色，也是最重要的政治优势，没有一流的党建和思想政治工作，就不可能建成中国特色的一流大学，这是方向性、原则性问题，决不能动摇和偏离。

（二）扎实制定巡视整改方案，构建学校和院系齐心协力抓整改的工作格局，在全面从严治党治校上做标杆

5月31日党委常委会研究决定，成立北京大学中央巡视反馈意见整改工作领导小组，先后召开领导小组工作会议15次、办公室工作会议13次。领导小组之下又设立了15个专项工作组，各明确一个职能部门作为牵头单位，协调相关整改工作。

反馈会后，整改工作领导小组直面问题、逐项梳理，制定了整改实施方案，从"加强党的领导，坚持社会主义办学方向""改进和加强基层党建工作，充分发挥党组织政治保障作用""落实'两个责任'，全面从严治党、从严治校"三个方面确定了41个专项任务，并细化为362条具体举措，每项任务都明确了整改目标、整改时限、责任领导和责任部门。同时，注重建章立制，将整改成果转化为制度建设成果，扎紧制度的笼子，共新制订规章73项，修订现有规章42项。

在制定学校整体整改方案的基础上，北大党委针对教育基金会、基建工程、科研经费、合作办医、招生、后勤等重点领域，责成各相关单位严格进行自查，制定专项整改方案，从严从实加强相关领域的管理，坚决杜绝管理上的"宽、松、软"。

院系是推动整改工作落到实处、取得实效的最前沿阵地。北大党委坚持一级抓一级、一级带一级，层层带头做、层层抓落实。学校党委6月9日召开基层党委负责人会议部署整改工作，推动整改工作在基层落地生根；7月14日，召开巡视整改工作中期推进会，全面部署基层党委整改落实工作。各基层党委按照要求，针对巡视反馈意见，重点聚焦十五个方面的问题进行对照检查，列出本单位的问题清单，突出围绕重点问题提出整改措施。

（三）抓住"关键少数"，以上率下扎实推动整改落实，在担负政治责任上做标杆

党委书记坚决履行好第一责任人的职责，把巡视整改作为头等重要的政治任务，统管巡视整改工作，同时牵头在切实增强"四个意识"、坚持社会主义办学方向、落实意识形态责任制、抓民生促和谐等方面抓整改、抓落实。校长主动牵头多项整改任务，多次召开工作协调会、推进会，抓住推进本部与医学部深度融合、加强校园空间秩序管理等问题深化整改。常务

副书记于鸿君、副书记、纪委书记安钰峰具体负责日常整改落实工作，校党委常委会的其他同志也都主动认领问题，带头落实整改，并抓好分管领域的整改。

北大党委与中央党校合作，在中央党校连续举办两期专题培训班，对全校基层党委书记、院长（系主任）和党政职能部门负责人进行培训，明确了党员领导干部落实巡视反馈意见、从严从实抓整改的政治责任，激发了各院系各单位加强和改进思想政治工作的积极性主动性创造性。

校党委还切实加强对整改工作的督促检查，坚持"两督两查"，即督进度督成效，查责任查作风，层层传导压力，层层落实责任，做到了任务到人、责任到岗、要求到位，确保整改任务落实到位。两个月来的每一次校党委常委会都把整改作为重要议题进行研究，校领导班子成员一起学习中央精神、提高政治站位，盯住问题不放，推动整改工作每天都有进展。7月4日，校党委召开第一次整改工作中期汇报会；7月20日，召开第二次整改落实工作推进情况汇报会，各项整改任务牵头单位的负责同志再一次逐项汇报整改进展，并从中进一步总结提炼出了300多项具体改革举措和制度建设任务，一条一条狠抓落实。

（四）把巡视成果、整改成果转化为改进学校工作的强大动力，在立德树人、推动改革发展上做标杆

北大党委坚持把整改工作与贯彻落实全国高校思想政治工作会议精神紧密结合起来，通过大力推进思想政治理论课改革，构建通识教育与专业教育相融合的教育教学体系，加强课堂教学管理和师德师风建设，实现全程育人、全方位育人。我们始终牢记，高校立身之本在于立德树人，只有培养出一流人才的高校，才能够成为世界一流大学。抓好巡视整改工作，归根到底，必须牢牢抓住全面提高人才培养能力这个核心点，把立德树人作为一切工作的中心环节，真正解决好培养什么样的人、如何培养人以及为谁培养人这个根本问题。

坚持把整改工作与加快"双一流"建设紧密结合起来，通过加快推进教育教学改革、学术科研体系改革、人事制度改革、治理结构改革、资源调配体系改革等重点工作，全力推进综合改革和依法治校，当好教育改革排头兵。按照巡视反馈意见，对照全国高校思想政治工作会议精神和中央有关要求，对《北京大学章程》和《北京大学综合改革方案》进行了全面梳理、修订，并将按程序审议，报教育部审核备案。全面落实新发展理念，科学制定了"双一流"建设方案。

坚持把抓整改工作与坚持党的领导、加强党的建设紧密结合起来，不断推进"两学一做"学习教育常态化制度化，推动全面从严治党向纵深发展，为学校改革发展提供根本政治保障。

二、加强党的领导，坚持社会主义办学方向

（一）牢固树立"四个意识"，在重大政治问题上坚定立场，旗帜鲜明，始终与党中央保持高度一致

1. 召开巡视整改专题民主生活会，进一步提高政治站位

2017年7月11日，北大党委召开了巡视整改专题民主生活会，认真学习中央有关文件，进一步增强了政治意识、大局意识、核心意识、看齐意识，增强了更加紧密地团结在以习近平同志为核心的党中央周围，埋头苦干，扎实推进"双一流"建设的信心和决心。

北大党委明确提出，在大是大非问题上，必须旗帜鲜明，决不容许有半点含糊，必须更加自觉、更加坚定地同以习近平同志为核心的党中央保持高度一致。党委要带头整改、从自身改起，各相关部门、院系要继续进行深入清查，严肃处理违纪违规问题，并坚决进行整改，在重点领域进行专项整治，彻底堵住制度漏洞，建立长效机制。各院系党委要在9月15日之前召开领导班子民主生活会，增强"四个意识"、强化政治担当，进一步改善北大的政治生态，加强党风、校风建设，让北大风清气正，成为坚持党的领导的坚强阵地。

2. 深入贯彻落实习近平总书记在全国高校思想政治工作会议上和视察北大时的重要讲话精神

2014年5月4日，习近平总书记在北京大学发表重要讲话，为学校加快创建中国特色世界一流大学指明了前进方向，为我们早日实现几代北大人的梦想提供了强大精神动力和有力思想武器。2016年12月7日，习近平总书记在全国高校思想政治工作会议上发表了重要讲话，对加强和改进高校思想政治工作提出了明确要求，作出了重大安排部署。当前和今后一个时期，北大党委坚决把学习好贯彻好落实好习近平总书记重要讲话精神作为首要政治任务。

学校党委系统总结学习贯彻习近平总书记视察北大时的重要讲话精神情况，形成报告上报中央有关部门。目前，明确整改时限的各项工作已经基本完成，整改落实工作取得了初步成效。对于需要中长期解决的问题，学校已将其全部列入重点督查督办清单，长期坚持不懈抓好抓实。

北大党委审议通过了《北京大学深入贯彻落实中央精神 进一步加强和改进我校思想政治工作的任务分解方案》，从思想政治理论课改革创新、教书育人、科研育人、管理育人、学生工作、宣传思想工作、人事人才与师德师风建设、中国特色哲学社会科学体系建设等十个领域扎实推进。目前，北大党委已起草了进一步加强改进思想政治工作的实施意见，正在进一步修改完善，并筹备召开全校思想政治工作会议。

为学习贯彻全国高校思想政治工作会议精神，我校先后召开了近40场各类代表座谈会。2017年3月27日至4月21日，

校党委连续召开了5场交流会，全校各院系、各职能部门的负责同志一起分析存在的问题，总结交流了经验，进一步推动会议精神的贯彻落实。目前，全校119个院系、职能部门、直属和附属单位、各附属医院已开展过专门学习活动，共计召开会议401次。学校新闻网开辟了学习专栏，目前共计发布新闻稿55篇。有关贯彻落实的工作情况已形成43期工作简报。

3. 全面贯彻党的教育方针，落实立德树人根本任务

完善领导体制和工作机制。成立了学校、院系两级本科教学指导委员会、进一步加强学校素质教育委员会、研究生培养机制改革领导小组等工作平台建设。创新学生工作体制机制和方法，建立学生事务联席会议机制，完善院系学生事务与教学科研管理协同机制。

把思想价值引领贯穿到教育教学全过程和各环节。大力推进思想政治理论课改革创新。推动通识教育与专业教育相融合，2018年9月前完成60—80门高质量的通识教育核心课程建设。发布《北京大学关于加强通识课程建设的意见》及配套的建设办法和评审标准，将通识核心课作为院系教学工作评价的重要指标。加强人文关怀和心理疏导，持续开展生命教育和心理健康教育，完善危机干预系统。研究成立研究生思想政治教育工作专门机构。构建以团委为核心和枢纽，以学生会组织为主体，相关学生组织为外围延伸手臂，引领学生践行并养成社会主义核心价值观的"一心双环"组织格局。

重视课堂教学工作。制定具体的课堂讲授纪律管理办法。构建多元主体的全过程教学质量监控体系，不定期督查巡视，及时发现和掌握违反课堂讲授纪律的情况。推行新教学评估系统、教学质量状态系统，实现院系教学质量和状态的实时展示、及时反馈。梳理教学质量核心数据指标，建立学期和年度教学质量数据报告制度。修订《北京大学教师教学工作管理办法》《北京大学教学科研职位招聘与晋升工作细则》，制定《北京大学"教学卓越奖"评选办法》，激励和规范教师对教学工作的投入。2017年底前，完成《北京大学研究生指导教师管理办法》的修订，建立研究生导师责任体系，完善导师上岗培训制度，加强日常管理，强化问责机制。

发挥制度导向作用。修订了《北京大学本科生学籍管理办法》《北京大学本科考试工作与学习纪律管理规定》《北京大学研究生学籍管理办法》《北京大学学生违纪处分办法》《北京大学学生申诉处理办法》，拟编制《学生手册》，完善学生综合素质测评，修订《北京大学学生奖励条例》《北京大学奖学金评审条例》等规章制度。按照教学50％、科研30％、管理20％的评估权重，加强院系绩效评估。制定院系学生工作关键绩效指标考核评价体系，突出立德树人任务落实情况。

4. 聚焦主责主业，加强校风学风建设

在编制《北京大学世界一流大学和一流学科建设方案》中，明确要求全校整体学科布局、各学科的规划、资源配置须聚焦主责主业。从校园空间规划管理、资源配置机制等方面入手，摸清学校管理中偏离核心任务的主要问题，进一步确保将核心资源集中到服务师生、服务教学科研主业上来。

在校园空间规划管理方面，加强对教学科研主业的支撑力度。在2017年底前，完成公用房出租统一归口管理，完善授权审批机制、收入分配机制及监督制约机制。计划在2017年底前拆除主校园区及周边园区2万平方米违章建筑，改善校园环境。逐步收回校内和周边产业用房，用于教学科研主业。目前已收回畅春园60号楼、南门地下室、资源东楼、资源大厦等近8000平方米产业用房，2017年底将收回产业用房近1万平方米等。制定校内会议场馆管理办法，改革会议场馆管理模式，2017年底前启用会议场馆开放共享信息平台。制定出台了《关于加强学校公共空间管理工作的意见》，进一步加强学校公共空间管理，改进公共教学楼管理与服务、提高教学楼宇服务水平，继续推进继续教育向校外转移工作、回归校园教学育人科研育人的主业，完善有关规定，加强和改进对体育场馆的统一管理，将有限的资源全部用于保障师生教学科研和学习生活，维护文明、安静、和谐的校园环境。

在资源配置机制方面，以教学科研事业为指引，完善学校资源分配体系。加强预算管理和预算审核，优化财务战略规划和年度预算安排。针对部分单位在学科建设经费使用方面存在偏离学科建设目标、预算不明确、执行偏离主业方向等问题，将于2017年底前出台"引导专项"和中央高校基本科研业务费等经费管理办法，并建立绩效考核机制，加强事中和事后监管。

针对部分院系和教师存在的"精力外流"问题，修订相关规章制度，建立和完善激励机制和惩处办法，引导院系和教师将更多精力放在学科建设和人才培养等核心业务上来。学校已于2016年制定了《北京大学教研系列教师校外兼职管理试行办法》，并确保狠抓落实。

以执行完善《北京大学教师手册》、编制《学生手册》为抓手，完善制度体系，强化制度约束，突出价值引领。通过"教育为主，惩处为辅"的工作方式，进一步加强对师生的教育管理和纪律约束，推进教师队伍思想道德和学风教育的可持续发展。明确了学校、学部、院系三级教学管理组织和机构的责任，建立层层负责的教学领导体制和工作机制。强化学校教学指导委员会在教学工作中的审议、评议、指导和咨询职能；强化学部教学指导委员会在协调和指导学部内教学工作、推动跨学科人才培养工作中的职能；建立健全院系教学指导委员会，强化院系教学委员会在教师聘任和评估晋升方面的审议权。

通过学校新闻网、校报、官方微博等渠道，宣传报道优秀师风学风代表人物和事迹，发挥榜样的示范引领作用。

5. 加快推进学校综合改革工作

认真总结、细致梳理现行综合改革方案中45条改革措施的推进情况，形成台账清单。针对推进迟缓的工作，深挖根源、分析原因，形成了《落实巡视反馈意见、加快综合改革的若干任务》，聚焦11项重点任务，与学校各项重大中心任务深度融合，2017年秋季学期开学后立即启动，加快工作进度、加大改革力度。

根据新形势新情况，聚焦改革中出现的新问题，广泛征求意见，启动学校综合改革方案的修订工作，已形成《北京大学综合改革方案（修订稿）》（征求意见稿）。将于2017年学校领导班子暑期战略研讨会上进行研究，并于2017年秋季学期完成相关审议程序，报国家教育体制改革领导小组办公室备案。

完善综合改革工作的督查督办机制。各相关职能部门、各院系定期向学校综合改革领导小组汇报推进情况，尤其是加强重点改革任务的专项督查，严把工作进度。

6. 整顿"天价班"以及继续教育招生管理混乱问题

对2014年8月至2017年6月立项的、学员付费10万元以上的52个社会招生培训项目进行深入排查。经核查，已开班和已结业项目均无领导干部参加。对存在办高价班、招生管理混乱的学院进行严肃批评，责令其限期清理整顿。

针对学校继续教育中存在的偏离主责主业的问题，进一步加强监管，规范招生秩序，切实维护学校的办学质量与声誉。发布《关于加强北京大学非学历继续教育工作人员人事管理的通知》，要求各办学单位分管领导切实履行岗位职责，非学历继续教育工作人员须为北京大学全职工作人员并在继续教育部备案。同时，非学历继续教育工作人员及直系亲属，不得持有或间接持有教育培训机构股份，不得在本单位任职期间兼职于其他教育培训机构或从事本单位非学历继续教育项目以外的教育培训类活动。发布《关于非学历继续教育办学单位建立招生管理制度的通知》，要求各办学单位认真梳理招生管理程序，并建立非学历继续教育招生管理制度，涵盖委托办学招生和面向社会办学招生两种形式。定期开展继续教育从业人员培训工作，宣传解读各项规章制度及工作要求，分析违规案例及风险点，强化政治意识、法制意识、纪律意识、服务意识。

严格落实新修订的《北京大学非学历继续教育管理办法》。以办学单位名义开展非学历继续教育招生宣传，严禁与任何社会机构开展合作招生。建立定期巡查制度，通过自查与信访举报等多种渠道查找违规宣传和招生问题，及时叫停违规项目，向社会公示假冒北京大学名义开展招生宣传的网站。自2018年起，全面停止校本部网络学历教育、夜大学和自学考试招生，稳步做好学历继续教育收尾工作。引入专家力量，筹备建立校级继续教育督导团队和督导机制。完善非学历继续教育联合调查与清理整治工作机制，加强对继续教育办学行为的监管。

7. 集中整治虚体研究机构管理问题

针对人文社科虚体研究机构的问题，立即清理违规设立的机构。经初步核查，目前学校登记在册的人文社科类虚体研究机构共计276个。同时，发现27个未经学校批准、擅自建立的虚体机构。已着手对这些机构进行整改：撤销27个未经学校批准建立的机构；撤销2个无正常学术活动或与挂靠单位中心任务无关的机构；变更4个机构的挂靠单位，以理顺管理职责；变更10个机构的负责人，促进机构领导班子的正常换届。

健全完善管理制度。修订《北京大学人文社会科学研究机构管理办法》，并经7月12日党委常委会审议通过。该《办法》重点修改了严格规范管理的关键性内容：加强日常监管，严格年检制度，对研究机构的人员、经费、科研、是否有违规活动等情况进行常规性检查；明确虚体机构负责人任期制度，研究机构的负责人由我校在职人员担任，同一人员只能担任一个研究机构的负责人，情况特殊的，须经学校校长办公会审批；严格虚体中心研究人员聘用审批要求和程序，研究机构如需聘请校外人员担任兼职研究员、副研究员，应基于研究需要，采取慎重态度，挂靠单位应严格把关，经学术委员会通过和党政联席会同意后，送社科部审查，报主管校长审批；对虚体中心日常的学术活动加强管理，研究机构和挂靠单位开展日常自我管理与监督，发现违规问题应向社科部通报并视情况对外发布相关声明；社科部通过年检和开展评估工作，对不合格者依照程序进行整顿甚至撤销；明确退出和撤销要求，严格管理；机构信息在学校和各院系网站公开；研究机构名称作统一要求，研究机构一般冠名为"北京大学××研究中心/所"，除学校特殊批准以外，不允许使用其他称谓；研究机构日常建设和管理工作依托挂靠单位进行；禁止办学，研究机构不得以北京大学或该机构的名义举办或参与任何形式的经营性活动和办学活动。

针对理工科虚体科研机构问题，7月12日党委常委会审议通过了《北京大学理工科虚体科研机构管理暂行办法》，依据《暂行办法》和党委常委会的意见，科研部对80个虚体机构进行了一轮梳理，逐个与院系领导或虚体中心负责人进行了联系和讨论，制定了处理方案：拟保留26个符合管理规范，运行良好的机构；明确取消10个机构；拟合并5个属于相近方向重复建设的，或活跃程度不高的机构；拟整改23个机构；拟脱钩3个不属于"研究机构"的机构；将2个与企业合建的机构转至科技开发部管理；对10个成立不满3年的待评议机构，满3年后立即展开评议；1个机构待议。

建立理工科虚体机构建设的长效机制。虚体机构的设立要发挥院系把第一道关的作用，院系行政及学术委员会依据《暂行办法》对虚体机构的设立条件给出具体评估意见；加强虚体机构的日常运行管理，重点是年报和重要事项变更的管理；建立协同管理机制：考虑到虚体机构的功能定位以及理工科与医学领域交叉的普遍性，增补学科办副主任、医学部科研处处长为理工科工作委员会成员；科研部将进一步发挥引导和支撑作用。

（二）坚定"四个自信"，认真贯彻落实意识形态工作责任制，牢牢把握意识形态工作领导权、主动权和话语权

8. 坚持马克思主义指导地位，发挥思想政治理论课的主渠道作用

巡视整改期间，学校党委常委会专题研究加强马克思主义学科和马克思主义学院建设问题，提出了一系列强有力的措施。党委牵头成立了马克思主义理论学科人才队伍建设委员会，高度重视马克思主义学科队伍建设问题，加大培养力度、吸引高层次理论研究人才和思想政治理论课优秀教学人才，进一步创新马克思主义理论学科人才培养模式，造就一支真信马克思主义、功底深厚的教研队伍；每年向马克思主义学院拨付不低于500万元的建设经费，并按照中宣部给全国重点马克思主义学院建设资助额度的50%设立配套资金；继续实施"领航计划"，支持推进"六马工程"，全面提升马克思主义学科建设水平；重视和加强中国特色社会主义政治经济学的教学科研，深入研究世界经济和我国经济面临的新情况新问题，为马克思主义政治经济学创新发展贡献中国智慧；继续办好世界马克思主义大会，汇聚世界各国的顶尖学者来探讨马克思主义、中国道路和人类文明发展的重大问题；充分发挥马克思主义学院在马克思主义及其中国化理论上的学术优势和教学优势，积极承担学校各院系组织的政治学习活动授课任务。

全面加强思想政治理论课教师队伍建设。建立思想政治理论课教师校内合聘、校外双聘制度，研究设立思想政治理论课专任教师系列、建立师资博士后制度，把全校优质师资和教学资源调动起来，形成全校合力；完善思想政治理论课教师考核评价体系，加强教学团队建设。

全面加强思想政治理论课课程建设。进一步改进思政课的领导体制、工作机制、教学内容和方式方法，推动教学方法和手段创新。完善学校领导和院系领导参与思想政治理论课教学制度，加强思想政治理论课的选课指导。建立多层次课程体系，建设网络思想政治理论课程。加强实践育人基地建设、丰富实践教学，研究学生实践活动学分化实施方案。选聘优秀任课教师，集中开展马克思主义基本原理、马克思主义与当代、中国文化与民族复兴、社会主义核心价值观等专题研究。加强学习习近平总书记系列重要讲话精神，把习近平总书记系列讲话精神纳入到课程教学和课堂讲授中。改进课程考核方式，设置思想政治理论课助教岗位，立项支持教学辅助材料和教学参考书编写，完善课程综合评价体系。

探索研究生思想政治理论课改革，丰富课程设置、创新授课形式。组织研究生阅读马克思主义经典著作和中国共产党重要文献，通过研讨、提交听课报告、撰写课程论文等形式提高学习效果。

2017年秋季起，开设系统性的面向全体境外学生的全校性中国国情、形势与政策等公共必修课，通过中、英文授课，满足境外学生的知识需求。

9. 建构社会主义核心价值观教育体系，增强大学生思想政治教育的话语权

发挥课堂主渠道作用。提高思想政治理论课等各类课程价值观培育能力，开设科学精神与学科素养通选课程。把专业教育和通识教育结合起来，开展跨专业选修课程，培养学生科学精神、开阔学术视野、树立文化自信、增强理论自觉。开设"学术道德规范与科技写作""科研诚信与学术规范"等课程，将研究生思想政治教育融入学术道德规范教育全过程。

发挥制度的价值导向功能。2017年8月制定并启动《北京大学学生工作系统贯彻落实全国高校思想政治工作会议精神实施方案》，完善以理想信念教育、核心价值观培育、网络文化和网络思想政治教育、资助育人、心理健康教育、就业创业指导等为主要内容的社会主义核心价值观教育内容体系。制定《北京大学院系学生思想政治工作关键绩效指标考核体系》，抓住思想政治工作的主要载体和关键环节，提出量化考核指标、形成明确导向。修订《北京大学"扣好人生第一粒扣子"专项教育计划》，重点加强新生入学教育特别是研究生新生入学教育，包括强化研究生新生"大学第一课"，加强党史校史、校园文化、大学精神和学术传统教育。研究修订《北京大学学生素质综合测评办法》《北京大学学生奖励条例》《北京大学学生奖学金评审条例》。《北京大学助教管理制度》已发布实施。

提升教师队伍和辅导员队伍价值观培育能力。修订《北京大学教师教学工作管理办法》《北京大学研究生导师职责》等规章制度。每年选拔不少于5位思想政治素质过硬、曾经获得国家奖学金或北京大学学术类创新奖的优秀硕士、博士毕业生担任专职辅导员。首批5位专职辅导员已于2017年7月到岗。建立带班辅导员和住宿辅导员制度，制定发布《北京大学学生兼职辅导员管理办法》，明确从2017年9月起设置带班辅导员和住宿辅导员岗位，聘任优秀学生兼职担任辅导员，将新增约500名学生辅导员。强化辅导员考核和培训，2017年9月制定《北京大学辅导员关键绩效指标考核评价办法》，强化辅导员思想政治理论、意识形态理论与实务、深度辅导技能方法培训。2017年10月设立辅导员研究室。2017年8月完成《班主任工作手册》编制工作，并对新生班主任进行集中培训；2017年9月起，按照专任教师担任班主任、同时配备专职或兼职辅

导员的思路，构建班主任和辅导员相互补充、相辅相成的工作格局。

强化共青团改革。制定《北京大学共青团改革与青年发展实施方案》《北京大学共青团干部选拔任用办法》，建设专职、兼职、挂职相结合的团干部队伍。坚持"回归教育本质、服务青年需求、提升引领水平"理念，设立"高君宇奖"，深入实施"青年马克思主义者"培养工程。

10. 加强党史国史、国情民情和北京大学革命传统教育，牢固树立中国特色社会主义理想信念

开展针对教师和学生的思想动态调查，综合运用座谈、问卷、访谈的方法，以加强和改进思想政治教育为导向设计有针对性的问题、选择有代表性的样本，形成调查报告。

以北大校史课程为抓手创新党史国史、国情民情教育体系和工作体系。通过北大校史课程串起中国近现代史上的重要时间节点，集中阐释中国共产党执政的必然性，阐述中国特色社会主义伟大实践。课程设为北大思政课系列选修课，从2017年秋季学期开始筹备，作为思政课的必要补充，纳入思政课选修计划。

坚持实践育人理念，探索建立师生共同参与社会实践的平台和机制。校团委已经制定相应的社会实践工作方案，以社会实践为大课堂，引导广大学生和青年教师，认识和了解国情社情，在社会实践中提升认同，在了解国情民意中增长才干。开展专项规划调研落实"第二课堂成绩单制度"，实现第二课堂与第一课堂的紧密对接。

完善干部、教师、党员培训体系。组织干部学习党史和马克思主义政治理论，在北京大学自主搭建的干部在线学习平台上线相关课程，供校内处级干部在线学习。与延安干部学院、江西干部学院、遵义干部学院、焦裕禄干部学院、红旗渠干部学院等多所干部学院建立校外干部教育培训实践基地关系，将校内主体班次中的一个学习阶段与地方干部学院特色教学相结合，定制国情国策教育专题课程。

结合120周年校庆工作，利用好北大的党史校史资源，编写融入北大校情的思想政治教育教材，对校史馆展览进行改陈，抓紧筹备百年校展和今日北大展，创作音乐剧《大钊先生》，用北大百余年来爱国进步的历史、学习研究传播马克思主义的历史、北大人跟党走的历史教育、引导师生。

11. 对教师考核聘用严格把关，加强教师思想政治工作

健全完善规章制度。修订《北京大学教学科研职位分系列管理规定（试行）》及配套制度，在人员应聘基本条件中强调思想政治素质和师德师风。由主管教师思想政治工作的党委副书记牵头成立专门委员会，定期召开会议，听取各院系党委对拟聘任教学科研人员的思想政治素质和师德师风考察专项报告，严格把关、细致考察，委员会审议通过后，再由学校相关人才评审小组进行学术考察，切实把政治关、师德关摆在首位。

修订教师年度考核、聘期考核、综合评价、专项岗位聘任考核的有关规定，进一步严格教师职称评审的相关程序与环节。在年度考核和职称聘任中，把思想政治和师德师风表现作为专业技术职务评聘的首要内容和前提，由纪委、教师工作部及组织部、宣传部、人事部等职能部门组成的考核小组，与院系党委共同对候选人的师德师风、政治素质、政治态度和品德作风进行全面考察和评估，坚决实行师德"一票否决"制度。并要求二级单位党委提交教师师德考核情况的专项报告，且职称评审结果需增加向学校党委报告环节。

完善教师培训体系。修订《北京大学研究生指导教师管理办法》，每年举行新遴选研究生导师培训。在新教师岗前培训、青年骨干教师培训中，加强思想政治、师德师风专题内容。针对青年人才，增设"青年人才国情研修班"。

继续开展向王选、孟二冬、李小凡等师德先进人物学习活动，积极发掘北大教师队伍中的先进典型，大力宣传他们的先进事迹，发挥榜样示范引领作用。

12. 构建中国特色学术话语体系和评价体系

促进哲学社会科学发展繁荣。认真贯彻落实习近平总书记在哲学社会科学工作座谈会上的讲话精神，制定具体实施办法，为繁荣我国哲学社会科学贡献北大智慧；围绕党和国家重大理论问题和现实问题，加强顶层设计，鼓励教师专心研究中国特色社会主义理论体系，推出高质量的成果。加强基础学科与交叉学科建设，重视发展具有重要文化价值和传承意义的"绝学"、冷门学科，保持北大基础学科优势，通过平台建设，促进学科间的交叉融合，实现重点领域的突破；加快北大区域与国别研究院建设，整合全校相关资源，围绕国家"一带一路"倡议，构筑跨学科、多层次、点面结合、重点突出，具有中国特色、国际视野、世界一流水准的区域与国别研究体系；继续办好人文社会科学研究院，以"涵育学术、激活思想"为宗旨，促进海内外学者的深度交流，推动跨学科合作，通过高端人才的汇聚与连接，探索人文社会学科的基本原理及前沿领域；实施中华优秀传统文化传承发展工程，以《儒藏》、"海外汉籍善本整理与研究"、《中国经学史》、早期儒家道家/西北边疆地区/丝绸之路出土文献研究等重大工程为抓手，继续做好传统文化典籍的整理、发掘工作，全面梳理和阐释传统文化的价值体系，为中华文化的传承与复兴，为社会主义核心价值体系的阐释与弘扬，提供思想资源和理论支撑。

加强智库的建设与管理。拟建立智库中心管理办公室，加强智库统筹建设与管理的顶层设计。继续加大对国家发展研究

院、新结构经济学研究中心、国际战略研究院、中国社会科学调查中心、"一带一路"研究院、政府和社会资本合作（PPP）研究中心等重要智库支持，强化与地方党政机关以及民间机构的深度合作，积极服务于"京津冀协同发展""雄安新区"等国家重大战略，推动智库在重大现实与理论研究方面取得重大突破，建立中国特色的学术概念和话语体系。

加强哲学社会科学人才评价体系建设。在哲学社会科学等学科人才的评价中，继续坚持以我为主，正确处理好中国特色、北大特点与世界一流的关系。建立健全具有中国特色哲学社会科学各学科学术评价标准和体系，确保正确的政治方向、价值取向、学术导向；进一步完善代表作制度，加强质量第一的评价导向，代表作不限核心期刊。尊重不同学科特点，充分发挥同行评价作用，正确对待引文数据在科研评价中的作用，摒弃简单以出版社和刊物的不同来判断研究成果质量的做法。科学设置评价周期，进一步完善奖项评审制度。加强和完善对应用类成果，特别是决策咨询/智库类成果的评价标准建设，注重实际应用价值在成果评价过程中的作用。

13. 做好意识形态工作

以社会主义核心价值观为指引，鼓励师生汇聚正能量、唱响好声音，营造积极向上的校园文化氛围。制定《北京大学党委意识形态工作督查办法（征求意见稿）》，用政治责任引领政治工作，建立意识形态工作双周例会制度，把工作落细落实。

三、改进和加强基层党建工作，充分发挥党组织政治保障作用

（一）严肃党内政治生活，培育良好政治文化

14. 加强学校领导班子建设，发挥班子成员"关键少数"作用

党委书记、校长和党政领导班子成员必须严格要求自己，把全部精力集中在管党治党、办学治校上。修订完善有关领导干部兼职的规章制度，坚决清理各类违规兼职，要求领导干部自觉树立职业精神，强化职业意识，全身心投入学校管理工作。

制订《关于进一步加强党委常委会自身建设的意见》，从学校党委履行管党治党、管校治校主体责任中所秉持的基本价值、工作制度、工作机制、基本要求等层面上进行系统梳理，对党委常委提出了"五带头"的明确要求。

加强学校领导班子的理想信念教育。将学校领导班子的学习教育作为"两学一做"学习教育常态化制度化的一项重要内容。党委宣传部、党委办公室校长办公室、党委组织部等部门制定了"校级领导班子理论中心组学习方案"，加强对习近平总书记系列重要讲话精神、党章党规的学习，提高政治站位。

加强学校领导班子自身建设。修订《关于进一步加强和改进学校党委领导班子建设的意见》，从加强思想政治建设、作风建设、党风廉政建设以及落实民主集中制、严肃党内政治生活、强化责任担当等方面将中央有关精神结合学校实际落实落细。配合中央和教育部党组做好班子的选配、管理（社会兼职、出国境、个人事项报告）、监督、考核等各项工作。将上级有关部门关于校级领导班子和班子成员日常管理监督等方面的制度汇编成册，为校领导学习和掌握有关制度、规定提供参考。

15. 结合学校实际，认真贯彻落实《中国共产党章程》和《关于新形势下党内政治生活的若干准则》《中国共产党廉洁自律准则》《中国共产党纪律处分条例》《中国共产党问责条例》《中国共产党党内监督条例》《中国共产党巡视工作条例》

组织学习培训，进一步加强对十八届六中全会精神特别是党章党规党纪的贯彻落实。制定《党委理论学习中心组学习计划》和《二级单位党组织理论学习中心组学习计划》。组织全校各级党组织和党员领导干部进一步深入学习十八届六中全会精神。

把党章党规党纪落实到规范党内政治生活、落实民主集中制、加强领导干部理想信念教育、匡正选人用人风气等各项工作中。对标中央要求，排查制度漏洞，完善严肃党内政治生活的规章制度体系。起草《关于进一步加强党委常委会自身建设的意见》。

把党章党规党纪融入校领导班子履行"一岗双责"工作中，持续推动校领导班子结合业务分工抓好党风廉政建设。细化分解党风廉政建设责任，绘制"一岗双责"责任体系图，明确领导班子成员的"一岗双责"内容，要求在履行本职岗位管理职责的同时，还必须对分管工作领域的党风廉政建设负主体责任。党委书记和校长代表学校，与党风廉政建设各主体责任单位主要负责人签署《中共北京大学委员会落实党风廉政建设主体责任承诺书》。建立完善党风廉政建设谈话谈心制度。明确每年至少举行1次校领导班子述责述廉会议，班子成员均按时向上级党组织提交个人述责述廉报告。

16. 坚持和健全民主集中制，增强学校领导班子整体功能

通过常委会、全委会、理论中心组学习等形式，加强对党章党规党纪等关于民主集中制相关规定的学习。把学习党章党规党纪纳入党委理论学习中心组重要学习内容。深入学习领会全国高校思想政治工作会议精神，把握加强党委领导下的校长负责制的丰富内涵和重要意义。进一步明确需要提交领导班子集体审议决策的重大事项的具体内容和决策程序。

通过制度建设，加强领导班子思想政治建设、作风建设和能力建设，切实提高贯彻执行民主集中制自觉性。健全保障

《准则》《条例》有效实施的配套制度体系。研究起草《中共北京大学委员会工作规则》。

17. 发挥党委集体领导作用，落实"三重一大"决策制度，规范党委常委会、校长办公会议事规则

认真梳理"三重一大"决策制度落实情况、问题和不足，进一步明确整改措施。通过修订《北京大学党政领导班子落实"三重一大"决策制度实施办法》，进一步明确纳入"三重一大"事项的范围和标准。完善群众参与、专家咨询、风险评估和集体决策相结合的决策机制。探索建立学校领导班子决策执行、考核监督、决策失误纠错改正、责任追究制度等一系列配套制度。进一步加强决策事项信息公开工作。目前，党委常委会、校长办公会决策事项信息已通过《北京大学党政信息》面向学校中层正职公开。加强对学校二级单位决策制度体系建设的规范指导和监督检查。已汇编各单位"三重一大"决策制度，逐一提出修改意见，进行反馈，没有提交相关制度的，限期整改。

对照中央最新文件精神，修订《北京大学党委常委会工作规则》《北京大学校长办公会工作规则》，制定《北京大学党委常委会、校长办公会会务工作规程》。对学校目前的党委常委会、校长办公会组织工作进行梳理，划分出议题申报、议题审批与汇总、会场准备、会议记录、纪要整理、形成书面决策、决策督促执行等具体工作环节，并对每个环节的组织工作提出具体规定。在会议记录和会议纪要整理方面，明晰相关人员安全、准确、全面记录的责任，明确专机专用，确保信息安全的责任。针对巡视中发现的突出问题，结合学校"三重一大"事项的决策程序，着重对党委常委会、校长办公会的议题安排进行研究，对各类议题的上会程序作出规定，明确在议题预审过程中主责部门、分管领导、党办校办、书记校长对议题的合法性合规性审查的责任和分工。涉及重要干部任免、重要人才使用、重要阵地建设、重大发展规划、重大项目安排、重大资金使用、重大评价评奖等事项的议题都必须提交党委常委会或全委会研究决定。

通过完善制度，进一步落实党委领导下的校长负责制，落实党委管党治党、办学治校的主体责任，切实加强党对高校的政治领导、思想领导和组织领导，有效发挥党委把方向、管大局、做决策、保落实的全面领导作用。

18. 严格执行党员领导干部民主生活会制度

组织学校领导班子成员认真学习《县以上党和国家机关党员领导干部民主生活会若干规定》。制定《关于进一步加强党委常委会自身建设的意见》等文件，建立常态化的民主生活会机制。严格党的组织生活，坚持不懈用好批评和自我批评武器。改进完善民主生活会召开方式。加大民主互动的力度，进一步扩大征求意见的范围。完善质量考评制度，使民主生活会开得高效务实、富有活力。营造党内民主平等的同志关系、民主讨论的政治氛围、民主监督的制度环境，达到增强党性、提高认识、加强监督、增进团结的目的。

19. 进一步健全完善院系党政联席会议议事决策制度

2015年10月，学校已按程序对《北京大学章程》第三十九条进行了修订，明确党政联席会是院系决策机构，讨论和决定本单位重要事项。目前，修订后的《北京大学章程》已经上报教育部，经教育部核准后，立即在学校主页、北大信息公开网公布修订后的《北京大学章程》。

修订完善《关于北京大学院（系）党政领导班子职责及工作规则的规定（试行）》，进一步明确院系党政班子的职责、会议制度和议事规则、班子成员分工和工作关系准则等，筑牢发挥院系党委作用的制度基础。

通过日常抽查党政联席会纪要、年度考核、党委书记述职评议考核等加强对院系党政领导班子执行民主集中制原则，落实党政联席会议制度和"三重一大"事项决策制度的监督检查，规范院系党政班子决策行为，保证院党委充分发挥政治核心作用。

（二）夯实基层党建工作基础，增强基层党组织整体功能

20. 落实党建工作责任制，加强院系党委书记队伍建设

加强学校党委对党建工作的领导，进一步顺应体制机制。调整了北京大学党的建设工作领导小组组成人员，明确工作机制，领导小组定期召开会议，协调推进党建和思想政治工作，研究党建难点问题。充分发挥党委常委会、每周书记办公会、基层党委书记月度会的作用。坚持制定《北京大学党的建设五年工作规划》，以五年为周期，研究北大党的建设总体目标、发展方向和工作重点。

狠抓党建责任制落实，严格党内评议考核。强化责任意识和责任落实，学校领导班子严格履行"一岗双责"，建立党政同责的责任清单，保证领导班子结合业务分工抓好党的建设和思想政治工作。院系党委对本单位党建工作负总责，书记是第一责任人，院系领导班子主动支持基层党建工作。强化责任考核，把党建述职评议考核作为重要抓手，完善校、院、党支部三级党建述职评议考核制度，考核指标包括党委班子建设、思想政治工作、发展党员、党支部建设、意识形态责任制落实以及党风廉政建设情况等，督促党组织书记履职尽责。2017年9月前制定出台《北京大学基层党组织书记述职评议考核办法》。

加强院系党组织书记队伍建设。坚持正确选人用人导向，按照好干部标准，严把政治关，进一步选好配强院系党委书记、党委班子和院长（系主任），积极稳妥探索实施党政班子成员交叉任职。对院系党委书记加强培训，增强责任意识，提

高能力素质。每年定期举办党委书记专题培训班、研讨班、交流会。研究制定《北京大学加强基层党委工作的意见》，进一步明确院系党委的职责、党委会议制度和议事规则、班子成员分工，进一步明晰基层党委书记的职责、任务以及考核要求等，筑牢发挥院系党委作用的制度基础。

21. 加强教师党支部建设，重点抓好支部书记队伍建设

发挥校、院系两级党委作用，加强对党支部的管理指导。每位校领导直接联系一个党支部，院系党委委员每人联系一个党支部。院系党委会保证每月召开一次。

抓好党支部书记队伍建设。进一步加强教师党支部书记配备。按照"双带头人"标准，注重从学科带头人、教学科研管理骨干中选拔优秀党员担任支书。进一步加强党支部书记特别是教师党支部书记的培养培训。将教师党支部书记岗位作为培养锻炼后备干部的重要平台，通过培训、挂职、出国访问等方式，提供锻炼和发展的机会。

22. 严格落实基层党组织建设换届选举制度

已经对全校基层党组织换届情况进行梳理分析，在摸清情况的基础上，制订换届工作计划。截至中央巡视时，共有19家基层党组织到届未换届；还有一些组织虽然已经换届，但换届不及时。逐个对其未及时换届原因进行了分析。

其中1家单位已经完成了换届。剩余18家单位将从2017年秋季学期开始分批次进行换届。

严格落实基层党组织换届选举制度，建立按时换届长效机制。定期分析研判，做好规划；敢于、善于破解难题。

23. 加强特殊性质机构的党建和思想政治工作，确保"两学一做"学习教育全覆盖

对在学校综合改革、办学体制创新过程中出现的一些新机构的运行情况进行排查，纳入学校党组织的有效管理。

责令软件与微电子学院党委对北大软件工程国家工程研究中心党建工作尤其是"两学一做"学习教育开展情况进行调查，严肃追责。分管校领导亲自联系、学院党委书记直接指导北大软件工程国家工程研究中心党支部开展"两学一做"学习教育，明确每月学习教育时间、具体内容和开展形式。目前，正按照安排在开展学习教育。

24. 进一步强化基层党组织政治功能

研究制定《北京大学关于进一步保证和提高党支部组织生活质量的意见》。强调基层党组织的政治功能；对组织生活的作用、意义、次数、内容、形式以及检查督导等进行详细规定。

把"提高党支部组织生活质量"作为难点项目进行专门攻关，在政策、时间、经费、平台等四个方面构建系统科学的党支部组织生活质量保障体系。

加强党员骨干培训。定期举办党支部书记培训班，每年召开党支部书记大会。2017年下半年完成对学生和教工党支部书记的系统培训。

（三）进一步规范选人用人工作，强化制度意识和规矩意识

25. 对选人用人工作进行专项整改

8月2日，学校党委专门召开了选人用人工作专题民主生活会。针对巡视组指出的问题，学校党委书记带头，党政班子成员主动担责、切实把自己摆进去，开门见山、畅所欲言，进行了严肃的批评和自我批评，党委组织部也作了深刻检讨。

针对违规提拔任用干部的问题，已免去8位校长助理和10位"三长"（教务长、总务长、秘书长）副职的相关职务。

针对机构编制管理不严格的问题，学校已成立"三定"工作领导小组，系统梳理了党政管理部门领导班子现有岗位职数和岗位职责、校属学术实体机构基本数据情况，进一步规范和完善机构分类管理的相关制度。拟将学术事业规划委员会调整为机构编制委员会，初步拟定了《北京大学机构编制委员会规程》。

针对干部选拔任用程序不规范的问题，5月以来，对新提拔和转任重要岗位的干部，均已严格执行"凡提四必"原则和民主推荐、考察、公示等相关程序，并通过干部人事小组会、党委常委会集体研究决策。已明确学校中层干部任用事项均须经过党委常委会研究决定。将尽快研究制定我校聘任制干部管理办法。严格执行《北京大学党委常委会工作规则》，明确党委常委会应出席人数未超过三分之二时，干部任免不上会。在干部选任工作中已严格规范公示程序，考察人选公示和任职公示已分别进行。

针对执行干部选拔任用相关制度不严格的问题，已制定《北京大学中层领导人员选拔任用办法》《北京大学中层领导人员在企业和社会团体兼职管理办法》《北京大学中层领导人员交流轮岗工作暂行办法》、修订《北京大学共青团干部选拔任用办法》。严格执行《党政干部选拔任用工作有关事项报告办法（试行）》。严格执行职务、职级的对应，避免"高职低配"的方式任用干部。梳理了同一岗位任职超过10年的76位干部情况，其中16位干部因职务兼职、兼职改任职等原因不需整改，5月以来通过轮岗交流、换届调整、退岗退休等推动了15位干部流动，其余45位已提出分类施策计划。已安排6位到龄干部退岗。

针对领导干部个人有关事项报告制度不严格的问题，对相关工作人员进行了严肃批评教育，对未如实报告情形比较严重

的几位干部逐一甄别并进行相应处理。今后将严格执行《领导干部个人有关事项报告抽查核实办法（试行）》和《领导干部个人有关事项报告抽查核实结果处理办法（试行）》，对漏报瞒报行为按照有关规定严肃处理。

针对有关专项整治工作不到位的问题，认真反思在领导干部企业兼职专项清理、违规办理和持有因私出国（境）证件专项治理、干部专项审核工作中存在的宽松软问题，将认真执行有关规定，加强管理。对2015年11月以来未严格履行审批手续因私出国（境）的11名干部进行批评教育，责令6人作出检查。已对出生日期认定不准确的个别干部再次核对，依规重新认定其出生日期。5月以来，对所有新上岗干部加强了应知应会政策的专项培训。编写并发放了《领导干部有问必答》《关于领导干部假期出国（境）相关事宜的通知》。加快推进出国（境）管理信息化建设，目前"北京大学领导干部出国（境）管理系统"已上线试运行。

针对个别违纪违法干部处理不到位的问题，学校党委、纪委将进一步增强纪在法前的工作意识，切实把纪律挺在前面，加强对领导干部的监督和管理，坚决纠正管党治党宽松软问题。

四、落实"两个责任"，全面从严治党、从严治校

（一）认真履行"两个责任"，强化政治担当，狠抓监督执纪问责

26. 强化党风廉政建设责任制落实

建立党政领导班子成员"一岗双责"责任清单制度，明确党政领导干部在履行好主管领域业务工作领导和指导责任的同时，必须承担主管领域和分管部门从严治党、从严治校的主体责任。

明确主体责任，细化责任分解。制定《中共北京大学委员会关于落实党风廉政建设主体责任的实施细则》《中共北京大学委员会关于落实党风廉政建设监督责任的实施细则》，明确组织领导、选人用人、正风肃纪、监督管理、支持保障、示范表率等6项责任。

结合任务分工，推动责任落实，形成校领导班子成员结合分管单位实际抓好党风廉政建设和反腐败工作的高度自觉。党委书记落实第一责任人职责。其他领导班子成员落实"一岗双责"，抓好分管部门和联系单位的党风廉政建设和反腐败工作。根据校领导联系院系基层制度安排，加强对分管领域的直接领导，做到年初安排部署，年中监督促进，年终检查考核。

做好制度保障、推动长远发展。不断健全党风廉政建设和反腐败工作责任落实情况督察机制。党委定期听取党风廉政建设和反腐败工作汇报，专题研究开展党风廉政建设和反腐败的工作安排。每年春季学期的第一次党委常委会专题研究党风廉政建设和反腐败工作，听取上一年度党风廉政建设和反腐败工作大检查的工作汇报，研究部署新一年的党风廉政建设和反腐败工作，制定学校年度党风廉政建设和反腐败工作主要任务分工，明确党风廉政建设工作计划、目标要求和具体措施；学校党委理论中心组每学期至少安排一次以党风廉政建设和反腐败工作为主题的专题学习。推动党风廉政建设责任制向院系和二级单位延伸，形成"一级抓一级、层层抓落实"的校院（系）两级责任体系，形成业务工作与党风廉政建设一起部署、考核、落实、检查的"一岗双责"工作格局。

建立健全情况通报制度。2017年5月23日学校党委审议通过了《北京大学纪检监察案件通报办法》，对通报的定义、通报类型和实施主体、通报内容、方式和范围、通报程序和要求等进行了明确规定。学校纪委办公室监察室将严格按照该通报办法的要求，对性质严重的违纪违规案件进行通报，重点通报包括情节严重、性质恶劣的代表性案件；违反中央八项规定精神甚至顶风违纪的案件；侵害群众利益的不正之风和腐败案件；其他具有普遍教育意义的典型案件。

27. 加强纪委力量，强化监督执纪问责，落实监督责任

充实纪委办公室监察室人员力量，加速推进在重点领域设立纪检监察机构。建立健全审计与纪检监察部门线索移交机制。根据《中共教育部党组关于落实党风廉政建设监督责任的实施意见》《党政主要领导干部和国有企业领导人员经济责任审计规定实施细则》等文件要求，起草《北京大学关于加强纪检监察部门和审计部门协作配合的规定》，进一步明确纪检监察部门与审计部门协作配合机制，提高监督执纪问责的整体合力。

28. 加强教职工管理，严明工作纪律

修订完善《北京大学教师行为规范》《北京大学教职工处分暂行规定》《北京大学教师违规违纪调查处理办法》《北京大学教师教学工作管理办法》，明确教职工权利义务、行为规范和政治纪律要求。

完善监管体系，强化监督问责。对教师违背职业道德规范和其他违规违纪行为，由学校"教师职业道德和纪律委员会"及其办公室负责调查和处理。

完善教育体系，加强培训力度。系统开展《宪法》《高等教育法》《教师法》以及"全国高校思想政治工作会议精神"解读、《北大章程》解读、《过程育人和管理育人》等课程学习；强化师德师风教育，在新教师岗前培训、青年骨干教师培训中设立《教师行为规范》《师德师风典范宣讲》《学术道德与学术规范》等课程板块。

29. 认真调查核实有关问题，严格依规办理

按照巡视反馈意见，学校党委强化政治担当，对学校存在的问题努力做到敢管敢治、严管严治、长管长治。严肃调查和处理巡视发现的违规违纪问题。

根据《教育部直属高等学校国有资产管理暂行办法》和资产购置预算管理要求，进一步梳理校内大额经费管理使用决策的相关规章制度，查找并填补制度缺漏，持续硬化制度约束。

30. 从严从实加强学校管理，进一步推动校本部与医学部深度融合

学校专门成立校本部与医学部深度融合工作领导小组，明确了由校长牵头成立专项工作机构，制定具体推进工作计划和工作实施方案。已形成《推动校本部与医学部深度融合工作方案》，明确了深度融合的思路与原则、问题与任务。融合将遵循医学发展规律，落实国务院办公厅《关于深化医教协同进一步推进医学教育改革与发展的意见》的精神，在医学部运行保持相对独立的前提下，创新体制机制，推动学科交叉，促进医教研更加协调发展；逐步实现干部、教师和学生的合理有序流动，实现资源的合理配置，推动北大医学更好更快发展。

（二）加大对校办企业和所属医院等管理力度，有效防控廉政风险

31. 对校办企业进行清理整顿，切实维护北大声誉

学校党委深入学习贯彻习近平总书记系列重要讲话精神，落实教育部要求，在确保国有资产不流失、保值增值的前提下，积极稳妥地推动校办企业改制，积极申请作为深化改革的试点，探索完善新的模式。

制定校办企业战略调整方案。通过梳理下属企业、调整管理架构，彻底解决层级过多、链条过长、主业不清晰或偏离初衷的问题。

清理企业办学。制定校办企业举办教育及培训机构整改工作方案，明确所属企业必须按照学校要求在3—5年内限期完成清理整顿工作。违规或逾期未能完成清理整顿工作的所属企业，北京大学将根据协定，对所属企业及相关负责人追究责任，并通过法律途径切实维护北京大学和北大校办企业的声誉及权益。

32. 加强学校党委对校办企业的领导，完善校办企业监管体系

积极健全校办企业管理制度体系。努力完善校办企业"三重一大"重大事项决策程序，进一步明确校办企业需要在常委会审议的"三重一大"事项范围，建立健全校办企业定期向学校党委汇报重大事项制度。

完善学校对下属企业的监管制度体系。规范董、监事派出并建立考核制度，在原有基础上，建立新的资产公司董、监事派出制度，新制度对董、监事的派出人数、任职要求、选聘方式及流程、工作机制、监督与考核方式、履职待遇都作了原则规定；建立控股企业预决算及业绩考核制度，对控股公司预算管理原则、预算组织结构、预算编制、预算调整、预算分析、绩效考核、财务决算都作了原则规定，并明确了资产公司要与下属公司签署经营管理责任书，经营管理责任书应包括考核内容、考核期限、绩效过程控制、考核指标及计算方法、薪酬及奖惩等事项；建立审计制度，对审计范围、审计目标、审计程序、审计机构选择、审计后整改都做了原则规定。

33. 着力加强校办企业党建工作

发挥党委政治引领作用，加强企业党建，推进企业各项工作取得实效。组织专项工作调研，系统梳理校办企业党的建设和思想政治工作现状，剖析存在的突出问题，2017年9月30日前启动实施《关于加强北京大学校办企业党建工作的整体方案》。

制定下属企业党组织（含方正集团党委）换届工作方案，完成方正集团党员组织关系调转工作。2017年12月底前完成下属一级控股企业（方正集团等）加强党建工作方案、"三重一大"决策机制（包括公司章程修改和治理结构调整方案）的制订；2017年12月底前制订完成加强产业系统基层党组织建设指导意见，明确校办企业党员关系转入、党费收缴、组织建设等方面的要求。

产业党工委研究探讨下属控股企业党委改选换届问题，准备在方正集团党委进行试点，形成基本工作方案，总的原则是"因企制宜、统一标准、一企一策、平稳推进"，力争用两年左右的时间完成下属控股企业党组织的换届改选。

34. 完善校办企业国有资产管理的机制

成立专项工作组，多管齐下、形成合力。进一步强化源头治理，堵塞管理漏洞，建立健全校办企业国有资产监督体系，依法依规加强开展监督工作，制定和完善责任追究制度。

35. 进一步严格对附属医院的管理

成立北京大学医学部防范附属医院廉政风险工作领导小组和工作小组，指导附属医院对相关问题进行摸底排查，完善防控措施。制定《北京大学医学部防范附属医院廉政风险工作方案》，对落实上级制度、医院内部管理制度等要求进行严格自查，建立问题台账，明确整改责任。截至目前，北京大学第一医院、人民医院、第三医院、口腔医院、肿瘤医院、第六医院等附属医院都已完成《防范廉政风险工作报告》。

建立完善长效机制。强化廉政风险防控的管理，医院与各临床、医技科室、职能处室主任（处长）签订《廉政风险责任书》；将耗材管理纳入医院的医疗管理考评体系之中；公示耗占比，降低医疗成本；监管重点耗材，促进理性使用；严控违规使用，保障医疗安全。

36. 对教育基金会、科研经费管理、招生等若干关键领域存在的问题开展集中专项整治

对教育基金会、基建工程、科研经费、合作办医、招生、后勤等重点领域，学校党委责成各相关单位严格进行自查，从严比对、查清问题，制定专项整改方案，坚决杜绝管理上的"宽、松、软"。7月24日，学校党委约谈了相关单位负责人，就问题排查、整改举措等方面进一步提出明确具体的要求。党委决定，六大重点领域的分管校领导要牵头成立专项整治工作小组，深入、全面、彻底进行清理整治，坚决堵住制度漏洞、防范廉政风险、建立长效机制。

教育基金会方面。重点从6个方面展开整改。第一，严格捐赠来源审核，加强源头风险防控，严格审核捐赠方背景和用途，加强审核流程控制，确保重大资金募捐项目报学校党委常委会审核批准，加强境外捐赠资金管理，制定《北京大学教育基金会接受境外非政府组织捐赠临时活动备案工作办事指南（试行）》。第二，规范项目全过程执行，全面梳理基金会现有的所有捐赠项目，严格要求每个项目程序完备，严格按照捐赠协议执行，所有捐赠项目设立项目负责单位或项目负责人，负责按照捐赠协议依法依规组织项目实施，提交经费使用和项目报告；专项清理管理不规范的捐赠项目，对多年未开展活动的项目进行清理，对项目执行与捐赠协议有偏差的项目进行整改。第三，加强二级单位薪酬金管理，二级单位薪酬金发放纳入学校统一管理，发布《关于捐赠款项发放教职工等人员经费所需材料（试行）的有关通知》，明确发放讲席教授津贴、补贴、绩效奖励，纳入单位薪酬管理办法统一管理，明确奖酬金决定机制和标准，其中事业编制在职人员，经党政联席会审议通过后，分别报学校财务部和基金会备案。第四，加强投资风险管控，加强投资学习，强化学习意识，提高学习水平；落实投资决策与执行相分离的原则，注重从业务审核、法律合规审核、资金调拨审核三条主线严格把控风险；严格执行关联方回避制度，制定《北京大学教育基金会投资工作细则》，明确对于可能存在关联交易的投资项目，投资执行机构需在起草投资建议时，以独立的书面文件说明具体情况；明确单个项目投资上限，原则上不得超过基金会可投资资产市值的10%，分散投资风险；修订《北京大学教育基金会投资资金调拨管理办法》，进一步强调资金调拨需要同时依据投资决策和有效的合同文本，严格资金调拨流程；增设投资风险控制岗位，增加投资人员配备，加强风险控制力量，完善风险控制机制。第五，严格制度执行，建立长效机制，扎实开展制度学习和培训；建立基金会制度体系定期检查机制，按照《北京大学教育基金会控制工作手册》，采取专项检查、随机抽查相结合的方式，定期和不定期开展内控检查。第六，强化学校和理事会对基金会的双重领导，将学校党委常委会听取教育基金会工作汇报的做法制度化，加强学校党委对基金会工作的领导，党委常委会每学期至少听取一次基金会工作汇报并做出决策；加强学校财务对基金会财务的业务指导和监督；建立学校审计室年度审计教育基金会的机制；加强党的建设，建立廉洁风险防控机制，制定《北京大学教育基金会党风廉政建设责任制实施细则》，细化落实"两个责任"的任务、目标、要求，明确对落实不力情况的问责措施。

基建工程领域。健全部门网上信息公开，确保学校基本建设情况公开的及时、准确；完善招标信息公示，将项目招标公告、中标公示均在网上公开。改造地下车库，拓展地下空间使用，已实施法学院、光华管理学院、政府管理学院地下停车场连通工程，建成后可提供约189个停车位。起草修订了《北京大学基本建设管理办法》《北京大学基建工程部施工管理制度》《施工现场安全管理制度》，制定落实"三重一大"制度和党风廉政建设责任制的管理实施办法。建立完善廉洁风险防控体系，防控工作主要集中在规范招投标、工程洽商、工程款支付、工程决算等方面，在决策阶段、设计阶段、招投标阶段、施工阶段、工程结算阶段等五个阶段对工程造价进行严格管控。

科研经费领域。制定了国内差旅费、会议费、教学科研人员因公临时出国经费、人文社科科研经费、国防项目经费、理工科民口科研经费、科技开发技术合作项目及经费等管理办法；制定了加强经费使用和管理、野外考察差旅费管理、国内公务接待管理实施办法等符合科研实际需要的内部报销规定；进一步健全了科研财务助理制度；建立健全科研项目资金管理使用的三级管理责任、大额资金分级审批制度、科研经费支出稽核制度；已上线网上报销、财务系统，与十几个业务系统实现了互联互通，实现了业务审核和资金支付全链条管理、自主研发平台统一收费；加强科研信息公开，出台了《北京大学科研信息公开暂行办法》，明确了北京大学科研信息公开的范围、内容和部门职责等；完善内控制度，并形成了理工科研项目、人文社科科研项目、军工科研项目专项整治报告。

合作办医方面。加强相关规章制度执行力度，确保医学部和各医院对规章制度宣传到位、执行有力，对于未执行相关规章制度的医院，由医学部牵头完善规章制度，明确惩罚措施。进一步完善医院对外合作办医管控体系，明确主责部门，全面负责对外合作办医管理，医院层面相关处室具体进行落实，由该处室统一对医院对外合作项目进行归口管理，逐步规范合作行为，对项目进行前期评估、中期督导、后期反馈的全流程规范管理。加强合作前期可行性研究，强化对外合作办医项目可行性研究工作，在医院领导层决策前，需要形成具有数据支撑、前景分析的书面可行性研究报告，供决策时参考借鉴。强化医学部层面对外合作办医备案制度，坚决落实对外合作办医备案制度，已梳理现有对外合作办医的情况，今后每年更新一次，建立合作办医台账及问题隐患清单。坚决执行对外合作办医合同，规范合同模板，明确违约责任，必须经由专业法律人士审核后方可签署，严格合同执行，督促合作医院规范挂牌和按时缴纳合作费用。明确合作办医项目退出机制。

招生领域。本科生招生方面，加强廉洁教育，下发《招生管理工作廉洁手册》；完善制度建设，出台《北京大学本科招生工作管理规定》《北京大学招生工作责任制及违规行为处理暂行办法》；加强舆论引导；进一步明确自主选拔加分使用规则；推进特殊类型招生测试改革，实行专业测试"考评分离"办法，现场录像、异地评审；加强各类型测试保密要求，要求所有参与自主考试命题的人员签订《北京大学保送生、自主招生、留学生命题保密责任书》《北京大学本科招生考试命题人员保密责任书》；强调廉洁回避制度，要求所有参与自主选拔评审专家签订《廉洁保密回避承诺书》。研究生招生方面，成立研究生招生工作领导小组，加快出台《北京大学硕士研究生招生工作管理规定》《北京大学博士研究生招生工作管理规定》等相关管理规定，科学合理分配招生名额，规范考务，严防泄密。进一步加强招生信息公开的力度，全程录音录像，加强监管督查。进一步完善申诉机制，严肃招考纪律，严肃处理招考工作人员的违纪行为。

后勤领域。学校总务部、房地产管理部以及会议中心、餐饮中心、动力中心、公寓服务中心、校园服务中心等单位认真自查自纠，分别形成了专项整改报告。总务部完善了对餐饮中心部分维修及设施更换等工作的管理制度、强化基础设施维修改造及更新项目的立项程序的执行、严格执行学校关于工程管理相关制度及规定。房地产管理部制定公用房出租管理办法，改组或设立相关领导小组，细化操作流程，建立内部控制机制。会议中心制定会场预订使用和大型活动举办管理制度、严格会场使用和大型活动举办审批手续、加大制度规范落实力度、加强财务人员教育和财务制度落实，并完善了安全生产方面的管理制度。餐饮中心对所有食堂外围环境进行集中整治，未经学校保卫部门批准，不在食堂外围乱设摊点。动力中心建立公共浴室学生监督员机制，进一步完善中心采购及招标管理制度，强化党总支监督职能。公寓服务中心遵照上级文件，进一步修订完善《北京大学学生宿舍管理规定》。校园服务中心开展了管理、财务、用工规范方面的整治。

（三）严格落实中央八项规定精神，坚持不懈纠正"四风"

37. 严肃查处各类违规违纪行为，打好作风建设持久战，营造风清气正的校园政治生态

系统梳理违反中央八项规定精神的典型案例，进行警示通报，及时处理违规违纪行为。4月14日下午，学校党委召开党风廉政建设警示教育大会，通报了北京大学违反中央八项规定精神等方面的13个典型案例。全校领导、干部、师生代表等共1700余人参加会议，这是对全校党员的一次深刻的党课教育，起到了良好的教育效果。4月19日，学校党委召开"北京大学党政领导班子党风廉政建设警示教育专题民主生活会"，领导班子成员逐一作了深刻检查，深入查找对中央八项规定精神认识不到位、执行不到位的问题，剖析问题根源，并表示完全拥护中央从严治党的要求、坚决落实中央八项规定精神，要带头落实"一岗双责"，抓好整改工作，为广大党员树立信心，营造风清气正的氛围。

认真核查违反中央八项规定精神问题线索，严肃处理违规人员。

加强管理，制定《北京大学关于国内出差城市间交通费报销管理的补充规定》；加强信息化建设，将出差人员等级、出差地点和出差标准进行自动关联，实现自动控制，以信息化手段优化财务审核流程和内部控制。

对照"八项规定""六项禁令"逐条核对，制定、修订完善相关规章制度共计16项。制定了《北京大学公务交往中收受礼品的管理规定》《北京大学接待用餐管理规定》《北京大学公务用车管理办法（试行）》。修订了《北京大学公用房管理条例》及其细则。以上制度都将于近期完成审议程序开始实施。

五、巩固深化巡视整改成果，奋力加快创建中国特色世界一流大学

经过2个月的集中攻坚，巡视整改取得了阶段性成效，但全面从严治党永远在路上，整改永远在路上，改革永远在路上。北大党委将继续把巡视整改作为长期的、重大的政治任务，持续用力、久久为功，推动全面从严治党不断向纵深发展，为加快建设中国特色世界一流大学提供坚强政治保证。

（一）进一步增强"四个意识"，切实维护党中央权威

要进一步提高政治站位，增强政治觉悟，自觉向党中央看齐，向党的理论和路线方针政策看齐，向党中央决策部署看齐，更加紧密地团结在以习近平同志为核心的党中央周围，更加坚定地维护以习近平同志为核心的党中央权威，更加自觉地在思想上政治上行动上同以习近平同志为核心的党中央保持高度一致，不折不扣地落实党的路线方针政策和中央决策部署，确保党中央政令畅通、令行禁止。要持续深入学习领会习近平总书记系列重要讲话精神和党中央治国理政新理念新思想新战略，全面贯彻党的教育方针，始终坚持以马克思主义理论体系武装师生头脑、指导办学实践。特别是要深入学习领会习近平总书记2016年12月在全国高校思政工作会议上的重要讲话精神和2014年5月4日视察北京大学时的重要讲话精神，不断深化思想认识、增强行动自觉，着力推动习近平总书记重要讲话精神在北大落地生根，在建设中国特色世界一流大学上迈出更加坚实的步伐。

（二）持之以恒抓好后续整改，建立健全长效机制

要以强烈的政治担当，持续用力抓好后续整改工作，坚决打赢巡视整改这场攻坚战。要坚持以上率下，严格落实巡视整改主体责任，一级抓一级，层层抓落实，确保把每一项整改任务不折不扣落到实处。要坚持分类施策，对已经取得阶段性成果的整改事项和基本整改到位的具体问题，适时组织开展"回头看"，坚决防止反弹回潮；对需要中长期解决的问题，要科学制定整改规划，明确时间表、路线图，紧盯不放、加强督办；对在整改落实工作中不主动、不作为、不投入的单位和责任人，要严厉查处，严肃问责。要坚持举一反三、标本兼治，针对问题易发多发的重点领域和关键环节，着力扎紧制度笼子，强化制度的硬约束，加强源头治理，推动形成依靠制度管权管人管事的长效机制。要加强对制度执行情况的监督检查，不断增强制度执行力，维护制度的严肃性和权威性。

（三）强化责任担当，构筑促改革抓发展保稳定的强大力量

要把学校发展方向同我国发展的现实目标和未来方向紧密联系在一起，坚持为人民服务，为中国共产党治国理政服务，为巩固和发展中国特色社会主义制度服务，为改革开放和社会主义现代化建设服务，紧紧围绕学校党建和思想政治工作、"双一流"建设、综合改革等重点任务，坚持不懈地察实情、出实招、干实事，以更加优质的办学质量和更加突出的党建和思想政治工作成效，当好中国高等教育的排头兵。要发扬艰苦奋斗精神，勇于担当、敢于负责，面对任务不推诿，面对挑战不退缩，面对矛盾不逃避，在主动攻坚克难中推动学校发展迈上新台阶。要坚持把政治纪律和政治规矩挺在前面，严格遵守政治纪律政治规矩，切实增强政治敏锐性和政治鉴别力，坚决同破坏政治纪律政治规矩的行为作斗争；要针对高校意识形态工作的特点，始终绷紧意识形态安全这根弦，严格落实意识形态工作责任制，加强阵地管理，强化舆论引导，牢牢掌握意识形态工作主动权；强化底线思维、问题导向，提升预测预警预防能力，坚决履行好维护北大安全稳定的重大职责。

（四）落实全面从严治党责任，营造风清气正的政治生态

要充分发掘北大光荣革命传统的丰富历史内涵和时代意义，进一步增强管党治党的责任感和紧迫感，坚定不移地把全面从严治党不断引向深入。要健全学校党委常委会抓党建工作机制，发挥党委工作部门职能作用，推动全面从严治党各项任务落到实处。要积极探索创新，深入研究总结规律，加强对基层院系党建的指导，着力增强党建工作的生机与活力。要认真执行党章党规党纪，切实用纪律和规矩管党治党，把严的要求贯穿管党治党全过程。要推进党内政治文化建设，使党的纪律、规矩、制度成为党员干部的自觉追求，以良好政治文化涵养良好政治生态。加强学校领导班子自身建设，着力加强政治能力建设，带头严肃党内政治生活，大力弘扬优良作风，始终保持清正廉洁的政治本色，不断提高领导科学发展的能力和水平。坚持选人用人正确导向，全面提升选人用人工作水平，坚决肃清选人用人不正之风，坚决杜绝违规提拔、"带病提拔"。进一步健全责任体系，强化考核导向，用好问责利器，坚决把压力逐级传导下去，确保全校各级党组织都能把管党治党责任扛在肩上，形成全面从严治党的强大推力。

（五）坚持以人为本、以师生为本，建成安定团结的模范之地

落实好党的知识分子政策、做好统一战线工作、群众工作和学生工作，做好老干部和离退休工作。让广大教师在组织上更有依靠，生活上更安心，工作上更专注，支持教师立足教学科研岗位建功立业，鼓励他们积极参与学校各项工作，提升依法治校、民主治校的水平，引导教师与党同心同向同行，为国家和人民的事业贡献智慧和力量。进一步聚焦立德树人根本任务，扎扎实实抓好教学科研中心任务。充分激发和调动广大教师投身立德树人事业的积极性主动性创造性，让教师都能静下心来做学问，都能把心放在学生身上。要真正体现以人为本、以师生为本，把最主要的资源都用在老师和学生身上。凡是师生反映强烈的问题，凡是损害师生利益和北大合法权益的事情，党委都必须高度重视，都必须在第一时间回应并努力提出解决办法。继续整治校园环境、提升周边家属园区管理水平、改善教师人居条件，让师生能够安心工作学习；积极推进校园民生工程，全力改善师生员工和离退休老同志的生活待遇，改善医疗条件，让教师更有尊严感和幸福感。大力提倡同舟共济的精神，师生之间、同事之间、院系之间、学科之间，要互相理解、互相信任、互相包容、互相尊重、互相欣赏，要协调好校内各个群体的关系，使师生的个性与才华得到充分的展示和发挥。要消解躁气、弘扬正气，凝聚和壮大正能量，让大家心情舒畅、人尽其才，保证学校有好的氛围、好的生态。

北京大学党委将更加脚踏实地、奋发有为，努力做巡视整改的标杆，以优异的成绩、崭新的精神面貌迎接党的十九大胜利召开。

欢迎广大干部群众对巡视整改落实情况进行监督。如有意见建议，请及时向我们反映。联系方式：电话：010-62751201，010-62751301；地址：北京市海淀区颐和园路5号北京大学办公楼115室，北京大学党委办公室校长办公室，邮编100871；电子邮箱115@pku.edu.cn。

中共北京大学委员会
2017年8月30日

中国共产党北京大学第十三次党代会

中国共产党北京大学第十三次党员代表大会召开

2017年11月18日上午，中国共产党北京大学第十三次党员代表大会在百周年纪念讲堂开幕。本次党代会是在北大改革发展进入新时代、全校深入学习贯彻落实党的十九大精神的关键时期召开的一次十分重要的大会。

大会的主题是：以党的十九大精神为指引，全面贯彻习近平新时代中国特色社会主义思想，落实立德树人根本任务，加快"双一流"建设，开启中国特色世界一流大学发展新征程，为实现"两个一百年"奋斗目标和中华民族伟大复兴的中国梦作出新的历史性贡献。

百周年纪念讲堂内气氛热烈，主席台上方悬挂着"中国共产党北京大学第十三次党员代表大会"的会标，后幕正中十面鲜艳的红旗分列两侧，簇拥着由镰刀和锤头组成的党徽。"以党的十九大精神为指引，开启中国特色世界一流大学发展新征程"的条幅悬挂在二楼眺台上。

出席大会的领导嘉宾有中共中央政治局委员、北京市委书记蔡奇，教育部党组书记、部长陈宝生，国家卫生计生委副主任曾益新，人民日报社副社长张建星，新华社副社长张宿堂，北京市委常委、教育工委书记林克庆，北京市委常委、秘书长崔述强，北京市副市长王宁。应邀出席本次大会的兄弟院校领导有清华大学党委书记陈旭、中国人民大学党委书记靳诺、北京师范大学党委书记程建平、北京航空航天大学党委书记张军、北京理工大学党委书记赵长禄、中国农业大学党委书记姜沛民、中国人民武装警察部队学院副院长张京。在主席台就座的还有北京外国语大学、北京交通大学、中国传媒大学、北京协和医学院、北京工业大学、首都医科大学、首都师范大学的领导同志。

大会还收到了浙江大学、复旦大学、南京大学等44家兄弟院校及有关单位发来的贺信。

学校老领导、第九届全国人大常委会副委员长、88岁高龄的彭珮云也亲临大会。在主席台就座的还有汪家镠、王学珍、任彦申、许智宏、王德炳、闵维方、朱善璐、王恩哥等北大部分历任领导。北大哲学社会科学资深教授、光华管理学院荣誉院长厉以宁，计算机科学技术研究所教授陈堃銶，还有在抗日战争时期参加革命工作、原法律系主任、96岁高龄的马振明也在主席台就座。中国语言文学系教授、本次党员代表大会最年长的正式代表、86岁高龄的乐黛云也带病参加大会。

中央组织部，教育部，北京市委、市政府相关部门，海淀区委、昌平区委、怀柔区委的负责同志也出席了大会。

学校及医学部历任老领导，十二届党委委员、纪委委员，全国人大代表、全国政协委员，民主党派、侨联负责人，无党派人士代表，2012年以来获得校级以上奖励表彰的先进模范人物，教师、学生代表，学校各单位负责同志，工会、学生会、研究生会代表，校友代表等应邀出席本次大会。

本次大会执行主席由主席团常务委员会12位委员同志轮流担任。开幕会由林建华主持。

林建华宣布大会应出席代表300人，因事因病请假1人，实到299人。今天到会的列席人员111人，其他参会人员800余人。大会出席代表达到规定人数，大会正式开幕。

在雄壮的乐曲声中，全场起立，高唱《中华人民共和国国歌》。

郝平代表学校第十二届党委作题为《以党的十九大精神为指引，开启中国特色世界一流大学发展新征程》的报告。报告共分五部分：五年工作回顾；继承和发扬北大光荣传统，明确历史使命与历史方位；聚焦七大任务，加快"双一流"建设；

突出五大重点，全面深化综合改革；打铁必须自身硬，开创党建和思想政治工作新局面。

回顾五年来的发展历程，郝平说，五年来，学校党委牢固树立"四个意识"，深入贯彻落实党的十八大和十八大以来历次中央全会和十九大精神，贯彻落实2014年5月4日习近平总书记在北大师生座谈会上的重要讲话精神及全国高校思想政治工作会议和中央31号文件精神，带领全校师生员工确保中央大政方针和决策部署在北大落地生根，在人才培养、科学研究、社会服务、文化传承创新等各个方面做出了实实在在的成绩；制定并实施了新中国成立以来北大的第一部章程，党建和思想政治工作扎实推进，重要领域和关键环节改革取得突破性进展，制定"双一流"建设方案并稳步推进，办学实力和影响力显著增强，为北大长远发展奠定了更加坚实的基础。

郝平强调，不忘初心，方得始终。为人民谋幸福、为民族谋复兴，就是北京大学的初心，就是全体北大共产党人的庄严使命。从诞生之日起，北大就与国家民族的命运紧密相连，北大是新文化运动的中心和五四运动的策源地，是中国最早介绍、研究、传播马克思主义的发祥地和中国共产党最早的活动基地。中国共产党的初心，早已融入北大的精神，早已铸进北大人的灵魂。北大的历史告诉我们：必须坚持党的领导，与党砥砺奋进的步伐同向同行；必须坚守光荣传统，与国家民族同呼吸共命运；必须坚持正确方向，挺立时代潮头，投身社会发展的主流之中；必须把立德树人作为根本任务，把繁荣学术、追求真理作为根本追求。这是我们的力量之源、办学之基。

郝平说，北京大学新时代的核心使命是要继续引领中国高等教育，扎根中国大地，开启建设中国特色世界一流大学和一流学科新征程，而未来五年是打好基础、谋篇布局的关键阶段。全校师生员工要把学习贯彻十九大精神作为首要政治任务，加快"双一流"建设，聚焦七大任务：一是贯彻"德才均备、体魄健全、守正创新、引领未来"的方针，构建符合中国国情、具有世界一流水准的人才培养体系；二是加快构建具有全球竞争力的人才制度体系，聚天下英才而用之；三是根据不同学科的特点确定不同的建设任务，创造能够推动人类进步的新知识、新思想、前沿科学和未来技术，形成一批世界领先的标志性成果；四是进一步形成中国风格、北大学派，构建立足于中国特色社会主义成功实践的哲学社会科学体系；五是发挥北大医学优势，在健康中国战略的实施中有更大的担当和作为；六是要为构建人类命运共同体、推动世界共同发展发挥桥梁纽带作用，服务中外人文交流；七是全力配合首都发展战略，全力支持首都重大工作，深化共享理念，普惠发展成果，承担社会责任。为加快"双一流"建设提供新的动力，北大还要重点推进人才培养模式、人事制度、治理体系、学术体系、资源配置体系五大改革。专注未来、主动引领、长远规划、重点突破，为实现"两个一百年"奋斗目标和中华民族伟大复兴的中国梦作出新的历史性贡献。

郝平强调，在开启北大发展新征程中必须毫不动摇地坚持和完善党的领导，开创党建和思想政治工作新局面。要坚持用习近平新时代中国特色社会主义思想武装头脑、指导工作；坚持党管干部原则，德才兼备、以德为先；坚持抓基层、夯基础，把各级基层党组织建设成坚强的战斗堡垒；坚持坚定不移推进作风建设、纪律建设，巩固拓展落实中央八项规定精神成果，坚决防止"四风"问题反弹回潮；坚持落实意识形态工作责任制，做好网络舆论引导和网上思想政治工作；坚持"稳定压倒一切"，全力确保安全稳定；坚持巩固发展统一战线，加强群团工作；坚持求真务实，进一步营造良好的政治生态；坚持深入贯彻以人民为中心的发展思想，抓好校园民生、满足师生美好生活需求。

郝平指出，党的十九大提出了新的行动纲领，给北大指明了前进方向、提供了强大动力。我们要更加紧密地团结在以习近平同志为核心的党中央周围，深入学习宣传贯彻落实党的十九大精神，不忘初心、牢记使命、抓住机遇、再立新功。

陈宝生代表教育部党组对大会的召开表示热烈祝贺。他说，北大在党中央、国务院的领导下，深入学习贯彻习近平新时代中国特色社会主义思想，不断推进中国特色世界一流大学建设，学校人才培养、科学研究、社会服务、国际交流水平显著提升，党的建设和思想政治工作不断加强，现代大学治理体系进一步完善，国际影响力、竞争力明显提高，涌现出一大批优秀典型代表，培养出一大批各行业领军人才，为我国高等教育事业和社会经济发展作出了卓越贡献。进入新时代，要承担新使命、开启新征程。党中央发出了加快教育现代化、办好人民满意教育、建设教育强国的动员令，陈宝生希望北京大学要担当学习标杆，认真学习、深入领会、大力宣传、全面贯彻党的十九大精神，深入学习习近平新时代中国特色社会主义思想，从教育实际出发，走出一条具有教育特色的学习宣传贯彻十九大精神的路子，切实做好习近平新时代中国特色社会主义思想进学术、进学科、进课程、进培训、进读本，积极营造学起来、教起来、传起来、研起来、干起来、实起来的良好氛围；要担当育人标杆，以社会主义核心价值观为引领，以提升思想政治工作质量为目标，以实施素质教育为抓手，大力加强师德建设，着力培养德智体美全面发展的社会主义建设者和接班人；要担当奋进标杆，北大作为我国高等教育的一面旗帜，要时刻牢记肩负的历史使命和时代责任，加快"双一流"建设，推进内涵式发展，在建设教育强国的进程中书写好北京大学改革发展事业的奋进之笔、得意之作，走出一条中国特色、北大风格的世界一流大学发展道路；要担当党建标杆，坚持党对学校的全面领导，以政治建设为统揽，全面推进党的政治建设、思想建设、组织建设、作风建设、纪律建设，把制度建设贯穿其中，不断提高党的建设质量和水平。

陈宝生希望各位代表认真审议第十二届党委、纪委工作报告，使审议过程成为进一步学习贯彻十九大精神、总结办学经验、明确发展思路的过程；成为进一步坚定信念、凝聚共识、汇集意见的过程。最后他祝愿北京大学在新一届党委领导下在实现中华民族伟大复兴中国梦的实践中作出更大贡献。

蔡奇发表重要讲话。他代表中共北京市委对大会召开表示热烈祝贺，并充分肯定了近年来北大认真贯彻党的教育方针、继续发扬"爱国、进步、民主、科学"的光荣传统、持续深化综合改革、积极推进现代大学制度建设，在人才培养、科技创新、社会服务、文化传承和国际交流等方面取得的显著成绩。

他说，多年来，北京大学始终坚持立足北京、服务北京、融入北京，积极参与疏解北京非首都功能，参与北京"四个中心"功能建设，参与京津冀协同发展战略，为首都发展作出了重要贡献，他代表市委市政府向北京大学表示感谢。

蔡奇表示，党的十九大开启了党和国家发展的新征程，希望北京大学把全校党员干部、师生员工的思想和行动统一到党的十九大精神上来，把各方面的力量凝聚到落实党的十九大做出的重大战略部署上。他提出了四点希望。一是坚持在立德树人上创一流。坚持社会主义办学方向，认真贯彻落实全国高校思政会议精神，大力弘扬和培育社会主义核心价值观，让学生成长为德才兼备、全面发展的人才。二是在研究传播科学理论上创一流。发挥资源优势，提高学术原创能力，加强学术话语体系建设，努力在理论创新、思想引领和价值创造上走在前列。三是在服务经济社会发展上创一流。坚持扎根北京，积极服务首都发展，发挥文化底蕴深厚的优势，传承和弘扬优秀传统文化，坚持以文化人、以文育人，作好首都文化的大文章，在建设全国文化中心、增强国家文化软实力上发挥应有的作用。四是在全面从严治党上创一流。进一步增强"四个意识"，坚决维护以习近平同志为核心的党中央权威和集中统一领导，深入贯彻落实新时代全面从严治党新要求，把政治建设放在首位，着力加强理论武装，不断提升党建工作水平，把学校各级党组织建设得更加坚强有力，在北京地区高校中发挥示范带动作用。

蔡奇表示，市委市政府将一如既往地大力支持北京大学的发展，积极协调解决学校发展中的难题，努力为北京大学开启中国特色世界一流大学发展新征程创造更好的发展环境和条件。他希望北大不忘来时的路，牢记重托，肩负使命，开拓进取，奋发有为，在建设中国特色世界一流大学的进程中，在实现"两个一百年"伟大目标和中华民族伟大复兴中国梦的历史进程中续写新篇章，再创新辉煌。

18日下午和19日上午，与会党代表分成18个小组，围绕学校党委工作报告和纪委工作报告进行分组讨论。

11月19日下午，中国共产党北京大学第十三次党代会选举大会和闭幕会在英杰交流中心举行。会议通过了关于中共北京大学第十二届委员会工作报告和中共北京大学纪律检查委员会工作报告的决议，选举产生了新一届中共北京大学委员会和中共北京大学纪律检查委员会。大会闭幕会由林建华同志主持。选举大会由刘玉村同志主持。

选举大会表决通过了大会选举办法和中共北京大学第十三届委员会委员、纪律检查委员会委员候选人名单，以及监票人、总监票人、计票人和总计票人名单。

在总监票人主持下，大会选举产生了中国共产党北京大学第十三届委员会和中国共产党北京大学第十三届纪律检查委员会。郝平等29人当选新一届校党委委员，叶静漪等15人当选新一届纪委委员。

大会表决通过了《中国共产党北京大学第十三次代表大会关于中国共产党北京大学第十二届委员会工作报告的决议》和《中国共产党北京大学第十三次代表大会关于中国共产党北京大学第十二届纪律检查委员会工作报告的决议》。

党代会提案工作委员会主任安钰峰同志向大会作提案工作报告。截至11月19日上午，此次党代会代表共提交提案43件，涉及党建工作、发展规划、民生问题、管理服务、思想政治工作、人才培养与学科建设、队伍建设与人才工作等多个方面。安钰峰表示，提案工作委员会将在大会闭幕后召开专门会议，进一步审查代表提案，以认真、科学、严谨的态度对待每一件提案，确保提案办理质量。

郝平同志致大会闭幕词。他说，这次党代会以党的十九大精神为指引，在以习近平同志为核心的党中央高度重视和亲切关怀下，在北京市委和教育部党组的领导和支持下，圆满完成大会各项议程，是一次不忘初心、牢记使命的大会，是一次继往开来、团结奋进的大会，是一次统一思想、凝聚力量的大会，是一次求真务实、开拓创新的大会。通过这次会议，进一步动员、凝聚了全校党员和广大师生员工的智慧与力量，从思想上、政治上、组织上为北大今后一个时期的发展奠定了坚实基础，提供了坚强保证，必将在北大发展史上产生重大而深远的影响。

郝平指出，大会认真总结了过去五年北京大学取得的成就和经验，客观分析了存在的问题，查找了差距与不足，对北大面临的形势和任务做出了准确判断；深刻阐述了新时代北大和北大共产党人的历史使命和历史方位，明确了"为人民谋幸福、为民族谋复兴"的庄严使命，总结了五条必须始终坚持的基本经验；从"双一流"建设、综合改革、党的建设三个方面提出了未来五年乃至更长一个时期北京大学的发展战略和总体思路，明确了一系列实事求是的行动计划和工作方案；代表们以高度的政治责任感和历史使命感，充分发扬民主，忠实履行职责，积极建言献策，共商发展大计，展现出坚强的党性原则和良好的精神风貌。

郝平强调，大会明确了今后一段时期学校发展建设的总体要求、奋斗目标和主要任务，提出了"两个融入"的工作主线，提出了"双一流"建设的"七大任务"，提出了全面深化综合改革的"五大重点"，提出了党建和思想政治工作的"十大要求"；全校各级党组织要把思想和行动真正统一到学校党委的决策部署上来，要加大宣传力度，营造良好氛围，推动全校迅速兴起学习贯彻会议精神的热潮。他要求全校广大党员和师生员工，以永不懈怠的精神状态和一往无前的奋斗姿态，不忘初心、牢记使命，在一代代北大人创造的辉煌历史基础上，一步一个脚印把美好蓝图变为现实，为实现学校第十三次党代会确定的目标任务而努力奋斗。

大会在雄壮的《国际歌》声中胜利闭幕。

闭幕会后，中国共产党北京大学第十三届委员会第一次全体会议在英杰交流中心月光厅召开，会议选举产生了中国共产党北京大学第十三届委员会常务委员会委员和书记、副书记。中国共产党北京大学第十三届委员会全体委员29人参会，郝平主持会议。

会议首先表决通过了会议选举办法和中国共产党北京大学第十三届委员会常务委员会委员和书记、副书记候选人名单，以及监票人名单。

在监票人主持下，会议选举产生了中国共产党北京大学第十三届委员会常务委员会委员和书记、副书记。郝平等13人当选新一届党委常委，郝平当选书记，林建华、于鸿君、安钰峰、叶静漪、刘玉村等5人当选副书记。选举结果将报请上级批准。

会议表决通过了中国共产党北京大学第十三届纪律检查委员会第一次全体会议选举结果的报告。

郝平发表了讲话。他首先代表新一届党委对全体党员的信任和支持表示感谢。他说，学校第十二次党代会召开以来，校党委团结和带领全校党员和师生员工，在人才培养、科学研究、社会服务、文化传承创新等方面干出了实实在在的成绩，为北大长远发展奠定了坚实的基础。上一届校党委班子任职期间，兢兢业业，勤勉工作，为学校改革发展倾注了大量心血，作出了重要贡献。

郝平说，他深感责任重大、使命光荣，表示将与各位校党委副书记、常委、委员一起组成一个坚强的战斗团队，紧紧围绕在以习近平同志为核心的党中央周围，倍加珍惜广大党员和师生员工的信任与厚望，全力以赴完成好学校第十三次党代会确定的各项目标和任务，绝不辜负党和人民的期望，绝不辜负北大全体党员和师生员工的信任和希望。

郝平代表新一届党委常委会对下一阶段工作提出要求：第一、带头深入学习贯彻落实党的十九大精神，用习近平新时代中国特色社会主义思想武装头脑、指导实践；第二、带头牢固树立政治意识、大局意识、核心意识、看齐意识，坚决维护党中央的权威；第三、带头落实全面从严治党的主体责任，健全党建工作机制，进一步加强和规范党内政治生活；第四、带头践行以师生为中心的发展思想，努力实现好、维护好、发展好广大师生的根本利益。

郝平指出，全校党员和师生员工要更加紧密地团结在以习近平同志为核心的党中央周围，抓住难得机遇，坚定必胜信心，开拓进取，奋发有为，全面完成学校第十三次党代会确立的宏伟目标，奋力开启中国特色世界一流大学发展新征程。

以党的十九大精神为指引
开启中国特色世界一流大学发展新征程

——在中国共产党北京大学第十三次党员代表大会上的报告

郝 平

2017年11月18日

同志们：

现在，我代表中国共产党北京大学第十二届委员会向大会作报告。

中国共产党北京大学第十三次党员代表大会，是在我校改革发展进入新时代，全校深入学习贯彻落实党的十九大精神的关键时期召开的一次十分重要的大会。

大会的主题是：以党的十九大精神为指引，全面贯彻习近平新时代中国特色社会主义思想，落实立德树人根本任务，加快推进"双一流"建设，开启中国特色世界一流大学发展新征程，为实现"两个一百年"奋斗目标和中华民族伟大复兴的中国梦作出新的历史性贡献。

一、五年工作回顾

学校第十二次党员代表大会召开以来，党委团结带领全校党员和广大师生员工，深入学习贯彻党的十八大、十八大以来历次中央全会和十九大精神，全面加强党的领导和党的建设，推出了一系列影响深远的改革举措，制定了一系列关系重大的规章制度，在人才培养、科学研究、社会服务、文化传承创新、国际合作与交流等各个方面干出了实实在在的成绩，始终保持政治稳定，沿着中国特色世界一流大学创建道路继续前进并取得了新进展，为北大长远发展奠定了更加坚实的基础。

（一）党委把方向、管大局、做决策、保落实，确保中央大政方针和决策部署在北大落地生根，形成生动实践

深入贯彻落实党的十八大和十八大以来历次中央全会精神。学校党委牢固树立政治意识、大局意识、核心意识、看齐意识，以习近平总书记系列重要讲话精神和治国理政新理念新思想新战略为指引，围绕统筹推进"五位一体"总体布局、协调推进"四个全面"战略布局，将"创新、协调、绿色、开放、共享"的新发展理念贯彻到学校《"十三五"规划》《学科总体规划（2016—2020）》等战略规划中，抓好顶层设计。按照党中央的决策部署，扎实开展党的群众路线教育实践活动、"三严三实"专题教育，推进"两学一做"学习教育常态化制度化并取得实效。

掀起学习贯彻党的十九大精神热潮。党的十九大期间，全校党员和师生员工聆听习近平总书记的报告，完全赞同、衷心拥护、深受鼓舞。十九大闭幕后，学校党委把学习贯彻十九大精神作为首要政治任务，第一时间召开党委常委会、理论中心组学习会、中层干部大会和全校党支部书记大会进行传达，组织专家学者深入研讨，形成学习宣传热潮。党委还结合北大实际，明确了"两个全面融入"的工作主线：一是用习近平新时代中国特色社会主义思想全面指导管党治党、办学治校各项工作，把习近平新时代中国特色社会主义思想全面融入办学思想、教育思想，以新思想引领新征程，用新思想培育一代新人；二是更加自觉地把学校发展方向同国家发展的现实目标和未来方向紧密联系在一起，融入科教兴国、人才强国战略，坚持为人民服务，为中国共产党治国理政服务，为巩固和发展中国特色社会主义制度服务，为改革开放和社会主义现代化建设服务。

深入贯彻落实2014年5月4日习近平总书记在我校师生座谈会上的重要讲话精神。学校党委研究制定了落实讲话精神的六条意见，同时根据中央调研组两次回访调研的要求，聚焦问题狠抓落实。三年多来，我们按照总书记的指示，扎根中国大地办大学，坚持中国特色世界一流大学创建道路，努力谱写"世界上第一个北大"的崭新篇章；引导学生勤学、修德、明辨、笃实，树立和培育社会主义核心价值观，扣好人生"第一粒扣子"，培养德智体美全面发展的社会主义建设者和接班人。

深入贯彻落实全国高校思想政治工作会议和中央31号文件精神。近一年来，为加强和改进思想政治工作，学校党委召开了全校思想政治工作会议和40多场座谈会、研讨会、经验交流会、现场办公会，制定了《实施意见》及10个任务分解方案。各院系、职能部门、直属附属单位和各附属医院开展专题学习活动400余次，拿出了不少叫得响、立得住、师生认可的真招、实招，学校党委认真总结这些生动鲜活的好经验并加以推广。

积极配合中央巡视,坚决整改落实。2017年3月1日至4月30日,中央第十三巡视组对北京大学党委进行专项巡视。2017年6月9日,中央巡视组向学校党委反馈了巡视意见。我们诚恳接受、严肃对待、照单全收,按照习近平总书记的重要指示精神,牢固树立标杆意识,盯住问题勇于担当,改过不吝,确保件件有着落、事事有回音。在2个月的集中整改中,确定了41项整改任务,细化为362条具体举措,并注重将整改成果转化为制度建设成果,新制定规章73项,修订规章42项。整改情况向全社会公开。通过巡视整改,强化了党的领导,党风、政风、校风、学风得到极大改善,广大党员和师生员工的精神面貌发生很大变化。

深入学习贯彻习近平总书记对北京的重要讲话精神,立足北京、服务北京、融入北京。聚焦首都"四个中心"功能建设和"三城一区"建设,在中关村科学城重点布局信息科学、生命科学相关领域的研发,在怀柔科学城布局大科学设施研发,在未来科学城深化与大型企业的合作,在亦庄经济技术开发区孵化新型创新企业。牵头建立北京协同创新研究院,已启动约150个项目,其中2/3以上实现了转移转化。以首都发展研究院、京津冀协同发展联合创新中心、城市治理研究院等智库为平台,为首都发展献计献策。各附属医院全力支持非首都核心功能疏解,投身城市副中心建设,主动对接雄安新区,融入首都"一城两翼"发展格局。

(二)综合改革蹄疾步稳,重要领域和关键环节改革取得突破性进展

完成新中国成立以来北大第一部章程的制定。新中国成立之前,北大曾有过6部章程。2014年学校党委主持制定了《北京大学章程》,经教育部核准生效。这是新中国成立后我校正式颁布实施的第一部章程,是学校在依法治校和现代大学制度建设方面取得的重要成果。

做好"两校一市"教育综合改革试点工作,初步形成现代大学治理体系。编制并实施综合改革方案,明确任务书、时间表、路线图,在一些关键领域取得进展。加强校务委员会、章程委员会、学科建设委员会、教学指导委员会等各类委员会建设。探索加强学部职能。推动管理重心下移,使政策、资源向院系倾斜,提高院系自我管理、自主发展能力。梳理职能部门工作职责和管理服务流程。

尊重学生自由选择,深入推进本科教育改革。以学生成长为中心,初步建立了通识教育和专业教育相融合的多样化人才培养体系。重新梳理专业核心课程体系,大力加强通识教育核心课程体系建设,建设了一批有特色、高质量的跨学科本科课程组、项目和专业。尊重学生选择,推广元培经验,实现学部内自由转专业、全校范围内自由选课。

以课程"整合、融合、优化"和学生自主学习为主要内容,持续推进医学本科教学改革。

5年来,全校有28位老师被评为北京市教学名师或青年教学名师,3人当选中组部"万人计划"教学名师;获国家级教学成果奖7项,北京市教学成果奖38项;编写出版北京市高等教育经典教材2种,北京市高等教育精品教材37种。

以奖助体系改革为牵引,推进研究生教育改革。率先倡导学术型、专业型研究生分类培养模式。积极推进研究生奖助体系改革,把学校奖助金分配与岗位、工作职责以及培养质量挂钩,实现资源配置与人才培养紧密结合。改革研究生招生机制,博士生招生全面实行"申请-考核制"。完善临床医学博士专业学位人才培养模式,启动医学技术应用型和高级应用型人才培养试点工作。深圳研究生院在培养国际化、应用型人才方面成效显著。近年来,我校培养的博士受聘世界著名大学教职人数持续增长。

着力抓好学生思想政治工作改革创新,提升工作针对性、有效性。推进思想政治理论课改革,举办社会主义核心价值观"名师大讲堂",深入实施"扣好人生第一粒扣子"教育计划,创办"教授茶座""本科新生训练营""鸿雁计划"等品牌活动。各附属医院突出医院特色,探索建立了"思创导师"等制度。"圆梦北大·筑梦中华"、"砥砺高尚品行·践行核心价值""全过程全方位全覆盖推进实践育人"等主题教育活动效果显著,在全国和北京市获得奖励。加强网络文化建设与网络思想政治教育工作。构建起学生心理健康教育体系。学生就业创业竞争力持续增强,大学生创新创业生态系统正在形成,涌现出一批有广泛影响的创业项目。学生资助育人取得长足进展,绩效考评连年居于全国高校首位。学生会、研究生会在团结引导学生、维护学生权益等方面发挥了积极作用,以山鹰社、爱心社为代表的300多个学生社团成为繁荣校园文化的青春力量。

加大辅导员制度改革力度。高标准招聘专职辅导员,设置学生兼职辅导员岗位,建立带班辅导员和住宿辅导员制度并与研究生奖助体系改革相衔接,每年新选聘约500名博士研究生担任本科生辅导员。强化辅导员考核和培训,制定关键绩效指标考核评价办法。设立辅导员研究室。辅导员队伍的结构不断完善、能力显著提升。鼓励专任教师投入思想政治工作,明确专任教师担任班主任的责任与义务,完成《班主任工作手册》编制工作,构建班主任和辅导员相辅相成的工作格局。

稳步推进师资人事制度改革，基本实现阶段性改革目标，师资队伍整体水平不断提升。建立并实施教学科研职位分系列管理制度，2014年起，新聘教研系列教师全部实行预聘—长聘制和基本年薪制；教学系列、研究系列实行合同聘任制和岗位绩效工资制。完善行政职员、教辅支撑和后勤保障队伍的聘任、考核和薪酬福利体系，不断提升专业化、职业化水平。健全兼顾内部公平性和外部竞争力的收入分配体系。发挥专项人才政策的引领作用，促进基础人事制度同步优化。2011年以来，22位北大教授当选为中国科学院和中国工程院院士，77位北大教授入选长江学者特聘教授，76位教师获得国家杰出青年科学基金资助，一批青年教师入选国家"青年拔尖人才计划""青年千人计划""长江学者奖励计划青年学者项目"和"优秀青年科学基金资助项目"。实施"博雅人才"计划，通过聘任博雅讲席教授、博雅特聘教授、博雅青年学者和博雅博士后，形成了结构合理、支持有力的"博雅人才"体系。多位学者当选为外国院士，一批学者获得了国际重要奖项或担任国际组织和学术机构要职。

在全国高校中率先成立党委教师工作部，落实师德"一票否决制"。加强党委对教师队伍建设的统一领导，成立党委教师工作部。落实人员应聘、年度考核、聘期考核、综合评价、专项岗位聘任考核、职称评审中的思想政治要求，完善程序与环节，由校、院系两级党委进行前置考察、严格把关，坚决实行师德"一票否决"。加强教师教育培训，近年来共2500余人次参训。

（三）推动学校科学发展，办学实力和影响力显著增强

科学制定"双一流"方案并稳步推进。深入开展调查研究，多次召开专家学者研讨会，广泛征求意见，凝聚最大共识，科学制定世界一流大学和一流学科建设方案。被列入"双一流"建设学科名单的41个学科都有切实可行的发展蓝图，各学部、各院系、各附属医院的专家学者们积极行动起来，把握重大契机，努力推进以提升质量为核心的内涵式发展。

做深做实基础研究，加强前沿科技布局，自然科学研究成果不断涌现。在稀土功能材料与低维碳材料、高维代数几何、微腔光子学和超快光学、宇宙早期超级黑洞和最亮类星体、奇点量子化理论、复杂天然产物全合成、病毒疫苗研发、化学小分子调控细胞命运、单细胞基因组学高通量测序、仿生三维石墨烯粉体的可控生长、超小型激光加速器辐照装置、新一代高速高分辨微型化双光子荧光显微镜研制、变压吸附气体分离技术、碳基纳米电子器件集成、超高清视频编码国家标准AVS2、创新药物研发、新能源材料等领域取得一批有影响力的研究成果。

推进以临床医学为牵引的跨学科合作研究，在肾内科、骨科和创伤、血液、生殖医学、精神疾病、生殖缺陷等领域居于国内领先地位。

诺贝尔生理学或医学奖获得者屠呦呦校友捐资设立"北京大学屠呦呦医药人才奖励基金"。启动成立屠呦呦创新药物研究院，搭建药物创新平台，凝聚各方资源，为新药创制起到积极作用。

2012年至2016年，北大（第一完成单位）分别获国家自然科学奖14项，国家科技进步奖8项，国家技术发明奖3项。

涵育学术、激活思想，不断强化中国特色哲学社会科学体系建设。以马克思主义为指导，大力弘扬中华优秀传统文化，从中国国情、中国问题出发，紧密结合中国特色社会主义的成功实践，推进学术话语体系创新，加快完善具有中国特色和世界水平的中国语言文学、外国语言文学、历史学、哲学、考古学、政治学、经济学、法学、管理学、社会学、民族学、人口学、宗教学、新闻传播学等学科。

《马藏》工程、《儒藏》工程、《中华文明史》多语种版本、《二十世纪马克思主义发展史》（九卷本）、《北京大学藏西汉竹书》（全七卷）、"国外所藏汉籍善本丛刊"项目、《北京历史地图集》、中国家庭追踪调查、中国健康与养老跟踪调查等成果在国内外产生广泛影响。在教育部高等学校科学研究优秀成果奖（人文社会科学）评选中，获奖总数连续多届位居第一。

推进人文社会科学研究院等新机构建设，成为营造良好学术氛围、聚集全球高端人才的窗口和基地。

服务国家经济社会发展能力不断增强。与24个省（市、自治区）签署战略合作协议，对口支援石河子大学和西藏大学、定点扶贫云南省弥渡县取得新成效。高度重视医疗援藏援疆工作，近年来，各附属医院先后派出63名援藏专家、11名援疆专家。初步建成以国家发展研究院、国际战略研究院、新结构经济学研究中心、中国社会科学调查中心、政府和社会资本合作（PPP)研究中心、国家治理研究院、新媒体研究院、海洋研究院、台湾研究院等为代表的新型智库体系。

医疗服务和管理水平进一步提升。各附属医院为北京乃至全国人民提供优质医疗服务，为建设健康北京、健康中国作出了重要贡献。2012—2016年，6家直属附属医院的门诊量达到5000万人次，急诊量近300万人次，出院总人数超136万人次。各附属医院积极参与医药卫生体制改革，顺利实施医药分开综合改革，实现平稳过渡。与国家卫生计生委医疗管理服务指导

中心共建国家医疗数据中心，发布北大版临床学科评估结果。

办学国际化程度进一步提升，构建起全方位、高水准的对外开放格局。推进与世界顶尖大学和研究机构的强强合作，集中力量抓好一批有实质内容和长远影响的项目，设立汇丰商学院英国校区、建立北京大学医学部-密歇根大学医学院转化医学与临床研究联合研究所等。全面提升"留学北大"品牌质量，每年吸引来自100多个国家和地区的逾7000人次长短期留学生。打造海外交流项目集群，5年来通过近300个项目派出上万名北大学生交流学习。打造高端引智项目，实施"大学堂顶尖学者讲学计划"。服务国家战略，与"一带一路"沿线及周边国家开展教育合作，开设"一带一路"外国语言与文化公共系列课程。承建10所孔子学院和46个孔子课堂。北京论坛的国际学术影响不断扩大。

为推动南南合作，促进广大发展中国家共同走上发展繁荣之路，根据习近平总书记的倡议，我校成立南南合作与发展学院。2017年10月，习近平总书记给南南学院首届硕士毕业生回信，给予充分肯定，寄予殷切期望。燕京学堂积极探索跨文化人才培养，被列入第七轮中美人文交流高层磋商成果清单及首轮中美社会和人文对话行动计划。

和谐美丽校园建设取得新成效。修编校园总体规划，制定海淀本部校区总体规划、昌平校区总体规划，出台《关于加强学校公共空间管理工作的意见》，以主校园及周边园区为核心，调整优化功能布局。建成学生中心、行政服务中心和后勤服务中心。改造学生公寓，新建或改建教学科研和服务设施约20万平方米。推进继续教育等非核心功能向校外疏解，收回校内和周边产业用房约2万平方米用于教学科研主业。加强文物保护、水系恢复、生态环境保护等工作。未名湖燕园建筑群和北大图书馆入选"首批中国20世纪建筑遗产"名录。大力推动校园信息化建设和数字信息资源服务。完善"校-院（系）"两级筹资体系，教育基金会净资产达34.79亿元，2013年获评5A级。

肖家河教工住宅项目取得突破性进展。始终抓住师生最关心最直接最现实的利益问题，多谋民生之利、多解民生之忧。肖家河教工住宅项目是改革开放以来北大最大的民生工程，在国家有关部门和北京市、海淀区的大力支持下，已完成2000多户教职工的住房签约配售工作，正在抓紧施工，未来将极大改善北大教职工的居住条件。

（四）全面从严治党层层推进，党建和思想政治工作得到进一步加强

完善党的领导体制。坚持和完善党委领导下的校长负责制，进一步强化党委管党治党、办学治校的主体责任，切实发挥领导核心作用。修订《加强和改进学校党委领导班子建设的意见》《党政领导班子落实"三重一大"决策制度实施办法》《党委常委会工作规则》《校长办公会工作规则》，制定《关于进一步加强党委常委会自身建设的意见》《党的建设2014—2018年工作规划》《加强执行力建设的实施意见》。

在院系层面，修订《院（系）党政领导班子职责及工作规则》，研究制定《加强基层党委工作的意见》，进一步强化院系党委的政治核心作用，完善院系治理体系和决策机制。

抓住"关键少数"，加强各级领导班子建设。规范选人用人工作，以发展为中心配班子，以职责为中心管干部。完成党政管理部门整体换届。加强干部教育培训，5年来参训的处级以上干部5000余人次。与中央党校联合举办两期院系党政负责人和职能部门负责人培训班，纳入中央党校主体班次。按照中央关于从严治党、从严管理干部的新规定新要求，相继出台了14项干部选拔任用管理制度，通过"一报告两评议"反映出的选人用人满意度逐年提升。

扎实推进基层党组织建设。把"提高党支部组织生活质量"作为党建难点项目专门攻关，构建党支部组织生活质量保障体系。健全校、院、党支部三级党建述职评议考核制度，认真落实基层党建工作责任制。制定、修订发展党员、党支部建设、组织关系管理、党费管理、评优表彰等党内文件，不断完善基层党建制度体系。

坚定"四个自信"，牢牢把握意识形态工作领导权、主动权和话语权。坚持马克思主义在意识形态领域的指导地位，深入实施"马克思主义理论学科领航计划"。坚持加强理想信念教育，深入开展各项主题教育活动并形成常态化制度化，推进中国特色社会主义、中国梦、社会主义核心价值观教育，加大对党中央治国理政新理念新思想新战略的学习宣传、研究阐释力度，增强广大师生员工的道路自信、理论自信、制度自信、文化自信。举办首届世界马克思主义大会和新文化运动一百周年纪念大会。制定《加强和改进宣传思想工作的意见》《意识形态工作责任制实施办法》《网络意识形态责任制分解方案》等一系列文件。加强阵地建设与管理，注重师生典型宣传。

推进全面从严治党，把党风廉政建设摆在突出位置。全面落实党风廉政建设主体责任，以上率下，层层分解责任，层层传导压力，形成完整的"一岗双责"体系。全力支持纪委履行职责，定期听取纪委工作汇报，研究部署党风廉政建设工作。督促检查党风廉政建设工作任务落实情况，加强对各单位主体责任和监督责任落实情况的检查考核。认真执行党内监督、党内政治生活、廉洁自律、纪律处分、问责等方面的党内法规制度，充实完善党风廉政建设相关制度和措施。

深入落实中央八项规定精神，持续纠正"四风"，着力解决师生反映强烈的不正之风和违规违纪问题。严格执行干部任前公示、廉政承诺制度，与新任职干部签订《廉政承诺书》。面向师生开展廉洁教育。

凝聚各方力量，构建大统战格局。北大是党的统一战线工作的重要阵地，汇聚了一大批具有代表性的党外知识分子，数量多、层次高、影响大。学校党委深入贯彻落实中央关于统战工作一系列重大决策部署，成立统战工作领导小组，制定《关于进一步加强和改进新形势下统一战线工作的意见》《关于加强和改进新形势下党外代表人士队伍建设的意见》，推进统战工作重心下移，健全校、院（系）两级统战工作领导机制，建立党员领导干部与党外代表人士联谊交友制度，支持民主党派、无党派代表人士参政议政，在国家社会发展建设中积极发挥作用。

回归教育本质、服务青年需求、提升引领水平，深化共青团改革。1920年11月，中国共青团的早期地方组织——北京社会主义青年团在北大诞生，开启了北大共青团的光荣历史。过去5年，学校党委加强对共青团的领导，不断深化共青团改革，制定《共青团改革与青年发展实施方案》《共青团干部选拔任用办法》，设立"高君宇奖"，实施青年马克思主义者培养工程。

带着强烈的政治责任感做好离退休工作。老同志的今天，就是我们的明天。让老同志安享幸福晚年，发挥好他们的传帮带作用，是党委义不容辞的政治责任。5年来，学校认真落实离退休人员生活待遇，为全校离退休人员购买了北京老年人意外伤害保险，完善帮扶机制，发挥离退休老同志的政治优势、经验优势、威望优势，充分凝聚和释放正能量。打造"博雅银龄"系列品牌，建成全国高校首个关工委立德树人教育基地。

加强民主管理，维护教职工权益。教代会是教职工行使民主权利、参与学校民主管理和民主监督的基本制度、基本形式。过去5年，教代会建设进一步加强，进一步完善了提案工作"三会两评一化"制度，5年来立案提案162项，提案处理满意率达97%，切实保障了师生员工的知情权、参与权、表达权、监督权。

校工会继续做好青年教师基本功比赛、平民学校、爱心基金、雏鹰公益社等品牌项目，获"北京市工会工作标兵单位"称号。推进教职工之家实体化建设，助力教职工职业发展。

（五）存在的问题、差距

知人者智，自知者明。在肯定成绩的同时，我们必须清醒认识到，前进的道路上还存在许多困难与挑战。改革进入"深水区"，一些矛盾更加尖锐复杂。中国特色社会主义进入新时代，我国社会主要矛盾已转化为人民日益增长的美好生活需要和不平衡不充分的发展之间的矛盾。创建世界一流大学和一流学科，为人民提供世界上最优质的高等教育，这是人民美好生活需要的一部分，但学校的发展确实还不平衡不充分，我们的工作存在一些亟待解决的问题：

——办学特色不够鲜明。我们是在一个有五千年文明历史的国家、在中国特色社会主义制度条件下创建世界一流大学，没有现成的模式，更不能照搬照抄西方经验。这些年我们虽然有了一些宝贵的探索，但还没有完全形成自己的风格与学派。

——现有体制机制不能很好地适应发展需要。在一些领域，改革推进比较迟缓，有的领域甚至矛盾叠加。要实现新旧体制的顺利融合，还有大量扎实细致耐心的工作要做。一部分人对一些具体的改革举措存有疑虑。本部、医学部之间深度融合不够，"醒得早、起得晚"、执行力不强等问题没有得到根本解决。

——粗放式发展与资源条件之间的矛盾突出。我校规模增长已顶到"天花板"，资源环境容量已达到"饱和点"，资源合理配置和有效利用的机制亟待完善。按照教育部发布的《普通高等学校基本办学条件指标》，我校教学科研用地、实验室、宿舍、食堂、图书馆、体育馆等资源的生均占有量均严重不达标，与发达国家的世界一流大学相比差距明显。必须痛下决心，彻底转变发展方式，真正实现内涵式发展。

——自主创新能力亟待进一步提升。科学研究中的跟风复制能力很强，但开辟新方向、新领域的意识和能力还有待提高。学术上有"高原"但缺少"高峰"，缺少能够引领学科和社会发展的标志性成果，特别是近年来获得国家科技"三大奖"一等奖的重大成果出现断档。顶尖人才数量不足，缺少学术大师。一些具有传统优势的基础学科出现人才断层，优势被削弱，前景令人担忧。

——服务国家重大战略需求的主动性、自觉性、前瞻性、有效性尚需提高，承接国家重大项目的能力不足。在落实"一带一路"倡议、雄安新区"千年大计"，推动北京非首都核心功能疏解、京津冀协同发展、中华文化"走出去"、乡村振兴、军民融合发展、健康中国、生态文明建设等很多方面，北大都有参与，但深度不够。院系之间、学科之间的协同意识有待加强，主动融入国家战略的意识不强，针对国家重大战略需求组织攻关团队、打造学科集群，基础研究创新能力和承接国家重大科技项目的能力有待进一步提升。

——校风学风需要进一步净化。重科研、轻教学，重智育、轻德育，重学术、轻思想政治工作的倾向在一定程度上依然存在。"近者悦、远者来"的好生态好氛围没有完全形成，还不能让全校师生都真正静下来，安心学术、自由畅想。个别单位存在不团结的现象，政治生态需要进一步改善。

——全面从严治党治校存在薄弱环节。学校管理存在宽、松、软问题。党的领导存在逐级弱化现象，党建工作发展不平衡，意识形态工作中存在薄弱环节。一些制约基层党组织建设和党员队伍建设的重点难点问题仍然存在。干部队伍敢于担当、善于作为的作风还需加强。

我们需要面对和解决的，还不止上述这些问题。学校党委提出，凡是关系到师生切身利益的问题、凡是关系到学校改革发展稳定大局的问题、凡是关系到立德树人工作的问题，都必须及时回应。能够马上办的必须马上就办，对深层次、结构性、长期性的问题，必须抓紧调查研究，拿出方案，一件事情接着一件事情办，一年接着一年干。

同志们，

5 年来，第十二届党委的工作始终得到中央和北京市、教育部、卫计委的关怀与支持，也得到了社会各界的大力支持。取得的成绩是全校广大党员、干部和师生员工团结奋斗的成果。在此，我代表学校第十二届党委，向上级党组织和各级领导，向学校的老同志老专家，向全校党员，向各民主党派和无党派人士，向全体师生员工和海内外校友，向各兄弟高校以及所有关心支持北大的同志们、朋友们，致以崇高的敬意和衷心的感谢！

二、继承和发扬北大光荣传统，明确历史使命与历史方位

不忘初心，方得始终。要明确北大和北大共产党人的初心，更加清楚我们从哪里来，走过什么样的路，要向哪里去，就必须认真回顾总结一百多年来的历史。

1840 年鸦片战争后，中华民族逐步陷入危机，帝国主义、封建主义的压迫给中国人民带来深重灾难，无数仁人志士前赴后继、苦苦求索救国救民的道路。张之洞等人提出"兴学为求才治国之首务"，把兴办新式教育作为救亡图存的头等大事。甲午战争后，康有为、梁启超提出"瓜分大祸，迫在眉睫，必须当机立断，迅速维新变法"。在戊戌变法中，光绪帝颁布《明定国是诏》，创办京师大学堂占了三分之一篇幅。大学堂是当时国家的最高学府和最高教育行政机关。

从诞生之日起，京师大学堂就与国家民族的命运紧密相连。《钦定大学堂章程》中明确，大学堂为"各省之表率、万国所瞻仰""规模当极宏远，条理当极详密"，也就是要办成当时世界上最好的大学。但由于历史局限、国势衰微，尽管大学堂作为戊戌变法仅存的成果保留了下来，却举步维艰，其办学目标只能成为一句空话。

我们的学校真正发生根本性的变化，真正找到解决中国问题的出路，是与中国共产党的诞生紧紧联系在一起的。孙中山先生领导的辛亥革命，推翻了两千多年的封建帝制，京师大学堂改名为国立北京大学，蔡元培等先贤改造了北京大学，使之成为新文化运动的中心和五四运动的策源地，也成为中国最早介绍、研究、传播马克思主义的发祥地和中国共产党最早的活动基地。在北大成立了中国北方的第一个共产主义小组，并向全国输送核心骨干。党的一大召开前，全国 8 个地方党组织负责人中，北大师生和校友有 6 人，当时全国有党员 50 余人，在北大工作和学习过的就有 23 人；党的一大召开时，出席或列席的 13 位代表中，北大的师生和校友有 5 人。

正如党的十九大报告所指出的，自从有了中国共产党，中国人民谋求民族独立、人民解放和国家富强、人民幸福的斗争就有了主心骨，中国人民就从精神上由被动转为主动。也正是从这个时候开始，在党的引领下，北大的历史翻开了新的一页，有了实现使命与梦想的光明前景，成为了中国走向现代化的重要先锋力量。一代又一代北大的马克思主义者，通过对中西文明的双重批判和继承，以深沉的历史担当、广阔的世界眼光和强烈的忧患意识，努力探索民族复兴的中国道路、中国理论和中国制度，努力创造和发展中国的新文化，为中华民族伟大复兴作出了不可磨灭的重大贡献。

在革命战争年代和民族危亡关头，北大（包括西南联大和燕大）师生以刚毅坚卓的气节，投身于民族解放运动，书写了可歌可泣的篇章。在国破家亡、民不聊生的艰难困苦中，北大依然培养出世界一流的科学家，创造了世界一流的研究成果，在中外教育史上树立了不朽的丰碑。

新中国成立后，特别是院系调整后的北大，成为一所社会主义性质的大学。北大师生在"两弹一星"研制、百万次电子计算机问世、人工合成结晶牛胰岛素等国家重大战略工程中建立了不朽功勋。历届学校领导和几代北大人都有赶超世界先进水平的雄心壮志，并付出了艰苦努力。

改革开放以来，北大迅速拨乱反正，自觉融入中华民族伟大复兴的进程之中。北大师生率先喊出"团结起来，振兴中华"的口号，这是百年中国的主旋律，也是改革时代的最强音。汉字激光照排技术、稀土分离理论及其应用、股份制与产权制度改革等重大科技和思想理论成果，继续发挥着引领时代进步的作用。1994年，学校第九次党员代表大会在全国率先提出把学校建设成世界一流的社会主义大学，此后第十、十一、十二次党代会都坚持一张蓝图绘到底，承前启后、继往开来、接续奋斗；1998年百年校庆以来，北大在创建世界一流大学的征程中不断迈出新步伐。2014年5月4日，习近平总书记在北大高瞻远瞩地指出，"党中央作出了建设世界一流大学的战略决策，我们要朝着这个目标坚定不移前进。"

同志们：

回顾北京大学波澜壮阔的历史，我们必须深切怀念近百年前中国共产党的创始人，深切怀念以李大钊、陈独秀、毛泽东、张太雷、邓中夏、高君宇为代表的第一代北京大学的共产党人，深切怀念在中华民族伟大复兴道路上前赴后继、不懈奋斗，为中国乃至世界人民进步事业做出贡献的一代又一代的北大先哲，深切怀念从"五四"运动到抗美援朝结束，为了国家和人民壮烈牺牲的83位北大（包括西南联大和燕大）先烈！是他们书写了北大的辉煌，铸就了北大的荣光！

北大的前人告诉我们：为人民谋幸福，为民族谋复兴，这就是北京大学的初心，是全体北大共产党人的庄严使命。

习近平总书记曾深刻指出："长期以来，北京大学广大师生始终与祖国和人民共命运、与时代和社会同前进，在各条战线上为我国革命、建设、改革事业作出了重要贡献。"总书记的重视与肯定，体现了党和人民对我们的殷切期望。党的十九大闭幕仅一周，习近平总书记就带领中央政治局常委同志瞻仰了"一大"会址，总书记强调，共产党人的初心永远不能改变，唯有不忘初心，方可告慰历史、告慰先辈，方可赢得民心、赢得时代，方可善作善成、一往无前。

中国共产党的初心，早已融入北大的精神，成为我们办学的灵魂和指导思想；进入新时代，站在新起点，开启新征程，我们要牢记总书记的教诲，强化使命感责任感，发扬优良传统，争取更大光荣。

回顾近120年来的风雨历程，我们能够总结出以下这些必须始终遵循的历史经验：

——北大必须深深融入民族复兴、国家发展和社会进步的宏伟事业之中，与人民同呼吸共命运。一所大学之所以能够成为民族精神和文化的象征，就在于她与国家民族的命运紧密相连。这是力量之源、办学之基。

——北大必须始终坚守自己的光荣传统。要继承发扬"爱国、进步、民主、科学"的传统和校训，始终坚持"思想自由、兼容并包"的学术理念。包括西南联合大学、燕京大学形成的一些办学思想和大学精神，以及上个世纪80年代总结的"勤奋、严谨、求实、创新"的学风，都是我们的宝贵财富。

——北大必须把立德树人作为根本任务，把繁荣学术、追求真理作为根本追求。要牢记李大钊同志在建校25周年时给我们留下的那句名言："只有学术上的发展值得作大学的纪念，只有学术上的建树，值得北大万万岁的欢呼！"要坚持把立德树人作为立身之本和中心环节，坚持以学生成长为中心，培养走在时代前面的奋进者、开拓者、奉献者。

——北大必须始终坚持正确方向、挺立时代潮头，投身社会发展的主流之中。在继承传统的基础上，要像鲁迅先生在《我观北大》一文中所说的那样，做"常为新的，改进的运动的先锋，要使中国向着好的，往上的道路走"。要坚持正确的政治方向、办学方向和价值导向，与时俱进、锐意进取、不断创新，永不僵化、永不停滞。

——北大必须始终坚持党的领导，与我们党砥砺奋进的步伐同向同行。这面旗帜要始终高高举起、永不褪色！

同志们，

中国特色社会主义已经进入了新时代，这是我国发展新的历史方位。我们的国家正前所未有地接近世界舞台的中心，而与民族共命运、国家同进步的北京大学，办学实力和国际地位也在不断提升。经过长期努力，学校整体上已经达到世界一流水平，一部分学科已经跻身世界顶尖行列，改革发展进入了新时代。

新时代呼唤新使命，新使命决定新作为。从京师大学堂建立到新中国成立的50年，北大的使命是投身民族救亡运动、探求社会发展真理；从新中国成立到1998年建校100周年的50年，北大的使命是参与国家建设、推动社会进步；从1998年到现在这20年，北大的使命是服务国家战略、创建中国特色世界一流大学。北大的使命始终紧扣时代脉搏，始终听从祖国召唤，始终回应人民期盼，始终顺应历史发展。

今天，我们的学校与国家一起步入新时代，我们比历史上任何时期都更有信心、更有能力实现自己的梦想。在这个伟大的新时代，北大将争做中国高等教育的标杆，扎根中国大地，加快推进"双一流"建设，为实现中华民族伟大复兴中国梦作出新的历史性贡献。这是北京大学新时代的核心使命，必须长期坚持，毫不动摇。

我们要深刻认识并正确处理"创建世界一流大学"与"为实现中华民族伟大复兴中国梦作出新的历史性贡献"之间的辩证关系。从根本上说，两者是一致的，建设世界一流大学越有成效，就越能够为国家民族作出更大贡献。但是，两者又不能等同，更不能混淆，前者是手段，后者是目的。如果我们不能把目的与手段区分开来，就会跟在他人后面亦步亦趋，依样画葫芦。按照这种跟随模仿的发展模式，不可能办出自己的特色，不可能办好中国的世界一流大学。正如习近平总书记在我校所深刻阐明的，越是民族的越是世界的，世界上不会有"第二个哈佛"，但会有"第一个北大"。北大之所以为北大，决不在于她与哈佛多么相似，而只能在于她是独一无二的，是深深扎根于中国大地的。在新的时代，我们必须与党和国家的重大战略对接、与人民的需求和期盼一致，并从中找到差距、明确定位、校正方向，必须要有建好"世界上第一个北大"的自觉与自信！

未来，我们仍然要虚心向所有的世界一流大学学习，借鉴先进经验，瞄准和抢占世界科技前沿；同时，北大就要有北大的样子，要保持战略定力，增强办学自信，坚定不移走自己的路，提出和建立中国特色社会主义的高等教育理论体系和大学理念，在世界高等教育大变革的时代发出中国声音、贡献中国智慧。

在中华民族伟大复兴的历史进程中，我们必将实现几代北大人的梦想，早日跻身世界一流大学前列，以强者之姿屹立于世界大学之林！

三、聚焦七大任务，加快推进"双一流"建设

当前和今后一个时期，我们要把学习宣传贯彻党的十九大精神作为全校的首要政治任务抓紧抓好抓实，把全校党员干部和师生员工的思想和行动统一到十九大精神上来，把各方面的力量凝聚到落实十九大做出的重大战略部署上来。

党的十九大提出从 2020 年到本世纪中叶的"两个阶段"战略安排，北大要以此进一步明确学校中长期规划和远景目标。到 2035 年国家基本实现社会主义现代化时，北大的办学实力和国际影响力将有大幅跃升，居于世界一流大学前列；到本世纪中叶我国建成富强民主文明和谐美丽的社会主义现代化强国时，北大将稳稳立于世界高等教育的中心，真正成为"各省之表率，万国所瞻仰"的伟大的大学，引领世界高等教育的发展。

计熟事定，举必有功。要实现上述目标，未来 5 年是打好基础、谋篇布局的关键阶段。从现在起到党的二十大，是实现"两个一百年"奋斗目标的历史交汇期，这 5 年里有一系列重要的时间节点，也就是我们的工作坐标。明年我们将迎来 120 周年校庆和改革开放 40 周年，要以师生和校友为主体、以学术为主题，从"回顾、反思、展望"三个维度开展校庆活动，凝聚各方面力量；后年将迎来新中国成立 70 周年和"五四"运动一百周年，2020 年国家要全面建成小康社会，2021 年将迎来建党一百周年。我们要按照十九大的部署，加快一流大学和一流学科建设，实现高等教育内涵式发展，要遵循教育规律，聚精会神、脚踏实地办好北大的事情，为更加长远的发展奠定基础，为实现"两个一百年"奋斗目标和中华民族伟大复兴的中国梦提供人才支撑、智力支撑。

未来 5 年，我们要把"双一流"建设作为学校发展的"牛鼻子"，以此推动全盘工作格局。具体有七大任务：

一是贯彻"德才均备、体魄健全、守正创新、引领未来"的方针，构建符合中国国情、具有世界一流水准的人才培养体系。青年兴则国家兴，青年强则国家强。北大的教育是为国家和人类的未来奠基，应更具前瞻性，使学生不仅能适应迅速变化的时代，更有能力去解决中国和世界面临的问题。要为学生提供最好的学习成长体验，激发学生的好奇心、求知欲和创造潜力，更关心学生身心健康，促进学生全面发展，既刻苦学习、又快乐生活，既志向远大、又脚踏实地，既诚朴厚重、又奋发有为，做到"懂自己、懂社会、懂中国、懂世界"，成为有理想有本领有担当的社会主义合格建设者和可靠接班人。

二是加快构建具有全球竞争力的人才制度体系，聚天下英才而用之。以顶尖人才为引领，以中青年学术带头人为中坚，以青年骨干教师为基础，培养和引进并重，打造具有国际一流水准的师资队伍，使北大名家辈出、大师云集。

要营造宽松的氛围和良好的学术生态，要有识才的慧眼、爱才的诚意、用才的胆识、容才的雅量、聚才的良方，要扎实做好团结、引领、服务的工作，让各方面的人才都感到心气顺、劲头足、受尊重。

三是根据不同学科的特点确定不同的任务，努力创造能够推动国家发展和人类进步的新知识、新思想、前沿科学和未来技术，形成一批世界领先的标志性成果。我们要进一步明确，不同学科有不同的评价标准体系，有不同的发展规律和特点，因此也就有不同的目标和任务。

北大的人文学科具有深厚的底蕴和鲜明的特色，长期以来始终处于世界领先地位，为中国文化的发展繁荣作出过重大贡献，也为中国和世界相互理解发挥了重要作用。这些学科在"双一流"建设中的任务，就是继承发扬本学科的优良传统，在发展中国特色社会主义文化，激发全民族文化创新创造活力上继续发挥引领作用，进一步增强学术话语权和影响力。

北大的哲学社会科学学科，不仅要认真研究西方的理论，更根本的是致力于在中国实践中形成中国理论，用中国理论研究、阐释和解决中国问题，也要为解决世界问题提出中国方案。要注意哲学社会科学与自然科学的不同。也就是说，在国外刊物上发表多少论文并非衡量一流的唯一标准。我们更看重、更提倡和更鼓励的是为中国的发展进步提供更多的新知识、新理论、新思想和新方案。

北大的理工医农等学科，要牢记"不在最前沿，就是落后"要牢牢把握世界科技发展趋势，继续布局和抢占科学发展制高点，强化基础研究，实现前瞻性基础研究、引领性原创性成果的重大突破。要继续追赶并努力超越现有的世界一流大学。当然，理工医农等学科的建设，同样必须立足于中国的需要，全面对接国家战略，要继续加强应用基础研究，突出关键共性技术、前沿引领技术、现代工程技术、颠覆性技术创新，扎实推进国家重大科技基础设施项目建设，推动成果转化。

基于上述认识，在"双一流"建设中，学校将重点投入30个优势学科，布局"临床医学+X""区域与国别研究"两大前沿与交叉学科领域，培育新增长点，并构建一流的学科支撑体系，健全科研公共服务平台，完善文献资源保障与服务体系。

四是立足于中国特色社会主义的成功实践，构建中国特色哲学社会科学体系，努力形成世界一流、中国风格的北大学派。大力加强马克思主义理论学科和马克思主义学院建设，"六马工程""十件大事"要件件落实。深入研究、广泛传播习近平新时代中国特色社会主义思想，确保新思想"进教材、进课堂、进头脑"。主办好首次在中国举办的有近5000人出席的世界哲学大会，继续办好世界马克思主义大会，编译15卷《马克思主义历史考证大辞典》，努力把北大建设成为全世界研究马克思主义的学术中心。更加重视并加强对哲学社会科学基础学科的支持，继续推动哲学社会科学各个学科之间、文科与理工医农等学科之间的交叉融合。继续做好以《儒藏》等为代表的重大学术文化项目，推动中华优秀传统文化创造性转化、创新性发展，继承革命文化，发展社会主义先进文化，提炼北大精神和文化，不忘本来、吸收外来、面向未来，构筑中国精神、中国价值、中国力量。

五是发挥北大医学优势，在健康中国战略的实施中有更大的担当和作为。要努力培养具有专业优、基础厚、通识宽、后劲足、科研强、国际化等特点的、具有厚道精神的医药卫生一流人才。把各附属医院建设成为世界一流医院，积极对接国家医学中心建设规划，整合校内优势资源，积极推进国家口腔医学中心、国家精神卫生医学中心、国家创伤医学中心、国家生殖健康医学中心建设，进一步发挥北大医学在健康中国建设中的支撑和引领作用。进一步整合医学部各学院和附属医院的资源，不断提高医疗科技水平，继续在国家医药卫生体制改革中发挥引领作用，健全现代医院管理制度，为全面建立中国特色基本医疗卫生制度、医疗保障制度和优质高效的医疗卫生服务体系做出新的探索。

六是要为构建人类命运共同体、推动世界共同发展发挥桥梁纽带作用。要调整国际交流合作的战略重点，在广交朋友的基础上注重与"双一流"建设对接，为教学科研服务、为学校长远发展服务、为国家外交战略服务。继续发挥好南南学院、燕京学堂的平台作用，继续办好孔子学院、北京论坛，服务中外人文交流，促进文明的和谐与共同繁荣。继续以"一带一路"研究为重点，整合力量，加强区域国别研究。继续探索海外校区建设，与国际顶尖的教育、科研、文化机构开展深度合作。此外，还要加强与港澳台文化教育界的交流合作，培养好港澳台学生，为"一国两制"和推进祖国统一事业服务。

七是全力配合首都发展战略，全力支持首都重大工作，深化共享理念，普惠发展成果，承担社会责任。党的十九大报告中强调，以疏解北京非首都功能为"牛鼻子"推动京津冀协同发展，高起点规划、高标准建设雄安新区。我们要进一步主动对接、积极作为，在维护首都安全稳定、筹办北京冬奥会冬残奥会、落实首都新一版城市总体规划等工作中贡献北大力量。

围绕乡村振兴战略、区域协调发展战略、可持续发展战略等国家重大战略，继续做好对口支援和扶贫工作，做好继续教育工作。在招生、就业等工作中更注重促进公平。利用信息技术与全社会共享北大优质教育资源。

四、突出五大重点，全面深化综合改革

新时代坚持和发展中国特色社会主义的根本动力是全面深化改革，加快推进"双一流"建设、实现高等教育内涵式发展的根本动力，也是全面深化改革。

"两校一市"综合改革试点是中央作出的重大决策部署。未来5年,我们要围绕"双一流"建设的七大任务,推进五大改革,为中国高等教育的改革发展提供有益经验。

能胜强敌者,先自胜者也。必须更加坚定改革决心,继续以问题为导向,聚焦人才培养模式、人事管理制度、学校治理体系、学术发展体系、资源配置体制等五大领域,力争在重要领域和关键环节的改革中取得新的突破性进展,完善综合改革的主体框架,着力增强改革系统性、整体性、协同性。

在深化人才培养模式改革方面:

继续落实"加强基础、促进交叉、尊重选择、卓越教学"的理念,深化本科教育模式改革。继续推进通识教育与专业教育相融合,不断加强专业核心课程建设,构建完善北大自己的通识核心课程体系,推进跨学科人才培养,继续推进元培教育改革,探索中国特色的博雅教育模式,培养具有思辨精神的栋梁之材。进一步完善符合北大人才培养理念和目标的本科招生综合评价体系。加强学生创新能力培养,鼓励更多本科生参加科研,探索完全学分制管理模式,完善多元主体的全过程教学质量测评体系。

处理好规模、结构与质量的关系,以提升培养质量为核心,打造世界一流的研究生教育。继续完善博士生招生"申请-考核制"、深化研究生培养资助体系改革和专业学位培养机制改革、加强导师队伍建设,进一步提高研究生培养质量。严格控制研究生总体规模、优化结构,控制学术硕士研究生数量,适度增加博士研究生数量,做优专业硕士项目,培养在世界范围内具有竞争力的学术人才和适应经济社会需求的高水平职业人才。发挥好深圳校区的改革前沿阵地作用,继续进行教育改革探索。

持续推进医学教育改革,保持北大医学引领地位。努力培养能够引领未来医学发展的精英人才,培养一流的临床医生,优秀的药物研究人才、公共卫生人才、护理人才。探索具有北大医学特色的临床医学和基础教育模式,着重提升学生临床服务和科研学术能力,争取形成"北大医学模式"。

深化学生思想政治工作"供给侧结构性改革",增强工作的针对性、有效性,培养有理想、有本领、有担当的"圆梦新一代"。思想政治工作是人才培养工作的重要组成部分,是聚焦主责主业、深化综合改革的题中之义,不能空洞无物、浮在面上。要深入研究当代大学生的思想状况、行为特点和思想政治教育规律,做好适应性、成长性和支持性三种类型的发展辅导。以选调生工作和到国际组织实习任职工作为重要抓手,鼓励毕业生到基层一线和祖国最需要的地方建功立业;对家庭经济困难学生保底线、促发展、助成长,以非经济支持项目为载体,为学生提高综合能力、拓宽国际视野提供有力支撑;足额配备心理咨询教师,加强人文关怀和心理疏导,促进学生身心健康。充分用好各学科、各院系的学术资源,增进专业教育与思想政治教育的融合,实现从"思政课程"到"课程思政"的格局转换,落实全员育人、全过程育人、全方位育人。

在深化人事管理制度改革方面:

在充分尊重不同学科特点的前提下,为所有教师提供适合的发展通道,形成人人皆可成才、人人尽展其才的和谐局面。继续坚持人事制度改革的正确方向,进一步抓好改革的细节,使人才评价工作更科学、更公平、更透明。

要更加强调,不同体制之下的教师,都是学校的宝贵财富,都为学校的发展作出了贡献,都必须受到充分的尊重。继续做好全校各院系人事改革方案的制定与批复。完善教学科研职位分系列管理体系,老体制的教师可以进入新体制的教学科研系列,也可以通过教学系列或科研系列继续发展,发挥应有作用。推动实施教师联合聘任制度,促进院系之间、学科之间的人才协作,持续培育和扶持跨学科、跨专业的高水平学术创新团队,建好学术梯队。持续实施"博雅人才计划",吸引国内外顶尖人才,扶持和培养杰出中青年领军人才和具有较大潜力的青年英才。继续深化博士后制度改革,扩大规模、提升质量。

统筹协调各支队伍的建设与管理。探索联聘和集群聘用机制,促进临床医学研究水平提升,推动转化医学发展。继续探索医疗体制改革的新路子,确保附属医院医务人员队伍稳定。完善军工保密等方面工作的考核体系。稳步推进管理服务、教研支撑和后勤保障队伍的人事制度改革,以岗位分类分级为基础,构建以岗位职责为中心的新体系。完善人员合同聘用,加强聘后管理,实现动态优化。把党务和思想政治工作队伍建设纳入学校整体人才队伍建设规划。

继续改进师德师风建设的体制机制。健全教师政治理论学习制度,构建完善教师教育培训体系,引导教师坚持教书和育人相统一,坚持言传和身教相统一,坚持潜心问道和关注社会相统一,坚持学术自由和学术规范相统一,成为有理想信念、有道德情操、有扎实知识、有仁爱之心的好老师。各级党组织要始终坚持把政治标准和师德师风放在首位,继续完善教师聘任、考核、评价的工作程序和制度体系。

在深化治理体系改革方面:

完善中国特色现代大学治理体系,实现治理现代化。以《北京大学章程》为核心,加强制度建设,构建现代大学治理体系。统筹好教学科研队伍、机关管理队伍、后勤与教辅队伍等校内不同群体的关系，努力形成和谐的学术社群。推进深圳、大兴、昌平等多校区协调发展。构建政府、学校、社会之间新型关系。实现质量、规模、结构、效益协调同步，人才培养、科学研究、社会服务、文化传承创新以及国际合作交流协调同步。

根据国家"放管服"改革的精神，加快学校管理体制改革，进一步实现管理与决策执行的规范高效。继续推进管理重心下移，更加激发院系的积极性创造性。发挥学部协调作用，健全学部运行机制。继续加强学术委员会、学科建设委员会、教学指导委员会等各级各类委员会建设，落实"师生治学"。进一步优化管理服务部门的职能配置。完善以岗位目标责任为基础、服务对象为主体的考核评价体系，完善行政职员的评价和晋升体系。

持续推进校本部和医学部的深度融合。落实国务院办公厅《关于深化医教协同进一步推进医学教育改革与发展的意见》，创新体制机制，推动学科交叉融合，促进医教研协同发展；实现本部和医学部之间干部、教师和学生的合理有序流动，优化资源配置，推动北大医学更好更快发展。

在深化学术发展体系改革方面：

继续以队伍建设为核心，以院系建设为基础，以学科交叉与融合为重点，以体制机制改革为动力，持续优化学科结构。突破思维定式和发展惯性，处理好学科建设中"舍"与"得"、"增"与"减"、"大"与"强"的关系，处理好规模与空间、结构、质量、效益之间的关系，严控增量、盘活存量，瘦身健体，集中资源和精力抓好高精尖。突破学科、院系壁垒，打造学科集群，在真正理解和掌握规律的前提下，对院系结构和学科架构进行调整优化，形成更有利于发挥学者个性、才华，更有利于实现学科交叉融合、推动协同创新的文化氛围和制度环境。借鉴国际标准，突出中国特色和各学科特点，制定学科发展目标和评估体系，实现自我发展、自我约束、动态调整。

当前，科学技术的发展正处在一个重要历史转折时期，大数据、先进材料、生命本质、人工智能等交叉学科领域正在迅速成为新的学科增长点和突破性学术思想的发源地。为此，我们必须主动引领、专注未来、长远规划、重点突破，下大力气组建交叉学科群与强有力的科技攻关团队，加强学科之间的协同创新，加强对原创性、系统性、引领性研究的支持。着眼于未来新技术发展方向，针对国家迫切需要及关系国家中长远经济发展的领域进行集中攻关，完善前沿与尖端科技领域的布局，为国家重大战略提供优质高效的服务。

在深化资源配置体制改革方面：

协调核心使命与外延任务，完善资源配置和高效利用的体制机制。严格预算管理，启动以院系管理为重心的校内预算分配改革试点。要依法依规向师生公开预算情况，建立和实施全面规范、公开透明的现代大学预算制度。加强财务监督和内部审计工作。拓宽多元化筹资渠道，保障办学经费持续增长。规范资产管理，将科技开发部所属企业全部纳入学校资产经营管理公司统一管理。

校办产业要贯彻创新发展理念，依托北大的科研成果与人才优势，围绕国家战略需求与人民对美好生活的向往，努力成为中国科技成果产业化的标杆和全球产学研一体化的典范，引领创新型企业孵化、投资和运营，服务于北京大学"双一流建设"总体战略，为创新型国家建设和经济发展方式转变贡献力量。在确保国有资产保值增值的前提下，积极申请作为深化高校校办企业改革试点，全面加强企业党建，进一步明确定位、深化改革、规范管理，调整发展战略，依法合规经营，努力反哺学校教学科研、实现产业报国之志。

优化校园空间布局，继续推进和谐美丽校园建设，让师生生活得更健康、更快乐、更幸福。大学之大，在于大师而非大楼也。但北大在基础设施建设方面的确欠账比较多，师生正常工作学习生活的基本保障条件还不充分，教学科研设施和食堂、文化体育等服务设施的建设必须进一步加强。未来一个时期，要加快推进马克思楼、数学学院大楼、工学院2号楼、化学学院E区大楼、城市与环境学院大楼、国家发展研究院新楼、实验设备2号楼等建设和图书馆东馆大修工程，加快上地科技园区的相关建设；继续推进医学部西北区科技大楼及综合体育馆等项目的建设，增加各附属医院的可用空间，改善基础设施和硬件保障；整合资源、优化布局，让各个学科、各个学院都能拥有相对完整的空间，为促进学科整合、增进师生交流提供必要的条件；加快完成餐饮综合楼建设，在中关园等地建立新的教工食堂，新增师生用餐面积3万平方米以上，尽最大努力改变食堂拥挤的状况。此外，要继续高度重视附中、附小、幼儿园的发展建设，保质保量完成资源中学教学楼改造工程，推进附属中学东南角地块的拆迁建设，为教职工子弟提供优美、安全的学习环境。

保护校园文物，改善生态环境，加快蔚秀园等周边园区水系恢复工程，发展绿色交通，建设环境友好型、资源节约型校园。总结成府园区和理科5号楼地下停车场改造的经验，进一步统筹规划建设好学校的地下空间，继续探索推进"无车校园"。积极拓展学校发展新空间并提前做好规划。

五、打铁必须自身硬，开创党建和思想政治工作新局面

全面贯彻落实党的十九大提出的新时代党的建设总要求，必须毫不动摇地坚持和完善党对学校的领导，毫不动摇地把全校各级党组织建设得更加坚强有力，更加深刻地认识全面从严治党永远在路上。在中国特色世界一流大学发展新时代，学校党委和全校各级党组织一定要有新气象新作为，开创党建和思想政治工作新局面。

把政治建设摆在首位，锻造坚强领导核心。党的政治建设是党的根本性建设，决定党的建设方向和效果。要强化"四个意识"，提高政治站位，自觉把维护习近平总书记的核心地位作为最大的政治和首要的政治纪律，始终在思想上政治上行动上同以习近平同志为核心的党中央保持高度一致，坚决维护党中央权威和集中统一领导，切实做到中央提倡的坚决响应、党中央决定的坚决执行、党中央禁止的坚决不做，确保党中央的路线方针政策和各项决策部署在北大不折不扣地落到实处，自觉以实际工作成效检验"四个意识"。要尊崇党章，严格执行新形势下党内政治生活若干准则，增强党内政治生活的政治性、时代性、原则性、战斗性。

要继续坚持党委领导下的校长负责制，完善"三重一大"决策制度，重要干部任免、重要人才使用、重要阵地建设、重大发展规划、重大项目安排、重大资金使用、重大评价评奖活动等必须经党委集体研究决定。

要完善和落实民主集中制的各项制度。用好批评和自我批评这个有力武器，倍加珍视团结，倍加维护团结，确保学校各级领导班子一条心干事业、一盘棋抓工作、一股劲促发展。健全校、院（系）两级党组织党务公开制度。完善重大决策征求意见制度和反馈监督制度。强化党委全委会的决策和监督作用，坚持常委会每学年至少向全委会报告一次工作。完善党员定期评议基层党组织领导班子制度，推广党员旁听基层党委会议、党代表列席同级党委有关会议等做法。继续探索党代表任期制和提案制，落实党代表调研、征求意见、联系党员群众等方面的工作机制，健全党代表年会制度和情况通报制度。

要抓好"两委"班子自身建设，党员干部特别是学校党政领导班子成员必须加强党性锻炼，不断提高政治觉悟和政治能力，把对党忠诚、为党分忧、为党尽职、为师生服务作为根本政治担当，永葆共产党人政治本色。

坚持用习近平新时代中国特色社会主义思想武装头脑、指导工作，不断夯实思想根基。思想建设是党的基础性建设。学校党委要进一步抓好理论中心组学习，把学习习近平新时代中国特色社会主义思想作为理论武装的首要任务，制定系统学习培训计划，列出专题进行学习研讨，深刻领会时代背景、历史地位、科学体系、精神实质、实践要求。

继续推进"两学一做"学习教育常态化制度化，以处级以上领导干部为重点，在全校开展"不忘初心、牢记使命"主题教育。弘扬理论联系实际的学风，真学真懂真信真用，把学习成果转化为崇高的理想信念、坚定的核心意识和强烈的使命担当，转化为分析和解决北大实际问题的强大动力。

全面从严治党永远在路上，继续坚定不移推进作风建设、纪律建设。公生明、廉生威，党委要认真履行全面从严治党主体责任，传导履职尽责压力。落实问责制度，强化问责力度，让党员领导干部绷紧落实"两个责任"这根弦。对顶风违纪问题，在坚决查处违纪违法行为的同时，要追究相关责任人的责任。要把纪律挺在前面，重点强化纪律教育和纪律执行。坚持惩前毖后、治病救人，运用监督执纪"四种形态"，抓早抓小、防微杜渐。加强对纪检监察工作的领导和支持力度，推进二级纪检监察机构建设，拓宽纪检监察干部选人用人视野，放在党的干部队伍中统筹使用、锻炼、培养。出台监察委员会章程，建立监察委员会。继续推进纪检监察部门与审计部门协作配合机制，形成监督合力。

巩固拓展落实中央八项规定精神成果，坚决防止"四风"问题反弹回潮。推进校园廉洁文化建设，运用典型案例开展警示教育，筑牢防腐防变的思想道德防线，让党员、干部知敬畏、存戒惧、守底线。

把研究党风廉政建设列入常委会重要议题，落实党委主体责任和纪委监督责任，持续抓好巡视整改的后续工作，确保每一项整改任务不折不扣落到实处。

坚持党管干部原则，坚持德才兼备、以德为先，坚持五湖四海、任人唯贤，坚持事业为上、公道正派，把好干部标准落到实处。加强干部队伍建设，深化干部制度改革，提升选人用人工作的科学化、规范化、制度化水平。

坚持正确选人用人导向，匡正选人用人风气，突出政治标准，要提拔重用牢固树立"四个意识"和"四个自信"、坚决维护党中央权威、全面贯彻执行党的理论和路线方针政策、忠诚干净担当的干部，选优配强各级领导班子，做到不让老实人吃亏，不让干事的人心寒，不让一线的干部失落。要注重培养干部的专业能力、专业精神，增强干部队伍适应中国特色世界一流大学发展要求的能力。

完善干部轮岗交流机制，加大干部对外交流工作力度。改进后备干部和年轻干部选拔培养工作。坚持严管和厚爱结合、激励和约束并重，统筹做好干部管理、教育、监督和考核工作。

强化"抓好党建是最大政绩",抓好基层、夯实基础,不断提升组织力。要更加清醒地认识到,抓好党建是创建中国特色世界一流大学事业的重要组成部分,"党建"和"创建"不是"两张皮",而是有机整体。而党建工作的重心在基层,党的基层组织是确保党的路线方针政策和决策部署贯彻落实的基础。

重新梳理各级基层党组织的职能定位,突出政治功能,完善考核机制,把各级基层党组织建设成为宣传党的主张、贯彻党的决定、领导基层治理、团结动员师生、推动学校发展的坚强战斗堡垒。适应教学、科研和医疗组织方式改革需要,优化基层组织设置,创新组织生活方式,发挥好党支部组织教育管理党员和宣传引导凝聚师生的主体作用。加强基层党务工作者队伍建设,注重从学科带头人、教学科研医疗管理骨干中选拔优秀党员担任党支部书记。在国际化办学、新校区建设等新形势、新环境下保证党的工作全覆盖。

从党的事业后继有人的高度,重视从青年教师和学生中发展党员。用组织关怀和教育引导并重的方针,吸引高层次人才向党组织靠拢。以增强党性、提高素质为重点做好党员教育培训。健全党内关怀、帮扶机制和党员利益诉求机制。稳妥有序开展不合格党员组织处置工作。

健全离退休党建工作机制。创新离退休党支部(党小组)设置方式,条件成熟的单位可单独设立离退休党支部。选好配强离退休党支部书记。改进支部活动方式,丰富内容,加大支持力度。加强关心下一代工作委员会建设。

强化责任,牢牢掌握意识形态领导权和主导权。意识形态工作是党的一项极端重要的工作,高校是意识形态工作的前沿阵地,北大更是如此。学校各级党政负责人要担负起政治责任和领导责任,认真落实意识形态工作责任制,占领舆论"制高点",守住思想"主阵地",把握媒体"话语权"。

加强阵地管理,做好督查督导和责任追究。注意区分政治原则问题、思想认识问题、学术观点问题,旗帜鲜明反对和抵制各种错误观点。积极在主流媒体上亮明立场,奏好主旋律、唱响好声音。做好网络舆论引导和网上思想教育工作,营造清朗的网络空间。

坚持和谐稳定是一切发展的前提,努力做好安全稳定工作。完善工作体系,责任到人,加大对重大矛盾和急难险重问题的攻坚力度。确保党员干部和广大师生思想稳定、政策举措扎实稳妥、基层组织力量稳固。

巩固"平安校园"创建成果,强化校园网格化安全管理。把师生的健康和安全放在首位,严格执行各项安全和卫生规定,杜绝重大事故。提高应急处置能力,完善危机预警、信息报送、责任倒查的制度体系。构建严密周全科学有序的保密管理体系。

巩固发展统一战线,加强群团工作,汇聚力量、团结奋斗。人心是最大的政治,团结是永恒的主题。要充分发挥民主党派和无党派代表人士、教代会、工会、共青团、学生组织在学校民主管理、发展建设中的作用。继续高度重视做好党外知识分子工作,让他们在组织上更有依靠,生活上更有尊严,工作上更加安心。

工会、共青团等群团组织是联系广大师生的桥梁和纽带,肩负着组织动员广大师生投身学校改革发展建设的重要使命。要按照群团改革工作要求,增强"政治性、先进性、群众性"。不断完善教代会制度,普遍建立二级教代会。

风清则气正,气正则心齐,进一步营造良好的政治生态。做好学校的任何一项工作,都必须有好的风气、好的生态。学校党委要带头抓政治生态建设,求真务实,力戒形式主义,决不搞花架子,不做表面文章,以良好的党风政风带动学风校风,要将心比心、以心换心,用实实在在的行动赢得师生员工的信任和拥护,打好"团结牌",凝聚起推进学校改革发展的强大正能量。

唯宽可以容人,唯厚可以载物。要健全正向激励和容错纠错机制,营造想干事、能干事、干成事的浓厚氛围,旗帜鲜明为那些敢于担当、踏实做事、不谋私利的干部撑腰鼓劲,让学校正气充盈。要关心爱护基层干部,主动为他们排忧解难。

要真正把学校建设成为使人心静下来、消解躁气的文化空间,确保教师静心从教、学生安心学习,以学养人、治心养性,使北大成为治理有方、管理到位、风清气正的模范之地。

始终把抓好校园民生、满足师生美好生活需要作为党的一项重要工作。治国有常,利民为本。要深入贯彻以人民为中心的发展思想,时刻不忘初心,永远把人民对美好生活的向往作为奋斗目标。从广大师生最关心的事做起,从让师生满意的事做起,走好群众路线,始终与师生站在一起、想在一起、干在一起。关系师生切身利益的"小事",都是学校党委和各级党组织必须高度重视的大事;任何损害师生利益、损害北大权益的事,都必须坚决反对、坚决制止、坚决追责。

确保高质量完成肖家河教工住宅项目建设,让老师们住得放心、舒心。公平、公正、公开地做好腾退房屋的二次配售工作,让更多老师得到实惠。未来5年为教职员工新提供1000套以上周转公寓。要努力建设和谐宜居社区,加大环境整治力度，改善周边老旧小区人居条件，在北京市、海淀区的支持下试点为老旧楼栋加装电梯，让我们的老同志能够下楼、能够回家。

以本部与医学部的深度融合为重要契机，改进校医院的工作，提升社区卫生服务质量，解决好离退休老同志就医难的问题，进一步加大投入力度，保障师生员工的健康。

积极应对老龄化，构建青年教师、社区志愿者、大学生志愿者帮扶老同志的机制，学校、院系要继续探索为退休教师举行仪式、举办学术思想研讨会和教学经验交流会，设立"春晖基金"，完善养老、孝老、敬老政策体系，推进医养结合、文化养老。

持续加大人员经费投入，统筹规划薪酬福利体系，建立既符合国情校情又具有国际竞争力的收入分配模式和持续增长机制，在优化结构的同时稳步提升收入。结合学校实际，落实中国特色社会主义的分配原则，逐步消除不同体制并存、收入水平不均衡的状况，促进收入分配更合理、更有序。应特别注意防止陷入制度性困局，要保证公平、激励创造，实现自我纠正、自我突破和可持续发展。

全力以赴补齐校园民生短板、促进公平正义，持续完善学校后勤服务体系，千方百计改善师生学习生活工作条件。未来5年力争从总体上解决长期制约学校发展、影响师生学习生活的基础设施建设问题，改变燕园主校区"大工地"的状况。更加注重与师生的交流沟通，及时向师生通报情况，使师生获得感、幸福感、安全感更加充实、更有保障、更可持续。学校的发展将惠及每一个院系、每一个单位、每一位师生，实现幼有所育、学有所教、劳有所得、病有所医、老有所养、住有所居、弱有所扶。

同志们，

党的十九大提出了新的行动纲领，给北大指明了前进方向、提供了强大动力。我们要不忘初心、牢记使命、抓住机遇、再立新功，要大力发扬同舟共济、脚踏实地、奋发有为的精神，用汗水和心血创造无愧于伟大新时代的业绩。

让我们更加紧密地团结在以习近平同志为核心的党中央周围，深入学习宣传贯彻落实党的十九大精神，埋头苦干、改革创新，让中国特色社会主义大学不断焕发出强大生机活力，为实现"两个一百年"奋斗目标和中华民族伟大复兴的中国梦作出新的历史性贡献！

以"中国梦"激扬"青春梦"
——传承五四精神 落实立德树人

《学校党建与思想教育》(2017年第15期)

郝 平

今年是五四运动98周年。2014年5月4日,习近平总书记在北京大学师生座谈会上发表重要讲话,他强调,五四运动形成了"爱国、进步、民主、科学"的五四精神,拉开了中国新民主主义革命的序幕,促进了马克思主义在中国的传播,推动了中国共产党的建立。广大青年对五四运动的最好纪念,就是在党的领导下,勇做走在时代前列的奋进者、开拓者、奉献者,以执着的信念、优良的品德、丰富的知识、过硬的本领,同全国各族人民一道,担负起历史重任,让五四精神放射出更加夺目的时代光芒。

北京大学是新文化运动的中心和五四运动的策源地,是这段光荣历史的见证者。长期以来,北大青年在各条战线上传承和弘扬五四精神,为我国革命、建设和改革事业作出了重要贡献,赢得了广泛认可。在去年12月召开的全国高校思想政治工作会议上,习总书记三次提到北大,高度评价了北大"爱国、进步、民主、科学"的传统和校训;今年5月,习近平总书记在中国政法大学主持召开座谈会又三次提到北大,让北大人深受鼓舞,倍感振奋。

在当前时代背景下,如何理解五四精神的实质?如何诠释大学的使命?如何定位青年的理想、责任和使命担当?如何续写"新青年"的历史?北大人的思考仍在继续,探索与实践永不停歇。

一、五四精神的实质是青年将个人命运融入国家命运、以个人梦想推动国家梦想,为民族复兴的伟大事业奋发有为

在五四运动中,以北京大学师生为代表的中国青年英勇挺立在反帝反封建运动的历史潮头,为祖国的前途和命运奔走呼号,为救国救民和变革中国社会探索新路径,如黑暗中国的平地惊雷,为中华民族的生存和中华文明的延续点燃了希望的火种。由此诞生的五四精神,是中国人民和中华民族近代以来追求先进价值观的精神,是有志青年汲取世界先进思想、投身救亡图存、振兴中华历史洪流的精神。这种精神的实质是青年将个人命运融入国家命运、以个人梦想推动国家梦想,为民族复兴伟大事业而奋发有为。

"爱国、进步、民主、科学",是北京大学最光荣的传统和最宝贵的财富,也是五四运动的精神内核。"爱国",是心系祖国命运、情系人民福祉的精神;"进步",是冲破落后传统、发扬先进思想的精神;"民主",是推翻陈旧制度、建立社会主义的精神;"科学",是反对愚昧落后,弘扬科学理性的精神。时至今日,"爱国、进步、民主、科学"依然是我们应该坚守和践行的核心价值,不仅广大青年要坚守和践行,全社会都要坚守和践行。

当前,我们正在为实现中华民族伟大复兴的中国梦而不懈奋斗。中国梦即要实现国家富强、民族复兴、人民幸福,是和平、发展、合作、共赢的梦,与世界各国人民的美好梦想相通。要实现几代中国人的夙愿,就需要包括青年在内的每个中国人把人生理想融入国家和民族的事业中,在奉献社会中发展自我,在民族振兴中追求幸福。我们在今天强调"不忘初心、继续前进",就是要继承和发扬这种精神,以天下为己任,担负历史和时代的使命。

二、大学要以立德树人为根本,大力弘扬五四精神,鼓励青年追求"明德至善"

"大学之道,在明明德,在亲民,在止于至善";五四精神的核心是"爱国、进步、民主、科学"。"大学精神"和五四精神是内在统一的,坚持"爱国、进步、民主、科学"就是有利于国家、有利于民族、有利于社会的大德至善。大学要立德树人,帮助青年达到"明德至善"的境界,就要在青年中大力弘扬五四精神,培育社会主义核心价值观,提升他们的知识涵养和道德情操,使其成为具有高尚修养的大国公民和社会栋梁,成为社会主义事业的合格建设者和可靠接班人,勇做走在时代前列的奋进者、开拓者。

北京大学学术自由、思想独立、追求真理的新风,为五四新文化运动提供了肥沃的土壤;五四精神又始终融入北京大学的文化,成为百年学府"常为新"的力量源泉。近一百年前,北大人率先举起马克思主义的思想旗帜,掀起民族救亡运动,

在中国共产党的创建过程中发挥了重要作用；在争取民族独立和解放的斗争中，北大师生前仆后继，为中华民族的解放和进步作出了重大贡献；在建设新中国的光荣征程中，北大时刻牢记使命、砥砺前进，积极践行党的教育方针政策，带领广大师生投身社会主义事业，以改革创新精神推动高等教育繁荣发展，为社会主义现代化建设培养了大批优秀人才。

过去几年，习近平总书记多次对北大青年提出殷切期望，在校园内外引起了强烈反响。北大学子又一次掀起了一股奋进的热潮，努力做到勤学、修德、明辨、笃实，勇做践行社会主义核心价值观的先行者。一方面，北大学生持续学习讲话精神，立志传承北大精神、发扬五四传统，在身体力行中出色完成总书记的期望和要求，扎实扣好"人生第一粒扣子"；另一方面，各院系同学结合专业实际，以马克思主义为指导，在专业学习和科学研究中传播和践行社会主义核心价值观，积极奔赴各地开展社会实践与志愿服务。习近平总书记的殷切期望，指引着北大学子正确认识时代使命，以"中国梦"激扬"青春梦"，用理想信念明灯照亮前行的路。

三、青年要以五四精神为指引，弘扬和践行社会主义核心价值观

一个时代有一个时代的主题，一代人有一代人的使命。虽然近百年过去了，中国已经发生了翻天覆地的变化，取得了辉煌的建设成就，但实现中华民族伟大复兴还有许多更艰巨、更伟大的任务等待优秀青年肩负起来，需要一代又一代有志青年接续奋斗。青年要承担起这一历史责任，就必须从五四精神中汲取营养，把学习书本知识和投身社会实践统一起来，把实现自身价值和服务祖国人民统一起来。

当代青年弘扬和践行五四运动的伟大精神，就是弘扬和践行社会主义核心价值观。弘扬和践行五四精神，首先要求青年勤于学习、敏于求知，为未来担负起更多重任奠定知识基础。弘扬和践行五四精神，还要求青年不断增强道德修养，明大德、守公德、严私德，既要报效祖国、服务人民，又要管好小事、做好小节。弘扬和践行五四精神，落实到青年的行动和实践中，关键在于要做到知行合一，把核心价值观内化为自己的精神追求，落实到行动和实践中，在时代大潮中做出贡献，努力为人类文明的发展和探索提供中国方案。

青年一代诠释爱国、理想、责任、奋进，重在行动。"爱国"要求当代青年把个人的前途和国家的前途结合起来，肩负祖国重任，扎根中国大地，在人生的黄金时代为祖国发展、民族复兴贡献才智和汗水。"理想"要求当代青年树立远大志向，胸怀国家民族发展，把个人理想融入社会理想，融入党和人民的需要，通过对社会的奉献来实现个人理想。"责任"要求当代青年崇德修身，既要从大处着眼，明确历史和时代责任，鞭策自己积累知识、提升修养，承担起更加艰巨的时代任务，又要从身边入手，修好私德，学会宽容谦让、自省自律、感恩互助。"奋进"要求当代青年在学习、工作和生活中既脚踏实地、勤勤恳恳，又开拓创新、迎接挑战，在点滴积累中提升本领，在艰苦奋斗中磨砺意志，在长期实践中增长才干，努力实现人生理想。

四、新的时代背景下，培育"网络新青年"是五四精神传承与北大青年成才的历史交汇点

全球化的深入特别是网络社会的崛起，影响着中国的改革、发展和稳定，改变着国人的生活、交往和观念。"互联网+"从其表征和实质来看，已经成为当今时代的重要特征。就教育领域而言，互联网深刻改变着青年的成长环境，青年的学习、生活更加依赖互联网，网络社会也赋予青年更多话语权，这对于传统的教育方式、教育效果和教育主客关系带来了挑战，特别是对于身处价值观成型阶段的青年有很大冲击。如何在网络化时代背景下，传承五四精神、培育优秀人才？北京大学以全环境育人理念为指导，探索提出了培育"网络新青年"的目标，引导青年群体适应环境变化、引领时代变革，同时校准成长方位，树立远大理想。

五四运动时期，以北大学生为代表的青年在"救亡图存"的时代强音召唤下，以"爱国、进步、民主、科学"的五四精神为引领，推动了中国社会的思想启蒙。在这其中，青年人很好地发挥出了引领思潮、革新积弊、推陈出新的作用，这是新青年精神的滥觞。而当代"网络新青年"，应当传承新文化运动内涵与五四"新青年"精神，具备较高网络信息素养和能力，能够通过自主、自律实现人生日新，将中国文化的刚健气质与网络化、全球化的时代精神创新融合。可以说，"新青年"正是五四精神传承与北大青年成才的历史交汇点，培育"网络新青年"，应当是网络化、全球化时代下大学生思想政治教育模式创新的路径与方向。

围绕"网络新青年"培育，北京大学开展了一系列教育活动，引导青年群体提升网络素养：在信息爆炸、真伪交织、价值多元的互联网环境中，提高其选择"多少"的能力、辨别"真伪"的能力、明辨"是非"的能力和界定"善恶"的能力，积极参与构建清朗网络空间；在此基础上，着力培养青年的阅读、表达、逻辑思维和转化创造这四项基本能力，在学习和实践中努力提升其辩证思维、历史思维、系统思维和创新思维；侧重鼓励通过自主学习完成对"璞玉"的雕琢，努力推动青年

群体勇于实践，在创新中发挥聪明才智；倡导继承新青年敢为天下先、引领时代潮流的历史传统，形成网络时代青年大学生的理想品格和责任担当。

立德树人是高校的立身之本，北大的使命，就是要把一代又一代优秀青年培养成为中国特色社会主义事业的合格建设者和可靠接班人，培养成为国家和民族的栋梁人才，培养成为引领未来的人。当前，北京大学正处于扎根中国大地，创建中国特色世界一流大学的关键阶段，学校将始终聚焦立德树人，始终以人为本、以育人为本、以师生为本，为青年的成长成才提供更好的条件、氛围和生态环境。学校党委也希望，新一代的北大青年要自觉、主动肩负起历史重任，以"中国梦"激扬"青春梦"，以社会主义核心价值观为引领，传承和弘扬五四精神，同舟共济、脚踏实地、艰苦奋斗，为实现中华民族伟大复兴贡献智慧和力量。

守正创新，引领未来
——在北京大学建校119周年"双一流"建设推进会上的讲话

（2017年5月4日）

林建华

尊敬的各位嘉宾，各位朋友，老师们，同学们：

大家好！

今天是五月四日，北大校庆日，我们的母校119岁生日。感谢大家！

刚才，一些学者和郝平书记讲述了他们的感受，送上了他们的祝福，展现了我们这一代北大人，对母校的深情，对国家和民族的担当。一所伟大的学校，从来都是与国家和民族的命运休戚相关，北大就是这样一所学校，北大人就是这样一群有担当的人。

改革开放近四十年，北大的发展举世瞩目。从刚才学者们的讲述中，大家一定深有感受。北大的未来，基于历史的积淀，更取决于我们今天的选择。今年的校庆日，我想与大家分享三个观点。

第一个观点：校园也是教育

校园是有生命的，好的校园可以塑造人、教育人，给人以感悟和启迪。置身于一个古老的校园，你可以感受历史，感受到先贤精神的浸润；置身一个时尚现代的校园，你可以感受青春、对话未来。温暖舒适的环境会使你心情愉悦，想倾述、想倾听；安静淡雅的环境会使你平和淡定，去梦想、去静思。冰冷单调的环境会让人孤独和恐惧；拥挤肮脏的环境会让人烦躁和无助。

我们的校园很美，最近还被评为最美校园。但它实在太拥挤了。燕园有3万学生，加上继续教育、来访和观光者，每天都熙熙攘攘、人满为患。成千的机动车、自行车更是雪上加霜。曾有一则笑话说：北大不再是Peking University，而应该叫Parking University。网上还有一个帖子，用学生站着吃饭的照片，调侃北大食堂的拥挤。北大校园一直处于临界状态，校园小当然是一个原因，但更重要的还是观念。校园也是教育的一部分。我们建设校园，不仅是造房子，还要让她更美，让她成为使人心静下来的地方，成为能够静心漫步、倾吐心声、消解躁气、潜心研读的文化空间。未来的校园规划需要跳出现有的束缚，配合学校的发展战略，统筹配置资源。一方面，非核心的机构将逐步向周边拓展，使有限的资源发挥出最大效益。另一方面，我们要抓住和创造机会，拓展新的校区，改善办学条件，改善师生的生活、学习和成长体验。

我很高兴，后勤部门的观念已经开始转变了，开始把老师和学生的体验放在首位。我们的未名湖变得更美了；二教增加了学生交流和创新创业空间；正在建设中的餐饮中心，即将改造的电教大楼和农园食堂，都将为学生提供更多学习、交流和休闲场所；规划中的地下停车场，在主要区域禁止机动车等等，将使我们的校园重回宁静。我们会加倍努力，我也希望大家有足够的耐心。让我们共同建设一个更美好的Peking University。

第二个观点：学者就是大学

网上流传这样一则故事。艾森豪威尔将军退役后，曾担任过哥伦比亚大学的校长。在一次诺贝尔奖获得者的讲演会上，他讲道：在众多哥伦比亚大学的雇员中，您能获得如此重大的奖项，学校深以为荣。获得者在接着的讲演中，对艾森豪威尔说道：尊敬的校长先生，我们不是哥伦比亚大学的雇员，我们就是哥伦比亚大学！您才是哥伦比亚大学的雇员。恐怕没有人考证过这个故事的真伪，但它说明了一个道理。大学是学术机构，学者是大学的基础，只有把学者的创造潜力充分释放出来，才能办好大学。校长不能仅靠命令，要通过理念和价值观，凝聚大家的共识；通过章程和制度，规范大家的行为，这是学术领导的基本方式。

有一个同行，曾问了这样一个问题："校长最重要的任务是什么？"我说两件事情最重要：一是聘任最具潜力的学者，营造环境，使他们成长为最好的学者，成为学高身正的老师；二是吸引最具潜力的学生，营造环境，使他们成为社会的栋梁，成为对社会有益的人。这话说起来很轻松，但真正做到却是非常难的。十几年前，还是在担任常务副校长的时候，听说在美国任教的一位青年学者回国探亲，我就与时任的化学院院长一起，来到沂蒙山区——他的老家，看望并真诚地邀请他到北大工作。后来，这位学者回到了北大，学术做得非常好，他就是现任的化学院的院长高毅勤教授。办大学要靠学者。学者的水准就是大学的水准；学者的精神就是大学的精神，学者的人格会直接影响学生的品行素养。选对人是很重要的，这要用心、用脑、用情。

物以类聚，人以群分；只有近者悦，才能远者来。一个单位的学术视野、环境氛围和政治生态，都会影响学者的发展和前途。环境不好，再好的学术苗子，也会凋零、也会长歪。人们常讲，领导就是环境。校长虽然只是一个雇员，但却是学校的关键雇员。院系的领导也一样。我们有责任提供好的生活和工作条件，使大家无后顾之忧；有责任营造宽松自由、团结和谐和公平竞争的环境，使大家潜心学问、专心教学；有责任关心、爱护和指导青年学者，使他们更好、更快地成长；有责任建设好的跨学科生态，激励大家超越局限、超越自己，开辟新领域、挑战新前沿。还有责任建章立制、严格管理，营造风清气正的校风学风。

当与一些青年学者谈起学校，尽管大家对一些方面不满意，但对北大的学术环境都是非常认可的。还有一些数据也很能说明问题。去年，北大有两位教师当选为美国艺术与科学院的院士，有一位当选为美国工程院的院士，还有一位当选了法兰西道德与政治科学院外籍终身通讯院士，另外，还有一批教师获得了重要的国际学术奖项。在过去三届的院士评选中，北大一共有 18 位教师当选了两院院士，这在高校中是首屈一指的。

第三个观点：学术成就未来

我们处在一个中华民族伟大复兴的时代。习总书记讲：我们对高等教育的需要比以往任何时候都更加迫切，对科学知识和卓越人才的渴求比以往任何时候都更加强烈。创建中国特色的世界一流大学，是国家大局，是我们最大的政治责任，也是北大难得的历史发展机遇。我们应当坚定方向，凝心聚力，把北大建设好，使北大真正成为一所伟大的学校。

学科布局定义了大学。一所卓越的大学一定要使自己的学术研究始终处于学术发展的最前沿。"择优扶重"当然是很重要的。但如果过度沉湎于已有的基础，不思进取，可能有一天，会突然发现，过去的基础，已远离学科前沿，过去的投入，已成为进一步发展的障碍。以交叉学科为重点是北大一直坚持的学科建设方针，目的就是鼓励大家着眼前瞻布局，开展最前沿的学术研究。事实上，在科学与技术快速转化和融合的今天，只有最前沿的学术研究，才能从根本上提升国家的竞争力，中国才能真正立足于世界，北大才能真正引领未来，成为世界一流大学。

习近平总书记讲：只有培养出一流人才的高校，才能够成为世界一流大学。我们应当时刻牢记，人才培养是我们的核心使命。北大的教育一定要着眼于未来，着眼于国家发展、民族振兴和人类进步的人才需求。我们不应当因循守旧、墨守成规，而应当不断地挑战自我、超越自我，勇敢地拥抱新技术、新世界的挑战。我们要充分发挥综合性、研究型大学的优势，改革机制和培养模式，调动起院系和教师的教学积极性，激发起学生的学习主动性和创造性，使我们的教育真正成为师生共同探索未来的非凡体验，使我们的学生真正成为能够引领未来的人。

求真求实的学术精神是大学精神的基础，也是社会主义核心价值观在学术界的具体体现。我们应当从弘扬学术精神入手，塑造良好的校风学风。刚才，邓小南老师讲的一段话发人深省，她说道："我们的学术应当是有思想的学术，我们的思想应当是有学术的思想"。坚持这样的学术追求，北大就能够产生更多的"新思想、前沿科学和未来技术"，就能够把学生培养成为"引领未来的人"，就能够为国家发展、民族振兴和人类进步作出更大的贡献。坚持这样的学术追求，我们就能够用读书人的孜孜不倦坚守学术良知；用纯洁的学术追求抵御功利与浮躁；用昂然的学术气节荡涤低俗的逢迎与媚俗；用学者的言传身教传递社会主义的核心价值观；用追求真理的学术精神重塑大学的公信力！我们应当牢记：只有学术贡献才会成就北大的未来！只有弘扬学术精神才能筑牢北大未来发展的根基！只有社会主义的核心价值观才能塑造新一代的北大人！北大是一块学术圣土,是我们的精神家园,我们应共同努力,守护好这个圣洁的学术殿堂。

在校史馆的大厅里,记载了李大钊先生在北大建校25周年时,讲过的一段话,他说:"只有学术上的发展,值得作大学的纪念。只有学术上的建树,值得'北京大学万万岁'的欢呼"。这是前辈的教诲,是北大的使命,也是北大的未来。

老师们、同学们、朋友们,

中央已经做出了加快创建中国特色、世界一流大学的战略决策,国家和社会公众对北大寄予厚望,我们应当牢固树立政治意识、大局意识、核心意识和看齐意识,团结一心,锐意改革,努力把北大建设成为一所伟大的学校。

过去几十年,北大的发展很快、成绩很大,我们都应当为以往的成就而感到自豪!但与此同时,我们也应当看到问题和不足,看到存在矛盾和困难。我们的主要问题是管理上的松、软、散,致使急功近利、心浮气躁、封闭僵化、小集团利益滋生蔓延,这伤害了学校的文化氛围和政治生态,影响了学校的发展。

有问题、有矛盾并不可怕,关键是如何面对!如果我们用乐观和发展的观点看待这些矛盾,矛盾就是变革的愿望和要求,若革故鼎新,解决了矛盾,学校就前进了一步。如果用悲观和静止的观点看待矛盾,矛盾就是对变化的恐惧和回避,若因循守旧,矛盾反而会积累、激化,学校就会停滞甚至倒退。鲁迅先生曾讲:"北大是常为新的,改进的运动的先锋,要使中国向着好的,往上的道路走。虽然中了许多暗箭,背了许多谣言;教授和学生也都逐年地有些改换了,而那向上的精神还是始终一贯,不见得弛懈。自然,偶尔也免不了有些很想勒转马头的,可是这也无伤大体,"万众一心",原不过是书本上的冠冕话。"鲁迅先生的这番话,虽然过了许多年,依然还是那么深刻和耐人寻味。无论遇到多大的困难,存在多大的矛盾,都只不过是前进路上的阵痛而已,北大总会往前走。北大永远要做高等教育改革的探路者、先行者!北大人永远要做伟大学校的创造者、守护者!我想,这就是北大,这就是北大人。

谢谢大家!

吃亏就是占便宜
——在北京大学2017年毕业典礼上的致辞

(2017年7月)

林建华

2017届毕业生同学们:

大家上午好!

几年前,你们踌躇满志、带着忐忑和喜悦来到这里。今天,你们将满怀梦想和期待,离开燕园,步入激动人心和充满挑战的未来。作为校长,我要向同学们表示祝贺,也希望借这个机会,向为你们的成长付出辛勤汗水的老师、员工和家长们,送上最美好的祝福和敬意!

几天前,有位同学给我写信,希望我讲讲自己的生活体会。今年的毕业致辞,我就与大家分享两个自己的小故事。

我的母亲像那个年代的大多数人一样,并没有读过很多书,更没有上过学。从小,我常常听到她讲一句话,"吃亏就是占便宜",这句话影响了我大半辈子。

这不是说为了占便宜而去吃亏,也不是说吃了亏就一定能占便宜,这是一种人生哲学和价值观。小的时候,我把它作为懦弱的借口,尽量避免冲突。再大一些的时候,我把它当作面对失败的理由,少了懊悔与内疚。成年以后,我把它作为远离名利的信念,保持内心的安宁。

中学毕业之后,我曾在一个农场工作了五年。一次,场里推荐工农兵大学生,去一个师范学院读书。农场里的很多人都推荐了我。当时的我可以说是信心满满。但不久便得知农场领导决定的是另一个人。虽据理力争,但最终还是没能改变农场领导的决定。大家可以想像我当时的心情。用了很久,我才使自己慢慢地平静下来。

很多年以后,当读到《尼布尔的祈祷文》中的一段话时,我还想起了那些不眠之夜。文中说"请给我平静,去接受我无法改变的;请给我勇气,去改变我能够改变的;请给我智慧,去分辨这两者"。

我们每个人都会遇到一些内心难以接受的事情，如何使自己始终保持健康与平和心态，这真的需要很大勇气和智慧，需要我们去体验、去感悟、去历练。世间的事情有时是很奇妙的，当我以平和的心态面对现实，继续保持自己的乐观向上，生命中竟获得了意外的惊喜。我没有能够到那所师范学院学习，却幸运地赶上了第二年恢复高考，进入了北京大学。

价值观是一个很有意思的东西，看不见也摸不着，却随时随地在影响我们的行为。特别是当你要做出重要抉择的时候，内心深处的价值观就会被唤起。反过来，我们也可以根据人们的行为和抉择，了解他的价值观。

我再讲一件在美国留学的事情。有一天，导师把一个工具箱带到实验室交给我，并告诉我这是用他自己钱买的。我当时很奇怪，问他为什么不用研究经费？他解释说，这些工具在实验室和家里都能用，用科研经费购买的话，需要写报告说明情况，很麻烦，还不如自己花钱买方便，反正也不贵。他吃亏了吗？也许是的。但是，在制度的灰色地带，他避免了可能的猜疑，也使大家更加了解了他的为人和价值观，这是一个靠谱的人，值得信赖。

我们也常常会遇到另外一种人，见利忘义，投机钻营，甚至不惜违规枉法。他们或许能得到所追逐的利益、占到便宜，但这些都不可能长久。在利益面前，人们都难免怦然心动。追求个人发展、保护个人利益和追逐个人成功，都是很正常的，无可厚非。但我们一定要按制度和规矩做人做事，在正当权益与唯利是图的界限比较模糊的地方，宁可自己吃些亏，也不要为了一时的便宜，丧失了对原则和底线的坚守。

人生就像是一场没有裁判的马拉松，自我约束和耐久性远比一时的速度更重要。就像歌词里的：每一步，都算数！

人们的价值判断和行为方式很容易受外部环境的影响。法律制度健全，社会风气好，犯错成本就比较高，人们遵纪守法的意识就比较强。当社会风气不健康时，人们的心态就会受到很大影响。

一些人看见别人做坏事，不但没受惩罚，反而得到利益，也就跟着随波逐流。久而久之，不良社会风气就会像瘟疫一样蔓延开来。近年来，中央提出从严治党的方针，从小事抓起，正党风，树正气，社会风气和政治生态正在逐步转变。

从另一方面看，从根本上改善社会环境，还需要我们每一个人的不懈坚守和坦然淡定，因为善恶的分界线不在社会、也不在他人，而在我们每个人的内心。

同学们，有人讲，现在的大学正在培养"精致的利己主义者"，我并不认同。但是，任何言语上的反驳都是苍白无力的，赢得信赖要靠实际行动。

一百多年来，无论是在国家危亡之际，还是在民族伟大复兴之时，北大人始终站在第一线，以自己绵薄的力量，为国家和民族的命运而奋斗、抗争。蔡元培、李大钊、胡适、马寅初、郭永怀、王选、徐光宪、孟二冬等，代表了不懈奋斗的一代代北大人。

新一代的北大人也是一样，我们深深笃信、并践行着"守正创新、引领未来"的理念，矢志为中华民族的伟大复兴奉献自己的力量！

我希望，从这里走出去的北大人，在任何环境中，都能够坚守价值判断，守住底线。希望大家能够风轻云淡地面对成功与失败，温和平静地面对误解与质疑，忍耐克制地面对不公甚至挑衅。

面对成绩，希望大家能谦逊感恩、归功团队；面对问题，希望大家不离不弃、敢于担当。

我们内心永远不能忘记：一个人，品格是最宝贵的财富；一所大学，精神文化是最宝贵的财富；一个国家，年轻人的价值观是最宝贵的财富。我们都是北大这所伟大学校的过客，我们都感恩北大，一定要无愧于北大；我们都感恩这个时代，一定要无愧于未来。我深深相信，总有一天，北大会因有你们而感到自豪！

同学们，大家在校期间，我们的工作有很多不足之处，我要向大家表示歉意。请相信，学校的领导和教职员工一定会不断努力，承担起自己的使命与责任，把北大建设得更好。

朝夕数载、临别匆匆，任何语言都难以表达此时的心境。今天，你们将离开学校，踏上征程。我想用巴金先生《做一个战士》中的几句话作为结束语，与大家共勉。"在这个时代，战士是最需要的。但是这样的战士并不一定要持枪上战场。他的武器也不一定是枪弹。他的武器还可以是知识、信仰和坚强的意志。在战斗中，给战士指路的是'未来'，'未来'给人以希望和鼓舞。战士永远不会失去青春的活力。"

祝大家永远青春飞扬！

深入学习贯彻习近平新时代中国特色社会主义思想
加快"双一流"建设 实现高校内涵式发展

《中国高教研究》（2017年第12期）

郝 平

党的十九大是在全面建成小康社会决胜阶段、中国特色社会主义进入新时代的关键时期召开的一次十分重要的大会，是党和国家事业发展史上的一个划时代的里程碑，是迈向中华民族伟大复兴的重要一步。习近平总书记的报告，旗帜鲜明、高屋建瓴、深邃精辟、气势磅礴，通篇闪耀着马克思主义真理的光芒，展示了以习近平同志为核心的党中央引领新时代中国特色社会主义的理论成果、实践成果、创新成果。

党的十九大胜利闭幕后，北京大学党委迅速组织广大师生员工掀起了学习宣传贯彻十九大精神的热潮，召开了党委扩大会、理论中心组专题学习、中层干部大会、主题党团日等一系列学习活动，制定了覆盖全校师生员工、各级党组织的学习贯彻方案并集中精力推进，确保党的十九大精神入脑、入心，切实用习近平新时代中国特色社会主义思想武装头脑、指导实践、推动工作。

一、深入学习习近平新时代中国特色社会主义思想全面融入创建中国特色世界一流大学的伟大事业

学习贯彻党的十九大精神，关键是深入理解精神实质，并运用其中所蕴含的立场观点方法、分析和解决北大的问题，将理论与实践相结合，用新思想武装头脑，全面指导中国特色世界一流大学的伟大事业。

1. 要深化对习近平新时代中国特色社会主义思想的认识，高举旗帜、奋勇前进。

旗帜引领方向，思想指导行动。报告最大的亮点就是提出了习近平新时代中国特色社会主义思想。这是我们党从理论和实践结合上系统回答新时代坚持和发展什么样的中国特色社会主义、怎样坚持和发展中国特色社会主义的新理念新思想新战略新论断。这一思想的产生、成熟与完善来之不易。党的十八大以来，以习近平同志为核心的党中央以巨大的魄力和勇气审时度势、力挽狂澜，带领党和人民进行了新的伟大实践和理论创新。习近平新时代中国特色社会主义思想是对马克思列宁主义、毛泽东思想、邓小平理论、"三个代表"重要思想和科学发展观的继承和发展，是党和人民实践经验与集体智慧的结晶，标志着我们党的思想体系更加成熟和完善，是全党全国人民为实现中华民族伟大复兴而奋斗的行动指南和纲领，是我们实现"两个一百年"奋斗目标的强大思想武器，是不能动摇、不能偏离的政治路线和根本政治保障。

高校必须把习近平新时代中国特色社会主义思想贯彻到全部工作之中，将"八个明确""十四项基本方略"融入立德树人全过程，融入高校"双一流"建设全过程，融入高等教育综合改革全过程，与办学的根本指导思想实现有机融合，让中国特色社会主义大学不断焕发出无穷生机与活力。

2. 深化对中国特色社会主义进入新时代的认识，勇担使命、再立新功。

定位决定格局，判断关系成败。习近平总书记指出中国特色社会主义进入新时代，我国社会主要矛盾已经转化为人民日益增长的美好生活需要和不平衡不充分的发展之间的矛盾，但我国仍处于并将长期处于社会主义初级阶段的基本国情没有变，我国是世界最大发展中国家的国际地位没有变。这是党中央对党和国家当前所处历史方位作出的重大战略判断。

高等教育是人民美好生活需求的一部分。新时代高等教育的内外环境、供求关系、资源条件、评价标准都已发生了重要而深刻的变化。经过5年的发展，我国本科教育"体量"已是世界最大，极大地缓解了人民群众"上大学难"的问题，教育质量稳步提升，已是名副其实的高等教育大国。但与世界先进水平相比，与中央要求、社会需求和百姓期待更好的教育相比，高等教育的改革发展还有差距，发展不平衡不充分的问题也日益突显。高校必须以习近平新时代中国特色社会主义思想为指导，转变发展方式、调整结构布局、优化资源配置，大力提升发展质量和效益，办好人民满意的教育。

3. 深化对两个阶段发展目标的认识找准定位、奉献力量。

理想决定高度，蓝图凝聚力量。党的十九大开启了"两个一百年"奋斗目标的历史交汇期，开启了全面建设社会主义现代化国家新征程。习近平总书记提出新时代中国特色社会主义发展将分为两个阶段完成：第一个阶段，从2020年到2035年基本实现社会主义现代化；第二个阶段，从 2035 年到本世纪中叶，把我国建成富强民主文明和谐美丽的社会主义现代化强国。

教育兴则国兴，教育强则国强。强大的高等教育体系是建设社会主义现代化强国的有力支撑。2015 年，党中央、国务院作出统筹推进"双一流"建设的战略决策，明确了建成高等教育强国的 2020 年、2030 年、21 世纪中叶"三步走"方案。教育强国是社会主义现代化强国的重要组成，与之同向同行。北大作为中国高等教育改革的排头兵，必须找准定位，把"两个一百年"奋斗目标与北大的改革发展紧密融合，更加自觉地服务党和国家工作大局，力争在支撑国家创新驱动发展战略、服务经济社会发展、弘扬中华优秀传统文化、培育和践行社会主义核心价值观、促进高等教育内涵发展等方面发挥更大作用，为实现伟大梦想作出新的历史性贡献。

4. 深化对新时代党的建设总要求的认识，与时俱进、开拓创新。

办好中国的事情，关键在党。中国特色社会主义最本质的特征是中国共产党领导，中国特色社会主义制度的最大优势是中国共产党领导。习总书记提出要实现中华民族伟大复兴的伟大梦想，必须进行伟大斗争、建设伟大工程、推进伟大事业。其中起决定性作用的是党的建设新的伟大工程。

我国高校是党领导下的高校，教育事业的发展在党的旗帜下推进，只有领导有力，才能行稳致远。高校要用新时代中国特色社会主义思想武装头脑，把党对教育的领导落实到办学治校全过程，把学校各级党组织建设成为宣传党的主张、贯彻党的决定、领导基层治理、团结动员群众、推动改革发展的坚强战斗堡垒。

二、以习近平新时代中国特色社会主义思想为指导，认真回答好"建设什么样的北大，怎样建设这样的北大"这一根本问题

党的十九大报告总结回答了新时代坚持和发展什么样的中国特色社会主义、怎样坚持和发展中国特色社会主义的重大问题。北大作为党领导下的高校，也必须以新的思想武器来审视"建设什么样的北大，怎样建设这样的北大"这一根本问题。

1. 建设什么样的北大。

2014 年 5 月 4 日，习近平总书记来北大视察工作时明确要求北大要"建设世界上第一个北大；2017 年 6 月，总书记又提出了北大要成为"标杆"。早在京师大学堂建立之初，学校就矢志"为五洲万国所共观瞻"。在中国特色社会主义新时代，北大作为中国高等教育的标杆，要按照党的十九大的部署"加快一流大学和一流学科建设"，与世界上所有最好的大学"平行发展"，在世界高等教育大变革的时代里发出中国声音、提出中国方案、贡献中国智慧。这是党和国家交给北大的光荣使命。

办好中国的世界一流大学，必须有中国特色。曾经或现在的世界一流大学，都不是对其他大学的简单复制，而是在吸收他人优势的基础上，充分融入自己国家、民族的鲜明特色，创造出新的大学形态和功能，才引领了世界高等教育的发展。所以我们既要保持开放的心态，虚心向世界一流大学学习，更要坚持扎根中国大地，突出中国特色和北大特点，提出自己的大学理念和新的高等教育发展理论体系，才能谱写"世界上第一个北大"的崭新篇章。这一特色兴校之路源于北大百余年办学历程的光荣传统和学术精神，源于中国高等教育悠久的文化基因，源于中国特色社会主义建设事业的伟大成就，最重要是源自于"道路自信、理论自信、制度自信、文化自信"。

2. 怎样建设这样的北大。

创建中国特色世界一流大学的伟大事业，没有先例可循，也没有现成的模式经验。党的十九大为我们指明了道路，就是要"实现高等教育内涵式发展"。经过一代代北大人艰苦卓绝的努力奋斗，今天的北大，比历史上任何时期都更有信心、更有能力实现创建中国特色世界一流大学的奋斗目标。但我们必须清醒认识到，前进的道路上还存在许多困难与挑战，尤其是随着改革进入"深水区"，一些矛盾会更加尖锐、更加复杂。与中央的要求、与党和人民的期待相比，我们的工作还存在发展质量还不够高，发展不平衡不充分的问题还比较突出：规模与空间、结构、质量、效益之间的关系还没达到最优，办学特色不够鲜明突出，现有体制机制不能很好地适应发展需要，自主创新能力亟待进一步提升，校风学风需要进一步净化，全面从严治党治校还有薄弱环节，服务国家战略需求潜力还没有充分发挥出来。

要解决问题，必须不断反思，总结经验、汲取教训；必须直面问题和矛盾，以更大的勇气、魄力和智慧攻坚克难；必须扎根中国大地，坚定不移走自己的路。在这过程中，我们尤其要正确认识并处理好以下五对具有重要意义的关系，才能走出一条既符合高等教育发展规律、又符合中国国情的科学发展之路，走出一条既尊重我国高等教育历史传统、又远瞻世界大学未来发展方向的改革创新之路

一是深刻认识"创建世界一流大学"与"办好一所一般意义大学"的本质区别。要深刻理解"新时代中国社会主要矛盾转化"的内涵，对北大的历史定位、历史使命应有更强的自觉，瞄准世界高等教育的最高水准和发展前沿，从党和国家的要求、人民群众的期待的高度来审视学校工作。要有自我突破、自我超越的勇气，科学处理好"舍"与"得""增"与

"减""大"与"强""为"与"不为""疏解"与"提升"的关系，严控增量、盘活存量，瘦身健体，抓好高精尖，把结构优化、内涵发展作为主攻方向，解决发展不均衡不充分的问题。

二是要准确把握"中国特色"与"世界一流"的关系。越是民族的越是世界的，办好中国的世界一流大学，必须有中国特色。要对我们所处在历史文化土壤和国情有深刻认识，在"四个自信"基础上，树立起教育自信。

三是要科学处理继承传统和改革创新的关系。在120年的办学历程中，北大形成了"爱国、进步、民主、科学"的光荣传统，"思想自由、兼容并包"的办学理念和"勤奋、严谨、求实、创新"的学风。在新时代，要珍惜和守护传统，并不断给传统注入新内涵，始终保持"常为新"的蓬勃朝气。

四是要统筹协调大学内部不同群体的关系。教学科研队伍是核心，机关管理队伍是基础，后勤与教辅队伍是保障，互相支撑、协同配合。对三支队伍都要高度重视，使大家更加心往一处想、劲往一处使。

五是合理安排大学核心功能与非核心功能的关系。学校的主要资源和精力必须聚焦教学科研主责主业，同时，通过非核心功能来支撑、辅助核心功能。

三、贯彻落实习近平新时代中国特色社会主义思想，加快推进"双一流"建设，实现学校内涵式发展

学习贯彻党的十九大精神是北大当前和今后一段时期的首要政治任务，北大必须把习近平新时代中国特色社会主义思想贯彻到全部工作之中，坚持学以致用、用以促学，将全校师生的力量和智慧聚集到推进中国特色世界一流大学的伟大事业中来。

1. 学习、研究和传播习近平新时代中国特色社会主义思想，发挥北大优势，为构建人类命运共同体贡献中国智慧中国方案。

北大是新文化运动的中心和"五四"运动的策源地，是中国最早传播马克思主义和民主科学思想的发祥地，是中国共产党最早的活动基地。总书记提出"不忘初心、牢记使命"，北大要继承传统、勇担使命、再立新功，落实好习近平新时代中国特色社会主义思想"三进"工作，做到入耳入脑入心。要发挥人文社会科学的优势，"涵育学术，激活思想"，从中国实际、中国问题出发，让新思想在北大落地生根、形成生动实践。

党的十九大报告中将"坚持推动构建人类命运共同体"作为新时代坚持和发展的基本方略之一。充分体现了新时代中国特色社会主义的"四个自信"，体现了中国共产党的世界眼光和博大胸怀，中国必将为人类社会作出更多、更大的贡献。就在十九大开幕当天，新华社全文发表了习近平总书记给北大南南学院首届硕士毕业生的回信。南南学院是根据习近平总书记的倡导和指示创立的，目的是为推动南南合作，为世界共同发展贡献中国方案、中国智慧。北大将贯彻落实好总书记的回信精神，为人类命运共同体建设继续发挥好南南学院的平台作用。

2. 坚持立德树人根本任务，培养有理想、有本领、有担当的一流人才，办人民满意的教育。

习近平总书记在报告中强调，要加快教育现代化，办好人民满意的教育。习总书记还提出"青年兴则国家兴，青年强则国家强"。在决胜全面建成小康社会的关键时期，国家对高等教育的需要比以往任何时候都更加迫切，对科学知识和卓越人才的需求比以往任何时候都更加强烈。

北大要全面贯彻党的教育方针，落实立德树人根本任务，扎根中国大地办大学，以高等教育综合改革为动力，加快转变发展方式，坚定走内涵发展道路。要坚持"德才均备、体魄健全、守正创新、引领未来"的理念，持续深化人才培养体系改革，构建能够充分激发学生潜能与创造力、世界一流的本科教育体系，进一步提高研究生培养质量，培养德智体美全面发展的社会主义建设者和接班人，培养有理想、有本领、有担当的一流人才。

3. 要深刻理解"新时代中国社会主要矛盾转化"的意义，全面深化综合改革、突破发展瓶颈。

习近平总书记指出新时代中国社会矛盾已经转变为"人民日益增长的美好生活需要和不平衡不充分的发展之间的矛盾"。教育兴则国兴，教育强则国强。新时代，高等教育的时代属性也在发生着深刻变化，具体到北大而言，党和国家、人民期待北大能提供更优质的教育，能培养更多的一流人才，产出更多具有世界影响力的原创性思想、知识和技术。

在中国特色社会主义新时代，北大作为中国高等教育改革的排头兵，必须坚守"内涵式发展"的定力，持续推进以教育、学科、人事、治理体系、资源配置五大领域为重点的综合改革，转变发展方式、聚焦核心使命、解决影响学校长远发展的瓶颈性问题，调整并理顺治理结构，改革资源配置体制，充分发挥各类办学要素的最大效益，真正实现"有所为、有所不为，有所先为、有所后为，有所大为、有所小为"，自觉融入党和国家的发展全局，为建设社会主义现代化强国作出新的更大贡献。

4. 要牢记"创新是引领发展的第一动力"，瞄准世界科技前沿，创造具有标志性、引领性的科技创新成果。

习近平总书记在报告中强调，"创新是引领发展的第一动力"。实施科教兴国战略、人才强国战略、创新驱动战略、可

持续发展战略、军民融合战略、乡村振兴战略、区域协调战略等七大战略，都离不开科技创新，也都离不开高校的参与。因此，北大必须瞄准世界科技前沿，强化基础研究，实现前瞻性基础研究、引领性原创成果重大突破。北大还要按照习近平总书记要求加强应用基础研究，拓展实施国家重大科技项目，突出关键共性技术、前沿引领技术、现代工程技术、颠覆性技术创新，还要培养造就一大批具有国际水平的战略科技人才、科技领军人才、青年科技人才和高水平创新团队。

北大将按照习近平总书记的要求，紧抓"双一流"建设契机，聚焦世界科技发展最前沿，营造宽松学术氛围，打造更多的一流科研团队，不断提高原始创新能力，为国家实施创新驱动战略服务。

5. 要按照新时代党的建设总要求，全面增强执政本领确保党的建设始终走在前列，始终成为师生员工的主心骨，始终成为创建中国特色世界一流大学进程中的坚强领导核心。

北大是党领导下的高校，有着光荣的革命传统，是中国特色社会主义高校。党的领导是北大最鲜亮的底色，也是最大的政治优势。要坚持以"标杆"的要求管党治党，既要政治过硬，也要本领高强，永葆党的先进性和纯洁性。要进一步牢固树立"抓好党建是最大政绩"的观念，要更加清醒地认识到抓好党建是创建中国特色世界一流大学伟大事业的重要组成部分。要增强学习本领、政治领导本领、改革创新本领、科学发展本领、群众工作本领、狠抓落实本领、驾驭风险本领，始终与全校师生员工想在一起、干在一起。要以提升组织力为重点，突出政治功能，推进学校党的基层组织设置和活动方式创新，加强院系基层党组织带头人队伍建设，扩大基层组织覆盖面。要增强自我净化能力，强化自上而下的组织监督，改进自下而上的民主监督，深化标本兼治，维持风清气正的良好氛围。

北大概況

2017年发展概况

北京大学创办于1898年，初名京师大学堂，是我国第一所国立综合性大学，也是当时中国最高教育行政机关。辛亥革命后，于1912年改为现名。

作为新文化运动的中心和五四运动的策源地，作为中国最早传播马克思主义和民主科学思想的发祥地，作为中国共产党最早的活动基地，北京大学为民族的振兴和解放、国家的建设和发展、社会的文明和进步做出了不可替代的贡献，在中国走向现代化的进程中起到了重要的先锋作用。爱国、进步、民主、科学的传统精神和勤奋、严谨、求实、创新的学风在这里生生不息、代代相传。

1917年，著名教育家蔡元培出任北京大学校长，他"循思想自由原则，取兼容并包主义"，对北京大学进行了卓有成效的改革，促进了思想解放和学术繁荣。陈独秀、李大钊、毛泽东以及鲁迅、胡适等一批杰出人才都曾在北京大学任职或任教。

1937年卢沟桥事变后，北京大学与清华大学、南开大学南迁长沙，共同组成长沙临时大学。不久，临时大学又迁到昆明，改称国立西南联合大学。抗日战争胜利后，北京大学于1946年10月在北平复学。

中华人民共和国成立后，全国高校于1952年进行院系调整，北京大学成为一所以文理基础教学和研究为主的综合性大学，为国家培养了大批人才。据不完全统计，北京大学的校友和教师有400多位两院院士，中国人文社科界有影响的人士也相当多出自北京大学。

改革开放以来，北京大学进入了一个前所未有的大发展、大建设的新时期，并成为国家"211工程"重点建设的大学之一。1998年5月4日，在北京大学百年校庆之际，国家主席江泽民题词："发扬北京大学爱国进步民主科学的优良传统为振兴中华做出更大贡献"，并在庆祝大会上发出了"为了实现现代化，我国要有若干所具有世界先进水平的一流大学"的号召。北京大学积极响应号召，适时启动"创建世界一流大学计划"（"985计划"），自此开启了北京大学建设发展的新篇章。

2000年4月3日，原北京大学与原北京医科大学合并，组建了新的北京大学。原北京医科大学的前身是国立北京医学专门学校，创建于1912年10月26日，并于1946年7月并入北京大学。1952年在全国高校院系调整中，北京大学医学院脱离北京大学，独立为北京医学院。1985年更名为北京医科大学，1996年成为国家首批"211工程"重点支持的医科大学。两校合并进一步拓宽了北京大学的学科结构，为促进医学与人文社会科学及理科的结合，改革医学教育奠定了基础。

近年来，在"211工程""985工程"和"双一流"建设的支持下，北京大学进入了一个新的历史发展阶段，在学科建设、人才培养、师资队伍建设、教学科研等各方面都取得了显著成绩，为将北大建设成为世界一流大学奠定了坚实的基础。今天的北京大学已经成为国家培养高素质、创造性人才的摇篮、科学研究的前沿和知识创新的重要基地和国际交流的重要桥梁和窗口。

2017年，北京大学设70个院系。全校有48个博士学位授权点一级学科点、50个硕士学位授权点一级学科点、254个博士点、280个硕士点、129个本科专业、18个国家重点学科（一级）、25个国家重点学科（二级），3个国家重点（培育）学科，以及47个博士后流动站。全年博士后研究人员在站1592人，累计进站7274人。有1个国家实验室（筹）、9个国家重点实验室、3个国家工程实验室，2个国家工程研究中心、125个省部级研究院（所、中心、重点实验室）。有5家附属医院（第一医院、人民医院、第三医院、口腔医院、第六医院），1家与北京市双重管理医院（肿瘤医院），4家共建医院（首钢医院、深圳医院、滨海医院、国际医院）。在职教职工21,183人（含附属医院），其中专任教师7317人。中国科学院院士76人，中国工程院院士19人，"长江学者奖励计划"特聘教授和讲座教授203人，国家杰出青年科学基金获得者239人。毕业生21,655人，其中研究生6939人（博士生2010人，硕士生4929人），普通本科生3359人，成人教育本科生2420人，网络教育本专科生8937人（本科生6521人，专科生2416人）。招生26,417人，其中研究生9140人（博士生2529人，硕士生6611人），普通教育本科生3867人，成人教育本科生2398人，网络教育本专科生11,012人（本科生9868人，专科生1144人）。在校生90,760人，其中研究生27,027人（博士生10,712人，硕士生16,315人），普通教育本科生15,628人，成人教育本科生8532人，网络教育本专科生39,573人（本科生30,887人，专科生8686人）。本科毕业生就业率96.22%。留学生毕业3070人，招生3196人，在校3579人。图书馆建筑面积67,462平方米，图书馆藏书733.113万册。校园占地面积为2,741,118平方米，校舍建筑面积为2,763,937平方米，固定资产总额1,256,941.22万元，其中教学科研仪器设备资产为606,433.7583万元。

2017年，党的十九大胜利召开、国家启动"双一流"建设，北大召开第十三次党代会、中央巡视组完成对北大的专项巡视、综合改革工作全面推进。这一年，全校师生员工团结一心，迎接挑战，学校改革发展各项事业稳步向前推进，各项工作都取得了优异成绩。在创建世界一流大学的伟大征程中，迈出了坚实的步伐。

一、人才培养

继续推进通识教育和专业教育相融合的本科教育体系建设，梳理专业核心课程，修订本科培养方案和辅修、双学位、留学生教学计划。实现了"学部内自由转专业"的改革方案，使得本科生在全校范围内有序流动。建设三大系列50余门通识核心课程体系，课程教学质量得到学生广泛认可。完善教学管理制度体系，修订制订学籍管理、辅修、双学位、转院系、考试与学习纪律、成绩评定与记载、专业管理以及本科教育项目管理规定等方面文件。完善教学奖励制度体系，制定教学卓越奖、成就奖、优秀教学团队奖、教学管理奖等相关奖励办法。规范教材管理，制订教材建设委员会章程和境外教材选用管理暂行办法。运行新的选课系统、自助打印系统、研讨教室预约系统。召开大学通识教育联盟第三届年会。完成2016版《中国本科医学教育标准——临床医学专业》编制工作，开展面向全国医学院校的临床医学专业认证工作。李玲等4位老师获得北京市教学名师奖，杨立华等3位老师获得北京市青年教学名师奖。

以思想政治教育公共课程体系建设、博士生奖助体系改革、交叉学科培育建设、研究生学籍管理办法修订为切入口，系统推进博士生教育综合改革试点工作。修订研究生指导老师管理办法，面向留学生和港澳台学生开设"中国概况"课程，完成22个一级学科学位授权点、9个专业学位授权点的自我评估专家评审工作。召开北京大学研究生教育100周年庆祝大会暨国际论坛。

本科新生训练营为3772位学生提供了内容丰富的新生入学教育。设立学生兼职辅导员制度，聘任带班辅导员和住宿辅导员272人。校级奖学金增加到82项，3831位学生获奖，覆盖率为16.02%；9216位学生获得校级奖励，占参评学生总数的30.5%。司龙龙获评中国大学生年度人物，10名学生获评北京大学学生年度人物。侯逸凡、李雨晗获得罗德奖学金。

全球大学生创新创业中心正式投入运行。获批国家第二批大众创业万众创新示范基地和北京市深化创新创业教育改革示范高校。举办"教育促双创，壮大新动能"高峰论坛。

二、学科建设与科学研究

41个学科入选"双一流"学科。编制"双一流"建设方案，以一级学科、学科群和学科领域为口径，提出"30+6+2"学科建设项目布局。做好学科建设经费配置，共计安排引导专项经费4.376亿元，基本科研业务费1.41亿元。成立区域与国别研究院，推动临床医学+X专项工作，启动临床医学+X集群聘任。高性能计算公共服务平台投入使用，冷冻电镜公共平台建设取得重要进展。组织开展理工科院系国际同行评议。

理工科、医科在国家重点研发计划支持的重大基础研究和应用基础研究领域继续保持竞争优势，获得科研经费约19.5亿元。扎实推进科研基地建设，组建北京分子科学国家研究中心。制订理工科虚体科研机构管理暂行办法，撤销虚体机构12个，合并2个机构，调整7个机构的挂靠单位，对存留的58个机构明确了目标、任务、归属及管理。调整重点实验室建设管理委员会、高精尖校级管理委员会等管理机构，进一步推动校内重点实验室的统筹布局和规范管理。继续推进生物医学成像等国家重大科技基础设施建设，深度参与北京科技创新中心建设。成立健康医疗大数据研究中心、精准医疗多组学研究中心，启动医疗数字化与先进制造等跨学科创新发展试点项目。

7项成果获得国家科学技术奖，17项成果获得高等学校科学研究优秀成果奖（科学技术）。2项成果入选2016年度中国科学十大进展，2项成果入选2017年高校十大科技进展，是获奖单位最多的高校。共申请专利312项，获授权专利274项。共发表SCI数据库收录论文8941篇。在2017年自然指数中，以294.54分（1092篇论文）在全球大学中排名第8位。程和平、彭练矛、敖英芳、屠鹏飞获首届全国创新争先奖。

新立项国家社科重大项目8项、年度项目33项，教育部年度项目10项，其他纵向项目20项。27项成果获第十四届北京市哲学社会科学优秀成果奖，获奖总数位居首位。考古文博学院参与合作发掘的两个考古项目入选2016年度全国十大考古新发现。修订人文社会科学研究机构管理办法，对270余个虚体机构进行逐一整改，已撤销2个违规机构、取消27个非法设立的机构、变更4个机构挂靠单位、变更19个机构负责人。进一步做好智库工作，首都发展研究院入选首批首都高端智库。共建国家网络语言研究基地、政府和社会资本合作（PPP）研究中心、高等学校学生法治教育研究中心。与国家发改委筹建"一带一路"研究院，葛晓音、陈苏镇、余淼杰获得第七届吴玉章人文社会科学奖，陈平原、李伯重、邓小南获得第四届思勉原创奖（全国共5位）。评选学校第十三届人文社会科学研究优秀成果奖，83项成果获奖。

成立现代农学院，推进前沿计算研究中心、生态研究中心、生物医学工程系、化学生物学中心、深圳健康科学研究院的规划建设。推动古典学研究、现当代中国研究和现当代外国研究三个跨学科研究平台建设。精心打造《北京大学人文学科文库》。启动《新时代社会科学丛书》编纂和《马克思主义历史考证大辞典》中文版编译工作。

三、人才队伍建设

继续推进人事综合改革，推动制定和完善院系人事综合改革方案。在成熟院系实施部分人员Tenure评估工作，平稳推进人事体制融合。全面实施博雅人才计划，稳步推进博雅讲席教授、博雅特聘教授和博雅青年学者的遴选和聘任工作。优化教职工收入结构，逐步建立教职工待遇合理增长机制，强化院系人员经费总额预算管理。调整离退休生活补贴，实现收入稳定增长。加强对教职工的规范管理，按照巡视整改要求，全面修订《北京大学教师手册》，开展教师校外兼职审批备案工作，进一步完善教师教育培训体系，研究出台了外籍教师聘用管理办法。

陆林、魏悦广当选中国科学院院士，乔杰当选为中国工程院院士，谢晓亮、约翰·霍普克罗夫特（John Edward Hopcroft）、文森特·珀尔（H. Vincent Poor）当选中国科学院外籍院士。丁石孙、厉以宁、温儒敏、张思明入选当代教育名家。17人获得国家杰出青年科学基金，数量位居全国第一。25人入选第十四批"千人计划"青年项目。6人入选长江学者特聘教授，15人入选长江学者青年项目。学校领军人才、杰出学者、青年英才等高层次人才队伍规模不断扩大，各项人才指标在国内居于领先水平。

四、治理体系改革

组织完成《学术委员会章程》修订工作。继续加强学术委员会、学科建设委员会、教学指导委员会等各级各类委员会建设，落实"师生治学"理念，增加学者对学校学术工作的管理权重。加强学部办公机构建设，配齐配强工作人员，逐步夯实学部负责学科群内学科建设发展与布局的职能。成立机构编制委员会，明确委员会工作规程，规范机构设置调整、人员规模结构、干部岗位职数的审批流程。开展"三定"工作，重新梳理现有机构的主要职责、内设机构、人员编制。进一步优化管理服务部门的职能配置，调整信息化建设与管理办公室机构。完成党政管理部门整体换届，稳妥推进院系党政班子换届，加大干部轮岗交流力度。进一步规范选人用人工作，相继出台多项干部选拔任用、管理监督制度，完善工作程序，提升工作水平。探索建立以岗位职责为基础、以服务对象为主体的领导班子和领导干部考核评价体系，实现年度绩效奖励与履职评价结果挂钩。

五、服务国家与社会

积极参与京津冀协同发展和雄安新区建设，继续推进国内合作共建。与国务院机关事务管理局、湖南省人民政府、成都市人民政府签署战略合作协议。探索创新校地科技合作平台，与江苏省产业技术研究院和常熟市政府签约共建北京大学分子工程苏南研究院，与山东省政府签约共建北京大学现代农业研究院，与杭州萧山区签约共建北京大学信息技术高等研究院。推动人才、科研与产业互动，与行业领军企业建立联合研发或技术创新联盟，与腾讯、拜耳等企业签立联合实验室。深入推进医药分开综合改革。根据"管办分离"的原则，将原医学网络教育学院与原在职教育培训中心整合为"医学继续教育学院"。第一医院获"全国卫生系统先进集体"称号。多方引援，定点扶贫云南省弥渡县工作取得丰硕成果。继续加强对口支援石河子大学和西藏大学工作。派出第三批援藏医疗队员21名。举办西南联合大学建校80周年纪念大会、校友会第九届会员代表大会等重要活动。

六、国际及港澳台交流与合作

学校国际交流和对港澳台地区的交流保持高速增长势头，全年累计接待各类代表团178个，港澳台来访团组95个。来自130个国家的3621名海外留学生来校学习，"留学北大"品牌质量持续提升。拓展学生海外学习交流规模，全校本科生交流规模近2000人次。推进实施各类国际组织实习项目，开展博士后联合培养项目，开展"一带一路"相关项目，启动《北京大学新中国留华校友口述实录丛书》出版计划。继续以大学堂顶尖学者讲学计划和海外名家讲学计划为平台，引进"高精尖缺"人才，共聘请来自美国、德国、英国、韩国、法国等70余个国家的外籍专家和教师达744人次。燕京学堂副院长John Holden获得2017年度中国政府友谊奖，建筑与景观设计学院讲席教授John Keith Zacharias入选"外专千人计划"特聘专家。韩国总统文在寅、沙特国王萨勒曼、法国总理贝尔纳·卡泽纳夫、比尔·盖茨等国际政要及知名人士先后来访。举办中日大学生千人交流大会、中俄综合性大学联盟成立大会暨中俄大学校长论坛、教育部留学服务中心第三届来华留学人才招聘会等，与美国中华医学基金会联合举办全球卫生论坛。举办第十四届北京论坛、第十四届国际文化节，继续加强孔子学院建设。

七、校园建设与资源保障

制订燕园主校区总体规划、昌平校区整体规划。规范公房出租，数十家优质商家进驻校园，提高了校园生活服务质量，改善了校园环境。做好燕南路沿线腾退及拆除工作，推进肖家河教师住宅后续手续处理和腾退房回购工作，启动老旧小区加装电梯改造工程。加强基础设施建设，沙特国王图书馆、附小体育馆、医学部国际合作交流中心陆续竣工，继续推进生命科学科研大楼、实验设备2号楼、餐饮综合楼、医学部体育馆等大楼建设,加快改造俄文楼、图书馆东馆和校史馆等。完成二教和理科五号楼地库、政府管理学院和法学院地库整体改造。拓展办学空间,将非核心功能逐渐向外疏解,逐步回收资源东楼、燕园大厦等产业用房用于教学科研。继续推进利用北京吉利学院、挂甲屯等空间的有关事宜。基本完成公车改革工作。

完成集中供暖锅炉房低氮改造和昌平校区锅炉煤改气,加快修复博雅塔景观灯,加快蔚秀园湖区改造,恢复湖区整体风貌,建设绿色、节能、美丽校园。搭建后勤线上综合服务平台,网上报修、网上订票已正式运行,网上订餐、网上订会议室已开发完毕。推进线下后勤服务大厅建设,将报修、水电费收取、电卡饭卡售卖等相关服务窗口集中管理,提供一站式后勤服务。组织召开"我的校园我做主"师生代表与后勤系统座谈会,建立"燕园微后勤"公众号,加强师生沟通,更好地了解师生需求,提高后勤服务质量。

上线运行新的财务核算系统、网上报销系统、网上收费平台,加强预算管理,进一步贯彻落实"放管服",提升财务服务水平。2017年,签署捐赠协议447份,协议总额14.05亿元,实现到账社会捐赠5.19亿元、投资收益1.79亿元,获得国家财政配比资金预估约1.3亿元,直接奖励资助师生逾9000人次。

制定"平安校园"建设提升工程实施方案,完善制定系列规章制度。顺利完成两会、"一带一路"国际合作高峰论坛、G20峰会、党的十九大、学校第十三次党员代表大会、中央领导同志来校等重大活动的安全保障工作。落实大型活动风险评估制度,开展安全隐患大排查大清理大整治专项行动。创新安全教育模式,遴选校园消防宣传代言人,利用新媒体渠道开展专题安全教育,举办"消防知识进军训"讲座和消防演练。持续推动校园机动车、电动车的规范管理,维护校园良好秩序。

(傅翰文、孙启明)

2017年大事记

1月

1月9日 中共中央、国务院在北京隆重举行国家科学技术奖励大会。党和国家领导人习近平、李克强、刘云山、张高丽出席大会并为获奖代表颁奖。北京大学校友、2015年诺贝尔生理学或医学奖获得者屠呦呦荣获2016年度国家最高科学技术奖。北京大学共有8项优秀科技成果获得2016年度国家科学技术奖。其中，国家自然科学奖4项，国家科技进步奖4项。

1月15日 北京大学2017年春节团拜会在英杰交流中心阳光厅举行。全国政协副主席、九三学社中央主席韩启德，学校历任党委书记、校长，两院院士和哲学社会科学资深教授等专家学者、师生代表，以及校党委书记郝平、校长林建华等学校领导班子成员出席活动，郝平主持团拜会。

1月27日 北京大学2017年留校人员春节联欢会在勺园食堂举行。校长林建华、党委副书记叶静漪，以及相关职能部门负责人与北京大学留校过春节的师生及教职员工欢聚勺园食堂，共度佳节。

2月

2月8日 美国国家工程院宣布了新当选的84位院士及22位外籍院士名单，北京大学工学院院长张东晓教授，北京大学信息科学技术学院客座教授、高能效计算与应用中心主任、北京大学-加州大学洛杉矶分校联合研究所共同主任丛京生入选。

2月14日 北京大学党委书记郝平、校长林建华在办公楼103会议室会见浙江吉利控股集团董事长李书福，双方就北京大学与吉利集团开展校企合作事宜进行了交流。北京大学教育基金会理事长朱善璐、副校长王仰麟和相关部门负责人，以及北京铭泰集团总裁王兴贵、吉利学院校长霍伟东、吉利学院党委书记王培民等出席座谈。

2月14日 第三届全国大学生滑雪挑战赛总决赛在河北崇礼万龙滑雪场落幕。北京大学滑雪队击败包括专业体育院校在内的众多强劲对手，一举夺得全国总冠军。

2月15日至16日 北京大学2017年领导班子寒假战略研讨会在中关新园1号楼科学报告厅举行。本届研讨会旨在贯彻落实全国高校思想政治工作会议和中共中央、国务院下发的《关于加强和改进新形势下高校思想政治工作的意见》精神，聚焦"立德树人"，深化学校综合改革，认清推进世界一流大学和一流学科"双一流"建设面临的形势与任务，为一系列应对举措确定基本思路。会议由北京大学党委书记郝平、校长林建华分别主持，校领导班子成员及相关职能部门负责人出席。

2月28日 北京大学党政管理部门整体换届宣布会在勺园弘雅厅举行。校党委书记郝平、校长林建华、党委副书记叶静漪，各党政管理部门领导班子成员出席会议，宣布会由叶静漪主持。学校党政管理部门整体换届工作于2016年10月28日正式启动，共涉及党委、行政职能部门27个，具有管理职能的特设机构4个。新任部门正职干部30人、副职干部92人，其中兼职干部13人。本次换届轮岗交流干部19人，占到参与换届干部的14.7%；换届后有16个部门的领导人员发生变化，占参与换届单位总数的51.6%。换届工作历时4个月，经过述职测评、民主推荐、个人事项核查、干部考察等程序，平稳、有序地完成。

3月

3月1日 根据中央关于巡视工作的统一部署，中央第十三巡视组专项巡视北京大学党委工作动员会召开。会前，中央书记处书记、中央巡视工作领导小组副组长赵洪祝主持召开与北京大学党委书记郝平、校长林建华的见面沟通会，中央巡视工作领导小组成员、办公室主任黎晓宏传达了习近平总书记关于巡视工作的重要讲话精神。会上，中央第十三巡视组组长朱保成就即将开展的专项巡视工作作了讲话，赵洪祝就配合做好巡视工作提出要求。郝平主持会议并作表态发言。

3月3日 北京大学2017年春季学期中层干部大会在英杰交流中心阳光厅举行。会议由校党委书记郝平主持，校领导班子成员、学校中层干部及师生代表出席。

3月17日 正在中国进行国事访问的沙特国王萨勒曼陛下专程访问北京大学，出席阿卜杜勒·阿齐兹国王公共图书馆北京大学分馆落成典礼，同时接受北京大学名誉博士学位称号。中国教育部副部长朱之文，北京大学党委书记、校务委员会主任郝平，北京大学校长林建华，以及来自中沙双方的嘉宾和北京大学、兄弟院校的师生代表出席了落成典礼和授予仪式。

3月17日 为贯彻落实北京市委十一届十三次全会精神，北京大学党委在人文学苑108会议室召开"学习习近平总书记视察北京重要讲话，贯彻全国两会精神"座谈会，集体学习习近平总书记视察北京重要讲话精神，并就扎根北京、依托北京、服务北京的工作进行研讨。北京市委宣传部副部长韩昱，北京大学党委书记郝平、校长林建华、副校长王杰及全国人大代表、全国政协委员、专家学者代表、各职能部门负责人出席座谈会，北京大学党委副书记敖英芳主持会议。

3月30日 第四届全国高校马克思主义学院院长论坛在北京大学英杰国际交流中心阳光大厅举行。北京大学党委书记、中国道路与中国化马克思主义协同创新中心理事长朱善璐，教育部社会科学司司长张东刚、副司长徐艳国，教育部思想政治教育司司长冯刚、中共北京市委教育工委常务副书记张雪等领导出席本次论坛并讲话，全国高校 150 余位马克思主义学院院长参加了论坛的研讨。

3月31日 北京大学在英杰交流中心月光厅召开统战干部会议暨意识形态专项工作会议。校党委书记郝平、校长林建华、党委常务副书记于鸿君、党委副书记敖英芳和叶静漪、副校长李岩松，各基层党委书记、统战委员，以及各职能部门负责同志参加会议。会议由敖英芳主持。

4月

4月3日 加州大学伯克利分校校长杜宁凯来北大访问，北京大学党委书记郝平、校长林建华、副校长李岩松等会见了来宾。

4月4日 2017年4月4日清明节，也是李大钊同志就义 90 周年纪念日。上午 9 时，北京大学师生代表来到静园北大革命烈士纪念碑前举行清明公祭活动。校党委书记郝平、校长林建华等校领导和在校学生 200 余人参加了祭奠活动。

4月6日 根据学校配合巡视立行立改工作安排，上午，北京大学党委书记郝平、校长林建华先后到成府园区地下停车场、二教/理科五号楼地下停车场踏勘调研，并在英杰交流中心星光厅会议室召开学校地下空间使用立行立改现场办公会。校党委副书记、纪委书记安钰峰，党委副书记敖英芳，副校长、总务长王仰麟以及法学院、政府管理学院、光华管理学院、党办校办、督查室、保卫部、财务部、总务部、基建工程部、房地产管理部、审计室、校园服务中心、动力中心等相关院系、部门负责人陪同调研并参加现场办公会。中央第十三巡视组领导也出席了活动。

4月10日 挪威首相埃尔娜·索尔贝格（Erna Solberg）携挪威驻中国大使司文（Svein O. Sæther）等一行访问北京大学。中国驻挪威大使王民、外交部礼宾司副处长上官红君等陪同来访。北京大学党委书记、校务委员会主任郝平，校长林建华，副校长李岩松在英杰交流中心贵宾室会见了来宾。

4月25日至26日 应北京大学校长林建华的邀请，台湾大学校长杨泮池率领代表团于 2017 年 4 月 25—26 日到北大访问，举办"台湾大学日"主题交流活动。"台湾大学日"活动期间，台大师生与北大对口院系及部门进行学术交流，并围绕环境保护、人口老龄化现象、创新创业等时代命题开展跨学科研讨。26 日上午，第四次北大-台大策略联盟会议在英杰交流中心举行，林建华与杨泮池签署了北大-台大创新创业教育合作意向书。期间，杨泮池还在英杰交流中心和医学部面向北大师生作了两场主题演讲。

4月28日 北京大学举行李大钊同志英勇就义 90 周年纪念活动。校长林建华，校党委副书记叶静漪，图书馆馆长朱强，图书馆党委全体委员、党员代表，以及师生代表近 40 人向李大钊同志塑像敬献了鲜花。献花仪式后，纪念李大钊同志英勇就义 90 周年大会在图书馆北配殿召开。

5月

5月4日 "守正创新，引领未来：讲述——北京大学建校 119 周年'双一流'建设推进会"在百周年纪念讲堂举行。全国政协副主席、中国宋庆龄基金会主席王家瑞，全国人大常委会原副委员长彭珮云，全国政协外事委员会副主任蔡武，教育部副部长林蕙青，国家民族事务委员会原专职委员管培俊，北京市海淀区区长于军，北京市教委副主任叶茂林，北京大学党委书记郝平、校长林建华等学校领导班子成员出席交流会。

5月4日 北京大学 120 周年校庆年启动仪式在北京大学邱德拔体育馆举行。北京大学党委书记郝平、校长林建华与现场嘉宾、校友代表和千余名师生参加了仪式。

5月7日至9日 北京大学校长林建华率代表团赴美国、加拿大访问，其间到访哈佛大学、多伦多大学、麻省总医院，并参加北京大学新英格兰校友会活动。

5月11日 北京大学党委书记郝平率团访问河北。河北省委书记、省人大常委会主任赵克志，省委副书记、省长许勤会见了郝平一行，双方就加强校省战略合作进行了充分交流。

5月15日至19日 北京大学党委学习贯彻全国高校思想政治工作会议精神专题培训班在中央党校举行。各基层党委书记、党委职能部门负责人共计 70 余人参加培训。开班仪式前，学校领导会见了中央党校常务副校长何毅亭。中央党校教育长罗宗毅、北京大学党委书记郝平、校长林建华等参加开班仪式，林建华作动员讲话。

5月17日至18日 北京大学校长林建华率团访问江苏省并出席北京大学分子工程苏南研究院签约暨揭牌仪式。

6月

6月9日 根据中央巡视工作领导小组的部署，中央第十三巡视组向北京大学党委反馈专项巡视情况。中央书记处书记、中央巡视工作领导小组副组长赵洪祝主持召开向北京大学党委书记郝平的反馈会议，出席向北京大学党委领导班子反馈专项巡视情况会议，对北京大学党委主要负责人和党委领导班子抓好巡视整改工作提出要求。中央巡视工作领导小组成员、办公室主任黎晓宏向郝平传达了习近平总书记关于巡视工作的重要讲话精神，中央第十三巡视组组长朱保成代表中央巡视组分别向郝平和北京大学党委领导班子反馈了专项巡视情况，副组长王海沙、王新哲、李赤一参加反馈会议。郝平主持向领导班子反馈会议并就做好巡视整改工作作表态讲话。

6月14日 第十九届 CUBA 中国大学生篮球联赛在长沙落下帷幕。北大男篮发挥出色，以 81 比 68 战胜了中南大学，捧起了象征第十九届CUBA篮球联赛总冠军的金篮板。这是北大男篮继2014年第十六届CUBA联赛夺冠后第二次夺冠。

6月22日 伦敦大学学院教育学院示范孔子学院新楼落成开放，中国驻英国公使祝勤、北京大学校长林建华和伦敦大学学院校长迈克尔·阿瑟（Michael Arthur）共同出席落成仪式。

6月23日 北京大学庆祝中国共产党成立96周年暨表彰大会在百周年纪念讲堂观众厅举行。党委书记郝平等校领导出席大会。学校党委委员、纪委委员，各民主党派负责人，学校第十二次党代会代表，党务和思想政治工作先进集体和个人代表，学校各单位党政负责人，以及参加宣誓的新党员近1500人参加大会。会议由党委常务副书记于鸿君主持。

7月

7月4日 北京大学2017年本科生毕业典礼暨学位授予仪式在邱德拔体育馆举行。北京大学党委书记郝平、校长林建华等在校领导班子成员，校务委员会副主任，学部、院系主要负责人，相关职能部门负责人，学校教职工代表出席典礼。校友代表、奖助学金捐赠方代表，全国百余所重点中学的校长代表以及毕业生亲友受邀参加毕业典礼。典礼由副校长高松主持。

7月5日 北京大学2017年研究生毕业典礼暨学位授予仪式在邱德拔体育馆举行。北京大学党委书记郝平、校长林建华等校领导班子成员，校务委员会副主任，学部负责人，学位评定委员会学科分会主席和相关职能部门负责人，学校教职工代表以及毕业研究生等参加了毕业典礼。典礼由校党委副书记叶静漪主持。

7月17日 全国政协副主席董建华先生来北大考察，校党委副书记安钰峰在静园三院会见了董建华一行，燕京学堂院长袁明教授、港澳台办公室主任夏红卫等陪同会见。

7月25日 根据中央巡视工作领导小组的部署，中央巡视工作领导小组办公室召开北京大学巡视整改督查会议。中央巡视工作领导小组办公室主任黎晓宏出席会议并讲话，北大党委书记郝平汇报了巡视整改阶段情况。

8月

8月13日至14日 第二十四届世界哲学大会启动仪式暨"学以成人"国际学术研讨会在北京大学举行。本次会议由北京大学、世界哲学大会秘书处及北京大学哲学系共同主办，正式成立了第二十四届世界哲学大会中国组委会，全面推动世界哲学大会的各项筹备组织工作。

8月13日至15日 受国务院台湾事务办公室委托，北京大学台湾研究院与全球华人政治学家论坛联合主办的"第十一届华人学者台湾问题研讨会"在北京深圳大厦举行。本届研讨会的主题为"国际新变局下的两岸关系"。会议期间，国台办第一副主任陈元丰会见了与会学者并发表重要讲话。国台办港澳局局长顿世新、北京大学台湾研究院院长李义虎和全球华人政治学家论坛召集人赵全胜在开幕式上致辞。

8月18日 山东省人民政府与北京大学共建北京大学现代农业研究院签约仪式在山东省济南市举行。北京大学校长林建华，山东省委副书记、省长龚正出席签约仪式，北大副校长王仰麟、山东省副省长季湘绮分别代表双方签署合作协议。

8月16日至29日 北京大学2017年学生军训在怀柔学生军训基地进行，为期14天，共有3660名北大学子参训。

8月22日 以"通识教育与'双一流'建设"为主题的第三届（2017年）大学通识教育联盟年会在北京大学英杰交流中心召开，近150名来自全国各大高校的通识教育建设者云集一堂，共同探讨中国大学通识教育改革之道。北京大学校长林建华、清华大学校长邱勇、复旦大学校长许宁生、中山大学副校长黎孟枫等领导，以及来自全国50多所高校的代表参加了会议。

8月28日 北京大学第十三次党代会动员部署会在英杰交流中心阳光大厅举行。校党委书记郝平、校长林建华等校领导班子成员，党委职能部门负责人、各基层党委（党工委、党总支、直属党支部）书记和相关工作人员共计130余人出席会议。会议由林建华主持。会上，郝平作了题为《扎实筹备并开好第十三次党代会，以优异成绩迎接党的十九大胜利召开》的动员报告。

8月29日 纪念中日邦交正常化45周年——中日大学生千人交流大会29日在北京大学举行，国务院副总理刘延东出席大会并发表主旨讲话。日本前首相福田康夫发表视频讲话。中日两国1000余名大学生参加此次大会，并共同发表《中日大学生和平友好宣言》。

8月30日至31日 北京大学2017年领导班子暑期战略研讨会在中关新园1号楼科学报告厅举行。会议旨在落实党的十八大和十八届三中、四中、五中、六中全会精神以及习近平总书记系列重要讲话精神，结合中央巡视整改要求，研究各领域重点推进的改革举措，并探讨北大"双一流"建设方案和综合改革发展，讨论部署本学期工作。会议由北京大学党委书记郝平、校长林建华分别主持，校领导班子成员及相关职能部门负责人出席。

9月

9月11日 北京大学2017年秋季学期全校中层干部大会在英杰交流中心阳光厅召开。北京大学党委书记郝平、校长林建华出席大会并讲话，校党委常务副书记于鸿君主持。

9月19日 中央党校与北京大学两校青年共学《习近平的七年知青岁月》主题座谈会在北京大学英杰交流中心举

行。中央党校教育长罗宗毅、研究生院院长潘悦、报刊社社长许宝健，北京大学党委书记郝平，党委副书记、纪委书记叶静漪出席，两校相关部门负责同志以及青年师生代表参加座谈会。会议由北京大学副校长陈宝剑主持。

9月19日 北大120周年校庆"守正创新，引领未来"讲述系列活动之国家发展研究院专场在英杰交流中心阳光大厅举行。校党委书记郝平作开场致辞，校长林建华发表了题为"卓越的学术从哪儿来"的主题演讲。国家发展研究院姚洋、林毅夫、陈春花等学者先后登台讲述，带领听众们回顾国发院走过的风雨历程，探讨中国经济学科的发展前景。国家发展研究院黄益平教授担任活动主持人。

9月24日至27日 北大校长林建华率团访问美国纽约，先后出席首轮中美社会和人文对话系列活动——"中美青年创客峰会"和"中美大学校长和智库论坛"。在美期间，林建华一行还访问了纽约大学，拜会了在美华裔杰出代表，出席了北京大学大纽约地区校友会博雅论坛。

9月25日 教育部、财政部、国家发展改革委印发《关于公布世界一流大学和一流学科建设高校及建设学科名单的通知》，公布世界一流大学和一流学科（简称"双一流"）建设高校及建设学科名单。北京大学顺利进入"双一流"建设高校A类名单（全国共36所），并有41个学科进入"双一流"建设学科名单，入选数量居全国高校之首。北京大学入选的41个学科分别为：哲学、理论经济学、应用经济学、法学、政治学、社会学、马克思主义理论、心理学、中国语言文学、外国语言文学、考古学、中国史、世界史、数学、物理学、化学、地理学、地球物理学、地质学、生物学、生态学、统计学、力学、材料科学与工程、电子科学与技术、控制科学与工程、计算机科学与技术、环境科学与工程、软件工程、基础医学、临床医学、口腔医学、公共卫生与预防医学、药学、护理学、艺术学理论、现代语言学、语言学、机械及航空航天和制造工程、商业与管理、社会政策与管理。

9月27日 空军政治委员于忠福、参谋长麻振军、政治工作部主任堵远放、空军航空大学政治委员薛宏伟一行来到北大考察调研。北大党委书记郝平，党委副书记、纪委书记叶静漪，副校长高松、龚旗煌、陈宝剑等陪同调研。双方在英杰交流中心月光厅举行调研座谈会，会议由高松主持。

10月

10月1日 清晨8时48分，北大登山队员们顺利登顶卓奥友峰。卓奥友峰海拔8201米，是喜马拉雅山脉的最高峰之一，也是世界第六高峰。

10月9日 上午，北京大学在英杰交流中心阳光厅举办"院士回母校"活动。著名地质勘探学家、数学地质学家、中国地质大学原校长、北京大学1952届地质学系校友赵鹏大院士，著名理论物理学家、中国科学院高能物理所研究员、北京大学1956届物理系校友张宗烨院士，著名半导体物理学家、北京大学1965届物理系校友夏建白院士应邀回到母校与北大学子座谈交流。中国关心下一代工作委员会主任顾秀莲、教育部关心下一代工作委员会主任李卫红、中国科学院副院长张涛、北京大学党委书记郝平出席活动并讲话。中国关心下一代工作委员会，中国科学院，教育部关心下一代工作委员会，北京教育系统关心下一代工作委员会，教育部思想政治工作司、高校学生司，北京高校关心下一代工作委员会，北京大学校友和师生代表等300余人参加活动。活动由北京大学党委副书记、关心下一代工作委员会副主任叶静漪主持。

10月11日 中共中央总书记、国家主席、中央军委主席习近平给北京大学南南合作与发展学院首届硕士毕业生同学回信，祝贺他们圆满完成学业，勉励他们努力探索符合本国国情的可持续发展道路，成为全球南南合作践行者。（7月6日，南南学院首届26名硕士毕业生在毕业典礼现场朗读致习近平感谢信，感谢中国政府给予他们提升知识水平、学习中国改革开放成功经验的机会，表示他们在南南学院学习到了清晰理念和丰富管理知识。）

10月13日 北京大学思想政治工作会议在英杰交流中心阳光厅召开。校党委书记郝平，校长林建华等学校领导班子成员，以及校党委委员，校纪委委员，各党委、党工委、党总支、直属党支部负责人，各学院（系、所、中心）、职能部门和直属、附属单位负责人，以及医学部党政部门相关负责人参加了会议。校党委常务副书记于鸿君主持会议。

10月19日 由中共北京市委教育工委组织、北京大学马克思主义学院承办主持的市级思政课"新时代中国特色社会主义思想研究"第一讲"习近平治国理政的战略构想"在北京大学理教107教室开讲。此次报告由中央党校校务委员、副教育长韩庆祥主讲。中共北京市委教育工委副书记郑登文、北京大学马克思主义学院执行院长孙熙国，以及来自7所高校的300余名选课学生和慕名而来的30余名思政课教师聆听了报告。

10月28日 由北京大学人力资源开发与管理研究中心、中国人才研究会、中国人力资源开发研究会以及中国人力资源开发研究会测评分会联合主办的2017年中国领导人才论坛暨中国人力资源开发研究会测评分会年会在北京大学隆重举行。北京大学党委书记郝平、中国人才研究会会长何宪、北京大学副校长王博、北京大学政府管理学院院长俞可平出席会议。

10月29日 中共第十九届中央委员会候补委员、北京大学党委书记郝平走进课堂，在老地学楼202教室与北大学生一起学习领会党的十九大精神。校党委副书记、秘书长安钰峰以及40名青年学生代表共同参与。活动由副校长陈宝剑主持。

10月29日 北京大学第十四届国际文化节在北京大学

百周年纪念讲堂广场开幕。本届国际文化节以"四海一家（Together as One）"为主题，共有近 70 个国家和地区的数千名中外学生参与其中。北京大学校长林建华、副校长王博等出席开幕式。

10月30日 北京大学党委在办公楼 103 会议室举行理论中心组专题学习会。党的十九大代表、校党委书记郝平传达了十九大精神和习近平总书记重要讲话精神，在校党政领导班子成员结合分管工作交流了学习体会与心得。校长、校党委副书记林建华主持学习会。学校学部主任代表、文科各院系党政负责人和党口职能部门负责人参加学习会。

11月

11月1日 西南联合大学建校 80 周年纪念大会在北大英杰交流中心举行。北京大学党委书记郝平、校长林建华，南开大学校长龚克，清华大学校务委员会副主任史宗恺，云南师范大学校长蒋永文等出席活动。90 余位西南联大老校友、校友亲属与四校师生代表近 400 人参加会议。

11月2日 北京大学十九大精神专题报告会暨学校第十三次党代会代表情况沟通会在百周年纪念讲堂观众厅举行，全校第十三次党代会代表、各党支部书记和各基层党委秘书共千余人参加专题学习。党的十九大代表、十九届中央候补委员、北京大学党委书记郝平从大会的基本情况、十九大报告的主要内容、深刻认识党的十九大胜利召开的重要历史意义、十九大报告中关于教育科技创新人才青年文化医疗等方面论述和宣传学习贯彻十九大精神的要求等方面作专题报告。

11月3日 北京大学医学部第十三次党代会在会议中心礼堂召开。本次党代会正式代表共 220 名。北京大学党委书记郝平，北京大学原党委书记王德炳等校领导、老领导在主席台前排就座。

11月9日 伦敦大学学院校长迈克尔·阿瑟（Michael Arthur）一行访问北京大学。北京大学校长林建华与迈克尔·阿瑟共同签署了两校战略合作协议。

11月14日 北京大学校务委员会主任郝平在国际关系学院会见了美国著名社会活动家、共和党资深人士、美国原驻尼泊尔大使、美中教育交流基金会（US-China Education Trust）主席张之香（Julia Chang Bloch）女士一行。双方就北京大学中美人文交流研究基地与美中教育交流基金会加强全面深入合作达成了广泛共识。

11月18日 中国共产党北京大学第十三次党代会在百周年纪念讲堂开幕。本次党代会是在北大改革发展进入新时代、全校深入学习贯彻落实党的十九大精神的关键时期召开的一次十分重要的大会。大会的主题是：以党的十九大精神为指引，全面贯彻习近平新时代中国特色社会主义思想，落实立德树人根本任务，加快"双一流"建设，开启中国特色世界一流大学发展新征程，为实现"两个一百年"奋斗目标和中华民族伟大复兴的中国梦作出新的历史性贡献。中共中央政治局委员、北京市委书记蔡奇代表中共北京市委对大会召开表示热烈祝贺，并充分肯定了近年来北大认真贯彻党的教育方针、继续发扬"爱国、进步、民主、科学"的光荣传统、持续深化综合改革、积极推进现代大学制度建设，在人才培养、科技创新、社会服务、文化传承和国际交流等方面取得的显著成绩。陈宝生代表教育部党组对大会的召开表示热烈祝贺。郝平代表学校第十二届党委作题为《以党的十九大精神为指引 开启中国特色世界一流大学发展新征程》的报告。

11月18日至19日 北京大学地理学科建立 65 周年、城市与环境学院建院 10 周年系列庆祝活动举行。来自全国近 40 所高校的地理学相关单位负责人、师生以及广大校友共聚燕园，同庆北大地理迈向发展新征程。

11月23日 党的十九大精神中央宣讲团走进北京大学，国务院发展研究中心副主任王一鸣用图表和案例将报告会变成学术课堂，深入浅出，为年轻学生宣讲党的十九大精神。

11月25日 中央网络安全和信息化领导小组办公室副主任、国家互联网信息办公室副主任任贤良应北京大学党委宣传部、马克思主义学院邀请，做客"北京高校理论名师大讲堂"，作"习近平总书记网络强国战略思想"专题辅导报告。

11月28日 中国工程院、中国科学院 2017 年院士增选结果全部揭晓，第三医院乔杰教授新当选为中国工程院院士，第六医院陆林教授、工学院魏悦广教授当选为中国科学院院士。同时，北京大学生物动态光学成像中心（BIOPIC）主任谢晓亮，北京大学访问讲席教授、前沿计算研究中心主任约翰·霍普克罗夫特（John Hopcroft），北京大学名誉教授、北京大学-普林斯顿大学联合实验室主任文森特·珀尔（H. Vincent Poor）当选为中国科学院外籍院士。

11月29日 上午，以巴勒斯坦民族解放运动（法塔赫）副主席、中央委员马哈茂德·阿鲁勒（Mahamoud O. R. Al-Aloul）为团长，由巴勒斯坦、伊拉克、约旦等中东地区国家重要政党高级别领导人组成的中东政党高级干部考察团一行 18 人来访北大。北京大学党委书记、校务委员会主任郝平在临湖轩会见了代表团一行。北大相关院系和职能部门负责人陪同会见。中共中央对外联络部三局副局长张建卫陪同代表团来访

11月30日 《北京高校党建和思想政治工作基本标准》检查组一行来到北京大学，通过听取学校党委汇报、审阅资料、座谈访谈、实地走访等形式，全面检查学校贯彻落实《基本标准》、开展党建和思想政治工作的情况。

12月

12月12日 由北京大学研究生院主办的"守正创新 引领未来——北大与中国研究生教育同行 100 年庆祝大会暨国

际论坛"在英杰交流中心举行。全国政协副主席、北京大学原常务副校长韩启德，教育部副部长杜占元，国家自然科学基金委员会主任杨卫，中国学位与研究生教育学会会长、教育部原副部长赵沁平，国务院学位委员会办公室副主任、学位管理与研究生教育司司长李军，教育部学位与研究生教育发展中心主任黄宝印等嘉宾出席大会。来自国内兄弟高校和美国、英国、加拿大和澳大利亚等国高校负责研究生教育的专家学者受邀作大会报告。北京大学校长林建华，党委副书记刘玉村，副校长詹启敏、龚旗煌及来自北大各院系的师生300余人参加大会。大会由北京大学副校长、教务长高松主持。

12月15日 韩国总统文在寅率团访问北京大学，并在英杰交流中心阳光厅发表演讲。随行来访的有韩国国会议员李海瓒、韩国副总理兼战略和金融部部长金东兖、韩国外交部部长康京和、韩国驻华大使卢英敏等。中国教育部副部长孙尧，中国驻韩国大使邱国洪，北京大学校务委员会主任郝平、校长林建华等领导嘉宾，以及北大300余名师生代表出席演讲会。演讲会由北京大学副校长田刚主持。

12月18日至22日 校党委书记、教育基金会理事长郝平率团访问香港，出席北京大学新年交流会，看望在港校友，拜访多位长期支持北大的名誉校董和友好人士，并签署了约1.8亿元的捐赠协议。为支持北京大学创建世界一流大学，助力中国教育事业的蓬勃发展，多位香港企业家和友人向北京大学捐资，全面支持北大的发展建设。

12月28日 中国教育部学位与研究生教育发展中心发布全国第四轮学科评估结果。北京大学被评为A+的一级学科数量为21个，评为A类的一级学科达到学校一级学科总数的70%，A+学科数量和A类学科占比均居全国高校之首。

12月31日 北京大学2018年新年联欢晚会在百周年纪念讲堂举行。校长林建华以《迎接挑战》为题发表了新年致辞。校党委副书记安钰峰和中共中央对外联络部信息传播局副局长高翔为中国共产党与世界政党高层对话会志愿者代表颁发荣誉证书。校党委副书记、纪委书记叶静漪，党委副书记、医学部党委书记刘玉村，副校长王仰麟、王博、龚旗煌、陈宝剑为"北京大学学生年度人物·2017"和"北京大学2017网络新青年"获得者颁奖。晚会前，校领导看望慰问了跨年夜坚守岗位工作的师生员工。

（刘津汀、孙启明）

2017 年基本数据

（2017 年 12 月）

一、总体数据

		其中，医学部
（一）校园面积	2,741,118 平方米（约 4112 亩）	392,305 平方米（约 588 亩）
其中，绿化用地面积	1,233,576 平方米（约 1850 亩）	114,703 平方米（约 172 亩）
运动场地面积	153,389 平方米（约 230 亩）	27,300 平方米（约 41 亩）
（二）校舍建筑面积	2,763,937 平方米	479,985 平方米
（三）固定资产总额	1,256,941.22 万元	156,222.82 万元
其中，教学科研仪器设备资产值	606,433.7583 万元	141,565.42 万元
（四）图书馆藏书：	733.113 万册	49.7651 万册
（五）电子图书（含期刊、论文）：	801.2939 万册	121.0382 万册
（六）设立奖学金项数	114 项	37 项
奖学金总额	4935.45 万元	529.2 万元

二、教职工情况（含 5 家附属医院，单位：人）

		其中，医学部
（一）教职工数（不包含博士后）	21,183[1]	11,795
专任教师数	7317	4707
其中，按职称划分：		
正高级	2217	974
副高级	2231	1292
其中，按学历划分：		
博士学历	5509	3178
其中：		
中国科学院院士	76[2]	7
中国工程院院士	19[3]	7
发展中国家科学院院士	25	1
北大哲学社会科学资深教授	13	0
北大博雅讲席教授	69	9
北大博雅特聘教授	212	0
北大博雅青年学者	212	0
北大人文讲席教授	7	0
"千人计划"入选者	72	5
"青年千人计划"入选者	153	12
"万人计划"入选者	28	3
"青年拔尖人才计划"入选者	35	4
"长江学者奖励计划"特聘教授、讲座教授、青年学者	231[4]	21

			其中，医学部
	百千万人才国家级人选	66	11
	国家重点研发计划首席科学家	56	24
	国家杰出青年科学基金获得者	239	37
	国家基金委创新群体	40	8
	国家基金委优秀青年基金	130	22
	当代教育名家	4	0
	国家级教学名师	17	2
	博士生导师	2474	481
	行政人员	1838	909
	其中：专职辅导员人数	220	91
	教辅人员	7936	5685
	工勤人员	2363	359
	科研机构人员	1161	116
	校办企业职工	138	19
	附属医院教职工	10,131	10,131
（二）其他人员			
	离退休人员	11,206	5621

三、在校学生情况（单位：人）

			其中，医学部
（一）全日制学生[5]		42,655	8693
	其中：共产党员	14,125	1966
	少数民族	3453	802
	华侨港澳台	607	169
	本科生	15,628	3796
	一年级	3963	864
	二年级	3975	855
	三年级	3559	799
	四年级	3606	792
	五年级及以上	525	486
	硕士研究生	16,315	2581
	一年级	6611	893
	二年级	5555	933
	三年级及以上	4149	755
	博士研究生	10,712	2316
	一年级	2531	736
	二年级	2438	703
	三年级	2299	655
	四年级	1690	120
	五年级及以上	1754	102
（二）成人教育学生		8532	1467
（三）网络本专科学生		39,573	18,917
（四）外国留学生		3579	388
	其中：本科生	1469	323
	硕士生	832	11
	博士生	338	0
	培训	940	54
（五）普通本专科毕业生			
	一次就业率	96.22%	92%

四、博士后人数（单位：人）

	在站人数	1592	159
	累计进站人数	7274	852

五、学科情况（单位：个）

		其中，医学部
本科专业[6]	129	14
博士学位授权一级学科点	48	—
博士学位点（含一级学科覆盖）	254	—
硕士学位授权一级学科点	50	—
硕士学位点（含一级学科覆盖）	280	—
国家重点学科（一级）	18	—
国家重点学科（二级）	25	—
国家重点（培育）学科	3	—
省部级重点学科（一级）	5	—
省部级重点学科（二级）	12	—
博士后流动站[7]	47	8
全球前1%的学科（美国"基本科学指标数据库"ESI的统计）[8]	21	—

六、教学科研（单位：个）

		其中，医学部
直属院系[9]	70	14
国家实验室（筹）[10]	1	0
国家重点实验室[11]	9	1
国家工程实验室[12]	3	1
国家工程研究中心[13]	2	0
省部级设置的研究（院、所、中心）、实验室	125	52
定期出版的专业刊物[14]	26	12
医院[15]	10	10

1. 教职工总数包括专任教师、教辅人员、行政人员、工勤人员、科研机构人员、校办企业职工、其他附设机构人员，不包含离退休人员和博士后。
2. 其中人事关系在本校的中国科学院院士49人。
3. 其中人事关系在本校的中国工程院院士9人。
4. 其中长江学者特聘教授164人，长江学者讲座教授39人，长江学者青年学者28人。
5. 全日制学生包括普通本专科学生、硕士研究生、博士研究生，不包含成人教育、网络教育及外国留学生（单列）。
6. 本科专业名录（其中医学部14个，本部115个，1个共有）：
   哲学、逻辑学、宗教学、经济学、经济统计学、资源与环境经济学、财政学、金融学、保险学、国际经济与贸、法学、知识产权、政治学与行政学、国际政治、外交学、国际事务与国际关系、政治学、经济学与哲学、社会学、社会工作、科学社会主义、汉语言文学、汉语言、古典文献学、应用语言学、英语、俄语、德语、法语、西班牙语、阿拉伯语、日语、波斯语、朝鲜语、菲律宾语、梵语巴利语、印度尼西亚语、印地语、缅甸语、蒙古语、泰语、乌尔都语、希伯来语、越南语、葡萄牙语、新闻学、广播电视学、广告学、编辑出版学、历史学、世界史、考古学、文物与博物馆学、外国语言与外国历史、数学与应用数学、信息与计算科学、物理学、应用物理学、核物理、化学、应用化学、化学生物学、天文学、地理科学、自然地理与资源环境、人文地理与城乡规划、地理信息科学、大气科学、地球物理学、空间科学与技术、地质学、地球化学、古生物学、生物科学、生物技术、生态学、心理学、应用心理学、统计学、应用统计学、理论与应用力学、工程力学、材料科学与工程、材料化学、能源与动力工程、微电子科学与工程、集成电路设计与集成系统、电子信息科学与技术、计算机科学与技术、软件工程、智能科学与技术、勘查技术与工程、航空航天工程、核工程与核技术、核化工与核燃料工程、环境工程、环境科学、生物医学工程、城乡规划、信息管理与信息系统、工商管理、市场营销、会计学、财务管理、人力资源管理、公共事业管理、行政管理、城市管理、图书馆学、艺术史论、广播电视编导、文物保护技术、通信工程、数据科学与大数据技术、整合科学、能源与环境系统工程、临床医学（八年制；六年制；五年制）、口腔医学（八年制；六年制；五年制）、基础医学（八年制）、医学实验技术、医学检验技术、口腔医学技术、药学、预防医学、护理学、英语（生物医学英语）。
7. 博士后流动站名录：
   校本部（39个）：数学、统计学、物理学、化学、天文学、地理学、地质学、大气科学、地球物理学、生物学、力学、电子科学与技术、信息与通信工程、计算机科学与技术、软件工程、生态学、环境科学与工程、核科学与技术、心理学、中国语言文学、中国史、世界史、考古学、哲学、理论经济学、应用经济学、工商管理、法学、社会学、外国语言文学、政治学、教育学、公共管理、图书情报与档案管理、马克思主义理论、测绘科学与技术、新闻传播学、艺术学、生物医学工程。

医学部（8个）：口腔医学、公共卫生与预防医学、药学、基础医学、临床医学、生物学、中西医结合、护理学。

8 进入ESI前1%的学科名录（21个）：化学、物理、临床医学、地球科学、材料科学、分子生物学与遗传学、生物学与生物化学、环境科学/生态学、工程科学、神经科学与行为学、药学与毒理学、动物和植物学、社会科学、数学、精神病学/心理学、免疫学、经济学/商学、计算机科学、微生物学、农学、多学科。

9 院系名录：

理学部（8个）：数学科学学院、物理学院、化学与分子工程学院、生命科学学院、城市与环境学院、地球与空间科学学院、心理与认知科学学院、建筑与景观设计学院。信息与工程学部（6个）：信息科学技术学院、工学院、计算机科学技术研究所、软件与微电子学院、环境科学与工程学院、软件工程国家工程研究中心。人文学部（8个）：中国语言文学系、历史学系、考古文博学院、哲学系（宗教学系）、外国语学院、艺术学院、对外汉语教育学院、歌剧研究院。社会科学学部（10个）：国际关系学院、法学院、信息管理系、社会学系、政府管理学院、马克思主义学院、教育学院、新闻与传播学院、体育教研部、新媒体研究院。经济与管理学部（4个）：经济学院、光华管理学院、人口研究所、国家发展研究。医学部（14个）：基础医学院、药学院、公共卫生学院、护理学院、医学人文研究院/公共教学部、医学网络教育学院、第一医院、人民医院、第三医院、口腔医院、第六医院、北京肿瘤医院、深圳医院、首钢医院。跨学科类（12个）：元培学院、燕京学堂、先进技术研究院、前沿交叉学科研究院、中国社会科学调查中心、分子医学研究所、科维理天文研究所、核科学与技术研究院、北京国际数学研究中心、海洋研究院、现代农学院（筹）、人文社会科学研究院。深圳研究生院（8个）：信息工程学院、化学生物学与生物技术学院、环境与能源学院、城市规划与设计学院、新材料学院、汇丰商学院、国际法学院、人文社会科学学院。

10 国家实验室（1个）：北京分子科学国家实验室（筹）。

11 国家重点实验室（9个）：人工微结构和介观物理国家重点实验室、湍流与复杂系统研究国家重点实验室、核物理与核技术国家重点实验室、蛋白质与植物基因研究国家重点实验室、膜生物学国家重点实验室（北大分室）、天然药物及仿生药物国家重点实验室、环境模拟与污染控制国家重点实验室（北大分室）、区域光纤通信网与新型光纤通信系统国家重点实验室（北大实验区）、微米/纳米加工技术国家级重点实验室（北大分室）。

12 国家工程实验室（3个）：数字视频编解码技术国家工程实验室、口腔数字化医疗技术和材料国家工程实验室、大数据分析与应用技术国家工程实验室。

13 国家工程研究中心（2个）：电子出版新技术国家工程研究中心、软件工程国家工程研究中心。

14 定期出版的专业刊物（26个）：

《物理化学学报》《大学化学》《数学进展》《北京大学学报（自然科学）》《北京大学学报（医学版）》《中国妇产科临床杂志》《中国介入心脏病学杂志》《中国生育健康杂志》《中国糖尿病杂志》《中国疼痛医学杂志》《中国微创外科杂志》《中国药物依赖性杂志》《中国斜视与小儿眼科杂志》《医院管理论坛》《中国生物化学与分子生物学报》《生理科学进展》《景观设计学》《北京大学学报（哲学社会科学版）》《中外法学》《经济科学》《国外文学》《国际政治》《大学图书馆学报》《人口与发展》《北京大学教育评论》、*Peking University Law Journal*。

15 医院：5家附属医院（第一医院、人民医院、第三医院、口腔医院、第六医院），1家与北京市双重管理医院（肿瘤医院），4家共建医院（首钢医院、深圳医院、滨海医院、国际医院）。

（傅翰文）

机构与干部

学校领导机构

中共北京大学第十三届委员会

书　　　记　郝　平

副 书 记　林建华

常务副书记　于鸿君

副 书 记　安钰峰（正局级）　叶静漪　刘玉村

常　　委　郝　平　林建华　于鸿君　安钰峰　叶静漪　刘玉村　高　松　詹启敏　王　博　龚旗煌　陈宝剑
　　　　　　柴　真　蒋朗朗

委　　员　（以姓氏笔画为序）
　　　　　　于鸿君　万　有　马化祥　王　博　王仰麟　王维民　叶静漪　宁　琦　乔　杰　任羽中　刘玉村
　　　　　　刘晓光　安钰峰　张平文　张晓黎　陈宝剑　林建华　赵　越　郝　平　柴　真　徐善东　高　松
　　　　　　龚文东　龚旗煌　蒋朗朗　傅绥燕　詹启敏　谭文长　潘义生

（2017年11月18日至19日召开中国共产党北京大学第十三次党员代表大会，校党委换届选举产生委员、常委、副书记、书记）

北京大学

校　　　长　林建华

常务副校长　吴志攀（7月免）　柯　杨（7月免）

副 校 长　高　松　王仰麟　田　刚　詹启敏（7月任）　王　博（7月任）　龚旗煌（7月任）　陈宝剑（7月任）
　　　　　　王　杰（正局级）（7月免）　李岩松（7月免）

校长助理　张宝岭（6月免）　邓　娅（6月免）　程　旭（6月免）　黄桂田（6月免）　马化祥（6月免）　孙　丽（6月免）
　　　　　　陈宝剑（6月免）　王　博（6月免）

秘 书 长　杨开忠（5月免）　安钰峰（兼）（9月任）

副秘书长　李　鹰（4月免）　张晓黎（6月免）　白志强（6月免）

教 务 长　高　松（兼）

副教务长　李晓明（6月免）　生玉海（5月免）　方新贵（5月免）　张平文（6月免）　王维民（6月免）　龚旗煌（6月免）
　　　　　　李沉简（挂）（6月免）

总 务 长　王仰麟（兼）

副总务长　张宝岭（兼）（6月免）　张西峰（6月免）

总会计师　闫　敏（5月免）

中共北京大学第十三届纪律检查委员会

书　　　记　叶静漪（兼）

副 书 记　王　雷　邹　惠　范春梅

委　　员　（以姓氏笔画为序）
　　　　　　王　雷　叶静漪　付　卫　刘　波　刘江平　刘新民　苏　茵　余　浚　邹　惠　张庆东　张宝岭
　　　　　　张新祥　范春梅　周有光　隗铁夫

（2017年11月18日至19日召开中国共产党北京大学第十三次党员代表大会，校纪委换届选举产生委员、副书记、书记）

校务委员会

主　任　郝　平
副主任　林毅夫　田　刚　海　闻　饶　毅　李　鸣　王　杰　敖英芳　陈建龙（5月任）　杨开忠（5月免）
秘书长　杨开忠（5月免）
委　员　（以姓氏笔画为序）
　　　　王　杉　王　博（哲学系）　王　博（学生会，7月免）　王缉思　甘子钊　厉以宁　叶　朗　朱卫国　乔　杰
　　　　任庆鹏　刘玉村　刘俊义　阮　草　孙　丽　孙祁祥　李　强　杨芙清　吴　明　吴　凯　张东晓　张守文
　　　　张颐武　陈跃红　季加孚　周晓林　袁行霈　高　毅　郭建宁　唐晓峰　涂　平　陶　澍　黄　如　鄂维南
　　　　程朝翔　鲁安怀　谢心澄　蔡洪滨

学术委员会

校学术委员会
主　任　林建华
副主任　高　松
委　员　（以姓氏笔画为序）
　　　　于鸿君　王　博　王钰铭　方精云　田　刚　申　丹　朱苏力　朱良志　刘玉村　刘国恩　汤　超　杨　河
　　　　吴云东　张平文　张远航　张宏权　张国有　赵　辉　俞可平　饶　毅　夏定国　倪彦俊　高　文　黄晓军
　　　　曹文轩　龚旗煌　屠鹏飞　韩鸿宾　彭小瑜　彭练矛　谢　宇　詹启敏　詹思延

理学部学术委员会
主　任　饶　毅
副主任　方精云　吴　凯　沈　波
委　员　（以姓氏笔画为序）
　　　　王世强　王学军　文　兰　朱作言　刘　瑜　刘小博　刘忠范　严纯华　周　专　周晓林　宗秋刚　胡永云
　　　　俞大鹏　耿　直　席振峰　龚旗煌　鄂维南　韩宝福　颜学庆

信息与工程科学部学术委员会
主　任　高　文
副主任　张远航　任秋实
委　员　（以姓氏笔画为序）
　　　　汤　帜　杨　槐　吴中海　张世秋　陈章渊　郝一龙　查红彬　段慧玲　夏定国　倪晋仁　彭练矛　程　旭

人文学部学术委员会
主　任　申　丹
副主任　阎步克　张旭东　李四龙
委　员　（以姓氏笔画为序）
　　　　丁宏为　王一丹　王中江　付志明　刘元满　孙　华　孙庆伟　李道新　荣新江　秦海鹰　袁毓林　曹文轩
　　　　彭　锋　彭小瑜　韩水法　褚　敏　漆永祥

社会科学学部学术委员会
主　任　杨　河

副主任　关海庭　汪建成　文东茅
委　员　（以姓氏笔画为序）
　　　　王子舟　王丽萍　王继民　叶自成　朱苏力　孙代尧　杨开忠　吴靖　沈岿　张小明　陈向明　周飞舟
　　　　俞虹　郭志刚　唐士其　董进霞　魏波

经济与管理学部学术委员会
主　任　张国有
副主任　平新乔　刘国恩　张志学
委　员　（以姓氏笔画为序）
　　　　马浩　王汉生　王跃生　刘怡　刘晓蕾　余淼杰　陈功　周黎安　郑伟

医学部学术委员会
主　任　詹启敏
副主任　刘玉村　张强　孔炜
委　员　（以姓氏笔画为序）
　　　　于欣　王俊　王辉　王建六　方伟岗　邓旭亮　叶新山　司天梅　刘忠军　李若瑜　李明子　李铁军
　　　　沈琳　张大庆　张宏权　周利群　赵明辉　段丽萍　修典荣　姜玉武　郭军　郭岩　黄晓军　韩晶岩
　　　　韩鸿宾　詹思延　霍勇

学科建设委员会

主　任　林建华
副主任　高松
委　员　（以姓氏笔画为序）
　　　　王杰　王博　王仰麟　申丹　闫敏　杨河　吴志攀　张平文　张国有　柯杨　饶毅　高文
　　　　詹启敏

专业技术职务评审委员会

主　任　林建华
副主任　郝平　田刚　詹启敏
委　员　（以姓氏笔画为序）
　　　　于鸿君　王仰麟　王明舟　王博　云虹　方伟岗　叶静漪　朱强　刘克新　刘波　李沉简　张平文
　　　　张新祥　林久祥　柴真　高松　龚旗煌

学位评定委员会

第十届校学位评定委员会
主　席　林建华
副主席　刘伟　柯杨

委　员　（以姓氏笔画为序）
　　　　吴志攀　王建祥　王　博　申　丹　刘俊义　严纯华　张平文　张立飞　陈平原　周志忍　郑晓瑛　胡永华
　　　　段丽萍　顾红雅　高　松　郭传瑸　陶　澍　龚旗煌　阎步克　彭练矛　鲁凤民　蔡洪滨

第十一届校学位评定委员会
（10月换届）
主　席　　林建华
副主席　　高　松　王　博
委　员　（以姓氏笔画为序）
　　　　王建祥　宁　琦　刘　俏　张　帆　张　静　张东晓　张平文　张立飞　陈晓明　周德敏　孟庆跃　段丽萍
　　　　贺灿飞　顾红雅　郭传瑸　黄铁军　龚旗煌　董志勇　鲁凤民　詹启敏　潘剑锋　燕继荣

医学部学位评定委员会
主　席　　詹启敏
委　员　（以姓氏笔画为序）
　　　　刘玉村　王建六　尹玉新　叶　敏　乔　杰　刘新民　李铁军　沈　琳　张　宁　陆　林　尚少梅　季加孚
　　　　周　程　周德敏　孟庆跃　郝卫东　段丽萍　姜保国　徐　明　高　炜　郭传瑸　韩晶岩　鲁凤民　潘义生

教职工代表大会执行委员会

第六届教职工代表大会执行委员会
主任委员　　高　松
副主任委员　孙　丽　姜保国　张宝岭　王　磊
委　员　（以姓氏笔画为序）
　　　　王　磊　王一川　朱卫国　刘　力　刘穗燕　孙　丽　苏都莫日根　李淑静　宋春伟　张大成　张汉平
　　　　张庆东　张宝岭　陈　红　郝卫东　姜保国　聂　华　高　松　韩毓海

学部负责人

理学部
主　任　　饶　毅
副主任　　方精云　吴　凯　沈　波

信息与工程科学部
主　任　　高　文
副主任　　张远航　任秋实

人文学部
主　任　　申　丹
副主任　　阎步克（4月免）　张旭东（9月免）　李四龙　王奇生（4月任）　廖可斌（9月任）

社会科学学部
主　任　　杨　河

副主任　关海庭　汪建成　文东茅

经济与管理学部
主　　任　张国有
副主任　平新乔　刘国恩　张志学

医学部
主　　任　詹启敏
党委书记　刘玉村
副 主 任　段丽萍　宝海荣　王维民　肖　渊　刘晓光（5月任）　张新祥（9月任）　冒大卫（9月免）
　　　　　张　宁（10月任）
党委副书记　李文胜　徐善东（1月任）　顾　芸（1月免）　戴谷音（11月免）
纪委书记　范春梅（1月任）　孔凡红（1月免）
主任助理　朱树梅（6月任）

各院、系、所、中心负责人

数学科学学院	党委书记	胡　俊（9月任）
		张平文（9月免）
	院长	陈大岳（7月任）
		田　刚（兼）（7月免）
物理学院	党委书记	陈晓林
	院长	谢心澄
化学与分子工程学院	党委书记	马玉国
	院长	高毅勤
生命科学学院	党委书记	刘德英
	院长	吴　虹
城市与环境学院	党委书记	刘耕年
	院长	贺灿飞
地球与空间科学学院	党委书记	李培军（12月任）
		傅绥燕（12月免）
	院长	张立飞
心理与认知科学学院	党委书记	谢晓非
	院长	方　方
建筑与景观设计学院	院长	俞孔坚（4月辞去）
信息科学技术学院	党委书记	魏中鹏
	院长	黄　如
工学院	党委书记	孙智利
	院长	张东晓
计算机科学技术研究所	直属党支部书记	叶志远
	所长	郭宗明
软件与微电子学院	党委书记	陈向群
	院长	张　兴
	常务副院长	吴中海
	常务副院长	杜　鹏（5月调离）

环境科学与工程学院	党委书记	李振山（1月任）
	院长	朱 彤
中国语言文学系	党委书记	金永兵
	主任	陈晓明
历史学系	党委书记	王元周
	主任	张 帆
考古文博学院	党委书记	雷兴山（7月任）
		王幼平（7月免）
	院长	杭 侃
哲学系（宗教学系）	党委书记	束鸿俊（12月任）
		仰海峰（12月免）
	主任	仰海峰（12月任）
		王 博（兼）（12月免）
外国语学院	党委书记	李淑静（7月任）
		李岩松（兼）（7月免）
	院长	宁 琦
艺术学院	党委书记	邹 惠
	院长	王一川
对外汉语教育学院	党委书记	汲传波
	院长	赵 杨
歌剧研究院	院长	金 曼
国际关系学院	党委书记	虎翼雄（7月任）
		李寒梅（7月免）
	院长	贾庆国
经济学院	党委书记	董志勇
	院长	孙祁祥
光华管理学院	党委书记	冒大卫
	院长	刘 俏（1月任）
		蔡洪滨（1月免）
法学院	党委书记	潘剑锋
	院长	张守文
信息管理系	党委书记	张久珍
	主任	李广建
社会学系	党委书记	查 晶
社会学系/社会学人类学研究所	主任/所长	张 静
政府管理学院	党委书记	李海燕
	院长	俞可平
	常务副院长	燕继荣
马克思主义学院	党委书记	孙蚌珠
	院长	于鸿君（兼）
	执行院长	孙熙国
教育学院	党委书记	阎凤桥
	院长	陈晓宇
新闻与传播学院	党委书记	陈 刚
	院长	陆绍阳
人口研究所	所长	郑晓瑛

国家发展研究院	党委书记	胡大源
	院长	姚　洋
体育教研部	直属党支部书记	张　锐
	主任	李　宁
元培学院	党委书记	孙　华
	院长	鄂维南
	常务副院长	李沉简
先进技术研究院	院长	程　旭
	常务副院长	白树林（1月免）
深圳研究生院	党委书记	谭文长
	院长	吴云东
	常务副院长	白志强
分子医学研究所	所长	肖瑞平
科维理天文与天体物理研究所	所长	Luis Chi Ho
北京国际数学研究中心	主任	田　刚
软件工程国家工程研究中心	主任	张世琨
前沿交叉学科研究院	院长	韩启德
	执行院长	汤　超
燕京学堂	院长	袁　明
	执行副院长	姜国华（1月辞去）
	办公室主任	姜国华（1月辞去）
海洋研究院	院长	张东晓
人文社会科学研究院	院长	邓小南
	常务副院长	渠敬东
基础医学院	党委书记	万　有
	院长	尹玉新
药学院	党委书记	徐　萍
	院长	周德敏
公共卫生学院	党委书记	郝卫东
	院长	孟庆跃
护理学院	党委书记	陆　虹
	院长	尚少梅
公共教学部	党委书记	王　玥
	主任	周　程（3月任）
		张大庆（3月免）
第一医院	党委书记	潘义生（1月任）
		刘新民（1月免）
	院长	刘新民
人民医院	党委书记	赵　越
	院长	姜保国
第三医院	党委书记	金昌晓
	院长	乔　杰
口腔医院	党委书记	周永胜
	院长	郭传瑸
肿瘤医院	党委书记	朱　军
	院长	季加孚

第六医院（精神卫生研究所）	党委书记	王向群
	院长（所长）	陆　林

机关各部门、工会、团委负责人

党委办公室校长办公室	主任	龚文东（8月任）
		郭　海（8月免）
国内合作委员会办公室	主任	雷　虹
督查室（信访办公室）	主任	余　浚
政策法规研究室	主任	任羽中（9月任）
		陈宝剑（兼）（9月免）
党委政策研究室	主任	任羽中（9月任）
		陈宝剑（兼）（9月免）
纪委办公室	主任	邹　惠（兼）（10月任）
		龚文东（兼）（8月免）
监察室	主任	王　雷（兼）（8月任）
		周有光（兼）（8月免）
党委组织部	部长	柴　真（1月任）
党委宣传部	部长	蒋朗朗
党委统战部	部长	张晓黎
学生工作部、人民武装部	部长	张庆东
保卫部	部长	冯支越
保密委员会办公室	主任	刘旭东
党委教师工作部	部长	刘　波
教务部	部长	傅绥燕
科学研究部	部长	周　辉
学科建设办公室	主任	张平文
社会科学部	部长	王　博（兼）
研究生院	院长	林建华（兼）（10月任）
		高　松（兼）（10月免）
	常务副院长	张东晓（10月任）
		龚旗煌（10月免）
继续教育部	部长	刘力平
人事部	部长	刘　波
师资人才办公室	主任	刘　波（兼）
	常务副主任	戴长亮
离退休工作部	部长	马春英
财务部	部长	张新祥（9月任）
		冒大卫（9月免）
国有资产管理委员会办公室	主任	张新祥（兼）（9月任）
		冒大卫（兼）（9月免）
后勤财务核算中心	主任	张新祥（兼）（9月任）
		冒大卫（兼）（9月免）
国际合作部	部长	夏红卫

总务部	部长	张西峰
房地产管理部	部长	殷雪松
实验室与设备管理部	部长	刘克新（1月任）
		张新祥（1月免）
基建工程部	部长	白利明
审计室	主任	周有光（8月任）
		王 雷（8月免）
校办产业管理委员会办公室	主任	黄桂田
产业技术研究院/科技开发部	院长/部长	陈东敏（1月免）
	常务副院长/常务副部长	姚卫浩
信息化建设与管理办公室	主任	柳军飞（12月免，机构取消）
工会	主席	孙 丽
团委	书记	陈永利
校友工作办公室	校友会执行副会长	邓 娅（9月任）
	主任	李文胜（11月任）
		李宇宁（11月免）
机关党委	书记	霍晓丹
后勤党委	书记	马化祥（6月任）
		刘宝栓（6月免）
校办产业党工委	书记	萧 群

医学部

主任办公室党委办公室	主任	陈斌斌（6月任）
		肖 渊（6月免）
监察室	主任	刘江平（6月任）
		范春梅（6月免）
党委组织部	部长	孙晓华（6月任）
		戴谷音（6月免）
党委宣传部	部长	焦 岩（6月任）
		王春虎（6月免）
党委统战部	部长	王军为
研究生院医学部分院	常务副院长	徐 明
研究生工作部	部长	段丽萍
教育处（学生工作部、武装部）	处长（部长）	王维民
学生工作部	常务副部长	李 红
人事处	处长	戴 清（6月任）
		朱树梅（6月免）
离退休工作处	处长	丁 磊
科学研究处	处长	韩鸿宾（6月任）
		沈如群（6月免）
国际合作处	处长	孙秋丹
医院管理处	处长	张 骞（6月任）
		张 俊（6月免）
继续教育处	处长	姜 辉
保卫处	处长	沈 鹏（6月任）
		赵成知（6月免）

设备与实验室管理处	处长	沈如群（6月任）
		徐善东（6月免）
审计室	主任	安　宇
计划财务处	处长	冯丹妹（6月任）
总务处	处长	王运生（6月任）
		陈斌斌（6月免）
基建工程处	处长	余　也
后勤党委	书记	赵成知（6月任）
		王运生（6月免）
产业管理办公室	主任	吕廷煜（6月任）
		吴问汉（6月免）
产业党总支	书记	陈　娟（10月任）
		吕廷煜（10月免）
工会	主席	顾　芸（兼）（5月免）
工会	常务副主席	刘穗燕
团委	书记	陈　磊（9月任）
		沈　鹏（9月免）
机关党委	书记	郭艾花

直属、附属单位负责人

直属单位党委	书记	束鸿俊（12月免）
	副书记	刘晋伟（主持工作，12月任）
图书馆	党委书记	郑清文（7月任）
		萧　群（7月免）
	馆长	陈建龙（6月任）
		朱　强（6月免）
档案馆、校史馆	馆长	马建钧
计算中心	主任	张　蓓
教师教学发展中心	主任	傅绥燕（兼）（5月任）
		方新贵（兼）（5月免）
教育基金会	秘书长	李宇宁（9月任）
		邓　娅（9月免）
出版社	党委书记	金娟萍
	社长	王明舟
	总编辑	张黎明
校医院	党委书记	朱建华
	院长	云　虹
首都发展研究院	院长	李国平
燕园街道党工委	书记	严敏杰
燕园街道办事处	主任	严敏杰
附属中学	党委书记	王亚章（6月任）
		生玉海（5月免）
	校长	王　铮

附属小学	党委书记	尹　超（兼）
	校长	尹　超
体育馆	馆长	李　宁（兼）
	常务副馆长	李　杰
昌平校区管理办公室	主任	张新祥
	常务副主任	卢永祥（1月免）
会议中心	主任	张胜群
餐饮中心	主任	陈　杰（6月任）
		王建华（6月免）
动力中心	主任	李　钟
公寓服务中心	主任	姜晓刚
校园服务中心	主任	张丽娜
燕园社区服务中心	主任	严敏杰
特殊用房管理中心	主任	姜晓刚（兼）
继续教育学院	党总支书记	李　胜
	院长	章　政

医学部

图书馆	馆长	张大庆
信息通讯中心	主任	种连荣
医药卫生分析中心	主任	吴　明
	常务副主任	孙　崎
出版社	社长	王凤廷（机构调整，9月起不再为直属单位）
学报（医学版）编辑部	主任	曾桂芳
医学教育研究所	所长	王维民
	名誉所长	柯　杨
中国药物依赖性研究所	所长	陆　林
实验动物科学部	主任	郑振辉
北京大学中国卫生发展研究中心	常务副主任	孟庆跃
北京大学医学信息学中心	常务副主任	胡永华
医学继续教育学院	院长	张海澄（5月任，机构整合更名）
北京大学健康医疗大数据研究中心	主任	李全政
精准医疗多组学研究中心	主任	黄超兰（10月任，机构成立）
心血管研究所（挂靠基础医学院）	所长	董尔丹（12月任）
		张幼仪（12月免）

各民主党派和归国华侨联合会负责人

中国国民党革命委员会北京大学支部委员会
主 任 委 员　关　平
副主任委员　丁　昱　李美仙

中国国民党革命委员会北大医院支部
主 任 委 员　涂　平
副主任委员　张诗杰

中国民主同盟北京大学委员会
主 任 委 员　李　玮
副主任委员　宋春伟　楼建波　苏　剑　李少华　刘岳峰
中国民主同盟北京大学医学部委员会（4月换届）
主 任 委 员　季加孚
副主任委员　卫　燕　叶颖江　田　华
中国民主建国会北京大学委员会
主 任 委 员　陈效逑
副主任委员　李　虹　陈少峰　孙卫玲
中国民主促进会北京大学委员会
主 任 委 员　佟　新
副主任委员　肖鸣政　陈旭光　龚六堂
中国农工民主党北京大学委员会
主 任 委 员　顾　晋
副主任委员　熊　辉　吴晓英　李　东　邓旭亮　沈如群　刘富坤
中国农工民主党北京大学校本部支部
主 任 委 员　刘富坤
副主任委员　陈变珍　裴剑峰
中国致公党北京大学支部
主 任 委 员　王若鹏
副主任委员　刘阳生　张向英
中国致公党北京大学医学部支部
主 任 委 员　陈仲强
中国致公党北大医院支部
主 任 委 员　胡　晓
副主任委员　周常青
中国致公党北大人民医院支部（1月改选）
主 任 委 员　黄　磊
副主任委员　李剑峰
九三学社北京大学委员会
主 任 委 员　沈兴海
副主任委员　夏璧灿　郭召杰　张　研（12月任）　王　旭（12月任）
九三学社北京大学第二委员会
主 任 委 员　吴　明
副主任委员　屠鹏飞　昌晓红　阙呈立　崔　涛　李子健
北京大学归国华侨联合会
主　　　席　周力平
副 主 席　龚旗煌　曲振卿　吴　跃
北京大学医学部归国华侨联合会
主　　　席　周德敏
副 主 席　黄河清　王培玉　林剑浩　鲁凤民

（组织部、学科办、人事部、工会、统战部、研究生院、医学部）

学部、院系及实体研究机构

理学部

【发展概况】 1999年7月11日，学校印发《北京大学关于成立学部学术委员会的通知》（校发〔1999〕86号），设立理学部。2016年4月12日，北京大学颁布《关于北京大学理学部班子任职的通知》（校发〔2016〕57号），聘任饶毅为理学部主任，方精云、吴凯、沈波为理学部副主任，聘期三年。原班子成员自然免职。

目前，理学部包括数学科学学院、物理学院、化学与分子工程学院、生命科学学院、城市与环境学院、地球与空间科学学院、心理与认知科学学院、建筑与景观设计学院等8个学院，涵盖数学、物理学、化学、生物学、天文学、大气科学、地球物理学、地理学、地质学、生态学、核科学与技术、心理学、统计学、测绘科学与技术等14个一级学科。

【组织机构】 理学部设部务会、学术委员会、教学指导委员会，理学部办公室为学部日常运行提供行政支撑与服务。

2017年4月，建筑与景观学院院长俞孔坚辞职，由副院长李迪华代行院长职责。7月，北京大学任命陈大岳为数学科学学院院长。部务会名单相应调整为：饶毅、方精云、吴凯、沈波、陈大岳、谢心澄、高毅勤、吴虹、贺灿飞、张立飞、方方、李迪华。

理学部学术委员会名单如下：主任饶毅，副主任方精云、吴凯、沈波，委员包括王世强、王学军、文兰、朱作言、刘瑜、刘小博、刘忠范、严纯华、周专、周晓林、宗秋刚、胡永云、俞大鹏、耿直、席振峰、龚旗煌、鄂维南、韩宝福、颜学庆（以姓氏笔画为序）。

根据数学科学学院行政领导班子的换届情况，理学部教学指导委员会相应调整为：主任吴凯，委员包括王宇钢、朱守华、李双成、李本纲、李沉简、李若、李迪华、李培军、吴艳红、张进江、陈兴、章志飞、蒋争凡、裴坚（以姓氏笔画为序）。

【一流学科建设方案编制】 2017年6月，在北京大学关于编制世界一流大学和一流学科建设方案的统一工作部署下，理学部以院系为基础对学科进行有机整合，组织各学院完成数学与统计学科、物理学、化学、生物学与生物技术、地理学、生态学、地球科学和心理学等8个一流学科建设方案。方案充分剖析各学科的优势特点，梳理现有建设条件和基础，明确近、中、远期目标，并着眼于近期目标，从队伍建设、人才培养、科学研究、社会服务、国际交流与合作等方面阐明具体的建设举措和内容。

完成学部层面的理学综合交叉与能力提升学科建设方案。方案面向重大科学前沿，面向国家经济社会发展和战略实施需求，特别是关系国家安全和重大利益、支撑产业转型升级和区域发展的学科和领域，确立资源与环境科学、天文与空间科学两个重点发展领域，支持大气科学、核科学与技术、测绘科学与技术、天文学等若干具备一定实力、有望冲击世界一流的学科，以及现代农学、行星与空间科学等新兴交叉学科的建设。以组建资源与环境科学委员会，推动生态研究中心、现代农学院和行星与空间科学研究中心等机构为抓手，充分发挥多学科综合交叉优势，加强战略性、全局性、前瞻性问题研究，积极组织力量参与国家重大科技项目，乃至国际大科学计划和大科学工程，着力提升解决重大问题能力和原始创新能力。

9月21日，教育部公布世界一流大学和一流学科建设高校及建设学科名单。理学部的数学、统计学、物理学、化学、生物学、心理学、地球物理学、地质学、地理学、生态学等10个学科入选。

【学科规划与机构调整】 筹建资源与环境科学委员会。针对北京大学在资源与环境领域存在学科力量分散、重复交叉建设、缺乏统筹组织等问题，理学部和信息与工程科学部组织相关院系领导和教师代表召开专题研讨会，并在达成初步共识的基础上，联合提出筹建资源与环境科学委员会的建议。6月29日，学科建设委员会审议并原则同意成立资源与环境科学委员会，建议由方精云任主任，进一步落实委员会名单、议事规则等相关工作。

成立生态研究中心。在前期深入调研和广泛听取国内外同行意见的基础上，方精云牵头，联合城市与环境学院、生命科学学院等相关院系，提出筹建北京大学生态研究中心的学科发展战略和具体建设方案。经学科建设委员会、机构编制委员会和党委常委会先后审议，北京大学于12月13日正式发文，成立生态研究中心。

现代农学院"去筹"。现代农学院（筹）于2016年10月提交申请"去筹"的请示。2016年11月，北京大学生命科学委员会、理学部主任办公会先后讨论通过农学院《现代农学院（筹）二期规划落地方案》，并就教学工作、学科建设、人才引进等提出具体建议。经学科建设委员会、机构编制委员会和党委常委会先后审议，北京大学于2017年12月13日正式发文，成立现代农学院。

【教育教学改革】 2017年，理学部申请北京大学教学改革专项经费27万，支持院系通识课程建设。为解决实验教学面临的与现实脱节、落后于新技术发展等问题，提升学生在基本的人机交换和自动化控制等方面的动手技能，理学部确定以"实验教学提升计划"作为理学部教学工作重点，并申请学科建设经费268万余元，专项支持院系实验教学平台条件建设。

春季学期，理学部与燕京学堂联合开设"科学与社会"课程，邀请9位理科院系名师为燕京学堂学生讲授数学、物理、生命、环境、心理等相关领域的前沿科学问题，并就相关的国内、国际社会热点展开讨论，受到学生的欢迎和好评。

【职称评审】 2017年10月12日，理学部学术委员会召开会议，审议2017年度老体制教学科研人员专业技术职务晋升及通用岗位聘任工作。理学部各学院共推荐教授候选人12

人，副教授（副研究员）候选人6人，经审议全部通过。

【学术交流】 2017年，在国际合作部"诺奖校园行""高端学术讲座系列"等项目资助下，理学部支持生物动态光学成像中心、分子医学所、地球与空间科学学院等单位举办高端学术研讨会或讲座共4场，邀请数位诺贝尔奖得主、美国科学院院士、美国工程院院士等国际顶尖学者访问北大。

理学部与未来论坛继续合作，于10月25日在北京大学百周年纪念讲堂多功能厅联合举办"数字的力量"主题学术报告会。报告会由北京大学副校长、北京国际数学研究中心主任田刚院士主持，未来论坛创始董事及秘书长武红女士出席报告会。2017年未来科学大奖暨首届"数学与计算机科学奖"获奖者、北京大学教授许晨阳教授，法国法兰西学院Claire Voisin教授和德国拜罗伊特大学Fabrizio Catanese教授为到场200余名观众奉献了2个小时的精彩讲座。

【国际国内合作】 2017年5月5日，悉尼大学理学院院长Trevor Hambley教授率团一行访问北京大学。北京大学副校长王杰、理学部副主任吴凯等在临湖轩会见来宾，并签署合作备忘录，双方将在学术交流、教师培训、学生培养等方面展开合作。两校的数学、化学、物理学、生命科学、心理学、地球科学等相关院系主要负责人参加此次交流活动。11月16日，悉尼大学理学院副院长Samuel Mueller副教授访问北京大学，并在数学科学学院作学术报告，进行招生宣讲。

继续配合学校推进深圳校区规划中深圳健康科学研究院筹建工作，就框架协议、建设方案等与深圳市相关政府部门积极沟通。2017年11月3日，深圳市副市长高明率代表团一行访问北大，并与校领导进行座谈交流。理学部主任饶毅参加并陪同代表团参观生物动态光学成像中心和核磁共振成像中心。

在北京市科学技术委员会的统筹组织下，理学部主任饶毅作为科学顾问参与国家科技创新2030-"脑科学与类脑研究"重大项目北方研究中心的筹建工作，理学部办公室在起草建设方案、梳理人才库情况等方面提供支撑服务。

【管理运行】 按照学校统一工作部署以及理学部领导班子分工，理学部的学科规划、教学改革、人才队伍建设等各项工作有条不紊地展开，并通过会议、邮件、微信工作群等方式，建立起各委员会的工作沟通机制。2017年，理学部共计召开主任办公会3次、学术委员会1次、教学指导委员会1次、学科专题研讨会2次、青年教师座谈会1次。

（向妮）

数学科学学院

【发展概况】 组织结构。数学科学学院下设5个系：数学系、概率统计系、科学与工程计算系、信息科学系和金融数学系。北京大学数学研究所是教育部批准成立的研究单位，与数学科学学院紧密结合，形成院所结合的体制；数学科学学院还拥有"数学及其应用"教育部重点实验室等多个研究机构，教育部"高校数学研究与高等人才培养中心"也挂靠在数学科学学院。

2017年学术委员会成员调整，新一届名单：主任田刚；副主任张继平、陈大岳；委员鄂维南、范辉军、耿直、胡俊、姜明、史宇光、王诗宬、文兰、杨静平、姚方、张平文、章志飞。

学科建设。数学科学学院现有两个一级学科：数学、统计学。四个本科专业：数学与应用数学、统计学、信息与计算科学以及数据科学与大数据技术专业。四个博士专业：基础数学、应用数学、计算数学、概率统计，四个博士专业都设有博士后流动站并全部被评为重点学科。9月20日，世界一流大学和一流学科（简称"双一流"）建设名单公布，北京大学数学与统计学两个一级学科均入选一流学科建设名单；11月3日至5日，北京大学数学学科国际同行评议现场评估顺利举行；12月28日，全国第四轮学科评估结果发布，北京大学数学与统计学两学科均获A+。

队伍建设。2017年数学科学学院共有教学科研人员139人，其中事业编制教授38人、副教授25人、讲师24人，新体制教授25人、长聘副教授1人、助理教授6人、博士后20人。另有非全职聘用3人，其中海外高层次人才引进计划（短期项目）1人、海外高层次人才引进计划1人、长江学者讲座教授1人。2017年教师队伍中校内转入1人，新引进海外高层次人才引进计划1人，博士后进站11人，退休1人、减离全职4人、海外高层次人才引进计划（短期项目）2人、博士后出站6人。2017年数学科学学院入职15人，包括事业编制1人、博士后11人、劳动合同制3人。续聘11人。退休4人。减离15人，包括博士后6人、事业编制3人、劳动合同制2人、新体制4人。

（任燃、杨扬）

【教学工作】 学生人数。2017年，数学科学学院共有学生1316人，其中本科生751人，硕士研究生261人，博士研究生304人。2017年招收本科新生192人，其中普通入学37人，自主招生107人，保送43人，留学生3人。国际奥赛金牌获得者5人，银牌获得者1人。2017年，普通本科毕业生总计156人，双学位毕业87人，辅修毕业18人。2017年共招收研究生183人（硕士121人，博士62人），毕业154人（硕士94人，博士60人）。

课程设置。数学科学学院2016—2017学年第二学期开设本科生课程76门，双学位课程4门，研究生课程54门；2017—2018学年第一学期开设本科生课程83门，双学位课程4门，研究生课程42门。

教材出版。出版著作4本，分别是：1.冯荣权、王殿军、杨晶、周俊：《线性代数》，高等教育出版社，ISBN：

9787040482607。2.Jia, Jinzhu: *Computational Statistics*, World Scientific, ISBN: 9789813148956。3.李东风：《统计计算》，高等教育出版社，ISBN: 9787040470703。4.Yang, Lei, Hessian Polyhedra: *Invariant Theory and Appell Hypergeometric Functions*, World Scientific, ISBN: 9789813209473。

（蔡贤川、田　超、袁　燕、张　婧）

【科研工作】 人才队伍。数学科学学院现有院士7人、长江特聘教授7人，长江青年学者3人，海外高层次人才引进计划（青年项目）2人。国家杰出青年科学基金项目获得者21人、"新世纪百千万人才工程"国家级人选7人，教育部"跨世纪人才培养计划""新世纪优秀人才支持计划"9人。

项目数量。在研项目总数为105项。同年新获批的横向项目12项，纵向项目18项。

科研成果。共有SCI收录的第一作者和通讯作者论文121篇，SCI收录的非第一作者和通讯作者论文58篇，非SCI论文41篇。出版专著4部。申请专利3项。

经费情况。科研拨款总计5078.44万元，其中973项目经费677.15万元，国家自然科学基金1889.05万元，校外转入科学基金220.43万元，教育改革拨款343万元，双一流经费590万元，重点实验室经费154.97万元，万人计划110万元，横向经费506.23万元，博士后科学基金81.15万元，重点研发计划314.34万元，自主科研11.38万元。

访问学者。1—12月，数学科学学院接待北京大学主请的国外访问学者13人次，使用校拨经费26万元。接待33位顺访访问学者，"数学及其应用"教育部重点实验室接待9位国内访问学者。数学科学学院于2017年9月12日起启动"访问学者计划"，10—12月，学院访问学者计划共接待3位访问学者，使用院经费22,911.9元。

学术报告。2017年度，数学科学学院共举办周五学术报告共计28次；各系列报告125次（其中，科学与工程计算系列16场，动力系统系列15场，信息系列18场，概率系列19场，分析和PDE系列27场，几何分析系列22场，几何分析和数学广义相对论5场，几何和拓扑3场）。共计使用院经费286,774.29元。其他学术报告（老师个人举办、学术午餐会、金融数学系及统计中心报告）80余次。

学术会议/学术研讨会。2017年数学科学学院共主办8次学术会议，其中大型的学术会议为"调和分析及其应用国际学术会议——纪念程民德先生诞辰100周年"，参会人数131人。

因公出访。2017年数学科学学院教师共出访89人次，其中出访港澳地区14人次，其他国家（地区）75人次。

（徐　婷、赵　静、崔文慧、文　爽）

【党建工作】 组织建设。数学科学学院党委设书记1人，副书记2人，党委委员13名，按照职责分设组织委员、宣传委员、纪检委员、统战委员、青年委员和保卫委员。数学科学学院党委现有教职工党员107人，其中在职教职工52人，离退休教师38人，博士后14人，劳动合同制3人。设教工党支部6个。数学科学学院有在校学生党员217人（本科生21人，硕士生89人，博士生107人）。设学生党支部13个，各支部设支部书记1名、组织委员1名、宣传委员1名、纪检委员1名，或支部正副书记各1名。

党建活动。1.党员的发展、转正、培训。2017年学院共发展党员24人（本科7人，硕士12人，博士5人），共有16名预备党员转为正式党员（本科8人，硕士3人，博士4人，教工1人）。学院组织学生积极参加北京大学第26期、第27期党性教育读书班和第29期、第30期党的知识培训班。其中，第26期党性教育读书班共有5人结业，第27期党性教育读书班共有21人结业，第29期党的知识培训班共有31人结业，29位同学正在参加第30期党的知识培训班。11月组织13名学生党支书参加北京大学第16期学生党支部书记培训班，10月21日组织学生党支部书记实务培训。12月1日，党委书记胡俊给入党积极分子讲授党的基本知识专题党课。

2.干部专题学习培训。张恭庆受邀参加"十九大社会主义现代化国家"理论研讨会并作主旨发言。推荐教师干部参加各类培训情况：张平文、陈大岳参加北京大学党委高等教育改革与发展专题研讨班，李若参加教育部长江教授研修班和万人计划研修班，刘雨龙、王超参加"北京大学中青年骨干教师学习全国高校思政工作会精神专题研修班"，邓明华参加北京高校基层党支部书记网络培训示范班，林伟参加北京大学青年人才国情研修班，安金鹏、王超、包志强参加北京大学青年骨干教师培训，艾明要、钮凯福参加北京大学统战系统学习十九大精神培训班，葛颢参加教育部青年长江学者井冈山培训班，文再文参加北京大学青年人才国情研修班。

3.党支部换届、特色党支部活动。2017年10月，数学科学学院9个到届党支部顺利完成换届工作。各个党支部围绕学习贯彻党的十九大精神、"两学一做"学习教育制度化常态化等主题，开展形式多样的活动，例如"学讲话锤炼价值观，共奋进迎接十九大"和"贯彻落实十九大，不忘初心共奋进"主题党团日活动。行政实验室党支部赴南京参观南京大屠杀纪念馆等，计算信息党支部和几何代数微分方程党支部联合赴井冈山开展红色教育学习。2个教工支部和3个学生支部申报北京大学2017—2018学年度基层党建创新立项活动。

4.专题活动。（1）"两学一做"学习教育：数学科学学院将"两学一做"学习教育作为制度化常态化工作开展，2017年2月至4月组织党支部开好"两学一做"专题组织生活会。2月至4月组织全体党员参加关于学习党章党规和习近平总书记系列重要讲话在线考试，应考293人，实考288人。（2）思想政治工作：2016年12月7—8日全国高校思想政治工作会议召开，在会议的基础上中共中央、国务院下发《关于加强和改进新形势下高校思想政治工作的意见》，数学科学学院高度重视，积极部署，根据高校思想政治工作会议和中央31号文件精神，结合学院工作实际，深入贯彻落实中央精神。（3）迎接中央专项巡视：按照北京大学迎接中央专项巡视工作总体安排，准备迎接巡视的相关材料，配合巡视组做好调研工作。核准党员和党支部名单，整理基层党建工作文件制度、群众路线教育实践活动、"三严三实"专题教育、"两学一做"学习教育活动等材料。起草数学科学学院党委《十八大以来工作总结》，梳理学院党建和党风廉政建设工作。自2017年6月9日中央第十三巡视组《关于专项巡视北京大学党委的反馈意见》通报会以来，数学科学学院党委认真对照巡视反馈意见组织实施、开展自查工作，深入分析，查找存在问题，针对巡视发现的问题纠正、纠错、纠偏。制定《数学科学学院党委落实巡视整改任务实施方案》，建立整改落实责任机制，8月24日，召开数学科学学院领导班子专题民主生活会。（4）配合北京普通高等学校党建和思想政治工作集中检查：北京市委教育工委10月对北京大学贯彻落实《北京普通高等学校党建和思想政治工作基本标准》（下称《基本标准》）的情况进行集中检查，数学科学学院党委积极配合。按照《基本标准》中党委对院系工作的领导、领导班子和干部队伍建设、基层党组织建设和作用发挥、党风廉政建设、宣传思想工作、安全稳定工作、统战工作、离退休干部工作、群众团体工作、特色工作等十大项的要求，整理完善相关的工作计划、工作总结、会议记录、规章制度、调研报告和理论文章、事实数据等方面的文字和音像资料，以及意识形态责任制落实情况检查、发展党员专项检查等工作的相应材料。对党建和思想政治工作基本标准落实情况进行自查自评。系统总结2013年以来各级党组织围绕人才培养、科学研究、社会服务、文化传承创新等各项中心任务，积极开展思想政治工作、全面推进党的建设所取得的成果，认真梳理贯彻落实《基本标准》的情况，整理汇编资料、总结特色工作、完善规章制度、制定整改措施。撰写自评报告，根据《基本标准》中规定的测评要素和主要检查内容总结工作的基本情况和取得的成绩，对工作中的薄弱环节客观分析原因，制定整改措施和整改步骤。（5）开展各级各类人选推荐提名工作：2017年3月，组织数学科学学院各党支部推荐提名北京大学出席北京市十二次党代会代表；2017年9月，组织北京大学第十三届党委、纪委委员候选人"二下二上"推荐提名；2017年9月，组织推荐中共北京大学第十三次党员代表大会代表，22日召开党员大会，选举大会代表张平文、刘雨龙、董子静、张喜悦（2017级博士生）。

（董子静）

【行政工作与其他工作】 2017年，数学科学学院行政教辅人员共计27人，其中事业编制14人，合同制人员13人。2017年行政教辅人员中新入职3人，退休3人，减离3人。

2017年，数学科学学院工会共计会员142人，其中事业编制会员131人，劳动合同制会员11人。全年主要活动包括组织参加校运动会、游泳比赛、乒乓球活动、毽球比赛、羽毛球活动、女工活动、春游、秋游、慰问活动、师生交流、退休人员荣休欢送会、北京市教育工会先进教职工小家验收汇报、公共空间改造、"下午茶"活动。

（钮凯福）

【学生工作】 学生活动情况1月，开展寒假社会调研与实践，组织参加美国大学生数学建模竞赛。3月，召开学生代表大会、研究生会换届、院团委学生骨干换届，挑战杯竞赛院内初评。4月，组织北京大学"江泽涵杯"数学建模竞赛。6月，数学科学学院团校第九期培训班结业，组织参加全国大学生数学建模竞赛。7月，学生暑期社会实践（5支团队）。8月，2016级本科生军训。9月，2017级新生入学教育，全国大学生数学建模竞赛。10月，数学科学学院团校第十期培训班开学，组织参加全国大学生数学竞赛，举办第二十届数学文化节。12月，组织参加"一二·九"合唱比赛。2017年，青年志愿者协会开展4类8次大型志愿服务活动，院刊《心桥》出刊2期，院报《数学风采》改用微信平台推送形式，基本保证每周推送2篇。组织学生参加北大杯、新生杯等体育比赛，获2项冠军、1项亚军、1项季军。

毕业生去向。2017年，本科生152人毕业，12人就业、68人出国留学、61人本国深造；研究生144人毕业，112人就业、10人出国留学、14人本国深造。

表5-1 2017届本科毕业生毕业去向统计（单位：人）

专业	保研	出国	就业	考研	其他	总计
基础数学	7	18	2	无	2	29
概率统计	11	15	2	无	5	33
计算数学	4	13	1	无	无	18
金融数学	13	18	3	2	4	40
信息科学	14	1	3	无	无	18
数据科学与大数据技术	10	3	1	无	无	14
总计	59	68	12	2	11	152

表 5-2　2017 届研究生毕业去向统计（单位：人）

类别	出国（境）留学或国外博士后	考博、博士后	工作	定向	其他	合计
硕士	3	4	81	无	4	92
博士	7	10	31	无	4	52
合计	10	14	112	无	8	144

（刘雨龙、董子静、李天鹏、叶茂源）

物理学院

【发展概况】 中国物理学本科教育始于 1913 年在北京大学设立的物理学门。1919 年更名为物理系。2001 年 5 月，在原物理系、原地球物理系的大气科学专业、原技术物理系的核物理专业及辅助机构、原天文学系、原重离子物理研究所的基础上成立北京大学物理学院。为加强学科建设，2006 年在聚变等离子体物理、空间与天体等离子体物理和计算等离子体物理方面逐渐形成结合理论研究、数值模拟、实验诊断和人才培养为一体的研究队伍，并于 2009 年正式成立等离子体物理与聚变研究所。2009 年 12 月，依托物理学院成立"北京大学国际量子材料科学中心"。2010 年 4 月，为加强北京大学在海–气相互作用以及全球气候变化研究中的研究力量，创建海洋科学教育平台，北京大学决定在物理学院原大气科学系的基础上，增设物理海洋专业，并将"大气科学系"更名为"大气与海洋科学系"，同时成立"气候与海–气实验室"。

物理学院有 11 个实体单位：普通物理教学中心、基础物理实验教学中心、理论物理研究所、凝聚态物理与材料物理研究所、现代光学研究所、重离子物理研究所、技术物理系、天文学系、大气与海洋科学系、电子显微镜专业实验室、等离子体物理与聚变研究所；1 个 2011 协同创新中心；3 个挂靠研究机构：李政道高能物理中心、国际量子材料研究中心、Kavli 天文学与天体物理研究所。

物理学院有 4 个一级学科：物理学、大气科学、天文学、核科学与技术；12 个二级学科（均为国家重点学科）：理论物理、粒子物理与原子核物理、凝聚态物理、光学、原子分子物理、天体物理、大气物理学及大气环境、气象学、物理海洋学、气候学、核技术及其应用、等离子体物理；2 个国家重点实验室：人工微结构和介观物理国家重点实验室、核物理与核技术国家重点实验室；1 个教育部重点实验室：北京现代物理中心教育部重点实验室；1 个北京市重点实验室：医学物理和工程北京市重点实验室；3 个理科基地：物理学、核物理学和大气科学国家基础研究和教学人才培养基地。

截至 2017 年 12 月 31 日，物理学院教职员工共 302 人，包括 19 位中国科学院院士（含 7 位与科学院双聘院士）、11 名海外高层次人才引进计划入选者、42 名海外高层次人才引进计划（青年项目）入选者、13 名长江学者特聘教授、6 名青年长江学者、34 名国家杰出青年科学基金获得者、13 名 973 及重大研究计划首席科学家、5 名国家重大研发专项首席科学家、2 位国家级教学名师、"万人计划"教学名师荣誉称号 1 人、7 位北京市教学名师、有 4 个基金委创新研究群体。

【人事工作】 2017 年全年引进教职工 9 名。其中海外高层次人才引进计划（青年项目）入选者 1 名，助理教授 4 名，工程师 3 名，研究实习员 1 名，在站博士后达 75 人。老体制晋升教授 3 人，国家杰出青年科学基金项目获得者聘任教授 5 人，老体制晋升副教授 2 人，晋升高级工程师 3 人。6 位到期的新体制人员通过届满评估，获聘无固定期限副教授。1 人未通过届满评估。2017 年获北京市优秀教师称号 1 人，北京大学教学优秀奖（研究生部分）奖励 3 人；获校级奖教金 16 人，院级奖励 5 人。

【教学工作】 本科招生与培养。2017 年招收本科生 206 人，其中九院定向生 5 人，留学生 2 人，国际物理奥赛金牌得主 5 位，亚洲物理奥赛金牌得主 8 位。举办北京大学 2017 年物理科学营和物理金秋营，分别有 269 位和 320 位来自全国各地的优秀中学生参营。

2017 届本科毕/结业 206 人，其中授予理学学士学位 185 人，暂结业 10 人，大专 10 人，肄业 1 人，专科 1 人，70 位同学被授"未名物理学子"荣誉学位。另有 8 人获得双学位。

2017 年立项参加学校各项基金资助的本科生科研项目的 15 级同学共 57 人，54 个项目；14 级本科生科研项目于 2017 年 10 月结题，参加 61 个科研项目的 68 名学生获得研究型学习学分。

8 月物理学院举办北京大学第六届物理学术竞赛暨中国大学生物理学术竞赛校内选拔赛。李嘉轩等 5 位同学参加第八届中国大学生物理学术竞赛，取得一等奖和最佳选手奖；5 月举办第六届本科生小型科研项目训练与成果展示，全校共有 11 支队伍，78 名学生参与比赛。在国际国内重要学术刊物发表论文 66 篇；7 月举办"理论物理"优秀大学生暑期学校，来自全国 19 所高校的 85 名同学参加。

全年近 100 人次出国交流。获批的国家留学基金委优秀本科生国际交流项目6项，选派10名本科生出访交流。6名师生赴广州参加第十八届"芙兰"物理节之海峡两岸大学生科技文化交流活动；6名本科生代表北京大学赴马来西亚参加第十一届"亚洲科学夏令营"，邱露颐获得金牌。

《多措施并举，把科研优势转化为教学优势培养优秀创新型人才》荣获北京大学教学成果特等奖和北京市高等教育教学成果一等奖。许甫荣、廖慧敏获得北京大学教学优秀奖。

全院共有4个研究课题获批，其中2项为教育部立项，2项为北京大学立项。朱守华等人申请的课题为全校唯一一项教育部重点课题。

研究生招生和培养。2017年共招收研究生243人，其中博士研究生202人，硕士研究生41人；150人被授予博士学位，56人被授予硕士学位；8人获北京大学优秀博士学位论文奖。

7月举办"2017年北京大学物理学院优秀大学生暑期夏令营"。来自全国70多所重点高校的401名同学参加。

全院研究生出国交流405人次，其中研究生院出资的国际学术交流基金资助73位博士生参加本专业的重点国际会议，资助6位博士生出国进行3个月的短期学术交流；其中留学基金委出资的"国家建设高水平大学公派研究生项目"选派31名在读博士研究生到国外大学或研究所联合培养。

第十五届"钟盛标教育基金"研究生学术论坛共评出一等奖5人、二等奖10人、三等奖30人、最佳报告奖3人、最佳POSTER奖3人、优秀奖52人。

2017年物理学院申报并成功举办3项"北京大学研究生创新计划"，即全国研究生"核能科学及技术"暑期学校、"北大-哈佛气候和大气环境变化"暑期学校和钟盛标研究生学术论坛。

从2017级开始物理学院全面推行博士生资助体系改革，通过国家拨款、学校筹集和导师自筹三种途径，共同为博士生筹集奖学金。2017至2018学年，学院121位博士生导师为196位博士生筹集到255.1万元用于发放奖学金。

2017年12月15日至17日，举办第四届五校联盟博士生学术论坛，共150多名博士生参加。

【科研工作】 肖云峰、龚旗煌科研团队"非对称微腔光场调控新原理研究"入选2017年度"中国高等学校十大科技进展"。赵春生获2017年度高等学校科学研究优秀成果奖（科学技术）自然科学奖二等奖。钱维宏获中国气象学会"气象科学技术进步成果奖"二等奖。

获批国家重点研发计划项目首席1人，基金委重大项目1人，国家杰出青年科学基金资助5人，优秀青年科学基金资助1人，第三批国家"万人计划"领军人才人。

正在进行的项目包括：主持科技部973和国家重大科学研究计划项目13项、主持和参与973课题及重大科学研究计划课题及其他专项90项、主持国家重点研发计划课题19项。主持基金委国家杰出青年科学基金、优秀青年科学基金、重大仪器专项、重大重点基金、面上及青年基金208项。海外高层次人才引进计划（青年项目）及其他专项23项，北京市科技计划项目6项，其他公益专项、协作委托及海外合作36项。共计395项。

获批国家自然科学基金58项，其中重大研究计划重点支持项目2人；重点项目5人，重点专项课题10人。

发表SCI论文约480篇，其中在 *PRL*、*Science*、*Nature Communications*、*Nature Physics*、*Nature Geoscience*、*Nano Letters*、*Advanced Materials* 等重要刊物上发表论文26篇。申请国家发明专利30项，授权20项。

2017年北京大学评选出11项实验技术成果奖，其中物理学院获4项。

【合作交流】 2017年度申报海外人才引进项目情况：高等学校学科创新引智计划2项、外国青年人才引进项目3项、海外名家1项、海外学者计划60余项，获批拨款30余万元人民币，支出款项约30万元人民币。聘请长期外籍专家（含外籍博士后）3人次，短期外籍专家约100人次。

举办"北京大学百年物理讲坛"第十七、十八讲，邀请到2016年诺贝尔物理奖获得者、美国普林斯顿大学F. Duncan M. Haldane教授和美国国家科学院院士、剑桥大学Plumian天文与实验哲学Robert Kennicutt教授来校作报告并与师生交流。

组织外事接访活动10余次，其中包括：德国波恩大学校长代表团、瑞典皇家理工大学副校长代表团、美国波士顿大学天文学系主任、美国林菲尔德学院师生团来访。

办理聘请外国人来华申报20人次。接收短期实习外籍学生2名；办理教职工出访申报450余人次。保管因公证照70余份；办理国际会议/港澳台会议申报3次。

校友会组织新年论坛、第五次理事会、五四论坛、校友企业参访、首届校友企业招聘会等多项活动；先后接待83级、87级、92级、93级、97级等多个年级值年聚会；举办首场校友企业专场招聘会。

在校友们的支持下，2017年物理学院共使用校友捐赠基金17项，奖励、资助教师和学生共190人，金额40余万元。

2017年物理学院17位年轻校友入选第14批海外高层次人才引进计划（青年项目）。

【党建工作】 党建工作。2017年共发展45名入党积极分子为预备党员，38名预备党员转为正式党员。

工会与离退休。2017年成立第四届物理学院工会委员会。在校工会组织的青年教师教学演讲比赛中，何琼毅等3人获奖。刘国超被评为模范工会主席。

截至2017年12月31日，物理学院共有离退休人员397人，其中90岁以上5人；80岁以上154人；70岁以上307人。2017年新增离退休人员6人，去世5人。

【行政工作及其他工作】 2017年，学院新购置仪器1555台，总价6874万元。截至2017年12月31日，物理学院现有仪器20,149台，总价85,839万元，其中大于40万大型仪器15台，大于100万7台，大型仪器总价2192万元。

全年订购中、外文期刊130种，中、外文图书350册，接受捐赠100余册；完成新书、赠书、期刊、学位论文共780册的编目数据；完成1万余册日、俄文图书、期刊的整理。

物理北楼一至五层、物理中楼一至三层、物理南楼一至三层电力增容改造工程于2017年3月竣工。

2017年度物理学院被北京大学评为安全管理先进单位。

【学生工作】 2017年建立北京大学物理学院驻曲靖团市委实践基地，当年暑假组织四支实践团，有上百人次参与该实践团。

物理学院在北京大学2017年发布的2016年全校院系体育积分排名榜上以总分762分居全校第一。

2017年学生获校级创新奖35人，三好学生标兵29人，三好学生170人，优秀学生干部7人，单项奖227人。本科生获校级奖学金人数为118人，研究生获奖人数为86人。

2017年共有家庭经济困难生118人，其中本科生79人，研究生39人。获校级助学金70人，院级助学金9人。

2017年共有105位老师在综合指导课选课平台上开设课程，开课时长累计达556小时，学生选课人数522人，实际辅导时达556小时。

物理学院现有学生党支部12个（本科生1个、研究生11个）。学生党员512人（本科生36人、研究生476人），其中正式党员468人、预备党员44人。

（物理学院）

化学与分子工程学院

【发展概况】 北京大学化学系始建于1910年，是中国高等院校中成立最早的化学系之一，1994年发展成为化学与分子工程学院，2001年原北京大学技术物理系应用化学专业并入学院。北京核磁共振中心2001年1月成立并挂靠在学院。

100余年来，学院培养本科生12,000多名、研究生约3000名，其中博士生1100多名。目前学院设有化学系、材料化学系、高分子科学与工程系、应用化学系、化学生物学系，以及无机化学研究所、分析化学研究所、有机化学研究所、物理化学研究所和理论与计算化学研究所，北京大学合成与功能生物分子中心、北京大学软物质科学与工程中心、北京大学分析测试中心和化学基础教学实验中心，并有2个国家重点实验室和2个教育部重点实验室，1个国防重点学科实验室。分别受中国化学会和高等学校化学教育研究中心委托，负责编辑出版《物理化学学报》和《大学化学》2种刊物。2003年底，国家科技部批准北京大学化学与分子工程学院与中科院化学所联合筹建"北京分子科学国家实验室"，2007年12月通过建设论证。

截至2017年底，学院共有教职工200人，其中中科院院士10人，教授65人，副教授63人，有12人入选中组部海外高层次人才引进计划（青年项目），22人被教育部聘为"长江特聘教授"。马丁、沈志豪、张文雄获得"国家杰出青年科学基金"；王婕妤、吕华获得"优秀青年科学基金"。

学院注重扎实系统的基础理论教学和严格系统的实验训练。现有无机、有机、分析、物化、综合5大基础课实验室，总面积为4000平方米。全院拥有总价值3.25亿元的各种仪器设备。截至2017年底，学院博士后流动站共进站博士后723人。学院有7个二级学科（无机化学、有机化学、分析化学、物理化学、高分子化学与物理、应用化学、化学生物学），其中5个二级学科（无机化学、有机化学、分析化学、物理化学、高分子化学与物理）为国家教育部重点学科。5个重点学科均设有硕士点、博士点。化学一级学科下学校自设博士点两个：化学生物学、应用化学。

学院注重基础理论与应用基础研究，开展多项应用与开发研究，2017年化学与分子工程学院从国家和省部委获得纵向科研经费1.52亿元。主持和参加46项国家科技部重点研发计划、基础研究发展规划项目（973项目）和重大科学研究计划，以及199项国家自然科学基金项目和省部级项目。1994年至2017年有40人获得国家杰出青年科学基金资助，获得6个国家自然科学基金委创新群体资助（稀土功能材料化学、有机合成化学与方法学、表面纳米工程学和分子固体的磁性及相关物理、化学性质研究和细胞命运调控的化学生物学研究、催化转化中的表面物理化学）；16人获得教育部跨/新世纪人才基金。1978年至2017年共获科研成果奖210余项（不含北京大学校级奖），其中国家自然科学奖和国家科技进步奖共35项。1994年至2017年在国内外核心学术刊物上发表论文10,516篇，其中被SCI收录8791篇（从1999年起使用SCI扩展版）。

2017年度化学与分子工程学院共录取统招本科生129人，留学生6人，港澳台学生1人。实际入学统招本科生129，留学生4人，港澳台学生1人。离校本科生162人，其中144人获毕业证书和学士学位证书，2人获得毕业证书，15人暂结业，1人获大专毕业证书。

2017年度化学与分子工程学院共录取研究生136人，其中硕士研究生10人，博士研究生126人，含港澳台学生5人。毕业研究生共116人，其中16人获得硕士学位，100人获得博士学位。

【教学工作】 专业设置。1.本科生学位授予专业设置：化学专业、材料化学专业、应用化学专业、化学生物学专业、核化工与核燃料工程专业。

2.五年制博士学位授予专业设置：无机化学、分析化学、有机化学、物理化学、高分子化学与物理、化学生物学、应用化学。

培养方案。执行以建立和完善"通识教育与专业教育相结合"为目标的本科教育体系。本科毕业总学分147学分，其中：公共与基础课程：43—49学分（公共必修课23—29学分，本学科必修基础课20学分）；核心课程：30.5学分；限选课程：37学分，含毕业论文10学分；通识与自主选修课程：30.5—36.5学分。

其他工作。1.2017年首次开设物理化学阅读班6学分，整合物理化学（一）和物理化学（二）2门课程，分别在春季和秋季开课，授课对象为2015级本科生，共15位学生选修。2.2017年首次开设选修课化学中的数学，授课对象为2015级本科生。

【科研工作】 人才发展。郭雪峰、付雪峰、陈兴入选第3批国家"万人计划"领军人才；陈鹏入选教育部长江特聘教授；马丁、沈志豪、张文雄获国家自然科学基金委国家杰出青年科学基金资助；吕华、王婕妤获国家自然科学基金委优秀青年科学基金资助；2人入选海外高层次人才引进计划（青年项目）。

科研项目。2017年化学与分子工程学院共承担纵向科研项目263项，其中国家科技部重点研发计划、重大基础研究973项目和重大科学研究计划44项，国际合作专项1项，重大仪器开放专项1项；国家自然科学基金委重大、重点项目26项、国家自然科学基金委国家杰出青年科学基金项目4项、基金委创新群体2项，国家重大仪器研制专项5项，国家自然科学基金委面上基金（含青年基金和优秀青年科学基金）128项。申请专利50项，获授权专利40项。2017年度学院横向合作到校经费1812万，签订横向合作合同32项；5月18日，北京大学分子工程苏南研究院正式成立，1.2万平方米的科研办公大楼年底完成装修交付使用，为学院师生及校友研究成果技术转化拓展空间和资金支持；北大明德科技有限公司开始着手调整结构布局，强化创新，响应学校资产公司要求，完成创新平台和金控平台建设工作，着手实施创新孵化和金融支持的双轮驱动策略，向集团化转变；北大先锋公司实现销售收入3.3亿元，利润约7千万元；北大先行控股子公司北京普莱德正式完成出售。

学术交流。课程与合作研究：1.2017年1月至2017年12月，美国加州Claremont Colleges Keck Science Department唐昭华教授来学院进行为期12个月的访问交流，着重研究关于磷酸化酶在细胞周期调节和基因表达中的多功能机制，对研究生进行指导，并与学院开展合作。

2.8月15日，密歇根大学（University of Michigan）的Richard M. Laine教授首次访问北大，并作软物质科学系列报告第46讲"Electrophilic Substitution on Phenylsilsesquioxanes"。

3.7月24日下午3时，美国康涅狄格大学林遥教授（Prof. Yao Lin）应学院邀请，在A205报告厅作题为"Revisiting the helix-coil transition and helical chain growth of synthetic polypeptides"的学术报告。

4.7月19日下午3时，美国塔夫茨大学许巧兵教授（Prof. Qiaobing Xu）应学院邀请，作题为"Intracellular Delivery of Proteins for Cancer Therapy and Gene Editing"的学术报告。

国际及双边学术研讨会。第五届"纳米化学前沿论坛"（Frontiers of Nanochemistry）于2017年6月9日至11日在北京大学成功举办。本次论坛聚焦石墨烯技术与产业发展，并邀请全世界石墨烯研究与应用方面做得最好的多位专家，既包括石墨烯诺贝尔奖获得者、最早做石墨烯的先驱，也有石墨烯大规模制备方面的专家。本次论坛最大特色是高端化和专题化。本次论坛由北京大学纳米化学中心主任、BGI院长刘忠范院士担任主席，并邀请诺贝尔奖获得者、BGI名誉院长康斯坦丁·诺沃肖洛夫教授，英国皇家工程学院院士Gehan Amaratunga教授，石墨烯领域著名学者、韩国蔚山国立科技大学Rodney Ruoff教授，中科院金属研究所成会明院士、东京大学Kazu Suenaga教授、苏州能源与材料创新研究院Mark Rummeli教授、美国加利福尼亚大学伯克利分校王枫教授、洛杉矶分校段镶锋教授、东京大学Shinji Yamashita教授、韩国首尔大学Byung Hee Hong教授、东京大学Shigeo Maruyama教授、新加坡南洋理工大学张华教授、浙江大学高超教授、中科院重庆绿色智能技术研究院史浩飞研究员等国内外石墨烯及相关领域的15位顶尖专家作大会特邀报告。

【学生工作】 学生活动情况。1. 2017年5月至7月：2017届毕业生工作。化学与分子工程学院2017届毕业生中，共有本科生162人，研究生116人，除完成离校、归档、派遣等手续性工作，学院还开展毕业生座谈、毕业晚会、毕业典礼、就业满意度调研等内容丰富、意义深刻的特色活动。

2. 2017年4月、9月：学生资助工作。2017年化学与分子工程学院组织家庭经济困难生的春季和秋季两次助学金评审工作，学院共计发放本科生校设助学金48人共498,800元。另发放国防生专项助学金2人共10,000元，基本保障困难生的学习生活费用。此外，学院积极宣传落实资助代偿工作，完成贷后管理工作，贷款还款率达到100%。在日常工作中，学院老师也及时对受资助同学进行回访和深度辅导，特别是帮助新生度过不适应期，起到资助育人的效果。

3. 2017年8月：学生军训工作。2017年化学与分子工程学院共141名本科生参加北京大学学生军训，其中2人获评北京大学军训优秀学生干部，32人获评北京大学军训优秀学员。

4. 2017年9月：2017级新生入学教育工作。2017级新生共有本科生141人，研究生158人。学院开展一系列迎新及新生教育活动：新生家长会、开学典礼、趣味运动会、新生适应性心理测评、国防安全教育讲座、实验室安全讲座、参观"中国人民解放军建军90周年"主题展览和"砥砺奋进的五年"大型成就展等，帮助大家顺利实现角色转换，上好开学第一课。

5. 2017年9月至10月：奖学评优工作。化学与分子工程学院组织开展2016至2017学年度奖学金、奖励评审工作。在奖学金评审方面，化学与分子工程学院共评选出本科生校设奖学金77人共429,000元，院设奖学金7人共72,000元；研究生校设奖学金60人共314,850元，院设奖学金75人共334,000元。在奖励方面，学院共有127名本科生，172名研究生获评校级奖励，其中24人获评创新奖。另有41人获评北京大学优秀毕业生，14人获评北京市优秀毕业生。1个班级获评校优秀班集体，1个班级获评校先进学风班。此外，学院还评选出"化学之星"、学术honors奖、社会工作奖、学习进步奖等一系列院级奖励。

6. 2017年9月：学生福利保障工作。学生保险工作方面，在学院学工办的积极宣传和督促下，共有414名本科生、491名研究生同学（含线下）顺利参保，为同学在校期间的学习和生活提供更多一层的福利保障。

7. 其他常规学生工作事记。（1）2017年5月20日，化学与分子工程学院第二十四届学生代表大会顺利召开，审议通过第二十三届学生会执委会工作报告，选举产生化学与分子工程学院第二十四届学生会执委会主席团成员和第五届常代会会长。（2）10月13日，化学与分子工程学院团校开学典礼成功举办。（3）9月28日，化学与分子工程学院第二十四次研究生代表大会成功召开，会议上听取并审议第二十三届研究生会执委会主席的工作报告，并选举产生第二十四届研究生会执委会主席团成员。（4）10月13日，化学与分子工程学院体育队奖励答辩展示交流会成功举办。

校园文化建设。2017年暑假，化学与分子工程学院有5支实践团共69人次分赴江苏苏州、四川绵阳、安徽铜陵等地开展暑期社会实践活动。

7月15日，学院成功举办第七届"化学之星"评选活动，该活动旨在展示化学与分子工程学院学生科研成果和学术水准，激励青年学子不断进取，勇攀科学高峰，是每年的学术特色活动。

10月28日，学院成功举办2017化学发展前沿研究生论坛，该活动邀请全国20余所高校130余位同学参加，促进各个高校优秀研究生之间的学术交流合作，增强了和兄弟院校间的友好关系。

12月9日，学院在"一二·九"合唱活动中，获得甲组第一名的好成绩（与外国语学院组成的合唱联队）。

2017年度，学院共举办师生面对面4期、校友沙龙3期、Happy-hour 4期、心理工作坊4期、课程15次，搭建师生互动平台，拓宽深入交流的渠道。

毕业生去向。化学与分子工程学院2017届本科毕业生161人（不含留学生），其中，直接就业15人，占比9%；出国81人，占比50%；本国深造65人，占比40%，本科生大部分选择继续读研深造。

学院2017届研究生毕业生116人，其中，直接就业76人，占比65.5%；出国25人，占比21.5%；本国深造15人，占比13%。

【年度纪事】5月18日，北京大学、江苏省产业技术研究院和常熟市人民政府三方合作共建"北京大学分子工程苏南研究院"签约揭牌仪式暨"引正分子论坛"在江苏省常熟市举行。北京大学校长林建华，江苏省委常委、苏州市委书记周乃翔到场见证签约仪式，并共同为苏南研究院揭牌。

5月4日，学院化学生物系主任、前沿交叉学科研究院副院长陈鹏教授获得第三十一届"北京青年五四奖章"。

6月23日，在北京大学庆祝中国共产党成立96周年暨表彰大会上，学院党委获得"北京高校先进基层党组织"和"北京大学党务和思想政治工作先进集体"2项荣誉称号；刘虎威、沈兴海获得"北京大学优秀党务和思想政治工作者——李大钊奖"荣誉称号；阎云、王菲获得"北京大学党务和思想政治工作者"荣誉称号。

2017年度新设立天美仪器教育基金、陶氏化学支持"青年化学"系列创新活动基金、Horiba无机化学奖学金等3项基金项目；续签康科德奖教金、吴凯组奖学金、先行奖教金、兴大教育基金4项基金项目，并有多项基金项目获得新的注资。

2017年度，工会会员数320人，其中在编职工200人，博士后86人，非在编会员34人。学院工会积极推动教职工的民主参与和民主监督；组织教师参加"北京大学第十七届青年教师教学基本功比赛"，分别获得理工科类二等奖1名，三等奖1名，并获得优秀教案奖；校运动会获团体总分第四名（连续五年院系第一名），教职工参与率达60%以上；校教职工游泳比赛获得团体总分冠军，实现五连冠；获得"北京大学模范工会委员会"称号。

（化学与分子工程学院）

生命科学学院

【发展概况】生命科学学院的前身是创办于1925年的北京大学生物学系，是中国高等学校中最早建立的生物学系之一。1952年全国高等学校院系调整时，北京大学、燕京大学和清华大学三校的生物学系合并，三泉汇流燕园，在此基础上于1993年成立北京大学生命科学学院。学院现有2个国家重点实验室（蛋白质与植物基因研究国家重点实验室、膜生物学国家重点实验室），1个教育部重点实验室（细胞增殖与分化教育部重点实验室），2个国家人才培养基地（国家理科生物学研究与教学人才培养基地、国家生命科学与技术人才基地），1个国家实验教学示范中心（生物基础实验教学中心），5个国家重点学科（植物学、动物学、细胞生物学、生理学、生物化学与分子生物学），8个博士学科点（植物学、动物学、生理学、生物化学与分子生物学、生物物理学、生物技术、生物信息和细胞生物学）。

近年来，北京大学生命科学学院进入高速发展期，成为一个现代化的科研院所，并得到社会各界的广泛支持。2017年11月8日，香港嘉华集团主席吕志和博士宣布为学院捐资1.2亿元人民币，成立"吕志和生命科学学院基金"，支持北京大学生命科学学院的发展以及建设生命科学科研大楼。

生命科学学院领导班子成员：院长吴虹，党委书记刘德英，副院长李沉简、蒋争凡、王世强，党委副书记瞿礼嘉、唐平。

截至2017年12月31日，生命科学学院共有中国科学院院士7人，海外高层次人才引进计划入选者6人，长江特聘教授9人，国家重点研发计划项目首席科学家8人，海外高层次人才引进计划（青年项目）入选者14人，"国家杰出青年科学基金"获得者21人，"优秀青年科学基金"获得者9人，国家级教学名师1人，全国模范教师1人。伊成器获得王选青年学者奖，李晴获得唐立新奖教金教学名师奖，徐成冉、姚蒙和钟上威获得绿叶生物医药杰出青年学者奖，张传茂获得正大教师奖，John Olson获得北京银行教师奖，胡晓倩、胡迎春和牟毅获得东宝教师奖。

新入职教职工8人，退休2人，离职或调出4人，去世2人。截至年底，学院在职教职工165人，其中教授和研究员75人，副教授和副研究员32人，讲师和助理研究员10人，工程技术系列和行政人员共48人；离退休教职工187人。2017年新引进人才中教研系列教授/研究员有高宁、李湘盈和李龙3人，分别属于生物物理学、细胞生物学和生物化学与分子生物学专业。

新入职合同制职工67人，较2016年同比增长59.5%；离职53人。截至2017年底，学院劳动合同制职工共计145人，较2016年同比增长10.7%。

学院共有41名博士后进站，45名博士后出站，2名博士后退站。截至2017年底，在站博士后共计89人。杨志蕊、范小英获得博雅博士后（总第二批）项目资助，魏梦萍、宋靖慧等2人获得博雅博士后（总第四批）项目资助，李宁宁、杨建国、郑春红、刘敏等4人获得北京大学2017年优秀博士后奖。

【教学工作】本科生教学工作。在学院的教学工作中，一系列教学改革都取得喜人的成果，自主招生、中英文双语授课、强化挑战班、模块式教学计划等创新性教学举措培养出一批全面发展的复合型人才。

2017年生命科学学院招收本科生99人（含留学生3人）；本科毕业84人，暂结业7人，转大专毕业1人；双学位/辅修毕业4人；上一届换发毕业证书7人，其中7人换发学位证书。截至2017年底，学院在校本科生427人，其中留学生11人，港澳台学生6人，少数民族地区生源22人。另有元培班学生20人，国内访问学者5人，双学位/辅修36人。

完成"生命科学强化挑战班暨拔尖人才培养计划"年度审核工作，6人退出，23人毕业，截至2017年底共有学生79人。已毕业同学中，20人出国读研，去向学校包括斯坦福大学、耶鲁大学、牛津大学等，1人国内读研。

完成第五次本科生自主招生工作，最终核定将在2018年招生录取中给予加分者40人。

对2016、2017级学生继续实行track制度，由学生选track、定导师。

继续推行小班教学与讨论课建设，实行核心专业课程中英文春秋季对开。

MOOC方面，截至2017年底，生命科学学院共开设慕课7门，其中，顾红雅主讲的《生物演化》，高歌、魏丽萍主讲的《生物信息学：导论与方法》和陶乐天主讲的《生物数学建模》被教育部评定为2017年国家精品在线开放课程。饶毅开设的《生物学概念与途径》已上线，王世强、柴真和周辰主讲的《生理学实验》已基本录制完成。

学院继续实行生物学野外实习和实践传统特色课程，主要内容为动物学、植物学和生态学的基础野外教学及科研训练。2017年7月，此课程首次进入四川王朗自然保护区。62名师生在两周的时间内，进行高山森林、草甸、湿地和流石滩的动植物考察，采集、制作动植物标本380余件。学生们分小组进行9个专题的实地研究，内容涉及森林更替、昆虫分布与海拔的关系、高山物种的高寒适应、特有类群的演化关系等，其中李小雨等5位同学因"四川王朗国家级自然保护区马先蒿属植物的传粉昆虫组成及差异研究"获得首届全国大学生生命科学竞赛一等奖。此外，同学们完成小论文11篇，其中1篇已发表于《生命世界》。

柴真、朱健、范六民荣获2016至2017年度北京大学教学优秀奖。

在2017年北京大学青年教职工教学基本功大赛中，辛广伟荣获一等奖和优秀教案奖。

研究生教学工作。2017年共招收博士研究生136人，硕士毕业生15人，博士毕业生96人。截至2017年底，在校博士研究生581人。在校研究生中，留学生3人，港澳台学生2人。

在7月份举办的"全国优秀大学生暑期夏令营"活动中，评选出优秀营员97名。8月，组织2015级研究生统一资格考核，共有67名学生参加，62人通过考核。

李笑雨、朱诗优、周悦欣、朱平、侯宇荣获"2017年北京大学优秀博士学位论文"奖。

【科研工作】学院致力于为教师营造良好的工作环境，促进学术交流，培养学术人才。在多种举措的推动下，学院在科研方面成果卓著。

2017年，生命科学学院科研经费到账总数约1.58亿元，其中纵向科研经费约1.29亿元，横向科研经费约0.29亿元。

学院在研科研项目190项，申请获批国家级项目32项；国家自然科学基金结题项目30项。在新获批项目中，高宁、李晴、秦跟基、朱健获国家杰出青年科学基金资助，白凡获优秀青年科学基金项目资助，孔道春、唐世明、郑晓峰获国家自然科学基金重点项目，张泽民获重大研究计划/重点支持项目。2017年度国家重点研发计划申请中，邓兴旺、邓宏魁、张晨获批为项目首席科学家，季雄获批为青年项目首席科学家，柴真、李磊、孔雷获批为课题负责人。

截至2017年12月31日，以生命科学学院为第一作者或通讯作者单位发表的论文被SCI收录207篇，平均影响因子8.9，最高影响因子41.667（黄岩谊为通讯作者的 NBT），随后为李晴、谢晓亮为通讯作者的 Science，影响因子为37.205。

谢晓亮当选中国科学院外籍院士、荣获2017年度"求是杰出科学家奖"；王世强与合作者科研成果"细胞钙信号及分子调控"荣获国家科学技术奖（自然科学奖）二等奖；汤富酬与合作者科研成果"配子胚胎发育研究与生育力改善新方法的应用"荣获国家科学技术奖（科学技术进步奖）二等奖；汤富酬科研成果"人类胚胎发育机制研究"、张泽民科研成果"研发并绘制肝癌T细胞免疫图谱"入选2017年度中国十大医学科技新闻；张泽民的科研成果"基于单细胞测序的肝癌免疫图谱"入选中国科协2017年度"中国生命科学十大进展"；邓宏魁获得第十八届吴阶平-保罗·杨森医学药学奖；高宁获得第十届谈家桢生命科学创新奖；张研获得第十四届中国青年女科学家奖；李晴荣获2017年度高等学校科学研究优秀成果奖（科学技术）青年科学奖；蒋争凡荣获2016年度未名杰出科研奖；博士生朱晨旭荣获2017年度吴瑞奖学金。

共举办27场系列学术讲座，特邀Zena Werb、Frederick W. Alt、Wei Yang、Yosef Shiloh、王红阳、何子山等国内外知名教授做讲座。

公共仪器中心8个平台（测序、蛋白质、电镜、光学成像、离心机、流式、同位素室及质谱平台）设备总值接近1亿，在中心全体人员的努力下，圆满完成国家蛋白质科学研究（北京）设施北京大学基地的部门验收工作。公共仪器中心被评为2017年度"北京大学实验室工作先进集体"，中心支部被评为"北京大学先进党支部"。

【科技开发】 生命科学学院与拜耳等知名医药企业和启东市等地方政府开展形式多样的合作，力求加快促进科研成果转化，助力健康中国战略。

2016年12月，学院与江苏省启东市人民政府签署设立"北京大学生命科学学院启东产业创新基金"协议书。计划在2017年至2021年期间，启东市共出资1亿元人民币，支持北京大学创新项目孵化与科研成果产业转化。2017年，"生科-启东创新基金"共支持专利培育基金项目20项，支持金额1469.5万元；专利转化基金项目3项，支持金额450万元。

为方便师生进行产业化实践探索，学院筹建"北京大学生命科学学院启东基金创新平台"，遴选具有产业化前景的生命科学相关的项目，为其提供进一步深入研究的场地，并提供一定的科研指导和科研服务。平台建筑面积约470平方米，于2017年9月起运行。

2017年，生命科学学院代表北京大学，与德国勃林格殷格翰公司（BI）签署战略合作伙伴协议，支持以具体科研项目为基础的共同研究、博士后奖学金及BI讲席研究员。第一届北大-BI转化研究论坛于5月举行。张泽民教授获2017年BI讲席研究员奖，生命科学学院李笑雨与孟高帆、分子医学所冯寒与管成成获博士后奖。

生命科学学院白凡研究员、深圳研究生院黄昊研究员、北京大学医学部学院焦宁教授、深圳研究生院李子刚研究员、生命科学学院孙育杰研究员、汤富酬研究员获评2017"拜耳学者奖"，生命科学学院周帆博士获评"拜耳博士后"奖。2017年9月，生命科学学院与拜耳医药保健有限公司"新药研发及转化研究论坛"于德国柏林举办。

在北京大学第三届产学研合作奖评选中，北京大学生命科学华东产业研究院获得唯一的特别贡献奖，生命科学学院获得先进集体奖中唯一的一等奖，北京大学-拜耳合作项目获得优秀项目一等奖，张泽民教授获得项目合作先进个人奖。生命科学学院是获得奖项最多的院系之一。

【党建工作】 生命科学学院党委有党支部23个，其中学生党支部15个，在职教工党支部7个，离退休党支部1个；共有党员645名，其中在职党员152名，离退休党员80名，学生党员413名。

2017年，学院共发展党员7人，预备党员按期转正12人，因新生入学观察而尚未讨论10人，取消预备党员资格1人。白书农、秦咏梅等2人获"北京大学优秀党务和思想政治工作奖"。吕志聪、刘德英、高凤茹、瞿礼嘉、苏都莫日根、郝雪梅当选为北京大学第十三次党员代表大会代表。

学院党政联席会讨论通过《生命科学学院党风廉政建设责任制实施细则》，并修订《生命科学学院关于党政领导班子落实"三重一大"制度实施办法》，建立讲座审批制度、境外教材审查机制、境外资金资助科研项目审查机制。

2017年6月，学院成立师德委员会，将师风师德建设纳入人才评聘机制，在人才引进和人事考核中实行一票否决制。

【行政工作及其他工作】 截至2017年12月31日，学院行政工作在编人员12人，选留学工干部2人，合同制人员5人，包括刚归入行政队伍的实验室设备管理办公室1人。

常规工作。学院完成印章管理办法的修订，推进完善各项办事流程，制定行政公章使用流程，并制作印刷多种办公流程折页。

信息化工作。学院信息化建设日趋完善，内部办公系统功能持续增加，创新基金申请系统、活动报名系统投入使用，校友成长汇、楼宇管理系统也陆续完成开发；学院官方网站界面继续优化，重点突出生命科学学院学科特色，点击量明显上升。

宣传工作。学院共向北京大学官网供稿68篇，其中科研新闻64篇，学工1篇，校友新闻3篇。"北大生科"微信公众号进行实名认证，正式被认证为北京大学主体下的微信公众平台，公众号的关注量由4000人增长到6000人。"北京大学生命科学学院校友会"微信公众号关注量达到3100余人，相当于生命科学学院校友每3人中就有1人订阅。2017年12月，在北大网信办举办的"新青年，讲好北大故事"新媒体运营展选活动中，"北大生科"微信公众号获得最佳传播奖。此外，学院从官网首页图片到金光生命科学大楼电子屏都进行改版，并聘请专业摄影师为部分实验室拍摄宣传照，在展示科研成果的同时，向外界推广科研工作者及科研团队的形象。

楼宇管理工作。1.吕志和楼建设进展。在协调小组的努力下，解决困扰大楼建设的资金问题，大楼建设进入正常状态，各项工作有序推进，在各专业小组的共同努力下，大楼内装和特殊实验室建设完成建设方案和深化方案。

2.楼宇安全与管理。楼宇办全方位保障和提升学院楼宇的安全与环境。全面修订楼宇办规章制度共计15项，在制度上完善和创新管理；配合生命科学学院空间管理委员会完成PI空间分配标准；组织招标并完成学院所属楼宇的装修改造工程10余项，其中包括高压灭菌平台的基础装修、老生物楼楼顶防水工程等；系统维修消防系统，并组织2次分别面向学生和实验室的消防培训；提升安防系统监控等级，根据北京市最新要求，安防系统的监控内存提升至30天。

学院获评2017年度北京大学安全管理标准化先进单位，连续三年被学校评为安全管理和运行方面的先进单位。

实验室设备与实验室安全管理。截至2017年12月31日，学院新购置仪器登记建卡1384台，价值82,607,621.35元。其中大型仪器35台，价值65,316,992.29元；报废仪器1067台，账面价值10,331,922.7元。建立新进人员的安全考试制度；制定《生科院液氮安全操作规程（试行）》，并为各实验室配备液氮操作护具；启动生命科学学院生物废弃物灭菌设施的建设，灭菌设备到货，灭菌设施基础装修改造工程开工；配合学校设备部完成实验室危废暂存柜的建设，解决生命科学学院及附近其他院系的实验室的危险废弃物暂存的难题；按照学校部署，生命科学学院器材室库房进行清理和关闭，器材订购由学校统一管理。

工会工作。生命科学学院教职工大会分会的常态化运作制度继续推行，全年学院教职工大会分会共举行5次活动，议题覆盖有关学院发展的多个方面。在北京大学第十七届青年教师教学基本功比赛中学院荣获优秀组织奖。学院工会结合学科特点，举办"压花体验活动""校园认植物"等具有学院特色的工会活动，2017年3月被学校工会评为先进工会委员会。

校友工作。2017年，生命科学学院先后举办各类校友聚会33场次，接待校友800余人次。首创"校友职场进化联盟"与"校友品质生活空间"两大校友服务在线平台并成功推出首季北大校友国际旅行团项目。10月14—16日，第三届北京大学生命科学全球产业高峰论坛暨北京大学生命科学学院校友会华东分会成立仪式，在浙江省杭州市洲际酒店成功举办，这是北京大学在生命科学产业领域目前规模最大的产业论坛。学院校友先后倡议发起"协和CAFE""CLUB500"的捐赠项目，得到众多校友响应。

【学生工作】 1.专业辅导稳步创新。学院积极开展迎新工作和新生教育工作，向新生分发《课程大典》，分别举行本科生和研究生培养说明会，帮助新生在最短时间内了解北京大学、了解生命科学学院。同时积极配合人民武装部完成军训工作，开展爱国主义教育、集体主义教育，同时再版《本科生生活服务指南》《研究生生活服务指南》，共同在入学初为新生适应北大生活和学业规划提供快速指南。

开展本科生学业促进计划，加强本科生学业同伴辅导，百余名学生获益。设立"庭芳奖学金"，重点奖励积极参与学习互助的优秀同学和对知识产权及科普有贡献的同学。

针对学院研究生学习与研究特点，生命科学学院积极联络各方资源，展开多种尝试，初步形成生命科学产业教育体系。举办产业工作坊，帮助学员了解商业社会的基本知识、生物产业的现状特点和发展机遇；举办"i创达人"创业计划大赛，让学生通过真实项目的实践，切实应用自己的专业和商业知识，并挑选优秀团队项目进行孵化；寒暑期的产业调研社会实践持续开展。

学院实行奖学金评审全面改革，加强评审工作的教育性、科学性、规范性、公平性和可持续性，综合考虑学生在德智体美等各方面的发展和锻炼。本科生评审改革继续推进，全年级统一评审，鼓励学生多样化发展。研究生评审方案完成第二次全面试行，打破年级间限制，全院统一评审，适配学校改革，覆盖率达到36%。完成第五届优秀毕业生沈同奖评选，对素质全面优秀，且在某一方面有杰出成绩的毕业生进行嘉奖，共评出5名沈同奖和5名沈同奖提名奖获得者。

2.创新创业教育逐步开展。成功举办第三届"i创达人"创业计划大赛、生命科学产业论坛、第三届生命科学产业工作坊、第七届Interesting科普征文大赛、第五届两岸三地生命科学文化节、第七届生物交叉学科学术论坛。

继续举办"展望事业，探讨人生"系列讲座，邀请邵峰、高福、刘仲健等知名学者，与学生分享成长故事和人生感悟；通过深度访谈等方式开展一对一辅导；开展"生科一席谈"活动，邀请优秀校友与在校生互动交流；开展"Happy hour"、与年轻PI面对面等活动，为学生提供与年轻教师近距离交流的平台。

生命科学学院第八届"校友杯"暑期社会实践覆盖97%本科生新生，足迹遍布16个省市，共有实践团队19支，个人返乡实践3人次。

3. 生涯发展辅导全面进行。学院坚持新生访谈全面覆盖，人均访谈时间近1小时，利用访谈全面了解学生、建立情感联系、及时发现问题，进行各种针对性的辅导；创新研究生访谈预约方法，学生可自行选择访谈老师，提高访谈积极性；坚持实验室安全员制度，结合学科实际，以实验室为单位开展心理教育；坚持心理排查制度，多渠道了解学生心理情况；探索进行夏令营招生综合素质测评工作；组织开展新生适应性讲座，邀请心理中心专业人员为新生适应大学生活提供指导；通过寄送荣誉喜报、家长会、电话联络等方式，摸索家庭学校联合育人的有效方式。

高度重视毕业生就业问题，开展毕业生就业指导工作，发布就业政策和招聘会信息近150条，保障就业信息宣传的高效便捷。组织开展就业政策宣讲、简历面试培训、学而思及生物企业实地考察等活动，加强培养毕业生就业能力。组织就业宣讲会、招聘会10余场，通过化整为零的方式提高招聘的针对性。学院2017年毕业生就业率跟2016年相比有所提高，学生在就业服务方面实现零怨言。

学院严格按照规范流程完成学生团体保险工作，全院学生参保率达78.1%；同时高度重视学生资助工作，从各方面给予支持。稳步开展常规工作，帮助遇到突发情况的贫困生申请临时困补，发放临时困补2000元（2人次）。重视贫困生的全面健康发展，以多种形式为贫困生成长成才创造良好环境：开展深度访谈，将各种辅导贯穿其中；开展贫困生学业情况调研，探索贫困生学业辅导；加强勤工助学体系化建设。

4. 学生团体获奖情况。学院各学生团体氛围良好，素质全面优秀，在各项活动中取得佳绩：北大杯羽毛球冠军，女足四强，女排第五，乒乓球第五，男排八强，网球八强；新生杯女足四强，男排第三，乒乓球八强等。

2016级研究生3班获评"北京大学优秀班集体"，本科生宿舍燕园33楼614宿舍、研究生宿舍勺园3号楼209室获评"北京大学学生示范宿舍"。"绿色生命协会"获评"十佳社团"，"生命科学产业协会"获评"优秀学术科创社团"。

（杨　泉、郝雪梅、赵　珏、许海芬、朱小健、韩启飞、
　　林芳芳、彭宜本、高　音、张湘波、葛丽丽、
　　刘　超、阮小娟、唐　平、刘天舒、徐荣荣）

城市与环境学院

【发展概况】 2017年，城市与环境学院围绕学习贯彻党的十九大精神，加强党建和思想政治工作。根据校十三次党代会提出的建设改革新目标，以教学科研为中心，推进学科与队伍建设，推动复合型人才培养，各项工作顺利开展。

组织机构人员调整。2017年11月，城市与环境学院聘任委员会换届，换届后的委员会由9位成员构成，名单如下：主任贺灿飞；成员曹广忠、李本纲、林坚、刘耕年、刘鸿雁、陆雅海、唐艳鸿、王学军。11月，北京大学学位评定委员会地理学分会进行换届，换届后的名单如下：主席李双成；副主席柴彦威、刘鸿雁；委员陈效述、邓辉、唐艳鸿、汪芳、王学军、吴必虎、杨家文、张家富。12月，城市与环境学院学术委员会换届，换届后的名单如下：主任陶澍；副主任贺灿飞；委员方精云、邓辉、冯长春、朴世龙、朱东强、刘耕年、李双成、陆雅海、林坚、周力平、柴彦威。

队伍建设。2017年城市与环境学院继续深入推动人事综合改革，优化人才引进及培养的资源配置。高度重视人才队伍建设，从海内外引进优秀的学科带头人和有潜力的青年人才。2017年共引进教职工4人，包括环境学专业海外高层次人才引进计划入选者1人、生态学和城市规划专业海外高层次人才引进计划（青年项目）入选者2人，行政人员于佳鑫；行政人员徐岩退休；行政人员张新平从组织部调入学院，吴文婧调出到学工部。

2017年，环境科学专业程和发获得国家杰出青年科学基金项目，环境科学专业万祎被聘为教育部长江青年学者，自然地理专业彭书时获得优秀青年科学基金。曹广忠由老体制副教授晋升为教授，王喜龙由新体制副教授晋升为教授，老体制中另有11位院士、长江学者和国家杰出青年科学基金获得者转聘为新体制教授。

【教学工作】 学生人数。截至2017年12月，学院共有本科生386人（另元培城环方向4人），其中2013级38人，2014级98人（含香港生源2人），2015级74人，2016级92人（含留学生2人），2017级新生84人（含留学生1人，香港生源1人）。

截至2017年12月，学院共有博士研究生252人，2005级1人，2009级1人，2010级6人，2011级7人，2012级12人，2013级24人，2014级51人，2015级52人，2016级51人，2017级47人；硕士研究生234人，2013级1人，2014级5人，2015级69人，2016级79人，2017级80人。研究生留学生3人，港澳台地区学生12人。

课程设置。2016—2017学年春季学期，42名教师开设52门本科课程；2016—2017学年暑期开设12门课程；2017—2018学年秋季学期，39名教师开设57门本科课程。2016—2017学年春季学期，35名教师开设43门研究生课程；2017—2018学年秋季学期，36名教师开设45门研究生课程。

培养方案。为进一步推进本科教育教学改革，推进"通识教育与专业教育相结合"的本科教育模式，培养在各领域"引领未来的人"，遵循《北京大学本科教育综合改革指导意见》和《北京大学2016年本科教育改革实施方案》指导思

想，城市与环境学院于2017年9月修订2016版本科生教学计划。课程体系划分为公共与基础课程、核心课程、限选课程、通识与自主选修课程，分别占毕业总学分的30%、20%、30%和20%。公共必修课中的大学英语，根据入学分级考试结果，改为2—8学分，缩减的2—6学分部分用于修读除全校公共必修课外的其他类课程；计算机课程3—6学分，"计算概论"为必修。各专业梳理、整合、凝练专业核心课程，明确专业核心培养要求，以达到夯实专业基础、培养学生基本素质和能力的目标。限选课中加入非本院系、本专业必修课程，跨学科选修其他专业必修课和限选课，经认定计入相应的领域通选课学分，为学生提供多样化选择，鼓励学生个性化学习和跨学科探索。引导学生发现志趣、发挥潜力、自主学习和深度学习。

学院研究生培养重视科研训练和实践教学。2017年度继续加强研究生培养的制度建设，重视研究生的课程教学，通过对学院地理学科研究生课程的深入调研，形成《研究生课程评估影响因素探究调研报告》，进一步加强研究生课程体系建设。重视研究生的高水平学术训练，通过国家级重大研究项目，带动研究生的科研训练。主要通过导师承接国家科技支撑等纵向课题、参与地方政府规划编制等横向课题，指导学生学以致用、学有所得。2017年度毕业博士生42人，硕士73人，其中有3名博士的学位论文获得北京大学优秀博士学位论文称号。

教学获奖。楚建群获得2016至2017学年北京大学教学优秀奖。在北京大学教学成果评比中，邓辉的《基于混合式教学法引导学生从地理学的视角观察和分析世界文化景观》获得2017年北京大学教学成果奖一等奖；陈效逑、蔡运龙、赵昕奕、蒙吉军的《实现跨学科自然地理综合教育，树立球系统科学的世界观》获得2017年北京大学教学成果奖一等奖。2017年，城乡规划教学成果在中国高等学校城乡规划教育年会中分获城市设计和社会综合实践调研"佳作奖"。

暑期学校。2017年8月25日至8月30日"生态学前沿2017：全球变化与生物多样性"全国研究生暑期学校在北京成功举办，本次暑期学校由北京大学研究生院主办，城市与环境学院生态系承办。经过前期宣传、报名和材料筛选，最终来自全国9省17所高校和科研单位的68名博士和硕士研究生、博士后和高年级本科生，圆满完成为期六天的讲座培训、课程报告提交和野外实习等学习环节，顺利结业。

【科研工作】 科研队伍。城市与环境学院师资力量雄厚，共有教学科研人员77人，其中中国科学院院士2名，中组部海外高层次人才引进计划入选者2名，教育部长江学者特聘教授和讲座教授9名，国家杰出青年科学基金获得者14名，优秀青年科学基金获得者8名，教育部跨世纪人才、新世纪优秀人才共2名，海外高层次人才引进计划（青年项目）入选者5名。除此以外，学院还拥有"环境生物地球化学创新群体"和"中国陆地植被时空格局与生态功能"两个国家自然科学基金委创新研究群体。

项目数量。2017年，城市与环境学院获得年度国家自然科学基金各类新批项目总计27项，重点项目2项，面上项目12项，青年科学基金8项，国家杰出青年科学基金1项，优秀青年科学基金1项，国际（地区）合作与交流基金1项。截至12月31日，学院2017年度在研项目共计149项（经费额在200万人民币以上的有33项），其中基金委83项（创新研究群体1项、国家杰出青年科学基金3项、重大项目3项、重点项目10项），科技部20项，北京市1项，教育部3项，其他及企事业委托42项。在研科研经费超过2亿元。

科研成果。2017年度城市与环境学院教师共计发表SCI/SSCI论文194篇，共出版著作7部，发表中文核心期刊论文186篇。北京大学"111计划"依托北京大学城市与环境学院，在引智基地建设基础上，2017年度加强生态学与环境科学方面的国际合作交流与研究，在建设一流学科方面成效显著。陶澍课题组在 Science Advances 杂志上发表题为"Urbanization-induced population migration has reduced ambient PM2.5 concentrations in China"的研究论文，为评估生活源及交通源直接能耗污染物排放和大气PM2.5浓度的空间变化提供基础数据，该研究获得中国国家自然科学基金、111引智工程及中国博士后科学基金资助。程和发课题组在 Nature Communications 杂志上刊登文章"Displacement efficiency of alternative energy and trans-provincial imported electricity in China"，该研究成果不仅有助于认识中国当前新能源的利用现状，而且为制定相关能源政策应对气候变化提供科学依据。朴世龙研究组在 Nature Plants 杂志上发表文章"Plausible rice yield losses under future warming"，该研究为作物模型的改善，农业管理和制定缓解与适应气候变化的政策提供理论依据，并且得到国家自然科学基金委等相关项目的资助。方精云课题组在 Nature Communications 上发表文章"Carbon stocks and changes of dead organic matter in China's forests"，对中国森林植被、土壤、凋落物和木质残体碳密度进行系统调查，并结合森林清查和遥感数据，首次量化中国森林凋落物碳和木质残体的碳储量及其变化，填补中国森林生态系统碳收支研究的空白。胡建英课题组在 Nature Communications 上发表文章"Fluorene-9-bisphenol is anti-oestrogenic and may cause adverse pregnancy outcomes in mice"，发现双酚A替代品的双酚芴（BHPF）的抗雌激素效应。贺金生课题组在 Nature Communications 上发表文章"Climate warming reduces the temporal stability of plant community biomass production"，揭示气候变暖对高寒生态系统生产力稳定性的影响机制。万祎、胡建英课题组以"Discovery of a widespread metabolic pathway within and among phenolic xenobiotics"为题于 PNAS 在线发表文章，该研究选取备受关注的环境酚类污染物三氯生（TCS）开展代谢研究，通过对代谢产物的高通量非靶向鉴定、质谱鉴定和化学合成验证，发现TCS会通过一相代谢过程产生一类脂溶性更强的醚类代谢产物（TCS-O-TCS），这一代谢途径为不同污染物在生物代谢过程中的交互反应（cross-talk reaction）提供新机制。

学术活动。2017年7月9日至10日，城市与环境学院承办"中国城市地理学传承与创新学术研讨会"。"中国城市地理学传承与创新学术研讨会"旨在探索快速城镇化背景下的城市地理学的发展方向，使城市地理的学术研究有效地为国家新型城镇化战略目标服务，是中国地理学会城市地理专业委员会为进一步促进中国城市地理学理论发展与传承创新，促进中国城市地理学新理论、新方法、新视角的学术交流而举办的全国性专业学术会议。本次会议由北京大学城市与环境学院及未来城市研究中心承办，北京师范大学地理科学学部、北京联合大学应用文理学院、首都师范大学资源环境与旅游学院、中国科学院地理科学与资源研究所协办。

2017年11月3日至5日，由北京大学城市与环境学院、北京大学－林肯研究院城市发展与土地政策研究中心（北大-林肯中心）和北京大学政府管理学院共同主办，以"全球时代的城市价值、治理和可持续发展"为主题的第十四届北京论坛（2017）城市分论坛隆重召开，邀请到30多位国内外知名学者参与交流。与会嘉宾分享个人的研究成果，从多个角度介入到主题探讨之中，先后涉及城市治理、城市规划、环境问题、可持续性、流动工人、住房制度、土地金融、公共财政、灾后重建、循环经济等问题，并呈现了来自全球各地的丰富的数据和代表性案例，立足世界，聚焦中国。

2017年11月18日，由北京大学城市与环境学院自然地理教研室及旅游研究与规划中心主办的"陈传康先生辞世20周年纪念暨陈传康先生学术思想研讨会"在北京大学顺利举行。会议由北京大学城市与环境学院自然地理教研室系主任蒙吉军主持，来自京内外院校的师生、科学出版社、高等教育出版社、中国地图出版社和商务印书馆的同仁、陈传康先生的家人以及来自全国各地的陈传康先生的学生约80余人出席本次会议。研讨会中，嘉宾们从不同角度介绍和评价陈传康先生的辉煌业绩，充分肯定了陈先生为中国地理学发展作出的突出贡献。

2017年12月23日、24日，第十四届北京大学"生态讲坛"成功举办。来自北京大学、中国科学院植物研究所、中国林业科学研究院、内蒙古大学、北京林业大学、北京师范大学、中国农业大学、武汉大学等高校及科研院所的专家学者和研究生共442人参加了本次讲坛。值此会议之际，学校批复建立"北京大学生态研究中心"，并将北京大学生态学纳入双一流建设学科。

【社会服务】学院立足学科优势，参与京津冀协同发展等国家重大发展战略和决策研究，国土规划实践、空间规划体系改革、自然资源管理体制改革等政策和技术支持工作。林坚教授主持的山东省国土规划（2016年至2030年）是中华人民共和国成立以来首批省域国土规划的试点，在5个试点省域国土规划中首个通过规划方案的专家评审。2017年，通过环境保护部、中国环境科学研究院、中国城市规划设计研究院、中国土地勘测规划院、北京市规划委员会、北京市国土资源部以及其他企事业单位委托的技术服务及技术咨询合同共计67项，合同总金额超2000万，为国家相关发展战略提供理论和技术支持。

【继续教育】2017年受昆明市盘龙区政府委托，举办"北京大学—云南省昆明市盘龙区政府城市形象塑造与精细化管理能力提升培训班"。培训班从2017年10月29日至2017年11月3日共6天，40个学时，49名学员参与。培训班作为专门面向城市发展各职能部门的管理人才开设的高端研修项目，向学员系统讲授城市与区域规划、区域经济、区域交通文化、旅游规划的最新发展战略和实务技能，针对行业热点、难点问题举办专题研讨。

【党建工作】学院共有党支部20个，其中教工党支部6个，学生党支部13个，组织关系暂存学校的临时党支部1个。学院十分重视党务和思想政治工作队伍建设，有党委书记1人，党委副书记2人（其中一位是主管学生思想政治工作的专职副书记）；有党委委员9人，党委秘书1人，设有专门的学院党委办公室，且严格把握党员培养及入党的流程和环节，坚持党委书记和院长亲自讲党课，2017年共发展党员38人，党员转正28人。

学院党政班子研讨制定《城市与环境学院学习贯彻落实总书记讲话和全国高校思政工作会议及中央31号文件精神的实施方案》，特别成立思想政治工作专项工作组。

认真学习贯彻十九大精神，学院党委于10月27日专门开会研究制定《城市与环境学院关于认真学习贯彻落实党的十九大精神的方案》，于11月2日组织全体党支部书记参加北京大学十九大精神专题报告会；11月3日召开城市与环境学院党委扩大会议进行十九大精神学习讨论及工作部署会；11月6日召开"城环学院教师学习十九大精神，立德树人专题座谈会"等一系列学习实践活动；11月13日邀请中共十九大代表邓红蒂研究员以"直挂云帆济沧海 中华复兴正当时"为题，为城市与环境学院两百余名师生深入解读十九大报告。

【工会工作】城市与环境学院党委大力加强和推动工会在增强学院凝聚力和向心力方面的作用，开展丰富多彩的群众性文化体育活动。积极组织学院师生参加北京大学第二十三届运动会，教职工羽毛球、毽球、游泳比赛，女教师定向越野、冬季越野及为北京大学120周年健步走献礼等各种活动。成立学院教工运动队，建立每周二、周五在五四体育馆进行羽毛球训练的制度，并且每月有一个运动主题。2017年，学院教师参与文体活动的人数已达到在职教师总人数的三分之二。

【学生工作】 2017年,城市与环境学院学生工作办公室共评出奖学金256项、总计156.75万元,个人奖励191项,班级集体奖励4项。在"铁汉-城环奖"基础上,创立"郑木芸与何淑敏"院设奖学金。认定家庭经济困难学生84人(本科生70人,研究生14人),发放资助805,466元。依托院友捐赠的"城环范晋生慈善助学基金"开展"城环暖冬计划",为困难学生发放临时补助和春节返乡补助。在总结工作经验的同时,学院学工办进一步完善工作规范,修订《城市与环境学院学生事务指南》《城市与环境学院班主任工作要点》,讨论并修订《城市与环境学院学生素质综合测评实施细则》。

2017年,学院学工办组织学生积极参与挑战杯比赛,共提交正赛2份作品;春季,学院举办涵盖通识讲座、燕园植树、燕园识草木、重走中轴线、黑豹野生动物保护站、微景观制作等近10个活动的学院文化节,通过多种多样的活动形式,贴近学生生活,联系院系老师与学生、展示学院学生文化、普及地理学科知识。3月,为迎接城市与环境学院"地理学65周年",学工办组织院徽、logo和口号征集活动。组织学院学生参与春/秋运动会、新生杯、北大杯、冬季越野跑等校园体育活动。为加强对新生的关心和指导,加强师生之间的互动,从2017年3月底开始,学院学工办组织超过15场的午餐会。12月21日,为迎接新年,学工办还主办城市与环境学院"十全拾美,城至如归"十周年"家宴"主题新年晚会。

2017年暑假,城市与环境学院结合学科与专业教学实际,建立将教学实习课程与思政教育融合的创新培养模式,制定和实施"知行·同行"计划。项目以本科生为主体,以党、团支部为单位,涵盖综合社会实践实习、人文地理综合实习、地貌实习等10个课程实习,在地理-环境-生态学科体系中融入思政元素,开展领略中华传统文化、绿水青山与金山银山、先进事迹与精神学习等思政教育活动,引导学生主动观察与思考,了解国情社情,领略中国特色社会主义建设的伟大成就。

2017年,城市与环境学院学工办建立党支部-团支部-班级活动联合创新培养模式,制定和实施党-团-班"活力提升"计划,旨在从根本上提升基层组织活力。截至年末,各党支部-团支部-班级共申报开展活动133次,其中理论学习、学术研讨类活动42次,参观考察、采访调研类活动32次,志愿服务类活动2次,文化体育类活动10次,互动交流类活动39次,其他活动8次。活动内容涉猎广泛,包括学习十九大座谈会、野外考察、思想引领、班级建设等活动。

毕业生去向。2017年,城市与环境学院毕业生总数为191人。其中,本科毕业生人数为76人,占毕业生总数的39.79%。硕士毕业生人数为71人,占37.17%。博士毕业生为44人,占23.04%。其中男生87人,所占比例为45.54%,女生104人,所占比例为54.46%。学院整体就业率为97.91%,从学历层次看,本科毕业生就业率为98.68%,硕士毕业生就业率为97.18%,博士毕业生就业率97.73%。2017年,学院本科毕业生共76人,其中国内升学37人,占比48.68%,出国留学26人,所占比例为34.21%,签就业协议和灵活就业共12人,占比之和为15.79%,另有1位毕业生待就业。学院硕士毕业生共71人,其中出国留学10人,所占比例为14.08%,签就业协议59人,所占比例为83.10%,待就业2人,所占比例为2.82%。学院毕业博士研究生共44人,其中国内升学11人,占比25.00%,出国留学4人,占比9.09%,28位毕业生签定就业协议,占比为63.64%,有1人待就业。

【校友工作】 2017年度院友会在传统工作项目的基础上针对不同年龄段不同行业的校友量身定制精致的小型活动。如举办校友足球、羽毛球、独木舟等体育类活动;举办六一期间的小马识途定向越野等亲子活动;举办"我想认识你"校友联谊活动;举办5期未名环境论坛行业交流活动。同时协助92级、93级以及03级等多个年级的院友举办返校聚会,密切院友与学院之间的联系,助力院友们的事业发展。为更好地传承学院文化,院友会制作完成《燕园地理人——仇为之先生》纪录片。院友会还组织筹备了陈传康先生纪念活动。编辑出版《城钩岁月,环翊天地——北京大学地理学科建立65周年暨北京大学城市与环境学院建院10周年纪念文集》,修订《北京大学地理学科建立65周年纪念册》。

【重大纪念活动】 北京大学地理学科建立65周年、城市与环境学院建院10周年系列学术研讨和庆祝活动。2017年11月18日、19日,北京大学地理学科建立65周年-城市与环境学院建院10周年庆祝活动暨地理学发展院长论坛、第三届北京大学地理学讲坛在北京大学隆重举行。南京大学地理与海洋科学学院王颖院士,中国科学院地理科学与资源研究所陆大道院士,中国地理学会理事长傅伯杰院士,中国科学院地理科学与资源研究所所长葛全胜,中国地理学会副理事长张国友,北京师范大学常务副校长史培军等嘉宾出席。此外,城市与环境学院20余位退休教师代表和来自全国近40所高校的地理学相关单位负责人以及城市与环境学院师生、校友代表300余人齐聚燕园,共襄盛会。院庆活动期间的微信祝福传递点击量达到20,073次,同时也收到社会各界大量的留言和祝福。

(城市与环境学院)

地球与空间科学学院

【发展概况】 发展历程。地球与空间科学学院成立于2001年10月26日,由原地质学系、地球物理学系的固体地球物理专业和空间物理专业、遥感所和城市与环境学系地理信息系统专业组成。地球与空间科学学院的教学和研究有着悠久的历史，地质系创办于1909年，地球物理系创办于1959年，遥感所创办于1983年。

学院设有7个研究所：大陆动力学与资源工程研究所，史前生命与环境研究所，矿物、岩石、矿床学研究所，地球化学研究所，理论与应用地球物理研究所，空间物理应用技术研究所，遥感与地理信息系统研究所；1个教育部重点实验室：造山带与地壳演化教育部重点实验室；2个北京市重点实验室：矿物环境功能北京市重点实验室、空间信息集成与3S工程应用北京市重点实验室。

学科建设。学院设有5个本科生专业：地质学、地球化学、地球物理学、空间科学与技术和地理信息科学；10个硕士研究生专业和10个博士研究生专业：构造地质学、矿物学岩石学矿床学、材料与环境矿物学、古生物学与地层学、地球化学、固体地球物理学、空间物理学、地图学与地理信息系统、石油地质学、摄影测量与遥感；并设有地质学、地球物理学、测绘学和地理学4个博士后流动站，国家理科基础科学人才培养基地1个（地质学），国家基金委创新群体2个（日地空间高能带电粒子的加速、传输及效应研究，变质作用与造山带演化），国家级重点学科3个（构造地质学、固体地球物理学、地图学与地理信息系统），国家级重点培育学科1个（矿物学、岩石学、矿床学），北京市重点学科1个（空间物理学）。2017年，地球科学学科进入ESI全球前0.1%；在US News & World Report的全球大学学科门类排名中，北京大学的地球科学（Geosciences）名列全球第20名，亚洲第1名；在QS世界大学学科排名中，北京大学的地球和海洋科学（Earth & Marine Sciences）名列33名，比2016年提升13位，学院有3个一级学科进入"双一流"建设行列。

队伍建设。截至2017年12月，地球与空间科学学院教职工115人（不含非教学科研岗位），其中教授46人、副教授35人，在站博士后40人，聘请院士7人。2017年学院成功引进院士1人（郑永飞），海外高层次人才引进计划入选者1人，海外高层次人才引进计划（短期项目）入选者1人，海外高层次人才引进计划（青年项目）入选者2人。新进教工10人，退休1人，去世4人。

【教学工作】 学生人数。2017年，学院在校本科生330人，硕士生288人，博士生395人，共1013人。2017年，本科新生共有106人，毕业生103人（其中暂结业3人，2人大专毕业，1人肄业，另有2人2016年暂结业2017年换证）；硕士新生96人（包括港澳台2人），老生192人，共75人获学位，2人获重申学位资格；博士新生90人，春季毕业3人（获学位2人，1人缓授），夏季毕业78人（获学位76人，缓授2人），肄业1人。

课程设置。本科生课程总计125门，其中包括全校通选课程13门，公选课程5门，理科平台课程1门，暑期学校7门课程。开设小班讨论课程2门，地球科学概论（二）和普通地质实习A，为2017级新生开设《地球科学前沿（新生研讨班）》课程。

教材出版。朱永峰著《矿床地球化学导论》；晏磊等著《高级遥感数字图像处理数学物理教程》。

教学获奖。2017年获得5项"北京大学教学成果奖"，2人获"北京大学教学优秀奖"，9项本科生教改相关项目获批，5篇北京大学优秀博士论文。

【科研工作】 人才队伍。2人获"优秀青年科学基金"（常燎、薛进庄），2名海外高层次人才引进计划（青年项目）入选者入职。

项目数量。目前在研科研项目265项，其中纵向科研项目202项、横向科研项目63项。

科研成果。2017年学院发表SCI论文总数253篇，主要成果见下表。

表5-3 2017年地球与空间科学学院主要科研成果

成果名称	作者	出版单位	成果形式
Global ULF waves generated by a hot flow anomaly	宗秋刚教授团队与美国阿拉斯加大学费尔班克斯分校张慧教授团队	地球物理研究通讯	研究论文
Ultralow frequency wave characteristics extracted from particledata: Application of IGSO observations	宗秋刚教授团队与周煦之研究员团队	中国科学：技术科学（英文版）	研究论文
Origin of heavy rare earth mineralization in South China	许成研究员课题组	Nature Communications	研究论文

专利情况如下表所示，其中，晏磊老师获得第十八届专利优秀奖。

表5-4 2017年地球与空间科学学院荣获专利情况

名称	主要发明人	专利类型
一种利用数字基高比时间模型的高程定位精度提升方法	晏 磊	发明
一种农作物总初级生产力的遥感估算方法及系统	秦其明	发明

(续表)

名称	主要发明人	专利类型
像元解混逆过程：规格化多端元分解的高光谱重构方法	晏磊	发明
方向自适应的水上桥梁目标识别方法及系统	秦其明	发明
一种结合车载轨迹数据及地形的空间可达性测度方法	秦其明	发明
一种多功能光催化反应光源组	丁兹瑞	发明
一种污水处理复合装置	丁兹瑞	发明
一种石英坩埚及其制备方法	秦善	发明

经费情况。2017年到账的科研经费总数8618.58万元，2017年海外高层次人才引进计划（青年项目）科研启动费到账460万；国家自然科学基金项目获批27项，批准金额1995万元。

【党建工作】 组织建设。学院2017年党员491人，党支部32个。党建活动如下表所示。

表5-5 地球与空间科学学院党建活动情况

支部名称	活动名称
地空本科生支部	《苦难辉煌》观影活动
	参观"砥砺奋进的五年"大型成就展
地质本科生支部	支部问题自查
	大一大四交流会
地球物理博士生党支部	弘扬社会主义核心价值观，探访慰问离退休老教师系列活动
2017级地质博士生支部	"不忘初心跟党走，砥砺前行共逐梦"——支部党员重温入党誓词
	十九大报告学习研讨读书会
2015级地质博士生支部	重走校史之路，迎接崭新篇章
	"智光"学校志愿帮扶活动
	"勿忘国耻，砥砺前行"主题教育活动
	"喜迎十九大——汲取基层建设经验，服务特殊教育工作"
2017级遥感硕士生支部	学习十九大·砥砺共奋进
2015级地质硕士生支部	"中国梦激扬青春梦，学先进锤炼价值观"国土部老专家走进北大座谈会
2014级地质博士生支部	全国高校思想政治工作、党支部工作研讨会
	"贯彻落实十九大，不忘初心共奋进"系列学习活动
2016级遥感硕士生党支部	"贯彻落实十九大，初心不忘永前行"纪念高君宇同志诞辰121周年活动
2014遥感博士生支部	参观"2017年走在世界科技强国征程上的中国科学家主题展"
2017级地质硕士生支部	"不忘初心、牢记使命"十九大精神主题活动会
地球物理硕士生支部	关注时事，做合格党员——"2017年政府工作报告"观看活动
2012级地质博士生支部	"我们的事业"的朗读会
2016级遥感博士生支部	忆苦思甜，居安思危，学习《中国共产党党内监督条例》
地球化学研究生党支部	温故不忘知新，十八大以来新知识问答
	坚定信仰，牢记党章党规，暨中央巡视组通报情况警示学习会
	十九大报告精神学习研讨会
2015级遥感硕士生支部	人民日报兴趣内容线上讨论活动
2015级遥感博士生支部	共话"党支部职能"讨论会
	政论专题片配音
史前生命与环境研究生支部	"化石探秘"科普讲座
2016级地质硕士生支部	支部"党员大讨论"
2016级地质博士生支部	不忘初心，砥砺奋进

【行政工作及其他工作】 行政在编人数12人，返聘1人；工会会员人数152人。

【学生工作】 学生活动情况如下表所示。

表5-6 地球与空间科学学院学生活动情况

活动日期	活动名称
2017年12月29日	"岿然守大地，雷厉引长空"北京大学地球与空间科学学院元旦晚会
2017年12月15日	新生导师活动——空间科学与技术专业航天城参访
2017年12月8日	地小空实验室参访活动第一站：探秘遥感楼
2017年12月4日	变质作用与造山带演化学术研讨会暨董申保院士百年诞辰纪念会
2017年12月4日—2017年12月29日	2017年度地空"风云人物"评选火星，北京大学2017年新生"爱乐传习"项目暨纪念"一二·九"运动82周年师生歌会
2017年12月1日	新生导师讲座——地理信息科学专业
2017年11月15日—2017年11月24日	北京大学地球与空间科学学院2017年本科学术希望之星大赛
2017年11月17日	新生导师讲座——空间科学与技术专业
2017年11月18日	太阳黑子观测活动
2017年11月10日	北京大学地球与空间科学学院男生节活动
2017年10月22日	"贯彻落实十九大·初心不忘永前行"主题教育活动暨高君宇同志诞辰121周年纪念会庆祝十九大胜利召开主题定向越野赛
2017年9月底—10月初	北京大学地球与空间科学学院本科生国际交流项目
2017年10月18—19日	首届国际青年学者北京大学地质学论坛
2017年10月27—28日	偏振遥感新方法应用探索高端论坛
2017年11月4日	"能源与未来"专家主题论坛
2017年11月4日	地球与空间科学学院3+1篮球赛
2017年11月	挑战杯赛事
2017年10月25日—2017年11月3日	北京大学地空学院第一届"逸夫贰楼"杯毽球比赛
2017年10月28日	北京大学"一舞缘起，柒待有你"十三院联合新生舞会
2017年10月13—14日	北京大学地球与空间科学学院2017级本科新生神堂峪户外素质拓展
2017年9月30日	北京大学"冰壶秋月"六院联合中秋月饼制作活动
2017年9月9日	北京大学地球与空间科学学院2017级研究生新生参观沙滩红楼与中国美术馆活动
2017年4月19日	"讲好我们的地球故事"——世界地球日活动 "传递地学知识共建美丽中国"——李四光讲师团
2017年3月5日	北京大学六院联合女生节活动

本科生毕业去向。2017届毕业本科生90人，7人就业，23人出国，60人本国深造。

表5-7 2017年地球与空间科学学院本科生毕业去向

总人数	签订就业协议、劳动合同	升学		自主创业	其他形式就业
		国内	国外		
90	6	60	23	无	1

研究生毕业去向。2017届研究生毕业人数155人，129人就业，7人出国，11人本国深造。

表5-8 2017年地球与空间科学学院研究生毕业去向

项目	总人数	签订就业协议、劳动合同	升学		自主创业	其他形式就业
			国内	国外		
博士	81	66	11	2	无	无
硕士	74	63	无	5	无	无

【北京大学地质博物馆】 北京大学地质博物馆建于1909年,是中国最早的地学专业研究型博物馆,是北京大学地质学相应学科实践教学和基础科研的重要依托,是地学类科普和终身教育的场所,曾被评为北京大学"211"工程国家理科基础科学研究和教学人才培养基地建设先进单位(1993),是全国地质古生物科普先进单位,还是北京市科普基地、北京市高校博物馆联盟盟员(2012年至今)和联盟发起单位之一,承担着地学科普任务。博物馆总面积约2500平方米,目前馆藏标本有近百万件,包括生物化石类、岩石类、矿物类、矿床类、地热类、构造地质类、实验类等,此外还有苏联在20世纪50年代赠送给中国的一整套精美的极其珍贵的古生物化石标本以及近年收集到的珍稀的三叠纪海生爬行类化石标本。

社会服务。2017年度完成接待参观约2万人,其中散客参观约12,000人、团体参观(暑期各类学生夏令营、学科营等)、活动举办(北京市中小学生素质教育进高校等)、学生教学等约8000人。

教学科研服务。发表科研SCI论文4篇,承担科研项目3项,经费62.4万。

(地球与空间科学学院)

心理与认知科学学院

【发展概况】 北京大学心理学是大陆首个进入ESI世界排名前1%的心理学科,在QS亚洲大学排名中位居第5,并于2017年入选教育部"双一流学科"建设名单。2017年12月28日,教育部学位与研究生教育发展中心公布全国第四轮学科评估结果,北京大学心理学学科获评A+级,继续领跑国内心理学科的发展。

表5-9 心理与认知科学学院组织机构人员名单

学院党政领导成员	
院长	方 方
副院长	吴艳红 谢晓非 李 晟
院长助理	姚 翔
党委书记	谢晓非
委员	吴艳红 王 垒 周晓林 韩世辉 钱铭怡 苏彦捷
学术委员会成员	
主任	周晓林
副主任	张志学
委员	王 垒 方 方 韩世辉 钱铭怡 张志学 罗 非 李 武 罗敏敏 谢晓非
学位委员会成员	
主任	韩世辉

续表

副主任	吴艳红
委员	钱铭怡 周晓林 方 方 王 垒 李 晟 谢晓非 苏彦捷
伦理及身体保护委员会	
主任	王 垒
委员	钱铭怡 甘怡群 罗 欢 邵 枫 陆昌勤 王 莉 易 莉
秘书	蔡 鹏
教学委员会	
主任	吴艳红
委员	王 莉 姚 翔 罗 欢 易 莉
博士后委员会	
主任	李 晟
委员	韩世辉 吴艳红 谢晓非 王 垒 苏彦捷 钱铭怡 甘怡群 易 莉

【教学工作】 北京大学心理与认知科学学院本硕博教育协同发展,各专业及教研室间优势互补,形成完善的学科建制。学院现为一级学科博士学位授予权单位,可授予理学学士、硕士、博士学位,并设有博士后流动站,除学术型学位外,学院还可授予应用心理专业硕士学位。

2017年,心理与认知科学学院毕业并获得学位的心理学专业本科生36人(含留学生3人),获心理学双学位66人,心理学辅修毕业14人;毕业并获得学位的硕士研究生23人,补授硕士学位4人;毕业并获得学位的博士研究生10人(含留学生1人),补授博士学位3人;同等学力获硕士学位46人;夜大毕业162人。

2017年,学院录取学术型硕士研究生21人(含留学生2人),专业硕士40人;博士研究生23人;本科生40人(含留学生5人),辅修双学位学生113人,夜大共招生237人。在北京、深圳开设的应用心理学、临床心理学专业高级专门人才研修班共招收学员284人。

截至2017年底,学院在校学生共计459人,其中本科生165人,硕士研究生167人,博士研究生127人。另有元培学生33人,国内进修教师、访问学者13人,双学位/辅修348人。

2017年3月20日,加拿大多伦多大学应用心理与人类发展系主任Earl Woodruff教授和安省教育研究院(OISE)行政副院长张刘虹(Helen Huang)女士一行到访北京大学心理与认知科学学院。Woodruff教授和张副院长与学院达成联合培养应用心理学硕士研究生的合作意向。

【科研工作】 2017年心理与认知科学学院在国内外期刊共发表科研论文99篇,其中以学院为第一单位或通讯单位发表的SCI和SSCI收录期刊论文86篇。在SCI一区期刊和SSCI高水平期刊上发表文章8篇。此外,韩世辉的学术专著 *The Sociocultural Brain* 由牛津大学出版社出版。

2017年学院多项国家自然科学基金研究申请获得批准。共6位老师获得面上项目基金支持，包括吴艳红（60万）、谢晓非（49万）、李量（61万）、张亚旭（60万）、包燕（25万）和王莉（61万）。王垒获得国家自然科学基金委管理学部应急项目的支持（25万）。学院新获得的科研项目经费为1288万元人民币。

世界著名出版公司爱思唯尔（Elsevier）于2017年2月27日发布2016年中国高校被引学者榜单，周晓林和苏彦捷入选心理学榜单，韩世辉和方方入选神经科学榜单，入选人数继续居全国心理学科研教学单位之首。

在重点实验室建设上，学院完成多感觉通道实验室、生化分析实验室、公共行为实验室的硬件改造和功能完善，安装门禁管理系统，并新增实验室的科研和办公设备。

【交流合作】2017年度，学院共有109人次出访，其中教师出访45人次，本科生、研究生出访64人次。2017年度学术交流和讨论高度活跃，共举行73次公开科研讨论会。

2017年3月10日，伊朗驻华使馆二等参赞Amin Esmaeilzade和来自伊朗Kharazmi University的Ali Reza Moradi教授等7人组成的伊朗代表团到访；3月28日，日本九州大学艺术工学研究院艺术和信息设计系主任高木英行教授、知觉心理学系主任中岛祥好教授，以及通讯科学系鏑木时彦教授一行三人来访；11月9日，英国伦敦大学学院（UCL）脑科学学部主任阿兰·汤普森教授来访学院，双方就科研与教育等方面的合作进行深入探讨，并商定在科学研究和学生培养等领域逐步建立深入合作。

2017年5月15日至19日，心理与认知科学学院举办"2017年两岸三地心理学系学生学术交流活动"，来自北京大学、香港中文大学和台湾大学的39位师生齐聚燕园进行学术文化交流。

2017年6月10日至12日，意识障碍国际研讨会在北京举行。本次研讨会由心理与认知科学学院和加拿大高等研究院（CIFAR）、中国科学院大学联合举办。

2017年6月29日至7月2日，中国心理咨询与治疗行业大会，即第五届临床与咨询心理学注册工作委员会大会和中国心理学会临床与咨询心理学分会2017年学术会议，在北京大学成功举行。

【党建工作】2017年，心理与认知科学学院44名入党积极分子参加党校培训，发展13名学生党员，截至2017年12月，学院有党支部6个，党员190名。

2017年2月至4月，学院先后召开党委委员扩大会议和党支部书记扩大会议，深入学习高校思政会议和31号文件精神，对学院师生的思想政治情况以及如何加强思政工作展开讨论，制定具体的实施方案；召开"两学一做"民主生活会；邀请中央党校李俊伟教授给全院党员做"两学一做"的党课培训；学院党委整理完善十八大以来的党务材料以积极配合巡视检查；各支部组织全体党员顺利完成北京大学第十三次党代会选举工作以及两委委员选举工作。

2017年4月，本科支部书记入围第七届十佳学生党支部书记前20强。5月，本科支部参观北京新文化纪念馆；硕博支部在北大附中开展心理咨询和教育活动。10月、12月学生支部、教工支部组织部分党员和积极分子参观"砥砺奋进的五年"大型成就展。学院组织本科党支部参观沙滩红楼，组织各党团支部同学学习《习近平的七年知青岁月》。教工支部"寻找并发现美的春季健步走活动"在2016至2017学年度基层党建创新立项审批中荣获三类项目。2017年12月，创办"初心今谈"学生党建品牌活动，探索构建"不忘初心"教育长效机制。2017年10月至12月，全面学习贯彻十九大精神，积极组织党员观看十九大开幕式和闭幕式，认真开展十九大精神相关学习活动，研读新党章，组织党员聆听共青团北京大学委员会副书记、北京大学马克思主义学院副教授李健题为"习近平对新时代中国特色社会主义思想的体系化"的十九大精神解读报告，并安排具有马克思主义专业背景的院党委副书记为教工支部解读十九大精神。

【行政工作及其他工作】截至2017年12月31日，心理与认知科学学院在职教工53人，包括教授13人，研究员8人，副教授17人，讲师5人，行政教辅人员10人，在站博士后12人，合同制员工10人。2017年学院退休1人（赵德岳），新引进研究员1人（周广玉），行政教辅人员1人（段妍）。

学院目前在职教师中包括教育部长江特聘教授5人，国家杰出青年科学基金获得者3人，中国青年科技奖获得者3人，科技部中青年科技创新领军人才1人，国务院政府特殊津贴专家3人，百千万人才工程国家级人选2人，国际心理科学联合会青年科学家获奖者1人，求是青年科学家获得者1人，教育部青年长江学者2人，优秀青年科学基金获得者4人，中组部海外高层次人才引进计划（青年项目）入选者2人，青年973首席科学家1人，教育部新世纪优秀人才4人，国务院学科评议组成员1人，北京市教学名师2人，北京市科技新星1人。2017年，吴艳红荣获唐立新奖教金优秀学者奖，毛利华荣获曾宪梓优秀教学奖，罗欢荣获正大教师奖，包燕荣获北京银行教师奖。

2017年11月2日至3日在重庆召开的中国心理学会第十二届一次全国会员代表大会上，学院六位教授入选中国心理学会第十二届理事会，其中周晓林教授当选候任理事长及常务理事，苏彦捷教授、方方教授、吴艳红教授、钱铭怡教授当选常务理事，王垒教授当选理事。

2017年11月，学院聘任考核委员在听取在岗职工述职的基础上，进行年度考核。邵枫、罗欢、韩颖、王淼获评优秀。

心理与认知科学学院工会积极为教工谋福利、送温暖：精心选购春季运动会服装；组织教师节和国庆节前的活动；组织教职工赴密云古北水镇秋游；申请校工会经费为学院教工之家购买冰箱、微波炉、按摩椅等暖心设备；协助完成离退休教职工的新春慰问工作。

【学生工作】 2017年下半年，心理与认知科学学院围绕立德树人根本任务，创新提出"正心·知行"的育人理念和工作主线，探索"全心"育人模式，以此推进大学生党建和思想政治教育的供给侧结构性改革，探索培育"圆梦新一代"的有效途径，让广大学生在成长中增加获得感，在奋斗中增强使命感，在生活中增添幸福感。

2017年10月至12月，开展"心向十九大，使命在心中，筑梦见行动"主题系列学习实践活动，以此强化向心学习，突出核心引领，坚持立心修德，引导和帮助学生将社会主义核心价值观内化于心、外化于行。组织退伍复学的2014级本科生宋玺等学生学习习近平给南开大学8名新入伍大学生的回信精神，指导和支持宋玺参加央视节目传播参军报国正能量。宋玺成为教育部举办的全国教育系统学习贯彻十九大精神座谈会上的唯一学生发言代表，同时获评"2016至2017年度北京大学年度共青团标兵"荣誉称号。创新学院开学典礼环节，通过举办入学宣誓仪式，强化新生严守学术规范和尊师感恩意识，牢记和践行"勤学、修德、明辨、笃实"的八字箴言。

2017年上半年，举办两岸三地学术交流活动以及"面向21世纪的心理学"全国心理学本科生学术论坛活动，促进学院本科生与国内高校优秀心理学学生的交流互鉴。2017年12月，创办两期"知心圆桌"，加强师生交流和生涯辅导。2017年9月至11月，完善修订并形成新版《综合素质测评办法》，完成112个奖励和49个奖学金项目评定，共9位同学获得国家奖学金。

2017年全年，学院多措并举支持学生强心健体、建设暖心家园、强化"暖心学工"，保障学生安心健康生活。以2016级本科班级为重点，与校保卫部开展安全共建宣传活动。通过班会、座谈会、深度辅导、带班辅导员、班主任、班级骨干等多种途径了解各类学生的学业生活和思想动态及需求，进行有深度和针对性的帮扶和危机干预，帮助学生解答思想困惑、解决现实问题，培育阳光心态。共认定17名本科生为家庭经济困难学生，落实51项助学金资助，金额累计208,400元，让经济困难学生安心舒心。组织学生参加多项体育比赛，养成健康生活方式，增强团队意识。举办新年晚会、"暖心冬饺"等活动增强学院大家庭凝聚力。

学院举办毕业生就业宣讲会，为毕业生提供就业辅导。2017届本科生就业率达到97%以上，研究生（硕士、博士）就业率达到100%。2017届本科毕业班34名统招统分毕业生中，实际参加就业的同学占15.16%，攻读研究生的同学占55.88%，申请出国留学的同学占27.27%。有多名同学被美国佛罗里达大学、卡内基梅隆大学等世界名校录取。9名博士毕业生中申请到国外名校的博士后工作机会占50%，入职各地高校占40%。硕士毕业生21人中实际参加就业的同学占90%，大多入职大型国企、管理咨询公司、著名高校及三资企业。

2017年下半年，加强"北大心理人"微信公众平台建设，将其打造为学生喜爱且具有育人功能的新媒体平台。注重培养学生骨干，建立学工办与学生党员骨干、团学骨干、带班辅导员等队伍的定期沟通和工作研讨制度。2016级专硕班荣获"北京市优秀班集体"和"北京大学优秀班集体"荣誉称号，2016级本科班、博士班获评先进学风班。

【社会服务】 1.落实心理学师资培训工作。全国应用心理专业学位研究生教育指导委员会于2017年12月在北京大学心理与认知科学学院先后举办危机干预研讨会和《心理咨询伦理》教学研讨会。

危机干预研讨会邀请到具有丰富自杀干预经验的加拿大专家Lana Stermac教授及Nina Josefowitz Myran教授来京，此次研讨会紧扣心理学热点，关注大学中师生的身心健康，研讨自杀干预的实用技术，有来自34家应用心理专业学位培养单位的44名教师参与研讨会。Lana Stermac教授及Nina Josefowitz Myran教授采用交互式研讨的方式，重点关注风险评估、自杀干预等领域的技能提升。

《心理咨询伦理》教学研讨会得到中国心理学会临床心理学注册工作委员会和中国心理学会临床与咨询心理学专业委员会的大力支持，共有48名老师参加此次研讨会。5位领域内的资深学者分别与参会教师就心理咨询伦理的焦点问题进行学术交流与授课指导，有助于提高相关教师在心理咨询与治疗的专业课程中的教学水平。

2.开展心理学科普活动。2017年11月，心理与认知科学学院举行北大心理学进校园活动，院长方方、党委书记谢晓非、副院长吴艳红、副院长李晟、苏彦捷等深入重庆多个中学，为中学师生进行心理学科普讲座。张昕被评为北京大学2017年度"网络新青年"。学院团委、学生会、研究生会积极配合学校学生心理健康教育与咨询中心开展全校"心理嘉年华"品牌活动。

3.服务学校周边社区。学院组织学生志愿者在肖家河风华爱心希望小学开展长期支教活动，为学生开设音乐、美术、品德等课程，提供艺术教育，以开拓孩子们的眼界；举办"小天使进校园"活动，带领希望小学的孩子们来到北大参观游览。学院与万寿康医院、万明医院等医疗机构建立长期合作关系，志愿者定期前往医院陪伴老人。秋季学期，组织开展"春燕行动"走入蔚秀园社区之为老人辅导手机使用课活动。此外，6月举办"心系三十年——1983级院友毕业30周年返校活动"，来自世界各地共12名院友欢聚一堂。

（心理与认知科学学院）

建筑与景观设计学院

【发展概况】 2017年，围绕院系人事综合改革方案，建筑与景观设计学院对人才队伍建设、学科发展等重大问题进行综合调研和深入研究，基本形成新的学科定位、国际对标及学院发展的新理念。学院完成风景园林硕士专业学位授权点自我评估工作。风景园林硕士专业学位招生改革正式启动，学院完成招生制度改革、培养方案修订等工作，保障新的招生制度实行后各项工作的平稳过渡。专职教师8人，其中新体制教授2人，助理教授1人，老体制教授1人，副教授4人。学院还聘有双聘院士1人。

【教学工作】 建筑与景观设计学院现有硕士研究生207人，其中全日制风景园林硕士研究生68人，在职风景园林硕士139人。14级1人（延期），15级21人，16级20人，17级26人，新生中港澳台生1人。毕业22人。

学院教师开设研究生课程20余门，包括：许立言开设的"设计实践：区域景观规划""设计哲学"；John Keith Zacharias开设的"空间研究与设计"；张天新开设的"城市化与土地设计""建成环境史"；李迪华开设的"景观社会学""景观设计学理论与方法：核心设计"及"景观设计师职业素养与事业开拓"；李溪开设的"景观与环境美学"；王志芳开设的"生态城市与生态恢复"；汪芳开设的"景观文化系统与评价"以及郑昌辉开设的"设计表达：图像与城市肌理研究"。还特别邀请信息管理系张久珍教授为学生开设"文献阅读与独立研究"课程。

【科研工作】 2017年，学院教师共承担横向课题9项，包括俞孔坚教授主持的"美丽中国与生态文明建设顶层设计问题研究"等，到账横向科研经费人民币390余万元。完成学术专著5部，如下表所示。

发表SSCI、SCI论文7篇，汪芳教授团队获专利3项。李溪副教授的屏风研究获北京市哲学社会科学优秀成果奖二等奖。

5月，学院主办"何镜堂：地域性·文化性·时代性——为激变的中国而设计"主题展览及同名学术研讨会。8月，主办2017年"城市化转型下生态-社会的发展协调"北京大学博士研究生国际专题学术研讨会。

作为会议秘书处之一，与北京林业大学、清华大学联合承办2017中国风景园林教育大会暨（国际）CELA教育大会。来自中国、美国以及其他国家和地区的820余位风景园林行业相关人士参加此次大会。

【社会服务】 2017年，学院继续发挥学科应用性强的优势，继续开展各项社会服务工作。俞孔坚教授在延安市政府、住建部、市长班、国家行政学院等多个单位给广大干部宣讲生态文明与美丽中国建设辅导报告20余场。学院多名教师参与雄安新区规划的咨询工作。学院还与浙江省温州市文成县达成合作协议，为该地的城市规划、旅游发展提供智力支持。

【继续教育】 2017年10月30日至11月4日举办北京大学-广州市城市规划勘测设计研究院城市生态文明与可持续发展研究班，培训人数为45人。

【交流合作】 2017年学院开展丰富的学术交流活动，邀请哈佛大学设计学院前院长Niall Kirkwood，加州大学伯克利分校教授G.Mathias Kondolf，著名建筑师Bob Allies，麦吉尔大学建筑学院院长Martin Bressani等10余位海外著名学者和设计师到学院举办学术讲座及交流。接待美国圣母大学建筑学院一行20余人在北大的参观与访问。

【党建工作】 在城市与环境学院党委的统一领导下，学院继续加强党风廉政建设，认真执行党中央、学校党委的各项相关规定，及时进行党风廉政建设及"三重一大"政策执行情况的自查和总结。积极举办各类党建活动，包括集体收看党的十九大开幕式并就十九大报告开展座谈，组织学生观看"砥砺奋进的十年"大型展览等。

【行政工作及其他工作】 学院专职行政工作人员7人，其中事业编制人员2人，1人于2017年下半年前往成都任职，人事关系暂时保留在学院。劳动合同制职工5人。工会会员9人，暂无独立工会组织。

【学生工作】 学院学生社团校园公益营建社，参与校园规划建设的各项活动，包括马克思主义学院大楼设计、万柳学生宿舍样板间设计、三角地规划设计、国际关系学院图书馆玻璃房设计等多项校园规划活动。

毕业生均在国内就业。

（建筑与景观设计学院）

统计科学中心

【发展概况】 北京大学统计科学中心成立于2010年7月，由数学科学学院、光华管理学院以及北京大学医学部从事统

表5-10 2017年建筑与景观设计学院学术专著发表情况

作者	名称	出版社
俞孔坚等	海绵城市——理论与实践	中国建筑工业出版社
Gary Austin & Kongjian Yu	Constructed Wetlands and Sustainable Development	Routledge
俞孔坚、阿德里安·布莱克韦尔、斯蒂芬·欧文等	北京生态社区：北京市海淀区南沙河区域"反规划"	中国建筑工业出版社
俞孔坚、阿德里安·布莱克韦尔、斯蒂芬·欧文、陆小璇、安妮·贝克	浅山区城市发展战略：北京西南部青龙湖案例与启示	中国建筑工业出版社
俞孔坚、张锦等	海绵城市景观工程图集	中国建筑工业出版社

计研究的相关教师构成，是北京大学实行特殊机制的跨学院交叉学科研究机构。

统计科学中心设国际顾问委员会、科学委员会、执行委员会和指导委员会。国际顾问委员会负责提出有关统计科学中心发展方向等方面的建议，评估统计科学中心的工作和成果；科学委员会在人才引进和学术研究等方面给予意见和建议；执行委员会负责统计科学中心的日常管理工作。

2017年统计科学中心继续在统计学研究、教员引进、博士生培养以及推动统计学发展等方面开展工作。北大统计学科入选教育部"世界一流建设"学科系列，建设一流学科也成为统计中心下一个时期的主要任务。在教育部组织的全国第四轮学科评估结果中，北京大学统计学一级学科获评A+。统计中心和数学科学学院合聘张原博士，和光华管理学院合聘苗旺博士，将于2018年8月入职。9月，中心开始搬离燕东园32号小楼，迁入理科五号楼。

2017年统计中心积极开展学术交流与合作。5月14日至16日举行第二届"大数据时代下的高维统计建模与分析研讨会"，来自全国各高校近200名师生参加。5月底统计中心举办第三届优秀大学生夏令营，十几所高校的25名三年级本科生参加，统计中心从中录取4名博士研究生。6月13日至14日，第十三届计量经济学理论与应用国际研讨会成功举办，已成为亚太地区计量经济学界的领先学术平台。第二届北大-清华统计论坛于6月26日在清华大学举办，共有来自海内外多所高校的80余名老师及同学参加活动。2017年9月，中心第三批4名博士研究生入学，中心在读研究生规模已达10名。

【学科建设与教育教学】 学科建设。1.北大统计学科在教育部第四轮学科评估中获评A+：12月28日，教育部学位与研究生教育发展中心公布全国第四轮学科评估结果，北京大学统计学获评A+。2011年2月，统计学成为理学门类下的一级学科；同年，在教育部组织的第三次学科评估中，北京大学统计学科位列全国第二。2.2017年9月20日，北大统计学科入选"双一流"学科建设名单。

教育教学。1.2017年11月4日至5日，房祥忠当选中国现场统计研究会理事长。2.陈松蹊获得2017年度高等学校科学研究优秀成果奖自然科学类一等奖，获奖项目为《高维数据统计推断方法》。3.由于在函数型数据分析领域所做出的奠基性和开创性的贡献，姚方2017年当选国际数理统计学会会士（IMS Fellow）。

【科研工作】 2017年中心教员共发表42篇学术论文，其中有4篇发表在国际统计学四大顶级期刊。共举办学术报告45场，其中来自海外的学者30场，国内的学者15场。继2016年3月发布《空气质量评估报告（二）》，中心环境统计科研团队在3月发布《空气质量评估报告（三）北京地区2013—2016年区域污染状况评估》，8月该研究团队又发布《空气质量评估报告（四）京津冀2013—2016年区域污染状况评估》。

超高维数据方面。陈松蹊研究小组建立一套高维统计检验的理论和方法，解决一系列重要的数理统计问题，取得具有国际影响力的创新成果，并在实际中得到重要应用。

函数型数据分析方面。把连续的函数型数据和具有高维、网络或者流形结构的模型及方法进行有机的结合，以及最新的机器学习和深度学习技术，提出创新的统计模型和解决相关的理论问题，从而可以有效的应用到大规模的数据处理中去。

因果推断方面。周晓华提出一个新的因果推断模型，不但放松原本sequential ignorability的强假设，更能应用于多水平中间关系、多成分的中介变量等更复杂的情形。作为一种基于估计方程的方法，该模型可以利用广义估计方程处理相关数据，利用逆概率加权的方法处理缺失数据。

网络数据研究方面。在理论研究方面，王汉生研究网络拓扑结构的产生机制，以及概率建模的可能性。在网络数据方面，研究复杂相依关系同拓扑结构的参数化表达。共发表相关论文29篇。

生物信息方面。席瑞斌在统计、生物信息方法取得了一系列研究成果，包括显著提高结构变异探测的敏感度、特异性及断点准确性，发展一个新的基于全基因组测序数据探测拷贝数变异的算法，发展一个用来探测网络差异的方法，发现与饮酒相关的点突变指纹，并找到一些包括EGFR等基因在内的关键可靶向用药变异，发现肝癌细胞有极高的异质性，构建相应的癌细胞进化树，并发现癌细胞的异质性显著地影响癌细胞对药物的响应等。这些成果发表在统计、生物信息的顶级杂志上。

计量经济和股指预测方面。在金融领域，股指预测一直是行业的重点。涂云东发现股指预测中的显著非线性关系，并结合金融学中的常见约束关系，构建带约束的非线性股指预测模型。该模型的预测表现比文献中的现有方法有较大改善。分别发表在 *Journal of Econometrics* 和 *Journal of Business and Economic Statistics* 上。涂云东针对诺奖获得者Engle and Granger 1987年提出的误差修正模型，提出模型选择和平均的策略，改善其在预测中的表现。发表在 *Journal of Econometrics*。宋晓军与bderrahim Taamouti教授提出利用非参数方法来度量和检验时间序列中可能存在的非线性和线性格兰杰因果关系。另外，该方法由于不假设任何参数模型，所以并不会受到模型错误设定的影响。

高维建模理论及其应用。贾金柱针对高位稀疏图模型，创新性地设计MCMC算法，该方法可以有效地对高维稀疏图模型进行抽样。使用该MCMC算法，研究出如何计算因果图中等价类的数量。研究非齐次模型对于变量选择方法的影响，理论上保证变量选择方法的广泛适用性。创新性地提出预处理方法，该方法可以更好地解决变量选择问题。应用稀疏学习方法很好地分析文本新闻数据，得到有意义的结果，为社会学家分析新闻数据提供很大方便。

【行政工作及其他工作】 统计科学中心共有行政人员3名，为合同制职工。

【交流合作】 第二届大数据时代下的高维统计建模与分析研讨会。5月14日至16日，第二届大数据时代下的高维统计建模与分析研讨会在光华管理学院举行，会议由统计科学中心、数量经济与数理金融教育部重点实验室和光华管理学院商务统计与经济计量系共同主办，光华管理学院承办。会议分为10个专题，34名统计学者作学术报告。来自国内近300名高校师生以及业内人士参加本次研讨会。14日举行青年学者论坛。会议联合主席蔡天文教授和陈松蹊教授致辞。统计科学中心林伟、黄辉、贾金柱主持专题报告。来自北大、清华、人大、南开、复旦、哥伦比亚大学、密歇根州立大学、内布拉斯加大学林肯分校等14名海内外青年学者报告他们的最新研究。16日上午，对话主编圆桌论坛举行。蔡天文主持圆桌论坛，来自 The Annals of Statistics 的2位联合主编——宾夕法尼亚大学 Edward I. George 教授和密歇根大学 Tailen Hsing 教授，Journal of the American Statistical Association: Theory and Methods 联合主编、罗格斯大学 Regina Liu 教授，Statistical Science 主编、罗格斯大学张存惠教授参加圆桌论坛，围绕期刊投稿和论文写作分别表达自己的看法。

第十三届计量经济学理论与应用国际研讨会。6月13日至14日，第十三届计量经济学理论与应用国际研讨会在北大光华管理学院举行，会议由北京大学光华管理学院商务统计与经济计量系、北京大学统计科学中心、北京大学数量经济与数理金融教育部重点实验室共同主办。13日上午的研讨会开幕仪式由涂云东主持，会议主席陈松蹊致辞。耶鲁大学 Xiaohong Chen 教授带来关于半非参数模型的学术文章。她的报告主要根据4篇论文介绍筛选拟似然比方法在半非参数模型中的前沿作用，展现该方法广泛的实用性。华盛顿大学 Yanqin Fan 教授发表关于带辅助数据的矩等式模型中的部分模型识别和推断的报告。哈佛大学 Elie Tamer 教授带来关于多元离散选择模型的报告。印第安纳大学 Joon Park 教授进行题为"函数型动态数据中的计量分析"的报告。波士顿学院 Zhijie Xiao 教授进行关于对带有条件异方差的时间序列数据的条件分位数的估计报告。印第安纳大学 Juan Carlos Escanciano 教授做出题为"半参数模型的识别与费歇尔信息"的报告。

第二届北大-清华统计论坛。2017年6月26日，第二届北大-清华统计论坛在清华大学学生职业发展指导中心报告厅成功举办。该论坛由清华大学统计学研究中心、北大统计科学中心共同举办，共吸引来自海内外多所高校的80余名师生参加。大会邀请清华大学统计学研究中心兼职教授、哈佛大学生物统计系终身教授、系主任林希虹教授与北京大学统计科学中心联席主任、北京大学光华管理学院商务统计与经济计量系联合系主任陈松蹊作特邀报告。论坛还特别为不久前辞世的著名统计学家陈家鼎设立纪念环节，北京大学房祥忠、艾明要共同主持纪念仪式，先后回忆陈家鼎生前杰出的学术成就与感人的师德师风，表达悼念之情。在海报展示环节，两校参会的博士生将自己近期的研究成果以海报的形式展示在会场周边。经过两校老师现场投票，北京大学博士生苗旺荣获"优秀毕业生"奖，清华大学李祺、北京大学王菲菲、梁德才分获"优秀海报奖"。

(李 楠、王彦懿)

信息与工程科学部

【发展概况】 信息与工程科学部是北京大学在信息与工程领域协调推进学科建设、教育教学改革、学术评价体系等工作，平衡学校使命与院系行为的学术治理机构。信息与工程科学部目前包括信息科学技术学院、工学院、环境科学与工程学院、计算机科学技术研究所、软件与微电子学院、软件工程国家工程研究中心等6个实体机构，涵盖力学、电子科学与技术、信息与通信工程、计算机科学与技术、环境科学与工程、生物医学工程、软件工程等一级学科。

【学科建设】 2017年依托学部各单位建设的8个学科（力学，材料科学与工程，电子科学与技术，控制科学与工程，计算机科学与技术，环境科学与工程，软件工程，机械、航空航天和制造工程）进入"双一流"建设学科名单。学部组织完成北京大学"双一流"建设方案中的《信息与工程综合交叉及能力提升学科建设方案》，协助完成力学与先进制造、材料科学与工程、信息科学与技术、环境科学与工程4个一流学科建设方案的编制工作。在2017年底公布的全国第四轮学科评估结果中，力学、计算机科学与技术被评为A+，电子科学与技术、环境科学与工程、软件工程被评为A，信息与通信工程、生物医学工程被评为B+。

【队伍建设】 2017年，张东晓教授、丛京生教授当选美国国家工程院院士，魏悦广教授当选中国科学院院士，访问讲席教授约翰·霍普克罗夫特、名誉教授文森特·珀尔当选中国科学院外籍院士，林宙辰教授当选美国电子电气工程师协会会士（IEEE Fellow）。黄罡、要茂盛2位老师获批国家杰出青年科学基金，蔡一茂、李忠奎、刘譞哲、陆克定、宋洁、王昊6位老师入选"长江学者"青年学者。

【教学改革】 2017年，学部启动"图灵班"本科生培养项目。2017年5月，霍普克罗夫特教授获聘北京大学访问讲席教授，并于2017年7月24日至8月5日期间在北京大学工作，亲自面试选拔近30名本科生进入"图灵班"。自2017年秋季学期开始，"图灵班"学生将施行全新的课程教学体系。2017年10月17日在静园五院举办首期图灵班开班仪式，标志着北京大学计算机科学技术人才培养改革正式启动。

【学术委员会】 按照学校要求，信息与工程科学部认真组织审议2017年老体制教学科研人员专业技术职务聘任工作。2017年，学部所属各单位共推荐教授候选人6人，副教授（副研究员）候选人4人，另有1人从教育管理系列转入研究技术系列，代评软件与微电子学院2位教授和2位副教授候选人。经审议全部通过学部学术委员会审议。

【前沿计算研究中心】 前沿计算研究中心是经学校组织专家论证，在信息与工程领域启动建设的新体制实体研究机构。2017年5月，霍普克罗夫特教授获聘北京大学访问讲席教授并担任前沿计算研究中心主任。2017年下半年，前沿计算研究中心建设规划先后通过学校学科建设委员会和机构编制委员会审批。学科建设办公室在2017年底完成前沿计算研究中心未来几年学科建设经费预算讨论。

【人工智能前沿论坛】 由学科建设办公室主办、信息与工程科学部承办的"北京大学人工智能前沿论坛"于2017年12月23日成功举办，来自校内外多家单位的200余人参加论坛，30多位专家学者在论坛上作学术报告。论坛为制定北京大学人工智能相关学科发展规划、建立人才培养和学术创新平台、开展有组织的科学研究奠定良好基础

【管理运行】 2017年，信息与工程科学部先后召开7次学部部务会、1次学部学术委员会会议、1次学部教学指导委员会会议和1次学部主任办公会，讨论学部学科规划、教学改革、队伍建设等重大问题。学部办公室围绕学部职责，配合学部领导工作，充分发挥综合协调和行政支撑作用，做好沟通协调、公文处理、调查研究、会务组织及其他日常事务，为学部决策提供服务支持和落实保障。

（刘小鹏）

信息科学技术学院

【发展概况】 北京大学信息科学技术学科具有悠久的历史，最早可以追溯到上世纪50年代数学力学系的计算数学专业，以及物理系的无线电物理、电子物理和半导体物理专业。1958年12月，在物理系无线电物理、电子物理等专业基础上成立无线电电子学系，1996年更名为电子系。1978年，在数学系计算数学专业和无线电电子系计算机专业基础上组建计算机科学技术系。1985年，为了发展多学科的交叉与融合，由数学系、计算机科学技术系、电子学系等校内十个系（所）联合组建信息科学中心。1986年，成立微电子学研究所。2002年正式组建成立信息科学技术学院。

目前学院涵盖计算机科学与技术、电子科学与技术、信息与通信工程及软件工程4个一级学科及其相关的计算机软件与理论、计算机系统结构、计算机应用技术、计算机科学与技术（智能科学与技术）、信号与信息处理、通信与信息系统、微电子学与固体电子学、物理电子学、电磁场与微波技术、电路与系统和电子科学与技术（量子电子学）等11个二级学科。学院有计算机科学与技术、电子信息科学与技术、微电子科学与工程、智能科学与技术和通信工程5个本科生专业，实行按学院统一招生。

学院拥有2个国家级重点实验室、1个国家级工程实验室，12个省部级重点实验室（或工程研究中心），并与多家知名中心组建联合研究机构。2017年新增"111计划"创新引智基地"后摩尔时代微纳电子"，以及华为-北京大学软件工程技术联合实验室、北京大学-深圳市腾讯计算机系统有限公司协同创新实验室。

2017年，学院人才团队建设得到进一步的加强。2016年海外高层次人才引进计划（青年项目）入选者3名已完成报到，2017年引进海外高层次人才引进计划入选者1名，海外高层次人才引进计划（青年项目）入选者1名。获国家杰出青年科学基金资助1名，获国家自然科学基金优秀青年科学基金资助1名。

15年来，学院承担了一批立足于国家需求、面向国际前沿的重大科研项目，到账纵向科研经费超过32亿（2017年新增22,130.88万）元人民币，并取得一批重要研究成果，获得国家级科技奖励25项（其中第一完成单位12项，2017年新增1项）和省部级科技奖励50项（其中第一完成单位35项，2017年新增2项）。

学院目前包含基础教育部、研究生教育部和继续教育部等3个教学管理单位，电子学系、微电子学系、计算机科学技术系和智能科学系等4个学科建设单位，以及基础实验教学研究所、物理电子学研究所、量子电子学研究所、应用电子学研究所、现代通信研究所、微电子学研究院、系统结构研究所、网络与信息系统研究所、软件研究所、计算语言学研究所、数字媒体研究所、高能效计算与应用中心、信息科学中心和信息技术创新研究院等14个教学科研实体单位。2017年成立北京大学（天津滨海）新一代信息技术研究院，以及与杭州萧山共建北京大学信息技术高等研究院。

学院院长黄如，副院长查红彬、候士敏、李文新、谢冰、蒋云；党委书记魏中鹏，副书记冯梅萍、卢亮。学院学术委员会主任何新贵，副主任迟慧生、梅宏，委员陈徐宗、程旭、高文、胡小龙、黄如、焦秉立、李红滨、李晓明、彭练矛、魏中鹏、杨芙清、吴文刚、查红彬、张兴。学院学位评定委员会主席杨芙清，副主席黄如、彭练矛，委员陈向群、陈章渊、代亚非、郭弘、郭宗明、候士敏、刘晓彦、吴文刚、谢昆青、查红彬、张盛东、金芝。2017年成立学科发展委员会，推进学院学科建设和人才队伍建设，包括计算机科学技术系学科发展委员会（主任黄铁军）、电子学系学科发展委员会（主任彭练矛）、微纳电子学系学科发展委员会（主任吴文刚）、智能科学学科发展委员会（主任谢昆青）。

学院2017年在职教学科研人员283人，正高级职称118人，副高级职称127人，中级及以下职称38人，其中含中国科学院外籍院士2人，美国国家工程院院士1人，发展中国家科学院院士1人，两院院士10人（含双聘院士4人），新体制教研及新体制研究技术人员61人。

【教学工作】 2017年在校学生总数2724人，其中本科生1333人，硕士研究生742人，博士研究生649人。2017年新生总数725人，其中本科新生343人，硕士新生251人，博士新生131人。2017年授予学士学位337人，硕士学位231人，博士学位108人。在取得博士学位的108人中，汪定（导师王平）、李星（导师陈清）、蒋晓波（导师黄如）、汤恒河（导师刘濮鲲）、邓清中（导师周治平）、牟立力（导师张路）获北京大学优秀博士论文，蒋晓波（导师黄如）、李星（导师陈清）获电子学会优博优秀奖，汪定（导师王平）、辛博（导师高文）获计算机学会优博，高睿鹏（导师丛京生）获电子教育学会优博。

2017年，为培养未来的计算机科学领军人才，信息科学技术学院专门开设"图灵班"并开始正式招生，经过严格筛选，24名同学加入首届"图灵班"，并于10月17日于静园五院举行开班仪式。图灵奖得主John Hopcroft教授2017年5月来北大举办学术讲座，并接受林建华校长聘书担任北京大学兼职教授。

2017年本科生发表国际期刊论文15篇，国际会议论文53篇，国内期刊论文2篇；国内会议论文3篇；申请专利2项。

本科生竞赛。信息科学技术学院2017年承办第42届国际大学生程序设计竞赛（ACM-ICPC）亚洲区预选赛，并在2017年第41届ACM世界总决赛中获银奖。此外，信息科学技术学院学生还获得全球大学生超级计算挑战赛总决赛殿军、"第十届计算机程序设计大赛"二等奖1项、三等奖3项、电气电子工程师学会通信协会（IEEE Communications Society）2017年学生竞赛一等奖1项。

教师工作成绩。信息科学技术学院1人被评为第13届北京市教学名师，1人获教育部全国万名优秀创新创业导师。此外，2017年国家精品在线开放课程6门，8个项目被推荐北京市教学成果奖，3名教师获批教育部创新创业项目。教师工作成绩方面，11月教育部教学评估，访谈学院1场、调取学院期末试卷及相关材料3门、听课3门、查阅学生毕业论文36本。

【科研工作】 学科建设和科学研究。共承担国家级、省部级、科技开发等各类科研项目431项，所获纵向经费约2.21亿元，签署技术服务、技术咨询、技术转让合同107项，所获横向经费约5159.34万元，纵向和横向科研经费总计约2.73亿元。2个项目获批国家重点研发计划，1个项目获批"纳米科技"专项青年科学家项目；1个项目获批国家自然科学基金重点/重大研究计划（重点支持）；信息科学技术学院首个国家重大科研仪器研制项目（自由申请）获批；由信息科学技术学院教授担任首席科学家的1个国家重大科学研究计划项目通过验收。

2017年，学院进一步致力于开展交叉学科合作研究，发起成立北京大学人工智能高等研究院、学院医信交叉研究中心，参与学校首届临床医学+X论坛，筹建北京大学计算社会科学研究中心等。

科研成果。2017年1月，信息科学技术学院团队在《科学》发表论文，为学院首篇。11月在《自然·光子学》（创刊号）发表论文，为学校首篇。还有2位老师在《自然·通讯》发表论文。此外，1个项目获2017年国家技术发明二等奖；1个项目入选年度中国高校十大科技进展；1个项目获2017年高等学校科学研究优秀成果奖自然科学一等奖；1个信息科学技术学院参与完成的项目获2016年北京市科学技术二等奖；1个项目获中国电子学会科学技术奖技术发明特等奖，1个信息科学技术学院参与完成的项目获技术发明一等奖；1个项目获中国通信学会科学技术奖自然科学二等奖；1个项目获第19届中国专利优秀奖。

个人科研荣誉。1人获全国创新争先个人奖（首届）；1人当选电气电子工程师学会会士（IEEE fellow）；1人入选求是杰出青年学者奖；1人获日本大川研究助成奖；1人入选中国计算机学会-英特尔青年学者提升计划；2位访问讲席教授当选中国科学院外籍院士。

【交流合作】 在对外交流合作方面，1人随学校代表团访问日本、澳大利亚。19个海外学术机构或公司研发团队，以及10余位外籍院士到访；学院组织第四届北京大学-台湾大学信息科学技术论坛、第八届高通公司大中华区高校合作科研项目研讨会等；执行北京大学海外名家讲学计划项目4个、海外学者讲学/访问研究计划项目2个。

【党建工作】 2017年，信息科学技术学院党委围绕学习贯彻党的十九大精神、北京大学第十三次党代会精神，开展专题学习报告会、主题党团日等一系列活动，并进一步深入开展"两学一做"主题教育，进行党委书记讲党课、领导班子专题学习研讨等活动。全年完成党建立项41项，并在2016—2017学年基层党建创新立项申报中，获得2个二类项目，1个一类项目的支持。2017年发展党员57名（其中教职工1人）、转正党员118名、青年骨干培训2人。31个学生党支部完成换届。

学院党委获得"北京大学党务和思想政治工作先进集体"；2人获得"北京大学优秀党务和思想政治工作者"荣誉称号，15人获得"北京大学信息科学技术学院优秀党务和思想政治工作者"荣誉称号，3人获得"北京大学信息科学技术学院党务和思想政治工作十年奉献奖"。学院还获得学工部党团日联合主题教育活动优秀组织奖。

【行政工作及其他工作】 2017年，学院工会积极支持学校青年教师基本功大赛，学院5位参赛教师全部获奖，学院获得

"北京大学第十六届青年教师教学基本功比赛"优秀组织奖，在2017年5月举办的卓越教学论坛受到表彰。此外，院工会还获得2015、2016年北京大学模范工会委员会；2016年北京大学工会群众工作先进单位一等奖；2017年北京大学体育文化节团体总分第五名；2017年教职工羽毛球比赛，甲组第四名，乙组第七名；2017年教职工乒乓球比赛，女子组团体第三名、男子组团体第四名；2017年教职工游泳比赛，团体总分第十一名。

离退休工作方面，学院现有离退休人员225位（含离休4位），年龄80岁以上有66人，70—80岁的有88人，70岁以下71人，空巢、长居国外、独居、孤寡老师30余人，95%离退休人员参加与在职职工同步的查体，过半人数参加"怀柔神堂峪"郊游活动。此外，还召开老同志新年茶话会，发放教师节、中秋节和国庆节节日慰问费、慰问品。全年共计29人次获得学校党委系统、学校离退休工作部以及学院慰问，16位80岁以上老师领取了红围巾，新退休的老师收获了学院给予的一份感谢。全年学院离退休工作投入经费70万元。

【学生工作】 2017年学院荣获北京大学党务和思想政治工作先进集体称号；2014级本科4班、2016级本科6班被评为北京大学优秀班集体；2015级本科5班、2016级本科3班、8班被评为北京大学先进学风班；智能科学系2017级硕士生党支部的创新立项获评北京大学基层党建创新立项二类项目，计算机应用2015级硕士生党支部等4个支部的立项获评三类项目。

（信息科学技术学院）

工学院

【发展概况】 2017年教学科研系列教师104人，其中院士4人，海外高层次人才引进计划入选者7人，长江学者17人，海外高层次人才引进计划（青年项目）入选者16人。在校本科生418人，其中，留学生9人，港澳台地区学生2人。在校研究生人数863人，其中，博士生605人，硕士生258人。

【教学工作】 本科生教学。1.基本情况。招收本科生112人，其中，留学生3人，港澳台学生1人。2013级83名本科毕业生中，75人毕业，7人暂结业，1人结业。74人获得学位，17人获得理学学士学位，57人获得工学学士学位。

2.双培计划。工学院首批25名来自北京工业大学和北京建筑大学的双培学生于2017年9月进入工学院学习。2016级双培计划与高精尖项目结合，在行政管理上单独编班，设在工学院，由工学院具体负责教学组织和学生管理。

3.学生情况。2017年共计37人次赴境外出访或交流。2014级共有59名学生获得免试推荐研究生资格。2016级106名学生顺利完成专业选择，其中，理论与应用力学专业28人，工程力学（工程结构分析方向）专业8人，能源与环境系统工程专业21人，航空航天工程专业10人，生物医学工程专业13人，材料科学与工程专业20人。

4.课程情况。2017年共开设167门本科生课程，107门研究生课程。自2017年春季学期开始，工学院力学与工程科学系开设工学创新实践课程，该课程以教师进行基础知识讲解为辅助，以学生分组动手实践为主，激发学生的创新热情，培养学生将理论知识应用于解决实际问题的能力，提高学生的团队协作意识，为工学院创新型人才的培养提供强有力的支撑。

5.境外教材。2017年共3册境外教材经本科课程任课教师推荐和学院审核，通过教材建设委员会的审定。

6.辅修及双学位。工学院自2017年起，工学院6个本科专业全面开设辅修及双学位，共有6名来自校本部和医学部的学生申请工学院双学位。

7.本科生科研训练。工学院2015级本科生科研立项项目中，莙政基金2项，国家创新训练项目5项，北京市创新计划2项，华宝基金2项，毛玉刚基金1项，钟夏校际科研基金2项，校长基金9项，学院共有23名学生参与课题研究。2017年10月，工学院19个2014级本科生科研项目顺利完成结题。2016年优秀"国家创新训练项目"优秀论文奖：彭施瑞（导师：段慧玲），2016年"钟夏校际科研资助基金"优秀论文奖：贾博宇（导师：占肖卫）。

8.国家基础科学人才培养基金。2017年学院"国家基础科学人才培养基金"资助18个科研训练课题，共有23名本科生参与课题研究，2名学生获得短期出国交流资助。

9.北京大学2017年中学生暑期课堂（工学）。2017年7月15—19日举办北京大学2017年中学生暑期课堂（工学），收到来自全国17个省市自治区共计1321份有效报名材料，经选拔评审委员会评审及学校招办审核，选拔出245名学员，最终215名学员报到。夏令营通过名师讲座、专业咨询、实践作品展示、开班仪式、师生联欢会、结业仪式等多项活动展示工学学科特点，培养营员对工学学科的兴趣。

10.北京大学教学优秀奖。王前老师获得北京大学2016—2017年教学优秀奖。

11.第十一届全国周培源大学生力学竞赛。工学院作为北京大学联络院系组织全校学生报名，来自工学院、物理学院、信息科学技术学院、数学科学学院共计44名本科生及研究生报名参赛。最终工学院22名同学取得优异的成绩：一等奖滕郁骏；二等奖费渝、胡昊；三等奖梁学、邢家诚、郭鑫星、侯江东、邱泓恬、倪超；优秀奖王榕金子、翟锦鹏、钱佳琛、胡枭汗、顾丁炜、黄琨、程杪、胡子渊、翟盛、宋喆人、高晓荃、陈鹏、吴王鸿志。

研究生教学工作。1.基本情况。招收研究生255人，其中，博士生117人，硕士生138人；2017年毕业研究生共224人，其中，博士生103人，硕士生121人。

2. 国际交流。2017年共有149人次申请出国参加国际会议或合作研究，其中19人次获得北京大学国际会议资助，20人获得"国家建设高水平大学公派研究生项目"支持到国外大学做合作研究。

3. 境外教材。2017年共7册境外教材经研究生课程任课教师推荐和学院审核，通过教材建设委员会的审定。

4. 夏令营工作。2017年7月8日至9日，工学院成功举办2017年全国优秀大学生夏令营，来自全国75余所高校的300余名同学参加本次活动。

5. 博士生学术论坛。2017年12月9日至10日，由北京大学研究生院和北京大学工学院共同主办，工学院生物医学工程系承办，第五届北京大学工学院博士生论坛暨2017年生物医学工程博士生论坛顺利举行。

6. 优秀博士学位论文。2017年北京大学优秀博士学位论文获得者：孙永奇（指导教师：王习东）、赵耀民（指导教师：陈十一）、史建平（指导教师：张艳锋）、李彪（指导教师：夏定国）、付俊杰（指导教师：王金枝）、史忠顺（指导教师：侍乐媛）。

7. 北京大学教学优秀奖。材料科学与工程系曹安源老师的《能源材料》和工业工程管理系宋洁老师的《建模与仿真》两门研究生课程获得北京大学教学优秀奖（研究生部分）。

（朱若珊）

【队伍建设】 工学院按照学科建设要求，制定相应的短期、中期以及长期教师队伍规划。根据2017年工学院的工作计划及学校总体工作安排，在主管领导及党政班子的领导下，围绕人才引进、开发、聘任、考核、评估等工作，完成日常人事管理和服务工作。进一步完善《工学院人事体制综合改革报告》《工学院教职工离职程序》《兼职教授管理实施办法》等。机构设置和岗位定编工作基本完成。

2017年4人通过转长期评估，其中1人获长期教授职位，3人获长期副教授。根据学校精神，完成了2016—2017年专项岗位考核聘任工作，并完成2017年海外高层次人才引进计划（青年项目）申报、考核工作。

人才项目申报、人才引进工作方面，2016年海外高层次人才引进计划（青年项目）入选者获批3人已全部到岗。青年长江申报2人获批，引进教研系列1人、研究技术系列1人。

在奖教金获奖方面，王昊获嘉里集团郭氏基金树人奖教金、宋洁获绿叶生物医药杰出青年学者奖、刘才山唐立新奖教金教学名师奖、邹如强获王选青年学者奖、段慧玲获杨芙清-王阳元院士教师奖优秀奖、王金枝获曾宪梓优秀教学奖、吴晓磊中国工商银行奖教金优秀教师奖、周超获宝钢教师奖优秀奖、戴志飞获宝洁教师奖、张玺获北京银行教师奖、曹安源获正大教师奖。

2017年完成相关报告撰写、规章制定、考核评估、绩效奖励、岗位聘任、各类人员的工资考勤、招聘计划制定、职称评审、学术委员会换届等；完成教育系统满30年统计、奖教金申报、人事归档、福利费发放、子女互助医疗统计等工作。

（刘 文）

【科研工作】 工学院拥有一支规模适度、结构合理、素质优良的高质量教师队伍，其中获得国家杰出青年科学基金获得者24人，优秀青年科学基金获得者13人，科技部项目（含重点研发计划）首席科学家8人，国家基金委"创新研究群体"3个，教育部"创新团队"2个。

工学院2017年新获批各类科研项目205项，获批经费2.3亿元，其中包括国家自然科学基金各类重点项目7项，国家重大科研仪器研制项目（自由申请）1项，优秀青年科学基金1项，国家重点研发计划项目1项（低维异质结构的磁性和输运性质调控及其微纳器件，侯仰龙）。工学院2017年到校科研经费2.5亿元，其中横向经费和行业专项3830万，纵向经费21,185万。

2017年发表（含合作发表）专著7部、编著3部和教材1部。举办各类学术报告会213场，其中141场的报告人来自境外。2017年发表SCI检索论文852篇，其中480篇第一作者或最末通讯作者的第一署名单位为工学院，平均影响因子4.92。高水平论文的数量稳步增长，2017年影响因子超过5的文章有142篇，其中46篇超过10，3篇超过20（均指第一作者或最末通讯作者文章）。2篇论文入选"中国百篇最具影响国际学术论文"，9人进入爱思唯尔发布前一年中国高被引学者榜单，6人进入科睿唯安公布的全球"高被引科学家"（2017）名单。申请专利61项，授权专利51项。获得各类奖项和荣誉15项，其中1项国家自然科学二等奖，1项教育部高等学校科学研究优秀成果奖自然科学奖一等奖（参加）。

工学院主办和承办各类重要学术会议12场（含国际会议5场），国内外学术影响力得到充分体现，其中包括：中-法复合材料结构损伤/断裂研讨会、中国力学大会暨庆祝中国力学学会成立60周年大会、SPHERIC北京国际研讨会、第八届全国力学史与方法论学术研讨会（HMM-VIII）暨全国力学学术大会力学史与方法论分会、北京大学工学院-香港科技大学工学院教师学术研讨会、首届"全球青少年人工智能与机器人大赛"启动仪式暨"人工智能与机器人"教育论坛、工业智能制造管理创新技术及应用报告会、中国力学学会第96次青年学术沙龙等。

（陈 斌）

【交流合作】 2017年工学院结合学校要求，严格遵守学校和工学院制定的教职工出访申报规则和流程。师生出国（境）共381人次，出访国家（地区）涉及美国、英国、法国及港澳台地区等。其中赴港澳58人次，赴台4人次。积极开展学术交流方面工作，交流渠道多元化。全年共接待来自美国、英国、韩国、日本等国和香港、台湾地区知名高校来宾200余人次。

2017年是"国际化示范学院推进计划"试点学院项目执行的第二年，外专局拨款200万元。这项工作为推动学院国际化建设尤其是外国专家的聘请作出一定的贡献。2017年工学院利用北大"海外学者讲学计划"和"海外学者研究计划"项目共15万元先后聘请专家约24人次来讲课、讲座及科研合作。在英文培博士留学生招生工作方面，2017年入学留学生8人，分别来自德国、日本、马来西亚、巴基斯坦。2017年Globex Julmester国际暑期项目顺利开展，共有来自英国、美国、法国、加拿大、澳大利亚、韩国等10个国家的28所高校的344名学生赴北大工学院参与该项目。同时，项目邀请到美国加州大学欧文分校工学院院长、澳大利亚新南威尔士大学工学院院长以及国际知名高校的20名教授，共开设16门全英文授课课程，其中包含10门工学课程，2门创新创业课程，3门中国相关文史课程以及1门科学历史课程。

（张珊珊）

【党建工作】 2017年，工学院党委基于"为教工服务、为学生服务、为学院发展服务"的工作定位，积极开展学院的党委工作。

2017年工学院新发展党员18人，有13人转为正式党员。工学院党委认真建立健全支部建设，重新进行支部划分，现共有党支部52个，其中教工党支部9个（包括前沿交叉学科研究院教工党支部1个，离退休教工党支部1个），学生党支部43个（包括前沿交叉学科研究院学生党支部22个）。截至目前，工学院共有党员919人，其中学生党744人，教职工党员131人，离退休党员44人。

2017年，工学院党委傅缤、张清平两位教工党支部书记被评为"北京大学优秀党务工作者"。

2017年，工学院党委根据学校安排，结合学院实际，积极开展党建活动。为贯彻落实中央精神，根据学校党委要求，工学院认真学习，深入调研，结合学院实际情况，制订工学院任务分解方案。认真组织学习习近平总书记在全国高校思想政治工作会议上的重要讲话和视察北京大学时的重要讲话精神，进一步聚焦立德树人任务，加强和改进学院思想政治工作，加强师德师风建设，进一步加强和完善师资队伍建设，建立完善教师纪律约束和师德师风建设的长效机制及评议体系。9月，为迎接党的十九大顺利召开，工学院党委积极开展一系列活动。

工学院党政班子严格执行党风廉政建设方面的各项规定，2017年至今未发现违规违纪现象。

（闫静）

【宣传工作】 2017年，工学院的宣传继续利用多种渠道、采用多种形式向校内外和国内外进行正面宣传，宣传媒介包括中英文网站、《工学快讯》期刊、中英文电子报和微信公众平台。其中，中英文网站今年发布新闻254则，网站各栏目更新及时。《工学快讯》印刷4期，每期发放300册；电子报全年发行6期中英文，每期共发送14,000人；微信平台定期推送新闻和通知消息，目前关注人数从2016年的1600人增至2017年的2735人。

（李咏梅）

【学生工作】 本科生毕业生去向。2017年工学院全体本科毕业生共计83人，其中升学39人，出国（境）24人，就业（包括灵活就业和自主创业）16人，待就业4人，分别占毕业生总数的47.56%、29.27%、18.02%和4.87%。

1. 出国情况。从2017年本科毕业生出国出境留学去往国家（地区）看，美国是吸引2017年本科出国出境留学毕业生最多的国家，有来自机械工程、材料科学与工程、能源与资源工程、生物医学工程等专业的共计20名毕业生选择去美国高校继续深造，占本科毕业生总人数的24.10%，并占出国出境留学毕业生总人数的83.33%。此外，各有1名机械工程专业的毕业生选择去日本、英国深造，1名电子信息与计算科学工程专业的本科生选择去加拿大深造，1名土木工程专业的本科生选择去中国香港深造。

2. 国内升学。2017年工学院本科毕业生中共有39人选择国内升学，在本科毕业生中所占比例为46.99%。其中34人选择留在北京大学继续深造。材料科学与工程专业有8人选择国内升学，占该专业毕业生的57.14%。工程结构分析专业共有12人选择国内升学，占该专业毕业生的60%。理论与应用力学专业共有7人选择国内升学，占该专业毕业生的38.89%。能源与资源工程专业共有7人选择国内升学，占该专业毕业生的36.84%。生物医学工程专业共有5人选择国内升学，占该专业毕业生的50%。所去院校以北京大学为主。

3. 就业。2017年83名本科毕业生中有16人参加就业，占毕业生总人数的19.28%。其中去企业8人，灵活就业8人。2017届8名本科毕业生（除去4名待就业和8名灵活就业的毕业生）就业地域比较集中，3人选择上海市，2人选择广东省，2人选择北京市，1人选择新疆维吾尔自治区。

研究生毕业去向。2017年工学院硕士毕业生共计121人，其中出国升学6人，就业115人。在115名参加就业的硕士毕业生中，去往国有企业27人，三资企业6人，科研单位11人，政府机关5人，其他企业66人。2017年北京仍然是毕业生就业首选地，其中56人选择北京就业，占硕士就业总人数的48.70%，15人选择上海，12人选择广东。

（李钊）

【科技开发及社会服务】 1.新奥合作。2017年工学院与新奥集团启动联盟项目12项，能源项目8项、健康项目4项，金额总计510万元。项目通过中期评审和终期验收，双方对项目成果都很满意。双方也已评选出2018年的新增能源联盟项目5项，继续合作开发项目3项，金额总计340万元。

2. 京东方合作。2017年5月，在工学院的协调下，北京大学与京东方签署战略合作协议、捐赠协议和共建联合研究机构协议。京东方在10年总计捐赠5000万元设立讲席教授津贴和奖教金；连续10年向联合研究机构投入1.5亿，与北京大学共同开展医疗大健康、传感器、显示等方向的科学研究。目前京东方在工学院的协调下，已经调研工学院、信科学院、物理学院近20余个科研项目。同时，双方的项目启动会和理事会召开工作正在积极筹备中。

3. 国际合作。2017年初，在工学院的推动下北京大学、美国密歇根大学、北京协同创新研究院三方签署共建"先进制造国际协同创新研究院"协议；北京大学、美国西北大学、北京协同创新研究院三方签署共建"先进材料系统与仿真国际协同实验室"协议。

4. 项目孵化。2017年，工学院依托北京协同创新研究院这一北京大学与北京市科委的共建平台，共推动北京大学"石墨烯AFM针尖的研发及应用""自养生物脱氮ANAMMOX特种菌种快速培养技术开发""硝基化合物污染土壤修复关键技术和工艺及工程化应用研究""高性能纤维光伏电池及储能单元应用研究""全钒液流电池（VRFB）用离子交换膜""硅基单片集成100Gbs光收发模块""单片集成MEMS环境压力传感器""工业探伤X射线数字成像系统""多功能激光煤质快速分析仪""便携式偏振皮肤成像系统""皮肤共聚焦三维成像系统""高效宽带LED光源研制""制备识别His, Fc标签及HER-2的3种纳米抗体"等13个项目的产业孵化，项目孵化经费为6420万元。

其中北京大学包头创新研究院固废综合利用学院研究团队为内蒙古粉煤灰回收利用产业打造亿元产值。组建的学院6家产业化公司运行良好。投资平台投资的广东惠利普智能科技股份有限公司成功挂牌新三板上市。同时，学院也在加快协同创新园的建设，为工学院及北京大学的教学科研发展提供更高更好的物理空间。

5. 横向合作。2017年工学院老师对外签署的横向课题数量有53项，合同金额总计2748.8万元；工学院老师从科技开发部入账横向课题数量57项，入账金额总计1620.38万元。

（李咏梅）

【发展及校友工作】 2017年新设立2个基金项目：黄琳院士基金（40万元）和京东方讲席、奖教金基金（5000万元）。工学院捐款合同总额为51,641,000万元，到账金额为664.1万元人民币，4万美元。筹划并实施北京大学工学院院友会第二届理事会第二次常务理事（扩大）会议，北京大学校庆119周年工学院院友会系列活动——工学院毕业院友签到、纪念品领取活动，"来听我们的故事吧！——中国石油、中国石化、中国海油联手走进北京大学讲座"，北平大学北京大学工学院校友返校联谊聚餐，吴康铭励志奖学金颁奖典礼及座谈，工学院、城市与环境学院、北清缘单身校友联谊，北京大学工学院一行赴云南大理州弥渡县新街镇深度调研考察，忠孝振兴奖学金颁奖典礼暨创新创业教育交流会，协鑫奖学金颁奖典礼暨《职业生涯规划》公益讲座，钟赐贤、夏晓奁本科实习奖学金颁奖典礼及实习汇报总结会，《当今世界反导武器的发展和瞻望》讲座，北京大学工学院第三届院友会员代表大会暨第一次理事会会议，北京大学工学院"工行天下"业界导师项目第三届结业典礼暨第四届聘任仪式等，协助学院对口新街镇光伏项目、校区建设等精准扶贫落实、保定3S双创社区智慧支持和合作等工作。

（李咏梅）

【创新创业教育】 创新教育中心。2017年工程管理硕士招生70人，是该专业招生以来录取人数最多的一届，在校生突破140人。首次招收非全日制学生，并与理事单位合作，接收理事单位推荐学生，开创学院服务企业、行业的新模式，生源质量得到提高。2017年毕业学生73人，是毕业学生最多的一年。工程管理硕士教育教学水平和学生培养质量不断提高，毕业生中有5人选调进入省直机关，数十位同学进入央企或知名外企、科研院所，就业率达到100%。

2017年，工学院启动工业设计工程专业的招生准备工作，招生类型为专业学位硕士，学习方式为非全日制，基本学习年限2年，学费总额13.8万，招生名额30人，隶属创新教育中心管理，拟2018年招收第一届学生。拟开设三个研究方向：智能机器与产品交互设计、创新设计管理和基于新材料技术的创新设计。培养目标为：面向高新技术产业和现代制造业，培养具有国际视野和较强综合能力，掌握工业设计工程领域坚实的基础理论和宽广的专业知识，了解该领域最新成果和发展动向，具有较强的解决实际工业设计工程问题的能力，解决技术创新、产品创新与产业发展中的设计问题的高端人才。

创客实践教育中心。主要负责组织日常学生团队在中心项目管理及项目所需支持的协调；组织日常学生项目的征集工作等。同时根据工学院、北京大学对创新实践教育工作任务部署，配合完善中心平台的服务。2017年共组织学生创客活动8场，协助学生创业创新项目展示10场。2017年1月，配合北京大学教务长办公室与工学院力学与工程科学系开设工学创新实践课程、与能源与资源系开设能源与环境系统工程创新实践课程等。2017年7月，中心开设"太阳能光伏发电系统课程"，为北京大学在校本科生与全球校外青年学生提供动手实践及河北宁晋、上海太阳能工厂实习等内容。2017年9月，中心开始筹备"全球青少年人工智能与机器人大赛"，大赛启动式于2017年12月21日在北京大学成功举办。

（李咏梅）

计算机科学技术研究所

【发展概况】 北京大学计算机科学技术研究所（以下简称计算机所）2017年教师队伍总人数32人，其中正高职称10人、副高职称18人，新体制助理教授3名，新晋升正高职称1人、副高职称1人，引进新体制助理教授1人。教辅人员4人、劳动合同制13人，教职员工共计49名。

国际同行评议。2017年，10位来自世界一流大学和研究机构的专家对计算机所进行国际同行评议，专家组对计算机所在电子出版领域的贡献和技术转化方面的成就进行充分肯定，并一致认定计算机所在计算机学科的科研竞争力达到世界一流水平。

【教学工作】 2017年毕业博士研究生6名、硕士研究生22名；入学博士研究生6名、硕士研究生23名；在读博士研究生31名、硕士研究生66名、软微工程硕士生3名。

学生成果。博士生发表期刊论文9篇，会议论文25篇；硕士生发表期刊论文8篇，会议论文49篇；本科实习生发表会议论文8篇。

2017年，博士研究生黎桐辛获得蚂蚁金服的"AFSRC漏洞安全大奖"，并获"AFSRC高级安全专家"称号。

课程设置。在学校共讲授17门课程，其中8门研究生课程、9门本科生课程。

教学获奖。刘家瑛的MOOC课程被评为"中国高校计算机教育MOOC联盟优秀课程"；刘家瑛获北京大学"杨芙清-王阳元院士教师奖"；高良才获北京大学"正大教师奖"，彭宇新获北京大学"教学优秀奖"。

【科研工作】 2017年在研项目73项，到帐经费2390余万元，其中纵向科研经费1317万元。

1. 科研成果。2017年共发表学术论文117篇，其中会议论文91篇，期刊论文26篇，影响因子最高的为7.384，SCI论文11篇，CCF A类论文43篇。其中博士研究生李马丁的论文"Joint Denoising and Enhancement for Low-Light Images via Retinex Model"获IFTC-2017会议最佳论文奖。

2017年共获得国内发明专利授权13项，申请并被受理的国内发明专利35项。

2. 科研进展。围绕图像/视频智能编辑技术，创新性地提出一种基于神经网络模型构建与学习的单张图像去雨算法，并首次提出一种文字自动风格化生成算法。相关工作发表在CVPR、ICCV、IJCAI、AAAI等顶级国际会议上。

在文本语义与情感分析、文本摘要与自动生成等方面，提出基于因子分解与图融合的深层语义分析算法、面向多语言的统一情感分类算法、基于深度学习的摘要生成算法等多项原创性算法，研究成果在ACL2017发表的1篇长文被评为该会议杰出论文，这是北京大学在ACL会议上首次获奖。

在跨媒体分析与检索上，针对如何有效建模不同模态的多粒度信息，以及模态内部和模态之间关联关系的问题，提出一种基于多粒度层级网络的跨模态关联学习方法；提出基于混合迁移网络的跨模态统一表征方法，实现从单模态源域到跨模态目标域的知识迁移。

在知识库动态构建技术方面，改进优化信息抽取和知识库构建技术，并采用该技术自动构建并动态扩展中文语义知识库PKUBase。在问题深度理解与智能问答方面，针对863类人智能课题的地理高考试题的因果类问题，提出一套基于因果关系资源构建和句子语义分析的技术框架。

在汽车自动驾驶方面，提出一种基于视觉信息的汽车自动驾驶模型。

3. 交流合作。出国参加国际学术会议86余次，邀请校外专家来所做学术交流报告22场，承办或协办学术会议4次。承办"大数据环境下图数据管理学术交流会"和"图数据管理学术研讨会"，协办中国计算机学会的"The 6th CCF International conference on Natural Language Processing and Chinese Computing (NLPCC 2017)"。

科研获奖。万小军凭"互联网信息摘要与机器写稿关键技术及应用"获第七届吴文俊人工智能技术发明奖二等奖；万小军获"中国计算机学会自然语言处理与中文计算青年新锐奖"。王勇涛团队参加文档识别领域重要国际会议ICDAR 2017举办的两项竞赛，即大规模中文场景文字检测识别竞赛（RCTW-17）和英文场景文字检测识别竞赛（COCO-Text），并获得这两个竞赛检测任务的第一名。彭宇新团队继续参加国际评测TRECVID，在视频搜索比赛（Instance Search）的全部2大评测自动搜索和交互式搜索中均获得第一名。

【科技开发】 1. 电子出版新技术国家工程研究中心。中心于2017年召开中心专家委员会会议，专家们肯定过去一年中心工作取得的成绩，讨论中心的下一步工作计划，指出中心今后的工作可围绕机器出版创作，开展机器写稿、机器读图和机器作画等AI创作研究，并针对新时代出版业的发展情况，主动提出引导发展新的出版形态。

2017年，万小军带领的研究团队与今日头条、南方都市报等单位合作研发写稿机器人，其中与南方都市报社合作推出小南写稿机器人，已能自动撰写民生新闻。

孙俊及其研究团队对现有移动视频直播的自适应算法进行深入研究，提出动态播放缓冲区管理的方法，能适应于不同网络环境，在播放流畅度和延迟方面都具有最优效果。

彭宇新等人研发互联网图像视频分析与识别系统，已经成功应用于公安部等单位。

数码印刷团队研发具有高重复定位精度的高速轮转喷印系统，定位精度达到0.1毫米，同时提高系统运行速度，稳定生产达到100米/分钟，产品在云南红塔、玉溪等烟包印刷厂投入实际生产。

全新设计的高速喷墨数字印刷机参加 China Print 2017 大展，幅面由原 474 毫米扩为 540 毫米，性价比大幅提升，首台设备已经在山东省委安装，并投入实际生产。

邹磊及其团队自主研发的开源 gStore 系统在标准化程度和性能上均有大幅提高，并与方正电子、中科院微生物所、深圳狗尾草公司开展应用合作，为各家单位提供数据管理和查询。

2. 中国文字字体设计与研究中心。中心召开专家工作委员会会议，总结过去一年来的工作，并获得专家们的肯定，同时也指出随着技术的发展、社会的进步，文字的传播方式、使用场景发生很大的变化，对中文字体的设计提出更多的要求，希望中心以弘扬中华传统文化为己任，努力开发出更多更好的字体。

在字体设计方面，提出一种基于深度神经网络的中文字库端对端自动生成系统，该系统采用一种基于对抗学习的深度神经网络架构，可对用户的字体设计/书写风格进行精确建模与重现。

中心推出 41 种不同风格的、120 款新字体和全球第一款三维可变中文字体——方正悠黑；在全国 7 个城市举办"字道 2017"系列巡展和字体设计论坛，推出"中小学书法计算机辅助教学技术研究"项目原型系统。

3. 新闻出版智能媒体技术重点实验室。2017 年 5 月 13 日举行实验室揭牌仪式，2017 年 12 月 11 日，召开实验室学术委员会会议，专家们对实验室开展的研究工作和研究成果给予充分的肯定，希望实验室继续发扬产学研的优势，为数字出版产业发展作出更大的贡献。

在计算机视觉和模式识别方面，针对具有四边形形状的物体，提出一种端到端的深度学习目标检测算法，在漫画分镜分割、自然场景文字定位、机场跑道定位等应用上取得非常好的效果。

【党建工作】 2017 年共有党员 28 人，其中离退休党员 8 人。认真组织学习习近平新时代中国特色社会主义思想，坚定维护以习近平同志为核心的党中央权威和集中统一领导，认真宣传、贯彻落实高校思政工作会议、专项巡视工作有关讲话、党的十九大、北大第十三次党代会等精神，党政班子密切配合，认真落实校巡视整改任务、党风廉政建设工作，执行"八项规定"、反"四风"问题常抓不懈，以"立德树人、创新引领、服务社会"为宗旨和目标开展工作。

积极贯彻落实校党委各项工作部署，将"两学一做"常态化，通过网络在线学习、观看视频、邮件推送、组织生活、党课等多种形式组织党员学习党的理论知识、党章党规党纪、最新文件或会议精神等。认真执行"三会一课"和民主评议党员等制度，直属党支部书记、支委委员带头讲党课。基层党组织发挥作用满意度和群众对党员发挥作用的满意度均达到 80% 以上。

严把思想政治关，在聘任、述职、考核中把思想政治放在首位，并实行一票否决制。成立思政工作小组，具体负责学生的思政工作，学生的学期考评中也将思政表现放在首位。

【王选纪念陈列室】 协调组织、成功举办九三学社、中国科协和北京大学"纪念王选同志诞辰 80 周年座谈会"。

编撰完成《王选画传》（修订版），策划编撰"王选诞辰 80 周年纪念文集"。

做好王选纪念陈列室的管理维护和接待讲解工作，年内共接待参观人员 2200 余人，到全国各地做《王选的世界》主题报告 10 余场。

【行政工作及其他工作】 行政人员共有 11 人，其中事业编制人员 3 人、合同制人员 8 人。

计算机所党政领导班子密切联系群众，多方听取意见、建议，对群众反映的问题及时反馈、处理，所务公开，党群、干群关系融洽。

积极开展高端人才引进工作，筑巢引凤，加强宣传，成功引进新体制教研系列人员 1 名。

与继续教育学院合作开展全方位的培训，组织师生坚持进行户外健身、羽毛球、乒乓球、游泳等体育活动，组织开展各种主题的青年教师沙龙活动，组织离退休教师踏青、赏秋等活动。

【学生工作】 2017 年毕业博士研究生 4 名、硕士研究生 23 名。其中在国内知名企业就业的有 10 名硕士，在国企及事业单位就业的有 1 名博士、4 名硕士，在知名外企就业的有 2 名博士、4 名硕士，在国内互联网创新企业就业的有 1 名博士、5 名硕士。

（计算机科学技术研究所）

软件与微电子学院

【发展概况】 2017 年，软件与微电子学院在学校和学院理事会的领导下，继续践行高等教育体制改革和专业学位研究生教育综合改革试点的使命，坚持"精品化、规模化、国际化"的发展战略，紧紧围绕学院中心工作，立德树人，全面推动各项工作发展。教育教学改革进一步深化，工程博士教育分阶段稳步推进；师资队伍建设进一步加强，承担国家科技项目和社会服务工作较以往有所增多；校园文化建设和行政服务水平努力朝着精致化的方向推进；学生就业水平和质量继续保持较高水准，位居学校前列，展现学科和培养模式的优势。

【人才培养】 2017 年，软微学院学科结构呈现交叉融合的特色，软件工程一级学科工学博士点、电子与信息领域工程博士点、软件工程工学硕士点、工程硕士点、工程管理硕士点，招收软件工程一级学科博士研究生、电子与信息领域工程博士研究生、软件工程工学硕士研究生，以及软件工程、集成电路工程、电子与通信工程、计算机技术、项目管理、工业设计等6个领域的工程硕士研究生。学院有5个系：软件工程与数据技术系、集成电路与智能系统系、金融信息与工程管理系、数字艺术与技术传播系、网络软件与系统安全系；3个教育中心：电子与信息领域工程博士教育中心、工程管理硕士教育中心和国际与港澳台学术交流与教育中心。

学院以学生为中心，探索"学苑式"素质教育方式，依托北京大学文、史、哲、经、管、法等优势资源。2017年，学院继续推进完善素质教育体系的建设，将素质教育课列为全院公共必修课，包括人文社科、前沿新技术以及管理沟通3个模块，邀请学界名师、业界名家开展素质教育讲座，通过读书会、拓展训练、志愿者活动、比赛竞赛、爱国教育等一系列素质教育活动，启发学生自我规划、自主发展、创新创业的思维，培养学生的爱国精神和社会责任感。2017年，学院积极开展活动，带领全院师生学习、领会十九大精神。学院理事长杨芙清院士面向全院师生员工，开展"学习十九大报告精神"的专题报告；学院和学生党支部联合组织策划16场学习、落实十九大报告精神的系列活动；学院党委组织全体党员学习党章党规、习近平总书记系列重要讲话，落实全国高校思想政治工作会议精神，围绕与学生成长密切相关的学校重大事项开展学习活动，积极推进"两学一做"学习教育常态化、制度化。

【科技开发】 2017年，学院面向国家需求，继续加强产学研合作，开展工程技术研究和科技成果转化，科技成果不断丰富。学院承担的科研任务多以云计算、物联网、移动互联网、新媒体等前沿技术和交叉融合技术为主攻方向，形成软件、微电子、新媒体、金融与管理等多学科交叉融合的项目群。各类科研项目执行情况良好，项目评估、验收、审计均符合要求及管理规范，部分科技成果得到实际应用。

2017年，学生积极参加各类赛事，并取得优秀的成绩。例如，第一届全国大学生集成电路创新创业大赛全国总决赛优秀奖，第三届东北亚国际动漫作品大赛铜奖，北京大学"挑战杯"一等奖等。

【行政工作】 2017年，学院信息化建设以规范管理，加强服务为切入点，进一步加强校园信息网络的建设和管理，继续完善英文官网、微信公众服务号、师生信息服务平台。

学院始终将校园安全稳定始终摆在第一位，逐步完善学院多项安全保障制度，网格化管理模式防患于未然，切实保障广大师生的人身安全和财产安全，维护学院正常的教育教学。

大兴校区作为"京南燕园"，创造良好的育人环境，使其成为教育载体，有助于提高学生综合素质，提升校园文化形象。2017年学院对教学楼、研发楼等进行整体修缮和改造，已基本建设成"功能齐全，布局合理，环境优美，人文气息浓郁，学术交流便利，富有北大特色"的信息化、生态化校园。

【学生工作】 学院构建以课程体系为核心，注重知识、能力、素质综合提高的工程硕士研究生培养体系。根据生源多元化、岗位多样性，设计多层次、多领域、多方向、模块化、开放式的课程体系。实现因材施教、个性化培养；课程中增设领域知识、应用专题选修课、强调综合实践、适应产业人才需求；做到学生根据个人职业规划选课，变被动为主动学习。

学院以"工程博士教育"为核心，继续探索引领未来的工程技术领军人才培养模式，促进工程硕士培养向精品化发展。2017年，学院共录取工程博士研究生7人，其中软件工程4人，集成电路工程2人，软硬件结合1人。

学院工程管理硕士（MEM）以培养互联网、金融、信息、创新、管理等多维复合交叉型人才为培养目标，通过矩阵式、模块化的课程体系，凝练MEM教育项目的特色和亮点，在业界树立较好的口碑。2017年，为适应需求，学院加强工程管理硕士招生和培养，招生规模稳步增加，招生人数达到172人。

学院在2017年全国统考中录取工程硕士研究生626人；采取"申请-审核制"录取软件工程一级学科工学博士研究生10人，采用"推荐免试"形式录取软件工程一级学科工学硕士研究生10人；第二学士学位学生150名，完成全年的招生计划。在2017年全国硕士研究生统一考试中，第一志愿报考软微学院人数达到1972人（不含推免生和境外学生），创历史新高，成为北大报名人数最多的前三个院系之一。

学院"坚持面向需求，坚持创新创业，坚持质量第一"，毕业生综合素质高、实践能力强，受到企业和用人单位的欢迎。学院连续7年被评为北京大学就业工作先进单位、创新集体或先进个人，就业在北大名列前茅。2017年双证硕士毕业650人，就业率达99%。其中，38%的毕业生去金融、电子信息、石油化工等领域大型国企；48%的毕业生去外企、三资企业、民营企业；11%的毕业生去国家机关、科研单位、大专院校；还有3%的毕业生出国、考博及其他就业。地域方面，72%的毕业生留在北上广深一线城市；近10%的毕业生到西部基层就业。

【创新创业】 在国家积极倡导"大众创业、万众创新"的新形势下，学院结合办学优势，通过多项举措全面提升学生创新创业能力。通过发挥学科融合的优势，学院进一步结合计算机技术、微电子技术、金融信息、数字艺术、工业设计等多个领域，开设跨学科、跨专业的交叉课程，并聘请行业知名专家担任导师，促进教学科研与产业对接，满足国家软件产业、集成电路产业、互联网+、中国制造2025对人才的迫切需求；创新性地引导学生按照兴趣爱好自愿组成各类兴趣小组，邀请教师和企业专家参与指导，很多学生在校期间就组成"天然的创新创业团队"。据不完全统计，目前学院毕业校友已有创业团队100多个，估值过亿的有20余个。2017年，学院组织北大软微创新创业新年论坛，参加校友近700人；举办第二届创新创业大赛，收到50余份团队参赛作品。

截至2017年9月，学院已经累计培养近万名毕业生，包括5700多名全日制硕士，3800多名非全日制硕士，350多名第二学士，涌现出一大批优秀的工程科技人才、创新创业人才和青年学者。

（软件与微电子学院）

环境科学与工程学院

【发展概况】环境科学与工程学院于2007年5月成立。学院现有环境科学系、环境工程系、环境管理系3个教学实体单位，设立环境模拟与污染控制国家重点实验室联合分室（北京大学分室）、水沙科学教育部重点实验室、北京市新型污水深度处理工程技术研究中心3个科研平台，拥有环境工程研究所、北京大学-暨南大学资源环境联合研究中心2个虚体研究机构。

学院现设2个本科专业：环境科学、环境工程；4个硕士专业：环境科学、环境工程、大气物理学与大气环境、环境健康；3个博士专业：环境科学、环境工程、环境健康；1个博士后流动站。

截至2017年底，学院汇聚了一支以中青年学者为骨干、具有国际影响力的精干队伍，包括：中国科学院院士1人、中国工程院院士2人、海外高层次人才引进计划入选者2人、长江学者4人、杰青5人、优秀青年科学基金获得者4人、海外高层次人才引进计划（青年项目）入选者6人、青年拔尖1人、教育部跨（新）世纪优秀人才6人；2017年新引进新体制人员2人、新获批海外高层次人才引进计划（青年项目）2人。

2017年，环境科学与工程入选国家"双一流"建设学科，在第四轮学科评估中北京大学环境科学与工程学院位列"环境科学与工程"一级学科A类。张远航教师团队获批"全国高校黄大年式教师团队"，倪晋仁院士牵头的"河流多物质相互作用及其通量效应"获国家自然科学基金委创新研究群体项目资助，要茂盛获国家杰出青年科学基金资助。

【教学工作】学院现有本科生138人，硕士生128人，博士生166人。2017年招收本科生43人（其中留学生1人），硕士生38人，博士生44人。本科毕业28人，硕士毕业53人，博士毕业29人。

2017年学院共开设本科生课程56门，包括专业必修课14门、专业选修课32门、校通选课5门、校公选课5门、暑期课3门（含专业必修课2门，专业选修课1门）；2017年共设研究生课程52门，其中必修课21门，选修课31门。新开核心课程《环境决策案例分析》。

2017年共有17名学生参加本科生科研训练，参与率达54%。

学院首次启动辅修与双学位工作，4名学生申请修读双学位；参与"双培计划"，承担市属25名本科生培养。本科生导师制工作有序推进，成功申请教育部研究课题《我国环境学科本科导师制研究》，探索导师制实施模式。研究生工作严格按照学院的六项制度要求，定期开展博士生学术报告，遵守研究生学术活动信息公开制度，顺利完成2017级博士生的岗位奖学金评审，并完成与之相配套的博士生招生经费分配管理、导师经费冻结工作及岗位奖学金发放工作。9月，学校根据教育部第41号令修订学籍管理相关办法，学院随即按新规定规范学生管理工作。为保障研究生个性化的培养，学院着手启动研究生培养方案的修订工作。

举办第二届北京大学全国优秀中学生环境暑期课堂，激发学生对环境学科的兴趣与关注。建立与课程教学相融合的实习体系，继续开展珠海认知实习与塞罕坝专业实习，实习项目获北京大学教学成果奖二等奖。新开拓密歇根大学"3+1+1"学位联合培养和墨尔本大学暑期交流项目。2017年本科生共有30人次出国出境交流，研究生共有75人次参加出国出境交流访学，其中获得学术交流基金资助56人次。

学院以理念创新引领国内环境学科教学体系的发展，研究成果"构建'D12'教学体系，全方位培养环境专业复合型领军人才"获北京大学教学成果奖一等奖。

【科研工作】2017年学院共发表SCI收录论文128篇，中文核心期刊论文69篇。宫继成与张军锋在国际权威医学杂志《柳叶刀》发文揭示交通污染暴露的心肺系统健康效应（IF 47.831）。获授权专利31项、软件著作权2项、出版专著3部。承担的国家973计划、国家科技支撑计划、重点研发计划、行业专项、国际合作项目及基金委项目进展顺利。全年到校科研经费13,937万元，人均科研经费位列北大第一。

学院在基础研究方面注重原创性突破，在应用研究方面立足于面向国家重大需求的共性关键技术开发。"河流多物质相互作用及其通量效应"获国家自然科学基金委创新研究群体项目资助；国家自然科学基金委创新研究群体项目"区域与全球大气化学过程及环境效应"结题被评为优等；牵头国家重点研发计划"大气自由基及活性前体物在线测量技术"；参加"大气重污染成因与治理攻关实施方案"，牵头1个并参与多个专题，开展大气重污染的成因和来源、大气污染对人群的健康影响等研究，受到国务院的高度重视。

保护臭氧层方面的贡献获得国际社会认可。学院及胡建信、张世秋、张剑波教授获联合国开发计划署、联合国环境规划署等五部联合颁发的"为保护臭氧层做出宝贵贡献和努力"认可荣誉证书。张世秋获联合国环境署Technical

Leadership Award。

【交流合作】 进一步推动搭建具有国际水准的联合研究平台，开展"强强联合-优势互补-协同创新"的深化合作。与德国于利希研究中心深入探索国际联合实验室的合作机制；区域污染控制国际合作联合实验室入选教育部科技创新平台培育项目；推动与韩国光州科技大学就东北地区PM2.5监测开展国际科研合作项目；2017年1月正式争取到将亚洲季风区可持续发展集成研究（Monsoon Asia Integrated Research on Sustainability, MAIRS）的国际项目办公室设立在北京大学。

学院通过开放性学术平台，促进学术交流，增强学术影响。现有48人次在国际学术组织中任职，69人次在国际学术期刊中任职。邀请外国专家30余人，促进国际交流、拓宽合作渠道，代表团分别来自加州大学伯克利分校、法国高等研究实践学院、斯坦福大学和新墨西哥州立大学等。

【党建工作】 学院党委全面学习贯彻十九大精神和北大第十三次党代会精神，制定学院《高校思想政治工作会议学习落实计划》，落实全国高校思想政治工作会议精神。根据学校总体安排，准备迎接巡视工作的相关材料，制定整改方案并严格落实。配合学校开展《党建和思想政治工作基本标准》自评自查。在新教师引进和入职、在职教师年度考评和职称晋升时，加大思想政治情况和师德师风考察评估的力度。

深入开展"两学一做"学习教育活动。2016级博士生党团支部与雄安新区大淀头村开展党团共建，调研献策白洋淀生态环境的综合治理。由学院与燕园街道办主办，工学院、前沿交叉学科研究院协办，成立"共建共享发展、共绘美丽燕园"共建基地；2017级硕士生党团支部与东城区西花市南里南区开展"五大青年行动"共建活动；组织离退休教师开展集体生活会，赴白洋淀雄安新区开展"两学一做"主题党日。

【学生工作】 加强学生思想政治教育工作，促进学生"德才均备、体魄健全"，积极建设有学院特色的跨学科育人工作项目。学院获北大研究生暑期专项实践优秀院系组织奖；2016级硕士班获北京市"红色1+1"三等奖，北大党团日主题教育活动一等奖；举行第三届北京大学唐孝炎环境科学创新奖学金评定颁奖。

加强学生辅导队伍建设，制定并落实学生干部预聘考核制度，严格把关奖助学金审核评定。组织筹办"环境职场人"等系列活动，提升求职技巧软实力。建立心理排查工作网络，完善心理健康台账，分类深度辅导。组织开展"师生面对面"辅导，开设"环心工作坊"，培养健康学习和生活的能力。为新生建立成长档案库。开展丰富多彩的课外活动，如环院文化节、杏坛讲学等，增强学生专业认同感和归属感。

【工会工作】 通过教代会等形式征询对学院管理和发展方面的意见建议，理性、有序地代表和维护教职工的合法权益。购置健身休闲设备，完善"教职工之家"建设。备战学校运动会，参加各项比赛和团体操训练演表。学院羽毛球队获教工杯小组第三，北大杯乙组季军。组织教工舞蹈队坚持日常训练，并积极参与"一二·九"大合唱。

为已连续开展7年的"两只大手拉小手，你我相伴共成长"河北雾灵山留守儿童帮扶活动设立"阳光午餐"基金，并捐款26,000元，在学院教师与留守儿童间建立结对子成长档案。与重庆市巴川中学、重庆市綦江中学以及四川省邻水中学三所学校联合展开环境学科德育宣讲，开展生态文明建科普教育。

【校友筹资】 7月3日，"刘水楼"命名揭幕仪式在环境大楼中庭隆重举行，大楼主要捐赠人、深圳铁汉生态环境股份有限公司董事长、北京大学名誉校董刘水，北京大学校长林建华出席揭幕式。

以庆祝学院建院10周年、迎接北京大学120周年校庆为契机，广泛邀请环境领域校友返院，创办北大环境人大讲堂项目，拓展教学实践平台，加强与校友联系，如举办西西空气创业分享会等多项活动。继续开展优秀校友深度访谈项目，访谈稿件通过网站、微信等多种途径进行发布。组织校友子女趣味运动会。

继续推进已签约项目的执行，2017年到账捐赠为203,000元。12月正式成立刘水教育发展基金管理委员会。

（环境科学与工程学院）

高能效计算与应用中心

【发展概况】 北京大学高能效计算与应用中心（Center for Energy-Efficient Computing and Applications，CECA，以下简称"中心"）成立于2010年底，是北京大学在"985工程"中建设的开展国际先进水平高能效计算与应用研究的科研机构。中心既是北京大学计算机系统结构学科的重要组成部分，又是一个交叉研究机构。为信息科学技术学院下辖的一个实体单位，实行主任负责制。

中心目前研究领域包括：1.高能效体系结构相关探索研究。例如面向可重构多加速器新型体系结构的编译与综合；面向异构计算系统的编译技术；高可靠的非易失性存储体系结构与面向大数据的存储系统设计；高能效无线局域网硬件体系结构；三维芯片技术以及低功耗电路技术的自动设计方法等。2.高能效应用相关研究。例如针对深度学习及视频图像处理的定制计算；无线电子医疗；移动环境感知；非易失存储器件在数据中心的应用；智能、高能效的传感器网络与物联网等。

【队伍建设】 中心主任为丛京生教授，目前任美国加州大学洛杉矶校区（UCLA）计算机系校长讲席教授（Chancellor's Professor），同时也兼任该校电子工程系教授。2009年至今，任UCLA协理副教务长，主管国际合作，并任北京大学-UCLA理工联合研究所共同主任。2017年丛京生教授因"通过FPGA综合算法的创新，在专用可编程逻辑领域作出的开创性贡献"，当选为美国国家工程院院士。

中心已建立一套和世界一流大学接轨的新体制教授招聘、评估、晋升的管理体制，2017年该项工作得到进一步完善。聘请2名海外一流大学教授任中心兼职教授；聘请1名国际著名科学家任中心荣誉客座教授；聘任国际一流水平的预聘制教学科研人员5名；培养博士后1名，赴美国著名大学继续深造；培养博士毕业生5名、硕士生4名；已完成中心学术委员会组建，成员包括：主任丛京生，副主任罗国杰，委员吕松武、谢源、黄骏、梁云、孙广宇、王韬、许辰人。

【教学工作】 2017年中心在信息科学技术学院开设课程共13门，其中5门为英文授课。2017年中心共有83名学生，其中博士生22名，硕士生14名，本科生44名。2017年中心毕业博士生5名，硕士生3名，本科生29名，其中多数赴美国或留在中心继续深造。中心累计毕业博士生7名，硕士生6名，本科生71名，几乎全部选择前往世界知名学府继续深造，包括北京大学、美国麻省理工学院、斯坦福大学、加州大学伯克利分校、康奈尔大学、卡耐基梅隆大学、加拿大滑铁卢大学等。中心本科毕业生自2013年起，连续4年获得信息科学技术学院本科生"十佳"毕业论文荣誉称号。未来几年内，中心计划招收学生规模在100人左右。中心根据学生在中心的学习进展和未来发展方向，已推荐学生到包括美国斯坦福大学、加州大学洛杉矶校区等国际知名大学进行短期和长期学术交流（3个月到1年）。

【科研工作】 中心已取得高能效计算与应用领域研究的若干初步成果，2017年中心项目新增项目5项，其中国家自然科学基金项目2项，国家重点研发计划项目1项，北京市科技计划项目1项，青年科学基金项目1项；累计申请"863"子课题3项，教育部高等学校博士学科点专项科研基金项目3项，国家自然科学基金项目13项，青年科学基金项目1项，北京市自然科学基金项目1项，北京市科技计划项目1项，中国博士后科学基金项目1项。此外，中心与百度、华为、基伍国际、AMD等知名企业合作项目19项，项目总金额1000余万元。2017年中心发表论文49篇，其中19篇为中心A类论文（计算机体系结构及相关领域顶级会议、期刊论文）。目前中心共有207篇论文在国际知名会议和期刊上获得发表或接收，其中98篇为中心A类及A+类论文。国际合作方面，2017年中心邀请国外知名专家、学者来中心访问及作学术报告10人次。2017年8月31日，中心年度学术研讨会在北京大学成功举办，共有来自国内外院校、科研单位的老师和学生百余人参加。

（高能效计算与应用中心）

人文学部

【发展概况】 2017年，人文学部由中国语言文学系、历史学系、考古文博学院、哲学系（宗教学系）、外国语学院、艺术学院、对外汉语教育学院、歌剧研究院8个实体院系组成，包括哲学、中国语言文学、外国语言文学、考古学、中国史、世界史、艺术学理论、戏剧与影视学、美术学等9个一级学科，以及科技史1个理学一级学科。

2017年4月25日，学校印发《关于阎步克、王奇生任免的通知》（校发[2017]89号），学校研究决定聘任王奇生为北京大学人文学部副主任，同意阎步克辞去北京大学人文学部副主任职务。2017年9月29日，学校印发《关于廖可斌、张旭东任免的通知》（校发[2017]203号），学校研究决定聘任廖可斌为北京大学人文学部副主任，同意张旭东辞去北京大学人文学部副主任职务。自此，人文学部由申丹担任主任，李四龙、王奇生、廖可斌担任副主任。

【组织机构】 2017年人文学部学术委员会，申丹为主任，阎步克、张旭东、李四龙为副主任，委员（以姓氏笔画为序）包括：丁宏为、王一丹、王中江、付志明、刘元满、孙华、孙庆伟、李道新、荣新江、秦海鹰、袁毓林、曹文轩、彭锋、彭小瑜、韩水法、褚敏、漆永祥。2017年人文学部部务委员会，申丹为主任，李四龙、王奇生、廖可斌为副主任，委员包括陈晓明、张帆、杭侃、仰海峰、宁琦、王一川、赵杨、金曼；人文学部教学委员会，李四龙担任主任，委员（以姓氏笔画为序）包括宋亚云、孙庆伟、吴飞、吴杰伟、杨立华、张弛、张辉、陈旭光、付志明、何晋、黄春高、蒋一民、刘元满、彭锋。人文学部由魏巍担任办公室主任。2017年10月16日，通过社会招聘，由石际担任办公室合同制工作人员。

【学科建设】 在2017年QS世界学科排名中，进入世界前100名的北大人文学科包括：现代语言学排名第7，语言学排名第10，英语语言文学排名第34，艺术设计排名第37，哲学排名第39，历史学排名第42，考古学排名第43。2017年12月28日教育部第四轮学科评估结果，人文学部中国语言文学、世界史、考古学、哲学、外国语言文学、艺术理论等6个一级学科排名为A+，中国史排名为A。

人文学部以学科交叉与融合为重点，推进落实人文学科"统筹建设一流大学和一流学科"规划中的重点建设项目。

进一步推进"北大人文学科文库"的建设。2017年北京大学人文学科文库已有16套丛书190部著作的立项，第17套跨学科的"北大人文学古今融通研究丛书"也已经开始征稿，包括中国文学研究、中国语言学研究、比较文学与世界文学研究、批评理论研究、中国史研究、世界史研究、考古学研究、马克思主义哲学研究、中国哲学研究、外国哲学研究、东方文学研究、欧美文学研究、外国语言学研究、艺术学研究、对外汉语研究、古典学研究等。2017年5月4日120周年校庆启动活动中，展出了第一批已出版的9本人文学科文库书籍。

推动"古典学研究""现当代中国研究"和"现当代外国研究"3个跨学科平台建设工作。2017年9月，人文学部着手发动各院系组织跨院系、学科的老中青教师围绕一些当前国内外人文学界关注的核心和重要话题设计项目。11月15日，人文学部围绕3个跨学科研究平台共15个跨学科项目向学科建设办公室提交了申请。古典学研究平台提出"中国古典学论纲""西方古典学论纲""古代东方文明研究论纲""中国古代礼乐文明与社会转型研究""西汉海昏侯墓出土简牍的整理和研究"等5个研究项目，现当代中国研究平台提出"20世纪中国革命文化研究""宗教、族群与当代中国社会教育""现当代中国的城市与乡村——城乡二元结构的形成与演变""中国艺术和文学的现代性""中国语言文化传播研究"等5个研究项目，现当代外国研究平台提出了"外国近代以来的战争、革命与思想变迁""国家、文明与世界宗教""现当代外国文化理论和文化现象研究""德国历史、文学、哲学中的浪漫主义思潮""跨媒介与跨语际文化实践"等5个研究项目。人文学部推进落实《中国古典学》和《古典学与中世纪研究》两部集刊的出版。11月18日至19日，由人文学部主办、中国语言文学系承办的"北京大学第一届古典学国际研讨会——中国古代语言、文学和文献研究的古典学视野"举行，来自中国、英国、意大利、日本等国家和地区的100余位专家学者齐聚燕园，就"基于中国出土文献和传世文献的语言文字研究""中国古代文学作品的结集与文本经典化过程研究""中国传统经典文献的形成、诠释、衍生研究""中国古代历史、考古、哲学、艺术等学科与中国古典学之关系的思考""中国古典学学科建设及与西方古典学之比较研究"五大议题进行了集中探讨。

【队伍建设】 推动各院系交流引进人才的经验，积极从内部培养和从外部引进有潜力有能力的中青年拔尖人才，并召开部务会专题探讨人才引进工作。另一方面，推动教授延迟退休工作，留住在职的重要年长学者。人文学部制定"人文学部部务教授延迟退休的实施细则"，并于2017年11月13日通过校长办公会议审议。截至2017年底，已有6位教授延迟至65岁退休。

【教学改革】 建设跨学科联合培养项目和跨院系"联合课程"，实现学部内不同院系师资力量的自由组合、多重组合。2017年9月，人文学部为2017级学部新生制作了《北京大学人文学部新生手册》。人文学部在2017年11月向社会募集到了300万元捐赠以后，设立"博士研究生海外高水平大学访学资助计划"。

【职称评审】 2017年9月28日，人文学部在勺园5乙楼303会议室召开学部学术委员会会议，认真听取申请教授候选人的述职报告、各单位介绍及院长（系主任）独立意见，经充分讨论后进行投票表决。人文学部所属各单位共推荐教授候选人14人、副教授（副研究员）5人，经审议全部通过。会议还审议了本年度晋升国家通用岗位三级教授8人，二级教授9人的候选人材料，经审议全部通过。

【评奖评优】 2017年4月20日，人文学部召开学术委员会会议，会议听取了人文学部各院系和图书馆关于申报北京大学第十三届人文社科优秀成果奖成果的介绍。经学部评选，推荐汪锋、陈建立、李猛、朱玉麒、张希清、孙建军、吴晓东、毛亮、陈泳超、邵燕君、王中江、顾蕴璞、董珊、丁宁等14位教师的成果获北京大学第十三届人文社科优秀成果一等奖。推荐孔菊兰、高彦梅、陈明、陈侃理、汲传波、徐建、宁晓萌、陈旭光、刘玉才、先刚、许红霞、李昌珂、杨海峥、姜涛、颜海英、臧运祜、张海、陈波、郑开、朱本军等20位教师的成果获北京大学第十三届人文社科优秀成果二等奖。

【学术交流】 人文学部以院系为依托，采取院系和学部协同主办的模式，组织"北大人文讲座""北大人文论坛"和"北大人文高端工作坊"。2017年，人文学部联合院系共举办北大人文讲座68讲，北大人文论坛12场，高端工作坊4场，内容覆盖语言学、区域与国别研究、古典学、欧美文学、艺术学、历史学等诸多领域。

【管理运行】 人文学部2017年共召开学部主任会会议3次，学术委员会会议2次，部务委员会会议4次，教学委员会会议11次；完成《人文学部手册》的更新和发放，有效运营人文学部网站fh.pku.edu.cn，建立人文学部微信公众号，完成首届人文杯师生运动会，进一步增强学部各院系领导和教职员工的沟通和联络工作。

（魏 巍）

中国语言文学系

【发展概况】 2017年，中文系围绕学校创建世界一流大学的总体目标，以迎接2018年北大建校120周年为契机，结合实际谋划世界一流中文学科发展的战略目标，严格执行党政联席办公会制度，把"三重一大"制度落到实处。坚持学术为先、教学为重，提升教学科研水平，推进教学管理科学化、规范化。在2017年的QS国际学科排名中，北京大学"现代语言"排名第7，"语言学"排名第10。在教育部第四轮学科评估中，北大中文学科名列A+。

【队伍建设】 完成5位老体制教授和副教授的晋升，4位老体制长聘制副教授转入新体制。新引进李宗焜、周韧、赵彤、陆胤等4位教师。完成古委会秘书处研究人员与中文系教研体制的协调融合。经人文学部协调、学校审批，人文学科教授根据需要可申请延期至65岁退休。

【教学工作】 在学人数。2017年，中文系在学人数1312人，其中留学生289人。本科生657人，其中留学生228人；硕士生336人，其中留学生27人；博士生319人，其中留学生34人。

开设课程。2017年，中文系开设12门本科生主干基础课，50余门专业核心课程与基础课程，30余门大类平台课程与全校通选课程，200余门专业选修课程。发挥《论语》《孟子》《老子》等经典精读课程的特色与优势，集中管理，精心打磨，以小班专业教学为基础，以通识教育为导向，以中文系为立足点，向全校乃至社会开放。开设4门英文课程（康士林、张沛、秦立彦、王娟主讲），取得良好的评价。利用课外时间组织学生读书会，已形成按期举行的读书会31个。

教学改革项目。2017年，中文系有4个本科教改项目顺利结题，9个本科教改项目获得立项。

【科研工作】 学术活动。2017年中文系主办学术讲座、会议、论坛、工作坊等学术活动约90次。其中：学术讲座67次；学术会议、会议性质论坛12次；系内学术论坛、工作坊活动11次。

学术成果。2017年初略统计，中文系教师发表论文388篇，其中CSSCI期刊约150篇，出版各类著作（含教材和编著）57种。

申请项目与获奖成果。2017年，获国家社科基金项目4项，教育部人文社科项目4项，高校古籍整理项目2项，省市自治区社科基金项目3项，其他项目1项。陈泳超获国家社科基金重大招标项目支持，韩毓海获第十四届精神文明建设"五个一工程"优秀作品奖，葛晓音获第七届吴玉章人文社会科学一等奖，陈平原获第四届思勉原创奖。获得北京大学第十三届人文社会科学研究优秀成果奖8项，其中一等奖4人，二等奖4人。王洪君、刘勇强、顾永新、钱志熙获北京市第十四届哲学社会科学优秀成果奖4项。

【交流合作】 2017年，中文系继续加强高水平的学术交流。分别访问日本和英国，并与台湾大学、早稻田大学、伦敦大学等建立新的合作机制。

【党建工作】 认真学习宣传贯彻落实党的十九大精神。10月24日下午，北京大学中文系在人文学苑6号楼B122会议室召开全系大会，中文系党委书记、副系主任金永兵主持会议，集中学习党的十九大报告。随后，中文系召开党委扩大会，各教工、学生党支部组织主题党团日活动，交流学习十九大精神。

加强党组织建设。调整支部结构，原来按照专业设置的7个党支部优化为4个党支部：离退休教工党支部、语言党支部、文学党支部、文献与行政党支部。按照"双带头人标准"选拔支部书记，提高支部书记和支委待遇，支部书记待遇与教研室主任待遇一致，支委待遇与系各类委员会委员一致。

党支部工作日益规范化。修订《中文系学生党支部组织发展程序》，严格规范党员的组织发展工作。每学期党委检查各支部工作情况和党支部活动记录。组织学生党支部书记培训，完善系党委委员联系学生党支部制度，坚持每学期系党委书记讲党课制度，建立支部书记年终述职制度。

落实立德树人和思想政治工作责任制。建立健全全系教工大会、党员大会、党委会、系学术委员会、学位委员会、薪酬委员会、教学委员会以及财务委员会、师德师风委员会以及各类工作小组，切实保证各类委员会行使民主权利。加强系领导班子建设，完善每周定期党政联席会议制度，切实执行"三重一大"决策制度；加强党政办公会学习制度建设，确保每个月的办公会中至少有一次集中学习。完善民主生活会，增强民主生活会的"辣味"，积极开展批评与自我批评；建立领导班子密切联系群众长效机制，通过意见箱、座谈会、午餐会制度，关心群众所关注的重要问题；加强党风廉政建设，严格落实党政同责、一岗双责制度，系党委专设纪检委员；系里确定所有财务支出一支笔，由主管副主任全面负责中文系教学、科研项目、绩效、捐赠基金等所有财务经费支出的审批。重大财务支出须报告经财务委员会讨论，办公会最终决定。成立中学生中文学科夏（冬）令营工作委员会、中学生作文大赛工作委员会、研究生招生工作委员会，制定规章制度和工作流程。建立境外教材和境外科研资金资助项目审查机制、论坛报告会讲座审核机制、微信网站公众号审核机制；成立教学管理小组，强化系领导听课制度和教学督导制度，做好听课记录；建立师德师风委员会，强化教师在评优评奖、职务晋升以及人才引进中师德师风评价，由系党委会议讨论并出具书面意见，坚持师德一票否决制度。

【行政工作及其他工作】 推进新旧体制转轨工作，聘任人事助理蒋兵。完成办公楼设施维修工作，维修中文系办公楼16处卫生间，改造资料室门禁系统。向全系师生和系友征集书画作品，改造美化公共空间。完成研究室的调整分配工作，整合空闲房屋资源，为27位教师更换更好的研究室。组织完成新一轮研究生学位评估。完成工会领导班子换届工作。积极参与全校教职工游泳锦标赛、羽毛球赛、足球比赛，以及2017年度教职工运动会。与此同时，完善中文系教师"工会之家"建设，新增运动设备20余项。

【学生工作】 日常管理。通过班主任会、班长例会、班级活动立项制等制度，调动班主任和班干部的积极性参与班级管理建设。提升留学生培养质量，加强专业培养。"留学生管理服务经费"专款专用；组织新生相识工作坊、中文系跨国文化交流节等集体活动。加强信息化建设，"北大中文人"关注量达25,000余人。

第二课堂建设。结合价值观教育和专业特色，开展学术文化活动，如挑战杯系列赛事、"文擅雕龙"讲座等。扎实开展社会实践，大力支持志愿服务。品牌志愿活动有振华子弟学校支教活动，五一、十一校园导引活动，校内废旧纸张、废旧衣物回收活动等。学生会成功组织一二·九合唱、寝室文化节、男生节等多种文体活动。14个学生社团有序运营，健康发展。

危机事件处理。建立心理档案，建立心理干预机制，形成对危机的信息收集—评估—干预—反馈的预警干预体系。提供心理辅导与帮助。加强专业理论修养，坚持进行新生访谈。狠抓专业人才队伍建设。积极参加学校组织的心理教育与督导培训，提高理论素养，积累案例分析经验。建立心理互助机制及跟踪观察机制。组建骨干队伍，开展专业训练和专业督导。心理危机事件及时发现、及时解决、及时上报。

（中国语言文学系）

历史学系

【发展概况】 2017年，北京大学历史学系设有中国史、世界史2个一级学科博士点/硕士点，招收历史学、世界史2个专业本科生。有历史学一级国家重点学科，含3个二级国家重点学科（中国古代史、中国近现代史、世界史）。1个教育部人文社科重点研究基地（中国古代史研究中心），1个博士后流动站，10个教学科研实体，近20个挂靠虚体研究机构，2个藏书30多万册并有珍本、善本等特藏的专业图书分馆。2017年，在国家公布的"双一流"建设名单中，北京大学历史学系是国内唯一一家中国史、世界史两个一级学科同时入选的单位。

2017年，历史学系共有教师66人，其中：教授42人（老体制教授28人、长聘正教授14人）、长聘副教授3人、助理教授7人；副教授13人（含西方古典学中心教学人员）、讲师1人。以上人员中，包含博雅讲席教授4人，博雅特聘教授7人，人文讲席教授1人。博士后11人，其中：博雅博士后5人，校拔博士后2人，导师自筹经费博士后2人，联合博士后2人。行政人员15人，其中：事业编制行政职员5人，图书资料序列人员2人，劳动合同制聘用人员8人。离退休人员55人。2017年去世教职员工3人，退休教师1人。新入职5人：李伯重（人文讲席教授）、张静（长聘副教授）、韩策（助理教授）、庄宇（助理教授）、侯亚杰（职员）；职称晋升3人：叶炜（教授）、李维（教授）、苗思安（助理研究员）。

2017年底，在册本科生266人（不含2013级已毕业学生65人），其中留学生33人。在读硕士研究生157人，其中，留学生11人，港澳台8人，香港树仁项目20人。在读博士研究生224人，其中，留学生14人，港澳台11人。

【教学工作】 史学暑期课堂。2017年，为吸引和招收更多优秀中学生攻读历史学专业，举办第四届全国中学生史学暑期课堂。通过严格的考察程序，120名优秀中学生通过考核获得参加北京大学2018年自主招生笔试资格。

教学成果。朱孝远、李隆国、黄春高、颜海英、彭小瑜的"世界史国家精品课的教学与提高（2015—2016）"获2017年北京市高等教育教学成果奖二等奖、北京大学教学成果一等奖；李维、彭小瑜、董经胜、李隆国的"培养创新意识，加强方法训练——世界史小班课教学新探索"均获2017年北京市高等教育教学成果奖二等奖、北京大学教学成果一等奖。彭小瑜和其他院系共同完成的"跨学科本科专业建设的本土实践与理论探索：2007—2014"获北京大学教学成果一等奖；昝涛负责的通识教育核心课程"伊斯兰教与现代世界"获北京大学教学成果二等奖。2017年，荣新江、彭小瑜、钱乘旦被评为北京大学优秀博士学位论文指导教师。

【科研工作】 科研成果方面，朱玉麒的《徐松与〈西域水道记〉研究》和张希清的《中国科举制度通史（宋代卷）》获得一等奖；徐健的《"往东方去"：16—18世纪德意志与东方贸易》、陈侃理的"里耶秦方与'书同文字'"、颜海英的"早期文字与埃及国家的起源"、臧运祜的"从九一八到卢沟桥事变"获得二等奖。先后举办第十届"中国中古史青年学者联谊会"（2017）暨"国家、区域与社会"人文学术论坛、"战争动员与近代日本社会文化变迁"学术研讨会、古希腊罗马史第一届年会、北京大学与丝绸之路——中国西北科学考查团九十周年高峰论坛等会议论坛。

【党建工作】 2017年历史学系共有党员195人。教工党员82人，其中离退休党员42人；学生党员113人。正式党员218人，预备党员31人。组织学生骨干召开"新时代新征程·十九大精神学习交流会"，并组织部分党员前往河北雄安新区调研，实地了解国家改革与发展过程中形成的生动实践。系党委书记多次为入党积极分子及师生党员讲授党课，并邀请校内外专家开设"社会主义：革命与发展"系列党课。历史学系2016级硕士党支部书记李姝凝被评为北京大学第八届十佳党支部书记。

【学生工作】 举办"第十三届北京大学史学论坛"，下设4个分论坛，分别对应不同主题，以进一步聚焦学术前沿，增强论坛的学术性、专业性与思辨性，提高对话的质量与效果；另一方面，对本科生学习成长进行分类讨论、分层设色、分流培养，对本科生进行较为深入的个体访谈，针对学生个体志向差异，引导学生设置不同层次的学习目标，学有所获，提升学习成长体验。

开展"峥嵘岁月的回响专题社会实践活动"和"最初的梦想——历史学系教学实践系列活动"两次实践育人活动，前后组织11个小组，80人左右前往井冈山、广州、上海、福建、河南、杭州、西安、武汉等地调研。

【外事工作】 2017年，在人文基金项目的支持下邀请并接待7位境外学者；在海外学者讲学研究计划的支持下，接待境外学者近50人次，涵盖美国、德国、英国、韩国、日本，以及中国港、澳、台地区。配合学校承办北京论坛2个分论坛，主题分别为"多元与世界——艺术史学科与全球化局面"和"土耳其与欧洲：历史视野下的互动"。

【其他工作】 工会工作。系工会通过学校教代会反映教工关切的住房、医疗等问题；在系内创建"教职工之家"，为教职工提供温馨的休息环境；组织教职工参加运动会、健步走等各项文体活动，丰富教职工业余生活；每月为过生日的行政人员送上集体生日祝福，每年走访慰问生病职工，增强历史学系大家庭的凝聚力。

离退休工作。目前历史学系共有离退休教工55人，2017年6月组织离退休教职工赴雄安新区参观考察；9月组织北京大学第十三次党代会代表及两委委员的提名工作，并在重阳节之际慰问90岁离退休职工。

安全保卫。平均每个季度开展1次大范围自查，组织多次消防安全宣传讲座，提高防范意识，贯彻落实消防安全四个能力建设。

（历史学系）

考古文博学院

【发展概况】 考古文博学院设考古学系和文化遗产学系两系，分辖中国考古学、外国考古学、考古学技术与方法教研室，以及博物馆学、文物保护、文物建筑教研室。学院拥有国内高校第一所考古专业博物馆——赛克勒考古与艺术博物馆以及旧石器、陶瓷标本室、科技考古实验室、文物保护实验室、文化遗产记录与监测实验室、图书资料室及其附属的张政烺文库和苏秉琦书屋。

2017年，学院新增教学科研系列教师3名：新石器商周教研室邓振华、文物建筑教研室彭明浩、文物保护教研室王恺。博士后王曦入站，马志坤、裴书研、杨博出站。新增合同制人员3名：教务办公室苗梦雨（院聘）、虚拟仿真教学中心吴煜楠（院聘）、科技考古实验室陈天然（崔剑锋聘）。陶瓷考古与艺术研究所高宪平离职。文物建筑教研室尚劲宇续签合同。博物馆教研室宋向光教授、党委副书记金英、博物馆办公室主任刘军军等3人退休。

2017年，学院启动考古楼实验室改造项目，目前已基本改造完毕，预计2018年春季学期可投入使用。启动红一楼、红五楼的环境改造工程，预计2018年3月完成。完善《考古文博学院专项岗位绩效奖励实施暂行办法》《考古文博学院年度考核办法》，制定《北京大学考古文博学院公用会议室使用管理办法》。2017年，学院被评为北京大学安全管理标准化建设先进单位。

【教学工作】 学位授权点评估。2017年考古文博学院按要求完成学位授权点自我评估工作，评估结果为A+。

本科教学。两个跨学科教育项目启动：联合外国语学院、元培学院建设外国语言与外国历史（考古学方向）专业，与化学学院共同开展联合培养项目。修订2017版港澳台生、留学生教学计划，将政治理论、汉语以及与中国有关的课程纳入必修学分。

本科生教改项目与研究生创新项目。5项本科教改项目立项：周原考古实习基地建设、虚拟仿真实验教学中心建设、新生导学教育、《古代埃及考古学》英文课程建设、《计算机建筑制图》课程提升建设。连续2年开设《实验考古》研究生暑期课程，包括历代青花画法研究、冶金实验考古研究、史前建筑实验考古研究这3个子课程。

人才培养。2017年共招收本科生37人，硕士研究生35人，博士研究生23人，其中直博生10人。2017年本科生毕业43人，硕士研究生毕结业26人，博士研究生毕结业10人。

课程设置。新开设本科生课程有：动物与人类社会：考古学的视野、世界考古文献研读。新开设研究生课程有：中国西南地区考古、化学分析在考古学中应用及相关数据处理、西域古代城市考古、世界考古学（上）。

师资建设。徐怡涛、倪润安晋升教授；李崇峰、吴小红、雷兴山晋升二级教授；曹大志、张颖完成新体制中期评估；吴小红入选第三批国家"万人计划"哲学社会科学领军人才；吴小红、陈建立入选长江学者奖励计划；张剑葳、张颖新获教师资格证书；赵辉入选雅讲席教授。

【科研工作】 科研项目。2017年，学院在研课题87项，其中国家级项目34项（包括国家社科基金重大项目7项、社科基金项目7项、自然科学基金1项、教育部基地项目9项、北京市社科基金3项、国家文物局项目7项），政府部门企事业单位委托项目53项，入账科研经费总计1253.3万元。田野考古工地共3处：陕西周原、新疆通古斯巴什古城、乌什喀特古城遗址。

学术成果。2017年考古文博学院教师出版学术专著6部，发表论文150篇。

表5-11 2017年考古文博学院学术专著发表情况

成果名称	作者	出版单位	成果形式
中国古代历史图谱（魏晋南北朝卷）	陈凌	湖南人民出版社	专著
西域考古与艺术	林梅村	三秦出版社	专著
光宅中原——拓跋至北魏的墓葬文化与社会演进	倪润安	上海古籍出版社	专著
云冈石窟的营造工程	彭明浩	文物出版社	专著
异宝西来：考古发现的丝绸之路舶来品研究	齐东方	上海古籍出版社	专著
龟兹寻幽：考古重建与视觉再现	魏正中	上海古籍出版社	专著

获奖情况。4月12日，考古文博学院参与合作发掘的湖北天门石家河遗址和湖南桂阳桐木岭矿冶遗址，成功入选

"2016年度全国十大考古新发现"。

资质管理。完成国家文物局考古团体领队资质、不可移动文物保护勘察设计甲级资质、可移动文物保护修复资质的日常管理、年度检查和更换证书等工作。

【继续教育】 2017年考古文博学院共举办5个非学历教育培训项目：北京大学古建筑规划设计人才培训班，北京大学-郑州市文物考古研究院田野考古理念与技术研修班，北京大学博物馆运营管理专业人才研修班（1），北京大学古建筑规划设计人才培训班，北京大学-山西博物院博物馆专业技术人才研修班。

【交流合作】 教学基地建设。2017年3月，与临洮县人民政府签署合作共建框架协议；4月，与山西高平市签约"高平文化复兴联盟"；5月，与清东陵文物管理处建立研学合作关系；10月，与蓟州市文物保管所合作建设"北京大学蓟州文化遗产教学科研实习基地"；10月，与故宫博物院合作建设"北京大学-故宫博物院文化遗产保护实习基地"；11月，与平遥县文物局合作建设"北京大学平遥文化遗产教学科研实习基地"；11月，与首都博物馆签署战略合作框架协议；12月，与北京联合大学应用文理学院签署"文化遗产保护人才培养及实验室共建合作协议"。

学术活动和学术会议。2017年2月28日，为加强中英两国在文化遗产领域的交流、合作，与英国大使馆文化教育处在北京大学联合召开"中英文化遗产高层论坛"，邀请两国文化遗产保护领域的领导者和专家，就未来中英文化遗产领域的交流合作进行深入的探讨与磋商。9月15日，组织召开"古代玻璃的科技考古研究"会议。10月9日至10日，由北京大学考古文博学院和中国考古学研究中心主办，国际博物馆协会博物馆学专业委员会（ICOFOM）亚太分会协办的"博物馆与博物馆学——新时代博物馆定义的再思考"国际研讨会在北京大学考古文博学院召开。10月21日至23日，"郁郁周文——周代礼乐文明学术研讨会"在周原国际考古研究基地召开，来自北京大学礼学研究中心、北京大学考古学研究中心等单位的与会学者参加会议。10月23日至24日，主办"陆疆与海疆：中外交流与社会变迁"北京大学博士生学术会议。

【党建工作】 考古文博学院2017年转入党员11名，转出党员16名，新发展学生党员5名，退休党员1名，共有党员122名。学院党委按照上级党委部署，继续深入推进落实中央31号文件，及时、准确、全面传达、宣传、贯彻、落实党的十九大报告精神及学校第十三次党代会精神，层层落实开展"两学一做"教育实践活动，全面做好学院教职员工师德师风的教育和监督工作。完成党委换届工作。

【学生工作】 梳理德育资源、夯实党团组织，统筹思政教育、专业学习、实践育人、毕业教育与资助教育。统筹各类主题教育活动、统筹各种学习会议、统筹校内校外资源；团委学工办紧密结合时事、政治、校园热点，利用两会胜利召开、党的十九大及学校第十三次党代会等事件开展了一系列主题教育活动和"特色党日"活动，深化理想信念和形势政策教育，在青年学生中营造爱党爱国、有梦追梦圆梦的良好氛围。

整理业务版块，细化工作流程，将管理服务引导职责摆在重要位置。建立班主任联席议事协调机制——"以青年教师为骨干，选配好班级带头人、主心骨、引路者"；建立奖励奖学金工作全公开、全透明、全覆盖的工作机制——"以奖促优、以优促建、以励育先"；以高度的责任心贯彻落实国家资助政策和工作任务——"变资助为激励、以资助为动力、以他助社助为共助"；将就业指导、心理咨询统筹起来，提高工作的针对性、有效性——"提高心理素养、求职技巧的软实力，增强学生全面发展、个性发展的硬实力"。

筛选精品品牌、重心下移、内涵发展，将育人效果效用放在中心位置。将新生教育工作贯穿全年、夯实学生融入适应转化的基础——"延展新生教育时限，助力新生融入环境、适应学科、转化角色"；立足学科特点与优势，积极建立实践项目——"以项目为依托，以实践为平台，以学科为基础，不断丰富和提升第二课堂教育效果效用"；以开放的理念拓展育人半径，将对外交流工作统筹起来助力学生成长成才。以学生党支部、团支部创新为抓手，以党团日为载体，以党课团课为基础，以"两学一做"为红线，不断巩固和提升党建思政育人效果。

【工会工作】 截至2017年底，考古文博学院在籍会员事业编制50人、合同制10人。2017年，学院工会在上级工会的指导下，积极组织和参加各项活动。推进和完善全体教职工大会制度建设，定期召开学院大会和工会工作小组会议；完成学校部署的爱心捐助活动，在徐怡涛患病期间发起捐助，送去温暖；组织参加青年教师基本功大赛，张剑葳荣获二等奖；圆满完成运动会团体操、入场式和比赛等工作；为女职工办理互助保险，为合同制职工办理入会；推进教职工之家建设，添置咖啡机、冰箱、微波炉和乒乓球桌等家电和运动设施。

【资料建设】 图书资料建设。2017年共采购中外文图书近1300余册。中文期刊91种858册，其中订购期刊77种，增订《景观设计学》1种。外文期刊40种133册。手工外借4980、归还4230册；计算机外借2298、归还2222册。除博物馆自采图书，2017年还接收斯通、宋向光和黄蕴平教授捐赠图书。从校外公司聘请小语种编目员，完成1548种日文、377种韩文图书的编目工作。与四川博物院、四川大学、深圳博物馆、首都博物馆、新疆博物院等机构建立书刊交换关系。

信息建设。编辑出版《古代文明研究通讯》2017年第1—4期；编辑出版《陶瓷考古通讯》2017年第1—2期；编辑出版《玉器考古通讯》2017年第1—2期。管理"北京大学考古文博学院"官方微信、"赛克勒考古与艺术博物馆"官方微信、"纸上考古""考古团学""PKU考古教务""源流运动"等微信公众号。

【博物馆工作】 1.展览工作。2017年共举办9个展览：

《看见桃花源——源流·首届高校学生文化遗产创意设计赛成果展》参与展览维护、协助布展撤展（展期：2017年1月7日—2017年3月10日）；

《墙内外——北京大学平粮台考古队2016年社区考古展》参与展览维护和协助布展撤展（展期：2017年3月24日—2017年4月20日）；

《寻找致远舰——2015年度全国十大考古新发现特展》参与展陈内容策划设计、展览维护和布展撤展（2017年1月—2017年9月）；

《高平壁画展》，协助展览及教育活动（2017年4月—5月）；

《蔡元培与北大》参与展览维护和协助布展撤展（展期：2017年4月—2017年6月）；

《未名·辞—北京大学2017届毕业生主题展》参与展览维护和协助布展撤展（展期：2017年6月12日—2017年12月）；

《迷人的自然：森林砍伐与环境艺术展》协助艺术家创作，并参与展陈设计、布展、展览维护（2017年3月—12月）；

《对英国艺术家及印刷文化的礼赞—唐纳德斯通教授捐赠画展》参与展陈设计、布展、展览维护（2017年9月—2017年12月）；

《另一个世界的想象——大同沙岭7号北魏墓葬壁画与云冈石窟艺术》参与展陈设计、布展、展览维护（2017年7月—2017年12月）；

2. 博物馆管理。完成新入藏版画的数字扫描、新入藏版画的档案整理，开始筹建库房的预防性保护基础设备。

3. 教育活动。截至2017年11月底共接待观众94,560人。2017年博物馆志愿者共50人；3—7月，9—12月为观众提供周末固定时间免费讲解；组织筹办斯通教授《艺术之都》系列讲座2场、致远舰公众讲座《致远出海》《高平壁画展》讲座及线描体验。

4. 新增藏品。2017年新增藏品：西洋版画82幅。

（考古文博学院）

哲学系（宗教学系）

【发展概况】 2017年，哲学系（宗教学系）有哲学和科技史2个一级学科，包括马克思主义哲学、中国哲学、外国哲学、逻辑学、伦理学、美学、宗教学、科学技术哲学等8个二级学科，其中马克思主义哲学、中国哲学、外国哲学、美学4个学科为国家重点学科。2017年11月26日下午，北京大学哲学一级学科自我评估专家评审会在哲学系成功召开，为哲学系的学科发展提供重要建设性意见。

在2017年QS世界大学哲学专业的排名中，北京大学哲学系位列第39位，继续领跑亚洲哲学系。

截至2017年底，在职教职工共69人，其中教学科研人员64人，行政人员5人。教学科研人员中，老体制教授31人，新体制教授11人（其中2位人文讲席教授），老体制副教授10人，新体制副教授4人，讲师1人，助理教授7人。2017年聘请外籍人文讲席教授2名。2017年，共进站7位博士后（任军伟、蒋小杰、吴湘、金美玲、惠慧、悟灯、李丽珠、杜佳峰），其中博雅博士后3位。访问学者进修教师共计38人。2017年3月，仰海峰、韩林合签署长江学者聘用合同，同时并入新体制年薪制人员管理。

2017年5月，学校党委任命李林为哲学系党委副书记；12月，任命仰海峰为哲学系主任，束鸿俊为哲学系党委书记。

2017年12月，完成对哲学系人事综合改革方案的第四次修改，并提交人文学部和人事部。

【教学工作】 2017年，哲学系春季学期共开设79门课程，秋季学期共开设80门课程。

招收本科生58人（其中3人为留学生），本科毕业52人。录取硕士生57人，博士生50人。51位硕士研究生毕业且获得硕士学位，50位博士研究生毕业且获得博士学位。

继续推动北大人文基础学科本科人才跨院系培养计划"古典语文学"项目，截至2017年底，进入该项目的总人数达到80人。

7月20日至7月24日成功举办北京大学第六届优秀中学生哲学暑期课堂，288名中学生参加。

周学农获2017—2018年度北京大学教学优秀奖（研究生部分）。

杨立华获北京市第十三届教学名师奖和首届青年教学名师奖。

吴飞等8位教师以大班授课小班讨论为中心的哲学本科教学改革获北京大学教学成果特等奖，申报北京市高校教学成果奖一等奖。

【科研工作】 2017年科研项目与科研成果详见下表。

表5-12 哲学系（宗教学系）2017年科研项目

项目名称	起止时间		负责人	总经费（万元）	任务来源
政治经济学批判与历史唯物主义研究	2017年6月30日	2017年12月20日	陈永盛	20	国家社科基金项目
孔门成德之学的演进研究	2017年6月30日	2017年12月20日	何益鑫	20	国家社科基金项目
郑玄《周易注》二十一种整理与研究	2017年6月30日	2017年12月20日	朱天助	20	国家社科基金项目
日本近世易学研究	2017年1月1日	2017年12月20日	王鑫	2	北京市社会科学理论著作出版基金办公室（管理小组）

表5-13 哲学系（宗教学系）2017年科研成果

成果名称	作者	出版社	成果形式
马克思《黑格尔法哲学批判》研究读本	杨学功	中央编译出版社	专著
全球化的理论与实践	杨学功	江苏人民出版社	专著
"宗教中国化"义理研究	张志刚	宗教文化出版社	专著
日本近世易学研究	王 鑫	北京大学出版社	专著
良心论	何怀宏	北京大学出版社	专著
道德·上帝与人	何怀宏	北京大学出版社	专著
世袭社会	何怀宏	北京大学出版社	专著
选举社会	何怀宏	北京大学出版社	专著
正义：历史的与现实的	何怀宏	北京出版社	专著
"到马克思的故乡去！"	聂锦芳	广东教育出版社	专著
滥觞与勃兴——马克思思想起源探究	聂锦芳	中国人民大学出版社	专著
老子	王中江	国家图书馆出版社	专著
近代西方哲学的精神	李超杰	商务印书馆	专著
中华文化简明读本	干春松	中国社会科学院出版社	专著
制度儒学（增订版）	干春松	中央编译出版社	专著
悖论研究	陈波	北京大学出版社	专著
社会发展的全球审视	丰子义	北京师范大学出版社	专著
全球化的理论与实践——一种马克思主义的视角	丰子义	江苏人民出版社	专著
现代化的理论基础——马克思现代社会发展理论研究	丰子义	北京师范大学出版社	专著

【党建工作】 哲学系现有党员263人，党支部16个，其中教工支部7个，学生支部9个，离退休同志与在职人员混合组建党支部。2017年共发展党员16人，其中包括1名青年教师，完成年度发展计划。

2017年，哲学系党委积极响应并努力做好上级党组织下达的各项任务，包括推选北京市第十二次党代会代表推荐人选；积极配合中央巡视工作；认真制定整改方案并落实；按规完成学校第十三次党代会党代表推荐工作和"两委委员"候选人提名推荐工作等。此外，哲学系党委积极推进"两学一做"常态化制度化；认真组织"共产党员献爱心"；准确、高效地完成党内半年统、年统工作。

为进一步贯彻落实党的十九大精神，党政领导班子开展多次集体学习和2次专题研讨；系党委书记就党的十九大精神和学校第十三次党代会精神主讲专题党课；各支部至少开展2次专题学习。

鼓励各支部申报校党委年度基层党建创新立项。2016—2017学年，哲学系党委申请重点项目1项并结项（《构建教师-学生党支部活动联动平台——北京大学基层党支部制度建设探索》）；哲学系党委及下属支部围绕"两学一做"常态化制度化主题，共申请2017—2018年度基层党建创新立项课题5项。

【学生工作】 2017年哲学系开展学生党团日联合主题教育活动等专题教育活动20余次，效果显著。哲学系本科生党支部、2016级硕士班党支部获得"砥砺强国志，聚力十三五"党团日活动二等奖表彰；哲学系本科生支部获得"学讲话锤炼价值观，共奋迎接十九大"学生党团日联合主题教育活动二等奖表彰；哲学系获得学生党团日联合主题教育活动优秀组织奖。

2017年，学工办组织14名同学参加第26期党性教育读书班与第27期党性教育读书班，其中2人被评为"优秀学员"；下半年组织29人参加第30期党的知识培训班。哲学系团委、学工办积极探索团员青年、学生骨干培养新模式，联合人文学部院系创办人文学部联合团校。

策划举办4场"社会·文化·心灵"讲座，在该系列活动中，师生积极参与，品味百年哲思，分享青春智慧。在讲座之外，哲学系注重指导学生社团的学术发展，积极指导北京大学儒行社、北京大学国学社等10余个社团开展读书会等各类学术活动，取得一定的成果。

2017年哲学系谋求创新与突破，以征文为契机，邀请30余位获奖作者参加"首届爱智杯青年学术论坛"，获得全国多所高校的广泛关注与支持。

哲学系青年志愿者协会秉承立足细节、关怀他人的志愿服务理念，2017年帮助海淀区残联一所幼儿园的弱听及自闭儿童，组织开展"薪火相传哲学人"送书活动，还不定期组织志愿者整理哲学系图书馆书籍。

2017年，继续开展"传薪文献"工程，拜访和关心赵家祥、王守常、乐黛云、许抗生、朱德生等5位老教授。编发学生刊物《生生》和团委刊物《共青苑》，探索办刊创新。

奖励奖学金评审工作。完成北京大学创新奖院系评审，3位同学获得学术类创新奖。完成2016—2017学年度奖励奖学金评审，共评定奖学金70人，奖励137人。2016级硕士生班代表学校参加北京市优秀基层组织创建评选。

深入了解毕业生就业意愿，介绍就业政策、传达就业信息、传授就业技能。积极利用新媒体开展工作，在毕业生群体内建立就业公邮、微信群，提高信息覆盖面。2017年，共举办就业经验交流会2场，就业指导培训4场，教师岗位模拟试讲1场。

组织开展第二届新生训练营，58名2017级本科新生全部参加。12月15日，举办2017级本科新生座谈会，院领导和部分教师出席，听取新生意见，为同学们尽快适应北大学习生活提供指引。

【交流与合作】 2017年，教师32人次出国出境开会、讲学和访问；学生19人次出国出境开会、学习和访问；41名学生参加外校交换学习、联合培养。来哲学系开设讲座、交流的国外专家有19人次。

【学术会议】 2017年3月25日，以"现象学的意向性学说——多角度的解释和批评"为主题的2017年现象学工作坊在北京大学外国哲学研究所举办。

4月8日至9日，第二十四届世界哲学大会第一次国际执行委员会会议在北京大学人文学苑召开。参加此次国际执行委员会会议的委员包括国际执行委员会成员5人（其中外方3人，中方2人），以及世界哲学大会秘书处秘书长、副秘书长以及学校相关工作负责人。此次会议就国际项目委员会制定的大会前期筹备方案进行修改和完善，并针对大会筹备的各项准备工作提出具体落实政策和执行方案。

6月30日，来自海内外18所大学的青年教师、博士后、博士及硕士，共28位学员参加由北大哲学系（宗教学系）、北大佛学教育研究中心主办的"十六国北朝佛教与民族"研究生暑期学校。

8月13日至14日，在距第二十四届世界哲学大会（2018）正式召开一周年之际，第二十四届世界哲学大会启动仪式暨"学以成人"国际学术研讨会在北京大学隆重举行，来自海内外知名大学哲学系及哲学学术机构的著名学者参加会议，启动第二十四届世界哲学大会的组织和筹备工作，并就第二十四届世界哲学大会主题"学以成人"展开深入的学理讨论。

9月23日至24日，受北大研究生院"研究生教育创新计划"资助，北大哲学系和外国哲学研究所主办"真理、逻辑和哲学"研讨会。

12月1日至3日，"2017北京大学分析哲学青年学者论坛"在北京大学外国哲学研究所（老化学楼227室）举办。

12月16日至17日，由青年哲学论坛、《哲学动态》编辑部、北京大学哲学系、北京大学马克思主义哲学研究中心共同主办的"第十四届马克思主义哲学创新论坛"在北京大学举行。中国社科院及各高校专家学者、国内主要刊物编辑近120人与会，围绕"当代视野中的《资本论》哲学"主题展开研讨。

【讲座与论坛】 2017年，由马哲教研室主办的"马哲论坛"举办3讲；由科技哲学教研室主办的"北大科学史与科学哲学论坛"举办1讲；由外国哲学教研室主办的"周五哲坛"举办6讲；由佛教、道家教研室主办的"佛教文献、历史与哲学工作坊"举办3讲、"虚云讲座"举办4讲；由逻辑学教研室主办的"逻辑学讲座"举办1讲。

【继续教育】 1.短期培训班。2017年5月8日，哲学系受中央统战部委托，举办第二届北京大学民族宗教工作干部培训班，来自全国31个省、自治区、直辖市以及新疆生产建设兵团的60位民族宗教工作干部在哲学系参加为期35天学习和政策培训，收获颇丰。

2.高级人才研修班。2017年，最后一次承办研究生院的佛教高级人才研修班。3月初开始立项，4月开始通过微信宣传招生简章，截至2017年10月8日，共计招收46名学员。

（哲学系（宗教学系））

外国语学院

【发展概况】 2017年，外国语学院设阿拉伯语言文化系、朝鲜（韩国）语言文化系、德语语言文学系、东南亚语言文化系、俄罗斯语言文学系、法语语言文学系、南亚学系、日本语言文化系、西班牙语葡萄牙语语言文学系、西亚语言文化系、亚非语言文学系、英语语言文学系、世界文学研究所、外国语言学及应用语言学研究所、翻译硕士专业学位教育中心、语言中心共计12系、2所、2中心。

外国语学院拥有英语、俄语、法语、德语、西班牙语、葡萄牙语、日语、阿拉伯语、蒙古语、朝鲜语、越南语、泰国语、缅甸语、印尼语、菲律宾语、印地语、梵巴语、乌尔都语、波斯语、希伯来语等20个本科招生语种专业。与元培学院、历史系共建外国语言与外国历史专业，与元培学院、考古文博学院联合开设外国语言与外国历史专业-外国考古方向。学院现有1个一级学科博士点，10+1个二级学科博士点（1个与中文系合建），1个应用型硕士学位点，1个博士后流动站。

学院现有33个研究机构和学术团体，1个教育部人文社科研究基地（北京大学东方文学研究中心），1个国家外语非通用语种本科人才培养基地，1个外语非通用语种文科类实践教育基地。学院研究和教学工作涵盖文学、语言学、文化、外国宗教、世界古典文明、区域和国别等多个领域。

2017年，在QS发布的世界大学学科排名中，学院3个相关学科的排名继续保持世界前列，"现代语言"学科排名世界第7位、"语言学"学科排名第10位、"英语语言文学"学科排名第34位。在中国教育部学位与研究生教育发展中心权威发布的全国第四轮学科评估中，外国语言文学被评为"A+"。北京大学外国语学院外国语言文学学科连续4次学科评估排名第一或A+，显示出了强大而稳定的学科实力。

2017年，外国语学院扎实推进北京大学外国语言文学一流学科建设，发挥学科优势，积极践行国家"一带一路"战略，牵头组织北京大学"一带一路"国家诗歌经典文库项目，主办数期"北京大学人文讲座——区域与国别"系列讲座，"国别和区域研究"二级学科通过学校学位委员会审核。11月初，和考古文博学院共同承办北京论坛（2017）分论坛Ⅱ：文明传承与互动视角下的"一带一路"。

2017年是李赋宁先生诞辰100周年、曹靖华先生诞辰120周年、北京大学波斯语言文学专业建立60周年、北京大学新西兰研究中心成立10周年，外国语学院及相关系所举行了系列隆重的纪念活动。

【教学工作】 至2017年12月，外国语学院有学生1388人，其中本科生831人、硕士研究生373人、博士研究生184人。

2017年，共录取本科生236人，含外语类高中保送生75人；录取硕士研究生137人，其中学术型75人（大陆学生73人，留学生1人、港澳台生1人），专业型62人（英汉笔译方向30人，日汉笔译口译方向32人）；录取博士研究生35人（含留学生1人）。2017年毕业本科生171人，除3人暂结业、1人不授学位外，其他均授予学士学位。2017年学院开设的辅修专业共毕业41人。

外国语学院与元培学院、历史系一起开设的本科专业"外国语言与外国历史专业"2017年共有21名学生选修，在学院阿拉伯语、波斯语、德语、俄语、日语、泰语、法语、西班牙语、菲律宾语专业上课。

外国语学院承担北京大学全校非英语专业学生约7500人次的英语教学任务，其中大学英语200余班次、研究生公共英语50余班次。英语授课课程包括系院课程68门，国际暑期学校课程3门。此外，外院开设了除英语以外20个语种的公共外语课29门。

2017年，经过学院学位分会评定，丁莉、王浩增补为相关学科博士生指导教师，黄淳、纳海、孙凯、闵雪飞、岳远坤、解璞、廉超群、李婷婷、刘边南9人增补为硕士生指导教师。同年9月至10月，学院还组织了外国语言文学及专业学位自我评估。

2017年，学院获得三项北京市教学成果奖，其中一等奖2项；获得七项北京大学教学成果奖，其中特等奖1项、一等奖3项。秦海鹰、谷裕、宋扬、拱玉书等4名教师获得"北京大学教学优秀奖"。

【队伍建设】 至2017年12月，外国语学院共有在职教师218人，其中教授61人，副教授90人，讲师50人（含博士后5人），助理教授17人。离退休人员233人，其中离休人员21人。2017年新入职助理教授6人，调出2人，退休5人。陈明教授入选2017年"百千万人才工程"国家级人选，被授予"有突出贡献中青年专家"荣誉称号。

截至2017年12月底，学院共有长江特聘教授1人（申丹），"百千万人才工程"国家级人选2人（申丹、陈明），跨世纪人才2人（申丹、王邦维），新世纪人才6人（陈岗龙、王建、金勋、董强、陈明、林丰民）。

【科研工作】 2017年获批国家社科基金年度一般项目1项、青年项目1项，国家哲学社会科学成果文库1项，教育部人文社会科学研究规划基金项目3项、青年项目1项。横向及外资项目立项共计7项，获得经费总计约162万元。罗芃《改革开放30年中国外国文学研究》、金勇《形似神异——〈三国演义〉在泰国的传播》2部著作获得2017年北京市社会科学理论著作出版基金资助。

据不完全统计，2017年外国语学院教师的成果共计208项，其中出版学术专著9部，译著24部，编著及教材15部，工具书或参考书2部。在国内外学术刊物及著作中发表148篇论文，译文10篇。

2017年，外国语学院荣获北京大学第十三届人文社会科学研究优秀成果奖7项，其中一等奖2项、二等奖5项。西葡语系赵振江于2017年3月获陈子昂翻译奖（该奖项由作家协会《诗刊》发起），2017年10月获"百年新诗贡献奖——翻译贡献奖"（该奖项由全国诗歌报刊网络联盟、中国诗歌万里行组委会等单位联合发起）。

2017年外国语学院纵向经费到帐约164.2万元，横向经费到帐约131.6万元。

据不完全统计，外国语学院共主（合）办国际（含境外、双边）学术研讨会8次和国内学术研讨会9次。

表5-14 外国语学院2017年主要学术活动列表

会议类别	会议主办单位	时间	会议名称
国际	北京大学外国语学院北京大学日语系、日本文化研究所	2017年8月5日至6日	东方文明与心理健康国际学术研讨会

（续表）

会议类别	会议主办单位	时间	会议名称
国际	北京大学外国语学院阿拉伯语系、北京大学中东研究中心	2017年4月20日	"中国与埃及双边关系与战略合作"国际研讨会
国际	北京大学外国语学院西班牙语系	2017年10月30至31日	中墨建交45周年文学研讨会
国际	北京大学外国语学院德语系	2017年9月20至21日	抒情的传统：德语抒情诗研究与翻译
国际	北京大学南亚研究中心	2017年9月15日至18日	基于印地语的东亚印度研究国际会议
国际	北京大学南亚研究中心	2017年12月4至8日	"一带一路"与中美两国在南亚地区合作的机遇和挑战国际研讨会
国际	北京大学南亚研究中心	2017年11月5日至8日	"一带一路"背景下的中印研究比较国际研讨会
国际	北京大学巴基斯坦研究中心	2017年11月24日至26日	中巴经济走廊的产业合作与产业园建设国际研讨会
国内	北京大学外国语学院英语系	2017年3月24日	纪念李赋宁先生诞辰100周年学术讨论会
国内	北京大学外国语学院阿拉伯语系	2017年4月27日	中国·巴勒斯坦·以色列三方关系学术研讨会
国内	北京大学外国语学院法语系	2017年6月7日	中法诗歌与风景研讨会
国内	北京大学外国语学院亚非系	2017年10月28至29日	泰戈尔与中印孟关系的现实意义
国内	北京大学外国语学院西亚系	2017年11月25日	北大波斯语言文学专业建立60周年纪念学术研讨会
国内	北京大学外国语学院世界文学研究所	2017年11月17至18日	中国巴赫金研究成立10周年高端学术研讨会
国内	北京大学外国语学院俄语系	2017年11月11日	曹靖华诞辰120周年纪念暨叙述研讨会
国内	北京大学外国语学院东方文学研究中心	2017年11月24至26日	北京大学首届"文学与图像"学术论坛
国内	北京大学外国语学院亚非系	2017年12月16至17日	印度文化视野中的中国语言文学

【交流合作】 据不完全统计，2017年出境进行短期国际学术交流的教师达66人次，进行长期国际学术交流（90天以上）的教师达7人次。出访地区涵盖亚、欧、非、美、澳等数十个国家及地区。邀请外籍高端学者来校开展讲座、论坛27场，包括伦敦大学玛丽女王学院首席教授、欧洲科学院院士加林·季哈诺夫，理论语言学界权威语言学家Hagit Borer，柏林洪堡大学德语系教授、歌德专家、魏玛古典文学专家Ernst Osterkamp，知名南亚语言文学研究者、英国伦敦大学亚非学院教授弗朗切斯卡·奥尔西尼等世界顶尖学者。

学院举办数十场外事活动，召开国际论坛、接待境外师生交流团、举办外国文化艺术展、开展各类文学文化研讨会及艺术周。其中，重要外事活动包括"北京大学中东地区发展论坛"、北京大学新西兰研究中心成立十周年志庆活动、北京论坛分论坛Ⅱ：文明传承与互动视角下的"一带一路"等。

2017年，学院共聘任专职外籍教师30余位，其中副教授、教授级别的外籍教师5位，在专业课程讲授、学生论文指导、学术讲座开设及青年教师指导等方面发挥重要作用。2017年暑期，学院邀请12位外籍教师开设10门暑期英语选修课程。"北京大学'一带一路'外国语言与文化系列公共课程"项目邀请25位外籍教师，面向全校学生开设阿拉伯语、土耳其语、西班牙语、韩国语、葡萄牙语、希伯来语等24个语种的选修课程，为北京大学学生了解"一带一路"沿线国家语言文化历史传统提供良好平台。

学院优秀外籍教师持续为北大及社会带来积极贡献。英语系Donald David Stone教授继续向北京大学赛克勒考古与艺术博物馆捐赠艺术品、举办展览和相关主题讲座。北京大学外国戏剧与电影研究所艺术总监Joseph Graves Burnett主演的英文话剧在全国各地演出，反响热烈。

外国语学院持续与港澳台地区等境外一流高校及教育文化机构保持良好合作交流。与东京外国语大学、澳门理工大学、里昂高等师范学校、巴黎高等师范学校、格拉纳达大学、Indian Council for Cultural Relations等高校及机构均持续推进学术交流及师生互派工作。

【党建工作】 截至2017年底，学院共有542名党员，其中在职教工党员117名、离退休教工党员128名、学生党员297名。全院共26个党支部，其中在职教职工支部13个、离退休教职工支部4个、学生支部9个。2017年新发展党员60名，转正预备党员33名。召开7次党委扩大会，行政党支部等8个支部完成换届改选。所有党员按时缴纳党费。同时，学院党委和各支部完成8项2016—2017学年校级基层党建创新结项，并新申报获批7项2017—2018学年项目。

外院党委坚持知行合一，扎实开展专题学习教育。一是逐步推进"两学一做"学习教育常态化制度化，依托党委学习、党支部"三会一课"等基本制度，融入日常、抓在经常。院长、书记及30多名学生一起观看党的十九大开幕式，党政领导班子集体学习研讨《习近平总书记在十九大开幕会上的报告》，召开党委扩大会向全院党支部和党员做了详细部署。到12月底，各党支部开展以"学习十九大精神、学习新党章"为主题的党日活动。二是认真学习全国高校思想政治工作会议精神和中央31号文件精神，专门制定工作实施方案和整改方案。学院党政班子进行7次集体学习。学院党委通过党委会、党委扩大会进行专题部署，并通过系主任工作会议、统战人士座谈会、青年教师暨班主任座谈会、学术科研机构交流会等面向不同教师群体的活动平台广泛传达中央精神，号召全院教师充分认识到高校教师"立德树人""教书育人"的使命感，以身作则提升师德素养。

2017年上半年，学院党委配合学校党委做好中央巡视组入校专项巡视，提交《十八大以来外院党委工作总结》，整理准备相关档案材料以备检查，圆满完成学校布置的各项任务和各方面任务。下半年，为做好北京大学第十三次党代会筹备工作，学院党委按照学校统一部署，严格执行"三下三上"程序，广泛征求意见，顺利召开党员代表大会。

学院党委再次被评为"北京大学党务和思想政治工作先进集体"，宁琦同志荣获"北京大学优秀党务和思想政治工作者——李大钊奖"表彰，张冬梅同志荣获"北京大学优秀党务和思想政治工作者"表彰。

截至2017年底，学院共有工会会员近500名（含离退休员工和合同制员工会员）。在党委的领导下，学院工会围绕中心，服务大局，积极完成校工会布置的工作，如慰问全国劳模、校运动会、各种球赛、集体健步走、爱心基金募捐、各类评优活动等。自主开展常规特色活动，包括组织教职员工健康体检、羽毛球锻炼等、开展春秋游活动，赴昌平农业嘉年华和天津武清区石家大院反腐倡廉展览的参观学习等。学院工会牵头，积极组织教职工参加各项教学技能、课程网站比赛，西葡语系高博获得"北京大学第十七届青年教师教学基本功比赛"一等奖和优秀教案奖，于施洋荣获二等奖，李宛霖荣获三等奖。

【行政工作及其他工作】 截至2017年底，学院行政队伍有在编人员21名，合同制人员11名。其中事业编制新入职1名，合同制人员新入职3名，退休1名。学院内设行政机构包括学院办公室、业务办公室、教务办公室、学生工作办公室及继续教育和图书分馆。2017年，着重加强规章制度和工作流程建设，加强人员素质建设。1月17日，学院组织行政人员开展"完善办事指南和业务流程，主动为师生和学科建设服务"专项业务培训交流会。7月11日，组织"发挥主观能动性，提高工作效率——科室团队建设经验分享"主题业务交流会，推动各办公室发挥主观能动性，提高工作积极性，将行政管理推向规范化、精细化。

【学生工作】 在加强学生党建方面，学生党支部申请创新立项共7项，与332路公交队、北京市残疾人联合会、瓷娃娃罕见病关爱中心等组织共建。学院海外党小组有关事迹两次得到《中国教育报》的报道，2014级本科生党支部"海外连线讲党课、重洋难隔赤子心"专题学习教育活动被推荐参加全国高校"两学一做"支部风采展示活动，并被评为全国高校学生党支部工作案例10件精品之一，事迹入选北京市委组织部优秀党支部建设案例。

在强化实践育人方面，学院依托学科优势，主办"千丝万语，同路同情"文化节，促进师生对"一带一路"沿线国家区域文化的认识与理解，营造良好氛围。为强化实践育人效果，先后组织学生为"一带一路"国际合作高峰论坛、中国共产党与世界政党高层对话会等大型活动提供专业志愿服务，连续4年与国开行合作开展专题志愿服务，连续第5年参加"中国-东盟博览会"的语言志愿服务工作。

2017年，学院第17次荣获"北京大学学生工作先进单位"，第12次荣获"北京大学红旗团委"；蝉联北大纪念"一二·九"运动师生歌会甲组冠军；外院青年志愿者协会8次荣获北京大学志愿服务优秀集体；2014级泰语本科生班被评为北京大学班级五四奖杯等。举办从"团队"到"集体"——外院优秀学生集体建设经验交流会，顺利完成教育部专项课题"高校优秀班集体形成的特征及其影响因素"，发表论文2篇。

【继续教育】 2017年举办非学历培训项目13个，同时为西班牙、泰国、埃及、以色列等国孔子学院学生以及新西兰大学生举办的"中国语言文化营"共6期，目前在校的非学历培训学员373人，累计接待国际学生142人。

学院制定《外国语学院非学历继续教育招生管理办法》，加强对现有项目的全程管理，落实社会招生项目财务部系统网上收费，举办"世界文化之旅"主题亲子体验活动等。

从2017年起，英语系承办的英语专升本（业余）成人高等学历教育（英语夜大）停止招生。目前在校的2015级、2016级以及尚在年限内未毕业的学生共计415人。学院继续做好现有年级的教学、教务及学生管理，努力提高教学质量。

继续负责北京市自学考试日语专业春秋两季专科段和本科段的考试命题、网上阅卷、非笔试项目考试、毕业考试及毕业资格审查等工作。2017年共进行网上阅卷910人次，非笔试项目考试205人次，毕业综合考试20人次。

（外国语学院）

对外汉语教育学院

【发展概况】 组织机构。对外汉语教育学院党政班子成员为：赵杨（院长）、汲传波（党委书记兼副院长，主管人事、分管留学生语言教学）、刘元满（副院长，分管科研和研究生培养）、李建新（副院长，分管行政）、王添淼（党委副书记，分管学生工作）。学院内设机构有：1.研究室4个：汉语及应用研究室（主任：杨德峰，下同）、习得与测试研究室（刘超英）、文化与跨文化交际研究室（辛平）、课程与教师发展研究室（李海燕）；2.研究中心和学术刊物各1个：北京大学汉语教学研究中心和《汉语教学学刊》；3.教研室5个：长期项目教研室（刘立新）、预科项目教研室（金舒年）、短期项目教研室（李海燕）、特别项目教研室（路云）、研究生教研室（徐晶凝）；4.其他部门5个：综合办公室（詹成峰）、研究生事务中心（徐晶凝）、留学生事务中心（路云）、信息技术服务中心（魏宝良）和资源建设中心（姚骏）。

队伍建设。学院现有教师51人，其中教授8人、副教授36人、讲师6人、助理研究员1人、行政教辅4人；另有合同制职工12人，其中专职教师5人、行政教辅7人。2017年学院晋升教授1人（汲传波），3人启动Tenure评估（鹿士义、王添淼、赵长征）。2017年招聘新体制教研系列教师1人。学院人事综合改革方案经过广泛征求意见和反复讨论修改，定稿提交学校。加强外请教师队伍建设，注重岗前培训和教学管理，设立专职外请教师主管（赵昀晖）和教学督导。

（宣雅）

【教学工作】 留学生语言教学。2017年学院共完成2243人次、28,781课时的教学任务，开设236个班级；其中春季学期学生总数为772人，秋季学期学生总数为895人，暑期学生人数为576人。

2017年新增教学项目8个：全校本科留学生中国概况、留学生学术汉语写作两门公共选修课程、研究生层次国际暑期学校、东盟教育周夏令营、英国约克大学项目、新西兰梅西大学项目、论道中国项目和土库曼斯坦预科项目。

2017年继续举办留学生汉语大赛、汉语演讲比赛、语言文化实践活动和项目交流与教学观摩活动。

研究生教学。2017年学院研究生191人，其中博士生32人（港澳台2人，内地15人，外国留学生15人），硕士生159人（汉语言27人，汉教硕132人，其中，中国内地学生96人，港澳台生7人，外国留学生29人）。硕博研究生中，外国留学生47人，来自15个国家。

2017年，学院博士招生名额增至7名，汉语国际教育专业硕士30名。自2018年起，语言学及应用语言学专业学术型硕士停招。

2017年，改革博士生综合考试形式，增加阅读书目笔试环节。硕士生参加国家汉办举办的首届"汉教英雄会"，中国学生谭海瑞获"最佳风采奖"，泰国留学生洪健城获得外研组亚军。2016—2017学年第二学期研究生课程评估，学校平均分97.43，学院18门课程平均分97.93，最高分100，最低分94.78。

教学获奖。刘晓雨获北京大学教学优秀奖（本科），刘立新获北京大学教学优秀奖（研究生），杨德峰获唐立新奖教金，刘超英获曾宪梓优秀教学奖，刘元满获方正教师奖，李海燕获中国工商银行奖教金，姚骏获正大教师奖。

【科研工作】 学科建设。10月27日，学院举行汉语国际教育硕士专业学位授予点专家评估会。专家组认为：学院发展目标清晰，定位比较准确；学院师资力量雄厚，学术成果丰硕，人才培养质量高；教师国际视野宽广，国际学术交流与合作卓有成效。专家组希望学院在汉语国际教育学科领域继续发挥"领头羊"作用，办出更有特色的汉语国际教育硕士专业学位点。学院与中文系共同参加中国语言文学一级学科评估。12月28日，教育部公布全国第四轮学科评估结果，北京大学中国语言文学一级学科评估结果为A+。

科研成果。2017年学院学术成果89项，其中期刊论文27篇，会议论文41篇，古籍整理著作2本，教材12本，专著4本，译著1本，其他成果2项。学院教师参加科研活动53人次（参加人数28人），其中参加会议41次，讲学培训12次。学院目前进行中的各类科研项目共15个。

表5-15　对外汉语教育学院2017年专著出版（举要）

著者	类别	书名	出版时间	出版社
张文贤	专著	现代汉语连词的语篇连接功能研究	2017年1月	北京大学出版社
杨德峰	专著	趋向补语的认知和习得研究	2017年8月	北京大学出版社
张园	译著	方法的逻辑：教育科学中的质性研究	2017年5月	北京师范大学出版社
赵长征	古籍整理	诗集传	2017年1月	中华书局

表5-16　对外汉语教育学院2017年期刊论文（举要）

作者	成果名称	期刊名称	类别
汲传波	从语言学的视角评介西方哲学家的语言观	现代语文	专业刊物
汲传波	欧洲孔子学院汉语国际传播现状与思考	理论月刊	核心刊物 / CSSCI
汲传波	日本学生汉语书面语中的口语化情况研究	江西师范大学学报	核心刊物 / CSSCI
刘超英	在短期汉语教学中采用自评分班的试验及其启示	国际汉语教学研究	专业刊物

(续表)

作者	成果名称	期刊名称	类别
刘元满	汉语教材中的人物关系及话语得体性分析	国际汉语教学研究	专业刊物
刘元满	基于主题的汉语教材分期研究	国际汉语教育	专业刊物
刘元满	基于教学过程的职前汉语教师教育课程研究	海外华文教育	专业刊物
鹿士义	关于任务型教学的问与答——Michael H.Long 教授专访（英文）	国际汉语教育	专业刊物
鹿士义	汉语运动事件表达偏误的类型学考察	语言教学与研究	核心刊物/CSSCI
易 维　鹿士义	Frequency, contingency and online processing of multiword sequences: An eye-tracking study	Second Language Research	SSCI
钱旭菁	二语学习者与母语者穿戴类动词的心理词汇网络之组织研究	台湾华语教学研究	核心刊物/CSSCI
王添淼	留学生汉语学习投入现状与影响机制的实证分析	汉语学习	核心刊物/CSSCI
王添淼	慕课教学中教师角色转换的叙事研究	课程、教材、教法	核心刊物/CSSCI
王添淼　郑又嘉	两岸汉语国际教育专业硕士研究生培养模式比较研究	云南师范大学学报（对外汉语教学版）	专业刊物
徐晶凝	汉语作为二语教学中的语法知识	汉语国际教育学报	专业刊物
徐晶凝	预科"阅读与写作"课教学设计	国际汉语教学研究	专业刊物
杨德峰　郝 冰	"非 X 不可"和"非 X"句法、语义、篇章特点	对外汉语研究	专业刊物
杨德峰	也议"的""地""得"的分合	海外华文教育	专业刊物
赵鹏飞　孔令跃	高校来华语言进修生汉语学习满意度研究——基于北京大学留学生样本的调查分析	海外华文教育	专业刊物
赵长征	文化本体知识对于跨文化交际的意义	国际汉语教育	专业刊物

表5-17　2017年对外汉语教育学院科研项目（举要）

项目名称	项目类别	负责人
国际汉语教师专业发展模式研究	国家社科基金一般项目	王添淼
汉语作为外语在美国的发展研究	国家社科基金一般项目	刘元满
语音轻化视角下汉语韵律句法互动的实验研究	国家社科基金一般项目	邓 丹
面向第二语言教学的汉语语体语法研究	教育部人文社科研究项目	汲传波
《国际汉语教师证书》培训系列微课	汉考国际	赵 杨

学术活动。2017年学院成功举办"对外汉语博士生论坛暨第十届北京地区对外汉语教学研究生学术论坛"和"黉门对话——汉语作为第二语言认知与习得"，举办国际汉语论坛2场和学术沙龙11场。

【信息化建设】2017年，HSK 3级（part1、Part2）和现代汉语核心语法慕课课程上线，至此，学院共开设11门慕课。其中刘晓雨开设的基础汉语慕课学员累计86万人。

建设北大版18本教材配套资源，12本教材的制作人完整提交课程方案和PPT等配套内容，学员内部自测试正在进行。

师资课程微课建设：1. 汉语"小"说（徐晶凝）、这些问题怎么破？（刘元满）、汉语课堂师之"范"（李海燕）、发现文化（赵延风）4门专业基础微课投放唐风汉语智慧教学云平台和国家汉办网络孔子学院网站。2. 参考国家汉办《国际汉语教师资格证书》考试大纲的5大类内容11个模块要求，已完成证书配套课程的内容筹备工作。3. 与国家汉办合作，学院承担了国家汉办关于"互联网+国际汉语教育师资培训"的3门在线课程项目任务，此类课程未来主要服务有意进入国家公派教师队伍的非专业大中小学教师。4."北京大学2017年互联网+国际汉语教师专业基础培训班"授课采用线上线下结合的方式，受到学界极大关注。

【社会服务】对外汉语教学暑期高级研讨班面向社会，2017年报名人数650余人，正式学员170人来自国内外90多所高校。研讨班每天授课情况都在学院网站和微信公众号发布，以期让更多教师和研究生受益。

2017年"黉门对话"正式参会代表100人从全国各地546位报名者中遴选。本次对话进行了全程直播，收看峰值高达66,766人。

【交流合作】与英国伦敦大学学院（UCL）联合开展"中文培优项目"，国际汉语教师培训微课课程投放唐风汉语、国家汉办网络孔子学院平台。北京大学名誉校董方李邦琴女士、中美强基金会总裁、韩国又松大学副校长、越南外交学院中文系主任、西点军校中文部教学负责人、马来西亚教育交流代表团等先后访问学院。

2017年学院外派汉语教师7人：王海峰（日本山梨县立大学）、赵延风（美国狄根森学院）、李红印（韩国梨花女子大学）、金兰（美国新泽西城市大学孔子学院）、韩曦（泰国朱拉隆功大学孔子学院）、黄立和钱旭菁（德国柏林自由大学孔子学院）。

博士生林铭珊和邵明明获得资助分赴日本关西大学、法国国立东方语言与文化学院交流学习，4名硕士毕业生分赴牛津大学（刘婷娜）、曼彻斯特大学（刘禹廷）、佛罗里达大学（刘玉成）、大阪大学（李维宸）攻读博士学位。

2017年学院派出汉语教师志愿者19人：李贺昕（澳大利亚）、宋艳君（澳大利亚）、蒋一笑（西班牙）、谭海瑞（西班牙）、王璐（泰国）、景福妮（泰国）、罗浩（德国）、张越（德国）、陈琳（英国）、杨扬（英国）、唐一然（英国）、唐甜（英国）、许怡（英国）、潘佳晨（英国）、陈惠芳（英国）、曹嫣（英国）、王文（英国）、尹雪雪（英国）、刘峰（日本）。

【党建工作】 落实中央巡视整改任务，落实党风廉政建设责任制，学习贯彻高校思政会议和系列文件精神，深入开展"两学一做"、十九大精神、北京大学十三次党代会精神学习教育活动。

2017年新发展党员9人，入党积极分子20人。学院共有党员162人，其中，教职工党员38人，离退休党员23人，学生党员83人，组织关系暂存党员18人。

2017年学院共有18条消息在北京大学新闻网主页发布，其中学术类3条，教学类6条，思想政治工作类5条，综合类4条。

【行政工作】 学院行政团队齐心协力，认真做好教学、科研服务保障工作。实行周小结、周计划汇报和月度例会制度。学院连续第三年被评为学校安全管理先进单位。在学校绩效评估中，学院管理服务获评A++。

【工会工作】 组织全院教职工在校医院进行了体检。"教职工之家"在校工会支持下购置了健身器材，三层大阳台新设"阳光书屋"。举办海淀公园大步走、蠹底下村秋游。建立教职工"健身120"微信群，使用金数据统计老师们锻炼情况。健身120健步走活动持续8周，参与人数达教职工总数的80%。

【学生工作】 2017年，学院学工组结合学科优势和专业特长，举办了一系列活动，包括"汉苑听潮"师生沙龙、中外师生羽毛球赛、语伴交流会、学生发展辅导系列讲座、参观"砥砺奋进的五年"大型成就展、研究生学术论坛、十九大精神学习交流会、南门博士生跨学科学习研究联盟、元旦联欢会、研究生假期生活系列报道等，丰富学生校园文化生活，促进学生全面成长成才。

（詹成峰）

艺术学院

【发展概况】 艺术学院下设4个系：艺术学理论系、影视学系、美术学系、音乐学系。同时设8个研究机构：北京大学文化产业研究院（国家文化产业创新与发展研究基地）、北京大学影视戏剧研究中心、北京大学昆曲传承与研究中心（教育部中华优秀传统文化昆曲传承基地）、北京大学书法艺术研究所、北京大学曹雪芹美学艺术研究中心、中国文联文艺评论研究基地、文化部国家对外文化交流基地和北京大学艺术学院民族音乐与音乐剧研究中心。学院拥有1个北京大学数字媒体实验教学中心（教育部领导型媒体创新人才培养实验区），同时得到北京大学美学与美育研究中心（教育部文科重点研究基地）的强力支持。

艺术学院现有教职员工38人，其中教授14人，副教授7人，助理教授2人，讲师1人，博士后8人，行政教辅人员6人。有本科生179人，艺术学双学位学生127人，共计306人。研究生总数为428人，其中博士生总数96人；学术型硕士生总数74人；专业型硕士生总数258人，其中双证专业型硕士专业学位研究生92人，单证专业型硕士专业学位研究生186人。

【党建工作】 2017年，艺术学院党委高度重视学院党政班子建设和师生党员教育，深入开展"两学一做"专题教育学习活动。开展专题组织生活会，完成在线考试，形成《艺术学院"两学一做"学习教育开展情况汇报》等。组织师生集体学习总书记讲话和中央31号文件，安排党员参加研讨培训，制定及修订学院管理文件。组织师生代表参加学习党的十九大会议精神、集体收看直播、教工党支部征文等活动。学院各支部围绕中央精神和学校重点工作，开展丰富多彩的主题党日活动，组织与艺术学科相关、贴近师生工作和学习的参观、演出、展览活动累计20余次，收到良好的育人效果。2017年，学院党委副书记唐金楠被评为"北京大学优秀党务工作者"。博士生党支部在"学讲话锤炼价值观，共奋进迎接十九大"学生党团日联合主题教育活动中获得三等奖。

【教学工作】 艺术学院承担全校本科生艺术类通选课、公选课建设，2017年全校学生艺术素质课程选课人数达8900人次。实行本科生导师制，加强本科生导师制和学院领导听课制；为每位学生配备1名导师，指导学生选课、学习和参与社会实践。开展老生与新生结对活动等，帮助新生尽快适应大学生活。

支持并鼓励学生参与或举办学术活动，2017年共有14名同学顺利通过校长基金结题。成功举办2次国际研究生论坛（美术学和戏剧影视学方向），1次国际研究生暑期学校（艺术管理和文化产业方向）。以音乐剧方向的在校艺术硕士为班底的音乐剧《大钊先生》初演成功。林立敏的论文荣获第14届国际文化艺术管理双年会唯一的"最佳博士论文奖"，并被列为今后双年会博士生论坛的范文。艺术硕士（MFA）将原来的广播电视方向扩展为广播电视、电影、美术、音乐4个方向，并接纳中文系的创意写作、软微学院的数字艺术2个方向，在整合资源办好艺术硕士教育方面有所推进。

【科研工作和学术交流】 学术研究情况。艺术学院教师在国内外各级期刊发表论文168篇，出版著作10余部。中国文艺评论基地被表彰为"中国文艺评论家协会工作先进集体"，《艺术与审美》获得北京市教学成果特等奖和北京大学本科教学成果特等奖，《艺术学院人才培养暨"人文科学实验班"探索》获得北京市教学成果二等奖和北京大学本科教学成果一等奖，《西方美术史》《二十世纪西方音乐》获得北京大学本科教学成果一等奖，《创意写作》课程探索与音乐剧《元培校长》剧目排演获北京大学教学成果二等奖，音乐学系毕明辉获得"北京市首届青年教学名师奖"。

学院获得国家及省市重点项目5项，获国家艺术基金项目1项，北京市文化艺术基金1项。北京大学被确定为教育部昆曲艺术传承基地，基地由艺术学院主要负责承办。学院新增纵向与横向在研项目共34个，以文化产业发展、电影电视传播、艺术理论、艺术教育最为集中。

国内学术活动。学院注重学科建设，广泛开展社会合作，全年累计举办各类学术活动40余次。学院成功举办建院（系）20周年大会暨面向未来的艺术教育主题论坛、第5届北京大学-柏林自由大学-浙江大学艺术史工作坊、"迎向中国电影新时代——产业升级和工业美学建构"为主题的第十五期人文论坛。科研机构方面，文化产业研究院定期举办美学散步沙龙系列活动；影视与戏剧研究中心定期举办"批评家周末文艺沙龙"；民族音乐与音乐剧研究中心制作的音乐剧《大钊先生》在北京大学试演；昆曲传承与研究中心共计举办16次讲座、1次"戏曲与中国传统文化"沙龙，并举办新编昆剧《白罗衫》演出；国家对外文化交流研究基地定期举办"中国特色文化外交研究"系列讲座。学院"创意写作"课外沙龙结合《创意写作》课程举办3期。

学术交流。承办1次重大国际学术会议，即第14届国际文化艺术管理双年会。承办6次学术工作坊，美国哥伦比亚大学电影学专业师生、美国康奈尔大学人文学社教授代表团、德国柏林自由大学艺术史系师生、英国爱丁堡大学艺术史学院师生、英国温泉大学艺术系师生、台湾师范大学美术系师生来院访问交流。学院与英国曼彻斯特大学、约克大学、爱丁堡大学、温泉大学，美国哥伦比亚大学、康奈尔大学、南加州大学，俄罗斯圣彼得堡大学，香港大学等达成初步合作意向。

【学生工作】 学院学工办、团委在学院党委领导下，紧紧围绕学院育人为本的中心工作，以宣传手段创新为突出特色，办好学院微信公众账号平台；建立学生辅导员队伍，健全新生值班制度，结合新生教育、爱乐传习和艺术知行课堂等活动，做好"一心双环"工作；关注学生思想动态，加强心理排查，学院专职辅导员和兼职辅导员每周和学生谈话。2017届毕业生升学、就业率达到100%；规范奖助学金管理，院设奖学金发放近30万元，发放学生创作扶持基金近10万元；与学生进行深度谈话，处理学生突发事件，同时与心理咨询中心做好日常工作沟通，每月提交案例报告等。

【校园活动】 2017—2018学年共举办博雅艺术讲坛10余场，艺术知行课堂共开展4次。组织学生赴曹雪芹文化中心、沙滩红楼、中国美术馆、焦庄户地道战遗址纪念馆、中国电影博物馆等地参观学习，组织师生参观"庆祝建军90周年主题展览"、《千里江山图》书画特展及"砥砺奋进的五年"大型成就展等。2017年暑期组织获得达世行奖学金6人和本科生国际交流奖学金12人的团队，分别赴法国巴黎、德国柏林、意大利等欧洲艺术之都进行考察学习。2015级硕士研究生张锐的导演作品《专业人士》获得首届北京大学微电影大赛最佳剧本，编剧作品《走廊》《夜北京》获第二届足荣村方言电影节最佳编剧奖、"小平杯"大学生微电影大赛最佳表演奖等；2016级本科生陆洲导演的微电影作品《水仙》获得首届北京大学"北大电影人"微电影大赛最佳短片奖；2015级硕士研究生徐牲敏导演的舞台剧《亲密》获得京津冀大学生话剧节展演活动优秀导演奖；2014级本科生姜来导演的舞台剧获得北大剧星风采总决赛亚军；艺术硕士陈墨获2017"美丽乡村"国际微电影艺术节"最佳故事片"奖。

【工会工作】 学院工会在配合学校、认真做好日常工作的同时，继续积极组织有利于全院教职工身心发展的参观学习活动。认真做好每年参与的学校爱心募捐工作，开展学院含离退休人员在内的年度健康体检，配合学院认真做好艺术学院新址适应工作和人事综合改革方案起草工作，认真安排对本院离退休教职工的年度慰问和送温暖工作。

【扶贫工作】 学院结合自身学科、人才和社会资源等方面优势，认真做好对口帮扶云南大理弥渡县密祉镇的扶贫工作。2017年开展工作包括免费提供干部培训，创作以弥渡文化为素材的原创舞蹈，派出学生实践团展开艺术支教，继续展开书法名家进校园实现乡镇全覆盖，共同主办《小河淌水》整理改编70周年座谈会，就"小河淌水"故乡文化土壤的影响力等展开研讨等。

【学生艺术团】 北京大学学生艺术总团目前设有的合唱、民乐、交响、舞蹈、戏剧、朗诵、影视和曲艺8个分团，由艺术学院与校团委共同指导。其中合唱、民乐、交响、舞蹈4个团日常管理和指导工作由艺术学院教师完成，戏剧和影视2个团的指导老师也为艺术学院教师。

2017年，各艺术团师生在校内外累计举行各类演出60

余场。合唱团参加中央电视台元宵节联欢晚会、西南联合大学建校80周年纪念大会等，舞蹈团参加了纪念中日邦交正常化45周年中日大学生千人交流大会演出等，民乐团赴新疆参加"青春伴我行，汇聚未名情"北京大学、石河子大学联合"三下乡"活动演出等，交响乐团参加北京大学与剑桥大学耶稣学院交流演出等活动。

比赛方面，舞蹈团在2017年北京市大学生舞蹈节中荣获群舞A类普通甲组（含特长生）和普通乙组（不含特长生）2项二等奖。合唱团、民乐团参加第五届全国大学生艺术展演北京市预选赛，成绩突出，入围全国赛。

（艺术学院）

歌剧研究院

【发展概况】 歌剧研究院实行在学校党委、校行政领导、歌剧研究院理事会领导下的院长负责制，以新体制运行和管理。金曼为院长，乔羽为名誉院长。

歌剧研究院从国内外延聘一流歌剧艺术家、教育家、理论家讲学执教。教师团队20余人，其中教授3人（金曼、蒋一民、戴玉强），副教授1人（王晨），讲师1人（李鸿），其余为兼职、院聘、外聘教学科研人员。2017年，歌剧研究院获评"北京大学专业学位研究生实习示范基地"，招收戏剧（歌剧艺术）专业艺术硕士8人。

【教学工作】 歌剧研究院持续深化教学改革，完善专业课程体系建设。2017年开设研究生专业课程：中国美声、表演艺术、艺术指导、声乐、形体与舞蹈、合唱排练、咏叹调表演指导、宣叙调、歌剧文化史、当代歌剧观察、中国戏曲与中国音乐、歌剧音乐的结构与分析、歌剧表演艺术家研究、歌剧美学、导演工作概论、作品分析、剧目实践、未来歌剧的创意与经营、剧院组织管理学、舞台实践、艺术语言表达基本技巧等。

此外，歌剧研究院还鼓励教师积极开设公选课，丰富学校美育教育的内涵。2017年本科生公选课程包括：歌剧的魅力（作品篇）、虚拟舞台与真实人生、声乐演唱及表演、声乐演唱及表演（艺术指导）、俄罗斯音乐赏析。

【科研工作】 歌剧研究院《中国歌剧研究》第3期（暂内刊）编辑出版。

歌剧研究院发表学术论文及报刊文章4篇，其中金曼教授发表《中国美声和中国歌剧的魅力》（载2017年6月26日《人民政协报》）；蒋一民教授发表《白话不入乐》（载《歌剧》月刊2017年第2期）、《挑战"最难唱的歌剧"》（载《歌剧》月刊2017年第5期）、《中国歌剧需要找到自己的世界形态》（载《文汇报》2017年12月12日）。

歌剧研究院继续中国歌剧数据库建设，完成《2016年度中国原创歌剧发展研究报告》。

【社会服务】 2月13日至19日，歌剧研究院举办首届"中国美声精品课程培训班"。

4月12日，在北大百年讲堂演出《歌剧百年晚宴》。

5月12日，在北大百年讲堂演出"银华基金·中国美声《光阴的故事》中国影视经典歌曲情境音乐会"。

6月17日至18日，在北大百年讲堂演出音乐剧《我，堂吉诃德》（校园版）。

7月2日，蒋一民在天桥艺术中心为德国柏林喜歌剧院访华演出《魔笛》举办导赏讲座《发现〈魔笛〉》。

8月5日，金曼在国图艺术中心音乐厅举办"中国美声"公益讲座，题为《"中国美声"——让世界都听得懂的音乐语言》。

9月10日，金曼在长沙音乐厅举办公益讲座——"中国美声·让世界听得懂的音乐语言"。9月，金曼出席"一带一路"与MTI教育高峰论坛，以《唱响"一带一路"的中国美声》为题发表演讲。

10月9日，蒋一民在国家艺术基金项目"晋陕蒙冀四省区原生态民歌人才培养培训班"授课，题为"国际音乐视域下中国民歌的现代处境与发展"。

10月11日，蒋一民赴成都出席歌剧《盐神》研讨会。

11月17日，蒋一民出席第十九届中国上海国际艺术节"歌剧抒写人民情怀"歌剧论坛。

11月10日，在北大百年讲堂演出《乘着歌声的翅膀——金曼师生音乐会》。

12月14日，金曼和蒋一民赴山西太原出席"新时代语境下中国民歌的复兴之路"座谈会。

【交流合作】 3月，歌剧研究院金曼、戴玉强、李杨受邀赴德担任"Gut Immling国际声乐比赛"评委。

5月，美国AVA声乐艺术学院丹尼尔·奥兰多（Danielle Orlando）教授来院举办声乐大师课，并于北大百年讲堂多功能厅举办音乐会。

7月1日，应黑龙江省委宣传部、黑龙江省文化厅邀请，在哈尔滨音乐厅演出大型交响清唱剧《江姐》。

11月，世界著名低男中音Paul Gay先生来院讲授大师课。

11月12日，在新清华学堂演出《"中国美声"——现代京剧交响音乐会》。

11月，金曼、戴玉强访问美国费城AVA与柯蒂斯音乐学院。

12月，意大利斯卡拉歌剧院音乐指导、钢琴家Simonetta Tancredi先生来院举办大师课，排练歌剧《艺术家生涯》。

【党建工作】 歌剧研究院党支部共有党员9人，其中教工党员8人，学生党员1人。2017年10月30日支部完成换届：支部书记崔春立，副书记李鸿。

院党支部按上级党委要求，组织党员学习党的十九大报告和习近平总书记系列重要讲话精神，学习党的重要文件，学习北京大学十三次党代会报告；认真贯彻落实上级关于党风廉政建设的部署和要求，结合歌剧研究院实际制定党风廉政建设责任制实施细则，将党风廉政建设工作作为经常性的重要工作列入学院工作议程，开展党性党风党纪和廉政教育，增强党员、干部廉洁从政和遵纪守法的意识。

【行政工作】 歌剧研究院行政团队15人，其中事业编制1人，合同制14人。2017年行政工作稳定有序，保障教学科研和实践演出顺利进行。

【校友及筹资】 1月，歌剧研究院获校友捐赠设立"北京大学歌剧论坛基金"（30万元）。6月，歌剧研究院向社会筹资设立"北京大学歌剧研究院剧目实践项目"（55万元）。11月，歌剧研究院向社会筹资设立"北京大学歌剧研究院圣桓歌剧人才培养基金"（10万元/年，捐赠3年）。

【学生工作】 学生活动。歌剧研究院遵循公开、公平、公正的原则，顺利完成2017年的评奖、评优工作，评出：三好学生标兵1名，三好学生2名，优秀学生干部1名，单项奖3名，国家奖学金1名，五四奖学金2名，研究生科学实践创新奖2名，研究生专项学业奖学金4名。

毕业生去向。歌剧研究院2017年有10名毕业生，7名学生在国内就业，1名学生在国外就业，2名学生申请攻读国外博士学位。

校园文化。3月31日，歌剧研究院学生在电教举办"中国美声""艺术指导""音乐会表演指导""重唱"课程的联合教学汇报演出。12月26、27日，在电教演出教学实践剧目《波西米亚人（艺术家生涯）》。

【学生获奖】 歌剧研究院2015级在读研究生张龙以全额奖学金考入两个世界级青年艺术家培养计划—德国慕尼黑巴伐利亚国家歌剧院2017—2018年青年艺术家培养计划和奥地利萨尔茨堡歌剧节2017—2018年青年艺术家培养计划，并荣获2017国际歌剧大奖（International Opera Award）全球排名前十位青年歌手提名、第55届意大利威尔第之声国际声乐比赛（中国赛区）及威尔第音乐节第一名、意大利布塞托决赛"Giovani Voci Verdiane"奖。

（歌剧研究院）

《儒藏》编纂与研究中心

【发展概况】 《儒藏》中心现有在编专职编纂人员9人（其中8人为副研究员，1人为助理教授），在编行政人员1人，合同制行政工作人员5人，合同制编纂人员4人，聘任全职校内退休教授7人，聘任校内兼职教授1人、校外兼职教授1人、审稿专家1人，进站博士后1人。

【教学工作】 2017年，"儒家思想与儒家经典"方向毕业6名博士生，招收8名博士生、在校29名。

【科研工作】 1.《儒藏》（精华编）是《儒藏》工程的先期成果，收录中国历史上具有代表性的儒学文献500余种，韩日越三国历史上以汉文撰写的重要的儒学文献150余种，共约2.3亿字，计划编成339册。截至2017年12月，已出版176册。2.《儒藏》中心主办的学术集刊《儒家典籍与思想研究》每年1辑，截至2017年底已出版9辑。3.《儒藏》中心主办的学术讲座"《儒藏》讲坛"截至2017年底已组织2期。

【年度纪事】 2017年4月，《儒藏》中心官方公众号"北大《儒藏》"正式运行，主要介绍《儒藏》出版动态及中心相关学术成果和学术活动。

（《儒藏》编纂与研究中心）

社会科学学部

【发展概况】 社会科学学部是北京大学在社会科学领域协调推进学科建设、教育教学改革、学术评价体系工作，平衡学校使命与院系行为的公共平台。

社会科学学部由国际关系学院、法学院、信息管理系、社会学系、政府管理学院（及中国政治学研究中心）、马克思主义学院、教育学院、新闻与传播学院（及新媒体研究院）、体育教研部、中国社会科学调查中心、教育财政科学研究所等实体单位组成，包括法学、公共管理、教育学、马克思主义理论、社会学、体育学、图书情报与档案管理、新闻传播学、理论经济学、应用经济学、政治学等11个一级学科，下设50个二级学科。

【《马克思主义历史考证大辞典》中文版】 按照十九大报告要求，学部深化马克思主义理论研究和建设，加快构建中国特色哲学社会科学，在学校党委、行政的支持下，调动政府管理学院（中国政治学研究中心）、马克思主义学院、教育学院、哲学系、外国语学院力量，启动《马克思主义历史考证大辞典》中文版编译工作。2017年11月10日，学校举行启动仪式，来自北京大学、中国人民大学、中央编译局、中国社会科学院等单位的学者参会。

【教育教学改革】 2017年，社会科学学部内4个院系参与本科生教学改革项目，内容包括"一带一路课程建设""思修课小班教学""信息管理系新生入学指导"等。组织学部内6个招收本科生的院系开展跨学科科研项目，参与学生需跨2个以上院系，由教师进行学术指导。

为了推动学部内不同院系之间的相互了解与融合，继续开设并优化《社会科学的经典与前沿》课程，增加开设《社会科学方法导论》课程。《社会科学的经典与前沿》由学部内6个招收本科生的院系推荐的13位学术带头人主讲，《社会科学方法导论》授课团队由来自社会学系、信息科学技术学院、政府管理学院、新闻与传播学院等院系的成熟学者及骨干教师组成。

【学术委员会】 2017年，学部召开4次学术委员会会议，议程包括评审北京大学第十三届人文社会科学研究优秀成果奖、交流讨论学部及各院系"双一流"建设方案、审议年度专业技术职务聘任及通用岗位聘任工作、讨论"习近平新时代中国特色社会主义思想研究院"成立事宜。

【管理运行】 2017年，社会科学学部的管理体制和运行机制逐渐成熟，部务会、学术委员会和教学指导委员会工作有序开展。其中，部务会由学部主任、副主任及学部内各学院（系、所、中心）主要负责人组成，2017年召开多次会议，讨论学部学科规划、教学改革、队伍建设等重大问题。学校机构编制委员会批准成立社会科学学部办公室，2017年启动办公室主任招聘工作。

（佟　萌）

国际关系学院

【发展概况】 北京大学国际关系学院由5个系和3个研究所组成，即国际政治系、外交学与外事管理系、国际政治经济学系、比较政治学系、国际组织与公共政策系、国际关系研究所、亚非研究所、世界社会主义研究所。此外还管理20余个科研中心。教学辅助机构和行政机构包括院行政办公室、教务办公室、党委办公室、财务办公室、学生工作办公室、国际项目办公室、继续教育办公室、网络办公室、《国际政治研究》编辑部及北大图书馆国际关系学院分馆等。

学院现有4个本科专业、7个硕士专业和6个博士专业招生，即本科的国际政治、外交学、国际政治经济学、国际组织与公共政策，硕士的国际政治、国际关系、外交学、国际政治经济学、中外政治制度、中共党史、科学社会主义与国际共产主义运动，博士的国际关系、国际政治、外交学、科学社会主义与国际共产主义运动、中外政治制度、国际政治经济学。其中国际政治、科学社会主义与国际共产主义运动是全国重点学科。学院还与北大政府管理学院、马克思主义学院共同设立政治学博士后科研流动站。

2017年学院共有在职教师55人，其中教授30人，副教授21人，助理教授4人。2017年新入学本科生125人，其中留学生31人，辅修、双学位学生56人。2017年新入学硕士研究生157人，新入学博士研究生24人，毕业硕士研究生145人，毕业博士研究生18人。

【教学工作】 采取以举办暑期学校为主要内容的各种举措，加强本科生的招生工作。一是筹备高中生暑期学校，二是鼓励本院老师直接参与一线招生工作，三是加强与学校招办、各地招生组的联系。2017年暑假期间，学院举办高中生暑期学校，招收全国各地高中生160名，向高中生介绍学院的教学理念、学科结构和培养目标。

筹办本科"国际组织与国际公共政策"专业方向，组建"国际组织与国际公共政策"硕士专业和国际组织与国际公共政策系。2017年，学院完成本科"国际组织与国际公共政策"专业方向的学科论证，制定培养方案，组织配备专门的教师队伍，获得学校教务部批准。新专业正式定名为"国际政治专业国际组织与国际公共政策方向"。同时，开始筹备相应的新课程，并且鼓励相关老师积极编写教材。

加强和完善课程体系建设。一是规划和建设"国际组织与国际公共政策"专业方向的基础课和专业核心课，制定该专业的培养方案。学院在最大限度地利用和共享原有的专业课和选修课的基础上，为新专业筹备一系列具有该专业特色的课程，如理论课中的"国际组织概论""中外文化比较"，技能类的"国际谈判技巧"和"国际组织公文写作"等。这些课程将从2018—2019学年秋季学期起陆续开出。二是筹备开设社会科学学部跨学科通识选修课"'一带一路'沿线国家政治经济与国际关系概况"，由12位比较政治与国别和地区研究领域的教授、副教授参与筹备这一课程，课程将在2017—2018学年春季学期开出。三是完善针对留学生的汉语教学。学院将从2018年起，通过申请学校教改项目的方式，要求参加留学生汉语教学的老师们对课程大纲进行系统化的梳理，统一学院留学生汉语教学的内容与形式，并且制定教学、考核和分级制度。

申报"北京大学本科教育改革计划"。2017—2018学年共申报以下4项教改项目："加强精准指导，实现全员育人的新生教育项目"（唐士其负责）；"《职业生涯规划与社会实践》课程建设项目"（唐士其、高静负责）；"北京大学—早稻田双学位交流总结项目"（归泳涛负责）；"中国东盟青年创新创业基地的实践创新育人项目"（翟崑负责）。所有项目均已完成。2017—2018学年，学院有2个本科教学项目获得北京大学和北京市的优秀奖。唐士其等负责的教改项目"科学、系统、可持续发展的国际关系本科课程体系的构建与实践"获北京大学教学成果奖特等奖、北京市教学成果一等奖；归泳涛等负责的"北京大学—早稻田大学本科生双学位项目"获北京大学教学奖一等奖。

完善博士生培养流程，落实学校关于研究生教育改革的各项举措。一是制定博士生申请和考核实施办法，将博士生招生制度改为申请考核制，2017年第一次采用这一新的招生方式招收博士生。二是博士生奖助体系改革。2017年学校配发的助研和助教津贴基本上涵盖了所需博士生的费用，平稳完成新旧奖助体系过渡。

【科研工作】 学术成果。1.出版学术著作20部，其中专著14部，编著4部，译著2部。2.国家社科基金重点项目3项。牛军：东亚冷战与中国对外关系研究；郭洁：粮食安全背景下的中国与拉丁美洲农业合作研究；王栋：《再全球化》一书的中译外项目。3. 国家自然科学基金项目3项。张海滨：美国退出《巴黎气候变化协议》决定对全球气候治理结构和制度的影响评估；查道炯：美国新一届政府决定退出《巴黎协定》的主要动因分析与识别；罗航：国际组织中的权力测算，从投票权到投票权力——以亚洲基础设施投资银行为例。4. 北京市社科基金项目2项。项佐涛：中东欧国家民粹主义对中国"一带一路"建设的影响；刘莲莲：中国海外利益保护与跨境执法问题研究。

学术交流活动。举办教授午餐会共10期；举办8次博士生论坛；2017年11月成功举办"第十届全国国际关系、国际政治博士生论坛"，共收到来自国内外博士生所提交论文近60篇，经论坛学术委员会的匿名评审，最后共有来自17所高校的31篇博士生论文入选；另外，学院还举办青年教师座谈会、博士后茶座、悦读会等。

研究中心活动。1. 非洲研究中心。承担省部级项目4项，《北大非洲电讯》已出版到372期。与耶鲁大学合作，承办"北京论坛2017"的"中非发展合作的新趋势"的分论坛。2. 中美人文交流研究基地。出版"中美人文交流"系列丛书5部，提交研究报告7篇，其中，研究报告《眼睛向"下"扎根基层：筑牢中美人文交流的地基》得到国务院领导同志批示。举行"中美民间战略对话"等会议6次。3. 国际组织研究中心。承担省部级课题8项。举办"全球气候治理：新形势、新挑战、新思路"学术研讨会等会议4次。4. 北京大学中国与世界研究中心。组织由著名学者或行业专家主讲读书会26期。举办青年学者沙龙25期。出版内部交流刊物《研究报告》和《观察与交流》12期。

《国际政治研究》杂志。2017年，杂志策划了系列专题，如"全球化与民粹主义""中国与联合国维和行动""宗教与当代国际关系"等等。目前，《国际政治研究》为《中文核心期刊要目总览（2014年版）》、中国社会科学院文献计量与科学评价中心编辑出版的《中国人文社会科学核心期刊要览（2015年版）》和南京大学CSSCI来源期刊（2017—2018年）。杂志被列为国家社科基金资助期刊，2017的资助额度为60万元。

【交流合作】 学术交流。2017年，学院及挂靠在学院的研究中心参与、主办了8次比较重要的学术会议，如与韩国高等教育财团、美国哈佛大学肯尼迪学院贝尔福安全与国际事务中心联合举办的"中美韩三边对话"、与清华-卡内基全球政策研究中心、清华大学中美关系研究中心共同主办的第七届中美民间战略对话，以及北京大学"北阁对话"第四届年会等。同时，学院开展大量座谈、演讲、对话等多种形式的对外交流活动，来自美国、日本、俄罗斯、韩国、马来西亚、新加坡、德国、法国、意大利等国家的代表团或学者访问国际关系学院，学院的老师也赴国外参加各种高水平的学术活动。

国际办学。1. 学院国际关系硕士（Master Program in International Relations, MIR）项目2017年共招收21名学生。2015级MIR学生共有15人（含1名东大双硕士）于2017年6月全部通过答辩并取得学位证。2名学生的论文被评为北大国关2016年国际项目优秀硕士论文。2. 亚洲校园项目派出14名学生分赴东京大学、首尔国立大学进行交流学习，共接收12名来自东京大学、首尔国立大学的学生来学院交流学习。3. 北大-巴政项目2017级新生实际在巴黎政治大学报到8人，全部为国际学生。4. 北大-伦敦政经双硕士项目共有84名学生申请，项目联合发出52份录取，最终招收27名学生。5. 学院派往日内瓦高等国际关系及发展研究院3名本科生进行3+2项目学习；另选拔出2名本科生计划于2018年派出，3名本科生计划于2019年派出。6. 4月5日至5月31日，24名北大硕士研究生在北京大学斯坦福中心高沉浸式学习教室与美国斯坦福大学19名学生通过实时视频连线进行为时9周的在线课堂学习课程"美国、中国与全球安全"，学院贾庆国、范士明、张海滨、查道炯、韩华、钱雪梅、王栋等老师为"北大-斯坦福联合课程"项目授课。

【党建工作】 学院党政领导班子认真学习贯彻党的十九大精神。在十九大开幕当天，学院党委组织师生集中观看电视直播，并开展讨论。10月25日，学院党委组织召开学生党支部书记会议，对学习宣传贯彻十九大精神及习近平总书记重要讲话精神做出安排部署。10月27日、11月3日、12月29日，学院党委、研究生会、行政党支部等先后邀请杨朝晖、黄宗良两位老师面向全院师生和离退休老同志做有关十九大精神的辅导报告。11月2日，学院党委以"学习贯彻十九大夯实立德树人基础"为主题召开学生党建工作研讨会，针对学生党建和思想政治工作进行了研讨交流。

2017年，学院党委进一步加强自身建设，规范每月一次的党委会，落实党委委员联系支部制度，督促各支部开展好"三会一课"，加强支部建设。在学期之初，学院党委对党委委员联系支部情况进行了调整，每位党委委员联系2至3个支部，参加支部活动，指导支部工作。此外，通过召开学生支部书记月度会和院党委扩大会等方式督促检查各支部开展"三会一课"情况，发现问题及时解决。同时，注重加强对支部书记的培养培训。截至2017年12月，全院党员总数为354人（其中学生党员216人）。2017年，学院共有35名入党积极分子（含1名教工）发展入党；16名预备党员转正。范士明、曲一铭被评为"北京大学优秀党务工作者"，堵德财、李寒梅、沈青兰、范士明获得"北京大学奉献奖"。

【学生工作】 2017年召开学生党支部书记例会6次，重点加强学生党员培养和发展工作。2017年，党性教育读书班共结业学员35人，其中有3人被评为优秀学员。党的知识培训班共有46人报名。3月24日，学院党委邀请王栋副教授主讲党性教育专题讲座；5月12日，邀请黄宗良教授做关于全国高校思政工作会议精神的专题报告；10月18日，组织师生集体观看十九大开幕盛况直播，并对学习宣传贯彻十九大精神及习近平总书记重要讲话精神做出安排部署；12月14日，与北京十一学校开展党团共建活动，邀请北京市十九大精神宣讲团成员、北京大学全球互联互通研究中心主任翟崑做"十九大与一带一路"的主题讲座，并组织学生采用模拟"一带一路"国际会议的形式展开深入交流。

将专兼职辅导员的深度辅导、本科生导师的专业辅导纳入心理排查的范围之内，建立起导师、班主任、辅导员之间的交流平台，多途径了解学生的思想动态和心理波动。2017年，共处理心理危机事件3起、紧急事件3起。加强家庭经济困难学生信息库建设。2017年，学院共有家庭经济困难学生62人，共获得助学金145份，总金额65.22万元。其中，国家助学金48份，共14.4万元；国家励志奖学金18份，共9万元。2017年，学院按照1.2万元/人的标准为5位同学提供凌霄奖助金。

学院分门别类、各有侧重地做好经济贫困、就业障碍、少数民族、意向去基层和西部就业等几类重点人群的就业指导与服务工作。2017年，学院共有7名毕业生到地方基层和西部地区就业。学院职业发展与促进中心和研究生会就业实践部针对学院新生、研究生新生进行了大学生涯与职业生涯规划和就业意向调查，并撰写了《国际关系学院研究生毕业去向调查报告》。2017年，学院深入实施本科生导师制，并将其作为促进全员育人的重要抓手。先后于2017年6月和10月组织面向学生和教师的问卷调查和访谈，对本科生导师制实施的现状、问题和对策进行梳理，撰写了本科生导师制实施情况阶段性总结报告。新选聘了5名学生兼职辅导员，明确岗位职责和工作内容，加强业务培训和过程指导。

学院团委策划和组织了志愿嘉年华、"益暖燕园"微信平台公益专栏推送、"童心世界行"国际公益课堂以及暑期社会实践等具有国关特色的公益实践活动。2017年6月，招募组织35人次的4次暑期社会实践团活动，于2017年暑期分赴河南郑州、云南红岩镇、黑龙江哈尔滨、宁夏银川等地参与社会实践。

学院团委大力倡导学生学术科研活动，学术部邀请2016级本科新生的2位班主任汪卫华、罗杭老师为初入大学的同学们提供学习方法和学术规范上的指导。同时，由学院牵头，针对本科新生导师制的启动，邀请学院资深教授黄宗良老师，为同学们举办关于读书与大学生活的主题讲座。在主打品牌活动"国关悦读会"上，邀请唐士其、张清敏、李扬帆等老师，携其新书与同学们进行近距离的深入交流，分享自己的学术心得。坚持每周为同学们统计一周讲座信息，提供校内人文社科讲座的最新资讯。在协助学校第25届"挑战杯"赛事组织筹备的同时，开展院级挑战杯赛事。在以"从这里走向世界"为主题的第十六届学生文化节中，邀请联合国前副秘书长陈健、中联部部长助理王亚军举办高端讲座。

（国际关系学院）

法学院

【发展概况】 2017年，在QS世界大学排名法学专业榜单中，北大法学院以总成绩80.1分排在全球第20位，连续3年稳居中国大陆地区第1名及亚洲前3名。

【组织机构】 法学院现任院长张守文，副院长潘剑锋（兼）、王锡锌、杨晓雷、薛军、郭雳。学院现任党委书记潘剑锋，党委副书记朴文丹、路姜男，党委委员王成、朴文丹、杨晓雷、汪建成、沈岿、张骐、张守文、郭雳、潘剑锋、路姜男。现任工会主席钱明星，副主席张双根、粘怡佳。现任学术委员会主席陈兴良，副主席陈瑞华、沈岿，委员张守文、潘剑锋、朱苏力、贺卫方、钱明星、龚刃韧、刘凯湘、刘燕、梁根林、张骐、马怀德、崔建远。现任学位委员会主席潘剑锋，副主席宋英，委员郭雳、甘培忠、汪建成、王磊、傅郁林、徐爱国、王慧、易继明、王新、楼建波、薛军。现任教学委员会主席陈瑞华，委员车浩、傅郁林、葛云松、郭雳、李红海、刘剑文、楼建波、潘剑锋、宋英、王磊、汪劲、王新、肖江平、杨明、张骐、张智勇。现任院务委员会主席杨晓雷，委员张守文、潘剑锋、朴文丹、王锡锌、杨晓雷、薛军、郭雳、钱明星、路姜男、殷铭、乔玉君、陈志红、张骐、徐爱国、李红海、凌斌、湛中乐、沈岿、甘培忠、肖江平、白桂梅、宋英、王慧、张智勇、葛云松、许德峰、易继明、楼建波、王新、车浩、汪建成、江溯、史诗、粘怡佳。现任人事工作委员会主任潘剑锋，委员朱苏力、沈岿、张守文、陈兴良、陈瑞华、郭雳、龚刃韧、薛军。现任聘岗委员会委员潘剑锋、张守文、陈兴良、杨晓雷、汪建成、甘培忠、白桂梅、葛云松、李红海。

【队伍建设】 法学院根据学校人事制度综合改革整体要求，结合学院工作实际，经过反复调研和修订，制定学院人事改革方案，已经学校批准通过，第一批老体制教师Tenure评估正式启动。学院已经形成涵盖全部9个法学二级学科、年龄和职称结构较为科学合理的高素质师资队伍。2017年，法学院引进1名宪法与行政法专业的新体制助理教授，在民商法专业和诉讼法专业各入站了1名博士后。学院在编教师84人，包括教授45人（含北京大学"博雅讲席教授"1名），百人计划研究员1人，副教授31人，讲师/助理教授7人；聘任法律实践教学领域的外籍教师1名（Pratt Joseph Lyman）；在站博士后4人。现有事业编制教辅、党政管理人员16人，另有19名院聘的行政教辅人员。学院共有4位教育部"长江学者特聘教授"：陈兴良、朱苏力、陈瑞华、张守文；青年长江学者3人；中组部青年拔尖人才项目获得者2人；教育部跨世纪人才计划入选者5人；教育部新世纪人才计划入选者9人；全国十大杰出青年法学家4人。2017年，张守文教授入选"文化名家暨'四个一批'人才工程"。学院邀请海内外学界和社会知名人士担任访问教授。

【教学工作】 截至2017年底，法学院共有学生2253人，其中本科生682人，硕士研究生1304人（其中，法学硕士234人，法律硕士（法学）112人，非全日制法律硕士（法学）1人，法律硕士（非法学）723人，在职法律硕士234人），博士研究生267人。2017年度招收新生情况如下：本科生161名，法学硕士115名，"中国法"项目硕士19名，法律硕士（法学）56名（含非全日制学生1名），法律硕士（非法学）233名，博士60名。2017年度，学院共有168名本科生、101名法学硕士、20名"中国法"项目硕士、38名法律硕士（法学）、229名法律硕士（非法学）、71名在职法律硕士、46名博士进行毕业论文答辩、离校。

2017年，学院继续深化教学改革。召开"第四届全国法学教育高端论坛"；顺利完成博士研究生奖助体系改革；全日制法律硕士（法学）项目增设全国研究生统一入学考试招生方式；进一步完善学院课程建设，开设"职场法治前沿探索""国际商事争端解决：实务与训练""模拟法庭实训基础（私法）""国际税法专题研究""国际组织与全球治理""专业英语（一）""专业英语（二）""专业法语"等课程；继续完善教学案例库建设，包括刑事诉讼实务类案例库、民事诉讼实务类案例库、行政诉讼实务类案例库及非诉讼实务类案例库；修订《北京大学法学院推荐免试攻读硕士研究生选拔办法》《北京大学法学院博士研究生招生"申请—考核"制招生说明》等9份招生文件；制定《北京大学法学院博士研究生岗位奖学金管理办法实施细则》《北京大学法学院硕博连读研究生选拔工作实施办法》等2份培养过程文件；继续实行学业辅导制；继续开展研究生学位论文学术规范检测工作；继续开展法学院研究生优秀学位论文评选工作；聘请第七期法律硕士校外兼职导师。

2017年，学院完成多项国家及校级项目任务。完成国务院学位委员会、教育部学位授权点合格评估工作；完成教育部"卓越法律人才教育培养基地"建设自我评估工作；完成教育部"双千计划"实施情况总结报告；获批"北京大学专业学位研究生实习示范基地"；配合研究生院奖助体系改革，开展助教岗位及管理制度建设；推进以实践能力培养为中心的法律硕士综合改革。

2017年度，召开学位委员会分会议5次，教学委员会会议3次。

【科研工作】 全院教师共发表各类学术文章280余篇（不含学生）。其中，中文核心刊物论文119篇，与2016年基本持平；外文学术论文21篇，1篇收录SSCI。在三大核心期刊发表论文14篇，相比2016年翻一番。全院教师出版中、外文学术专著17部，其中独著中文新版专著9部，独著外文新版专著3部，合著及再版专著5部。出版译著5部。出版各类教材6部。

在国家级、省部级科研项目的申报中，法学院共有27项参与申报，截至2017年底，共有10项立项。其中，国家社科基金年度项目4项，立项率50%；国家社科基金后期资助项目1项；教育部人文社科项目1项。全年有12项国家级、省部级课题提交结项。学院共计到账科研经费1671.5740万元。

学院共获得校级、学会级科研成果奖17项。其中，第四届中国法学优秀成果奖一等奖3项（姜明安、蒋大兴、叶姗）；第二届"首都法学优秀成果奖"一等奖2项（沈岿、易继明）、二等奖2项（刘银良、郭雳）、三等奖1项（楼建波）；第五届中国法律文化研究成果奖特等奖1项（蒲坚）；第五届董必武青年法学成果奖三等奖1项（叶姗）；北京大学第十三届人文社科优秀成果奖一等奖3项（薛军、许德峰、蒲坚）、二等奖4项（叶姗、郭雳、侯猛、王社坤）。

学院共举办学术论坛近30场。6月，学院召开青年教师科研座谈会，邀请朱苏力、陈兴良担任主讲，20余位青年教师参加座谈。两位教授从自身的学术生涯谈起，向青年教师传承学术研究的经验，鼓励青年教师注重学术积累，在承担教学任务的同时积极投身研究和写作。10月，举办"第二届全国法学研究高端论坛"，论坛主题为"一流学科建设与法学研究"。来自全国20余所知名法律院校的专家学者、科研管理者和学术刊物主编参加，达成了"第二届全国法学研究高端论坛共识"。

法学院下设校级虚体研究机构35个、院级虚体科研机构1个。各类研究机构着力搭建交流平台、组织科研活动、推进项目研究、参与学生培养，是法学院师生深入研究专业问题，开展多学科、跨学科学术交流，发挥高校智库功能的重要载体。11月，学院申请设立"北京大学法律与人工智能研究院"，为法律与人工智能这一新兴领域搭建全球高端研究平台。12月，召开法学院虚体研究机构2017年度总结交流会。学院根据学校最新公布的《北京大学人文社会科学研究机构管理办法》，对《法学院虚体研究机构管理细则》做出修订，并在学院主页公布。同时，在主页公布36个虚体研究机构、负责人名单，以及外聘人员信息，统一删去7个中心原有名称中的"法学院"字样，与学校社科部公布的名称保持一致。

赵国玲担任《犯罪学评论》主编。由法学院主办、学院科研中心主办，或由学院老师担任主编的正式出版刊物达24种。其中，期刊3本，分别是《中外法学》《科技与法律》、Peking University Law Journal；集刊21本，分别是《金融法苑》《刑事法评论》《北大法律评论》《法律和社会科学》《行政法论丛》、Peking University Journal of Legal Studies、《法律书评》《北大国际法与比较法评论》《月旦财经法杂志》《私法》《网络法律评论》《经济法研究》《刑事法判解》《财税法论丛》《房地产法前沿》《政治与法律评论》《北大知识产权评论》《北大法律和金融评论》《中德私法研究》《世界宪法评论》《犯罪学评论》。

【社会服务】 据不完全统计，2017年，学院师生为《反不正当竞争法（修订草案）》《人民法院组织法（修订草案）》《人民检察院组织法（修订草案）》《烟叶税法（草案）》《船舶吨税法》《土地污染防治法（草案）》《农村土地承包法修正案（草案）》《民法合同编（草案）》《民法侵权责任编（草案）》《民法物权编（草案）》《民法人格权编（草案）》等国家重要立法出具专家建议，提交全国人大法工委；对《土地管理法（修正案）》出具专家建议，提交国务院法制办。饶戈平为中共全国人大常委会党组作了关于"一国两制"的专题讲座。薛军被全国人大财政经济委员会聘任为《电子商务法》立法专家顾问，全面深入参与《电子商务法（草案）》起草。薛军作为学界4位专家之一，参加由国务院研究室组织的"商事制度改革政策研究座谈会"。郭雳开展的互联网平台拆分销售私募债问题研究被美国《华尔街日报》采访引用。郭雳、王世洲分别向国家发改委提交了关于"一带一路"的研究成果。楼建波为教育部《智库专刊》投稿，学校社科部发函感谢。国家司法考试办公室、国家发改委价格监督检查与反垄断局、中国银行间市场交易商协会来函致谢学院老师的社会贡献。

【对外交流】 2017年，北大法学院先后接待来自17个国家或地区知名法学院的65个访问团或访问代表，共计143人次，成功举办如第十九届张福运年度讲座等高端学术会议。除此以外，欧盟法院前法官高美莲（Prof. Dr. Ninon Colneric）、英格兰和威尔士首席大法官托马斯勋爵（The Rt. Hon. The Lord Chief Justice Thomas of Cwmgiedd）、海牙国际刑事法院马克·培恒·德·布里相博法官（Judge Marc Perrin de Brichambaut）、美国联邦哥伦比亚特区巡回上诉法院院长梅里克·加兰（Merrick Brian Garland）法官亦先后到访北大法学院并发表演讲。

2017年，法学院创新国际合作模式，首次举办2017年International Day——北大法学院学生海外学习暨港澳台交流教育展活动，来自28所海内外知名法学院校的46位院长、招生负责人、教授和毕业生代表出席。各院校在主会场凯原楼学术报告厅全天设立展台，为学生们提供"一对一"的现场咨询。同时，在凯原楼、陈明楼其他9个分会场分别举办7场院长见面会、20场高校专场宣讲会以及"与招生主管面对面"活动。学院大力推进针对本科生的4+1项目，拓宽本科生留学途径，积极开展如"Happy Hour"等加强中外学生交流的活动，及时更新微信公众平台，提高学院师生获取国际信息的能力，全力推广国际交流无纸化模式，简化师生申请交换流程。截至2017年底，法学院合作伙伴院校已达102所（其中法学院校98所，法学机构4所），包括2017年新增的7所，其中签有协议的合作院校已达90所，包括2017年新增的5所。2017—2018学年有43名法学院学生通过上述合作项目赴国外交换，并有13名法学院学生赴国外攻读学位项目。2017年秋季学期，法学院还迎来了来自11个国家的24名国际交换生，国际学生总数达133名。

2017年，北大法学院代表队在第四届国际刑事法院审判竞赛（英文）中国赛和第十五届"理律杯"全国高校模拟法庭竞赛中荣获冠军。

【党建工作】 2017年，学院配合中央巡视，持续开展学习贯彻全国高校思想政治工作会议精神、习近平新时代中国特色社会主义思想和党的十九大精神活动，筹备迎接中共北京大学第十三次党员代表大会。

院党委下属34个党支部。学生党支部共发展56名预备党员；57名预备党员如期转正。137名学生参加入党积极分子培训班学习，107人顺利结业，40名学生参加第26、27期党性教育读书班学习，30名顺利结业。申报"高校党支部制度建设探索"基层党建创新立项3项。

结合学校工作安排，召开党政领导班子民主生活会，领导班子成员认真撰写发言材料，开展批评与自我批评，制定整改方案。

召开离退休教职工座谈会、荣休表彰会，安排离退休教职工体检，走访慰问离退休教职工，设立"阳华基金"用于对离退休教职工大病重病的专项补助，组织离退休教职工参观游览活动。

通过设立意见箱、服务咨询电话，召开全院大会、教职工代表座谈会、学科座谈会等，广泛听取教职工意见建议，为学院发展建言献策；组织开展各类文体、学习活动，丰富教职工业余生活；多方面为教职工谋取福利，提高工会服务水平。

【行政财务、信息化工作】 学院严格执行财务预算，在做到收支平衡基础上，总体财政实现盈余。完成继续教育人员队伍和工作机制建设，创建法商结合的高端培训项目，为学院高端人才培养和继续教育开创新模式。2017年，学院共与24家各类型单位合作，举办43期培训班，共培训2252人。学院校友会完成校友信息录入、更新和整理工作，接待大量校友返校，成立5个地方校友分会。增设5项奖助学金和2项行政工作支持基金，已经建立多项合作关系。学院备案管理网站21个，公共微信平台25个，各类信息系统8套。官网年度发布中文新闻公告565篇，英文79篇，微信平台发布新闻164篇；设计开发法律诊所实践教学课程系统、法学院邮箱系统。法律图书馆年度订购中文法律专业图书3000余种、5906册，推荐校馆订购外文法律专业图书206种，中文期刊报纸256种，外文期刊121种。续订英文HeinOnline法律数据库、Westlaw数据库、牛津在线（含EPIL、RIL、IC三个子库）、Kluwer IEL法律国际大百科在线数据库、Kluwer Arbitration国际仲裁数据库、德文BeckOnline数据库、威科先行人力资源中英双语数据库、Lexis律商网、月旦知识库等。组织试用 Bloomsbury、Kluwer Law Online Journals、剑桥国际法报告、剑桥电子书、东京审判文献数据库、中国司法档案数据库·江津卷等若干重要的中外文法律数据库。

【学生工作】 法学院利用《北大法律人》《青年法律人资讯》、学生工作网等传统阵地和微信公众平台、ILAWPKU论坛等新媒体加强宣传引导工作，结合学习十九大精神，营造优秀、独特的青年法律人精神文化，在学习习近平总书记系列重要讲话精神的过程中，培养青年法律人的家国情怀和历史使命感。2017年，党团日主题教育活动直接参与累计达1500人次，多个党团支部受到学校表彰。

深度融合"大学生素质拓展计划"与"第二课堂成才计划"，举办法律人才沙龙、奖学金颁奖典礼、爱乐传习、新生心理测评、职业生涯规划、寒暑假社会实践、挑战杯学术科创竞赛等活动，通过构建"法律学生俱乐部"社区育人平台全面增强实践育人成效。携手地方强化爱国主义教育，同江西南昌方志敏烈士陵园、共青城胡耀邦陵园、南昌新四军军部旧址陈列馆等地建立社会实践基地合作关系，为学生寒暑假社会实践提供条件。形成实践调研和公益服务相结合的社会实践与志愿服务体系，以青年志愿者协会、法律援助协会等学生社团为依托，开展"青春船长"青少年法制宣传教育活动、志愿嘉年华普法宣传活动、"3·15"消费者权益日宣传活动、"12·4"法制宣传日活动、日常法律援助咨询志愿服务等长短期结合的志愿服务项目。积极开展"挑战杯"等学术实践活动，注重训练学生实务能力，院代表队获第十五届红十字国际人道法模拟法庭实务模拟竞赛冠军、第四届国际刑事法院审判竞赛（英文）中国赛冠军、第十一届中国大陆地区红十字国际人道法模拟法庭竞赛第三名、第15届"理律杯"全国高校模拟法庭竞赛冠军。

在组织建设方面，针对基层党团组织和班级的不同属性与特点，对党班团干部换届、推优入党、党班团联合活动、团小组等工作提出了具体要求和标准。多个团支部与党支部联合开展"红色1+1"校外基层共建活动。在团学例会基础上，定期召开党班团干部大会和团支书座谈会，倾听基层声音，加强部门交流。团委书记班子带头全面开展"团委书记面对面"活动，重点与参与团学活动较少、需要主动指导的学生加强沟通。

在学生骨干培养方面，圆满完成2016—2017年法学院团校培训，通过读书沙龙、政治理论和学术讲座、双学位经验交流会等理论类课程和寒暑假社会实践、法院参访座谈及实习、素质拓展等实践类课程，在学生骨干内心建立自我教育学习意识，引导学生骨干塑造健全人格，积极发挥学生骨干带动作用。

2017年度共设有奖学金62项，惠及学生480人次。其中，校设奖学金16项，奖励人数239人次；院设奖学金46项，奖励人数241人次。较之上学年，奖励学生人数有所增长。2017年，法学院院设助学金增至18项，资助名额为117人次，资助群体已覆盖全部学生类别。

2017年，北京大学法学院各类毕业生共计547人，其中本科生157人，法学硕士79人，法律硕士（非法学）227人，法律硕士（法学）41人，法学博士43人。截至2017年9月，法学院毕业生的就业率分别为：本科生就业率为91.08%，法学硕士就业率为100%，法律硕士（非法学）就业率为97.36%，法律硕士（法学）就业率为100%，法学博士就业率为100%，平均就业率为97.69%，总体就业情况良好。在毕业生具体去向方面，本科毕业生157人中，出国（境）求学比例为12.10%，攻读硕士研究生比例为52.24%，签订就业协议比例为8.28%，灵活就业比例为18.47%；法学硕士毕业生79人中，出国（境）求学比例为5.06%，攻读博士研究生比例为15.19%，签订就业协议比例为48.11%，灵活就业比例为29.11%，定向就业比例为2.53%；法律硕士（法学）毕业生41人中，签约就业协议和灵活就业比例为100%；法律硕士（非法学）毕业生227人中，出国（境）求学比例为1.76%，攻读博士研究生比例为1.32%，签订就业协议比例为63.00%，灵活就业比例为30.84%，定向就业1人，比例为0.44%。

（法学院）

信息管理系

【发展概况】 组织机构。信息管理系目前已设置学术委员会、学位委员会、教学指导委员会、考核聘任委员会、研究生工作小组，以及2个教研室（图书馆学教研室、情报学教研室）；6个研究室（图书馆发展研究室、文献与出版研究室、信息系统研究室、信息组织与信息设计研究室、情报分析研究室、信息行为研究室）；3个研究所（信息化与人类信息行为研究所、信息化与信息管理研究中心、国家现代公共文化研究中心）；文化部公共文化研究基地；公共文化服务大数据应用文化部重点实验室（文化部公共文化发展中心联合共建）。

学科建设。信息管理系目前有图书馆学（本、硕、博）、情报学（硕、博），信息管理与信息系统（本）、编辑出版学（硕、博士点为自设），2个本科专业与3个硕、博士点，其中，图书馆学是国家重点学科，情报学是北京市重点学科，并拥有"图书馆、情报与档案管理"一级学科学位授予权及博士后流动站，涵盖多个学科发展方向。

队伍建设。信息管理系目前共有教师28人，其中教授15人，副教授10人，预聘制副教授1人，新体制助理教授2人；另有资深教授1人，"新世纪优秀人才支持计划"2人。

【教学工作】 学生人数。2017年招收本科生66名（台湾学生1名，留学生8名）；招收研究生46人，其中硕士招生

33人，博士招生13人。研究生授予学位人数44人，其中硕士33人，博士11人。

本科生教学。为加强本科生的科研训练和指导，规范本科生导师工作，制定《信息管理系有关本科生的科研训练及导师相关规定》；召开系教学指导委员会，开设"质性数据分析""知识服务组织的管理与创新""数字人文"3门新课程。4位老师联合申请到"北京大学社会科学学部本科生跨学科科研课题"，积极推进本科生跨学科研究。在学校教学改革政策的指导下，新制定辅修、双学位的教学方案。积极与教务部沟通协调，争取教学经费、助教人数。教学计划进一步修订完善，增加国际、港澳台学生中国类课程范围要求，规范对留学生的选课要求。

研究生教学。编写《学位授权点自我评估总结报告》，邀请校外5位资深专家参与图书情报学与档案管理一级学位授权点评估。在建系70周年之际，召开"2017全国图书馆学博士生学术论坛"和"2017全国情报学博士生学术论坛"，邀请校内外4位资深教授进行专题讲座。制定《2016—2017学年北京大学博士研究生校长奖学金评定方案》和《信息管理系学业奖学金评定方案》，并评选出王晓迪、苗美娟两位同学为校长奖学金获奖者。

教学获奖。2017年，赵丹群教授获得2016—2017年度北京大学教学优秀奖；申静老师获得2017年度北京大学教学优秀奖获奖者（研究生部分）；李国新教授获得方正奖教金；陈建龙教授获得北京银行奖教金；黄文彬副教授获得黄廷芳/信和青年杰出学者奖励基金。王延飞教授主讲的"情报分析"课程获得2017年北京大学教育教学成果奖一等奖。

【科研工作】 项目数量。2017年，科研立项总计54项，其中国家级科研项目4项，省部级项目15项，横向课题35项，经费总计865万元。

科研成果。梁兴堃老师获得"第十三届全球制造与中国国际论坛"最佳论文奖，黄文彬老师获得教育部"全国高校互联网应用创新大赛三等奖"。

表5-18 信息管理系2017年立项国家级科研项目

负责人	项目名称	项目类别	立项时间
王锦贵	《王重民全集》编纂	国家社科基金项目	2017.12.28
张广钦	公共文化服务绩效评估的理论构建与实证研究	国家社科基金项目（重点项目）	2017.12.22
化柏林	基于多源数据融合的情报用户需求探测研究	国家社科基金项目	2017.12.7
陈文广	复杂三维环境的交互构建与多通道交互指挥系统	国防科技项目管理中心（国家级重点课题）	2017.9.28

【继续教育】 信息管理系结合当前互联网的发展以及信息管理学科特点，积极开展大数据分析、互联网信息管理、行业信息战略管理等专题的高端培训，举办北京大学广西"三区"图书馆综合素质能力提高研修班。

【交流合作】 信息管理系设立专项资金资助学生参加学术会议，加大对研究生和本科生开展国际交流的支持力度。2017年，先后有10余名本科生和研究生得到资助，参加在丹麦、德国、日本等国家举行的国际前沿会议。2017年，有11名本科生作为国际交换生赴国外或境外的大学进修学习半年。

【党建工作】 组织建设。信息管理系现有党支部7个。

党建活动。在党的十九大及校十三大召开前，系党委及各个支部积极规划学习活动，启动"党的十九大精神学习系列活动"及"新时代，新任务——中共北京大学第十三次党代会精神系列学习活动"。党的十九大召开以来，系党委及各支部共进行学习交流活动13次。党委委员联系党支部制度落实到位，将上级党委及系党委精神准确、快速传达给基层党支部每一位党员。系党委书记和党委委员多次深入基层党支部讲党课。

宣传活动。系党委坚持党管宣传的工作思路，网站、微博、微信公共号及对外公开信息统一由党委把关发布。

制度建设。系党委贯彻中央八项规定精神，认真落实《党风廉政建设责任书》要求，严格执行系党委制订的《北京大学信息管理系党风廉政建设实施细则》，坚持领导班子成员收入和重大事项报告制度；完成修订《北京大学信息管理系党政领导班子落实"三重一大"决策制度实施办法》。系内领导杜绝公款消费，无违纪现象发生。

【行政工作及其他工作】 信息管理系现有行政人员9人。改版与上线系网站；制作系宣传册；调整并明确行政人员的分工，细化岗位职责；强化办公室主任职权；初步确定每月一次例会的沟通机制；对行政人员的值班情况进行不定期的抽查。

【学生工作】 学生活动情况。2017年党的十九大及校第十三次党代会召开期间，系学生工作部组织学生党员、团员集体观看十九大开幕式直播和系列报道，创新性开展多次党支部和班级学习活动。组织学生走进爱国主义教育基地。组织实施2017年新生引航工程，举办包括培育和践行社会主义核心价值观主题班会、参观建军90周年主题展览、参观"砥砺奋进的五年"大型成就展、党团日联合主题教育活动等在内的理想信念与价值观教育活动。在信息管理系建系70周年期间，精心组织开学典礼、"舌尖上的信管"等品牌育人活动。

学生资助情况。2016—2017学年，共认定家庭经济困难学生65人，其中本科生59人，研究生6人。认定为家庭经济困难的本科生中，家庭经济情况为一般困难的共7人、困难的共23人、特殊困难的共29人，共获得助学金72万余元。院系设立的助学项目关懿娴奖学金、庞剑锋爱心助学金共评出受资助学生14人，合计资助金额22万元。与受助学生一对一谈话，了解学生成长需求，帮助他们树立自信，明确发展规划。

评奖评优情况。2016—2017学年。共评出北京大学三好学生标兵5人、三好学生30人、优秀学生干部2人、学习优秀奖23人、社会工作奖4人、学习进步奖4人、优秀科研奖6人、实践公益奖3人，其中1人被学校推荐参评北京市三好学生。2人获得北京大学学术类创新奖，1人获得北京大学体育类创新奖。2015级本科生班获"北京大学优秀班集体"称号，2016级硕士生班获"北京大学先进学风班"称号。燕园37楼634宿舍获得"北京大学示范学生宿舍"称号。11人获得"北京大学优秀毕业生"称号，4人获得"北京市普通高等学校优秀毕业生"称号。共评出国家奖学金获奖学生6人，其他校级奖学金获奖学生37人。

毕业生去向。2017年7月，共有69名本科、硕士和博士生毕业，就业率接近100%。全年共举行9期"薪火创咖"系列讲座，由杰出系友面对面指导职业生涯规划。在70周年系庆期间，组织编撰《群英立业志——北京大学信息管理系创新创业杰出系友访谈录》一书，辑录部分毕业生的职业发展故事，引导在校生明晰自己的职业生涯规划，进一步增强就业竞争力。

队伍建设。信息管理系始终注重加强辅导员队伍建设，明确辅导员职责分工，选聘3名学生带班辅导员，扩充辅导员工作队伍。

【离退休工作】 2017年，信息管理系共有离退休教职工33人。2017年3月组织离退休座谈会，向离退休老师讲述信息管理系近一年来的发展情况。2017年5月，举办关懿娴先生百岁寿辰暨关懿娴奖学金颁奖仪式。2017年9月，离退休党支部组织离退休老师参观博物馆、体检、进行党代表选举。2017年10月，邀请离退休教师参加70周年系庆、图书馆学情报学博士生学术论坛。2017年12月，举行吴慰慈先生80华诞暨吴慰慈自选集新书发布会。

【70周年系庆】 2017年9月23日至24日，举行北京大学信息管理系70周年系庆大会暨2017年全国图书馆学情报学博士生学术论坛。社会各界的优秀系友、业界精英及学科领域的专家学者们参会，回顾图情专业发展历程，共绘发展蓝图，会议期间有近500人次参加庆典及学术活动。会议筹备期间组织编写《北京大学信息管理系宣传册》《北京大学信息管理系大事记（1947—2017年）》《北京大学信息管理系系友名录》《图书情报工作——系庆专刊》《群英立业志——北京大学信息管理系创新创业杰出系友访谈录》《信息管理系系庆纪念文集》等资料，组织筹备信息管理系发展史及图片展览。

（信息管理系）

社会学系

【发展概况】 社会学是北京大学现有的18个国家一级重点学科之一，二级学科包括理论社会学、应用社会学、人类学、人口学、民俗学、社会工作、社会管理与社会政策。社会学系建有1个教育部人文社会科学重点研究基地，2个博士后流动站，11个专业研究中心。"中国社会工作教育协会""全国社会工作硕士专业学位教育指导委员会"等国家一级学会的秘书处，也挂靠在社会学系工作。

社会学系设有社会学、社会工作2个本科专业，社会学、人类学、人口学、社会保障4个学科学位硕士点，1个专业学位（社会工作硕士专业学位）硕士点；社会学、人口学、人类学3个博士点。社会学系设有社会学专业、人类学专业和社会工作专业3个专业团队。

在QS公布的2017年世界大学学科排名中，北京大学社会学学科排名第27位，比2016年的第31位有所上升，在包括港澳台在内的大中华区名列第一。在教育部第四次学科评估结果中，北京大学社会学取得A+。在世界大学学术排名（Academic Ranking of World Universities, ARWU）的国内一流学科评选中，北京大学社会学学科位列2017"中国最好学科排名"。

截至2017年12月，社会学系在编教师39人，其中教授23人，副教授12人，助理教授4人。在编行政人员7人，劳动合同制7人，其他1人。离退休教师23人。

【教学工作】 学生情况。截至2017年12月31日，社会学系在册本科生共288人，其中留学生66人（不含港澳台）。2017年新入学本科生77人（包括转系4人），其中留学生14人，招收社会学辅修及双学位70人。目前双学位在读178人，辅修在读5人。2017年，本科学生毕业并授予学位49人；留学生毕业并授予学位15人，暂结业1人，肄业1人；社会学双学位毕业36人；社会学辅修毕业7人。

截至2017年12月31日，社会学系研究生在校人数228人，其中深圳研究生院硕士49人，本部博士78人，本部硕士101人。硕士留学生3人，硕士港澳台学生12人，博士留学生4人，博士港澳台学生4人。

2017年，社会学系共招收研究生102人，其中博士生21人，学术硕士40人（其中港澳台7人），社会工作专业硕士41人。通过推荐免试方式接收学术硕士和专业硕士35人，通过全国统考招收硕士46人。2017年，招收博士研究生全日制17人，非全日制4人，少数民族骨干计划1人。2017年夏季，授予博士学位21人，硕士学位126人。

研究生奖学金。2017年硕士、博士奖学金金额较往年明显提高。2017年在读硕士生学业奖学金2,468,400元，学术硕士专项学业奖学金128,000元，专硕专项学业奖学金40,000元，闵材奖学金获得者6人，金额共计30,000元；科学实践创新奖6人，金额共计60,000元。2017级博士岗位奖学金89,100元，其他年级博士学业奖学金1,946,400元，博士专项学业奖学金90,000元，博士校长奖学金3人，共计210,000元。制定2017—2018学年秋季学期助教分配方案，完善课程助教管理制度，配合学校2017年奖助工作体系改革。

创新性工作。为加强跨学科建设和人才培养，社会学系与哲学系合作开设本科生"思想与社会"跨学科项目，招收社会学系、哲学系和元培学院的本科生，培养本科生阅读经典作品的能力。

加强研究生培养。为提高博士生培养质量，配合学校改革奖助体系，制定博士生综合考试改革细则，从2017级博士开始实行；新增2门阅读讨论课；建设完善社会调查与政策评估新专硕课程体系并顺利运行。

教学科研实践基地、专业硕士实习基地建设。2017年，社会学系新增3个教学科研与实践基地，11月举行教学科研实践基地成果汇报和经验交流会。成立"陕西白水"和"北京朝阳将康"2个专业硕士研究生实习示范基地，为研究生实习提供保障。

【科研工作】 截至2017年12月31日，社会学系2017年度新增入账项目31项，其中新立项纵向项目2项，新增科研经费6,767,311元。制定《北京大学社会学系学术科研论文奖励规定（试行）》，奖励师生发表的高水平学术论文，每篇论文奖励4000元，共计奖励教师13人，论文20篇，奖励学生5人，论文6篇。周皓、佟新（合作者：刘爱玉）获北京大学第十三届人文社会科学研究优秀成果一等奖，陆杰华、孙飞宇获二等奖。

2017年度，社会学系主办海峡两岸社会与文化理论研讨会、第五届余天休社会学优秀博士论文奖颁奖典礼暨北京大学社会学系第四届博士生论坛、第二届一带一路与西部发展研讨会、中国社会科学杂志社第四届社会学前沿论坛暨历史与社会工作坊第二期、第十届全国人口与发展研究生论坛等高水平学术会议。

2017年，出版教材、专著、译著7部，发表论文29篇（A刊论文、SSCI论文）。

【党建工作】 截至2017年12月31日，社会学系党委共设有党支部13个，其中学生党支部10个，教工党支部3个；共有党员217人，其中在职教职工党员35人，离退休党员12人，学生党员153人，组织关系暂存党员17人。2017年度新发展党员22人，预备党员转正29人；接收党员组织关系47人次，转出党员组织关系55人次。

组织建设。1.加强领导班子自身建设。领导班子带头学习全国高校思想政治工作会议精神、十九大报告精神等，通过召开专题学习会、民主生活会、师生座谈会等多种形式加强理论学习，广泛听取师生意见建议。2.加强基层党支部建设。2017年10月，调整党支部设置，并完成全体党支部换届工作。系党委组织党支部书记专题培训会，发放《基层党支部书记工作手册》《党员学习笔记》，督促检查"三会一课"、《党支部工作记录》。3.开展特色党建活动。组织赴国家博物馆参观"大英博物馆100件文物中的世界史"和北京展览馆"砥砺奋进的五年"展览，组织党支部赴教学科研实践基地开展基层党建实践调研。开展2场基层党建创新立项交流会，邀请校内优秀立项单位来系交流。组织"师生共读马列经典"读书会3场，以党支部书记为主，党课学员共同参加。

思想建设。结合中央31号文件精神学习、巡视整改要求落实以及十九大报告精神学习等内容，系党委和各党支部积极开展特色活动，如本科生支部组织学习十九大精神及党章党规知识竞赛，组织十九大精神学习午间报告会2场。制定和落实巡视整改方案，协调各方面整改任务，落实意识形态专项整改方案。在北京大学第十三次党员代表大会的党代表选举和两委委员提名中，充分动员党员参与，提高党员民主意识。组织入党积极分子47人参加北京大学第30期党的知识培训班，党委书记主讲"如何成为一名优秀的共产党员"专题党课；组织发展对象11人参加党性教育读书班。所有党课学员均顺利结业。

制度建设。坚持党政联席会议、党委会等重要制度，根据需要扩大党委会，民主生活会等参会范围。2017年，系党委制定《北京大学社会学系党员发展工作要求》《北京大学社会学系党支部建设规范》《北京大学社会学系合格党员标准》《北京大学社会学系意识形态工作责任制实施办法（讨论稿）》等。

党风廉政建设。系党委认真贯彻落实"三重一大"决策制度，制定了《社会学系"三重一大"制度实施办法》；完善财务制度，制定《社会学系课时补贴发放办法》，修订《社会学系专项岗位津贴发放办法》；修订《北京大学社会学系印章管理办法》等。

此外，在北京大学2016—2017年度基层党建创新立项中，社会学系共获批6项，资助总额18,000元。在北京大学庆祝中国共产党成立96周年大会上，社会学系崔佳获评党务和思想政治先进工作者。

【学生工作】 2017年，社会学系学生活动丰富。组织第十三届北京大学社会学文化节暨京津高校社会学学生论坛。在北京大学第25届"挑战杯"系列赛事中，社会学系夺得团体一等奖，6年内第5次将"王选杯"收入囊中，系团委获"优秀组织奖"。

学生资助工作取得突破，学校共有20名硕士研究生获得助学金，其中包括社会学系4名2017级硕士新生。

建立带班辅导员制度。面对学生压力和挑战复杂多变，辅导员数量不足等情况，学工办建立一支由2名博士生研究生和7名硕士研究生组成的带班辅导员队伍，分别安排到4个本科班，协助班主任对学生进行深度辅导，并对硕士和博士的重点对象提供辅导。

注重挖掘自身历史传统和人文资源，配合设计制作系史展板，引导学生自编自导自演新生教育话剧《羣言》和毕业话剧《不说毕业》，以加深学生对专业知识、思想文化和社会人文的理解。

改革团校培养模式，以思想政治教育为核心，在全系范围内培养学生骨干，举办《习近平的七年知青岁月》学习读书会、"不忘初心，牢记使命——学习党的十九大报告精神知识竞赛"等活动。

【行政工作及其他】 1.人事工作。2017年完成招聘（凌鹏入职）、职称评定（王迪、吴利娟聘副教授）、通用岗位聘任（方文、王铭铭聘二级岗位）、各类人员合同续订和新签（邓锁、孙飞宇、聂雨琪、朱丽玲、韩薇、王凤兰）等。为进一步体现奖励绩效的发放初衷，配合人事改革方案要求，修订教学和科研工作量计算办法。邱泽奇获长江学者特聘教授称号，张春泥完成新体制中期评估，马戎入选北京大学博雅讲席教授计划，谢立中、郭志刚入选北京大学特聘教授计划，渠敬东入选北京大学博雅青年学者计划。

编写及修订《北京大学社会学系教师申请延迟退休操作办法》《北京大学社会学系教学科研岗位聘任与晋升实施细则》《北京大学社会学系教职工请假管理办法》《北京大学社会学系年度考核和师德考核实施细则》《北京大学社会学系教学科研岗位招聘实施细则》《北京大学社会学系资助教师办会管理办法》。

2017年度录用博士后5人，中期检查5人，出站8人。汤凯获博士后科研基金二等资助（5万元）。

2. 国际（地区）交流。2017年，社会学系获国际合作部各类计划资助10.5万元，共举办海外学者讲座17场，海外名家系列讲座5场。主办与台湾东吴大学的"2017年海峡两岸社会与文化理论学术研讨会"、与韩国首尔大学的"中韩社会学第五届联合学术论坛"，参加俄罗斯圣彼得堡大学学术研讨会、香港大学社会学系50周年庆典和学术研讨会。多项国际合作项目落地或正在磋商，与圣路易斯华盛顿大学建立硕士双学位项目，已有学生通过此项目赴华大深造；与英国卡迪夫大学签订系际合作协议，已有师生互访；与瑞典隆德大学的硕士双学位项目将进行第三轮商讨；与芝加哥大学、香港理工大学的三校合作继续深入。

3. 系图书馆和网站建设。2017年，社会学系改版网站投入使用，访问量稳步提升，英文版及手机端将投入使用，《社会理论学报》《民族社会学研究通讯》等期刊所有文章及教师个人发表的文章公开挂网，网站访问量显著提升。

2017年，社会学系分馆流通量依然是除医学部分馆外最高的，总馆藏量排名第三。文献采访小组走向正轨，建立分馆向北大图书馆荐购文献的畅通渠道，读者培训收效良好。

此外，社会学系获评优秀"教职工之家"、2017年安全保卫工作先进单位。

（社会学系）

政府管理学院

【发展概况】 北京大学政府管理学院下设政治学系、行政管理学系、公共政策系、城市与区域管理系4个系，拥有公共管理硕士（MPA）教育中心，以及以学院教授为主体设立的北京大学中国政治学研究中心、北京大学公共管理研究中心、北京大学城市治理研究院、电子政务研究院、中国国情研究中心等18个校级研究机构，其中教育部人文社会科学重点研究基地——北京大学国家治理研究院与学院有着密切的学术协作关系。

政府管理学院兼容政治学、经济学、管理学三大学科门类，可授予法学、经济学、管理学三类学位。学院现设有政治学与行政学、行政管理、城市管理3个本科专业，7个硕士专业，政治学、公共管理学2个一级学科博士授予点，3个博士后流动站。

在2017年全国第四轮学科评估中，北京大学政治学蝉联榜首获评A+，公共管理学科获评A。

截至2017年底，政府管理学院在职教研人员44人，教授20人，其中讲席教授1人，长江学者特聘教授2人。中国政治学中心教授1人，助理教授2人。

2017年，学院党政领导班子包括院长俞可平，常务副院长燕继荣，党委书记李海燕，副院长陆军、常志霄、包万超（2017年12月任命）、姚静仪（兼），党委副书记李国平、姚静仪、姚奇。

【教学工作】 2017年，学院在校本科生276人，其中留学生25人、港澳台5人、少数民族学生51人。2017级68人、2016级77人、2015级66人、2014级65人。

根据学校教学改革的指导精神，对学院2017级本科生教学计划进行重新修订。本科生毕业总学分为136学分。2017级本科生教学计划总体模块分为：公共与基础课程为47至51学分，即全校公共必修课程25至29学分（差异4学分来源于大学英语分级）；学院学科基础课程为22学分；专业核心课程为30学分；专业限选课程39学分，其中本院专业限选课程15学分、学院外社科类课程15学分、毕业论文3学分、学术与实践6学分；通识与自主选修课程20学分，即本科素质教育通选课为12学分和自主选修课程8学分。学院本科生一、二年级学习专业基础课程，三年级进行专业分流。2017年11月，将2015级本科生专业分流为三个专业：政治学与行政学专业9人、行政管理专业43人、城市管理专业14人。

2017年，学院共开设54门课程，其中专业必修课程32门、专业限选课程18门、通选课程1门、全校任选课程2门、全校公选课程1门。2017年参与讲授本科课程的任课老师共44名，其中教授20名、副教授22名、助理教授1名、外聘教师1名。

2017年9月，学院组织2018届本科生推荐免试研究生工作，共42名学生通过复试并获得攻读硕士研究生资格。

2017年，学院2名教师申报和承担3个校级教学改革项目，项目类型涉及院系专业人才培养、课程建设等。

2017年，学院在校博士研究生191人，其中，2008级2

人；2009级3人（含港澳台1人，少数民族骨干计划1人）；2010级3人（含少数民族骨干计划1人）；2011级3人；2012级17人（含港澳台2人，留学生4人）；2013级33人（含港澳台2人，留学生2人）；2014级33人（含港澳台3人，留学生1人）；2015级29人（含港澳台1人）；2016级26人（含少数民族骨干计划1人，留学生2人）；2017级31人。毕业生39人，其中区域经济学4人，行政管理15人，政治学理论15人，中外政治制度5人。授予博士学位34人。

2017年，学院在校硕士研究生336人，其中，2013级2人（含香港1人，少数民族骨干计划1人）；2014级20人（含香港2人，留学生9人）；2015级92人（含澳门2人，香港2人，台湾4人，少数民族骨干计划3人，留学生21人）；2016级109人（含香港3人，澳门3人，台湾9人，留学生45人）；2017级112人（含香港1人，澳门1人，台湾6人，留学生46人）。2017年毕业生119人，其中区域经济学10人，行政管理19人，政治学理论18人，中外政治制度2人，中共党史2人，公共管理（公共政策）62人，公共管理（发展管理）6人。授予硕士学位119人。

2017年，公共管理硕士研究生在校生540人，其中，2014级单证学生16人，2015级单证学生29人，2016级单证学生73人，2013级双证学生5人，2014级双证学生15人，2015级双证学生120人，2016级双证学生125人，2017级双证学生184人。2017年毕业MPA学生178人。

2017年，学院组织教师和学生参加中国专业学位案例中心案例库建设、中国研究生公共管理案例大赛和全国公共管理硕士优秀学位论文评选工作。举办MPA招生说明会。修订MPA培养方案，实行分方向培养。完成专业学位授权点自我评估工作。

2017年，政府管理学院在国际英文授课项目方面，招生总计47人，其中发展中国家公共管理硕士项目24人，公共政策英文硕士项目7人，北大-伦敦政经双硕士项目15人，北大-新西兰惠灵顿维多利亚大学双硕士1人。

【科研工作】2017年，政府管理学院申请并获批准立项国家和省部级纵向科研项目4项，其中国家社会科学基金重大项目3项、国家社会科学基金一般项目1项。

2017年，政府管理学院教师承担项目总经费990余万元。其中横向课题到账经费为870余万元，纵向课题到账经费为120余万元。

2017年，政府管理学院教师发表核心期刊论文104篇，其中SSCI、A&HCI国际发文7篇（作者分别为白彦、沈明明、周强、张长东、孙铁山），出版专著14部，其中获奖专著1部。

【交流合作】1月13日，第四期"北京大学赵宝煦学术基金系列讲座"由比较政治学、中国政治及外交政策领域著名专家、美国波士顿大学政治学系教授傅士卓教授（Joseph Fewsmith）主讲"政治科学与中国研究"。

2月23日，印第安纳大学公共事务与环境学院John Graham院长来访政府管理学院并签署合作意向备忘录。

2月28日，德国著名学者Thomas Heberer（王海）教授来访学院并发表演讲。

3月21日，俄罗斯国立莫斯科大学政治学院政治系主任、"文明对话"研究所（DOC Research Institute）监事会主席弗拉基米尔·亚库宁博士（Vladimir Yakunin）一行来访。

3月21日，牛津大学布拉瓦尼克政治学院院长、全球经济治理教授Ngaire Woods来访北京大学。北京大学校长林建华、副校长李岩松会见客人。

3月21日，政府管理学院"国际论坛"邀请英国最有影响的学者之一、牛津大学蒂莫西·加顿艾什教授以《欧洲的瓦解、民粹主义及新媒体的角色》为题发表演讲。

3月22日，应北京大学海外名家讲学计划项目邀请，美国德州农工大学（Texas A&M University）乔治·布什政府与公共事务学院刘新胜教授到访政府管理学院并开展"公共政策科学的前沿理论：间断-均衡理论（Punctuated-Equilibrium Theory）"系列讲座。

3月23日到30日，应日本外务省邀请，北京大学政府管理学院院长、北京大学中国政治学研究中心主任俞可平教授率团赴日本考察访问。

4月18日上午，巴基斯坦高等教育委员会、"中巴经济走廊"顾问穆罕默德·阿格哈尔先生（Lt Gen（R）Muhammad Asghar）一行来访政府管理学院。

5月9日，美国著名中国问题专家，加州大学圣地亚哥分校教授谢淑丽（Susan Shirk）应邀在学院"国际论坛"做为"美中关系——过去，现在和未来"的学术讲座。

5月22日，美国夏威夷大学哲学系终身教授、世界著名哲学家成中英先生应邀来访，并以"德性论基础上的民主法治：兼论中国政治哲学的政道与治道及其当代意义"为题举办讲座。

5月31日，在"北京大学海外名家讲学计划"支持下，应北京大学国际合作部、国家治理研究院和北京大学赵宝煦学术基金的邀请，美国哥伦比亚大学David Sandalow教授在廖凯原楼207会议室做了一场题为"中美清洁能源合作"的学术讲座。

6月7至9日，萧鸣政教授出席在欧洲大学召开的国际人力资源开发欧洲论坛，在大会上做了题为"A Quantitative Study on the Content of Professional Ethics of Civil Servants"（中国公务员职业道德内容的量化研究）的研究汇报，通过500余个样本，采用德尔菲法、描述统计与主因素分析等方法概括与建构了中国公务员职业道德的内容模型，并以此与国内外现有的公务员职业道德内容体系进行比较。

6月12日，政府管理学院与德国艾伯特基金会以"治理创新与社会建设"为题举办学术研讨会。中德学者围绕治理创新与民主政治、社会融合与社会冲突、公民社会与民间组织管理、公共空间与公民参与、多元文化与共同价值、反恐与民族问题等进行讨论。

8月29日，纪念中日邦交正常化45周年中日大学生千人交流大会在北京大学举行，政府管理学院近20名学生代表参加活动并接待来自日本早稻田大学等多所日本知名高校的25名日本大学生。活动期间，日本大学生访华团的学生代表专程到学院参观交流。

10月12日至13日，由北京大学国家治理研究院、美国哥伦比亚大学国际关系与公共事务学院共同举办的中美第二届国家治理论坛"政府创新：中外比较视角"国际研讨会在美国哥伦比亚大学举行。

10月4日和16日，政府管理学院院长俞可平分别与莫斯科大学政治学系主任舒托夫、牛津大学布拉瓦尼克政府学院院长恩盖尔·伍兹签署合作协议备忘录。根据合作协议，学院与莫斯科大学政治学系、牛津大学政府学院将互派研究生和访问学者、从事合作课题研究、共同举办学术研讨会和交流研究成果。

10月25日至11月3日，应北京大学海外学者讲学计划邀请，美国加州理工州立大学政治学系张宁教授于在政府管理学院举办了"中国政治文化与文本分析方法"系列讲座。

11月3日下午，"文明对话"世界公众论坛创始主席、莫斯科国立大学国家治理系主任、"文明对话"研究院创办人弗拉基米尔·亚库宁博士（Vladimir Yakunin）一行来访。

11月8日，英国驻华大使馆大使吴百纳女爵士（Barbara Woodward）一行来访政府管理学院。

11月5日，继2017北京论坛之后，首届"中美首都圈城市治理"圆桌会议在北京大学政府管理学院成功举行。来自中国和美国的30余位专家、学者、管理者，围绕城市规划、城市创新、城市治理、城市交通等多方面问题，展开讨论。

11月4日至5日，由北京大学国家治理研究院、吉林大学国家治理协同创新中心与吉林大学行政学院共同主办，韩国成均馆大学协同举办的"发展路径比较：中国、东亚与世界"国际研讨会在吉林大学举行。来自韩国成均馆大学、高丽大学、首尔大学、西江大学、世宗大学、日本东京大学、澳大利亚墨尔本大学、中国社会科学院、清华大学、中国人民大学、复旦大学、南京大学、云南大学、上海师范大学等单位的40多位学者出席会议。

11月17日下午，由北京大学政府管理学院政治学系和北京大学中国政治学研究中心主办的"学术名家交流会"在北京大学政府管理学院207室举办。著名比较政治学家菲利普·施密特（Philip C. Schmitter）和泰利·莱恩·卡尔（Terry Lynn Karl）伉俪应邀参加。政府管理学院和中国政治学研究中心的多位老师就民主化、转型研究和法团主义的相关问题同两位教授进行深入交流。

12月11—14日，作为"北京大学高端学术交流计划"之一，国际知名政治哲学家、悉尼大学和柏林高等社会科学研究院教授约翰·基恩（John Keane）访问北京大学并发表系列演讲。

【党建工作】 2017年，学院共有党支部16个，其中教工党支部5个，学生党支部11个；共有党员330人，其中学生党员257人，教职工党员58人，离退休党员15人。

2017年，学院认真培养、发展新党员，共组织59人参加学校党课学习，新发展党员57人，有27人转为正式党员。

学院组织学生党团支部积极参加学校的党团日联合主题教育活动，本科生党支部获得一等奖，学院获得组织奖，2名教师被评为"北京大学优秀党务和思想政治工作者"。

学院党委加强制度建设，先后制定了《政府管理学院进一步加强和改进思想政治工作实施方案》《意识形态工作责任制》等规章制度，在学院教师职称评审、进人、岗位聘任、虚体机构规范管理、推进学院综合改革等关键工作环节发挥监督保证作用。

学院高度重视党风廉政建设工作，根据校党委、校纪委关于党风廉政建设工作部署，强化一岗双责，严密制度网络，完成领导干部个人事项申报、党风廉政建设责任制执行情况自查，先后接待、协助调查处理、上报回复来信来访7件次。

根据校党委工作部署，学院学习贯彻中央31号文件精神，配合巡视整改，推进"两学一做"学习教育工作常态化制度化，开展党建和思想政治工作迎评自查，组织深入学习贯彻党的十九大精神。

院长俞可平教授结合政治学和公共管理学科特色以及学院发展实际对十九大报告精神进行解读。长江学者王浦劬教授从政治学的角度对报告进行解读。常务副院长燕继荣教授应校团委机关报《北大青年》邀请，撰文解读十九大报告精神。李国平教授参加北京大学学习贯彻十九大精神专家座谈会，从城市和区域研究的角度出发对十九大报告进行解读。学院组织教师党员赴河南红旗渠开展集体实践学习活动，学习"为了人民、依靠人民、解放思想、实事求是、自力更生、艰苦创业、无私奉献"的红旗渠精神，组织师生集体观看十九届中央政治局常委与中外记者见面会的实况等。

2017年11月，学院组织"北京大学青年政治人论坛"，以"聚焦十九大，牢记历史使命；聚力新时代，坚持中国道路"为主题，邀请校内外嘉宾与青年代表们围绕党的十九大提出的重大理论、实践问题展开深入讨论。

2017年，学院开展以"培养优秀公民，造就卓越领袖"为宗旨的"正观坊"活动，分别于3月和4月邀请全国政协委员、江苏省政协原副主席罗一民，深圳创新发展研究院理事长、深圳市委原常委、原副市长张思平担任主讲嘉宾，引导学生将政治理性和学术理性相结合，帮助他们树立正确的世界观、人生观和价值观。

【学生工作】 学院根据新生教育的实际需求，逐渐丰富完善新生教育的内容。同时，学院进行学生资助认定、生源地及校园地贷款处理及贷后管理工作。截至2017年12月，学院共有家庭经济困难（经学校资助中心认定）的学生68人，均为本科生，已不同程度获得资助，每个年级受资助的同学中都有相当数量的同学获得学校的奖学金奖励。

2017年，政府管理学院共183名同学获得学校各种奖励，102名同学获得学校奖学金，10人次获得院级奖学金。其中9名同学获评学校学术类、体育类创新奖。13名同学获得北京市三好学生、优秀学生干部、优秀毕业生等北京市级奖励。

学院重视学生心理健康，2016—2017学年学院新生心理测评参与率达到94%，共深度访谈60余人次，处理突发事件5起，累计时长超过50小时，已经基本形成有效的心理危机预防及突发事件应急机制。

2017年，本科生就业率达到100%，研究生就业率达98.8%以上，学院通过举办"为未来导航"系列活动，为毕业生就业创业提供心理疏导、技能培养、政策说明等全方位的指导。学院通过就业中心推荐、院友推荐、和用人单位直接对接等形式及时发布岗位需求，通过微信群、邮件等方式定点推送就业信息，进行中央部委、地方选调生、著名企事业单位多次内推。2017年下半年，学院学工办还通过在学院"政·观生活"微信公众号上设立"政·就业"栏目，发布毕业生感兴趣的、专业对口的重点行业、单位和企业的就业信息，截至2017年底，已发布整合信息30余篇，周均发布3篇，每篇具体涵盖5—8条就业信息。

2017年9月，校团委任命张雪薇同志担任共青团北京大学政府管理学院团委常务副书记，张辰同志自然免职。2016—2017学年，政府管理学院学生会、研究生会在院团委指导下，根据学院两会章程，经民主投票，完成换届。

2017年，学院学生活动丰富。其中"博雅家·乐创"系列活动举办7场，通过参观北大沙滩红楼，加强对学生的爱校荣校教育，通过举办趣味定向运动、知识竞赛、演讲比赛等活动，促进学生间的交流和沟通。

【行政、工会工作】 2017年，学院整合行政人员力量，在调整人员架构的基础上，搭建行政服务中心，继续梳理行政各岗位的工作职责，明晰工作流程。实行行政人员月度例会制度，设置内部工作时间，要求行政人员加强工作计划、及时撰写并提交工作日志以及大事记等，注重档案整理和管理。进一步加强学院公章管理，严格按照学院公章使用规定用印，及时整理汇总备案。做好收文登记存档分发，及时将学院上报文件及学院新闻通过OA系统进行报送。按照厉行节俭、方便办公的原则进行办公采购，对电脑、照相机等学院公用设备登记并做详细借用记录，定期进行整理。

2017年，学院加强大楼运行管理，监督物业服务处工作，定期进行工作检查。修订并进一步完善学院会议室、公共教室使用规范。进一步推进安全保卫工作制度化建设，加强大楼安全"技防"，多次圆满完成学校安全检查组对学院安全工作检查，对地下仓库和存放物品进行彻底清理。完善大楼设备维修采购程序，严格执行"货比单价、低价中标"原则。完成大楼公共区域和部分会议室整修。开通使用学院地下车库。

2017年，学院始终坚持走访慰问老同志，在传统节日到来之前，学院党政班子主要负责人到家中看望老同志，向老同志报告学院发展情况，送去学院师生的关心和祝福。学院工会积极组织运动会和其他集体活动，加强教工之家建设，健身房的基础设施已筹集完备，场馆空间正在建设。

【院友工作】 2017年，学院积极收集院友信息，完善院友数据库，目前已经1983—2015级的5189名院友取得联系，通过63个微信群与各行各业各地院友保持密切联系。4月开设院友微信公众号，通过网站、微信号、邮件等方式向院友介绍学院最新动态，答复院友询问等。2017年全年为院友办理校友卡102张。

1月7日，在朱健刚等热心院友的带动下，广东院友分会正式成立。

4月27日，院友会和MPA联谊会联合举办"政思·阅享"MPA读书会。

5月20日，学院举办2017年院友返校日暨院友亲子活动。

9月2日，学院2008级MPA院友，四川文兴县政协副主席罗国忠联系的贫困村，通过微信众筹平台出售当地的红心猕猴桃，得到院友会及各年级院友的大力支持。

2017年，学院分别于元旦、春节、中秋向院友发送了祝福邮件、微信，并在微信公众号上推送了节日特别祝福，其中春节祝福邀请值年班级的班主任寄语院友。

12月23日，学院召开了第二届院友理事会第二次会议，燕继荣常务副院长代表学院做工作报告，与会理事对学院发展进行讨论。

2017年，"87级政治学奖学金"颁发1次读书奖和1次社会实践奖。

（政府管理学院）

马克思主义学院

【发展概况】 马克思主义学院现有马克思主义基本原理、马克思主义发展史、马克思主义中国化、国外马克思主义、思想政治教育、中国近现代史、党的建设、政治经济学、科学社会主义与国际共产主义运动9个研究所及教育部中国道路与中国化马克思主义协同创新中心、教育部人文社会科学重点研究基地——中国特色社会主义理论体系研究中心、北京市中国特色社会主义理论大众化与国际传播协同创新中心、北京市哲学社会科学重点研究基地——中国化马克思主义发展研究基地4个研究机构。

学科建设。学院是第一批获得马克思主义理论一级学科博士学位授予权的单位，包括马克思主义基本原理、马克思主义发展史、马克思主义中国化研究、国外马克思主义研究、思想政治教育、中国近现代史基本问题研究；还有政治经济学、科学社会主义与国际共产主义运动2个马克思主义理论相关二级学科。2017年初，中共中央、国务院印发的《关于加强和改进新形势下高校思想政治工作的意见》明确提出"强化马克思主义理论学科的引领作用，支持有条件的高校在马克思主义理论一级学科下设置党的建设二级学科"。

队伍建设。学院现有教学科研岗位教师41人，教授21名（含新体制博雅讲席教授1人），副教授17名（含新体制预聘副教授2人），讲师3名（含新体制助理教授1人）。2017年，顾海良教授（新体制博雅讲席教授）和赵诺副研究员（新体制助理教授）入职；郭建宁教授和张炳奎副教授到龄退休；林锋副教授晋升为教授。

【**教学工作**】 学生人数。学院现有学生144人（硕士研究生62人，博士研究生82人）。其中，2016级硕士研究生29人，2017级硕士研究生33人；2014级博士研究生22人（含少数民族骨干计划1人），2015级博士研究生17人（含思政课教师专项计划1人），2016级博士研究生23人，2017级博士研究生20人。

课程设置。学院高度重视习近平新时代中国特色社会主义思想和习近平总书记系列重要讲话精神进课堂。2017年春季学期开设2个试验班，重点讲授"中华民族伟大复兴的历史和理论""21世纪中国化马克思主义"。从理论和历史统一的角度讲授中国共产党对民族伟大复兴道路的探索，让学生从党的探索中认识和把握中国特色社会主义的历史必然性；通过讲授十八大以后中国特色社会主义理论与实践的发展，让学生从理论和现实以及中国和世界发展大势中坚定中国特色社会主义的信念。2017年秋季学期组织北京市名家经典领读课程"习近平新时代中国特色社会主义思想"，在党的十九大召开的第二天开课，北京市8所高校300名学生选课。

"形势与政策"课程推行"班级授课"与"规模讲座"相结合的教学改革。从2017年秋季学期开始，马克思主义学院联合北京高校思想政治课名师工作室在北京大学举办6次讲座，邀请社会各界专家学者就学生关心的政治、经济、财政、网络安全、军事、文化建设等领域问题发表演讲。包括"关于京津冀协调发展问题"（河北省委原书记叶连松主讲）、"当前的经济形势与中央政策分析"（国家行政学院经济学部张占斌主讲）、"人民美好生活与现代财政"（财政部财政科学研究院院长刘尚希主讲）、"习近平总书记网络强国战略思想"（国家网信办副主任任贤良主讲）、"目前中国国家安全与军事热点问题"（国防大学教授孙科佳主讲）、"谈谈新时代文化建设与安全"（《经济日报》主编傅华主讲）等。每次讲座参与人数约1500人。

培养方案。在研究生培养上，学院强调埋首经典、关注现实，突出对马列经典著作的研读和考核，致力于培养理论素养高、创新能力强的理论型人才和信仰坚定、符合国家建设发展需要的应用型人才。一是确定全院硕士研究生、博士研究生必读的马列经典书目，作为中期考核的基本内容。采取课程教学、专题辅导、读书小组等方式，多渠道落实围绕马列经典著作的研读。二是明确规定博士研究生入学2年内只确定联系导师，不确定论文导师，待中期考核通过之后，本着双向选择的原则确定论文指导教师。三是改革博士生中期考核方式。考核评委均由院外和院内退休教师组成，院内在岗教师一律不参与，学生通过抽签随机分到4个小组，考核内容没有范围限制，所有评委独立打分，只有获得70分才能通过考核。马克思主义学院在研究生培养模式上的一系列创新举措引发了校内外的广泛热议。

教学获奖。2017年，孙蚌珠教授被推选为教育部首批"最美思政课教师"（10位），张会峰副教授被评为北京市优秀教师，孙代尧教授、宇文利教授被聘为第二批北京高校思想政治理论课特级教授，贺大兴副教授被聘为第二批北京高校思想政治理论课特级教师。顾海良教授获得"北京大学方正特等奖教金"，郭建宁教授获得"北京大学唐立新教学名师奖"，程美东教授获得"北京大学方正优秀奖教金"，李旸老师获得"北京大学正大奖教金"，贺大兴副教授获得"北京大学黄廷芳/信和青年杰出学者奖"，黄小寒教授、张炳奎副教授、王久高副教授获得"北京大学教学优秀奖"。

【**科研工作**】 人才队伍。学院有教育部社会科学委员会副主任委员1名，中央马克思主义理论研究和建设工程咨询委员和首席专家5名，国务院学科评议组成员2名，国家社科基金评委4名，教育部马克思主义理论研究和建设工程重点教材审议委员会主任1名，教育部高等学校思想政治理论课教学指导委员会主任委员和副主任委员3名，国家"万人计划"第一批哲学社会科学领军人才1名，中宣部文化名家暨"四个一批"人才1名，"新世纪百千万人才工程"国家级人选1名，"新世纪优秀人才支持计划"入选者2名，国务院政府特殊津贴获得者6人等。

项目数量。2017年马克思主义学院教师与学生申请到科研项目5个。

科研成果。2017年，马克思主义学院教师发表学术论文145篇，出版编著6部。郇庆治教授在《中国社会科学》（英文版）发表论文《"碳政治"的生态帝国主义逻辑批判及其超越》，林锋教授的论文《〈1844年经济学哲学手稿〉劳动观辨析》获得了北京市第十四届哲学社会科学优秀成果二等奖。有4位老师获得北京大学第十三届人文社会科学研究优秀成果奖，其中魏波教授的专著《中国转型的系统困境与改革方略》获一等奖，郇庆治教授的译著《当代西方生态资本主义理论》、林锋教授的论文《异化劳动学说是马克思异化理论的惟一内容吗？——马克思早期异化理论体系阐释》、贺大兴副教授的论文《不平等、消费不足与内生经济周期》获二等奖。

表 5-19 马克思主义学院 2017 年部分科研成果

成果名称	作者	出版单位	成果形式	字数
列宁思想在中国	刘军	人民出版社	编著	20 万
怎样开好"三会一课"	聂志红	中共党史出版社	编著	18 万
怎样搞好党员党性分析与民主评议	聂志红	中共党史出版社	编著	14 万
当代中国社会发展理论研究	程美东	知识产权出版社	编著	25 万
关于正确处理人民内部矛盾的问题导读	康沛竹	中国民主法制出版社	编著	13.1 万
社会发展的全球审视	张梧	北京师范大学出版社	编著	26.5 万
"碳政治"的生态帝国主义逻辑批判及其超越	郇庆治	中国社会科学（英文版）	论文	2 万

【交流合作】 2017 年 10 月 21 至 22 日，学院举办了"社会主义的历史、现实与未来"国际学术研讨会，来自美国、英国、德国、加拿大、俄罗斯、印度、奥地利、澳大利亚等国家的 26 名国际学者和来自中央编译局、中国社会科学院、中国人民大学、武汉大学、南京师范大学等单位的 20 余位中国学者参加了会议并发言。2017 年，美国麻省州立大学阿默斯特分校经济系教授大卫·科兹、英国肯特大学哲学系荣休教授肖恩·赛耶斯、莫斯科国立大学教授亚历山大·布兹加林，分别来院进行学术交流。

【党建工作】 组织建设。学院共有中共党员 207 人，其中教工党员 103 人，学生党员 104 人。共有 12 个党支部，教工党支部 6 个，以研究所为单位设置；学生党支部 6 个，以班级为单位设置。

党建活动。2017 年，学院深入学习贯彻全国高校思政工作会议和党的十九大精神，始终把政治建设摆在党建工作的首位。组织全体师生通过各种形式认真学习贯彻全国高校思想政治工作会议、党的十九大和学校第十三次党代会精神，以中宣部、教育部来学院督察重点马克思主义学院建设、北京市委教育工委开展党建评估为契机，切实加强党建和思想政治工作。

按照中央 31 号文件和校党委《深入贯彻落实中央精神进一步加强和改进我校思想政治工作的任务分解方案》有关精神，制定《北京大学马克思主义学院关于加强和改进新形势下思想政治工作的实施方案》，将习近平总书记重要讲话精神和学校关于加强思政工作的部署落实到思政课教学、马克思主义理论研究和人才培养以及党的建设等各项具体工作中。

2017 年 3 月至 4 月，按照中央第十三巡视组和学校党委要求，实事求是地及时提供相关材料，全力支持、积极配合巡视工作。中央巡视组巡视期间，学院党委直接或者配合学校有关部门向巡视组提供了关于学院发展建设、党建和意识形态工作、思政课教育教学、学术和科研管理、继续教育等方面的材料 10 余次，并梳理出 400 余页 2013 年以来学院党建工作材料。通过召开党政办公会、党委扩大会和教工大会，认真传达学习贯彻中央专项巡视反馈会议精神，把抓好巡视整改作为重大政治任务，聚焦七方面的问题进行对照检查，列出问题清单，围绕重点突出问题提出具体整改措施。

10 月 18 日上午，学院组织师生集中收看十九大开幕会直播并随即召开座谈会。与此同时，"零时差"推进党的十九大精神和习近平新时代中国特色社会主义思想进课堂。十九大闭幕当天，召开思政课主持人专题会议，研讨把习近平新时代中国特色社会主义思想融入思政课教学。各研究所党支部、各门思政课利用每周五例行的集体备课会，先后多次研讨十九大精神进课堂、进课程问题。组织召开习近平新时代中国特色社会主义思想学术研讨会。学院教师发挥学科优势，应邀到政府机关、企事业单位、学校相关职能部门和兄弟院系开展宣讲，接受主流媒体采访，在《人民日报》《光明日报》、人民网、光明网等发表解读文章，有 4 位教授入选北京高校十九大精神宣讲团，5 位学生入选北京高校学习习近平新时代中国特色社会主义思想博士生宣讲团。

【行政工作及其他工作】 行政队伍。马克思主义学院现有职员 17 人，其中事业编制 6 人（魏国锋到龄退休、姚苏薇毕业留校），劳动合同制 11 人。

工会工作。2017 年，马克思主义学院工会的主要工作是建家升级——由先进教职工之家升级为模范教职工之家。学院工会在有限的时间和条件内按照学校工会的建家标准，对"教职工之家"活动场地的服务设施进行改造换代，配备健身器材、文娱乐器、生活家电等设施，让"教职工之家"真正成为教职工休息交流的和谐、温馨、有品位的"家"。在 12 月 6 日校工会组织的建家验收中，学院"教职工之家"全票通过升级为模范教职工之家。

【学生工作】 学生活动。坚持"在马言马"，将专业研究与思想引领工作有机融合，自 2017 年下半年开始，按"马克思主义哲学""政治经济学""社会主义理论""马克思主义理论与中外人文经典"组成周末读书小组，引导学生自主组织读书会活动，深入研读马列经典。同时，抓住重要时间节点开展党史、国情教育，引导学生培育和践行社会主义核心价值观。包括开展"模拟两会提案"党课创新性活动，召开"新形势下高校思想政治工作与学生理论社团建设"交流会，开展清明节祭奠李大钊同志和纪念李大钊同志英勇就义 90

年活动，召开学生骨干学习习近平总书记在考察中国政法大学时的重要讲话精神座谈会，与工学院、中科院学生党团支部联合开展学习党的十九大精神主题活动，各学生党团支部开展"贯彻落实十九大、不忘初心共奋进"党团日联合主题教育活动，青年马克思发展研究会发起举办"首都五校学生理论社团学习党的十九大精神交流研讨会"等。

把握研究生特点和需求，服务青年学生成长成才。与清华大学、中国人民大学和北京师范大学三校马克思主义学院联合举办第十八届"北大、清华、人大、北师大四校马克思主义学院博士生学术论坛"，推出教授午餐茶座系列活动，在福建古田会议纪念馆建立学生教学实践基地，组织硕博学生分别赴福建龙岩、山东临沂开展暑期社会实践活动。

毕业生去向。2017届41名统招统分毕业生中，有32人就业、8人继续读博或从事博士后科研工作、1人拟继续考博深造。

校园文化建设。坚持"家园建设"理念，开展了宿舍文化节、新生素质拓展训练、师生乒羽赛、中秋学术文艺晚会等一系列校园文化活动。

【《马藏》工程】《马藏》编纂与研究工程主要围绕1871年—1917年的中文图书、报刊、论文等文献展开工作，收集、编注了50余种图书文献，进一步理清了马克思主义早期传播的途径、特点、过程，同时对1917年前所有发表过有关马克思主义早期传播的报刊文献完成普查工作，形成目录。《马藏》"中国编"将于2018年上半年出版若干卷。

（马克思主义学院）

教育学院

【发展概况】 组织结构。教育学院下设4个系、2个研究所、8个中心和2个研究院（会），即教育与人类发展系、教育经济与管理系、教育技术系、教育管理与政策系；高等教育研究所和教育经济研究所；教育质性研究中心、中国教育与人力资源研究中心、企业与教育研究中心、数字化学习研究中心、国际高等教育研究中心、教育信息化国际研究中心、博士教育研究中心、教育发展研究中心；蔡元培研究会、考试研究院。其中，教育经济研究所为教育部人文社会科学重点研究基地，教育经济与管理专业为国家重点学科；高等教育学专业为北京市重点学科。教育学院内设的教学科研辅助机构包括图书资料室、编辑部。教育学院编辑部承办全国中文核心期刊、CSSCI来源期刊、国家社科基金资助期刊《北京大学教育评论》（季刊）。现任院长为陈晓宇教授，党委书记为阎凤桥教授，名誉院长为闵维方教授。

学科建设。教育学院具有教育学、公共管理2个一级学科博士学位授予权，设有高等教育学、教育经济与管理、教育技术学3个硕士点，高等教育学、教育经济与管理、教育学原理、教育技术学（2015年新增）、教育博士专业学位（Ed.D.）5个博士点。学院还设有教育学、公共管理（教育经济与管理）2个博士后流动站。2017年11月7日，学院顺利完成教育部学位授权点评估工作。

队伍建设。截至2017年底，学院共有在职教工79人，其中教师39人，行政和教辅人员8人，博士后5人，劳动合同制人员26人，退休返聘1人。2017年学院有1位教师晋升教授。截至2017年底，学院教学科研队伍中教授17人，副教授15人，研究员3人，副研究员1人，新体制教授1人（博雅讲席教授），新体制助理教授1人，新体制助理研究员1人，副编审2人。教师队伍中拥有博士学位的39人。2017年学院派送教师出国（境）访问（1个月以上）、进修2人次，其中，汪琼赴中国台湾访学2个月（2017年10月26日—12月26日），朱红赴美国参加校际交流1年（2016年8月15日—2017年8月31日）。

【教学工作】 学生人数。2017年，教育学院结束学业的研究生共82人，其中获硕士学位的43人，获博士学位的25人。教育学院总计招收研究生89名，其中硕士研究生49名、博士研究生40名。截至2017年底，学院共有在读研究生398人，其中博士生271人，硕士生127人。2017年7月10至7月21日，学院成功举办"教育技术前沿"暑期学校，参与人数约200人。

课程设置。2017年经院学术委员会审议通过的研究生新课程有2门，本科生课程3门。截至2017年底，学院能够为研究生开设的课程有211门，为本科生开设的课程17门。除为本院研究生开设课程外，学院还积极参与学校本科教学工作。

培养方案。根据博士点和硕士点，分别按年级、专业/方向（高等教育学、教育经济与管理、教育技术学、教育学原理、高级教育行政管理和教育博士专业学位）、分层次（博士生、硕士生）、分类别（硕博连读生、考试生）确定培养方案。

教学获奖。李璐博士的论文《高校组织氛围与教师科研生产力——基于组织场域的视角》（北京大学阎凤桥教授指导）和张恺博士的论文《城乡背景给高校毕业生带来了什么？——基于就业差异的实证研究》（北京大学岳昌君教授指导）获2017年中国高等教育学会第十三届"高等教育学"优秀博士学位论文奖。

【科研工作】 人才队伍。教育部"新世纪优秀人才支持计划"：文东茅（2006年入选）、岳昌君（2007年入选）、蒋凯（2008年入选）、贾积有（2009年入选）、李文利（2010年入选）、郭文革（2011年入选）、鲍威（2012年入选）、刘云杉（2013年入选）。

项目数量。2017年教育学院新立项的项目共计75个，其中纵向项目10个，横向、委托及国际合作项目65个。纵向项目立项数量与2016年基本持平，横向项目数量较2016年增加10%。

科研成果。据不完全统计，2017年教育学院教师发表文章（期刊、报纸及文集收录）158篇，其中英文论文10篇；发表会议论文88篇，其中中外文会议论文17篇；撰写研究报告42篇；出版著作14部；参与撰写的著作章节18篇。

获奖情况。鲍威副教授的著作《未完成的转型：高等教育影响力与学生发展》获北京市第十四届哲学社会科学优秀成果奖一等奖。郭文革副教授的著作《中国网络教育政策变迁——从现代远程教育试点到MOOC》获北京市第十四届哲学社会科学优秀成果奖二等奖。吴峰副教授的专著 Corporate University: An innovation of Organizational Learning in China 获北京大学第十三届人文社会科学研究优秀成果奖一等奖。郭建如教授的译著《大学与市场的悖论》、秦春华研究员的专著《超越卓越的平凡：北大人才选拔制度研究》、张冉副教授的论文《国家学位制度与大学学位制度比较分析》分获北京大学第十三届人文社会科学研究优秀成果奖二等奖。蒋承副教授研究论文《象牙塔尖的选择：对博士生学术职业意愿的定量研究》获"第二届劳动经济学会年会优秀论文奖"。岳昌君教授和张恺博士的论文《高校毕业生求职结果及起薪的影响因素研究——基于2013年全国高校抽样调查数据的实证分析》获首届"教育实证研究优秀学术论文奖"。岳昌君教授、阎凤桥教授获"中国高等教育学会优秀博士学位论文指导教师奖"。此外，教育学院有4位教师获校2017年度奖教金，其中教育与人类发展蒋凯获"杨芙清—王阳元院士教师奖优秀奖"，教育技术系吴筱萌获"北京银行教师奖"，教育管理与政策系张冉获"树人学院教师奖"，教育经济与管理系蒋承获"黄廷芳/信和青年杰出学者奖"。蒋凯教授还获评2016—2017学年"北京大学优秀班主任"。

经费情况。2017年纵向项目经费总额约为200万元，横向项目经费总额约为1030万元。

学术活动。2017年度教育学院组织、参与近20次学术研讨会。其中重要会议包括：第四/五届北京大学教育信息化创新论坛、第二届"研究型大学教育学院院长国际论坛"、第三届北京大学-威斯康星大学高等教育国际工作坊、首届"创业教育博雅论坛""新高考"模式下的课程建设暨纪念高考恢复40周年高层论坛、第五届"实践-反思的质性研究"学术研讨会、第五届亚洲高等教育研究者学会国际学术研讨会、"高考新改革：政策要求与实践回应"全国高中校长高层论坛等。此外，教育学院师生还参加海内外学术研讨会议，完成80篇中英文会议发言稿和论文。

【社会服务】 教育学院与教育部、科技部、财政部、国家发展和改革委员会、国务院学位委员会办公室、北京市教育委员会等政府部门保持着良好的合作关系，承担了一系列重大委托课题，并提供政策咨询。同时，教育学院多名教师在北京大学各个部门承担服务工作，包括参加学校发展规划委员会、本科课程改革战略发展小组、元培计划委员会等，并承接学校职能部门（如研究生院、教务部、教务长办公室、国际合作部、人事部、财务部、发展规划部等）委托的调研课题。

2017年度，北京大学教育评论编辑部所刊发的论文被《新华文摘》《中国社会科学文摘》《高校文科学报文摘》及人大资料中心多种教育文摘刊物转载。作为全国中文核心期刊，《北京大学教育评论》继续获得国家社科基金学术期刊资助，进入"CSSCI来源期刊"（2017—2018）并在高等教育类学术刊物中排名第一，再次被武汉大学中国科学评价研究中心评定为"权威学术期刊"。

【继续教育】 2017年教育学院共举办72期培训班，招收学员4297人。其中重点包括：中国医院协会临床药师师资班，以教育学的理念指导医院临床药师带教老师的教学工作，提升教学水平；国际学校运营与管理班，将自身多年国际化教育的教科研成果与培训进行转化。河北省教育家型校长班、山东高校领导干部班、深圳区委干部班等重点培训项目好评不断、收效显著。

【交流合作】 2017年度，教育学院共组织海外专家学者讲座30余次，其中包括北大教育论坛、各系组织的学术交流、学术沙龙等活动，邀请来访的专家学者中有19位为外籍学者，9位为国内学者。此外，教育学院多次接待重要海内外高校机构来访，2017年接待包括宾夕法尼亚大学教育学院、多伦多大学教育研究院等多所高校机构来访。学院鼓励师生出国访问、考察、进修学习，参加各种国际、国内学术会议，2017年教育学院教师出国访问、考察、合作研究、参加会议共计24人次。

【党建工作】 组织建设。截至2017年12月31日，教育学院党委共有193名党员，其中在岗教职工党员67名，学生党员108名，离退休党员18名；学院党委下辖12个党支部，其中教工党支部6个，学生党支部4个，离退休党支部1个，临时党支部1个。2017年度，学院认真组织"北京大学党的知识培训班""北京大学党性教育读书班"等各项学习活动，认真完成年度党统工作，严格规范党员发展程序，配合学校认真开展每学期新发展党员材料、党支部工作手册专项检查工作。2017年度，学院共发展党员5名，转正党员11名。

党建活动。1.理论学习。学院党委围绕"两学一做"专题教育，先后开展了领导班子和支部专题研讨活动、开展"文化自信与奋进"专题党课、领导班子意见征集活动、领导班子民主生活会，以及各支部组织生活会等活动。2.活动开展和党内评优。2017年度，学院党委紧扣"两学一做"专题，先后开展了共产党员献爱心、基层高校党支部书记网络培训、支部换届、党内扶贫帮困申请、北大第8期中青年骨干研修、党费收缴、年度工作述职、教职工思想政治及师德师风年度考核等工作。在校党委的统一部署下，学院开展了北京大学先进党支部和优秀共产党员的评选工作，其中，魏建国、马世妹2位同志被评为北京大学党建和思想政治工作优秀个人。3.党风廉政建设。教育学院领导班子在落实党风廉政建设工作中，定期召开院长办公会、党委会、党政联席会或扩大会议，对学院有关重要事项进行集体讨论决策；对于与学术有关的决策，定期召开学术委员会、学位委员会和教授会，集体讨论决定。在每年的全体教职工大会上，由主管领导分别汇报本年度学院的教学、科研、人事、行政、培训、财务、党务和学生等方面的工作。2017年，学院继续严格执行2015年审定公布的《教育学院党风廉政责任制实施细则》，认真组织人员参加北京大学党风廉政建设警示教育大会，并利用全院教职工邮件平台、微信群及时传达学校党政联席会、全体教职工大会、学术交流大会等会议精神。2017年3月13日，学院党政联席会审议通过了《教育学院党政领导班子落实"三重一大"制度实施办法》。2017年12月，学院开展了党风廉政建设责任制专项检查工作。

【行政工作及其他工作】 行政队伍和基建保卫。2017年底，教育学院共有在编的行政和教辅人员8人，劳动合同制人员26人，退休返聘1人。学院坚持行政办公周例会制度，并以制度建设为重点，以文档管理、流程梳理为突破点，努力提升学院行政服务的规范化水平。2017年，学院不断完善学院图书馆资源建设，提高培训工作的规范化水平，加强学院网站建设和网络服务。继续完善《行政工作手册》，增加《教育学院行政工作实际操作流程》内容，继续探索各职能办公室之间的信息共享和协同工作机制，并做好各项日常工作、会议、学生活动的后勤保障工作。2017年，网络办在多个教室安装智能交互大屏，并配备无线传屏设施，旨在推进"教学设备交互性与无线化"；在学院203教室，初步设计和实施了未来教室的构图，为师生研究体验未来教育提供了环境支持；在院图书馆安装了人脸识别设备，为院图书馆提供了更好的安全与管理服务；此外，新建的虚拟录播室也即将投入使用，新的录播系统将会给师生录制慕课、微课等提供更便捷的录制体验和更优质的录制效果。2017年，学院在物业管理团队支持配合的基础上，不断完善大楼的各项管理制度，整合创新工作机制，在完成学校部署的工作基础上，组织开展消防培训和演练，完善电动车充电点，开展消防隐患专项排查等工作。学院继续做好安全保卫和保密工作，落实学校关于车辆管理、团体入校、重大活动举办等管理规定。

工会工作。截至2017年底，教育学院有工会会员98人（包括教育财政所）。2017年，学院工会组织本院教职工参加教工运动会、庆"三·八"国际劳动妇女节北京大学女教职工定向趣味越野赛、"健身120"教职工冬季健身暨迎接校庆120周年活动等，积极开展爱心基金捐款活动，协助办理女职工互助保险，推动新职员加入工会。与团总支、研究生会共同举办师生羽毛球、新年晚会等活动。组织教职工体检工作，为在职教工办理重大疾病及意外商业险。继续举办教育学院工会健康促进系列活动讲座。

全体教职工大会。1月13日，教育学院召开学术交流大会。会上除了学术交流活动外，由主管领导分别汇报本年度学院的教学、科研、人事、行政、培训、财务、党务和学生等方面的工作；7月13日，教育学院召开教学研讨会，会议以教育学院研究生培养的现状与问题为主题，集中探讨教育学院在硕士研究生和博士研究生培养方面的现状、存在的问题、国际经验及应对措施。

【学生工作】 学生活动情况。2017年，各学生党支部先后自主开展了系列联合团日活动、集体观看总理答记者问、十九大精神学习、"法治·教育"跨学科研究生党支部联合微论坛等多种形式的党建活动。其中2016级学生党支部获得"学讲话锤炼价值观，共奋进迎接十九大"学生党团日联合主题教育活动三等奖，教育学院荣获优秀组织奖。以"教育知行社"为载体，动员和组织学生到边远贫困地区开展支教活动。2017年，学院团总支及研究生会、班级等各级学生组织通力合作，开展了包括迎新晚会、"师生情"羽毛球赛、新年晚会、班级周末座谈会等一系列丰富多彩的学生活动。

毕业生去向。2017年，学工办完成新老生共计16人经济情况鉴定工作。共有53名毕业生参加就业，就业落实率达100%，学生就业去向大多是国家机关、国有企业、重点高校。

校园文化建设。2017年，学工办进一步完善和优化研究生综合测评办法和评优评奖程序，完成了2016—2017年度的评优评奖工作，共有16人获得校级奖学金，20人获得院级奖学金，36人获得校级奖励。班级建设方面，将党支部建设与班级建设相结合，以党建带班建，以班建促党建，实现学生党建和班集体建设的良性互动。在2017年先进班集体评比中，教育学院2016级硕士班荣获"北京大学优秀班集体"称号，并在2017年北京高校"我的班级我的家"优秀班集体创建评选活动中进入全市25强，获得"优秀示范班集体"荣誉称号。2015级硕士生班、博士生班荣获"北京大学先进学风班"称号。

表5-20 教育学院2017年毕业生去向统计

	合计	科研单位	机关	高校	中小学	其他事业单位	国有企业	其他企业	灵活就业
硕士	41	0	8	12	4	1	10	2	4
博士	9	1	2	5	0	0	1	0	0

新闻与传播学院

【发展概况】 学院情况。2017年，在全校绩效综合评估中，新闻与传播学院综合管理绩效为A++、科研绩效评估为A+，本科教学、研究生教学绩效评估为A。北大传播与媒体研究学科在2015年的QS全球学科排名中，位于50—100位区间，居国内高校首位。在全国第四次学科评估中，北大新闻传播学为B+。

组织机构。新闻与传播学院下设新闻系、广播电视系、传播系、广告系和数字媒体实验室。研究机构包括国家战略传播研究院、现代广告研究所、现代出版研究所、文化与传播研究所、电视研究中心、新闻学研究会、新媒体营销传播研究中心、视听传播研究中心和公共传播与社会发展研究中心。

学科建设。新闻与传播学院目前设置本科、硕士和博士3种学历层次。本科生设有新闻学、广告学、编辑出版学、广播电视学4个专业。研究生设置了新闻学、传播学2个硕士点，以及1个传播学博士点，专业研究方向涵盖国际新闻、新闻传播实务、新闻传播史论、国际传播与跨文化交流、大众传播、新媒体与网络传播、广告理论与实务、媒体经营管理、编辑出版学等诸多领域。

队伍建设。目前，学院共有教学科研人员23人，其中教授12人，副教授7人，助理教授3人，实验室高级工程师1人。

【教学工作】 学生人数。2017年，学院共有全日制学生621人，其中本科生388人（留学生114人、港澳台7人），研究生233人（博士生56人、硕士生177人）。

培养方案。根据学校的总体部署和新闻传播专业人才培养的具体情况，2017年学院教学改革平稳实施，重点有两个方面。一是课程改革在低年级稳步推进，新开重点课程获得好评。根据学校安排，2016级本科新生入学一年后可以自主重新选择专业。学院以课程改革作为吸引学生的突破口，9人转出，16人转入。面对互联网、媒介生态急剧变化的新挑战，学院坚持以学生为本，增开"互联网认知""新媒体导论"等新课程，获得好评。二是教改课题扎实推进。2017年，经过教师主动申报、学院推荐和学校专家评审，学院共获得三大类（新生教育、实践创新育人、教学改革）的4个项目（互联网跨学科领导力、新媒体课堂使用研究、互联网认知、守正创新：传媒本科新生专业导入路径研究）。目前部分项目已通过学校教务部中期评审，并形成一些成果，如《北大传媒类新生课余专业实践集》，学生作品获得全国高校大学生微拍大赛二等奖、国际大赛特等奖。学生的学术探索成果在专业核心期刊发表。

学院探索研究生专业硕士（Master of Journalism and Communication, MJC）培养新模式。健康传播硕士方向是2017年研究生教学改革和探索的重点。2017年第一届健康传播硕士研究生已经开始入院上课，第二届已经完成推荐免试研究生的预录取工作。健康传播硕士人才培养是一个新领域，学院在课程体系、教学模式、科研与实践等方面都在不断摸索。学院以马克思主义新闻观教育为核心，深化部校共建，按照培养引领未来的传播领袖人才的思路，为MJC培养开拓深化校外基地，依托北京大学和新华社的整体优势，有效整合海内外资源，建设北大-新华社研究生实习示范基地。

教学获奖。2017年，吕艺教授获得方正教师奖，王维佳副教授获得黄廷芳/信和青年杰出学者奖，严富昌工程师获得正大教师奖。

【科研工作】 2017年度学院教师共发表文章（含期刊论文、会议论文、研究报告等）112篇，出版著作（含专著、译著、编著、教材等）9部，立项课题18项。

科研成果。2017年6月，程曼丽教授的论文《科技发展视阈下的媒体兴替》获得北京大学第十三届人文社会科学研究优秀成果一等奖。11月，陆地教授的"周边传播理论与应用研究"获得2017年国家社会科学基金重大项目。祝帅副教授的专著《中国广告学术史论》获得北京大学第十三届人文社会科学研究优秀成果二等奖。

学术活动。11月3日，首届"食品安全风险交流与策略传播"国际工作坊在北京大学新闻与传播学院报告厅举办。美国康乃狄格大学传播系终身教授Carolyn A. Lin、十二届全国政协副主席韩启德、新西兰梅西大学高级讲师大卫·R.格鲁伯博士、美国南卡罗来纳大学新闻学终身讲座教授魏然等分别主讲北京大学传播大讲堂。

学院继续开办整合营销传播、公共传播方向的研究生课程进修班，在理论与实践结合上拓展新路。

【党建工作】 2017年，新闻与传播学院党委共有党员237人，党支部13个。全国高校思想政治工作会议召开后，在2017年1月和3月的两次全体教工大会上，传达学习中央31号文件。制定《新闻与传播学院贯彻落实全国高校思想政治工作会议和中央31号文件精神工作计划要点》，循序渐进推动落实，草拟《新闻与传播学院网络公共平台管理办法》《新闻与传播学院课程（讲座、论坛、报告会等）报备制度》等。

积极配合中央巡视工作。2017年3月，中央专项巡视开始以后，学院党委高度重视，迅速对全院教职工进行动员，细致安排各项工作。在巡视期间，及时、负责地提交所要求的各项资料，组织师生参加访谈和座谈，认真制定整改方案进行整改。在原有制度的基础上，又完善细化和新制定了《学术活动报备制度》《网络公共平台备案审批制度》《北京大学新闻与传播学院科研机构管理制度》《新闻与传播学院课程（讲座、论坛、报告会等）外请嘉宾备案审核规定》《新闻与传播学院党委意识形态工作责任制实施细则》等。

组织师生学习十九大。学院党政班子集体收看十九大直播、学习十九大报告,并围绕学院在新时代的发展进行讨论研究。陆绍阳、陈刚、俞虹等班子成员学习十九大报告的学习体会分别在北大新闻网、《北京日报》上登载。2017年11月30日,党委书记陈刚为学生入党积极分子讲授"认真学习十九大精神,推动学院学科发展,培养社会主义新闻传播事业的建设者和接班人"的专题党课。

完成学校党委布置的各项工作,举办特色的党建活动。2017年,学院党委根据学校的部署,完成了北京市第十二次党代会代表的选举工作,以及北京大学第十三次党代会代表的选举工作。北大第十三次党代会召开后,学院党委认真学习落实北大第十三次党代会精神。

党建工作进一步规范,更好发挥党委政治核心作用。2017年,每月至少召开一次党委工作会议,定期传达党中央的文件精神和学校党委的工作部署,讨论学院的各项工作,并进行批评与自我批评。2017年12月,完成3个教工党支部的换届工作,陈开和、王玮、徐金灿分别担任三个教工支部的书记。在第九届全国高校辅导员年度人物评选活动中,学院党委副书记卢亮荣获"全国高校辅导员年度人物"提名奖。陈刚、徐金灿获评北京大学2017年优秀党务和思想政治工作者。

【行政及其他工作】 行政队伍。2017年,学院行政队伍在编教职工5人,合同制职工11人。

工会工作。2017年,学院工会会员共66名(包括全体合同制职工),在北京大学工会的指导下认真完成各项学习任务,积极开展形式多样的文体活动,充分发挥工会会员和学院、学校之间的纽带作用。

【学生工作】 学生活动情况。营造"南门风气",以学生党建为引领,突出育人导向。以制度建设为着力点,扎实推进党建创新。制定党员发展、支部活动立项、党建经费管理等若干细则。编订《党员笔记》《党支部工作手册》《党员积分管理办法(试行)》等,2017年度共发展学生党员33人。推出南门读书会,"以文养人"传书香。塑造"南门风格",以队伍建设为关键,完善育人体系。加强基层团建,注重思想引领。以学生为本,资助工作从经济型帮扶转变为成长型帮扶。2017年度全院有133人次获得校级奖励。有75人获得校级奖学金,46人获得院级奖助学金。定期开展心理排查,2017年度处理学生心理危机事件9起。开展"师生一对一心理访谈""朋辈1+1"特色活动。

毕业生去向。2017届本科毕业生83人,硕士毕业生77人,博士毕业生8人。其中本科生国内升学比例为46%,出国留学比例为14%,签订就业协议和灵活就业比例合计40%;研究生国内升学比例为4%,出国留学比例为2%,签订就业协议和灵活就业比例合计94%。

(新闻与传播学院)

体育教研部

【发展概况】 职工队伍状况。体教部2017年在职教师54人,在职教辅人员3人,新增教师1人(焦晨曦,擅长棒垒球教学等),退休人员1人(郑华江),体育中心聘任制工作人员6人。

体教部行政领导班子。主任:李宁,主管全面工作,兼管群体工作和研究生工作。副主任:李杰,主管办公室工作、人事工作、后勤场馆及邱德拔体育馆的日常管理工作;萧文革,主管代表队工作;吴昊,主管教学、研究生工作。

体教部党支部。书记:张锐,主管党政全面工作,兼管体教部科研工作。副书记:钱永健,主管安全保卫工作。组织委员:郝光安,主管组织工作;统战委员:李朝斌,主管统战工作;宣传档案工作:李德昌,主管宣传、档案工作。

【年度大事】 3月17日,北京大学体育运动委员会年度工作会议在五四体育中心318室举行。北京大学副校长高松院士出席会议并致辞,体育教研部主任李宁做北京大学体育工作报告,参加会议的还有学校与各院系分管体育工作的领导、教师代表、学生体委等。第一阶段主要探讨北京大学体育工作的成效以及工作展望,第二阶段为校运会(学生)报名动员大会。

7月1日,在亚洲击剑联合会选举大会上,中国女子重剑运动员,2012年伦敦奥运会女子重剑个人铜牌、团体金牌、2016年里约奥运会女重团体银牌获得者,北大政府管理学院2013级本科生孙玉洁,以票数第一(114票)当选亚剑联运动员委员会副主席。

9月17日,乒乓球前世界冠军刘伟副教授在法国西南城镇圣埃米利永获颁法国鲁拉德骑士勋章。

【教学工作】 2016—2017学年度第二学期开课总数241门,2017—2018学年度第一学期开课总数248门。

【高水平运动队工作】 体育特长生招生工作。北京大学体育特长生招生测试于2017年2月17日至19日在东操场、邱德拔体育馆和五四体育中心举行。北京大学体育特长生招生工作在学校招生办公室的统一领导下进行,制订严格的招生程序和各项目的测试细则,尽可能完善招生体系,力求做到公开、公平、公正。测试工作特请校外专家监督指导测试程序和测试规则。北京大学体教部和多个部门协同配合共同完成测试工作。测试项目有乒乓球、羽毛球、篮球、足球、田径、健美操等,报名参加测试的考生超过900人。

中国大学生篮球联赛(Chinese University Basketball Association, CUBA)。6月14日晚,第十九届中国大学生篮球联赛在长沙民政职业技术学院大运馆落下帷幕。北京大学男篮以81比68战胜东道主中南大学,成为第十九届CUBA总冠军。这是北大男篮继2014年第十六届CUBA后,第二次获得中国大学生篮球联赛总冠军。中国篮协主席姚明到现场观战并为北京大学男篮颁奖。

首都高校游泳锦标赛。6月10日，首都高校游泳锦标赛（浩沙杯）在北京工业大学举行。来自31所高校的401名优秀运动员参加比赛。北大游泳队获得甲组团体总分第五名，甲组男子团体总分第三名，甲组女子团体总分第五名，乙组团体总分第五名，乙组男子团体总分第二名。

"长房杯"赛艇挑战赛。7月26日至31日，北京大学赛艇协会与原北京大学赛艇队的校友共同组建男子赛艇队，参加"长房杯"2017中国长沙国际名校赛艇挑战赛。获邀参加挑战赛的还有11所国外名校和8所国内名校。

男子400米。9月3日晚，在第十三届全运会男子400米决赛上，北大学子郭钟泽代表上海队出战，以45秒14的成绩，打破尘封16年之久的400米全国纪录（45秒25）夺冠，这是北京大学高水平运动员第一次在全运会上获得冠军。

男子4×400米接力。9月7日晚，由北大学子郭钟泽、李润雨以及江西选手吴宇昂、广东选手卢志权组成的上海联队在第十三届全运会男子4×400米接力决赛中，以3分5秒28的成绩获得冠军。

健美操。9月8日晚，北大学子、北京队队员丁思劼与张泽铖以21.050的得分荣获第十三届全国学生运动会健美操项目（大学组）混双项目冠军。9月10日晚，丁思劼、张泽铖出战的北京队再次以21.166的全场最高分在第十三届学生运动会健美操五人操（大学组）的比赛中摘得冠军。

铅球。9月11日，北大学子李飞以16.19米的成绩在第十三届学生运动会女子甲组铅球比赛中夺得金牌，这也是北京大学运动员在第十三届学生运动会田径项目比赛中的首金。

首都高校游泳锦标赛。12月2日，首都高校游泳锦标赛在首都经济贸易大学游泳馆举行，来自首都30所高校的优秀运动员参赛。北大游泳队获得甲组团体总分第二名，甲组男子团体总分第二名，甲组女子团体总分第二名，乙组团体总分第八名，乙组男子团体总分第四名。

【体育科研】 5月25日至26日，体教部联合北京大学人文体育研究基地举办"第六届北大人文体育高层论坛"。10月23日至27日，举办2017年度学校体育艺术教育工作专题研讨班。11月17日，举办北大体育学术系列讲座，北京体育大学包大鹏博士就"有效提高下肢力量与速度的方法——快速伸缩复合训练"作报告。

【体育交流】 5月31日上午，北京大学-台湾师范大学北京奥运太极雕像（单鞭式铜雕）赠送暨揭幕仪式在台湾师范大学举行。6月3日，由北京市教育委员会、北京市体育局、北京市大学生体育协会主办，北京大学承办的北京市第十一届"和谐杯"乒乓球比赛暨2017年首都高校乒乓球锦标赛、"校长杯"乒乓球比赛在北京大学邱德拔体育馆举行。7月11日至16日，北京大学代表团赴日参加由日本明治大学主办的乒乓球交流活动，6名北大学生与明治大学学生切磋球技。7月8日，10名学生参加北京市第31届卢沟桥醒狮杯越野赛，李宏宇夺得男子成年组第四名，王睿捷夺得女子成年组第九名。8月6日至7日，刘伟副教授带领北京大学乒乓球队在山东省滨州市进行了以帮扶贫困山村为主的一系列活动。

【后勤场馆】 2017年初，学校决定体育教研部与邱德拔体育馆合并成一个单位，人员、场馆统一由体育教研部领导，以利于统筹安排教学、训练、群体活动。

（李　宁、李德昌）

新媒体研究院

【发展概况】 2017年，新媒体研究院共有教学科研人员27人，其中专职研究人员17人，专职教师中有教授6人，副教授4人，博士生导师8人，硕士生导师9人。同时，研究院聘请国内外知名学者、业界专家10余人分别担任讲席教授、外聘专家以及业界导师，形成了以专任教师为核心、以讲席教授为依托、以外聘专家和业界导师为支撑的多元化、高层次、开放性的师资科研队伍结构。

新媒体研究院专注于新媒体传播、新媒体产业政策、新媒体经营管理、网络用户行为分析、新媒体教育、新媒体技术、网络安全、数据挖掘等领域的教学与科研。新媒体研究院与业界、学界广泛开展合作，建立了4个实验室：舆情管理与产业情报实验室、信息交换与网络安全实验室、新意互动互联网战略实验室、创新实验室；4个研究中心：北京大学市场与媒介研究中心、北京大学创意产业研究中心、北京大学互联网发展研究中心、北京大学新媒体研究院社会化媒体研究中心；1个研究基地：教育部"国家网络语言研究基地"。在大数据舆情分析、数字生态圈建设、新媒体用户行为分析等方面打造产学研互动平台。

【教育教学】 新媒体研究院招收硕士、博士研究生，在培养方案与课程设置上，充分吸收国际先进经验、把握学科发展方向，考虑行业需求，聘请新媒体学科领域的国内外知名学者、优秀从业人员参与教学。2017年，研究院开设多门前沿课程，包括社会化媒体研究、数据挖掘与分析、社会网络分析、移动互联网研究等，致力于培养具有丰厚的人文、社会科学知识底蕴，具备扎实的新媒体理论和研究基础，具有现代意识、国际视野和创新精神的复合型人才。

【科研工作】 2017年，研究院共发表学术论文30余篇，研究报告20余份。在此基础上，陆续建成网络事件数据库、境外网络媒体数据库、香港网络媒体数据库、台湾网络媒体数据库、互联网影响力调查数据库、互联网和移动互联网使用分析数据库等10余个数据库，通过利用这些数据库资源和大数据分析技术，在政府层面、社会层面和企业层面产出大量成果，部分成果得到中央领导批示。

1. 纵向项目。2017年，新媒体研究院承接部委纵向研究课题11项，研究课题包括"移动端新兴舆论阵地拓展及正能量传播研究""网络传播效果评价研究""网络媒体与网络舆情系列研究（2017）""中俄两国个人信息保护和数据跨境流动合作机制"、中国特色社会主义治网之道的实践及经验总结研究子课题"网络内容与传播""互联网新闻服务网站违规现象及不积极报道行为监测取证""社交网络新词使用状况研究""中国网信年鉴（2017）"等。在《人民日报》（理论版）等主流媒体发表文章10余篇，如《加快实现网络强国的战略目标》《中国互联网思想的特色与贡献》《"法治阳光"让网络空间更清朗》《互联网不是"平"的》《画好凝聚广泛共识的同心圆》《协同治理助推网络空间清朗》等。

2. 横向项目。2017年，新媒体研究院横向项目立项10项。例如与兰州广播电视台合作的"兰州广电整体转型发展研究和兰州网络广电新媒体融合发展研究"；与腾讯科技（深圳）有限公司合作的"游戏学研究"；与中俄直升机（青岛）有限公司合作的"一带一路沿线国家文化与媒体研究"等。

【管理服务】 研究院制订完善一系列制度并严格落实，提升管理服务水平。比如：在人事方面，出台《新媒体研究院专业硕士学位校外兼职导师的遴选与管理办法》《北京大学新媒体研究院教师工作量考核办法（试行）》《北京大学新媒体研究院基础性津贴实施办法》《新媒体研究院教师招聘管理办法》《新媒体研究院关于聘任特聘教授的管理办法》；在科研方面，出台《新媒体研究院横向科研项目管理办法》《新媒体研究院内设研究机构管理暂行办法》《新媒体研究院实验室管理条例》《新媒体研究院学生管理工作方案》《新媒体研究院专题讲座管理办法》；在行政管理方面，出台《新媒体研究院行政管理办法（试行版）》《新媒体研究院管理和服务统计方法》《新媒体研究院员工请假管理办法》《新媒体研究院财务管理规定》《媒体研究院办公设备及办公用品管理办法》《新媒体研究院办公楼使用规则及分配方案》。

2017年，新媒体研究院被评为北京大学"2017年度保密先进单位"。

【社会服务】 2017年，新媒体研究院继续面向政府机构开展互联网发展、治理、创新咨询服务，多次获得了党和政府相关部门负责同志的重要批示。同时还与国内知名互联网企业开展项目合作，构建产学研一体模式，将学术研究与产业实践相结合。田丽副教授在2017年度被聘任为上海社会科学院互联网研究中心特聘研究员及腾讯信息安全之星委员会腾讯安全顾问。新媒体研究院在推动个人信息保护国家标准和数据跨境流动合作机制建立方面有积极社会影响及贡献，参与第四届世界互联网大会发布的《世界互联网发展报告》蓝皮书部分写作任务。

6月，新媒体研究院承担的中国社会化媒体效果测量与评估项目顺利结项。完成了中国首个社会化媒体效果研究案例库搭建，以及首批25个中国社会化媒体传播最佳案例撰写，其中10个已翻译为中英双语发布。开设相关主题对外传播平台（微博、微信、网站等），发布"目标导向的社会化媒体效果测量指标体系"1套，发布研究报告成果8篇：《社会化媒体效果测量与评估文献综述报告》《社会化媒体健康议题关键意见领袖研究报告》《社会化媒体全球发展议题关键意见领袖研究报告》《中国社会化媒体研究工具综述报告》《中国社会化媒体发展史报告》《我国公益组织社会化媒体使用及评估现状调查》《中国社会化媒体平台概览》《传统媒体在社会化媒体平台上的传播效果测评指标研究》。

2017年，新媒体研究院共举办5期培训班，为政府和社会共计培训150余人次。依托北大平台优势，整合社会资源，建立了高级管理人才数据库和特色小镇专家智库，在新媒体环境下助力中国新型城镇化可持续发展。

【学术交流】 2017年4月21日，主办"新媒体发展管理理论与政策研究"专家研讨会，管理学、传播学、情报学、社会学等新媒体研究相关领域的知名学者、互联网行业专家与政府官员参加。5月19日，由北京大学新媒体研究院主办，新浪微博、一直播、亿幕协办的2017媒体融合发展研讨会在安徽省黄山市举行。研讨会以"移动直播 视频创新"为主题，邀请50余家媒体参会，涵盖报纸、广播等传统媒体与网站、移动APP等新媒体。9月15日，由北京大学新媒体研究院主办，中国民营科技实业家协会、微博与新浪移动协办的"互联·创新·变革"国际新媒体论坛在北京大学英杰交流中心举办。来自海内外的数十位学界、业界专家齐聚一堂，共同探讨新媒体对于当代社会的深刻影响与深远意义。3月18日，互联网发展研究中心与上海社科院互联网研究中心联合主办"数字经济竞争力学术研讨会"，来自经济学、传播学、信息科学的30多位国内专家学者和业界专家参与会议。

参与多项国内外多项学术会议并作主题发言。6月26日至27日，Cyber 2017 Conference, hosted by Chatham House, London, "China's Approach to Cross-border Data Flow"；8月8日，中国互联网安全领袖峰会，"从风险治理的角度分享认识关键信息基础设施运营者的安全保护意义"；9月12日，中国互联网安全大会，"网络安全法对数据的安全保护要求"；9月15日，"新媒体：互联、创新与变革"国际会议，"关键信息基础设施的社交媒体平台治理"；10月28日，中国法学会行政法学研究会首届青年论坛暨政府规制专业委员会2017年年会之"互联网规制与治理的法律问题"研讨会，"网络安全中的合作规制"；11月5日，中国人民大学中国首届"隐私、个人信息与数据前沿论坛""个人信息保护国家标准的路径选择";11月7日至8日,Asia Privacy Bridge Forum & Barun ICT Research Conference 2017, Yonsei University, Seoul Korea, "Cybersecurity Law's Requirement on Data: Balancing between Security and Development"。

(新媒体研究院)

中国社会科学调查中心

【发展概况】 北京大学中国社会科学调查中心(Institute of Social Science Survey, ISSS)成立于2006年9月,是北京大学社会科学的数据调查平台,也是北京大学开展中国社会问题实证研究的跨学科平台。

调查中心长期承担2项大型社会追踪调查:中国家庭追踪调查(China Family Panel Studies, CFPS)和中国健康养老追踪调查(China Health and Retirement Longitudinal Study, CHARLS)。两个项目均以收集能真实反映中国民生状况的高质量微观数据为目标。中心立足数据、通过研究分析社会民生方面的各类问题,为政策制定提供实证依据。CFPS与CHARLS两大调查的数据现已免费向社会开放,有力推动社会、经济、教育等跨学科研究工作。此外,中心还负责实施一系列重要项目,如中国健康与疾病负担调查、中国居民医改满意度调查、中国商事制度调查等。

中心有一支由70余名优秀人才组成的社会科学调查团队,其专业涵盖调查技术、调查执行和质量控制等诸多领域,每年组织管理调查访问员1000余名。中心开展的各类调查充分利用国际领先的计算机辅助调查系统,运作规范,保证调查数据质量优异。

此外,调查中心组成了由北京大学以及国内外专家学者参加的顾问机构,为中心的学术发展提供咨询,指导抽样和问卷设计等技术环节。中心组织专家学者利用数据撰写研究报告,截至2017年底已出版8期《中国民生报告》和1本《中国健康与养老报告》。

【数据调查】 1. 中国家庭追踪调查(CFPS)第四轮调查收尾。所有调查任务于2017年4月30日完成。调查成功访问14,810户家庭,约47,000位受访对象。共完成问卷77,945份(家庭成员问卷16,095份、家庭经济问卷14,033份、成人长卷33,296份、少儿长卷8321份、成人短卷约5400份、少儿短卷约800份),家庭层面跨轮追踪率为88%,个人层面跨轮追踪率为83%。

2. 中国健康与养老追踪调查(CHARLS)京津居民家庭结构和生命历程调查以及中国中老年人认知评估工具验证研究。2017年CHARLS共计完成京津地区103个村居的地图绘制、3426户家庭结构问卷、4824份成人问卷和922份儿童问卷,以及6个省50个村居、18家医院中65岁以上的老人及其知情人,共采集受访者问卷1478份,知情人问卷1473份。

3. 民政部社会福利与社会进步研究所调查项目。2017年,在前两年成功合作的基础上,中心与研究所再次对2015年两个项目进行追踪调查,最终成功追踪各类问卷19,030份。这一系列调查数据对于全面、真实、系统地跟踪调查和分析中国社区治理状况,摸清城乡困难家庭的经济状况和社会政策需求,了解农村留守老人和儿童、城市流动老人和儿童的生活状况和社会政策需求,将起到非常重要的作用。

4. 中国企业对外投资现状及意向调查。为更好地为企业"走出去"提供服务,发展研究部2017年委托北京大学中国社会科学调查中心组织开展调查,主要负责问卷设计、调查实施、数据分析和调查报告写作等工作,研究成果的论证、发布由双方共同完成。调查采用纸质和网络问卷相结合的方式,调查对象为中国重点省市"走出去"企业。截至2017年12月中旬,共计回收问卷874份。

5. 中国社会科学院中国社会状况综合调查(CSS)。在2015年成功合作的基础上,2017年社科院再次委托北京大学中国社会科学调查中心负责该项目各阶段的工作,包括系统开发、问卷开发、样本数据准备及导入、样本发放、技术支持、执行反馈、数据清理、访问数据备份等方面。2017年是社科院在全国范围内采用计算机辅助面访调查(CAPI)的第一年,样本覆盖全国30个省市,596个村居,截至12月中旬,共完成9718份问卷收集工作。采用CAPI进行入户调查方式,及时监控、提高访员的访问规范性,保证了问卷质量和访问进度。

6. 中国企业创新创业调查。在2016年于广东江门与河南夏邑实施预调查的基础上,北京大学中国社会科学调查中心于2017年7月24日至8月12日完成了中国企业创新创业调查的河南省试调查。此次调查在河南省16个县(市、区)开展(其中1个市、4个市辖区、11个县),由北京大学国家发展研究院张晓波教授担任负责人(Principal Investigator, PI)。试调查抽样设计以2010年至2016年期间河南省成立的民营企业为总体,在河南省158个县(市、区)中抽取16个县(市、区)作为样本区县(也即CFPS样本区县),每个县(市、区)抽取400个样本,共计6400个样本(其中公司制企业样本5120个,工商个体户1280个)。试调查的内容主要包括企业家的创业史、企业创建过程、企业基本信息、企业创新、企业间关系以及营商环境等7个方面的内容。调查实际完访样本1619家,占总样本的25.30%,其中,完访公司制企业1209家,占公司制企业样本的24.02%。这一完访率高于世界银行(20%)和德国欧洲研究中心(22%)的企业调查。

【数据共享与服务】 中国调查数据资料库(China Survey Data Archive, CSDA)以树立中国调查数据质量标杆为使命,倡导数据共享风尚,提升社会科学和管理科学的定量研究水平。资料库依托中心的数据管理能力和北大图书馆的平台服务能力，致力于发展为面向全国科研和政策研究人员开放的调查数据获取基地。目前，资料库已发布来自17个调查项目的158个数据集，涵盖了追踪调查和截面调查、全国抽样调查和地方调查。2017年资料库的工作进展有：实现开放性和限制性数据服务并行的数据管理模式，满足多元数据存放需求；与北大中国卫生经济研究中心达成合作共识，接受城镇居民基本医疗保险试点评估入户调查项目资料的发布和服务委托；整理并发布中国城镇劳动力市场调查、中国科学院"农村贫困与发展"项目社会经济调查等9个截面调查数据资源。

【智库研究】 资助课题。中心智库在2016年底组织2017年度课题的招标、评审及立项。2016年12月至2017年3月，智库通过公开竞标方式，经过专家评审，择优资助7项重要研究课题。各研究项目于2017年3月正式立项后，中心在研究经费、研究助理和办公空间等多方面提供支持，并与项目研究人员积极沟通，逐步建立一系列管理服务的制度与流程。

学术讲座。中心智库通过组织经常性的研讨会、公开讲座等学术活动，大力促进知识分享和学术交流，2017年内共进行了11次公开报告。

2017年内还举办了2次中型学术会议，分别是"关于制造业技能短缺与职业教育的专题研讨会"及"中国企业对外投资现状及意向研讨会"。

【成果发布】 2017年，北京大学管理科学数据中心智库共印制6本"数据与决策"系列政策报告与工作论文，如《关于收入差距减少的政策报告》《中国民众刑法偏好研究》《中国制造2025与技能短缺治理》。同时，智库于2015年、2016年资助的课题组也在2017年产出了约3000篇工作论文与政策简讯，包括《房产价值变化对城镇居民消费的影响》《"十三五"时期居民收入差距形势判断》《扩大我国中等收入者比重的政策建议》《建立现代企业制度与混合所有制改革》等。

同时，智库在2017年内组织了研究简报撰写，通过对以CFPS、CHARLS数据为基础的研究进行筛选，选出论证清晰、量化方法可靠并具有一定政策意涵的文章对其进行整理，最终形成篇幅适中、言简意赅的研究简报约2000篇。其中一部分作为咨政简报，向学校及相关部委呈递，为政策制定提供参考。

【科研工作】 科研项目。顾佳峰，主持国家社会科学基金项目《社区民生监测与社区治理研究》；吴琼，主持国家社会科学基金项目《锚定法在社会调查中的应用与评估》；丁华，主持国家社会科学基金项目《失能老人规模测算及长期照护体系构建研究》。

内部科研成果。丁华、姚佳慧、严浩，《基于CAI模式的调查数据质量控制》，《统计与决策》2017年第7期；丁华，《计算机辅助调查与访员误差控制》，《统计与决策》2017年第19期；吴琼，《早期的流动经历与青年时期教育成就》，《中国青年研究》2017年第1期；郭峰、孔涛、王靖一，《互联网金融的空间集聚效应分析：来自互联网金融发展指数的证据》，《国际金融研究》2017年第8期；Jane Golley and Sherry Tao Kong, 2017, "Inequality of Opportunities in China's Education Outcome"，《中国经济评论》(*China Economic Review*), forthcoming; Jane Golley and Sherry Tao Kong, 2017, "Educating 'the Masses' in China: Unequal Opportunities and Unequal Outcomes" in Ligang Song, Ross Garnaut, Cai Fang and Lauren Johnston (eds.), *China's New Sources of Economic Growth: Human Capital, Innovation and Technological Change*, Canberra, Australian National University Press; Mao Shangyi, Rachel Connelly and Xinxin Chen, 2017, "Stuck in the Middle: Off-Farm Employment and Caregiving Among Middle-Aged Rural Chinese", *Feminist Economics* (05)。

【学术会议】 CFPS用户培训交流会。为了促进CFPS数据使用和用户交流，更好地为用户提供数据服务，CFPS项目办公室于2017年9月22日至23日在北京大学燕京学堂举办CFPS用户交流会。交流会首次由以往的一天拓展为两天，包括中英文专场。参与者包括CFPS项目负责人、CFPS国际顾问委员会多位成员、问卷设计及数据清理人员以及100余位CFPS用户。用户交流环节分四大主题，分别是"劳动与就业""收入差异""婚姻与家庭""教育与儿童发展"。

中国经济学年会CFPS专场。2017年10月，CFPS项目组在第十七届中国经济学年会上设立了CFPS专场。CFPS项目组工作人员从项目进展、数据更新等多个方面向用户介绍CFPS的最新进展。11位经济学领域的数据用户分享了他们基于CFPS数据的最新研究结果。来自北京大学、清华大学、国务院发展研究中心、上海社会科学院等全国多所高校与科研机构的学者就家庭收入与消费、家庭网络、就业等多个话题展开讨论。

中国经济学年会CHARLS用户专场。2017年10月14日至15日，在第十七届中国经济学年会上，CHARLS项目组成功组织了4场数据用户研讨会。来自国内外高校的20余位专家学者，分别围绕养老财产充足性、医疗与养老保险、环境对认知能力的影响等内容，报告了自己在相关领域的最新研究成果，之后由相关学者进行专业的点评。研讨会为CHARLS数据用户分享研究成果提供了良好的平台。

CHARLS数据用户培训会。2017年10月13日下午，第十七届中国经济学年会CHARLS数据用户培训专场在宁夏悦海宾馆举行。数据部主任王亚峰博士向数据用户详细介绍了CHARLS项目的实施背景、CHARLS数据的结构及数据使用中应注意的问题。

美国人口学年会。2017年4月，调查中心在美国人口学年会上布置了CFPS与CHARLS展台，向来自世界各国的人口学界人士介绍CFPS与CHARLS数据。一年一度的美国人口学年会是各国大型调查进行数据推广的常用平台，国际著名的"家庭收入动态调查"（Panel Study of Income Dynamics）和"健康与退休调查"（Health and Retirement Study）均在此参展。年会为项目组提供了与国际学者直接交流的有效平台，促进了CFPS与CHARLS数据国际用户的持续增加。这是CFPS第四次在美国人口学年会上进行推广。截止2017年底，上述2个项目的国际数据用户已超过5000人次，其中有一半左右来自于美国。

【教育与培训】 暑期课程。2017年7月3日至14日，中心在北京大学开设《社会调查实务》《社会调查数据分析方法》2门暑期课程，共有145位北大校内及校外学生通过北大暑期课程选课系统选修。课程的主讲教师为陈欣欣、严洁、吴琼、丁华、任莉颖、吕萍、孙妍、金勇进、顾佳峰、任强、孔涛。课程内容涉及社会科学及相关交叉学科领域，培养目标是让学员系统学习社会调查的各个环节，了解社会调查数据的基本分析方法，培养学员在社会科学及相关交叉学科领域内的量化研究思维，并能够进一步开展社会调查方法研究和更好地进行社会调查数据的定量分析。

特色培训项目。中心与北京大学继续教育学院继续展开教育服务项目合作。2017年，中心共举办4次特色培训，内容分别为调查项目抽样与应用、调查问卷设计与应用、数据分析与应用、Stata统计分析与应用，共计培训147人次。

主题论坛会议。中心于2017年4月15日至16日、2017年11月3日至5日在北京大学成功举办2期量化专题研讨会，邀请量化研究领域的专家、高校教师、学生及相关领域专业人士就相关议题进行交流和探讨。

【党建工作】 组织建设。中心设有党支部1个，党员9名。

党建活动。2017年3月，召开组织生活会，全体党员互相交流思想，总结经验，进行批评与自我批评，端正政治态度，提高思想政治觉悟水平；9月，参加北京大学第十三次党代会筹备工作之"一下"和"二下"提名；9月，召开党支部大会，推选2名支部委员，包括纪检委员兼组织委员1名、宣传委员1名；9月，参加北京大学社会学系党员大会；10月，参加北京大学第十三次党代会筹备工作之"三下"提名；10月，召开党支部委员会，深入贯彻全国高校思政工作会议和中央31号文件精神，认真学习《关于加强新形势下高校教师党支部建设的意见》和《中共北京大学委员会关于加强和改进新形势下思想政治工作的实施意见》；10月，组织党员观看中国共产党第十九次全国代表大会直播；10月，开展党支部主题党日活动，组织全体党员前往爨底下村进行参观学习；11月，参加十九大精神学习午间报告会，学习周飞舟老师讲解的《城乡融合与乡村振兴》内容；11月，开展党支部主题党日活动，观看电影《战狼2》，学习《中国共产党章程》《中国共产党党内监督条例》和《关于新形势下党内政治生活的若干准则》等有关规定、党的十八届七中全会及党的十九大和习近平总书记重要讲话精神、北京大学第十三次党代会报告和《聚焦立德树人 提高政治站位 进一步加强和改进新形势下北京大学思想政治工作》，各位党员互相交流学习心得；11月，开展党支部主题党日活动，组织党员参观北京展览馆"砥砺奋进的五年"大型成就展；12月，参加十九大精神学习午间报告会，学习邱泽奇老师讲解的《新时代、新理念：发展与人类命运共同体》内容。

（中国社会科学调查中心）

国际战略研究院

【发展概况】 研究院常驻研究人员5名，特约研究员5名，访问学者2名，工作人员10名，原国务委员戴秉国为研究院名誉院长。在美国宾夕法尼亚大学"智库与公民社会项目"（Think Tanks and Civil Societies Program, TTCSP）主导并发布的《全球智库报告2017》中，国际战略研究院在全球高校智库排名第12位。2017年，出版的著作、简报包括：《俄罗斯与西方：从亚历山大一世到普京》（关贵海、戴惟静译，上海人民出版社2017年8月版）；《中国未来国际战略环境预测》（王缉思，重庆出版社2017年版）；《中国国际战略评论2016》（英文版）；《中国国际战略评论2017》（中文版）；《国际战略研究简报》共计14期；《智库热点新闻追踪》共计10期；《海外智库观点要览》共计10期。研究人员发表文章数十篇。主持、参与教育部、发改委、社科院等单位的课题项目3个，与约翰斯·霍普金斯大学高级国际问题研究院、与美国外交关系委员会、与日本笹川和平财团联合进行研究的项目3个；学生项目6个。

【合作交流】 举办系列国际学术会议。1月，主办"由美国大选看美国的社情民意"座谈会；2月，与美国国防大学近东与东南亚研究中心联合主办"战略十字路口对话：中美在中东北非地区的合作"研讨会；5月，与美中关系全国委员会联合举办"国内政策的全球影响"新一代中美中青年学者对话；9月，与欧洲外交委员会联合举办主题为"中欧和平与安全"的第三届中欧研讨会；12月，召开第四届北京大学"北阁对话"年会，主题为"新时期世界政治的特点以及如何适应新时期的国际形势"，邀请澳大利亚前总理陆克文、美国哈佛大学教授约瑟夫·奈、美国前常务副国务卿约翰·内格罗蓬特、英国前外交大臣大卫·米利班德、日本前外交大臣川口顺子等10位外国政要和学者参加；2017年共举办11期"北阁论衡"系列研讨会，以展望全球大趋势、探求中国大战略为宗旨，为国际问题研究领域的专家学者和学生提供平台。

（国际战略研究院）

经济与管理学部

【发展概况】 经济与管理学部包括经济学院、光华管理学院、国家发展研究院、人口研究所等教学科研单位。学部主要涵盖理论经济学、应用经济学、工商管理、管理科学与工程等4个一级学科。

本学部主要任务是跨院所进行经济学-商学学科建设工作。学部基本职能是在学校领导下,发挥跨学科跨院所的横向沟通协调功能,做院所单独做不了做不好又必须要做的事情;建立共识,跨院所整合教学资源、科研能力及服务条件,将经济学-商学学科建设成中国最具学术影响力的学科。

【组织机构】 经济与管理学部设部务会、学术委员会、教学指导委员会和学部办公室。

经济与管理学部部务委员会构成。主任:张国有;副主任:平新乔、刘国恩、张志学;委员:孙祁祥、刘俏、姚洋、郑晓瑛。

经济与管理学部学术委员会构成。主任:张国有;副主任:平新乔、刘国恩、张志学;委员:王跃生、郑伟、刘怡、周黎安、王汉生、刘晓蕾、马浩、余淼杰、陈功。

经济与管理学部教学指导委员会构成。主任:平新乔;委员:锁凌燕、龚六堂、余淼杰、陈功。

10月13日,学校成立北京大学经济与管理学部办公室,任命杨超为经济与管理学部办公室主任(试用期一年)。

【学术交流】 北京大学经济与管理学部"问题-数据-研究"分享会。根据学部同仁建议,在院所支持下,学部启动数据库建设与分享工作。2017年举办3场。3月,中国健康与养老追踪调查由国家发展研究院教授、中国社会调查中心副主任赵耀辉作主题报告;6月,学部举行三院一所青年教师交流会,同时举行跨院所"问题-数据-研究"分享会,光华管理学院应用经济学系主任周黎安教授以"寻找学术研究的'风口'"为题作主题报告;12月,邀请北京大学信息科学技术学院教授、北京大学文理大数据研究中心常务副主任王腾蛟进行"数据与智能:如何助力计算社会科学发展"主题报告分享。

筹备启动"马寅初经济与管理大讲堂",旨在围绕经济与管理学科领域前沿问题,立足于服务国家战略需求,积极促进师生与国内外理论界与实务界互动思考、互动研究。

【跨院所课程】 打通本科"中级计量经济学(经管学部通修课)",在学部相关院系不同学期开设,学部内三院一所学生都可选修,院所互认学分。

【国际评价跟踪分析】 对2017年QS世界大学学科排名中与经济与管理学部的学科相似或相近的4个学科排名指标进行跟踪分析,具体包括经济学与计量经济学(Economics & Econometrics)、会计与金融(Accounting & Finance)、工商管理(Business & Management Studies)、统计与运筹学(Statistics & Operational Research),并把相关情况编辑成简报,传播经管学部相关学术成果和信息。

【《视野》通讯】 2017年,就有关人才培养、学术研究、学科建设、跨域发展等方面的前沿信息以及理念、规则、机制等新见解、新做法推出《视野》通讯周报。

(杨超)

经济学院

【教学工作】 新生入学及相关工作。2017年,经济学院本科新生173名,其中统招生153人、留学生20人。学院举行开学典礼,并启动新生家长会,院领导和院系相关职能部门负责人与全体新生家长面对面交流,通过建立沟通渠道,使家长初步了解本科生培养相关情况,更好携手助力学生成长。学院还举行一对一选课指导、教授新生面对面、一系列新生讲座等活动。

专业分流自由选择。2017年经济学院的专业分流工作,秉持尊重志趣、自主选择、合理引导、公开公正的原则,完全按照学生自主提交的专业志愿进行分配,首次取消各专业人数限制。各系结合教师、学生、校友等力量,举办多种多样的交流活动,充分向2015级本科生介绍各专业师资配置、课程设置、实践机会、导师制度、奖助项目、就业指导等教学资源,让学生对未来学习获得的知识结构、理论基础和深造、就业前景有更多认识,学生也在学习过程中逐步发展出对心仪专业的了解和热爱。经过学生们慎重理性选择,2015级本科生专业分流结果整体稳定。

保研工作。2017年学院共有83名本科生获得"推免"资格,其中71人顺利落实接收单位。

教学评估。2017年经院本科春季学期教学评估平均分91.65,秋季学期教学评估平均分90.77,高于校评估89.47、88.17两个学期平均分。

研究生招生。2017年,经济学院继续推进多元化研究生招生模式。通过硕士生全国统考、博士生入学考试、推荐免试研究生选拔、港澳台及留学生申请审核等多种选拔形式,2017年共招收硕士生133人、博士生41人、研究生课程进修班337人。

2017年,经济学院继续推行以博士生申请-考核制的选拔方式取代实行多年的考试制,完成考核方式转变。

2017年,在金融硕士、保险硕士、税务硕士、国际商务硕士4个专业学位点招收硕士研究生。

2017年11月3日,学院举办第四届专硕专业硕士研究生培养研讨会,校外导师人数达到150余人,扩大校外导师的力量。会议的举办明确专业硕士研究生培养方案,完善专硕培养机制和校外导师制度。

研究生毕业生离校。2017年夏季和冬季，合计为212名学生组织学位论文答辩，其中博士生34人，硕士生113人，同等学力申请硕士学位学生65人。为147名毕业研究生办理毕业离校手续。

夏令营工作。举办第四届"北京大学经济学院优秀大学生暑期夏令营"。为进一步提高研究生生源质量、选拔优秀学生继续深造，学院2017继续举办优秀大学生暑期夏令营，评选优秀营员，作为选拔推荐免试生（包括专业硕士研究生和直博生）的重要依据。活动共选出优秀营员90人。

【科研工作】 2017年，完成各类科研成果共有233项，其中专著20部，编著、教材、研究报告、译著10部，论文172篇，其他成果31篇。科研项目获得52项，其中纵向课题6项，横向课题46项，批准经费1521.3万元。2016年被CSSCI检索论文150篇。2017年被SSCI收录论文41篇。纵向项目年度检查7项、中期检查13项、结项8项。纵向项目、征集选题及智库申报总计123项。

2010年至2017年，共编辑中英文工作论文137篇，其中2017年2篇。《身向雄关那畔行——"两会"笔谈》由北京大学出版社出版，收集稿件73篇。

学院继续资助种子基金项目和国际学术会议，资助总计75万元。

刘伟、张辉、苏剑、冯科、黄桂田获北京市第十四届哲学社会科学优秀一等奖；孙祁祥（一等）、袁诚（一等）、叶静怡（二等）、高明（二等）获得北京大学第十三届人文社会科学研究优秀成果奖；孙祁祥《保险学》（第五版）荣获第五届金融图书"金羊奖"；孙祁祥、秦雪征、方敏分别获得北京大学曹凤岐金融发展基金奖；秦雪征承担的国家自然科学基金项目《我国人力资本的代际传导机制及其对社会流动性的影响：基于理论与实证的研究》，在结题项目绩效评估会上，被评为特优；郝煜论文《帝国晚期的可信承诺问题：来自火耗归公的证据》获得南都量化历史优秀论文奖二等奖；贾若论文《保险能否守住脱贫成果——基于家庭贫困脆弱性的视角》获得第九届中国保险教育论坛优秀论文一等奖。

2017年，举办国内外各类论坛和学术会议100多场。有北京论坛-经济分论坛、第七届"北大经济国富论坛"、中国信用高峰论坛、北大赛瑟（CCISSR）论坛、中国特色社会主义政治经济学理论体系及其构建研讨会、北京大学联合多家高校发起成立"中国PPP学术联盟"论坛、"外国驻华大使眼中的中国经济"系列讲座、北京大学第二届中外经济思想研究暑期讲习班、宏观与货币经济学理论专题国际学术研讨会、中国特色社会主义政治经济学理论研讨会等。2006年至2017年，共举办学术午餐会138场，其中2017年10场。

经济学院科研基地目前包括12个校级和6个院级科研机构。2017年，学院召开研究机构经验汇报交流会。

2017年，经济学院在站博士后79人，其中流动站27人，企业博士后工作站52人；进站博士后有34人，办理出站有23人；

杨耀淇、唐瑜璇分别获得北京市社科基金项目（含报告）；有8位获得博士后科学基金资助；叶宁获得国际交流计划与学术交流项目；许明获北京大学2017年（总第13批）优秀博士后奖；引进北京大学博雅博士后3名。

【合作交流】 2017年，经济学院教职工出访60人次，学生出访174人次。出访事由包括张鹏飞副教授应邀到宾夕法尼亚大学和耶鲁大学举办学术讲座、风险管理与保险学系师生参加2017年APRIA和ARIA年会、姚奕助理教授参加欧洲风险与保险经济学家年会等。

2017年共接收18名交换生；派出27名本硕交换生；博士生联合培养7人；博士生短期学术交流2人；与3所高校新签署学术合作协议；资助在校博士生参加国际学术会议2人；留学基金委员会（CSC）项目奖学金1个，北京大学经济学院-荷兰蒂尔堡大学经管学院本科生交流项目。2017年新申请北京大学经济学院-瑞典兰德大学经管学院本科生交流项目奖学金。

牛津-剑桥大学暑期学校、哈佛大学暑期学校、斯坦福大学寒、暑期学校、新南威尔士大学寒假学校、悉尼大学寒假学校等院级独立执行项目，共132人次参加。

"海外名师项目"在2017年继续推进，进展包括：亚太风险与保险学会主席赖志仁教授来访，进行5场公开演讲；接受2位访问学者，分别是来自英国纽卡斯尔大学的董雪琪和英国罗汉普顿大学的姜坤；推荐外籍专家Anthony Howell参评"燕园情"北京大学2017年度外国专家。

2017年，共接待海外高校学术访问学者、访问团及机构代表来访30余次；举办国际学者和专家讲座等共9场，包括：经济学院105周年院庆活动之"外国驻华大使眼中的中国经济"系列讲座等；举办或承办大型国际会议和论坛2场，分别是宏观与货币经济学理论专题国际学术研讨和北京论坛"变化格局中的经济增长新动力"分论坛。

【人事工作】 截至2017年底，学院教师75人，其中教授32人，副教授34人，预聘副教授2人，预聘助理教授6人，外籍特聘教师1人。教师平均年龄47岁，具有博士学位的教师占93.3%，其中26人具有海外高校博士学位。离退休教职工38人。

2017年，经济学院在海外、国内招聘专职教师中，共收到200余份申请，申请者中有将近40名候选人来自美国名校（泛指全球排名前30的高校），另有5名候选人来自欧洲名校。最终有30人进入面试名单。

2017年度学院教师获奖情况：冯科获北京大学2017年唐立新奖教金（优秀学者奖），赵晓军、朱南军获北京大学2017年工商银行奖教金（经济学优秀学者奖），胡涛获北京大学2017年嘉里集团郭氏基金树人奖教金，李权获北京大学2017年树仁学院教师奖，周建波获北京大学2017年杨芙清-王阳元院士教师奖，许云霄获北京大学 2017 年正大教师奖，姚奕、赵留彦获 2017 年度北京大学经济学院科研优秀奖，崔巍、管汉晖获 2017 年度北京大学经济学院教学优秀奖，刘洁获 2017 年度北京大学经济学院管理优秀奖。

【党建工作】 完成学校出席北京市第十二次代表大会代表推荐工作，积极申报学校党建研究会 2017 年课题、2016—2017 年度"高校党支部制度建设探索"基层党建创新立项。加强对党员、入党积极分子的培训，做好党员发展工作：选派教师代表参加各类专题研修班；完成学生的第 29 期党的知识培训班、第 26、27 期党性教育读书班，开展第 30 期党的知识培训班。此外，开展党内统计工作、党费收缴工作、新发展党员归档材料专项检查等工作。

关怀离退休教职工。召开新年座谈会、走访慰问 80 岁以上老教职工、开展延庆野鸭湖、妫河森林公园春游活动、"春燕活动之教师节特别活动"、健康体检、中医义诊、困难教职工帮扶、教职工离世善后服务等各项工作。开展教职工健康风险评估测试活动。开展云南省弥渡县苴力镇对口扶贫工作。2017 年孙祁祥院长一行赴云南省弥渡县苴力镇调研脱贫攻坚工作，行政党支部开展"爱心捐书"活动，共捐赠图书近千册。

截至 2017 年底，学院党委下设党支部 17 个，党员共 524 人。各个支部发挥战斗堡垒作用，开展理论学习、实践调研、主题党日等各类活动；全院共产党员创先争优，充分发挥先锋示范作用，崔建华、张洪峰荣获"北京大学优秀党务和思想政治工作者"，孙祁祥、杜丽群、李权荣获"北京大学党务和思想政治工作奉献奖"。

【学生工作】 学生综合管理。完善班级、宿舍管理体系，认真做好评奖评优、学生资助、档案归置等各项日常工作；细致开展 2017 级新生教育周和 2017 届毕业季系列活动；开展 3 次院领导下午茶活动，构建师生交流的有效平台，聚焦并解决学生在生活学习当中的切身需求。

心理健康教育。2017 年度主要开展拖延症心理工作坊、新老生交流会、恋爱心理讲座等多项辅导工作；同时继续完善双周动态信息统计工作，妥善处理若干学生特殊事件，并与北京大学心理治疗与咨询中心建立重点案例咨询"绿色通道"。

学业学术支持。2017 年度组织开展高数等大型必修课程的集中讲解以及针对学业困难同学的一对一辅导活动，并严格督促重点学生参与学习督导会；开展 MATLAB、SAS 等软件工具辅导班；创办"经济杯"论文挑战赛，举办第六届新时代中国青年经济论坛，吸引海内外数百名高校优秀经济学子参会论道。

职业发展指导。2017 年，举办"经海留痕"职业发展沙龙 7 场，举办华尔街及合资投行讲座 3 场、金融行业求职及金融市场实务专题讲座 4 场，举办第 8 届和第 9 届模拟招聘大赛，举办"职来职往"企业参访 7 次、签约建立实习基地 4 家，承接企业宣讲会 20 余场次；2017 年春季学期还策划实施简历门诊（年度内开展 5 期）和模拟面试（年度内开展 4 期）常态化活动；积极指导协助应届毕业生办理就业手续等事务，做好就业相关的信息整理与数据统计。

党团系列工作。以手册、说明会、微信推送等多种形式加强党建宣传教育，通过团支部推优、行为量化制度，严格选拔优秀人才；同时深化团校课程设置及制度安排，积极开展实践走访、见面会等各类内容丰富的党团活动；团委微信公众号"北大经院人"自 2013 年 9 月上线以来，作为活动信息发布及师生风采展示的重要平台得到广泛关注，至 2017 年底总关注量已突破万人。

志愿实践活动。2017 年，多次组织学生看望退休老教授——春燕行动、知行小学支教、"怀源计划"暑期支教、"薪火相传"旧书传递及"国际友谊林"义务植树等多项志愿活动；组织举办"一二·九"师生歌会、元旦晚会、手机摄影大赛、"经济杯"体育文化节等文体项目，并积极筹办中秋节、万圣节、感恩节系列趣味温馨活动。

【校友工作】 地方校友会及经院校友会分支机构的筹建与成立。2017 年增设北大经济学院黑龙江校友会、重庆校友会、EDP 校友会。

校友庆典活动。全年共组织并接待 5 个大型校友返校庆典活动，共计 450 人次，分别为 2003 级本科、1976 级本科、1992 级本科、1994 级本科及 1997 级本科校友返校活动。

一般常规性校友活动，包括北京大学"融合·创新，传统文化与健康产业校友论坛"、北京大学 2017 首届中国县域经济发展论坛、北京大学"一带一路"战略创新论坛境外项目融资与风险管控、北京大学经济学院 105 周年华诞"菁苑芳华"书画摄影作品展、2017 北大校友子女-学生 CEO 特训营系列活动、与兄弟院系法学院合作举办"深度对话——女性力量、教育与创新"活动、与兄弟院系国发院联合举办 2 期校友分享座谈会、与兄弟院系地空学院与信科学院联合举办"2017 北京大学 VR 创意大赛"、参与协办"中小银行与金融科技企业生态合作论坛"及创新创业训练营共开营 9 期。

捐赠、赞助、宣传等活动的开展。校友、企业及社会各界累计捐赠数额为 730 万元，如"劳合社讲席教授"项目 500 万、校友基金 100 万、创新创业捐赠基金 130 万；赞助宣传活动包括校友 APP 的开发与制作、"北京爸爸的选择科技有限公司"捐赠 1500 件短袖 T 恤、对校友活动、学院新闻，以及校友、在校师生的新闻宣传推送共计 69 篇。

与环球网、环球时报、央视财经频道、北京大学马来西亚校友会、北大黑龙江校友会、北大广东校友会、北大重庆校友会、岭南园林股份有限公司建立全面战略合作伙伴关系。

【战略合作】 根据经济学院整体工作安排，分别于 2017 年 6 月 21 日、11 月 25 日、12 月 12 日与重庆九龙坡区、广州从化区、上海金山区人民政府签约，设立西南、华南和华东分院。

9月19日经济学院西南分院过渡办公区正式投入使用。10月13日，学院正式成立战略合作办公室。

经济学院第七届"北大经济国富论坛"于12月10日在重庆市举行。论坛主题为"宏识、宏图、宏业——践行新发展理念建设现代化经济体系"。来自政府、学界、产业界、媒体的代表，全国各地北大校友以及北大经济学院部分师生等600余人参加。

考察广东汕尾市、河北张家口万全区、湖北鄂州市、宁夏银川市滨河新区、河北石家庄无极县、山东济宁任城区等地区。10月24日、12月20日分别同汕尾市、无极县人民政府签订教育科研基地合作战略框架协议。

（经济学院）

光华管理学院

【发展概况】 以光华30余年发展成就和战略规划为主体和基础，打造光华思想力智库平台，以政策研究助力中国经济社会发展，以前沿商业实践研究反哺商学教育，完成确定主题、宗旨和规划委员会等关键步骤，有序进行课题发布、组织评审、确定资助课题、金额、研究人员招募等。制定2万余字的北大管理学科双一流建设方案，并于9月获批。应用经济学同时入选双一流学科。

光华管理学院现设有会计学系、应用经济学系、商务统计与经济计量系、金融学系、管理科学与信息系统系、市场营销系、组织与战略管理系等7个系，其中国民经济学和企业管理是国家重点学科点。学院具有完整的人才培养体系，学位项目包括本科、研究生、金融硕士（MFin）、工商管理硕士（MBA）、高级管理人员工商管理硕士（EMBA）、会计硕士项目（MPAcc）、社会公益硕士项目（MSEM）等。为进一步满足不同类型的企业和组织中的高层管理者的知识需求，学院设立高层管理教育中心（ExEd），提供非学位的公开课程、定制课程和国际课程。

2017年，学院新招聘教员3名，其中2名副教授，1名助理教授。此外，学院有2名副教授晋升为教授，4名助理教授晋升为副教授。陈玉宇教授入选"长江学者特聘教授"，路江涌教授入选"青年学者"。

【教学工作】 学生人数2017年，光华管理学院共招收全日制本科生194人，普通研究生184人，其中博士生46人，学术硕士33人，金融硕士105人。2017年MBA项目共招收学生502人，MSEM项目新生24人，MPAcc项目新生43人。EMBA项目共招收学生413人，其中，GK项目招生31人。高层管理教育中心（ExEd）申报115个新项目。

2017年本科研究生项目实际毕业人数共有378人，其中包括本科毕业生214人，普通硕士毕业研究生113人，博士毕业研究生51人。MBA毕业生412人，MSEM毕业生10人，MPAcc毕业生49人，EMBA项目毕业生人248人。

课程培养。1.邀请杰出校友授课，推进课程多元化建设。积极建设学术研究氛围，推进本硕合上课程，推进"学术之星"计划，对学生学术成果进行积极奖励，鼓励学术会议和长短期交流。

2.继续开设大型MBA科学精神与科学素养讲座课程，人文精神与人文修养课程。实施第四届MBA行业课程；创新整合实践项目。留学生质量不断提升，国际班海外学生比例已达70%。

3.EMBA推出9条海外学习线路，研发5个行业板块课程。优化教学、学籍管理，各类班级活动累计100多次。

4.制定全日制MPAcc项目培养方案。为使新生融入新的学习形式，提前为新生开设课程，组织专业补修课等。

5.ExEd"华人家族项目"继续招生；服务国家战略，拓展制造业管理课程，保持与国有企业密切接触，积极开发"走进来"与"走出去"两类国际定制项目。

【科研工作】 人才队伍。学院共有教师112人，教育部"长江学者"9人，国家"海外高层次人才引进计划"教授3人，国家杰出青年基金获得者10人，国家自然科学基金优秀青年基金获得者3人，教育部新世纪优秀人才支持计划获得者11人，国际学会学士3人。

项目数量。2017年，学院新立项国家自然科学基金项目6项，其中优秀青年基金项目1项（沈俏蔚），自科基金新立项项目总批准经费318万元。新立项国家社会科学基金特别委托项目2项。截至2017年底，共计有49个在研纵向科研项目。

科研成果。2016年，教员共计登记成果421项，其中期刊论文311篇，会议论文48篇，著作13部，其他成果49项。发表SCI/SSCI论文81篇，含院选英文A类20篇，院选英文B类38篇。发表CSSCI论文107篇，含院选中文A类9篇，院选中文B类33篇。2017年度高等学校科学研究优秀成果奖（科学技术）自然科学奖一等奖1项（陈松蹊）。

平台建设。2017年，学院成立"光华思想力"研究平台，聚焦中国经济社会发展和前沿商业实践中理论与实践的关键问题和结构性问题，形成学术与政策研究相结合的研究特色。完成确定主题、宗旨和规划委员会等关键步骤，有序进行课题发布、组织评审、确定资助课题、金额、研究人员招募等。首期在国家发展战略、新金融、企业（家）口述史、支柱产业转型升级和创新商业模式研究等7个方向产生25个课题。

【交流与合作】 2017年合作院校120所，合作院校所在国家达32个。2017—2018学年提供493个海外交流学习名额。

北大国际合作部成立"燕园大使"项目，"光华全球大使"更进一步成为"北大大使"。

策划"'一带一路'大使项目：中国发展模式"，探讨与发改委、外交部合作，面向"一带一路"沿线国家驻华高级外交官，设立奖学金，讲述中国故事、分享中国智慧。

多批次组织"中国经营方略"课程，反馈积极。首次尝试举办"香港万人交流计划"项目，吸引来自港大、港中文和港科大的学生参加。

开展 AACSB、EQUIS 再认证工作，并分别获得 2 项认证体系的最高级别 5 年认证。举办第四次"北大光华纽约论坛"活动，运营中日韩合作项目，配合教育部亚洲校园项目总结及调研工作，组织一年一度的"亚洲经营方略"课程。

【党建工作】组织建设。2017 年度学院入党积极分子 142 人，确认为发展对象 26 人，由发展对象转入预备党员 14 人，预备党员转正 20 人。学院现有 18 个党支部，其中教工支部 6 个，学生支部 12 个。

党建活动。光华管理学院党委认真落实 31 号文件精神，制定《北京大学光华管理学院深入贯彻落实中央精神进一步加强和改进思想政治工作实施方案》（征求意见稿）。积极配合巡视工作，迅速组织、报送材料，确保巡视组到学院调研顺利完成。为及时落实巡视整改意见，学院党委制定《关于学习贯彻中央第十三巡视组专项巡视反馈意见认真落实意识形态工作责任制整改实施方案》。继续开展"两学一做"系列学习活动。组织师生观看十九大直播。十九大召开之后，厉以宁、刘俏、金李、曹凤岐、陈玉宇等光华学者在学院官微与活动论坛上发表经济、金融、社会方面的解读文章，带领光华师生以及各界人士深入学习十九大精神。

【行政工作和其他工作】完善光华管理学院各类设施、场地资源的管理规范，节能降耗，其中节约用水 70 余吨，节约天然气 1400 立方米。拓宽职员招聘途径，建立培训课程体系，完善绩效考核管理及评奖评优制度。进行设备与系统运维、采购及安装、学院工程期间的网络维保。完成学院新网站的验收、上线。进一步完善相关服务指南，开始实验教学模块化的建设工作。

举办近百场校友活动，定期接待校友，建立返校活动的规范化、流程化。举办金融协会首届理事会、成立四川校友会、成立体育产业协会、成立安徽校友会并筹建温哥华校友会，香港、甘肃、宁夏、内蒙古的校友会也都在筹建中。举办"两会代表返校""燕归来"返校日、"光华杯"环湖公益马拉松等品牌活动。

积极推进公益，完成在戈壁、玉门、弥渡、凉山的 4 所博雅图书室捐书活动。2017 年 5 月，来自世界各地近千名校友参加"全球公益服务月"。

积极拓展筹资与合作工作，为学院发展助力，2017 年 6 月，光华校友孙陶然向母校捐资 5000 万，设立北京大学拉卡拉教育基金；2017 年 11 月，与葛洲坝国际公司签署战略合作协议。

组织 2 个媒体班，80 余位媒体人参加。拜访人民日报、中国中央电视台、财经等 20 家一线媒体，维护拓展媒体网络，以光华学术为导向，着手重磅选题，推送有价值的观点，进行媒体监测，注重危机管理。

精耕自营平台，提升微信内容品质。逐步完善学院视觉形象，对重要商标进行注册。

组织"思想光华 媒体沙龙"、北大光华新年论坛、"看中国：双 11 新经济 大未来"论坛，组织央视朗读亭牵手北大活动、两会后经济形势分析会、与大师对话、三井论坛等活动。

【学生工作】本科项目、金融硕士、MBA 项目平均薪酬比 2016 年均有 10%—20% 的增幅。全日制 MBA 同学比就读前平均薪酬增长 56%，职业发展好于 2016 年。首次有学生进入 TPG、Wellington、加拿大养老基金、中投等顶级资产管理机构，就业质量提升。

组织多种活动拓宽视野。作为首批"北京大学学生创业创新协同基地"，学院组织创业资讯、项目路演、孵化器和创业企业参访等活动，3 月向学校评审会进行"光华管理学院学生创新创业教育项目"成果汇报。

【分院建设】2017 年继续稳步推进分院建设。5 月 11 日，北京大学党委书记郝平率团访问河北。其间双方达成共识：北京大学光华管理学院将在雄安建立分院。

8 月 18 日，成都分院正式落成于成都市天府新区。

【年度记事】1 月 10 日，中国国民党副主席林政则参观北京大学，并访问光华管理学院，与学院代表座谈。中华全国台湾同胞联谊会会长汪毅夫陪同访问。

1 月 13 日，北京大学光华管理学院召开全院大会。学校决定聘任刘俏为北京大学光华管理学院院长，聘期 4 年，同意蔡洪滨辞去院长职务。

2017 年寒假期间，光华管理学院第五期"采薇计划"返乡调研活动顺利开展。光华管理学院 128 名本科生参与其中，利用寒假时间回到各自家乡，广泛搜集关于"新常态下社会治理问题"研究的详细数据，累计完成 3700 多份有效问卷。

2 月 28 日，在 CFA 协会全球分析挑战赛（CFA Institute Research Challenge 2017 Beijing Final）华北赛区决赛中，北京大学光华管理学院代表队获得冠军。

3 月，全国政协委员、北京大学光华管理学院名誉院长、著名经济学家厉以宁出席两会，这是他参加两会的第 30 个年头。

3 月 3 日，学院主办"慢病规划解读与卫生政策研究座谈会"。

3 月 21 日，由北京大学光华管理学院、北京大学经济政策研究所联合举办的"2017 两会后经济形势和政策分析会"举行。光华管理学院多位学者出席此次分析会，并从宏观经济、金融改革、资本市场、劳动力市场、财税制度等多个角度进行主题分享和回答记者提问。50 家境内外知名媒体与会。

4月21日，光华管理学院"与大师对话"活动邀请欧盟委员会前主席兼意大利前总理罗马诺·普罗迪（Romano Prodi）先生。普罗迪先生在主题演讲中畅谈中国在地中海地区的发展机遇。

5月14日至16日，第二届大数据时代下的高维统计建模与分析研讨会在北京大学光华管理学院成功举行。

5月24日，北大光华第四届纽约论坛在美国纽约公共图书馆举行，来自全球知名学者、商界领袖、业内专家共议"China Outlook"。200余位中美政、商、学界精英，以及北京大学校友、美中贸易全国委员会会员等到现场聆听。

5月26日，第二届"中国金融研究杰出贡献奖"揭晓，北京大学金融发展研究中心主任、光华管理学院金融学系教授刘玉珍凭借其在投资者行为、证券市场交易制度领域里卓有成效的学术贡献获奖。

5月，北京大学光华管理学院正式发布2015—2016年度社会责任价值报告。这是光华管理学院自2013年以来发布的第5次报告。

6月初，《世界是平的》（The World is Flat）一书作者、普利策奖三度得主托马斯·弗里德曼（Thomas Friedman）做客北京大学光华管理学院，以"面对科技翻天覆地，我们该做些什么？"为主题发表演讲。

6月8日，北京大学拉卡拉教育基金捐赠仪式在北京大学举行。北京大学光华管理学院校友、拉卡拉集团董事长孙陶然宣布，孙陶然及拉卡拉向北京大学捐资5000万，用于助力青年们的素质提升和思想创新，以及支持光华管理学院的发展建设。

北京大学光华管理学院师生代表到云南腾冲开展调研交流，并于6月8日与腾冲市委签署战略合作框架协议，双方将共建实践锻炼平台，合作办好各类人才培训，加强相关课题研究。

6月，"北京大学三井创新论坛"第五十五讲在北京大学光华管理学院阿里巴巴报告厅举行。

6月13日，北京大学光华管理学院与国际智库东西方研究所（EastWest Institute）举行交流会，双方围绕中国经济新常态、中国企业转型升级等话题进行充分交流与沟通。

8月，厉以宁教授再出新著《大变局与新动力：中国经济下一程》，收录厉以宁教授关于改革的重要看法和观点。

7月24日，光华管理学院EMBA全球课堂走进英国牛津与剑桥俱乐部，北京大学光华管理学院院长刘俏教授，北京大学光华管理学院院长助理、金融学系张峥教授以及45名来自各大企业高管层的光华EMBA学员，与英国前首相戴维·卡梅伦（David Cameron）进行深度对话，畅谈中英关系、英国脱欧、国际关系、领导力等话题。

8月18日，"2017北京大学光华管理学院西南论坛暨成都分院落成仪式"在成都举行，来自政界和商界的嘉宾与北京大学光华管理学院教授一起进行深度探讨，为西南地区发展建言献策。

8月19日下午，主题为"新西安·新西商"的首届世界西商大会北京大学光华管理学院论坛正式召开。陕西省委常委、西安市委书记王永康，北京大学经济与管理学部主任、中国管理科学学会会长、北京大学前副校长张国有，北京大学经济政策研究所所长、北京大学光华管理学院教授陈玉宇等作主旨演讲。

8月19日，光华管理学院特聘教授、国务院参事徐宪平，光华管理学院院长刘俏，院长助理、会计系教授李琦以及40多名学院EMBA学员来到云南省弥渡县德苴乡，出席教育扶助专项资金首期捐助仪式。此次捐赠由EMBA112班学员出资，资助德苴乡150名在2017年高考、中考中取得优异成绩的家庭贫困学生和义务教育阶段家庭贫困的优秀学生，帮助他们顺利完成学业。

8月，《人民日报》刊发文章《不"走过场"不"凑学分"实实在在丈量祖国大地》，点赞通过社会实践了解国情民情的高校学子，报道一批优秀的学生社会实践项目，赞扬光华管理学院推动"沃土计划"，使学生的社会实践经历一次完美的"蜕变"。

9月2日，光华管理学院2017年开学典礼在北京大学百周年纪念讲堂隆重举行，来自全国各地以及海外的2017级本科、硕士、博士、MBA和EMBA近1300名新生，与部分在读学生、校友，以及学院老师、部分新生家长共同参加。

9月17日，由北京大学贫困地区发展研究院主办的第六届中国贫困地区可持续发展战略论坛在安徽省宣城市旌德县举行，来自全国各地的近200名专家、学者、政府官员和企业家共商扶贫脱贫大计。

9月，刘俏、姜国华入选中国证监会第十七届发审委委员。

10月12日上午，北京大学教务部到光华管理学院调研本科综合改革工作。

10月，姜国华合著论文"Tunneling through Intercorporate Loans: The China Experience"获得2017年度中国青年经济学家优秀论文奖。该奖项由中国青年经济学者论坛学术理事会和学术委员会评选，论文合作者为斯坦福大学李勉群教授、新加坡管理大学岳衡教授。

10月18日，光华管理学院在光华2号楼507会议室举行师生学习党的十九大精神座谈会。学院教职工及学生党支书、学生团支书、学生会、研究生会等青年学生代表参加学习座谈会。

11月8日，北京大学应用经济学、工商管理2个一级学科学位授权点的自我评估专家评审会分别在光华管理学院举行。

11月14日，北京大学光华管理学院携手阿里研究院举办"看中国"思想论坛，北京大学光华管理学院刘俏院长对话阿里巴巴CEO张勇，探讨新经济与大未来。

11月16日，中国高等院校市场学研究会移动营销研究中心成立大会暨"2017中国移动营销理论与实践高峰论坛"在北京大学光华管理学院举行。

11月21日，北京大学光华管理学院与葛洲坝国际公司在京签署战略合作协议。

11月23日，深入贯彻学习十九大精神报告会暨第102期经济与金融高级论坛在阿里巴巴报告厅举办。曹凤岐教授作题为"学习贯彻十九大精神——促进多层次资本市场健康发展"的主题报告。

11月29日，《中国教育报》刊发当代教育名家推选活动组委会《关于当代教育名家推选结果的公告》，公布当代教育名家名单，北京大学光华管理学院创始院长、名誉院长厉以宁教授名列其中。

12月8日，英国爱丁堡大学在校长Sir Timothy O'Shea教授的带领下，率团访问北京大学，并且在光华管理学院举行厉以宁先生爱丁堡大学荣誉教授授予仪式。

12月15日，光华管理学院院长刘俏荣获"影响中国"2017年度经济学家。

12月16日，学院举办"2017·光华创新创业计划大赛"。

12月17日，第十九届北大光华新年论坛在北京大学百周年纪念讲堂举行。本届论坛的主题为"新时代 新思想"，旨在致敬改革开放40年，庆祝北京大学建校120周年。

（光华管理学院）

人口研究所

【发展概况】 2017年人口所在编教职工20人，其中专职科研与教学人员16人，教授7人，副教授7人，讲师2人。另有博士后在站研究人员3人，聘有国内外客座教授20余名。研究人员全部具有博士学位和海外学习培训背景，来自人口学、经济学、社会学、人类学、数学、计算机、医学、公共卫生、地理学、环境科学等多个学科。

【人才培养】 2017年，人口所共有131名在读学生，其中硕士研究生89人（学硕45人，含港澳台学生14人；专硕44人），博士研究生人42人（含留学生4人，港澳台学生2人）。在学生的培养过程中，人口所积极创新，为学生的学习、社会实践和国际交流创造良好的平台：

2017年首届"京港澳台"人口老龄化专题夏令营，约110名师生参加。本次专题夏令营课程融入"成功老龄化"理念，采取"前沿课题讲座+实践体验课程+成果汇报"方式，旨在促进营员们在轻松愉快的学习氛围中，加深对中国老龄化问题的认识和应对策略的思考。前沿课题讲座邀请来自海峡两岸及港澳地区研究老龄问题的专家学者和拥有丰富经验的老龄产业专业人士，在老年社会工作教育、老年医学与健康、老年教育、老人福祉科技发展、养老产业管理等方面进行专题演讲，从理论高度提供积极应对老龄问题的思维视角。实践体验课程分为老龄体验、历史文化生活体验与校外体验分组教学3部分。

2017年9月12日，第二届北京大学老龄健康博士生论坛在北京大学举行。本次会议由北京大学研究生院主办，北京大学人口研究所、北京大学老年学研究所、北京大学亚太经合组织健康科学研究院（HeSAY）、北京大学护理学院共同承办。来自日本早稻田大学、台湾大学、北京大学、中国人民大学、首都医科大学、中国老龄科学研究中心以及中国疾控中心等相关专家及优秀学子80余人参加本届论坛。本届论坛以"技术、服务与保障"为主题，论坛以鼓励博士生坚持问题导向，围绕当前经济社会发展的大背景，选择老龄健康研究的焦点、热点与难点问题，鼓励多学科融合，展开深入研讨，推出一批具有重要理论和实践价值的创新成果，提高博士生自主创新能力为宗旨。

【科研活动】 科研成果。人口所在多学科交叉研究领域成果产出较为丰富。2017年出版英文专著1部，发表SCI/SSCI论文21篇，中文核心期刊论文30篇，其他学术期刊论文18篇，共计69篇。

主要科研项目。2017年全所共承担科研项目36项，所有项目均进展顺利，其中新立项项目如下：郑晓瑛，亚太地区罕见病药品审评与准入的合作创新，教育部，2017年10月；陈功，中国残疾人需求与服务数据动态更新报告，中国残疾人联合会，2017年3月；宋新明，关于"十三五"规划中残疾人家庭收入与相关政策分析，中国残联委托项目，项目负责人，2017年8月；乔晓春，健康预期寿命与人口群体健康水平测量，国家社科基金重大项目，2017年7月；张蕾，中国青年状况与发展——全国人口1%抽样调查数据分析，国家统计局、联合国人口基金，2017年10月；王振杰，中日韩三国人口老龄化动态变化趋势对其社会经济的影响研究，北京大学桐山教育基金，2017年。

【交流合作】 促进APEC各经济体健康创新合作。

2017年3月10日上午，老年呼吸疾病与哮喘治疗研讨会在北京大学召开，该研讨会由北京大学亚太经合组织健康科学研究院（HeSAY）/北京大学人口研究所与广州呼吸疾病研究所共同主办。

4月23日至29日，北京大学亚太经合组织健康科学研究院（HeSAY）院长郑晓瑛教授及副教授张蕾应邀赴台参加"海峡两岸应对老龄社会管理研究领域学术交流研讨会"，该会议由国家自然基金委员会和李国鼎科技发展基金会共同主办。

8月18日至30日，亚太经合组织在越南胡志明市举行亚太经合组织第三次高官会及其相关会议。北京大学亚太经合组织健康科学研究院（HeSAY）副秘书长张蕾汇报研究院工作进展，相关研究成果和工作进展得到大会主席和与会经济体代表的高度赞扬和关注，多个经济体代表表达合作的愿望。

11月22日，"亚太地区罕见病药品评审与准入的创新合作"项目启动会暨"亚太经合组织罕见病政策对话"筹备会在北京大学召开。该项目由国家财政部中国亚太经合组织合作基金根据APEC确定的重点领域优先资助，由北京大学亚太经合组织健康科学研究院（HeSAY）牵头承担，将对亚太地区罕见病研究起到引领作用。

积极开展老龄合作平台建设。

4月25日至27日，北京大学"台湾大学日"人口老龄化论坛在北大举行。北京大学人口研究所、台湾大学社科学院社工学系及两校相关部门及院系专家学者80余人出席论坛并围绕相关学术议题进行深度交流。论坛由北京大学老年学研究所、北京大学人口研究所、北京大学APEC健康科学研究院共同承办，主题为"健康发展和长期照护"。

6月29日，首届"京港澳台"人口老龄化专题夏令营在北京大学开营，7月8日在北京大学圆满落幕。由教育部万人计划和北京大学港澳台办公室支持、北京大学人口研究所与北京大学老年学研究所联合主办的本次夏令营，共有来自北京大学、香港城市大学、香港岭南大学、香港树仁大学、澳门大学、台湾大学、台湾中正大学、台湾成功大学、台湾东海大学、台湾南开科技大学等10所高校约110名师生共同参加。

7月19日，2017两岸老龄福祉科技与服务管理暑期专业研习在台湾开幕。本次研习应台湾南开科技大学民生学院福祉科技与服务管理系的邀请，由来自北京大学人口研究所/老年学研究所、信息科学技术学院、护理学院、离退休工作部及燕园街道办事处的8位老师及人口研究所/老年学研究所的24名博、硕士研究生组成，形成老年学、老龄管理与服务、社会工作、人工智能、老年医学、护理学、离退休与社区管理等具多学科背景、多研究方向、实务应用的交流团队，就辅具与产业、养老机构及养老驿站、老年大学与老年教育等议题进行探讨交流。

11月14日上午，北京大学人口研究所/老年学研究所与屏东基督教医院合作协议签署仪式在北京大学举行。

加强残疾人研究合作和交流。

2017年2月，人口研究所承担中国残联委托的《全国残疾人家庭收入抽样调查设计》工作。项目对全国持有第二代《中华人民共和国残疾人证》的残疾人进行抽样，保证样本的全国代表性。在此方案基础上，中国残联于2017年7月如期开展全国残疾人家庭收入的调查执行工作。

2017年3月，全国动态更新工作专家指导委员会主任委员、人口研究所教授陈功在"全国残疾人基本服务状况和需求信息数据动态更新工作培训班"上介绍动态更新第三方评估工作的计划。北京大学人口研究所自4月起陆续对各省动态更新工作进行第三方评估。12月19日，中国残联第四十七次理事会会议听取2017年度全国残疾人基本服务状况和需求信息数据动态更新工作专家指导委员会意见以及北京大学第三方评估结论相关情况汇报。

2017年7月开始，由中国残联康复部、北京大学人口研究所等单位组成的全国残疾预防督导组，陆续前往各省进行督导全国残疾预防综合试验区基线调查和创建试点工作。

2017年11月25日，残疾统计现状和发展研讨会暨"残疾人口和统计专业委员会"成立仪式在北京大学举行。国家残疾人事业发展研究会副秘书长李耘宣布《关于同意成立"残疾人口和统计专业委员会"的决定》，并委任陈功为主任委员，吕庆喆为常务副主任，邱卓英、邱观建、王晓峰、张钧、张蕾、赵军利、王星为副主任委员，张蕾兼任专业委员会秘书长。

2017年12月2日，由中国残疾人联合会、复旦大学、残疾人事业发展研究会主办、北京大学中国残疾人事业发展研究中心等10个高校研究机构协办的第十一届中国残疾人事业发展论坛在复旦大学举行。北京大学党委副书记叶静漪代表学校出席论坛并致辞，人口研究所陈功教授在论坛发表主题演讲。

【党建工作】 2017年，北京大学人口研究所党支部师生认真学习领会党的十九大精神，全面准确认真研读党的十九大报告和党章，学习习近平总书记在党的十九届一中全会上的重要讲话精神，紧紧围绕习近平新时代中国特色社会主义思想这个主线，将思想政治学习和工作实际紧密结合。人口所师生党支部充分利用研讨会、微信公众平台、网络等各级各类宣传阵地和资源，充分利用参观学习、撰写文章等形式大力宣传党的十九大精神，大力宣传学习贯彻党的十九大精神的有力举措，大力宣传学习贯彻党的十九大精神的先进经验和先进典型，不断推动党的十九大精神的学习贯彻。2017年人口所将党风廉政建设工作重点放在不断加强学习教育，夯实党员干部廉洁从政思想基础，健全完善制度机制，全面加强监督检查的内容上。在人口所教师党支部增设监察委员一职，进一步严肃党内政治生活，强化党内监督，强化监督执纪问责，切实巩固和深化作风建设成果。

（人口研究所）

国家发展研究院

【发展概况】 国家发展研究院的前身是成立于1994年的北京大学中国经济研究中心，现设有新结构经济学研究院、健康老龄与发展研究中心、能源安全与国家发展研究中心、人力资本与国家政策研究中心、中国卫生经济研究中心、中国公共财政研究中心、中国健康发展研究中心、瑞意高等研究所等十多个研究中心，以及BiMBA商学院。经过二十多年的发展，国发院已成为集教学、科研和智库于一身的综合性学院。

国发院聚合北大乃至全球的研究资源，在政府与市场的关系、新农村建设、土地问题、国企改革、电信改革、股市治理、人口政策以及经济结构调整等诸多重大问题上，产生一批有影响力的政策建议，并被政府所采纳。国发院拥有"中国经济观察报告会""格政"和"国家发展论坛"3个智库品牌活动，并牵头组织"中美经济对话"和"中美卫生对话"，在中美民间外交方面作出突出贡献。

【人才引进】 2017年，晋升老体制正教授1位；新体制长聘正教授1位，这是学院第一位通过新体制评估晋升的正教授。

学院现有教育部长江特聘教授3位、中组部海外高层次人才引进计划讲席教授1位、杰青学者2位、长江青年学者1位等。林毅夫受聘北大博雅讲席教授，周其仁受聘北大博雅资深教授，姚洋等5位受聘北大博雅教授。学院利用社会捐赠设立金光、发树、木兰等讲座教授席位，共聘任6位教授。

【教学工作】 2017年秋季，国发院在2016级本科生中招收首届经济学专业（国家发展方向）本科生，录取的30名学生来自校内12个院系。

经济学本科双学位。2017年校内校外合计录取669人。本科生、双学位、辅修、PPE各类在读学生共2177人。2017年度春季共计开课30班次，教师人数28人，助教人数66人；暑期开设1班次（英文课）；秋季开课34班次，教师人数28人，助教人数73人。国际交流方面，与纽约城市大学柏鲁克分校合作组织2017年暑期夏令营，24名学生在纽约完成两周课程、参访与交流活动，并完成秋季提前录取工作。组织西点军校MCLC论坛项目在北京大学的选拔工作。与数所国外高校签署本科生交换协议。为学生提供中国经济研究奖学金等各类奖助学金合计234.5万元。

经济学硕士和博士项目。2017年入学博士新生22人（其中硕博连读7人、直博士15人），硕士新生37人，采用夏令营招生模式，2017年共有567人报名，60名同学正式入营，最终录取推免博士生10人、硕士生20人。全国硕士统考2017年报名483人，录取14人。2017年共开研究生课33门，其中必修课8门，选修课25门，Workshop 16门，涵盖10个专业研究领域。教务部门大力组织博士生参加国际交流项目，2017年国发院资助派出学生5人，派出学校为康奈尔大学、杜克大学、挪威奥斯陆大学、香港中文大学等。

MBA项目。根据市场动态与学生的需要，进一步丰富MBA项目选修课程，目前共开设选修课24门。MBA项目学员与合作方Vlerick商学院到对方学校进行1个月的交换学习。和伦敦大学学院（UCL）签署MBA合作办学联合声明，共同开设工商管理硕士（MBA）课程项目，并于2017年9月正式开学。

EMBA教学服务和教学管理。新开设"互联网时代的创新和变革"模块，包括《商业模式的创新与重构》《互联网+时代的企业创新：思维、方法与实践》《大数据的应用与产品化》《科技驱动、商业创新与投资机会》4门课程。参加教育部专业学位评估工作。

2017年7月6日，南南学院首届毕业典礼在英杰交流中心举行，毕业生给国家主席习近平写信，感谢中国政府给予他们提升知识水平、学习中国改革开放成功经验的机会，表示他们在南南学院学习到清晰理念和丰富管理知识。10月，习近平给南南合作与发展学院首届硕士毕业生回信。

【科研工作】 2017年度学院共获33项奖项，例如：国发院蝉联高校智库第一、入选2016最具影响力智库，林毅夫专著获北京大学第十三届人文社会科学研究优秀成果一等奖，黄卓论文入选全球经济学与商学领域前1%高被引论文，李玲荣获第十三届北京市高等学校教学名师奖，余淼杰荣获第七届吴玉章人文社会科学优秀成果奖等。科研发表成果丰硕，2017年度全院共发表文章124篇，其中，英文SSCI发表52篇。李力行和国发院博士校友马光荣合作的论文"Hayek, Local Information, and Commanding Heights: Decentralizing State-OwnedEnterprises in China"被经济学顶级学术期刊 *American Economic Review* 接受并将发表；张丹丹的2篇论文"China's Sex Ratio and Crime: Behavioural Change or Financial Necessity？"和"Gender Differences in Willingness to Compete: The Role of Culture and Institutions"被经济学顶级期刊之一的 *Economic Journal* 接受；鄢萍的论文"Costly Labor Adjustment: General Equilibrium Effects of China's Employment Regulations and Financial Reforms"被经济学顶级期刊之一的 *Economic Journal* 接受。学院还获得国家自科、国家社科类项目立项6项。

【国家高端智库】 报送政策研究报告和承担交办重大研究任务及认领重要课题为党中央国务院领导提供决策参考。2017年报送政策研究报告共38篇。获得党中央、国务院领导同志7次重要批示，入选《国家高端智库报告》6篇。

以专家身份参加党中央国务院有关会议为中央决策提供支撑。2017年有21人次以专家身份参加党中央、国务院领导同志召开的座谈会。林毅夫教授以党外人士代表列席党的十九大开幕式。黄益平教授参加国务院参事室"防范系统性金融风险"座谈会并受聘担任其金融研究中心首批研究员。

组织大型政策报告会、研讨会和专题论坛分析热点焦点难点问题发挥经世启民作用。2017年举办第二届国家发展论坛并拉开"纪念中国改革开放40周年"系列活动序幕。组织4场"中国经济观察"季度报告会，就中央设立和建设雄安新区重大决策、国内外宏观经济形势与政策、中国城市化与土地改革、中国经济发展与十九大有关中国特色社会主义新时代新思想等热点问题进行专题演讲和讨论；发布反映会议讨论内容的简报31期，简报字数10余万字。

【学术交流】 组织各种类型的学术活动，包括2017年中美经济二轨对话（美国）、国际研究型大学联盟（IARU）全球转型研讨会、第15届严复经济学纪念讲座、第20届NBER-CCER年会、亚洲五大高校会议、中国国际研究联盟ICCS年会（第四届）、第二届CCER夏季国际研讨会、"中美经济对话"第16次对话（中国）、首轮"中美健康二轨对话"、第十七届中国经济学年会等。并邀请著名学者、政界领袖、企业精英来北大演讲。

在CCER Working Paper工作方面，2017年度共发表21篇中英文论文。2017年，学院启动CCER访问学者项目，接收2名长期访问学者和8名短期访问学者。

【学术出版】 2017年，《经济学》（季刊）获得中国国际影响力优秀学术期刊称号，入围"中国人文社会综合评价AMI"核心期刊。China Economic Journal（CEJ）英文学术期刊被正式收录于Emerging Sources Citation Index（ESCI）数据库。

【党建工作】 认真贯彻落实中央重大决策部署和上级党组织重要工作部署。为学生和教工党员举办专题党课，党委书记结合国发院实际讲解习近平新时代中国特色社会主义思想形成的历史背景和发展过程。院党委组织师生党员观看党的十九大开幕会，并座谈交流学习体会。

贯彻学校党委决定，落实院党政联席会议制度，严把政治关。遵照校党委的决定和部署，定期召开党政联席会议制度。院内重大问题，均经过院党政联席会议充分讨论后方能通过。党委对涉及意识形态方面的问题保持关注，将"严格把好政治关"落实到院领导班子的实际行动中。

加强组织领导，严明党的政治纪律和政治规矩，把纪律立起来、严起来。认真贯彻中央八项规定精神，持之以恒纠正"四风"，坚决遏制腐败蔓延势头。国发院院长和党委书记带头，管好班子、带好队伍、当好廉洁从政的表率。

落实基层党委会制度，重视党建工作研究与调研指导，国发院党委主要负责人通过职责分工，密切配合，保证日常工作和重点专题都能按期贯彻落实。党委委员联系党支部制度落实到位。

（国家发展研究院）

医学部

基础医学院

【发展概况】 学院概况。基础医学院前身是1954年成立的北京医学院基础医学部。历经60多年发展历程，学院已成为国内领先的、多层次基础医学教育、人类生命科学和疾病防治基础研究的教学科研基地。在教育部四轮教学评估中，学院基础医学学科有三轮位列榜首。学院学科体系完备，现设14个学系，2个研究所及1个生物医学实验教学中心。现有15个二级学科，分属基础医学、生物学、药学和中西医结合4个一级学科，拥有6个部门或北京市重点实验室。目前在岗教职工397人，其中博士生导师70人。

学科建设。2017年公布了教育部第四轮学科评估结果，学院基础医学学科以"A+"的成绩再次位列全国高校榜首，并入选国家"双一流"建设学科名单。学院组织整合各二级学科规划，编报了"北京大学基础医学一流学科建设方案"。医学免疫学卫计委重点实验室"十二五"评估结果获评"优秀"；神经科学卫计委重点实验室"十二五"评估结果为"良好"。重点学科平台建设及跨学科研究项目获学校"双一流建设专项"经费4000余万元，启动建设双光子活体成像技术平台、高性能计算与组学计算分析平台、高血压精准医学平台、肿瘤免疫与微环境等前沿技术平台。

人才队伍建设。深入实施第二期"基础医学院青年教师导师制"项目，积极参与"北京大学青年医学科技创新发展联盟"工作，大力培养青年人才。1人入选第三批国家"万人计划-青年拔尖人才"。2人入选第十三批国家海外高层次人才引进计划（青年项目），2人通过第十四批国家海外高层次人才引进计划（青年项目）评审和公示。

（杨 歌）

【本科生教学】 教学管理。2017年招收基础医学专业新生105名，毕业17名；医学实验专业取消招生，毕业35名。办理412名学生的学籍处理和各种本科生教务事宜。加强教学质量监控，组织督导专家对本科生教学工作进行检查，收集学生和督导专家对教学的意见和建议。组织参加2016—2017年度医学部教学优秀奖评选，多位青年教师在各级讲课比赛中获奖。

教育教学改革。深化"新途径"及PBL（Problem-Based Learning）教学改革，总结和反馈改革意见，推动以能力为导向的考核改革。首次开设基础医学专业《科研思维训练课程》，启动基础医学专业临床阶段教学改革，改进创新人才培养项目。加强教学改革探索研究，多项教学改革课题申报获批立项。完成本年度实验教学中心的仪器设备购置和更新，推进实验教学改革和交流，推动虚拟实验教学中心建设。

教学交流。组织召开教育部基础医学专业教学指导委员会及基础医学教育学会工作会议、基础医学相关单位联合研讨会。举办第六届北京大学PBL医学教育交流研讨会；组织各系、室骨干教师20余人次参加了国内相关教学会议，组织推动本科生科研的校内外交流。

（张 燕）

【研究生培养】 研究生规模与招生。2017年基础医学院在读研究生共650名，其中博士生401名，硕士生249名。成功举办 2017 全国优秀大学生暑期夏令营，提高生源质量。通过推荐免试、硕士统考、博士统考，顺利完成 2017 年硕士生及博士生招生任务。按期完成基础医学学位授权点合格评估。

研究生培养与学位授予。组织开设 70 余门研究生课程，落实课程经费、排课、选课、考核、成绩管理等工作。承担研究生教务与学籍、档案信息等管理，完成研究生毕业文档收集、录入、审核，编辑毕业研究生文集，办理公派出国及专业学位研究生阶段考核等工作。完成研究生答辩审批、毕业论文审核整理、学位及优秀博士生论文申报。组织院校学位论文双盲审，完成本年度硕士学位、博士学位授予工作。

研究生教育管理。加强导师队伍和育人体系建设，完善和改进导师遴选、招生资格与名额配置等机制。充实研究生班主任和心理观察员队伍。充分发挥研究生党总支和学生干部作用，做好研究生党团组织活动和发展工作。组织开展研究生喜闻乐见的宣教、文体、学术、科技、实践、公益等活动，打造精品学生活动，满足研究生需求，促进学生德智体全面发展。完成研究生各类评奖评优、奖助发放、贷款、保险、困难补助、卫生健康、心理辅导、应急处理等工作。

（李平风）

【科研工作】 科研项目及经费。2017 年全院新批各类科技项目 103 项，批准或签约科研经费 14,035 万元。邓宏魁、张炜真牵头申报的国家重点研发计划项目批准立项；1 人获批国家重点研发计划"青年科学家项目"。今年共获批科技部项目课题、子课题 20 项，批准财政经费 8135 万元。国家自然科学基金是我院科研项目来源主渠道，2017 年共获批国家自然科学基金项目 47 项，中标率 40%，直接经费合计 4068 万元，其中获批重点项目和重点国际合作研究项目 7 项。

全院承担各类在研科技项目 338 项，到位科研经费约 8000 余万元，半数以上在研科技项目为国家基金委和科技部资助的国家级项目。万有教授负责的国家自然科学基金重点项目结题验收获评"优秀"。

科研成果。2017 年全院发表论文 391 篇。其中以第一作者或通讯作者单位发表 SCI（Science Citation Index）论文 291 篇，IF（Impact Factor）≥ PNAS（Proceedings of the National Academy of Sciences of the United States of America）高影响论文 16 篇。全院发表作为合作单位的 SCI 论文 68 篇、国内核心期刊论文 14 篇、综述 12 篇、会议论文 6 篇。出版专著、教材 18 部，其中主编 3 部、副主编 2 部、参编 13 部。

邓宏魁教授团队研究建立同时具有胚内胚外发育潜能的干细胞系及建立全新的化学谱系重编程途径，论文发表于 Cell 以及 Cell Stem Cell。尚永丰院士团队"乳腺癌发生发展的表观遗传机制研究"获国家自然科学奖二等奖，朱卫国教授团队"组蛋白修饰酶类参与肿瘤细胞氧化应激的机制研究"获北京市科学技术奖二等奖，韩济生院士"针刺原理研究"获世界针灸联合会"科技特殊贡献奖"。作为合作单位获省部级科技奖 3 项。全院获得授权国家发明专利 11 项及实用新型专利 1 项，美国发明专利 1 项，5 项专利签约技术转让。

学术交流。2017 年全院主办 / 联合主办国际学术会议 8 次，主办国内学术会议 8 次，举办校内学术报告 122 次，参加人数 8500 余人次。

28 位教师在国际国内学术组织和刊物新任 49 个学术兼职。其中，鲁凤民教授出任中国医药质量管理协会转化医学分会主任委员，王凡教授出任中国生物物理学会分子影像学专业委员会主任委员。

（孙 宏）

【党建工作】 完成上级党委部署任务。配合学校完成中央巡视组入校巡视工作，检查问题，落实整改。完成党费补缴、失联党员组织关系处理等工作。落实北京大学、医学部第十三次党代会两委委员提名推荐，召开党员代表大会选举产生出席北京大学、医学部第十三次党代会党代表。完成医学部党建标准检查预查，积极参与北京市党建工作平台信息化建设。

基层党组织建设。加强各系所及学生党支部建设，完善党支部书记例会制度，组织基层党务干部培训，提高党支部工作绩效和水平。加强党风廉政建设，强化领导班子和干部队伍建设，坚持院系工作民主集中制。扎实开展党员组织发展，完成毕业生党员党组织关系转出及党内统计等工作。

思想政治教育。紧密结合新时代学院立德树人及一流学科建设中心工作，加强和改进思想政治教育工作。指导和加强学院宣传工作，做好优秀人物表彰和先进事迹宣传，扩大学院影响力。

工会、群团工作。指导推动共青团组织建设与发展，指导做好工会、教代会、统战、离退休干部等工作任务。完成"共产党员献爱心捐款"活动，开展专项扶贫帮困工作。

（马炳娜）

【行政工作】 院系治理。完善院长书记办公会、学术委员会、教学委员会、学位委员会等管理体系，全面推进学院学科建设、系所发展、教学科研等各项工作，科学决策、审核监管学院改革发展等重大事项，改进提高学院的管理服务效率和水平。配合医学部西北区建设，完成机关办公室的搬迁工作。加强学院安全管理，建立了院系安全员巡查制度，组织开展师生安全教育培训。组织开展了本科生招生宣传工作。

人事工作。成立人事改革方案制定工作小组，深入开展教师队伍教学科研情况的调研，组织编写学院人事综合改革方案。首次开展引进人才 Tenure 评估，完成"985 专项"岗位聘任、年度毕业生接收、教工调入调出及离退、年度职称评审等工作。推荐上报海外高层次人才引进计划（青年项目）、教育部"长江学者奖励计划"、奖教金项目、青年人才支持计划候选人。

外事工作。探索联合办学培养研究生的模式，与美国康奈尔大学医学院合作，邀请院长 Augustine Choi 教授访问学院，就联合培养和国际合作达成初步意向。完成教工出国人员程序审批，邀请海外学者来校讲学及科研交流 22 人，办理出国研修或合作交流 11 人。

（杨 歌）

【学生工作】 学生工作规范化。加强班级交班制度精致化、奖学金评定规范化、助学工作系统化、就业指导工作细致化。坚持教育与管理相结合，促进思想政治教育系统化和大学生思想政治教育理论化，建立月度学习会制度，探索学生工作理论与实践研究。

道德教育和心理辅导。加强《大学生思想道德修养与法律基础》课程教学，开展一系列爱国主义教育、集体主义教育、三观教育、爱校教育和入学及毕业教育。加强安全教育，防范事故、防范诈骗，严格进行学生宿舍管理。

成立个性化辅导小组，对重点学生、困难学生、问题学生的思想及学业进行重点关注、定期谈话、个性化辅导。开展心理健康教育，对思想偏激、心理脆弱、经济困难、学业困难、学籍异动、生活独立"六类"重点学生建立档案，进行观察辅导，分类管理。

学生活动项目化。发挥本科生党总支与学生团学联两个平台作用，打造院系特色品牌活动。开办入党积极分子培训班、学生党员理论知识辅导，组织党团日活动、学生党课活动、医学职业精神教育、文体、科普、社会实践、创新创业、高校交流等活动，开展健康宣教、义诊、"雷锋月"等社会公益活动，提高学生综合素质。

全员育人。探索多元化育人途径，实施"新生成长领航人项目"，聘请院校党政领导干部、优秀青年教师担任新生成长领航人，帮助学生适应大学生活，树立良好的学习习惯和专业思想。开展"传承 筑梦 起航"学生发展助力项目，聘请校外兼职班主任，发挥校友资源和社会育人功效。建立辅导员专业化队伍，做好专兼职辅导员和学生工作人员教育培训，提高全员育人能力。

（赵 姗）

药学院

【发展概况】 2017年药学院在岗教职工人员总数 179 人，其中正高职称 47 人（教授 37 人，研究员 9 人，编审 1 人），副高职称 57 人（副教授 44 人，副研究员 8 人，副主任技师 4 人，副编审 1 人），中级职称 68 人（讲师 33 人，助研 17 人，主管技师 18 人），初级职称 6 人，工人 1 人。学院专任教师 134 人，占总数的 75%。学院现有院士 2 人，长江学者 4 人，杰出青年 7 人，海外高层次人才引进计划（青年项目）6 人，青年拔尖人才 1 人，青年长江学者 1 人，优秀青年科学基金项目 5 人，跨世纪新世纪人才 12 人。离退休人员 144 人。其中在校党员 389 人，在岗党员 115 人，离退休党员 64 人，本科生党员 8 人，研究生党员 202 人。

完成药学院人事综合改革方案，完成系室人员调整和部分老体制教师进入新体制工作。多位青年教师赴顶尖实验室进修学习。继续高层次人才引进工作。周德敏团队入选科技部创新人才推进计划重点领域创新团队，1 人入选中青年科技创新领军人才。1 人入选 2017 年国家百千万人才工程，授予"有突出贡献中青年专家"荣誉称号。1 人入选国家第 13 批海外高层次人才引进计划（青年项目）。1 人入选第 8 批"北京市优秀青年人才"。1 人入选中国科协青年人才计划青年人才托举工程。

药学院药学学科入选教育部双一流建设学科。学科国际影响力不断提升。药学学科进入 ESI 全球前 1%；列 USNEWS 世界大学排名第 21 位；列 QS 世界大学排名第 24 位。焦宁入选科睿唯安 2017 年全球高被引学者榜单，屠鹏飞、杨秀伟、吕万良连续荣登 Elsevier 中国高被引学者榜单。周德敏担任美国化学会

（王 珣、陈 欣、王铁军）

表 5-21 各类学生情况

学生类别	毕业（人）	招生（人）	在校（人）
硕士生（专业学位）	140（45）	70（37）	400（159）
博士生	40	50	188
在职读学位	4	8	42
本科生（长学制）	108	131	485
夜大专升本	103	89	301
合计	395	348	1416

（赵帼英、陈 欣、崔博华、黄燕清）

【教育教学】 新增本科课程《新生导师课》《科研训练课》《普通生物学实验》运行情况良好。理科基地"科研训练与能力提高项目"顺利完成结题，共计 431 名本科生 1514 人次参加二级学科实验室轮转；固定科研训练项目累计达到 112 项，受训学生达到 286 名。修订二级学科资格审核标准，平均学分绩点提高至 2.70，不及格课程、留降级等内容适当放宽要求，鼓励更多同学进入二级学科。启动"虚拟实验教学平台建设"，获得 240 万元建设经费，用于本科生实验课程虚拟互动教学；利用修购专项 500 万元建设经费购置本科生实验教学仪器，并获得 2018 年修购专项 1176 万元。

顺利完成药学学位授权点合格评估；科学学位硕士生匿名评阅率提高到 50%；开展研究生导师情况梳理工作，制定导师上岗新标准；举办优秀大学生夏令营，锁定优秀生源。

"药物化学国家级继续医学教育基地"接受评估，2 个项目获得国家级继续教育项目。

教学改革取得良好成绩，获得"2017 年度医学部教育教

学研究课题"重点课题1项;"2014年度医学部教育教学研究课题-优秀结题二等奖"1项;"医学部2017年教育教学成果奖"二等奖2项、三等奖2项;范田园获"北京大学教学优秀奖";"药物化学教学团队"获得医学部教学团队优秀奖;10名教师及3门研究生课程教学团队获得"医学部教学优秀奖";药学院教师在"2017年医学部青年教师讲课比赛"中获得三等奖1项、优秀奖1项。

(赵恒英、韩健、崔博华、黄燕清)

【科学研究】 科研资助。2017年获国家自然科学基金资助28项,面上、青年基金的资助率分别达到34.69%、45.45%。1人获得国家杰出青年科学基金项目支持,叶新山、周德敏分别获得了重点项目及重大研究计划重点项目资助。杨振军、李勤获得国家科技重大专项重大新药创制课题支持。作为牵头单位获准各类科研项目60余项,批准经费1.05亿元。天然药物及仿生药物国家重点室获得仪器经费9700万元。

研究成果。在药学领域代表性期刊发表200余篇高水平学术论文。申请国内外专利26项,获得授权19项。叶新山团队合成的最大最复杂的多糖分子Arabinogalactan入选Chemical & Engineering News "年度最炫分子",为中国本土学者完成的工作首次入选该榜单。屠鹏飞获"全国创新争先奖""吴阶平医学奖-医药创新奖"等荣誉称号。叶敏荣获2016年度"国家科学技术进步二等奖"。张强获首届"以岭生物医药奖"。汪贻广获"赛诺菲青年生物药物奖"。焦宁获"拜耳学者奖"、中国化学会-巴斯夫公司青年知识创新奖。叶新山获中国化学会"维善天然产物合成化学奖"。周德敏获"药明康德生命化学研究奖杰出成就奖"、2017年"诺奖之星"等奖项,其研究成果入选"2016年度中国十大医学科技新闻""2016年基金委十大科技进展"。

(王铁军)

【对外合作交流工作】 天然药物及仿生药物国家重点实验室主办"第一届天然药物及仿生药物国际前沿研讨会——化学生物学驱动的药物创新"。与康涅狄格大学继续签署了合作协议书。与泰国东亚大学合作的第一批师生来院开展为期1个月的交流学习。

(王珣)

【行政管理工作】 药学楼装修改造工程完毕。组织实验台等相关配套设施的安装工作,为药学楼回迁做好准备工作。完成药学楼教学实验室回迁工作,教学实验室于11月中旬开始平稳运行。全面启动科研空间有偿使用的探索,为方案的制定进行调研并提供支撑数据,对学院所有可用空间的面积及功能进行核准测算。完成了药学院西北区库房的整体腾挪工作。

启动学院网站改版及学院介绍画册修订工作;组织学院微信公众号、网站、信息发布系统的重新申请审批和备案工作,进一步完善学院综合性信息平台的建设和管理;调整学院信息员队伍并进行培训,进一步提升学院信息报道工作的规范化水平。

继续推行药学院实验室安全准入制度,建立危险化学品台账管理制度,开展实验室危险化学品专项整顿工作。定期组织实验室安全自查、检查,组织学生安全助管对学院公共区域进行安全巡查。开展消防演习活动提高师生消防技能。以基建维修为保障,以安全教育为导向,构建药学院安全管理的长效机制。

(郭敏杰、马小艳、李晓菲)

【党建工作】 完成教工党支部的换届工作,组织新上岗的支部委员33人到西柏坡进行培训。本年度累计对64人次进行了基层党务培训。黄卓被评为"北京大学优秀党务和思想政治工作者",王超被评为"医学部优秀党务和思想政治工作者",多位老师获得"北京大学党务和思想政治工作奉献奖"。

院党委参照《北京普通高等学校党建和思想政治工作基本标准检查参考手册》对学院的党建和思想政治工作进行了自查,并总结撰写了自查报告。完成失联党员排查工作和北京市组工平台在院党员的信息采集工作。

对全院所有非党员教师进行入党意愿的全面摸底,通过党课培训、参观交流、谈心谈话等方式,积极争取将更多优秀的青年师生吸纳进党的组织和事业中来。2017年度共推荐57名团员青年作为入党积极分子、组织54人参加第3期药学院积极分子培训班、组织共计14人次参加了医学部发展对象培训班。发展党员26人,其中,本科生党员13人,研究生党员13人。预备党员转正16人。

组织党政班子成员、党委委员和广大师生党员代表全程收看十九大开幕会盛况。组织党政领导班子成员、党委委员及师生党员赴北京展览馆参观"砥砺奋进的五年"大型成就展。邀请北京师范大学沈湘平教授作题为"学好思想·走好路——十九大精神思享会"的报告。

开展"做合格党员,为党旗增辉"主题党日活动,全院18个党支部按期高质量地开展专题组织生活会。本科生2013级党支部代表学院在医学部优秀主题党日活动评选交流暨表彰会进行交流汇报并获得三等奖。

2017年,2个支部顺利完成医学部第10期党建创新立项课题。

(陈欣)

【学生工作】 组织"十年树木,百年树人"等10余次主题党日活动;组织"科研论文作图与数据处理"等专题讲座;开展红色"1+1"共建活动。开设新生导师课,试行学院党政领导联系本科生班级制度,促进全员育人的良好氛围。院团委开启以"青春心向党·传递正能量"为主题的学习十九大精神热潮;通过科普创新大赛和社会实践等形式助力学生综合能力的提升。2017年获"北京大学医学部先进团委"、"北京大学社会实践优秀团队"奖。

(陈平、邹晓民、徐国旺)

【宣传工作】 充分利用多媒体平台，及时宣传教学、科研、管理等方面的成绩。积极做好党代会等相关素材的收集、整理和宣传工作。制定《北京大学药学院学习贯彻落实〈中共中央国务院关于加强和改进新形势下高校思想政治工作的意见〉工作方案》，并制作《北京大学药学院思想政治工作记录手册》。全面落实意识形态工作责任制，加强阵地建设与管理。制定各类报告会等分级、对口审批监管制度。

（李晓菲）

【工会工作】 召开第四届教职工代表大会暨第九届工会会员代表大会。以"权益杯"精品活动为载体，开办4期"思享汇"教师沙龙。开展理论调研工作，提升教代会、工会工作水平。开展丰富多彩的文体活动，促进校园文化建设。在医学部工会2017年先进集体和先进个人评选中获多项荣誉。

（李晓菲）

【纪检监察工作】 强化落实党风廉政建设中学院党委的主体责任，健全领导工作机制，在院级领导层面建立"一岗双责"制度。以天然药物及仿生药物国家重点实验室作为试点单位，建立了"三重一大"和核心组会议制度，完善党风廉政风险防控体系向系室延伸工作，使学院党风廉政分级责任制度化、规范化。

（陈 欣）

【统战工作】 配合医学部统战部推荐周德敏为北京市无党派人才；推荐叶敏为新一届海淀区党外知识分子联谊会理事候选人。支持协助九三学社发展新成员2人。协助董甦伟等4人完成归侨身份确认工作。

（陈 欣）

公共卫生学院

【学科建设】 公共卫生学院按计划完成学科建设发展规划，获医学部1000万学科建设支持。2017年6月，郑志杰教授出任全球卫生学系主任。9月26日，韩启德院士莅临学院调研全球卫生学科建设情况，指导公共卫生学院学科发展工作。10月与中华医学基金会联合举办全球卫生论坛，《北京大学全球卫生报告》首发。11月在非洲马拉维建成中国首个全球卫生海外教学研究基地；开始招收中国首批全球卫生专业研究生入学。11月医学部通过北京大学全球卫生研究院建设申请。

以队列研究为基础的资源整合平台建设进展顺利，9月10日北京大学医学部药品上市后安全性研究中心主办"第四届中国医疗大数据学术高峰论坛"。10月，"中国队列共享平台"（China Cohort Consortium）建立，平台由公共卫生学院主持建设，集信息管理、信息交互、工具开发和知识支持在内的多功能信息整合平台。数据来源覆盖全国各省市、自治区和直辖市。12月北京大学医学部美年公众健康研究院获批成立，李立明教授任院长。

为加强妇幼卫生学科发展。3月，将原有妇女保健与儿童青少年卫生学系调整为儿童青少年卫生研究所、妇幼卫生学系。10月成立北京大学公共卫生学院疫苗研究评价中心。11月成立北京大学公共卫生学院阿尔茨海默研究协调中心。12月学院与北大数学科学学院洽商成立生物统计教研室。北京大学医学部卫生政策与技术评估中心正在建设成为北大卫生政策智囊，12月举行评估中心年会。

新增10个教学科研基地。

【队伍建设】 学院引进1位国家海外高层次人才引进计划人选，为学院高层次人才引进实现零的突破。引进助理教授4人，预聘副教授2人。现有教职工179人，其中在编教工177人，在编教师137人，教辅25人，管理人员15人。教师高级职称94人，教辅和行政高级职称7人，高级职称占教工总人数的57.1%。学院1人通过正高职称，2人通过副高职称。遴选任命3名院长助理。

詹思延荣获2017年北京市优秀教师称号；王海俊荣获2017年度北京大学方正教师优秀奖；邓芙蓉荣获2017年度北京大学仲外医学奖教金；周虹、马德福荣获2017年度黄廷芳/信和青年基金。

【教育教学】 公共卫生学院4月底正式启动北京大学一级学科自我评估工作，12月完成专家论证会。6月通过医学部对学院本科生教学工作的考察。完成公共卫生专业学位（MPH）研究生教育自查报告。依托医学部项目经费，展开教学实验中心及各系整体装修、实验台改造和教学设备的更新换代。

公共卫生博士（DrPH）的试点和招生工作正式启动，2017年8名公共卫生博士（DrPH）学生入学，迈出推动中国公共卫生专业博士学位培养第一步。

对所有科研型博士、50%的科研型硕士和10%的专业硕士毕业论文进行盲评。新增博导7人，硕导5人，目前博导共44人，硕导54人。举办3次公共卫生名家讲坛，举行2次名师茶座。启动立德树人预防医学奖助金，继续组织卫86助学金、3M创新发展奖学金等。

2项教学改革成果先后获得北大医学部和北京大学教育教学成果一等奖，分别是孟庆跃作为第一完成人的《以目标为导向的公共卫生教育改革》，和许雅君作为第一完成人的《身边的营养学》慕课及翻转课堂。这2项教改成果同时被学校推荐参评北京市教学成果奖。中标3项医学部教育教学研究课题。许雅君获得教育部在线教育奖励基金（全通教育）2017年度"在线教育先锋教师奖"。教改小组与《中华预防医学杂志》密切配合，完成一期公共卫生和预防医学教育改革重点号的组稿工作，共有6篇文章组成重点号，确定于2018年第三期正式发表。《公共卫生领导力》课程正式开课。

胡永华荣获2017年北京市高等学校教学名师奖，简伟研等13位教师被评为北京大学医学部优秀教师奖，简伟研带领的"卫生事业管理学"教学团队荣获北京大学医学部优秀教学团队奖。举办"第十七届青年教师教学基本功演示比赛"。按照学院青年教师培训计划要求，有2名青年教师完成为期3个月的基层工作实践锻炼。

【科学研究】 公共卫生学院共获得科研项目160项，总金额为7412万元。获科技部项目10项，金额3160万元，期中重点研发计划课题5项，金额2308万元；获国家自然科学基金项目20项，金额853万元，其中重大研发计划1项，90万元。

李立明被评为"国际欧亚科学院院士"；1人获中组部第13批海外高层次人才引进计划（青年项目）。此外，王斌、李智文的"头发中多环芳烃、尼古丁、可替宁和金属元素的同步分析方法"获北京大学第九届实验技术成果奖；邓芙蓉、郭新彪的"促癌活性的定量检测方法以及促癌剂的筛选方法"（专利号201410767572.2），获国家专利。

2017年共发表论文合计435篇，中文论文249篇，英文论文186篇（其中被SCI收录的有152篇）。其中，英文论文中IF≥（5—10）的有28篇，IF≥（10—20）的有6篇，IF≥40的有8篇。

【社会服务】 在国家级专业技术委员会发挥智库作用。李立明担任国家督学、国家减灾委专家委员会成员、中国工程院教育委员会委员。吴明任国务院医改领导小组专家咨询委员会委员及北京大学医学部卫生政策与技术评估中心主任，评估中心作为北大卫生政策智囊，成功举办2次政策研讨活动。马军担任国家学校卫生标准专业委员会主任委员。孟庆跃、詹思延担任首届国家免疫规划专家咨询委员会委员。郝卫东担任国家食品安全风险评估专家委员会委员及国家农药残留标准审评委员会委员。郭新彪担任国家环境与健康咨询委员会委员。

服务于国家或行业标准、指南的制定。孟庆跃参加国家《基本医疗卫生与健康促进法》起草工作。吴明牵头负责人社部行业标准《社会保险医疗服务项目分类与代码》起草与修改。马军参与国家《青少年健康指标体系构建》和《健康学校标准制》制定工作，负责撰写《国家公共卫生标准实用指南丛书》学校卫生标准分册。何丽华参与起草国家职业卫生标准（GB）（手传振动接触限值及测量方法、紫外辐射接触限值及测量方法）。武阳丰参与制定《国家基层高血压防治管理指南》。刘民受托国家卫计委完成《中国人群"全面二孩政策"实施后的生育意愿调查报告》和《中国妇女生殖健康服务需求调查报告》。

服务于地方政府的卫生政策制定。学院与北京市疾病预防控制中心、通州区卫生计生委、通州区疾病预防控制中心联合签署《北京市城市副中心疾病预防控制工作对接合作框架协议》助力北京市城市副中心疾病预防控制工作。

在全球卫生领域发挥重要作用。全球卫生学系专家做为中国代表团成员，为卫计委参加世卫大会、执委会、西太区大会提供专家咨询、撰写提案。刘培龙作为中国全球卫生网络理事长。谢铮担任世界卫生组织治理改革专家组成员。崔富强担任世界卫生组织西太区乙肝专家组成员，为西太区实施乙肝预防控制、促进生命健康和审核药物价格提供专家咨询建议。

（罗 昊、刘 杰）

护理学院

【发展概况】 组织机构。筹建护理学院机能实验中心。10月，任命周婧任副院长。

学科建设。继续位列QS世界大学学科排行榜（51—100）位，依然是中国大陆唯一进入百强的护理学科，文献高被引数和平均引用率均较去年有所提高。成为国家首批"双一流"建设学科。

队伍建设。2017年，正高职称人员为7人，副高为17人（晋升1人，调出1人）。引进1位长聘制副教授，1位博士后研究人员入站。孙宏玉获北京大学仲外医学基金，吴雪获黄廷芳信和青年杰出学者奖励基金。周婧获北京大学医学部青年岗位能手；路潜获第六届医学部女教职工之星。

（周 婧）

【教学工作】 学生人数。在校生共计815人，其中研究生123人（全日制博士研究生14人，全日制硕士研究生56人名，在职研究生硕士53人），本科生692人（全日制本科生380人，夜大专升本312人）。此外，自学考试专升本16人、国内访问学者17人、进修生教师9人。研究生毕（结）业16人，其中，博士1人（结业）、硕士15人，就业率100%；毕业本科生93人，升学60人（占64.5%），工作29人（31.2%），就业率95.7%；夜大专升本116人。

师德师风。制定《立师德、树学人——北京大学护理学院加强和改进教师队伍思想政治工作的实施方案》，将立师德、树学人学习教育与全面贯彻党的教育方针相结合起来，以树立和落实新的发展理念，促进教师在教育教学工作中勇于担当作为，进而达到培养护理学专业人才的目标。

培养方案。审核新增学术学位直博生以及护理硕士专业学位研究生高级执业护士（慢性病管理方向）2个方向的培养方案。

教育改革。新增学术学位直博生，并完成培养方案的制定；全国首创，探索护理硕士专业学位研究生高级执业护师（Nurse Practitioner，NP）（慢性病管理方向）的培养，率先在国内招收了首批研究生2人。进行NP培养的一系列规范的研究。支持《健康评估》（MOOC课程）、《护理研究》

（视频公开课）2门网络公开课建设。启动情景模拟案例教学建设并推进研究生护理学专业课课程群及案例库建设、教学案例建设。新增《助产学》《健康与护理国际化视角》和《医护身边的工程心理学探秘》3门选修课程，促进学科交叉融合，推进通识教育与专业教育相结合。组织申报医学部教学研究课题，获批3项。完成学院教育教学研究课题申报立项15项。

教学资源。新增《助产学》《健康与护理国际化视角》和《医护身边的工程心理学探秘》3门选修课程，其中首次开设本科生双语课程。支持《健康评估》（MOOC课程）、《护理研究》（视频公开课）2门网络公开课建设。启动并推进研究生课程群建设、教学案例建设。在教育教学专项经费支持下，完成10项操作的视频拍摄。2017年北京大学护理学实验教学中心获修购专项850万，进一步提升实验教学中心软硬件。继续推动实验教学中心建设，获得教育部改善基本办学条件修购专项850万，进一步提升实验教学中心软硬件。截至2017年底，护理学实验教学中心占地1367平方米，拥有设备1056件，固定资产1745万元，其中单价大于40万元的设备5件。

教学质量保障。组织专家考察组，对承担临床实习教学任务的6所临床教学医院（北大医院、人民医院、北医三院、积水潭医院、北京医院、中日友好医院）、3所专科医院（精研所、口腔医院、儿研所）及3家社区卫生服务中心（中关村社区卫生服务中心、新街口社区卫生服务中心、甘家口社区卫生服务中心）进行实地评估。

教学获奖。路潜获中华医学会医学教育分会中国高等教育学会医学教育专业委员会2015年度医学教育和医学教育管理百篇优秀论文二等奖；李明子获第三届北京大学"十佳教师"称号；吴雪、杨园园、侯淑肖、管静、路潜、孙玉梅获2017年北京大学医学部优秀教学奖；江华获北京大学第十七届青年教师教学基本功比赛（医科类）二等奖；孙宏玉获2017年北京大学仲外医学基金；吴雪获2017年黄廷芳信和青年杰出学者奖。"以护理职业能力为导向的本科生《内科护理学课程》建设"获北京大学一等奖、医学部一等奖；"基于胜任力的护理学专业本科人才培养模式的构建与实践""护理学本科人才临床能力培养体系的建设与实践"均获北京大学二等奖及医学部二等奖。

教材出版。主编、副主编、参编各种教材14本，参编8本，共计60万余字。获授权专利3项。

教学评估。完成护理学学位授权点自我评估工作并组织同行专家评议会；接受医学部督导专家考察本科教学工作。

（周 婧）

【科研工作】 项目数量。2017年度在研项目共52项，经费共计991.7万元。其中，纵向项目6项，经费249.5万元；横向课题31项，经费551.2万元；校级课题14项，经费137.1万元。首次设立北京大学朗泰护理科研基金并立项10项，其中学院教师获批重点项目3项。

科研成果。以第一作者、通讯作者在国内外期刊发表论文73篇，其中SCI论文6篇，CSCD论文38篇。获批实用新型专利2项，发明专利1项。

科研获奖。陆虹团队获第五届中华护理学会科技奖一等奖。

学科建设。1月11日，召开2017北京大学护理学科发展研讨会，邀国家卫生计生委医政医管局医疗护理处副处长孟莉、第二军医大学护理学院院长朱爱勇教授做主题发言。10月18日，召开北京大学护理学科建设研讨会，护理学院领导班子成员、护理学学术委员会委员、护理学院教研室主任、办公室主任以及6家附属医院护理部主任和代表参加会议。

（周 婧）

【学生工作】 就业工作。研究生毕（结）业16人，其中，博士1人（结业）、硕士15人，就业率100%；毕业本科生93人，就业率95.7%。组织在校生多维度职业规划讲座，搭建就业平台，输出优质人才。针对2017届毕业生开展特色就业工作：带领学生走出去；邀请单位走进来；宣传引导树典型——9名同学选择到基层和祖国西部工作，首批1位同学援藏工作；学院领导带队前往拉萨和云南看望慰问毕业生，送去祝福和慰问。

专业素质教育。组织"立德树人——领航者·对话系列主题报告"，邀请第43届国际南丁格尔奖章获得者，我国首位获得国际南丁格尔奖章的护理教育者姜小鹰教授、护理学会专家和北京市思想政治理论课特级教师等领航专家开展专题座谈；开展"实践育人——领航者·对话交流体验实践"，组织学生工作人员及优秀学生骨干"走出去"交流实践；组织多场"护理与科技创新"为主题的活动。

（周 婧）

【交流合作】 合作项目。与香港大学开展师生互访互动，签署合作备忘录；与澳大利亚天主教大学（Australian Catholic University，ACU）联合主办2017年中澳护理学博士教育论坛；与芬兰赫尔辛基城市应用科学大学（Helsinki Metropolia University of Applied Sciences）、北京护理学会共同举办"中芬医疗安全与肿瘤患者管理学术研讨会"；与澳大利亚格里菲斯大学实现博士生共同培养，1名2018届硕士毕业生获澳方定向奖学金资助赴澳攻读博士学位。

学术交流。接待来自中国香港和台湾地区以及美国、日本、澳大利亚、瑞士、芬兰等国家的代表团或个人18批，93人；教职工出访14批，22人次。

学术报告。邀请来自中国台湾地区以及澳大利亚、美国、韩国、泰国等地的专家开展合计19场次的讲座，报告内容主要围绕"博士培养""证据转化与应用""医疗安全与肿瘤患者管理"等话题。

国际论坛。举办三次规模和影响力较大的国际论坛，分别就博士教育、临床证据转化与指南建设、肿瘤与放射治疗展开国际讨论。

（周　婧）

【党建工作】　党风廉政。制定《北京大学护理学院教学、科研经费使用管理细则（试行）》，9月起对现有科研、非学历教育收费、招生等制度进行进一步完善和细化。以制度建设为切入点，推动"一岗双责"落地生根。制定开展北京大学护理学院加强和改进思想政治工作实施方案。

党员发展。发展党员13人。举办护理学院第3期入党积极分子培训班，经过考核共有20名学员结业。

基层组织建设。完成支部书记换届工作。护理学院共7个党支部，教工党支部中支部书记为高级职称的比例达三分之二。开展一系列的党支部书记培训活动。组织党委委员进课堂讲党课。

两学一做。积极推进"两学一做"学习教育常态化制度化。教工第一党支部召开"两学一做"学习教育专题组织生活会，医学部党委书记刘玉村作为"两学一做"联系基层党支部的领导全程参加会议。组织参观北大红楼，重温党的光荣传统，传承北大精神，增强北大党员教师的责任感和使命感。教工第三党支部开展"引他山之石，助学生成长"——《关于加强和改进新形势下高校思想政治工作的意见》学习思考为题的工作学习交流会。研究生党支部、本科生第一党支部、本科生第二党支部以及各年级的入党积极分子参观铁军纪念馆，领悟了铁军精神，坚定了奋斗信念。

党建获奖。学院党委获北京大学医学部党务和思想政治工作先进集体；陆虹获优秀党务和思想政治工作者称号。

（周　婧）

【行政及其他工作】　行政队伍。管理人员10人，含调入1人。

专项工作。开展学院科研、办公空间合理化配置及改造工作，完成5间房屋的装修改造充实教研空间。启动2间房屋修缮工程，计划作为引进人才教研空间。修缮和改造2个大面积空间专门用于科研。配合医学部基建处完成护理楼窗户更换及信息中心宽带入户工程。开展资产清查和设备账目调整工作，初步摸清学院家底，并进行了大规模的废旧设备报废销毁工作，去除安全隐患。

工会工作。1月11日，召开北京大学护理学院第四届三次教职工大会，学院听取教职工讨论审议意见建议。认真落实北京大学医学部第六届四次教职工代表大会《为医学部护理学院优秀本科生解决户口，留住人才》的提案，切实解决教职工关心的问题。创新教育实践方式。组织工会干部到河北大学护理学院等3所京津冀地区护理院校考察交流、助推京津冀地区护理院系工会思政工作。以青教赛活动为平台，11月3日举办"护理学院青年教师教学基本功比赛暨公开示范课教学活动"；以文体活动为载体，组织"不忘初心 感恩母校 喜迎十九大学习实践"系列活动。6月至10月开展"捐书到拉萨"活动，加强教职工思想政治素质建设。3月，建立护理学院工会微信公众平台"护理微语"，共推出16篇稿件。护理学院第二工会小组通过验收，成为"北京大学模范职工小家"。

（周　婧）

【社会服务】　专业认证。作为教育部高等教育护理专业教学指导委员主任委员单位，组织专家进行6所护理院校的护理学专业本科认证，召开本科教指委大型会议2次；推进全国护理专业学位案例库建设工作，开展案例研讨论证、首期案例写作培训、案例评审专家遴选；组织召开首次全国护理硕士专业学位教育年会，促进院校间交流。

护士执业考试命题。协助卫生部人才交流服务中心完成与命题专家签署保密协议、护士执业资格考试命题及经费下拨等工作。

【2017年中澳护理学博士教育论坛】　6月5日，与澳大利亚天主教大学（Australian Catholic University，ACU）联合主办了2017年中澳护理学博士教育论坛。ACU执行副校长、常务总校长Pauline Nugent、健康科学学院院长Michelle Campbell、Paul Fullbrook教授受邀参加会议。中华护理学会副理事长、北京协和医学院护理学院院长刘华平，北京大学研究生院医学部分院常务副院长徐明以及国内十余所院校护理学院的主要负责人和护理学博士教育管理者参加会议。中澳护理学博士培养者通过分享相关经验、心得、体会，共同探讨培养护理精英之路。

（周　婧）

【中芬医疗安全与肿瘤患者管理学术研讨会】　9月20日至21日，北京大学护理学院、北京护理学会和芬兰赫尔辛基城市应用科学大学共同主办中芬医疗安全与肿瘤患者管理学术研讨会。会议以医疗安全和肿瘤患者管理为主题，旨在促进中芬两国的医疗护理合作，提升两国医疗安全及肿瘤患者的管理水平。来自中芬两国的专家及我国各地数十家医院和学校的医疗和护理骨干共计130余人参加了此次会议。

（周　婧）

【2017证据转化与应用国际论坛】　9月25日至26日，北京大学护理学院、北京大学医学部循证护理研究中心以及北京大学6家附属医院共同主办"2017证据转化与应用国际论坛"。论坛旨在传递循证卫生保健领域的最新国际资讯，共话推动护理领域证据转化与应用的良策。论坛围绕"证据转化与应用"的方法学及实践开展主题演讲，来自全球循证卫生保健领域的14名专家基于国际化视角介绍证据综合、证据应用等方面的方法学及发展趋势。北京大学副校长、医学部主任詹启敏院士和国家卫生计生委医政医管局郭燕红副局长出席开幕式并分别致辞。来自全国各地的160余名临床护理骨干、管理人员、高校教师及研究生代表参加论坛。

（周　婧）

医学人文研究院/公共教学部

【发展概况】发展历程。2017年，为顺应公共教学部更名及医学人文教育发展的需要，在原有哲学与社会科学系、医用理学系、应用语言学系、体育学系、医学心理学系（筹）、医学人文学系的基础上，将原医学人文学系调整成为医学史与医学哲学系（筹）、医学伦理与法律学系（筹）2个学系，此外，按照医学部的安排和部署，将医学部德育教研室所涉及的课程及研究由公共教学部进行统筹安排，艺术教研组（室）的教师安排在公共教学部管理。此外，医学人文研究院/医学部公共教学部还拥有4个校级研究中心：医史学研究中心、临床心理中心、医学部性学研究中心、医学部中美医师职业精神研究中心。

组织结构。3月完成行政班子换届，周程任主任，郭莉萍、高嵩、韩巍任副主任。7月完成党委换届，王玥任党委书记，韩英红、于新亮任党委副书记。9月完成主任助理选任，王岳、陈琦任主任助理。完成3个机关办公室主任、团委书记、7个系正副主任、艺术教研室主任的选聘以及学术委员会和学位评定分委员会的换届工作。

学科建设。设有生物医学英语五年制本科专业，科学技术史、应用心理学、马克思主义理论和思想政治教育3个硕士点，科学技术史、应用心理学2个博士点，可招收科学技术史、应用心理学、伦理学、社会学、科学技术哲学、思想政治教育、马克思主义基本原理、生物物理学专业的硕士和博士研究生，科学技术史、应用心理学、伦理学、社会学专业可招收博士后。

队伍建设。2017年有教师111人，正高级职务15人，副高级职务41人，中级职务45人，初级职务等10人。2017年增员6名教师。博士后进站2人，在站4人。

【教学工作】学生人数。医学人文研究院/医学部公共教学部现有在读学生246人，其中医学英语专业本科生194人，硕士研究生32人，博士研究生20人。2017年毕业学生41人，其中医学英语专业本科生26人，硕士研究生10人，博士研究生5人；招收新生52人，其中医学英语专业本科39人，硕士研究生8人，博士研究生5人。

教学任务。完成全校本科生必修课35门、选修课46门，医学英语专业课必修课35门，专业选修课16门，研究生45门次课程的教学任务。

教学改革。医学人文课程坚持理论与实践相结合，努力使教学内容贴近学生的临床实习，鼓励学生撰写案例，分析日常医疗实践活动中的伦理法律等问题，提高了学习兴趣；推广经典阅读，拓宽视野；采取角色模拟、影片观摩等形式增加课堂的趣味性；利用微信、邮箱构建网络教学平台，鼓励学生在网络教学平台上开展讨论，通过微信投票等方式，提升教学效果。医学心理学课程调整教学内容及知识讲授与课堂互动的比例，增加讨论、课堂练习等环节，增强学生的参与度和学习热情。计算机教研室紧跟时代发展需要，新开设Python与机器智能进阶I等选修课程；数学教研室围绕大数据、医学人文中的统计方法、文本分析等内容开始并完善相应的课程建设以及配套资源。八年制临床与基础专业学生英语课程改革正式实施，新开设了英语视听说和医学英语综合课程，自行整理建设教学资源。体育与健康课程注重学生素质和终身体育习惯的培养。

专业建设。2017年，生物医学英语专业改革实践课程教学体系。继生物医学英语专业与英国爱丁堡大学开展心理学方向"4+1"联合培养项目之后，与英国伦敦大学学院正式签署协议，将于2018年起落实与英国伦敦大学学院医学人文专业"4+1"联合培养项目，进一步促进学生国际化发展。首批赴英攻读学校与英国爱丁堡大学"4+1""本科+硕士"培养项目的2012级2位学生完成学业，获得爱丁堡大学硕士学位和北京大学本科学位。医学英语2015级40名学生参加全国英语专业四级考试，通过率为100%，平均成绩为81.92分；医学英语2013级35人参加了全国英语专业八级考试，通过33人，通过率为94%。

教学获奖。1人获北京大学仲外医学基金、1人获方正奖教金优秀奖。医用理学系老师组织指导医学部学生获第三十三届全国部分地区大学生物理竞赛一等奖5名，二等奖2名，三等奖1名；组织并培训医学部学生获美国数学建模竞赛一等奖1项，二等奖2项，三等奖4项；获全国大学生数学建模竞赛二等奖1项，北京市一等奖4项，北京市三等奖2项。王玥完成的《以卫生国情教育为主导的医学部思政课实践课程的建设与实践》、王岳完成的《基于视听案例与临床情景再现的〈医事法〉》（教材）获2017年北京大学医学部教育教学成果三等奖。王鑫、王晨获"北京大学第十五届青年教师教学基本功比赛（医科类）"三等奖。

【科研工作】项目数量。获批纵向课题6项，金额119万元；横向课题15项，金额261.38万元，总计21项，总金额为人民币380.38万元。

科研成果。发表SCI/EI论文1篇，中文核心38篇，其他论文25篇。教材1部，专著1部，论著2部。

学术活动。配合北大医学的发展战略和理念，将"医学人文沙龙"更名为"北大医学人文讲堂"，针对科研人员发展过程中不同需求，邀请国内外知名专家学者担任主讲人，以科研为主题，助推科研工作发展。成功举办14期学术活动。

院/部积极配合医学部学科建设办公室青年科技创新发展平台的建设工作，助力青年沙龙、青年论坛、青年科技奖、青年发展基金等一系列青科联活动。协助策划首届北大临床医学+X论坛——人文专场工作。举办国际医学史学会第九届学术会议，这是亚洲国家首次承办该学会的学术会议。

学科评估。科学技术史学科开展自评，以评促建，带动院/部学科建设和人才队伍建设。举办北京大学科学技术史学科发展战略研讨会，邀请韩启德院士及来自全国近20所设置有科学技术史博、硕士点的高等院校及科研机构带头人参会，齐聚智慧，共同研讨学科发展战略。

【交流合作】 接待来自美国芝加哥大学、密西根大学、约翰霍普金斯大学、北卡罗来纳大学、英国UCL、日本关西大学、庆应义塾大学等世界著名大学、机构的专家、学者来访20余人次，赴美国、英国等地访问交流30余人次。

与伦敦大学学院（UCL）签署合作协议，将在学术交流、教学研讨、研究生培养等方面开展合作。

召开多学科、多形式的学术研讨或交流会议，"性·性别与社会"跨学科学术研讨会、中国科学学与科技政策研究会科学文化专业委员会成立大会暨科学文化发展座谈会、东西南北中·医学人文教育高峰论坛等，促进了各学科的交流与发展。

【党建工作】 下设10个党支部，其中在职职工支部6个，离退休支部1个，本科生支部2个，研究生支部1个。共有党员155人，其中教工党员70人、离退休党员46人、学生党员37人，其他2人。发展党员12名，其中本科生9人，研究生3人。

十九大前夕，组织参观"砥砺奋进的五年"大型成就展。十九大期间，组织师生聆听习近平总书记的十九大报告；院部网页开设十九大专题，深入学习新时代中国特色社会主义思想。深入贯彻落实全国高校思想政治工作会议和中央31号文件精神，制定方案。对全体师生分层次进行动员，组织学习。联系专业、思想实际以及社会问题、社会重大事件等，实现课上与课下、过程与效果连接与互动。纪念全面抗战爆发80周年之际，邀请专家作学术报告，普及抗战历史，缅怀革命先烈。为将"注重家庭""注重家风"的倡导落到实处，开展主题实践教学活动，将学生的个人成长通过家庭与社会责任紧密关联。为从体制上理顺医学部的思想政治理论教育与教学的业务领导关系，积极筹划北京大学马克思主义学院医学部分院的成立及建设。

认真迎接中央巡视，扎实做好整改工作。自觉开展未巡先改，修订完善了规章制度。对照中央反馈意见，查摆院部相关领域可能存在的问题，明确工作任务，制定整改措施，推进各项工作的全面发展。

深入推进"两学一做"学习教育活动。4月19日举办党支部工作培训会，邀请医学部组织部副部长、党校副校长苏鸿作专题报告。组织党员干部及入党积极分子赴邢台红色革命基地开展社会实践活动。加强党员队伍建设。规范入党程序。举办党的知识培训班，加强对入党积极分子的教育培养。开展党建带团建、团建助党建工作。完成学生党、团支部的换届；开展党、团干部的教育培训，发挥党、团支书的骨干作用。开展党费专项检查工作，健全工作机制，提高党员党性观念。党委委员深入各支部，加强沟通，促进工作。

【行政工作】 行政队伍。管理人员11人，事业编10人，合同制1人。

行政工作。贯彻落实分系列管理规定，制定了新体制教师遴选晋升细则，如《公共教学部教师招聘程序（暂行）》《公共教学部新进教师遴选细则》《新体制教师职称晋升规则（征求意见稿）》。

完成考核聘任工作。124人参加考核，13人考核优秀，1人不确定等次，110人考核合格；专项岗位聘任123人，其中A类人员7人，B、C类人员108人，职员岗8人；新聘六级职员、七级职员各1人。

深化教师考核评价改革，在准入招聘和考核评价中强化师德考查。开展教学科研工作量统计工作，出台《教师教学工作量计算方法（征求意见稿）》，严格业绩考核。强化教学与科研激励，出台《公共教学部教学奖励条例（试行）》《公共教学部发表论著奖励办法（试行）》，50人次获得奖励。

加强教学科研平台建设，改善办公条件。重视对青年教师的培养，继续启动青年教师科研基金项目申报工作，资助青年培育项目13个，学科史专项课题3个。举办青年教师讲课比赛，搭建学习和交流的平台。

完成专业技术职务评审工作。2人申报正高级专业技术职务，3人申报副高级专业技术职务，3人（含2名博士后）申报中级专业技术职务，均获批准。

完成人才的推选工作，2人分别获得北京大学仲外医学基金、方正奖教金优秀奖。

加强博士后管理工作和服务工作。完成博士后工作专家小组换届工作。博士后发表SCI论文1篇，核心期刊5篇。获批国家社科基金青年项目1项，金额20万元，中国博士后科学基金1项，金额5万元，横向课题1项，金额9万元。1人获评医学部博士后中期考核优秀。

重视安全稳定工作，加强网格化安全管理，组织召开消防安全培训讲座，进行消防设施操作演练，宣传《网络安全法》等安全知识。配合医学部审计室完成了对公教部自2011年4月至2017年3月期间的经济情况的审计工作，落实审计整改意见。组织落实行政办公用房的调整工作。做好离退休老同志服务保障工作。组织开展了"师情永驻"离退休教师茶话会等活动。

【学生工作】 学生活动。举办北京大学第十届医学人文周，包括医学人文室内雕塑展、医学人文英文短剧大赛、微电影展映、微电影大赛等活动。结合医学英语学生的专业特点，指导学生开展第五届"抗·辩——非商业代孕是否应该合法化"、第五届外文歌曲大赛、连续5期不同主题英语角、读书会、校友沙龙讲座、元旦晚会等特色活动。组织学生坚持定期到海淀区香山老年公寓开展志愿服务，临近寒假组织学生开展"春燕行动"，探望离退休老教师等；另外，发挥医学英语专业优势，同北医三院、中国罕见病发展中心、微信公众号"知识分子"等机构进行合作，为其提供医讯简报、罕见病研究及药品信息、科普文章等方面的英汉互译志愿服务。

毕业生去向。2017年医学英语专业26名毕业生，其中6人参加工作，12人国内读研，7人赴国外/境外读研，6人参加工作，1人报考攻读研究生。研究生毕业15人，其中13人参加工作（含在职1人），2人出国。

【群团工作】 工会工作。有6个工会小组，工会会员131人，其中男会员39名，女会员88名，非在编会员4名。1月11日召开医学部公共教学部三届五次教职工代表大会。11月10日前往西柏坡开展2017年"权益杯"精品活动暨"传承红色基因 铸牢理想信念"教师社会实践活动，此外还开展国画体验活动、DIY烘焙活动、黄花城水长城参观游览等。福利工作方面，配合学校完成子女幼升小、小升初教职工的摸底、沟通工作。2017年为113名职工报名体检。此外，为26名女职工办理"女工安康"保险，28名职工办理"重大疾病"保险。

【年度人物】 王玥被评为北京高校优秀党务工作者。

【年度纪事】 9月6日至11日，由国际医学史学会主办，中国科学技术史学会医学史专业委员会承办，北京大学医学部、北京协和医学院、中国中医科学院协办的国际医学史学会第九届学术会议召开。

11月3日，北京大学科学技术史学科自评会议暨发展战略研讨会举行。

11月4日，研究院与英国伦敦大学学院（UCL）中国健康与人文中心达成"4+1"的"本科+硕士"培养协议，协议已由双方校长签字。

12月2日，召开"新时代医学生思想政治教育教学研讨会"。

（黎润红）

医药卫生分析中心

【发展概况】 测试服务。2017年，医药卫生分析中心（以下简称：中心）全部测试机时约2万小时，开机时间达到3万小时以上，测试样品3万多个，测试收入350万元（校内224万多元，校外125万多元），其中校内占64%，校外占36%（含附属医院）。

教学与培训工作。2017年中心开设了《激光共焦显微镜与流式细胞技术》《流式细胞分析技术培训课程》《共聚焦技术操作培训课程》《医学图像分析操作培训课程》《激光共聚焦显微镜技术在药学研究中的应用》《科研仪器操作技能培训课程》《高级医学技术》《放射性同位素技术与安全》《生物医学中的电镜方法》《结构生物学研究技术》等多门课程，理论教学时数150学时，实验课时400多学时。开展正规的技术课程教学、上机操作培训、中高级专业技术人员的能力培养。

科研与技术研发工作。2017年，以第一作者或责任作者在 Anal. Chem., FASEB J., Talanta, Proteomics, Analytica Chimica Acta, Int J Nanomedicine 等著名杂志上发表SCI文章10余篇，另外发表在国内期刊文章4篇。题为"Single-Step Enrichment of N-Glycopeptides and Phosphopeptideswith Novel Multifunctional Ti4+-Immobilized Dendritic Polyglycerol Coated Chitosan Nanomaterials"的创新方法发表在 Anal.Chem. (IF=6.32)上，邹霞娟为第一兼通讯作者。

申请中国专利1项，授权3项。袁兰等参与承担1项国家自然科学基金重大研究计划，邹霞娟参与1项青海省应用基础研究计划项目。

2017年，中心何其华、邹霞娟、袁兰获得"北京大学第九届实验技术成果奖（医学组）"，包括2个二等奖，1个三等奖。另外，细胞室吴后男研发不同种属来源细胞的染色体样品制备与测量技术，今年已指导用户成功建立绵羊和鸡的染色体分选样品制备及其分选技术，这项技术依然成为北大医学部流式平台的独特性技术应用于全国。

计量认证工作。中心完成体系文件的修改和常规工作，保证中心资质认定工作的顺利进行。中心成立内审员核心小组并完成了3次自查、1次内审。完成3份自查报告、内审报告、协助管理评审并完成管理评审报告。完成检测报告12份。2位老师参加内审员培训，并获内审员证书。2位老师参加校核员培训，并获校核员证书。1位老师参加安全培训，并获安全培训证书。

平台建设。2017年学校，支持中心购置大型仪器设备、仪器维修和计量认证等方面的经费共600多万元，推进中心公共平台建设、技术研发、更好地服务于教学科研以及开展计量认证工作。

宣传交流。北医流式、生物成像、蛋白质、电镜、同位素的老师通过大会演讲、举办培训会、参加技术交流会等不同形式，对医药卫生分析中心进行广泛的宣传和推广，扩大影响，同时提高自身业务素质，挖掘潜在的用户群体。

【管理工作】 由中心主任、副主任、党支部书记、实验室副主任组成的主任联席会是中心重大事项议事决策的最高机构，经主任联席会讨论、决策中心的核心事务工作。由中心主任、中心副主任、实验室主任和副主任以及相关学院知名教授专家组成技术专家委员会决策中心的技术和学术评定工作。坚持每周召开一次中心主任会，通报中心的日常工作，讨论决策中心日程管理相关事宜，并提起重大事项到主任联席会、技术专家委员会讨论。

日常管理。在日常工作中，逐步规范合同（协议）盖章程序和要求、请假制度、财务报销程序和要求，加强实验室和中心二级管理，使得中心的管理逐步走上"制度化"和"规范化"道路。中心加强"北京大学医药卫生分析中心大型仪器共享平台"建设，师生可以网上查询、预约测试。目前网上注册并测试的课题组多达150个，2017年分析中心大型仪器平台刷卡使用时间10万小时以上，收费刷卡次数累计近6000次，网上测试收费224万多元，实现校内测试全部信息化的要求。

财务管理。2017年在医学部党委和纪委的领导下，配合教育处检查组开展了清理"小金库"的专项活动，不存在违规问题，中心党风廉政风险低。

固定资产清理。按照教育部和设实处的要求，本年度中心将药学院重点室、基础医学院和公卫学院挂靠的仪器调拨出中心，并实现了中心内部仪器、员工与账目的一一对应，进一步加强了对仪器的规范管理。

【党建工作】 2017年，分析中心加强支部班子建设、坚持"三会一课"制度。

分析中心全体党员认真学习十九大精神，积极收听机关党委于2017年12月14日邀请中国人民大学陶文昭教授所做的《十九大报告解读》。按照北大党委的部署，在第一季度分析中心全体党员学习了"机关党员应该熟知的基本知识"，开展了"两学一做"专题组织生活会。2017年完成了北大党委和医学部党委换届的"三下三上"提名推荐工作。

分析中心一些党员们调整工作时间，加班加点，另外在寒暑假不休息为学生测试，大大缩短用户等待时间，使大部分用户按照需求的时间上机，满足其测试需求。此外，流式细胞仪的党员还带头去远离医学部的北清路为用户服务。

【工会工作】 积极组织参加医学部工会、机关工会组织的各项活动，如统计及发放福利品、摄影比赛、书法比赛、体检等。工会小组主办了年底工会会员恳谈会等活动。

（医药卫生分析中心）

中国药物依赖性研究所

【发展概况】 2017年，中国药物依赖性研究所有研究人员及研究生100余名，主要承担的社会职能包括戒毒药和麻醉性镇痛药的新药评价研究、药物滥用监测、为政府部门提供技术咨询及服务、为公安部和司法部系统干警培训等提供支持。同时，研究所在禁毒的科普和社会宣传等方面也做了大量工作，与北京市禁毒办、禁毒教育基地合作，进行新型毒品知识的宣传；受国家禁毒委员会办公室、北京市公安局和中央电视台等政府部门或媒体邀请进行毒品防治宣传教育。

研究所在科技部、国家自然科学基金委、卫健委、教育部和北京市等数十项基金及多项国际合作项目的支持下，系统研究药物滥用与成瘾及相关疾病的神经机制，开发新的临床治疗药物和干预模式，掌握药物滥用与成瘾及相关疾病的流行规律并制定预防策略，取得了一系列重要原创性成果，发表研究论文400余篇，其中200余篇被国际知名SCI期刊收录，在药物成瘾及相关研究领域具有重要的国际学术影响力。

2017年陆林教授入选中国科学院院士，薛言学副教授获得国家自然科学基金优秀青年基金项目，孙艳助理研究员入选中国科协青年人才托举工程项目。

围绕成瘾的神经机制、遗传风险因素和干预方法、快速抗抑郁新方法和新理论、睡眠脑功能及睡眠障碍与其他精神疾病的共病关系等开展了深入研究，发表SCI文章26篇，其中在 *JAMA Psychiatry*（IF:15.307）发表1篇，在 *Mol Psychiatry*（IF: 13.204）发表3篇，在 *Biol Psychiatry*（IF:11.307）发表1篇，*J Neurosci* 2篇。出版了 *Substance and Non-substance Addiction*、《沈渔邨精神病学》（第六版）、《精神外科学》等专著和教材。

（赵苓、孟适秋）

【科研工作】 承担课题。2017年药物依赖性研究所共新获准科研基金课题16项，其中国家自然科学基金优秀青年基金1项（薛言学），国家自然科学基金4项（韩盈，贾中伟，章文2项），军科委国防科技创新特区项目4项（陆林，时杰，吴萍，薛言学），国家"十三五"重点研发计划子课题5项（朱维莉，孙艳，时杰，邓艳萍，丁增波），北京大学医学部优博培育计划1项（刘真），中国科协青年人才托举工程项目1项（孙艳）。在研课题25项，部委课题4项，横向课题10项。

重要发现。提出了非条件性刺激唤起后给予普萘洛尔可以抹除尼古丁成瘾动物以及吸烟者的成瘾记忆，降低吸烟者心理渴求，研究发表在 *JAMA Psychiatry* 杂志后，杂志同期发表专评，认为该研究发现改变了病理性成瘾记忆一旦形成就难以消除的传统观点，是烟草使用障碍及物质使用障碍治疗干预的标志性改变；首次阐释了非条件性刺激唤起激活成瘾记忆的神经元集群图谱，为基于非条件性刺激唤起的记忆操作范式提供了理论支持；揭示了伏隔核核部Calpain-GRIP信号通路和AMPA信号通路在成瘾记忆再巩固及复燃中的作用；发现了海洛因成瘾者的脑白质结构受损和脑灰质体积改变及其遗传风险因素；提出了基于NMDA受体2B亚基的快速抗抑郁作用新理论；发现了早期发育阶段布美他尼治疗可逆转母婴分离导致的应激易感；分析了老年人睡眠障碍和抑郁症状的共存状态及双向预测；研究了睡眠觉醒障碍和老年痴呆等疾病的共病关系；发现了睡眠在目标导向性行为和习惯化行为中的关键作用，并证明前额叶皮层是睡眠剥夺后目标导向性行为改变的关键脑区，为深入理解睡眠在大脑认知功能维持中的重要作用提供了科学依据。

发表论文。2017年全所发表SCI论文30篇，国内发表论文15篇，参加会议交流的论文或摘要33篇。

教学工作。讲授《药物滥用与成瘾》《情感认知障碍》《景观流行病学》《神经精神药理学》《药理学研究进展》等课程。

人才培养。陆林入选中国科学院院士；薛言学获得中国自然科学基金优秀青年基金；孙艳入选中国科协青年人才托举工程项目。

现有硕士研究生30名，博士研究生21名，博士后4名，联合培养的研究生2名。11月开始，鲍彦平到澳大利亚新南威尔士大学国家药物与酒精中心访学1年。

学术活动。6月23日在北京举办2017中国禁毒论坛——戒毒康复制度与实践。

实验室建设。建立人体睡眠监测实验室，完善光遗传及电生理实验室；维护运行实验动物屏障设施。

（赵 苯、孟适秋）

【出版专著】 Substance and Non-substance Addiction，张效初、时杰、陶然主编，Springer Publishing，2017年；《沈渔邨精神病学》（第六版），陆林主编，人民卫生出版社，2017年；《精神外科学》，陆林、孙伯民主译，北京大学医学出版社，2017年。

（赵 苯）

【社会服务】 分别到中央司法警官学院为禁毒干警授课（4月和9月2次）；为广东省禁毒办主任培训班授课（12月1日）；为山东省疾病预防控制中心授课（11月7日）；为相关学术团体和政府相关部门做社会咨询服务工作；参与指导北京市东城区精神卫生保健院的临床科研工作。

（赵 苯）

【党建工作】 加强学习。通过自学、集中学习、收听、收看广播、电视、自媒体平台、外出参观等多种方式，学习党的路线、方针、政策，在实践中继承和发扬党的光荣传统。2017年支部组织学习《关于加强和改进新形势下高校思想政治工作的意见》《中国共产党党章》、习近平总书记系列重要讲话、十九大报告、北京大学和北京大学医学部十三次党代会报告。组织参观焦庄户地道战遗址纪念馆、周恩来邓颖超纪念馆、香港回归20周年展和"砥砺奋进的五年"大型成就展。

发展工作。积极在中青年教师中组织发展工作，发展过程中坚持党员标准，保证党员发展质量。对参加党校学习的入党积极分子进行学前和学后教育，提高了学员的培训质量。按照"坚持标准，保证质量，慎重发展"的方针发展新党员。2017年发展了丁增波入党。

党风廉政。通过学习《中国共产党廉洁自律准则》《中国共产党纪律处分条例》《中国共产党党内监督条例》《关于新形势下党内政治生活的若干准则》，加强党员的党风党纪教育，提高党员和干部的廉洁自律意识，要求教职工党员严格自律、为人师表，关心和爱护学生，尊重学生的人格，注重培养学生的创新精神，重视学生的全面健康发展，建立平等、和谐的师生关系，做师德师风建设的模范和遵纪守法的模范。

组织建设。严格组织生活制度，坚持"三会一课"制度。支委会在党员中开展调查，听取党员的意见，研究如何进一步开展好党的组织生活，充分发挥党支部的战斗堡垒作用。

（赵 苯）

【重大事记】 2017年，新获准各类基金项目16项，包括组织国家重点研发计划项目"毒品犯罪处置与戒毒康复技术装备研究"（项目总经费4076万元，其中中央财政经费1986万元）等，陆林、时杰、薛言学、吴萍等首次承担军科委国防科技创新特区课题。与北大六院联合申请戒毒专业国家药物临床研究机构获得批准，并通过现场核查。6月23日，与国家禁毒委员会办公室、中国禁毒基金会、中国毒品滥用防治专家委员会联合成功举办"2017中国禁毒论坛——戒毒康复制度与实践"。建立小鼠自身给药研究平台和动物睡眠监测研究平台。

（赵 苯）

医学教育研究所

【发展概况】 2017年，北京大学医学教育研究所（以下简称：医教所）新进2名专职教学科研人员，其中1人已于2017年8月到岗工作，另外1人将于2018年2月到岗。2017年度医教所专职人员共撰写医学教育研究论文25篇，发表论文14篇。撰写《北京大学医学教育学科建设方案》，希望通过整合和利用北京大学医学部相关学院、附属医院和北京大学其他相关学科单位的已有资源，积极加强医学教育学科建设。为深入研究医学教育发展规律和制约中国医学教育发展的关键问题，为国家医学教育宏观决策和管理提供政策咨询，受教育部委托，积极筹建国家医学教育研究中心。

【教学工作】 医教所承担了公共卫生硕士（医学教育方向）的管理和培养工作。2017—2018学年，共组织召开研究生组会12次，并鼓励学生积极参加各类教育学课程与学术活动，注重培养医学教育研究生的教育学理论基础与学术素养。2名2014级研究生毕业。

【杂志编辑出版】 医教所承办《中华医学教育杂志》编辑出版发行工作，2017年度出刊6期，发表论文近210篇，共计140余万字。

制度建设。完成编委换届的相关工作，新一届编委诞生。完成编辑部人员选聘工作，调整和明确了编辑部人员职责分工，责任落实到人。规范稿件处理流程和要求，采用中华医学会远程稿件管理系统，提高稿件的处理速度和质量。组建《中华医学教育杂志》审稿和定稿团队，建立稿件的同行评议制度。明确论文的初审、外审、定稿、录用、退修和退稿流程和具体要求；实行编辑分组负责制，相互学习、监督和促进，提高工作效率和质量。建立每周一次的编辑部例会制度，不断提高编校质量。

经营工作。在领导的支持下联系广告事宜并拟定协议，修订协办单位的标准和征集计划。

在2016年度中华医学会医学教育和医学教育管理百篇优秀论文评选活动中，评选出的100篇获奖论文中，有22篇论文出自《中华医学教育杂志》，占比22.0%，远高于其他期刊。

【课题申报】 2017年，修订《北京大学医学部教育教学研究课题管理办法》，并组织学校教师积极开展教育教学研究。

组织完成2014年度教育教学研究课题的结题工作：一般结题170项；优秀结题23项，其中一等奖6项，二等奖17项。

组织完成2017年度教育教学研究课题的申报和评审工作，共收到221项申报课题。共评出专项课题2项、重点立项课题9项、一般立项课题41项、校级主任基金专项课题16项；校内二级学院立项课题58项。

组织完成中华医学会医学教育分会2016年度医学教育研究立项课题中期检查工作。学校18项课题中，17个项目提交了中期检查报告，1个项目申请延期。经过评审，3个项目获得优秀中期结题，9项良好，5项合格。

组织完成2014年立项的北京市教改课题结题工作。

组织完成2017年教育教学成果奖申报和评审工作，共收到48项成果申报，评选出医学部教育教学成果奖40项，其中特等奖4项，一等奖10项，二等奖10项，三等奖16项。特等奖和一等奖均已推荐参评北京市教学成果奖。

组织完成教师参与中华医学会医学教育分会2016年度百篇优秀论文评选。医学部教师获得优秀论文一等奖1篇，二等奖2篇，三等奖5篇。

组织完成申报教育部科技发展中心"数启科教·智见未来"产教联合基金课题，共17个申报项目。

【交流合作】 2017年12月13日至14日举办"北大医学·教育论坛（2017）"，论坛秘书处设在医学教育研究所。来自社会各界近百家单位的50余位领导、专家，逾500名代表齐聚北大，围绕"面向未来：医学教育的责任与使命"，分享医学教育的经验和感悟，商讨医学教育的未来和发展。

医教所教师分别在第九届亚洲医学教育学会研讨会、夏威夷大学-复旦公共卫生高层论坛、中华医学会医学教育分会2017年全体委员会议暨全国医学教育学术会议、北京医疗综合改革会议、2017年中国教育经济学学术年会、第三届中国教育财政学术研讨会等学术交流会议上做报告发言，交流研究成果。

医教所教师还应邀承担中国卫生政策研究、BMC Medical Education、International Journal for Equity in Health等国内外学术期刊投稿论文的评审工作。

与北京大学医学出版社组织各院校共同合作，组织翻译医学教育经典书籍《医学教师必读》(第五版)，进一步加强同国际医学教育界的交流，传播最新医学教育理念。

承担"第十六届海峡两岸暨香港地区医学教育研讨会"的组织联络工作。参与制定研讨会主题、拟定大会发言者、制定大会议程和参与讨论确定下一届会议主题和地点。

【党建工作】 2017年，医教所各项工作在教育处党支部的领导下开展，积极参加党组织的各项活动，学习党中央和上级党组织的文件，努力完成党支部交代的各项任务。医教所日常工作领导对本单位党风廉政建设工作负责，制定相关的规章制度，通过专门的会议及时传达上级党组织的有关精神，开展反腐倡廉宣传，联系实际，提高思想认识，坚决落实医学部反腐倡廉建设工作的各项要求。每学期开展一次民主生活会，开展批评与自我批评，加强团结，增加凝聚力。

【学会工作】 作为中国高等教育学会医学教育专业委员会和中华医学会医学教育分会两会秘书处常设单位，参与组织中华医学会医学教育分会第七届医学（医药）院校青年教师教学基本功比赛，参与组织中华医学会第二十三次全国中青年学术研讨会暨医学教育分会青年委员会第五次学术年会会议。承担中华医学会医学教育分会和中国高等教育学会医学教育专业委员会布置的任务，组织2016年度医学教育和医学教育管理百篇优秀论文评选活动。

组织召开了中华医学会医学教育分会2017年全体委员会议暨全国医学教育学术会议，举行医学教育终身成就奖、青年教师教学基本功比赛、医学教育研究获奖课题、医学教育优秀论文评选颁奖活动，开展医学教育学术交流活动。

【编写《中国医学教育白皮书》】 医教所承接教育部《中国医学教育白皮书》的编写工作，计划对新中国成立以来中国的医学教育实践与经验进行首次系统且全方位的梳理，助力中国医学教育的健康发展。截至2017年底，已经形成初步大纲，并组织力量开展原始资料的收集与整理工作。

（医学教育研究所）

中国卫生发展研究中心

【人才队伍】 孟庆跃教授为中心执行主任，刘晓云副教授任副主任。2017年共有全职教职工6人，其中教授2人，副教授1人，讲师2人，行政管理1人。此外，中心还有2名博士后研究人员，6名来自海外知名大学和院校的兼职教授。

（潘 文）

【科研活动】 科研项目。2017年，中心人员承担来自国家卫生计生委、国家自然科学基金、世界卫生组织、美国中华医学基金会（CMB）等资助的科研项目共计约300万。

方海和马晓晨在2017年度分别获得自然科学基金项目和CMB项目资助。其中，方海的"基于医生代理理论的中国家庭医生签约服务和效果研究"获得国家自然科学基金面上项目资助48万元，"A subsidy program of gestational diabetes mellitus screening and lifestyle treatment in rural China"获得中华医学基金会（CMB）项目4万美元资助；马晓晨题为"我国农村地区白内障手术对家庭社会经济能力影响的卫生经济学评价研究"获得国家自然科学基金青年项目18万元资助，"Promoting Equity and Improving Household Economic Productivity Through Cataract Surgery in Rural China: A Cluster-Randomized Controlled Trail"获得CMB资助4万美元。

科研产出。2017年，中心研究人员共有8篇论文发表在中文期刊上；14篇文章在国际学术期刊上发表或被正式接收；共有6期政策简报系列发布。

参加组织学术会议情况。2017年，中心有6人次参加国际国内的高水平学术会议并作会议相关主题报告。共组织2次外部学术研讨会和11次内部学术研讨会。

（潘 文）

【教学活动】 课程情况。2017年，中心为研究生开设7门课程，共计126个学时。

研究生培养。2017年，中心共招收研究生5人。在读研究生19人，6月毕业7人。

（潘 文）

【政策服务】 北京市第二批党外代表人士项目挂职北京市卫生和机会生育委员会（2016年7月—2017年6月），方海负责推动京津冀辽鲁五省卫生计生发展智库联盟建设和京津冀卫生计生协同发展框架协议落实项目。

方海于4月参加北京市卫生和计划生育委员会召开的《医药分开综合改革专家座谈会》，对医药分开综合改革提出咨询建议。

马晓晨于2017年成为《美国农业经济学》（AJAE）、《经济发展和文化变化》（EDCC）杂志的审阅人；同时成为美国经济协会（AEA）、中国经济学家协会（CES）会员。

中心作为第三方，对北京市医改进行独立评估。

（潘 文）

【团队建设】 执行职业发展导师制度。2017年9月—10月，中心青年研究人员都与各自的职业导师开展一次正式会面并形成书面材料（职业发展年度报告）交中心办公室存档。

开展丰富的团队建设活动。6月，中心师生前往延庆县玉渡山自然风景区开展团队建设活动，并在行进途中深入探讨北京医改带来的改变和成就。10月，中心师生采用辩论赛的形式对学术问题展开讨论，对学术辩题展开深入剖析和辩论，加深对专业领域的了解，也进一步激发了大家对科研的兴趣。

经过中心一年来精心的准备、布置，10月，中心受到北京大学模范职工小家验收组的领导和老师们的一致好评，获得"北京大学模范职工小家"荣誉称号。建家即是建科室，中心在工会建家的准备过程中，精心整理资料，注重师德师风、队伍建设，配合教学科研工作，组织创意新颖的文体活动，进一步凝聚了力量，促进中心的和谐发展。

（潘 文）

医学信息学中心

【发展概况】 2017年完成对中心在编人员的业绩考核工作，并签订2017—2018年度目标责任书，同时对非在编人员完成考核和续聘上岗工作。目前，中心现有全职教职员工11人，其中教授1人、特聘研究员1人（北京大学医学部"百人计划"）、副高级职称3人、中级职称5人、合同制聘用人员1人。

【科研工作】 科研工作的开展方向与主要内容。中心在胡永华主任的主持下，不断跟踪国际前沿和国内医疗的重点发展需求，并结合北京大学的特点和现有资源，积极开拓研究领域，最终确定临床数据仓库与挖掘分析、医疗质量评估、与卫计委及相关企业的合作和承担国家重点专科项目为四大发展方向，拟定中心未来的发展规划。

临床数据仓库与医疗数据分析挖掘。2017年，中心利用病案首页数据和临床数据仓库中的海量数据，开展深度分析、挖掘工作，撰写研究论文，扩大中心影响，同时培养年轻教师的科研能力。2017年，中心在往年工作的基础上，对临床数据仓库的敏感数据自动监测及数据自动脱敏等技术进行设计、开发与测试，目前已进入大容量数据的测试与算法修正阶段。同时，为进行全地区、全国范围内的数据集成，中心基于已有数据以及实体识别等方法，对可能分布在不同医院的同病人识别方法进行初步探索与测试，并设计为提高该识别方法而需要扩展的可能的需要收集的数据变量。

病案首页数据集成与医院服务质量评估。由国家卫生和计生委授权的全国医院质量评估和临床重点专科评估项目正在持续进行当中。中心首创医院医疗综合能力评价模型，将病案首页数据信息与医院现场评价相结合对医院进行客观评价。可以实现面向医院综合质量评价的病案首页数据集成、检验、质量控制、数据计算和报告发布等功能和流程。该模型和系统可以为医院提供客观反映医疗管理水平和管理能力的评估评价报告，为政府、行业和医院提供科学管理依据。目前已对全国198家医院进行审评评价，其结果获得国家卫生和计生委领导的高度肯定和授评医院的高度重视。目前中心已采集和管理全国400多家3甲医院病案首页数据，总共5600多万条病案记录。另外，中心还储存全国150多家3甲医院临床专科1100多万条病人记录。

北京大学附属医院数据集成。为加强北京大学医学部对附属医院医疗服务规范化管理，研发北京大学病案数据集成入口，实现对北京大学10家附属医院（第一医院、人民医院、第三医院、肿瘤医院、口腔医院、第六医院、首钢医院、滨海医院、深圳医院和国际医院）的2016年病案首页数据共46万多条病案记录，以及部分手术记录数据和北京市医药分开综合改革监测数据的上传、质控、模型数据发布等关键环节的自动化处理。同时，中心对北大附属医院的病案首页数据进行基于数据挖掘技术的分析，形成疾病谱、手术谱、数据质量一览表，并完成数据质量报告；在此基础上，以全国各家医院的医疗质量、效率、能力三大指标近30种分项指标为标准化量尺，对各附属医院的医院服务质量进行模型计算和修正，最终形成医疗服务评估报告。

研究项目和经费。2017年医学信息学中心继续通过合作参与和自主申请的方式获得各类研究经费，截至2017年底，落实的研究经费总计约478万。其中包括国家自然科学基金面上项目5项、与国家卫生计生委卫生和计划生育监督中心合作项目1项，以及卫计委、教育部、北京大学和医学部项目多项。项目涉及医学信息学学科建设、大数据分析平台与服务创新、大数据医院综合评估、医疗质量综合评估、移动医疗与健康管理、远程医疗、无线物联网、院前创伤评估决策支持系统、临床数据仓库、药物治疗不良反应主动监测方法学等专业领域。

科研成果。2017年医学信息学中心在 *BioMed Research International*、*Stroke*、*Oncotarget*、*BMC medical informatics and decision making* 等期刊上发表第一作者或通讯作者的SCI文章共19篇，在国内核心期刊上发表第一或责任作者文章6篇。

【教学工作】 学生人数。2017年，中心培养的2名2014级硕士研究生毕业，现有在读研究生4人，其中2015级硕士研究生1人，2016级硕士研究生1人，2017级硕士研究生2人

课程开设。2016—2017学年度，开设课程包括《医学信息分析与决策》《医学数据库》《临床大数据应用导论》《医学数据库》《营养流行病学》和《医学术语学》。

【交流合作】 按照卫生监督"十四五"信息化建设思路和2017年卫生监督中心工作要点，国家卫生计生委卫生和计划生育监督中心为进一步加强数据质量，提高数据分析利用水平，与医学信息学中心继续签订有关全国卫生监督数据深度分析与利用的委托书。中心为其提供卫生监督数据质量评估和卫生监督体系的建设研究以及其他相关统计分析工作。

协助完成卫生监督常规工作报告，包括全国卫生计生监督信息统计报告、全国卫生计生监督机构建设报告等，同时积极参与研发完成基于卫生服务需求的一线执法监督人员配置方案、互联网+时代的卫生监督业务开展的新模式、新需求，为全国卫生监督检查业务的高效有序完成提供以客观数据分析为基础的支持。

积极参与卫生监督中心所建设的卫生监督报告系统、业务系统、信用系统的规划、设计、实施等环节中的关键点，从平台开发、数据库设计、运行维护等方面给出专业建议，提出卫生监督业务系统、平台从1.0向2.0提升的思路，开展基于系统的业务提升与扩展，为全国卫生监督检查业务的有效深入开展奠定坚实基础；

进行基于卫生监督数据的深度挖掘工作研究与实践，完成基于日常监督业务数据的时间序列数据提取与分析，实现基于多模型的疑似突击填报等异常操作的自适应识别；同时，基于中心所能获取的公开数据源，对被监督单位信息的真实性、地区被监督单位的统计口径等进行广泛尝试，为卫生监督数据挖掘和利用融合多种数据源提供技术储备。

【党建工作】 在医管处党支部的领导下，紧跟"两学一做"学习教育进程，中心多次开展组织党员的法规学习，学习党纪法规，全面领会上级有关党风廉政建设、反腐败工作的文件精神，把学习贯彻《中国共产党廉洁自律准则》和《中国共产党纪律处分条例》等党纪党规活动贯穿全年。组织全体党员干部认真学习《习近平关于严明党的纪律和规矩论述摘编》，深入持久地加强党纪政纪教育。牢记"三严三实"要求，严格执行中央八项规定和省委十项规定精神、作风建设"十不准"，持之以恒纠正"四风"。加强作风制度建设，推动作风建设常态化、长效化。严格执行厉行节约、公务接待、公车管理、廉洁自律等规定。深化预决算、"三公"经费使用、重大决策、重大项目、重大资金分配使用情况等信息的公开。坚持重大问题集体讨论，集体决策，民主管理，坚持对"三重一大"事项的监督，增强工作的透明度。

（金 梦）

健康医疗大数据研究中心

【发展概况】 北京大学健康医疗大数据研究中心（以下简称"中心"）于2016年8月28日成立，挂靠医学部，医学部具体负责中心人、财、物的管理。中心自成立以来得到医学部的大力支持，契合国家健康中国战略与推进健康医疗大数据应用的全面布局，进行了整体规划。

【科研工作】 由中国医院协会批准，中心成立"健康医疗大数据应用管理专业委员会"，并积极开展筹备工作。发起倡议成立"健康医疗大数据协同创新发展高校联盟"，联合国内多所知名高校、形成健康医疗大数据的高校领军力量。在"临床医学+X"专项基金的支持下，开展"基于人工智能技术的健康医疗大数据挖掘与应用"和"儿童罕见病医疗大数据研究"。

2017年开始，中心在北京大学开设"健康医疗大数据"和"生物医学影像大数据"课程，预计于2018年开始在医学部授课。

申请和承担国家级项目。成功申报发改委医疗大数据应用技术国家工程实验室。申请成立"国家健康医疗大数据研究院"。

发挥智库功能。应国家卫计委大数据办公室要求，协助建立国家健康医疗大数据专家库、参与国家健康医疗大数据中心与产业园试点顶层设计，并受委托开展"重大慢病管理及新型医疗服务诊疗模式"和"健康医疗大数据安全体系研究"。受科技部和国家卫计委委托，就《健康保障工程》（审议稿）健康医疗大数据部分提供具体建议。

【合作交流】 与多家附属医院合作，利用区域医疗中心数据和医院自有数据、结合先进的数据分析处理方法，开展近10项研究课题。与美国哈佛大学、密歇根大学和以色列卫生部开展密切沟通，探索在健康医疗大数据开展国际合作的落地路径。

【机构建设】 建立章程。建立指导委员会领导下、专家委员会提供咨询的执行委员会执行核心工作机制，保障中心安全有序地健康发展。

实体化建设进程。1.办公场地。在公共卫生学院的总体协调下，经与全球卫生研究院讨论后，计划分配给中心9间独立办公室，共计24个工位；在目前人员基础上将达到饱和使用。2.机房建设。数据储存、处理和分析是大数据研究的核心；中心机房一期工程将于近期完工，在"双一流"建设经费的支持下购置了20%的设备，后期仍需对基础设备进行投入和完善。3.人员建设。经医学部批复，中心获批研究系列人员编制18人。目前有编制内人员3名，其中研究技术系列2名，教辅系列1名；编制外聘用人员5名，其中研究技术人员1名，行政人员2名。

（健康医疗大数据研究中心）

跨学科类及其他

元培学院

【发展概况】 2017年，元培学院各项工作结合"双一流"建设和本科教学改革开展，在学校总体部署下，结合学院的实际情况，践行具有元培学院特色的发展道路。

2017年，学院班子成员对照中央巡视反馈意见，查找本单位相关领域可能存在的问题，剖析思想根源，制订整改措施。学院党委召开领导班子专题民主生活会，端正态度、聚焦发展，以整改为契机推动改革。期间，班子成员与林建华校长、高松副校长以及25位北大专家学者进行深化元培教育改革专题研讨，针对新形势新任务新要求，深化元培改革，明确要加快建设中国特色的博雅教育模式，努力探索完成元培学院作为本科教育改革试验田实现立德树人这一根本任务。

【教学工作】 2017年，学院修订教学计划，深化跨学科专业和自建课程改革，探索本科生通识教育新路径。学院教学改革成果获得北京大学教学成果一等奖，并获得推荐参评北京市教学成果二等奖的资格。

1. 修订教学手册。2017年，学院共完成对26个大类、97个专业及5个交叉学科教学计划和培养方案的改革，印制新的教学手册。调整后的培养方案，本科生毕业要求修满120学分（交叉学科为130学分），包括公共与基础课程、核心课程、选修课程及通识与自主选修课程4个系列。

2. 完善课程体系。英文课建设，2017年春季学期，学院聘请美国瓦萨学院的ROBERT P. REBELEIN教授开设英文授课的专业任选课程"Public Economics in the U.S. and China"（中美公共经济学），暑期聘请北京大学社会研究中心主任、普林斯顿大学教授谢宇教授开设全英文课程《当代中国社会》。

政治课成果，继续《思想道德修养和法律基础》小班授课，马克思主义学院和元培学院联合开设的《中国近现代史纲要》获得校级教学优秀成果奖一等奖。

通识课改革，将学校通识核心课程按照学院的分类，一一对应纳入学院通识课程体系，初步形成14、15年级和16、17年级两套通识课程培养方案。

3. 创新新生工作。2017年，学院共举办26场新生训练营导师讲座，重点介绍学科建设和学术研究。组建50余人的新生讨论班助教团队，开设东方文化班、法学班、经济管理班、艺术新传班、国关政治班、考古历史班、数学信科班、物理探究班、化学城环班、智慧溯源班等10个新生讨论班，改善新生讨论班的硬件设施。将17名2017级空军飞行班学员编入学院2017级新生班，修订空飞班的培养方案，完善航空体育课程建设。

4. 考古学术实践。2017年5月，在学院导师考古文博学院雷兴山教授、中文系常森教授指导下，学院组织80余名同学赴陕西省宝鸡市开展"考古与诗经"主题考古实践活动。学院通过博物馆参观、近距离文物接触、直面考古现场、经典诵读等方式，开展体验式教学，扩充学院通识教育体系。

5. 改进住宿书院。2017年，学院完成35楼地下乒乓球厅、台球厅、健身房、自习室、讨论室、电影放映室等空间的功能建设和开放使用。住宿书院实行学生自我管理，具体事务由学生组织——楼委会和学生会内联部负责，日常值班由学生志愿者负责

【交流合作】 2017年，学院与首尔国立大学、日本东京大学、新加坡国立大学和香港中文大学合作，举办通识教育论坛，以及"东亚杰出领袖共同培育计划"和"东亚全球领导力"两个亚洲校园项目；联合澳门大学郑裕彤书院举办文化交流活动等。

【党政工作】 2017年，学院党委巩固党的群众路线教育实

践活动和"三严三实"专题教育活动成果,开展两学一做活动,加强党风廉政教育,加强领导班子民主集中制建设。通过学习全国高校思想政治工作会议精神,适应新形势新任务新要求,结合元培学院的实际,引领和助推学院的改革发展。

1. 坚持党委领导。学院党委贯彻学校党委的各项决定,落实学院党政联席会议制度;在党员干部队伍和教师队伍建设中发挥主导作用、严把政治关。党委书记与院长共同编制完成元培学院综合改革方案,按照学校总体部署推进实施,当好北大教育改革的"尖刀班"。

2. 组织建设。2017年,学院党委共召开2次民主生活会,一次是贯彻落实31号文件精神民主生活会,一次是落实巡视整改民主生活会。

3. 党支部建设。学院党委贯彻落实上级党组织决策,按时组织党支部换届工作,落实"三会一课"等组织生活制度,开展系列特色实践活动。2017年,学院新发展党员31人,确定新发展对象34人,新增加入党积极分子90人。

4. 党风廉政。学院党委严守政治纪律和政治规矩,建立健全学院党风廉政建设责任制实施细则、党风廉政建设主体责任制、院务公开制度、党政联席会议议事规则,贯彻落实"三重一大"实施办法等。

5. 宣传维稳。学院党委把握意识形态工作领导权,把牢思想宣传的政治方向,在学院企业号内开设"元气满满的党小支"专栏,向全院师生推送学院党支部活动信息。

【团委工作】 2017年,学院团委把十九大精神同日常工作有机结合,学习贯彻学校第十三次党代会精神,多次组织全体团干部共同学习十九大报告并提交思想汇报。

1. 系统开发。学院团委开发OA系统,用于人员队伍建设和日常考核评价;开发35楼地下室预约系统,利用35楼住宿书院的优势,将功能房开放给学生使用,实现系统上预约管理,发布通知等。

2. 师生交流。学院团委组织"院长书记面对面"活动,邀请院内领导、老师与学生进行座谈,促进师生间的交流沟通,小到学生日常生活需求,大到学科方向设立问题。

3. 联合团校。学院对第十一期团员骨干培训学校进行改革,与国际关系学院、政府管理学院、新闻与传播学院、信息管理系成立2017—2018年度五院联合团员骨干培训学校。针对学生实际需求,整合院系资源,利用多院合作平台,支持学生跨院系交流,举办培训讲座、提供社会实践服务岗位,提升团校活动质量。

【学生工作】 2017年,学院改进学生工作。建立学校、家长、学生三位一体的联系平台,沟通学生信息;建立五级心理危机干预体系,关注各类问题学生,建立学生心理问题排查和随访机制;采取个体指导与集体指导相结合的谈话方式。完善院友会建设。联络从2001级开始在校、离校、出国等各种类型毕业生;以2017年元培学院成立16周年为契机,举办2003级毕业十周年和2007级入学十周年的"手拉手"院友返校活动。

(刘欣悦)

燕京学堂

【发展概况】 发展历程。燕京学堂以"跨文化交流:聚焦中国,关怀世界"为基本定位,依托北京大学人文、社科领域的历史积淀和师资力量,围绕中国问题,开展人文、社科领域跨学科交叉学术研究。2017年9月燕京学堂迎来第三届学生。

组织结构。院领导班子包括院长袁明,副院长王博,学业主任陆扬。院长助理陈长伟、左婧和郭菲。2017年9月,John Holden辞去副院长职务。

学科建设。燕京学堂开设中国学硕士研究生项目,下设哲学与宗教、经济与管理、法律与社会、政治与国际关系、文学与文化、历史与考古6个专业方向。

【招生工作】 学生人数。2017年燕京学堂共招收121名来自北京大学、哈佛大学、斯坦福大学、剑桥大学、芝加哥大学、普林斯顿大学、耶鲁大学、西点军校等高校的学生。包括95名国际学生,22名中国大陆学生,2名中国台湾学生,2名中国香港学生。新增的学生来源国家和地区包括摩洛哥、埃塞俄比亚、乌干达、中国香港、印度尼西亚、哈萨克斯坦、缅甸、尼泊尔、菲律宾、乌兹别克斯坦、白俄罗斯、希腊、葡萄牙、哥伦比亚等。

表5-22 北京大学燕京学堂2017级学生国籍分布

大洲	国家地区	汇总	大洲	国家地区	汇总
亚洲44	巴基斯坦	2	欧洲30	爱尔兰	1
	菲律宾	1		白俄罗斯	1
	哈萨克斯坦	1		波兰	2
	韩国	2.5		德国	5.5
	缅甸	1		俄罗斯	4
	尼泊尔	1		法国	4
	乌兹别克斯坦	1		荷兰	1
	新加坡	2		罗马尼亚	1
	印度	4		葡萄牙	0.5
	印度尼西亚	1		瑞士	0.5
	越南	1		乌克兰	1
	中国大陆	22		西班牙	1.5
	中国台湾	2		希腊	1
	中国香港	2.5		意大利	3
				英国	3

（续表）

北京大学燕京学堂2017级学生国籍分布					
大洲	国家地区	汇总	大洲	国家地区	汇总
大洋洲3	澳大利亚	3	拉丁美洲7	阿根廷	0.5
非洲4.5	埃塞俄比亚	1		巴西	2
	加纳	1		智利	1
	摩洛哥	1		哥伦比亚	0.5
	南非	0.5		墨西哥	3
	乌干达	1	中东2.5	以色列	0.5
北美洲30	加拿大	3		土耳其	2
	美国	27			

* 双国籍学生，每个国籍按0.5计算。

【教学工作】 课程设置。2017年燕京学堂共开设35门课程，包括4门必修课、31门选修课；其中，新开设2门创业与实践课程，鼓励、支持和指导学生参加社会实践、创新创业活动；另设1门英文写作课，为学生英文论文的写作提供方法论与学术性指导。选课模式。燕京学堂的学生通过选修不同院系的中英文课程，以多元视角参与课程讨论，在跨学科学习过程中理解研究中国。对于大陆及港澳台学生，要求其选修的英文授课课程学分不低于总学分的75%。

必修课程。1. 语言必修课"汉语 I & II"，2017年度新增古诗词学习模块，由对外汉语学院8位授课教师根据学生中文水平进行小班授课。2. "中国专题系列讲座"，2017年度邀请伊佩霞、柯马丁、张隆溪、朱青和马丁·雅克，以及北京大学谢宇、查道炯、张志学、张健和潘维等海内外专家学者，与学生以"中国"为核心，就当代中国发展问题进行跨文化、跨学科交流。3. "转型中的中国"，2017年春季学期，在授课团队老师们指导下，学生们自主设计调研内容，40个调研小组以团队协作方式赴全国4个直辖市、12个省开展课题研究和田野调查。4. "实地调研"，2017年度全体学生赴西安调研，在历史遗迹参观、民俗文化体验之外，新增高新区参访，从历史、建筑、宗教、民风曲艺以及当代经济发展等方面了解城市的发展与变迁。

为满足学生成绩换算的国际化需求，燕京学堂提出的研究生成绩评定标准的国际化方案得到北京大学研究生院的采纳，新的成绩评定标准自2017年9月1日起在全校范围内应用。

培养方案。课程安排，学生需修满30学分。2017年，燕京学堂完善课程大纲，合理规划课程，为英文课程提供国际化、个性化的支持；发挥学科交叉优势，将专业选修课打通，鼓励学生跨专业、跨院系选课；同时，以尊重老师为前提，通过纸质问卷、线上问卷等方式收集课程的建设性建议，优化小班教学、课程调研、讨论式课程模式，推进研究生培养机制改革。人才培养，燕京学堂与外方高校发展合作关系，在北京大学国际合作部的支持下获得国家留学基金委资助的中外高水平人文交流项目，为燕京学堂学生提供院系间交流交换机会。毕业论文，学生需要提交学位论文，在通过学位论文答辩及北京大学学位委员会审议后，学生可获得毕业证书和硕士学位证书。现导师库包含全校25个院系102名硕士指导教师。

【交流合作】 合作院校。2017年燕京学堂已与世界范围内104所一流大学建立合作伙伴关系，包括哈佛大学、耶鲁大学、牛津大学、剑桥大学、东京大学、早稻田大学等。

外宾来访。2017年，意大利前总理罗马诺普罗迪、国际货币基金组织（International Monetary Fund, IMF）全球前副总裁朱民、哥伦比亚公使等贵宾来访燕京学堂。

大使讲座。2017年，燕京学堂已与61个国家驻中国使馆建立联络，并定期举办大使系列讲座。2017年全年共举办包括英国大使、爱沙尼亚大使、尼泊尔大使、美国公使等在内的4次讲座。

来访接待。2017年，燕京学堂接待了10余家大学、机构的来访，如圣路易斯华盛顿大学、伦敦大学学院、哈佛上海中心、杜克大学、卫斯理安大学、台湾大学、德国联邦教育及研究部、挪威教育中心等。

【党建工作】 组织建设。燕京学堂党支部于2015年成立，截至2017年底共有党员28人。其中正式党员24人，预备党员4人。

党建活动。1. 学习十九大精神。组织中外师生共同学习党的十九大精神，以"习近平总书记最打动我的那句话"为主题，收集大家对十九大报告的体会；以"党的十九大与中国发展"为主题，邀请3名中外专家解读十九大精神，共有来自20多个国家和地区的学生参与其中。2. 推进"两学一做"学习教育常态化。邀请延安干部学院冯建玫教授讲党课，党员、团员一起重温延安革命精神；6月9日党团支部师生赴雄安新区开展主题党团日活动；9月，燕京学堂团支部参观"砥砺奋进的五年"大型成就主题党团学习活动；10月29日，2名留学生参与"党委书记郝平走进青年课堂，师生共学十九大精神"活动。

【行政工作及其他工作】 行政队伍。2017年燕京学堂行政员工共31人，其中事业编制2人，合同制29人。

工会工作。燕京学堂工会小组建设"教职工小家"，地点位于静园三院101室。组织参加校工会文体活动，包括庆"三·八"妇女节女教职工趣味定向赛、北京大学教职工运动会、羽毛球赛、乒乓球赛等。

【学生工作】 书院体系管理。2017级新入学的121名学生分为4个班级，与2016级学生的3个班级一同纳入书院体系管理。每个班级设有班主任1名，班长2名，由2016级部分学生担任宿管助理。定期举办面向全体学生的沟通交流会，创造学生与学院领导直接对话沟通的机会。

燕京学堂研究生会。研究生会的标语为"谦谦君子，和而不同"。2017年10月，燕京学堂研究生会根据章程进行了换届选举，顺利完成交接，第三届研究生会执行委员会成员来自欧洲、亚洲和美洲的6个国家。执行委员会从学习、生活等多方面促进同学们在跨文化环境中的沟通与融合。

学生活动。1.实地参访。3月参访华为北京展览基地；4月赴龙泉寺参访；10月参观中华民族园；12月参观北京市规划展览馆。2.文化沙龙。3月由印度学生举办Holi节日活动；4月组织学生制作紫砂杯和泥条盘塑，泰国学生举办泰国新年节日活动；5月邀请体教部何仲恺老师教授太极系列沙龙四次；清明节和端午节举办品茶社交活动；9月举办剪纸沙龙；10月由印度学生举办Diwali节日活动；12月举办圣诞活动，中国画沙龙和勺园厨师传授中餐厨艺沙龙。3.讲座座谈。5月邀请美国夏威夷大学教授、北京大学人文讲席教授安乐哲和美国驻中国大使馆公共事务参赞Lisa Heller女士做讲座，邀请高盛集团亚太地区经营部总监Wenchi Yu与学生举办午餐会；9月邀请亚洲基础设施投资银行Radek Pyffel先生做讲座；10月台湾大学张淑英教授与学生座谈；4.系列培训。9月至12月共计举办4次全球环境研究所工作坊，以及光华银泰基金社会影响力创新工作坊项目。

校园文化建设。2017年燕京学堂共有学生课外兴趣小组23个，类型多样。6月燕京学堂女足队"Yenching Cougarz"获得2017年度"北大杯"女子五人制足球比赛冠军，同月燕京学堂男足队"Yenching Tigers"获得2016—2017学年北京大学硕博杯男子足球赛季军。2017年11月，在北京大学国际文化艺术节上，来自德国的Theresa Stubhan作为留学生代表发言。

获奖情况。2017年燕京学堂有10名同学获得2017年"北京大学优秀毕业生"（夏季），4名同学获得2017年"北京市普通高等学校优秀毕业生"（夏季）；11名学生获得了校级奖学金；2016级硕士三班获得2016—2017学年校级"优秀班集体"，一班和二班获得2016—2017学年校级"先进学风班"。

【就业工作】 毕业情况。83名燕京学堂学生于2017年7月通过答辩顺利毕业，其中获得法学硕士45人，经济学硕士16人，文学硕士9人，历史学硕士8人，哲学硕士5人。

毕业去向。其中有12名中国学生签约国家部委、事业单位、国有企业和国内领先民营企业，包括商务部、人民日报社、中国农业银行等；7名中国学生进入牛津大学、剑桥大学、耶鲁大学等学校继续攻读博士或硕士学位。国际学生的去向包括留在中国工作，在其他国家工作，或进入高校继续深造，例如德国学生Tobias Rocker目前就职于欧盟贸易总署、美国学生Hannah Mullen进入哈佛大学法学院攻读博士。

就业指导。燕京学堂关注政策动向，针对中外学生就业和职业发展的不同需求开展就业工作，包括组织国际学生学习最新留学生在华创业、就业政策；通过各种渠道搜集求职信息；开办系列求职技能培训工作坊；开拓企业资源，组织企业参访；进行一对一职业发展谈话等。7月，完成第一届毕业生就业及毕业派遣工作，并获得北京大学2017年度毕业生就业工作先进单位（学生生涯发展教育奖）。

【全球青年中国论坛】 3月23至26日，燕京学堂举办第二届全球青年中国论坛，主题为"创新：中国创新的身份"。论坛展开深度对话，共同探讨全球视野下中国的创新价值和未来发展，共有来自52个国家和地区的200名学生参加。燕京学堂学生与来自各行各业的知名教授、青年领袖、行业精英围绕"中国创新"发表主题演讲，并与代表们交流中国最前沿的动态与创新理念。

【社会创新论坛】 12月9日至10日，燕京学堂举办第二届"社会创新论坛"，来自20个国家的34名代表参加了本次论坛。论坛主题为"可持续发展的全球模式探索"，分为"可持续发展的科普""绿色金融与绿色科技""可持续发展与企业环境责任""环境治理与气候政策"4大板块。此次论坛还包括社会创新方案设计大赛，旨在为参赛代表提供互相交流学习、完善各自方案的机会。

（李 水）

前沿交叉学科研究院

【发展概况】 2017年，前沿交叉学科研究院有纳米科学与技术研究中心、生物医学跨学科研究中心、定量生物学中心、生命科学联合中心、大数据科学研究中心、环境与健康研究中心、磁共振成像研究中心、科学史与科学哲学研究中心、脑科学和类脑科学研究中心、睡眠医学研究中心、区域与国别研究中心等10余个研究机构，涵盖数学、物理学、化学、生物学、医学、工学、人文等学科的众多交叉研究领域。

学科建设。在校交叉学位分会理科组部署下，重点开展"整合生命科学""纳米科学""数据科学"博士点的工作任务。同时，负责元培学院整合科学本科生项目的学科建设和发展规划。组织教师参与课程设计与教学科研训练，体现"各学科交叉融合"的整合特色。

组织机构。2017年3月，国家发展和改革委员会正式批复同意由北京大学牵头建设大数据分析与应用技术国家工程实验室。大数据中心将开展一系列地国家工程实验室的建设工作，提升大数据综合分析能力与智能决策水平，推动我国大数据分析与应用的技术进步与产业发展。

2017年12月，北京大学联合市属国企和行业龙头企业共同注册成立了北京石墨烯研究院有限公司，将作为北京石墨烯研究院的科技成果转化和市场化运营载体。

队伍建设。研究院共计教师200余人，分布在全校多个学部和院系，涵盖数学、物理学、化学、生物学、医学、信息科学、工学、环境科学、心理学、哲学等学科的众多交叉研究领域。定量中心林一瀚博士于1月1日正式到岗，并荣获香港求是科技基金会颁发的"求是杰出青年学者奖"；罗春雄博士由副教授晋升为教授；来鲁华教授荣获中国化学会计算机化学专业委员会颁发的第一届杰出贡献奖。生命科学联合中心继续以国际化程序进行全球招聘。2017年新到岗6名研究员，4名为海外招聘回国就职，2名为通过校内遴选或国内招聘引进的研究员。2017年度中心有8名PI（Principle Investigator）新入选中组部"海外高层次人才引进计划（青年项目）"，3名PI入选国家自然科学基金委的杰出青年基金项目，1名新增选为中国科学院院士，1名增选为中国工程院院士。10月，中心邀请了7位国际顶尖的领域专家（含6位美国科学院院士）开展PI聘期期满评估。参加评估的9位研究员，8位续聘，1位在合同期满后退出中心。纳米科学与技术研究中心从麻省理工学院引进王路达博士，并通过中组部"海外高层次人才引进计划（青年项目）"答辩。刘忠范教授受聘为 APL Materials 编委（2017.1—2019.12）、《材料工程》编委（2017.4—），胡又凡研究员受聘为 IEEE Transactions on Nanotechnology 副主编和 Nanotechnology 编委。

2017年度生命科学联合中心优秀博士后基金两次评选在55名申请人中，面试33人，入选25人，其中2人获特等（一等）资助，其余获得杰出（二等）资助。

【教学工作】研究院现有3个自主设立的二级学科：整合生命科学、纳米科学与技术、数据科学。目前在校755名研究生，其中博士生640人，硕士生115人。2017年招收研究生194人。2017年暑期举办交叉学科优秀大学生夏令营，来自全国几十所高校的400余名本科生参加。各中心依托研究院，通过学术讲座、综述报告、笔试和面试等方式和环节，选拔优秀营员进入北京大学攻读研究生。生命科学联合中心坚持人才体制改革。在招生方面，不区分应届和往届，本科或硕士起点。从夏令营遴选优秀营员组织面试，其中非生物专业学生的录取比例近50%。

研究院根据交叉科学的不同研究方向，制定特色化的培养方案，并由学位分委员会审核通过。新增交叉专业相关的必修课，要求学生在学习本学科高级课程的基础上，选修与原背景学科不同的相关专业课程和不同专业的本科生课程（纳入学分）。2017年度研究院共开设46门课程，其中专业必修课27门、专业选修课19门。面向学生组织9次纳米科学、20次整合生命科学、30次定量生物学、8次数据科学前沿学术讲座。课程设计包括针对本专业学生的高阶内容，以及面向非专业背景学生的基础培训两个方面。任课教师涵盖数学、物理学、化学、生物学、医学、工学等学院从事跨学科研究的教授及研究团队。严格监督机制，把握学生培养中的每个环节，保证培养质量，鼓励学生从事创新性研究，对发表文章不作硬性规定。

2017年度55名博士生、4名硕士生获得学位。毕业率为65.3%。11名学生被评为"北京大学优秀毕业生"，4名学生被评为"北京市优秀毕业生"。1名学生的毕业论文被评为"北京大学优秀博士论文"。经统计，学生毕业后继续从事科研相关工作比例约为40%。

【科研工作】1.科学研究。定量生物学中心，在生命科学交叉研究领域取得进展，2017年共发表署名学术论文43篇，包括 PNAS（Proceedings of the National of Academy of Sciences of the United States of America）1篇，Nature Communications 3篇，Physical Review Letters 2篇，Molecular Cell 1篇，eLife 1篇，Cell Systems 1篇，Cell Chemical Biology 1篇等。在研项目28项，新获批3项，经费共计7000余万元，包括科技部973项目负责人1项，国家重点研发计划项目负责人1项，基金委重点项目和面上项目20余项，优秀青年科学基金2项等。

纳米科学与技术研究中心，在碳基纳米材料的控制生长、纳电子学与纳米器件以及纳米物性研究方面取得成果，2017年发表、接受SCI（Science Citation Index）收录的论文191篇，包括 Nature 及子刊5篇、Phys. Rev. Lett. 1篇、J. Am. Chem. Soc. 4篇、Angew. Chem. Int. Ed. 2篇、Nano Lett. 9篇、Adv. Mater. 27篇、Adv. Funct. Mater. 5篇、Adv. Energ. Mater. 5篇、ACS Nano 11篇、Small 8篇、Nano Scale 6篇、Nano Energy 7篇、Nano Res. 15篇、ACS Appl. Mater. Inter. 4篇等，影响因子大于7的共126篇。授权发明专利15项、实用新型专利3项，申请发明专利42项、实用新型专利3项，出版著作（含章节）2部。在研项目72项，经费逾2亿元，其中2017年新增项目24项，新增经费5346余万元，新申请立项7项，经费逾1100万元。包括科技部"国家重点研发计划""纳米科技"专项9项、国家重大科学研究计划4项、国家重大科研装备研制项目1项，基金委国家重大科研仪器设备研制专项2项、国家自然科学基金重大项目4项、国家自然科学基金委重点项目6项、杰出青年科学基金项目1项、基金创新研究群体项目1项、国家自然科学基金委国际（地区）合作与交流项目3项、国家自然科学优秀青年科学基金项目2项、海外高层次人才引进计划（青年项目）2项、面上项目20项、北京市科委项目5项等。中心已发展成为一个跨院系的大型科研平台，是国内纳米科技研究的重要机构。

生命科学联合中心，2017年发表SCI论文357篇。在 Nature 及其重要子刊发表论文4篇（不含 Nature Communication），Cell 及其重要子刊发表26篇，Science 2篇。其他顶级刊物如 Journal of the American Chemical Society 3篇、Angew. Chem. Int. Ed. 5篇、Proceedings of the National Academy of Sciences of the United States of America 7篇。新申请及正在申请专利31项，其中含国际专利2项，授权5项。共承担国家和地方项目190余项，国际间合作项目30余项。新获批科技部主持国家重点研发计划2项、国家自然科学基金项目重点项目3项，重大研究计划1项，重大研究计划-培育项目1项，面上项目8项、杰出青年基金3项。

大数据科学研究中心，2017年深度学习实验室发表和录用国际权威期刊和会议论文10余篇，其中2篇NIPS（Conference and Workshop on Neural Information Processing Systems）和2篇ICML（International Conference Machine Learning）。自然语言处理与认知智能实验室完善智能语义搜索引擎，在此基础上研发面向智能投研、法律领域的大数据采集分析处理平台，形成一定规模的领域数据集，推出基于人机对话的智能投研助手"智投研"。承担自然科学基金、863等国家级项目10余项，发表论文30余篇（其中CCF-A类10余篇），申请专利6项。大数据安全实验室重点研究面向大数据共享交换的安全和隐私保护技术，以及基于机器学习的智能运维技术；研制5个安全可信服务及验证工具，通过工信部软件测评中心的检测。发表和录用核心期刊和权威国际会议论文16篇，申请和授权发明专利10项。数据管理实验室重点研究面向海量知识图谱数据管理中的自然语言问答和交互式检索问题；所构建的面向DBpedia知识图谱的自然语言问答系统gAnswer在欧盟组织的QALD（Question Answering over Linked Data）等评测中名列前茅；相关工作发表在TKDE（Transactions on Knowledge and Data Engineering），CIKM（The Conference on Information and Knowledge Management）等。发表计算机领域顶级期刊和会议论文（China Computer Federation, CCF-A）6篇，包括TODS（IEEE Transactions on Parallel and Distributed Systems），VLDB（Very Large Data Bases），TKDE，AAAI（The National Conference on Artificial Intelligence）等。

生物医学跨学科研究中心和磁共振研究中心2017年面向生物医学和应用的前沿问题，开展以临床医学、生命科学、环境科学、工程学等学科交叉为特点的跨学科研究在相关专业领域的高影响力杂志上发表50余篇论文。

磁共振研究中心，2017年发表研究论文12篇，其中包括 *Cerebral Cortex*（1篇）、*Journal of Neuroscience*（1篇）、*Neuroimage*（1篇）、*Magnetic Resonance in Medicine*（1篇）和 *Human Brain Mapping*（3篇），申请专利3项，获批软件专利3项。

2. 学术活动。 研究院重视创建国际化的学术文化及学术环境，开展与国际一流大学、研究机构、高水平知名学者的合作交流。2017年参与主办或协办的各类大型学术研讨会50余次，其中国际会议30余次。教师参加国际国内各类学术研讨会300余次，邀请国际与国内专家来访交流300余人次。开设联结科学界、工业界和政策界交流的沙龙活动，每月一期。举办"基因编辑与生命健康""科学与中医的他山之石""生命计算"和"再生医学"等专题研讨。

生命科学联合中心2017年举行4次中心学术交流活动，由北大、清华两校PI主持并邀请报告人，就不同主题以多种形式进行学术交流。中心出资支持中心PI在其所在院系host的讲座。每次学术讲座录制视频、记录学术笔记，发布在中心的微信公众号上，以供订阅者们学习和分享。

1月16日召开"定量生物学中心年度学术交流会"，有来自中心内外相关领域的140余位师生参会。4月9日，研究院举办第一届北京大学前沿交叉学科研究生论坛。上午为主论坛，下午三场分论坛并行，有来自全国高校及多家研究单位的300余名同学参加。6月9日至11日，纳米中心举办第五届北京大学纳米化学前沿论坛，与会规模300人。7月1日，举办第一届北京大学深度学习研讨会暨深度学习实验室成立仪式，近160位师生参加。来自北京大学、新加坡科技研究局高性能计算研究院、新加坡国立大学的12位专家作报告，涉及深度学习、深度神经网络、分布式机器学习系统、人机对话系统，自动驾驶模型以及强化学习等前沿领域。6月23日至27日举办"定量生物学：计算与单分子生物物理国际会议"，来自美国、加拿大、英国、德国、新加坡、中国内地和香港等7个国家和地区的高校与科研院所的专家、学生约200余人参加大会。此次会议包含学术报告35个，墙报展示以及"科学面对面"等活动。7月10日至13日，主办Microsystems & Nanoengineering summit，与会规模300余人。8月27日，举办"Deep Learning: Theory and Applications"研讨会。此次研讨会是北京大学与新加坡国立大学联合举办的第一届联合研讨会，得到北京大学与新加坡国立大学校级合作计划的资助。8月29日，召开"信息化时代下的大众健康"科学与技术前沿论坛。中国科学院院士韩启德、金力、鄂维南，中国工程院院士詹启敏、王辰，以及信息与医学领域的200多位专家学者、企事业单位负责人出席本次论坛。8月30日，召开由定量生物学中心来鲁华教授任首席科学家的国家重点研发计划"蛋白质机器三维结构导向的新型药物研发关键技术研究"项目年度进展报告会。8月31日，召开由定量生物学中心汤超教授任首席科学家的国家重大科学研究计划项目"基于蛋白质调控网络的系统生物学研究"年度进展报告会。

9月1日，承办ACS Nano Symposium，与会规模120余人。7月25日至29日，生命科学联合中心协同学校招生办公室、继续教育学院举办"北京大学全国中学骨干教师综合教育能力提升博雅讲堂"，有来自100余所高中的109名教师参加培训。举办面向本科生开展系统生物学/计算生物学、神经与认知科学暑期培训班，共接待近150名不同学科背景的本科生。11月4日至5日，磁共振成像研究中心承办IEEE国际医学影像物理和工程大会暨第八届中国医学影像物理学术年会。

10月20日，应定量生物学中心和北京大学"大学堂"顶尖学者讲学计划的邀请，世界著名计算生物学家、蛋白质分子动力学模拟研究的先驱、2013年诺贝尔化学奖获得者Michael Levitt来访，并作2场报告。报告结束后，参会师生围绕如何面对科研中的困难，年轻基础科学家如何发展以及实验室科研氛围的构建等问题与教授进行了面对面的交流。

11月21日至24日，纳米科学与技术研究中心承办第三届全国表面物理化学学术研讨会，与会规模100余人。11月24日至27日，中心张海霞教授牵头主办国际大学生iCAN创新创业大赛，参与规模近3000人。12月17日，定量生物学中心头脑风暴活动（Brain-Storm 2017）开幕。

3.平台建设。磁共振成像研究中心9.4T小动物磁共振成像仪于2017年6月正式安装到位，11月对校内外科研高校开放使用。9.4T小动物磁共振成像仪主要用于小型动物（大小鼠等）的脑结构、脑发育和脑功能与蛋白质分子的关系的研究，为超高场磁共振成像的理论发展与应用研究提供重要支撑。

定量生物学中心微流-高通量实验平台与4个课题组合作发表学术论文5篇，申请专利1项，目前服务于校内外40余个课题组，3台流式细胞仪器校内外总服务机时超过2200小时。平台同时承担《定量生物学实验与技术基础》和《整合科学实验课程：高通量单细胞动力学分析》2门课程的教学任务。计算生物学与药物设计平台发表学术论文3篇，已完成2项合作课题，正在开展6项对校内外的合作研究或技术服务，并承担《定量生物学计算与软件使用》课程的教学任务。

生命科学联合中心建立公共平台管理系统，对平台资源的购置及使用情况进行实时跟踪和管理。截至目前，平台已有公共仪器设备110余台/套，由中心公共平台支持并发表的科研文章有80余篇。

研究院和工学院共同搭建的"北极星高性能计算平台"是国内最先进的超级计算机之一，2017年完成任务数590万个，服务80余个实验室的200个研究课题，其中国家重点项目超过6个。申请使用用户达585人。托管服务器40余台，存储量达300T。共同发表研究SCI论文近40篇，包括1篇 *Nature*，1篇 *Cell*，1篇 *Nucleic Acids Res.*，1篇 *J Am Soc Nephrol*。

【社会服务】 2017年，生命科学联合中心继续承担科普和社会服务责任，举办全国本科生暑期培训班，历时3至7天，共接待全国120余名大一至大三的生物、物理、数学、化学等专业的本科生，培训方向为定量生物学、化学生物学，通过专家讲座、实验室参观、座谈交流、自主文献研读及报告等形式，介绍相关专业领域的前沿科学研究。

7月25日至29日，北京大学招生办公室、北京大学继续教育学院、北京大学前沿交叉学科研究院北京大学-清华大学生命科学联合中心及北京大学生命科学学院共同支持和举办"北京大学全国中学骨干教师综合教育能力提升博雅讲堂——2017年生命科学前沿与交叉研修班"。来自全国近百所高中的一线教师参加了此次研修。本次研修班邀请代表当今生命科学前沿交叉领域高水平的11位教授和研究员为学员们授课，包括饶毅教授的"生物学的核心与交叉"、魏坤琳教授的"认知科学启发的终身学习者攻略"、陈兴教授的"化学糖生物学"、程和平院士的"第一代微型双兴子显微成像系统"、黄铁军教授的"通往强人工智能的形态计算"、陆林教授的"睡眠与健康"、刘颖研究员的"始皇帝的梦想：延缓衰老是否可行"、刘云淮研究员的"大数据与智能化"、瞿礼嘉教授的"现代农业技术的挑战与未来"、黄岩谊教授的"DNA测序：破解生命的密码"和汤超教授的"下一次科学革命"。涵盖生命科学、心理与认知科学、化学生物学、数据科学、物理等多学科交叉领域。

【党团工作】 2017年，研究院有学生党支部20个，学生团支部23个，学生班级25个。

为贯彻落实全国高校思想政治工作会议精神和中央31号文件精神，深化全体师生对习近平总书记关于知识分子重要论述的学习理解，3月16日举办全院专题研讨会；10月25日举办十九大精神学习分享交流会。

结合党的十九大、全国高校思政会议、学校第十三次党代会等相关会议精神，开展多次党团日主题教育活动。2016级生命科学联合中心2班党团支部荣获2016—2017学年第一学期"弘扬长征精神，奋力铸就卓越"学生党团日联合主题教育活动一等奖。

举办"前沿青年讲堂"系列活动。生命科学学院长江学者、博士生导师瞿礼嘉教授应邀以"兴趣、投入与坚持"为主题，与来自前沿交叉学科研究院、生命科学学院等不同院系的同学分享自己的科研心得和感受。美国国家科学院院士，中组部"海外高层次人才引进计划"获得者，北京大学现代农学院（筹）院长、博士生导师邓兴旺教授应邀以"研究过程中的细节与坚持"为主题，与全校不同院系的多名学生代表分享自己在科研和职业选择方面的经历与心得。

【学生工作】 2017年，共有166人次获得奖励表彰，其中三好学生标兵11名，三好学生65名，优秀学生干部3名，单项奖87名。共有157人次获得奖学金表彰，其中国家奖学金21名，专项奖学金80名，其他各门类奖学金56名。研究院荣获北京大学研究生社会实践活动优秀院系组织奖，赴宿州博士生服务团荣获二等奖，实践基地被评为优秀实践基地。获评北京大学资助工作"先进单位"，学工办蔡旻恩获评北京大学资助工作"先进个人"。

强化与学生的日常沟通，重点跟踪案例15起，化解可能存在的风险和问题。应对各类突发性事件，避免极端事件发生。完善常规工作的处理流程。

【行政工作】 2017年，研究院事业编教职工16人，在站博士后16人，劳动合同制职工31人。完善工会机构，动员和组织工会会员活动。配合挂靠单位参与学校运动会和师德师风建设活动。开展安全保卫后勤工作，制定安全管理实施细则和处置预案，实现安全管理工作的制度化、规范化、常态化。

下属中心及实验室建立安全保卫工作规章制度，指导师生了解消防器材使用、安全疏散通道位置、紧急情况措施方案等。

2017年根据"十三五"计划，工学院与交叉学院2号楼（以下简称2号楼）明确建筑定位，落实科研与教学用房标准，在基建部及各使用单位和相关部门的配合下，预计2018年3月动工。

（前沿交叉学科研究院）

分子医学研究所

【队伍建设】 2017年，分子医学研究所事业编制职工37人（含PI 16人，Co-PI 9人），博士后22人，劳动合同制职工30人（含博士学位4人）。博士后队伍连续两年增长，成为研究所科研力量的补充，劳动合同制职工已成为实验技术力量的主体。陈良怡通过学校评估获聘新体制长聘副教授。

【人才引进】 从首都儿科研究所招聘副研究员权力任研究所代谢研究检测平台主管。

【获奖情况】 刘颖研究员荣获由霍华德·休斯医学研究所、比尔和梅琳达·盖茨基金会、惠康信托和卡洛斯提·古尔本金基金会联合授予的国际研究学者（International Research Scholar）称号和经费支持，该称号授予在其研究领域有潜力做出独创性贡献的年青科学家。程和平院士获首届"全国创新争先奖"表彰、获2017年度"九三楷模"、获2017年国家自然科学奖二等奖（第二完成人）。周专等获2017年高等学校科学研究优秀成果奖（一等奖）。赵扬入选生命联合中心PI、中组部"海外高层次人才引进计划（青年项目）"；陈雷、陈晓伟荣获2017年度"北京大学绿叶生物医药杰出青年学者奖"。

【平台建设】 研究所支持北京大学牵头国家"十三五"规划立项的多模态跨尺度生物医学成像国家重大科技基础设施建设，程和平任首席科学家。协助学校从中国科学院生物物理所聘任雷鸣研究员为北京大学多模态跨尺度生物医学成像国家重大科技基础设施专项办公室（筹）主任；拟招聘美国斯坦福大学的陈知行博士加强成像探针领域的研究力量。

【科研工作】 2017年发表、已被接受论文42篇，总影响因子392.7，平均影响因子9.4，包括 Cell、Nature Methods、Neuron、Circulation Research、Cell Research、Blood、Nature Communications、Nucleic Acids Research 等期刊杂志，在影响因子10以上国际学术期刊上发表和已被接受论文10篇。其中北京大学分子医学研究所（IMM Institute of Molecular Medicine），为第一作者或责任单位第一单位署名文章34篇。申请国家专利3项、PCT专利1项。

获批国家自然科学基金重大项目1项，重点项目1项，中德国际合作1项，面上项目7项，青年基金1项。承担国家重点研发计划课题1项，参与2项；北京市自然科学基金-海淀原始创新联合基金1项，北京市科技创新基地培育与发展工程专项1项。国际合作项目4项。

【课程体系】 围绕"分子医学"的建设框架，分子医学二级学科新开研究生课程15门：干细胞和再生医学前沿进展，细胞重编程和心脏再生，营养物质感知研究进展，肠道及肠道菌群、慢性炎症与肥胖，血管细胞分泌与稳态进展，糖脂代谢研究进展，表观遗传学前沿进展，能量代谢及其内分泌调控的研究进展，膜蛋白研究前沿进展研讨，代谢组学与质谱检测，心血管药理，心血管代谢病理生理，体细胞可塑性和重编程，肠道功能与代谢紊乱，代谢生物学。目前，开设供研究生研修的专业必修课5门，专业选修课达到46门。

【学生工作】 研究所现有北京大学学籍学生134人，客座学生120人。2017年有27名博士研究生和2名硕士研究生毕业。

2017年度，累计64人次获得各级各类奖学金和荣誉称号。

【交流合作】 2017年5月31日，举行"成功研制新一代微型化双光子荧光显微镜"专题新闻发布会。研发团队、院系级合作单位的师生、北大相关职能部门负责人，以及来自30多家新闻媒体的记者一同出席发布会。程和平院士带领的《超高时空分辨微型化双光子在体显微成像系统》团队成功研制新一代高速高分辨微型化双光子荧光显微镜。新一代微型化双光子荧光显微镜体积小，重仅2.2克。该成果得到包括多位诺贝尔奖获得者在内的国内外神经科学家的高度赞誉。

2017年12月18—19日举办北京大学分子医学研究所2017年度学术报告会。经实验室推荐代表，共有26名博士后和学生作报告。

2017年4月9日，研究所与法国赛诺菲集团联合举办"Sanofi-IMM代谢与糖尿病论坛"（Sanofi-IMM Symposium on Metabolism and Diabetes），论坛由陈晓伟研究员主持，此次会议旨在探讨代谢疾病研究机制的新发现。

2017年10月9—11日在江苏省昆山市召开"第六届中国小核酸技术与应用学术会议"（RNAi China,2017），会议由梁子才教授主持。

2017年10月11—13日，召开"中国细胞生物学学会第二届模式动物器官再生研讨会"，会议由熊敬维研究员主持，北京大学分子医学研究所、中国细胞生物学学会、北京细胞生物学会、中国动物学会斑马鱼专业分会共同主办，北京大学国际合作部、北京市科学技术协会协办。

2017年共举办76场IMM Seminar系列讲座。IMM Seminar系列讲座的报告人多为国内外大学、实验室、研究机构和医院的知名学者、学科带头人及负责人。

【党建工作】 2017年，研究所落实"两学一做"学习教育和组织生活会工作，组织完成关于北京大学第十三次党代会代表选举工作，学习习近平总书记在中国共产党第十九次全国代表大会上的讲话，加强党支部的思想、组织、作风、制度建设。教职工支部以"北京大学心理节"为契机，联合学生党支部以及研究生会，在研究所学生中间展开调研，探讨建立学生心理疏导机制的方法。学生支部不定期开展微信读书学习活动，以手机微信和相应读书软件为平台，分享好书，共享读书体验和领悟。

2017年，副研究员权力加入教工党支部，博士后吴迪预备期满转正，19名研究生新生党员加入研究所，增设2个学生支部。目前，分子医学研究所共有教工党员18人，学生党员73人，有多名积极分子处于考察发展过程。

【行政工作】 研究所行政业务归综合办公室统一落实，以"一切为科研"为工作目标。除常规性工作外，还承担大型组织任务，如学术会议举办或突发事件处理等临时工作小组的组建等。研究所行政工作在学校2017年度绩效综合管理评估中为A+。

【工会工作】 研究所工会配合校工会，为女职工办理女工互助险参保；组织参加校工会体育比赛，乒乓球与生命科学学院联队获得2017年北京大学教职工乒乓球赛团体冠军，两队羽毛球分获2017年北京大学教职工羽毛球赛，分获第五名和第九名，取得历史性的突破。组织劳动节观影等活动。

【硬件建设】 完成实验设备2号楼楼层设计，推进2018年搬迁入驻的各项工作。

【安全工作】 实行安全工作领导责任制、层级责任制和责任追究制，树立"安全第一"的思想，将安全工作规范化、制度化。在全所通过学生安全教育课程、应急事件处理演练及观摩、安全员培训、例会、自查等方式，进行全员参与安全隐患防范教育。

【筹资工作】 强化筹资意识，拓展筹募渠道。许琪女士个人捐赠30万元设立"北京大学分子医学研究所顾-吴奖学金基金"，奖励资助品学兼优的研究生。卡尔蔡司（上海）管理有限公司捐赠10万元，资助研究所召开2017年度学术报告会。

（分子医学研究所）

科维理天文与天体物理研究所

【发展概况】 发展历程。科维理天文与天体物理研究所（The Kavli Institute for Astronomy and Astrophysics, KIAA）在学校领导下设立董事会和科学顾问委员会，董事会负责监督KIAA管理以及运作情况，科学顾问委员会对KIAA的学科发展和人才引进提出指导意见。2017年5月1日—3日，科学顾问委员会会议和董事会会议先后在KIAA召开，在听取何子山所长的管理运行报告以及吴学兵副所长的财务报告后，委员会成员分别与研究所教师、博士后、研究生和行政人员就KIAA的科研产出和管理运行再次进行沟通交流。

组织结构。KIAA实行所长负责制，所长为何子山，副所长为吴学兵。招聘委员会、博士后工作委员会、教员评估委员会等在学科建设中发挥作用。各项行政事务在所长领导下由行政办公室负责实施。

队伍建设。2017年5月，来自澳大利亚国家望远镜中心（Australia Telescope National Facility）的王菁博士入选中组部"海外高层次人才引进计划（青年项目）"，被聘为助理教授。6月，Gregory J. Herczeg研究员通过学校评估获聘新体制长聘副教授。8月，孙敏入职KIAA行政办公室。2017年新聘11名博士后，其中国家博士后创新人才支持计划博士后1人，北京大学博雅计划博士后3人，国际交流引进项目博士后3人，北大与中科院联合培养（KIAA-CAS Fellowship）博士后1人，教师自主招收的PI博士后3人。

截至2017年底，KIAA共有全职研究人员20人，兼职教授4人，博士后29人，行政人员6人。研究人员中有"海外高层次人才引进计划"2人，"海外高层次人才引进计划（青年项目）"7人，长江学者1人（张冰）以及国家杰出青年科学基金获得者2人（吴学兵、徐仁新）。

【教学工作】 2017年，天文学科有在读研究生73名，本科生115人，由天文系和KIAA共同培养。9月举办本科生论坛，并颁发林桥奖学金；每周举办研究生晚餐讨论会；建立研究生和学术报告人午餐交流会。

1. 教学成果。

（1）2017年4月12日，北大天文团队领衔于3月30日发表在美国《天文学杂志》（Astronomical Journal），第一作者是研究所博士研究生杨锦怡，指导教师为吴学兵和樊晓晖教授的论文"新发现填补类星体间隙"（New Discoveries Fill the Quasar Gap）入选美国天文学会刊物研究亮点网站公布的研究亮点。

（2）2017年9月6日，博士生邵亚莉作为第一作者完成的论文被美国天文学会刊物研究亮点网站（American Astronomical Society，aasnova.org）推选为重点研究工作。由王然研究员指导的该课题组使用ALMA高分辨率[C II]线观测研究一颗红移是6.13的远红外亮类星体ULAS J1319+0950的气体动力学。

（3）2017年，博士生徐思遥获得由美国国家航空航天局和太空望远镜科学研究所资助的2017年哈勃博士后基金。

（4）2017年，博士生王龙、黄样荣获首届国际天文学联合会（International Astronomical Union，IAU）优秀博士论文奖。

2. 毕业情况。

（1）本科生：2017年天文学科共有26位本科生毕业。其中有10人国内保研，占比38%，7人出国深造，占比27%，8人参加工作，占比36%，1人准备考研。有9人继续本专业的学习，占比35%，其中吴晓晗被哈佛大学录取，薛尚捷被麻省理工学院录取。

（2）博士生：2017年天文学科共有7位博士生毕业，全部选择继续从事博士后工作，其中4人被德国、美国、英国等著名天文研究所和大学录取。

【科研工作】 2017年共有244篇文章发表或已被接受。10月27日，何子山领导的中国科技部国家重点研发计划"大科学装置前沿研究"项目和"大质量黑洞与星系的协同演化及其宇宙学效应（BHOLE）"项目召开第一次项目进展会议，各个课题组进展顺利，总共已产生超过100篇的科研论文。

科研亮点。1. 由加拿大国家研究院研究员Doug Johnstone和北京大学科维理天文与天体物理研究所教授Greg Herczeg共同领导的巡天观测项目，得到来自加拿大、中国大陆及台湾地区、韩国、日本和英国等各地天文学家的参与和支持。在18个月的观测中，专家利用詹姆斯麦克斯韦望远镜（JCMT）变源巡天发现亮度变化的年轻恒星。

2. 北京大学科维理天文与天体物理研究所博士后于浩然与其科研团队利用我国"天河二号"超级计算机完成了3万亿粒子数的数值模拟"TianNu"，过程中发现中微子向冷暗物质结构的凝聚效应（Differential Neutrino Condensation Effect），该成果以于浩然为第一作者发表在2017年6月5日的期刊 Nature Astronomy。

【交流合作】 会议组织。2017年共组织12个国内外会议。

2017年5月4日，北京大学科维理天文与天体物理研究所（KIAA）十周年庆典暨学术讨论会在科维理研究所大报告厅举行。北京大学校长林建华，副校长王杰，副校长高松院士，北大原校长许智宏院士，来自加州大学圣克鲁兹分校的KIAA首任所长林潮教授，美国科维理基金会科学项目常务副主席Miyoung Chun，科维理所科学顾问委员会和董事会成员、世界各地四所科维理研究所所长以及国内各天文机构及高校天文院系的领导和同仁参加庆典。林建华校长在致辞中表示北大科维理研究所近年来在科研、教学和人才培养等方面均取得了重大进展，举办了一系列重要的学术交流活动，极大地提升了北大天文学科的国际影响力他希望KIAA能在下一个十年内取得更大的进步，成为国际一流的天文研究所。

访问学者。2017年，包括美国哈佛-史密松天体物理中心主任Charles Alcock等世界顶级天文学家在内的59位来自全世界各个研究机构的学者访问KIAA。

国际交流。2017年1月，KIAA的"中澳射电天文联合博士后创新型项目"入选国家留学基金委2017年创新型人才国际合作培养项目，首批联合博士后郭可欣已到达西澳大利亚大学。

2017年5月，KIAA所长何子山教授与东京大学Kavli数物连携宇宙研究所（KIPMU）所长Hitoshi Murayama教授以及Kavli基金会Miyoung Chun博士签署"科维理天体物理博士后项目合作备忘录"。该项目由美国科维理基金会资助，将于2018年正式启动，招聘的博士后将分别在科维理天文所和东京大学Kavli数物连携宇宙研究所（KIPMU）工作两年。

（科维理天文与天体物理研究所）

北京国际数学研究中心

【发展概况】 北京国际数学研究中心成立于2005年，是一所由国家出资建设的数学研究机构，致力于数学学科的前沿问题研究，培养新一代世界级数学家，为促进数学思想和成果的交流提供平台。中心现有1个一级学科，即数学。有4个二级学科，分别是基础数学、计算数学、概率论与数理统计和应用数学。

中心共有教师33名，其中教授7名，副教授9名，助理教授9名，特聘教授8名。2017年度引进青年学者阚琪峥、周珍楠、丁一文3人。

截至2017年底，中心有在站博士后26名。

【教学工作】 截至2017年底，中心共有博士研究生46名。其中2012级1名，2013级8名，2014级9名，2015级10名，2016级10名，2017级8名。2017年博士毕业生10人。

2017年，中心第九期研究生数学基础强化班开设了4门课程，分别为泛函分析II（郭懋正授课）、偏微分方程选讲（韩青授课）、代数几何初步（许晨阳授课）、微分拓扑（丁帆授课）。

2017年，中心开设3个主题的暑期学校，分别是金融数学暑期学校、北京大学数据科学暑期学校、应用数学暑期学校。邀请来自海内外的7位著名数学家来中心开设短期课程，课程围绕数学相关领域内多个前沿课题展开。

【科研工作】 2017年，中心共有院士2人，中组部"海外高层次人才引进计划"8人，"海外高层次人才引进计划（青年项目）"15人。许晨阳获选2017/2018庞加莱讲座教席，获2017"未来科学大奖"；刘若川入选2017国家自然科学基金委杰出青年名单，刘毅入选2017年"求是杰出青年学者奖"；阚琪峥的论文获首届"代数几何学"奖。

新增科研项目11个（纵向）。在站博士后王相生获得中国博士后"博新计划"项目，薛华健获得北京大学"博雅博士后"基金资助。谢佩初、Aditya Karnataki、刘超3位为国际交流引进博士后。中心教授和博士后发表论文61篇，被接受论文38篇，预印本论文88篇，SCI（Science Citation Index）论文62篇，其中多篇发表在世界著名数学杂志上。

举办10场国际研讨会：北京国际数学研究中心-东京代数几何研讨会，P进霍奇理论与自守形式会议，计算与大数据分析研讨会，CSIAM（China Society for Industrial and

Applied Mathematics）数学与生物医学分会研讨会，生物数学研讨会，李群表示与自守形式研讨会，相场模型的数值方法与建模研讨会，志村簇与几何 Satake 理论会议，有界性、稳定性与 Fano 簇会议，几何、分析、概率会议。

举办多个主题的研讨班、讨论班，包括天元高级研讨班——代数几何中的模空间、第七届辛几何与拓扑场论高级研讨班，以及 10 个主题共 63 场次的讨论班。举办许宝騄年度讲座、5 场杰出学者报告、5 场数学前沿报告会。

【交流合作】 2017年5月5日，悉尼大学数学与统计学院院长 Jacqui Ramagge 教授到访北京国际数学研究中心。双方就学科发展近况和特色进行了交流，希望通过进一步探索双方合作的新契机与新平台，促进高水平的学术合作与交流。

2017年，在 SFRPM 项目支持下，奥尔赛 Dynamical Geometric Analysirs 会议于6月27日至30日在法国奥尔赛举行。刘小博教授和北大数学科学学院朱小华教授与法国其他3位教授共同担任会议学术委员。

9月24日至30日，数学中心许晨阳教授与其他3位国际著名数学家共同组织的代数几何学术会议在德国 Oberwolfach 数学研究所举行。此次会议系德国复几何学家 Grauert 等在 Oberwolfach 数学研究所成立阶段便开始组织的复几何系列会议的延续。

2017年，有110多位来自国内外著名高校和科研机构的学者来中心做访问研究，其中超过80%来自海外。

2017年，中心继续推进"TRAM 计划"和"中法数学研究合作项目"。

2017年，北京大学开展对北大数学学科的国际同行评估（International Peer Review）工作。国际评估专家一致认为：北京国际数学研究中心拥有一支一流的人才队伍，取得了一流的科研成果，培养了一流的青年数学人才，行政人员队伍工作高效，已经达到世界一流数学中心的水准。

【党建工作】 2017年，中心共有党员16名，支部1个。

推进"两学一做"学习教育活动，通过考试等方式，集体学习党章党规、系列讲话。重点学习党的十八大以来政治理论学习材料及相关知识点，特别是党的十九大报告。

配合上级党委的工作步骤，组织全体党员集体讨论推荐北京大学出席中国共产党北京市第十二次代表大会代表，推荐、选举北京大学第十三次党代会两委委员候选人。

党建"创新立项"开展与申报。2017年5月26日和6月19日，组织支部师生参访国家博物馆和国内领先人工智能企业。结合国家教育扶贫攻坚目标，支部将立项经费全部用于对口援建广西瑶族古寨初中爱心图书馆，以丰富图书种类，增加孩子们的阅读兴趣。秋季学期，继续申报创新立项。坚持以"两学一做"为开展党建工作的主心骨，重点学习新时代中国特色社会主义思想，努力践行共产党员先锋模范作用。定期举办"读书会"活动、深入推进教育援助项目、开展校史与北大精神学习教育。

2017年中心有1位教员晋升正教授，6位教员完成中期评估，1位教员从外单位转入。中心党支部在调查师生意见基础上为以上教员作师德师风专项评估报告，为其他教员作2017年师德师风综合评估报告。

【行政工作及其他工作】 2017年，中心共有行政人员11名（含北京大学财务部派驻会计1名），其中在编人员5名，合同制人员6名。

2017年，中心加强行政工作制度化建设，提升国际化和信息化水平，为中心的教学、科研工作提供更优质的服务。

【学生工作】 中心学生工作由北京大学数学科学学院统一管理，中心在编教研助理进行对接。2017年，中心设立"北大数学研究生奖学金"，奖励北京大学数学学科的优秀在读博士生，获奖者每人可获得最高11万元人民币的科研津贴及获奖证书。2017年共有5名博士生获得该奖项。

（陆宁波、李东璘）

海洋研究院

【发展概况】 北京大学海洋研究院（以下简称研究院）是北京大学在海洋领域的独立实体科研平台，研究院采用新体制、新机制，以建设北京大学海洋学科、海洋平台为使命，在此基础上，统一负责全校海洋学科的规划协调和相关领域的对外合作工作。研究领域包括海洋科学、海洋工程、海洋战略、海洋人文社科等。

行政班子。院长张东晓；副院长周力平、王磊、郑玫；院办主任、行政人员、宣传人员、科研助理等共8人。

研究院下设海洋战略研究中心（主任李鸣；执行主任胡波），海洋信息研究中心（主任王继民），"一带一路"研究中心（主任李鸣），五通指数研究课题组（组长王继民），"一带一路"联合研究课题项目（执行负责人王博），全球互联互通研究中心（主任翟崑）。

【队伍建设】 研究院目前实行双聘制与预聘制。双聘人员同时分布在北京大学各个相关院系和部门，包括城市与环境学院、地球与空间科学学院、法学院、工学院、国际关系学院、化学与分子工程学院、环境科学与工程学院、历史学系、人口与环境研究室、软件与微电子学院、生命科学学院、物理学院、信息管理系、药学院、政府管理学院、社会科学部等。预聘的研究系列人员，按照 tenure-track 新体制管理。目前研究人员共计57人，其中院士6人，教授27人，副教授10人，讲师1人，研究技术系列11人，研究馆员2人。

【教学工作】 2017年在读博士研究生6人，系与相关院系联合培养。

研究院遵照学校研究生培养管理规定，依托相关学院对研究生进行联合培养。学生在完成依托院系的研究生培养要求之外，需参加研究院规定的相应课程，并进行海洋专业领域的研究工作。

在博士研究生的培养过程中，合理安排课程学习、社会实践、科学研究、学术交流等各个环节，培养研究生的优良学风、探索精神、独立从事科学研究的能力和创新能力。

【科研工作】 组织编写出版《"一带一路"案例实践与风险防范》系列丛书、《国民海洋意识发展指数报告（2016）》和《"一带一路"沿线国家五通指数报告》。截至2017年12月31日，累计出版内参《海洋动态快报》《海洋战略研究报告》15期，《国内外海洋热点》118期。

【学术活动】 主办学术讲座。国家海洋局一所党委书记、副所长乔方利：海洋与气候模式的挑战、发展与展望；台湾大学海洋研究所教授、海洋中心主任刘家瑄：台湾西南海域天然气水合物储层特性研究。

主办、承办学术会议：海上核电与"一带一路"战略课题研讨会，海洋战略研究中心2016种子课题结题研讨会暨2017开题讨论会，《"一带一路"案例实践与风险防范丛书》新书发布暨学术研讨会，SPHERIC北京国际研讨会（SPERHIC Beijing 2017），国家"海外高层次人才引进计划"专家联谊会能源、资源与环境专委会2017年年会暨产业与人才项目合作交流对接会。

【学生工作】 2017年5月，组织博士生团建活动；6月，举办第二届博士生学术交流报告会；7月，组织学生参加北京大学走向海洋博士考察团；9月，举办第三届博士生学术交流报告会；12月，举办博士生年度总结交流分享会。

（海洋研究院）

现代农学院

【发展概况】 发展历程。2017年，现代农学院在校党委以及行政班子的领导和支持下，在学校各职能部门和兄弟单位的关心和帮助下，在人才引进、对外交流合作、学院体制机制建设等方面取得了一系列成果，筹建工作稳步推进，于2017年12月去筹正式成立。

组织结构。成立以许智宏为院长，顾红雅、彭宜本、欧阳晓玲为副院长的领导班子。

学科建设。根据学科规划，学院设置作物遗传与发育学、农业生物技术学、食品安全与营养学、农业经济与管理学4个学科方向。

队伍建设。教研系列人员共10人，包括长聘教授3人、副教授5人、助理教授2人，另有兼职教师26人。行政系列人员共3人，包括行政副院长1名、在编职员1人、合同制人员1人。

【教学工作】 学生人数。2017年，学院共招收博士研究生10名，3名为生物技术方向，挂靠生命科学学院；7名为农业经济学方向，挂靠国家发展研究院。

课程设置。2017年共开设本科生及研究生公选课程19门培养方案。学院生物技术方向研究生挂靠在生命科学学院生物技术专业下，按照生命科学学院生物技术专业博士研究生培养方案进行培养和管理；农业经济学方向研究生挂靠在国家发展研究院西方经济学和理论经济学（国家发展）专业下，按照现代农学院农村转型经济学博士研究生培养方案进行培养和管理。

2017年6月组织开展"北京大学现代农学院全国农业经济与管理优秀大学生夏令营"。

【科研工作】 项目数量。2017年，学院共申请科研课题27个，申请成功19个。截止2017年底，在研项目共36个（见下表）。

表5-23　2017年现代农学院科研项目一览表

项目分类	项目数目
国家自然科学基金	11
重大专项	1
重点专项	2
国际合作	7
国家部委项目	6
企事业单位委托项目	9
总计	36

科研成果。2017年，发表SCI及SSCI学术论文共35篇。

经费情况。2017年，学院科研经费总额累计约为2723万元，其中横向课题经费1129万元，纵向课题经费1594万元。

学术活动。1.2017年，"北京大学现代农业系列讲座"共邀请到褚成才教授、Daniel A. Chamovitz教授、付道林教授等6位专家学者发表演讲。2."农业经济学前沿讲座系列"共邀请到第十三届全国人大农业与农村委员会主任委员陈锡文、Robert G. Chambers教授等7位专家学者发表演讲。3."北京大学现代农业经济讲座"共邀请到哈尔滨工业大学叶强教授、Bucknell University的林树明副教授等9位专家学者发表演讲。

【交流合作】 2017年8月，北京大学与山东省人民政府签署合作共建北京大学现代农业研究院协议。研究院将依托现代农学院，整合各自资源优势，聚集全球顶尖科研力量，开展现代农业科学研究，推动科研成果转化。

【党建工作】 党支部挂靠生命科学学院。

【工会工作】 工会挂靠生命科学学院。

【学生工作】 学生一部分挂靠生命科学学院，一部分挂靠国家发展研究院。

（现代农学院）

人文社会科学研究院

【发展概况】 北京大学人文社会科学研究院（Institute of Humanities and Social Sciences，Peking University，以下简称"文研院"）是以人文与社会科学基础学科为主、推动跨学科交叉研究并促进国际交流合作的实体学术机构。文研院主要机构有院务会、学术委员会、工作委员会和行政办公室。经学术委员推举，李零教授为学术委员会2017年度轮值主席，任期1年。经工作委员推举，韩笑为工作委员会2017年度轮值召集人。行政办公室共计8人，包括在编人员2人、合同制人员6人，负责日常行政事务和学术活动的服务支持与保障工作。

【交流合作】 2017年6月16日至23日，文研院常务副院长渠敬东随北京大学校长林建华访问法国、英国，参加国际合作交流、拜访合作院校并出席校友活动，与伦敦大学学院高等研究院院长塔玛·加布（Tamar Garb）就双方未来学者互访项目的相关合作达成共识。11月7日，法国高等研究实践学院（EPHE）院长于贝尔·博斯特（Hubert Bost）一行赴文研院进行调研，并与北京大学对口院系学者就Scripta项目的合作可能性与研究路径进行深入交流。12月16日，院长邓小南出访香港中文大学，并与香港中文大学—中山大学历史人类学研究中心达成合作意向，双方将在未来一段时期展开合作，努力推动华北研究、亚洲比较研究以及面向全球史的中国史研究等几个重点领域的学科发展与人才培养。

【学术团队】 文研院每年设立若干邀访学者名额，海内外学者可自主申请，由工作委员会按照遴选程序进行遴选。邀访时间一般为4个月。2017年度，邀访学者项目进行了2期，来自海内外不同高校的41位学者在文研院驻访研究。

【学术活动】 2017年，文研院举办"北大文研讲座""北大文研论坛""未名学者讲座""静园雅集""文研读书""文研纪念""邀访学者论坛"等系列学术活动共213场，并形成了"早期中国与中华文明""族群凝聚与国家秩序""社会转型与精神重建""中国视角下的西方文明""多文明互动与比较研究""艺术与人文""科技与人文"等核心议题。

文研院不定期举办专题展览，回顾、总结北京大学学术史、教育史、文化史上重要学人的生平与成就；同时也以展览方式呈现优秀的人文艺术研究成果，在学术前沿搭建与公众间的沟通平台。4月26日至5月29日，与北京大学赛克勒考古与艺术博物馆、蔡元培研究会联合举办"蔡元培与北京大学"专题展览。5月3日至13日，与北京大学图书馆、严复翰墨馆联合举办"严复与北京大学"专题展览。11月23日至12月22日，与北京大学考古文博学院联合举办"张政烺先生学行展"。12月23日至2018年3月16日，与北京鲁迅博物馆、北京大学中国古代史研究院中心联合举办"北京大学与丝绸之路——中国西北科学考察团90周年纪念展"。

11月3日至5日，由北京大学、北京市教育委员会和韩国高等教育财团联合主办的第十四届北京论坛隆重举行。其中，文研院承办"历史和全球视野中的社会转型"分论坛，涵括"社会转型的历史视角：理论与方法"与"社会转型的历史视角：内容与过程"2场学术交流会。

不定期组织来自多个学科领域的专家学者赴不同地区进行走访与综合考察，从跨学科角度考察不同地区人文景观、出土文物与历史地貌，调研历史文化价值。5月21日至5月28日，与浙江大学文化遗产研究院于北京、安徽两地联合举办"书法的物质性与历史研究"学术考察。8月28日至9月2日，于内蒙古居延地区举办"居延大遗址"跨学科考察活动。

【文研周年】 2017年9月20日，文研院成立一周年系列活动在北京大学第二体育馆地下报告厅拉开帷幕。上午，全国政协副主席韩启德院士，文研院首位特邀教授、敦煌研究院名誉院长樊锦诗，北京大学副校长王博，香港中文大学教授科大卫，浙江大学人文高等研究院院长赵鼎新，北京大学经济与管理学部主任张国有，文研院学术委员会主席、北京大学中文系教授李零，文研院学术委员、北京大学国家发展研究院教授林毅夫，文研院学术委员、北京大学燕京学堂院长袁明，文研院学术委员、北京大学历史学系教授朱青生等200余位嘉宾出席文研周年仪式。文研院工作委员，三期邀访学者，北京大学相关院系、职能部门、图书馆、出版社相关人员参加活动。

王博副校长代表学校对文研院一年来取得的成绩表示祝贺。院长邓小南回顾了文研院一年来开展的各类学术活动。二期邀访学者、中国社科院考古研究所研究员许宏、北京大学历史学系副教授昝涛先后发言。北京大学国家发展研究院教授林毅夫作题为"中国改革开放40年与北京大学立校120年：反思与前瞻"的学术报告。香港中文大学历史学系教授科大卫（David Faure）作题为"寻找正统——乡村里的儒与道"的学术报告。

下午，文研周年系列活动之文研论坛"文明研究中的跨学科视角：方法及反思"在北京大学全球大学生创新创业中心举行。论坛嘉宾主要就如何研究文明、如何在研究中解决单个学科无法完成的问题发表观点。

（人文社会科学研究院）

中国画法研究院

【发展概况】 中国画法研究院成立于2010年5月，研究院提倡"回归古典，回归自然"之"宏门正学"，结合时代特征，开创全新的艺术研究与教育模式，藉北京大学的平台，向世界展现中国画的真面。范增教授担任中国画法研究院长，事业编制教师2人。

【研究工作】 研究院组织开展中国画法研究、中国传统文化与中国画研究、中国诗学研究等工作，创建中国画法理论研究新学科、建构北京大学中国诗学理论和有独特性的中西绘画鉴赏理论，并依据上述学科研究方向，培养中青年教师队伍和学术骨干人才。2017年，筹建研究院学术委员会，筹备教学工作。

范曾2017年出版书籍专著6部：《老庄心解》，中华书局，2017年3月版；《范曾插图鲁迅小说集》，北京大学出版社，2017年3月版；《范曾谈艺录》，商务印书馆，2017年6月版；《联境无邪》，岳麓书社，2017年6月版；《高怀云岭》，南开大学出版社，2017年7月版；《范曾艺术日历》，北京大学出版社，2017年11月版。

范曾2017年艺术创作10项：《北京大学名教授画像》；《十八高僧》《屈原远游》《万类和睦，宇宙齐一》《法比尤斯像》《普罗迪像》《高达特像》《笛卡尔像》《荷马像》《康德像》。发表刊物文章13篇。

2017年，研究院组织编写"北京大学中国画法研究院'众芳文存'系列丛书"；聘请国内外学者、艺术家参与"众芳所在"系列讲座活动筹备范曾院长专著《中国画研究法》国际研讨会。

在院长范增指导下，青年教师李艳以《以画境入市——中国文人画意境与创意城市建设》为主题进行科研。

【交流合作】 开展中外艺术学科交流活动；"北京大学范曾先生艺文馆"全面建成，拟组织全校各院系分批分期参观研讨。

（中国画法研究院）

深圳研究生院

【发展概况】 2001年1月，北京大学与深圳市人民政府签署《合作创办北京大学深圳校区协议书》，共同创办北京大学深圳研究生院。北京大学深圳研究生院是以全日制研究生教育为主的高等教育机构，是北京大学在国内唯一直属的异地办学实体，校园占地面积21.28万平方米。2016年8月29日，北京大学与深圳市人民政府关于合作举办北京大学深圳校区备忘录签订仪式在广州市举行。北京大学决定以深研院为基础，与深圳市合作共建北京大学深圳校区，这是为实现北京大学创建中国特色世界一流大学目标的重要战略部署。深研院在北京大学的统一领导下，配合校区推进与建设等各项工作。

2017年，深研院领导班子成员如下：院长吴云东，常务副院长白志强，党委书记兼副院长谭文长，副院长徐信忠、牛宏伟、涂欢、菲利普·麦康菲（Philip John McConnaughay）、曾辉，党委副书记安晓朋、任硕，总会计师徐颖。

深研院现设信息工程学院、化学生物学与生物技术学院、环境与能源学院、城市规划与设计学院、新材料学院、汇丰商学院、国际法学院、人文社会科学学院等八大学院，下设28个专业，涵盖经济学、法学、文学、理学、工学与管理学等六大学科，包含14个一级学科，共计硕士点20个，博士点11个。

截至2017年底，深研院教职工665人。专任教师240人，包括外国专家64人，港澳台教师14人，留学归国教师75人。专任教师中，正高级职称54人，占22.5%；副高级职称61人，占25.4%；中级职称125人，占52.1%。

【教学工作】 2017年，共招收1120名研究生（外国留学生52人），博士生74人，硕士生1046人；2017—2018学年初，在校生3040人（外国留学生113人），博士262人，硕士2778人。其中信息工程学院总计472人，博士生41人，硕士生431人；化学生物学与生物技术学院总计236人，博士122人，硕士114人；环境与能源学院总计189人，博士33人，硕士156人；城市规划与设计学院总计185人，博士24人，硕士161人；新材料学院总计136人，博士34人，硕士102人；汇丰商学院总计1380人，博士8人，硕士1372人；国际法学院总计391人，硕士391人；人文社会科学学院总计51人，硕士51人。

2017年，深研院推进学科建设，开展南燕讲座，邀请国内外知名学者作学术报告，通过科技前沿热点、最新成果的报告和研讨，拓展深研院师生的科学视野，提高科研创新能力；推进"南燕荣誉兼职教授"项目，目前已邀请到10位国际顶尖学者（多具有本国科学院、工程院、医学院、人文与艺术院等院士头衔）参与深研院研究生的培养。

4位青年教师参加校本部基本功讲课大赛，分别获得文科组第一名、第三名和理科组优秀奖。在学校教学评估中，深研院课程总体评价分97.99，高于全校平均分。2016—2017学年第2学期，深研院共有4名教师通过研究生院课程立项申报；曾辉、孟鸿、王文敏、Frank Hugh koger 4名教授获"北京大学教学优秀奖"。

【科研工作】 2017年，引进教师26人，其中教授4人，副教授3人，助理教授19人。截至2017年底，深研院共有中国科学院院士1人，国家海外高层次人才引进计划8人，"长江学者"2人，国家外专局高端外国专家项目9人，国家创新人才推进计划1人，南粤百杰1人，广东省引进领军人才1人，高层次专业人才认定73人，高等学校"鹏城学者"学者计划25人，海外高层次人才认定即"孔雀计划"74人，深圳政府特殊津贴4人，产业发展与创新人才奖55人。

2017年，深研院科研工作在科研经费、高水平论文和重要科研奖励等主要科研指标方面取得快速增长。2017年，新增课题204项，合同经费总计22,129.5万元，其中纵向课题112项，合同经费16,580.4万元，横向课题92项，合同经费5549.1万元，全年确认到账科研经费约1.8亿元。2017年，深研院师生共发表学术论文676篇（同比增长8.5%），其中SCI、EI、ISTP和SSCI收录的高水平论文547篇（同比增长14.2%），新申请专利发明127项（同比增长28.3%）。

2017年，深研院在科技奖励方面的新进展：杨震教授在天然产物合成领域的成果获得国家自然科学二等奖；潘锋教授荣获国际电动车锂电池协会（IALB）杰出研究奖；周强教授获评"科学中国人（2016）年度人物"。

2017年，深研院在科研条件建设上的新进展：深研院省部共建肿瘤化学基因组学国家重点实验室建设运行实施方案通过专家论证会；深圳市人民政府与北京大学签署战略合作框架协议，共建多模态跨尺度生物医学成像设施深圳基地；环境与能源学院的"PM2.5近质量闭合在线集成测量与实时源解析"项目成为深研院首个独立申报成功的国家自然科学基金重大研究计划资助立项和重点支持的项目；新材料学院获批新增"广东省新能源材料设计与计算重点实验室"省级科研平台；信息工程学院获批新增"深圳市先进电子器件与集成应用重点实验室""深圳市智能多媒体与虚拟现实重点实验室"2个市级科研平台。

【社会服务】 2017年，深研院携多项科研成果参展第19届高交会，成功参展2017全国双创周深圳活动暨深圳国际创客周。完善"筑底空间"在校生创新创业服务获深圳市科创委300万资金支持和南山科技局20万元资金支持，成立创客同盟。深研院近10支队伍参加寒暑假社会实践；成功组织博士团见习调研。2017年度志愿服务参与超过1200人次，服务时长累计逾2000小时，新增国际植物学大会志愿服务等项目。院各单位主办、承办第19届国际植物学大会、第15届中国水论坛、第二届PKU-NUS数量金融与经济学国际学术会议、"中国科技金融的未来"论坛、第三届大梅沙论坛、北京大学全球金融论坛等前沿论坛。

【交流合作】 2017年，汇丰商学院成功引进2011年诺贝尔经济学奖获得者托马斯·萨金特（Thomas J. Sargent）教授，组建"萨金特数量经济与金融研究所"，萨金特教授组建来自国际知名院校的学者座位研究团队，并开展博士生培养项目。与英国开放大学于2017年2月签署了购置其牛津郡校区的协议，设立北京大学汇丰商学院英国校区。

2017年，深研院共有6个联合培养项目：新材料学院-美国阿贡国家实验室联合培养；新材料学院-劳伦斯伯克利国家实验室联合培养；新材料学院-加州大学伯克利分校联合培养；新材料学院-伦敦帝国理工学院联合培养；北京大学与新加坡国立大学合作举办西方经济学专业硕士研究生教育项目；北京大学与新加坡国立大学合作举办管理学硕士教育项目。国外高校交流学习项目81个。

【党建合作】 2017年，深研院共有党支部58个，师生党员共1366人。

2017年，深研院党委根据学校党委的统一部署，以深入推进全院党员学习贯彻全国高校思想政治工作会议和中央31号文件精神及党的十九大精神为工作重点，狠抓意识形态工作责任制落实、切实做好党员的思想理论武装、党支部组织生活质量、学生支部换届、党员发展教育管理、基层党建工作责任落实等工作，积极配合学校党委完成中央巡视组巡视检查、党员党费补缴、失联党员党内处置、党建和思想政治工作基本标准自查等多项工作，通过"回头看"深刻剖析问题根源，按照学校党委要求，认真履行整改主体责任，抓紧细化整改任务举措，真正做到立行立改，不断推动全面从严治党向纵深发展。为搭建更为高效的党建平台，深研院开发并成功运行深研院线上党费缴纳系统，党费收缴实现信息化。2017年深研院党委获得"北京大学优秀基层党委"称号。

【学生工作】 2017年，深研院继续召开学工系统研讨会，建立心理成长工作坊，提高学工队伍专业化、全面化水平；首次招募学生兼职辅导员9名，协助学工处、各学院开展学生思政工作，深研院的心理工作室共接待个体咨询69人，团体咨询10期；完成全院865名新生心理测评。在就业指导工作方面，实现就业工作的"互联网+"，连续5年建立超过500人的毕业生微信群，专人线上办理三方协议签署。深研院在校运会上实现团体总分六连冠的好成绩。2017年，深研院被评为北京大学优秀学生工作单位。

另外，深研院强调做品牌促创新，发挥活动育人作用：重视学生与院方沟通渠道，开展12期院长午餐会；首创"一二·九"朗诵艺术大赛；开展镜湖之夜游园会。深研院近10支队伍参加寒暑假社会实践；成功组织博士团见习调研。深研院共588人获三好学生标兵等个人奖励；242人获得国家奖学金、光华奖学金等奖学金奖励；20人获今年首次开评的院级奖学金。2017年度共发放校园地国家助学贷款107人次，合计128万元；商业助学贷款122人次，合计607.32万元；处理各类学生保险投保事务6816人次；校医院公费医疗开通525人次。

【行政工作】 2017年，深研院成立由院领导、职能部门负责人、各学院教职工以及学生代表为成员的行政工作小组。根据新的《北京大学深圳研究生院教师考核办法》，组织完成2016—2017学年的考核工作及行政教辅人员的民主测评，通过明确的规章制度落实校区管理的规范化，推动行政手段信息化，提升行政管理工作效率。

【信息工程学院】 2017年，信息工程学院领导班子成员如下：执行院长张盛东，副院长朱跃生，院长助理兼办公室主任崔小乐，院长助理王荣刚。

2017年，学院全职教师23人，包括外国专家2人，港澳台专家3人，留学归国教师12人。专任教师中，正高级职称 11 人，占 48%；副高级职称 8 人，占 35%；中级职称 4 人，占 17%。

2017 年，学院开设微电子学与固体电子学、计算机应用技术 2 个专业。共招收 172 名研究生，博士生 11 人，硕士生 161 人；全年共计在校生 468 人，博士生 40 人，硕士生 428 人。共开设专业课程 53 门，共计学分 154 分。计算机应用技术专业开设新课《互联网金融科技》，授课教师为雷凯。微电子学与固体电子学专业开设新课《深度学习技术与实践》，授课教师为赵勇。

2017 年王荣刚、崔小乐、李革通过学校职称评审，晋升教授；12 位副教授和助理教授转入预聘制（Tenure-Track）教研系列；本学年共入站博士后 7 名，与华星光电公司合作培养博士后 5 名。

2017 年度毕业生共计 136 人，其中博士 2 人，硕士 134 人，就业率 100%，在广东省（含深圳市）就业 75 人，占毕业生总体的 55%。毕业生就业去向主要有国内外知名高校和科研机构、国内外信息技术行业知名企业、国内主要银行金融机构等。

2017 年度学院科研经费 6791.81 万元，其中纵向课题经费 5523.7 万元，横向课题经费收入 1268.11 万元。2017 年 7 月，学院数字视频编解码技术国家工程实验室深圳分室获深圳市发改委专项资金 2000 万元资助。新增 2 个深圳市重点实验室，分别是深圳市先进电子器件与集成应用重点实验室和深圳市智能多媒体与虚拟现实重点实验室。

学院开展与企业的技术合作，推动基础研究成果转化为产业发展的生产力，开展横向项目 19 项，合同金额 1268.11 万元。包括：1. 邹月娴教授在人工智能场景认知方向获深圳市奥拓电子股份有限公司 500 万元人民币支持，双方共同建设人工智能场景认知技术产业化创新联合实验室；2. 薄膜晶体管与先进显示实验室专利技术在华星光电公司新产品（55 寸 UD 显示屏）中得到应用。

2017 年，学院师生共发表学术论文 254 篇，其中 SCI、EI、ISTP 收录 217 篇，发表 JCR 一区高水平论文 19 篇。新增中国发明专利申请 73 项；获授权发明专利 53 项，创历史新高。其中美国专利获授权 3 项，国内发明专利获授权 50 项。

王文敏教授团队的论文获 IEEE Big MM "2017 会议最佳论文奖"。崔小乐教授团队的论文获 IEEE RCAR "2017 会议最佳论文奖"。刘宏教授入选国家 "智能机器人" 项目专家组。

2017 年，学院共邀请 40 余位业内专家学者来校开办学术讲座 40 次，参加国际会议 100 余人次。学院教师 70 余人次赴中国香港、澳门、台湾以及美国、欧洲、日本、新加坡等地参加学术会议交流。

2017 年，学院教工党支部获得北京大学优秀党支部称号；支持学生党团队伍建设，鼓励学生党团支部举办各类主题活动：2017 级 3 班、4 班党团支部荣获校级学生党团日联合主题教育活动三等奖；2017 级 4 班党支部荣获校级先进党支部称号；2017 级 2 班、4 班团支部荣获深研院优秀团支部称号；王娅、樊卓宸、詹家鳍语 3 名学生团支书荣获深研院优秀团干部称号。

（唐春花）

【化学生物学与生物技术学院】 2017 年，化学生物学与生物技术学院在化学生物学方面引进曹宇博士作为 Tenure-Track 教师；截至 2017 年底，学院有专职教师 34 名，其中中国科学院院士 1 名、长江学者 1 名、国家杰青 3 名、国家海外高层次人才引进计划 1 名、广东省杰青 1 名、兼职教授 6 名，博士后 18 名。

2017 年度学院完善实验室建设，提升科研平台高度：1. 优化公共仪器中心工作；2. 实验动物中心使用许可证申请顺利通过广东省科技厅专家组评审；3. 召开肿瘤化学基因组学国家重点实验室建设运行实施方案专家论证会。

本学年学院教师申请中国专利 12 项，获得中国专利授权 3 项；共发表署名论文 155 篇，平均影响因子 6.42，其中亮点重要论文共 13 篇（IF>10，化学生物学与生物技术学院均为第一通讯作者单位）：1 篇发表在 Nature Neuroscience（IF: 19.912），4 篇发表在 Journal of the American Chemical Society（IF: 14.357），1 篇发表在 Coordination Chemistry Reviews（IF: 14.499），3 篇发表在 Nature Communications（IF: 12.353），3 篇发表在 Angewandte Chemie-International Edition（IF: 12.102），1 篇发表在 ACS Catalysis（IF: 11.384）。全年共组织举办各类学术报告和讲座 38 次。

学院新增各类科研项目 60 项，合同经费总额 7555.4 元，其中国家级项目课题 17 项，合同经费 903 万元；地方级项目 36 项，合同经费 6344 万元；横向课题 7 项，合同经费 308.4 万元。纵向经费入账 5654 万元，横向经费入账 366 万元，总入账经费 6020 万元。

2017 年，学院有 66 名学生获得校级荣誉称号、19 人获得校级奖学金，9 人获得 2016—2017 学年度北京大学 "创新奖"、6 人获得博士研究生国家奖学金。学院 2017 年设有晨兴优秀论文奖学金、药明康德学术奖学金、宝德计算领域奖学金、宝德交叉学科奖学金、万千求学奖学金、银河天虹有机研究奖学金、药明康德创新药物研究奖学金、万千创仪奖学金共 8 个院级奖学金，年度奖励人数 56 人次，奖励金额 15.05 万元。

2017 年，学院招收 35 名硕博连读研究生和 5 名申请-考核制博士研究生。截至 2017 年底，学院有在读研究生 226 人，其中博士研究生 113 人，硕士研究生 113 人。2017 年共计有 44 名博士研究生和 4 名硕士研究生完成学位论文答辩，顺利毕业；其中，博士研究生胡宽的《碳手性中心诱导多肽螺旋体系的建立与应用》被评为 2017 年北京大学优秀博士学位论文。截至 2017 年底，学院累积培养 230 名博士研究生和32名硕士研究生。

（黄湧、王锐、李佩佩）

【环境与能源学院】 2017年，环境与能源学院学生总人数186人，全职教师19人（其中教授8人，副教授3人，助理教授2人，研究员6人），博士后13人。现有环境科学和环境工程2个专业，所有课程均由常驻教师开设，均为英语或双语教学，17—18学年第一学期所有课程的课程评估的平均98.91，高于校平均分。全年有48名硕士、4名博士毕业生，其中硕转博5人，毕业生中5人出国继续深造（其中1人获得新加坡国立大学博士全额奖学金，1人获得美国亚利桑那大学博士全额奖学金）；15人被录取为选调生公务员，10人进入高校或科研机构，22人进入企业，其中留深就业的达15人。

2017年学院新增项目25项，新增合同金额4364.4万元。全年公开发表论文80篇，其中SCI收录35篇，EI收录12篇，中文核心期刊33篇；出版专著教材5项；新申请发明专利11项，新授权发明专利5项；全院本年共举行学术讲座16次，累计参加人数374人，先后参加国内国际大型学术会议14次，累计参会人数196人，主办和协办学术会议各1次，分别为"International Conference on Geochemistry in the Tropics & Sub-Tropics（GeoTrop 2017）"和"第十五届中国水论坛"的学术研讨会。

（胡宜华）

【城市规划与设计学院】 2017年，城市规划与设计学院新引进海内外高层次人才总计7人，同时，海外知名学者沈青、曹新宇教授分别成功申报2017年"珠江人才计划"海外来粤短期工作专家和深圳市高等学校鹏城学者计划2017年讲座教授；常驻教师杨家文教授连续4年入选世界著名出版公司爱思唯尔发布的"中国高被引学者"（Most Cited Chinese Researchers）中"社会科学"领域榜单。

2017年，学院新增29项课题，总经费2202.9万元，其中国家级课题4项，合同经费773.7万元，地方级课题3项，合同经费278万元；横向课题22项，合同经费1151.2万元。发表学术论文78篇（其中SCI/SSCI/EI论文28篇、中文核心期刊41篇），与2016年相比，SCI论文发表数量增加6篇，增幅21%。出版学术专著2部。

2017年底，北京大学（深圳）未来城市实验室成功举办"北京大学未来城市论坛2017"，来自国内外著名高校的30多位学者济济一堂，共商全球未来城市发展与治理的中国方案。

（刘爽）

【新材料学院】 2017年，新材料学院以创建"一流的材料科学与工程学院"为办学目标，秉承"北大传统，深圳活力"的办学理念，致力于培养具有国际视野的复合型创新人才，开展前沿领域、交叉学科的基础研究和以新材料、新能源产业应用为目标的协同创新。

学院下设"力学（先进材料与力学）"专业，研究方向为新能源材料与器件。2017年共计招收研究生49人，其中硕士生37人、博士生12人（含北大–南科大联合培养博士生2人）。截至2017年底，共有在校生136人，其中硕士生102人、博士生34人。

2017年毕业生共计19人，其中5人选择继续深造（3人帝国理工大学、曼彻斯特大学、牛津大学留学，2人本校读博），14人就业，就业单位分别为中科院深圳先进技术研究院、华为技术有限公司、京东方科技集团股份有限公司等知名企业，就业率100%，深圳就业人数9人，占58%，广东省内（含深圳）就业人数9人，占58%。博士毕业生胡江涛获得北大"五四奖章"优秀学生提名奖，成为深圳研究生院建院以来首位获得该殊荣的同学。

2017年面向本专业研究生开设专业课程20门，其中必修课6门、选修课14门，共计50课时。其中，孟鸿老师讲授的研究生课程《先进材料化学》荣获2017年度北京大学教学优秀奖。

2017年，学院新增博士生导师2人、硕士生导师2人，截至2017年底，学院共有博导7人、硕导10人。引进1名"南燕荣誉兼职教授"（樊文飞教授，著名数据库专家，英国皇家学会院士）。累计引进"南燕荣誉兼职教授"人数达到4名。另外，本年度工作中新材料学院成功申报海外高层次人才引进计划1名。

2017年学院举办学术讲座19次，来访专家包括中国科学院院士、亚太材料科学院院士洪茂椿教授，美国工程院院士鲍哲南教授，中国科学院院士孙世刚教授，美国宾夕法尼亚州立大学材料系刘梓葵教授等。本年度学院教师外出参加国内外论坛、会议等16次，其中包括The 17th Congress, Asian Pacific Confederation of Chemical Engineering、国际储能材料会议、国际电动车动力电池会议等等。另外，本年度学院共有8位在校研究生前往美国、新加坡、日本、以色列、德国等国际一流科研机构进行交流学习。

本年度学院各课题组发表学术论文共计103篇，其中JCR Q1区文章83篇，影响因子在10以上或Nature Index收录或学科TOP 5%的高影响力文章达42篇，学院为第一作者单位的文章共91篇。学院申请发明专利24项。其中，学院潘锋教授课题组与美国斯坦福大学崔毅教授课题组、美国阿贡国家实验室动力电池实验室K. Amine博士课题组联合撰写的"High-Performance Anode Materials for Rechargeable Lithium-Ion Batteries"，发表在Nature-Springer旗下杂志 Electrochemical Energy Reviews 的创刊号上（2018, DOI 10.1007/s41918-018-0001-4）。另外，潘锋教授继2015、2016年后，2017年再次荣登Elsevier "中国高被引学者（Most Cited Chinese Researchers）"榜单。

学院在2017年度获批新增建设广东省"新能源材料设计与计算重点实验室""OLED关键材料与器件工程技术研

究中心"和深圳市"新能源材料基因组制备和检测重点实验室""纳米光电打印材料工程实验室"。学院与南科大、清华3家共同立项和创建"深圳市材料基因组大科学装置平台"（作为深圳市十大重大科技基础设施之一），获得深圳市发改委批复，新材料学院负责建设"高分辨高通量材料基因组中子谱仪"大科学装置（2亿多元人民币）。另外，潘锋教授作为共同创院院长，参与联合创建"深圳市材料基因组研究院（预计总投资超10亿）"（作为深圳市十大研究院之一），作为预期建设国家级材料基因技术创新研究中心及广东材料实验室（国家实验室筹）的组成部分。

（罗淑芳）

【汇丰商学院】 2017年，汇丰商学院设有西方经济学、企业管理、金融学3个学术硕士学科，西方经济学1个博士学科，另有金融硕士、新闻与传播硕士及工商管理硕士（MBA）、高级工商管理硕士（EMBA）4个专业硕士学科。

学院现有全职教师67名，访问教师6人，其中26位为外籍教师，90%以上教师在海外知名高校获得博士学位。经济、管理和金融3个领域教师人数相当，金融学比重略高。

2017年2月20日，汇丰商学院与英国开放大学正式签约，购买其位于牛津郡的校舍，着手创办北大汇丰商学院英国校区（PHBS UK Campus, Peking University HSBC Business School UK Campus）。这是中国的高等学府第一次以独资、独立经营、独立管理的形式走出国门。

2017年6月8日，2011年诺贝尔经济学奖获得者托马斯·萨金特（Thomas J. Sargent）教授正式加盟汇丰商学院，并成立北京大学汇丰商学院萨金特数量经济与金融研究所（Sargent Institute of Quantitative Economics and Finance, SIQEF）。

2017年6月14日，北京大学汇丰商学院海上丝路研究中心（Research Institute of Maritime Silk-Road, RIMS）正式成立。

2017年，学院大楼喜获3项殊荣。6月5日，大楼获得美国绿色建筑委员会颁发的能源与环境设计先锋评级（Leadership in Energy and Environmental Design, "LEED"）铂金级认证；8月，大楼被美国建筑杂志American School & University（AS&U）评选出的"杰出设计奖"（Outstanding Designs）；12月，该大楼获得"国家优质工程奖"。

2017年6月，举行首次全院毕业典礼。托马斯·萨金特（Thomas J. Sargent）教授、香港上海汇丰银行有限公司副主席兼行政总裁王冬胜先生为嘉宾、学生导师以及2017届毕业生、毕业生亲属总计700余人参加了典礼。

2017年在校全日制硕士生948人，其中，在校外国留学生95人。在校MBA学生284人，其中全日制MBA学生60人。在校EMBA学生200人。

2017年起，全院硕士项目实行"主修+辅修"的创新型研究生人才培养模式。对金融硕士、新闻与传播硕士启动专业学位教学改革，并得到了研究生院专业学位综合改革项目的基金支持。

2017年，院长海闻教授获得2017网易年度最具影响力经济学家奖。Frank Hugh Koger教授获2016—2017年度"北京大学教学优秀奖"。

2017年，学院出版著作7种，在国际和国内知名学术期刊发表论文（包含计划出版）61篇。举办周三科研讲座49场。继续举办由巴曙松教授负责的北大汇丰金融前沿讲堂，以及何帆教授主持的"宏观经济沙龙"。此外，还有耦耕读书会、企业发展前沿讲座、MBA系列讲座、教授下午茶、EDP企业家沙龙、HR思享会等各系列讲座活动。著名经济学家张五常教授、《经济学人》全球副主编汤姆·斯丹迪奇（Tom Standage）等做客汇丰学院。

2017年5月20日至21日，第二届北京大学（PKU）-新加坡国立大学（NUS）数量金融与经济学国际学术会议在苏州召开。此次会议由北京大学汇丰商学院、数量经济与数理金融教育部重点实验室（北京大学）和新加坡国立大学风险管理研究所联合举办。

汇丰商学院在2017年11月举行了校友返校日活动，2007级校友回校庆祝入学10周年，并为学院捐赠"2007级校友奖学金"。

2017年，汇丰商学院MBA同学获得第六届亚太地区商学院沙漠挑战赛团体季军和沙鸥奖，EMBA同学获得在第十二届"玄奘之路"商学院戈壁挑战赛中获得金像奖，EDP学员们在工商大道第三届中国经营者戈壁远征赛中获得"团队冠军""十强小队""沙克尔顿奖"3项大奖。

汇丰商学院共与世界上110所大学签署正式合作协议。本年度共有85名来自合作院校的留学生到汇丰商学院交换学习。

2017年10月26日，汇丰商学院与韩国庆熙大学管理学院（The Kyung Hee School of Management）签署了《庆熙大学管理学院与北京大学汇丰商学院未来合作意向书》。

2017年11月23日，汇丰商学院与平安科技宣布正式展开宏观经济与金融研究领域的全面合作，并在深圳举行签约仪式。

（张凡姗）

【国际法学院】 2017年，国际法学院领导班子成员如下：院长Philip John McConnaughay、副院长Colleen Toomey、助理院长陈柯如、助理院长Christian Pangilinan。国际法学院常驻教师共29人，其中教授、副教授及助理教授21人，讲师8人。行政人员15人。

2017年8月，学院招收法律硕士和J.D.专业学生115人；留学生8人，分别来自韩国、德国、爱美尼亚、乌干达、阿根廷、美国，智利和印度尼西亚。交换项目16个，交换学生9人，分别来自德国、瑞士、委内瑞拉、意大利、美国和荷兰。

2017年应届毕业生共86名，其中84名学生有求职意向，已就业77人，未就业3人，已升学4人，就业率为96%（数据收集截至2017年9月）。

2017年3月，学院举行大楼落成典礼，并成立院友会。

2017年2月，国际法学院代表队荣获第十五届JESSUP国际法模拟法庭竞赛中国赛区一等奖；3月，代表队在VIS国际商事仲裁模拟仲裁庭北京邀请赛上摘得桂冠；4月，国际法学院代表队在首届全国高校海洋法模拟法庭邀请赛中荣获二等奖；12月，代表队荣获第十一届中国大陆地区红十字国际人道法模拟法庭竞赛一等奖，并荣获史丹森国际环境法模拟法庭大赛东亚赛区亚军。

2017年，著名法学家苏永钦教授、华裔神探李昌钰博士和章莹颖案中方律师团队成员王志东律师、刑侦专家刘世权博士等先后在学院举办学术讲座。

（谭佩华）

【人文社会科学学院】 2017年，人文社会科学学院共有传播学、社会学和社会工作3个专业。社会工作专业共开课7门，其中专业必修课3门，专业选修课4门。2017年毕业生101人。

学术科研。承接"深圳市南园街道'幸福社区'生态建设理念及实践模式研究""'乡村活化＋精准扶贫'项目""龙华区支柱产业发展研究"等课题。

社会服务。参与"深圳探索建设社会主义现代化先行区专家研讨会""中国社会学会学术年会——迈向共建共享的全面小康社会"。

学生交流。主题为"Globalization, Urbanisation and Migration: Social Policy, Social Work and Community Responses in Hong Kong, Mainland China and the US"的三校学生基层社会考察活动继续开展，来自芝加哥大学、香港理工、北大各8名同学及若干老师，深入湖贝社区、白石洲社区、龙华大浪社区等基层社会，探究城市化过程中的社区营建、城中村改造、工业区重建等热点议题，考察原住民、常住人口、流动人口的生存状态和人生故事。

（潘乐文）

教育教学

本科生教育

【发展概况】 2017年,教务部设部长1人,副部长5人,其中兼职1人,挂职1人;内设科室8个,职员30人,其中事业编制职员24人,合同制职员6人。

按照教育部教高〔2013〕3号文精神和北京市学位办《关于开展规范学士学位授权专业管理工作的通知》(京学位办〔2017〕2号)精神,组织院系梳理本科专业库及授予学位,整理审核旧专业,停开未经批准的不规范名称的本科专业,更新专业代码。修订《北京大学增设本科专业管理规定》(2017年12月第八次教务长办公会通过修订),制定《北京大学本科教育项目(含交叉学科)设置管理规定》(2017年12月第八次教务长办公会通过)。新增设工学院"能源与环境系统工程"专业、元培学院"整合科学"专业通过教育部审批,社会学系"人类学"专业完成向教育部新增专业的申报工作;哲学系与社会学系"思想与社会"跨学科项目2017年首次招生;考古文博学院、化学与分子工程学院"文物保护技术(化学基础)专业方向",考古文博学院、外国语学院"外国语言与外国历史专业方向",国际关系学院"国际政治(国际组织与国际公共政策方向)"专业,政府管理学院、社会学系、法学院"政治、法律与社会"项目等新增设或开始招生。

2017年,组织开展北京大学教学成果奖评选,共评选出校级教学成果特等奖20项,一等奖50项,二等奖29项;通过评审组织院系推荐成果参与北京市教学成果奖评选,获得特等奖1项,一等奖22项,二等奖18项。2017年,在北京市教学名师评选中,4位教师获得第十三届北京市教学名师称号,3位教师获得第一届北京市青年教学名师称号。

【加强思政课建设】 成立北京大学思政课改革领导小组和工作小组,建立在领导小组和工作小组统筹下,以马克思主义学院为责任主体,各院系同向同行,各部门密切配合协同育人的"大思政"格局。

在师资建设方面,整合学校现有力量(含医学部),通过人才引进、校内特聘教授、校外兼职教授、学工辅导员建设等多种途径加强思政课师资建设,提倡学校和院系有关领导参与思政课教学。2017年,哲学系、中文系、历史系多位教授、部分校领导、学工部和校史馆老师进入一线课堂,参与讲授本科思政课程,把社会主义核心价值观融入教育教学全过程,增强学生的社会责任感、法治意识、创新精神和实践能力。

在专业与课程建设方面,研究设立马克思主义理论本科专业项目,完善本科人才培养方案。通过缩小班级规模、丰富教学内容、改进教学方式、加强原著阅读、增设实践环节等多种途径,加强本科思政课程建设;充分利用北大资源,坚持开门建设思想政治理论课,支持历史系等有条件的院系开设与思想政治理论课"同向同行"的思政类选修课;加强通识教育核心课程建设,在教学方法上注重对传统经典的阅读与讨论,加深对传统文化的理解与认知,培育学生的问题意识与创新思维;支持慕课、"中班授课、小班讨论"、虚拟场景建设等多样化教学方式探索和实践,实行更加灵活的教学组织形式和教学方法,增强学生的参与感和问题意识。

在经费与制度保障方面,通过日常经费拨付、教改立项等方式加大对马克思主义学院教学工作的支持,并在课程安排、助教设置等方面予以倾斜。

【修订教学计划,完善课程大纲】 根据教育部等六部门关于印发《普通高等学校招收和培养香港特别行政区、澳门特别行政区及台湾地区学生的规定》(教港澳台〔2016〕96号)第十六条:"政治课和军训课学分可以其他国情类课程学分替代"规定,及教育部、外交部和公安部2017年第42号令《学校招收和培养国际学生管理办法》第十六条:"汉语和中国概况应当作为高等学历教育的必修课;政治理论应当作为学习哲学、政治学专业的国际学生的必修课"规定,调整自2017级起港澳台学生和留学生的教学计划。从文科相关专业2016版教学计划中筛选出80余门有关中国文化、政治、经济、法律等领域的核心课程和限选课程(或学科基础课程),组成"与中国有关的课程"模块。院系根据学科特点从该模块中挑选适合本院系本专业本科生的课程列入教学计划,明确本院系港澳台学生和留学生可以以此替代思政类课程和军事理论课程。

组织院系将2016版主修、辅双教学计划录入"北京大学学生综合信息管理系统",完成教学计划的备案审核工作。编印并向2016级、2017级本科生发放教学计划手册,包括北京大学本科教学计划(2016版)理科卷、文科卷,北京大学本科辅修双学位教学计划(2016版),北京大学本科核心课程手册(2016版)理科卷、文科卷。

以修订教学计划为契机,对课程进行梳理整合,督促教师完善课程大纲;通过编印和向学生发放课程信息手册及选课手册、网上公布课程信息等措施,促进课程大纲的备案与公开。要求教师依据教学大纲编写教案、按照教案实施课堂教学,规定开课教师应在开学前向学生公布课程教学大纲、基本要求、课程安排和考试考核办法;在保证教学大纲基本要求的前提下,主讲教师可对课程内容作适当调整。当改动较大时,须经相关手续报批并备案。组织院系清理课程库中近3年未开设课程,并在系统中做停开处理;定期组织院系清理本院系相似课程。

【课程建设】 落实教授为本科生上课基本制度,通过核心课程建设、"小班课教学"、经费与教改立项支持等措施鼓励优秀教师进入教学一线。建设"中国系列"全英文授课课程项目,2017年共开设19门次。2017年,商战模拟(王其文、任菲讲授)、组织与管理(张闫龙讲授)、商业活动在中国:管理视角(马力讲授)、定量分析化学(李娜讲授)等

4门课程获得教育部第二期"来华留学英语授课品牌课程"称号。

加强外文课程建设。截至2017年12月，全校英文授课的非语言类本科生课程累计480余门，每个学期平均开设约80门外文授课课程。2017年，暑期学校开设20余门英文课程，600余人次选修。

出台《北京大学通识核心课建设指南》，2017年新增建设13门通识教育核心课程，课程门数达至50门。负责"大学通识教育联盟"联络工作和联盟"通识联播"微信公众号管理工作，组织召开第三届（2017年）大学通识教育联盟年会、第九届全国通识教育核心课程讲习班。

【基础学科拔尖人才培养】 2017年，基础学科拔尖人才培养计划实施进展顺利，数学、物理、化学、生物、计算机科学、环境科学等6个项目组完成新一届学生遴选工作，聘请一流师资重点建设一批高质量的专业课程，并通过导师制对拔尖学生开展有针对性的指导。据不完全统计，2017年各拔尖项目的本科生发表SCI论文204篇，其中第一作者54篇；多名学生在大学生数学竞赛、江泽涵数学建模竞赛和全国数学建模竞赛中获得一等奖，在丘成桐数学竞赛中获得3项个人金奖和2项团体金奖；在2017年国际基因工程机器大赛（iGEM）中，北京大学代表队从全球300多支队伍中脱颖而出，获得最佳信息处理项目奖提名（Nominated Best Information Processing Project），并取得金牌；在2017年毕业的120名拔尖计划项目学生中，100%选择了继续深造，其中81.7%赴欧美著名高校攻读研究生。同时，学校继续支持工学、地质学和古典语文学的校内拔尖人才培养计划。2017年，3项课题获教育部高等教育司"拔尖计划"立项。

【招生工作】 2017年，北京大学校本部录取内地本科新生2819人，联合培养双学籍飞行学员17人（空军15人、海军2人），港澳台学生71人，留学生320人。医学部录取本科及长学制学生858人，港澳台学生26人，留学生76人。

2017年，录取港澳台地区学生保持稳定态势。校本部录取港澳台地区本科新生71人，其中香港地区免试生6人，香港"博雅人才培养计划"19人，澳门保送生16人，台湾免试生20人，另有10人通过港澳台侨联招考试考入。医学部录取港澳台地区本科新生26人，其中联招5人、台湾保送1人、香港保送5人、澳门保送5人、插班生10人。

2017年，校本部招收来自"一带一路"沿线国家的留学生103人，分别来自俄罗斯、哈萨克斯坦、马来西亚、泰国、新加坡、缅甸、蒙古等15个国家。

【教务管理】 2017年，办理各类学籍异动1217条（不含出境交流办理停学学生）。处理2016—2017学年考试违纪作弊学生16人，其中记过取消学位共计15人，严重警告1人。审核办理校外人员旁听选课、暂结业本科生旁听选课等事宜。

教务部会同各院系组织开展2017届毕业生信息采集、核对、审查工作。经学校学位评定委员会审定：2867名本科生获毕业证书（含留学生253人），2855名本科生获学士学位证书（含留学生250人、第二学士学位55人）；1075名学生获双学位证书，175名学生获辅修专业证书。另有114名学生获结业证书（含留学生18人），31名学生获大专毕业证书。为2016年结业学生换发毕业证书101份（含留学生17份），补发学位证书99份（含留学生17份）；为2016年毕业未授学位的12名学生补授学位。自2017年起，将所有证书扫描存档，为后续学生办理学历证明和学历验证提供支持。

经院系推免工作小组审查，教务部复审、公示并报教育部，校本部2018届普通本科学生中有约1500人获得推免资格。

【教材建设】 加强马工程教材使用和建设工作。组织教师参加马工程重点教材培训活动，2017年4月和11月组织有关院系推荐教师参加教育部举办的马工程重点教材任课教师示范培训班。2017年4月，向教育部报送马工程教材使用情况。

2017年6月，教育部教材局为研制《全国大中小学教材建设五年规划》和教材管理办法，向有关高校进行书面调研。学校按照教材局要求，认真听取有关学科专家意见，向教材局提交调研报告。

根据教育部教材局通知要求，推荐各相关学科富有教材编写和审定经验的教师。2017年，10位教师入选国家教材委下设专家委员会委员，21位老师入选专家库。经教师推荐、院系审核、教材建设委员会审定，编制《北京大学境外教材选用目录》，其中包含各学科专业境外教材220种。

【课程评估和院系绩效评价】 2016—2017学年通过重新设计和编制测试，启用新的课程评估系统，2016—2017学年评估课程共计4288门次，其中理论课3552门次、实验课289门次、体育课446门次；回收问卷共147,499份，其中理论课131,618份、实验课6670份、体育课10,811份，综合评估率为77.1%。学生对学校课程总体满意度较高，48.9%的课程评分达到90分以上，三类课程中理论课平均分89.2，体育课平均分92.86，实验课平均分87.55。编制2016—2017学年北京大学本科课程评估结果分析报告、2016—2017学年北京大学本科课程评估结果汇编等相关材料反馈至各院系，同时通过网络微信公众号进行评估结果宣传与公开，进一步加强评估结果与学生的联系，加强评估结果利用。

老教授本科教学调研组在教学调研、课程质量监控等方面继续开展工作，2017年听课重点为专业基础课，听课数量近400门。调研组撰写2期简报，对听课和调研中的问题进行梳理。

修订北京大学本科教学绩效评价指标体系，结合本科教学管理大数据，对院系教学工作量、教学改革和建设、学生发展和院系管理等工作进行系统评估，完成对院系本科教学绩效的评价和反馈。

【交流合作与暑期学校】 完成2017—2018学年国家留学基金委优秀本科生公派项目的派出工作，共计63个项目、158个名额。完成2017—2018学年公派本科生项目的立项工作，共获批59个项目、115个学生名额。完成留学基金委公派研究生项目和公派硕士项目申报，推荐37位本科生参加。完成2017年度外语区域人才培养项目、艺术类人才培养项目的申请工作。完成2017—2018学年国际和港澳台交流项目的选拔工作，接收对方学校派住北京大学的学生152人。指导光华管理学院等9个院系开展院系级港澳台交换生项目，接收来自台湾大学等15所学校的交换生。接收来自石河子大学的国内交流生10人，来自首都师范大学的"双培计划"学生25人。完成学生出境手续1908人次，停学和停复手续各近600人次，办理各类转学分手续近700人次。发放第二期陈守仁本科生海外交流基金，共为37位本科生发放100.1万元，资助其参加海外科研实习。

2017年，北京大学暑期学校开设177门课程，2360名北京大学学生选课学习，此外，接收来自社会各界的学生2221人，含境外学校学生1152人、港澳台项目中港澳台学生220人、Globex项目中港澳台学生344人、国际暑期项目中国际学生308人。接收C9联盟学校的学生39人。与香港大学合作开展MOOC翻转课堂项目，两校分别开设1门课程，总计42名北大和港大学生参加。

【本科生科研训练】 2016—2017年，北京大学校本部资助立项的本科生科研训练项目包括莙政基金、校长基金、毛玉刚基金、华宝学生科技创新协同基金、钟夏校际科研助学基金，以及教育部"国家大学生创新性实验计划"和北京市"大学生创新计划"等7项。共计资助498个项目，参与学生690人。2017年4月至6月，完成2014级597名本科生共计439项科研项目中期检查及拨款，同时完成部分延期学生的结题检查工作。7月至8月，参加互派莙政学生交流活动，向新竹清华大学派出3名本科生，并接待7名台湾地区学生和5名大陆学生。10月，完成400个项目结题审核工作，546名学生获得学分。2017年度，经过院系推荐和导师遴选，来自数学、物理、化学、生物、计算机等5个学科的8位导师参与中学生英才计划培养工作，选拔31名学生开展培养。

（教务部）

医学本科教育

【医学教育教学年度数据】 2017年通过二级学科资格审核的长学制学生共362名，其中临床医学152人，口腔医学55人，基础医学34人，预防医学48人，药学73人。2017届本科和临床医学/口腔医学八年制博士毕业生共890人，其中大陆学生824人，台港澳学生13人，留学生53人；本博连读的185名学生中，185人博士毕业，182人获博士学位；705名本科生中，686人毕业，685人获学士学位。2016届结业生中有5人通过结业生换发毕业证书的资格，其中4人同时获学士学位。2016届毕业生有5人获学士学位。2017年春季有1人获博士学位，4人获学士学位。

【教学质量提升和规范管理】 完善方案修订，促进教育教学改革制度化。在调研论证的基础上，调整各临床教学基地的教学任务分工，明确临床医院的建设目标。继续推进教学大纲的修订工作。以认证促发展，配合专业认证提高教育教学管理水平。开展教学指导委员会工作，加强医学人才培养工作宏观指导与管理。进一步规范临床选修课的申请、审批及开课管理，实现临床选修课的跨院选课，促进各临床学院的教学资源共享。

提高教学质量，加强考试考核管理规范化。组织完成了四六级英语考试、国家医师资格分阶段考试、毕业考试等考务及总结报告。规范专业化考核命题管理。完善现代化考试模式。继续推进参与医师资格考试分阶段实证研究试点工作。参与国家医学教育题库建设。逐步推进临床医学八年制博士学位论文盲审工作，加强对学生科研训练和论文质量管理。

保障教学运行，推进教育教学工作有序化。梳理教学管理制度，配合学籍管理新规定更新运行管理文件。编制教学任务，协商校历安排。承接全校公共课程排课，统筹安排期末考试。保障各类选课工作顺畅运行，完善临床选修课课程管理。保障教学津贴发放准确及时。配合完成本科课程研究生助教管理。完成学生转入临床医学专业、医学检验专业工作。组织临床医学八年制学位论文盲审。为国际学生开设国情课课程。召开学院教学层会议，协调教学管理事务。

管理临床学系，实现学系功能管理一体化。根据医学部整体要求，对临床学系成立以来的工作进行梳理和总结，在广泛征询意见的基础上，规范医学部临床学系的管理，修订《北京大学医学部临床学系管理办法》，发挥临床学系在学科建设、人才培养、师资队伍建设等方面的积极作用。

借助信息技术，加快课程建设管理信息化。2017年，医学部教育教学信息化建设进入攻坚阶段，确定教学管理各管理模块教学信息化需求，结合已部署的各模块工作进行排查和纠错，对课程库、培养方案、教学任务、选课模块、课程认定、课程进度表等各项工作反复梳理和实践，配合技术支持公司开发具有医学部特色的系统架构。

推动教学资源供给整体化。承接大学生创新实验工作，协助对口支援教学活动，审批申报人卫社规划教材编写。

参与教学研究。参与组织筹备八年制临床医学专业研讨论证会、医学教育论坛等工作。参与多项教育教学改革课题研究，总结并推广教育教学实践中的先进经验，不断提高教育教学水平和质量。

协调安排西藏大学的实习生、新疆石河子大学的插班生。

【学籍管理】 2017年，医学教育学籍管理工作以"建章立制"为核心，促进学籍管理工作进一步规范有序。借助教育部令41号文件发布的契机，根据北京大学整体部署，对学籍管理所有制度进行修订完善，先后完成了《北京大学医学部本科生学籍管理办法》《北京大学医学部本科考试工作与学习纪律管理规定》《北京大学医学部本科生成绩评定与管理办法》《北京大学医学部本科生转专业实施办法（试行）》《北京大学医学部长学制学生二级学科资格审核管理办法》等9个学籍管理相关文件的修订工作，进一步提升学校管理制度的科学性，为促进学生全面发展提供制度保障。配合制度调整与修订，对《北京大学医学部学生手册》进行全面梳理与规范。先后对医学部教育处及各学院教育教学管理人员进行了集中培训，进一步提升管理人员业务能力。编制《北京大学医学部教育处学籍管理办公室工作手册》，保障学籍管理工作持续规范开展。

【医学预科教育】 学风建设方面，通过思想教育、学生主体和制度建设三个维度进行引导与管理；教学改革方面，结合2016年医预教学课程改革方案，落实与完善2017年度各学期教学安排；基本运行方面，在做好课程管理、学籍管理的基础上，从教学管理的基本规律出发，做好各方的沟通与协调工作。

【教学评价体系建设】 完成临床医学专业认证第二次进展报告；组织进行本科教学质量状态核心数据采集与统计工作，完成本年度质量报告。建立本科教学检查、反馈和教学质量追踪常态机制，定期对各二级学院、教学基地进行教学调研，加强调研后的反馈，要求学院提交整改报告，并定期回访，督促学院教学持续改进。执行各级领导和教学管理人员听课制度，组织医学部领导、督导专家、教学管理人员深入课堂进行听课，了解课堂教学状况，并定期进行听课结果的收集与反馈。另外，修订课程评价指标体系、启动智能教室评课系统和在线课程评价平台建设。

完成教育部临床医学专业认证工作。截至2017年底，完成73所医学院校的临床医学专业认证工作。

【教师教学培训】 为推进各临床学院的教学质量同质化，组织完成6所临床学院承担物理诊断学和外科总论的43名教师培训，有34人通过考核，获得相应课程的带教资格。启动第七期研究生助教培训项目，并对研究生助教的教学自信力进行调研，深入了解研究生助教的需求。充分发挥教发中心导师团队的作用，共组织了6次导师研讨会，就教师激励机制、青年教师提升计划、研究生助教培训、教发工作定位、组织管理、网站建设等进行深度研讨，完成了《青年教师教学技能基本功培训班》《青年教师教学素养和技能提升班》培训方案设计。2017年秋季学期，7位导师举办了讲座、沙龙、工作坊、示范课等活动。医学部教学发展中心还积极与大学和兄弟院校的教发中心交流合作，提升自身业务水平。

（医学部教育处）

表 6-1 2017年校本部本科留学生分院系录取情况

国籍＼院系	城市与环境学院	地球与空间科学学院	法学院	工学院	光华管理学院	国际关系学院	化学与分子工程学院	环境科学与工程学院	经济学院	考古文博学院	历史学系	社会学系	生命科学学院	数学科学学院	物理学院	心理学系	新闻与传播学院	信息管理系	信息科学技术学院	艺术学院	元培学院	哲学系	政府管理学院	中国语言文学系	总计
阿根廷			1													1	3								5
澳大利亚			1		1				1																3
巴西					2				3											1					6
贝宁																							1		1
冰岛						1																			1
朝鲜													1					1						1	3
德国													1												1
俄罗斯联邦			1		1	1			1																4
厄瓜多尔																								1	1
哈萨克斯坦							1										1								2
韩国	1	5	3	8	16	1	1		10	2	2	9	2		5	14	8	1		11	9	3	3	24	138
荷兰					1				1															1	3
加拿大			1		3	1	1										1							1	8
老挝										1															1
马来西亚		2		7	2	2	1		5	2	1			1	1		2	6		1	6			7	46
美国			1		1	1	1			1			1		1			3			4			1	16
蒙古			1		1															1	2		1		6
缅甸				1													1	1							3
墨西哥																	1								1
南非			1																						1
尼泊尔																							1		1
日本			2		4				1			2				2	1	3							15
瑞典																1									1
塞尔维亚						1																			1
塞浦路斯																					1				1
泰国					2					1	1						1	1		1				6	13
土库曼斯坦																							1		1
瓦努阿图			1																						1
委内瑞拉							1																1		2
乌克兰						1					1														2
西班牙																							1		1
新加坡					2	9			1				1				1			1	2			3	20
新西兰			1	2																	1				4
伊朗								1																	1

（续表）

国籍\院系	城市与环境学院	地球与空间科学学院	法学院	工学院	光华管理学院	国际关系学院	化学与分子工程学院	环境科学与工程学院	经济学院	考古文博学院	历史学系	社会学系	生命科学学院	数学科学学院	物理学院	心理学系	新闻与传播学院	信息管理系	信息科学技术学院	艺术学院	元培学院	哲学系	政府管理学院	中国语言文学系	总计
意大利														1											1
印度尼西亚						1																			1
英国																						1		1	2
赞比亚																					1				1
智利									1																1
总计	1	1	17	4	27	41	6	4	24	5	8	11	6	3	3	9	30	15	6	16	29	3	6	45	320

（教务部）

表 6-2　2017 年校本部内地本科生各类别招生情况

类别		录取人数
高考	普通高考	1277
	国家专项计划	191
	新疆、西藏内地班	19
保送	外语类保送生	75
	竞赛保送生	147
自主招生	博雅	433
	上海博雅	50
	三位一体	65
	自主	451
	筑梦	56
特长生	高水平艺术团	11
	高水平运动队	38
飞行员定向生	定向生	6
	双学籍飞行员	17

（教务部）

表 6-3　2017 年校本部内地本科生分省录取分数线

省份	类别	文科分数线	理科分数线	其他分数线
安徽	一批	643	677	
北京	一批	660	671	
福建	一批	627	651	
甘肃	一批	626	660	
广东	一批	640	671	
广西	一批	658	670	

（续表）

省份	类别	文科分数线	理科分数线	其他分数线
贵州	一批	683	669	
海南	一批	881	865	
河北	一批	664	693	
河南	一批	647	672	
黑龙江	一批	633	680	
湖北	一批	658	684	
湖南	一批	666	674	
吉林	一批	640	670	
江苏	一批	405	415	
江西	一批	648	673	
辽宁	一批	638	682	
内蒙古	一批	621	677	
宁夏	一批	645	650	
青海	一批	608	639	
山东	一批	647	689	
山西	一批	621	646	
陕西	一批	668	699	
上海	一批（不限科目组）			605
上海	一批（限物理科目组）			602
四川	一批	650	688	
天津	一批	650	682	
新疆	一批	631	669	
云南	一批	676	690	
浙江	一批			699
重庆	一批	646	689	
港澳台侨联招		630	665	

（教务部）

表6-4 2017年校本部内地本科生分省录取情况

省份\类别	普通	国家专项	内地班	保送生	博雅	三位一体	上海博雅	自主	筑梦	艺体特长	定向	总计
安徽	38	16		5	19			12	3		1	94
北京	209			15	65			21		19		329
福建	44			5	11			7	4			71
甘肃	20	10			3			1				34
广东	62			17	13			18	1	2		113
广西	31	8			3			3	1		1	47
贵州	36	10			5				2			53
海南	18	3			2			1				24
河北	42	8		15	17			26			1	109

（续表）

省份\类别	普通	国家专项	内地班	保送生	博雅	三位一体	上海博雅	自主	筑梦	艺体特长	定向	总计
河南	68	19		13	19			12	7	1	3	142
黑龙江	32	4		1	25			6	2			70
湖北	41	14		27	19			37	5			143
湖南	40	10		20	26			57	4	5	6	168
吉林	36	1		2	10			18	1		4	72
江苏	47			14	28			34	6	3		132
江西	35	9		4	11			10	3		1	73
辽宁	41			6	11			28	3	5		94
内蒙古	20	8			5				1	1	1	36
宁夏	18	6			4			2	1			31
青海	16	6			2							24
山东	59			11	21			21	3	6	1	122
山西	41	8		5	6			5	1		1	67
陕西	46	10		1	14			19	1	1		92
上海	24			13	1		50	16		2		106
四川	56	10		14	16			15	2	1	1	115
天津	40			3	12			8				63
西藏	8	3	9									20
新疆	37	9	10		16							72
云南	25	11			2			1	1			40
浙江	15			29	11	65		67	2	2	1	192
重庆	32	8		2	17			25	2	1	1	88
总计	1277	191	19	222	414	65	50	470	56	49	23	2836

（教务部）

表6-5 2017年北京大学本科专业目录

当前所属院系	专业名称	专业英文名	教育部专业代码	学制	学科门类
哲学系	哲学	Philosophy	010101	4	哲学
哲学系	哲学（政治学、经济学与哲学方向）	Philosophy (Philosophy, Politics and Economics)	010101	4	哲学
哲学系	宗教学	Science of Religion	010103K	4	哲学
经济学院	经济学	Economics	020101	4	经济学
国家发展研究院	经济学（国家发展方向）	Economics (National Development)	020101	4	经济学
经济学院	资源与环境经济学	Resource and Environmental Economics	020104T	4	经济学
经济学院	财政学	Public Finance	020201K	4	经济学
经济学院	金融学	Finance	020301K	4	经济学
光华管理学院	金融学	Finance	020301K	4	经济学
经济学院	保险学	Risk Management and Insurance	020303	4	经济学

(续表)

当前所属院系	专业名称	专业英文名	教育部专业代码	学制	学科门类
经济学院	国际经济与贸易	International Economics and Trade	020401	4	经济学
法学院	法学	Law	030101K	4	法学
政府管理学院	政治学与行政学	Politics and Public Administration	030201	4	法学
国际关系学院	国际政治	International Politics	030202	4	法学
国际关系学院	国际政治（国际政治经济学方向）	International Politics（International Political Economy）	030202	4	法学
国际关系学院	外交学	Diplomacy	030203	4	法学
元培学院	政治学、经济学与哲学	Philosophy, Politics and Economics	030205T	4	法学
社会学系	社会学	Sociology	030301	4	法学
社会学系	社会工作	Social Work	030302	4	法学
中国语言文学系	汉语言文学	Chinese Language and Literature	050101	4	文学
中国语言文学系	汉语言	Chinese	050102	4	文学
中国语言文学系	古典文献学	Studies of Chinese Classical Text	050105	4	文学
中国语言文学系	应用语言学	Computational and Applied Linguistics	050106T	4	文学
医学部教学办	英语（生物医学英语）	English (Biomedical English)	050201	5	文学
外国语学院	英语	English Language and Literature	050201	4	文学
外国语学院	俄语	Russian Language and Literature	050202	4	文学
外国语学院	德语	German Language and Literature	050203	4	文学
外国语学院	法语	French Language and Literature	050204	4	文学
外国语学院	西班牙语	Spanish Language and Literature	050205	4	文学
外国语学院	阿拉伯语	Arabic Language and Literature	050206	4	文学
外国语学院	日语	Japanese Language and Literature	050207	4	文学
外国语学院	波斯语	Peisian Language and Literature	050208	4	文学
外国语学院	朝鲜语	Korean Language and Literature	050209	4	文学
外国语学院	菲律宾语	Philippine Language and Literature	050210	4	文学
外国语学院	梵语巴利语	Sanskri & Pali Language and Literature	050211	4	文学
外国语学院	印度尼西亚语	Indonesia Language and Literature	050212	4	文学
外国语学院	印地语	Hindi Language and Literature	050213	4	文学
外国语学院	缅甸语	Burmese Language and Literature	050216	4	文学
外国语学院	蒙古语	Mongolian Language and Literature	050218	4	文学
外国语学院	泰语	Thai Language and Literature	050220	4	文学
外国语学院	乌尔都语	Urdu Language and Literature	050221	4	文学
外国语学院	希伯来语	Hebrew Language and Literature	050222	4	文学
外国语学院	越南语	Vietnamese Language and Literature	050223	4	文学
外国语学院	葡萄牙语	Portuguese Language and Literature	050232	4	文学
新闻与传播学院	新闻学	Journalism	050301	4	文学
新闻与传播学院	广播电视学	Media Studies	050302	4	文学
新闻与传播学院	广告学	Advertising	050303	4	文学
新闻与传播学院	编辑出版学	Editing and Publishing	050305	4	文学
历史学系	历史学	History	060101	4	历史学

（续表）

当前所属院系	专业名称	专业英文名	教育部专业代码	学制	学科门类
历史学系	世界史	World History	060102	4	历史学
考古文博学院	考古学	Archaeology	060103	4	历史学
考古文博学院	考古学（文物建筑方向）	Archaeology（Ancient Architecture）	060103	4	历史学
考古文博学院	文物与博物馆学	Museology	060104	4	历史学
考古文博学院	文物保护技术	Relics Conservation	060105T	4	历史学
考古文博学院	外国语言与外国历史（考古学方向）	World History and Foreign Languages (Archaeology)	060106T		历史学
外国语学院	外国语言与外国历史	World History and Foreign Languages	060106T	4	历史学
历史学系	外国语言与外国历史	World History and Foreign Languages	060106T	4	历史学
数学科学学院	数学与应用数学	Mathematics and Applied Mathematics	070101	4	理学
数学科学学院	信息与计算科学	Information and Computing Science	070102	4	理学
物理学院	物理学	Physics	070201	4	理学
物理学院	应用物理学	Applied Physics	070202	4	理学
物理学院	核物理	Nuclear Physics	070203	4	理学
化学与分子工程学院	化学	Chemistry	070301	4	理学
化学与分子工程学院	应用化学	Applied Chemistry	070302	4	理学
化学与分子工程学院	化学生物学	Chemical Biology	070303T	4	理学
物理学院	天文学	Astronomy	070401	4	理学
城市与环境学院	自然地理与资源环境	Physical Geography	070502	4	理学
城市与环境学院	人文地理与城乡规划	Human Geography and Urban-Rural Planning	070503	4	理学
地球与空间科学学院	地理信息科学	Geographical Information Science	070504	4	理学
物理学院	大气科学	Atmospheric Sciences	070601	4	理学
地球与空间科学学院	地球物理学	Geophysics	070801	4	理学
地球与空间科学学院	空间科学与技术	Space Science and Technology	070802	4	理学
地球与空间科学学院	地质学	Geology	070901	4	理学
地球与空间科学学院	地球化学	Geochemistry	070902	4	理学
元培学院	古生物学	Paleontology	070904T	4	理学
生命科学学院	生物科学	Biological Science	071001	4	理学
生命科学学院	生物技术	Biotechnology	071002	4	理学
城市与环境学院	生态学	Ecology	071004	4	理学
元培学院	整合科学	Integrated Science	071005T	4	理学
心理与认知科学学院	心理学	Psychology	071101	4	理学

(续表)

当前所属院系	专业名称	专业英文名	教育部专业代码	学制	学科门类
心理与认知科学学院	应用心理学	Applied Psychology	071102	4	理学
数学科学学院	统计学	Statistics	071201	4	理学
数学科学学院	应用统计学	Applied Statistics	071202	4	理学
工学院	理论与应用力学	Theoretical and Applied Mechanics	080101	4	理学
工学院	工程力学（工程结构分析方向）	Engineering Mechanics (Engineering Structure Analysis)	080102	4	工学
工学院	材料科学与工程	Materials Science and Engineering	080401	4	工学
化学与分子工程学院	材料化学	Material Chemistry	080403	4	理学
工学院	能源与动力工程（能源与资源工程方向）	Energy and Power Engineering (Energy and Resources Engineering)	080501	4	工学
工学院	能源与环境系统工程	Energy and Environmental Systems Engineering	080502T	4	工学
城市与环境学院	城市规划	Urban Planning	080702	5	工学
信息科学技术学院	通信工程	Communication Engineering	080703	4	工学
信息科学技术学院	微电子科学与工程	Microelectronics Science and Engineering	080704	4	理学
信息科学技术学院	电子信息科学与技术	Electronic and Information Science and Technology	080714T	4	理学
信息科学技术学院	计算机科学与技术	Computer Science and Technology	080901	4	理学
信息科学技术学院	软件工程	Software Engineering	080902	4	工学
软件与微电子学院	软件工程	Software Engineering	080902	2	工学
信息科学技术学院	智能科学与技术	Intelligence Science and Technology	080907T	4	理学
元培学院	数据科学与大数据技术	Data Science and Big Data Technology	080910T	4	理学
信息科学技术学院	数据科学与大数据技术	Data Science and Big Data Technology	080910T	4	理学
数学科学学院	数据科学与大数据技术	Data Science and Big Data Technology	080910T	4	理学
元培学院	航空航天工程（航空科学与技术方向）	Aerospace Engineering (Aeronautics science and technology)	082001	4	工学
工学院	航空航天工程	Aerospace Engineering	082001	4	工学
工学院	航空航天工程（航空科学与技术方向）	Aerospace Engineering (Aeronautics science and technology)	082001	4	工学
物理学院	核工程与核技术	Nuclear Engineering and Nuclear Technology	082201	4	工学
环境科学与工程学院	环境工程	Environmental Engineering	082502	4	工学
环境科学与工程学院	环境科学	Environmental Science	082503	4	理学

（续表）

当前所属院系	专业名称	专业英文名	教育部专业代码	学制	学科门类
城市与环境学院	环境科学	Environmental Science	082503	4	理学
工学院	生物医学工程	Biomedical Engineering	082601	4	工学
城市与环境学院	城乡规划	Urban and Rural Planning	082802	5	工学
医学部教学办	基础医学	Basic Medical Science	100101K	5	医学
医学部教学办	基础医学	Basic Medical Science	100101K	8	医学
医学部教学办	临床医学	Clinical Medicine	100201K	8	医学
医学部教学办	临床医学	Clinical Medicine	100201K	5	医学
医学部教学办	口腔医学	Stomatology	100301K	8	医学
医学部教学办	口腔医学	Stomatology	100301K	5	医学
医学部教学办	预防医学	Preventive Medicine	100401K	5	医学
医学部教学办	预防医学	Preventive Medicine	100401K	7	医学
医学部教学办	药学	Pharmacy	100701	4	医学
医学部教学办	药学	Pharmacy	100701	6	医学
医学部教学办	医学检验技术	Medical Inspection Technology	101001	4	医学
医学部教学办	口腔医学技术	Stomatology Technology	101006	4	医学
医学部教学办	护理学	Nursing	101101	4	医学
信息管理系	信息管理与信息系统	Information Management and Information System	120102	4	管理学
光华管理学院	市场营销	Marketing	120202	4	管理学
光华管理学院	会计学	Accounting	120203K	4	管理学
政府管理学院	行政管理	Administrative Management	120402	4	管理学
政府管理学院	城市管理	City Management	120405	4	管理学
信息管理系	图书馆学	Library Science	120501	4	管理学
艺术学院	艺术史论	Theory and History of Arts	130101	4	艺术学
艺术学院	艺术史论（文化产业管理方向）	Theory and History of Arts (Cultural Industry Management)	130101	4	艺术学
艺术学院	广播电视编导	Broadcasting and Television Playwright-director	130305	4	文学
艺术学院	广播电视编导（戏剧影视文学方向）	Broadcasting and Television Playwright-director (Theatre Film and TV Literature)	130305	4	艺术学
元培学院	元培计划	Yuanpei Program	ypjh	4	理学

（教务部）

表6-6 2017年北京大学本科核心课程目录

专业必修				
课号	课名		00135450	抽象代数
数学科学学院			00132341	几何学
			00131300	概率论
00132321	高等代数（Ⅰ）		00132320	复变函数
00132323	高等代数（Ⅱ）		00132340	常微分方程

(续表)

课程号	课程名	课程号	课程名
00130200	数学模型	00431149	光学讨论班
物理学院		化学与分子工程学院	
00432108	数学物理方法（上）	01031100	今日化学
00432109	数学物理方法（下）	01030200	化学实验室安全技术
00432110	数学物理方法	01034310	普通化学
00432198	理论力学（A）	01034321	普通化学实验
00432199	理论力学（B）	01034371	有机化学（一）
00432211	理论力学	01034373	有机化学（二）
00432130	热力学与统计物理（A）	01035002	有机化学实验（Ⅰ+Ⅱ）
00431650	平衡态统计物理	01030120	结构化学
00431651	平衡态统计物理讨论班	01035200	物理化学（一）
00432140	电动力学（A）	01035210	物理化学（二）
00432141	电动力学（B）	01035020	物理化学实验
00432150	量子力学（A）	00432510	固体物理学
00432150	量子力学（B）	生命科学学院	
00431641	量子力学讨论班	01132630	生物化学
00432510	固体物理学	01132631	生物化学讨论课
00431701	固体物理讨论班	01132020	遗传学
00433327	近代物理实验（Ⅰ）	01132021	遗传学讨论
00433328	近代物理实验（Ⅱ）	01130030	基础分子生物学
00437160	核物理与粒子物理专题实验	01130150	细胞生物学
00433329	前沿物理实验	01132640	高级细胞生物学
00432222	综合物理实验（二）	01131161	生物学概念与途径
00414860	激光实验	01130370	生理学
00430011	计算物理学（A）	01139500	生理学实验
00430012	计算物理学（B）	城市与环境学院	
00431443	计算物理学	12631080	环境化学
00431561	基础天文	12631060	大气环境导论
00430184	天体物理	01536210	水环境化学
00430186	天体物理讨论班	12631110	环境工程学
00431558	天文技术与方法Ⅰ（光学与红外）	12631090	环境土壤学
00431660	宇宙探测新技术引论	12631100	环境监测与实验
00432245	理论天体物理	12631010	污染环境修复
00431562	天体光谱学	01536040	应用数理统计方法
00430191	大气科学导论	新开课	环境生物过程
00432274	大气探测原理	12631020	环境毒理学
00432247	大气物理学基础	12631130	大气物理学导论
00432251	天气学	12632050	气候变化科学概论
00432252	大气动力学基础	新开课	环境健康风险评价
00432278	大气物理与探测讨论班	新开课	环境数值模拟与建模

(续表)

01535121	植物学（上）	新开课	人文地理综合社会实践实习
01535122	植物学（下）	01535130	野外生态学
01131080	动物生物学	新开课	自然地理综合实习
01536011	普通生态学1	12639010	综合社会实践实习
01536012	普通生态学2		毕业论文/设计
01536013	普通生态学3	地球与空间科学学院	
01535150	生态学实验技术	01230180	地球科学概论
01533260	自然地理概论	01230170	地球科学前沿（新生研讨班）
12633020	普通地质学	01231790	普通地质学
01531180	地貌学	01231651	普通岩石学（一）
01531250	气象气候学	01231652	普通岩石学（二）
01534200	水文学与水资源	01231320	地史学
01534300	土壤学与土壤地理	01231730	构造地质学
01531130	中国自然地理	01231780	地球化学
01534060	综合自然地理学	01231410	结晶学与矿物学
01531900	人文地理	01233580	地球介质力学基础
01531010	经济地理学	01233200	地球重力学
01532420	城市地理学	01233130	地球物理信号处理
12634010	产业地理学	01233320	地震学
12639040	历史地理学导论	01233190	地磁学与地电学
01532470	城市社会学	01233230	地球物理数值计算方法
12635150	城市规划原理（1）	01233490	岩石力学
12635160	城市规划原理（2）		毕业论文
新开课	城市道路与交通规划	00432249	流体力学
新开课	计量地理与规划系统工程学	00432141	电动力学（B）
新开课	区域分析与区域规划	01233410	宇航技术基础
01532190	中外城市建设史	01233420	空间等离子体物理基础
12635130	城乡社区空间规划与设计	01233440	磁层物理学
01532370	城市设计	01233470	中高层大气物理学
01532240	城市总体规划（课程设计）	01233430	太阳大气层与日球层物理学
01532230	城市规划管理与法规	01233020	电离层物理学与电波传播
01532350	城市基础设施规划	01233460	空间天气学及与预报入门
新开课	详细规划	01235460	空间信息科学基础
12635170	城市公共空间规划与设计	01235450	地理学基础
12635230	城市生态与环境规划	01230070	遥感概论
01533300	城乡地域空间认知实习	01235230	地图学
12635100	规划设计实习	01235240	地理信息系统原理
01536840	环境科学野外综合实习	01235430	卫星导航定位基础
01533290	美术实习	01235180	GIS设计和应用
01533240	人文地理专业实习	01235160	地理信息系统工程

(续表)

01235260	3S野外综合实习		04832740	概率论与随机过程
心理与认知科学学院			04832440	光学
01630900	普通心理学		04832640	数学物理方法
01630051	心理统计（1）		04830630	电子线路（A）
01630708	心理统计（2）		04832430	电子线路A（实验班）
01630040	社会心理学		04832900	数字逻辑电路
01630034	实验心理学		04832901	数字逻辑电路（实验班）
01603333	实验心理学实验		04832890	数字逻辑电路（小班课）
01603011	心理测量		04830670	信号与系统
01630060	发展心理学		00132380	概率统计（B）
01630101	生理心理学		00432140	电动力学（A）
01630121	认知心理学		00432141	电动力学（B）
01630600	组织管理心理学		00432150	量子力学（A）
01630090	变态心理学		00432149	量子力学（B）
信息科学技术学院			04830910	固体物理
00132304	数学分析（III）		04833000	固体物理基础
04830010	信息科学技术概论		04833070	半导体物理
04831750	程序设计实习		04833071	半导体物理研讨班
04831760	程序设计实习（实验班）		04831050	集成电路工艺原理
04830050	数据结构与算法（A）		04832450	数字逻辑
04830540	数据结构与算法（A）（实验班）		04831030	数字集成电路原理
04830170	数据结构与算法实习		04833180	半导体器件物理
04830070	集合论与图论		04833181	半导体器件物理研讨班
04833040	计算机系统导论		04831080	微电子器件测试实验
04832363	计算机系统导论讨论班		04832470	模拟电路
04830080	代数结构与组合数学		04831090	模拟集成电路原理
04833050	算法设计与分析		04831060	集成电路设计实习
04833060	算法设计与分析（实验班）		04832260	微纳集成系统实验班
04832580	算法设计与分析（研讨型小班）		04831320	脑与认知科学
00131480	概率统计（A）		04831220	智能科学技术导论
04830090	数理逻辑		04830250	人工智能概论
04831770	微电子与电路基础		04830720	通信原理
04831870	基础电路实验		04830240	计算机网络概论
04830130	微机实验		04830210	软件工程
04830140	计算机组织与体系结构		04830211	软件工程（实验班）
04830144	计算机组成与系统结构实习		04832191	软件工程实习
00130280	计算方法（B）		04832510	软件工程实习（实验班）
04832650	电路分析原理		工学院	
04832651	电路分析原理研讨班		00332250	理论力学
04832760	电路与电子学		00332260	材料力学

(续表)

00334050	材料力学实验	00332642	材料科学基础（下）
00331800	高等动力学	00333610	实验室安全与防护
00332241	数学物理方法（上）	00333210	材料科学与工程实验
00332242	数学物理方法（下）	00332990	材料科学与工程专业英语
00332281	流体力学（上）	00333190	材料化学
00332282	流体力学（下）	00333410	材料物理导论
00332340	流体力学实验	00333000	材料性能分析与测试
00332270	弹性力学	环境科学与工程学院	
00332330	固体力学实验	12730030	环境问题
00330760	工程数学	12730011	环境科学与工程专题
00332300	工程流体力学	12732010	环境科学
00332290	工程弹性力学	12732150	环境工程学（一）
00332320	工程设计初步	12732080	环境工程学（二）
00332310	结构力学及其矩阵方法	12732040	环境监测
00334010	现代工学通论	12732070	环境监测实验
00334090	能源与环境工程导论	12732020	环境管理学
新开课	能源与环境工程实验	12732160	环境研究方法
00332190	物理化学	12732170	环境决策案例分析
00332020	传热传质学		毕业论文
新开课	环境学	中国语言文学系	
00331960	工程热力学	02080051	古代汉语（上）
00331970	新能源技术	02030022	古代汉语（下）
00333050	金工实习	02030011	现代汉语（上）
00333170	认识实习	02030012	现代汉语（下）
00332470	航空航天概论	02030031	中国古代文学史（一）
00333770	航空航天信息工程	02030032	中国古代文学史（二）
00332510	电路与电子学	02030033	中国古代文学史（三）
00332680	飞行器结构力学	02030034	中国古代文学史（四）
00333790	飞行器设计与动力	02030070	语言学概论
新开课	热力学基础及其应用	02034360	中国现代文学史
00334060	空气动力学基础	02033360	中国当代文学
00332620	生物医学工程原理	02039200	文学原理
00332600	分子细胞生物学	02031080	《论语》选读
00333920	生物医学工程设计Ⅰ	02031090	《孟子》选读
00334020	生物医学工程设计Ⅱ	02033830	经典讲读
00333930	生物医学图像处理	02033090	中文工具书
00333580	生物医学信号处理	02031540	中国古代文化
00332820	解剖生理学	02033450	古代典籍概要
00332830	解剖生理学实验	02030790	比较文学原理
00332641	材料科学基础（上）	02032020	民间文学概论

(续表)

02080381	汉语听说（上）		02130120	中国史学史
02080382	汉语听说（下）		02130130	外国史学史
02080421	阅读与写作（初级）		02132720	艺术史概论
02080422	阅读与写作（中级上）		**考古文博学院**	
02080423	阅读与写作（中级下）		02231080	考古学导论
02080424	阅读与写作（高级）		02232111	中国考古学（上一）
02080261	中国现代文学（上）		02232102	中国考古学（上二）
02080262	中国现代文学（下）		02232103	中国考古学（中一）
02080331	中国当代文学作品（上）		02232104	中国考古学（中二）
02080332	中国当代文学作品（下）		02232105	中国考古学（下一）
02080440	古文选读		02232106	中国考古学（下二）
02080130	中文工具书使用		02240290	田野考古实习
02080410	中国民俗与社会生活		02230471	科技考古
02080420	中国古代文化基础		02231040	博物馆学概论
02080400	中国人文地理		02231050	设计初步
历史学系			02231060	博物馆陈列内容设计
02130011	中国古代史（上）		02231070	博物馆陈列形式设计
02130012	中国古代史（下）		02240260	博物馆藏品管理
02132030	中国现代史		02231280	文物鉴赏
02130101	中国历史文选（上）		02231240	文物研究与鉴定
02130102	中国历史文选（下）		02231270	博物馆实习
02132081	世界史通论		02234010	文物显微形态学分析
02130110	史学概论		02230990	文物保护材料学
02132460	中国古代史练习		02232210	考古学通论
02132470	中国近现代史练习		02232220	文化遗产学概论
02132480	世界古代史练习		02240410	文物分析技术
02132490	世界近现代史练习		02230830	无机质文物保护与实验
02133610	古代东方文明		02230820	有机质文物保护与实验
02133620	古希腊罗马史		02230730	文物法规与行政管理
02133630	中世纪欧洲史		02231190	文物保护专业实习
02133660	亚洲史		02230840	不可移动文物保护
02133640	欧洲史		02240011	中国建筑史（上）
02133650	美洲史		02240012	中国建筑史（下）
02139190	非洲史		02231150	中国传统建筑构造
02132091	外国历史文选（上）		02231120	建筑设计（三）
02132092	外国历史文选（下）		02231130	建筑设计（四）
02133681	外文历史史料选读（上）		02233040	文化遗产踏查与测绘实习
02133682	外文历史史料选读（下）		02240140	文化遗产保护实践
02133020	史学新生导学		02233050	文化遗产保护规划设计理论与方法
02132110	社会调查与史学研究		02234040	世界考古学（上）

（续表）

(续表)

02234050	世界考古学（下）		02330053	西方哲学（下）
新开课	阿拉伯考古		02330160	宗教学导论
03538011	基础阿拉伯语（一）		02336401	逻辑与论证
03538012	基础阿拉伯语（二）		02330142	伦理学导论
03538013	基础阿拉伯语（三）		02330152	美学原理
03538014	基础阿拉伯语（四）		02330132	科学哲学导论
03538021	阿拉伯语视听（一）		02332250	中国宗教史
03538022	阿拉伯语视听（二）		02335002	学年论文
03538381	阿拉伯语口语（一）			毕业论文
03538032	阿拉伯语口语（二）			实践实习
03538041	阿拉伯语阅读（一）		外国语学院	
新开课	欧亚草原考古		03538011	基础阿拉伯语（一）
03730501	基础俄语（一）		03538012	基础阿拉伯语（二）
03730502	基础俄语（二）		03538013	基础阿拉伯语（三）
03730503	基础俄语（三）		03538014	基础阿拉伯语（四）
03730504	基础俄语（四）		03538180	阿拉伯伊斯兰文化
03730031	俄语语法（一）		03537671	基础波斯语（一）
03730032	俄语语法（二）		03537502	基础波斯语（二）
03730751	俄语视听说（一）		03537503	基础波斯语（三）
03730752	俄语视听说（二）		03537724	基础波斯语（四）
03730753	俄语视听说（三）		03531401	基础韩国（朝鲜）语（一）
01031100	今日化学		03531402	基础韩国（朝鲜）语（二）
01030200	化学实验室安全技术		03531403	基础韩国（朝鲜）语（三）
01034310	普通化学		03531404	基础韩国（朝鲜）语（四）
01034321	普通化学实验		03632001	德语精读（一）
01034371	有机化学（一）		03632002	德语精读（二）
01034373	有机化学（二）		03632003	德语精读（三）
01035002	有机化学实验（Ⅰ+Ⅱ）		03632004	德语精读（四）
01035200	物理化学（一）		03632621	德语国家文学史与选读（一）
01035210	物理化学（二）		03632622	德语国家文学史与选读（二）
01035020	物理化学实验		03632623	德语国家文学史与选读（三）
01035180	定量分析化学		03632624	德语国家文学史与选读（四）
01035190	定量分析化学实验		03730501	基础俄语（一）
01034390	仪器分析		03730502	基础俄语（二）
01034400	仪器分析实验		03730503	基础俄语（三）
哲学系（宗教学系）			03730504	基础俄语（四）
02330003	哲学导论		03730391	俄罗斯文学史（一）
02330092	中国哲学（上）		03730392	俄罗斯文学史（二）
02330096	中国哲学（下）		03730581	俄罗斯国情（上）
02330051	西方哲学（上）		03730582	俄罗斯国情（下）

(续表)

03631001	法语精读（一）	03532160	日语概论
03631002	法语精读（二）	03533861	泰语教程（一）
03631003	法语精读（三）	03533862	泰语教程（二）
03631004	法语精读（四）	03533863	泰语教程（三）
03631065	法国文学史和文学选读（上）	03533864	泰语教程（四）
03631066	法国文学史和文学选读（下）	03537251	基础乌尔都语教程（一）
03536121	基础梵语（上）	03537252	基础乌尔都语教程（二）
03536122	基础梵语（下）	03537353	基础乌尔都语（三）
新开课	梵语经典选读（一）	03537354	基础乌尔都语（四）
新开课	梵语经典选读（二）	03633011	西班牙语精读（一）
03536161	巴利语（上）	03633012	西班牙语精读（二）
03536162	巴利语（下）	03633013	西班牙语精读（三）
03536401	德语（一）	03633014	西班牙语精读（四）
03536402	德语（二）	03633015	西班牙语精读（五）
03535671	菲律宾语（一）	03633016	西班牙语精读（六）
03535672	菲律宾语（二）	03633061	西班牙语文学史和文学选读（上）
03535673	菲律宾语（三）	03633062	西班牙语文学史和文学选读（下）
03535674	菲律宾语（四）	03633071	拉丁美洲文学史和文学选读（上）
03535540	菲律宾概况	03633072	拉丁美洲文学史和文学选读（下）
03531011	基础蒙古语（一）	03535161	希伯来语（一）
03531012	基础蒙古语（二）	03535162	希伯来语（二）
03531013	基础蒙古语（三）	03535163	希伯来语（三）
03531014	基础蒙古语（四）	03535164	希伯来语（四）
03534011	缅甸语（一）	03536501	印地语（一）
03534012	缅甸语（二）	03536502	印地语（二）
03534013	缅甸语（三）	03536913	印地语（三）
03534014	缅甸语（四）	03536914	印地语（四）
03635151	葡萄牙语（一）	03534810	印尼语（一）
03635152	葡萄牙语（二）	03534842	印尼语（二）
03635153	葡萄牙语（三）	03534843	印尼语（三）
03635154	葡萄牙语（四）	03534844	印尼语（四）
03635031	葡萄牙历史和文化（上）	03533271	基础越南语（一）
03635032	葡萄牙历史和文化（下）	03533272	基础越南语（二）
03635101	巴西历史和文化（上）	03533273	基础越南语（三）
03635102	巴西历史和文化（下）	03533274	基础越南语（四）
03532021	基础日语（一）	03830017	英语精读（一）
03532022	基础日语（二）	03830018	英语精读（二）
03532023	基础日语（三）	03830033	英语精读（三）
03532024	基础日语（四）	03830034	英语精读（四）
03532120	日本文学史	03830091	英国文学史（一）

（续表）

03830092	英国文学史（二）	03532220	日语会话
03830100	普通语言学	03532041	日语视听说（一）
03830110	英译汉	03532042	日语视听说（二）
03830120	汉译英	03532321	高年级日语（一）
03830131	美国文学史与选读（一）	03532322	高年级日语（二）
03830132	美国文学史与选读（二）	03532333	高年级日语（三）
03538021	阿拉伯语视听（一）	03532334	高年级日语（四）
03538022	阿拉伯语视听（二）	03531959	日语文言语法
03538381	阿拉伯语口语（一）	03532060	日语写作
03538032	阿拉伯语口语（二）	03532440	日语语法概论
03538041	阿拉伯语阅读（一）	03532110	日译汉
03537681	波斯语口语（上）	03533829	泰国历史
03537682	波斯语口语（下）	03533870	泰国文化和社会
03537551	波斯语写作（上）	03533540	泰语语法
03537552	波斯语写作（下）	03533590	泰国文学史
03537511	波斯语视听说（上）	02139190	非洲史
03537512	波斯语视听说（下）	03530180	古代东方文明
03537611	波斯文学史（上）	02133620	古希腊罗马史
03537612	波斯文学史（下）	02133650	美洲史
03632210	德国历史	02133640	欧洲史
03730511	高级俄语（一）	02132110	社会调查与史学研究
03730512	高级俄语（二）	02130110	史学概论
03730031	俄语语法（一）	02133020	史学新生导学
03730032	俄语语法（二）	02132480	世界古代史练习
03730551	俄译汉教程（上）	02132490	世界近现代史练习
03730811	汉译俄教程（上）	02132081	世界史通论
03730541	俄语写作（上）	02130130	外国史学史
03730311	俄罗斯文学选读（上）	02133660	亚洲史
03730312	俄罗斯文学选读（下）	02132720	艺术史概论
03730381	俄语报刊阅读（一）	02130011	中国古代史（上）
03730761	俄语新闻听力（上）	02130012	中国古代史（下）
03631005	法语精读（五）	02132460	中国古代史练习
03631006	法语精读（六）	02132470	中国近现代史练习
03631021	法语视听说（一）	02130101	中国历史文选（上）
03631022	法语视听说（二）	02130102	中国历史文选（下）
03631023	法语视听说（三）	02130120	中国史学史
03631024	法语视听说（四）	02132030	中国现代史
03535580	菲律宾文化	02133630	中世纪欧洲史
03535530	菲律宾历史		艺术学院
03535700	菲律宾民间文学	04330013	艺术学原理

(续表)

04330101	电影概论	02930152	刑法总论
04333021	美术概论	02930050	民事诉讼法
04330005	音乐概论	02930920	刑事诉讼法
04331541	美学原理	02939995	国际私法
04331570	戏剧艺术概论	02930890	经济法学
04330649	影视理论与批评	02930470	商法总论
04330004	创意写作		信息管理系
04332530	文化产业导论	03033400	信息资源管理基础
04330002	艺术心理学	03033740	信息行为导论
04330028	跨文化艺术传播学	03032130	信息组织
04334008	中西方音乐专题	03033460	调查与统计方法
04334001	世界美术简史	03033710	计算机网络概论
04330007	西方艺术学原著导读	03033750	信息架构设计与实践
04330038	中国艺术学原著导读	03033650	信息计量学
	国际关系学院	03033730	信息服务学
02430010	国际政治概论	03030630	信息存储与检索
02431580	中国政治概论	03032110	信息政策与法规
02430091	国际关系史（上）	03030740	管理信息系统
02430092	国际关系史（下）	03033030	信息分析与决策
02430041	政治学原理	03033450	信息系统分析与设计
02430211	中国对外关系史	03030010	图书馆学概论
02430140	中华人民共和国对外关系	03033190	社科文献资源与检索利用
02430050	外交学	新开课	文献学
02430931	国际组织与国际法	03033180	信息资源建设
02431840	社会科学方法论	03033620	公共文化服务概论
02431641	比较政治学	03033470	图书馆参考咨询
02431683	原著译读	03032270	图书馆管理
02430020	国际政治经济学		社会学系
02430159	英语写作	03130010	社会学概论
02432201	中文报刊选读（一）	03131190	社会工作概论
02432202	中文报刊选读（二）	03130210	社会心理学
02432203	中文报刊选读（三）	03100130	国外社会学学说（上）
02432204	中文报刊选读（四）	03130020	国外社会学学说（下）
02431093	专业汉语（一）	03131500	社会调查与研究方法
02431094	专业汉语（二）	03130120	社会统计学
	法学院	03131260	数据分析技术
02930060	宪法学	03132550	社会调查实践
0293008a	民法总论		政府管理学院
02930010	法理学	03232600	政治学前沿
02930030	中国法制史	03231620	公共政策分析

(续表)

03230040	比较政治学概论	01833020	广播电视新闻
03230050	当代中国政府与政治	01833030	广播电视节目制作
03230100	当代西方国家政治制度	01833720	节目创意与策划
03230780	中国政治思想史	01834250	口语传播
03230770	中国政治制度史	新开课	影视制作
03231080	政治经济导论	01831750	专题片及纪录片创作
03230790	西方政治思想史	01830480	广告学概论
03231700	政党学概论	01834010	中外广告史
03232500	政府与法治	01830540	市场调查
03231120	比较公共管理	01830490	广告媒体研究
03231160	人力资源开发与管理	01834260	广告策划与创意
03230120	组织与管理	01833830	公共传播
03231130	地方政府管理	01833820	视觉传达
03232530	公共经济学	01832420	品牌研究
03232640	行政学研究方法	01833710	创意传播管理
03231610	管理运筹学	01831330	中国图书出版史
03232560	城市经济学	01831190	编辑出版概论
03232550	区域经济学	01831300	中国古籍资源与整理
03231240	经济地理学	01833770	数字出版技术
03231250	城市管理	01833120	选题策划与书刊编辑实务
03231260	城市规划	01833110	编辑实用语文写作
03232200	区域分析方法	01833130	出版案例研讨
03232360	地理信息系统基础与应用	01833870	出版经营管理
	新闻与传播学院	新开课	近现代出版文化
01831800	汉语语言修养		经济学院
01834130	新媒体导论	02533340	中国经济思想史
01833920	马克思主义新闻观	02533350	外国经济思想史
01833850	传播学研究方法	02532340	中国经济史
01833740	传媒伦理与法律法规	02530160	外国经济史
01834230	新闻采访写作	02533600	产业组织理论
01833270	新闻编辑	02532260	信息经济学
01830710	新闻摄影	02530170	《资本论》选读
01833760	中国新闻史	02530150	发展经济学
01833750	世界新闻史	02534880	社会实践
01833280	新闻评论	02530090	国际贸易
01834160	互联网认知	02530100	国际金融
01833780	当代新闻发展前沿	02530620	国际投资学
01831740	视听语言	02533490	世界经济史
01832910	视频编辑	新开课	世界经济概论
01834240	视频采访与写作	新开课	中国对外经济

(续表)

02534060	货币银行学		02833430	公司财务管理
02532240	金融经济学导论		02838470	管理科学
02533570	公司金融		国家发展研究院	
02530340	投资学		06232000	经济学原理
02532220	金融市场学		06232300	中级宏观经济学
02532420	金融工程概论		06232200	中级微观经济学
02534820	保险学原理		06232400	计量经济学
02534200	风险管理学		06234900	中国经济专题
02534960	保险经济学导论		06239087	中国经济专题小班讨论课
新开课	保险精算学		06235080	经济学研究训练
新开课	金融会计			毕业论文
02531080	社会保险		元培学院	
新开课	保险资产管理		01231790	普通地质学
02534520	财政学		01231651	普通岩石学（一）
02533390	福利经济学		01231652	普通岩石学（二）
02533840	国际税收		01231030	古生物学
02530051	统计学		01231320	地史学
02534500	公共经济学		01131040	植物生物学
02533530	预算经济学		01131080	动物生物学
02534760	比较税收学		01130200	遗传学
02533850	农业经济学		01231640	普通地质实习A
02534780	区域经济学		01231680	综合地质实习
02534430	经济增长理论		04630820	数学-物理的整合I
02534000	生态经济学		04630994	定量分子生物学
02533370	环境资源经济学		04630860	多元微积分与线性代数
02534830	人口健康经济学		04630890	物理化学（整合科学）I
新开课	能源经济学		04630831	综合实验课程I
光华管理学院			04630850	综合实验课程II
02831113	商务英语（一）		04630790	数据科学导引
02831114	商务英语（二）		00131300	概率论
02831110	经济学		00135460	数理统计
02832110	微观经济学		新开课	数值与计算方法
02832120	宏观经济学		新开课	分布与并行计算
02838091	中国企业管理实践		00110950	人工智能
02832500	中国经济改革与发展		04630791	深度学习：算法与应用
02832510	财务会计		新开课	统计机器学习
02838430	财务会计（英文）		00130630	大数据中分析的算法
02830140	社会心理学		00130630	最优化方法
02838500	组织与管理		00332470	航空航天概论
02832640	营销学		04831770	微电子与电路基础

(续表)

04832930	电子技术实验		03231080	政治经济导论	
00330760	工程数学		03232290	经济学原理	
00332260	材料力学		06232200	中级微观经济学	
00332250	理论力学		06232300	中级宏观经济学	
00333960	空气动力学基础和实践		02330003	哲学导论	
00332300	工程流体力学		02330160	宗教学导论	
00332760	飞行力学与控制		02330092	中国哲学（上）	
03232600	政治学前沿		02330096	中国哲学（下）	
03232570	政治学原理（上）		02330051	西方哲学（上）	
03232590	政治学原理（下）		02330053	西方哲学（下）	
03232270	政治学概论			毕业论文	
03231750	中国地方政府与政治				

（教务部）

表6-7　2017年本科课程目录

课程号	课程名称	学分	01536090	环境监测与实验	3
城市与环境学院			01536013	普通生态学3	2
12631030	环境科学前沿	2	01339320	中国历史地理	2
01339220	现当代建筑赏析	2	01531250	气象气候学	3
01339330	中国古典园林赏析	2	01531710	文化地理学	2
01532370	城市设计	3	01531130	中国自然地理	3
01532480	城市生态学	2	01531180	地貌学	3
01539230	中国传统建筑	2	01531290	生物地理学	2
01537530	普通地质实习	1	01532130	人口地理	2
12631020	环境毒理学	3	01532420	城市地理学	3
01531230	遥感基础与图像处理原理	3	01534200	水文学与水资源	3
01534030	自然资源学原理	3	01539350	中国自然地理	2
01536012	普通生态学2	2	12635020	社区空间规划与设计	3
01536820	生态学导论	2	01535122	植物学（下）	2
01339180	世界文化地理	2	12638010	海洋科学导论	2
01532440	城市经济学	2	12631010	污染环境修复	3
01533260	自然地理概论	3	01531010	经济地理学	3
01534060	综合自然地理学	3	01536011	普通生态学1	2
01534070	土地评价与管理	2	12635010	区域规划	2
01534320	自然地理综合实习	1	01533220	社会综合实践调查	3
01536020	环境经济学	2	01531900	人文地理	2
01536040	应用数理统计方法	3	01533230	城市社会地理学	2
01536210	水环境化学	3	01532230	城市规划管理与法规	2
01536840	环境科学野外综合实习	1	01532240	城市总体规划（课程设计）	3
01536810	动物生态学	2	01533050	房地产估价	3
01532470	城市社会学	2	01535121	植物学（上）	2

(续表)

01535130	野外生态学	2		12632020	生态学数量方法	3
01535150	生态学实验技术	2		12635100	规划设计实习	1
01539200	植物土壤实习	2		12639060	陆地水体概说	3
01539340	地貌实习	2		12633030	流域综合规划与管理	3
01533310	城市旅游与游憩规划	2		12633020	普通地质学	3
01532190	中外城市建设史	2		12631070	环境科学概论	2
12639010	综合社会实践实习	1		12635090	美术：素描与色彩	2
12639020	圆明园的历史与现状	1		12639070	中国城市转型	2
01536850	环境地学	3		12639080	花园城市的中国实践	3
01535120	流域综合规划与管理	2		12631080	环境化学	3
12631040	微机应用与文献检索	3		12635120	规划制图与机助技术	2
12634010	产业地理学	3		12635130	城乡社区空间规划与设计	3
12635030	城市遗产保护与规划	2		12631090	环境土壤学	2
12633010	湖泊环境概论	2		12635140	交通分析模拟与规划	2
12634020	交通地理学	2		12634050	人文地理综合实习	2
12635040	土地利用规划与房地产开发管理	2		12632030	全球变化科学概论	2
12635050	建设项目可行性研究	3		12635150	城市规划原理（1）	3
01531610	现代自然地理学实验方法	2		01536830	生态学与环境变化	2
01531810	环境演变与全球变化	2		12631100	环境监测与实验	4
01533320	人文地理学研究方法	2		12633040	世界自然地理	2
01534260	营销地理学	2		12631110	环境工程学	2
01535100	旅游地理学	2		12633050	自然地理与资源环境研究方法	3
01534120	土壤地理实验	1		12635160	城市规划原理（2）	2
01534230	自然保护学	2		12633060	湖沼学原理	2
01533300	城乡地域空间认知实习	1		12632040	生态学基础与应用	2
01536800	污染物水文地质学	3		12632050	气候变化科学概论	2
12631050	环境科学前沿秋季讲座	2		12632060	生态学发展史	2
01533240	人文地理专业实习	1		12635170	城市公共空间规划与设计	3
01531720	区域分析与区域地理	2		12635180	建筑设计（二）	4
01532350	城市基础设施规划	3		12631120	遥感应用野外实习	2
01532430	建筑概论	3		12635190	美术：素描与色彩	3
01533290	美术实习	1		12635200	城市控制性详细规划	3
12631060	大气环境导论	2		12635210	建筑设计（一）	4
01534300	土壤学与土壤地理	2		12631130	大气物理学导论	2
01536530	环境科学专业英语	2		12635220	景观规划与设计	3
12635070	详细规划（课程设计）	3		12635230	城市生态与环境规划	2
12632010	生态学与自然地理学前沿	2		12635240	风景名胜区规划	2
12635080	城市形态学导论	2			地球与空间科学学院	
12639040	历史地理学导论	2		01230100	离散数学	3
12639050	应用文化地理学	2		01231090	中国区域地质学	2

（续表）

01231350	脊椎动物进化史	2	01235270	程序设计语言	3
01231570	矿物材料学	2	01235280	地貌与自然地理学基础	2
01231580	环境矿物学	2	01431440	珠宝鉴赏与珠宝文化	2
01233130	地球物理信号处理	3	01235040	计算机图形学基础	2
01233200	地球重力学	3	01235180	GIS设计和应用	4
01233380	地震学野外实习	2	01231170	遥感地质学	2
01235010	软件工程原理	2	01231210	地球历史概要	2
01235030	计算数学	3	01231500	古生态学与古环境分析	2
01235140	数字地球导论	2	01231520	古植物学及孢粉学	2
01235160	地理信息系统工程	2	01233150	地球灾害	2
01235250	GIS实验	2	01233170	地震概论	2
01235300	城市与区域科学	2	01233190	地磁学与地电学	3
01235320	地理科学进展	3	01233420	空间等离子体物理基础	2
01430950	地球环境与人类社会	2	01233430	太阳大气层与日球层物理学	3
00539410	太空探索	2	01235090	网络基础与WebGIS	2
01231450	灾害地质学	2	01235100	数据库概论	3
01231470	地貌学与第四纪地质学	2	01235120	遥感数字图像处理原理	3
01231560	岩浆作用理论概述	2	01430020	地史中的生命	2
01233440	磁层物理学	3	01430870	普通地质实习	1
01233460	空间天气学及与预报入门	3	01230070	遥感概论	3
01235350	地理信息系统概论	2	01231510	古生物学前沿	2
01231050	X射线粉末衍射分析	2	01235060	数字地形模型	2
01231330	岩石学前缘理论与方法	2	01235310	测量学概论	2
01231540	沉积学概论	2	01235330	遥感应用	2
01230110	操作系统原理	2	01235340	遥感图像处理实验	2
01231140	海洋地质学	2	01431170	地震地质学	2
01235370	物联网技术导论	2	01230030	C程序设计	3
01430970	固体力学基础	3	01235210	智能交通系统概论	2
01431250	微量元素地球化学	2	01231130	矿产资源经济概论	2
01233140	行星科学概论	3	01233230	地球物理数值计算方法	3
01233450	空间探测与实验基础	3	01235230	地图学	3
01430960	自然资源概论	2	01233310	弹性力学B	4
01231300	宝石学	2	01235080	地学数学模型	2
01231370	古海洋学与全球变化	2	01231080	大地构造学	2
01231400	地球物理学基础	3	01231200	自然资源与社会发展	2
01233320	地震学	4	01235290	环境与生态科学	2
01233330	地球物理在工程中的应用	3	01431270	同位素地球化学基础	2
01233410	宇航技术基础	2	01231530	地层学原理与应用	2
01235240	地理信息系统原理	3	01231610	高温高压物质科学	2
01235260	3S野外综合实习	1	01233470	中高层大气物理学	3

(续表)

01235360	遥感应用原理与方法	3		01233620	电离层物理学与电波传播	3
01235390	GPS测量与数据处理	2		01231740	结晶学与矿物学	4
01233550	计算空间物理学基础	3		01231800	区域地质实习	4
01233630	地震预测方法	3		01231810	综合地质实习	4
01231710	层序地层学基础	2		01231820	地球生物学概论	2
01231640	普通地质实习A	2		01231840	矿床学	4
01231660	地球化学	4		01231850	古生物学	4
01231670	区域地质实习	3		01233640	地球物理学术论文写作	2
01231680	综合地质实习	3		01231781	地球化学小班讨论课	0
01231690	地球系统与环境	2		对外汉语教育学院		
01231700	矿床学	3		04430002	留学生学术汉语写作	2
01233480	粘性流体力学	3		法学院		
01233490	岩石力学	3		02930010	法理学	4
01233500	地球灾害	3		02930103	刑法分论	2
01233510	地震学实验	3		02930530	外国宪法	2
01233530	空间探测信息可视化处理	2		02930560	比较司法制度	2
01233540	探测误差与空间物理统计分析方法	2		0293074a	专业英语	2
01233560	太阳活动与人类社会	2		02930121	国际私法概论	2
01235410	定量遥感基础	2		02930941	环境法概论	2
01233570	太阳系中的有趣科学	2		02930987	国际组织法	2
01235420	激光雷达遥感导论	2		02930580	票据法	2
01235430	卫星导航定位基础	3		02930770	保险法	2
01235440	雷达遥感原理与应用	2		02930860	法学流派与思潮	2
01235720	电磁学	4		0293063a	刑事侦查学	2
01230170	地球科学前沿（新生研讨班）	2		02930901	实习	2
01230410	地球与人类文明	2		0293005a	外国法制史	3
01235450	地理学基础	3		02930390	专业英语（听力及口语）	2
01230190	地球与空间	2		02930847	国际知识产权	2
01231791	普通地质学讨论班	0		02930200	企业法/公司法	3
01233590	地球物理学导论	2		02930220	犯罪学	2
01233610	空间科学与技术基础	2		02930680	罗马法	2
01235460	空间信息科学基础	2		02930780	刑事执行法	2
01231860	海洋环境和动力学	2		02930905	犯罪通论	2
01230420	虚拟仿真创新应用与实践	2		02930470	商法总论	2
01231870	稳定同位素分馏原理及应用	1		02930971	物业管理法律制度	2
01231751	普通岩石学（一）	4		02930040	西方法律思想史	3
01231752	普通岩石学（二）	4		02939991	英美侵权法	2
01231770	构造地质学	4		02930020	中国法律思想史	3
01231780	地球化学	5		0293007a	行政法与行政诉讼法	4
01233580	地球介质力学基础	4		02930105	外国刑法	2

(续表)

0293028a	金融法/银行法	3		02930148	法律写作与检索	3
02930440	海商法	2		02930149	国学法理	2
02930985	国际人权法	2		02930152	刑法总论	4
02930060	宪法学	3		02930153	刑法分论	4
02930086	侵权法	3		02930154	证据法	3
02930190	亲属法与继承法	3		02930155	法学的量化方法与成本收益分析	2
02930300	劳动法与社会保障法	3		02930156	模拟法庭实训	2
02930480	国际公法	4		02930157	国际海洋法	2
02930890	经济法学	3		02930158	律师实务	2
02930980	债权法	4		02930159	刑事辩护实务	3
02930050	民事诉讼法	4		02930161	模拟法庭基础	2
0293008a	民法总论	3		02930162	比较法律专题一	2
02930171	诊所式法律教育	3		02930163	比较法律专题二	2
02930340	国际经济法	3		02930164	选举法比较研究	2
02930520	司法精神病学	2		02930166	法律经济学	3
02930760	心理卫生学概论	2		02930167	民事诉讼案例研习	3
02930920	刑事诉讼法	4		02930168	民事诉讼法学专题	3
02930940	环境法	3		02930169	国际法	2
02930970	物权法	2		02930182	专业法语	2
02930989	刑法学	3		02930183	国际商事争端解决：实务与训练	3
02930990	国际金融法	2		02930184	专业英语一	2
02930995	会计法与审计法	2		02930185	专业英语二	2
02939995	国际私法	2		02930186	国际组织与全球治理	2
02930172	非营利组织法	2		02930011	法理学小班讨论课	0
02930249	竞争法	3		02930187	中国当代法律和社会	2
02930261	信托法	2		02930188	公法与思想史	2
02930262	破产法	2		歌剧研究院		
02930871	涉外民商事之法律适用	2		19230060	声乐演唱及表演	2
02930141	刑事诉讼案例研习	3		19230020	歌剧的魅力（概论篇）	2
02939999	法律导论	2		19230030	歌剧的魅力（作品篇）	2
02930180	知识产权法学	3		19230040	歌剧和音乐剧表演	2
02930030	中国法制史	3		19230050	歌剧演唱（一）	2
02930106	国际刑法学	2		19230070	五线谱视唱练耳基础	2
02930112	刑法案例研习	3		19230080	视唱练耳（中）	2
02930113	法理学讨论课	0		19230091	声乐演唱及表演（高级）	2
02930142	合同法实务	3		19230092	声乐演唱与表演（艺术指导课）	1
02930143	民法案例研习	3		19230011	虚拟舞台与真实人生	2
02930147	普通法精要（公法）	3		19230012	俄罗斯音乐赏析	2
02930144	法律和社会科学	3		工学院		
02930145	财税法学	3		00330050	计算方法	3
02930146	法律实证分析	2		00330700	常微分方程	3

（续表）

00332241	数学物理方法（上）	3	00333230	高分子材料科学与工程	3
00332242	数学物理方法（下）	3	00333240	无机非金属材料科学与工程	3
00332320	工程设计初步	4	00333250	金属材料科学与工程	3
00332950	航空航天工业实习	3	00333270	生物材料分析方法	3
00333050	金工实习	3	00333280	计算生物学导论	3
00331311	工程CAD（1）	3	00332520	地球科学基础	3
00332171	能源与资源工程实验（上）	3	00333290	纳米医学	3
00332172	能源与资源工程实验（下）	3	00333360	魅力机器人	2
00332260	材料力学	4	00332960	发育与再生生物学	3
00332281	流体力学（上）	3	00332980	物理流体力学	3
00332290	工程弹性力学	3	00332990	材料科学与工程专业英语	3
00332310	结构力学及其矩阵方法	4	00333000	材料性能分析与测试	3
00332390	数值模拟	3	00333010	材料计算科学与工程	3
00332400	废水资源化工程	3	00333020	纳米材料科学与技术	3
00332410	复合材料与结构力学	3	00333040	岩土力学	3
00332460	连续介质力学基础	3	00331760	微积分习题	0
00332550	药品质量与全球健康	2	00331880	高等代数	3
00332600	分子细胞生物学	3	00332642	材料科学基础（下）	4
00331900	概率与数理统计	3	00332740	计算方法上机	0
00333170	认识实习	3	00331751	微积分（一）	4
00332150	渗流物理	3	00331752	微积分（二）	4
00331770	线性代数与几何	4	00332580	高等数学（D类）	4
00332381	工程毕业设计（上）	3	00332590	高等数学（D类基础）	4
00332382	工程毕业设计（下）	3	00330140	计算流体力学	3
00330220	自动控制原理	3	00330180	有限元法	3
00330270	专业英语	3	00331590	结构力学及其矩阵方法	3
00331970	新能源技术	3	00332680	飞行器结构力学	3
00332020	传热传质学	3	00332702	空气动力学Ⅱ	3
00332282	流体力学（下）	3	00332760	飞行力学与控制	3
00332300	工程流体力学	3	00332500	空气动力学	2
00332510	电路与电子学	3	00330190	塑性力学	3
00332630	地下水水文学	3	00330280	振动理论	3
00332641	材料科学基础（上）	4	00332540	全球创新产品设计和团队实践	3
00332820	解剖生理学	3	00333060	对流与传热	3
00332830	解剖生理学实验	1	00332070	工程经济学	3
00332900	生物材料学	3	00332430	燃烧学基础	3
00332910	飞行器控制和仿真	2	00330630	工程制图	3
00333190	材料化学	3	00330760	工程数学	3
00333200	材料热力学	3	00331800	高等动力学	3
00333210	材料科学与工程实验	2	00332010	水文学与水资源	3

(续表)

课程号	课程名	学分	课程号	课程名	学分
00332210	热力学及其应用	3	00333677	中国经济A：增长与全球联系	2
00332610	能源与资源工程原理	3	00333697	中国的过去与现状	3
00333390	生物医学工程实习	3	00333900	热力学与统计力学导论	3
00332220	清洁生产过程原理	3	00333920	生物医学工程设计 I	3
00331960	工程热力学	3	00333910	环境力学	3
00332340	流体力学实验	3	00333940	环境流体力学	3
00330130	气体力学	3	00333950	材料量子力学基础	3
00331860	高等微积分	3	00333138	柔性化机器人：从类人到软体	3
00332190	物理化学	3	00333181	工程项目管理中的金融决策	3
00332250	理论力学	4	00333558	材料基因组评估	3
00332270	弹性力学	4	00333693	创新创业：精益创业方法	3
00332330	固体力学实验	3	00333695	中国与世界	3
00332470	航空航天概论	2	00333970	分析化学	3
00333400	对话全球创新大师	2	00333980	医学成像基础	3
00333410	材料物理导论	3	00333960	空气动力学基础和实践	3
00333460	能源与推进	3	00333990	生物能源与生物资源	3
00333480	生物医学光学及应用	3	00334000	先进诊疗技术	3
00333520	光伏效应与太阳能	3	00334010	现代工学通论	1
00333560	水环境模拟	2	00330070	材料力学	3
00333590	发动机燃烧	3	00331540	弹性力学	3
00333610	实验室安全与防护	1	00331910	理论力学	3
00333580	生物医学信号处理	3	00331501	数学分析（一）	4
00333630	细胞与分子影像学	3	00331502	数学分析（二）	4
00333640	非线性动力学和混沌引论	3	00331333	数学分析（三）	4
00333650	资源循环利用基础	2	00334020	生物医学工程设计 II	3
00333670	中国经济：科技、增长与全球联系	3	00334030	工学创新实践	3
00333700	智能材料与适应性系统	3	00334040	软物质流体力学导论	3
00333790	飞行器设计与动力	3	00334050	材料力学实验	1
00333760	航空航天导航导论	3	00334060	空气动力学基础	4
00333770	航空航天信息工程	3	00334070	创新设计理论与方法	2
00333750	半导体物理与器件	3	00334080	能源与环境系统工程创新实践课	4
00333800	生物医学工程综合实验 I	2	00331600	工程设计初步	3
00333830	现代工学通论	2	00333116	微小卫星控制与仿真	3
00333820	概率论	2	00333119	地球大历史：穿梭一百四十亿年的科学之旅	3
00333930	生物医学图像处理	3	00333671	燃烧科学与工程	3
00333880	生物材料制备与加工	3	00333691	中国：过去、现在和未来	3
00333870	工学类文献检索和科技写作	3	00333699	创业家的故事板：灯光，摄影，开机	3
00333840	工程流体力学基础	4	00333721	有限元建模在结构完整性和生物学上的应用	3
00333890	面向复杂性的系统思维	3	00333739	化学和生物传感器	3
00333117	跨文化设计：对生态负责的商业模型	4	00332841	互联网环境下的服务系统随机建模与优化	2

(续表)

00334090	能源与环境工程导论	3		02831650	城市与区域经济学	3
00334100	生物医学工程原理	3		02832120	宏观经济学	3
00332581	高等数学（D类）习题课	0		02832540	高级管理会计	2
00334110	科学素养	2		02833600	税法与税务会计	2
	光华管理学院			02834510	审计学	3
02838130	中国社会与商业文化	2		02834530	内部控制与内部审计	2
02837020	投资银行	2		02834730	创业管理	2
02830230	商业活动在中国：管理视角	3		02834780	公共财政理论与政策	3
02830260	影子中央银行	2		02836020	金融计量经济学	3
02831620	劳动经济学	3		02837120	消费者行为	3
02832480	成本与管理会计	3		02837140	中国商务	2
02832700	定价管理	2		02837170	策略与博弈	3
02833460	品牌管理	2		02834660	服务业营销	2
02833670	高级财务会计	2		02831580	金融经济学	3
02834390	战略管理	2		02831600	国际金融与国际贸易	3
02834840	金融衍生工具	3		02832690	物流与供应链管理	2
02837180	财务案例分析	2		02832780	市场营销专题	2
02831100	组织与管理	3		02833160	货币金融学	3
02831520	会计学	3		02833540	中级财务会计	4
02832110	微观经济学	3		02833570	财务会计理论与政策	3
02832510	财务会计	3		02831540	金融建模	2
02832640	营销学	3		02832600	营销学原理	3
02833430	公司财务管理	3		02831160	行为经济学	3
02832420	金融学中的数学方法	3		02831570	固定收益证券	2
02833230	金融市场与金融机构	3		02831590	国际金融与国际财务管理	2
02834020	金融学概论	3		02832650	市场营销战略	2
02834430	财务报表分析	2		02830280	运营管理	3
02834720	概率统计	4		02830290	管理学	3
02835620	会计审计与财务管理专题	2		02831560	计量经济学应用	3
02832230	商战模拟	2		02834750	创新管理	2
02831680	金融风险与管理	2		02834800	综合商业计划书竞赛	2
02833650	市场研究	3		02834850	创业企业成长	2
02833680	生产作业管理	2		02834860	可持续创业	2
02833720	计量经济学	3		02831110	经济学	4
02834370	企业伦理	2		02831170	经济学讨论班	0
02834420	证券投资学	3		02837190	供应链管理	2
02830110	人力资源管理	3		02834890	互联网与商业模式创新	3
02830140	社会心理学	3		02834870	创业与创新实践	3
02830170	电子商务	3		02838070	从案例学习管理	3
02831610	产业分析的理论与政策	3		02834760	金融时间序列分析	2

(续表)

02838150	应用计量经济学	3	E2832231	商战模拟	2
02838160	数据分析与统计软件	2	E2833431	公司财务管理	3
02838170	会计信息与数据分析	2	E2834421	证券投资学	3
02838180	财务报表分析	2	E2834721	概率统计	4
02838200	权益证券投资	2	02838920	技术创业中价值主张与商业模式设计	2
02838190	中国金融热点问题	2	02838930	金融服务信息系统的演化与创新	2
02838280	中国社会、经济研究专题	2	02838950	社会影响力营销	2
02838310	财务分析与量化投资	2	00136970	高等多元统计分析	2
02838092	中国企业经营与管理	1	02831660	信息经济学	3
02838240	金融市场	2	02832430	金融企业会计	2
02838250	人生规划与职业发展	2	02838980	营销研究方法	3
02838300	整合营销传播	2	02839000	中国经济改革与发展	2
02838320	随机分析与应用	2	02839010	数据思维：从数据分析到商业价值	2
02838330	价值投资	2	02811820	产业经济学专题	3
02831113	商务英语（一）	2		国际关系学院	
02831114	商务英语（二）	2	02431710	亚太概论	2
02838350	渠道管理	2	02431761	国际政治思想史	3
02838360	微观经济学	3	02431910	国际关系与东亚安全	2
02838370	中国金融市场与金融机构	2	02433200	伊斯兰与世界政治	2
02838390	公司并购与重组	2	02430320	中东政治经济与外交	3
02838400	行为金融	2	02430380	世界政治中的民族问题	3
02838420	金融中的数学方法	2	02431730	世界政治中的民族问题	2
02838460	国际金融	2	02431772	西方政治思想史（下）	3
02838430	财务会计	3	02431850	中东：政治、社会与文化	2
02838440	市场数据分析	2	02433340	经典原著选读	3
02838450	新媒体营销与精准广告	2	02430112	国际社会中的发展研究	3
02838470	管理科学	3	02430411	西方国际关系理论	3
02838480	信息技术与企业战略	2	02433311	全球化与当代国际关系专题	3
02838500	组织与管理	4	02430140	中华人民共和国对外关系	3
02838490	风险管理与保险	2	02430290	东北亚政治经济与外交	3
02831101	组织与管理讨论班	0	02430891	国际战略分析	3
02838510	沃土计划	1	02430211	中国对外关系史	3
02837122	互联网时代营销新模式	2	02431240	西方外交思想概论	3
02831270	时间序列分析	3	02431890	晚清对外关系的历史与人物	2
02831661	国际金融与国际贸易	2	02431781	美国与东亚关系	3
02831666	转型与发展经济学	2	02431880	中东地区的国家关系	2
02833475	金融工程	2	02433092	社会主义思想的演变	3
02831888	社会主义政治经济学	3	02430300	东南亚政治经济与外交	3
02804020	管理学中的回归方法	2	02430331	非洲导论	3
E2832121	宏观经济学	3	02430500	世界宗教与国际社会	3

(续表)

编号	课程名称	学分	编号	课程名称	学分
02430570	台湾概论	3	02430091	国际关系史（上）	3
02431100	中美关系史	3	02431610	中国边疆问题概论	2
02431291	媒体与国际关系	3	02430620	两岸关系与一国两制	3
02431840	社会科学方法论	3	02430050	外交学	3
02431940	台湾政治概论	2	02430010	国际政治概论	3
02430240	东欧各国政治经济与外交	3	02431963	日语（一）	0
02430032	世界社会主义概论	3	02431964	日语（二）	0
02430961	中文报刊选读（一）	3	02433350	伊斯兰世界的政治发展	3
02430964	中文报刊选读（四）	3	02430159	英语写作	1
02431230	非政府外交	3	02431551	比较政治与比较文化	3
02430962	中文报刊选读（二）	3	02431400	拉丁美洲政治与外交	3
02430963	中文报刊选读（三）	3	02431120	中日关系史	3
02431171	东亚政治经济	3	02430931	国际组织与国际法	3
02432040	国际关系心理学	3	02432070	世界政治与国际战略研究	3
02433240	对外政策分析	3	02432080	国际安全理论与实践	3
02431270	冲突学概论	3	02432090	本土视野下的中国外交与国际事务	3
02431420	俄罗斯政治与外交	3	02430011	国际政治概论讨论课	0
02430280	日本政治经济与外交	3	02432100	现代官僚制度比较研究	3
02433230	非传统安全概论	3	02432110	国际安全研究	3
02430220	美国政治、经济与外交	3	02431841	社会科学方法论小班课	0
02430360	军备控制与裁军	3	02433322	中国外交新论	3
02431641	比较政治学	3	02432120	中国传统政治制度	3
02433180	民族国家概论	3	02430093	国际关系史（上）小班课	0
02430041	政治学原理	3	02432130	当代国际政治	2
02430092	国际关系史（下）	3	02432140	中国政治与公共政策	3
02431560	美国文化与社会	2	02432150	美国政治与公共政策	3
02431771	西方政治思想史（上）	3	02432170	中国改革与全球经济	2
02430020	国际政治经济学	3	02432180	泛非主义：新挑战与新机遇	3
02431600	中美经贸关系	3	02432190	非洲经济增长、环境与可持续发展	3
02433050	国际贸易政治学	3	02432161	社会科学定量方法	3
02430150	中国政治概论	3	02432201	中文报刊选读（一）	1
02430920	中亚各国政治与外交	3	02432210	民主的历史与现实	3
02431580	中国政治概论	2	02432220	国际关系分析导引	2
02432050	经济学原理	3	02432230	中国与国际组织	3
02433030	国际经济学	3	02432240	理解世界政治	3
02431920	欧洲联盟概论	3	02432202	中文报刊选读（二）	1
02431091	专业汉语（一）	3	02431684	原著译读	1
02431092	专业汉语（二）	3	02432203	中文报刊选读（三）	1
02430250	英国政治、经济与外交	3	02432204	中文报刊选读（四）	1
02431930	中苏关系及其对中国社会发展的影响	2	02431093	专业汉语（一）	1

(续表)

课程号	课程名	学分	课程号	课程名	学分
02431094	专业汉语（二）	1	06239085	中级微观经济学	3
02430412	西方国际关系理论小班讨论课	0	06239086	计量经济学	3
02432250	"一带一路"沿线政治经济与国际关系概况	2	06239088	博弈论与信息经济学	3
02432260	澳大利亚的政治经济	2	06239089	产业组织	3
国家发展研究院			06239090	城市经济学	3
06210880	高级卫生经济学	3	06239091	创业管理	3
06216790	实证策略	3	06239093	发展经济学	3
06216580	老年人口与经济分析	3	06239094	法律经济学	3
06234900	中国经济专题	2	06239095	反垄断与管制经济学	3
06235060	财务会计	3	06239096	公司金融	3
06236010	财务报表分析	3	06239097	国际金融	3
06232000	经济学原理	4	06239098	国际贸易	3
06216460	法律经济学 II	3	06239099	行为经济学	3
06216800	劳动经济学 I	3	06239100	环境经济学	3
06237020	社会经济调查理论方法与实践	4	06239101	货币银行学	3
06238090	经济增长导论	3	06239102	金融计量	3
06238080	互联网金融与大数据	2	06239103	劳动经济学	3
06239000	博弈与社会	3	06239104	社会经济调查数据分析	3
06239040	宏观经济与健康	3	06239106	投资学	3
06215091	经济学研究专题 I	1	06239107	网络营销与信息经济战略	3
06216020	经济学思想史	3	06239109	新制度经济学	3
06239073	管理学经典选读	3	06239111	战略管理学	3
06239075	新结构经济学导论	2	06239112	中国财政前沿问题	3
06239076	市场微结构模型专题	2	06239113	中国宏观经济	3
06239078	宏观理论	3	06239087	中国经济专题小班讨论课	1
06215010	高级微观经济学 I	3	06239092	低碳经济与碳金融	3
06215062	高级数理经济学	3	06239110	信息经济学	3
06216700	产业组织	3	06239114	经济学研究训练	3
06215051	高级计量经济学 1	3	06239115	公共财政学	3
06216500	发展经济学	3	06239116	国际发展前沿：理论与实务	3
06215020	高级宏观经济学 I	3	06239117	教育经济学	3
06239081	互联网金融学导论	2	06239118	金融经济学	3
06239082	中国改革专题	2	06239119	社会经济调查理论方法与实践	3
06205230	组织理论	3	06239120	经济学前沿与研究方法	2
06215052	高级计量经济学 II	3	06239121	数据分析和计量经济学编程	2
06206010	高级微观经济学 II	3	06200301	宏观经济与国际金融市场：理论与实践	2
06206020	高级宏观经济学 II	3	06215072	宏观经济专题	3
06239083	经济学社会实践	2	06215161	创新创业学	3
06239108	卫生经济学	3	06239122	随机微积分及其在量化金融的应用	3
06239084	中级宏观经济学	3	06239123	政治学概论	3

(续表)

编号	课程名称	学分	编号	课程名称	学分
06239124	中国经济	3	01034040	化学与社会	2
06239125	真实世界的经济学	3	01034310	普通化学	4
06239126	真实世界的经济学讨论课	0	01034500	生命化学基础	3
06200420	经济学田野调查	3	01034530	中级有机化学	2
化学与分子工程学院			01035080	化学信息检索	2
01034330	普通化学习题课	0	01030440	化学动力学选读	2
01034940	物理化学习题	0	01030840	物理化学（B）	4
01030200	化学实验室安全技术	1	01032690	有机化学（B）	3
01034551	中级物理化学	3	01032860	无机化学实验	2
01034600	立体化学	2	01034640	应用化学基础	2
01034800	多晶X射线衍射	2	01034650	生化分析	2
01035040	综合化学实验	2	01035010	中级有机化学实验	1.5
01034980	生物物理化学	2	01032710	有机化学实验（B）	2.5
01032390	材料物理	2	01032711	有机化学实验（B）	2
01033090	今日新材料	2	01030120	结构化学	4
01034390	仪器分析	2	01030810	有机化学（B）	4
01034400	仪器分析实验	2	01031100	今日化学	1
01034910	分析化学实验（B）	2	01032630	物理化学（B）	3
01034960	理论与计算化学	3	01032720	物理化学实验（B）	2
01035001	有机化学实验（Ⅰ）	0	01034321	普通化学实验	2.5
01035020	物理化学实验	3.5	01034371	有机化学（一）	3
01034030	魅力化学	2	01034373	有机化学（二）	2
01034580	色谱分析	2	01034780	胶体化学	2
01034630	环境化学	2	01032580	催化化学	2
01034480	化工实验	1	01033100	功能化学	2
01034520	中级分析化学实验	1	01032530	高分子物理	2
01034680	波谱分析	2	01034590	电分析化学研究方法	2
01034720	辐射化学与工艺	2	01034610	中级分析化学	2
01034900	分析化学（B）	2	01035030	中级物理化学实验	1.5
01034450	化工基础	2	01035100	表面物理化学	2
01034460	高分子化学	2	01035140	无机化学	4
01034490	材料化学	3	01035150	中级无机化学	2
01034670	放射化学	2	01035160	无机化学讨论班	0
01034710	界面化学	2	01035170	结构化学讨论班	0
01034970	计算机在化学化工中的应用	2	01035190	定量分析化学实验	2
01034990	化学开发基础	2	01035180	定量分析化学	2
01035110	高等电化学	2	01033010	物理有机化学	2
01034880	普通化学（B）	4	01035200	物理化学（一）	3
01034920	普通化学实验（B）	2	01035210	物理化学（二）	3
01035002	有机化学实验（Ⅰ+Ⅱ）	3.5	01035240	化学中的数学	4

(续表)

01014090	群论与化学	2		12733140	企业环境管理	2
01034375	有机化学习题课	0		12734030	水处理工程（下）	2
01034060	大学化学	2		12735060	环境工程概预算与经济分析	2
01035250	化工制图	2		12735130	环境质量评价	2
01035260	化学中的数学	2		12735140	环境系统分析	2
01035270	数学串珠与分子几何	1		12735170	环境遥感基础	2
环境科学与工程学院				12734080	固体废物处置与资源化基础	3
12730020	变化中的地球	2		12733070	英文科学论文写作	2
12733120	水环境学基础	2		12739040	环境综合实习（一）	1
12735030	土壤与地下水	2		12730070	中国能源与环境挑战	2
12733010	环境化学	3		12730080	中国环境问题与环境政策	2
12733020	环境化学实验	3		12732070	环境监测实验	3
12733080	环境科学与工程文献选读	2		12739060	环境综合实习（二）	1
12734020	水处理工程（上）	2		12735070	环境矿物学导论	2
12735090	物理性污染控制	2		12739080	绿色未来的技术理念	2
12735120	工业微生物学	2		12730090	面向可持续未来：中国环境挑战、环境治理与政策	2
12734050	环境工程实验（一）	1.5				
12732040	环境监测	3		12733090	环境微生物实验	3
12734010	工程制图	3		12732160	环境研究方法	3
12735010	化工原理	2		12733150	空气污染基础	2
12731030	环境科学导论	2		12735192	环境经济学	2
12732080	环境工程学二	2		12733160	室内空气污染	2
12731010	人类生存发展与环境保护	2		12733180	大气气溶胶测量技术与实验	3
12734070	环境工程设计基础	3		12730011	环境科学与工程专题	1
12732050	环境经济学	3		12733170	化学品环境风险评估与风险管理	2
12733060	气象学基础	2		12732170	环境决策案例分析	3
12734060	环境工程实验（二）	1.5		12739100	大气污染：问题与挑战	2
12735100	污染生态工程	2		12730100	生态文明概论	2
12735180	环境信息系统	2		12733200	环境测量数据分析与可视化	2
12732020	环境管理学	4		12730120	可持续校园实践	2
12730030	环境问题	3		12735040	固相环境生物技术	2
12733040	环境微生物学	3		建筑与景观设计学院		
12731020	全球环境问题	2		19530002	景观美学	2
12731050	环境材料导论	2		教务部		
12731060	环境伦理概论	2		30330031	教师指导下的独立研究	2
12732010	环境科学	4		30330032	教师指导下的独立研究	3
12732060	环境规划学	2		30330033	教师指导下的独立研究	4
12732150	环境工程学（一）	2		30330034	教师指导下的独立研究	5
12733030	环境法	2		30330035	教师指导下的独立研究	6
12733050	环境与发展	2		30330036	教师指导下的独立研究	1

(续表)

30330041	教师指导下的小组研究	2	30340088	中美创业与风投导论	2
30330042	教师指导下的小组研究	3	30340089	中国的法律与政治	2
30330043	教师指导下的小组研究	4	教育学院		
30330044	教师指导下的小组研究	5	06730070	生活教育——成功人生的基础	2
30330045	教师指导下的小组研究	6	06730090	数字化学习与生存	2
30330046	教师指导下的小组研究	1	06730091	大学生发展综合素养	2
30340009	中国民俗与文化	2	06733010	媒介与教育演变	2
30340025	中国经济导论	2	06734020	国际组织理论与实务	3
30340028	转型时期的中国公共政策	2	06734010	大学生自我发展	2
30340032	1949年以来的中国	2	06733020	游戏化创新思维	2
30340033	镜中观花——中国人的价值观	2	06732010	影像中的教育世界	3
30340035	中国因素：应对中国的全球挑战	2	06733030	教育与人工智能	2
30330500	ACM/ICPC 竞赛训练	2	06734030	大学经历与学生发展	2
30340045	中国地方政府与政治	2	06734040	当代中国考试招生制度改革	2
30340046	丝绸之路——文化与物质交流史	2	06732030	教育实践与教育创新	2
30340048	中国传统认同与其现代变迁	2	06733040	慕课教学论	2
30340015	比较哲学：中国和西方	2	06733050	人力资源开发基础	2
30340052	中国传统健身、饮食与养生	2	06732040	经济学视角下的教育世界	2
30340053	中国的宪法和政治体系	2	06731020	中国教育及其文化基础	2
30340055	中国经济专题	2	06734070	中华人民共和国教育问题史	2
30340058	当代中国的社会问题与政策应对	2	经济学院		
30340059	中国古典诗词	2	02530061	微观经济学"习题课"	0
30340060	国际人力资源管理：东方、西方和新兴市场	2	02530071	宏观经济学"习题课"	0
30340062	从历史视角看当代中国女性、体育和社会	2	02530620	国际投资学	3
30340063	中国政治经济导论	2	02532210	欧盟经济	2
30340065	丝绸之路：一种全球史	3	02532260	信息经济学	3
30340067	新中国：哲学与政治	2	02532730	劳动经济学	2
30340074	中国知识产权法律与政策	2	02533080	随机过程	3
30340075	文化、行为与大脑	2	02533370	环境资源经济学	3
30340076	中国现当代小说与电影	2	02533440	营销学	2
30340077	人文主义与中国城市化	2	02533650	环境核算与环境会计	2
30340078	影像与记忆	2	02533700	动态优化理论	3
30340079	中国音乐美学与跨文化研究	2	02533720	数理经济学	2
30340081	中国、美国和欧洲的文化、思想与观念	2	02533730	中国经济导论	2
30340082	"中国崛起"专题研讨课	3	02533750	金融风险管理	2
30340083	理解中国对外政策	2	02533830	商业银行管理	2
30340084	法律视角下的中欧贸易	2	02533850	农业经济学	3
30340085	中国文化与中阿交流	2	02533940	社会企业家精神培养实验	2
30340086	中国传统表演艺术	2	02533950	信托与租赁	2
30340087	从量化数据库理解1700—2000年的中国	2	02534010	国际营销学	2

(续表)

课程代码	课程名称	学分	课程代码	课程名称	学分
02534130	跨国公司管理	2	02533430	俄罗斯经济	2
02534440	国际金融实证研究	3	02534100	国际宏观经济学	2
02534690	人力资本与经济发展	3	02530460	财产与责任保险	3
02534700	合作经济理论	2	02532340	中国经济史	2
02534720	发展经济学专题	2	02532390	保险会计	3
02534760	比较税收学	2	02532590	中华人民共和国经济史	2
02534830	人口健康经济学	3	02534740	中级财务会计	3
02535000	中国公共财政前沿	2	02534870	金融工程软件编程	2
02533490	世界经济史	2	02532440	国际金融组织	2
02533990	韩国经济	2	02533840	国际税收	2
02534550	东亚经济	2	02534520	财政学	3
02532240	金融经济学导论	3	02535030	企业全面风险管理	2
02534290	保险投资管理	2	02530480	国际经济学	3
02530400	保险法	2	02533550	日本经济	2
02534820	保险学原理	3	02530070	宏观经济学	3
02534280	卫生经济学	2	02530100	国际金融	3
02534410	个人理财	2	02530150	发展经济学	3
02534960	保险经济学导论	2	02533180	政治经济学（上）	3
02532410	商业银行管理	3	02533570	公司金融	3
02533460	中国金融体制改革	2	02533710	会计学原理	3
02534380	应用经济计量	2	02534660	行为金融学导论	2
02534670	企业风险管理	2	02535020	证券投资学	3
02530090	国际贸易	3	02532180	投资银行学	3
02533930	国际贸易实务	2	02534060	货币银行学	3
02533690	应用时间序列分析	3	02534620	金融监管学	2
02533790	投资基金概论	2	02534940	投资理财	3
02534260	地方财政	2	02530160	外国经济史	2
02534750	公共选择理论	3	02534090	专业英语	2
02535060	经济发展专题	2	02530051	统计学	3
02532420	金融工程概论	3	02534310	财政学研究方法	2
02533390	福利经济学	2	02533320	固定收益证券	3
02534650	金融衍生品	2	02534430	经济增长理论	3
02531080	社会保险	2	02534710	激励理论与经济发展	3
02533420	中国环境概论	3	02530340	投资学	3
02534000	生态经济学	3	02534200	风险管理学	3
02534420	个人财务管理	2	02530220	房地产经济学	2
02534970	成本效益分析	2	02532510	公债管理	2
02533160	经济学原理（Ⅰ）	3	02534270	经济地理学	2
02533170	经济学原理（Ⅱ）	3	02534470	土地经济学	3
02530500	世界经济专题	4	02534500	公共经济学	3

(续表)

02534780	区域经济学	3		02535200	国际保险理论与实践	3
02535080	宏观经济学	4		02534590	经济全球化	2
02535090	微观经济学	4		02535210	环境资源经济学工程概论	2
02535100	财务管理	3		02535220	量化历史研究	4
02535110	经济学前沿问题研究	2		02535230	创业战略与营销	2
02535120	计量经济学	4		02534630	货币经济学	2
02535130	经济学原理	4		02535240	中国经济史	3
02533340	中国经济思想史	3		02535260	经济学思维训练	1
02533350	外国经济思想史	3		02533290	保险公司运作与管理	2
02530060	微观经济学	3		02535270	人类行动学原理（经济学部分）	3
02532500	公共选择理论	2		02535300	当代中国商业与社会：制度经济学的视角	2
02533250	公共经济学	2		02535280	权益估值与财务分析	3
02533280	经济学方法论	2		02535290	量化历史研究	2
02533530	预算经济学	2		02532600	经济学原理	3
02534300	现代金融理论简史	2		02534640	财务报表分析	2
02533190	政治经济学（下）	3		02535310	金融市场与机构实务	3
02533600	产业组织理论	3		02535320	应用时间序列分析	2
02534880	社会实践	1		02535330	公共经济学实证研究	2
02533640	中国保险市场专题研究	2		02535340	财经素养教育	2
02530140	计量经济学	3			考古文博学院	
02532220	金融市场学	3		02231080	考古学导论	2
02532250	数理经济学	3		02240290	田野考古实习	12
02532630	美国经济	3		02232210	考古学通论	4
02533670	农村金融学	2		02230310	定量考古学	2
02533980	美国经济	2		02230570	冶金考古	2
02534490	中国商业管理思想	2		02230840	不可移动文物保护	2
02535150	风险管理与保险	2		02232103	中国考古学（中一）	2
02535160	网络经济学	3		02232105	中国考古学（下一）	2
02535170	中国对外经贸概论	2		02240011	中国建筑史（上）	3
02534570	中国对外经贸战略	2		02240012	中国建筑史（下）	3
02534540	微观计量方法	2		02231310	世界遗产概论	2
02533161	经济学原理（Ⅰ）讨论课	0		02230440	丝绸之路考古	2
02534560	世界经济与中国	2		02230820	有机质文物保护与实验	4
02535180	美国经济史	2		02231150	中国传统建筑构造	4
02534950	风险管理模型与应用	2		02231170	中国古代物质文化史	2
02535040	亚洲经济发展的理论与实践	2		02231180	古罗马考古与艺术通论	2
02534330	金融伦理学	2		02231240	文物研究与鉴定	2
02532570	电子商务	3		02232230	地中海考古	2
02533171	经济学原理（Ⅱ）讨论课	0		02233040	文化遗产踏查与测绘实习	8
02535190	全球投资策略与实践	2		02240140	文化遗产保护实践	2

（续表）

02240250	文化遗产管理	2		02230461	世界史前考古	2
02240260	博物馆藏品管理	2		02230471	科技考古	3
02240340	中国考古发现与探索	2		02230961	田野考古技术专题	3
02232104	中国考古学（中二）	2		02232290	考古学与社会记忆	2
02232106	中国考古学（下二）	2		02232300	考古学与古史重建	2
02240350	殷周金文通论	2		02233100	中国近代建筑的西方源流：结构、风格、功能和意义	3
02240370	古文字学通论	2		02230491	战国文字通论	3
02240410	文物分析技术	2		02230010	感悟考古	2
02230430	中国古代陶瓷	2		02230991	文物保护材料学	3
02230120	田野考古学概论	2		02231280	文物鉴赏	2
02230730	文物法规与行政管理	1		02234010	文物显微形态学分析	2
02231040	博物馆学概论	2		02230462	动物与人类社会：考古学的视野	2
02231060	博物馆陈列内容设计	2		02230472	化学分析在考古学中应用及相关数据处理	2
02232102	中国考古学（上二）	2		02230412	佛教艺术和考古：南亚与中国	3
02233030	现代建筑构造与结构选型	2		02234030	世界考古文献研读	2
02233050	文化遗产保护规划设计理论与方法	3		02230680	中国西南地区考古	2
02230830	无机质文物保护与实验	4		02234040	世界考古学（上）	2
02231190	文物保护专业实习	3		02230281	植物考古	3
02231050	设计初步	2		02230251	人体骨骼学	3
02231070	博物馆陈列形式设计	3		02234050	世界考古学（下）	2
02230370	中国古代青铜器	2		02234060	西亚暨两河流域史前考古	2
02231100	建筑设计（一）	3		02230261	动物考古	3
02231110	建筑设计（二）	3		02230413	佛教考古导论	3
02231120	建筑设计（三）	3			历史学系	
02231130	建筑设计（四）	3		02112061	近代中俄关系史研究	3
02231090	建筑初步	3		02114071	法语与法国历史文化	2
02231140	计算机建筑制图	2		02114072	法语与法国历史文化（二）	2
02233010	美术素描基础	4		02114351	日本古代史（二）	2
02233020	美术色彩基础	4		02114542	基础韩国语（2）	3
02232200	美术考古	2		02115650	研究生现代希腊语（1）	3
02232220	文化遗产学概论	2		02115651	研究生现代希腊语（2）	3
02240060	传统建筑概预算	2		02130030	中国现代史	2
02232260	古代民族考古	2		02130040	中华人民共和国史	2
02231270	博物馆实习	2		02130050	世界上古史	3
02232270	埋藏学	2		02130060	世界中古史	3
02232111	中国考古学（上一）	3		02130080	世界现代史	3
02232280	体质人类学	2		02130090	当代世界史	3
02230411	中国石窟寺	2		02130150	考古学通论	3
02230562	学年论文	1		02130230	中国近代经济史	2
02231021	中国文物建筑导论	2				

(续表)

02130670	印度史专题	2		02133103	基督教拉丁语（3）	2
02130750	中国通史（近代部分）	2		02133601	外文历史文选阅读指导	2
02130762	世界通史（下）	3		02133670	外文历史文献选读	2
02130800	中国书法（技法与理论）	2		02133681	外文历史史料选读（上）	2
02130890	中国现代社会经济史	2		02133682	外文历史史料选读（下）	2
02131140	中国近代疆域变迁史	2		02139080	罗马史	2
02131240	资本主义史	2		02111600	简帛文献与学术史	2
02131450	当代印度史	2		02112821	《汉书》研读	2
02131570	中国近代社会史	2		02130101	中国历史文选（上）	4
02131821	现代希腊语入门和辅导（1）	2		02130102	中国历史文选（下）	4
02131822	现代希腊语入门和辅导（2）	2		02132340	魏晋南北朝史专题	2
02131831	现代希腊语精读（1）	3		02132170	中国古代官阶制度	2
02131832	现代希腊语精读（2）	3		02130180	中国古代政治文化	2
02131833	现代希腊语精读（3）	3		02131310	中国传统官僚政治制度	2
02132060	国别史专题	2		02104770	社会史田野方法	2
02132071	欧美近代史	3		02131230	二十世纪世界史	2
02132072	亚非拉近代史	3		02132150	社会史研究导论	2
02132240	中国古代法制史	2		02132200	古代中外文化交流史	2
02132260	民国时期大学文史学科发展史	2		02132350	隋唐史专题	2
02132621	20世纪德国史·上	2		02132730	印度文明史	2
02132740	中国通史（古代部分）	3		02133000	中国边疆地区史	2
02132760	影像中的非洲历史与文化	2		02131460	拉美国家现代化进程研究	2
02132820	中国历史重要问题评析	2		02133400	巴西历史与文明	2
02133030	学年论文	2		02130012	中国古代史（下）	4
02133410	美国黑人史	2		02130252	中国现代对外关系史	2
02133440	美国对外关系史	2		02130310	中国妇女历史与传统文化	2
02133710	英文写作指导	2		02131160	二十世纪中外关系史	2
02138210	文史知识专题	2		02131340	近现代中日关系史	2
02138850	中国现代社会史	2		02131370	中国现代史专题	2
02139030	海外中国学	2		02131680	台湾百年史	2
02139370	俄国史专题	2		02132030	中国现代史	4
02113122	研究生拉丁语（3）	3		02132370	蒙元史专题	2
02132050	大国崛起	2		02132430	中国国民党史	2
02132302	中国经学史（二）	2		02135010	中国古代史	4
02132510	近现代中俄关系史	2		02138970	中国古代妇女史专题	2
02131773	现代希腊语（3）	2		02130620	德国史专题	2
02132090	外文原版教材阅读指导	3		02130761	世界通史（上）	3
02133050	西方基督教遗产	2		02131350	中国古代史专题	2
02133080	罗马帝国史	2		02131810	伊斯兰教与现代世界	2
02133102	基督教拉丁语（2）	2		02132040	中国历史文化导论	4

(续表)

编号	课程	学分	编号	课程	学分
02132160	中国历史地理概论	3	02132110	社会调查与史学研究	2
02132230	版本目录学概论	2	02132320	先秦史专题	2
02132560	土耳其历史、语言与文化概论	2	02130601	美国史	2
02132570	民族主义与世界历史	2	02131430	美国史通论	2
02132750	中国通史（古代部分）	2	02132861	《左传》选读	2
02130011	中国古代史（上）	4	02133420	20世纪美国知识分子	2
02131110	中国古代政治与文化	2	02133430	美国大学史文献选读	2
02131400	埃及学专题	2	02133700	英文历史学文献翻译	3
02131730	世界古代史文献导读	2	02130430	中华民国史专题	2
02131760	非洲历史与文化	2	02131440	西方文化通论	2
02132301	中国经学史（一）	2	02132612	魏玛德国史	2
02132530	古代中外关系史	2	02132620	纳粹德国史	2
02133610	古代东方文明	2	02132700	近现代中韩关系史	2
02139190	非洲史	2	02132940	20世纪欧洲史	2
02130110	史学概论	3	02139410	意大利历史专题	2
02130120	中国史学史	3	02130610	英国史专题	2
02132190	中国古代经济史专题	2	02133692	外文历史名著选读（下）	2
02132310	战国秦汉法制史	2	02111130	宋辽金史研究	3
02132330	秦汉史专题	2	02130680	东南亚史	2
02138900	简牍学概论	2	02130730	华侨华人史	2
02132140	中国古代北方民族文化史专题	2	02131101	拉丁文基础（1）	2
02132210	蒙古古代史	2	02131102	拉丁文基础（2）	2
02131260	人类发展与环境变迁	2	02131103	拉丁文基础（3）	2
02131330	敦煌学导论	2	02132120	中外史学比较	2
02131660	中国民族史名著导读	2	02138540	中古西欧政治	2
02132220	中国古代民族史	2	02100020	中世纪欧洲社会与政治：文献和研究	2
02132520	现代国际政治史	2	02131080	18—19世纪欧洲	2
02132660	日本文化史	2	02131410	中世纪西欧社会史	2
02133650	美洲史	2	02133630	中世纪欧洲史	2
02133660	亚洲史	2	02138550	中世西欧经济与社会	2
02138840	中国近代思想史	2	02130020	中国近代史	4
02139160	欧洲一体化研究	2	02130690	韩国史专题	2
02131991	基础意大利语（1）	5	02131480	战后东亚政治发展	2
02131992	基础意大利语（2）	5	02131490	日本及日本人论	2
02132690	韩国历史与文化	2	02131610	中国古代社会生活史专题	2
02130290	中华人民共和国史专题	2	02132250	中国近代政治与外交	2
02131130	冷战与中国	2	02132360	宋辽金史专题	2
02131320	二战以来影视中的两岸关系	2	02132680	韩国史通论	2
02131380	中国政治史专题	2	02138360	宋史专题	2
02131800	东北亚史	2	02139390	日本史专题	2

(续表)

02104790	唐宋元中国与中世纪欧洲	2		02132500	日本古代史	2
02130720	宗教改革史	2		02132460	中国古代史练习	2
02131050	基督教文明史	2		02132470	中国近现代史练习	2
02131220	欧洲文艺复兴	2		02132490	世界近现代史练习	2
02131250	西方文明史导论	2		02101690	研究生拉丁语（五）	2
02133691	外文历史名著选读（上）	2		02132290	社会历史调查	1
02132380	明史专题	2		02112521	《四库全书总目》研读	3
02138980	中国区域历史地理——地缘政治、区域经济与文化	2		02104520	美国内战与重建	2
02113120	拉丁语阅读（1）	4		02131261	东亚环境史	2
02113241	研究生古希腊语（上）	3		02132420	文物艺术品收藏与鉴赏	2
02113242	研究生古希腊语（下）	3		02132631	法国大革命与拿破仑	2
02133070	希罗多德研读	2		02133750	现代希腊史	2
02133620	古希腊罗马史	2		02131980	西方史学理论原著导读	2
02132400	明清史研习入门	2		02131390	考古发现与历史研究	2
02130130	外国史学史	3		02135120	世界现代史	2
02130490	世界现代化进程	2		02132450	古文字与古史研究	2
02133640	欧洲史	2		02132440	中国古代日常生活史	2
02131772	现代希腊语（2）	2		02132580	欧洲一体化思想史	2
02132410	明清史料解读	2		02133060	古典学导论	2
02133101	基督教拉丁语（1）	2		02132720	艺术史概论	3
02133540	明清史专题	2		02131360	中国近代史专题	2
02138870	明清经济与社会	2		02132710	艺术史	2
02138880	明清地方行政与基层社会	2		02132091	外国历史文选（上）	3
02131270	欧洲启蒙运动	2		02132270	文书研习实践	2
02132080	世界史通论	3		02133760	现代希腊电影与历史	2
02132390	清史专题	2		02133120	古希腊罗马政治思想史	2
02132630	法国史	2		02132092	外国历史文选（下）	3
02113271	古希腊语阅读（1）	2		02130930	历史学家与社会学	2
02113272	古希腊语阅读（2）	2		02132280	中国对外经济关系史	2
02139070	古代希腊史	2		02180030	近代中国的多维叙述	4
02132830	秦汉魏晋南北朝政治历程	2		02133111	基础拉丁语（1）	4
02131290	西方历史哲学	2		02113210	古埃及象形文字（一）	3
02131970	西方当代历史学流派	2		02130741	中国古代史（上）	2
02113121	拉丁语阅读（2）	4		02132351	唐诗与唐史	2
02130650	苏联东欧史专题	2		02132670	日本思想史	2
02132130	西方史学史专题	2		02132640	文艺复兴经典名著选读	2
02115661	研究生拉丁语（四）	3		02113123	拉丁语阅读（3）	2
02132480	世界古代史练习	2		02113124	拉丁语阅读（4）	2
02101670	东亚共同体的历史实践与理论构想	2		02100100	拉丁文书学	2
				02132840	中国科举史	2

（续表）

02133112	基础拉丁语（2）	4
02132590	中欧关系史	3
02130742	中国古代史（下）	2
02113211	古埃及象形文字（二）	3
02101448	中世纪研究概论	2
02133241	基础古希腊语（1）	3
02133140	古希腊思想（1）	2
02133130	古希腊罗马历史经典	2
02131620	元明清史料笔记选读	2
02132081	世界史通论	4
02132291	社会历史调查	2
02133020	史学新生导学	2
02133251	新约希腊语（上）	2
02133150	古希腊经典文本	3
02133242	基础古希腊语（2）	3
02133300	帝国、封建制和现代国家——中法历史学者对话	2
02133390	中国与拉丁美洲关系史	2
02133252	新约希腊语（下）	2
02132100	历史论文写作	2
02101672	古埃及语言文字与文化	3
02139280	拜占庭帝国史	2
02101733	古典叙利亚语入门	2
02104615	古埃及艺术与建筑	2
02132650	苏联史专题	2
02132600	全球史视野下的丝绸之路	2
02139320	冷战史专题	2
02131580	中美关系史	2
02130910	晚清史专题	2
	马克思主义学院	
04031660	中国近现代史纲要	2
04031750	形势与政策	1
04031650	思想道德修养与法律基础	2
04031740	马克思主义基本原理概论	3
04031682	马克思主义基本原理概论（下）	2
04031700	《周易》精读	2
04031730	毛泽东思想和中国特色社会主义理论体系概论	4
04039999	中国方案：世界发展大势与国家外交战略	2
	人口研究所	
06830001	社会科学应用统计学原理	2

06830002	社会科学研究设计和研究方法	2
06830003	银发时代：老龄体验与行动	2
	软件与微电子学院	
01733120	经济学基础	3
01733130	数据分析工具实践	2
01733140	金融信息系统	3
01733150	金融风险管理	3
01733160	金融运营管理	3
01731010	英语	4
01731030	计算机组织与系统结构	4
01731031	计算机组织与系统结构	3
01731060	操作系统原理（Linux）	4
01732020	软件工程	4
01732040	JAVA 程序设计	4
01732041	JAVA 程序设计	3
01733020	软件测试技术	4
01735010	毕业实习	16
01735011	毕业论文	6
01736010	素质教育与前沿技术	4
01731020	离散数学及其应用	4
01731021	离散数学及其应用	3
01731040	C++ 程序设计	4
01731041	C++ 程序设计	3
01731050	数据结构	4
01732010	数据库及应用	4
01732011	数据库及应用	3
01732050	面向对象分析与设计	4
01732051	面向对象分析与设计	3
01733100	计算机图形学基础	4
01733110	信息安全基础	4
01732030	计算机网络及应用	4
01731070	电子服务概论	4
01731071	电子服务概论	5
01732060	编译技术	4
01732061	编译技术	3
01732070	软件质量工程与最佳实践	4
01732080	软件测试技术	5
01732090	软件工程过程与管理	4
01732091	软件工程过程与管理	5
01732100	项目管理	5

(续表)

01732110	Web Services 技术	4		03130480	社会行政	3
01733010	人机交互与界面设计	4		03130560	组织社会学	2
01733030	信息安全（Ⅰ）	4		03130640	经济社会学	2
01733051	软件开发案例分析	5		03130670	专业英语	2
01733070	计算机语言认证课程——XML及其相关技术	4		03130710	越轨与犯罪社会学	2
01733080	开发工具认证课程	4		03131010	社会学专题讲座	2
01733090	Internet 高级程序设计	4		03131210	实习	2
01734031	软件营销管理实务	3		03131230	社会工作实习	4
01731090	综合训练	6		03131290	医学社会学	2
01733170	Hadoop 平台实践	4		03131350	影视文本和社会工作	2
01733180	互联网金融专题	4		03131350	影视文本和社会工作	2
01733190	计算机科学基础C	4		03131390	中国社会福利	2
01734040	宏观经济学	4		03131410	自杀社会问题研究	2
01734050	微观经济学	4		03131520	马列经典著作选读	2
01734060	计量经济学	4		03131530	人口社会学	2
01734070	数据分析基础	4		03131540	实习	0
01734090	计算机辅助翻译技术	4		03131650	人口统计学	2
01734100	英汉翻译实践	4		03131700	政治人类学	2
01734110	技术英语写作及实践	4		03131740	中国社会学史	2
01734120	翻译技术原理及实践	4		03131750	批判的教育社会学	2
01734140	汉英翻译实践	4		03131760	人口资源环境社会学	2
01734150	新媒体传播技术及应用	4		03130840	劳动社会学	2
01731011	C编程技能训练	4		03131160	社会学导论	2
01731012	嵌入式系统概论	4		03131260	数据分析技术	2
01734160	嵌入式软件开发技术与工具	4		03130660	发展社会学	2
01734170	嵌入式系统设计	4		03130120	社会统计学	4
01734080	数据分析工具实践	4		03131500	社会调查与研究方法	4
01734180	信息出版新技术	4		03130460	社会保障	3
01734190	软件需求工程	4		03130820	民族志研究方法	2
01731014	高级英语	4		03130790	贫困与发展	2
01736021	动漫欣赏与实践	3		03131220	社区工作	3
01734200	企业理财与融资实务	4		03130470	社会政策	2
	社会学系			03131840	人群与网络	3
03130010	社会学概论	4		03130020	国外社会学学说（下）	2
03130130	社会统计与数据分析	4		03130700	历史社会学	2
03130270	社会老年学	2		03100130	国外社会学学说（上）	2
03130280	社会性别研究	2		03130340	宗教社会学	2
03130400	教育社会学思考	2		03130590	中国社会	2
03130420	个案工作	3		03130880	西方社会思想史	3
03130430	群体工作	3		03131360	民族与社会	2

（续表）

课程号	课程名	学分	课程号	课程名	学分
03130050	中国社会思想史	2	01131080	动物生物学	3
03130190	城市社会学	2	01131150	发育生物学	2
03130250	农村社会学	2	01131170	发育生物学实验	1
03130150	社会人类学	3	01139000	神经生物学	2
03130210	社会心理学	4	01139300	动物组织与胚胎学及实验	2
03130940	人类学导论	2	01139330	现代生物技术导论	2
03131190	社会工作概论	4	01139360	基础分子生物学实验	1
03131570	社会分层与社会流动	2	01139410	结构生物学	2
03131870	公民社会与非营利组织	2	01139430	动物组织与胚胎学及实验	2
03131890	大学生性格优势团体辅导	2	01139490	文献强化阅读与学术报告（1）	3
03131900	社会博弈论	2	01139491	文献强化阅读与学术报告（2）	3
03131880	社会学英文原著精读	2	01139510	生理学	2
03131910	中国社会思想研究专题	3	01139570	植物特有生命现象导论实验	1
03131571	中国画与中国社会	2	01139580	发育生物学	3
03131572	对中国边疆社会的社会学研究	2	01139700	癌发生的分子和细胞学机制	2
03132120	中国社会：结构与变迁	2	01139720	感染与人类疾病专题讨论	1.5
03132110	论证性论文写作	1	01139740	生物物理前沿讲座	2
03132550	社会调查实践	4	01139750	真核细胞DNA复制和checkpoint控制	2
03139110	死亡的社会学思考	2	01139770	暑期科研实践	2
03133190	中国的民族与边疆问题专题研究	2	01139920	免疫学	3
03139130	现代西方社会思想	2	01130760	生物统计学	3
03130903	社会研究：经典与方法	2	01139760	事业与人生	2
03111400	支配与社会：马克斯·韦伯的《经济与社会》	2	01130130	免疫学	2
03130904	弗洛伊德与精神分析	2	01139350	普通生物学（B）	2
03131131	家庭社会学	4	01130889	生物摄影及实践	2
03130321	中国社会史	2	01139380	普通生物学（A）	3
03136120	不平等、社会制度和社会变迁	2	01139730	生物数学建模	2
	生命科学学院		01130050	生物化学实验	2.5
01130110	蛋白质化学	2	01139600	微生物学	2
01130150	细胞生物学	3	01139470	生物信息学方法	2
01130160	细胞生物学实验	1	01130060	微生物学	3
01130200	遗传学	3	01130850	算法与数据结构及上机	3
01130370	生理学	3	01131060	植物生物学实验	1.5
01130840	计算概论及上机	3	01130030	基础分子生物学	3
01130860	生物技术制药基础	3	01130930	普通生态学	2
01130870	人类的性、生育与健康	1	01130871	人类的性、生育与健康	2
01130910	生物学野外实习	1	01139441	脊椎动物比较解剖学及实验	2
01130960	保护生物学	2	01139630	生物化学	4
01131040	植物生物学	3	01130780	生物进化论	2
01131050	动物生物学实验	1.5	01139001	药理学基础	2

（续表）

01137010	高级神经生物学	4	01131180	植物发育及分子生物学	2
18210220	线粒体生物医学	2	01133160	光合作用与物质循环	2
01139732	生物数学建模	3	01132660	舌尖上的植物学	2
01139780	系统生物学选讲	4	01132670	对生命现象的系统论解读	2
01133030	生物荧光成像	2	01132680	基于深度测序的人类遗传学	2
01133040	实验病理学	2	01132690	保护生物地理学	2
01133050	分子病毒学	2	01133180	生物技术实验	1
01133080	行为生态学	2	01131460	蛋白质晶体学	3
01133090	核酸生物学	2	01133170	科研优化设计与数据统计分析	2
01137011	高级神经生物学讨论课	2	01133190	抗体技术及其应用	2
01139632	生物化学实验	2	01133021	微生物学基础实验Ⅰ	2
01137020	人类遗传学：连锁分析	1.5	01133022	微生物学基础实验Ⅱ	1
01130311	普通生物学实验	2	01133024	果蝇遗传学实验	2
01139500	生理学实验	1.5	01133025	植物多样性及其演化	2
01133100	生命科学前沿文献讨论	2	01133026	生态学实验	1.5
01133951	分子医学高级教程	3	01133027	生物统计学的理论和应用	2
01139701	分子进化暑期课	2	01133029	组学数据分析及其应用	2
01131161	生物学概念与途径	2	01133032	植物形态建成	2
01133120	分子生态学	2	01133033	现代生命科学基础实验	4.5
01133130	心脏发育与再生医学	2	01133034	鸟类生态与保护	2
01133140	人类疾病与遗传	2	01132473	博雅班讨论班：批判性思维（三）	2
01134101	生命科学前沿文献阅读讨论（1）	2	01131560	生物标本制作与艺术	1
01134102	生命科学前沿文献阅读讨论（2）	2	01134130	高级遗传学实验	1.5
01134103	生命科学前沿文献阅读讨论（3）	2	01134110	生态学野外实践	2
01134104	生命科学前沿文献阅读讨论（4）	2	01134140	生物学综合野外实习	2
01134105	生命科学前沿文献阅读讨论（5）	2	01133035	动物种群生态学	2
01134106	生命科学前沿文献阅读讨论（6）	2	01133036	生命的逻辑	2
01134107	生命科学前沿文献阅读讨论（7）	2	01132022	遗传学讨论	2
01131413	细胞培养实验课	1	01133037	基因组学数据分析	2
01131430	高级植物分子生物学实验技术	1.5	01132632	生物化学讨论课	2
01132640	高级细胞生物学	3	01133038	植物信号转导	2
01133150	心血管生物学	2	01133039	植物与环境	2
01131420	生物大分子的相互作用实验	1	01133041	表观遗传学基础——从染色质到人类疾病	2
01131440	发酵工程实验	1	01133042	干细胞与再生医学概论	2
01131450	生物技术实验	1	01130881	近代分子生物学史话	2
01131414	细胞的基因编辑技术	1.5	01132661	分子生物学实验室科研技能	2
01132650	细胞中的物理	3	01130872	生命科学原理与前沿	2
01133063	博雅班讨论班：批判性思维（一）	2	01130451	孤独症谱系障碍——医学前沿及研究进展	2
01133064	博雅班讨论班：批判性思维（二）	2	01132663	基因组生物学技术	3
01137021	人类遗传学：连锁分析及疾病遗传学	2	01132662	蛋白质的翻译后修饰及其调控功能	2

(续表)

数学科学学院					
00110060	算法设计与分析	3	00112610	同调代数	3
00112890	生物医学成像的数学方法	3	00113070	差分方法 II	3
00113730	现代统计计算	3	00131280	证券投资学	3
00131421	高等数学 C（一）	4	00132301	数学分析（I）	5
00131422	高等数学 C（二）	4	00132302	数学分析（II）	5
00132380	概率统计（B）	3	00132304	数学分析（III）	4
00133050	应用多元统计分析	3	00132311	数学分析（I）习题	0
00135290	集合论与图论	3	00132312	数学分析（II）习题	0
00135450	抽象代数	3	00132313	数学分析（III）习题	0
00136700	普通统计学	3	00135590	计算机图像处理	3
00110710	试验设计	3	00136850	实变函数与泛函分析	4
00133020	抽样调查	3	00110050	模式识别	3
00136310	抽样调查	5	00110150	交换代数	3
00112780	应用偏微分方程	3	00110170	代数数论	3
00110000	黎曼几何引论	3	00110620	生存分析与可靠性	3
00112650	随机过程论	3	00110820	计算流体力学	3
00130640	流体力学引论	3	00110940	复分析	3
00131560	古今数学思想	2	00110960	模式识别	3
00133090	应用随机过程	3	00112711	抽象代数 II	3
00135460	数理统计	3	00130280	计算方法（B）	3
00136020	组合数学	3	00130550	数值代数	3
00136900	同伦论	3	00130560	数值分析	3
00110950	人工智能	3	00131460	线性代数（B）	4
00130730	数理逻辑	3	00131470	线性代数（B）习题	0
00136830	数学应用软件	5	00132100	应用生存分析	3
00110040	微分拓扑	3	00132320	复变函数	3
00110400	随机分析	3	00132330	偏微分方程	3
00130190	微分流形	3	00132341	几何学	5
00133010	测度论	3	00132350	泛函分析	3
00137110	应用随机分析	3	00132351	几何学习题	0
00112530	数学物理中的反问题	3	00132520	模形式	3
00112690	多尺度建模与计算	3	00132750	毕业论文（证券）讨论班	6
00132830	金融数学引论	3	00132770	毕业论文（资产定价）讨论班	6
00132860	研究型学习	3	00133030	统计计算	3
00135520	偏微分方程数值解	3	00136540	数值方法：原理，算法及应用	3
00112950	辛几何	3	00112630	高等概率论	3
00113390	软件理论与方法选讲	3	00130161	拓扑学	3
00110860	并行计算 II	3	00130200	数学模型	3
00111140	近代偏微分方程	3	00130830	数字信号处理	3
			00131690	毕业论文（2）	6

(续表)

编号	课程名称	学分	编号	课程名称	学分
00135220	非参数统计	3	00132700	群表示论	3
00113140	软件形式化方法	3	00133110	应用回归分析	3
00113780	符号计算	3	00135050	理论计算机科学基础	3
00114100	代数拓扑选讲	3	00110190	动力系统	3
00130030	信息科学基础	3	00130210	计算机图形学	3
00131300	概率论	3	00132810	毕业论文（衍生工具）讨论班	6
00131410	计算概论	3	00113030	偏微分方程选讲	3
00131420	数据结构	3	00113690	随机模拟方法	3
00131640	几何讨论班	3	00131670	应用数学导论	3
00131641	几何讨论班 II	3	00110290	常微分方程选讲	3
00132310	微分几何	3	00111940	遍历论	3
00132880	统计软件	3	00112110	低维流形	3
00134210	人工神经网络	3	00113510	几何拓扑选讲	3
00135040	程序设计技术与方法	3	00130310	线性代数（C）	3
00110130	泛函分析（二）	3	00110830	数值代数 II	3
00110330	几何分析	3	00110850	控制系统CAD	3
00112250	随机过程 II	3	00111850	有限元方法 II	3
00130201	高等数学（B）（一）	5	00131660	分析讨论班	3
00130202	高等数学（B）（二）	5	00131661	分析讨论班 II	3
00130211	高等数学（B）（一）习题课	0	00134270	毕业论文（金融统计）讨论班	6
00130212	高等数学（B）（二）习题课	0	00135480	风险理论	3
00130630	最优化方法	3	00110010	同调论	3
00131650	代数讨论班	3	00112230	高等统计选讲I	3
00131651	代数讨论班 II	3	00112640	高等统计学	3
00132321	高等代数（I）	5	00136270	应用随机过程	5
00132323	高等代数（II）	4	00136590	复变函数	5
00132370	实变函数	3	00136840	统计学	5
00132610	密码学	3	00136220	运筹学	5
00132780	毕业论文（精算）讨论班	6	00136260	常微分方程	5
00135810	寿险精算	3	00110390	纤维丛上的微分几何	3
00135920	实分析	3	00132250	抽象代数选讲	2
00110070	经典力学的数学方法	3	00136320	应用多元统计分析	5
00110780	最优化理论与算法	3	00132260	数学分析选讲 III	2
00112040	现代信息处理选讲	3	00113180	模形式与数论	3
00113670	近代数学物理方法	3	00136350	概率论	5
00130410	常微分方程定性理论	3	00102892	统计学习	3
00130490	运筹学	3	00131480	概率统计（A）	3
00132331	高等代数（I）习题	0	00132930	生物数学物理	3
00132332	高等代数（II）习题	0	00132990	数学分析II选讲	2
00132340	常微分方程	3	00134120	高等代数II选讲	2

(续表)

编号	课程名称	学分	编号	课程名称	学分
00112450	智能计算	3	00132110	核心数学选讲 I	2
00134330	金融经济学	3	00102893	生物统计	3
00133070	应用时间序列分析	3	00113470	有限域	3
00114250	机器学习	3	00102916	双曲几何引论	3
00134360	典型群引论	3	00112870	现代调和分析及其引用	3
00102876	信息光学的数学理论及其应用	3	00132790	毕业论文（金融数据分析与建模）	6
00102886	应用偏微分方程选讲	2	00134510	毕业论文（固定收益证券和信用风险）	6
00136660	凸优化	3	00134530	核心数学选讲 II	2
00132401	数学分析（1）	7	00102917	因果推断与统计大数据	2
00132402	数学分析（2）	7	00100877	贝叶斯理论与算法	3
00136680	调和分析	3	00100883	计算系统生物学	3
00131700	数学分析	5	00100879	微分拓扑选讲	3
00131710	高等代数	5	00136860	音乐与数学	2
00136250	近世代数	5	00136870	群与表示	3
00102909	数据分析的数学导论	3	00136880	数论基础	3
00100861	随机模型及模拟方法选讲	3	00136890	基础代数几何	3
00136710	随机过程与统计物理	3	00136910	示性类与指标理论简介	2
00136720	大数据分析中的算法	3	00136920	非线性分析基础	3
00136730	衍生证券基础	3	00100884	叶状结构	3
00113230	谱方法	3	00136930	统计数据科学导论	3
00102888	几何群论	3	00100885	代数几何选讲	3
00100864	黎曼几何中的比较定理	3	00136950	概率统计（B）	4
00100867	高维数据分析与统计推断	3	00100890	代数选讲	3
00100865	模形式的算术理论	3	00136990	四维流形和 Ricci 流	3
00111770	代数几何 II	3	00136980	大数据建模方法	3
00100868	反射群和 Coxeter 群	3	00137130	深度学习：算法与应用	3
00136760	金融数据分析导论	3	00100893	多复变函数论选讲	3
00136750	随机过程引论	3	08408010	强化学习：理论与算法	3
00136770	代数数论讨论班	3		*体育教研部*	
00132371	高等代数 I（实验班）	5	04130350	运动、营养与减肥	1
00132372	高等代数 II（实验班）	4	04130602	高级体育训练（二）	1
00136780	概率论（实验班）	3	04130603	高级体育训练（三）	1
00132381	几何学 I（实验班）	5	04130604	高级体育训练（四）	1
00132382	几何学 II（实验班）	4	04130605	高级体育训练（五）	1
00132361	数学分析 I（实验班）	5	04130606	高级体育训练（六）	1
00132362	数学分析 II（实验班）	5	04130607	高级体育训练（七）	1
00132363	数学分析 III（实验班）	4	04130608	高级体育训练（八）	1
00136790	多重算法和随机算法选讲	3	04130609	高级体育训练（九）	1
00100873	图像处理中的数学方法	3	04130610	高级体育训练（十）	1
00117250	变分学	3	04130611	高级体育训练（十一）	1

（续表）

04130612	高级体育训练（十二）	1		04130173	保健（4）	1
04130613	高级体育训练（十三）	1		04130174	保健（5）	1
04130614	高级体育训练（十四）	1		04130601	高级体育训练（一）	1
04130615	高级体育训练（十五）	1		04130120	体育舞蹈	1
04130520	《黄帝内经》与古导引	1		04130280	跆拳道	1
04130020	游泳	1		04130300	奥林匹克文化	2
04130021	游泳提高班	1		04130660	壁球	1
04130030	太极拳	1		04130670	象棋	1
04130040	健美操	1		04130680	航空体育（1）	1
04130050	乒乓球	1		04130001	体育一	1
04130053	乒乓球提高班	1		04130002	体育二	1
04130060	羽毛球	1		04130003	体育三	1
04130063	羽毛球提高班	1		04130004	体育四	1
04130070	网球	1		04130710	射箭	1
04130080	足球	1		04130700	拳击课	1
04130090	篮球	1		04130720	骑行教育	1
04130093	篮球提高班	1		04130681	航空体育（2）	1
04130100	排球	1		04130682	航空体育（3）	1
04130110	形体（女生）	1		04130683	航空体育（4）	1
04130160	体适能	1		04130684	航空体育（5）	1
04130170	保健（1）	1		04130685	航空体育（6）	1
04130210	棒、垒球	1		04130730	导引与养生	1
04130231	安全教育与自卫防身	1			外国语学院	
04130240	攀岩	1		03538081	阿拉伯语翻译教程（一）	2
04130260	少林棍术	1		03538221	阿拉伯报刊文选（一）	2
04130290	击剑	1		03538222	阿拉伯报刊文选（二）	2
04130370	围棋（初级班）	1		03535021	希伯来语视听说（一）	1
04130420	散打	1		03535022	希伯来语视听说（二）	1
04130430	中华健	1		03535023	希伯来语视听说（三）	1
04130440	瑜伽	1		03535024	希伯来语视听说（四）	1
04130450	地板球	1		03535080	犹太简史	2
04130480	高尔夫	1		03535191	希伯来语口语（一）	1
04130490	桥牌	1		03535192	希伯来语口语（二）	1
04130500	国际象棋（初级班）	1		03535210	以色列现代史	2
04130570	剑道	1		03535273	希伯来语口语（三）	1
04130620	定向与徒步运动	1		03535274	希伯来语口语（四）	1
04130630	汉字太极与养生课	1		03537691	波斯语报刊阅读（上）	2
04130640	拓展训练	1		03537692	波斯语报刊阅读（下）	2
04130171	保健（2）	1		03535040	希伯来报刊选读	2
04130172	保健（3）	1		03535220	以色列社会	2

(续表)

课程编号	课程名称	学分	课程编号	课程名称	学分
03538071	阿拉伯语口译（一）	1	03537511	波斯语视听说（上）	1
03538072	阿拉伯语口译（二）	1	03537512	波斯语视听说（下）	1
03530241	公共阿拉伯语（一）	3	03537531	波斯语散文（上）	4
03530242	公共阿拉伯语（二）	3	03537532	波斯语散文（下）	2
03538031	阿拉伯语口语（一）	1	03537571	波斯语小说（上）	2
03538032	阿拉伯语口语（二）	1	03537572	波斯语小说（下）	2
03538033	阿拉伯语口语（三）	1	03537681	波斯语口语（上）	2
03538034	阿拉伯语口语（四）	1	03537682	波斯语口语（下）	2
03538050	阿拉伯语语法	2	03537701	伊朗历史文明概论（上）	2
03538230	开罗方言	2	03537702	伊朗历史文明概论（下）	2
03538274	高年级阿拉伯语（四）	3	03530430	印度佛教思想史专题	2
03535162	希伯来语（二）	8	03534040	缅甸语语法	2
03535163	希伯来语（三）	8	03534051	缅甸语翻译（一）	2
03535164	希伯来语（四）	8	03534052	缅甸语翻译（二）	2
03535165	希伯来语（五）	6	03534100	缅甸历史	2
03535166	希伯来语（六）	6	03534170	缅甸语写作	2
03535267	希伯来语（七）	4	03534211	缅甸报刊选读（一）	2
03531031	蒙古文化（上）	2	03534251	缅甸语视听说（一）	2
03534080	缅甸概况	2	03534252	缅甸语视听说（二）	2
03534120	缅甸文化	2	03534253	缅甸语视听说（三）	2
03534261	缅甸语会话（一）	2	03534254	缅甸语视听说（四）	2
03534262	缅甸语会话（二）	2	03632042	德语笔译（二）	2
03535060	希伯来语翻译教程	2	03531041	蒙古语语法（上）	2
03535120	希伯来语写作	2	03531042	蒙古语语法（下）	2
03535161	希伯来语（一）	8	03533051	越南语泛读（上）	2
03535168	希伯来语（八）	4	03533052	越南语泛读（下）	2
03535280	现代希伯来语语法	2	03533080	越译汉教程	2
03531032	蒙古文化（下）	2	03533101	越南语视听说（一）	1
03730513	高级俄语（三）	2	03533102	越南语视听说（二）	1
03730514	高级俄语（四）	2	03533103	越南语视听说（三）	1
03533030	越南历史	2	03533104	越南语视听说（四）	1
03533141	越南报刊选读（一）	2	03533180	越南文化	2
03533280	越南国情	2	03533290	中越关系史	2
03632210	德国历史	2	03532090	日本文化概论	2
03830060	应用文写作	2	03532210	日本古典作品选读	2
03830110	英译汉	2	03730501	基础俄语（一）	6
03531139	蒙古语翻译（下）	2	03730502	基础俄语（二）	6
03531180	蒙古史	2	03730503	基础俄语（三）	5
03531279	蒙古国影视艺术赏析	2	03730504	基础俄语（四）	5
03531306	蒙古语会话（一）	2	03730650	俄语语音	1

(续表)

03633013	西班牙语精读（三）	5		03631005	法语精读（五）	3
03633014	西班牙语精读（四）	5		03631006	法语精读（六）	3
03633015	西班牙语精读（五）	4		03631021	法语视听说（一）	1
03633016	西班牙语精读（六）	4		03631022	法语视听说（二）	1
03633021	西班牙语视听（一）	1		03631025	法语视听说（五）	1
03633022	西班牙语视听（二）	1		03631026	法语视听说（六）	1
03633025	西班牙语视听（五）	1		03631252	法国报刊选读（二）	2
03633041	西班牙语口语（一）	1		03631611	公共法语（一）	3
03633042	西班牙语口语（二）	1		03632023	德语视听说（三）	1
03633043	西班牙语口语（三）	1		03632024	德语视听说（四）	1
03633044	西班牙语口语（四）	1		03632043	德语笔译（三）	2
03633045	西班牙语口语（五）	1		03632044	德语笔译（四）	2
03633061	西班牙语文学史和文学选读（上）	2		03632110	德国文化史	2
03633062	西班牙语文学史和文学选读（下）	2		03632350	奥地利传媒	2
03633071	拉丁美洲文学史和文学选读（上）	2		03530460	赫梯语语法	2
03633072	拉丁美洲文学史和文学选读（下）	2		03531370	蒙古语发展简史	2
03633081	西汉笔译（上）	2		03530291	公共越南语（一）	3
03633082	西汉笔译（下）	2		03530292	公共越南语（二）	3
03633091	西汉口译（上）	2		03533060	越南语语法	2
03633092	西汉口译（下）	2		03533161	汉越语口译（上）	2
03633210	西班牙历史和文化概论	2		03533162	汉越语口译（下）	2
03633290	西班牙语世界文化研究	2		03533271	基础越南语（一）	10
03536121	基础梵语（上）	4		03533272	基础越南语（二）	8
03536122	基础梵语（下）	4		03533273	基础越南语（三）	8
03631220	法国历史	2		03533274	基础越南语（四）	8
03631230	法语国家及地区概况	2		03537021	乌尔都语视听说（一）	1
03632130	奥地利、瑞士文学	2		03537022	乌尔都语视听说（二）	1
03632291	德语写作（上）	2		03537241	印巴英语报刊文章选读（上）	2
03632292	德语写作（下）	2		03537242	印巴英语报刊文章选读（下）	2
03632611	公共德语（一）	3		03537252	基础乌尔都语教程（二）	8
03632612	公共德语（二）	3		03537354	基础乌尔都语（四）	9
03632623	德语国家文学史与选读（三）	2		03534529	印度尼西亚文化与社会	2
03632624	德语国家文学史与选读（四）	2		03534551	印度尼西亚历史（一）	2
03531307	蒙古语会话（二）	2		03534552	印度尼西亚历史（二）	2
03531331	蒙古语口译	2		03534560	战后印尼政治与经济	2
03730751	俄语视听说（一）	1		03534750	印度尼西亚电影欣赏	1
03730752	俄语视听说（二）	1		03534831	印尼语旅游口语（一）	2
03531350	蒙古语阅读	2		03534832	印尼语旅游口语（二）	2
03631001	法语精读（一）	6		03730591	俄罗斯民俗民情（上）	2
03631002	法语精读（二）	6		03730592	俄罗斯民俗民情（下）	2

(续表)

03730761	俄语新闻听力（上）	1	03531250	蒙古现代文学	2
03632621	德语国家文学史与选读（一）	2	03531311	蒙古语听力（一）	2
03632622	德语国家文学史与选读（二）	2	03531312	蒙古语听力（二）	2
03531011	基础蒙古语（一）	8	03531321	高年级蒙古语（一）	3
03531211	蒙古报刊阅读（一）	2	03531322	高年级蒙古语（二）	3
03531212	蒙古报刊阅读（二）	2	03531323	高年级蒙古语（三）	3
03533041	越语会话（上）	1	03531341	蒙古文应用文阅读与写作	2
03533042	越语会话（下）	1	03531380	蒙古国现代文学作品选读	2
03533150	汉译越教程	2	03531390	蒙古语新闻听力	2
03533210	越南语写作	2	03537551	波斯语写作（上）	2
03533310	高年级越语翻译	2	03537552	波斯语写作（下）	2
03534011	缅甸语（一）	9	03537600	波斯语语法	2
03534012	缅甸语（二）	9	03537620	波斯语—汉语翻译	2
03534013	缅甸语（三）	6	03537631	汉语—波斯语翻译（上）	2
03534014	缅甸语（四）	6	03537632	汉语—波斯语翻译（下）	2
03534015	缅甸语（五）	4	03530350	圣经概述和导读	2
03534016	缅甸语（六）	4	03530410	人文学科学术文章的写作	2
03534017	缅甸语（七）	4	03535240	犹太教概述	2
03534018	缅甸语（八）	2	03531611	韩国（朝鲜）文学简史（上）	2
03631251	法国报刊选读（一）	2	03531813	高级韩国（朝鲜）语（三）	2
03632041	德语笔译（一）	2	03531814	高级韩国（朝鲜）语（四）	2
03530190	日本文化艺术专题	2	03531820	韩国（朝鲜）语应用文写作	2
03532030	日本历史	2	03531841	高级韩国（朝鲜）语口语（一）	2
03532170	日语敬语概论	2	03531842	高级韩国（朝鲜）语口语（二）	2
03532251	公共日语（一）	3	03531851	韩国（朝鲜）文学作品选读（上）	2
03532252	公共日语（二）	3	03532079	日语口译指导	2
03532260	中日文化交流史	2	03532254	公共日语（四）	3
03730111	俄语阅读——文化背景知识（一）	1	03532490	日本影视作品赏析	2
03730112	俄语阅读——文化背景知识（二）	1	03534212	缅甸报刊选读（二）	2
03730113	俄语阅读——文化背景知识（三）	1	03531012	基础蒙古语（二）	8
03730140	俄语应用文	2	03530370	东南亚文化	2
03730699	俄罗斯文学与音乐	2	03535620	中国与菲律宾交流史	2
03730811	汉译俄教程（上）	1	03535650	菲律宾宗教	2
03730812	汉译俄教程（下）	1	03535671	菲律宾语（一）	8
03834210	西方宗教思想	2	03535690	菲律宾语言发展史	2
03531013	基础蒙古语（三）	8	03535760	东南亚历史与现状	2
03531014	基础蒙古语（四）	8	03538011	基础阿拉伯语（一）	10
03531138	蒙古语翻译（上）	2	03538012	基础阿拉伯语（二）	8
03531213	蒙古报刊阅读（三）	2	03538180	阿拉伯伊斯兰文化	2
03531220	中蒙关系史	2	03632230	德语语法专题	2

(续表)

03632280	德语国家戏剧	2	03534630	印尼语译汉语	2
03632390	德语词汇学	2	03534690	汉语译印尼语	2
03633220	拉丁美洲历史和文化概论	2	03534700	印度尼西亚华人问题	2
03530010	东方文学史	2	03534710	印尼语写作	2
03530170	东方文学名著导读	2	03534732	马来语（下）	2
03530180	古代东方文明	2	03534779	马来西亚文化与社会	2
03530450	东方文学	2	03532160	日语概论	2
03531569	韩中翻译	3	03532321	高年级日语（一）	2
03532110	日译汉	2	03532322	高年级日语（二）	2
03532200	日本现代文学作品选读	2	03532333	高年级日语（三）	2
03532370	日汉语言对比	2	03532334	高年级日语（四）	2
03532440	日语语法概论	2	03532450	汉译日	2
03537031	乌尔都语口语（上）	1	03533829	泰国历史	2
03537032	乌尔都语口语（下）	1	03533870	泰国文化和社会	2
03537041	乌尔都语报刊阅读（一）	2	03533910	泰国历史文献选读	2
03537042	乌尔都语报刊阅读（二）	2	03533940	泰国民俗学	2
03537050	乌尔都语语法	2	03536301	印地语报刊阅读（一）	2
03537061	乌尔都语翻译教程（一）	2	03536302	印地语报刊阅读（二）	2
03537110	巴基斯坦文化	2	03536303	印地语报刊阅读（三）	2
03537220	南亚伊斯兰文化概述	2	03536304	印地语报刊阅读（四）	2
03537231	乌尔都语高级口译教程（上）	2	03536502	印地语（二）	8
03537232	乌尔都语高级口译教程（下）	2	03538021	阿拉伯语视听（一）	1
03537320	巴基斯坦民族与民族文化	1	03538022	阿拉伯语视听（二）	1
03538013	基础阿拉伯语（三）	6	03538023	阿拉伯语视听（三）	1
03538014	基础阿拉伯语（四）	6	03538210	当代阿拉伯世界	2
03538082	阿拉伯语翻译教程（二）	2	03530331	公共印地语（一）	3
03730381	俄语报刊阅读（一）	1	03530332	公共印地语（二）	3
03730422	俄语口译（下）	2	03530441	公共韩国语（一）	3
03730729	普通语言学概论	2	03530442	公共韩国语（二）	3
03631018	法语精读（八）	2	03531401	基础韩国（朝鲜）语（一）	8
03631028	法语视听说（八）	1	03531402	基础韩国（朝鲜）语（二）	8
03631034	法语写作（四）	1	03531540	韩国（朝鲜）语语法	2
03631253	法国报刊选读（三）	2	03531740	韩国（朝鲜）语言学概论	2
03631254	法国报刊选读（四）	2	03531959	日语文言语法	2
03633611	公共西班牙语（一）	3	03532041	日语视听说（一）	2
03633612	公共西班牙语（二）	3	03532042	日语视听说（二）	2
03830131	美国文学史与选读（一）	2	03532100	日本报刊选读	2
03534581	印尼报刊选读（一）	2	03532220	日语会话	2
03534582	印尼报刊选读（二）	2	03535530	菲律宾历史	2
03534590	印尼文献选读	2	03535560	菲律宾华人问题	2

(续表)

03535570	菲律宾语报刊选读	2		03535420	菲律宾文学史	2
03535580	菲律宾文化	2		03535430	菲律宾语写作	2
03535590	菲律宾政治与经济	2		03535710	菲律宾民俗	2
03535610	菲律宾短篇小说选读	2		03535730	菲律宾应用文写作	2
03535672	菲律宾语（二）	8		03536021	印地语视听说（一）	1
03535673	菲律宾语（三）	8		03536022	印地语视听说（二）	1
03535674	菲律宾语（四）	8		03536023	印地语视听说（三）	1
03535680	菲律宾文学作品选读	2		03631003	法语精读（三）	6
03535700	菲律宾民间文学	2		03631004	法语精读（四）	6
03535720	菲律宾近现代史	2		03631043	法语笔译（上）	2
03536070	印地语写作	2		03631044	法语笔译（下）	2
03536190	印度文化	2		03730511	高级俄语（一）	3
03536211	印度英语报刊文章选读（一）	2		03730512	高级俄语（二）	3
03536212	印度英语报刊文章选读（二）	2		03830091	英国文学史（一）	2
03536213	印度英语报刊文章选读（三）	2		03832030	短篇小说选读	2
03536214	印度英语报刊文章选读（四）	2		03832060	西方思想传统	2
03536240	印度宗教	2		03833140	英诗选读	2
03536501	印地语（一）	8		03538041	阿拉伯语阅读（一）	1
03536913	印地语（三）	9		03538042	阿拉伯语阅读（二）	1
03536914	印地语（四）	9		03538200	阿拉伯文学选读	2
03536920	高级印地语听力	2		03631066	法国文学史和文学选读（下）	3
03536930	高级印地语口语	2		03631091	法语泛读（一）	2
03537180	乌尔都语戏剧选读	2		03631092	法语泛读（二）	2
03537251	基础乌尔都语教程（一）	8		03631093	法语泛读（三）	2
03537270	乌尔都语高级听力	2		03635061	葡萄牙语写作（一）	2
03537281	乌尔都语泛读（上）	1		03635062	葡萄牙语写作（二）	2
03537282	乌尔都语泛读（下）	1		03635071	巴西文学史与文学选读（一）	2
03537353	基础乌尔都语（三）	9		03635072	巴西文学史和文学选读（二）	2
03537355	基础乌尔都语（五）	5		03635091	葡萄牙文学史和文学选读（一）	2
03537361	乌尔都语听力（上）	1		03635092	葡萄牙文学史和文学选读（二）	2
03537362	乌尔都语听力（下）	1		03830041	口语（一）	2
03537370	乌尔都语文章选读	2		03830042	口语（二）	2
03832170	十九世纪美国小说	2		03830092	英国文学史（二）	4
03833130	英国小说选读	2		03830132	美国文学史与选读（二）	2
03532021	基础日语（一）	7		03832010	文科教育思想选读	2
03532022	基础日语（二）	6		03832020	文学形式导论	2
03532023	基础日语（三）	6		03832040	欧洲文学选读	2
03532024	基础日语（四）	6		03833270	文学与社会	2
03532060	日语写作	2		03834060	莎士比亚与马洛戏剧选读	2
03535410	菲律宾语语法	2		03834350	美国当代文学思想	2

(续表)

03834360	英国文学的基石	2		03536162	巴利语（下）	3
03834370	文学、自然与地方	2		03536170	印度概况	2
03530020	汉语语言学	2		03536915	印地语（五）	5
03530049	基础语言学研究	2		03536916	印地语（六）	5
03530400	东方民间文学概论	2		03536940	印度文学	2
03530481	初级泰语（一）	4		03536950	印地语文学史	2
03530482	初级泰语（二）	4		03631053	法语口译（上）	2
03531160	蒙古民俗概论	2		03631054	法语口译（下）	2
03531240	蒙古民间文学	2		03730120	俄语功能语法学	4
03531360	喀尔喀蒙古古代文学史	2		03730311	俄罗斯文学选读（上）	1
03531520	韩（朝鲜）半岛概况	2		03730312	俄罗斯文学选读（下）	1
03531612	韩国（朝鲜）文学简史（下）	2		03730780	俄罗斯社会与文化系列讲座	2
03531803	韩国（朝鲜）语视听说（三）	2		03830017	英语精读（一）	4
03531804	韩国（朝鲜）语视听说（四）	2		03832080	美国短篇小说	2
03531811	高级韩国（朝鲜）语（一）	5		03833160	英美戏剧	2
03531812	高级韩国（朝鲜）语（二）	5		03531200	蒙古字	2
03531852	韩国（朝鲜）文学作品选读（下）	2		03534601	印度尼西亚文学史（一）	2
03532120	日本文学史	2		03534602	印度尼西亚文学史（二）	2
03533070	越南文学史	2		03534650	印度尼西亚宗教概论	2
03533099	越南现代小说选读	4		03534815	印尼语（五）	6
03533142	越南报刊选读（二）	2		03534816	印尼语（六）	6
03533143	越南报刊选读（三）	2		03631023	法语视听说（三）	1
03533179	越南文学作品选读	2		03631024	法语视听说（四）	1
03533300	越南诗歌导读	2		03631065	法国文学史和文学选读（上）	3
03533540	泰语语法	2		03730329	俄苏电影赏析	2
03533590	泰国文学史	2		03730490	俄罗斯艺术史	2
03533630	泰国现代文学选读	2		03730660	中俄文学比较	2
03533850	泰学研究专题	2		03730740	中俄文化交流史	2
03533861	泰语教程（一）	8		03730753	俄语视听说（三）	1
03533862	泰语教程（二）	8		03830018	英语精读（二）	4
03533863	泰语教程（三）	8		03830071	写作（一）	2
03533864	泰语教程（四）	8		03831080	英语结构	2
03533880	泰学研究概论	2		03831130	语篇分析入门	2
03533900	泰学文献选读	2		03832120	英语词汇学	2
03533920	泰语的外来语	2		03832160	消费文化与生存美学	2
03533930	泰语成语	2		03833030	报刊选读	2
03536060	印地语语法	2		03834180	20世纪西方文论	2
03536080	印地语译汉语教程	2		03834190	文学导读与批评实践	2
03536090	汉语译印地语教程	2		03730170	俄苏诗歌	2
03536161	巴利语（上）	3		03730541	俄语写作（上）	1

(续表)

03730542	俄语写作（下）	1		03631017	法语精读（七）	2
03730551	俄译汉教程（上）	1		03830120	汉译英	2
03730552	俄译汉教程（下）	1		03831020	希腊罗马神话	2
03730680	俄罗斯民间文学	2		03832150	英语史	2
03730739	文学理论基础	2		03833180	英国现代主义小说	2
03532180	日语词汇概论	2		03833190	《圣经》释读	2
03532470	论文写作指导	2		03834070	加拿大小说选读	2
03533511	泰语听力（上）	1		03533680	中泰关系	1
03533512	泰语听力（下）	1		03533750	当代泰国与东南亚政治	2
03533551	泰语翻译教程（上）	2		03536220	梵语文学史	2
03533552	泰语翻译教程（下）	2		03536401	德语（一）	3
03533640	泰语视听说	1		03536710	印度教入门	2
03533811	高年级泰语阅读（一）	1		03537611	波斯文学史（上）	2
03533812	高年级泰语阅读（二）	1		03632001	德语精读（一）	7
03533813	高年级泰语阅读（三）	2		03632002	德语精读（二）	7
03534620	印尼民俗学	2		03632021	德语视听说（一）	1
03534731	马来语（上）	2		03632022	德语视听说（二）	1
03534820	印尼民间文学概论	2		03632220	德语国家国情课	2
03536700	印度历史	2		03632270	德语国家诗歌	2
03730031	俄语语法（一）	2		03634030	传记文学：经典人物研究	2
03730032	俄语语法（二）	2		03635011	公共葡萄牙语（一）	3
03835340	莎士比亚名篇赏析	2		03635012	公共葡萄牙语（二）	3
03531403	基础韩国（朝鲜）语（三）	8		03639000	电影	0
03531404	基础韩国（朝鲜）语（四）	8		03830100	普通语言学	2
03531589	中韩翻译	3		03536261	印度佛教史（上）	2
03531670	韩国（朝鲜）文化	2		03536402	德语（二）	3
03531801	韩国（朝鲜）语视听说（一）	2		03536403	德语（三）	3
03531802	韩国（朝鲜）语视听说（二）	2		03632003	德语精读（三）	6
03531860	韩国（朝鲜）民俗	2		03632004	德语精读（四）	6
03537502	基础波斯语（二）	7		03834290	戏剧实践	2
03537503	基础波斯语（三）	7		03530420	日本佛教学专题	2
03537504	基础波斯语（四）	7		03536262	印度佛教史（下）	2
03537540	波斯语阅读	2		03633710	禅与园林艺术	2
03537591	波斯语诗歌选读（上）	2		03634060	西方文学名著导读	2
03537592	波斯语诗歌选读（下）	2		03632029	德语高级听力	2
03537612	波斯文学史（下）	2		03632190	德语文学批评选读	2
03537650	波斯古今散文研读	2		03632243	德语大众传媒	2
03537671	基础波斯语（一）	9		03632331	圣经与德语文学	2
03830072	写作（二）	2		03635131	葡萄牙语语法（一）	2
03831120	中西修辞传统	2		03635132	葡萄牙语语法（二）	2

(续表)

03833300	英语文学文体学	2		03531016	公共斯瓦西里语（二）	3
03530490	韩国大众媒体和流行文化	2		03531890	韩国（朝鲜）语口译	2
03632360	德语文学艺术概论	2		03531017	公共阿姆哈拉语（一）	3
03832190	英语辞典和词源学研究	2		03531018	公共阿姆哈拉语（二）	3
03632103	德语长篇小说（上）	2		03534271	缅汉口译（一）	2
03632104	德语长篇小说（下）	2		03534272	缅汉口译（二）	2
03833309	英语文学文体赏析	2		03536450	藏传佛教导论	2
03534610	印尼文学选读	2		03536460	藏语入门	3
03534640	印尼短篇小说	2		03533980	泰国国情专题研究	2
03633310	西班牙语语言学导论	2		03536441	国外印度学专题（一）	2
03530500	当今韩国-亚洲及全球经济事件	2		03536442	国外印度学专题（二）	2
03633209	经贸西班牙语	2		03535677	菲律宾语（五）	3
03633100	西班牙语语音	2		03535678	菲律宾语（六）	3
03834130	英语诗歌鉴赏	2		03536470	古典梵语传统语法	2
03834240	比较视野中的中美当代小说	2		03535290	希伯来文学作品选读	2
03834410	西方古典文学与社会	2		03533711	高年级泰语（一）	3
03834420	现代欧洲小说中的自我、危机与救赎	2		03533712	高年级泰语（二）	3
03530510	公共土耳其语（一）	3		03532150	日本社会	2
03530520	公共土耳其语（二）	3		03536720	巴基斯坦概况	2
03538281	基础土耳其语（一）	8		03930030	公共英语（一）	3
03538282	基础土耳其语（二）	6		03537390	乌尔都语写作教程	2
03538291	土耳其语视听说（一）	1		03930040	公共英语（二）	3
03538292	土耳其语视听说（二）	1		03833360	文化理论与加拿大小说	2
03538293	土耳其语视听说（三）	1		03632182	德语语言学导论（二）	2
03538301	高级土耳其语（一）	6		03632340	跨文化交际	2
03538302	高级土耳其语（二）	6		03633330	西班牙文化纵览	1
03538310	土耳其历史文化	2		03730850	俄罗斯的信仰与文化（上）	2
03538320	土耳其语阅读	2		03530530	当代中东研究	2
03730821	公共俄语（一）	3		03530540	当代以色列研究	2
03730822	公共俄语（二）	3		03530550	当代伊朗研究	2
03730831	公共乌克兰语（一）	3		03530560	理论与应用语言学	2
03530050	泰戈尔导读	2		03531019	公共伊博语（一）	3
03833170	英美女作家作品选读	2		03531021	公共孟加拉语（一）	3
03730620	俄语快速阅读	1		03531023	公共西里尔蒙古文（一）	3
03834440	澳大利亚历史与文化	2		03531025	公共传统蒙古文（回鹘体蒙古文）（一）	3
03531730	韩国（朝鲜）历史	2		03534845	公共菲律宾语（一）	3
03632181	德语语言学导论（一）	2		03534846	公共菲律宾语（二）	3
03530301	公共希伯来语（一）	3		03530293	公共泰语（一）	3
03530302	公共希伯来语（二）	3		03530295	公共缅甸语（一）	3
03531015	公共斯瓦西里语（一）	3		03530296	公共缅甸语（二）	3

(续表)

课程号	课程名	学分	课程号	课程名	学分
03830033	英语精读（三）	4	03635152	葡萄牙语（二）	6
03830034	英语精读（四）	4	03635162	葡语听说（二）	2
03730852	俄罗斯的信仰与文化（下）	2	03536960	南亚现状	2
03531159	蒙古国史文献选读	2	03632400	德语思想史名篇选读	2
03730860	清代中俄关系文献选读	2	03530298	公共库尔德语（二）	3
03531022	公共孟加拉语（二）	3	03633023	西班牙语视听（三）	1
03531024	公共西里尔蒙古文（二）	3	03633024	西班牙语视听（四）	1
03531027	公共乌尔都语（一）	3	03633250	西班牙报刊选读	2
03531040	公共伊博语（二）	3	03633260	西班牙语应用文	2
03531029	公共波斯语（一）	3	03631035	法语写作（一）	2
03531050	公共波斯语（二）	3	03631036	法语写作（二）	2
03833260	文化与翻译批评	2	03631037	法语写作（三）	2
03632053	德语口译（上）	2	03631038	法语写作（四）	2
03632054	德语口译（下）	2	03633230	西班牙语语法	2
03530570	日本神话与祭祀	2	03635101	巴西历史和文化（上）	2
03632630	德语名家中国著述选读	2	03635102	巴西历史和文化（下）	2
03534000	泰语报刊阅读	2	03635113	葡萄牙语笔译（上）	2
03834450	电影时代的英语戏剧	2	03635114	葡萄牙语笔译（下）	2
03530297	公共库尔德语（一）	3	03635123	葡萄牙语口译（上）	2
03536200	印度文学史	2	03635124	葡萄牙语口译（下）	2
03530580	马格里布研究	2	03635153	葡萄牙语（三）	6
03530590	东亚国际关系	2	03635154	葡萄牙语（四）	6
03530600	当代韩国社会	2	03635163	葡语听说（三）	2
03830061	英语视听（一）	2	03635164	葡语听说（四）	2
03830062	英语视听（二）	2	03635172	葡萄牙语阅读（二）	2
03531028	公共乌尔都语（二）	3	03635173	葡萄牙语阅读（三）	2
03635031	葡萄牙历史和文化（上）	2	03633050	西班牙语写作	2
03635151	葡萄牙语（一）	6	03531043	公共约鲁巴语（一）	3
03635161	葡语听说（一）	2	03530630	非洲文化与社会	2
03834460	英国浪漫主义文学	2	03532261	公共基础日语（一）	4
03538381	阿拉伯语口语（一）	2	03632601	公共基础德语（一）	4
03633341	西班牙语精读（一）	6	03530620	亚洲视角下的韩国经营与管理	2
03633342	西班牙语精读（二）	6	03730871	俄语口语会话（上）	1
03633350	翻译学导论	2	03730872	俄语口语会话（下）	1
03534280	东南亚上座部佛教导论	2	03730881	俄罗斯国情（上）	2
03530610	东亚政治	2	03633530	西班牙语阅读	2
03534290	缅甸国情及热点问题研究	2	03730071	俄罗斯文学史（一）	2
03834470	英国维多利亚时期散文作品	2	03631601	公共基础法语（一）	4
03635171	葡萄牙语阅读（一）	2	03631620	法国电影与文化	2
03635032	葡萄牙历史和文化（下）	2	03531045	公共柬埔寨语（一）	3

（续表）

03538390	中东史	2		00431214	综合物理实验（一）	2
03530303	公共基础意大利语（一）	4		00431200	基础物理实验	2
03531047	公共意大利语（一）	3		00432166	几何光学及光学仪器	2
03531049	公共阿塞拜疆语（一）	3		00430109	演示物理学	2
03530640	当代以色列社会与犹太文化	2		00432238	核物理与粒子物理导论	3
03530304	公共基础意大利语（二）	4		00431570	核物理与粒子物理实验方法（一）	4
03531044	公共约鲁巴语（二）	3		00431580	生命科学中的物理学（上）	4
03531046	公共柬埔寨语（二）	3		00431590	生命科学中的物理学（下）	4
03531048	公共意大利语（二）	3		00431620	计算物理学导论	3
03531054	公共阿塞拜疆语（二）	3		00431650	平衡态统计物理	4
03532262	公共基础日语（二）	4		00431660	宇宙探测新技术引论	3
03631602	公共基础法语（二）	4		00433410	半导体物理学	4
03632602	公共基础德语（二）	4		00430132	现代电子电路基础及实验（一）	3
03538061	阿拉伯语写作（一）	2		00432227	科研实用软件	2
03930060	公共英语（四）	3		00432247	大气物理学基础	3
03730072	俄罗斯文学史（二）	2		00432249	流体力学	3
03730882	俄罗斯国情（下）	2		00410644	非线性物理专题	3
03535540	菲律宾概况	2		00411851	光电功能材料	2
03538093	阿拉伯语阅读（三）	1		00431558	天文技术与方法Ⅰ（光学与红外）	3
	物理学院			00431559	天文技术与方法Ⅱ（高能与射电）	2
00432250	描述性物理海洋学	2		00434070	物理宇宙学基础	3
00415692	广义相对论	4		00415510	现代光学与光电子学	3
00415702	介观光学导论	2		00432268	自然科学中的混沌和分形	2
00415450	量子光学	4		00431545	天文文献阅读	2
00432207	卫星气象学	3		00432530	理论物理导论	3
00432242	加速器物理基础	3		00432216	量子力学（Ⅱ）	2
00432300	气候变化：全球变暖的科学基础	2		00405589	强场光物理	2
00412150	粒子物理	4		00410612	Java编程	3
00412250	量子规范场论	4		00413250	等离子体物理	4
00431110	力学	4		00430170	天文测距导论	2
00431141	力学	3		00430191	大气科学导论	2
00432267	工程图学及其应用	2		00431154	热学	3
00410340	高等量子力学	4		00431165	近代物理	3
00410542	固体理论	4		00432205	理论力学习题课	0
00432510	固体物理学	4		00432252	大气动力学基础	4
00432520	固体物理习题	0		00432253	大气物理实验	3
00432206	量子力学专题	2		00432255	天气分析与预报	3
00432310	全球环境与气候变迁	2		00433330	公共物理学	2
00433327	近代物理实验（Ⅰ）	3		00432164	生物物理导论	2
00433328	近代物理实验（Ⅱ）	3		00430133	现代电子电路基础及实验（二）	2

(续表)

00431156	光学	4		00411850	固体光谱	3
00432141	电动力学（B）	3		00411950	表面物理	3
00432251	天气学	3		00430171	人类生存发展与核科学	2
00432274	大气探测原理	3		00431537	现代电子测量与实验	3
00432275	云物理学导论	2		00432119	数学物理方法习题课	0
00432322	大气化学导论	2		00432151	量子力学习题	0
00432140	电动力学（A）	4		00432266	环境生态学	2
00431142	热学	2		00433520	超导物理学	4
00431144	光学	2		00433641	材料物理	2
00405595	多体系统的量子理论	3		00434091	纳米科学前沿	2
00432135	非平衡态统计物理	3		00434441	今日物理	3
00432180	弦理论基础导论	3		00434714	核科学前沿讲座	2
00432190	凝聚态物理理论讨论班	2		00410440	量子统计物理	3
00432245	理论天体物理	3		00432108	数学物理方法（上）	3
00432265	现代天文学	2		00432109	数学物理方法（下）	3
00432272	微机原理及上机	3		00432110	数学物理方法	4
00434092	纳米科技进展	2		00412350	李群和李代数	3
00410140	群论	3		00430010	量子场论专题讨论班	2
00415532	原子、分子光谱	3		00430151	现代物理前沿讲座 I	2
00431547	天体物理前沿	2		00431151	原子物理学	3
00411040	非线性光学	4		00431159	原子物理习题	0
00431143	电磁学	3		00431543	天体物理专题	3
00431155	电磁学	4		00432149	量子力学（B）	3
00433640	材料物理	3		00432224	现代物理前沿讲座（Ⅱ）	2
00414860	激光实验	2		00432236	激光物理学	3
00432115	数学物理方法专题	3		00432270	大气概论	2
00431121	普通物理	4		00405603	量子信息物理导论	3
00431132	普通物理（Ⅰ）	4		00405605	拉曼光谱学导论	2
00431133	普通物理（Ⅱ）	4		00405606	表面等离激元学导论	2
00431148	光学习题课	0		00405607	实用低温物理与技术入门	2
00431180	力学习题	0		00407771	核物理与粒子物理实验方法（二）	3
00431254	热学习题课	0		00405610	经典光学	4
00431255	电磁学习题课	0		00431740	可再生能源与低碳社会	2
00431680	普通物理习题课	0		00437150	物理学科暑期专题研讨	3
00432150	量子力学（A）	4		00405612	量子材料的物性	3
00432160	电动力学习题	0		00418380	离子源物理与技术	3
00434322	光学前沿	3		00437170	公共物理学	2
00405596	量子材料前沿讲座	2		00405608	低温物理学	2
00410640	量子场论	4		00437160	核物理与粒子物理专题实验	3
00410740	光学理论	4		00437180	普通物理实验（1）	3

(续表)

00437190	普通物理实验（2）	3	21130002	植物知道生命的答案	2
00437200	基础物理实验	3	21130003	舌尖上的植物学	2
00431641	量子力学讨论班	2	21130004	中国食物安全与政策	2
00431701	固体物理讨论班	2	21130005	经济学视角下的水土资源与生态问题	2
00431651	平衡态统计物理讨论班	2	21130006	发展经济学在中国的实践	2
00432277	机械制图	2	21130010	历史视角下的农业经济	2
00407780	数值天气预报	4	21100007	中国农村教育问题专题	2
00433329	前沿物理实验	3	21130012	资源环境经济学热点问题解读	2
00432130	热力学与统计物理（A）	4	21100009	气候变化经济学	2
00432222	综合物理实验（二）	2	21100010	影响评估方法及其应用	2
00415480	宽禁带半导体	2	21130007	农业经济史及其量化研究	2
00418720	保健物理学	2	21130008	发展经济学及其在中国的实践	2
00431561	基础天文	3	21130011	经济学视角下的资源环境热点问题	2
00431562	天体光谱学	3	21130009	中国农村教育问题专题	2
00407772	概率论与数据处理	3	21130013	经济学模型CGE的基本原理及优化软件GAMS编程	2
00430184	天体物理	3	21100006	数量国际经济与农产品贸易	3
00431149	光学讨论班	2	21100008	农村儿童营养、健康和发展专题	2
00430186	天体物理讨论班	2	21100012	自然资源政策的经济分析	2
00432278	大气物理与探测讨论班	2	21100013	水资源稀缺经济和政策分析	2
00405625	半导体器件物理	3		心理与认知科学学院	
00401267	高亮度X光源与应用导论	2	01639020	心理学概论	2
00405623	粒子物理实验讨论班	2	01630051	心理统计（1）	2
00431539	核天体物理	3	01630034	实验心理学	4
00431171	光学演示实验课	0	01630033	异常儿童心理学	2
00432168	合成生物学导论	2	01630560	婴儿心理学	2
00431134	普通物理（Ⅰ）讨论班	1	01630020	CNS解剖	2
00431135	普通物理（Ⅱ）讨论班	1	01630042	社会性与个性发展	2
00432292	气候学概论	2	01630080	人格心理学	2
00432291	大气科学中的时间序列分析概论	2	01630220	生理心理实验	2
00410614	经济物理学导论	2	01630452	健康心理学	3
00432107	简明数学物理方法	2	01630540	职业心理学	2
00432198	理论力学（A）	4	01630570	感觉与知觉	2
00432199	理论力学（B）	3	01635060	大学生心理健康	2
00405601	超快激光和光谱技术及应用	2	01630121	认知心理学	4
00405628	固体散射谱学简介	3	01630140	认知神经科学	2
00430011	计算物理学（A）	4	01603011	心理测量	2
00430012	计算物理学（B）	3	01630040	社会心理学	2
00433642	固体的光学性质	2	01630046	社会冲突与管理	2
00430013	计算物理学习题课	0	01630070	SPSS统计软件包	2
	现代农学院		01636060	高级统计SPSS上机	0
21130001	植物发育及分子生物学	2			

(续表)

01630740	爱的心理学	2	01630706	学习与行为	2
01630243	心理咨询与治疗引论	2	01630704	科学写作与交流	2
01603333	实验心理学实验	3	01630705	脑中的节奏	2
01630101	生理心理学	2	01630707	感知觉学习和认知训练专题	2
01630170	消费心理学	2	01630709	大学生心理健康	2
01630330	心理学史	2	01630712	运动控制研究专题	2
01630900	普通心理学	4	01630711	情绪心理学	2
01635010	大学生健康教育	2	01630713	时间与认知	2
01635020	生活中的心理学	2	01630708	心理统计（2）	2
01610200	神经心理学	2	01630714	心理学研究方法-MATLAB上机实践	0
01630060	发展心理学	3	01630715	意识研究中的关键问题	2
01630081	健康人格心理学	2	01630716	医学心理学	2
01630090	变态心理学	3	01630717	心理测量实操专题	1
01630580	人际沟通分析学	2	01630718	感知运动学习概论	2
01630600	组织管理心理学	2	01630719	心理学研究技术与实践	2
01635042	大学生心理素质拓展	2	01630722	视觉与视觉神经科学	2
01630022	实验儿童心理学	2	01630723	探索心理学的奥秘	2
01630029	知觉和注意	1		新闻与传播学院	
01630350	教育心理学	2	01832220	毕业实习	4
01630630	老年心理学	2	01832910	视频编辑	2
01630180	工程心理学	2	01831610	汉语修辞学	2
01630610	心理学研究方法——MATLAB	2	01833490	跨文化新闻传播案例分析	2
01630640	视觉与视觉艺术	2	01832350	名记者专题	2
01630670	听视觉言语加工整合及其脑机制	2	01831240	电子出版技术	3
01630700	青少年心理访谈：理论，技术和案例讨论	2	01830300	网络传播	2
01630690	临床和社会心理学专题	2	01833400	公关策划与危机管理	2
01630820	神经生物学	2	01830430	CI研究	2
01630891	儿童抑郁专题	1	01830580	广告心理学	2
01610226	意识的脑机制	2	01832420	品牌研究	2
01630692	电影与心理	2	01831030	传播学概论	2
01630693	用户体验研究与实践	1	01831740	视听语言	3
01630680	当代心理学	2	01831760	世界电影史	2
01630695	普通心理学讨论班	0	01830620	广告策划	2
01630696	听觉认知神经科学	2	01832530	媒介经营管理	3
01630697	计算建模在心理学和神经科学中的应用	2	01833330	影像与社会	2
01630698	灾难心理学	2	01830490	广告媒体研究	2
01630699	神经经济学专题	2	01830540	市场调查	2
01630694	暴力行为的脑机制	2	01831280	出版经营管理	3
01630701	用户体验研究技术进阶	2	01831750	专题片及纪录片创作	2
01630702	孤独症研究专题	2	01832760	英语新闻阅读	2

（续表）

01833140	英语公共演讲	2	01833860	广播电视节目主持	2
01833370	新媒体与社会	2	01833710	创意传播管理	2
01831300	中国古籍资源与整理	2	01833750	世界新闻史	2
01831380	中国文化史	2	01833780	当代新闻发展前沿	2
01833130	出版案例研讨	2	01833790	新媒介社会学	2
01830330	国际传播	2	01833850	传播学研究方法	3
01830710	新闻摄影	2	01833990	营销传播经典导读	2
01831800	汉语语言修养	2	01834040	中东政治与文化传播	2
01833110	编辑实用语文写作	2	01831420	信息检索与利用	2
01833270	新闻编辑	2	01833920	马克思主义新闻观	2
01831490	社会调查研究方法	3	01834070	中韩跨文化传播	2
01833020	广播电视新闻	2	01832660	媒介经营管理	2
01832550	电视节目制作与策划	2	01833870	出版经营管理	2
01833030	广播电视节目制作	2	01834080	影像与中国社会	2
01833120	选题策划与书刊编辑实务	2	01834090	中西新闻比较研究	2
01833280	新闻评论	2	01834100	中国与媒体事务	2
01832150	媒体与国际关系	2	01834110	数据新闻	2
01830400	舆论学	2	01834120	马克思主义新闻观与新型国际传播	1
01830480	广告学概论	2	01833820	视觉传达	2
01831190	编辑出版概论	3	01834130	新媒体导论	2
01831330	中国图书出版史	2	01834140	媒介与社会变迁	2
01831670	期刊编辑实务	2	01834160	互联网认知	2
01831990	跨文化交流学	2	01834170	影视剪辑	2
01832250	纪录片简史	2	01834180	全球传播的新闻叙事及想象	2
01832260	媒介经济学	2	01830210	新闻名篇选读	2
01832360	传播伦理学	2	01834190	媒体与中国社会	2
01832490	北京风物与传统文化	2	01834010	中外广告史	2
01832650	公共关系	2	01833970	影视文化与批评	2
01833040	广播电视研究	2	01834200	传播学理论	3
01833060	市场营销原理	2		信息管理系	
01833170	英语新闻采写	2	03030720	信息经济学	2
01833180	传播学英语经典阅读	2	03031040	数据库系统上机	0
01833350	社会学基础与新媒体传播	2	03031170	信息存储与检索上机	0
01833620	跨文化系列课程：国际领导力评估与培养	1	03032270	图书馆管理	2
01833650	传播技术	2	03033020	数据库系统	3
01833670	跨文化系列课程：表演艺术与跨文化传播解读	2	03033040	信息服务	2
01833690	新闻传播导论	2	03033130	市场营销学	2
01830200	新闻理论	2	03033220	广告学概论	2
01833740	传媒伦理与法律法规	2	03033243	中国名著导读	2
01833830	公共传播	2	03033246	电子资源的检索与利用	2

(续表)

03033270	视觉圣经——西方艺术中的基督教	2		03033070	信息系统分析与设计	2
03033340	信息科学导论	2		03033110	信息安全	2
03033370	数字媒体信息传播	2		03033570	社会实习与实践	1
03033380	中国禁书史	2		03033580	人类信息行为	2
03033490	中国图书史	2		03033450	信息系统分析与设计	3
03032360	中国文化史	2		03033600	健康信息学概论	2
03033350	面向对象程序设计 JAVA	3		03033590	交互式信息检索	2
03030010	图书馆学概论	2		03033610	大众健康信息资源与利用	2
03032380	专业英语	2		03033620	公共文化服务概论	2
03033470	图书馆参考咨询	2		03033630	数字图书馆与语义网	3
03030370	传播学原理	2		03033650	信息计量学	2
03032110	信息政策与法规	2		03033660	信息组织小班讨论课	0
03030630	信息存储与检索	4		03033670	企业信息化在中国	2
03030780	办公自动化	3		03033680	社群信息学	2
03031100	办公自动化上机	0		03033700	互联网运营管理方法与实践	1
03033430	Web 信息构建理论与实践	2		03033690	文本信息分析技术	2
03032000	管理学原理	3		03033740	信息行为导论	2
03033520	商务信息	2		03033730	信息服务学	2
03033530	咨询理论与方法	2		03033720	信息技术与应用	2
03030700	计算机网络	3		03033750	信息架构设计与实践	2
03033060	数字图书馆	3		03033710	计算机网络概论	3
03033550	人机交互与用户体验	2		03033760	知识表示与本体构建	3
03033140	企业与政府信息化	2		03033770	信息存储与检索	3
03033500	运筹学基础	3		03033780	信息技术与应用上机	0
03032170	媒体与社会	2		03033790	社会实习与实践	0
03033440	数据挖掘导论	2		03033800	质性数据分析	2
03030220	著作权法	2		03033820	数字人文	2
03030740	管理信息系统	3		03033810	知识服务组织的管理与创新	2
03033180	信息资源建设	2		信息科学技术学院		
03033190	社科文献资源与检索利用	2		04830020	微电子与电路基础	3
03033420	信息资源编目	3		04830040	计算概论 A	3
03033030	信息分析与决策	3		04830090	数理逻辑	3
03033400	信息资源管理基础	2		04830250	人工智能概论	3
03030910	多媒体技术	2		04830290	面向对象技术引论	2
03033360	面向对象程序设计 JAVA 上机	0		04830410	信息安全引论	2
03032130	信息组织	4		04830470	操作系统 B（含实习）	3
03033160	图书馆自动化	2		04830840	热学	2
03032230	电子商务	2		04830850	近代物理	3
03033460	调查与统计方法	3		04830870	热力学与统计物理（B）	3
03033560	信息素养概论	2		04830880	纳米科技与纳米电子学	3

(续表)

04830890	量子力学（I）	3	04830800	光电子学	3
04830910	固体物理	3	04832040	现代无线通信中的新兴技术	2
04830970	通信电路	3	04830141	计算机系统结构实验班	2
04831010	半导体物理	3	04830240	计算机网络概论	3
04831050	集成电路工艺原理	3	04830130	微机实验	2
04831270	智能信息系统	3	04830670	信号与系统	3
04831280	可视化与可视计算概论	2	04830780	微机与接口技术实验	2
04831300	图像处理	3	04831180	PSoC 应用开发基础实验	2
04831320	脑与认知科学	2	04831830	大规模数据处理/云计算	2
04831400	生物信息处理	2	04831870	基础电路实验	1
04831540	网络实用技术	2	04832192	互联网数据挖掘	2
04831580	脑与认知科学	2	04830150	编译技术	3
04831670	计算机网络与 WEB 技术	3	04830550	存储技术基础	2
04831700	智能信息处理	3	04831410	计算概论（B）	3
04831810	微纳尺度流体科学与应用	2	04831650	计算概论（B）上机	0
04831880	初等数论及其应用	3	04830230	计算机图形学	3
04831890	现代信息检索导论	2	04830830	数字信号处理实验	2
04832030	量子力学（I）	4	04832270	科学研究方法、实践与文化（理论）	1
04832100	先进半导体器件	3	04832271	科学研究方法、实践与文化（实习课）	3
04832110	高等模拟集成电路原理	2	04831900	通信网概论与宽带信号技术	2
04832140	现代电子与通信导论	1	04831230	自动控制理论	2
04830281	算法设计与分析	3	04832190	可重构系统基础	3
04830221	数据库概论（实验班）	3	04830640	电子线路实验（A）	2
04831250	机器智能实验	2	04830760	数字信号处理（含上机）	3
04831811	微纳尺度流体科学与应用	3	04830790	嵌入式系统	2
04831940	快速微流控芯片制备实验	1	04830340	JAVA 程序设计	2
04831070	集成电路计算机辅助设计	3	04831780	自然语言处理导论	2
04830480	微机原理 B	3	04830310	人机交互	2
04830810	可编程逻辑电路设计（I）	2	04831210	信息论	2
04832250	计算机网络（实验班）	3	04832120	微电子器件测试实验	1
04830110	数字逻辑设计实验	2	04832180	高级超大规模集成电路器件	2
04830390	数字化艺术	2	04832330	工程科学研究方法	2
04831990	C# 程序设计及其应用	2	04830070	集合论与图论	3
04830041	计算概论 A	3	04830260	理论计算机科学基础	3
04830180	编译实习	2	04830030	科技交流与写作	2
04830211	软件工程（实验班）	3	04830080	代数结构与组合数学	3
04830330	Linux 程序设计	2	04830100	数字逻辑设计	3
04830650	数字逻辑电路	3	04830140	计算机组织与体系结构	3
04830730	微波技术与电路	3	04830530	计算概论 A（实验班）	3
04830750	光电子技术实验	2	04831200	随机过程引论	2

(续表)

04832220	智能机器人概论	2		04830494	数据结构与算法上机	0
04832240	并行与分布式计算导论	3		04830520	程序设计竞赛实践	2
04832310	网络理论和应用	2		04831760	程序设计实习(实验班)	3
04832320	人群与网络	2		04830163	操作系统A(实验班)	3
04830270	程序设计语言概论	2		04830181	编译实习(实验班)	2
04830450	网络实用技术	2		04832350	统计分析与商务智能	3
04831260	机器感知实验	2		04832400	高级光电子技术实验	3
04831800	数字媒体技术基础	2		04832410	原子物理导论	2
04830510	语言统计分析	2		04832420	固体物理导论	3
04831160	半导体材料	3		04832440	光学	3
04830010	信息科学技术概论	1		04830495	趣味算法实习	2
04831020	数字集成电路设计	3		04831750	程序设计实习	3
04831510	微电子学概论	2		04831950	生物特征识别	2
04831520	电子线路计算机辅助设计	2		04830162	操作系统及实习(实验班)	5
04832010	基于HDL的数字系统设计	3		04831060	集成电路设计实习	2
04830210	软件工程	3		04830161	操作系统A	3
04830241	计算机网络实习	2		04830190	操作系统实习	2
04830300	Web技术概论	3		04830191	操作系统实习(实验班)	2
04831090	模拟集成电路原理	3		04830720	通信原理	3
04832150	微纳器件及其创新应用	2		04831030	数字集成电路原理	3
04832191	软件工程实习	2		04831220	智能科学技术导论	1
04832260	微纳集成系统实验班	3		04831730	机器学习概论	3
04830610	电动力学	3		04831860	光纤通信系统	2
04831370	数据仓库与数据挖掘方法	2		04832090	力学B类习题补充	0
04830220	数据库概论	3		04832130	微电子学物理基础	3
04830660	数字逻辑电路实验	2		04830710	通信电路实验	2
04831770	微电子与电路基础	2		04831190	射频集成电路	3
04832282	离散数学(Ⅱ)	3		04830630	电子线路(A)	3
04831290	模式识别导论	3		04832362	计算机系统导论	6
04831040	半导体器件物理	3		04832363	计算机系统导论讨论班	0
04832281	离散数学(Ⅰ)	4		04832200	纳电子器件导论	2
04830050	数据结构与算法(A)	3		04832450	数字逻辑	2
04830170	数据结构与算法实习	2		04832470	模拟电路	2
04830320	数字图像处理	3		04832480	Mac OS X、iOS平台的Cocoa程序设计	3
04830540	数据结构与算法(A)(实验班)	3		04832500	无线通信集成电路基础	2
04830740	微波技术实验	2		04832050	微米纳米技术概论	3
04831420	数据结构与算法(B)	3		04832460	数据分析基础	2
04831840	职业规划与领导力发展	2		04832510	软件工程实习(实验班)	2
04831970	卫星导航定位系统概论	2		04832520	并行程序设计原理	2
04832430	电子线路A(实验班)	3		04832560	算法设计与分析	4

（续表）

04832570	算法设计与分析（实验班）	4	04832940	Scratch 趣味程序设计与计算思维	2
04832580	算法设计与分析（研讨型小班）	0	04830042	计算概论 A 上机实习课	0
04832530	初级算法应用技巧	2	04833000	固体物理基础	3
04832540	中级算法应用技巧	4	04832950	声场与声信号处理导论	3
04832550	高级算法应用技巧	6	04832960	大数据查询的理论和关键技术	2
04832640	数学物理方法	3	04832970	计算社会网络中近似算法设计	2
04832650	电路分析原理	4	04832980	嵌入式 Linux 操作系统	2
04832660	电子系统设计实践	3	04832990	微纳电子专业综合实验	2
04832651	电路分析原理研讨班	0	04833010	科技创新与创业	2
04832670	集成电路测试原理	2	04833020	软件分析技术	3
04832652	机器学习	2	04833030	文献写作与报告	2
04830142	计算机组成与系统结构实习 A	2	04831951	生物特征识别实习	1
04831431	文科计算机基础实验班	3	04831080	微电子器件测试实验	2
04831432	计算机应用基础（上）	3	04833050	算法设计与分析	5
04830143	计算机组成与系统结构实习 B	2	04833040	计算机系统导论	5
04832280	C++ 语言程序设计	3	04833070	半导体物理	4
04832680	社会科学中的计算思维方法	3	04833071	半导体物理研讨班	0
04832730	现代集成电路中的器件设计与应用	3	04831444	计算机应用基础	3
04832700	计算机组成	3	04833060	算法设计与分析（实验班）	5
04832690	数字视频处理与分析	3	04833100	电磁波理论与应用导论	2
04832710	自然语言处理中的经验性方法	3	04833110	全球创新产品设计和团队实践	2
04832720	编程语言的设计原理	3	04833120	无线网络	2
04832760	电路与电子学	4	04833140	健康信息学——大数据方法	2
04832740	概率论与随机过程	3	04833150	交互设计中之人与社会因素	2
04832750	基础物理学	4	04833130	如何做好数据库研究	2
04832800	集成电路静电放电保护方法	2	04833160	计算机伦理学	2
04832820	模式识别和统计学习模型与方法	3	04830144	计算机组成与系统结构实习	2
04832830	通信与计算机网络	3	04833180	半导体器件物理	4
04832850	创新工程实践	3	04833181	半导体器件物理研讨班	0
04831433	文科计算机基础	3	04833190	先进材料表征技术与实验	3
04832860	软件质量保证	2	04833200	JavaScript 语言 Web 程序设计	2
04832880	信息论与编码理论基础	2	04833210	程序设计思维	3
04832870	场与波	3	04833220	创新思维与表达艺术	2
04832890	数字逻辑电路（小班课）	0	04833230	连接世界的通信	2
04832900	数字逻辑电路	4	04804011	人工智能前沿与产业趋势	2
04832910	面向通用对弈游戏的程序设计方法	2	04833250	图说量子进程	2
04831443	文科计算机专题	3	04833280	移动感知系统和应用	2
04832901	数字逻辑电路（实验班）	4	04833290	数据库理论中的高级课题	2
04832920	函数式程序设计	3	04833260	逻辑和程序验证	2
04832930	电子技术实验	2	04833270	应用算法	2

(续表)

04833330	高级计算机图形学	2		18050180	人体免疫与健康养生	1
04833310	集成电路逻辑综合实验	2		18050200	中医养生学	2
04833350	紧凑数据结构与大数据	2		18050200	中医养生学	2
04833320	40年分布式系统研究漫谈	2		89139790	医学发展概论	2
04833340	机器学习前沿：在线学习和优化	2		18050500	血管探秘	2
04803006	纳米离子学	3		18050110	心脏健康导论	1
04833360	情感智能机器人引论	2		18050120	心血管病急症的救治	1
04833370	信息科学中的物理学（上）	3		18052131	医学美学与大众生活	2
04833380	博弈论	3		18052901	现代医学与健康文化	2
04833390	前沿计算导论	1		18052901	现代医学与健康文化	2
04833400	离散数学与结构（Ⅰ）	3		艺术学院		
04814150	计算机视觉	3		04330094	中国电影史	3
04812160	计算语言学	3		04330111	经典昆曲欣赏	2
04833410	凸分析与优化方法	3		04330431	中国传统装饰艺术赏析	2
04833420	机器学习	3		04330550	影视鉴赏	2
04833430	离散数学与结构（Ⅱ）	3		04330610	中国书法艺术技法	1
04833440	计算理论导论	3		04330641	交响乐（初）	0.5
04833450	游戏AI中的算法	3		04330642	交响乐（初）	0.5
04833470	电磁大数据导论	2		04330643	交响乐（中）	0.5
04833460	前沿计算研究实践（Ⅰ）	3		04330644	交响乐（中）	0.5
04833480	电子游戏通论	2		04330645	交响乐（高）	0.5
04833371	信息科学中的物理学（下）	3		04330646	交响乐（高）	0.5
04833500	量子、信息与生命	2		04330910	舞蹈	1
04833490	计算机科学与编程入门	2		04330923	合唱（中）	1
04833510	视觉计算与深度学习	2		04330924	合唱（中）	0.5
04833461	前沿计算研究实践（Ⅱ）	3		04330925	合唱（高）	1
04833520	大数据管理技术	2		04330941	民族管弦乐（初）	1
04833530	智能硬件应用实验	2		04330942	民族管弦乐（初）	0.5
学生工作部人民武装部				04330945	民族管弦乐（高）	1
61030030	朋辈心理辅导	2		04330946	民族管弦乐（高）	0.5
61030020	大学生职业生涯规划	2		04331100	交响乐名曲赏析	2
60730020	军事理论	2		04331300	毕业实习	3
60730320	当代国防	2		04331541	美学原理	2
60730330	《孙子兵法》导读	2		04331620	毕业论文	4
医学部教学办				04331791	视听语言（电影语言）	2
89339770	健康的生活方式与健康传播	2		04331792	视听语言（电影语言）(2)	2
89339770	健康的生活方式与健康传播	2		04331812	影视导演（一）	2
18050150	营养与疾病	1		04331813	影视导演（二）	2
18050150	营养与疾病	1		04331831	摄影、摄像	2
18050180	人体免疫与健康养生	1		04331840	毕业论文	4

（续表）

04332120	影视音乐	2	04332282	学年作品（二）	1
04332210	中国电影史	2	04330881	基本乐理与管弦乐基础	2
04332250	影片导读（一）	1	04330014	艺术市场	2
04332251	影片导读（二）	1	04330052	中国美术通史（上）	2
04332270	表演理论与实践	2	04330053	中国美术通史（下）	2
04332283	毕业作品拍片实践	2	04332711	西方美术史田野调研	1
04332284	毕业实习	2	04330166	合唱基础的理论与实践	2
04332290	影视技术（非线性编辑）	2	04330015	当代艺术概论	2
04332350	中国流行音乐流变	2	04332511	西方美术通史（上）	2
04332470	中国美术概论	2	04331452	中国电影史	4
04332530	文化产业导论	2	04330016	艺术管理学	2
04332551	艺术训练（一）	1	04330054	中国绘画与文学	2
04332552	艺术训练（二）	1	04330055	西方美术史（下）	2
04332553	艺术训练（三）	1	04330057	西方音乐通史（上）	2
04332554	艺术训练（四）	1	04330056	中国音乐通史	2
04332555	艺术训练（五）	1	04330058	西方音乐通史（下）	2
04332556	艺术训练（六）	1	04330028	跨文化艺术传播学	2
04332557	艺术训练（七）	1	04330029	文化市场营销学	2
04332710	西方美术史	2	04330027	舞蹈史论	2
04332870	音乐剧概论	2	04330153	舞蹈概论	2
04332930	好莱坞电影叙事	2	04330038	中国艺术学原著导读	2
04332791	制片管理与营销	2	04330070	舞蹈概论	2
04333021	美术概论	2	04330021	戏曲与中国传统文化	2
04330013	艺术学原理	2	04330039	艺术批评	2
04332850	世界音乐精华	2	04333100	音乐剧概论与实践	3
04330440	舞蹈创作排练	1	04330017	西游记与中国文化	2
04332301	西方舞蹈文化史	2	04330019	中国戏曲史与戏曲美学专题	2
04330051	中国美术史	2	04330005	音乐概论	2
04331020	中外名曲赏析	2	04330004	创意写作	2
04330401	中国书法理论与技法	2	04330037	创意管理学	2
04332661	中国画理论与技法	2	04330133	戏剧名作分析	2
04332590	中国传统装饰艺术与审美文化	2	04330049	西方音乐通史	2
04331782	影片分析	2	04330076	中国画技法	2
04330926	合唱（高）	0.5	04330077	艺术经济学	2
04332490	西方歌剧简史与名作赏析	2	04330002	艺术心理学	2
04330101	电影概论	2	04330048	剧作法（一）	2
04331570	戏剧艺术概论	2	04330147	剧作法（二）	2
04332285	毕业论文	2	04330156	毕业作品创作（一）	1
04331802	影视编剧（一）	2	04330157	毕业作品创作（二）	1
04331803	影视编剧（二）	2	04330159	古代近东艺术与建筑	2
04332281	学年作品（一）	1	04331111	中国传统艺术撷英	2

(续表)

课程代码	课程名称	学分	课程代码	课程名称	学分
04330647	世界电影史	3	03835061	大学英语（一）（2）	2
04330649	影视理论与批评	2	03835062	大学英语（二）（2）	2
04330688	艺术与审美	2	03835063	大学英语（三）（2）	2
04330675	文化产业投融资理论与实务	2	03835067	大学英语（四）	2
04330677	艺术法	2	03835201	大学英语ABC（一）（2）	2
04330073	表演理论与实践（一）	2	03835202	大学英语ABC（二）（2）	2
04330074	表演理论与实践（二）	2	03835230	实用英语词汇学	2
04330255	视觉文化与公共艺术	2	03835260	英语名著与电影	2
04330041	西方音乐欣赏	2	03835270	英语词汇与英美文化	2
04330069	书法	2	03835330	英国传统诗歌精华	2
04332222	《红楼梦》与中国文化艺术	2	03835390	文艺复兴艺术作品与圣经故事	2
04332223	影视音乐与声音	2	03835400	美国短篇小说与电影	2
04330089	信息技术与文化产业	2	03835460	英美戏剧和电影	2
04332224	绘画技法	2	03835470	美国诗歌导读	2
04332225	导演理论与实践（一）	2	03835500	新西兰历史与文化	2
04332226	导演理论与实践（二）	2	03835710	语言、文化与交际	2
04332227	毕业作品	2	03835800	实用基础英语写作	2
04332228	年度作品	1	03835830	西方文化选读	2
04330669	艺术博物馆学	2	03835840	英美短篇小说赏析	2
04330716	艺术策展学	2	03835850	希腊罗马神话赏析	2
04330717	文化政策学	2	03835880	英美报刊选读	2
04330714	艺术品收藏与鉴定	2	03835890	汉英翻译理论与实践	2
04334000	舞蹈理论与实践	2	03835920	影视英语听说	2
04334001	世界美术简史	2	03835930	英语语境中的中国历史与文化	2
04334003	中国戏剧史	2	03835950	高级英语口语	2
04334004	"非遗"之首：昆曲	2	03835960	英文文体风格鉴赏	2
04334002	世界著名博物馆艺术经典	2	03835990	英美经典散文节选阅读	2
04334007	敦煌的艺术	2	03835860	英语公众演讲	2
04334005	宗教美术史	2	03835940	语音与听说词汇	2
04334014	伟大的《红楼梦》	2	03835970	语调与听说语法	2
04334008	中西方音乐专题	3	03835720	澳大利亚研究	2
04334016	影视实践	2	03835730	美国文化概览	2
04334020	毕业联合作品	1	03834441	公共基础拉丁文（一）	4
04334021	毕业剧作	2	03835740	分析性英语写作	2
04333017	艺术经济学	4	03835510	希腊与希伯来哲学	2
04333022	中国民族器乐经典	2	03835520	英美文学概况	2
04333026	欧洲电影文化专题	2	03835530	美国重要历史文献选读	2
英语语言文学系			03835610	法律英语	2
03835203	大学英语ABC（三）（2）	2	03835620	美国华人移民的历史与文化	2
03835204	大学英语ABC（四）（2）	2	03835543	英语阅读	2
03835900	高级英语写作	2	03835544	学术英语写作	2

(续表)

03835551	高级英语听说	2		04630730	当代中国社会	3
03835552	英语听说	2		04630790	数据科学导引	3
03835750	英汉名作名译研读	2		04630994	定量分子生物学	3
03835630	加拿大历史与文化	2		04630901	公共经济学	2
03835640	澳大利亚历史与文化影视专题	2		04630771	定量细胞生物学	3
03835650	北京和上海：中国历史上的双城记	2		04630997	整合科学科学实践课（上）	3
03835996	计算机辅助翻译与写作	2		哲学系		
03835660	影视中的英美文化	2		02330840	中国美学史	2
03835670	英语非虚构作品中的近当代中国社会与文化	2		02332131	《圣经》导读	2
03835680	当代英美纪录片中的中国文化和社会	2		02332210	基督教史	2
03835690	商务英语	2		02332230	中国基督教史	2
03835760	高级英语阅读	2		02332480	全球化时代的宗教关系	2
03835770	商务沟通与表达	2		02333321	中国哲学专题	2
03835780	批判性思维与学术写作	2		02333430	民主理论	2
03835790	英美戏剧概况	2		02335350	博物学导论	2
03835993	新闻英语视听说	2		02336190	康德实践哲学	2
03835994	经典英美诗歌翻译与鉴赏	2		02336400	现代逻辑基础	4
03835100	西方人文英语	2		02312060	儒家哲学著作选读	3
03835110	科技前沿英语	2		02332039	回儒世界观	2
03835130	学术英语听说	2		02315051	高级模态逻辑	4
03835991	当代美国小说	2		02315280	动态逻辑	2
03835992	美国政治制度	2		02313030	古希腊哲学原著	3
03835995	学术英语阅读	2		02316270	伦理学原著选读	3
03930050	公共英语（三）	3		02315010	公理集合论	4
03835997	语言、技术与社会	2		02331210	集合论	3
03835998	博雅英语阅读	2		02331221	模型论	3
	元培学院			02331240	公理集合论	3
04630030	学术规范与论文写作	2		02330350	西方马克思主义专题	2
04630710	认知科学与经济学	2		02331230	一阶理论	3
04630720	推理与决策	2		02331360	数学哲学专题	2
04630900	思想道德修养与法律基础	3		02315160	逻辑哲学研究	3
04630950	思想道德修养与法律基础讨论班	0		02330030	逻辑导论	3
04630850	综合实验课程Ⅱ	4		02331100	逻辑哲学	3
04630860	多元微积分与线性代数	5		02331181	逻辑史	3
04630880	生物化学（整合科学）	3		02331191	哲学逻辑	2
04630861	多元微积分与线性代数习题课	0		02331271	悖论研究	3
04630960	中国近现代史纲要	3		02332338	印度佛教经典选读	2
04630990	综合科学实验课程Ⅲ	4		02330340	形而上学	2
04630812	通识教育新生讨论班	2		02332013	印度佛教史	2
04630831	综合实验课程Ⅰ	3		02332311	佛教导论	2
04630031	学术规范与论文写作	1		02330142	伦理学导论	2

(续表)

编号	课程名称	学分	编号	课程名称	学分
02333100	分析哲学概论	2	02333400	近代西方哲学	2
02333390	语言哲学	3	02336170	哲学与人生	2
02335100	知识论	2	02330070	现代西方哲学	2
02313900	中世纪哲学拉丁语	3	02332770	西方近代哲学的起源	2
02330101	马克思主义哲学史	2	02333070	近代欧洲哲学专题	2
02333480	马克思主义哲学原著选读（马恩部分）	2	02333221	魏晋哲学	2
02332910	启蒙哲学	2	02333230	宋代哲学	2
02332141	东正教艺术	2	02335040	中国古代思想世界	2
02332190	宗教哲学	2	02335081	西方哲学原著选读	2
02333120	俄罗斯哲学专题	2	02335200	庄子哲学	2
02318280	宗教经典专题	3	02335220	四书精读	2
02330001	哲学导论	2	02330501	美国环境思想	2
02330132	科学哲学导论	2	02332020	伊斯兰教史	2
02330161	宗教学导论	2	02332024	中国伊斯兰教史	2
02330540	管理哲学	2	02332026	中国伊斯兰教典籍选读	3
02331050	模态逻辑	4	02332030	阿拉伯哲学	2
02332017	中国佛教经典选读	2	02332034	伊斯兰教专题	2
02332220	宗教哲学专题	2	02332035	阿拉伯伊斯兰文化	2
02332336	中国佛教史	2	02332080	《古兰经》导读	2
02332541	宗教人类学	2	02333170	后现代主义哲学	2
02335260	文学与伦理	2	02335110	科学与宗教	2
02330000	哲学导论	2	02335122	复杂性科学与哲学	2
02331031	一阶逻辑	3	02330360	马克思主义宗教学	2
02332270	奥古斯丁思想研究	2	02330590	波普的历史哲学	2
02333371	政治哲学	2	02332042	基督教和中国文化	2
02336160	西方思想经典（一）	2	02332074	道家哲学专题	2
02313111	中世纪思想中的自由与责任	3	02333231	宋明理学	2
02330152	美学原理	2	02333282	儒学哲学专题	2
02330341	后形而上学与后现代主义	2	02334020	环境伦理学	2
02330450	经典著作研究专题	2	02335071	中国哲学史（上）	2
02330500	环境哲学	2	02335072	中国哲学史（下）	2
02330800	西方美学史	2	02312350	出土简帛与古代哲学新视野	3
02332450	本体论论证	2	02330460	全球化问题研究	2
02318170	海外汉学中的道教学	2	02332180	宗教社会学	2
02330620	科学社会学导论	2	02332410	佛教哲学	2
02331160	直觉主义逻辑	2	02333210	先秦哲学	2
02331190	集合论	4	02333320	近现代中国哲学	2
02331310	逻辑与批判性思维	3	02332250	中国宗教史	2
02331371	数学结构	3	02332092	创世纪研究（旧约诠释方法）	2
02332071	道教原典	2	02332117	基督教哲学	3
02332160	道教史	2	02332119	中世纪哲学的形象与问题	2

(续表)

02332132	新约问题研究	2		02333180	东西方哲学比较	2
02332613	拉丁语Ⅲ	4		02330002	哲学阅读与写作	2
02332614	拉丁语Ⅰ	2		02330163	宗教学导论讨论课	0
02332615	拉丁语Ⅱ	2		02333056	古希腊语导论（3）	4
02335330	世界文明中的科学技术	2		02333140	当代分析哲学	2
02318211	宗教学专题	3		02333161	现象学导论	3
02318500	宗教与中西文明传统比较研究	2		02330003	哲学导论	3
02336161	西方思想经典（二）	2		02330004	哲学导论讨论课	0
02330091	中国现代哲学史	2		02331121	形式语义学导论	4
02335351	博物学文化专题	3		02330160	宗教学导论	3
02333411	艺术哲学	2		02333051	古希腊语导论（Ⅰ）	3
02332241	洵美之路——基督宗教神哲学与美学研究	3		02330610	心灵哲学	2
02336162	西方思想经典（三）	2		02333090	德国古典哲学专题	2
02330812	西方美学专题	2		02336201	康德《纯然理性范围内的宗教》	3
02300494	一阶逻辑的可判定片段及扩张	2		02318373	伊斯兰哲学研究专题	3
02315300	内涵逻辑	3		02330162	宗教学导论	2
02335000	学年论文	1		02337003	古典语文学专题研讨（三）	2
02332118	基督教原典	2		02333285	儒学与中国社会	2
02333091	现代德国哲学	2		02332390	天台宗研究	2
02333093	德国古典哲学系列Ⅰ（谢林哲学）	2		02336142	比较古典哲学	3
02333097	德国哲学研究	2		02330320	当代认识论	3
02333370	政治哲学	3		02332973	西方古典思想（Ⅱ）	3
02332240	基督教专题	2		02333052	古希腊语导论（二）	3
02330342	中世纪形而上学专题	3		02333141	当代分析哲学	3
02332971	西方古典思想（一）	3		02336150	叔本华和尼采的哲学	2
02333211	先秦哲学专题	2		02332811	法国哲学研究	3
02336191	康德哲学研究	3		02333057	希腊语阅读	2
02335250	人文经典阅读	2		02335091	罗尔斯《政治自由主义》研究	3
02334030	应用伦理学专题	2		02319700	西方科技史导论	3
02337001	古典语文学专题研讨（一）	2		02337004	古典语文学专题研讨（四）	2
02330180	科学历史哲学导论	2		02332192	宗教仪式与宗教信仰	2
02318300	宗教史专题	3		02335043	中国古代思想经典选读	1
02332980	维特根斯坦哲学研究	2		02333373	西方政治思想（古代）	2
02336141	亚里士多德与亚里士多德传统	3		02330643	古希腊语哲学经典阅读	2
02332961	黑格尔哲学引论	2		02315320	知识的逻辑	3
02333431	民主理论	3		02335092	西方自由主义史	3
02336180	中世纪哲学原著	2		02335201	孟子哲学	2
02337002	古典语文学专题研讨（二）	2		02332720	现代欧陆哲学原著选读	3
02332972	柏拉图的《理想国》	2		02333420	自然哲学	3
02330670	中国伦理学史专题	2		02334010	西方哲学原著导读（形而上学原理）	2
02331182	动态逻辑	3		02335080	西方哲学原著选读	3

(续表)

02318370	中国伊斯兰教原著选读	2		02330027	马克思主义哲学（上）	2
02332050	宗教学名著选读	3		02332992	礼学原著选读	2
02333331	现代中国的建立：制度、思潮与人物	2		02336152	尼采哲学研究	2
02335202	孔子与老子	2		02330095	中国哲学（下）	2
02332323	坛经	2		02330096	中国哲学（下）	3
02318281	宗教经典与宗教信仰	2		02330097	中国哲学（下）讨论课	0
02332058	伊斯兰教史	2		02330052	西方哲学（上）	2
02333911	基督教伦理学导论	2		02333160	现象学专题	3
02332771	西方早期近代哲学	3		02333072	20世纪欧陆哲学	3
02332751	海德格尔哲学研究	2		02330045	西方哲学史（古代与中世纪）	2
02313810	笛卡尔哲学研究	3		02335280	人文经典与前沿：哲学与历史A	2
02313032	古希腊语经典哲学文本阅读	2		02330842	中国美学专题	2
02335060	西方哲学史	2		02335002	学年论文	3
02333220	魏晋玄学	2		02319480	自然科学哲学问题	3
02333096	德国古典哲学原著	3		02333021	荷马研究前沿	2
02332212	西方政治思想（中世纪）讨论班	0		02336192	德国古典法哲学专题	3
02336151	尼采《查拉图斯特拉如是说》	2		02332962	黑格尔《精神现象学》	3
02332974	柏拉图和亚里士多德哲学研究	3		02330028	马克思主义哲学（下）	2
02332193	宗教律法与宗教信仰	2		02333162	现象学引论	2
02333233	《周易本义》精读	2		02335281	人文经典与前沿：哲学与历史B	2
02330035	哲学数学计算机中的逻辑	2		02330036	语言、逻辑与计算	2
02332213	西方政治思想（现代）	2		02332195	宗教信仰与神秘主义	2
02330371	马克思国家理论研究	3		02330053	西方哲学（下）	3
02332991	中国礼学史	2		02330054	西方哲学（下）	2
02335101	知识论专题	3		02330056	西方哲学（下）讨论课	0
02336401	逻辑与论证	3		02335093	罗尔斯《正义论》研究	3
02330092	中国哲学（上）	3		02330512	哲学系实践实习	1
02330093	中国哲学（上）讨论课	0		02313500	康德《判断力批判》研究	3
02330094	中国哲学（上）	2		02332421	印度哲学与宗教文化	2
02330581	学位论文	4		02332963	费希特《全部知识学的基础》	3
02330170	中国哲学原著选读	3		02330102	马克思主义哲学（上）	3
02314300	佛教文献学	3		02330103	马克思主义哲学（上）讨论课	0
02332975	西方古典文本研读	2		02330104	马克思主义哲学（下）	3
02332194	宗教艺术与宗教信仰	2		02330105	马克思主义哲学（下）讨论课	0
02335221	《近思录》精读	2		02330046	西方哲学史（现代部分）	2
02316240	正义理论研究	3		02333351	早期思想与古典语文	3
02330611	情感哲学	2		02338001	思想与社会研究方法	2
02330051	西方哲学（上）	3		02311231	马克思历史哲学专题	2
02330055	西方哲学（上）讨论课	0		02315031	递归论基础	3
02313394	观念论与分析哲学	3		02332214	西方政治思想（中世纪）	2
02313591	黑格尔的法哲学	3		02312111	两汉思想史原著选读	3

(续表)

02332196	宗教传统与宗教自由	2		03230120	组织与管理	3
政府管理学院				03231750	中国地方政府与政治	3
03230100	当代西方国家政治制度	3		03232450	房地产经济与管理	3
03230770	中国政治制度史	3		03232460	公共组织行为学	3
03231130	地方政府管理	3		03232470	论文写作与研究方法	3
03231720	监察与监督	3		03232480	博弈论	3
03231870	公民社会与非政府组织	3		03232500	政府与法治	3
03232360	地理信息系统基础与应用	3		03232600	政治学前沿	3
03231740	美国政府与政治	3		03232510	公共组织战略管理	3
03232300	应用统计学	3		03232550	区域经济学	3
03231240	经济地理学	3		03232560	城市经济学	3
03230020	政治学原理	3		03232530	公共经济学	3
03232350	危机学	3		03232570	政治学原理（上）	3
03230780	中国政治思想史	3		03232580	行政学原理	3
03232400	社会调查的理论与方法	3		03232590	政治学原理（下）	3
03231080	政治经济导论	3		03232620	宪法与行政法学	3
03231160	人力资源开发与管理	3		03232640	行政学研究方法	3
03231250	城市管理	3		03232610	社会科学的经典与前沿	3
03231470	货币与金融政策	3		03232630	经济学原理	3
03231200	宏观经济政策	3		03232690	中国近代政治思想史	3
03231610	管理运筹学	3		03232680	全球视野下的中国工业与经济发展	3
03231530	财政预算与行政财务管理	3		中国社会科学调查中心		
03231700	政党学概论	3		18730010	社会调查实务	2
03231910	当代世界经济与政治	3		18730020	社会调查数据分析方法	2
03230430	国家公务员制度	2		18730030	社会科学实验研究方法	2
03231120	比较公共管理	3		中国语言文学系		
03231260	城市规划	3		02033050	学年论文	4
03231140	公共财政与税收	3		02033980	唐代小说研究	2
03232310	政治学科的理论与方法	2		02034000	现代汉语	2
03231620	公共政策分析	3		02034010	五四新文化研究	2
03230050	当代中国政府与政治	3		02034020	中国有声语言和口传文化	2
03230450	行政领导学	3		02080420	中国古代文化基础	2
03231660	政治哲学	3		02034030	中国现当代文学	3
03232270	政治学概论	4		02033933	经典精读课程（三）	3
03231110	新公共管理	3		02030011	现代汉语（上）	3
03232080	日本经济	2		02030012	现代汉语（下）	3
03230790	西方政治思想史	3		02030021	古代汉语（上）	4
03231690	发展政治学	3		02030022	古代汉语（下）	4
03232370	经济法学	3		02030031	中国古代文学史（一）	3
03230040	比较政治学概论	3		02030032	中国古代文学史（二）	3
03230670	秘书学与秘书工作	3		02030033	中国古代文学史（三）	3

(续表)

02030034	中国古代文学史（四）	3		02032150	汉语方言语料分析	2
02030040	中国现代文学史	4		02032200	现代通俗小说	2
02030070	语言学概论	3		02032230	西方文论经典研究	2
02030101	实习	1		02032240	鲁迅小说研究	2
02030120	汉语方言学	4		02032270	中国现代文学名著研究	2
02030130	汉语音韵学	2		02032340	中文工具书及古代典籍概要	2
02030150	理论语言学	3		02032570	台湾文学专题	2
02030160	文字学	2		02032590	胡风研究	2
02030220	目录学	2		02032640	《论语》《孟子》导读	2
02030230	版本学	2		02032730	编译原理	3
02030240	校勘学	2		02032780	西方文学理论史	2
02030251	古文献学史（上）	2		02033000	台湾文学	2
02030252	古文献学史（下）	2		02033010	老舍与现代中国文化	2
02030253	古典文献实习	1		02033030	西方文学史	3
02030260	训诂学	2		02033090	中文工具书	2
02030350	中国神话研究	2		02033100	语言工程与中文信息处理	3
02030570	唐诗研究概论	2		02033130	鲁迅研究	2
02030700	文艺美学	2		02033160	中国现代诗歌研究	2
02030790	比较文学原理	2		02033180	20世纪中国女性文学经典解读	2
02030920	现代汉语虚词研究	2		02033260	汉语语音学基础	2
02030930	现代汉语语法研究	3		02033290	先秦诸子讲说	2
02030950	汉语修辞学	2		02033310	《广韵》研究	2
02030980	实验语音学基础	3		02033320	中国古代诗歌理论专题	2
02031080	《论语》选读	2		02033340	台湾小说十家	2
02031090	《孟子》选读	2		02033360	中国当代文学	4
02031130	索绪尔语言学理论	3		02033370	莎士比亚戏剧专题	2
02031170	语义学	3		02033390	古籍鉴定与保护	3
02031200	日本中国学	2		02033440	近代文学改良思潮	2
02031290	《庄子》	2		02033450	古代典籍概要	4
02031522	汉语史（下）	4		02033560	《红楼梦》研究	2
02031540	中国古代文化	2		02033570	静园学术讲座	1
02031601	方言调查	2		02033580	古代汉语	4
02031670	敦煌文献概要	2		02033600	文学与文化	2
02031750	诗歌写作	2		02033620	古典文献学基础	3
02030330	民俗学	2		02033630	海子诗歌研究	2
02031550	小说的艺术	2		02033700	中国传统节日研究	2
02031810	《汉书》导读	2		02033720	90年代以来长篇小说研究	2
02031970	文化研究的理论与实践	2		02033780	诗词格律与写作	2
02031980	元明杂剧研究	2		02033830	经典讲读	2
02032020	民间文学概论	2		02033850	中国古籍入门	2
02032120	荀子	2		02033861	中国古代文学经典（一）	2

(续表)

02033862	中国古代文学经典（二）	2	02034090	《西游记》研读	2
02033870	人类沟通的起源与发展	2	02034130	英译中国文学	2
02033880	唐宋以来重要文献选读	2	02080431	高级汉语口语（上）	2
02033932	经典精读课程（二）	3	02080432	高级汉语口语（下）	2
02033940	中国古代文学	4	02033270	中国文学理论批评史	3
02039030	文学概论	2	02034173	中国古代文学史（三）	4
02039070	中国现代散文研究	2	02080440	古文选读	3
02039110	元杂剧精读	2	02034200	20世纪中国女性文学作品选读	2
02039130	民俗研究	2	02034172	中国古代文学史（二）	4
02039200	文学原理	2	02034250	艺术人文学导论	2
02039260	宋代作家论：苏轼研究专题	2	02034230	西方人文经典导读	2
02030470	散曲研究	2	02034270	当代外国经典短篇小说细读	2
02031140	美国结构语言学	2	02034171	中国古代文学史（一）	4
02031521	汉语史（上）	3	02034280	汉代文学与社会政治	2
02031820	《韩非子》选读	3	02034290	民间叙事研究	2
02080041	现代汉语（上）	3	02033890	美国华裔小说与戏剧	2
02080042	现代汉语（下）	4	02034300	大学国文	2
02080051	古代汉语（上）	4	02034310	审美文化专题	2
02080053	古代汉语（下）	4	02034340	西方思想史专题	2
02080130	中文工具书使用	3	02034320	网络文学类型文研究与写作	2
02080200	现代汉语词汇	2	02034330	鲁迅小说与世界文学	2
02080261	中国现代文学（上）	2	02034350	现代都市小说研究	3
02080262	中国现代文学（下）	2	02034360	中国现代文学史	5
02080320	中国民间文学	2	02034174	中国古代文学史（四）	4
02080330	汉字书法	2	02034370	《红楼梦》在中国文化的位置	2
02080331	中国当代文学作品（上）	2	02034380	《四库全书总目》讲读	2
02080341	中国古代文学（一）	3	02034390	网络文学前沿研究与创作实践	2
02080342	中国古代文学（二）	3	02034400	《史记》导读	2
02080343	中国古代文学（三）	3	02033690	美国小说：1900—1930	2
02080344	中国古代文学（四）	3	02033650	明清白话长篇小说研究	2
02080400	中国人文地理	2	02034410	文学作品的量化评估方法	3
02080410	中国民俗与社会生活	2	02034420	《文选》导读	2
02080421	阅读与写作（初级）	4	02034431	古代汉语（上）	5
02080422	阅读与写作（中级上）	4	02034440	新媒体理论与实践	2
02080423	阅读与写作（中级下）	4	02034450	中国现代文学经典选讲	2
02080424	阅读与写作（高级）	4	02034460	唐宋诗词名篇精读（一）	2
02033931	经典精读课程（一）	3	02034470	国学经典讲论	2
02080332	中国当代文学作品（下）	2	02034480	中国民俗与文化	2
02034050	西方小说名著导读	2	02034490	网络文学类型文研究与创作实践	3
02034060	形式语法导论	2	02034500	古代小说名著导读	2

(续表)

02034510	网络文学理论研究与写作	3		02034650	实用汉语修辞	2
02034520	电子游戏与文化理论	2		02034660	《红楼梦》的英译本	2
02034530	20世纪中国美学	2		02034670	汉语语音史专题讲座	2
02034540	影片精读	3		02034700	40—50年代作家研究	2
02034550	《儒林外史》研究	2		02034710	三礼导读	2
02034560	中国共产党与国家治理体系和治理能力现代化	2		02034720	文字音韵训诂基础（上）	2
02034570	网络文学发展史研讨	3		02034730	文字音韵训诂基础（下）	2
02034590	西方文学作品中的中国形象	2		02034780	网络文学前沿研究及批评	3
02034600	汉代文人与文学研究	2		02034740	清代学术与文学	2
02034610	曲学	2		02034760	中国现代小说经典研读	3
02034620	学年论文	2		02034750	语言分析与程序设计	2
02034432	古代汉语（下）	5		02034770	北京大学与百年中国	2
02034680	《中原音韵》研究	2		02034790	中国文学选读	2
02034690	中国网络文学发展史研究	3				

（教务部）

表6-8　2017年北京大学国家精品在线开放课程名单

序号	课程名称	课程团队负责人	主要建设学校	主要开课平台
1	刑法学总论	王世洲	北京大学	华文慕课
2	翻转课堂教学法	汪　琼	北京大学	爱课程（中国大学MOOC）
3	游戏化教学法	尚俊杰	北京大学	爱课程（中国大学MOOC）
4	Chinese for Beginners	刘晓雨	北京大学	Coursera
5	民俗学	王　娟	北京大学	华文慕课
6	西方文明史导论	朱孝远	北京大学	智慧树
7	生物演化	顾红雅	北京大学	华文慕课
8	生物信息学：导论与方法	高　歌　魏丽萍	北京大学	华文慕课
9	生物数学建模	陶乐天	北京大学	edx
10	C#程序设计	唐大仕	北京大学	爱课程（中国大学MOOC）
11	程序设计实习	刘家瑛　郭　炜	北京大学	华文慕课
12	操作系统原理	陈向群	北京大学	华文慕课
13	计算机组成	陆俊林	北京大学	华文慕课
14	操作系统与虚拟化安全	沈晴霓	北京大学	华文慕课
15	艾滋病、性与健康	王登峰	北京大学	智慧树
16	流行病学基础（一）	吴　涛　李立明	北京大学	爱课程（中国大学MOOC）
17	艺术与审美	叶　朗	北京大学	智慧树
18	"非遗"之首——昆曲经典艺术欣赏	顾春芳	北京大学	智慧树
19	人群与网络	李晓明	北京大学	华文慕课
20	军事理论	孙　华	北京大学	智慧树
21	创新工程实践	张海霞	北京大学	智慧树

（教务部）

表 6-9　2017 年北京大学通识教育核心课程

说明：以 2003 年版本科生教学手册修订为标志，北京大学全面开始了通识教育改革。从 2015 年开始，北大教务部推出一系列"通识教育核心课"，作为推进通识教育的前沿阵地。它凝聚了"阅读经典、批判思考""大班授课、小班讨论、课后写作读书报告"等基本共识，汇集了北大各院系的教学名师及其助教团队，探寻更具成效的教育方式，以期助力于培养"懂得社会，懂得自己，懂得中国，懂得世界"的北大青年。课程分为三大系列："人类文明及其传统""现代社会及其问题""人文、自然方法"。

截至 2017 年底，已开设如下课程：

课程系列		课程名称	开课院系	教师
系列一／人类文明及其传统	经典阅读类课程	四书精读	哲学系	杨立华
		孔子与老子	哲学系	王　博
		坛经	哲学系	周学农
		庄子哲学	哲学系	郑　开
		国学经典讲论	中国语言文学系	吴国武
		《周易》精读	马克思主义院	孙熙国
		尼采《查拉图斯特拉如是说》	哲学系	赵敦华
		《资本论》选读	经济学院	方　敏
		文艺复兴经典名著选读	历史学系	朱孝远
		古希腊罗马历史经典著作阅读	历史学系	张新刚
		《圣经》释读	外国语学院	高峰枫
		中国现代文学经典选讲	中国语言文学系	吴晓东
		西方政治思想（古代）	哲学系	李　猛
		西方政治思想（中世纪）	哲学系	吴　飞
		西方政治思想（现代）	哲学系	吴增定
	文明传统类课程	考古学与古史重建	考古文博学院	孙庆伟
		中国传统官僚政治制度	历史学系	阎步克、叶　炜
		中国古代史（上、下）	历史学系	张　帆、叶　炜
		中国古代政治与文化	历史学系	邓小南、阎步克、叶　炜、赵冬梅
		佛教艺术和考古：南亚与中国	考古文博学院	李崇峰
		西方哲学史：古代与中世纪	哲学系	先　刚
		德语名家中国著述选读	外国语学院	罗　炜
系列二／现代社会及其问题	社会问题	西方现代社会思想	社会学系	渠敬东
		中国社会：结构与变迁	社会学系	周飞舟
		影片精读	中国语言文学系	戴锦华
		影像与社会	新闻传播学院	吴　靖
	政治问题	现代中国的建立：制度、思潮与人物	哲学系	干春松
		伊斯兰教与现代世界	历史学系	昝　涛
	经济问题	经济学原理	国家发展研究院	张维迎
		中国经济改革与发展	国家发展研究院	姚　洋
		全球视野下的中国工业与经济发展	政府管理学院	路　风

（续表）

课程系列		课程名称	开课院系	教师
系列三／人文、自然与方法	人文类课程	大学国文	中国语言文学系	漆永祥等
		古代小说名著导读	中国语言文学系	刘勇强、潘建国、李鹏飞
		唐宋诗词名篇精读（一）	中国语言文学系	张 鸣
		西方美术史	艺术学院	丁 宁
		艺术史	历史学系	朱青生
		文学人文经典（近现代）	元培学院	张旭东
		欧洲文学选读	外国语学院	Tom Rendall
	自然类课程	气候变化	物理学院	闻新宇
		普通心理学	心理学院	方方等
		实验心理学	心理学院	吴艳红
		化学与社会	化学与分子工程学院	卞 江
		生物进化论	生命科学学院	顾红雅
		地球与人类文明	地球与空间科学学院	陈 斌
		地球与空间	地球与空间科学学院	宗秋刚、郭召杰
		中国历史地理	城市与环境学院	韩茂莉
		世界文化地理	城市与环境学院	邓 辉
	方法类课程	逻辑导论	哲学系	陈 波
		批判性思维（上、中、下）	生命科学学院	李沉简
		社会调查方法	社会学系	王 迪

（教务部）

表6-10　北京大学获得2017年北京市教学成果奖名单

成果名称	成果完成人	奖项
"艺术与审美"系列人文通识混合式共享学分课	叶 朗　王一川　彭 锋　陈旭光　顾春芳	特等奖
北京大学外国语言与外国历史跨专业课程建设	付志明　何 晋　苏彦捷	一等奖
多措施并举，把科研优势转化为教学优势培养优秀创新型人才	刘玉鑫　朱守华　张朝晖　穆良柱　董晓华　欧阳颀　谢心澄　陈晓林	一等奖
我国本科医学教育标准的修订及临床医学专业认证制度的实施和完善	程伯基　柯 杨　王维民　谢阿娜　蔡景一　鲁映青　杨棉华　汪 青　杨立斌　厉 岩　曲 波	一等奖
以大班授课小班讨论为中心的哲学本科教学改革	吴 飞　杨立华　李 猛　郑 开　吴增定　先 刚　吴天岳　刘 哲	一等奖
中国建筑的科学认知：北大文物建筑田野记录与价值发现课程体系的创新与实践	徐怡涛　杭 侃　孙 华　王书林　张剑葳	一等奖
科学、系统、可持续发展的国际关系本科课程体系的构建与实践	唐士其　王正毅　李义虎　许振洲　朱文莉　闫 岩　张小明　汪卫华　张清敏　张海滨　初晓波　项佐涛　祝诣博　梅 然　徐建春	一等奖
以实践能力提升为中心的法科学生培养综合创新	潘剑锋　葛云松　郭 雳　邓 峰　车 浩　杨 明	一等奖
教学模式的探索与创新：发展心理学的实践	苏彦捷　孟祥芝　张 昕	一等奖
学科前沿的探索：北大教育技术前沿暑期学校8年历程	尚俊杰　吴 峰　贾积有　汪 琼　赵国栋　缪 蓉　吴筱萌　王爱华　郭文革　侯华伟　徐未欣	一等奖
外语专业国际体验教学管理模式的创新与实践	宁 琦　程朝翔　赵华敏　黄燎宇　王 丹　郑清文　崔桂红	一等奖
教学、实践、科研相结合的语言学培养模式	陈保亚　汪 锋　董秀芳　叶文曦　李 娟	一等奖
中国古代小说的多维考察与教学	刘勇强　潘建国　李鹏飞	一等奖

(续表)

成果名称	成果完成人	奖项
计算+社会科学：一门交叉学科课程的建设与推广	李晓明　邱泽奇　王卫红　杨智　陈立军	一等奖
"普惠中拔尖"：面向优秀学生的本科计算机人才国际化培养体系	李文新　郭耀　张铭　陈一峯　王韬　梅宏　谢昆青 邓志鸿　陈钟　黄铁军　杨朝晖　董晓晖　李享	一等奖
基于慕课的生物信息学混合式教学实践	高歌　魏丽萍	一等奖
高层次全科医学人才培养体系的构建与实践	柯杨　段丽萍　迟春花　郑家强　董爱梅　苗懿德　曾辉　崔爽 贾金忠	一等奖
数字口腔医学教育教学体系的开拓创新与发展	周永胜　王勇　刘云松　赵一姣　孙玉春　谭建国　刘建彰　侯建霞 吕培军　陈立	一等奖
"政府与法治"课程改革和建设	白彦　甘培忠　白智立　塔娜	一等奖
北京大学通识教育核心课程建设	傅绥燕　强世功　曹宇　冯倩倩　于瑞霞　李祎　董南燕	一等奖
辐射优质教育资源，促进教育教学改革——北京大学慕课实践	李晓明　冯雪松　冯菲　王胜清　何山　刘玲　曾腾　王凯 于青青	一等奖
通识教育和专业教育相结合的本科教育体系建设——北京大学本科教育改革探索与实践	高松　裴坚　金顶兵　董志勇　董礼　王海欣　方新贵　李晓明	一等奖
北京大学"国培计划"的实践与探索	章政　李胜　杨虎　常靖　张丽　杨雯宇　朱伶俐　王瑞娥	一等奖
世界史国家精品课的教学与提高（2005—2016)	朱孝远　李隆国　黄春高　颜海英　彭小瑜	二等奖
培养创新意识，加强方法训练——世界史小班课教学新探索	李维　彭小瑜　董经胜　李隆国	二等奖
开放办学，探索经济学人才整合培养模式	孙祁祥　董志勇　锁凌燕　叶静怡　王跃生　王一鸣　郑伟　刘怡 张鹏飞	二等奖
课内外一体化体育育人探索	李宁　吴昊　钱俊伟　袁睿超　曹晓培　周正卿	二等奖
中东研究复合型人才培养模式	林丰民　付志明　谢秩荣　吴冰冰	二等奖
实现跨学科自然地理综合教育，树立地球系统科学的世界观	陈效逑　蔡运龙　赵昕奕　蒙吉军	二等奖
充分发挥学科优势促进拔尖人才全方位成长——北京大学化学实验实践教学体系建设	李维红　张奇涵　高珍　吴忠云　裴坚	二等奖
与科研平台相结合的计算概论实验班课程建设	胡俊峰	二等奖
计算思维创新教学实践：数据结构与算法	陈斌　张铭	二等奖
信息学科本科生创新科研训练体系的探索与实践	王源　李文新　王韬　邓志鸿　谢昆青　胡薇薇　王志军　陈一峯 陈章渊　杨朝晖　董晓晖　李享	二等奖
面向创新型和个性化人才培养需求的软件工程课程体系建设	孙艳春　黄罡　刘譞哲　陈泓婕	二等奖
胜任力导向的本科临床医学教育综合改革实践	李海潮　王颖　余奇志　马明信　刘刚　李岩　高嵩　刘占兵 徐阳　齐建光　周国鹏　屈晨雪　秦乃姗　王荣福　王玮	二等奖
胜任力导向毕业后教育体系的建设与实施	刘玉村　李海潮　柯杨　高嵩　王颖　李岩　周国鹏　刘刚 徐阳　齐建光　刘占兵　余奇志　冀涛　于岩岩	二等奖
促进生殖健康，服务国家卫生发展战略需要：生殖医学课程体系建设	乔杰　马彩虹　李蓉　刘平　王妍　赵扬玉　郭红燕　杨艳 黄铄	二等奖
艺术学本科人才培养暨"人文科学实验班"探索	陈旭光　李道新　向勇　李洋　刘晨	二等奖
"赛课合一"创新实践教育模式的实践与探索	张海霞　陈江　尚俊杰　黄文彬　叶蔚　李戈　路江涌	二等奖
立德树人实践育人：临床医学生职业精神培养体系的建设与实施	张斯琴　王建六　陈红松　李红　石淑宵　张晓蕊　郝徐杰　付瑶 关婷　岳思峰　徐燚	二等奖
跨学科本科专业建设的实践与理论探索：2007—2016年	卢晓东　苏彦捷　刘建波　张健　李力行　李四龙　彭小瑜	二等奖

（教务部）

表6-11 2017年北京大学教学成果奖获奖名单

成果名称	成果完成人	完成单位	奖项
通识教育和专业教育相结合的本科教育体系	高 松　裴 坚　金顶兵　董志勇　董 礼　王海欣 方新贵　李晓明	北京大学	特等奖
以实践能力提升为中心的法科学生培养综合创新	潘剑锋　葛云松　郭 雳　邓 峰　车 浩　杨 明	法学院	特等奖
多措施并举，把科研优势转化为教学优势培养优秀创新型人才	刘玉鑫　朱守华　张朝晖　穆良柱　董晓华　欧阳颀 谢心澄　陈晓林	物理学院	特等奖
我国本科医学教育标准的修订及临床医学专业认证制度的实施和完善	程伯基　柯 杨　王维民　谢阿娜　蔡景一　王景超 鲁 曼　袁丽佳　王媛媛	医学部	特等奖
古代小说的文体、发展、批评与名著导读	刘勇强	中国语言文学系	特等奖
以大班授课小班授课为中心的哲学本科教学改革	吴 飞　杨立华　郑 开　李 猛　先 刚　吴天岳 刘 哲　吴增定	哲学系	特等奖
北京大学国际关系学院本科课程体系的构建与实践	唐士其　王正毅　李义虎　许振洲　朱文莉　闫 岩 张小明　汪卫华　张清敏　张海滨　初晓波　项佐涛 祝诣博　梅 然　徐建春	国际关系学院	特等奖
开放办学，探索经济学人才整合培养模式	孙祁祥　董志勇　锁凌燕　叶静怡　王跃生　王一鸣 郑 伟　刘 怡　张鹏飞	经济学院	特等奖
外语专业国际体验教学管理模式的创新与实践	宁 琦　程朝翔　赵华敏　黄燎宇　王 丹　郑清文 崔桂红	外国语学院	特等奖
"艺术与审美"系列人文通识混合式共享学分课	叶 朗　王一川　彭 锋　陈旭光　顾春芳	艺术学院	特等奖
"普惠中拔尖"：面向优秀学生的本科计算机人才国际化培养体系	李文新　郭 耀　张 铭　陈一峯　王 韬　梅 宏 谢昆青　邓志鸿　陈 钟　黄铁军　杨朝晖　董晓晖 李 享	信息科学技术学院	特等奖
"赛课合一"创新实践教育模式的实践与探索	张海霞　陈 江　尚俊杰　黄文彬　叶 蔚　李 戈 路江涌	信息科学技术学院	特等奖
构建化学实验课程助教培训体系，助力学生全方位成长	李维红　张奇涵　高 珍　吴忠云　裴 坚	化学与分子工程学院	特等奖
虚拟现实技术在地质学本科人才培养中的研究与实践	郭艳军　陈 斌　崔 莹　熊文涛　张志诚　李 梅 张进江	地球与空间科学学院	特等奖
辐射优质教育资源，促进教育教学改革——北京大学慕课实践	李晓明　冯雪松　冯 菲　王胜清　何 山　刘 玲 曾 腾　王 凯　于青青	教师教学发展中心	特等奖
北京大学通识教育核心课程建设	傅绥燕　强世功　曹 宇	教务部	特等奖
思政课"大班授课、小班讨论"教学创新模式	王久高　刘志光　康沛竹	马克思主义学院	特等奖
胜任力导向毕业后教育体系的建设与实施	刘玉村　李海潮　柯 杨　高 嵩　王 颖　李 岩 周国鹏　刘 刚　徐 阳　齐建光　刘占兵　余奇志 冀 涛　于岩岩	第一医院	特等奖
高层次全科医学人才培养体系的构建与实践	柯 杨　段丽萍　迟春花　郑家强　董爱梅　苗懿德 曾 辉　崔 爽　贾金忠	医学部	特等奖
建设规范化医学模拟教学体系，提高医学人才培养质量	王建六　姜冠潮　刘 婧　梁书静　路 阳　冯 艺 朱凤雪　陈江天　赵 彦　曾超美	人民医院	特等奖
世界史国家精品课的教学与提高	朱孝远　李隆国　黄春高　颜海英　彭小瑜	历史学系	一等奖
历史建筑田野记录与价值发现课程体系	徐怡涛　杭 侃　孙 华　王书林　张剑葳	考古文博学院	一等奖
经济学教学模式改革的有益尝试——从黑板式教学到实验教学	董志勇　张元鹏　崔 巍	经济学院	一等奖
北大社会学系民族宗教课程体系建设	卢云峰　马 戎　高丙中　方 文　王铭铭　王 娟	社会学系	一等奖
外国语言与外国历史跨专业课程建设	付志明　何 晋　苏彦捷	外国语学院	一等奖
艺术学院人才培养暨"人文科学实验班"探索	陈旭光　李道新　向 勇　刘 晨	艺术学院	一等奖

(续表)

成果名称	成果完成人	完成单位	奖项
《西方美术史》教学	丁宁	艺术学院	一等奖
学科前沿的探索：教育技术前沿暑期学校9年历程	尚俊杰 吴峰 贾积有 汪琼 赵国栋 缪蓉 吴筱萌 王爱华 郭文革 侯华伟 徐未欣	教育学院	一等奖
面向创新型和个性化人才培养需求的软件工程课程体系建设	孙艳春 黄罡 刘譞哲 陈泓婕	信息科学技术学院	一等奖
"以赛促改"嵌入式系统课程建设十五年	杨延军 段晓辉 王志军 陈江 吕国成	信息科学技术学院	一等奖
基于慕课的生物信息学混合式教学实践	高歌 魏丽萍	生命科学学院	一等奖
基于混合式教学法引导学生从地理学的视角观察和分析世界文化景观	邓辉	城市与环境学院	一等奖
跨学科本科专业建设的本土实践与理论探索：2007—2014	卢晓东 苏彦捷 刘建波 张健 李力行 李四龙 彭小瑜	教务部及各院系	一等奖
北京大学多元化全过程本科教学质量保障体系建设	刘建波 董礼 魏思琦 陈虎 蒋晓涛 洪星星 宋鑫	教务部	一等奖
《身边的营养学》慕课及翻转课堂	许雅君	公共卫生学院	一等奖
数字口腔医学教育教学体系的开拓创新与发展	周永胜 王勇 刘云松 赵一姣 孙玉春 谭建国 刘建彰 侯建霞 吕培军 陈立	口腔医院	一等奖
胜任力导向的本科临床医学教育综合改革实践	李海潮 王颖 余奇志 马明信 刘刚 李岩 高嵩 刘占兵 徐阳 齐建光 周国鹏 屈晨雪 秦乃姗 王荣福 王玮	第一医院	一等奖
教学与科研相结合的语言学课程体系建设	陈保亚 汪锋 董秀芳 李娟 叶文曦	中国语言文学系	一等奖
培养创新意识，注重研究方法——世界史小班课教学新探索	李维	历史学系	一等奖
"政府与法治"课程改革和建设	白彦	政府管理学院	一等奖
北京大学-早稻田大学本科生双学位项目	归泳涛 唐士其 许振洲 王卫 李寒梅 闫岩 范士明 梁云祥 董昭华 徐建春	国际关系学院	一等奖
沃土计划	龚六堂 滕飞 张峥 潘援	光华管理学院	一等奖
刑事证据法学（教材）	陈瑞华	法学院	一等奖
《情报分析》课的情景教学探索	王延飞	信息管理系	一等奖
在课堂与田野中完成社会研究方法的训练	卢晖临 王迪	社会学系	一等奖
夯实基础重实践，培养高素质英才——俄语专业基础核心课程十年教学探索	周海燕 单荣荣 黄颖 王彦秋 王帅	外国语学院	一等奖
中东研究复合型人才培养模式	林丰民 付志明 谢秩荣 吴冰冰	外国语学院	一等奖
《20世纪西方音乐》：趋于慕课技术与跨学科	毕明辉	艺术学院	一等奖
东亚三国跨文化传播前沿研	王异虹	新闻与传播学院	一等奖
一门计算与社会科学交叉课程的建设与推广	李晓明 邱泽奇 王卫红 杨智 陈立军	信息科学技术学院	一等奖
"电路分析原理"小班研讨教学改革	蒋伟 胡薇薇 陈江 马猛 王志军 鲁文高 杜朝海 盖伟新	信息科学技术学院	一等奖
与科研平台相结合的计算概论实验班课程建设	胡俊峰	信息科学技术学院	一等奖
北京大学信息学科本科生科研成果展示会的实践和探索	王源 李文新 王韬 邓志鸿 谢昆青 胡薇薇 王志军 陈一峯 陈章渊 杨朝晖 董晓晖 李亨	信息科学技术学院	一等奖
《数据结构与算法B》计算思维教学实践	陈斌 张铭	地球与空间科学学院	一等奖

(续表)

成果名称	成果完成人	完成单位	奖项
创建量大面广、优质高效的地震概论课程	赵克常	地球与空间科学学院	一等奖
构建"D12"教学体系，全方位培养环境专业复合型领军人才	王 奇　朱 彤　刘兆荣　郑 玫　刘 永	环境科学与工程学院	一等奖
实现跨学科自然地理综合教育，树立地球系统科学的世界观	陈效逑　蔡运龙　赵昕奕　蒙吉军	城市与环境学院	一等奖
教学模式的探索与创新：发展心理学的实践	苏彦捷	心理学院	一等奖
课内外一体化体育育人探索	李 宁　吴 昊　钱俊伟　袁睿超　曹晓培　周正卿	体育教研部	一等奖
元培学院新生教育的探索与实践	苏彦捷　鄂维南　雷兴山　吴 跃　于艳新	元培学院	一等奖
北京大学"国培计划"的实践与探索	章 政　李 胜　杨 虎　常 靖　张 丽　杨雯宇　朱伶俐　王瑞饿	继续教育学院	一等奖
提升教学支撑服务，优化教学资源建设：北大教学媒体制作环境与模式的实践应用	何 山　王肖群　曾 腾　刘志勇　王 凯　孙中楠　亓青青　赵柳婷　李志刚	教师教学发展中心	一等奖
北京大学创建世界一流大学过程中自由选课制度的构建与实施	金顶兵　孙燕君　黄艺燕　来天平　王 卫　贺 熙	教务部	一等奖
北京大学医学部教育评价体系研究与实践	王维民　蔡景一　俞赤卉　刘 理　李 峰	医学部教育处	一等奖
立德树人　实践育人——临床医学生职业精神培养体系的建设与实施	张斯琴　王建六　陈红松　李 红　石淑宵　张晓蕊　郝徐杰　付 瑶　关 婷　岳思峰　徐 燚	人民医院	一等奖
基于妇产科传统教学，建立新型生殖医学交叉学科教学体系	乔 杰　马彩虹　李 蓉　刘 平　王 妍　郭红燕　赵扬玉　杨 艳　黄 烁	第三医院	一等奖
住院医师基础外科技能培训课程开发与实践	李 岩　刘玉村　李海潮　王 颖　刘占兵　高 嵩　周国鹏　齐 心	第一医院	一等奖
全面推进医教协同，深化口腔医学教育和人才培养模式改革	郭传瑸　李铁军　江 泳　董美丽　潘 洁	口腔医院	一等奖
以目标为导向的公共卫生教育改革	孟庆跃　许雅君　吕 筠　王晓莉　常 春　吴 涛　王海俊　刘晓云　陈 娟　简伟研　张玉梅　王志锋	公共卫生学院	一等奖
以护理职业能力为导向的本科生《内科护理学》课程建设	李明子　陆 悦　孙玉梅　江 华　李湘萍　李 利	护理学院	一等奖
通识教育核心课程《伊斯兰教与现代世界》	昝 涛	历史学系	二等奖
核心通识课《逻辑导论》教学总结	陈 波	哲学系	二等奖
通过互动式教学方法调动学生的学习主动性和参与感	吴侨玲	经济学院	二等奖
知识产权法（教材）	刘银良	法学院	二等奖
《现代图书馆管理专论》课程建设	刘兹恒	信息管理系	二等奖
"中国-东盟博览会"实践教育活动	咸蔓雪　吴杰伟　金 勇　史 阳　郗莉莎　张 哲	外国语学院	二等奖
提升英语语言能力，服务一流大学建设：元培学院大学英语教学改革实践	柯彦玢　李淑静　刘红中　张 敏　马乃强　马小琦　Thomas Manson Randol Francis　陈 冰　闻 钧　董 欣　刘 瑾　许 娅　郑 芳	外国语学院	二等奖
零基础法语阅读训练（2+2教学法）	孙 凯	外国语学院	二等奖
艺术学本科专业核心课《创意写作》探索	陈 均　陈旭光	艺术学院	二等奖
音乐剧剧目排演《元培校长》	周映辰	艺术学院	二等奖
"教育法概论"作为小班研讨课的经验探讨	张 冉	教育学院	二等奖
慕课研发工作室：精专人才培养加速器	汪 琼	教育学院	二等奖

(续表)

成果名称	成果完成人	完成单位	奖项
打破学科壁垒，实现计算机程序设计通识教育——Scratch 趣味程序设计与计算思维课程建设	纪晓璐	信息科学技术学院	二等奖
普通化学英文班课程建设	杨娟	化学与分子工程学院	二等奖
矿床地球化学导论（教材）	朱永峰	地球与空间科学学院	二等奖
高级遥感数字图像处理数学物理教程（教材）	晏磊 刘绥华 赵红颖 王明志	地球与空间科学学院	二等奖
环境科学与工程专业本科生综合实习	刘兆荣 赵智杰 孙卫玲 董华斌 梁宝生 许伟光	环境科学与工程学院	二等奖
简化太极拳理论与实践（教材）	吴昊	体育教研部	二等奖
本科新生训练营	陈征微 李晓鹏 张莹 戴玉娇	学工部	二等奖
基于胜任力的护理学专业本科人才培养模式的构建与实践	孙宏玉	护理学院	二等奖
建设临床医学教育精细化管理体系，全面推进医教协同体制改革	高炜 韩庆烽 谷士贤 李颜 王妍 王薇 张祺 曾辉 霍刚 张爱京 汪恒 王冠	第三医院	二等奖
构建医学生人体解剖学科的感恩教育教学体系	张卫光 郭琦 秦丽华 刘永寿 谷培良 刘胜勇 柳絮 张宏权 万有	基础医学院	二等奖
应用型高级药学人才培养体系的探索与实践	叶敏 徐萍 史录文 崔一民 翟所迪 冯婉玉 赵桐英 陈欣 韩健	药学院	二等奖
标准病人 SP 参与标准病例脚本撰写的临床教学实践和应用	张媛媛 刘玉兰 陈江天 张黎明 吴芸	人民医院	二等奖
护理学本科人才临床能力培养体系的建设与实践	尚少梅 孙宏玉 路潜 李明子 金晓燕 侯淑肖	护理学院	二等奖
以需求为导向、健康素养为目标、互动参与体验为方法、科普为追求的通选课	钮文异 王燕玲	公共卫生学院	二等奖
以能力为导向的长学制医学生基础医学阶段考核评价体系的构建与实施	王韵 吴立玲 王月丹 倪菊华 宋德懋 张燕 蒲丹	基础医学院	二等奖
将临床专业型研究生教学与临床专科建设相结合的教学实践	王晓燕 王祖华 董艳梅 高学军 岳林 梁宇红 田福聪 陈晓播	口腔医院	二等奖
"药物化学"理论教学体系改革	徐萍 吴艳芬 牛彦 梁磊 李正香 关注 许凤荣	药学院	二等奖

（教务部）

研究生教育

【发展概况】研究生基本数据。2017 年，北京大学招收研究生 9591 人，其中博士生 2398 人、硕士生 7193 人。2017 年，北京大学在校研究生 27,931 人，其中博士研究生 10,501 人、硕士研究生 17,430 人，各院系研究生人数统计见表 6-13。校本部在校研究生 23,616 人，其中博士研究生 8773 人、硕士研究生 14,843 人（含专业学位硕士生 8615 人）；外国留学生 1323 人，占校本部在校生比例为 5.6%。

学位授予情况。2017 年，北京大学共授予学位 17,174 人，其中授予博士学位 2121 人、硕士学位 6787 人、学士学位 8266 人。2017 年授予沙特国王名誉博士学位。2017 年北京大学评选出 101 篇校级优秀博士学位论文。

学科和专业设置情况。2017 年，北京大学有一级学科博士学位授予权学科 48 个，专业学位授权点 26 个，自设交叉学科 4 个，学科专业目录见表 6-12。2017 年，在国家公布的世界一流大学和一流学科建设名单中，北京大学共有 41

个学科入选重点建设一流学科。在2017年公布的第四轮全国学科评估中，北京大学有21个A+学科、11个A学科、3个A-学科，被评为A类的一级学科达到学校一级学科总数的70%。另外，在基本科学指标（ESI）2017年公布的数据中，北京大学有21个学科进入全球前百分之一。

机构设置与人员情况。2017年5月，学校任命姜国华为北京大学研究生院副院长；2017年10月31日，任命林建华为北京大学研究生院院长（兼），高松不再兼任北京大学研究生院院长职务；2017年10月31日，聘任张东晓为北京大学研究生院常务副院长，龚旗煌不再兼任北京大学研究生院常务副院长职务。

【招生工作】 总体情况。2017年，报考北京大学硕士研究生20,686人，录取7193人。其中录取推荐免试生2260人、统考联考考生4933人。港澳台地区和国外申请生847人。按学位类型分，学术硕士2359人（校本部）、专业硕士4055人（校本部）。2017年，报考北京大学博士研究生6045人，录取2398人。其中录取推荐免试直博生924人，本校硕转博264人，申请-考核制683人。港澳台地区和国外申请生86人。按学位类型分，学术博士1874人（校本部），专业博士25人（校本部）。

统筹全日制和非全日制研究生。按照教育部《关于统筹全日制和非全日制研究生管理工作的通知》要求，做好2017年全日制和非全日制研究生的招生工作。2017年，北京大学（校本部）招收研究生8313人，其中博士生全日制1861人，占98%，非全日制38人，占2%；硕士生全日制4824人，占75%，非全日制1590人，占25%。

招生工作领导小组换届。2017年3月，新一届北京大学研究生招生工作领导小组、工作小组成员名单更新，从组织构架上保证研究生招生工作的领导重视和集体决策。12月初根据职能部门领导更换和分工调整更新了名单。

高层次专门人才研修班招生启动。2017年度最后一次高层次专门人才研修班招生启动，共有深圳研究生院、国际关系学院、经济学院等9个单位的22个专业（含3个校本部与深研院合作办学的专业）申报开办研修班。审查发布2017年度22个项目招生简章，10月完成招生工作，合计招生19个班次1539人。

2018年招生计划和目录编制。2018年度36个院系的241个专业招收硕士研究生，34个院系的198个专业招收博士研究生。2018年，共有7个院系新增了9个硕士招生专业。

接收推荐免试研究生。2018年度硕士研究生报名8459人，进复试4036人，录取2195人。博士研究生报名1927人，录取925人。校本部录取推免生中来自本校和"双一流"高校的比例为96.2%。2017年度有16个院系举办了夏令营。

研究生招生信息系统建设。对2.0系统运行的问题督促开发公司修改完善，2017年政审模块上线。2017年4月和9月分别召开系统建设推进建设会议。开始论证3.0的开发需求。

考务工作。2018年报考人数创历史新高。报考博士研究生5940人（校本部4457人、医学部1483人），其中报考校本部的有2449人报名参加研究生院组织的外语考试。报考硕士研究生24,773人，其中北京考点考生10,244人（校本部9503人，医学部741人），外地考点14,529人。硕士生报考总人数和在北京参加考试人数均居北京市第一名（分别占7.2%和9.1%），全国高校第二名。2017年11月完成2018年硕士研究生招生考试自命题印制封装工作，涉及全校36个院系245种考试科目23,438份试题，分布在全国30个省市的438个考点。组织纪律检查委员会、保密办公室等12个职能部门以及马克思主义学院、外国语学院等16个院系的负责人，召开有关考试组织和阅卷工作的全校协调会。

【培养工作】 学籍异动。2017年学籍异动人次数总计3722人次，其中异动原因排名前三的有延长学习年限（2306人）、提前毕业（329人）和放弃入学资格（316人）。

毕业结业。2017年1月结束学业研究生306人，其中博士生143人（毕业137人、结业1人、肄业5人）、硕士生163人（毕业158人、结业2人、肄业3人）。2017年7月结束学业研究生5842人，其中博士生1374人（毕业1276人、结业50人、肄业8人）、硕士生4468人（毕业4404人、结业36人、肄业28人）。另外，单证专业学位研究生中，2017年1月结束学业583人，2017年7月结束学业798人。

过程管理。1.课程教学。2016—2017学年第二学期共开设研究生课程2292门，2017—2018学年第一学期共开设研究生课程2338门，全年总计4630门，总体教学秩序正常。单证专业学位2016—2017学年第二学期开课284门，2017—2018学年第一学期开课111门。2017—2018学年第一学期开始，增加研究生课程的中期退课，制定适合研究生课程的中期退课办法，并在管理系统中实现网上退课功能。

2.课程建设。2017年研究生课程建设工作继续推进，审批立项32门研究生课程，拨付经费74.2万元。

3.课程评估。在2017年2月进行的研究生课程评估中，有效评估课程数量为1146门，占总数的84.83%，相应的有效参与评估人数共计32,299人次，有效回收率为98.30%。在2017年9月研究生课程评估中，有效评估课程数量为888门，占总数的77.69%，相应的有效参与评估人数共计20,255人次，有效回收率约为96.66%。

4.教学优秀奖。43门研究生课程获得2017年度北京大学教学优秀奖。

5.公共课管理。2017年共接收外单位旁听人员570人，涉及课程1070门。

6.才斋讲堂。2016—2017学年组织实施才斋讲堂总第130—150期。

7.高级专门人才研修班。2017年在学人数1147人，其中理工科383人、人文社科764人。涉及13个院系，覆盖

18个专业。2017年核算统计2016年学费共计3491万元。

8.《北京大学研究生学籍管理办法》修订工作。为贯彻教育部《普通高等学校学生管理规定》，落实依法治校精神，完成《北京大学研究生学籍管理办法》的修订工作，总体修订完成包括博士生培养、硕士生培养、课程管理和成绩评定、分流培养、转专业、新生入学核查等各在内的培养管理10余项规章，形成完整的制度体系。

9.完成2017级研究生培养方案制定和审核工作，初步完成汇编工作。

10.落实博士生学科综合考试实施细则。组织各院系进行考试方案修订，更好发挥质量保障和分流培养机制。向教育部牵头申报立项北京大学博士生教育综合改革方案。

11.自查自纠。2017年8月，完成单证专业学位自纠自查工作。

12.调研报告。落实巡视整改要求，对意识形态领域研究生课程开设、思想政治理论课任课教师、27种马克思主义工程重点教材使用、境外教材使用、国家宗教政策和理论的宣传教育、艺术教育课程开设、整改落实意识形态责任制等情况进行调研，并提交调研报告。

研究生教育创新计划。2017年度"研究生教育创新计划"资助54个项目，其中研究生暑期学校项目24个、博士生学术会议项目9个、博士生学术论坛项目16个、研究生教育改革与探索项目5个。经费投入总计422万。组织实施黉门对话总第24—32期。

国际化培养与合作交流。2017年在校生出访申报总计3114人次。组织2个批次博士生国际短期访学学术交流，分别为31人和26人。国家公派留学研究生各项目共计录取416人，其中联合培养博士生300人、攻读博士学位研究生（含本科应届）87人、联合培养硕士生3人、攻读硕士学位研究生（含本科应届）26人。2017年，研究生院、国际合作部共同举办国际暑期学校，首期开设8门课程。组织开展2个批次文科博士研究生女导师短期访问交流，共计20人。

【学位工作】学位授予。2017年，北京大学学位评定委员会召开第127次、128次、129次、130次、131次、132次会议，完成了2017年博士、硕士及学士学位授予审核、学位授权点申报以及沙特国王名誉博士学位的申请和授予。

换届工作。组织完成北京大学第十一届学位评定委员会以及分会的换届工作。

信息化建设。建设校学位评定委员会以及分会的电子化和无纸化会议系统，进一步优化工作程序和提高工作效率。截至2017年底，校学位会系统已顺利使用3次，6个分会2017年已使用会议系统。

优博评选。组织北京大学优秀博士学位论文评选，推动优博论文出版：2017年被Springer Nature录用11篇，中国知网录用18篇，另有18篇正在联系确认中。

论文抽检及涉嫌抄袭调查。开展学位论文抽检以及抽检结果的处理工作，组织开展学位论文涉嫌抄袭的调查工作。

梳理学位授予数据。完成《北京大学2012—2016学位授予统计公报（校本部研究生）》《北京大学2011学位授予统计公报》《北京大学2017位授予统计公报》。

设计新版学位证明书。强化学位证明书的严肃性和规范性，进一步规范办理程序。

学科授权点管理和评估。1.医学技术、材料科学与工程一级学科申报工作。2017年，根据《国务院学位委员会关于印发〈博士硕士学位授权审核办法〉的通知》，组织开展医学技术、材料科学与工程一级学科的申报工作，完成《申请博士学位授权一级学科点简况表》的填写和报送。同时，按照一级学科申报的相关规定，还完成48个一级学科博士学位授权点、2个一级学科硕士学位授权点、3个二级学科硕士学位授权点及26个专业学位授权点的骨干教师基本情况汇总及报送工作。

2.自主审核学位授权单位申报工作。2017年，根据《国务院学位委员会关于印发〈博士硕士学位授权审核办法〉的通知》，完成申请报告和申报数据的填写，起草《北京大学学位授权审核实施办法》。

3.二级学科博士点（硕士点）设置。2017年，根据《北京大学关于设置与调整博士、硕士学位授权学科的实施办法》，组织完成4个目录外二级学科博士点的设置，分别是马克思主义理论学科下"党的建设"二级学科、外国语言文学学科下"国别和区域研究"二级学科、新闻传播学学科下"新媒体研究"二级学科、核科学与技术学科下"医学物理和工程"二级学科；完成1个目录外二级学科硕士点的设置：政治学学科下"国际组织与国际公共政策"二级学科。

4.开展"全国第四次一级学科评估"后期工作。

5.为学校"双一流"建设学科方案提供基础数据支持。

6.学位授权点自我评估工作。根据国务院学位委员会、教育部《关于开展学位授权点合格评估工作的通知》，组织完成北京大学人文社科22个一级学科和9个专业学位的学位授权点自我评估工作。

导师管理与服务。1.导师遴选和招生资格备案。2017年，根据《北京大学研究生指导教师管理办法》及各学位分会制定的《研究生指导教师遴选及年度招生资格审核方案》，新遴选31个院系、66个专业的博士生指导教师共计107人，其中年轻教师占比超6成。

2.开展博导论坛。2017年新聘任博士生导师论坛于11月4日举行，来自35个单位的162位新聘任博士生导师参加。林建华作大会报告，张东晓、李彦、王子舟等作专题报告。研究生院各业务办公室分别对导师培养研究生相关的政策规定进行介绍。

深化专业学位改革工作。赴法学院、软件与微电子学院等21个开展专业学位教育的院系调研，就各专业学位项目的目标定位、项目特色、培养模式、资源配置以及成本分摊机制等收集问题和建议。

专项工作。1.组织修订《北京大学学位授予细则》《北京大学学位评定委员会职责及议事规则》《北京大学研究生导师管理办法》等文件。

2.组织专家参加部分教指委换届推荐工作。北京大学共有35位专家入选,人数居全国第一。

3.参与国务院学位办牵头组织的修改学位条例、博士硕士学位授权审核办法、2017年博士硕士学位授权审核工作方案、博士硕士一级学科设置基本条件等文件,负责起草关于《2017年博士硕士学位授权审核工作方案》的说明。修订20个学科的博士硕士一级学科设置基本条件。

4.与学位中心共同申请国家基金委项目《基于大数据的一流学科水平评估与绩效评价》。

5.参加国务院学位办组织的《学科与专业学位类别设置与管理》课题研究,组织调研"一带一路"国家学科目录设置情况。

6.负责学位与研究生教育学位文理科工作委员会秘书处工作,筹办2017年11月19日至21日在长沙召开的2017年全国学位与研究生教育文理科工作研讨会暨学术年会。会议围绕"'双一流'建设中创新人才培养模式的探索与实践"这一主题,共同探讨新时代研究生教育中博士生培养分流机制、研究生教育国际化、特色学科与交叉学科人才培养、研究生课程的建设与评估等议题。

7.完成5个国务院学位委员会学科评议组、7个专业学位教育指导委员会2018年立项项目的经费预算编制工作。预算总额515万元。

8.完成国务院学位办公室、北京市学位办公室交办的工作。2017年8月,参与"单证专业学位自查自纠";2017年9月"开展联授学位调研";2017年10月,参与"北京地区授予具有研究生毕业同等学力人员硕士、博士学位工作专项调研"。

【奖助工作】 2017年,研究生教育管理工作的重点之一是以资助体系为切入点,进行培养机制的改革,达到促进研究生培养质量的提高和引导资源合理分配的目标。

实施学术型博士研究生奖助体系改革。1.在调研的基础上完成改革前期工作。改革的核心内容主要包括以下三方面:第一,改变预算方式,从按人进行预算调整为按助教、助研等岗位进行预算;第二,统筹使用国拨经费、科研项目劳务费、校级资金等各类资源,统筹使用原校长奖学金、学业奖学金、专项学业奖学金、助教津贴、原社科助研配套资金和部分助研津贴等,对经费进行统一管理;第三,设置博士研究生岗位奖学金,进行严格的岗位管理,把研究生承担岗位责任作为必须接受的训练。

2.完善相关制度。起草和修订《北京大学博士研究生资助体系改革实施办法》《北京大学博士研究生岗位奖学金管理办法》《北京大学课程助教管理办法》《北京大学研究生学业奖学金管理办法》《北京大学校长奖学金管理办法》等文件,形成全面的制度体系。文件于2017年6月经学校党委常委会审议通过,自2017级博士研究生开始实施。

3.全面改造管理系统。研究生院会同计算中心、财务部启动管理系统的规划建设和全面改造,一方面涉及对科研经费的锁定、匹配、统筹使用等,另一方面建立与博士生岗位奖学金相关的预算、评定和管理体系。同时,实现与财务系统的数据共享与功能对接,形成统一的经费管理和发放平台。

4.方案宣传及相关舆情。分别召开博士老生和新生座谈会,宣讲方案并征求意见。6月21日,召开由各院系主管负责人和研究生教务老师参加的相关工作布置会,落实具体工作要求。相关文件和工作方案在网上公布后,研究生院一直密切关注舆情,及时给予答复。

5.推动院系自主管理模式。(1)推动和落实院系的奖助学金自主管理,对于北大学业奖学金、专项学业奖学金、博士生岗位奖学金和校长奖学金的评定和年度审核等,要求院系必须制定详细规范的实施细则,包括获奖比例、额度、覆盖面、名额分配、评定流程、年度评审等。(2)推动资金的统筹使用。在预算管理中,将各类奖助学金预算分配至院系,院系根据自身学科情况进行奖学金评定和调整。其中,部分奖学金的预算可以统筹使用。

落实研究生奖助体系方案。1.各类奖学金评定与管理。研究生院管理校长奖学金、学业奖学金、博士生岗位奖学金、专项学业奖学金、科学实践创新奖、闳材奖学金、国家助学金、社科助研配套、各类捐赠奖学金等20余类奖助学金。2017年,共有8606名研究生获得学业奖学金,其中博士待遇4717人,硕士待遇3889人,评定总金额2.7亿元。2017级共计1662人获得博士生岗位奖学金,评定总金额约8366万。共计516人获得校长奖学金,其中新生99人,在校生417人,新生校长奖学金纳入岗位奖学金体系统一进行管理。截至目前,2017年各类奖助学金的评定总额达4.17亿,涉及学生约1.3万人。

2017年8月完成冲抵学费约1079万元(799人)。2017年共发放各类奖助学金3.78亿元,涉及学生约1.7万人。其中,学业奖学金2.63亿元,老生校长奖学金2745万元,博士生岗位奖学金3879.6万元(其中校长奖学金288万),以及其他各类奖助学金。

2.助教岗位设置及助教津贴发放。2017年,共设立1424个助教岗位。配合资助体系改革,约20%岗位纳入2017级博士生岗位奖学金体系,其余岗位按助教津贴方式管理。2017年全年,共计发放助教津贴1098万元。

3.专项奖助学金。2017年9月,启动了闳材奖学金的评审工作。共有197位申请人获得资助,资助总金额98.5万元。2017年9月,启动北京大学招商证券未来领袖奖学金评审工作,评选出20位获奖者。

4. 专业学位研究生奖助体系。专业学位奖助体系主要由保障性质的国家助学金和奖优性质的科学实践创新奖（覆盖率约10%）、专项学业奖（覆盖率约10%）等各类专项奖学金组成。为探索建立更加适应专业学位发展的奖助体系，以光华管理学院和法学院为试点，学校和院系从学费收入中拿出部分资金，双方按1:1进行配套，资金用于专业学位研究生的奖助学金，由院系自主规划使用。主要用于设置新生奖学金，针对困难生的励志性奖学金、助学金以及勤工助学专项奖学金等，服务于专业学位人才培养。2017年，向光华管理学院划拨配套资金60万元，向法学院划拨配套资金41.4万元。

5. 延期博士生资助与管理。对2009级及以后延期博士生，继续执行要求导师提供助研津贴的政策。该项资助由导师直接向学生发放，研究生院进行监督检查。检查结果由招办使用，作为名额分配机制中的重要因素。

6. 调控招生计划经费收取。2017年，博士生取消调控招生计划，全部纳入岗位奖学金体系。硕士生仍沿袭过去做法，采取调控招生计划制度，由奖助办负责收取相应的经费纳入学校奖助经费总盘子，统筹使用。2017年入账经费约171万元。

【中国研究生院院长联席会秘书处】 发挥主席院长作用。1.联席会本届主席院长分别负责一个工作委员会的工作，秘书处（北京大学）负责工作计划与安排、活动协调、会员状态维护等综合性事务，为联席会运转提供支撑。2.召开主席院长会议，确定联席会年度工作及重点。

主席单位年会。2017年主席院长会议于5月中旬在大连召开。会议商定了本年度年会事宜，通过了华东师范大学对《中国研究生教育年度报告》编撰工作情况，形成了对研究生教育热点问题、难点问题以及改革发展重点问题等进行集中研究的决定，同意在2017年度举办一次具有培训意义的研究生教育管理工作研讨会，还讨论了会员费、e通讯、网站改版等联席会自身建设的相关工作。

编撰出版《中国研究生教育年度报告》。院长联席会委托华东师范大学承担编撰的具体工作，年度报告英文版（Annual Report on China Graduate Education）已成为我国研究生教育领域开展国际交流的重要资料。

汇编《中国研究生院院长联席会e通讯》。2013年11月开始编辑电子会刊《中国研究生院院长联席会e通讯》，截至2017年底已刊发34期。

国际研究生教育相关组织调研。2017年，通过网上资料查找、发送电子邮件等方式对德国大学校长联合会的基本情况调研。

国际交流。2017年，联席会派院长代表团代表中国出席美国研究生院理事会第57届年会和全球研究生教育战略领袖峰会，并在会上作交流发言。

【41个学科入选"双一流"建设学科名单】 北京大学顺利进入"双一流"建设高校A类名单（全国共36所），并有41个学科进入"双一流"建设学科名单，入选数量居全国高校之首。

北京大学入选的41个学科分别为哲学、理论经济学、应用经济学、法学、政治学、社会学、马克思主义理论、心理学、中国语言文学、外国语言文学、考古学、中国史、世界史、数学、物理学、化学、地理学、地球物理学、地质学、生物学、生态学、统计学、力学、材料科学与工程、电子科学与技术、控制科学与工程、计算机科学与技术、环境科学与工程、软件工程、基础医学、临床医学、口腔医学、公共卫生与预防医学、药学、护理学、艺术学理论、现代语言学、语言学、机械及航空航天和制造工程、商业与管理、社会政策与管理。

【研究生教育一百周年系列活动】 2017年恰逢北京大学研究生教育100周年，研究生院成立专门工作小组统筹开展研究生教育一百周年系列活动，组织网站改版、拍摄宣传视频、编写百周年纪念图册、组织学生学术活动、组织专业学位研究生教育成果展示汇报演出等活动。

2017年12月12日，北京大学研究生教育100周年庆祝大会暨国际论坛召开，全国政协副主席韩启德、教育部副部长杜占元、国家自然科学基金委员会主任杨卫、中国学位与研究生教育学会会长赵沁平等作为特邀嘉宾出席大会并讲话。北京大学校长林建华作主题报告，从北大研究生教育的过去、现在和未来三个方面梳理了北大研究生教育的发展概况，指出中国的研究生教育要从学习跟踪向超越引领转变，希望未来通过研究生教育质量的提升推动学校整体建设水平和管理水平的提升。国内兄弟高校和美国、英国、加拿大和澳大利亚等国高校负责研究生教育的专家学者作大会报告。来自北京大学各院系的师生300多人参加论坛。

（研究生院）

医学研究生教育

【招生工作】 2017年北京大学医学部共招收研究生1281人，其中博士生499人、硕士生782人。博士生中386人攻读博士学术学位，113人攻读临床医学/口腔医学博士专业学位。硕士生中364人攻读硕士学术学位，418人攻读硕士专业学位。截至2017年12月，医学部在校研究生为4304人，其中硕士研究生2585人、博士研究生1719人。

2017年继续按照"转化医学专项"条件和要求审核，完成涉及4个专业、5名博士生导师的招生。

深化硕士研究生招生考试改革。新增"中医综合"考试科目。

完成《北京大学医学部学籍管理办法》修订工作，并于2017年9月正式实施。

【就业工作】 医学部2017届毕业研究生1189人，其中博士研究生464人、硕士研究生725人。截至2017年12月底，初次就业率97.54%。

【培养工作】 教务工作。2017年度排课580班次，研究生选课16,302人次。完成2017届研究生毕业生的培养审核、课程管理、学生课程评教工作，2017年度参评教师达到679人次，提交评教意见的学生达到12,519人次。

教学评优。组织北京大学教学优秀奖（研究生部分）医学部的评选工作，推荐《临床流行病学》《临床科研课题设计与实施》《口腔组织病理学》《重要传染病病原学研究进展》4个教学团队荣获该奖项。

推进专业学位研究生教育与行业接轨工作。在《北京大学临床医学博士专业学位研究生教育综合改革试点方案》的基础上，细化方案，明确临床医学、口腔医学博士专业学位研究生的课程体系、专科培训及科研训练内容及要求，并配合北京市教委向教育部进行试点改革总结汇报。深化专业学位综合改革试点工作，组织药学博士、公共卫生博士及医学技术硕士专业学位的5个领域（眼视光、康复治疗、医学物理、呼吸治疗、口腔修复工艺）专家讨论撰写研究生培养方案，于2017级研究生执行。

推进国际学术交流。2017年，医学部共48名研究生获得国家留学基金管理委员会建设高水平大学公派研究生项目资助，其中24名攻读博士学位，24名为联合培养博士研究生。校际导师联合培养博士研究生3人。2017年，北京大学医学部研究生国家学术交流基金、博士研究生短期出国（境）研究项目共资助15名同学赴境外交流。

配合教育部41号令修订管理规定。修订《北京大学医学部研究生学籍管理办法》《北京大学医学部研究生课程学习与成绩管理办法》等文件。结合新文件要求修订研究生2017版培养方案，本次修订工作共涉及13个一级学科、64个二级学科，共制订61个学术学位硕士培养方案、55个学术学位博士培养方案、55个学术学位直博生培养方案、36个专业学位研究生培养方案以及29个长学制二级学科阶段培养方案。

【学位工作】 2017年，共向1043名研究生授予学位，其中博士学位427人、硕士学位616人；共向140名同等学力人员授予学位，其中博士学位49人、硕士学位91人；授予七年制公共卫生与预防医学医学硕士学位51人；授予六年制药学理学硕士学位62人；授予八年制临床医学专业学位147人；授予八年制口腔医学专业学位36人；授予八年制基础医学科学学位47人；授予学士学位1333人。

【评估工作】 医学部19个学位授权点开展自我评估工作，启动学科评估信息管理系统一期建设。参与"北京市家庭医生发展战略研究"课题，统稿完成《北京市家庭医生发展战略研究报告》。

【医学教指委、医药科秘书处工作】 2017年1月4日至6日，由中国学位与研究生教育学会医药科工作委员会、全国医学专业学位研究生教育指导委员会主办的全国第十一届医药学学位与研究生教育学术年会在海南召开，全国130所研究生培养单位近500名代表参加了会议。

2017年1月11日，由全国医学专业学位研究生教育指导委员会主办的临床医学专业学位教学案例库培训及评审会在北京举办。

2017年3月至4月，中国学位与研究生教育学会医药科工作委员会完成委员届中调整工作。2017年5月18日，中国学位与研究生教育学会医药科工作委员会五届三次会议在四川成都召开。

2017年4月26日，由全国医学专业学位研究生教育指导委员会主办的高层次全科医学人才教育发展研讨会在北京召开。

2017年4月，全国医学专业学位研究生教育指导委员会开展2017年教育课题立项工作。共计61所院校申请项目272项，通过形式审查260项，经过专家评审共有190项成果获批立项。

2017年6月15日，开通"医学研究生教指委公众号"的微信公众平台。

2017年6月27日至28日，国务院学位办、教育部学位与研究生教育发展中心、全国医学专业学位研究生教育指导委员会秘书处组成的调研组分别到首都医科大学、北京大学医学部调研同等学力申请临床医学博士专业学位工作开展情况。

2017年7月20日至21日，由北京大学第六医院、北京大学研究生院医学部分院、北京大学医学部教育处、北京医学教育协会、中国学位与研究生教育学会医药科工作委员会共同举办的首届全国高校学生和住培生心身健康发展论坛在北京召开。

2017年10月28日至29日，由全国医学专业学位研究生教育指导委员会主办的医教协同背景下护理硕士专业学位研究生教育研讨会暨2017年全国护理硕士教育发展年会在长沙举办。

2017年11月21日，由全国医学专业学位研究生教育指导委员会主办的"护理硕士专业学位第1期案例教学与写作培训会"在北京召开。

2017年11月30日，中国学位与研究生教育学会医药科工作委员会、全国医学专业学位研究生教育指导委员会联合主办的医教协同医药学学位与研究生教育改革与发展研讨会在昆明召开。

2017年12月1日，由中国学位与研究生教育学会医药科工作委员会、全国医学专业学位研究生教育指导委员会联合主办的医药学学位与研究生教育改革与发展青年论坛在昆明召开。

2017年12月20日，全国医学专业学位研究生教育指导委员会组织临床医学分委员会、护理分委员会委员在北京召开医学特殊需求人才培养项目验收会。

2017年，中国学位与研究生教育学会医药科工作委员会开展"2017年医药学研究生教育成果奖"评选工作。形式审查通过32项，最终16项成果获奖（其中一等奖2名、二等奖6名、三等奖8名）。

2017年，中国学位与研究生教育学会医药科工作委员会开展"2017年优秀工作者"评选工作，20人获奖。

【教学成果】 所获奖项。柯杨、段丽萍、迟春花、郑家强、董爱梅、苗懿德、曾辉、崔爽、贾金忠的"高层次全科医学人才培养体系的构建与实践"获2017年北京市教育教学成果奖一等奖。

柯杨、段丽萍等的"高层次全科医学人才培养体系的构建与实践"获2017年北京大学教育教学成果一等奖。

李晨曦、段丽萍、罗希、刘璐、贾金忠的文章《医教协同背景下医学研究生教育结构问题研究——基于13所医学院校的深度访谈分析》被评选为2017年医教协同医药学学位与研究生教育改革与发展研讨会优秀论文一等奖。

课题研究。"医学研究生教育结构分析与发展规律研究""我国临床医学专业学位研究生临床实践教学评价指标体系研究""同等学力申请临床医学博士专业学位工作改革研究""中国护理硕士专业学位系统改革研究"等4项课题获中国学位与研究生教育学会立项。

发表论文。发表《健康中国视角下高层次医学应用型人才培养的探索与实践》等14篇。

（医学部研究生院）

表6-12　2017年有权授予博士、硕士学位的学科专业目录

01	哲学
0101	哲学
010101	马克思主义哲学
010102	中国哲学
010103	外国哲学
010104	逻辑学
010105	伦理学
010106	美学
010107	宗教学
010108	科学技术哲学
0101J2	★中国学（哲学与宗教）
02	经济学
0201	理论经济学
020101	政治经济学
020102	经济思想史
020103	经济史
020104	西方经济学

（续表）

020105	世界经济
020106	人口、资源与环境经济学
020121	理论经济学（国家发展）
0202	应用经济学
020201	国民经济学
020202	区域经济学
020203	财政学
020204	金融学
020205	产业经济学
020208	统计学
020220	应用经济学（风险管理与保险学）
020221	应用经济学（农村转型经济学）
0202J2	★中国学（经济与管理）
03	法学
0301	法学
030101	法学理论
030102	法律史
030103	宪法学与行政法学
030104	刑法学
030105	民商法学
030106	诉讼法学
030107	经济法学
030108	环境与资源保护法学
030109	国际法学
030120	法学（知识产权法）
030121	★法学（商法）
030122	★法学（国际经济法）
030123	★法学（财税法学）
0302	政治学
030201	政治学理论
030202	中外政治制度
030203	科学社会主义与国际共产主义运动
030204	★中共党史
030206	国际政治
030207	国际关系
030208	外交学
030221	政治学（国际政治经济学）
030222	政治学（中国政治）
030223	政治学（比较政治学）
030224	★政治学（国际组织与国际公共政策）
0303	社会学
030301	社会学
030302	人口学
030303	人类学
030320	★社会学（老年学）

(续表)

030322	★社会学（女性学）		06	历史学
0305	马克思主义理论		0601	历史学
030501	马克思主义基本原理		060100	考古学
030502	马克思主义发展史		0602	中国史
030503	马克思主义中国化研究		060200	中国史
030504	国外马克思主义研究		060201	史学理论及史学史
030505	思想政治教育		060202	历史地理学
030506	中国近现代史基本问题研究		060203	★历史文献学
030520	马克思主义理论（党的建设）		060204	专门史
0301J2	★中国学（法律与社会）		060205	中国古代史
0302J2	★中国学（政治与国际关系）		060206	中国近现代史
04	教育学		0603	世界史
0401	教育学		060300	世界史
040101	教育学原理		060301	世界史
040106	高等教育学		0602J2	★中国学（历史与考古）
040110	教育技术学		07	理学
0403	体育学		0402	心理学
040301	★体育人文社会学		040201	基础心理学
05	文学		040202	★发展与教育心理学
0501	中国语言文学		040203	应用心理学
050101	文艺学		040220	★心理学（临床心理学）
050102	语言学及应用语言学		0701	数学
050103	汉语言文字学		070101	基础数学
050104	中国古典文献学		070102	计算数学
050105	中国古代文学		070103	概率论与数理统计
050106	中国现当代文学		070104	应用数学
050108	比较文学与世界文学		0702	物理学
050120	中国语言文学（中国民间文学）		070201	理论物理
0502	外国语言文学		070202	粒子物理与原子核物理
050201	英语语言文学		070203	原子与分子物理
050202	俄语语言文学		070204	等离子体物理
050203	法语语言文学		070205	凝聚态物理
050204	德语语言文学		070207	光学
050205	日语语言文学		0703	化学
050206	印度语言文学		070301	无机化学
050207	西班牙语语言文学		070302	分析化学
050208	阿拉伯语语言文学		070303	有机化学
050210	亚非语言文学		070304	物理化学
050211	外国语言学及应用语言学		070305	高分子化学与物理
050220	外国语言文学（国别和区域研究）		070320	化学（化学生物学）
0503	新闻传播学		070321	化学（应用化学）
050301	新闻学		070322	化学（化学基因组学）
050302	传播学		0704	天文学
050320	新闻传播学（新媒体研究）		070401	天体物理
0501J2	★中国学（文学与文化）		0705	地理学

(续表)

070501	自然地理学		080103	流体力学
070502	人文地理学		080104	工程力学
070503	地图学与地理信息系统		080123	力学（先进材料与力学）
070520	地理学（环境地理学）		0809	电子科学与技术
070521	地理学（历史地理学）		080901	物理电子学
070523	★地理学（城市与区域规划）		080902	电路与系统
070524	★地理学（景观设计学）		080903	微电子学与固体电子学
0706	大气科学		080904	电磁场与微波技术
070601	气象学		080921	电子科学与技术（量子电子学）
070602	大气物理学与大气环境		0812	计算机科学与技术
070620	大气科学（气候学）		081201	计算机系统结构
070621	大气科学（物理海洋学）		081202	计算机软件与理论
0708	地球物理学		081203	计算机应用技术
070801	固体地球物理学		081220	计算机科学与技术（智能科学与技术）
070802	空间物理学		0830	环境科学与工程
0709	地质学		083001	环境科学
070901	矿物学、岩石学、矿床学		083002	环境工程
070902	地球化学		083020	环境科学与工程（环境健康）
070903	古生物学与地层学		0831	生物医学工程
070904	构造地质学		083100	生物医学工程
070905	第四纪地质学		1001	基础医学
070920	地质学（材料及环境矿物学）		100126	基础医学（系统生物医学）
070921	地质学（石油地质学）		1007	药学
0710	生物学		100701	药物化学
071001	植物学		100702	药剂学
071002	动物学		100703	生药学
071003	生理学		100704	药物分析学
071005	★微生物学		100706	药理学
071006	神经生物学		100720	药学（化学生物学）
071007	遗传学		100721	药学（临床药学）
071009	细胞生物学		0701J3	数据科学（数学）
071010	生物化学与分子生物学		0714J3	数据科学（统计学）
071011	生物物理学		0812J3	数据科学（计算机科学与技术）
071020	生物学（生物信息学）		1004J3	数据科学（公共卫生与预防医学）
071021	生物学（生物技术）		0402J4	整合生命科学（心理学）
071022	生物学（分子医学）		0702J4	整合生命科学（物理学）
0712	科学技术史		0703J4	整合生命科学（化学）
071200	科学技术史		0710J4	整合生命科学（生物学）
0713	生态学		1001J4	整合生命科学（基础医学）
071300	生态学		1002J4	整合生命科学（临床医学）
0714	统计学		0702J5	纳米科学与技术（物理学）
071400	统计学		0703J5	纳米科学与技术（化学）
0801	力学		0801J5	纳米科学与技术（力学）
080101	一般力学与力学基础		0809J5	纳米科学与技术（电子科学与技术）
080102	固体力学		0831J5	纳米科学与技术（生物医学工程）

（续表）

08	工学	100205	精神病与精神卫生学
0801	力学	100206	皮肤病与性病学
080120	力学（生物力学与医学工程）	100207	影像医学与核医学
080121	力学（力学系统与控制）	100208	临床检验诊断学
080124	力学（能源与资源工程）	100209	★护理学
080125	力学（航空航天工程）	100210	外科学（骨外）
0810	信息与通信工程	100210	外科学（泌尿外）
081001	通信与信息系统	100210	外科学（普外）
081002	信号与信息处理	100210	外科学（神外）
0811	控制科学与工程	100210	外科学（胸心外）
081101	★控制理论与控制工程	100210	外科学（整形）
0813	建筑学	100211	妇产科学
081302	★建筑设计及其理论	100212	眼科学
0816	测绘科学与技术	100213	耳鼻咽喉科学
081602	摄影测量与遥感	100214	肿瘤学
0827	核科学与技术	100215	康复医学与理疗学
082703	核技术及应用	100216	运动医学
082720	核科学与技术（医学物理和工程）	100217	麻醉学
0835	软件工程	100218	急诊医学
083500	软件工程	100231	★临床医学（全科医学）
0835J3	数据科学（软件工程）	100232	临床医学（重症医学）
10	医学	100233	临床医学（临床病理学）
1001	基础医学	100234	★临床医学（医学信息学）
100101	人体解剖与组织胚胎学	100235	临床医学（临床研究方法学）
100102	免疫学	1003	口腔医学
100103	病原生物学	100301	口腔基础医学
100106	放射医学	100320	牙体牙髓病学
100120	病理学	100321	牙周病学
100121	病理生理学	100322	儿童口腔医学
100122	基础医学（人体生理学）	100323	口腔黏膜病学
100123	基础医学（医学生物化学与分子生物学）	100324	口腔预防医学
100124	基础医学（医学神经生物学）	100325	口腔颌面外科学
100125	基础医学（医学细胞生物学）	100326	口腔颌面医学影像学
1002	临床医学	100327	口腔修复学
100201	内科学（传染病）	100329	口腔正畸学
100201	内科学（风湿病）	1004	公共卫生与预防医学
100201	内科学（呼吸系病）	100401	流行病与卫生统计学
100201	内科学（内分泌与代谢病）	100402	劳动卫生与环境卫生学
100201	内科学（肾病）	100403	营养与食品卫生学
100201	内科学（消化病）	100404	儿少卫生与妇幼保健学
100201	内科学（心血管病）	100405	卫生毒理学
100201	内科学（血液病）	100420	公共卫生与预防医学（全球卫生学）
100202	儿科学	1006	中西医结合
100203	老年医学	100601	中西医结合基础
100204	神经病学	100602	中西医结合临床

(续表)

1011	护理学		085208	★电子与通信工程
101120	护理学（临床护理学）		085209	★集成电路工程
12	管理学		085211	★计算机技术
1201	管理科学与工程		085212	★软件工程
120100	管理科学与工程		085237	★工业设计工程
1202	工商管理		085239	★项目管理
120201	会计学		085271	电子与信息
120202	企业管理		085273	生物与医药
1204	公共管理		095300	★风景园林硕士
120401	行政管理		105101	内科学
120402	社会医学与卫生事业管理		105102	儿科学
120403	教育经济与管理		105104	神经病学
120404	★社会保障		105105	精神病与精神卫生学
120421	公共管理（公共政策）		105106	皮肤病与性病学
120422	★公共管理（发展管理）		105107	影像医学与核医学
1205	图书馆、情报与档案管理		105108	临床检验诊断学
120501	图书馆学		105109	外科学
120502	情报学		105110	妇产科学
120520	图书情报与档案管理（编辑出版学）		105111	眼科学
13	艺术学		105112	耳鼻咽喉科学
1301	艺术学理论		105113	肿瘤学
130100	艺术学理论		105114	康复医学与理疗学
1303	戏剧与影视学		105115	运动医学
130300	★戏剧与影视学		105116	麻醉学
1304	美术学		105117	急诊医学
130400	★美术学		105126	中西医结合临床
20	专业学		105127	全科医学
025100	★金融硕士		105128	临床病理学
025200	★应用统计硕士		105200	口腔医学
025300	★税务硕士		105300	★公共卫生硕士
025400	★国际商务硕士		105400	★护理硕士
025500	★保险硕士		105500	★药学硕士
025700	★审计硕士		125101	★工商管理硕士
035101	★法律硕士（非法学）		125102	★高级管理人员工商管理硕士
035102	★法律硕士（法学）		125200	★公共管理硕士
035200	★社会工作硕士		125300	★会计硕士
045101	教育管理		125600	★工程管理硕士
045300	★汉语国际教育硕士		135101	★音乐
045400	★应用心理硕士		135102	★戏剧（歌剧艺术）
055101	★英语笔译		135104	★电影
055105	★日语笔译		135105	★广播电视
055106	★日语口译		135107	★美术
055200	★新闻与传播硕士			
065100	★文物与博物馆硕士			
085204	★材料工程			

备注：★硕士学位授权点

（研究生院）

表 6-13 2017 年在校研究生统计（双证）

代码	院系所	硕士	博士	合计
00001	数学科学学院	263	297	560
00004	物理学院	128	905	1033
00010	化学与分子工程学院	124	563	687
00011	生命科学学院	10	582	592
00012	地球与空间科学学院	286	392	678
00016	心理与认知科学学院	166	122	288
00017	软件与微电子学院	2152	92	2244
00018	新闻与传播学院	174	55	229
00020	中国语言文学系	292	310	602
00021	历史学系	146	214	360
00022	考古文博学院	66	131	197
00023	哲学系	172	248	420
00024	国际关系学院	352	184	536
00025	经济学院	242	187	429
00028	光华管理学院	1970	228	2198
00029	法学院	1063	267	1330
00030	信息管理系	66	82	148
00031	社会学系	230	98	328
00032	政府管理学院	653	144	797
00039	外国语学院	372	188	560
00040	马克思主义学院	67	84	151
00041	体育教研部	29	0	29
00043	艺术学院	143	92	235
00044	对外汉语教育学院	157	31	188
00047	深圳研究生院	2713	130	2843
00048	信息科学技术学院	744	686	1430
00062	国家发展研究院	206	70	276
00067	教育学院	127	272	399
00068	人口研究所	89	40	129
00084	前沿交叉学科研究院	120	630	750
00086	工学院	264	633	897
00126	城市与环境学院	234	274	508
00127	环境科学与工程学院	128	198	326
00182	分子医学研究所	50	82	132
00192	歌剧研究院	27	0	27
00195	建筑与景观设计学院	86	0	86
00206	新媒体研究院	81	41	122
00208	燕京学堂	248	0	248

（续表）

00217	南南合作与发展学院	28	41	69
00099	医学部	2575	1713	4288
	合计	17043	10306	27349

注：由于管理系统的数据实时更新，统计时点不同，存在学生学籍异动等情况，因此本表数据与【发展概况】中的研究生基本数据略有出人。

（研究生院）

继续教育

【发展概况】 北京大学继续教育部下设综合管理办公室、学历教育办公室、非学历教育办公室、教学管理与研究办公室4个科室。2017年，部门职员总数为22人，其中事业编制12人，劳动合同制8人，离退休返聘2人。部门设部长1人，副部长2人。

医学部继续教育处负责统筹管理毕业后医学教育和继续医学教育，下设住院医师规范化培训办公室和继续教育办公室。2017年，部门职员总数为7人，均为事业编制人员。部门设处长1人，副处长2人。

【成人高等学历教育】 招生情况。成人业余教育方面，2017年教育部下达招生计划总计2383人，招生层次均为专科起点本科，实际招生录取2376人。网络教育方面，2017年校本部全年招生总计7542人，其中春季招生1837人，秋季招生5705人。

在校生情况。2017年上半年在校生总数23,793人，其中成人业余教育学生6976人，网络教育学生16,817人。下半年在校生总数26,010人，其中成人高等教育学生6644人，网络教育学生19,366人。

毕业生情况。2017年成人业余教育毕业生总计1736人，均为专科起点本科学历。网络教育毕业生总计4805人，其中高中起点本科65人，专科起点本科3586人，高中起点专科1154人。

学位发放情况。2017年授予成人高等教育学士学位共2905人，其中业余教育学生1142人，网络教育学生1080人、自学考试学生683人。

【进修教师、访问学者】 2016—2017学年度，北京大学接收来自全国兄弟院校、科研单位的进修访学人员共计388人，其中进修教师92人，访问学者296人。2017年6月3日召开2017年访问学者、进修教师表彰会暨科研成果交流会，为42位获得科研成果奖的访问学者和9位取得优异学习成绩的进修教师颁发证书。2017—2018学年度，北京大学接收347位进修访学教师，其中进修教师76人，访问学者271人。

2016—2017学年度，医学部接收秋季访问学者80名，于2017年6月30日完成培训工作，已有79名国内访问学者顺利通过考核准予结业，1名国内访问学者延期。2017年春季培养访问学者175名，于2017年12月底通过了考核准予结业。2017年秋季接收访问学者70人。各二级单位接收北京市学科骨干41名。同时，医学部各二级单位举办各类单科进修班、零散进修，西藏大学进修教师进修培养项目等，单科进修班250班次，培训人员956人，零散进修2239人。

【自学考试工作】 北京大学作为主考院校主持北京市计算机及应用、心理学、法律（律师）、日语、人力资源管理、护理学共6个专业以及政治公共课考试的命题、网上阅卷、非笔试课程组考、本科段学生的毕业论文指导与答辩工作，负责自学考试日常咨询、毕业生材料审核、毕业证书副署公章、本科毕业生学位证书制作与发放等工作。2017年完成146门课程65,048科次的阅卷任务；完成34门非笔试课程、15,768科次的组考、报考、评分以及成绩登录复核工作；完成独立本科段毕业论文指导答辩11个科次，本科段毕业论文指导答辩1131科次；完成考生学位资格审核与学位授予工作，共授予584名自考学生学士学位，涉及法学、理学、管理学、经济学以及文学学位。北京大学在广东省承办法律、计算机、工商企业管理、行政管理4个专业主考工作。

【非学历继续教育培训】 2017年，全校共有35个办学单位举办各类非学历继续教育培训，共立项1228个项目；结业班次984个，结业学员53,164人，其中2017年立项并结业项目863个，结业学员48,292人，2013—2016年立项、2017年结业项目121个，结业学员4872人。

【发布相关文件】 2017年，起草《北京大学继续教育表彰奖励办法》和《北京大学继续教育督导工作办法》，经校内征求意见、教务长办公会和校长办公会审议后正式实施。

【落实整改专项工作任务】 2017年，继续教育部坚决支持配合中央巡视组和学校巡视工作领导小组开展工作。认真排查、总结、汇报学校继续教育办学过程中的问题与风险；明确24小时值班制度配合中央巡视组调取、查阅所需办学资料；针对"清理'天价班'的有关要求落实不彻底，马克思主义学院、深圳汇丰商学院等仍然存在办高价班、招生管理混乱等问题"，查清事实，分析原因，制定方案，整改落实，从制度建设、规范程序、联合监管、正面引导等方面推进工作。

【召开年终总结交流会】 2017年1月5日，2016年北京大学继续教育总结交流会在英杰交流中心月光厅顺利举行。会议主题为紧密围绕"双一流"发展战略，参与继续教育供给侧改革，形成与国家战略、区域发展、企业创新联动发展新格局。

【信息化建设】 继续教育部于2017年9月启动北京大学继续教育综合管理服务系统设计开发工作。该项目于10月通过学校论证与审批，11月委托中机国际招标有限公司面向社会公开招标，遴选具有软件开发资质和教育行业相关系统设计开发经验的企业负责开发。

【北京大学成为中国高等教育学会继续教学分会理事长单位】 2017年11月，中国高等教育学会继续教育分会第五届会员代表大会举行，北京大学从清华大学接棒成为该会理事长单位和秘书长单位，继续教育部刘力平部长和杨学祥副部长分别担任理事长和秘书长。

【课题研究】 继续教育部完成教育部《高校继续教育质量保障体系研究》课题。课题负责人高松；主要参与人员刘力平、章政、杨学祥、尚俊杰、郭文革。

(继续教育部)

继续教育学院

【发展概况】 学院设综合办公室、市场开拓办公室、对外合作办公室、教学研究办公室、教学管理办公室、技术保障办公室、总务办公室、圆明园校区管理办公室8个办公室和企业培训中心、网络培训中心两个内设中心。学院共有员工157人，其中劳动合同制员工133人，事业编制18人，劳务协议6人。学院设院长、总支书记各1名，设副院长4名，设总支副书记1名（副院长兼）。

【业余教育情况】 2017年，聘请师资共计84人次，实施夜大学3个年级、6个专业、2个学期的教学计划。

【网络学历教育情况】 教学情况。网络学历教育2017春开设课程461门，2017秋季开设课程402门。2017年共聘请164名助教老师承担了259门课程的教学辅导工作，为学生提供257门课程学习指导，39门课程期末课程论文要求，214门课程期末复习提纲；安排视频在线答疑420场，博雅讲座10场；布置253门课程作业，组织教师拟定试卷684份。2017年共组织网络学历教育考试4次。

获奖情况。北京大学现代远程教育广东北达经贸专修学院学习中心、北京学习中心被全国高校现代远程教育协作组评为2017年全国高校现代远程教育优秀校外学习中心。

【面授培训】 师资管理与教学。共建师资队伍502人，其中新建设师资队伍112人，常用师资70位。师资建设实现ABC角的教学后备和应急机制。完成420个班的课程和师资安排。新研发包括十九大精神解读、基层党建、法律、创业创新、反腐、国土相关、互联网＋、工业4.0、投融资、扶贫开发与新型城镇化等10多个热点专题课程体系。全年完成3512课次，录制70余门高端培训网络视频课程。完成一系列重点项目师资和课程建设，包括中组部司局级干部培训专题班、教育部干部选学项目和省校合作班等一系列重点项目课程建设。

质量管理。完善和执行培训全过程的质量监督机制、教学顾问制度、学员教学问卷质量调查，组织教学督导顾问和教研室老师实施教师评估，对数十位老师进行随堂听课和评估，做到教学评估及时反馈。

【中小学教师混合式培训项目】 项目实施情况。1.国培项目：共承担"国培计划"中西部远程培训、示范性远程培训、示范性集中培训的17类子项目，共计开办远程及面授培训班24个。其中"国培计划"中西部培训项目涉及河南、贵州、云南、内蒙古、广西、河北、江西、黑龙江等8个省份，培训学员42,199人。2.省级远程项目：实施"云南省中小学幼儿园教师信息技术应用能力提升培训项目"，培训学员4000人。3.面向教育系统的非国培面授培训项目：云南省"直过民族"聚居区乡村小学骨干教师培训，安徽肥西优秀班主任培训项目，广州市名班主任工作室成员研修班，广州市教育名家、名校长、名教师、特级教师工作室主持人研修班。共培训学员443人。4.其他特色项目：教育部全国中小学教师信息技术应用能力提升工程课程资源建设项目（初中数学、初中历史与社会、初中化学3个学科）。

课程与师资。师资队伍涉及幼儿园、中小学义务教育阶段和高中阶段27个学科303名专家，其中新增师资60名，常用师资100名。新建视频课程资源数282个，共计249学时，涉及幼儿园和中小学义务教育阶段21个学科。其中，国培通识系列课程40学时，教育部信息技术资源课程93学时，生成性课例资源116学时。

教学管理。组织7个省份26个地区的培训者培训、线下集中面授和送教下乡活动，其中包含13个国家级贫困县，覆盖学员人数近9532人次，88位教学专家参与授课环节。组织3个省8个县市的线下调研工作，包含对内蒙古科尔沁右翼前旗、扎赉特旗、河南鹿邑市3个国家级贫困县和2个省级贫困县开展调研。

新闻宣传。全年在"国培燕园行"订阅号和"北京大学国培"公众服务号发布项目新闻87篇，向教育部及省教育厅发布工作实施简报62篇。

获奖情况。2017中国国际远程与继续教育大会，9篇案例入选中国远程与继续教育领域优秀案例库。《北京大学"国培计划"的实践与探索》被评为2017年北京大学优秀教学成果一等奖。

【对外合作】 承办中组部、住建部、教育部、国务院军转办转业军官培训中心委托班级。中组部干教局局长时玉宝全程参加"北京大学马克思主义基本原理与中国道路专题班"听课并指导教学。学院承担来自云南、福建、湖南、山西、广东等省级部门委托的培训。湖南省永州市2017年在北大举办22期培训班，鞍山市委托6期干部培训项目。承担北京市各区委组织部、中国人保、民航系统、银行系统、云南云锡集团等大型国有企业、杭州工商联等单位委托培训。承办教育部委托的继续教育系统院长培训项目，以及来自江西科技师范大学、西南石油大学等高校中层管理人员培训。

【校内合作】 成立院系合作项目工作组，精准对接院系继续教育需求，在高端培训、专业硕士等领域提供增量支持服务。启动院友工作，扩大品牌知名度和美誉度。

【信息化建设】 2017年，学院在办公一体化系统建设方面重点开展非学历业务管理平台的开发工作。完成基础架构搭建和教师、教室、课程等基本库建设及相关程序模块开发调试，完成50%左右编码工作。

继续进行旧课改造，将传统三分屏课件转制为MP4课件，实现对移动端的兼容。截至2017年底，已对3个专业60余门网络学历课程完成旧课改造工作。

（继续教育学院）

医学继续教育

【专科医师培训试点】 2017年，启动专科医师规范化培训第三批试点，确定16个试点专科：运动医学、眼科、耳鼻咽喉科、皮肤科、神经内科、放射科、超声科、核医学科、病理科、康复医学科、临床检验、重症医学、口腔综合、肿瘤放疗，以及老年内科和介入科；确定专家组负责人和成员名单，修订培训细则和考核方案的时间安排。

至2017年，已有3批共47个专科开展专科医师规范化培训，涵盖住院医师规范化培训（第二阶段）大部分专业，专科医师规范化培训体系基本建立。2015年第一批试点的专科医师于2017年已完成两年培训，有25人参加了中期考核，考核合格率100%。

【住院医师规范化培训】 2017年，北京肿瘤医院放射科（协同人民医院）、深圳医师口腔颌面外科住院医师规范化培训基地获得批准，专业基地（包括协同基地）总数增至179个。

2017年，新招录住院医师909名，在培住院医师总数达到3930名，其中第一阶段在培住院医师2359名，第二阶段在培住院医师1571名。

2017年，共有1264名住院医师和研究生参加第一阶段考试，占北京市考生总数的35.4%，有1138名合格，总体合格率90.0%。其中住院医师925名，821名合格，合格率88.8%；共有420人参加第二阶段考试，其中住院医师376名、外单位调入须确认北医主治医师资格者38名，在职申请博士专业学位者6人。考试科目涉及29个学科、47个专业。最终369人通过了考试，总合格率为87.9%。

【医教协同】 2017年，医学继续教育处与研究生院协同合作，开展住院医师规范化培训与临床医学硕士专业学位研究生培养双向衔接，首批规培住院医师通过答辩获得学位；专

表6-14 2017年医学部继续教育研究课题

课题编号	申报形式	单位	申请人	课题名称
2017-JX-1	自主申报	北大医院	王颖	北大医院继续教育自主学习项目及其评价研究
2017-JX-2	自主申报	北大医院	刘佳帅	基于E-learning CME模式的探索与实践研究
2017-JX-3	自主申报	人民医院	路阳	住院医师视角下的岗位胜任力核心维度及其要素指标研究
2017-JX-4	自主申报	人民医院	穆荣	国家级继续医学教育项目质量因素分析
2017-JX-5	自主申报	第三医院	张祺	设立教学门诊促进住院医师培训质量提高
2017-JX-6	自主申报	第三医院	赵连明	专科进修医生培养模式探索
2017-JX-7	自主申报	口腔医院	董美丽	中外口腔科专科医师培训模式探索和借鉴
2017-JX-8	自主申报	肿瘤医院	张佩	肿瘤专科进修培训效果的过程评价及追踪机制
2017-JX-9	自主申报	肿瘤医院	李香蕊	肿瘤医院"定期召回"集中考核模式的效果评价
2017-JX-10	自主申报	护理学院	朱丽娜	医学部临床护理师资培训需求的调查
2017-JX-11	委托课题	第三医院	韩庆烽	专科医师临床指导教师相关制度建立
2017-JX-12	委托课题	肿瘤医院	胡亚洲	住院医师培训联合基地模式的探索
2017-JX-13	委托课题	继续教育处	杨英	住院医师规范化培训优化过程管理研究
2017-JX-14	委托课题	继续教育处	胡玮	北京大学医学部导师制学科骨干培养现状与发展战略研究
2017-JX-15	委托课题	继续教育处	汪偌宁	北京大学医学部专科医师培训管理及评估信息化建设可行性研究

科医师规范化培训与临床医学博士专业学位研究生培养双向衔接取得进展。2017年，2014级专业学位硕士研究生共339人参加北京市住院医师规范化培训结业考试，317人合格，合格率为93.5%。195名住院医师参加在职申请学位考试，其中165人参加英语考试，83人合格，及格率50.2%；173人参加专业考试，67人合格，及格率38.7%。114名住院医师新报名参加2018年国家同等学力申请硕士学历的统一考试。

【非学历继续医学教育培训】 2017年，医学部举办国家级和市级继续医学教育项目609项，培训96,271人。其中：举办国家级继续医学教育项目287项，培训34,957人；举办远程国家级继续医学教育项目196项，培训40,216人；举办北京市市级继续医学教育项目120项，培训16,455人；培训班6项，培训4643人。举办国家级继续医学教育基地备案项目72项，培训6252人。

申报2018年国家级继续医学教育项目621项，其中新申报国家级继续医学教育项目374项（其中远程国家级继续医学教育项目185项）；申请国家级继续医学教育备案项目181项（其中远程国家级继续医学教育备案项目94项）；国家级继续医学教育基地备案项目66项。申报2017年北京市市级继续医学教育项目127项，其中新申报北京市市级继续医学教育项目97项，申报北京市市级继续医学教育备案项目30项。

申报对内继续医学教育项目总数1417项，审核通过1349项，通过率为95.20%。实际举办项目数为1232项，举办率91.33%，培训144,920人次，附属医院完成继续教育学分的系统总达标率为97.07%。

2017年，北京市继续医学教育委员会办公室开展学分审验工作，医学部7家附属医院被抽查636人，其中合格617人，不合格19人，合格率为97.01%。

【北京市住院医师及学科骨干公共课培训】 2017年，承担北京市住院医师公共课程培训任务，在线学习报名18,704人次，授予学分9112人次；线下学习报名2390人次，授予学分1474人次；承担北京市学科骨干公共课程培训任务，为北京市区级111名基层学科骨干及石家庄市19名中青年学科骨干安排了为期两周的理论课程培训。

【召开北大医学·教育论坛分论坛】 2017年12月14日，在北京大学英杰交流中心第二会议室召开北大医学·教育论坛分论坛三，主题为"医教协同背景下的毕业后医学教育和继续医学教育"。医学部各附属医院、教学医院以及来自全国37家医学院校的毕业后医学教育和继续医学教育管理人员共百余人参加论坛。

【课题研究】 医学部作为牵头单位，联合多个学校进行继续医学教育基础性研究："金砖国家继续医学教育制度比较研究"批准为2016年度医学教育研究立项课题，2017年6月通过中期验收，2017年底完成国别研究。

"非学历继续教育内部控制体系研究"获得2017年度主任基金专项课题立项。

《高等医学院校青年骨干教师国内访问学者课程设置研究》获得2017年北京大学医学部教育教学成果三等奖。课题完成人：姜辉、胡玮。

2017年，医学部继续教育研究课题申报共收到7家单位申报的课题10项及委托课题5项。经评审，确立15项申报课题为2017年医学部继续教育研究课题。

（医学部继续教育处）

留学生与港澳台学生教育

【发展概况】 留学生。北京大学（校本部）招收学位生979人，其中本科生320人，硕士生566人，博士生93人，同比增长5%。130个国家的3621名长期留学生在校学习，其中学位生2659人，非学位生962人。短期项目共接受学生1431人次（含部分项目的中国学生约150人），各院系专业班共上报备案留学生1850人次，共计3281人次。

港澳台侨学生。北京大学（校本部）招收学位生1111人，其中香港学生260人，澳门学生122人，台湾学生728人，侨生1人。

【交流合作】 长期留学项目。本科单一国别生源比例下降，国别分布日益广泛。南南合作与发展学院公共管理硕士项目、燕京学堂项目迎来首届毕业生。10月11日，习近平总书记给南南学院首届硕士毕业生回信。

短期留学项目。创办校友子女夏令营项目，开展"领赢中国"各实习项目。开展国际暑期学校、汉语暑期学校、LSE-PKU暑期学校、"论道中国"学期英文授课项目、Globex项目等大类平台项目，2017年国际暑期学校共招收347名学生。举办"对话名师"系列英文讲座、LSE-PKU暑期学校圆桌论坛、暑期来华留学项目专场音乐会等活动，举办首届Summer Festival活动。推动"On China"全英文授课课程建设，春季学期开设11门课程，秋季学期开设8门，此外还有14门其他英文平台课程。协助学校及院系申请教育部对发展中国家援外教育项目，包括中非合作"20+20"项目、"一带一路"友好使者项目、北京市"一带一路"人才培养基地项目等。其中，"一带一路"友好使者项目于7月成功接受14名越南外交学院师生及留学生参加北大国际暑期学校课程，此次项目的成功举办，是以越南国家主席夫人阮氏贤来访并提出希望增加越南学生赴北大学习的机会为契机，该项目结束后收到其致函贺信，并得到越南驻华大使的高度评价。

预科留学项目。2017年度外国留学生预科项目经严格的材料审核、7次现场小组面试和2场远程面试，共招收来自韩国、泰国、俄罗斯、日本、蒙古、印度尼西亚、美国等29个国家的91名留学生。正式推出预科数学基础教程和高级教程两本教材，用于预科基础数学与高级数学的教学。2016级预科生94人中，有52名来自18个国家的学生顺利升入本科，另有14人申请延长。

港澳台学生。继续推进"未名扬帆计划"。2017级港澳台48名本科新生顺利组成未名扬帆班。举办"重走西南联大"活动，赴贵州、湖北及重庆开展国情教育实践。完成李兆基奖学金、宝钢奖学金、国家港澳台侨学生奖学金等多项奖学金的评审与发放工作，覆盖600余人，金额共计约500万元。指导香港文化会、澳门文化交流协会、两岸文化交流协会、台湾研究会、交换生之家5个学生社团的运营，组织社团举办两岸四地青年论坛、港澳台社团领袖训练营等活动。

（国际合作部、港澳台办公室）

医学部留学生与港澳台学生教育

【发展概况】 2017—2018学年，北京大学医学部在校留学生388人，台港澳侨学生176人。2017年，招收留学生131人，台港澳学生32人；留学生本科毕结业68人，台港澳学生毕结业26人。2017年还接收了16名2018级中国政府奖学金本科生。

【学生管理】 2017年4月，2014级临床专业海外学生开始临床阶段学习，临床专业学生入人民航总医院、中日友好医院以及航天中心医院学习，口腔专业学生入首钢医院、人民医院学习。与基础课各教研室沟通，安排落实留学生基础课阶段各门课程的辅导。协助公寓管理部门和属地派出所做好住宿管理工作。长期留学生全部参加来华留学生综合医疗保险。

92人参加2017年度中国政府奖学金评审，87人合格，继续享受各类奖学金，合格率94.6%。1名留学生获得"优秀自费本科生奖学金"，24名学生获得北京市政府奖学金，35名学生获得2017年度教育部台港澳学生奖学金，49名留学生获得北京大学医学部外国留学生学习优秀奖，7名本科留学生新生获得2017年北京大学医学部新生奖学金，24名台港澳侨学生获得北京大学优秀医学生奖学金，15名台港澳学生获得北京大学校级奖励。2017年，留学生与港澳台学生中有4人留级，15人退学，给予处分1人。

【外国留学生进修】 2017年，接收短期进修生73人，以项目培养为主。长期进修生结业39人，新入学36人，以住院医师培养为主。录取博士后进站8人。

【课外活动】 2017年1月，组织中国政府奖学金学生前往广西桂林长途旅行。4月，组织80余名海外学生到河北蔚县考察。10月，组织海外学生前往怀柔影视城开展素质拓展活动。11月，组织23名中国政府奖学金学生前往四川成都大熊猫基地考察。

（医学部国际合作处、台港澳办公室）

教师教学发展

【发展概况】 教师教学发展中心主要承担学校的教学支撑服务、教师教学能力提高和教育教学改革发展研究。中心紧紧围绕教育教学改革和提高人才培养质量，做好教学支撑服务，推进教师培训、教学咨询、教学研究等工作的常态化、制度化，切实提高教师教学能力和水平。2017年，中心设主任1名，副主任3名。

【新教师教学培训工作】 自2016年秋季学期起，按照《北京大学关于促进教师教学发展的若干意见》要求，针对在校教学科研系列青年教师滚动开设系列教学培训讲座或沙龙，共4个模块，合计96学分。2017年7月完成第一轮培训，9月启动第二轮培训。2017年，组织各类培训活动9次、午餐会2次、沙龙活动3次，共436人次参加。2017年9月，组织实施马克思主义理论研究和建设工程重点教材任课教师培训。2017年，启动全新的助教学校，培训课程8学时，第一期培训助教193人。

【北大慕课（MOOCs）支持服务】 2017年，开展3期慕课培训，共计培训教师246人次。其中，完成新上线慕课17门，在建慕课18门。组织力量将北京大学在其他平台开课的课程向华文慕课迁移。截至2017年底，华文慕课开设课程83门，注册用户12万余人，日平均访问量7000左右。2017年，慕课工作获北京大学教学成果奖特等奖，并被推荐申报北京市教学成果奖一等奖。

【网络教学平台建设】 北大教学网运行和技术培训。2017年，教师教学发展中心共开展12次教学网专题技术培训，授课36学时，上机答疑36课时，累计培训117人次。

大数据统计分析。为准确了解北京大学教师教学、学生学习的真实情况，教师教学发展中心组织力量对从系统中获得的并不完备的原始统计数据进行人工比对，统计出教学网积极在用教师1280位，积极在用课程1922门，并对教师使用情况、课程使用情况等进行多维度数据分析。

网络教学平台的调研、论证与招标。由于北大教学网采用的Blackboard平台核心代码层不向用户开放且技术支持团队远在美国，其服务迟滞问题愈发明显，无法很好地满足北京大学教师日益增长的个性化教学需求。2017年，教师教学发展中心对中国用户量较大的两个平台进行考察和试用，经过专家论证，完成新网络教学平台招标。

【教学媒体制作与教学资源建设】 教学资源建设及成果。2017年，教师教学发展中心采用多种技术手段，录制13门院系重点课程，负责东西部联盟课程直播录制、慕课录制、青年教师教学发展培训录制工作等。"北大讲座网"信息已达15,000余条，视频5300余个。同时，中心配合教务部门申报北京市级教学名师，先后为工会青年教工教学基本功大赛、党校、慕课等拍摄制作专题片、宣传片等。2017年，教学资源制作服务工作获得"北京大学教学成果奖"一等奖，并推荐申报"北京市教学成果奖"二等奖。

教学媒体制作模式的研究。教师教学发展中心充分考虑各类实际教学需求，对原有设施格局进行重新设计规划改造，整合更新软硬件系统，形成相应的制作与服务模式，总结出一套适合北大的媒体制作模式和制作流程，覆盖当前校内开展的所有面授、线上课程、学术讲座和教学会议的相关教学形式。2017年，已形成7类较为成熟的制作模式，制定标准化工作规范，丰富视频教学课件形态，提高制作效率。

教学资源平台建设进展。教师教学发展中心从建设理念、平台技术架构、功能实现、资源素材、内容制作服务、投入预算和售后支持等多方面对多家企业的产品开展充分考察。完成可以满足目前各类课程实录视频和图文资源的汇集、管理、发布等工作，并通过创新性工作更好地支持教师开展教学备课、参加培训、拓展专业思维等需求的"教学资源平台"建设方案。截至2017年底，教学资源平台系统已经完成招标流程。

【教室教学环境建设】 教室教学环境常规建设。2017年，教师教学发展中心按计划对教室内的中控系统、投影机、电动幕、时钟、考试录像存储、考试播音、黑板等设施进行更新。

老地学楼改造与验收使用。地学楼是北京大学全新设计的研讨式公共教学楼。2017年，教师教学发展中心经过前期考察调研、方案设计修改，先后调研10余家厂商和高校，确定设备和家具的建设方案；同时与施工方、基建部沟通对装修设计图进行多次修改。中心组织力量利用暑假完成设备和家具招标。2017年9月初，完成部分设备和家具的安装工作。教学楼于2017年9月21日正式投入使用。2017年12月，完成新地学楼的整体验收。全部建设完成后的地学楼可以支持课程实况录制、远程直播互动、课内师生交互、分组讨论等智慧教室功能，和网络教学平台相结合，支持各种类型的混合式学习。

【第七届多媒体课件和网络课程大赛】 2017年，教师教学发展中心组织开展"北京大学第七届多媒体课件和网络课程大赛"。中心组织力量专门为参赛教师开展课件技术培训，培训课程包括：微课设计与制作、高级教学课件制作、快速课件设计与制作、网络课程设计与制作等，共33学时，培训教师429人次。

【北京大学公共教学资源管理中心成立】 为落实立行立改要求，改进学校公共空间管理，教师教学发展中心起草并推动学校通过《北京大学关于加强学校公共空间管理工作的意见》（校发〔2017〕216号）。文件明确了教发中心在学校公共教学资源管理工作中的职责和地位，并指出：成立北京大学公共教学资源管理中心，统筹对学校公共教学资源的整体规划、建设、技术支持、调配与管理，与教师教学发展中心合署办公。

【网络形象建设】 2017年，教师教学发展中心先后建设完成中心新主页和教学发展专题网站，完善在线报名系统。同时，开始建设教师教学发展中心微信公众号，以多种形式展示中心形象。

【国家精品在线开放课程认定】 2017年，教师教学发展中心作为北京大学国家精品在线开放课程申报工作的负责单位，组织力量协调"北大慕课"和"东西部课程联盟"2个系列课程申报，先后组织、支持、服务51门课程完成申报，其中21门课程入选。

（教师教学发展中心）

科研管理

理工医科科研管理

【发展概况】 2017年，北京大学的科研工作继续围绕这一宗旨稳步推进，从实际情况出发，发挥已有优势，在基础研究和应用基础研究方面继续保持竞争力，承担大量国家科研任务，取得丰富的科研成果。

2017年度北京大学理工科在研项目2112项，医科1384项；理工医科到校科研经费29.44亿元，其中理工科到校经费24.83亿元（含深圳研究生院1.86亿元），医科到校科研经费4.61亿元。2017年度理工医科到校科研经费中，由国家财政部拨款的自然科学基金委项目和科技部主管项目到校经费分别达8.09亿元（含深研院）和8.29亿元，两项合计占理工医科到校经费总数的56%，是北京大学科研经费的主要来源。

2017年度北京大学理工医科在中国政府主导的重大基础研究和应用基础研究领域继续保持竞争优势，新批"国家重点研发计划"项目24项（含青年科学家专题3项）、课题115个，项目获批数保持领先；新批"创新人才推进计划"5名中青年科技领军人才、3个重点领域创新团队。

2017年度北京大学新批国家自然科学基金直接经费5.76亿元，获资助各类项目606项。其中创新研究群体（新立项）2个，国家杰出青年科学基金17人，优秀青年科学基金11人，重大科研仪器设备研制专项（自由申请类）4项，重点项目29项，面上项目302项，青年科学基金项目128项，重大研究计划31项，国际合作42项。

2017年度北京大学获批霍英东教育基金会青年教师基金4项，教育部科研事业费项目4项；获批北京市科技计划课题15项；获批北京市自然科学基金37项；入选北京市科技新星计划2人；获批各类行业部门科研专项65项；新增企事业单位委托项目31项。

2017年度北京大学理工医科获得国际科技合作项目40项（理工科19项，医学部21项），其中2项来自政府间国际科技创新合作重点专项，另有38项来自海外基金会、海外企业以及海外政府。

2017年度北京大学作为第一完成单位获得国家科学技术奖7项，其中自然科学二等奖3项，技术发明二等奖1项，科技进步二等奖3项；作为第一完成单位获得"高等学校科学研究优秀成果奖（科学技术）"15项（一等奖7项，二等奖8项，青年奖2人）。获奖总数连续多年维持在高位。

2017年，北京大学4位教授入选首届全国创新争先奖。北京大学2位女教授入选中国青年女科学家，还有2位入选未来女科学家计划，本年度入选人数创历史新高。

2017年度北京大学共申请国内专利918项（本部440项，医学部368项，深研院110项），获国内授权专利889项（本部432项，医学部371项，深研院86项），申请国际专利49项，国际授权专利19项。

2017年度北京大学发表SCI收录论文9209篇，其中被SCI收录的北京大学为第一作者单位或通讯作者单位的论文5594篇，平均影响因子为4.53。

【科研基地建设】 依托北京大学建设的理工医科重点科研基地包括国家研究中心、国家重点实验室、教育部重点实验室、卫生部和北京市重点实验室等，是北京大学组织重大科学研究活动，产生重大科研成果的重要科研平台，是北京大学汇聚高水平创新团队、拔尖研究人才的聚集地。

以下简述各类科研基地的建设运行情况。

1. 国家级科研基地

（1）国家研究中心：根据《国家科技创新基地优化整合方案》组建"北京分子科学国家研究中心"。

（2）国家重点实验室：2017年，依托北京大学建设的8个国家重点实验室专项经费到校经费共计13,366.5万元。2016年度生命领域国家重点实验室评估中，北京大学与中科院动物所以及清华大学共建的膜生物学国家重点实验室获评优秀，蛋白质与植物基因研究国家重点实验室、天然药物与仿生药物国家重点实验室获评良好。2017年度信息领域国家重点实验室评估，北京大学与上海交通大学共建的区域光纤通信网与新型光通信系统国重实验室参评，获评良好。顺利完成核物理与核技术国家重点实验室整改核查工作。为进一步加强国家重点实验室建设，蛋白与植物基因研究国家重点实验室、湍流与复杂系统国家重点实验室、核物理与核技术国家重点实验室三个国家重点实验室公开招聘实验室主任。

（3）国家蛋白质科学基础设施——北京基地（凤凰工程）北京大学单体项目通过验收。

2. 省部级科研基地

（1）教育部重点实验室：2017年度教育部重点实验室信息领域实验室评估，北京大学高可信软件技术教育部重点实验室、机器感知与人工智能教育部重点实验室参评并获得优秀。为进一步加强教育部重点实验室建设，地表过程分析与模拟教育部重点实验室、分子心血管学教育部重点实验室两个教育部重点实验室公开招聘实验室主任。

（2）高精尖创新中心：2017年，依托北京大学建设的北京工程科学与新兴技术高精尖创新中心和北京未来基因诊断高精尖创新中心专项到校经费共计1.2亿元。

（3）教育部国际合作联合实验室：转化医学与临床研究国际联合研究中心获批立项建设。

（4）北京市重点实验室：北京市科学技术委员会公布2012年度和2013年度认定的重点实验室及工程中心评估结果。北京大学共计13家实验室和中心参加评估，其中代谢及心血管分子医学北京市重点实验室获得优秀，北京市低维碳材料工程技术研究中心、北京市虚拟仿真与可视化工程技术研究中心、药物依赖性研究北京市重点实验室、神经系统小血管病探索北京市重点实验室、运动医学关节伤病北京市重点实验室、视网膜脉络膜疾病诊治研究北京市重点实验室、北京市城市热管理工程技术研究中心、蛋白质修饰与细胞功能北京市重点实验室、骨与软组织肿瘤研究北京市重点实验室、肝硬化肝癌基础研究北京市重点实验室、儿科遗传性疾病分子诊断与研究北京市重点实验室获得良好，痴呆诊治转化医学研究北京市重点实验室获得合格。2017年北京市科学技术委员会对2010年度认定的重点实验室及工程中心进行评估，北京大学造血干细胞移植治疗血液病北京市重点实验室、生殖内分泌与辅助生殖技术北京市重点实验室、生殖内分泌与辅助生殖技术北京市重点实验室、北京市有源显示工程技术研究中心、北京市智能康复工程技术研究中心、丙型肝炎和肝病免疫治疗北京市重点实验室、脊柱疾病研究北京市重点实验室、磁共振成像设备与技术北京市重点实验室、皮肤病分子诊断北京市重点实验室、食品安全毒理学研究与评价北京市重点实验室共计10家实验室和中心参加评估，评估结果预计于7月份公布。

3. 校内虚体科研机构

按学校统一部署，全面落实巡视整改意见，逐一核查81个虚体科研机构。在广泛听取各方意见的基础上，制定《北京大学理工科虚体科研机构管理暂行办法》（校发〔2017〕166号），依该办法撤销虚体机构13个（另有1个待定），合并2个机构，调整7个机构的挂靠单位（含国际合作部转城市与环境学院1个机构）。明确存留59个机构的目标、任务、归属及管理。

4. 推动重点实验室管理

完成重点实验室建设管理委员会、高精尖校级管理委员会等学校管理机构的改组。下一步将推动校内重点实验室管理。

【科研项目与科研经费】 2017年度北京大学理工科在研项目2112项，医科1384项；理工医科到校科研经费29.44亿元，其中理工科到校经费24.83亿元（含深圳研究生院1.86亿元），医科到校科研经费4.61亿元。

1. 国家自然科学基金委员会资助的各类项目。2017年度北京大学在研国家自然科学基金各类项目2177项（牵头承担），到校经费7.93亿元（不含深研院）；新批项目606项，直接经费共计5.76亿元。

（1）面上青年项目：2017年度北京大学共获批准面上和青年基金项目428项，批准经费2.1亿元。

（2）重点项目：2017年度北京大学共获批准重点项目28项，获资助经费0.82亿元。

（3）重大项目：2017年度北京大学获批重大项目2项，重大项目课题10项。

（4）重大研究计划：2017年度北京大学获批重大研究计划31项。

（5）国家杰出青年科学基金：2017年度北京大学共有17人荣获国家杰出青年科学基金资助（2017年全国共批准198人）：

物理学院（5人）：曹庆宏、冯济、彭良友、江颖、杨海军；

化学与分子工程学院（3人）：马丁、张文雄、沈志豪；

生命科学学院（4人）：高宁、李晴、秦跟基、朱健；

信息科学技术学院（1人）：黄罡；

城市与环境学院（1人）：程和发；

环境科学与工程学院（1人）：要茂盛；

国际数学研究中心（1人）：刘若川；

医学部（1人）：叶敏。

（6）优秀青年科学基金项目：2017年度北京大学共有11人获得优秀青年科学基金项目（2017年全国共批准399人）：

物理学院（1人）：朱瑞；

化学与分子工程学院（2人）：王婕妤、吕华；

生命科学学院（1人）：白凡；

地球与空间科学学院（2人）：薛进庄、常燎；

城市与环境学院（1人）：彭叔时；

信息科学技术学院（1人）：叶乐；

工学院（1人）：周欢萍；

光华管理学院（1人）：沈俏蔚；

医学部（1人）：薛言学。

（7）创新研究群体科学基金：2017年度北京大学以何子山（科维理天文研究所）、倪晋仁（环境科学与工程学院）为学术带头人的2个创新研究群体，获得基金委创新研究群体科学基金资助。

（8）国家重大科研仪器设备研制项目（自由申请）：2017年度北京大学郭雪峰（化学与分子工程学院）、周小计（信息科学技术学院）、戴志飞（工学院）、高家红（前沿交叉研究院）获得此项基金资助。

（9）海外（及港澳）学者合作研究基金：2017年度共有2位以北京大学作为国内研究基地、目前尚在海外（或港澳）从事自然科学基础研究的优秀青年学者，获得此项基金资助，他们的合作者都是北京大学相应学科的学术带头人。

（10）国际交流与合作项目：2017年度北京大学在基金委资助下开展各类国际交流与合作共42项，其中包括国际合作重大项目、国际合作研究项目、在华召开国际会议，广泛开展国际交流与合作。

2. 国家科技部主管的各类项目。2017年度北京大学承担的科技部主管各类国家科技计划项目到校经费7.04亿元。

2017年度国家科技部6个试点专项和42个重点专项共批复立项1305个项目，总经费258亿元。其中，北京大学共获批24项目（含附属医院），立项数保持全国领先；北京大学共承担115个课题，课题经费5.4亿元。

2017年度北京大学获批5名中青年科技领军人才、3个重点领域创新团队。自2012年科技部设立创新人才推进计划，北京大学共获批32位中青年科技领军人才、10个重点领域创新团队，并于2013年获批为科技部创新人才培养示范基地。

3. 国际科技合作项目。2017年度北京大学理工医科立项国际科技合作项目40项，其中来自国内政府的项目有2项，另有38项来自海外基金会、海外企业以及海外政府，2017年到校经费3356万元。2017年北京大学举办国际学术会议和研讨班共54项。

4. 教育部科研项目。2017年度获批第十六届霍英东教育基金会青年教师基金4项，教育部科研事业费项目4项。

5. 北京市科研项目。

（1）北京市自然科学基金项目：北京大学2017年获批北京市自然科学基金37项，其中重点项目2项、面上项目20项、青年项目6项、海淀联合基金重点专题3项、海淀联合基金前沿专题6项。

（2）北京市科技项目与北京市科技新星计划：2017年度北京大学获批北京市科技计划课题15项。2017年度北京大学2名青年教师入选北京市科技新星计划。

6. 其他部门科研专项。2017年北京大学获批各类行业部门科研专项65项。

【科研成果】 2017年度以北京大学为第一完成单位获得的科技奖项包括：

1. 国家科学技术奖7项，其中自然科学二等奖3项，技术发明二等奖1，科技进步二等奖3项。

2. 教育部"高等学校科学研究优秀成果奖（科学技术）"15项（一等奖7项，二等奖8项，青年奖2人）。

3. 北京大学人民医院姜保国教授荣获2017年度何梁何利科学与技术进步奖。至此，北京大学共有49人次获得何梁何利基金的奖励。

2017年度北京大学发表SCI收录论文9209篇，其中被SCI收录的北京大学为第一作者单位或通讯作者单位的论文5594篇，平均影响因子为4.53。

2017年，出版理工医科类著作目录203部，其中校本部55部，医学部122部，深圳研究生院26部。

2017年度北京大学共申请国内专利918项（本部440项，医学部368项，深研院110项），获国内授权专利889项（本部432项，医学部371项，深研院86项），申请国际专利49项，国际授权专利19项。

（科学研究部）

《北京大学学报（自然科学版）》

【刊载论文情况】《北京大学学报（自然科学版）》2017年出版6期共1178页，刊载学术论文128篇。其中力学2篇，物理学1篇，化学1篇，电子学与信息科学21篇，地球与空间科学27篇，地理学与环境科学75篇，心理学1篇。第2期有14篇论文作为专题报道：自然语言理解与智能应用。每篇论文都在中国知网学术期刊数字出版平台实行数字优先出版。

【数据库收录情况】《北京大学学报（自然科学版）》刊载的论文在2016年被多个国内外文献检索机构收录。重要国内文献数据库有：中国科学引文数据库（CSCD）、万方数据和中国知网。重要国际文献数据库有：Elsevier科学期刊数据库（Scopus）、美国《化学文摘》（CA）、美国《地质参考》（GR）、美国《数学评论》（MR）、俄罗斯《文摘杂志》（AJ）、日本科学技术振兴机构文献数据库（JST）、德国《数学文摘》（ZM）、英国《科学文摘》（SA）、英国皇家化学学会《质谱学通报（增补）》（RSC）和英国《动物学记录》（ZR）。

2017年起，《北京大学学报（自然科学版）》被美国工程索引数据库（EI）收录。2017年，在超星期刊和维普期刊实行全文免费开放获取。

【文献计量指标】 据中国科技信息研究所《2017年版中国科技期刊引证报告（核心版）》对2016年出版的2008种"中国科技核心期刊（中国科技论文统计源期刊）"的统计，《北京大学学报（自然科学版）》2016年主要科学计量指标见附表54（同时列出2015年数据）。

【出版质量与获奖情况】 据中国科学技术信息研究所2017年10月31日召开的"2016年度中国科技论文统计结果发布会"公布，《北京大学学报（自然科学版）》入选"2016年百种中国杰出学术期刊"，至此连续13年获此殊荣。

（《北京大学学报（自然科学版）》）

《北京大学学报（医学版）》

【编委会建设】 通过每年的编委会议或发送年终学报工作总结，以及平常的编委定稿会议，让编委和相关专家能够较为及时地了解学报的工作、存在的主要问题和遇到的主要困难，同时编委和专家也会通过学报的介绍了解到科技期刊界相关方面的信息和动态，关注学报的发展和成长，为学报的发展建言献策。

【专题组稿】 2017年，共开展4个专题的组稿工作，包括口腔医院俞光岩和李铁军等编委组织的"口腔医学专题"、公共卫生学院胡永华等编委组织的"公共卫生学专题"、第一医院郭应禄院士组织的"泌尿外科研究专题"和第一医院杜军保教授组织的"儿科医学专题"，共计组织稿件169篇。

【加入数据库】 为更好传播学报所发表的科研成果，吸引更多国内外优秀的研究成果投稿，学报始终把加入国内外相关领域重要的检索系统和数据库作为自己的首要工作来落实,2017年,与武汉鼎森世纪科技有限公司签署数字出版战略合作协议(博看期刊数据库)。截至2017年,学报已加入MEDLINE等重要的国内外检索系统和数据库23个。

学报在中信所发布的《中国科技期刊引证报告(核心版)》中,期刊综合评价总分不断提升。

据2017年中国知网《北京大学学报(医学版)》发行与传播统计报告:《北京大学学报(医学版)》机构用户总计3466个,分布15个国家和地区,如国家图书馆、中科院、香港大学、澳门大学、台湾"中央研究院"、香港医院管理局、哈佛大学、耶鲁大学、澳大利亚国家图书馆、新加坡国家图书馆、法国国防部等。个人读者分布在17个国家和地区。

【数字出版】 1.Medline数据上传:及时为Medline上传2017年学报发表的论文共计187篇。2.学报OA发布:2017年在学报网站上OA发布200篇文章。3.数字优先出版:2017年学报数字优先出版论文共200篇,平均每篇文章比纸质版提前30天与读者见面。数字优先出版即学报将已通过评审并进行编辑加工后的论文,在未印刷之前提交到清华大学中国学术期刊电子杂志社《中国知网》(www.cnki.net)的数字优先出版平台上,通过互联网和手机发布,使读者更早地获得相关研究信息。4.HTML制作:借助北大图书馆的数字化项目,制作2017年学报发表的全部论文的HTML文。

【加快评审速度】 在线审稿系统的使用、定期的编委定稿会议以及专题组稿等都为加快稿件的评审,缩短稿件的发表时滞提供强有力的保障,学报平均的发表时滞约为180天。

【刊载论文量】 2017年,收稿量由原来的300多篇增加至700多篇,平均每期的出版页数增加到180多页。学报圆满地完成2017年全年6期1104页200篇论文的报道。

学报始终坚持严格的三审制度,即同行双审和编委会定稿,全年送审稿件747篇,涉及审次1500多次,并分别在1月20日、1月23日、3月30日、4月27日、5月16日、7月5日、7月16日、11月6日、11月21日、12月27日召开10次编委定稿会议。

【继续教育】 圆满地完成国家广电新闻出版总局编辑每年72学时的要求。编辑业务不仅是注重研究内容的文字编辑工作,还涉及到国家的政策、法律法规,以及行业内的一些规定,需要不断学习提高。为加强业务学习,合理安排相关编辑出差或网上学习,并在编辑部召开业务会议时分享这些编辑学习的体会,使全体编辑能及时了解到国家在新闻出版方面的政策、法规,提高编辑的政策水平和业务能力。

【学会工作】 曾桂芳编审作为中国高校科技期刊研究会副理事长兼组织工作委员会主任,积极参加研究会的各项活动,参加2次常务理事会议和1次年会,在年会理事代表大会上主持常务理事和理事的调整事宜,并主持颁奖仪式。日常主要承担如下研究会工作:高校科技期刊入会资格审查;查询、指导单位会员在线注册,完善单位会员的网上信息。

曾桂芳作为北京高教学会自然科学学报研究会理事长,组织北京高校科技期刊年会。

【党建工作】 在强化编辑部能力建设的过程中,编辑部的党员始终高度重视党风廉政建设,把建立好、遵守好制度放在工作的重要位置,严格遵守编辑部制定的审、定、发稿制度,所有来稿必须经过同行双审,编委定稿会集体定稿,发排稿件按收稿的时间顺序进行,使审、定、发稿工作透明有序,杜绝"人情稿""后门稿"。同时,认真遵守学校的财务制度,坚持"收支两条线",绝不设立"小金库"。

在科研处、学报、动物部联合支部的组织生活会中,进一步提高对"四风"的认识,工作中严格遵守"八项规定",努力践行"三严三实"的工作作风,更加明确党风廉政建设的重要性和迫切性,认真学习"十九大报告"和习近平总书记的一系列重要讲话,充分认识到加强领导干部和广大党员的政治理论水平和思想认识的重要性。

【获奖情况】《北京大学学报(医学版)》入选"第4届中国精品科技期刊"。

【年度人物】 2017年6月,曾桂芳当选北京高教学会自然科学学报研究会理事长。

【Medline/PubMed点击率】 自2010年学报与MEDLINE实现全文链接后,Medline/PubMed每月提交一份期刊的点击率,2017的点击率为60,207,较2016年增加约1700多次(2016年点击率58,451次)。

(王 蕾)

表7-1 国家研究中心

编号	实验室名称	负责人
1	北京分子科学国家研究中心	席振峰

(科学研究部 张 瑛 陈 健 整理)

表7-2 国家重大科技基础设施

编号	实验室名称	北大负责人
1	国家蛋白质科学基础设施(北京基地)(与军事医学部科学院、清华大学共建)	吴 虹

(科学研究部 张 瑛 陈 健 整理)

表 7-3　国家重点实验室

编号	实验室名称	负责人
1	人工微结构和介观物理国家重点实验室	刘运全
2	湍流与复杂系统研究国家重点实验室	陈十一
3	核物理与核技术国家重点实验室	高原宁
4	蛋白质与植物基因研究国家重点实验室	瞿礼嘉
5	天然药物及仿生药物国家重点实验室	周德敏
6	膜生物学国家重点实验室（北大分室）	高宁
7	环境模拟与污染控制国家重点实验室（北大分室）	胡敏
8	区域光纤通信网与新型光纤通信系统国家重点实验室（北大实验区）	陈章渊

（科学研究部　张琰　陈健　整理）

表 7-4　国家级重点实验室

编号	实验室名称	负责人
1	微米/纳米加工技术国家级重点实验室（北大分室）	金玉丰

（科学研究部　张琰　陈健　整理）

表 7-5　国家工程研究中心

编号	中心名称	负责人
1	电子出版新技术国家工程研究中心	郭宗明
2	软件工程国家工程研究中心	张世琨

表 7-6　国家工程实验室

编号	中心名称	负责人
1	数字视频编解码技术国家工程实验室	高文
2	口腔数字化医疗技术和材料国家工程实验室	郭传瑸
3	大数据分析与应用技术国家工程实验室	鄂维南

（科学研究部　张琰　陈健　整理）

表 7-7　省部共建国家重点实验室

编号	实验室名称	负责人
1	省部共建肿瘤化学基因组学国家重点实验室	杨震

（深圳研究生院　孟祎　整理）

表 7-8　国家临床医学研究中心

编号	中心名称	负责人
1	国家精神心理疾病临床医学研究中心	陆林
2	国家妇产疾病临床医学研究中心	乔杰
3	国家口腔疾病临床医学研究中心	郭传瑸

（医学部科研处　田君　整理）

表 7-9 教育部重点实验室

编号	实验室名称	负责人
1	数学及其应用教育部重点实验室	张继平
2	生物有机与分子工程教育部重点实验室	王剑波
3	纳米器件物理与化学教育部重点实验室	彭练矛
4	地表过程分析与模拟教育部重点实验室	李双成
5	水沙科学教育部重点实验室（联合）	倪晋仁
6	造山带与地壳演化教育部重点实验室	张立飞
7	分子心血管学教育部重点实验室	王 宪
8	神经科学教育部重点实验室	万 有
9	高分子化学与物理教育部重点实验室	陈尔强
10	机器感知与智能教育部重点实验室	查红彬
11	统计与信息技术教育部-微软重点实验室	郁彬 姜明
12	高可信软件技术教育部重点实验室	梅 宏
13	细胞增殖分化调控机理研究教育部重点实验室	张传茂
14	恶性肿瘤发病机制及转化研究教育部重点实验室	季加孚
15	计算语言学教育部重点实验室	穗志方
16	慢性肾脏病防治教育部重点实验室	赵明辉
17	辅助生殖教育部重点实验室	乔 杰
18	数理经济与数理金融教育部重点实验室	龚六堂

（科学研究部　张　琰　陈　健　整理）

表 7-10 教育部工程研究中心

编号	中心名称	负责人
1	微处理器及系统教育部工程研究中心	程 旭
2	再生医学教育部工程研究中心	邓宏魁
3	体内局部诊疗教育部工程研究中心	谢天宇
4	地球观测与导航教育部工程研究中心	陈秀万
5	灵长类及大动物临床前研究教育部工程研究中心	程和平
6	移动数字医疗教育部工程技术研究中心	焦秉立

（科学研究部　张　琰　陈　健　整理）

表 7-11 教育部国际合作联合实验室

编号	中心名称	负责人
1	转化医学与临床研究国际联合研究中心	詹启敏

（医学部科研处　田　君　整理）

表 7-12 卫生部重点实验室

编号	实验室名称	负责人
1	卫生部心血管分子生物学与调节肽重点实验室	高 炜
2	卫生部肾脏疾病重点实验室	赵明辉

（续表）

编号	实验室名称	负责人
3	卫生部精神卫生学重点实验室	张 岱
4	卫生部神经科学重点实验室	万 有
5	卫生部医学免疫学重点实验室	张 毓
6	卫生部生育健康重点实验室	任爱国

（医学部科研处　田　君　整理）

表 7-13　卫生部工程技术研究中心

编号	中心名称	负责人
1	卫生部口腔医学计算机应用工程技术研究中心	吕培军

（医学部科研处　田　君　整理）

表 7-14　北京高校高精尖创新中心

编号	中心名称	负责人
1	北京工程科学与新兴技术高精尖创新中心	张东晓
2	北京未来基因诊断高精尖创新中心	谢晓亮

（科学研究部　张　琰　陈　健　整理）

表 7-15　北京市重点实验室/工程技术研究中心

编号	实验室名称	负责人
1	医学物理和工程北京市重点实验室	高家红
2	空间信息集成与3S工程应用北京市重点实验室	晏 磊
3	城市固体废弃物资源化技术与管理北京市重点实验室	王习东
4	先进电池材料理论与技术北京市重点实验室	夏定国
5	网络与信息安全北京市重点实验室	邹 维
6	食品安全毒理学研究与评价北京市重点实验室	郝卫东
7	造血干细胞移植治疗血液病研究北京市重点实验室	黄晓军
8	脊柱疾病研究北京市重点实验室	刘忠军
9	磁共振成像设备与技术北京市重点实验室	韩鸿宾
10	皮肤病分子诊断北京市重点实验室	李若瑜
11	生殖内分泌与辅助生殖技术北京市重点实验室	乔 杰
12	丙型肝炎和肝病免疫治疗北京市重点实验室	魏 来
13	恶性肿瘤转化研究北京市重点实验室	季加孚
14	肿瘤系统生物学北京市重点实验室	尹玉新
15	泌尿生殖系疾病（男）分子诊治北京市重点实验室	金 杰
16	风湿病机制及免疫诊断北京市重点实验室	栗占国
17	心血管受体研究北京市重点实验室	张幼怡
18	北京市智能康复工程技术研究中心	王启宁
19	北京市有源显示工程技术研究中心	刘晓彦

（续表）

编号	实验室名称	负责人
20	北京市新型污水深度处理工程技术研究中心	倪晋仁
21	代谢及心血管分子医学北京市重点实验室	肖瑞平
22	药物依赖性研究北京市重点实验室	陆　林
23	运动医学关节伤病北京市重点实验室	敖英芳
24	神经系统小血管病探索北京市重点实验室	黄一宁
25	视网膜脉络膜疾病诊治研究北京市重点实验室	黎晓新
26	北京市低维碳材料工程技术研究中心	张　锦
27	北京市虚拟仿真与可视化工程技术研究中心	汪国平
28	蛋白质修饰与细胞功能北京市重点实验室	朱卫国
29	儿科遗传性疾病分子诊断与研究北京市重点实验室	姜玉武
30	肝硬化肝癌外科基础研究北京市重点实验室	朱继业
31	骨与软组织肿瘤诊治研究北京市重点实验室	郭　卫
32	痴呆诊治转化医学研究北京市重点实验室	于　欣
33	北京市城市热管理工程技术研究中心	张信荣
34	行为与心理健康北京市重点实验室	方　方
35	分子药剂学与新释药系统北京市重点实验室	张　强
36	妊娠合并糖尿病母胎医学研究北京市重点实验室	杨慧霞
37	急性心肌梗死早期预警和干预北京市重点实验室	陈　红
38	幽门螺杆菌感染与上胃肠疾病北京市重点实验室	周丽雅
39	口腔数字医学北京市重点实验室	郭传瑸
40	固态量子器件和量子信息技术北京市重点实验室	徐洪起
41	矿物环境功能北京市重点实验室	鲁安怀
42	磁电功能材料与器件北京市重点实验室	侯仰龙
43	神经退行性疾病生物标志物研究及转化北京市重点实验室	章　京
44	结直肠癌诊疗研究北京市重点实验室	王　杉
45	女性盆底疾病研究北京市重点实验室	王建六
46	眼部神经损伤的重建保护与康复北京市重点实验室	张　纯

（科学研究部　张　琰　陈　健　医学部科研处　田　君　整理）

表 7-16　北京市国际科技合作基地

编号	基地名称	基地依托单位
1	基于半导体纳米线材料的新能源北京市国际科技合作基地	北京大学物理学院
2	低维碳材料北京市国际科技合作基地	北京大学纳米化学研究中心
3	碳基纳电子材料与器件北京市国际科技合作基地	北京大学信息科学与工程学院
4	液晶性调光膜规模化通用制备技术及设备北京市国际科技合作基地	北京大学工学院
5	生物医用材料北京市国际科技合作基地	北京大学前沿交叉学科研究院
6	国际知名大学技术转移孵化北京市国际科技合作基地	北京大学产业技术研究院
7	出生缺陷防控北京市国际科技合作基地	北京大学第三医院

(续表)

编号	基地名称	基地依托单位
8	睡眠医学北京市国际科技合作基地	北京大学人民医院
9	口腔数字医学北京市国际科技合作基地	北京大学口腔医院
10	免疫性疾病体外诊断北京市国际科技合作基地	北京大学人民医院

(科学研究部 张琰 陈健 医学部科研处 田君 整理)

表7-17 中关村开放式实验室

编号	实验室名称	负责人
1	微处理器及系统芯片开放实验室	程旭
2	细胞分化与细胞工程实验室	邓宏魁
3	空间信息集成与3S工程应用北京市重点实验室	晏磊
4	网络与信息安全实验室	邹维
5	医药卫生分析中心	王京宇
6	软件工程国家工程研究中心	张世昆
7	微米/纳米加工技术国家级重点实验室	张兴
8	数字视频编解码技术国家工程实验室	高文
9	实验动物中心	朱德生

(科学研究部 陈健 医学部科研处 田君 整理)

表7-18 广东省、深圳市重点实验室

编号	实验室名称	负责人
1	化学基因组学广东省重点实验室	杨震
2	纳米微米材料广东省重点实验室	江必旺
3	广东省新能源材料设计与计算重点实验室	潘锋
4	集成微系统科学工程与应用深圳市重点实验室	张兴
5	城市人居环境科学与技术深圳市重点实验室	栾胜基
6	循环经济深圳市重点实验室	曾辉
7	纳米微米材料深圳市重点实验室	江必旺
8	云计算关键技术与应用深圳市重点实验室	李晓明
9	计算化学与药物设计深圳市重点实验室	吴云东
10	重金属污染控制和资源化深圳市重点实验室	陶虎春
11	薄膜晶体管与先进显示深圳市重点实验室	张盛东
12	功能结构生物学深圳市重点实验室	罗明
13	新能源材料人工设计深圳市重点实验室	陶国华
14	有机光电磁功能材料深圳市重点实验室	孟鸿
15	细胞生理学深圳市重点实验室	周强
16	信息论与未来网络体系深圳市重点实验室	李挥
17	深圳市先进电子器件与集成应用重点实验室	林信南
18	深圳市智能多媒体与虚拟现实重点实验室	王文敏
19	深圳市新能源材料基因组制备和检测重点实验室	潘锋

(深圳研究生院 孟祎 整理)

表 7-19 其他省部级研究基地

编号	机构名称	负责人
1	国家中医药管理局中药配伍减毒重点研究室	张宝旭
2	国家中医药管理局痰瘀重点研究室	韩晶岩
3	国家中医药管理局微循环实验室（三级）	韩晶岩
4	国家中医药管理局中药药理（肿瘤）实验室（三级）	李萍萍
5	国家统计局统计科学研究所	耿 直
6	国家湿地保护与修复技术中心	吴晓磊
7	国家新闻出版广电总局同轴宽带网络工程技术研究中心	吴建军
8	国家新闻出版广电总局新闻出版智能媒体技术重点实验室	汤 帜

（科学研究部 张 琰 陈 健 医学部科研处 田 君 整理）

表 7-20 北京大学 2017 年度理工医科在研科研项目数分类统计

单位名称		科技部 重点研发计划	科技部 973重大研究计划	科技部 863计划	科技部 支撑计划	科技部 仪器国合其他专项	科技部 重大专项	国家基金委 杰青优青群体海外	国家基金委 重大重点重大计划及仪器	国家基金委 面上青年	国家基金委 国合联合专项协作	教育部项目	北京市项目	其他部门专项	海外合作	企事业单位	总计
校本部	数学科学学院及北京国际数学研究中心	3	5	1				10	9	49	34	10	0	3		0	124
	物理学院	34	57	1		1	11	18	39	122	36	28	7	13		6	373
	化学与分子工程学院	20	23	1		1	1	14	28	95	25	8	6	3		2	227
	生命科学学院	23	26	6	1	1	3	13	20	67	13	4	5	4	3	5	194
	地球与空间科学学院	8	21				2	6	8	74	12	5	2	20		9	167
	城市与环境学院	8	7	1	1		1	9	15	54	6	3	0	12		8	125
	环境科学与工程学院	13	6		1	3	1	4	15	28	14	2	3	6	1		105
	信息科学技术学院	26	32	12	1		2	16	23	101	37	6	16	9	8	5	294
	工学院	16	9			1	4	10	25	89	23	9	11	9	1	0	207
	心理与认知科学学院		3					3	1	28	3	0	2	0		1	41
	计算机科学技术研究所	1	1					1	0	16	4	0	2	2	1	1	29
	分子医学研究所	3	8					4	9	26	4	6	2	1		0	64
	科维理天文研究所	1	1					1	0	8	5	0	0	0		0	16
	其他	7	7	3				6	8	79	17	5	5	4	2	3	146
	校本部合计	163	206	26	6	5	24	115	200	836	233	86	61	86	18	47	2112
医学部合计		28	16	4	2	4	2	31	84	1077	57	14	60	5	0	0	1384
深圳研究生院		1	1					1	2	70	6		244	1		108	434
总计		192	223	30	8	9	26	147	286	1983	296	100	121	335	19	155	3930

（科学研究部 范少锋 廖日坤 杨凌春 鲍锦涛 医学部科研处 许术其 张楠楠 整理）

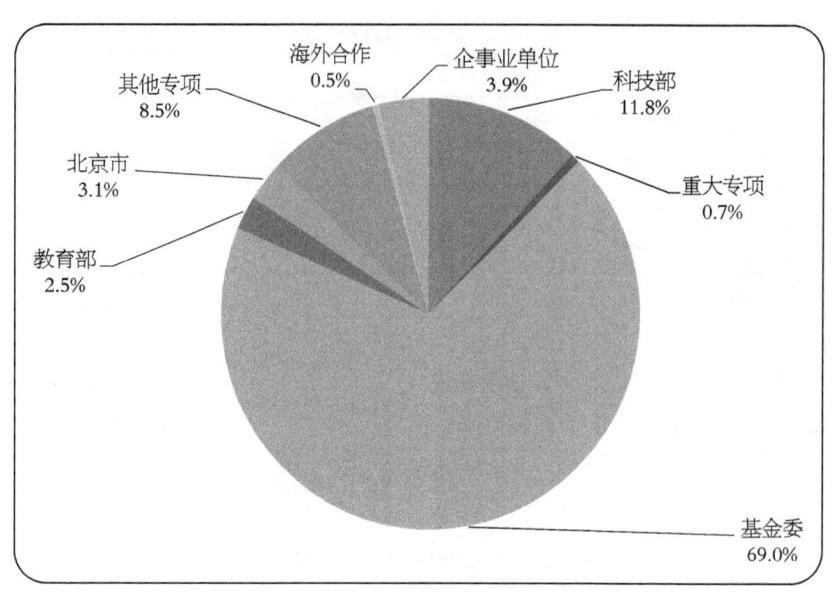

图 7-1　北京大学 2017 年度理工医科在研项目来源分布

表 7-21　北京大学 2017 年理科与医科科研项目到校经费（单位：万元）

项目 单位名称	科技部项目				重大专项	国家自然科学基金项目	北京市项目	其他部委省市专项	海外合作项目	企事业委托项目	科技开发	行业专项	到校经费合计
	重点研发计划	863计划	973重大研究计划	支撑	实验室专项及其他								
北京国际数学研究中心		17	18	0	0	0	413	0	1582	0	0	0	0	2030
数学科学学院	283	0	670	0	110	0	2054	0	131	0	23	449	394	4114
物理学院	7702	23	3054	0	5915	133	9594	397	1870	71	48	763	575	30,146
化学与分子工程学院	5228	14	912	0	1275	71	6467	170	862	6	5	1707	168	16,883
生命科学学院	4707	544	1641	76	1263	1072	3235	7220	574	190	209	5687	6	26,423
地球与空间科学学院	1595	0	447	0	0	293	2912	69	1339	51	264	1360	400	8731
城市与环境学院	1516	0	156	26	170	0	3601	0	885	0	162	2689	0	9206
环境科学与工程学院	2632	0	462	0	3104	65	2945	100	1757	58	656	2151	7	13,937
信息科学技术学院	2965	861	2175	91	400	276	7508	1210	841	208	124	5027	5009	26,695
工学院	3659	0	38	54	3403	1167	5792	5220	1762	5	84	2179	1651	25,015
心理与认知科学学院	0	0	315	0	55	0	857	240	89	0	22	180	9	1767
现代农学院	275	0	0	0	0	64	397	0	60	116	0	0	0	911
计算机科学技术研究所	460	130	0	0	0	0	400	4	685	19	0	1061	202	2962
分子医学研究所	1271	0	0	60	0	0	1903	320	526	1394	0	307	0	5780

(续表)

项目\单位名称	科技部项目						国家自然科学基金项目	北京市项目	其他部委省市专项	海外合作项目	企事业委托项目	科技开发	行业专项	到校经费合计
	重点研发计划	863计划	973重大研究计划	支撑	实验室专项及其他	重大专项								
前沿交叉学科研究院	114	0	378	0	198	0	166	843	270	0	12	233	0	2214
建筑与景观设计学院	103	0	0	0	0	0	65	0	0	0	0	220	0	388
科维理天文研究所	87	0	0	0	0	0	599	0	578	0	0	0	0	1265
软件工程国家工程研究中心	38	72	0	0	0	0	72	0	0	0	88	392	65	726
软件与微电子学院	275	0	0	0	0	0	3	0	0	0	0	49	15	342
暂存	2660	0	0	0	0	0	9888	189	8359	0	0	1681	5501	28,278
其他[1]	43	70	28	0	16	0	2618	0	17,105	1237	0	590	166	21,873
小计	35,612	1731	10,295	308	15,909	3141	61,490	15,983	39,275	3356	1697	26,725	14,168	229,687
医学部[2]	13,719	12	2983	21	770	816	17,791	699	1261		8073			46,146
深圳研究生院	1307		185		19		1644		13,877	192	1434		4	18,662
总计	50,638	1743	13,463	329	16,698	3957	80,925	16,682	54,413	3548	11,204	26,725	14,172	294,494

注1：包括生命联合中心、计算中心、人口所以及文科院系等承担的科研项目等；
注2：本部转拨医学部数据＋医学部横向数据。

（科学研究部　王纬超　深圳研究生院　孟祎　整理）

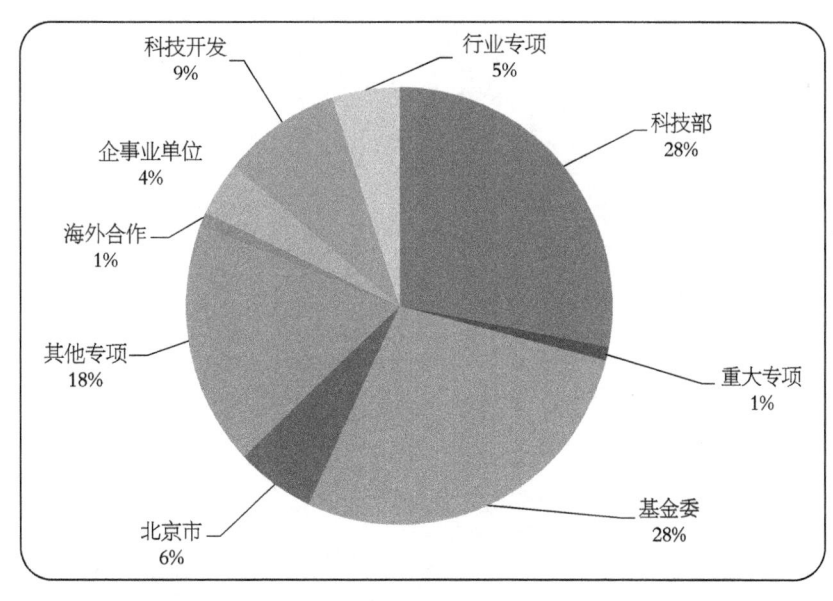

图7-2　北京大学2017年理工医科到校经费来源分布

表 7-22　北京大学 2006—2017 年到校科研经费分类统计（单位：万元）

年度	理科	医学部	科技开发部	先进院	文科	深圳研究生院	深港产学研基地	合计
2006	38,545	14,096	6801	3535	6677	2832		72,486
2007	44,011	18,793	7225	5400	7200	3500		86,129
2008	56,107	26,160	10,594	7163	9514	3784		113,322
2009	68,586	21,760	9862	8288	13,313	5172		126,981
2010	95,698	46,356	11,532	20,265	17,000	5683		196,534
2011	113,619	31,990	15,454	15,081	17,000	10,277	1763	205,184
2012	139,638	42,643	17,685	16,300	19,000	20,180	4396	259,842
2013	141,925	41,781	21,557	12,022	20,000	14,467	3192	254,944
2014	140,675	44,160	20,196	12,745	19,405	18,015		255,196
2015	162,700	45,630	22,686	12,642	23,572	14,400		281,630
2016	194,777	41,421	25,902	8478	22,868	20,723		316,405
2017	188,794	46,146	26,725	14,168	29,123	18,578		323,534

（科学研究部　王纬超　整理）

表 7-23 北京大学 2017 年理工科新批科研项目（经费单位：万元）

单位	科技部项目									自然科学基金委项目		教育部项目		北京市项目		其他部委省市专项		企事业单位委托项目		海外合作项目		合计	
	重点研发计划		973 项目		863 项目		支撑计划		国际合作及其他															
	项目	经费	项目	经费	项目	经费	项目	经费	项目	经费	项目	经费	项目	经费	项目	经费	项目	经费	项目	经费	项目	经费	项目	经费
数学科学学院	1	332	-	-	-	-	-	-	-	-	18	1134					3	408	2	30			24	1904
物理学院	12	6467	-	-	-	-	-	-	-	-	58	9723.8	1	30	2	170	12	1498			2	343	87	18,231.8
化学与分子工程学院	7	4610	-	-	-	-	-	-	-	-	45	7298.96			4	562	2	400					58	12,870.96
生命科学学院	6	3534	-	-	-	-	-	-	-	-	23	3359	1	18			2	56	5	78	1	219	38	7264
地球与空间科学学院	5	2793	-	-	-	-	-	-	-	-	27	2177			3	74	6	582	6	194			47	5820
城市与环境学院	4	1644	-	-	-	-	-	-	-	-	27	2740.5	1	17.6			3	389	3	72	1	61	39	4924.1
环境科学与工程学院	7	3456	-	-	-	-	-	-	-	-	10	1908	1	30			14	2427	6	479	6	204	44	8504
信息科学技术学院	17	8600	-	-	-	-	-	-	-	-	32	3579.85	1	20	12	936	5	503	4	106	1	31	72	13,775.85
工学院	9	3900	-	-	-	-	-	-	-	-	48	5609			7	295	8	1879	4	190	3	445	79	12,318
心理与认知科学学院			-	-	-	-	-	-	-	-	7	341			1	240			1	10			9	591
计算机科学技术研究所	1	738	-	-	-	-	-	-	-	-	4	256					5	256			1	70	11	1320
分子医学研究所	1	934	-	-	-	-	-	-	-	-	14	1780.02			3	219	2	600			1	500	21	4033.02
前沿交叉学科研究院			-	-	-	-	-	-	-	-	4	225			1	10	1	200					6	435
其他	3	590	-	-	-	-	-	-	-	-	35	2780.03	1	20	2	30	2	208			3	181	46	3809.03
合计	73	37,598	-	-	-	-	-	-	-	-	352	42,912.16	6	135.6	35	2536	65	9406	31	1158	19	2054	581	95,799.76

（科学研究部 范少锋 廖日坤 杨凌春 鲍锦涛 整理）

表7-24 北京大学2017年医科新增科研项目（经费单位：万元）

项目\单位	科技部项目									自然科学基金委项目		教育部项目		北京市自然科学基金项目		卫生部项目		合计	
	重点研发计划		973项目与重大计划		863项目		支撑计划		科技部其他课题											
	项目	经费	项目	经费	项目	经费	项目	经费	项目	经费	项目	经费	项目	经费	项目	经费	项目	经费	项目	经费
基础医学院	6	5222									48	4116.2			10	276			64	9614.2
药学院	1	642							2	1422	28	2105.21			2	38			33	4207.21
公共卫生学院	5	2258									22	927			3	60			30	3245
第一医院	5	1313							2	2694	26	1469	1	14.4					33	5476
人民医院	7	2418									33	1519							40	3937
第三医院	9	2122							1	844	43	1850							53	4816
口腔医院	1	375									30	1132							31	1507
第六医院	3	976									10	1237.4							13	2213.4
肿瘤医院	1	350									18	885							19	1235
深圳医院											5	145							5	145
药物依赖所	1	225									4	215							5	440
医学分析中心											1	26							1	26
中国卫生发展研究中心																			0	0
公共教学部											1	18							1	18
首钢医院																			0	0
护理学院	1	150									2	40							3	190
医学信息中心																			0	0
临床所																			0	0
总计	40	16,051							5	4960	271	15,684.81	1	14.4	15	374			331	37,069.81

（医学部科研处 许木其 肖 瑜 张楠楠 整理）

表7-25 北京大学2017年获批国家自然科学基金项目（经费单位：万元）

单位	面上项目 项目	面上项目 经费	青年基金 项目	青年基金 经费	重点项目 项目	重点项目 经费	杰出青年科学基金 项目	杰出青年科学基金 经费	优秀青年科学基金 项目	优秀青年科学基金 经费	创新研究群体 项目	创新研究群体 经费	重大科研仪器研制专项 项目	重大科研仪器研制专项 经费	重大项目 项目	重大项目 经费	重大研究计划 项目	重大研究计划 经费	国际(地区)合作交流 项目	国际(地区)合作交流 经费	其他类项目 项目	其他类项目 经费	总计 项目	总计 经费
数学科学学院	11	532	2	42	2	520															3	40	18	1134
物理学院	28	1939	5	82	5	1574	5	1750	1	130					3	2066	4	1003	4	263	2	40	58	9724
化学与分子工程学院	19	1232	2	50	1	301	3	1050	2	260			1	735	3	2765	2	370	8	273	4	263	45	7299
生命科学学院	9	505	1	25	3	841	4	1400	1	130							3	370	2	88	0	0	23	3359
城市与环境学院	12	786	8	194	2	599	1	350	1	130					2	680			1	2	0	0	27	2741
地球与空间科学学院	17	1191	4	100	1	317			2	260							1	251	1	40	1	18	27	2177
环境科学与工程学院	5	309	1	18			1	350	1	130	1	1050					2	181			0	0	10	1908
信息科学技术学院	16	1008	4	71	1	220	1	350	1	130			1	615			2	720	4	366	2	100	32	3580
工学院	22	1335	6	134	2	620			1	130			1	570			5	1281	3	484	8	1055	48	5609
光华管理学院	2	100	2	38																	1	50	6	318
心理与认知科学学院	6	316					1	245									1	25			0	0	7	341
分子医学研究所	7	401	1	16	1	311									2	870			3	182	0	0	14	1780
计算机科技研究所	4	256																			0	0	4	256
科维理天文研究所	2	126									1	1050							2	35	0	0	5	1211
前沿交叉学科研究院	3	201	1	24																	0	0	4	225
校本部其他	9	470	5	97	0	0	1	245	0	0	0	0	0	0	0	0	0	0	2	108	7	331	24	1251
医学部	129	7283	85	1749	10	2947	1	350	1	130	0	0	0	0	0	0	11	1180	11	940	5	90	253	14,668
总计	301	17,990	127	2640	28	8250	17	5845	11	1430	2	2100	4	2797	10	6381	31	5381	41	2780	33	1987	605	57,580

注：未含肿瘤医院、深圳研究生院

（科学研究部 鲍锦涛 整理）

表 7-26 北京大学医学部 2017 年获批国家自然科学基金项目和经费（经费单位：万元）

项目 单位	面上项目 项目	面上项目 经费	青年基金 项目	青年基金 经费	重点项目 项目	重点项目 经费	杰出青年科学基金 项目	杰出青年科学基金 经费	优秀青年科学基金 项目	优秀青年科学基金 经费	海外港澳学者基金 项目	海外港澳学者基金 经费	国际地区合作交流 项目	国际地区合作交流 经费	重大项目课题 项目	重大项目课题 经费	重大研究计划 项目	重大研究计划 经费	联合基金 项目	联合基金 经费	仪器专项 项目	仪器专项 经费	创新群体 项目	创新群体 经费	应急管理 项目	应急管理 经费	合计 项目	合计 经费
基础医学院	32	1874.5	5	106.6	5	1474							2	301.1			4	360									48	4116.2
药学院	17	1019	5	109.2	1	300	1	350					2	7.01			1	300									28	2105.21
公共卫生学院	11	592	7	136									3	109			1	90									22	927
第一医院	13	754	10	200	1	295											1	200							1	20	26	1469
人民医院	17	888	12	236	1	293							2	42			1	60									33	1519
第三医院	17	961	21	439	1	295											2	120							2	35	43	1850
口腔医院	16	844	14	288																							30	1132
第六医院	5	295	3	60	1	290							1	592.4													10	1237.4
深圳医院	1	55	4	90																							5	145
首钢医院																												
国际医院			2	40																							2	40
药物依赖所			1	20					1	130							1	50							1	15	4	215
医药分析中心			1	26																							1	26
公共教学部			1	18																							1	18
临床所																												
护理																												
肿瘤医院	15	825	3	60																							18	885
总计	144	8107.5	89	1828.8	10	2947	1	350	1	130	0	0	10	1051.51	0	0	11	1180	0	0	0	0	0	0	4	70	271	15,684.81

（医学部科研处 张楠楠 整理）

表 7-27　北京大学 2017 年度获批的国家自然科学基金重点项目

批准号	项目名称	负责人	所在院系
11731001	渐近平坦与渐近双曲流形中的几何分析问题	史宇光	数学科学学院
11732001	舒张性心衰的生物力学机理研究	谭文长	工学院
11734001	金属介电微结构三维全光逻辑功能芯片研究	胡小永	物理学院
11735001	引力全息性与纠缠熵	陈斌	物理学院
11735002	高重频高峰值功率种子型 THz FEL 产生机制研究	刘克新	物理学院
21733001	新型超高迁移率二维半导体的制备与器件研究	彭海琳	化学与分子工程学院
21734001	高性能平面稠环电子受体光伏材料的设计与合成	占肖卫	工学院
21737001	环境内分泌干扰物质的女性生殖毒理机制与健康影响研究	胡建英	城市与环境学院
21738001	糖缀合物的合成及其抗肿瘤、抗病毒活性研究	叶新山	医学部
31730022	真核细胞染色体 DNA 复制机理研究	孔道春	生命科学学院
31730059	化学小分子诱导体细胞重编程的机理研究	邓宏魁	医学部
31730061	脑血管内皮细胞起源和发育及其调控机制	熊敬维	分子医学研究所
31730109	利用清醒猴双光子成像研究初级视皮层 V1 神经元编码	唐世明	生命科学学院
41731068	电离层上行氧离子的加速及与磁重联的关系	傅绥燕	地球与空间科学学院
41731278	全球-地方互动与中国区域产业重构	贺灿飞	城市与环境学院
51731001	间隙型稀土-过渡族金属间化合物磁各向异性的调控及新型高频磁性材料研究	杨金波	物理学院
61732001	面向程序验证的自动定理证明理论、方法与工具研究	夏壁灿	数学科学学院
61734001	二维晶体过渡层上低位错密度 GaN 外延生长研究	王新强	物理学院
61735001	飞秒脉冲光纤激光时域相干合成技术研究	张志刚	信息科学技术学院
71733001	我国产业集聚演进与新动能培育发展研究	杨开忠	政府管理学院
81730004	CXCL12/PF4 双重调控 HSCs 功能在免疫性血小板减少症中的作用机制	张晓辉	医学部
81730010	血管微钙化在主动脉瘤/夹层发生发展中的作用与机制研究	孔炜	医学部
81730020	胃肠道调节白色脂肪米色化的作用和机制	张炜真	医学部
81730037	孤独症神经发育相关易感基因筛选及功能解析	张岱	医学部
81730038	高龄对妊娠结局及子代健康的影响及其机制研究	乔杰	医学部
81730071	FRMD3-Hippo 信号通路异常驱动早期大肠癌发生：关键化学预防靶点和化合物的发现	张宏权	医学部
81730079	乳腺癌发生发展及耐药中的染色质重塑研究	尚永丰	医学部
81730080	去泛素化酶在调控 DNA 损伤应答和基因组稳定性中的作用机制及其与肿瘤的关系	郑晓峰	生命科学学院
81730084	KLHL24 基因调控 Wnt 信号通路的皮肤生物学研究	杨勇	医学部

（科学研究部　鲍锦涛　整理）

表 7-28　北京大学 2017 年度获批的国家自然科学基金重大项目

批准号	项目名称	负责人	所在院系	备注
11790324	基于宏观-微观方法的多维位能曲面计算和裂变动力学研究	樊铁栓	物理学院	课题
21790052	高品质石墨炔的控制制备及其基本物性研究	张锦	化学与分子工程学院	课题
21790360	聚集体激发态可调控的新颖杂稠环功能分子体系的精准构建	裴坚	化学与分子工程学院	项目
21790362	稳定的氮杂/硼杂芳香稠环自由基体系的合成和新功能研究	裴坚	化学与分子工程学院	课题

（续表）

批准号	项目名称	负责人	所在院系	备注
21790394	帕金森综合症相关分子机制的研究与探索	周 专	分子医学研究所	课题
41790422	中国北方干旱半干旱区森林植被对气候变化的响应	刘鸿雁	城市与环境科学与工程学院	课题
41790425	中国北方干旱半干旱区敏感生态系统对气候变化的适应性与应对策略	沈泽昊	城市与环境学院	课题
81790621	花生四烯酸代谢小分子在心肌重构进展中的变化规律及机制	肖瑞平	分子医学研究所	课题
81790650	癫痫异常脑功能活动位点与连接的多模态影像学研究	高家红	前沿交叉学科研究院	项目
81790651	癫痫致痫灶快速精准定位的脑成像新方法	高家红	前沿交叉学科研究院	课题

（科学研究部　鲍锦涛　整理）

表7-29　北京大学2017年度获批的国家自然科学基金国家重大科研仪器设备研制专项

批准号	项目名称	负责人	所在院系	类别
21727806	超高时空分辨率的光电联用生物检测一体化装置	郭雪峰	化学与分子工程学院	自由申请
61727819	基于光晶格中相干超冷原子布洛赫振荡的小型化重力仪研制	周小计	信息科学技术学院	自由申请
81727803	声动力诊疗系统的研制与应用	戴志飞	工学院	自由申请
81727808	原子磁强计脑磁图仪	高家红	物理学院	自由申请

（科学研究部　鲍锦涛　整理）

表7-30　北京大学2017年度获批的国家自然科学基金重大研究计划

批准号	项目名称	负责人	所在院系
91724102	非常规突发事件应急管理的心理与行为研究整合分析与评估	王 垒	心理与认知科学学院
91732107	前额叶皮层边缘下叶-边缘前叶通路及其微环路功能障碍参与慢性炎症痛	万 有	医学部
91732109	眶额皮层抑制性环路在药物成瘾与戒断中的作用及其机制研究	章 文	医学部
91736207	基于超大光纤陀螺仪的世界时精密测量	李正斌	信息科学技术学院
91736208	超冷原子气体相变临界指数的精密测量	陈徐宗	信息科学技术学院
91737204	探究青藏高原在全球海洋经圈环流形成中的角色	杨海军	物理学院
91739105	应用新型类人化仓鼠模型研究载脂蛋白C3在冠心病发病机制中的作用	刘国庆	医学部
91739116	新型趋化因子PSMP在单核细胞的动员与募集和腹主动脉瘤的发生与发展中的作用	付 毅	医学部
91740112	非编码RNA化学修饰检测新技术的发展及应用	伊成器	生命科学学院
91741126	极端条件下预混燃料/空气的点火机理研究	陈 正	工学院
91741202	连续爆轰发动机点火、熄火、再点火及稳定工作的实验及数值模拟研究	王健平	工学院
91742115	丁酸及相关菌在肠道免疫和类风湿关节炎发病中免疫调控作用与分子机制研究	栗占国	医学部
91742203	基于单细胞转录组测序的结肠癌肝转移的免疫特征研究	张泽民	生命科学学院
91742205	高表达KIM-1的肾小管上皮细胞调控M2巨噬细胞分化：急性肾损伤后慢性纤维化的新机制	杨 莉	医学部
91743114	大气颗粒物（PM2.5）及有效组分对大鼠遗传物质损伤及修复的影响	贾 光	医学部
91744101	以准确、生动的方式科学传播基金委重大研究计划大气复合污染的最新研究成果	唐孝炎	环境科学与工程学院
91749101	FoxO1表达与表观遗传修饰在胰岛β细胞衰老和功能障碍中的作用及其机制	洪天配	医学部
91749107	Menin在心脏衰老中的作用及其介导的组蛋白甲基化调控机制	薛丽香	医学部
91749208	血管衰老过程中NSUN2与METTL3/METTL14对衰老相关基因mRNA的协同甲基化以及血清m6A与m5C水平分析	王文恭	医学部

（续表）

批准号	项目名称	负责人	所在院系
91750000	指导专家组项目调研和组织学术交流费用	龚旗煌	物理学院
91750109	基于量子材料体系的新型量子自由度和拓扑态的光场调控	孙 栋	物理学院
91750203	基于光场调控的光学成像新技术与应用研究	施可彬	物理学院
91751105	铁细菌与铁氧化物半导体矿物在日光下协同作用机制及其环境意义	刘 娟	环境科学与工程学院
91752106	斜孔射流的湍流掺混及传热特性研究	周 超	工学院
91752202	基于结构演化的可压缩湍流的约束大涡模拟研究	史一蓬	工学院
91752203	光滑与粗糙边壁槽流的亚临界转捩机理研究	陶建军	工学院
91753131	蛋白质脂基化修饰的时空特异性检测	邹 鹏	化学与分子工程学院
91753138	dCas9介导的染色质定点修饰促进胰腺β细胞体外诱导分化	徐成冉	生命科学学院
91753202	基于病毒包膜蛋白时空动态修饰的病毒-细胞融合研究及化学干预、靶点发现和转化	周德敏	医学部
91753206	蛋白质O-GlcNAc糖基化修饰在胚胎干细胞中的功能研究	陈 兴	化学与分子工程学院
91755206	中喜马拉雅（中国-尼泊尔-不丹）榴辉岩带的岩石学特征、PTt轨迹及其大地构造意义	张立飞	地球与空间科学学院

（科学研究部 鲍锦涛 整理）

表7-31 北京大学2017年获批的国家自然科学基金重点国际合作项目

批准号	项目名称	负责人	所在院系
31720103908	初级感觉神经元兴奋性：周围神经损伤与脊髓背侧损伤后疼痛与修复的共同调控因素	王 韵	医学部
51720105002	面向反式电控调光膜的液晶/高分子复合材料薄膜的制备技术及电光性能的研究	杨 槐	工学院
51720105003	扫描近场光谱新技术及其在纳米碳材料结构与性能表征中的应用	张 锦	化学与分子工程学院

（科学研究部 鲍锦涛 整理）

表7-32 北京大学2017年新获批的《国家重点研发计划》项目（共24项）

序号	项目编号	项目名称	负责人	所在单位
1	2017YFA0503800	光信号参与高等植物生长发育调控的蛋白质机器鉴定及作用机制研究	邓兴旺	生命科学学院
2	2017YFA0506500	细胞趋触性和趋硬性运动中的蛋白质机器研究	吴聪颖	基础医学院
3	2017YFA0506600	调控染色质高级结构的蛋白质机器的系统鉴定与机制研究	季 雄	生命科学学院
4	2017YFA0103000	人多能干细胞多能性退出及向肝谱系特化的机制与应用研究	邓宏魁	基础医学院
5	2017YFA0104500	单倍型相合造血干细胞移植后免疫耐受及重建的机制研究	黄晓军	人民医院
6	2017YFA0105200	基于重大神经疾病非人灵长类模型的干细胞治疗评价研究	张 晨	生命科学学院
7	2017YFA0303300	拓扑复合小量子体系中的自旋、电荷调控	孙庆丰	物理学院
8	2017YFA0204900	单分子器件的精准制备和原位高灵敏测量技术	郭雪峰	化学与分子工程学院
9	2017YFA0206300	低维异质结构的磁性和输运性质调控及其微纳器件	侯仰龙	工学院
10	2017YFA0207600	多端非易失纳米逻辑器件及运算功能拓展	杨玉超	信息科学技术学院
11	2017YFC0108100	骨科微创手术中实时可视化虚拟仿真系统的研发及应用	刘晓光	第三医院
12	2017YFC1309500	慢阻肺高危人群筛查和社区综合防控适宜技术研究	王广发	第一医院
13	2017YFC1309900	儿童期孤独症和精神分裂症早期预警及诊断综合指标体系研究	刘 靖	第六医院
14	2017YFC0209400	大气自由基及活性前体物在线测量技术	李 歆	环境科学与工程学院

(续表)

序号	项目编号	项目名称	负责人	所在单位
15	2017YFC0503900	陆地生态系统碳源汇监测技术及指标体系	方精云	城市与环境学院
16	2017YFC0803600	毒品犯罪处置与戒毒康复技术装备研究	方伟岗	基础医学院
17	SQ2017YFSF090214	中国精神障碍队列研究	黄悦勤	第六医院
18	SQ2017YFSF090203	非酒精性脂肪性肝病诊疗的精准化研究	张炜真	基础医学院
19	SQ2017YFSF080063	人类生育力下降机制和防护保存新策略研究	张小为	第三医院
20	2017YFC1308900	胃癌靶向治疗新技术研究	沈琳	肿瘤医院
21	2017YFB1002400	面向视频内容的大数据处理分析平台及示范应用	田永鸿	信息科学技术学院
22	2017YFB1002700	复杂时变场景的物理仿真关键技术	汪国平	信息科学技术学院
23	2017YFC1311100	精神心理疾病临床研究大数据与生物样本库平台建设	王华丽	第六医院
24	2017YFB1303000	微创全膝关节置换手术机器人技术与系统	余家阔	第三医院

（科学研究部　廖日坤　整理）

表7-33　北京大学2017年科技部中青年科技领军人才名单

序号	姓名	所在单位
1	马丁	化学与分子工程学院
2	孔炜	基础医学院
3	杨莉	第一医院
4	郑玉峰	工学院
5	章志飞	数学科学学院

（科学研究部　廖日坤　整理）

表7-34　北京大学2017年科技部重点领域创新团队名单

序号	团队名称	团队负责人	所在单位
1	大气污染的环境与气候效应创新团队	宋宇	环境科学与工程学院
2	超低功耗智能器件及电路技术创新团队	黄如	信息科学技术学院
3	肿瘤复发转移的分子机制和靶向干预创新团队	张志谦	肿瘤医院

（科学研究部　廖日坤　整理）

表7-35　北京大学2017年理工医科获批的教育部科学技术研究项目

项目名称	负责人	所在单位
中国高校研究前沿分析——文献计量学视角	贺飞	学科建设办公室
人工智能开放开源平台和智能城市应用	黄铁军	信息科学技术学院
北京激光加速器装置	颜学庆	物理学院
区域污染控制国际合作联合实验室（培育）	张远航	环境科学与工程学院

（科学研究部　杨凌春　整理）

表7-36　北京大学2017年青年教师入选北京市科技新星计划名单

序号	姓名	所在单位
1	李忠奎	工学院
2	叶乐	信息科学技术学院

（科学研究部　杨凌春　整理）

表 7-37 北京大学 2017 年青年教师入选霍英东教育基金会青年教师基金名单

序号	姓名	所在单位
1	伊成器	生命科学学院
2	林志淼	第一医院
3	万祎	城市与环境学院
4	程苏东	中国语言文学系

(科学研究部 杨凌春 整理)

表 7-38 SCI 数据库 2017 年收录的北京大学为第一作者/通讯作者单位的论文及分布情况

单位	发表论文总数		论文收录期刊平均 IF	论文收录期刊最高 IF
	篇数	所占百分比 %		
数学科学学院	116	2.07%	1.27	8.96
数学中心	39	0.70%	1.48	3.79
工学院	480	8.58%	4.99	41.67
物理学院	578	10.33%	4.65	47.93
化学与分子工程学院	684	12.23%	6.89	47.93
生命科学学院	207	3.70%	8.89	41.67
地球与空间科学学院	337	6.02%	2.77	13.94
城市与环境学院	189	3.38%	4.60	19.30
环境科学与工程学院	127	2.27%	4.42	8.05
心理与认知科学学院	48	0.86%	3.75	9.80
信息科学技术学院	389	6.95%	3.85	37.21
计算机科学技术研究所	19	0.34%	2.55	4.83
科维理天文研究所	29	0.52%	5.84	8.96
分子医学研究所	55	0.98%	8.58	30.41
前沿交叉学科研究院	15	0.27%	5.11	15.61
现代农学院(筹)	35	0.63%	3.88	11.91
医学部	1867	33.38%	3.73	47.831
深圳研究生院	257	4.59%	4.61	19.79
其他	123	2.20%	3.46	47.83
总计	5594	100.00%	4.53	24.60

(科学研究部 郑英姿 刘超 医学部科研处 张秋月 深研院科研处 孟祎 整理)

表 7-39 北京大学 2017 年出版的理工医类著作目录(共 201 部,其中校本部 55 部,医学部 122 部,深圳研究生院 24 部)

校本部(55 部)

序号	出版物名称	著(编)者	出版单位
1	Lecture on the Icosahedron and the Solution of Equations of the Fifth Degree	杨磊	Higher Education Pre
2	Time and Time Again: Determination of Longitude at Sea in the 17th Century	Richard de Grijs	IOP Publishing
3	Portfolio optimization with different information flow	Caroline Hillairet Ying Jiao	ISTE Press and Elsevier.
4	Constructed Wetlands and Sustainable Development	Gary Austin Kongjian Yu	Routledge

（续表）

序号	出版物名称	著（编）者	出版单位
5	Advances in Computational Engineering Science	Liu M. B.（刘谋斌） Han X. Gu Y. T. Li Z. R.	ScienTech Publisher
6	Advances of Smoothed Particle Hydrodynamics	Liu M. B.（刘谋斌） Huang C.	ScienTech Publisher
7	Air Pollution in Eastern Asia: An Integrated Perspective	郑 玫 闫才青 郭 松	Springer
8	Aquaporins	杨宝学	Springer
9	Detonation Control for Propulsion: Pulse Detonation and Rotating Detonation Engines	王健平	Springer
10	Handbook of Relativistic Quantum Chemistry	刘文剑	Springer
11	Temporal Climatology and Anomalous Weather Analysis	Weihong Qi	Springer
12	Geographical Dynamics and Firm Spatial Strategy in China	朱晟君	Springer Berlin Heid
13	Magnetic Nanomaterials, Fundamental, Synthesis and Applications	侯仰龙	Wiley-VCH
14	Metallic Biomaterials: New Directions and Technologies	郑玉峰	Wiley-VCH Verlag Gmb
15	Computational Statistics	贾金柱	World Scientific
16	Hessian Polyhedra, Invariant Theory and Appell Hypergeometric Functions	杨 磊	World Scientific
17	奥赛物理试题选	舒幼生	北京大学出版社
18	奥赛物理题选	舒幼生	北京大学出版社
19	材料力学（第三版）	殷有泉 励 争	北京大学出版社
20	地貌学原理	杨景春 李有利	北京大学出版社
21	基础有机化学	邢其毅	北京大学出版社
22	基础有机化学	裴 坚	北京大学出版社
23	植物发育生物学常用实验技术	王东辉	北京大学出版社
24	中国化学奥林匹克竞赛试题解析（第2版）	裴 坚	北京大学出版社
25	高级遥感数字图像处理数学物理教程	晏 磊 赵红颖 刘绥华 王明志	北京大学出版社
26	珠宝玉石学	王长秋 张丽葵	地质出版社
27	景观生态学	曾 辉 陈利顶 丁圣彦	高等教育出版社
28	统计计算	李东风	高等教育出版社
29	线性代数	冯荣权 王殿军 杨 晶 周 俊	高等教育出版社
30	数据科学导引（Introduction to Data Sciences）	Gaoyan Ou Zhanxing Zhu Bin Dong Weinan E	高等教育出版社
31	氢气储能与发电开发	王艳艳 徐 丽 李星国	化学工业出版社
32	流域水文模拟模型	董延军 周 丰 李 杰 梁志宏	黄河出版社
33	超细晶钛镍基形状记忆合金	佟运祥 郑玉峰 李 莉	科学出版社
34	电动汽车用锂离子二次电池（第三版）	其 鲁	科学出版社
35	连续爆轰发动机原理与技术	王健平 姚松柏	科学出版社
36	纳米力学测试新方法——扫描探针声学显微术	李法新 周锡龙 付 际	科学出版社
37	三维水动力水质模型不确定性研究	郭怀成	科学出版社
38	中国草地资源、草业发展与食物安全	黄季焜	科学出版社
39	中国及全球碳排放	方精云 朱江玲 岳 超 王少鹏 郑天立	科学出版社

(续表)

序号	出版物名称	著（编）者	出版单位
40	十里八村——近代山西乡村社会地理	韩茂莉	生活·读书·新知三联书店
41	世界裸子植物的分类和地理分布	杨永 王志恒 徐晓婷	上海科学技术出版社
42	滇池流域水污染治理与富营养化控制技术研究	郭怀成 贺彬 宋立荣 等	中国环境出版社
43	北京生态社区：北京市海淀区南沙河区域"反规划"	俞孔坚 阿德里安·布莱克韦尔 斯蒂芬·欧文 等	中国建筑工业出版社
44	海绵城市景观工程图集	俞孔坚 张锦 等	中国建筑工业出版社
45	海绵城市——理论与实践	俞孔坚 等	中国建筑工业出版社
46	浅山区城市发展战略：北京西南部青龙湖案例与启示	俞孔坚 阿德里安·布莱克韦尔 斯蒂芬·欧文 陆小璇 安妮·贝克	中国建筑工业出版社
47	算法基础与在线实践	刘家瑛 郭炜 李文新	高等教育出版社
48	程序设计导引及在线实践	李文新 郭炜 余华山	清华大学出版社
49	Index Modulation for 5G Wireless Communications	Miaowen Wen Xiang Cheng Liuqing Yang	Springer
50	现代电磁学理论基础	王长清 李明之	科学出版社
51	Lowrank models in visual analysis: theories, algorithms, and applications	Zhouchen Lin Hongyang Zhang	Academic Press
52	飞秒激光技术	张志刚	科学出版社
53	5G同频同时全双工技术	焦秉立 刘三军 张建华 辛永超	人民邮电出版社
54	Environment Modelingbased Requirements Engineering for Software Intensive Systems	金芝	Elsevier Morgan Kaufmann Publisher
55	北京大学信息科学技术学院本科生课程体系（修订版）	李文新 胡薇薇 王韬 王源 王志军 陈一峯 陈章渊 邓志鸿 谢昆青	清华大学出版社

（科学研究部 郑英姿 刘超 整理）

医学部（122部）

基础医学院（14部）			
序号	出版物名称	著（编）者	出版单位
1	Aquaporins	杨宝学	Springer
2	药理学学习指导	李学军 邱光明 等	北京大学医学出版社
3	病理学实习指南	田新霞 柳剑英 等	北京大学医学出版社
4	病理学实习指导	石雪迎	人民卫生出版社
5	基础医学实验教学基本要求行业共识	彭宜红	人民卫生出版社
6	医学寄生虫学应试指南（第三版）	鱼艳荣	北京大学医学出版社
7	百科全书（人体生理学）	齐永芬	中国协和医科大学出版社
8	动脉粥样硬化学	齐永芬	科学出版社
9	绘涂局部解剖学	张卫光 等	北京大学医学出版社
10	组织学与胚胎学实验指导——彩色图谱及微视频	任彩霞	人民卫生出版社
11	医学免疫学	徐晓军	高等教育出版社
12	孤独症谱系障碍——医学前沿与研究进展	张嵘	北京大学医学出版社

(续表)

13	医学遗传学	吴 丹	人民卫生出版社
14	唾液与口腔健康（第4版）	张 艳 丛 馨	北京大学医学出版社
公共卫生学院（18部）			
序号	出版物名称	著（编）者	出版单位
15	室内大作战	邓芙蓉	吉林出版社
16	临床职业病学	贾 光	北京大学出版社
17	养育健康宝宝	任爱国	华夏出版社
18	公共卫生与预防医学导论	李立明	人民卫生出版社
19	职业卫生与职业医学	贾 光	人民卫生出版社
20	学校卫生监督（第二主编）	马 军	人民卫生出版社
21	流行病学（第8版）	詹思延	人民卫生出版社
22	儿童少年卫生学（第8版）（副主编）	马 军	人民卫生出版社
23	环境卫生学（第八版）	郭新彪	人民卫生出版社
24	中国儿童肥胖报告	马冠生	人民卫生出版社
25	终结糖尿病——12周饮食方案远离与逆转糖尿病	张召锋	北京科学技术出版社
26	临床研究设计	唐 迅	北京大学医学出版社
27	饮水中的营养素	马冠生	人民卫生出版社
28	特殊人群营养学	张玉梅	科学出版社
29	职业卫生与职业医学（案例版第2版）	贾 光	科学出版社社高等医学教育出版分社
30	儿童少年卫生学（第2版）（第二主编）	马 军	科学出版社
31	中药安全性研究基础与方法	王 旗	军事医学出版社
32	流行病学史话	胡永华	北京大学医学出版社
药学院（8部）			
序号	出版物名称	著（编）者	出版单位
33	Signal Processing in Neuroscience	李小俚	Springer
34	质谱分析实验指南（日）	蒲小平	北京大学出版社
35	中国药用植物志（第九卷）	艾铁民	北京大学医学出版社
36	Nitrogenation Strategy for the Synthesis of N-containing Compounds	焦 宁	Springer
37	常用计算机辅助药物设计软件教程	张亮仁	中国医药科技出版社
38	国家基本药物制度研究与探索	史录文	中国协和医科大学出版社
39	药品价格形成机制研究	史录文	中国协和医科大学出版社
40	中国儿童用立法发研究	史录文	中国协和医科大学出版社
护理学院（12部）			
序号	出版物名称	著（编）者	出版单位
41	健康评估	孙玉梅	人民卫生出版社
42	妇产科护理学	陆 虹	人民卫生出版社
43	妇产科护理学实践与学习指导	陆 虹	人民卫生出版社
44	健康评估实践与学习指导	孙玉梅	人民卫生出版社
45	护理研究（第5版）	王志稳	人民卫生出版社

(续表)

46	老年健康评估	王志稳	中央广播电视大学出版社
47	外科护理学	路潜	人民卫生出版社
48	社区护理学（一）	侯淑肖	北京大学医学出版社
49	助产学	侯睿	人民卫生出版社
50	儿童护理学	陈华	人民卫生出版社
51	儿童护理学实践与学习指导	陈华	人民卫生出版社
52	实用护理科研方法	王志稳	江苏凤凰科技出版社

第一医院（18部）

序号	出版物名称	著（编）者	出版单位
53	妇产科护理工作指南	丁炎明	人民卫生出版社
54	血管性腿疼	张宪生	北京大学医学出版社
55	泌尿外科腹腔镜手术——操作技巧与要领	张骞	人民卫生出版社
56	泌尿生殖系统CT诊断	郭小超	科学技术文献出版社
57	临床常见疾病健康教育手册 眼科、耳鼻咽喉头颈外科、皮肤性病科分册	王爱丽	人民卫生出版社
58	高血压与靶器官损害	刘梅林	科学技术文献出版社
59	老年心血管病学习题集	刘梅林	人民卫生出版社
60	内镜神经外科学	张亚卓	人民卫生出版社
61	中国胰岛素泵治疗护理管理规范	郭晓蕙	天津科学技术出版社
62	血液净化护士必读	丁炎明	人民卫生出版社
63	CT快速入门丛书——胸部CT诊断分册	郭小超	科学技术文献出版社
64	临床血液与体液检验	屈晨雪	人民卫生出版社
65	检验诊断报告体系与应用规范	王建中	人民卫生出版社
66	儿科学	丁洁	高等教育出版社
67	临床常见疾病健康教育手册妇产科分册	丁炎明	人民卫生出版社
68	全科医生临床实践	李海潮	人民卫生出版社
69	新护士规范化培训手册	丁炎明	人民卫生出版社
70	全国临床药师规范化培训系列教材——抗凝专业	崔一民	人民卫生出版社

人民医院（4部）

序号	出版物名称	著（编）者	出版单位
71	男性不育症白文俊2016观点	白文俊	科学技术文献出版社
72	现代男科学临床聚焦	白文俊	科学出版社
73	麻醉科住院医师手册	鞠辉 冯艺	北京大学医学出版社
74	乳腺癌经典文献解读	王殊	北京大学医学出版社

第三医院（16部）

序号	出版物名称	著（编）者	出版单位
75	罗思曼-西蒙尼脊柱外科学（第6版）（上、下卷）	党耕町 刘忠军 张凤山 马庆军	北京大学医学出版社
76	早产儿母乳喂养	童笑梅 封至纯	人民卫生出版社
77	实用精神皮肤病学	谢志强	北京大学医学部出版社
78	用药错误	张晓乐 刘芳	人民卫生出版社

（续表）

79	冠心病规范化防治——从指南到实践	高 炜 张永珍	北京大学医学出版社
80	临床职业病学	赵金垣	北京大学医学出版社
81	手术室护理实践指南（第4版）	郭 莉	人民卫生出版社
82	淋巴瘤诊疗手册（第2版）	克晓燕 高子芬	人民卫生出版社
83	自如应对糖尿病全书	洪天配 高洪伟	化学工业出版社
84	三位角膜地形图的临床应用	陈跃国	人民卫生出版社
85	皮肤真菌病学——皮肤科医师实验室实用诊断手册	李东明	北京大学医学出版社
86	肿瘤（康复医学速查丛书）	周谋望 刘 楠 邢华医	山东科学技术出版社
87	原发性脊柱肿瘤	刘忠军 姜 亮	山东科学技术出版社
88	转移性脊柱肿瘤	刘忠军 姜 亮	山东科学技术出版社
89	骨科物理康复治疗学（第4版）	周谋望 刘 楠 杨延砚	人民军医出版社
90	走进困难声门——喉微创外科理论与实践	王 丽	北京大学医学出版社

肿瘤医院（8部）

序号	出版物名称	著（编）者	出版单位
91	肿瘤姑息护理实践指导	陆宇晗	北京大学医学出版社
92	斯滕伯格诊断外科病理学	白艳花 曹 放 薛卫成 杨 欣	北京大学医学出版社
93	癌前病变和癌前疾病	林冬梅	河南科学技术出版社
94	重症医学循证实践	王宏志 邓园欣	山东科学技术出版社
95	写给患者的心灵处方	唐丽丽	人民卫生出版社
96	中华介入超声学	陈敏华	人民卫生出版社
97	消化系统肿瘤放疗规范和靶区定义	王维虎	中南大学出版社
98	肿瘤姑息护理实践指导	陆宇晗	北京大学医学出版社

口腔医院（10部）

序号	出版物名称	著（编）者	出版单位
99	口腔综合审美治疗精要	刘 峰 许桐楷	辽宁科学技术出版社
100	儿童口腔科临床技术手册	葛立宏 赵玉鸣	辽宁科学技术出版社
101	口腔颌面创伤（第四版）	安金刚	人民卫生出版社
102	儿童口腔科临床操作教程——一步一步教你做临床	秦 满 赵玉鸣	人民卫生出版社
103	口腔健康调查基本方法（翻译版）	柳 键 荣文笙	人民卫生出版社
104	椅旁数字化修复实战——从入门到精通	刘 峰	人民卫生出版社
105	口腔数码摄影（第三版）	刘 峰	人民卫生出版社
106	瓷贴面修复技术——从标准到微创无预备	刘 峰	人民卫生出版社
107	Physiologic Anchorage Control	许天民	Springer
108	唾液与口腔健康（第4版）	俞光岩	北京大学医学出版社

第六医院（6部）

序号	出版物名称	著（编）者	出版单位
109	精神外科学——脑疾病治疗的新技术	陆 林	北京大学医学出版社
110	睡眠那些事儿	陆 林 孙洪强 王 丰	北京大学医学出版社
111	重性精神疾病个案管理	姚贵忠 李静静 于 玲 徐 佳 程 嘉 王 涌 耿 彤 韩冬影	北京大学医学出版社

（续表）

112	实用精神皮肤病学	岳伟华	北京大学医学出版社
113	Maudsley 精神科处方指南	司天梅	人民卫生出版社
114	沈渔邨精神病学	陆　林	人民卫生出版社

国际医院（8部）			
序号	出版物名称	著（编）者	出版单位
115	肿瘤专科医师培训教程	罗成华	北京大学医学出版社
116	Retroperitoneal Tumors: Clinical Management	罗成华	Springer
117	临床麻醉新手笔记	高志峰	北京大学医学出版社
118	新编内科疾病诊疗学	曲华清	科学技术文献出版社
119	中国临床肿瘤学会（CSCO）结直肠癌诊疗指南	梁　军	人民卫生出版社
120	中国临床肿瘤学会（CSCO）黑色素瘤诊疗指南	梁　军	人民卫生出版社
121	中国临床肿瘤学会（CSCO）乳腺癌诊疗指南	梁　军	人民卫生出版社
122	中国临床肿瘤学会（CSCO）胃癌诊疗指南	梁　军	人民卫生出版社

（医学部科研处　张秋月　整理）

深圳研究生院（24部）

序号	出版物名称	著（编）作者	出版单位
1	资产估值原理	Frank Koger	北京大学出版社
2	重构：经济新格局与新思维	海闻　任颋　本力	北京大学出版社
3	中国城市企业经营环境评估报告：方法与数据	北京大学汇丰商学院企业发展研究所课题组	企业管理出版社
4	信托与信托法	朱大明	法律出版社
5	新范式经济学	戴天宇	清华大学出版社
6	香港公司法研究	朱大明	法律出版社
7	农村典型燃烧源含碳物质排放及其环境风险研究	栾胜基　张宜升	科学出版社
8	南方流域农业面源污染控制政策仿真	栾胜基　杨顺顺　徐鹏　李丽丽	科学出版社
9	绿色照明技术导论	金鹏	科学出版社
10	控制股东的法律规制与法理	朱大明	清华大学出版社
11	空间分析与建模：原理与应用	王钧	北京大学出版社
12	景观生态学	曾辉　陈利顶　丁圣彦	高等教育出版社
13	管理制度的设计原理	魏炜	机械工业出版社
14	道德经——白话文新解	黄海峰　姜继斌　王婷莹	经济日报出版社
15	超越战略：商业模式视角下的竞争优势构建	魏炜　张振广　朱武祥	机械工业出版社
16	The Potential of Private Commercial Arbitration for Facilitating Economic Growth in Less Developed Countries	Philip McConnaughay	Kluwer
17	Special Issue on the Regulatory Response to China's State-Owned Enterprise Investment Abroad	Mark Feldman and others	Othes
18	Preparing for the Sinicization of the Western Legal Tradition: The Case of Peking University School of Transnational Law	Philip McConnaughay Colleen Toomey	Brill
19	Paradigm Shift in the Rule Making of International Economic Law	Mark Feldman (J. Chaisse H.Gao C. Lo eds.)	Springer

（续表）

序号	出版物名称	著（编）作者	出版单位
20	Multinational Enterprises and Investment Treaties, Yearbook on International Investment Law & Policy	Mark Feldman	Oxford University Press
21	Investment Arbitration Appellate Mechanism Options: Consistency, Accuracy, and Balance of Power	Mark Feldman and others	Oxford University Press
22	Environmental Research Methods and Modeling	Gene Shu Wu Jiansheng Ren Tianzhi	科学出版社
23	Conversion Technologies (In Introduction to Renewable Biomaterials: First Principles and Concepts)	M. Daroch	Wiley
24	Biological Process for Butanol Production in Bijomass to Renewable Aenergy Processes	Maurycy Daroch Jian-Hang Zhu Fangxiao Yang	CRC Press

（深研院　孟祎　整理）

表7-40　北京大学2017年专利申请受理、授权情况统计表

单位	国内专利申请（项）	国内专利授权（项）	国际专利申请（项）	国际专利授权（项）
信息科学技术学院	129	181	15	1
计算机科学技术研究所	21	51	1	1
化学与分子工程学院	52	40	8	1
物理学院	48	39		
生命科学学院	16	9	3	1
工学院	76	51	5	
环境科学与工程学院	17	13		
城市与环境学院	1	3		
地球与空间科学学院	12	9		
软件与微电子学院	9	6		
数学科学学院	3			
前沿交叉学科研究院	5			
分子医学研究所	11	1	3	1
心理与认知科学学院	2			
现代农学院	2	2	2	
建筑与景观设计学院	3	0		
软件工程中心	12	7		
其他	21	20	3	3
校本部小计	440	432	40	8
医学部	368	371	8	5
深圳研究生院	110	86	1	6
总计	918	889	49	19

（科学研究部　郑英姿　刘超　医学部科研处　郑宗方　深研院科研处　孟祎　整理）

表 7-41　北京大学本部 2017 年主办的理工类国际学术会议和研讨班情况统计（18 项）

会议时间	会议名称	主办单位
2017.6.12-15	第七届国际理论物理研讨会	工学院
2017.5.2-4	现代天体物理前沿国际学术研讨会	科维理天文研究所
2017.6.10-12	意识障碍的主题研讨会	心理与认知科学学院
2017.8.28-31	第五届中德强相互作用 QCD 对称性及其物质结构学术研讨会	物理学院
2017.8.28-29	13th APRU Research Symposium on Multi-Hazards around the Pacific Rim 环太平洋大学联盟多灾种研究国际会议	地球与空间科学学院
2017.8.15-18	中法复合材料结构损伤/断裂研讨会	工学院
2017.11.6-10	第 12 届重夸克偶素物理国际会议	物理学院
2017.9.24-27	第三届动理学方程矩方法系列研讨会	数学科学学院
2017.9.1-2	2017 未来计算国际会议	信息科学技术学院
2017.6.30-7.1	北大遥感青年论坛	地球与空间科学学院
2018.5.21-25	国家标准组织/国际电工委员会第一联合技术委员会/第二分委员会/第二工作组/表意文字工作组 第 50 次会议	计算机科学技术研究所
2017.11.10-13	2017 国际分子影像与微创治疗会议	工学院
2018.6.30-7.3	区域研究协会 2018 中国年会	城市与环境学院
2018.3.15-18	北京谱仪实验物理与软件国际研讨会	物理学院
2018.7.14-20	第 19 届碳纳米管与低维材料科学与应用国际会议	化学与分子工程学院
2017.11.22-23	光电子能谱研究及应用国际研讨会	物理学院
2018.8.26-30	2018 国际理论与应用力学联盟电磁功能材料与结构力学研讨会	工学院
2018.10.15-17	第五届亚太地区释光和电子自旋共振测年会议	城市与环境学院

（科学研究部　范少锋　整理）

表 7-42　北京大学医学部 2017 年主办的医学类国际学术会议和研讨班情况统计（36 项）

时间	会议名称	主办单位
2017.12.19	北大国际论坛——神经科学分论坛	基础医学院
2017.5.4-5	2017 北京癌症研究国际研讨会	基础医学院
2017.4.15	针刺及相关技术在生殖医学中的应用国际论坛	基础医学院
2017.4.22-23	第三届北京国际孤独症康复学术研讨会	基础医学院
2017.6.7-9	中国生理学会基质生物学专业委员第二次全国基质生物学学术会议	基础医学院
2017.11.10	北医-CMB 全球卫生论坛	公共卫生学院
2017.9.10	第四届中国医疗大数据学术高峰论坛	公共卫生学院
2017.5.27-28	第六届中国公共卫生学院院长论坛	公共卫生学院
2017.10.26-29	第一届天然药物及仿生药物国际前沿研讨会	药学院
2017.9.12	膳食营养、健康与安全研讨会	药学院
2017.5.7-9	第九届国际肉苁蓉暨沙生药用植物学术研讨会	药学院
2017.11.6-8	第十三届海洋天然药物学术年会暨国际会议	药学院
2017.10.21	药事服务现状与发展国际研讨会	药学院
2017.9.2	完善药品供应保障国际研讨会	药学院
2017.7.1-2	医保改革与合理用药国际研讨会	药学院
2017.9.26-27	2017 证据转化与应用国际论坛	护理学院
2017.9.20-21	中芬医疗安全与肿瘤患者管理学术研讨会	护理学院

(续表)

时间	会议名称	主办单位
2017.8.12	2017儿童遗传病与精准医学论坛	第一医院
2017.8.26	第七届辅助生殖领域新视角研讨会	第一医院
2017.9.24	第五届北京大学第一临床学院-美国霍普金斯大学医学院国际分子影像论坛	第一医院
2017.9.29	第五届PKUFSMC-JHUSOM分子影像高峰论坛分论坛-肿瘤靶向诊断与靶向治疗分论坛（The 5th International Molecular Imaging Summit）	第一医院
2017.9.1	香山国际介入医学峰会	第一医院
2017.6.30	第14届全国抗感染药物临床药理学术会议"及"第二届全国细菌耐药监测大会""第一届北大医学感染论坛"	第一医院
2017.9.9	2017年北大糖尿病足国际论坛	第一医院
2017.11.4-5	2017年北医三院人工关节国际论坛——暨翻修与感染研讨会	第三医院
2017.11.2-5	2017年脊柱外科新理念新进展研讨会	第三医院
2017.6.30-7.2	国际第八届慢性盆腔痛大会暨妇科微创及热点问题论坛	第三医院
2017.11.11-16	2017分子影像与微创介入治疗研讨会	第三医院
2017.12.1-.2	北京大学国际心力衰竭治疗论坛	第三医院
2017.8.31-9.3	肩关节镜技术学习研讨会	第三医院
2017.8.31-9.3	2017关节镜技术与运动创伤新进展研讨会	第三医院
2017.4.20-23	第十二届国际胃癌大会 国际胃癌学会（IGCA）	肿瘤医院
2017.10.28	第一届北京大学国际医院消化系统肿瘤国际高峰论坛	国际医院
2017.9.6-10	第三届中国（国际）腹膜后论坛暨第五届中国肛肠创新论坛	国际医院

（医学部科研处　张秋月　整理）

表7-43　北京大学理工医科2017年获得科技部政府间国际合作项目（2项）

负责人	项目名称	所在单位	合作期限	合作国家
李长辉	乳腺癌光声三维成像的关键技术研究	工学院	2018.1-2020.12	美国
秦志新	基于极低维ALGAINN纳米异质结构的紫外光源和激光器件研究	物理学院	2017.10-2020.9	俄罗斯、印度

（科学研究部　范少锋　整理）

表7-44　北京大学理工科2017年获得其他国际（地区）合作项目（19项）

负责人	所在单位	合作国别	合作单位	项目名称	合作期限
朴世龙	城市与环境学院	比利时	安特卫普大学	Improved Ecosystem Productivity Modeling by Innovative Algorithms and Remotely Sensed Phenology Indicators	2017.1.1-2021.7.31
张世秋	环境科学与工程学院	美国	World Resources Institute（WRI）	Valuation of Mortality and Morbidity Risk Reductions for Air Quality Improvement Benefits from Transport Policies	2017.1.1-2017.6.20
张泽民	生命科学学院	美国	Pacific Northwest Research Institute	Somatic Mutations, Pluripotency Control, and Testicular Germ Cell Cancers	2017.11-2020.12.31
邓兴旺	现代农学院	美国	耶鲁大学	Analysis of a Light-regulated Developments	2017.2.1-2018.1.31
朱彤	环境科学与工程学院	美国	福特公司	Urban and Road Side PM2.5 and Air Pollutant Levels in Chinese Mega Cities	2017.1.1-2019.12.31
赵卉菁	信息科学技术学院	法国	雪铁龙公司	PCA/PKU OpenLab Cooperation: Multimodal Perception	2017.4.21-2017.12.31

（续表）

负责人	所在单位	合作国别	合作单位	项目名称	合作期限
吴晓磊	工学院	中国	四川大学	产沼气过程互营脂肪酸降解微生物学及环境胁迫响应机制	2017.1.1-2019.12.31
高家红	物理学院	美国	通用电气公司GE	化学交换饱和转移技术开发及其应用	2017.5.1-2019.5.1
穆亚东	计算机科学技术研究所	韩国	三星	Sansung 2017 Global Research Outreach (GRO)	2017.9.1-2018.8.31
张世秋	环境科学与工程学院	瑞士	IHEID	Green Growth and Innovation	2017.1-2017.5
朱彤	环境科学与工程学院	英国	伦敦大学学院	Complex Urban Systems for Sustainability and Health (CUSSH)	2018.1-2020.12
朱彤	环境科学与工程学院	美国	福特公司	Urban and Road Side PM2.5 and Air Pollutant Levels in Chinese Mega Cities	2017.1-2020.12
黄薇	医学部	美国	Case Western Reserve University	ASPIRE: Air Pollution: Strategies for Personalized Intervention to Reduce Exposure	2017.9.30-2018.7.31
刘颖	分子医学所	美国	霍华德休斯医学研究所HHMI	International Research Scholar Grant	2017.9.1-2022.8.31
李长辉	工学院	美国	科技部	乳腺癌光声三维成像的关键技术研究	2018.1-2020.12
秦志新	物理学院	俄罗斯、印度	科技部	基于极低维ALGAINN纳米异质结构的紫外光源和激光器件研究	2017.10-2020.9
赵耀辉	国家发展研究院	美国	NIH	China Health and Retirement Longitudinal Study	2017.5.15-2018.4.40
徐建华	环境科学与工程学院	美国	The Trustees of Indiana University	Study on Dietary Pattern of Residents in Beijing and Hangzhou	2017.10.1-2018.9.30
黄岩谊	生物动态成像中心	沙特阿拉伯	阿卜杜拉国王科技大学KAUST	Single Cell Analysis of Genomic Variation in Mitochondria in Stem Cells and Aging	2018.4.1-2021.3.31

（科学研究部 范少锋 整理）

表7-45 北京大学医学部2017年获得的其他国际（地区）合作项目（21项）

负责人	所在单位	合作国别	合作单位	项目名称	起始时间	结束时间
潘小川	公共卫生学院	美国	联合国儿童基金会	学校全方位环境改善项目	2017.2.17	至项目完成止
马冠生	公共卫生学院	美国	联合国儿童基金会	中国儿童饮料消费报告撰写	2017.3.1	2017.7.31
刘建蒙	公共卫生学院	美国	联合国儿童基金会	叶酸检测	2017.3.1	2017.12.31
马军	公共卫生学院	美国	联合国儿童基金会	健康学校标准体系建设	2017.4.5	2017.6.30
刘振明	药学院	马来西亚	皇家燕窝马来西亚金丝燕生态园集团华励百业兴有限公司	燕窝提取物的标准化建设	2017.4.7	2020.3.31
张海洪	科研处	英国	Wellcome Trust	涉及中国孕妇研究的伦理审查授权在制度层面的挑战及策略研究	2017.4.20	2018.4.1
潘小川	公共卫生学院	美国	World Resources Institute	低排放区政策健康效益评估项目	2017.5.17	2017.8.31
马军	公共卫生学院	美国	联合国儿童基金会	学校全方位环境改善项目国家级学校卫生管理培训	2017.7.3	2017.7.3
常春	公共卫生学院	澳大利亚	澳大利亚格里菲斯大学	唱歌战胜帕金森	2017.7.6	2017.12.31
刘建蒙	公共卫生学院	美国	联合国儿童基金会	结合SDG修订全国妇幼卫生调查制度项目及剖宫产病例分析及妇幼卫生年报早产数据质量研究	2017.7.10	至项目完成止
简伟研	公共卫生学院	新加坡	强生公司	开展应对中国疾病诊断相关组DRG推广的研究	2017.7.13	2017.11.30

(续表)

负责人	所在单位	合作国别	合作单位	项目名称	起始时间	结束时间
李明子	护理学院	澳大利亚	Swisse Wellness Pty ltd	蔓越莓胶囊对预防女性复发性泌尿道感染的有效性和安全性评价的临床研究	2017.7.14	2020.7.31
孙 静	护理学院	乍得	恩贾梅纳炼油有限公司	员工健康指导和培训服务协议	2017.8.25	2018.9.30
张玉梅	公共卫生学院	新西兰	Fonterra	中国幼儿神经节苷脂的膳食摄入及血中含量测定	2017.9.4	2018.6.30
王 露	基础医学院	美国	EMD	CTRP4 抗体销售许可证协议	2017.9.5	2037.9.5
侯建林	医学教育研究所	泰国	The Health Professional Education Foundation	与泰国卫生人才教育基金会的科研合作	2017.9.12	2017.12.31
刘建蒙	公共卫生学院	美国	联合国儿童基金会	回顾妇幼卫生信息系统 20 年	2017.10.11	至项目完成止
丛亚丽	公共教学部	美国	密歇根大学	Cancer Communication in a Chinese Hospital	2017.10.17	至项目完成止
曾克武	药学院	韩国	韩国科学技术研究院	原苏木素 A 脑神经保护作用的靶点识别	2017.11.24	2018.12.31
马 军	公共卫生学院	美国	联合国开发计划署	关于实施"青海省学校健康教育及卫生工作管理培训方案制定及实施"的项目协议书	2017.12.4	至项目完成止
张敬旭	公共卫生学院	美国	联合国儿童基金会	农村留守儿童健康和发展促进项目家访干预评价项目	2017.12.7	2020.12.31

（医学部科研处　郑宗方　整理）

表 7-46　《北京大学学报（自然科学版）》文献计量指标

年份	总被引频次	影响因子	即年指标	他引率	引用刊数	扩散因子	权威因子	被引半衰期	学科扩散指标	学科影响指标	开放因子	综合评价总分
2015	1399	0.517	0.092	0.98	537	38.38	148.00	7.9	8.66	0.47	88	59.55
2016	1490	0.761	0.106	0.98	581	38.99	161.43	7.9	9.85	0.54	99	67.90

（学报编辑部　李亚文　整理）

人文社科科研管理

【发展概况】 北京大学文科现有 22 个院系，在院系之外设有社会科学部作为校级综合性职能部门，负责全校人文社会科学科研管理工作。社会科学部下设综合、项目管理、成果管理、基地管理 4 个办公室，另下设智库中心办公室（筹）。

【科研项目】 2017 年，北京大学纵向项目立项总数继续稳健增长，在各类项目的申报中继续保持领先位置。新立项国家社科重大项目 8 项，年度项目 33 项，教育部年度项目 10 项，其他纵向项目共 20 项。科研经费到账 2.71 亿。

表 7-47　2017 年度主要纵向项目申报和立项情况

项目名称	申报数	立项数
2017 年国家社科重大项目	18	8
2017 年国家社科年度项目	119	33
2017 年教育部年度项目	48	10
总计	185	51

表 7-48　2017 年其他纵向项目立项情况

项目名称	立项数
2017 年国家社科基金后期资助项目	3
2017 年国家社科基金艺术科学规划项目	2
2017 年国家社科基金"成果文库"项目	3
2017 年教育部专项项目（中特理论、专项、后期资助、示范团队）	3
2017 年北京市社科基金项目	9
总计	20

【科研成果】 2017 年北京大学第十三届人文社会科学研究优秀成果奖，全校共 83 项成果获奖，其中一等奖 33 项、二等奖 50 项；2016 年科研成果统计，共发表各类科研成果 3603 项，其中专著 289 部，编著和教材 151 部、工具书和参考书 7 部、古籍整理作品 7 部、译著 63 部、研究咨询报告 59 篇、论文 2927 篇、译文 22 篇、电子出版物 78 部；2016 年度人文社科教师发表 SSCI、SCI、A&HCI 国际文章统计，共 100 位老师 169 篇文章符合奖励标准，预研经费

奖励88.58万元（因成果的录入统计有一定的延后，年鉴记录为2016年情况）。

【科研机构】 北京大学的文科科研机构主要包括虚体研究机构、省部级重点研究基地、新体制的创新机构。

虚体机构。2017年新成立9个虚体机构：城市治理研究院、丝绸之路与内亚研究中心、蔡元培研究会、曹雪芹美学艺术研究中心、党的理论创新研究中心、汇丰商学院海上丝路研究中心、会计发展研究中心、中国老龄事业发展研究中心、政府和社会资本合作（PPP）研究中心。批准12项研究机构的重大事项变更申请和16项聘任兼职研究人员申请。

重点研究基地。对教育部基地经费进行调整，做好基地项目立项、中检和结项工作。继续做好2个北京市基地项目管理和验收工作。重新登记其他各类共建基地，新增3个：国家语言文字工作委员会"国家网络语言研究基地"、与教育部政策法规司共建"高等学校学生法治教育研究中心"、与财政部共建的"北京大学政府和社会资本合作（PPP）研究中心"。

表7-49 2017年教育部人文社会科学重点研究基地

基地名称	基地主任	基地批准时间	基地批次
中国古文献研究中心	廖可斌	1999年12月15日	1
中国特色社会主义理论研究中心	杨河	2000年9月25日	2
中国语言学研究中心	陈保亚	2000年9月25日	2
教育经济研究所	闵维方	2000年9月25日	2
外国哲学研究所	尚新建	2000年9月25日	2
中国考古学研究中心	徐天进	2000年9月25日	2
中国社会与发展研究中心	邱泽奇	2000年9月25日	2
东方文学研究中心	王邦维	2000年12月26日	3
国家治理研究院	王浦劬	2000年12月26日	3
中国古代史研究中心	荣新江	2000年12月26日	3
美学与美育研究中心	朱良志	2004年11月26日	5
宪法与行政法研究中心	姜明安	2004年11月26日	5
中国经济研究中心	姚洋	2004年11月26日	5

【人才工作】 第十四届北京市哲学社会科学优秀成果奖，北京大学27项成果获奖，其中一等奖7项，二等奖20项；北京大学葛晓音、陈苏镇、余淼杰3位教授获第七届吴玉章人文社会科学奖；3位教师获得第四届思勉原创奖（陈平原、李伯重、邓小南，全国共5位）；组织完成北京大学2017年度高校哲学社会科学教学科研骨干研修班学员选送工作，共推荐6期11位教师前往中央党校参加学习。

【中央巡视】 完成中央巡视组对北大文科科研的巡视工作。向巡视材料组等单位提交40多项3000多页有关材料，并协助若干北京大学校内单位（党委办公室校长办公室、宣传部、组织部、学科办公室、审计室、政研室、人事部、共青团委员会等）汇总各类材料，为中央巡视组对文科科研领域的全面深入巡视作出保证。贯彻落实巡视意见，在虚体机构管理、境外资金管理等方面进行全面整改。修订《北京大学人文社会科学研究机构管理办法》，对270余个虚体机构进行逐一整改，已撤销2个违规机构、取消27个非法设立的机构、变更4个机构的挂靠单位、变更19个机构的负责人。牵头成立专项小组起草"加强境外资金资助科研项目管理整改措施方案"，设计非NGO类科研项目管理流程和审批表，加强流程和成果把关。

【综合服务】 综合服务工作。完善部门和科研管理制度体系，完善修订49项综合服务、项目、成果、机构方面的制度。改版优化网站，牵头"北京大学-贵阳孔学堂"项目、两岸三地论坛、美国科研管理年会等，接待国家行政学院、上海交大、山西大学等调研。文字调研工作。撰写《北京大学贯彻落实习近平总书记在哲学社会科学工作座谈会上的讲话情况报告》《北京大学贯彻落实全国思想政治工作会议精神情况报告》《深入贯彻落实中央精神加快构建中国特色哲学社会科学学科体系和教材体系的任务分解方案（二）》等13篇报告。

承担文科院长会、文科专题会等会议，为学校寒暑期战略研讨会提供材料支撑。举办"勺园沙龙"和"海外追踪"课。会签46份国际学术会议，284份OA收发文，201份纸版公文，优化公文流转程序。启用新财务系统，严格工作开支的预算制，根据事业发展科学编制部门预算并进行经费统筹。

落实全国高校思想政治工作会议精神。牵头制订《深入贯彻落实中央精神进一步加强和改进我校思想政治工作的任务分解方案（二）》，作为党委文件下发全校。该文件是北京大学振兴文科发展的重要指引，主要从人文社科发展的角度，包括建好马克思主义理论学科和马克思主义学院、加强基础和交叉学科建设、加强中国特色新型智库建设并提升服务国家战略能力、打造一流的哲学社会科学人才队伍、加强哲学社会科学教材体系建设、完善哲学社会科学学术评价体系、充分发挥院系和学部的作用、继续推动和支持人文社会科学研究院的建设、以区域与国别研究院为抓手继续推动北大区域与国别研究、实施中华优秀传统文化传承发展工程等十个方面。

区域与国别研究工作。成立区域与国别研究院，划拨燕南园66号院作为办公场所并投入学科建设经费支持。目前已有建设规划和学科建设方案，中东板块已成立专家指导委员会。召开区域与国别研究领域建设座谈会，邀请教育部国际司、国家留学基金委与校内机构进行资源对接，组织校内28个研究机构提交备案材料，最终14个机构获得备案，获28个专项课题。

智库工作。指导制订《北京大学国家发展研究院国家高端智库奖励经费管理办法》，对其专项经费建立新的拨款和管理模式。首都发展研究院入选首批首都高端智库，共14

家单位入选。与北京市发展改革委员会筹建"一带一路"研究院，继续推进国务院研究室、光明日报智库研究与发布中心、社科院中国社会科学评价研究院等单位在智库服务与评估方面的联络和服务。

（社会科学部）

《北京大学学报（哲学社会科学版）》

【政治和学术导向】 2017年度，《北京大学学报（哲学社会科学版）》开设"深入学习贯彻党的十九大精神""改革开放四十年与中国特色哲学社会科学的构建"等栏目。致力于中国特色学科体系、学术体系、话语体系、评价体系以及中国知识体系问题的研究，坚持中华文明的主体性，力图分析总结近代以来中国探索构建知识体系的历史进程和经验教训，梳理当前中国哲学社会科学包括具体科学在构建知识体系方面面临的问题和挑战，紧密结合中国改革开放和社会主义现代化建设的鲜活实践，推出一批凸显主体性、富于时代性、具有原创性的研究成果，讲好中国共产党治国理政的故事、中国人民奋斗圆梦的故事、中国坚持和平发展合作共赢的故事，进一步推动加快构建中国特色哲学社会科学。

【重要的办刊举措】 开设"深入学习贯彻党的十九大精神"专题专栏。2017年第6期，发表时任北京大学党委书记郝平教授《努力开创新时代中国特色世界一流大学建设的新局面》一文，2018年第1期、第2期该专栏分别发表北京大学法学院姜明安教授《论新时代中国特色法治政府建设论》一文、北京大学社会学系王思斌教授《社会生态视角下乡村振兴发展的社会学分析——兼论乡村振兴的社会基础建设》一文。

开设"构建中国特色哲学社会科学"专题专栏。2017年第2期发表刘曙光《中国特色哲学社会科学的构建方略》、郭建宁《发展当代中国马克思主义》、王思斌《积极促进我国社会学学术创新和话语能力建设》、郭建如《构建中国特色社会科学的问题与路径》。

出版120周年校庆特刊。刊发一批学术大家、名家的稿件，包括厉以宁、林毅夫、刘伟、王思斌、陈来、丰子义、赵敦华、申丹、葛晓音、阎步克、彭小瑜、何怀宏等北大人文社科领域著名学者的15篇论文。

"北大秦简研究"专栏：2017年第5期开设"北大藏秦简研究（之二）"栏目，刊发课题组成员的5篇新作。

加强学术主持人制度，发挥专家办刊优势。本年度除常设特色栏目如文研讲坛（2017年第4期）、诗歌与诗歌史研究（2017年第4期）等之外，新推特色栏目还有文化交流与传播（2017年第6期）、茨威格研究（2017年第5期）、北大藏秦简研究（2017年第5期）等。

【编辑队伍建设】 按照新闻出版总署有关规定，学术期刊编辑必须定期参加岗位培训，坚持持证上岗。《北京大学学报（哲学社会科学版）》安排编辑人员部分期分批参加培训。2017年11月，编辑部刘曙光、郑园、管琴、李铄等同志参加在海口举行的全国人文社科期刊编辑业务培训。

【进展和成效】 《北京大学学报（哲学社会科学版）》在中国人民大学人文社会科学学术成果评价研究中心公布的2017年度复印报刊资料转载指数排名中，转载量、转载率、综合指数3项均获得第一名。

根据中南财经政法大学图书馆期刊信息检索中心检索报告，《北京大学学报（哲学社会科学版）》2017年共被中国人民大学书报资料中心、《新华文摘》《高等学校文科学术文摘》《报刊文摘》等检索途径转载的文章110多篇，在全国综合性大学学报中位居前列。

根据中国学术期刊（光盘版）电子杂志社、中国科学文献计量评价研究中心和清华大学图书馆编写的《中国学术期刊影响因子年报》，2017年《北京大学学报（哲学社会科学版）》在大学学报社会科学类综合高校中的总被引频次、基金比、影响因子、5年影响因子和即年下载率均名列前茅。

2017年学报发行量在4500册左右，稳居高校人文社会科学学报的前列，并加入中国知网和国家哲学社会科学学术期刊等数据平台。

（《北京大学学报（哲学社会科学版）》）

表7-50 北京大学2017年度科研课题

负责人	承担部门	项目分类、类别	项目来源单位	预期成果形式	计划完成日期
陈波	哲学系	国家社科重大项目	全国哲学社会科学规划办公室	著作	2022年12月
向勇	艺术学院	国家社科重大项目	全国哲学社会科学规划办公室	著作	2021年12月
沈体雁	政府管理学院	国家社科重大项目	全国哲学社会科学规划办公室	著作	2020年12月
乔晓春	人口研究所	国家社科重大项目	全国哲学社会科学规划办公室	著作	2020年9月
陈泳超	中国语言文学系	国家社科重大项目	全国哲学社会科学规划办公室	著作	2022年12月
陈建立	考古文博学院	国家社科重大项目	全国哲学社会科学规划办公室	著作	2022年12月
陆地	新闻与传播学院	国家社科重大项目	全国哲学社会科学规划办公室	著作	2022年12月
王锦贵	信息管理系	国家社科重大项目	全国哲学社会科学规划办公室	著作	2022年8月

(续表)

负责人	承担部门	项目分类、类别	项目来源单位	预期成果形式	计划完成日期
车浩	法学院	国家社科基金一般项目	全国哲学社会科学规划办公室	著作	2020年6月
陈永盛	哲学系	国家社科基金青年项目	全国哲学社会科学规划办公室	著作	2019年7月
陈泳超	中国语言文学系	国家社科基金一般项目	全国哲学社会科学规划办公室	著作	2020年12月
丁华	中国社会科学调查中心	国家社科基金一般项目	全国哲学社会科学规划办公室	著作	2019年12月
杜晓勤	中国语言文学系	国家社科基金重点项目	全国哲学社会科学规划办公室	著作	2020年12月
高耀	教育学院	国家社科基金青年项目	全国哲学社会科学规划办公室	著作	2019年6月
顾佳峰	中国社会科学调查中心	国家社科基金一般项目	全国哲学社会科学规划办公室	著作	2021年7月
郭洁	国际关系学院	国家社科基金一般项目	全国哲学社会科学规划办公室	著作	2020年6月
郭卫东	历史学系	国家社科基金一般项目	全国哲学社会科学规划办公室	著作	2020年7月
何益鑫	哲学系	国家社科基金青年项目	全国哲学社会科学规划办公室	论文集、研究报告	2021年7月
化柏林	信息管理系	国家社科基金一般项目	全国哲学社会科学规划办公室	论文集、研究报告	2020年6月
黄璜	政府管理学院	国家社科基金一般项目	全国哲学社会科学规划办公室	研究报告	2020年7月
金勇	外国语学院	国家社科基金一般项目	全国哲学社会科学规划办公室	研究报告	2021年7月
李一帅	艺术学院	国家社科基金青年项目	全国哲学社会科学规划办公室	著作	2020年6月
林丽娟	历史学系	国家社科基金一般项目	全国哲学社会科学规划办公室	著作	2020年7月
陆胤	高等人文研究院	国家社科基金青年项目	全国哲学社会科学规划办公室	著作	2020年7月
牛军	国际关系学院	国家社科基金重点项目	全国哲学社会科学规划办公室	著作	2020年6月
孙玉文	中国语言文学系	国家社科基金一般项目	全国哲学社会科学规划办公室	著作	2019年7月
王波	图书馆	国家社科基金一般项目	全国哲学社会科学规划办公室	著作	2020年12月
王灿娟	外国语学院	国家社科基金青年项目	全国哲学社会科学规划办公室	著作	2019年12月
王长命	历史学系	国家社科基金一般项目	全国哲学社会科学规划办公室	著作	2020年12月
魏蒙	社会学系	国家社科基金青年项目	全国哲学社会科学规划办公室	著作	2019年6月
吴琼	中国社会科学调查中心	国家社科基金青年项目	全国哲学社会科学规划办公室	论文集、研究报告	2021年7月
徐佳君	国家发展研究院	国家社科基金一般项目	全国哲学社会科学规划办公室	论文集、研究报告	2020年6月
杨博	考古文博学院	国家社科基金青年项目	全国哲学社会科学规划办公室	研究报告	2020年7月
杨明	法学院	国家社科基金一般项目	全国哲学社会科学规划办公室	研究报告	2021年7月
杨钋	教育学院	国家社科基金一般项目	全国哲学社会科学规划办公室	著作	2020年6月
杨子荣	国家发展研究院	国家社科基金青年项目	全国哲学社会科学规划办公室	著作	2020年7月
叶姗	法学院	国家社科基金一般项目	全国哲学社会科学规划办公室	著作	2021年7月
张广钦	信息管理系	国家社科基金重点项目	全国哲学社会科学规划办公室	著作	2020年6月
张守文	法学院	国家社科基金重点项目	全国哲学社会科学规划办公室	著作	2020年7月
周云	社会学系	国家社科基金一般项目	全国哲学社会科学规划办公室	著作	2021年7月
朱天助	哲学系	国家社科基金青年项目	全国哲学社会科学规划办公室	论文集、研究报告	2020年6月
夏欢欢	教育学院	国家社科基金教育学青年项目	全国教育科学规划领导小组办公室	论文集、研究报告	2020年7月
尚俊杰	教育学院	国家社科基金教育学一般项目	全国教育科学规划领导小组办公室	研究报告	2021年7月
张慧瑜	新闻传播学院	国家社科基金艺术学一般项目	文化部	研究报告	2020年6月
周建朋	艺术学院	国家社科基金艺术学一般项目	文化部	著作	2020年7月

（续表）

负责人	承担部门	项目分类、类别	项目来源单位	预期成果形式	计划完成日期
陈洪捷	教育学院	教育部重大攻关项目	教育部	著作	2020年12月
李爱军	马克思主义学院	教育部青年基金项目	教育部	著作、论文	2020年12月
杨国政	外国语学院	教育部规划基金项目	教育部	著作	2020年12月
王斯秧	外国语学院	教育部青年基金项目	教育部	著作、论文	2020年12月
王 伟	艺术学院	教育部青年基金项目	教育部	著作、论文	2020年12月
庄德水	纪委	教育部青年基金项目	教育部	咨询报告	2020年12月
洪艳蓉	法学院	教育部规划基金项目	教育部	著作	2020年12月
王 京	外国语学院	教育部规划基金项目	教育部	论文	2020年12月
谢 娜	出版社	教育部规划基金项目	教育部	著作、论文	2020年12月
赫忠慧	体育教研部	教育部规划基金项目	教育部	论文、咨询报告	2020年12月
凌建侯	外国语学院	教育部规划基金项目	教育部	著作	2020年12月
顾春芳	美学与美育研究中心	教育部人文社会科学重点研究基地重大项目	教育部	论文、专著	2020年12月
韩水法	外国哲学研究所	教育部人文社会科学重点研究基地重大项目	教育部	论文、论文集、专著	2020年12月
王 磊	宪法与行政法研究中心	教育部人文社会科学重点研究基地重大项目	教育部	研究报告、论文、专著	2020年8月
王锡锌	宪法与行政法研究中心	教育部人文社会科学重点研究基地重大项目	教育部	论文、专著	2020年10月
时和兴	政治发展与政府管理研究所	教育部人文社会科学重点研究基地重大项目	教育部	论文、研究报告、专著	2020年12月
王丽萍	政治发展与政府管理研究所	教育部人文社会科学重点研究基地重大项目	教育部	论文、专著	2020年12月
赵成根	政治发展与政府管理研究所	教育部人文社会科学重点研究基地重大项目	教育部	论文、研究报告、专著	2020年12月
邓小南	中国古代史研究中心	教育部人文社会科学重点研究基地重大项目	教育部	论文	2020年7月
沈睿文	中国考古学研究中心	教育部人文社会科学重点研究基地重大项目	教育部	著作	2020年12月
孔江平	中国语言学研究中心	教育部人文社会科学重点研究基地重大项目	教育部	论文、专著	2020年12月
李 洋	艺术学院	北京市社科基金重点项目	北京市哲学社会科学规划办公室	系列论文	2020年6月
王红漫	医学部	北京市社科基金重大项目	北京市哲学社会科学规划办公室	研究报告、系列论文	2019年7月
祝 帅	新闻与传播学院	北京市社科基金重大项目	北京市哲学社会科学规划办公室	著作	2020年12月
刘兹恒	信息管理系	北京市社科基金一般项目	北京市哲学社会科学规划办公室	系列论文	2019年12月
林 锋	马克思主义学院	北京市社科基金一般项目	北京市哲学社会科学规划办公室	著作	2020年12月
吴爱芝	图书馆	北京市社科基金青年项目	北京市哲学社会科学规划办公室	研究报告	2019年6月
陈斯一	哲学系	北京市社科基金青年项目	北京市哲学社会科学规划办公室	著作	2021年7月
刘莲莲	国际关系学院	北京市社科基金青年项目	北京市哲学社会科学规划办公室	著作	2020年6月
潘 维	国际关系学院	北京市社科基金重大项目	北京市哲学社会科学规划办公室	著作	2020年7月

（社会科学部）

表 7-51 北京市社会科学理论著作出版基金 2017 年（总第 50 批）批准常规资助著作名单（排名不分先后）

序号	推荐单位	著作名称	申请人	出版社
1	北京大学	无法终结的现代性——中国文学的当代境遇	陈晓明	北京大学出版社
2	北京大学	杜诗艺术与辨体	葛晓音	北京大学出版社
3	北京大学	清物十志：文人之物的意义世界	李 溪	北京大学出版社
4	北京大学	形似神异——《三国演义》在泰国的传播	金 勇	北京大学出版社
5	北京大学	日本近世易学研究	王 鑫	北京大学出版社
6	北京大学	改革开放 30 年中国外国文学研究	罗 芃	北京大学出版社

（社会科学部）

表 7-52 北京大学 2017 年度 SSCI、A&HCI 国际发文情况一览表

序号	单位	姓名	英文标题	期刊名称	文章类型
1	对外汉语教育学院	鹿士义	Frequency, Contingency and Online Processing of Multiword Sequences: An Eye-tracking Study	Second Language Research	Review
2	法学院	高 薇	The Success and Failure of Online Dispute Resolution	Hong Kong Law Journal	Article
3	光华管理学院	王汉生	A Dynamic Logistic Regression for Network Link Prediction	中国科技数学	Article
4	光华管理学院	余勤飞	Polycyclic Aromatic Hydrocarbons in the Soil Profiles (0-100 cm) from the Industrial District of a Large Open-pit Coal Mine, China	英国皇家化学学会会刊	Article
5	光华管理学院	雷 明	The Impact of Retailers' Alliance on Manufacturer's Profit in a Dual-channel Structure	International Journal of Production Research	Article
6	光华管理学院	路江涌	Marketized State Ownership and Foreign Expansion of Emerging Market Multinationals: Leveraging Institutional Competitive Advantages	Asia Pacific Journal of Management	Article
7	光华管理学院	路江涌	Chinese Migrants and Their Impact on Homeland Development	World Economy	Article
8	光华管理学院	孟涓涓	Efficient Large-Size Coordination Via Voluntary Group Formation: An Experiment	International Economic Review	Article
9	光华管理学院	徐 菁	The Impact of Identity Breadth on Consumer Preference for Advanced Products	Journal of Consumer Psychology	Article
10	光华管理学院	杨东宁	State-Mediated Globalization Processes and the Adoption of Corporate Social Responsibility Reporting in China	Management and Organization Review	Article
11	光华管理学院	虞吉海	QML Estimation of Spatial Dynamic Panel Data Models with Endogenous Time Varying Spatial Weights Matrices	Journal of Econometrics	Article
12	光华管理学院	张建君	Whose Call to Answer: Institutional Complexity and Firms' Csr Reporting	Academy of Management Journal	Article
13	光华管理学院	张 影	Step by Step: Sub-goals as a Source of Motivation	Organizational Behavior and Human Decision Processes	Article
14	光华管理学院	张志学	Enhancing Employee Creativity via Individual Skill Development and Team Knowledge Sharing: Influences of Dual-focused Transformational Leadership	Journal of Organizational Behavior	Article
15	光华管理学院	张圣平	A Model of Endogenous Cross-Holdings in Oligopoly	中国经济前沿	Article
16	光华管理学院	陈玉宇	Curriculum and Ideology	Journal of Political Economy	Article

（续表）

序号	单位	姓名	英文标题	期刊名称	文章类型
17	光华管理学院	江亭儒	Humor as a Relationship Lubricant: The Implications of Leader Humor on Transformational Leadership Perceptions and Team Performance	Journal of Leadership & Organizational Studies	Article
18	光华管理学院	涂云东 王汉生	Estimating Spatial Autocorrelation with Sampled Network Data	Journal of Business & Economic Statistics	Article
19	光华管理学院	翁翕	Efficient Learning and Job Turnover in the Labor Market	International Economic Review	Article
20	光华管理学院	易希薇	Emerging Market Firms' Internationalization: How Do Firms' Inward Activities Affect Their Outward Activities?	Strategic Management Journal	Article
21	光华管理学院	龚六堂 张庆华	Promotion Incentive: Corruption and its Implications on Local Fiscal Cycles in China	社会与行为科学发展	Article
22	光华管理学院	刘知	Is Individual Bribery or Organizational Bribery More Intolerable in China (Versus in the United States)? Advancing Theory on the Perception of Corrupt Acts	组织行为和决策机制	Article
23	光华管理学院	邱凌云	The Impact of Celebrity-following Activities on Endorsement Effectiveness on Microblogging Platforms: A Parasocial Interaction Perspective	南开国际商业评论	Article
24	光华管理学院	王耀君	Survey on Algorithms for Tandem Mass Spectrometry Oligosaccharide Identification	生物化学与生物物理前沿	Article
25	光华管理学院	蔡洪滨 张庆华	To Build above the Limit? Implementation of Land Use Regulations in Urban China	Journal of Urban Economics	Article
26	光华管理学院	陈松蹊	Enhancing Estimation for Interest Rate Diffusion Models With Bond Prices	Journal of Business & Economic Statistics	Article
27	光华管理学院	龚六堂	Optimal Exchange-Rate Policy in a Model of Local-Currency Pricing with Vertical Production and Trade	Open Economies Review	Article
28	光华管理学院	龚六堂	Land-price Dynamics and Macroeconomic Fluctuations with Nonseparable Preferences	Journal of Economic Dynamics & Control	Article
29	光华管理学院	贾春新	Limited Attention by Lenders and Small Business Debt Financing: Advertising as Attention Grabber	International Review of Financial Analysis	Article
30	光华管理学院	贾春新 王亚平	Market Segmentation and Differential Reactions of Local and Foreign Investors to Analyst Recommendations	Review of Financial Studies	Article
31	光华管理学院	江亭儒	Workplace Status: The Development and Validation of a Scale	Journal of Applied Psychology	Article
32	光华管理学院	江亭儒	One Definition, Different Manifestations: Investigating Ethical Leadership in the Chinese Context	Asia Pacific Journal of Management	Article
33	光华管理学院	江亭儒 徐敏亚	How Do Leaders React When Treated Unfairly? Leader Narcissism and Self-Interested Behavior in Response to Unfair Treatment	Journal of Applied Psychology	Article
34	光华管理学院	雷明	Carbon-weighted Economic Development Performance and Driving Force Analysis: Evidence from China	Energy Policy	Article
35	光华管理学院	刘琦	Short- and Long-Run Business Conditions and Expected Returns	Management Science	Article
36	光华管理学院	刘晓蕾	The Impacts of Political Uncertainty on Asset Prices: Evidence from the Bo Scandal in China	Journal of Financial Economics	Article
37	光华管理学院	路江涌	Intermediaries, Firm Heterogeneity and Exporting Behaviour	World Economy	Article

（续表）

序号	单位	姓名	英文标题	期刊名称	文章类型
38	光华管理学院	马 力 张志学	Negotiating with Chinese Investors	Mit Sloan Management Review	Article
39	光华管理学院	任 菲	The Effect of Firm Marketing Content on Product Sales: Evidence From A Mobile Social Media Platform	Journal of Electronic Commerce Research	Article
40	光华管理学院	涂云东	Forecasting Cointegrated Nonstationary Time Series with Time-varying Variance	Journal of Econometrics	Article
41	光华管理学院	涂云东	Efficient Estimation of Non Parametric Simultaneous Equations Models	Communications In Statistics-Theory and Methods	Article
42	光华管理学院	涂云东	On Spurious Regressions with Partial Unit Root Processes	Economics Letters	Article
43	光华管理学院	王汉生	Covariance Regression Analysis	Journal of The American Statistical Association	Article
44	光华管理学院	王 锐	Mobility of Top Marketing and Sales Executives in Business-to-Business Markets: A Social Network Perspective	Journal of Marketing Research	Article
45	光华管理学院	翁 翕	Random Authority	International Economic Review	Article
46	光华管理学院	王亚平	The Ethical Dimension of Management Ownership in China	Journal of Business Ethics	Article
47	光华管理学院	臧金娟 博 后	Technology Capabilities, Marketing Capabilities and Innovation Ambidexterity	Technology Analysis & Strategic Management	Article
48	光华管理学院	张闫龙	Social Capital and Its Contingent Value in Poverty Reduction: Evidence from Western China	World Development	Article
49	光华管理学院	张志学	Understanding Trust Development in Negotiations: An Interdependent approach	Journal of Organizational Behavior	Article
50	光华管理学院	张志学	When Do Conflicts Feel Right for Prevention-Focused Individuals? The Debiasing Effect of Low Need for Closure	Management and Organization Review	Article
51	光华管理学院	张志学	Superficial Harmony and Conflict Avoidance Resulting from Negative Anticipation in the Workplace	Management and Organization Review	Article
52	光华管理学院	张志学	Beyond Personal Control: When and How Executives' Beliefs in Negotiable Fate Foster Entrepreneurial Orientation and Firm Performance	Organizational Behavior and Human Decision Processes	Article
53	光华管理学院	张志学	Understanding the Trust Deficit in China: Mapping Positive Experience and Trust in Strangers	Organizational Behavior and Human Decision Processes	Article
54	光华管理学院	郑晓娜	Bidding for Multiple Keywords in Sponsored Search Advertising: Keyword Categories and Match Types	Information Systems Research	Article
55	光华管理学院	郑晓娜	Intention-Behavior Discrepancy of Foreign Versus Domestic Brands in Emerging Markets: The Relevance of Consumer Prior Knowledge	Journal of International Marketing	Article
56	光华管理学院	仲为国	Trust in Interorganizational Relationships: A Meta-Analytic Integration	Journal of Management	Article
57	光华管理学院；国家发展研究院	徐建国	China's Investment and Rate of Return on Capital Revisited	亚洲经济杂志	Article
58	光华管理学院；国家发展研究院	张维迎	Monetary Incentives and Innovation in Chinese SMEs	亚洲商业与管理	Article
59	光华管理学院；国家发展研究院	唐 涯	China's Investment and Rate of Return on Capital Revisited	Journal of Asian Economics	Article

(续表)

序号	单位	姓名	英文标题	期刊名称	文章类型
60	光华管理学院；经济学院	赵留彦	Silver Points, Silver Flows, and the Measure of Chinese Financial Integration	Journal of International Economics	Article
61	光华管理学院；经济学院	颜 色	Silver Points, Silver Flows, and the Measure of Chinese Financial Integration	Journal of International Economics	Article
62	光华管理学院；社会学系	谭华清	Cadre Children and Cognitive Function of Parents in China: The Value of Political Connection	Chinese Sociological Review	Article
63	国际关系学院	韩 华	China's Proper Role in the Global Nuclear Order	Bulletin of The Atomic Scientists	Review
64	国际关系学院	骆小平	"Bringing the migrant back in": Mobility, Conflict, and Social Change in Contemporary Society	Theory and Society	Article
65	国际关系学院	王 栋	Grand Strategy, Power Politics, and China's Policy toward the United States in the 1960s	Diplomatic History	Article
66	国际关系学院	查道炯	China-US Relations Under Trump: More Continuity Than Change	Asian Perspective	Article
67	国家发展研究院	黄益平	Building an Efficient Financial System in China: A Need for Stronger Market Discipline	亚洲经济政策回顾	Article
68	国家发展研究院	黄益平	How Will Financial Liberalization Change the Chinese Economy? Lessons from Middle-income Countries	亚洲经济政策回顾	Article
69	国家发展研究院	黄益平	China's Macroeconomic Balancing Act: Shifting to New Drivers of Growth and Sustaining Financial Stability	澳洲经济评论	Article
70	国家发展研究院	黄 卓	Option Pricing with the Realized GARCH Model: An Analytical Approximation Approach	未来市场杂志	Article
71	国家发展研究院	黄 卓	Pricing the CBOE VIX Futures with the Heston-Nandi GARCH Model	未来市场杂志	Article
72	国家发展研究院	黄 卓	The Impact of Privatization on TFP: a Quasi-Experiment in China	经济与财政年鉴	Article
73	国家发展研究院	雷晓燕	Sibling Gender Composition's Effect on Education: Evidence from China	中国人口科学	Article
74	国家发展研究院	雷晓燕	Health Insurance and Health Care among the Mid-Aged and Older Chinese: Evidence from the National Baseline Survey of CHARLS	健康经济	Article
75	国家发展研究院	李力行	The Consequences of Having a Son on Family Wealth in Urban China	收入和财富	Article
76	国家发展研究院	李力行	Hayek, Local Information, and Commanding Heights: Decentralizing State-Owned Enterprises in China	美国经济评论	Article
77	国家发展研究院	李 玲	China's Health Care System Reform: Progress and Prospects	健康计划和管理国际期刊	Article
78	国家发展研究院	李 玲	An Evaluation of Systemic Reforms of Public Hospitals: the Sanming Model in China	健康政策与计划	Article
79	国家发展研究院	林毅夫	Alice H. Amsden's Contributions to Development Economics	剑桥经济与社会发展研究	Article
80	国家发展研究院	刘国恩	How Much Does Social Status Matter To Longevity? Evidence From China's Academician Election	健康经济	Article
81	国家发展研究院	刘国恩	Estimating an EQ-5D-5L Value Set for China	健康价值	Article
82	国家发展研究院	刘国恩	Long-Term Effects of Famine on Chronic Diseases: Evidence from China's Great Leap Forward Famine	健康经济学	Article

（续表）

序号	单位	姓名	英文标题	期刊名称	文章类型
83	国家发展研究院	刘国恩	China's Health Reform Update	公共健康年度回顾	Article
84	国家发展研究院	刘国恩	Validation Of Hospital Management Evaluating Methods In China	健康价值	Article
85	国家发展研究院	刘国恩	Is Chinese National Health Insurance Effective in the Face of Severe Illness? A Perspective from Health Service Utilization and Economic Burden	社会指标研究	Article
86	国家发展研究院	刘国恩	Cost Analysis Of Lung Cancer In China	健康价值	Article
87	国家发展研究院	沈 艳	Interest Liberalization and the Estimation of Implicit Interest Rates in China's Banking Sector	亚洲经济	Article
88	国家发展研究院	汪 浩	Are Invisible Hands Good Hands in Health Care Markets? Extension	理论经济学期刊	Article
89	国家发展研究院	汪 浩	Health Insurance, Market Power, and Social Welfare	国际经济理论期刊	Article
90	国家发展研究院	王 敏	The Political Intergenerational Welfare State	经济动态杂志	Article
91	国家发展研究院	徐建国	China's Internet Finance: A Critical Review	中国和世界经济	Article
92	国家发展研究院	徐晋涛	Village Democracy and Household Welfare: Evidence from Rural China	环境与发展经济学	Article
93	国家发展研究院	姚 洋	Manufacturing as the Key Engine of Economic Growth for Middle-income Economies	亚太地区经济	Article
94	国家发展研究院	姚 洋	The Comparison Among Different Countries' Eq-5D-5L Value Sets Applied In Chinese General Population	健康价值	Article
95	国家发展研究院	余昌华	Exchange Rate Adjustment in Financial Crises	汇率与外部调整会议	Article
96	国家发展研究院	余淼杰	Firm R&D, Processing Trade and Input Trade Liberalisation: Evidence from Chinese Firms	世界经济	Article
97	国家发展研究院	余淼杰	Does Outward FDI Generate Higher Productivity for Emerging Economy MNEs? Micro-level Evidence from Chinese Manufacturing Firms	国际经济评论	Article
98	国家发展研究院	余淼杰	Worker Training, Firm Productivity, and Trade Liberalization: Evidence from Chinese Firms	发展经济学	Article
99	国家发展研究院	余淼杰	The Effect of RMB Internationalization on Belt and Road Initiative: Evidence from Bilateral Swap Agreements	新兴市场金融与贸易	Article
100	国家发展研究院	余淼杰	Measured Skill Premia and Input Trade Liberalization: Evidence from Chinese Firms	国际经济学期刊	Article
101	国家发展研究院	张晓波	Valuing Air Quality Using Happiness Data: The Case of China	生态经济	Article
102	国家发展研究院	张晓波	Happiness in the Air: How Does a Dirty Sky Affect Mental Health and Subjective Well-being?	环境经济与管理期刊	Article
103	国家发展研究中心、光华管理学院	雷晓燕 周黎安	Does Raising Family Income Cause Better Child Health? Evidence from China	Economic Development and Cultural Change	Article
104	教育财政研究所	刘明兴	Centralized Deployment and Teacher Incentives: Evidence from Reforms in Rural China	Economic Development and Cultural Change	Article
105	教育财政研究所	宋映权	The Impact of Conditional Cash Transfers on the Matriculation of Junior High School Students into Rural China's High Schools	Journal of Development Effectiveness	Article

（续表）

序号	单位	姓名	英文标题	期刊名称	文章类型
106	教育财政研究所	魏建国	Inequalities in the Pathway to College in China: When Do Students from Poor Areas Fall Behind?	China Quarterly	Article
107	教育学院	陈向明	The Ethical Dimension of Teacher Practical Knowledge: A Narrative Inquiry into Chinese Teachers' thinking and Actions in Dilemmatic Spaces	Journal of Curriculum Studies	Article
108	经济学院	姚奕 贾若	Between-Group Adverse Selection: Evidence From Group Critical Illness Insurance	风险与保险杂志	Article
109	经济学院	贾若	The Structure of the Global Reinsurance Market: An Analysis of Efficiency, Scale, and Scope	Journal of Banking & Finance	Article
110	经济学院	杨汝岱	Does Corporate Governance Enhance Common Interests of Shareholders and Primary Stakeholders?	Journal of Business Ethics	Article
111	经济学院	周建波	Measurement of the Severity of Opportunistic Fraud in Injury Insurance: Evidence from China	Emerging Markets Finance and Trade	Article
112	经济学院	郭研	Funding Forms, Market Conditions, And Dynamic Effects of Government R&D Subsidies: Evidence From China	Economic Inquiry	Article
113	经济学院	秦雪征	Does Medical Equipment Expansion Lead to More Diagnostic Services? Evidence from China's Sichuan Province	Emerging Markets Finance and Trade	Article
114	经济学院	Anthony Howell	Ethnic Migration and Han-Minority Income Inequality in Rural China	World Development	Article
115	经济学院	李虹	Low-carbon Benefit of Industrial Symbiosis from a Scope-3 Perspective: A Case Study in China	应用生态学与环境研究	Article
116	经济学院	李虹	Analysis of Influencing Factor of Henry Hub Natural Gas Price Based on Factor Analysis	石油科学	Article
117	经济学院	李虹	Regional Differences between the Rate of Change of CO2 Emission Intensity of Chinese Provinces and Implications for Sustainable Development	可持续发展	Article
118	经济学院	李虹	Eco-benefits Assessment on Urban Industrial Symbiosis Based on Material Flows Analysis and Emergy Evaluation Approach: A Case of Liuzhou City, China	资源，保护和回收	Article
119	经济学院	李虹	Medical Assessment Based on Generalized Gamma Distribution Generalized Linear Mixed Models	民族医学研究	Article
120	经济学院	李连发 秦雪征	Institutions, Reforms and Economic Development in China	中国经济评论	Article
121	经济学院	宁叶 王一鸣	Measurement and Multifractal Properties of Short-term International Capital Flows in China	物理A-统计力学及其应用	Article
122	经济学院	赵晓军	Liouville Type Theorem For Nonlinear Boundary Value Problem On Heisenberg Group	Annales-Academiae Scientiarum Fennicae Mathematica	Article
123	经济学院	朱南军	Optimal Change-Loss Reinsurance Contract Design Under Tail Risk Measures For Catastrophe Insurance	经济计算与经济控制论研究	Article
124	经济学院	张鹏飞	Endogenous Sector-biased Technical Change and Perpetual and Transient Structural Change	经济学杂志	Article
125	经济学院	陈仪	Income Distribution and Aggregate Saving: Theory and China's Evidence	Emerging Markets Finance and Trade	Article
126	经济学院	崔巍	Social Trust, Institution, and Economic Growth: Evidence from China	International Conference on Institutions, Reforms, and Economic Develoment	Article

（续表）

序号	单位	姓名	英文标题	期刊名称	文章类型
127	经济学院	郝 煜	Friends from afar: The Taiping Rebellion, Cultural Proximity and Primary Schooling in the Lower Yangzi, 1850—1949	Explorations in Economic History	Article
128	经济学院	郝 煜	Converging Mainlander and Native Taiwanese, 1949—2012	Australian Economic History Review	Article
129	经济学院	季 曦	Is Urbanization Eco-friendly? An Energy and Land Use Cross-country Analysis	9th Biennial International Workshop on Advances in Energy Studies（Energy Policy）	Article
130	经济学院	季 曦	Assessing the Energy-saving Effect of Urbanization in China Based on Stochastic Impacts by Regression on Population, Affluence and Technology (STIRPAT) Model	Journal of Cleaner Production	Article
131	经济学院	李 虹	Reducing Rebound Effect through Fossil Subsidies Reform: A Comprehensive Evaluation in China	Journal of Cleaner Production	Article
132	经济学院	李 虹	The Price Evolution of Wind Turbines in China: A study Based on the Modified Multi-factor Learning Curve	Renewable Energy	Article
133	经济学院	宁 叶 王一鸣	How did China's Foreign Exchange Reform Affect the Efficiency of Foreign Exchange Market?	Physica A-Statistical Mechanics and its Applications(SCI)	Article
134	经济学院	秦雪征 杨汝岱	Does the One-child Policy Improve Children's Human Capital in Urban China? A Regression Discontinuity design	Journal of Comparative Economics	Article
135	经济学院	石 菊	Efficiency in Plan Choice with Risk Adjustment and Risk-Based Pricing in Health Insurance Exchanges	Geneva Papers on Risk and Insurance-Issues and Practice	Article
136	经济学院	锁凌燕	Why the Development of Health Insurance Is Regionally Imbalanced: Evidence from China	Emerging Markets Finance and Trade	Article
137	经济学院	吴泽南	Information Sharing in Private Value Lottery Contest	Economics Letters	Article
138	经济学院	姚 奕	The Role of Pregnancy in Micro Health Insurance: Evidence of Adverse Selection from Pakistan	Journal of Risk and Insurance	Article
139	经济学院	袁 诚	Home Ownership, Housing Price and Social Security Expenditure	China Economic Review	Article
140	经济学院	张 辉	An Empirical Study of the Asset Price Channel of Monetary Policy Transmission in China	International Conference on Institutions, Reforms, and Economic Develoment	Article
141	经济学院	赵留彦	The Behavior of Money Demand in the Chinese Hyperinflation	China Economic Review	Article
142	经济学院	赵留彦	Stock Returns under Hyperinflation: Evidence from China 1945—48	China Economic Review	Article
143	经济学院	周建波 郝 煜	Shanxi Merchants' Multilevel Financial System in Ming and Qing Dynasties, China	Emerging Markets Finance and Trade	Article
144	经济学院	孙祁祥 秦雪征	Institutions, Reforms, and Economic Development	Emerging Markets Finance and Trade	Article
145	经济学院	Anthony Howell	Picking 'Winners' in China: Do Subsidies Matter for Indigenous Innovation and Firm Productivity?	China Economic Review	Article
146	经济学院	Anthony Howell	Marshallian Sources of Relatedness and Their Effects on Firm Survival and Subsequent Success in China	Economic Geography	Article
147	经济学院	张 辉 张 灵 唐瑜璇	Estimation of Sediment Yield Change in a Loess Plateau Basin, China	Water	Article

（续表）

序号	单位	姓名	英文标题	期刊名称	文章类型
148	经济学院；燕京学堂	周建波	Theory and Practice on Lending Risk Control by the Government in the Song Dynasty	Emerging Markets Finance and Trade	Article
149	考古文博学院	何嘉宁	AMS 14C Dating of the Hominin Archaeological Site Chuandong Cave in Guizhou Province, Southwestern China	国际第四纪	Article
150	考古文博学院	陈建立	Cast Iron-smelting Furnace Materials in Imperial China: Macro-observation and Microscopic Study	Journal of Archaeological Science	Article
151	考古文博学院	吴小红	The Emergence of Pottery in China: Recent Dating of Two Early Pottery Cave Sites in South China	Quaternary International	Article
152	考古文博学院	张弛	Understanding the Possible Contamination of Ancient Starch Residues by Adjacent Sediments and Modern Plants in Northern China	Sustainability	Article
153	考古文博学院	林梅村	A New Kharosthi Wooden Tablet from China	伦敦大学东方与非洲研究所学报	Article
154	考古文博学院	林梅村	Kharosthi Bibliography: The Collections from China (1897—1993)	中亚杂志	Article
155	考古文博学院	林梅村	A Study on the Court Cartographers of the Ming Empire	亚洲历史杂志	Article
156	考古文博学院	林梅村	Zheng He's Voyages to Hormuz: The Archaeological Evidence	古物	Article
157	考古文博学院	林梅村	The Ancient Kingdom of Kangju along the North bank of the Syr Darya in Central Asia	中亚研究	Article
158	考古文博学院	林梅村	The Origins of Metallurgy in China	Antiquity	Article
159	考古文博学院	王幼平	Late Pleistocene Human Migrations in China	Current Anthropology	Article
160	历史学系	王希	Book Review of Timothy S. Huebner, Liberty and Union: The Civil War Era and American Constitutionalism	The American Historical Review	Review
161	历史学系	程炜	A Battle Against Pain? Aristotle, Theophrastus and the Physiologoi	明智：古代哲学杂志	Article
162	历史学系	高毅	Les Origines Chinoises des Lumières et de la Révolution Française	法国革命历史年鉴	Article
163	历史学系	牛大勇	U.S. Policies towards China's Borderlands: A New Look at America's Secret Strategy to Aid and Support Tibetan Forces in Exile, 1959–1973	Berliner China-Hefte/Chinese History and Society	Article
164	历史学系	法恩瑞	A Significant Periphery of the Cold War: Italy-China Bilateral Relations, 1949—1989	Cold War History	Article
165	历史学系	法恩瑞	The Belt and Road Initiative Impact on Europe: An Italian Perspective	China & World Economy	Article
166	人口研究所	陈功	A Model of Technology Adoption by Older Adults	Social Behavior and Personality	Article
167	人口研究所	郑晓瑛	Prevalence and Factors Associated with Mild Cognitive Impairment among Chinese Older Adults with Depression.	Geriatrics & Gerontology International	Article
168	人口研究所	刘岚	A Note on Chinese Couples' Time Synchronization	Review of Economics of the Household	Article
169	人口研究所	郑晓瑛	Prevalence and Social Risk Factors for Hearing Impairment in Chinese Children: A National Survey	International Journal of Environmental Research and Public Health	Article

（续表）

序号	单位	姓名	英文标题	期刊名称	文章类型
170	人口研究所	郑晓瑛	Effect Modification of Social-context Changes on Mental Disability in China from 1987 to 2006: A Multi-level Study of 1.9 Million People	Bmc Public Health	Article
171	人口研究所	郑晓瑛	Changes in Prevalence and Socioeconomic Factors of Psychiatric Disability among Children in China from 1987—2006: A Population Based Survey	International Journal of Environmental Research and Public Health	Article
172	人口研究所	郑晓瑛	Mutual Associations between Intellectual Disability and Epilepsy-related Psychiatry Disability Population-based Study	Medicine	Article
173	人口研究所	郑晓瑛	Provider-controlled or User-dependent Contraceptive Methods: Levels and Pattern among Married Women of Reproductive Age in China, 1988—2006	European Journal of Obstetrics & Gynecology and Reproductive Biology	Article
174	人口研究所	郑晓瑛	Children with Motor Impairment Related to Cerebral-palsy: Prevalence, Severity and Concurrent Impairments in China	Journal of Paediatrics and Child Health	Article
175	人口研究所	郑晓瑛	Is Cigarette and Alcohol Use Associated With High-Risk Sexual Behaviors Among Youth in China?	Journal of Sexual Medicine	Article
176	人口研究所	郑晓瑛	Prevalence, Causes and Social Factors of Visual Impairment among Chinese Adults: Based on a National Survey	International Journal of Environmental Research and Public Health	Article
177	人口研究所	郑晓瑛	The Role of Parental Education in Child Disability in China from 1987 to 2006	Plos One	Article
178	人口研究所	郑晓瑛	Prevalence of Mental Disorders among Older Chinese People in Tianjin City	Canadian Journal of Psychiatry-Revue Canadienne de Psychiatrie	Article
179	人口研究所	郑晓瑛	Trends in Rehabilitation Services Use in Chinese Children and Adolescents With Intellectual Disabilities: 2007—2013	Archives of Physical Medicine and Rehabilitation	Article
180	人口研究所	郑晓瑛	Comorbid Visual and Psychiatric Disabilities Among the Chinese Elderly: A National Population-Based Survey	Current Eye Research	Article
181	社会科学调查中心	孟琴琴	Low Normalized Grip Strength is a Biomarker for Cardiometabolic Disease and Physical Disabilities Among US and Chinese Adults	老年学杂志系列 A：生物科学与医学	Article
182	社会科学调查中心	吴琼	Loneliness, Depression and Cognitive Function in Older US Adults	国际老年精神医学杂志	Article
183	社会学系	谢宇	It's Whom You Know that Counts	Science	Review
184	社会学系	谢宇	Socioeconomic Inequalities in Health in China: A Reassessment with Data from the 2010—2012 China Family Panel Studies	Social Indicators Research	Article
185	社会学系	高丙中	The Social Movement of Safeguarding Intangible Cultural Heritage and the End of Cultural Revolutions in China	Western Folklore	Article
186	社会学系	张春泥	A Population-Based Epidemiologic Study of Female Sexual Dysfunction Risk in Mainland China: Prevalence and Predictors.	The Journal of Sexual Medicine	Article
187	社会学系	周羿	Does Fertility or Mortality Drive Contemporary Population Aging? The Revisionist View Revisited	Population and Development Review	Article
188	外国语学院	申丹	The Bloomsbury Companion to Stylistics	文体	Review

（续表）

序号	单位	姓名	英文标题	期刊名称	文章类型
189	外国语学院	姜望琪	A Socio-cognitive Approach to Pragmatic Inference	Intercultural Pragmatics	Review
190	外国语学院	申 丹	Joint Functioning of Two Parallel Trajectories of Signification Ambrose Bierce's "A Horseman in the Sky"	文体	Article
191	外国语学院	张 幸	Study on the Cultural Identity of the Chinese-Indians in Kolkata, Sihui and Toronto	Identities-Global Studies in Culture and Power	Article
192	外国语学院	郑 萱	Translingual Identity as Pedagogy: International Teaching Assistants of English in College Composition Classrooms	Modern Language Journal	Article
193	新闻与传播学院	刘新传	When Health Information Meets Social Media: Exploring Virality on Sina Weibo	Health Communication	Article
194	信息管理系	徐 扬	A Decision Support Model in Mass Customization	计算机与工业工程	Article
195	信息管理系	黄文彬	Combining Multiple Scholarly Relationships with Author Cocitation Analysis: A Preliminary Exploration on Improving Knowledge Domain Mappings	Journal of Informetrics	Article
196	信息管理系	周庆山	Undergraduates' Electronic Resources Diffusion at the Peking University: An Exploration on Language Impacts	Library Collections Acquisitions & Technical Services	Article
197	哲学系	陈斯一	Aristotle on the Senses of Nature and the Naturalness of the City: A Metaphysical Reading of Pol. 1252a24—1253a3	记忆：古典学期刊	Article
198	哲学系	郑 开	Ontology and Metaphysics in Chinese Philosopy	中国哲学前沿	Article
199	哲学系	陈 波	Reformulation of Frege's Theory of Thoughts	Philosophical Forum	Article
200	哲学系	陈斯一	The Dialogue between Divine Word and Human Word: A Key to the Cassiciacum Dialogues	Sino-Christian Studies	Article
201	哲学系	孙尚扬	The Possible Contribution of Christianity and Sino-Christian Theology to Chinese Social and Cultural Construction	Logos & Pneuma-Chinese Journal of Theology	Article
202	哲学系	吴天岳	Aquinas on The Individuality of Thinking	Review of Metaphysics	Article
203	哲学系	徐凤林	The Debate on Holy Fire of Orthodox Easter	Logos & Pneuma-Chinese Journal of Theology	Article
204	哲学系	朱效民	The "Great Leap Forward" of Public Scientific Literacy in China	科学的气质	Article
205	政府管理学院	孙铁山	Spatial or Socioeconomic Inequality? Job Accessibility Changes for Low- and high- Education Population in Beijing, China	Cities	Article
206	政府管理学院	沈明明	Generating Regime Support in Contemporary China: Legitimation and the Local Legitimacy Deficit	Modern China	Article
207	政府管理学院	白 彦	We May Be Different, but I Can Help You: The Effects of Leaders' Political Skills on Leader-Follower Power Distance Value Incongruence and Withdrawal Behavior	Journal of Leadership & Organizational Studies	Article
208	政府管理学院	张长东	Reexamining the Electoral Connection in Authoritarian China: The Local People's Congress and Its Private Entrepreneur Deputies	China Review-An Interdisciplinary Journal on Greater China	Article
209	政府管理学院	张长东	A Fiscal Sociological Theory of Authoritarian Resilience: Developing Theory through China Case Studies	Sociological Theory	Article

(续表)

序号	单位	姓名	英文标题	期刊名称	文章类型
210	政府管理学院	周 强	Contingent Democratization: When Do Economic Crises Matter?	British Journal of Political Science	Article
211	政府管理学院	周 强	Endogenizing Labor Mobility: A Partisan Politics Explanation	International Interactions	Article
212	中国语言文学系	陈保亚	Markedness of Phonological Elements and Tone Match in Chinese-Uyghur Contact		Article
213	中国语言文学系	程苏东	Study on the Fragmented Manuscript of Maoshi and Maoshi zhengyi Housed in the Tokyo National Museum	"中央研究院"历史语言研究所集刊	Article
214	中国语言文学系	孔江平	Vat of The Lexical Tones in Mandarin Chinese	中国语言学报	Article

（社会科学部）

党政管理与群团工作

纪检监察工作

【发展概况】 纪委办公室监察室下设综合室、纪律审查室、监督检查室3个科室，在编人员7人，返聘2人。

【纪委换届】 11月18日至19日，学校召开第十三次党员代表大会。根据工作安排，参与筹备学校第十三次党员代表大会，配合完成代表资格审查等工作，向第十三次党员代表大会提交书面工作报告《忠诚履职 勇于担当 为建设中国特色世界一流大学提供政治保证》并经审议批准。第十三次党员代表大会肯定了第十二届纪律检查委员会的工作，认为本届纪委在上级领导机关和学校党委的坚强领导下，全面贯彻党的十八大精神和历次中央纪委全会精神，以习近平总书记系列重要讲话精神为指引，全面履行党章赋予的职责，围绕中心、服务大局，加强组织协调，强化责任担当，突出作风建设，持续改革创新，注重文化引领，运用监督执纪"四种形态"，推动学校党风廉政建设和反腐败工作不断取得新成效，为加快创建中国特色世界一流大学提供了政治保证。

第十三次党员代表大会选举产生新一届纪律检查委员会。12月7日，中共北京市委同意第十三届纪律检查委员会第一次全体会议选举结果。中共北京大学第十三届纪律检查委员会委员共有15人，包括王雷、叶静漪、付卫、刘波、刘江平、刘新民、苏茵、余浚、邹惠、张庆东、张宝岭、张新祥、范春梅、周有光、隗铁夫（蒙古族）。叶静漪为纪委书记（兼）；王雷、邹惠、范春梅为纪委副书记。

【迎接中央巡视和巡视整改】 根据学校党委统一部署，在接受中央第十三巡视组巡视期间，协调相关单位完成有关党风廉政建设材料准备、报告起草、巡视谈话、巡视整改和反馈等一系列工作。巡视期间，4月14日，协助党委召开党风廉政建设警示教育大会。教育部党组成员、中央纪委驻教育部纪检组组长王立英，北京大学党委副书记、纪委书记安钰峰分别通报了北京大学违反中央八项规定精神等方面典型案例。共约1700人参加会议。

分批对巡视期间移交的54件涉及违反中央八项规定精神的问题线索和巡视反馈整改阶段移交的148件问题线索进行核查。落实中央巡视整改要求，起草出台《北京大学纪检监察案件通办办法》（党发〔2017〕51号）、《北京大学关于加强纪检监察部门和审计部门协作配合的有关规定》（党发〔2017〕120号）等制度。

对照中央巡视反馈意见，系统梳理问题，建立问题清单、整改任务分解表和整改措施推进表，完成《贯彻落实〈关于新形势下党内政治生活的若干准则〉和〈中国共产党党内监督条例〉制度体系及相关文件汇编》，涵盖强化"两个责任"、运用监督执纪"四种形态"、推进作风建设、深化干部监督管理、强化党员管理、推进党的组织建设、严肃党的组织生活、强化民主集中制、规范选人用人以及发挥民主监督等十个领域内容。

【执纪审查】 根据北京市纪委《关于清理处置党的十八大以来遗留问题线索的通知》《关于进一步做好当前信访举报工作的通知》《关于做好信访举报件"大起底"工作的补充通知》的工作部署，纪委办公室监察室对2012年11月至2017年9月收到的信访举报件逐一进行了排查。按方式分类，自收类979件，其他单位（含上级）转办类485件；按内容分类，业务范围内举报类916件，业务范围外信访类548件。

贯彻《中国共产党问责条例》及教育部党组实施办法，修订实施《北京大学问责实施办法》（党发〔2017〕16号）。7月，针对校产办日常管理方面存在的问题，对履职不力的主要负责人实行问责。

2017年，纪委办公室监察室共处置信访186件。

【监督检查】 国庆期间，根据上级文件精神，在全校范围内下发《关于2017年国庆和中秋节期间落实中央八项规定精神的通知》，要求各单位要提高政治站位，不断强化"四个意识"，切实担负起全面从严治党主体责任，做到九个方面的"严禁"。纪委办公室监察室在节日期间组成检查组，到学校附近的酒店采取现场询问、账目审查等方式进行抽查，向财务主管问询两节期间的校内人员消费和订餐情况，翻阅相关预订记录本，并核对两节期间的所有报销清单，对开具学校抬头的发票予以重点关注。

根据监督备案制要求，有选择性地对房产管理部、基建工程部、实验与设备管理部、肖家河项目建设办公室等单位的招投标工作开展现场监标。根据工作安排，有重点地对教育管理与德育系统职称评审、干部招聘、评奖评优、招生管理等工作进行监督。3月和9月参与春季和秋季教育收费检查。

12月18日，下发《北京大学2017年度落实党风廉政建设责任制专项检查的通知》，要求各单位认真梳理排查、总结分析本单位落实党风廉政建设责任制、"三重一大"决策制度、中央八项规定精神等情况以及存在的问题和薄弱环节，有针对性开展教育管理工作。检查方式包括自查和抽查。

【专项工作】 11月30日，根据《北京高校党建和思想政治工作基本标准》要求，全面梳理3年来学校党风廉政建设工作总体情况和特色工作并形成专项报告，向检查组提交党风廉政建设项目的支撑材料。"纪委办公室开展制度廉洁性审查工作"入选北京高校党建和思想政治工作先进经验案例。根据检查整改意见，协调党委制定主体责任记实制度和主体责任清单。

根据教育部要求，开展公款违规购买和消费高档白酒专项治理，责成违规单位和个人做出整改。

【纪检监察队伍建设】 制定出台《北京大学二级纪检监察组织负责人提名考察办法（试行）》（2017年5月23日十二届党委第220次常委会审议通过），明确二级纪检监察组织负责人的任职资格、提名程序、考察程序等内容。

11月9日，全校纪检监察系统在燕京学堂大报告厅举办党的十九大精神专题学习会，党委副书记、纪委书记叶静漪作辅导报告。校本部、医学部和医院的专兼职纪检监察干部、基层院系纪检委员、审计部门共80余人参加本次专题学习会。叶静漪分别从党的十九大报告精神、十八届中央纪委向党的十九大的工作报告精神以及学校贯彻落实要求三部分，讲解十九大的主题、大会成果和指导思想，重点分析党风廉政建设总体成效、形势和未来工作重点。

3月20日，组织纪检监察干部集中学习全国高校思想政治工作会议精神，了解加强和改进高校思想政治工作的重大意义、根本方向、目标任务和基本要求。

10月18日，纪委办公室监察室党支部完成换届工作，产生新一届党支部委员，王雷任党支部书记。12月7日，党支部组织纪检监察干部参观国家典藏博物馆。

11月25日至26日，组织纪检监察干部参加由中国高等教育学会廉政分会和中国传媒大学联合举办的"治理·廉洁·大学"学术研讨会。

12月21日，组织纪检监察干部参加北京市纪委驻市委教育工委纪检组组织的案件管理专题培训。

【理论研究】 纪委办公室监察室申报课题"改革发展战略和治理体系现代化视域下的北京大学纪检监察体制改革研究"（2017YB05），获得北京大学教育研究中心2017年度"北大研究"课题立项。

（纪委办公室、监察室、党委巡察办公室、内部控制管理办公室）

组织工作

【发展概况】 2017年，党委组织部坚持以习近平新时代中国特色社会主义思想为指导，深入贯彻落实十八届中共中央历次全会精神和十九大精神，深入贯彻落实学校第十三次党代会精神，埋头苦干、锐意进取，认真完成迎接中央巡视、召开党代会、接受北京高校《党建和思想政治工作基本标准》检查等重要工作，持续推进领导班子和干部队伍建设、基层党组织和党员队伍建设以及党校工作，圆满完成学校党委交办的各项任务。

【专项工作】 落实巡视整改任务。3月1日至4月30日，中央第十三巡视组对北京大学党委进行专项巡视。在此期间，党委组织部承担了材料组、组织人事组等工作。

筹备召开北京大学第十三次党员代表大会。作为主要负责和牵头单位，指导协调全校各选举单位完成"两委"委员候选人提名推荐工作和300名党代表选举工作；拟定大会工作程序，选拔大会工作人员，培训党务工作干部，统筹大会各种会议安排，做好党代表分组等各项工作。11月18日至19日，北京大学第十三次党员代表大会顺利召开。

北京高校《党建和思想政治工作基本标准》迎检工作。11月30日，北京高校党建和思想政治工作基本标准检查组入校开展五年一次的《北京普通高等学校党建和思想政治工作基本标准》检查。全校各级党组织和相关职能部门通力合作，全面总结和梳理了过去五年学校党建和思想政治工作情况，编辑整理了充实的迎检材料，得到了检查组的充分肯定。

【党建工作】 "两学一做"学习教育。按照中央要求，制定《北京大学推进"两学一做"学习教育常态化制度化的实施方案》，结合学校实际，狠抓党支部"三会一课"制度落实，采取多种措施提高党支部组织生活质量。出台《北京大学"两学一做"学习教育常态化制度化任务清单》，坚持每学期发布党支部组织生活指南，认真检查党支部工作记录手册。

二级党委和党支部书记述职评议考核。2月27日，召开北京大学2016年基层党委书记抓党建工作述职评议考核会。18位二级党委书记进行了现场述职。从2017年开始，在全校启动党支部书记述职工作。

党务和思想政治工作队伍评优表彰。6月23日，学校隆重召开庆祝中国共产党成立96周年暨表彰大会。表彰党务和思想政治工作先进集体10个，李大钊奖5人，优秀党务和思想政治工作者107人，党务和思想政治工作奉献奖53人，十佳学生党支部书记10人。

加强发展党员管理。2017年努力推动在青年教师中发展党员工作，通过校领导和院系党委亲自联系、校领导参加支部发展党员大会等方式，加强青年教师发展工作。指导基层党组织加强对毕业生党员和新生党员的教育管理工作。1月，党委组织部召开发展党员档案检查暨基层党建工作研讨会，检查新发展党员档案材料513份，并向基层党委一对一反馈检查结果。

困难党员帮扶。学校各级党组织开展看望、慰问老党员和困难党员工作，对困难党员帮扶对象给予补助。

【党建研究】 作为全国党建研究会高校党建研究专业委员会秘书处单位，联合7个省级教工委和3所高校，参与全国党建研究会2017年重点课题"高校学生党员数量与质量问题研究"的研究工作，课题成果得到全国党建研究会的充分肯定。发布高校党建研究专业委员会2017年自选课题，在百余所会员高校中组织课题申报，最终立项12项。同时，党委组织部通过北京大学党建研究会平台，以研究课题、理论研讨等形式有力组织校内党建专家和党务工作人员开展党建研究。

【干部工作】 班子换届调整。校本部共完成班子换届、调整和新建95个，其中换届34个，班子组建1个，班子调整60个。

干部任免。共任命干部228人次，其中新任干部36人，提任干部20人，连任干部125人，调配任命干部47人；另免职干部141人次。

规章制度。修订、制订了《北京大学中层领导人员选拔任用办法》《北京大学中层领导人员选任简要程序、民主推荐工作实施细则》《北京大学中层领导人员交流轮岗工作暂行办法》等政策文件。

干部管理监督。研究开发并上线运行"北京大学领导干部出国（境）管理系统"，将请假、审批、证件借用以及归还等流程实现了信息化整合。继续规范领导人员兼职管理工作，认真组织开好中层领导班子年度民主生活会和巡视整改民主生活会，通过多种方式对全校各管理服务单位的领导班子和领导人员进行考核评价。

教育管理与德育系列专业技术职务评审。2017年，专业技术职务晋升正高级2人（其中教育管理系列研究员1人，德育系列教授1人），副高级10人（其中教育管理系列副研究员7人，德育系列副教授3人），中级29人（助理研究员26人，讲师3人）。

【党校工作】 干部培训。举办第44期干部研讨班，培训干部45人；组织第8期中青年骨干研修班，培训干部38人。

党的知识培训班和党性教育读书班。举办第29期党的知识培训班、第26、27期学生党性教育读书班、第11、12期教职工党性教育读书班，共培训师生2484人。

与中央党校联合举办"学习贯彻全国高校思想政治工作会议精神专题研讨班"与"高等教育改革与发展专题研讨班"。5月、6月，与中央党校联合举办"学习贯彻全国高校思想政治工作会议精神专题研讨班"与"高等教育改革与发展专题研讨班"，是中央党校首次与高校合作开设主体班次。

（党委组织部）

宣传工作

【发展概况】 组织结构。北京大学党委宣传工作以学习宣传党的十九大精神为核心，加强和改进思想政治工作，提升宣传队伍的思想政治素养和业务能力，改进工作方式方法和体制机制。党委宣传部是党内专责宣传机关，下设理论办公室、宣传办公室、文化办公室、综合办公室。新闻中心是党委宣传部的挂靠机构，下设校报编辑部、广播台、电视台、新闻网、新媒体办公室和摄影图片编辑部。

理论工作。理论办公室负责理论武装、理论宣传、课题研究、文件起草和中宣部舆情直报点管理工作。2017年理论工作的主题是"学习贯彻全国高校思想政治工作会议精神、开展党的十九大精神宣传教育工作"。共组织3次党委理论中心组学习，分别为北大党委理论中心组学习习近平总书记考察中国政法大学时的重要讲话精神、北京大学举行党委理论中心组学习会学习贯彻中央关于思政工作的文件精神、北大党委举行理论中心组专题学习会集体学习党的十九大精神。开展意识形态专项督查，参加中央巡视组材料组的工作，召开"十九大与社会主义现代化国家理论研讨会"，起草《中共北京大学委员会理论学习中心组学习规则》和《二级单位党组织理论学习中心组学习规则》等文件，向中宣部提交舆情分析报告30篇。

思想政治工作。落实党委意识形态责任制工作要求，组织8次学校意识形态专项工作例会。加强对社会面涉校舆情的收集研究，就17项重大新闻事件与教育部和有关主管部门沟通协调46次。在中央专项巡视工作期间，就新闻宣传和思想政治工作上报材料10种、14册。完善了教师教学管理办法、讲座等活动审批办法、微信公众账号审批办法等规章制度文件。组织了5名教师参加北京市青年教师社会调研，其中4人获一等奖、1人获二等奖。

北京大学加强和改进思想政治工作领导小组（办公室设在党委宣传部）成立了工作督导小组，深入各职能部门和院系，通过座谈、访谈和查阅文件的方式督导落实中央31号文件精神的情况，形成督查报告。及时整理校内外加强改进思想政治工作的好经验好做法，编发《思想政治工作简报》54期。

新闻宣传。平均每周协助校内大型活动或其他部门邀请、接待校外媒体2次至5次。中央电视台、中国教育电视台、北京电视台、《人民日报》、新华社、《光明日报》、中新社、《中国教育报》《中国青年报》《北京日报》等重要媒体对北大要闻进行多次报道。新华网、新浪网、中新网、千龙网、澎湃新闻等主要网络平台也发布大量有关北大的新闻、图片和专题报道。

参与组织校庆、招生开放日、毕业典礼、迎新、开学典礼等重大活动以及重大科研成果的宣传报道活动；编纂汇编图册《特别关注——北京大学学习贯彻十九大精神和学校第十三次党代会精神媒体报道集萃》；参与北京大学"十九大与社会主义现代化国家理论研讨会"的全程筹备和会务工作；参与编纂校庆丛书《精神的魅力2018》，主要负责部分学者的联系、协调和初稿编辑工作。协助新华社制作《思政大会一周年》全媒体特别节目。

除日常媒体报道工作，宣传办公室重点负责北京大学对中央31号文件精神的贯彻落实工作：成立北京大学学习贯彻全国高校思想政治工作会议和中央31号文件精神工作领导小组和领导小组办公室。办公室前后召开7次工作推进会，细化计划，确定情况，编写工作简报。设立督导小组，9月至11月，对学校30个院系的思想政治工作贯彻落实情况进行督导。10月，参与组织召开全校思想政治工作大会。

文化建设。配合大学文化发展与研究中心推进中国高等教育学会大学文化研究分会的成立事宜。参加4月8日至9日在清华大学召开"中国高等教育学会大学文化研究分会的成立大会暨大学文化高层论坛"；分会成立后，先后举办的三次理事长会议。编辑和出版《当代中国大学的文化与

《精神》一书协调落实教育部等部门关于"全国校园电影院线"建设工作要求。组织报送教育部第四届"礼敬中华优秀传统文化"项目评选材料。参与艺术学院民族音乐与音乐剧研究中心音乐剧《大钊先生》的剧本讨论。联系江苏省委宣传部,协调落实设立"曹文轩儿童文学奖"事宜。组织"是否设立司徒雷登像"专家讨论会,撰写论证报告。6月,组织八一电影制片厂出品《血战湘江》的放映及演职人员与观众见面会,观影后召开师生座谈会等。承办"讲好中国故事 弘扬友善包容——犹太难民与上海史料展"。

【校刊工作】《北京大学校报》出报36期(第1435—1470期),同时发布网络版,深入报道反映学校的重大决策和事件。出版艺术学院建院(系)20周年专刊、迎接党代会专刊(一)、北京论坛专刊、迎接党代会专刊(二)、十九大理论学习专刊、党代会专刊。出版编辑《信息周刊》47期(总第655—702期),北大校报微信平台发文98篇。2017年分两批新招20名记者,记者团共78名成员,完成学校党代会、北京论坛等报道工作。

【电视台工作】 北大电视台共制作、播出《北大新闻》42期、680余条新闻;图文信息52期、约800条;学校重大活动,学术讲座等全程拍摄160多场/次;播出学生栏目58期,学生自制短剧、纪录片等22部;对学校各类活动直播与多机位现场切换17场;完成《马克思主义学院建院25周年》《军歌嘹亮》《院士回母校活动》等专题片与宣传片21部。

【新闻网工作】 北大新闻网修改增补工作制度,增补《学校主页八条发面规则》,编辑、发布文章4000多篇,采写新闻、通讯等新闻作品近200篇,拍摄摄影作品数百张,发布新闻图片万余张,设置了2017未名军号、学习贯彻十九大精神、119周年校庆、砥砺奋进看北大等专栏。英文网共编译和发布英语新闻稿件近480篇。

【广播站工作】 每周制作12档栏目,共计播出节目129期。维护燕园校区公共广播系统,扩展校园广播通过手机播出的工作,研究探索音频节目通过手机传播特点和付费收听模式。进行微信公众号实名认证。制作工作手册第十三版。修订章程、基本工作进程第三版等多项工作制度。继续收集广播历史资料。制定广播台总体改革方案。完成2017年度广播台文件汇编。落实保安值班室,保持广播台二十四小时值班和全封闭管理制度。组织协调2017年10月在兰州召开的第十六届全国高校广播工作研讨会。

【新媒体工作】 发挥官方微博、官方微信的流量导入作用,精选当日北大重要新闻素材,结合当前社会热点,推出了一批采用网言网语宣传北大办学育人工作成效的网络热文,打造北京大学在新媒体阵地上的影响力。北京大学官方微信共制作推送430期,粉丝从41.5万增长至59.5万。共有17篇推送的阅读量超过5万人次,其中《林建华校长在北京大学2017年毕业典礼上的致辞:吃亏就是占便宜》《北大数学"黄金一代"亮相科学界奥斯卡:恽之玮、张伟获科学突破奖——数学新视野奖!》《倾听学问的声音——林建华校长在北京大学2017年开学典礼上的讲话》等阅读量达到"10万+"。北京大学官方微博共发布微博3000余条,粉丝数从35万增长至62万。获得了在京高校微信公号年度传播榜第一名、全国教育政务新媒体综合力十强、首都教育新媒体联盟榜单第一名等多种奖项。微电影《星空日记》获得中共中央宣传部的表彰。

【摄影与图片】 2017年,北京大学图片编辑部负责官网主页大图上传更新共计231张;摄影组在学校重大活动全程拍摄190多场/次,提供新闻稿件、官方微信、校刊等媒体配图190余篇;设计官网大图50余张,官微设计配图10余条;校办公楼展板19幅。

【党的十九大精神学习宣传活动】 通过理论中心组学习、专家研讨会和师生座谈会等形式深入学习贯彻党的十九大精神。11月10日,学校党委举行"十九大与社会主义现代化国家理论研讨会",来自学校人文、社科、理学、医学等多个学科的13位资深专家学者面向全校师生解读十九大精神。近500名师生参加了研讨会,中央电视台等主流媒体进行了专门报道。与此同时,面向全校开展学习十九大精神的主题征文活动。

校报、新闻网、电视台、广播台和官方微博微信开设了一批学习宣传十九大精神的专版、专栏,及时报道学习贯彻十九大精神的最新成果。及时向中央主流媒体推介学习贯彻工作的好经验好做法和典型人物典型活动。

【校园媒体融合发展】 北京大学现有五大媒体平台涵盖传统媒体与新兴媒体、文字媒体与视听媒体,基本形成校园媒体矩阵。强化新闻中心负责人的"总编辑"职能,发挥媒体平台的协同工作机制。五大媒体平台在日常新闻报道中互为补充、在重大专题宣传中形成呼应,全平台一个方向、多种表达,形成立体化的传播格局。

【医学部宣传思想工作】 召开加强和改进思想政治工作推进会暨2017年宣传思想工作会。印发《北京大学医学部学习贯彻落实〈中共中央 国务院关于加强和改进新形势下高校思想政治工作的意见〉工作方案》,成立加强和改进思想政治工作领导小组和工作小组。举办党委理论中心组学习辅导报告,邀请教育部思想政治工作司副司长张文斌作《学习贯彻全国高校思想政治工作会议精神的思考和体会》的报告。在医学部网站首页上开创理论学习与思想政治工作专栏,在新闻网上推出"学习高校思政会和中央31号文件精神"专栏,编辑发送"学习贯彻全国高校思想政治工会会议和中央31号文件精神"工作简报26期。组织师生代表现场收看"中国共产党第十九次全国代表大会"直播。在各学院、附属医院、机关各部门分别设立直播会场。印发《中共北京大学医学部委员会关于认真学习宣传贯彻党的十九大精神的通知》。

完成学校和医学部党代会、迎接中央巡视检查、党建检查、105周年庆典等重点任务的筹备及宣传工作。完成党代会相关资料收集、营造氛围和新闻宣传等重点任务。编印《不忘初心牢记使命》党代会专题画册。为北医105周年庆典，编辑出版人物图书《北大医学人》。制作《今日北医》最新视频宣传片。参与大型校庆庆祝活动《讲述》的相关筹备和宣传工作，选派部门成员完成"北大医学讲述交流会"主持词文稿策划、参与协助录制采访视频、策划协调动画视频等工作。牵头组织包括两办、校友、工会、团委等多部门参与的融合人文、艺术和喜庆氛围的105周年庆典晚会。

完善新媒体阵地管理的制度建设、监管和规范，出台《北京大学医学部意识形态工作责任制实施办法》《医学部开通使用微博、微信保密承诺书》《医学部微信公众号备案表》等监管体系。

【医学部校园媒体】 构建立体化全媒体宣传网络。新增英文网站。2017年累计编发首页新闻1000余篇，北医新闻网的综合新闻、医院之声、图片新闻、《北医》报、《北医人》等栏目编发稿件3000余条；编辑校对几百万字，新闻网建立和完善学习贯彻十九大精神、医学部党代会专题、贯彻落实北京市医药分开综合改革、学习全国高校思想政治工作会议和中央31号文件精神6个专题。

医学部官微粉丝数达到21,122人次，发送图文消息217条，累计阅读量为1,208,864次。2017年《北医》报出报22期，采写消息近50篇，专访和人物通讯13篇；完成4期《北医人》杂志工作，包含正常刊3期、党代会特刊1期。广播台播报学校、医学部党代会新闻稿件，宣传党的十九大精神报道多篇。校园橱窗相继推出毕业典礼、欢迎新教工、护士节表彰大会、中心组理论学习、105周年庆典活动、两会代表座谈会、建党96周年大会、开学典礼、学习十九大精神等一系列专栏，制作基层党组织工作图片展，制作医学部五年来党建、医、教、研等领域取得成绩的图片展共计32张。

共拍摄学校会议及重要活动80余场次。包括医学部第六届五次教职工代表大会，北京大学屠呦呦医药人才奖励基金签约仪式，两会代表委员座谈会，上海交通大学医学院领导一行访问医学部，北京国际癌症研讨会，上海交通大学领导访问医学部，医学部党委理论中心组学习，医学部豪森精神学科发展基金签约仪式等活动，科技部副部长徐南平到医学部调研座谈，医学部庆祝中国共产党成立96周年大会，北大临床医学+X论坛，韩启德副主席会见世界卫生组织一行，医学部师生观看十九大开幕，全球卫生论坛，北医105周年庆典讲述活动，中国共产党北京大学医学部第十三次党员代表大会，北医105周年庆典晚会，陆林院士贺信贺杯发送仪式，乔杰院士贺信贺杯发送仪式等。

加大媒体宣传报道力度。组织学校领导与社会媒体座谈交流会；数十篇消息见于《健康报》《医学论坛报》《北京青年报》《北京日报》、新华网、《科技日报》《中国科学报》搜狐网《人民日报》（新媒体）、《人民日报海外版》等社会媒体；协助（联系、沟通）《健康报》、新华社、中央电视台、《科技日报》《中国医学论坛报》《人民日报》、新华社《瞭望东方周刊》等媒体对医学部相关单位和专家的采访；协调社会媒体报道医学部医管处、国合处、研工部、基础医学院学办、人文研究院、睡眠医学中心、全科医学系、大数据研究中心、社区血管医学中心等单位组织的活动，加大对北大医学的宣传力度。

加强校园文化建设。举行北京大学医学部庆祝建党96周年先进事迹报告会。12月14日，举办"热爱北医母校建设北大医学——医学部105周年庆典晚会"。《院士访谈》节目采访第六医院陆林、第三医院乔杰两位新晋院士。5月31日，指导医学部学生权益委员会、北京大学医学部红十字会学生分会联合举办无烟校园健康宣传活动。

（党委宣传部）

统战工作

【思想建设】 3月31日，召开全校统战干部会议，就贯彻落实新形势下中央关于统战工作的一系列重要精神在全校范围内进行部署。全校统战干部、民主党派及党外代表人士骨干等100余人参会。

以"增强共识"为目的，以思想政治引导为重点，组织党外知识分子参加各类培训班、统战大讲堂、社会实践考察等，提升培训活动吸引力。同时，支持各民主党派以基层组织为依托开展自主培训、自我教育。

10月底，制定北京大学统战系统学习党的十九大精神专题方案。11月10日，举办北京大学统战系统学习贯彻党的十九大精神专题研讨班，邀请中央党校专家学者为全校统战干部作报告；组织党外知识分子前往北京协同创新研究院参观考察，全面了解大学与企业如何深入开展产学研结合，服务首都战略功能定位。学校各民主党派委员会也组织开展了学习中共十九大精神活动。中国民主同盟北京大学委员会举办"新时代宏伟蓝图：'一带一路'倡议"专题沙龙，九三学社北京大学委员会、北医委员会联合清华大学委员会举办"改善人民健康，推进健康中国建设"主题议政会，中国农工民主党北京大学委员会举办中共十九大精神学习座谈会。

通过邀请学校各民主党派、侨联会负责人及无党派人士参加座谈会、与党外人士谈心、书面征求意见等多种方式，深入开展教育实践活动和专题教育，多方听取意见建议，认真剖析查摆问题，加强统战工作生态环境的建设和优化。

积极承担党外知识分子领域的重点课题研究任务，完成市委统战部党外知识分子处委托的重点课题《北京高校党外知识分子思想政治工作研究》；承担全市无党派、党外知识分子工作领域干部和代表人士的部分授课任务；向上级部门报送工作简报28份。

【制度建设】 认真贯彻落实中央关于统战工作的一系列重大

决策部署，全面贯彻落实《中国共产党统一战线工作条例（试行）》，制定《北京大学关于加强和改进宗教工作的实施意见（草案）》，规划学校下一阶段的统战工作和民族宗教工作，为统战工作明确任务，并提供制度保障。

坚持学校党委书记会日常研究统战工作、党委常委会定期研究统战工作、常委会和党政联席会定期听取统战工作汇报的工作制度。在院系层面，落实《中共北京大学委员会关于进一步加强和改进新形势下统一战线工作的意见》，明确基层党委书记是统战工作第一责任人，统战工作纳入基层党委工作考核指标。

进一步完善统战部牵头，组织部、港澳台办、学工部、团委等相关部门和基层院系参与，分别就党外代表人士及党派组织发展工作、港澳台工作以及民族宗教工作等方面联合开展工作的联动工作机制。通过以上举措，形成纵横结合、有机联动、全面覆盖的统战工作机制。

学校党委建立校院（系）两级重大决策前向党外人士征求意见、开展民主协商的制度，自觉接受监督，充分发挥统战对象在学校和院系各项事务中的积极作用。

在校级党员领导干部与党外代表人士联谊交友的基础上，学校党委于2017年积极推进和落实基层党委建立和完善党员领导干部与党外人士联谊交友制度，加强与党外代表人士和党外知识分子的沟通和联络。

【党外知识分子工作】 结合学校工作实际和党外知识分子的思想特点，着眼思想引导，制定党外知识分子思想教育引导工作方案。结合党外知识分子思想特点和学科专业特点，坚持教育引导和自我教育相结合，通过情况通报、集中培训、座谈研讨、个人自学等多种方式有效提高思想觉悟，输送党外知识分子参加中央统战部、北京市、学校举办的培训，夯实共同思想基础。年初，郝平书记、林建华校长参加党外知识分子座谈会，与党外人士沟通交流情况。1月17日，医学部党委召开统战人士座谈会，詹启敏主任介绍了北大医学的发展理念与定位，刘玉村书记传达了全国政协主席俞正声在全国统战部长会议上讲话的主要精神。3月，召开全国两会代表委员座谈会暨学习习近平总书记视察首都重要讲话精神座谈会，邀请全国两会代表委员介绍参加两会和参政议政的情况，并对北大和首都的建设发展提出意见建议。

为优秀的党外知识分子更好地发挥智库作用积极搭建平台。部分优秀的党外知识分子通过参加体制内平台，如参事室、文史馆等平台建言献策，为政府决策提供智力支持，还有一部分党外代表人士通过政党协商、建言献策小组等平台发挥智库作用，此外还有一些党外知识分子通过学校的研究机构发挥智库作用。

面对新形势和新要求，积极开展调研，在基层党委推荐的基础上建立学校留学人员中青年骨干库。积极开展筹建有关统战团体调研，以高层次归国留学人员队伍建设为重点，以留学人员的吸收引进、教育培养、作用发挥、条件保障为抓手，以加强联谊交友为纽带，全面加强思想引导工作。完成北京市留学人员联谊会理事推荐工作。

承担北京市委统战部有关党外知识分子领域的重点课题研究任务；承担全市无党派、党外知识分子工作领域干部和代表人士的部分授课任务。

【民主党派和无党派工作】 2017年，九三学社北大委员会、民主同盟医学部委员会顺利完成换届工作。民主党派基层组织工作扎实、特色鲜明，在凝聚人心、汇聚力量，共创"双一流"的进程中，已经成为学校思政工作的重要力量。

在统战部的支持、协调下，民主党派组织开展了一系列有特色、有影响的活动，如九三学社北大委员会联合社市委举办"九三先贤"肖像展；九三学社北大、清华、北大医学部"两校三委"联合举办"世界一流大学、一流学科建设关键问题"学术论坛；民主建国会北大委员会举办第五届城市发展论坛；民主同盟医学部委员会举办第八届医改沙龙；民主同盟北大、清华、北大医学部"两校三委"举办第十二届高教论坛、九三学社医学部委员会'理论学习与研究小组'联动平台、农工民主党北大医学部委员会首届青年论坛等。

积极探索党外代表人士参与学校民主管理和民主监督的新渠道、新途径建设，不断完善协商民主机制、统战事务协商机制，校院（系）两级在重大决策前向党外人士征求意见、开展民主协商的制度，自觉接受监督，充分发挥统战对象在学校和院系各项事务中的积极作用。

积极推荐无党派人士中的高层次人才参加中央、北京市相关单位组织的培训和挂职锻炼。推荐无党派人士参加中央科技、经济工作等重要座谈会，向中央、市委统战部上报无党派人士建议信息，部分信息被中央统战部刊物采用并报送中央领导同志。

【党外代表人士队伍建设】 注重利用校内外教育培训资源，分层分类开展学校党外代表人士教育培养。积极选派优秀党外代表人士参加学校党校教育培训，以及中央统战部，北京市委统战部、教育工委组织的教育培训。6月，举办民主党派新成员培训班。9月，医学部党委联合在京院校举办第三期党外中青年骨干研修班，医学部近50名党外骨干参加。3月，医学部举办民主党派新成员研修班。推荐关振鹏、李四龙、黄薇、曹永平、郑瑞茂等参加中央统战部、市委教育工委培训班。

2017年各民主党派中央、市委完成换届，学校党外代表人士2人担任民主党派中央副主席（田刚、刘忠范），10人担任中央常委，28人担任中央委员；1人当选民主党派北京市委主委（刘忠范），4人当选市委副主委（鲁安怀、张颐武、陆杰华、吴明），15人当选市委常委，32人当选为市委委员。2017年全国人大、政协和北京市人大、政协也启动换届，学校党委高度重视，积极通过各个渠道推荐学校优秀党外代表人士。

2017年初，学校举行校领导、职能部门和北京市两会代表委员见面座谈会。3月13日举办全国两会代表委员座谈会暨学习总书记视察首都重要讲话精神座谈会，向学校职能部门负责人、师生传达两会精神。同时，通过传统媒体以及微信等多种方式对学校两会代表委员参政议政情况积极进行宣传报道。与学工部联合组织"聚时事，观热点"全国两会精神解读报告会。在涉及学校和院系发展以及教职工利益的重大事件中，邀请党外人士参与讨论，听取意见。选派党外人士参加北京市高层次人才挂职，5月，推荐化学与分子工程学院刘忠范院士参加北京市第三批高层次党外代表人士挂职北京市科学技术委员会副主任。8月，推荐陆杰华等4人担任北京市政府参事。

继续举办午间交流会，加强与党外代表人士、党外知识分子的沟通交流。2017年先后召开三次党外中青年骨干教师午间交流会，深入了解党外中青年教师思想政治状况、工作中遇到的困难和问题，对学校各项工作的意见和建议。

关心党外人士及党外人士遗孀生活，为一些年事已高的党外人士过生日，积极帮助一些党外人士协调解决就医、子女入学等实际困难。

【继续推动统战工作重心下移】 就《基层统战工作手册》制定进行讨论，进一步明确基层党委的定位和职责，为切实加强统战工作重心下移，推进基层统战工作全面持续发展提供指导和制度保障。

在党外代表人士的发现、培养和推荐使用工作中重视同基层党委的沟通，为党外代表人士成长创造更好的条件。

推动院系通过举办交流协商会、吸收党外人士参加专门工作委员会等形式，对涉及院系发展建设的重大问题向党外人士通报情况、征求意见。

【民族宗教工作】 建立少数民族教师重点人才库，与北京市民委，以及北大少数民族问题研究专家保持联系，及时寻求工作指导。9月，接待中央统战部举办的新疆宗教界人士培训班学员来校参观。

统战部、学工部、保卫部、团委等相关部门4次召开联席工作会议，分析校园传教及境外势力利用宗教进行渗透有关情况，研究提出对策，认真做好抵御和防范校园传教渗透工作，及时按上级要求开展地下宗教组织或团契参与情况排查工作。做好北京市宗教研究领域专家推荐工作。

支持和协助哲学系宗教学系承办中央统战部第二期全国民族宗教干部培训班。组织统战干部参加民族宗教工作学习讲座。

【港澳台侨及海外统战工作】 与港澳台办、学工部等相关职能部门一起做好复杂形势下的港澳台学生工作。4月，举办"大写中华走进北大"庆祝香港回归20周年大型书画笔会。6月，接待香港大学生来北大交流。7月，接待澳门中学生来北大参观学习。8月，接待第九届台湾高校教师大陆参访团来访，来自台湾30多个高校的教师到北大参访交流。统战部与港澳台办召开2次港澳台工作联席会。

协助北大侨联与爱心社等学生社团建立联系，做好老归侨、侨眷的关心照顾工作。支持社会学系协助中国侨联在北大举办海外侨领中国国情研修班。4月，医学部侨联召开第三届归国留学人员创新论坛。5月至9月，医学部侨联在"第八届首都新侨乡文化节"系列活动中获得多项奖励。12月，海淀区侨联"侨界创新发展产业联盟"举行成立仪式，医学部侨联为理事单位。

【海淀区政协主席傅首清一行到访北大】 3月31日，海淀区政协主席傅首清，副主席刘恪、丁志明、胡淑彦等区政协领导一行到访北大，与北大的海淀区政协委员座谈交流。校党委副书记敖英芳、党委统战部部长张晓黎、医学部党委统战部部长王军为参加座谈会。

【民主同盟北大医学部第六届委员会成立】 4月11日，民主同盟（以下简称"民盟"）北京大学医学部第六届委员会成立大会在肿瘤医院隆重召开。季加孚主委代表民盟北京大学医学部第五届委员会作工作报告，严为部长宣读了关于民盟北京大学医学部委员会2017年换届结果的批复。

【举行"大写中华，走进北大"主题书画笔会】 为庆祝香港回归祖国和香港特别行政区成立20周年，推动内地与港澳台文化的沟通交流，加强两岸四地青年学生对中华传统文化的认知认同，4月19日，中国和平统一促进会与北京大学在百周年纪念讲堂共同举办"大写中华，走进北大"主题书画笔会活动。活动由中国和平统一促进会秘书处、北京大学党委统战部、港澳台办公室和共青团北京大学委员会承办。中国和平统一促进会书画家联谊委员会20余位知名书画艺术家、近百名北大两岸四地学生和港澳台教师代表参加活动。此次活动还布置了书画展，展出齐白石、徐悲鸿、李苦禅等著名画家及和平统一促进会书画家联谊会艺术家创作和收藏的50余幅作品。

【第二期民族宗教工作干部培训班开班】 5月8日，中央统战部委托北京大学举办的第二期民族宗教工作干部培训班举行了开班仪式。来自全国31个省、自治区、直辖市以及新疆生产建设兵团的60位民族宗教工作干部相聚燕园，开始他们在北京大学35天的学习培训。中央统战部副部长史大刚、二局副局长王志刚，国家宗教事务局政法司副司长周怡文，北京大学党委副书记敖英芳等出席开班典礼。北京大学受中央统战部委托举办"民族宗教工作干部培训班"，旨在帮助全国民族宗教工作干部深入学习领会中央精神，推进中央关于民族宗教工作决策部署的贯彻落实，提高做好新形势下民族宗教工作的能力和水平。

【民主建国会北大委员会举办第五届"城市发展论坛"】 6月10日，民主建国会（以下简称"民建"）北大委员会在英杰交流中心举办第五届"城市发展论坛"。本届论坛的主题是"城市发展与社会治理"。全国人大常委会委员、民建中央副主席辜胜阻，中共北京市委统战部常务副部长周开让，北京大学校党委副书记敖英芳，以及民建中央、北京市委、海淀区委各专委会和基层组织的负责人、北京市各区县民建成员和北大其他民主党派负责人共100余人出席了本届论坛。

论坛上，国务院发展研究中心社会研究部部长葛延风研究员就"医改与社会治理若干问题思考"，中国社会科学院社会政策研究中心副主任杨团研究员就"社会组织与社会治理"，北京大学社会学系副主任周飞舟教授就"城镇化与社会治理"，民建北大委员会委员、北京大学社会学系教授熊跃根就"社会治理与社会政策实施"分别发表了主题演讲。

【北京大学举办民主党派新成员培训班】 6月30日，北京大学民主党派新成员培训班在英杰交流中心举行，近年来加入各民主党派组织的新成员参加了培训。党委统战部部长张晓黎首先向培训班成员传达了全国高校思想政治工作会议及中央31号文件精神，并介绍了北大的统战工作、民主党派队伍的总体情况和学校近期主要工作。党委统战部原部长卢咸池为培训班作了关于北大统战历史与传统的报告。全国政协委员，民盟北大委员会原主委、地空学院教授鲁安怀，介绍了他多年来参政议政工作的体会和经验。国际关系学院翟崑教授从国家战略角度，结合自己的研究心得，向大家解读了"一带一路"倡议实施以来的具体举措与背后的深层次意义。之后，民主党派新成员进行了讨论。

【九三学社"世界一流大学、一流学科建设关键问题"学术论坛】 10月14日，北京大学、清华大学"两校三委"联合九三学社中央教育文化委员会、社市委教育文化委员会召开"世界一流大学、一流学科建设关键问题学术论坛"，社中央邵鸿副主席，社市委马大龙主委，校党委敖英芳副书记等领导出席。程和平院士等四位社员作主题报告。

【北京大学统战系统学习贯彻党的十九大精神专题研讨班】 11月10日，党委统战部举办北京大学统战系统学习贯彻党的十九大精神专题研讨班，邀请中央党校科学社会主义教研部主任秦刚教授围绕深入学习党的十九大精神和习近平新时代中国特色社会主义思想体系的形成和发展历程作主题报告。全校统战干部，各民主党派、侨联骨干，无党派人士代表，党外知识分子骨干和民族教师代表120余人参加培训。报告由北京大学党委副书记、医学部党委书记刘玉村同志主持。报告会结束后，参会代表集体前往北京协同创新研究院参观考察，深入了解大学与企业如何开展产学研结合，服务首都"科技创新中心"功能。

【民盟第十二届高教论坛】 11月23日，民盟北京大学委员会、清华大学委员会和北京大学医学部委员会在北大医学部联合举办第十二届民盟高教论坛。论坛的主题是"大学之本——再论'双一流'建设"。北京市副市长、民盟北京市委主委程红，北京大学党委副书记、医学部党委书记刘玉村，民盟中央参政议政部部长范芳等出席论坛。民盟北大医学部委员会主委、北大肿瘤医院院长季加孚就"关于一流人才的教育"，民盟北大委员会原副主委、北大光华管理学院教授刘力就"双一流"的基础、标准、学术传承与创新，清华大学社会科学学院教授庞珣就"大学指标排名与大学之本"，北京大学第六医院教授黄薛冰就"树立'大学之本'——论一流人才的内心修养"分别发表了主题演讲。

【九三学社北京大学委员会换届】 12月22日，九三学社北京大学委员会换届大会顺利召开。九三学社中央副主席、北京市委主委刘忠范，社市委副主委陆杰华，社市委副主委、秘书长李丽萍，社市委组织部部长刘海红；北大党委统战部部长张晓黎等领导与社员代表共30余人出席了会议。

沈兴海主委代表九三学社北京大学第五届委员会作工作总结报告。李丽萍代表社市委宣布了九三学社北京大学第六届委员会组成人员：沈兴海当选为主委，夏壁灿、郭召杰、张研、王旭当选为副主委，王玲华等14位社员当选为委员。

（党委统战部）

学生工作

【发展概况】 2017年，在学校党委的领导下，学生工作部把学习宣传贯彻落实党的十九大精神、落实全国和北京高校思想政治工作会议精神和北京大学第十三次党代会精神作为工作主线，以迎接中央专项巡视和巡视整改为重要契机，围绕立德树人根本任务，巩固和加强理想信念教育、培育和践行社会主义核心价值观，推动"供给侧结构性改革"，加强和改进学生思想政治教育；按照"以学生为中心"的理念要求，围绕学生、关照学生、服务学生，落实管理育人和服务育人。

【教育宣传】 把学习宣传贯彻落实党的十九大精神作为首要政治任务。以"学讲话锤炼价值观·共奋进迎接十九大"、"贯彻落实十九大·不忘初心共奋进"开展2期学生党团日联合主题教育活动，分别有177个、318个学生党支部参加优秀活动评选。把"砥砺奋进的五年"大型成就展作为增强"四个自信"的重要契机，先后8批次组织近8000位师生参观。组织学生和辅导员代表集体观看十九大开闭幕式和十九届中央政治局常委与中外记者见面会，聆听十九大代表冯培教授专题报告。将十九大精神作为学生党支部书记培训班重要内容。金鑫老师参加千名高校优秀辅导员"双巡"宣讲活动，组建北京大学研究生十九大精神宣讲团参加宣讲。

把落实全国和北京高校思想政治工作会议精神与巡视整改相结合，制定并实施《北京大学学生工作系统落实全国高校思想政治工作会议精神实施方案》，采取措施加强和改进学生思想政治教育。修订并实施《"扣好人生第一粒扣子"专项教育计划》，从价值认同、价值传承、价值传导、价值涵养、价值弘扬、价值践行六个方面积极培育和践行社会主义核心价值观。首批5位专职辅导员正式上岗，启动第二批19位专职辅导员招聘；适时调整选留学生工作干部选拔和管理制度。设立学生兼职辅导员制度，261位带班辅导员、5位住宿辅导员、6位国防生辅导员陆续上岗。提高班主任津贴标准，编制《班主任工作手册》，加强新生班主任培训。

评选唐立新优秀辅导员奖10人；设立嘉里集团郭氏基金优秀辅导员奖，每人奖励5万元，首批评选10人。改进辅导员考核方式，专职辅导员和选留学生工作干部全员全程参加年度考核述职交流。举办第五届辅导员职业能力大赛。席中海获第五届北京高校辅导员职业能力大赛一等奖。卢亮获第九届"全国高校辅导员年度人物"提名奖。

把《普通高等学校学生党建工作标准》融入日常思想政治教育。配合学校党委完成党建和思想政治工作基本标准入校检查工作。举办第16期学生党支部书记培训班，对160位新任学生党支部书记进行集中培训。实施第3期鸿雁计划，34位学生党员骨干分别至河北正定、福建龙岩、河南洛阳、宁夏石嘴山、广西大新实地调研实习。评选表彰第七届"十佳学生党支部书记"。22个党支部参加北京高校红色"1+1"示范活动，7个党支部获北京市奖励。对3位本科新生党员进行专题培训。

深入实施新生引航工程。新生入学前完成校规校纪学习考试和安全教育。本科新生训练营辅导员报名人数比2016年增加1倍，3,772位本科生参加，新生满意度提高至93.95分。联合举办"未名·辞"毕业主题展览。继续按就业地分省组建毕业生联络群，首次为在京就业毕业生分行业建立联络群。

全年举办"教授茶座"12期，直接参与受益学生226人。2017年1月和2月，《中国教育报》和《光明日报》分别报道"教授茶座"项目，将其作为高校思想政治工作先进经验进行宣传推广。

把全国高校思想政治工作会议精神融入学生日常思想政治教育。在七七事变80周年、香港回归20周年、建军90周年和清明节、烈士纪念日、国家宪法日等时间节点开展思想政治教育。评选表彰"北京大学学生年度人物·2017"。司龙龙获评第十二届中国大学生年度人物，汪淀获入围奖。组织46位学生志愿者开展"春燕行动"，探访17位离退休教工。

【国防教育】 3,360位2017级本科生参加军训并结业。军训期间，继续成立临时党总支，开展党建创新立项和党员先锋岗执勤等活动；战术班和格斗班规模扩大到120人，开设徒步拉练、战术侦察等体验式训练。《国防教育》杂志和教育部门户网站进行了典型宣传报道。16位同学参军入伍，15位同学退伍返校。宋玺的事迹被中央电视台和其他媒体广泛报道。

【学生事务管理】 在公开征求意见建议基础上，修订并发布实施《北京大学学生违纪处分办法》和《北京大学学生申诉处理办法》，完善学生管理规章制度体系，改进学生申诉受理机制、保障学生权益。

规范奖励评选和奖学金评审程序，院系初评后加强学校层面的复核，提高工作精度、传递公平价值导向。9,563人次、9,216人获得校级奖励，3,831人次获得校级奖学金。1,592人获评北京大学优秀毕业生，540人获评北京市优秀毕业生。完善和简化学生奖学金发放流程，首次在12月底前完成绝大部分奖学金发放和奖励奖学金证书制作发放。向学生家长发放喜报。仲英公益促进协会、荷风学社、燕新社举办丰富的活动，成为管理育人新载体。

继续加强学生基层组织建设，推进组织育人。评选优秀班集体45个、先进学风班86个；19个班集体获得北京市先进班集体荣誉称号，1个班集体获得北京高校"我的班级我的家"示范活动"优秀班集体"荣誉。

实现军训伙食费和服装费、学生团体保险缴费在线支付，新生训练营辅导员在线报名，从而提高服务便捷程度。部门网站改版上线，以学生视角重新设计栏目主题，方便学生查阅。学生工作部领导班子成员与学生代表见面沟通11次，听取意见建议。

【组织建设】 党支部组织学习党的十九大精神、全国和北京高校思想政治工作会议精神、中央31号文件精神和北京大学第十三次党代会精神，提高政治站位、严守政治纪律和政治规矩。落实中央八项规定精神，制定实施《学生工作部党风廉政建设责任制实施细则》《学生工作部领导班子落实"三重一大"决策制度实施办法》《学生工作部意识形态工作责任制实施办法》。

优化工作流程，以北大学工协同办公系统为平台，提高日常管理规范化水平。与院系协同类工作流程增加至46项，在简化工作程序、推进无纸化办公的同时，强化各环节主体责任。全年召开学生工作系统例会20次，12个院系通过"学工半月谈"平台交流特色工作。将培训与工作会或评选表彰会相结合，进一步精简会议。

"燕园学子微助手"影响力进一步提升，与学生和家长互动沟通的功能进一步凸显。截至2017年12月25日，发布图文信息487条，总阅读量达1,160,844人次，转发量达44,193人次。全年编辑《学生工作周报》27期，同步发布电子版，进一步发挥内部宣传作用。

完成重要时期和敏感期带班值班工作，维护校园安全稳定。全年安排带班值班789小时，约合98.62个工作日。学生突发事件处置联动机制和信息报送机制进一步完善。

严格落实财务管理制度，优化财务报销管理工作流程14项，实现全过程监控和财务公开。加强公章使用管理，实现有审核可追溯和电子化存档。严格信息系统用户授权和权限变更，以保护学生信息安全。

（学生工作部）

学生就业指导服务中心

【发展概况】 2017年，作为负责全校本科生和研究生职业生涯发展教育、就业创业管理服务以及用人单位招聘服务的专业化部门，学生就业指导服务中心在完成常规工作基础上，开展了一系列具有开拓性、示范性和创新性的工作。

全校2017届毕业生共计9469人（含医学部、不含港澳台和留学生），截至10月31日全校总体就业率98.43%，校本部就业率98.85%，创近5年就业率新高。第三方调查显示毕业生求职满意度为87%，用人单位对北京大学毕业生整体质量满意度超过99%。北大毕业生就业能力位列英国《泰晤士高等教育》2017世界大学毕业生就业能力排行榜全球第14位，多年蝉联内地高校首位。

【重点领域就业】 结合"一带一路"倡议及京津冀协同发展、长江经济带等重大国家战略，不断开辟和扩宽毕业生到国防部门、航天军工、先进制造业、现代服务业、现代农业、国际组织等领域就业的渠道，为每一位有志学子创造就业机会；实施北大就业"家·国战略"，依托毕业生就业党员示范引领班，结合90后青年群体的成长背景和社会现实，从"家""国"两个维度引导和号召毕业生"回家乡做贡献""到祖国最需要的地方去"。2017年，北京大学超过90%的毕业生到国家重点地区就业，其中47.38%的毕业生赴京津冀地区就业，40.31%的毕业生到"一带一路"所涉及的地区就业，21.07%的毕业生到长江经济带所涉及的地区就业；16.59%的毕业生到信息传输、软件和信息技术服务业以及"互联网+"领域就业，25名毕业生到部队单位就业，47名毕业生到国防军工领域就业，100余名毕业生到现代农业、新兴制造业、新能源产业等重点领域就业；450余人赴基层和西部地区就业，其中305人签约27个省（自治区、直辖市）的定向选调生和人才专项引进项目，再创历史新高。5月4日央视《新闻联播》栏目以"牢记总书记嘱托，与祖国和人民同行，创造精彩人生"为题报道我校赴基层地区工作毕业生和学校就业引导工作。

【国际人才培养】 把培养具有参与全球治理能力的高质量人才作为重点方向，着力打造"引领未来"国际组织人才培养推送战略。成立了全国高校就业中心中首个国际组织人才工作办公室，建成了首个高校国际组织求职网，在全校公选课程"大学生职业生涯规划"课程中，首次加入国际组织求职的课程内容，在上级部门的指导下建立了首个国际组织专家人才库，组织编撰了《国际组织求职指南》和《国际组织职场访谈录》，同时依托北京大学基金会，设立"全球治理人才基金"；推出了"IO Career"（IO为International Organization的简称）北京大学国际组织职业发展系列活动，包括"IO Talk"（国际组织高端讲坛）、"IO Course"（国际组织职业课堂）、"IO Salon"（国际组织职场沙龙）、"IO Visit"（国际组织实地参访）等。2017年，共有43名学生到联合国、世界银行、世界卫生组织等国际组织实习或任职。

【市场信息整合】 加强与"人才合作伙伴"的精准合作，拓展就业领域和渠道，为学生打造社会实践、课题研究、就业见习的多元平台。2017年中心共举办600余场企事业单位校园宣讲会；分行业、地域举办40余场大中型就业及实习双选会，吸引1300多家用人单位进校选才，其中接待27个省（自治区、直辖市），40余个市（区）来校进行选调生招录或专项人才引进工作，保证了毕业生招聘岗位维持在高位的同时有所增长，在国内同行中处于领先地位。

加强北大就业信息网信息分类体系建设，完善就业管理服务流程，对毕业生就业进行全过程全方位服务；依托"北大就业""北大创业""北大选调生"等微信平台，逐步完善就业信息定向推送机制；面向全体毕业生调查求职地域及行业意向，分行业、地域建立求职微信群，开展线上定向信息推送、行业交流、生涯指导，同时辅之以线下有组织的实习实践参访活动。2017年，就业中心以省份、重点行业为单位，为有意向到京外工作的毕业生建立地域求职微信群，覆盖超过5000人次。

【职业发展指导】 探索建立专业化、全程化、多元化的精准就业指导工作体系，以适应不同专业年级、不同职业发展方向、不同生涯准备阶段学生的差异化指导需求。全年举办职业规划类活动60余场，参加人数近6000人次。

与知名企业合作开展行业探索主题课程，并在国内高校中率先开设国际组织就业指导课程。针对新生，在2017级新生迎新日现场开展新生生涯发展启蒙活动，编写《从发现到实现》新生职业生涯规划漫画册，首次在新生训练营中为4000余名新生开展生涯发展辅导活动。针对非毕业生学生开展"聊聊行业那些事儿"职场对话，以及企业人力资源OPENDAY、周五下午茶职业规划工作坊等。开展"心手计划"生涯发展导师团体辅导项目；以"五一"国际劳动节、"五四"青年节和北大校庆日前夕为契机，开展首届北京大学学生生涯日（PKU Career Day）主题活动。

【创新创业教育】 开展"创新创业成长计划"，以及"北京大学学生发展与创新创业协同创新基地"等品牌项目，分类指导处于不同发展阶段的创业团队，为学生提供政策介绍、公司注册、经验帮扶和相关配套服务，对优秀的创业项目予以资金支持。全校先后培养出一批兼具创新潜能与实践能力的创业人才生力军，涌现出一些具有活力的学生创业项目。

【队伍建设】 以供给侧结构性改革为突破口，以"持续提供有温度、有力量的服务"为理念，组织全校就业队伍教师参加各类职业指导培训、研讨会和论坛，举办职场英语口语、艺术咨询等特色培训工作坊20余次，全校就业工作队伍约有80人次参加。假期选派院系教师赴对口企业进行短期任职体验，4名教师赴中国航天二院、腾讯、学而思等单位任职，开全国高校风气之先，着力打造学习型组织和专业化团队。聘任"北京大学职业生涯发展企业导师""北京大学职业生涯发展校友导师"，开展"职海导航体验——做学生职业生涯的副驾"等主题活动，整合校友和名企HR优质资源，打造了一支具有丰富职场经验和教育情怀的校外导师队伍。

【党建工作】 加强团队思想政治建设和党风廉政建设，注重理论学习，先后多次开展"两学一做"学习活动，认真学习党的十九大和以习近平同志为核心的党中央治国理政新理念新思想新战略。此外，中心多次组织召开专题组织生活会，开展批评与自我批评，提高党员的先进意识和服务意识。同时，中心党小组为每位党员购买《习近平讲故事》等学习图书，组织形式多样的读书交流活动。

（学生就业指导服务中心）

青年研究中心

【发展概况】 2017年，青年研究中心（网教办）在做好校园网络舆情管理、网络文化建设和《北大青年研究》编辑等工作的基础上，对网络思想政治教育的北大模式进行理论探索和实践探索。理论上，进一步论证和践行以"全环境育人"理念为代表的创新工作思路；实践中，持续推动"北京大学网络文化建设与网络思想政治教育工作领导小组"及其办公室的综合协调作用，强化"新青年网络文化工作室"在校园网络文化建设和学生网络思想政治教育中的平台枢纽功能，完善"e+网络新青年发展联盟"组织架构，探索当代北大青年与网络社会及"互联网+"的全面辩证关系。

【常规工作】 1. 网络舆情监管。中心严格履行7×24小时常规值班制度，在重要时间节点和重大舆情事件面前加强应对，做好事前预警研判、事中干预引导、事后梳理总结等各个环节的工作。

2. 稳定《北大青年研究》办刊水平。2017年，《北大青年研究》编辑部继续提高办刊标准、丰富作者群体、扩充稿件来源、拓展研究范围。出版杂志4期，共推出50个专题，刊发123篇文章，外推62篇，提前超额完成文章外推任务，其中核心期刊发表文章数量比去年有所提升，提升了《北大青年研究》杂志在学校教育与管理工作中的服务功能和辐射效应。启动北京大学加强与改进学生思想政治教育论文选编第四部——《故园与新梦》编撰工作。

3. 加强未名BBS、PKU Helper等校园网络社区建设。2017年，中心推动校园网络社区管理制度化、规范化建设：2017年6月，未名BBS完成换届工作，修订完善站规，调整部分版面属性，增加校内外IP识别等功能。

2017年9月指导成立发展运营组，制定P大树洞内容管理办法，明确树洞管理的原则和依据。

4. 发挥网教办功能，以新青年网络文化工作室为中枢阵地，联合e+网络新青年发展联盟等学生自组织团队，组织开展校园网络文化节、网络文化日，正值党的十九大胜利召开和北京大学120周年校庆在即，第三届校园网络文化节的主题定为"新青年，讲好北大故事"。2017年举办"新青年·享阅读"读书沙龙、读书奖学金颁发、阅读马拉松、网络安全素养教育、优秀网络摄影师作品展、校园青年技术开发者大会等主题项目和活动，加强品牌活动和品牌项目建设。

2017年度"网络新青年"评选活动中涌现出了一批校园中具有代表性和典型性的青年师生代表，传播网络正能量，探索"网络新青年"的实践导向；"新青年，讲好北大故事"新媒体运营展选活动推送文章近200篇，总浏览量超过50万，形成新媒体集聚效应，凝聚校园共识；腾讯视频北大专区现已上传视频100余部，累计播放量180万次，北大原创视频的"集群效应"初步显现，通过网络短视频的方式讲述"北大故事"成为亮点。

【特色工作】 1. 坚持理论创新对实际工作的引领作用，全环境育人理念进入教育部工作要点。中心研究团队进行网络舆情要点与发展前沿探索撰写、青年空间主题研讨和十九大精神实践探研等专题学习研究活动，提出的"全环境育人"理念进入《教育部2017年工作要点》，"网络育人"概念则进入教育部《高校思想政治工作质量提升工程实施纲要》，成为高校十大育人体系中的重要内容。此外，2017年中心干部教师通过承担课题、自主研究等方式进行理论研究，包括网络青年观等网络思政教育理论创新和网络直播、知识付费等网络热点实践思考。

2. 探索舆情管理的部门联动和专业建设，拓展和提升BBS发展委员会机制单位功能。此外中心还不断加强对部门舆情管理专业化建设的探索，坚持明确工作原则与提升应对技巧相结合，坚持制度体系建设与人员素养提升相结合。

3. 丰富网络新青年培育的内涵外延及渠道手段，完善北大网络育人系统工程的理论与实践。中心通过发表"互联网+青年教育"的热实践与冷思考》(《中国青年研究》2017年第7期)、《网络新青年培育与大学生思想政治教育模式创新》(《思想教育研究》2017年第10期)等文章，阐发"网络新青年"的概念。通过网络文化建设的实践，不断明确"网络新青年"的价值指引与目标导向。

【党建工作】 2017年，中心认真贯彻落实《北京大学党风廉政建设责任制实施办法》《中共北京大学委员会关于落实党风廉政建设主体责任的实施细则》及《中共北京大学委员会关于落实党风廉政建设监督责任的实施细则》相关文件要求以及党委2017年工作要点等有关要求，结合"两学一做"学习教育的工作部署，完善本单位的《廉政建设责任制实施细则》并依照《细则》进行了认真对照自查，落实党风廉政建设责任制，认清形势和问题，树立使命感和责任感，承担起管党治党主体责任，同时强化责任意识，落实问责条例。

（青年研究中心）

学生资助中心

【发展概况】 2017年，学生资助中心在第四届"助学·筑梦·铸人"主题征文暨国家新资助政策体系实施十周年主题征文活动中荣获"优秀组织奖"。陈征微担任学生资助中心主任，选留学生工作干部王华磊离职，选留学生工作干部蓝丽娇入职。

【认定工作】 全校本部各院系共认定家庭经济困难本科生1767人，研究生688人。医学部共认定家庭经济困难本科生778人，研究生397人。软件与微电子学院共认定家庭经济困难本科学生10人，研究生40人。深圳研究生院共认定家庭经济困难研究生216人。

【助学金】 通过国家财政、学校经费、社会捐赠等多种途径筹集资助资金，校本部共设立助学金76项、4669人次获助，总金额达1978.019万元，面向所有受助学生开展助学金申请、填表、评审、发放等工作。医学部设立本科生学年度助学金23项，788人获助，总金额达371.54万元。

【助学贷款】 2017年，北京大学共有114名本专科生获得校园地国家助学贷款续放，续放总金额67.443万元。其中校本部31人，续放总金额12.588万元；医学部83人，续放总金额54.855万元。共有61名本专科生新申请获得校园地国家助学贷款，新申请发放总金额为59.666万元。其中校本部41人，新申请发放总金额45.956万元；医学部20人，新申请发放总金额13.71万元。北京大学于2017年9月底将续放款项发放给贷款学生，成为北京市最早发放续放贷款的高校。新申请贷款于2017年12月底发放给贷款学生。2017年，北京大学生源地国家助学贷款本专科生总人数为656人，贷款总金额为464.056万元。中心在收到各地相关金融机构生源地助学贷款汇款后，第一时间核对学生名单和对应的贷款金额，联系院系，通知学生，组织发放。2017年，深圳研究生院共有116名研究生获得中国银行商业助学贷款，总计发放金额569.9万元。

【补偿代偿】 北京大学16名学生（包括医学部6名同学）获得服义务兵役学费补偿贷款代偿；12名学生（包括医学部1名同学）获得退役复学学费减免。1人获得2017年第一批基层就业毕业生补偿代偿，15人（包括医学部2人，软件与微电子学院1人，深研院1人）获得2017年第二批基层就业毕业生补偿代偿。

【勤工助学】 校本部为教室协管员、图书馆管理员、学生助理、礼仪队、校园引导队员等岗位共发放勤工助学薪酬71.3万元，共963人次。拓展家教、实习、教育岗位等校外勤工助学岗位。医学部为科研工作、教学工作、学生工作、图书后勤服务工作等岗位发放勤工助学薪酬9515.26万元，共8562人次。拓展病人满意度调查、医院图书管理等校外勤工助学岗位。软件与微电子学院70人次参与勤工助学，发放薪酬5万元。深圳研究生院为教务处、人事处、校园服务中心、信息办、学工处、驻京办、总务处、发展办等提供勤工助学学生助理岗位，发放勤工助学薪酬20.4万元，共269人次。

【专项补贴】 6月13日第923次校长办公会通过《北京大学学生临时困难补助管理办法》和《北京大学献血补贴管理办法》。校本部发放临时困难补助（含紧急灾害）5.2万元，发放国防生专项补助29万元，发放期末营养补助36.49万元，发放春节留校学生补助1.5万元，发放三项补贴35.113万元。医学部发放临时困难补助（新生困难补助、特殊困难补助、营养补助）73.21万元。深圳研究生院发放临时困难补助3万元，发放节日慰问与补助（寒假留校补贴）1,500元。校本部发放献血补助四批三次合计20.86万元。

【绿色通道】 连续第18年举办迎新绿色通道。中心联合多家单位集中为新生提供资助咨询、借款、助学金和爱心礼包领取、助学贷款申请等服务，学生服务总队一对一全程陪同，共有500名学生（其中校本部363人，医学部137人）通过绿色通道入学，领取总价值约150万元的物资礼包，其中100名同学领取了合计20万元的燕园关爱助学金。爱心礼包有20余件爱心物资，新生在绿色通道使用校园卡完成身份认证领取礼包，无需等待、排长队，服务流程更加优化。2017年的爱心物资均放入不同样式的拉杆箱中，外观没有任何统一标识，方便保护学生隐私。

【资助宣传】 多方式、多渠道宣传国家资助政策。完善微信公众号的模块设置和宣传定位，提升中心新网站的宣传功效。制作资助体系宣传折页，分门别类地介绍资助项目。7月17日，北京大学首部资助政策宣传片上线，片长约5分钟，通过动画形式向各界，尤其是学生群体，系统介绍北京大学的资助体系。在招生季和迎新季，加强资助政策和资助举措的宣传，注重宣传时效和隐私保护。

【学生服务总队】 指导学生服务总队开展公益服务、能力建设、温暖家园等活动，让受助学生在活动中回馈社会、提升能力、健康成长。重新设计学生服务总队架构，合理化部门分工，新建立"学业发展部""职业发展部"和"勤工助学部"以适应各项工作的需要。品牌活动包括：善行100、英语午餐会、脱机自习、高数辅导、职业规划工作坊、青年领袖计划（系列讲座培训等）、寒暑期校园引导、学生礼仪队等。开展第十一届"公益之星"评选，发挥公益之星的示范作用，带动全校师生积极参与公益活动，回馈社会，服务国家。

【温暖家园】 继续开展节日活动，各级领导和老师与学生共度佳节，给予学生节日问候与祝福。1.北京市委常委、教育工委书记、副市长林克庆一行来北京大学学生资助中心考察，看望慰问春节留校学生。2.举办元宵座谈会。学生资助中心、校团委、体教部老师代表同到场13名来自各个院系的同学以及一名家长共同欢庆元宵节。3.举办冬至饺子节活动。中心的老师们和同学们在勺园食堂一同体验包饺子活动，同学们积极踊跃参与，吃到了自己亲手包的饺子。4.举办学生服务总队2018年元旦晚会，组织学生共聚一堂，总结去一年，欢庆新的一年。

【年度纪事】 1.组织访问澳大利亚高校。5月14日至18日，由北京大学学生资助中心副主任曹蓓带队，包括北京大学教育基金会和4个院系组成的6人代表团访问了澳大利亚墨尔本大学和国立大学等两所高校。

2. 中心网站改版升级。3月17日，中心网站改版升级框架设计工作开启。7月份，中心网站升级完成上线使用。

3. 开展寻访工作。共有18位中心及院系老师分赴重庆、安徽、贵州、湖南、甘肃和山东6地开展家庭经济困难学生寻访工作，共寻访36个家庭经济困难学生的家庭。

4. 北京大学学生综合信息管理系统资助子系统于2017—2018学年开学初正式上线。家庭经济困难学生认定和助学金申请表格填写均可在线完成。

5 中心开展专门针对家庭经济困难新生的系列活动。9月6日，举办资助政策宣讲暨2017级学生服务总队招新活动。学生资助中心各位老师分别就北大学生资助体系、各项业务板块内容、成长励志故事等内容，对家庭经济困难学生进行资助政策知识普及和直面困难的励志教育，鼓励他们安心读书，坚韧自信地成长成才。新生入学后，在中心指导下，学生服务总队面向新生提供资助政策、选课指导和学业规划等全方位的咨询，让受助新生随时随地遇到困难都可以得到帮助。学生服务总队还针对有需要的同学开展各种实用技能的培训。

6. 分主题开展"优才拓展"项目，首次设置个人立项机制，促进学生融合发展。中心组织4个团队，分别以"弘扬传统文化""一带一路""创新创业""资助政策宣讲"为主题，赴福建、陕西、甘肃、广州、深圳、河南、安徽等地开展"优才拓展"活动。罗氏慈善基金会与中心联合组织京港大学生交流团、上海实践团分赴香港和上海开展活动。优才拓展团队共计75位学生参与。9项个人申报的实践项目得到中心的支持，参与学校其他部门组织的实践活动。

7. 创新升级"燕园携手"项目。2017—2018学年，共有54对新老生参与。迎新前夕，燕园携手老生接受沟通技巧、心理培训；迎新当天携手老生一对一迎接携手新生；新生入学后，陆续举办心理督导、美育活动等系列活动，促进新老生交流，助力学生共同成长。

8. 医学部学生服务团在校外开展晨星、夕霞敬老院、小水滴、献血屋等志愿活动，定期安排固定数目志愿者去陪伴孤残儿童和老人，或者在各献血站志愿做协助工作。在校内开展图书馆小精灵志愿和加油课堂品牌活动，图书馆小精灵志愿活动包括擦书架、值班、采编类等内容。加油课堂开展《PS》《电影欣赏》《茶学》《办公软件》等课程，重视课程质量，有作业布置和检查、互动、答疑、实践等环节。

9. 深圳研究生院与中国银行续签商业助学贷款项目，在维持基准利率的情况下，将还款期延长至10年，减轻学生毕业初期的还款压力。

（学生资助中心）

学生心理健康教育与咨询中心

【发展概况】 2017年，北京大学学生心理健康教育与咨询中心（以下简称中心）在北京大学领导的关怀和支持下，在相关部门及各院系的配合下，坚持以人为本的原则，在北京大学心理健康教育三级体系建设的总体思路的引领下，以大学生的健康成长成才为最高目标，心理中心全体人员共同努力，探索出北京大学特色的心理健康心教育模式。

【主要业务】 心理健康宣传教育。1. 课程和讲座。中心独立开设了《大学生心理素质拓展》《朋辈心理辅导》《自杀学与危机干预》《精神障碍的本质》《压力管理》《灾难心理学》《青少年心理访谈》《大学生性格优势团体辅导》《心理创伤治疗》和《大学生心理健康》网络慕课共10门课程。指导心理协会举办主题为压力管理、新生适应、时间管理、自我认同、战胜抑郁等17场形式多样、贴近同学生活的讲座，累计参与人数为2000人左右。

2. 团体心理辅导。中心组织专兼职咨询师面向北京大学学生设计并开展了19个不同主题的团体心理辅导小组或工作坊，主题涉及自我探索、亲密关系、恋爱技巧、学业拖延、正念减压、人际关系等大学生群体的共性议题。有一周一次的常规团体，也有短期密集的马拉松团体。全年团体心理辅导累计覆盖约1152人次。

3. 微信公众号。中心建立微信公众平台账号开展心理健康教育，通过微信公众平台账号每天为其关注用户推送一篇高质量的心理素质和心理健康方面的文章，通过短时间的阅读增加关注者的心理健康知识，提升心理健康水平。该微信公众平台由中心专业的助理团队维护。自2013年9月1日以来，累计发布图文消息559篇，截至2017年12月31日，累计关注人数达到10,153人。

心理咨询服务。心理咨询服务是中心工作的重要组成部分，形式上分为个体面询和多人网络咨询。在个体面询方面，心理中心有针对性地帮助学生解决各类心理问题。自2013年开始，中心和留学生办公室合作，开展针对留学生的心理咨询服务。

制度化、规范化和专业化的咨询管理是心理咨询有效开展的保障。对于所有咨询的学生，心理中心都有详细的咨询档案，一方面便于对咨询过程进行有效督导，另一方面，方便对学生的问题进行纵向跟踪与解决。中心不定期派老师参与各种培训，同时请来著名心理专家为咨询师们进行督导，加强业务水平，提升咨询能力。

危机排查干预。危机排查干预是中心工作中的重中之重。心理中心依托严密的心理危机识别网络，及时发现、干预危机个体。对于较严重的个案，进行专业的心理状况评估，并给出了评估意见、指导与转介。为健全心理危机识别及干预网络，中心采用访谈、经验交流及专业督导等形式，加强对干预体系各环节指导与沟通。

中心以心理健康普测的结果为基础，结合危机识别信息，完善并及时更新问题学生心理健康档案，同时定期给予建议、咨询和治疗。

专业团队建设。中心根据督导目的和对象的不同，将督导形式细分为专家督导、专兼职咨询师同辈督导、实习咨询师案例讨论会和危机干预工作督导四种。2017年累计开展团体督导25场，覆盖约800人次。

2017年，中心总共举办了8次院系辅导员（高级组）督导（每月一次），培训由督导师（方新）主持。采取走进院系的方式来开展每次的督导活动。所涉猎的个案类型包括抑郁自杀的危机处理，宿舍人际关系处理，特殊学生学业处理，罹患重型精神障碍的个案处理，品行问题学生处理等。参与的辅导员数量每次在12—20个不等。

网络心理健康教育咨询工作。中心每周定期在网上进行网络心理咨询，帮助学生发现自身问题，解决心理困扰。2017年，开设咨询主题526个，累积发帖达到7811篇。

【特色工作】 院系协同。2017年起，建立院系对接制度，中心10位全职专业心理咨询师对接全校40个院系或单位（例如留学生办公室，燕京学堂），每位全职老师负责4个院系。又将21位兼职咨询师，15位实习咨询师分配到36个院系，每个院系对应一位心理咨询师。不定期举办院系会议，院系和中心协同预防危机、服务北京大学学生。

公益活动。探索心理健康教育新模式，结合北京大学学生特点和需求开展形式多样，具有时代性和创新性的"心教育"。2017年7月14日至16日，依托中国残联组织开展的"根在基层"中央国家机关青年干部调研实践活动，组织学生开展"心教育"调研实践活动。9月4日，举办北京大学2017级新生心教育舞台剧《完美旅程》。12月15日举办"心理嘉年华"活动，注重专业性与娱乐性，通过主题式的体验活动开展心理健康教育。开展"尺素心友"公益通信项目、生涯下午茶、心理学读书会、抑郁症科普小组等品牌活动；开创树洞行动、"一杯心茶"系列活动，促进心理知识普及，提升心理健康水平。

（朱湘仪）

医学部学生工作

【发展概况】 2017年，医学部学生工作主要包括以下几个方面。一是搭建学生成长发展平台。以学业支持为切入点，助力学生全面发展。通过新生成长计划、素质教育活动、以及综合素质评价、各类奖励奖学金项目、社会实践活动助力学生全面发展。二是加强学生工作队伍建设。拓宽资源，稳步推进各级各类培训、交流活动和评优，2017年，组织参与各类培训50次，参与人次近千人次，20名老师获得北京大学荣誉。三是学生工作信息化建设。2017年建设完成学工系统信息化系统的22个模块，试运行模块4个。四是其他日常工作。包含学生意外伤害保险工作，学生工作经费的预算与管理等。五是组织教学医院学生学习条件保障情况调研。六是组织八年学制教育教学调研。

【就业服务工作】 完成2017届本科毕业生及临床医学、口腔医学八学制毕业生的就业指导和毕业派遣工作。鼓励和号召毕业生到基层特别是西部地区就业，积极投身社会主义现代化建设。开展就业形势政策教育，助力毕业生树立正确的择业观。拓展毕业生就业渠道，及时提供就业资讯。加强就业困难学生帮扶工作。

多层次深化职业生涯规划指导内容，推出"医学生社会体验计划"，参与学生近400人次。开设职业生涯规划课程，建立一对一职业规划咨询，以课题研究提高生涯规划指导工作的科学性。组织开展形式多样的生涯指导活动，将专业教师引入生涯咨询服务团队，提供精准、专业的咨询服务，借力校友资源，提升生涯规划教育的水平。

【心理咨询工作】 开展在校学生心理咨询、心理危机干预和心理健康教育活动。举办新生心理测验结果反馈讲座和心理游戏嘉年华。

进行实习生培养。2017年兼职和实习咨询师达到36人，新增实习咨询师15人，组织兼职咨询师案例讨论35次。

【学生资助工作】 2017年度春季、秋季共认定家庭经济困难学生822人，其中一般困难学生184人，困难学生338人，特殊困难学生295人，不困难5人。为833名学生发放北京市生活补贴共计15.4105万元；为39名学生发放新疆少数民族困难学生补助3.9334万元；为16名学生发放临时困难补助共计3万元；发放新生补贴8.2万元；共评审出788名学生获得2017—2018学年度助学金，共计将发放助学金金额371.54万元，共涉及国家类助学金及社会捐助助学金23项。

办理189名2017级新生绿色通道缓交学费及住宿费160.825万元；办理各类贷款748人次，发放贷款金额629.115万元；办理中西部基层就业、应征入伍学生贷款补偿学费代偿12人，申请金额共计14.2万元；办理2017年毕业确认手续138人。

为960余名学生提供了校内外勤工助学岗位，发放勤工助学报酬116万余元；组织开展长期校外勤工助学1项。

指导学生服务团开展校内外各类公益志愿服务和素质拓展活动，开设加油课堂活动和勤工助学活动，并组织了云南、甘肃暑期社会实践队。组织了3次与捐助方的交流活动，创建、扩增交流微信群，加强资助受助双方交流。

新的资助管理系统正式启用，基本实现了资助工作信息化。进行了认定学生抽查回访以及《北京大学医学部学生家庭经济困难认定标准研究》课题研究，《资助工作了解度》的问卷调查。

【研究生工作】 1. 以"春燕行动""医度咖啡""博言厚道"、各项讲座、报告会等多项活动持续推进"爱·责任·成长"主题教育。充分发挥"北医研究生"微信公众平台开展新媒体思政工作的重要作用。

2. 组织优秀班集体推选活动。3个班级被评为北京大学优秀班集体，5个班级被推选为北京大学先进学风班，5个班级被评为医学部先进班集体。对各学院红色"1+1"活动进行辅导培训和评比，2个团队获得北京市示范评比奖项，2位优秀党支部书记获评北京大学十佳学生党支部书记。

3. 开展医学部研究生骨干培训。邀请岳庆平老师为170余名研究生开展题为"人生理想与北大精神"的专题讲座；举办以网络巡礼、图文征集、宣讲培训为主要内容的"十九大精神宣讲对谈系列活动"。

4. 组织社会实践评优。2支团队获"首都大学生暑期社会实践优秀团队奖"，1名老师获"首都大学生暑期社会实践先进工作者"，1名同学获"首都大学生暑期社会实践先进个人奖"；评出医学部社会实践优秀团队特等奖1个、一等奖2个、二等奖3个、三等奖4个、优秀奖4个、优秀调研报告奖5个、优秀领队老师5名，个人社会实践优秀奖5个；评出北京大学社会实践优秀团队奖14个、优秀指导老师1名、优秀领队11名；共46名同学分别获得北京大学和北京大学医学部的优秀实践个人奖。启动医学部研究生服务基层医务人员"同舟计划"。

5. 开展研究生精品活动评优与宣传。6项精品活动获医学部研究生精品活动优秀奖。启动第五届研究生"良师益友"评选工作。

6. 启动"百科全说"医学研究生科普系列活动，包括展示大赛、科普社区行、志愿者招募等；推选优秀讲者参加第二届全国健康科普大赛，获全国十佳科普达人荣誉。

7. 优秀毕业生评选。编撰完成2017届毕业生献礼校庆优秀作品集《写在毕业边上》。共计215人被评为北京大学2017届优秀毕业生，70人被评为北京市优秀毕业生。

8. 做好学业奖学金和国家助学金的发放工作。2017年发放老生学业奖学金生活补贴部分金额253.22万元，研究生国家助学金3257.4万元，国家学业奖学金4302.8万元；2017年共有3名研究生受到"天使益"应急循环助学金项目资助。

9. 做好研究生班集体及个人的奖励、表彰及违纪处分工作。1个学院获得北京大学先进工作单位称号；共有979名研究生获得北京大学及医学部各类奖励表彰，获奖比例为32.71%；664名研究生获得各类奖学金奖励。共有111名研究生获得国家奖学金，72名研究生获"北京大学创新奖"。医学部2名研究生成功当选2017北京大学学生年度人物。

10. 做好新学年新老生管理工作。征集新生入学感言并汇编成册；启动研究生校纪校规考试；开展研究生暑期返校座谈会。

11. 利用微信投保平台办理研究生保险工作。

12. 选派4名辅导员参加校内外各项培训。举办3场医学部研究生辅导员/班主任培训会。开展辅导员考核工作。2人获得北京大学"优秀德育工作者"称号，2人获得北京大学"优秀班主任标兵"称号，11人获得北京大学"优秀班主任"称号。

（医学部学生工作部）

保卫工作

【发展概况】 2017年，保卫部紧密围绕学校核心使命，自觉提高政治站位，牢固树立大局意识、核心意识、使命意识、责任意识，深入学习贯彻十九大精神，落实立行立改专项任务，以平安校园提升工程为契机，强化六大体系建设，健全完善学校安全稳定工作体制机制，努力营造安全育人环境。在中央第十三巡视组巡视工作、两会、"一带一路"国际合作高峰论坛、党的十九大、学校第十三次党代会期间，保卫部认真完成各项安保任务，为活动的有序开展和师生员工的教学科研保驾护航，不断推动学校安全管理工作系统化、科学化、智能化、法治化。

【校园交通管理】 大力推进地下车库建设，改善校内停车环境。完成二教-理科五号楼地库、政府管理学院-法学院地库的整体改造，全面升级新闻与传播学院、对外汉语教育学院地库、勺园地库、理教地库和人文学苑地库。校内公共地库停车位增加到675个，车位使用效率得以提高。

加强校内机动车管理，严格车证办理，严格社会车辆预约入校管理，严格车辆违规行驶和停放处理，严格施工车辆管理。不断扩大机动车管制区，清理校内长期无人使用车辆70余辆，推进基础设施建设，优化校园交通环境。

加强校内非机动车管理，先后对东门周边、快递点区域进行重点整治；积极探索校园共享单车运行模式，联合ofo公司，定制、投放北大师生专用车，满足大部分师生校园内的出行需求，大大减少私车购买量，降低校园自行车总数。

维护校园交通秩序。及时稳妥地处理交通纠纷，确保校园内无重大交通安全事故发生。

【校园秩序管理】 圆满完成全国两会、"一带一路"国际合作高峰论坛、党的十九大、学校第十三次党代会、外国元首来校等重大活动安保任务，确保活动安全有序开展。

扎实推进日常工作。进一步加强门卫"第一道防线"管理，认真查验证件，协助做好人群疏散、秩序维持等工作；积极开展校园参观治安秩序整治，保持与海淀公安分局、城管大队的密切协作，加大对非法营运车辆和无证导游的打击处理力度。

贯彻落实校领导指示，严格大型活动审批与管理，明确大型活动服务于学校核心使命的原则，规定大型活动的举办和审批必须围绕学校教学科研、人才培养等中心任务，任何形式的商业推广、企业年会等与学校中心任务偏离或无关的活动不予批准通过。2017年，保卫部共完成各类大型活动风险评估53个，相较2016年减少了18%。

【校园消防管理】 整改安全隐患，扎实开展火灾防控工作。按计划对校内及周边地区进行日常安全检查、抽查和系统性年度大检查、排查，根据上级精神，开展安全隐患大排查大清理大整治专项行动，对彩钢板建筑、地下空间、电气火灾、实验室及危化品储存使用等问题开展重点检查，督促各单位及时整改。

开展彩钢板建筑专项排查整治工作。成立彩钢板排查整治领导小组和专项工作组，两次召开彩钢板建筑整改落实推进会，明确整治原则和整改内容。截至2017年12月31日，已经拆除、正在拆除的彩钢板建筑共计约4000平方米。

加强电动车火灾防控管理。召集校内相关单位召开专项工作会，发布《关于加强全校电动车火灾防范工作的通知》，严格电动车使用与管理。

【校园治安管理】 切实维护校园治安。全年接报警1689起（件），其中110报警893起；全年共发生刑事案件80起，同比下降18%。破获各类刑事案件8起，抓获全国在逃人员1名，调解处理各类纠纷100余起。

积极开展校园与社区治安防范工作。通过定期发送安全提醒消息、举办安全知识讲座、组织安全演练等方式，加强治安防范教育，增强师生的自我保护意识；对辖区内中学、小学、幼儿园及小市场内出租房进行检查，排除治安隐患；在两会期间，进一步加强治安防范力度，确保辖区内安全稳定。

认真做好集体户口及流动人口管理工作。全年办理集体户口迁入、迁出，为师生办理身份证及儿童落户等事宜共计12,123人次；在公安系统对全校（区）务工者等流动人员的身份进行核录；对应销未销户口进行全面清理。

【安全宣传教育】 打造安全宣教品牌。"平安燕园"校园安全服务与宣教团队，顺应"互联网+"时代背景，以微信公众号和未名BBS服务师生，拓展安全宣教内涵，丰富宣传教育形式，入选北京大学2017年度"网络新青年"。

开展重要节点安全教育，制作安全宣教产品。在国家安全日、防灾减灾日、安全生产月、消防安全日、交通事故受害者纪念日、交通安全日等重要节点开展专题安全教育，选拔校园消防代言人；在学生军训期间举办"消防知识进军训"讲座和消防演练；制作安全宣教产品《丢丢的日常》系列原创漫画、《你要知道的消防安全知识》手册、安全文化杯等。

发挥微信公众平台宣教功能。2017年，"平安燕园"微信公众平台实现了"从无到有、从有到优"的突破与发展，推出图文推送68条，累计阅读35,531人次。推送内容涵盖校园安全管理通知，重要节点专题安全教育和时下多发、常见的安全隐患提醒等。

【科技创安】 继续推进安全管理信息化工作，为建设平安校园提供技术支撑。推动建设访客与入校参观人员预约系统、校门人脸识别系统，升级完善校门车牌识别和收费管理系统、社会车辆因公预约入校系统，建设启用校园机动车测速与追踪系统、机动车违规处理系统、公共地库联网管理系统。

【党建工作】 圆满完成党建验收及学习贯彻全国高校思想政治工作会议和中央31号文件精神相关工作。

积极开展党风廉政建设，自觉把学习十九大精神、第十三次党代会精神与工作实际结合起来，主动向优秀共产党员标准看齐；密切联系群众，实行校务公开制度，校园安全管理制度与举措广泛征求意见，全年回复BBS帖文70余条，与师生互动增强互信。

【理论研究】 积极开展安全管理学习研究，大力建设学习型高校保卫组织。2017年，保卫部职工撰写论文《高校共享单车管理工作问题研究与模式创新——以北京大学师生专用车为例》《互联网+时代高校防范宗教渗透工作探析》等，并主动申请、积极推进多项上级部门重要课题，包括：2017—2019全国保卫学会重点课题《微时代大学生安全防范宣传教育模式研究》；2017年北京保卫学会重大课题《首都高校安全稳定工作手册》、重点课题《当前维护高校稳定的形势、问题和对策研究》；2016年北京保卫学会重大课题《政保工作纲要》、重点课题《高校大型活动指南》等，力求以理论研究更好地推进实际工作的开展。

（保卫部）

保密工作

【发展概况】 2017年1月3日和18日，学校党委分别印发党政管理部门整体换届正副职的任职通知，任命刘旭东为保密委员会办公室主任，窦书霞、马皓、钟灿涛、韦宇、王周谊为副主任。

8月28日，学校印发文件调整领导分工，党委常委、副校长龚旗煌分管保密工作。9月13日，学校印发文件调整保密委员会成员，校长、法定代表人林建华担任主任；龚旗煌担任常务副主任。

【保密资格认定】 学校持有的军工保密二级资格证书到期日为2017年6月11日，为保证继续具有该资格，保密委员会办公室根据学校领导要求开展相关准备工作。

1月起，赴对应学院进行保密检查；2月起，全面修订学校保密工作制度；3月起，与教育部、北京市国家保密局等上级机关、部门反复联系，形成学校最终书面申请材料并及时提交；6月起，再次对相关学院进行重点检查。

6月29—30日，学校在北京市国家保密局现场审查中获"通过"。

【整改风险隐患】 针对现场审查意见书中明确的问题，逐项对照、逐项整改、逐项落实；下达《保密隐患及限期整改通知书》，并通过短信平台向全体涉密人员通报整改要求，确保保密隐患整改责任落实到位。

8月起，组织检查保密隐患整改情况和保密自查工作；针对信息设备管理存在的问题，联合计算中心、实验室与设备管理部，优选供应商，并进一步提出具体要求；协助各相关单位全面进行信息设备整改，并针对现有问题对学校涉密计算机安全策略文档进行了补充修订。

9月28日，向北京市保密资格认定办公室提交学校书面整改报告；10月30日，学校获得该办公室开具的《武器装备科研生产单位保密资格申请批准通知书》。

【全面落实新颁标准】 国家自2017年7月1日起施行重新修订的保密资格《标准》《评分标准》。学校对此高度重视、积极宣传贯彻、认真推进落实，对照新颁标准加强和改进保密工作。

7月，组织购买新颁标准指导手册及试题库并发放至有关单位、人员；组织召开保密资格认定整改工作部署、检查培训会议；7月19日，承办北京市保密资格认定新颁标准宣贯和工作部署会议；11月28日，首次开展年度保密考核工作，使用新颁标准试题库组织闭卷考试；11月至12月，赴北京工业大学、武汉大学、浙江大学归口管理工作专项调研。

【推动归口管理】 9月起，根据保密资格新版标准关于归口管理的要求，与研究生院、人事部、国际合作部、计算中心、先进技术研究院等单位合作梳理业务流程，落实保密工作与业务工作的融合。10月，安钰峰、龚旗煌共同签发了计算中心主持编写的学校涉密计算机安全策略文档。

11月起，以致函、当面沟通等方式与先进技术研究院、科学研究部、社会科学部、科技开发部有关负责人反复沟通，了解征询对学校科研归口管理的意见建议；12月，就该问题及涉密军工科研场所相对集中管理等赴京外高校专题调研。

12月，多次赴人事部、研究生院、国际合作部，进一步沟通研讨涉密人员管理、研究生学位论文管理、外事管理等相关工作保密归口管理事宜。

【保密教育培训】 2016年11月至2017年12月，学校多次组织相关人员、两院院士、科研管理部门工作人员200余人赴北京交通大学国家保密学院实训平台参加培训；2017年5月，举办年度保密教育培训活动，邀请国防大学专家做专题讲座。

7月，印发工作通知进一步规范涉密岗位进入要求；9月，在充分调查研究的基础上，建议将相关负责人确定为涉密人员；10月，在充分征求相关单位意见的基础上，印发《关于进一步改进涉密科研保密管理工作的通知》，规范涉密科研项目申请和涉密人员保密审查要求。

10月、11月，两次利用短信平台对全校涉密人员进行保密"两识"教育；11月，采用新颁标准试题库，对相关教职工、研究生、助理进行闭卷考试，以切实提高保密意识与技能。

【保密制度建设】 2月，学校保密委员会印发了《北京大学领导人员保密工作责任制实施办法》。5月31日，学校党委常委会审议通过保密委员会办公室提交的《北京大学保密工作规定》。6月6日，学校保密委员会审议通过了保密委员会办公室系统、全面修订的保密制度。

9月起，根据保密资格新颁标准关于归口管理的要求，与研究生院、人事部、国际合作部、计算中心、先进技术研究院等单位合作梳理业务流程，促进保密工作与业务工作的融合。10月，分管信息化工作和保密工作的校领导共同签发了保密委员会办公室指导、计算中心主持编写的学校涉密计算机安全策略文档。

10—11月，按照保密资格新颁标准的要求，初步修订了学校部分保密工作基本制度，并将在归口管理部门全部落实后作进一步修订后提交学校保密委员会审议通过。

【互联网保密管理】 2016年11月至2017年1月，牵头与党委办公室校长办公室等四家单位联合印发《关于进一步加强互联网信息发布保密管理工作的通知》；并协助相关部门提请校长办公会审议通过《北京大学官方微信公众号管理办法》。

【教育考试保密管理】 4月、10月，及时将教育部、国家保密局联合印发的《教育工作国家秘密范围的规定》呈送学校领导阅示，并召集有关单位负责人研究，再次系统梳理学校承担的国家教育考试任务，摸清风险隐患，提出保密要求，监督制度落实。2017年度，保密委员会办公室全程负责博士研究生招生考试、硕士研究生招生考试及北京考区政治阅卷，本科自主招生（博雅计划、"三位一体"测评、艺术特长生、暑期学堂、金秋营、中学学科科技竞赛等）各类招生考试，北京市成人英语三级考试等各类教育考试的保密监督管理工作。

【涉密测绘成果管理】 6月，经保密委员会审议，学校印发《关于进一步加强涉密测绘成果保密管理的通知》，督促有关单位启动涉密测绘成果的销毁工作。

【落实"党管保密"责任】 深入开展"两学一做"学习教育，自觉学习历次重要会议精神，特别是党的十九大精神。2017年3月，编印《涉密文件使用中的失泄密风险及其防范》并发送至保密委员会委员、党委书记、保密工作分管领导。

9月，保密委员会召开扩大会议，邀请所有承担相关科研任务单位的基层党委书记出席，会议强调党委书记履行第一责任人职责；10月，保密委员会办公室依托基层党委，妥善处理某调查中心某涉外社会调查项目问题。

【保密服务保障】 2017年度，继续做好对外提供材料保密审查、门户网站保密检查、涉密及不宜公开工作载体销毁等常规工作，同时积极做好院系初次承担相关科研任务保密指导工作。

【违规处理】 9月，经保密委员会审议、分管校领导签批，学校印发了《北京大学关于给予军工保密资格认证期间违规人员的处罚决定》和关于信息科学技术学院某问题的处理决定，对相关单位分管领导、人员分别进行约谈、扣发保密补贴、在一定范围内通报批评、调离涉密岗位等不同程度的处理，并将相关情况反馈所在单位，要求作为年终绩效奖励的重要参考。

【评优表彰】 4月，向全校各单位发放《关于评选表彰北京大学2016年度保密工作先进集体和先进个人的通知》；收到各单位推荐材料后，组织了初评；6月6日，学校保密委员会召开全体会议，进行投票表决；6月9日，学校保密委员会印发《关于表彰2016年度北京大学保密工作先进集体和先进个人的决定》，对3个先进集体、14名先进个人进行表彰。

（保密办）

政策法规研究

【发展概况】 政策法规研究室（或党委政策研究室，以下简称"政研室"）内设法规与制度建设办公室、战略规划办公室、深化改革办公室、文物保护办公室、综合办公室6个科室，承担政策研究、法规与制度建设、战略规划、综合改革、文物保护等五个方面的工作。2017年，政研室围绕学校发展改革的主要目标，贯彻落实学校党委的决策部署，按照中央精神和学校部署，完成若干重要专项任务，做好5个方面的日常工作。

【贯彻落实全国高校思政会和中央31号文件精神】 按照学校党委安排部署，牵头起草《深入贯彻落实中央精神 进一步加强和改进我校思想政治工作的任务分解方案（一）、（三）—（九）》《北京大学学习贯彻落实全国高校思想政治工作会议精神和中央31号文件精神大事记》《郝平书记传达习近平总书记在全国高校思想政治工作会议上的重要讲话精神并部署我校贯彻落实工作的讲话》《郝平书记在教育部思政工作座谈会上的发言》《北大进一步加强和改进思想政治工作的初步思考与做法——郝平书记在北大、中央党校联合专题培训班上的报告》《郝平书记在学习贯彻落实全国高校思想政治工作会议精神动员部署会上的讲话》等一系列贯彻落实全国高校思政会精神和中央31号文件的各类文稿。

【巡视整改工作】 3月1日至4月30日，中央第十三巡视组对北京大学党委进行专项巡视期间，政研室牵头完成多项文字工作，主要包括：《中共北京大学委员会向中央第十三巡视组的工作汇报》《郝平书记在巡视工作动员会上的主持词和表态发言》《北京大学党委贯彻落实习近平总书记2014年视察北大时的重要讲话和2016年在全国高校思想政治工作会议上的重要讲话，以及李克强总理等中央领导同志视察北大的讲话等的部署落实情况、督促检查情况和存在的主要不足》《落实习近平总书记"当好教育改革排头兵"，推进学校综合改革、扎根中国大地，建设世界一流大学的主要措施，存在的主要问题和不足》《郝平书记在警示教育大会上的讲话》《郝平书记在中央第十三巡视组向北京大学党委反馈专项巡视情况会议上的主持词和表态发言》。在集中整改期间，重点承担了3项整改任务，均在主管校领导的带领下，顺利取得阶段性的整改成果。同时，牵头汇总全校各方面的整改情况，起草《中共北京大学委员会党委关于巡视整改情况的报告》和《中共北京大学委员会关于巡视整改情况的通报》，其中，《通报》在2017年8月向全社会公布。

【学习宣传贯彻党的十九大精神】 党的十九大胜利闭幕后，按照学校党委要求，立即开展各项相关文稿的起草工作，包括：《郝平书记在传达学习党的十九大精神会议上的讲话》《深入学习贯彻习近平新时代中国特色社会主义思想 加快"双一流"建设 实现高校内涵式发展》《不忘初心、发扬传统，党建为魂、引领发展》《郝平书记在北京市人大机关党的十九大精神宣讲会上的宣讲参考材料》等文稿。

【参与筹备学校第十三次党代会】 6月，政研室牵头组成第十三次党代会筹备工作文秘组，负责大会前后主要稿件的撰写工作。完成的主要文稿包括：郝平书记在动员会上的报告——《扎实筹备并开好第十三次党代会 以优异成绩迎接党的十九大胜利召开》，郝平书记在第十三次党代会上的报告——《以党的十九大精神为指引 开启中国特色世界一流大学发展新征程》，以及郝平书记在第十三次党代会预备会、闭幕会、十三届党委一次全会上的讲话等。

在起草党委工作报告的过程中，政研室先后组织8次座谈会，邀请140多名各方面代表对报告的起草工作提出意见建议，印送征求意见稿200多份，完成单独访谈20多次，收集各类意见500多条，随学校主要领导到十多个院系、基层单位调研。党委工作报告十三易其稿，得到学校党委、全体党代表和全校师生的认可、好评。在大会召开前后，政研室部分同志还参与文稿起草之外的一些会务工作。

【重要文稿、书籍】 根据中央精神和学校部署，围绕学校改革发展大局，牵头或参与起草了一批重要文稿。经粗略统计，2017年全年，政研室起草或负责把关、修改的各类文稿累计达200余篇，累计上百万字。

2017年，政研室针对高教教育发展改革、北大发展开展各项实际研究，形成一大批调研和理论成果：出版《中国特色现代大学治理问题研究》《创业路上，遇见最好的自己——北大创业案例集》两部书籍；在《人民日报》《北京大学教育评论（增刊）》《北京教育》《中国教育报》等校内外刊物上发表各类文章31篇，主题涉及依法治校、高校多校区发展建设、高校改革发展稳定、大学治理结构、高校区域空间发展等多个领域，为学校发展建设提供政策参考。

【**法制建设**】 推进章程修订工作。结合中办督查组和中央巡视整改工作要求，完成对章程第三十九条的修订程序并报教育部核准后发布。对章程各条款进行全面系统梳理，形成初步的修订草案。

以章程为龙头系统梳理全校规章制度体系。结合巡视整改工作，系统梳理自2014年北大章程核准发布以来，学校正式发布新制订或修订的规章制度55项以及即将陆续公布的新规章制度161项。起草《关于巩固和深化巡视整改成果加强学校制度建设体系的情况汇报》并报主管领导。

加强对教职工的法治教育。根据教育部推进依法治教、依法治校工作要求，向学校领导提出《关于在新进教职工、新任干部中加强〈宪法〉〈高等教育法〉〈北京大学章程〉教育的建议》并得到批示。

【**深化改革**】 起草完成多项综合改革总结报告及汇报。向教育部综改司上报重大教育问题研究材料：党的十八大以来北京大学综合改革总结自评报告；北京大学综合改革工作进展报告的书面汇报稿及口头汇报稿；北京大学以"放管服"改革为重要抓手深化学校综合改革的相关信息；梳理《教育部等五部门关于深化高等教育领域简政放权放管结合优化服务改革的若干意见》中与北大关系密切的条款梳理和新变化内容；汇总起草本科教育综合改革及师资人事制度改革典型案例；北京大学关于北京市深化教育体制机制改革的建议；北京大学关于落实《教育部等五部门关于深化高等教育领域简政放权放管结合优化服务改革的若干意见》有关情况的汇报等，经校领导审定后提交上级有关部门。

根据学校落实巡视反馈意见任务要求开展整改落实工作。对综改方案逐条梳理，对推进迟缓的改革任务进行分析研究；梳理出具备条件的11条重点改革任务，立即启动，加快进度，加大力度；根据校领导指示，针对新形势新问题，对综改方案完成两轮修订。

【**战略规划**】 参与北大深圳校区建设规划工作。作为主要支持单位，主责或协调推进建设规划研究编制工作；完成学校与深圳合作事宜谈判材料以及合作备忘录的起草；作为主要对接单位完成深圳方来访接待，和学校领导赴深圳考察的支撑服务工作。

推进学校"十三五"规划统筹实施。协助国际合作部等单位开展专项规划、院系规划、学科规划与学校"十三五"规划的衔接统合工作。将综合改革、"双一流"建设最新改革发展精神融入"十三五"规划实施，确保规划的动态性、实效性。

开展学校重大发展战略的专题研究。针对学校"核心-外延"理念、规模效益、行政与学术、氛围营造、分校区建设、医学教育发展等重要问题，开展对国内外相关经验的深入研究，形成了系列发表成果，供学校领导决策参考；开展北大校本部、医学部深度融合的方案研究制定。

【**文物保护**】 积极落实国家文物局、北京市文物局和海淀区文化委员会对校园文物保护工作的相关要求和部署。接待市文物局、区文委文物检查工作6次，并就蔚秀园围墙抢修、蔚秀园水系修复、校友桥紧急抢修等突发事件，主动与上级文物主管部门报告沟通，年度报送各类总结、报告、表格10余次。妥善处理媒体报道铜钟涂画一事，积极落实上级部门指示要求，向教育部和北京市文物局上报《北京大学校园文物保护工作情况汇报》。完成国有资产盘查文物资产清查填报工作。

推动校园文物修缮和修复工作。2017年，推动国家文物专项补助资金申报工作，申请俄文楼、民主楼、外文楼修缮项目资金，并与财务部、基建工程部推动后续预算审批工作。会同总务部编制《北京大学校园散置文物防护设施建设方案》，并推动后续审批落实工作。会同总务部推动蔚秀园紫琳浸月石碑等文物修复工作。

加强文物保护宣传工作。结合文物普查建档要求，根据校园文物现状情况，收集整理文物资料、照片及现状保护情况，编辑出版《燕园文物》一书。积极推动校园文物宣传工作，组织举办第一届燕园文物摄影绘画大赛，并选取大赛优秀作品印制成宣传品，进一步宣传燕园文物，增强师生保护文物的意识。

【**党支部建设**】 高度重视党支部建设，政研室主任任羽中兼任政研室党支部书记，定期开展内容丰富的支部活动，收到良好效果。定期召开全体会议，按照党风廉政建设要求，民主讨论问题，集体决策重大问题，确保全体同志保持清醒头脑，严守政治纪律。

【**党风廉政责任制建设**】 主任班子坚持廉洁自律的道德操守，落实"一岗双责"和"三重一大"制度，严格执行党员干部廉洁从政各项规定，在政治上、工作上、生活上严守纪律和规矩，确保单位风清气正。

（政策法规研究室）

学科建设

【**发展概况**】 2017年，北京大学学科建设成绩显著，学术影响力进一步提升，主要办学指标已与世界一流大学具有可比性，在多个世界大学排名中位居前50名左右。

根据"基本科学指标"（ESI）数据库，北大有21个学科进入全球前1%；QS世界大学排名显示，北京大学较2016年上升1位，位列第38名；泰晤士高等教育（THE）世界大学排行榜显示，北京大学位列第31名；美国新闻与世界报道（US News & World Report）全球最佳大学排行榜显示，北京大学位列第 65 名；自然指数排行榜（Nature Index 2017 Tables）显示，北京大学位列全球大学第 9 名。

【"双一流"建设方案】 根据《教育部办公厅关于编制世界一流大学和一流学科建设方案的通知》要求，结合《北京大学综合改革方案》，学科建设办公室组织全校各相关单位，完成《北京大学世界一流大学和一流学科建设方案》（简称《方案》）及 38 个一流学科建设方案的编制工作。

《方案》以一级学科、学科群和学科领域为口径，提出"30+6+2"学科建设项目布局，即面向 2020 年，重点建设 30 个国内领先、国际一流的优势学科，引导和支持它们瞄准世界一流，汇聚一流师资队伍，培养一流人才，产出一流成果，推动部分学科进入世界一流前列，从而带动学校整体实力的提升；面向 2030 年，部署理学、信息与工程、人文、社会科学、经济与管理、医学 6 个综合交叉学科群，推动战略性、全局性、前瞻性问题研究，着力提升解决重大问题能力和原始创新能力；面向更长远的未来，在学校层面布局和建设以临床医学 +X、区域与国别研究为代表的前沿和交叉学科领域，带动学科结构优化与调整，培育新的学科增长点。

【学术委员会】 学科建设办公室联合人事部等相关职能部门，完成学术委员会章程修订工作。《北京大学学术委员会章程（2017 年修订）》经校学术委员会 2017 年第二次全体会议、北京大学第十二届党委第 228 次常委审议通过。

1 月、5 月、10 月，校学术委员会先后召开三次会议。

2017 年，国家发展研究院、中国语言文学系、心理与认知科学学院、化学与分子工程学院、经济学院、政府管理学院、汇丰商学院、对外汉语教育学院、建筑与景观设计学院等单位先后完成学术委员会调整工作。

【学科建设委员会及其分委员会】 学科建设委员会及其分委员会严格遵照相关议事规则，定期组织会议通报工作情况，研究并审议学校学科建设相关议案，充分履行职责，有效推动学科建设各项工作顺利进行。

6 月、9 月，学科建设委员会先后两次召开全体会议。5 月，学科支撑体系建设委员会召开工作会议审议 2017 年度支撑体系预算额度。6 月、12 月，临床医学 +X 委员会先后两次召开全体会议。分别审议临床医学 +X 专项项目、临床医学 +X 青年专项项目等议题。

【实体研究机构管理】 学科建设办公室梳理校属学术实体机构的数量、类别及其承载的学科建设任务，于 3 月形成较完善的《北京大学学术实体机构基本数据情况》；开展针对学校新体制机构建设与运行情况的调查，厘清各机构运行权限；结合国内外高校学术研究机构建设经验研究，形成《北京大学实体研究机构管理办法》初稿。

【实体研究机构论证】 学科建设办公室先后开展对国际批评理论中心、校本部、医学部共建生物医学工程系、社会研究中心、新结构经济学研究院、前沿计算研究中心、学校行星科学规划与布局、资源与环境科学委员会、生态研究中心等的调研和论证。

【学科建设经费】 北京大学中央高校建设世界一流大学（学科）和特色发展引导专项共计安排拨款经费 4.386 亿元，基本科研业务费 1.41 亿元。主要用于学科支撑体系、公共平台、院系基础学科建设、新体制机构及各中心机构运行经费、重点实验室建设、引进人才启动经费、临床医学 +X 专项建设经费、区域与国别研究等。

【推进学科融合】 重点组织开展"临床医学 +X 专项""临床医学 +X 青年专项"项目的申请指南起草、组织申报和评审等工作。制定并颁布《北京大学加强基础研究专项项目实施方案（试行）》，鼓励自由探索和自主创新，促进基础研究原创性成果产出。重点支持多模态跨尺度生物医学成像设施预研、前沿计算研究中心建设、人文系列论坛、实验动物中心猴饲养设施修建等项目。积极推进昌平校区大气环境模拟实验基地建设和实验动物基地建设，高性能计算公共服务平台顺利通过验收并已投入正常使用，冷冻电镜公共平台建设也取得重要进展。

【开展学科评估】 经 2016 年 12 月学科建设委员会会议审议，在学科建设委员会的领导下，成立由各相关职能部门成员组成的国际同行评议联合工作小组，继续开展国际同行评议工作，评估日常工作由学科建设办公室和研究生院共同承担。11 月，完成数学领域（数学科学学院、北京国际数学中心）和信息领域（信息科学技术学院、高能效计算与应用中心、计算机科学研究所）的评议工作。

【召开交叉学科研讨会】 2017 年 4 月，召开数学与统计学科发展专题会；7 月，举办北京大学"临床医学 +X"论坛，促进校本部与医学部科研工作者之间的交流与合作；10 月，举办京津冀地区学科评估与发展规划研讨会；11 月，先后召开建筑与景观设计学院规划发展专题会、信息学科建设研讨会、先进光谱中心筹建会议；12 月，举办北京大学人工智能前沿论坛。

【编写学科建设年报】 学科建设办公室组织编写完成《北京大学学科建设年报（2016 年）》。汇总统计 2016 年度北京大学各单位学科建设经费投入和执行情况、教学科研和实验技术人员情况、一级学科及其人员数情况；统计各学部和院系学科建设经费明细情况；列出北京大学各学科及其评估概况；整理校内公共平台概况。

（学科建设办公室）

对外交流

【发展概况】 2017 年，国际合作部共接待国际代表团组 762 个，港澳台代表团组 95 个。校际出访团组 10 个，涉及国家包括澳大利亚、美国、加拿大、英国、俄罗斯、瑞士、法国、德国、奥地利等。新签校级协议 9 个、续签校级协议 9

个。积极筹建和参与国际大学组织，重点支持和深度参与国际研究型大学联盟、环太平洋大学联盟、东亚研究型大学协会、东盟10+3大学组织、亚洲大学联盟、中日大学校长论坛等活动。

【重要来访】 2017年，共接待代表团178个，其中高校及学术研究机构代表团117个，其他代表团61个。依次来访的贵宾包括沙特国王萨勒曼（Mohammad bin Salman Al Saud）、马来西亚国防部长希沙慕丁（Y.B.Dato' Seri Hishammuddin bin Tun Hussein）、泰国公主诗琳通（Maha Chakri Sirindhorn）、越南国家主席夫人阮氏贤、缅甸掸邦省议会代表团、巴基斯坦高等教育委员会顾问穆罕穆德·阿斯加尔（Muhammad Asghar）、法国总理贝尔纳·卡泽纳夫（Bernard Cazeneuve）、挪威首相埃尔娜·索尔贝格（Erna Solberg）、欧盟移民及内部事务部长德米提斯·阿兰姆普洛斯（Dimitris Avramopoulos）、联合国教科文组织副总干事恩吉达（Getachew Engida）、英国约克公爵安德鲁王子（Andrew Albert Christian Edward）、欧盟驻华大使史伟（Hans Dietmar Schweisgut）、埃塞俄比亚人民革命民主阵线副主席、政府副总理德梅克·梅孔嫩（DemekeMekonnen）、禁止化学武器组织总干事尤祖姆居（Ahmet Uzumcu）、微软创始人比尔·盖茨（Bill Gates）等。

【重要出访】 3月，校长林建华赴澳大利亚国立大学参加国际研究型大学联盟2017年度校长年会。5月，校长林建华访问哈佛大学、多伦多大学、麻省总医院，并参加北京大学新英格兰校友会活动。5月，党委书记郝平书记赴莫斯科，出席北大与莫大孔子学院执行协议续签仪式、商讨"中俄综合型大学联盟"事宜。5月，党委副书记叶静漪访问英国伦敦大学学院及意大利博洛尼亚大学，并在意大利大学就业联盟Alma Laurea年会上发表演讲。6月，副校长王杰出访莫斯科大学，参加"莫斯科国际大学排名项目"专家会议。6月，校长林建华访问瑞士、法国等欧洲国家，参加国际会议、拜访合作院校并出席校友活动，并在瑞士出席第11届格里昂讨论会（Glion Symposium），发表题为"中国大学的变革与使命"的演讲。8月，党委副书记安钰峰赴美国耶鲁大学参加"中国大学校长交流研修项目"。8月，党委书记郝平访问德国、奥地利合作学校，拜会中国驻当地使领馆，探讨学校与相关机构的深度合作、中德人文社科高级研究院相关事宜。9月，校长林建华赴美国纽约，先后出席"中美青年创客峰会""中美大学校长和智库论坛"活动。12月，党委书记郝平赴英国，参加爱丁堡大学刘延东副总理名誉博士授予仪式、刘延东副总理牛津大学演讲会，并访问北京大学汇丰商学院英国校区。

【交流合作】 人文交流活动。8月29日，在校举行中日大学生千人交流大会，中国国务院副总理刘延东、日本早稻田大学校长镰田薰、中国驻日本大使程永华、中国教育部副部长田学军、日本驻华大使横井裕等出席活动。近500名日本大学生与近600名中国大学生进行了深入的交流。9月13日，在深圳举办中俄综合性大学联盟成立大会暨中俄大学校长论坛，作为中俄人文交流机制的系列配套活动，中国国务院副总理刘延东，俄罗斯副总理奥莉佳·尤里耶夫娜·戈洛杰茨（Olivia Yuriyevna Golodets），中俄两国外交部、教育部、财政部等领导，以及近100所中俄大学校长代表和教育领域嘉宾出席成立大会，共商中俄高教合作。9月24日至27日，在纽约大学举办中美青年创客峰会，作为中美首届社会人文对话项目的配套活动之一，国务院副总理刘延东出席活动、参加启动仪式并发表讲话，北京大学校长林建华、纽约大学校长安德鲁·汉密尔顿（Andrew Hamilton）、英特尔公司副总裁柯明远（Peter Cleveland）及ofo小黄车联合创始人于信出席活动。在教育部的推动下，北京大学与美国纽约大学、芝加哥大学等高校以及Dell公司、微软公司等企业进行了多次沟通，积极推动联合建设中美创客青年交流中心。

学生国际交流。北京大学（含医学部）本科生交流规模约1960人次。专项资助学生海外学习项目（EAP, Education Abroad Program）的奖学金主要包括：俞敏洪蒙民伟奖学金（40万元人民币/年）、桑坦德银行奖学金（15万美元/年）、信和奖学金（100万元人民币/年）。400余名学生获得长短期出国交流奖学金资助，奖学金覆盖率近70%。重点推进各类赴国际组织实习项目的实施，包括全球研究型大学联盟（IARU）国际实习项目，联合国儿童基金会、联合国教科文组织实习项目，CUSPEI中美顶尖大学创新创业教育项目等。

外籍教师工作。聘请外籍专家和教师达744人次，由诺贝尔奖获得者、院士级专家领衔，教授、研究员职称、博士学位者占较大比例。聘请专家长短期结合，包括长期工作的语言外专70人，专业教学外专144人，短期访问讲座讲学外专408人，开展合作科研外专25人，聘请外籍青年博士后18人次。按项目层次统计，通过国家级引智项目平台引进的高层次外专166人，通过学校重点和常规引智平台引进的外专分别为66人和512人，高层次外专引进占比31%。按国别与地区统计，本年度聘请外专共计来自71个国家和地区，居前5位的国家是美国、德国、英国、韩国、法国，占聘请总人数的46.6%。按专业领域统计，人文社科类占聘请总人数的一半以上，理工类学科中聘请人数居前三位的是数理科学、环境与地球科学、工程与材料科学，占聘请总人数的三分之一。执教信息技术学院的图灵奖得主约翰·霍普克罗夫特（John Hopcroft）设计"图灵班"课程体系，遴选教师，主持选拔首批43名"图灵班"学生，为"图灵班"设立奠定坚实基础。燕京学堂副院长何立强（John Holden）开启中国教育国际化的探索和实践，凭借其在业内多年国际交流经验，积极推动中国高等教育国际化，因其杰出贡献，获得2017年度中国政府友谊奖。国际知名规划专家、北京大学建筑与景观设计学院讲席教授约翰·扎卡赖亚斯（John Ke-ith Zacharias），是首批入选中组部"外专千人计划"国家特聘专家，创建了北京大学城市过程模拟与应用实验室，积极为中国城市建设发展建言献策。"大学堂"顶尖学者讲学计划和海外名家讲学计划自开办以来邀请了多位世界一流学者来校举办讲座，开设课程或开展合作研究。2017年"大学堂"讲学计划邀请到意大利前总理、著名学者和政治家罗马诺·普罗迪（Romano Prodi）、1996年诺贝尔化学奖获得者罗伯特·科尔（Robert F. Curl）、2013年诺贝尔化学奖获得者迈克尔·莱维特（Michael Levitt）等一流学者来访。

港澳台地区交流。安排校级以上团组接待17次，并通过校级层面的高层对话落实各领域合作。接待港澳台地区中学参访团5个，约500人次，包括台北市立第一女子高级中学、台湾中山女高、香港岭南中学、澳门化地玛中学及澳门青少年外交知识竞赛代表团。推动品牌活动的发展，举办北京大学"台湾大学日"主题交流活动、未名湖畔好读书：北京大学暑期学校（港澳台学生）、"中国方略：当代中国与世界"研习营、青年视野：北大-港大学生交流论坛。为庆祝香港回归祖国20周年，举办纪念香港回归祖国20周年研讨会、京港高校交流、京港青年学生庆回归联欢会、庆祝香港回归20周年主题征文比赛、内地与港澳法学教育联盟等活动。6月，京港高校交流会在北京大学举行，香港科技大学等8所香港地区高校的校董会主席及校长，北京大学等12所北京地区高校领导，以及教育部港澳台事务办公室、北京市教委并香港特区政府教育局等单位近70名代表出席会议，探讨发挥京港两地教育资源优势、促进两地高等教育共同发展。7月，由民盟中央、北京大学、南京大学、台湾大学主办，浙江大学承办的第十三届"海峡两岸暨港澳地区大学校长联谊活动"成功举行。全国人大常委会副委员长、民盟中央主席张宝文，全国政协常委、副秘书长、民盟中央副主席徐辉和来自大陆、台湾、香港、澳门地区21所高校的23位校领导参加活动。林建华校长作关于中国大陆高教发展情况的报告。8月，台湾新党副主席李胜峰率团来校出席"鲲鹏会台湾青年背景创业研习营"开营活动，国台办联络局、海峡两岸交流中心领导，及北京大学台湾研究院院长李义虎教授等出席。12月20日，由北京大学主办、中华全国台湾同胞联谊会合办、北京大学台湾研究院承办的第三届中华文化论坛在北京大学英杰交流中心开幕，200余位专家学者参加此次论坛，论坛收到论文90余篇。

北京论坛。11月3日至5日，以"文明的和谐与共同繁荣——变化中的价值与秩序"为主题的第十四届北京论坛成功举行。本届论坛共设有8个分论坛和1个学生论坛，领域涵盖国际关系、政治、经济、历史、城市规划、社会企业、中非关系等方面。来自44个国家和地区的300余位嘉宾齐聚北京，从多学科、多视角出发，聚焦人类社会变化中的价值与秩序，探讨面对深度调整的全球秩序与国际格局，如何构建起能够应对全新挑战的全球治理体系与人类命运共同体。联合国秘书长安东尼奥·古特雷斯（Antonio Guterres）特意为本次北京论坛发来视频贺词，全国政协副主席王家瑞，教育部副部长林蕙青，俄罗斯联邦国家杜马前第一副主席、俄罗斯联邦总统人权事务前全权代表弗拉基米尔·彼得罗维奇·卢金（Vladimir Petrovich Lukin），埃及前总理、开罗大学教授埃萨姆·谢拉夫（Essam Sharaf），北京市副市长王宁，韩国SK集团全球董事长崔泰源等国内外嘉宾出席了北京论坛的开幕式并发表致辞。此外，剑桥大学耶稣学院中国中心主任、剑桥大学崇华中国发展荣休教授、剑桥大学发展研究中心创始主任彼得·诺兰（Peter Nolan），洛杉矶加州大学（UCLA）校长毕杰恩（Gene D. Block），文明对话研究院主席、"文明对话"世界公众论坛创始主席弗拉基米尔·亚库宁（Vladimir Yakunin），北京大学博雅讲席教授朱苏力等国内外知名专家学者在本届论坛上发表了主旨演讲。本届论坛实现整体升级，规模宏大，学术层次高，成果丰硕。北京论坛在学术界和人文社会科学界的影响力进一步扩大，已经成为国内外文化交流和学术交流的一个重要平台。

国际文化节。10月29日，第十四届国际文化节在北京大学百周年纪念讲堂广场隆重开幕。国家外国专家局、国家留学基金委、国家汉办、中国教育国际交流协会、教育部留学服务中心、北京市教委等机构的领导和代表出席了开幕式。来自巴勒斯坦、巴基斯坦、叙利亚、阿尔巴尼亚、尼泊尔、冰岛等17个国家的30余位驻华使节，海内外艺术家、学者，十余所兄弟院校的师生，校长林建华、副校长王博和各院系师生代表出席了开幕式。本届国际文化节以"四海一家"（Together as One）为主题，旨在通过文化互动与交融，促进全球青年的联结，为建构人类命运共同体贡献北大经验和北大力量。近70个国家和地区的北大在校留学生及包括15个国家的近20余位驻华使节在内的校内外师生、嘉宾共同参与了本届文化节。65个国家及地区的79个展台展览，22个国家及地区的美食分享，30余名中外学生的舞台表演，"一带一路"青年论坛，"我们与他们的未来——难民儿童画展"等活动，共同组成了此次国际文化节。

（国际合作部、港澳台交流办公室、
汉语国际推广工作办公室）

人事管理

【发展概况】 2017年，人事管理工作紧密围绕国家发展战略，按照学校综合改革方案的具体要求，积极探索建设适应世界一流大学的现代人事制度，为构建规模适度、结构优化、效率显著的世界级师资人才队伍不懈努力，取得显著进展。

【教职工队伍状况】 校本部。截至2017年12月31日，校本部全职在职人员5299人，其中具有博士学位2690人，占50.8%。常规事业编制4382人，企业编制59人，新体制858人。其中教学科研人员2624人，具有博士学位2350人，占89.6%。另有非全职聘用81人，均为教学科研人员。

表8-1 校本部全职人员分布表（截至2017年12月31日）

总计	教学科研	党政管理	选留学工	实验工程	图书出版	财会审计	医护	中小幼教	工勤
5299	2624	863	61	544	245	150	100	355	357

表8-2 校本部全职人员职称分布表（截至2017年12月31日）

专业技术职务	人数	百分比
正高级职务	917	20.6%
其中：教授	786	17.7%
副高级职务	1518	34.2%
其中：副教授	807	18.2%
中级职务	1385	31.2%
初级职务	199	4.5%
无	422	9.5%
老体制小计	4441	83.8%
新体制	858	16.2%
合计	5299	100%

表8-3 新体制人员职位分布表（截至2017年12月31日）

人数	系列	人数	比例	职位	人数
858	教研系列	768	89.5%	教授/研究员（长聘）	359
				长聘副教授	87
				预聘职位	322
	研究技术系列	81	9.4%	研究员	3
				副研究员	42
				助理研究员	36
	教学系列	9	1.0%	教学教授	1
				教学副教授	2
				讲师	4
				教学助理	2

表8-4 校本部教师国籍/地区分布表

国籍/地区	大陆	港澳台	美国	加拿大	日本	澳大利亚	荷兰	英国	意大利	其他
人数	2531	22	38	11	3	4	2	2	2	9

表8-5 校本部中国籍教师民族分布表

民族	汉族	满族	回族	朝鲜族	蒙古族	土家族	其他少数民族
人数	2440	40	19	14	13	8	19

表8-6 校本部教师学历分布表

学历	博士	硕士	本科及以下	合计
人数	2350	203	71	2624

表 8-7 校本部教师学缘（博士学位）结构表

毕业类别	本校毕业	国内其他机构毕业	境外高校毕业
合计（人）	1153	655	816

医学部。医学部教职工队伍建设继续朝着规模适度控制、结构基本合理的方向发展。截至2017年12月31日，医学部在职职工总数11,551，比2016年增加170人，增幅1.49%。其中医学部本部1558人，比2016年减少19人，减幅1.20%。附属医院9993人，比2016年增加189人，增幅1.93%。

表 8-8 医学部2017年教职工基本情况一览表

人员及分布	医学部本部人数（比例）	医学部人数（比例）
在职总人数	1558	11,551
其中：教学人员	699（44.9%）	4667（40.4%）
教学辅助人员	390（25.0%）	5514（47.7%）
管理人员	388（24.9%）	999（8.6%）
工勤技能人员	81（5.2%）	381（3.3%）

表 8-9 医学部2017年教师队伍职务结构、年龄结构统计表
（2017年12月31日不含肿瘤医院）

职称	人数	35岁以下（人数）	36—45岁（人数）	46—55岁以上（人数）	56岁以上（人数）
正高级	824	1	144	498	181
副高级	1067	81	663	298	25
中级	1228	746	391	89	2
初级	874	846	18	10	0
合计	3993	1674	1216	895	208

表 8-10 医学部近三年教师队伍学历结构统计表
（2017年12月31日不含肿瘤医院）

学历	2017年		2016年		2015年	
	人数	百分比	人数	百分比	人数	百分比
博士	2910	72.88%	3101	70.08%	2989	68.38%
硕士	788	19.73%	945	21.36%	953	21.80%
本科及以下	295	7.39%	379	8.56%	429	9.82%
合计	3993		4425		4371	

自2015年1月1日医学部正式实施《北京大学教学科研职位分系列管理规定（试行）》以来，医学部共有教研系列人员69人，其中博雅讲席9人、海外高层次人才引进计划入选者4人、博雅特聘13人、长聘副教授2人、预聘副教授/助理教授41人［其中海外高层次人才引进计划（青年项目）15人］；教学系列6人；研究技术系列2人。

【增减员情况】 校本部。1.增员总量。校本部2017年全年增员199人。其中，教学科研93人（教研系列75人、教学系列1人、研究技术系列17人），与2016年基本持平，占46.7%；党政管理33人，占16.6%；选留学工30人，占15.1%；此三类人员占2017年增员的78.4%。另外新增非全职聘用4人。

表 8-11　校本部 2017 年全校增员分布表

总计	小计	教学科研	党政管理	选留学工	实验工程	图书出版	财会审计	卫生技术	中小幼教
总计	199	93	33	30	11	11	3	2	16

2. 2017 年增员来源及学历分布。

表 8-12　校本部 2017 年增员来源及学历分布表

	合计	应届毕业生	留学回国（含外籍）	地方调入	博后留校
合计	199	81	59	46	13
博士	109	9	57	30	13
硕士	56	42	2	12	
学士	34	30		4	

（1）全校增员 199 人，其中博士学位 109 人，占 54.8%；硕士学位 56 人，占 28.1%，合计研究生学历人员占新增人员 82.9%。

（2）录用应届毕业生为 81 人，占全校增员的 40.7%。其中博士 9 人，硕士 42 人，学士 30 人（其中 30 人为选留学工干部）。

表 8-13　校本部 2017 年录用应届毕业生分布表

	总计	教学科研	党政管理	选留学工	实验工程	图书出版	财会审计	卫生技术	中小幼教
总计	81		27	30	4	6	1		13
博士	9		4		2	1			2
硕士	42		23		2	5	1		11
学士	30			30					

（3）留学回国（含外籍）59 人，占全校增员的 29.6%；博士后留校 13 人，占全校增员的 6.5%，地方单位调入 46 人，占全校增员的 23.1%。留学回国、博士后留校以及地方调入共 118 人，占全年总增员的 59.3%，其中博士学位 100 人，占 84.7%。

表 8-14　校本部 2017 年引进人员（非毕业生）分布表

	总计	教学科研	党政管理	实验工程	财会审计	图书出版	卫生技术	中小幼教
总计	118	93	6	7	2	5	2	3
博士	100	91	1	5		1	1	1
硕士	14	2	4	2	1	3		2
学士	4		1		1	1	1	

（4）高层次人才引进情况。2017 年校本部引进高层次人才 26 人，其中：教授 10 人（包括院士 1 人、海外高层次人才引进计划 5 人、博雅讲席教授 1 人、人文讲席教授 2 人、杰青 1 人），长聘副教授 3 人（包括青年拔尖人才 2 人），海外高层次人才引进计划（青年项目）13 人。3. 减员情况。校本部 2017 年减员 213 人，其中离退休 133 人，调出、辞职、自动离职、在职死亡、选留结束共减员 80 人。全校 2017 年实际净减员 47 人，主要减员为非教学科研人员（148 人，占 69.5%）。

离退休 133 人，包括教学科研人员 38 人（其中正高 27 人），占 28.6%；非教学科研人员 95 人，占 71.4%；

其他形式减员 80 人，包括教学科研人员 27 人（含教授 8 人），其他人员 53 人（含选留结束 24 人）。

表 8-15　校本部 2017 年减员分布表

减员分类	小计	教学科研			其他人员							
		正高	副高及以下	新体制	党政管理	工程实验	图书出版	财会	医护	中小幼教	工勤	选留学工
离退休	133	27	11		28	12	7	2	4	3	39	
其他减员	80	8	5	14	15	12	1				1	24
合计	213	35	16	14	43	24	8	2	4	3	40	24

医学部。1. 人员进出情况。截至 12 月 21 日，医学部本部共调入 16 人，其中，教辅岗和管理岗共调入 8 人，京内调入 10 人，留学回国 4 人，从京外调入 2 人。2017 年调出 14 人，内部调动 21 人。2017 年医学部本部有 56 人退休，其中干部 47 人，工人 9 人。

2. 接收应届毕业生、出站博士后情况。医学部共接收应届毕业生 514 人，其中京外生源 271 人，京内生源 243 人。医学部本部接收 28 人、第一医院 159 人、人民医院 105 人、第三医院 116 人、口腔医院 45 人、第六医院 13 人、首钢医院 24 人、国际医院 24 人。从学历层次来看，博士 224 人、硕士 132 人、本科 79 人、大专 94 人；从岗位分布来看，医教研岗位 269 人、管理岗位 38 人、教辅岗位 207 人；从学源结构来看，232 人毕业于北大，其中 4 人来自北京大学本部。

医学部共接收博士后 15 人，其中到医学部本部 7 人（教师 2 人、教辅 2 人、管理 3 人）。

医学部共获批 271 名京外生源进京指标，基本满足医学部各单位的用人需求。12 月，北京肿瘤医院正式在人社部备案，从 2018 年起，其毕业生接收工作纳入北京大学医学部附属医院管理轨道。

3. 调出 121 人，与 2016 年相比减少 27 人。调出人员的专业技术职务分布情况为：副高及以上人员 20 人，占 16%，中级 43 人，占 36%；初级及以下 58 人，占 48%。调出人员学历分布情况为：博士 39 人，占 32%；硕士 32 人，占 27%；本科及以下 50 人，占 41%。调出人员的岗位分布情况为：教学科研岗 50 人，占 41%；医药护技岗 56 人，占 46%；党政管理岗和其他人员 15 人，占 13%。调出人员的去向分布情况为：调到本市其他单位 91 人，占 75%；调到京外其他单位 4 人，占 3%；校内（含附属医院）调动 8 人，占 7%；出国和其他人员为 18 人，占 15%。

【奖教金评审工作】　校本部。2017 年奖教金名额为 311 人，同比增加约 29%，奖金总额为 1508 万元，同比增长约 26%。本年新增博雅杰出青年学者奖，奖励名额为 25 人，奖励标准为 6 万元/人。新增陈明、刘卿伉俪奖教金，奖励名额为 5 人，奖励标准为 2 万元/人。中国工商银行奖教金恢复，奖励名额为 22 人，奖励总金额为 80 万元。方正优秀管理奖教金的奖励名额从 12 人调整为 6 人，金额从 5000 元增加到 10,000 元。曾宪梓优秀教学奖奖励金额不变，奖励名额从 16 人调整到 18 人。王选青年学者奖教金奖励金额不变，奖励名额从 4 人调整为 6 人。

医学部。医学部共有 31 人获得各类奖教金，其中 2 人获国华杰出学者奖、4 人获方正奖教金教师优秀奖、1 人获宝钢教育基金优秀教师特等奖、1 人获方正奖教金优秀管理奖、5 人获杨芙清-王阳元院士奖教金、3 人获黄廷芳/信和青年杰出学者奖、6 人获绿叶生物医药杰出青年学者奖、10 人获中外医学奖教金。

【人才开发工作】　校本部。2017 年在职教职工办理长期（三个月以上）公派出国（境）共计 49 人，具体分布如下：

表 8-16　派出类别分布情况

派出类别	人数	派出类别	人数
单位公派进修	27	国家公派进修	12
单位公派任教	5	随任	2
国家公派任教	3	借调	0
总计 49 人			

表 8-17　派出人员专业技术职务级别、学位、年龄分布情况

专技职务级别	人数	学位	人数	年龄	人数
正高	15	博士	39	50 岁以上	16
副高	24	硕士	9	46—50 岁	14
中级	10	学士	1	41—45 岁	7
				36—40 岁	10
				31—35 岁	2
总计 49 人					

表 8-18　所去国别（地区）分布情况

国别（地区）	人数	国别（地区）	人数
美国	26	英国	3
日本	2	西班牙	3
韩国	2	港澳台地区	2
德国	4	其他	7
总计 49 人			

2017 年共有长期公派出国（境）教职工 39 人回校，按照派出类别具体分布如下：

表 8-19　回校教职工派出类别分布情况

派出类别	回国人数	批准延期人数
国家公派任教	1	2
国家公派进修	22	
单位公派进修	10	1
单位公派任教	3	2
借调随任	3	1
总计	39	6

主要出国研修项目选拔推荐情况 "国家公派访问学者项目"入选25人；"青年骨干教师出国研修项目"入选11人；"高校学生工作骨干出国研修项目"入选1人；"高校优秀学生工作者项目"入选1人；"中法蔡元培交流合作项目"入选1人；"中美富布莱特项目"入选2人；"全国学校体育教师赴美留学项目"入选1人；"中德合作项目"入选2人；"青年骨干教师出国研修项目/高等教育教学法出国研修项目"入选3人；"高等教育行政管理人员出国研修项目"入选4人。

人文基金高级访问学者项目于2010年正式启动，该项目旨在资助北京大学中文系、历史学系、哲学系、考古文博学院4个人文院系的海内外高端学术交流，截至12月31日，已累计资助海内外学者182人，资助学术团队7个，从事海峡两岸人文领域相关研究的博士后2名。2017年，该项目共审批出访学者9人，来访学者16人，从事海峡两岸人文领域相关研究的博士后2名。

医学部。2017年共审批98名优秀人才长期出国留学（90天以上），其中国家公派35人，单位公派63人。正高职称3人，副高职称41人，中级职称46人，初级8人；派往美国77人，欧洲9人，其他国家和地区12人；出国进行合作研究15人，进修学习83人。办理离校手续26人，办理返校手续19人。批准在外留学人员的延期申请25人次。

【专项培训工作】 2017年4月中旬，北京大学第八届青年骨干教师培训会在京郊举行，90余名青年骨干教师参加培训。8月底，北京大学2017年新任教职工岗前培训活动在京郊举行。全校新任教职工近130人参加培训。为促进青年教师的教学发展，人事部配合教师教学发展中心，积极推动青年教师教学能力培训，2017年度共同完成18门课程的培训组织工作。自2015年起，组织开展管理职员专项培训工作，截至12月31日，共组织55门课，248个学时的培训活动，参加培训人员6100余人次。10月中旬，人事部、党委教师工作部组织举办北京大学第二期青年人才国情研修班，全校各教学科研单位25名优秀青年教师代表赴贵州遵义参加此次国情研修。2017年，全校共选派63名教师参加由中组部、教育部组织的各类高层次专家国情研修班。

【人才队伍建设】 校本部。海外高层次人才引进计划。申报第十四批"海外高层次人才引进计划"各类项目人才共65人，其中创新长期项目8人，创新短期项目7人，青年项目50人。积极做好海外高层次人才引进计划入选者的到岗聘任工作。截至2017年底，第十三批"海外高层次人才引进计划"，北京大学校本部到校工作专家211人，包括创新长期项目37人，创新短期项目23人，青年项目151人。12月，完成14位海外高层次人才引进计划（长期项目、短期项目）专家（不含医学部）评估，其中：综合评估3人，履职评估3人，聘期考核8人。

教学科研人才队伍建设。在国家人才计划层面，入选杰青17人，入选人数继续居于全国高校首位。入选长江特聘教授6人，位居全国第二。入选万人计划22人（教学名师1人、科技创新领军人才12人、哲学社会科学领军人才3人、青年拔尖人才6人）。"海外高层次人才引进计划（青年项目）"和"青年长江学者"人员入选方面取得较好成绩，入选海外高层次人才引进计划（青年项目）25人，入选青年长江14人，在国家青年人才计划入选人数方面处于领先，青年人才队伍发展得到进一步提升。

教学科研职位分系列管理制度得到深入贯彻落实，已经有42个院系引进新体制人员；有22个单位已进行过至少一次Tenure评估（含老体制教授Tenure评估），在其中10个院系出现Tenure评估不通过的案例，在其中4个院系（工学院、物理学院、生命科学学院、历史学系）有院系层面Tenure评估即不通过的案例。已完成中期评估48人（含预聘晋升3人），其中理工科25人，人文社科23人；完成教授晋升评估16人（杰青）；完成Tenure评估48人（含老体制副教授Tenure评估18人），通过39人（教授5人、长聘副教授34人），不通过8人，Tenure评估通过率为81.3%。

研究技术系列继续得到发展，引进副研究员5人、助理研究员12人，分布于8个院系和中心，主要是用于高端智库建设、重大研究项目、重点实验室所需要研究人员支撑，如国家发展研究院高端智库建设、高精尖创新中心、国家重点实验室等。开始启动研究技术系列晋升评估，共完成晋升评估5人，其中副研究员申请晋升研究员2人（均未通过），助理研究员申请晋升副研究员3人（均通过）。

医学部。医学部现有两院院士14人，海外高层次人才引进计划长期项目入选者5人，短期项目入选者1人，青年项目入选者15人（3人未到岗），在岗长江学者特聘教授17人，讲座教授3人，国家级有突出贡献专家15人，"新世纪百千万人才工程"国家级人选11人，青年拔尖人才4人。

2017年新到岗教研系列教师9人，其中海外高层次人才引进计划（青年项目）3人、预聘制助理教授5人、长聘制副教授1人；新到岗教学系列教师2人，研究技术系列教师1人。完成7位预聘制人员的中期评估（百人计划2人、海外高层次人才引进计划青年项目5人），其中优秀6人、良好1人。完成二位百人计划入选者的Tenure评估（1人未通过、1人申请延期）。

【考核与岗位聘任】 校本部。1.年度考核。全校5301人中5218名在职在岗职工参加年度考核，其中407人考核结果为"优秀"档次，4773人考核结果为"合格"档次，8人考核结果为"基本合格"档次，7人考核结果为"不合格"档次，28人考核结果为"参加考核不确定档次"。

2.聘期考核。3月，开展上学期的聘期考核续聘工作。此次考核针对人员范围：7月1日至12月31日间聘用合同到期人员（含新体制教学系列、研究技术系列人员）。共涉及78个二级单位490人。经学校审议，同意17人续签无固定期限合同、468人续签固定期限合同、5人终止聘任不续签合同。

9月，开展下一学期的聘期考核续聘工作。此次考核针对人员范围：2018年1月1日至2018年6月30日间聘用合同到期人员（含新体制教学系列、研究技术系列人员）。共涉及27个二级单位70人。经学校审议，同意4人续签无固定期限合同、64人续签固定期限合同、2人终止聘任不续签合同。

3.国家通用岗位聘任。（1）专业技术岗位。全校新聘专业技术二级岗位22人、三级岗位40人。学校现有专业技术二级岗位188人（20.5%），三级岗位216人（23.5%），四级岗位512人（56%）。

（2）管理职员岗位。新聘五级管理职员13人，六级管理职员7人，七级管理职员7人，八级管理职员1人，共计28人。本次管理岗位聘任工作完成后，校本部管理职员共聘任942人。

4.专业技术职务聘任。（1）教师系列。公开招聘：6月底，各教学科研单位根据学校批准的岗位数进行公开招聘。7月—9月中旬，各教学科研单位通过教授会、同行专家评审、学术委员会、党政联席会对申请人进行审议，将审议通过的各候选人的申报及推荐材料在各单位公示一周后推荐到所属学部。9月28日—10月12日，各学部对所属各单位推荐的候选人进行审议。10月31日上午，校学术委员会对全校教学科研系列专业技术职务聘任进行审议。

（2）非教师系列。申请人在规定时间内向本单位提出书面申请，并在网上提交申请。单位在规定时间内将申请人材料报送各相应学科评议组。9月13—21日，学科组根据学校下达指标进行评议。9月26日—10月17日，分会对所属各学科评议组推荐的候选人进行审议。10月31日上午，校专业技术职务评审委员会对全校非教学科研系列专业技术职务聘任进行审议。

5.聘任结果。（1）教师系列。2017年度校本部共下达教师系列正高级岗位晋升指标47、副高级岗位晋升指标23。经评审，最终通过晋升正高44人，副高20人。2017年度共36人申请晋升不成功并记次，其中，第二次申请的2人。

（2）非教师系列。2017年度校本部共下达非教师系列正高级岗位指标7、副高级岗位指标44。经评审，通过晋升正高职务7人，晋升副高职务44人，引进人才聘任副高1人，晋升中级职务65人，晋升初级职务1人。2017年度共30人申请。

6.教师系列晋升通过人员年龄、学历结构及教学科研情况。（1）教授（研究员）。2017年度晋升教授人员的平均年龄44.8岁，与往年基本持平。晋升教授人员获博士学位的比例为100%，近五年都是100%。晋升教授人员的平均任职年限为10.5年，与往年基本持平。晋升教授人员平均教学任务为158.9学时/年（4.6学时/周），与往年基本持平。晋升教授人员平均发表科研文章29.5篇，与往年基本持平。自然科学类晋升教授人员平均发表被SCI等收录的论文29.4篇，与往年基本持平。

（2）副教授（副研究员）。2017年度晋升副教授人员的平均年龄为37.6岁，获博士学位后任职年限平均为7.3年，与往年基本持平。晋升副教授人员的平均任职年限为8.6年，比往年有所延长，承担教学任务平均为127.7学时/年（3.8学时/周），平均发表科研论文10.1篇，与往年基本持平。

医学部。根据各单位队伍现状及学科发展要求，确定晋升比例，宏观控制队伍的结构。按照《北京大学教师聘任和职务晋升（暂行）规定》和《北京大学医学部专业技术职务评审聘任条例》，经各级评审，共有417人（含教学医院）通过高级专业技术职务的评审聘任，其中晋升263人（不含教学医院、国际医院），晋升正高级专业技术职务81人，晋升副高级专业技术职务182人。

【劳动合同制职工的管理】 校本部。劳动合同制聘任的职工已经成为北京大学人力资源的重要组成部分。截至2017年12月31日，校本部签订劳动合同并在人事部备案的劳动合同制职工达到3682人，年度入职843人，年度离职684人，年度净增加159人。

劳动合同制职工中，女职工2368人，占职工总数的64.3%；男职工1314人，占职工总数的35.7%。拥有博士学历的职工138人，拥有硕士学历的职工827人，拥有本科学历的职工851人。

劳动合同制职工按年龄统计，20岁以下的41人，占职工总数的1.1%；20岁到29岁的1153人，占职工总数的31.3%；30岁到39岁的1469人，占职工总数的39.9%；40岁到49岁的789人，占职工总数的21.4%；50岁以上的230人，占职工总数的6.3%。职工整体平均年龄约为34岁，以20—39岁青年职工为主，占71.2%。

劳动合同制职工教学科研类岗位167人，占4.5%；行政管理类岗位1399人，占38%；专业技术类岗位885人，占24%；工勤类岗位1231人，占33.4%，行政管理岗位所占比例最高，其次是工勤岗。

劳动合同制职工分布于全校86个二级单位。其中理学部、信息与工程学部、人文学部、社会科学学部、经济与管理学部所有院系均聘有劳动合同制职工。各单位职工人数差异较大，会议中心人数最多，共751人；校医院、光华管理学院和校园管理服务中心超过200人；生命学院、继续教育学院、工学院等3家单位劳动合同制职工人数均超过100人；有32个二级单位合同制职工人数在10人以下。后勤系统聘用人员最多，占总人数的37.4%。

全校劳动合同制职工平均月应发工资（合同工资+加班费+奖金-扣款）为8853元，人均年应发工资10.62万元。劳动合同制职工年终奖发放6693万元，人均发放18,178元。单位和职工各缴纳住房公积金3141万元。总成本支出51,470万元，平均每月成本支出4289万元，人均年成本支出14.2万元。

2017年1月，根据《北京大学劳动合同制职工补充医疗保险暂行办法》"根据资金使用情况和参保人员综合状况进行调整"的精神，对补充医疗保险单位缴费比例进行调整。自1月起，补充医疗保险单位缴费比例由1%降为0.5%。学校补充医疗基金蓄水池的功能已经形成，能为大病、重病职工提供实质性的经济帮助，职工补充医疗保险的报销比例不变，职工补充医疗保险的保障水平不降低。

第六届教代会2016—001号《关于解决北京大学后勤部分岗位综合计算工时工作制》的提案由人事部承办。接到提案后，人事部积极和提案人、海淀仲裁院、海淀区人力资源和社会保障局、北京市人力资源和社会保障局等部门沟通，并发出《北京大学关于建议改革综合工时审批制度的函》，在现有政策框架下解决这一问题。1月，因提案办理效果显著，人事部被教代会授予提案办理奖。

督导32家聘用劳动合同制职工人数超过15人的二级单位建立包括招聘、考勤、考核以及奖惩的规章制度。将这32家单位的规章制度制作成《北京大学劳动用工管理制度汇编》，并发放给二级单位参考。5月，在对经验和问题进行梳理和总结的基础上，对二级单位人事干部进行《北京大学劳动用工制度建设探析》的培训，推动二级单位在日常管理中重视规章制度的建设。

5月，在对教学科研单位全体劳动合同制职工的岗位分布、管理权限归属等问题摸底调查的基础上，系统调查课题组、实验室、虚体机构管理的管理现状，并对造成该现状的原因进行初步分析，撰写《教学科研单位劳动合同制职工的岗位分布及管理状况分析》。9月，走访清华大学、人民大学、北京师范大学、北京理工大学和北京交通大学，就目前高校对劳动合同制职工管理的通行做法和特色管理进行调研和比较。10月，对全校具有代表性或特殊性的19家二级单位进行调研。在此基础上撰写《北京大学劳动合同制职工的队伍现状及管理建议》。

医学部。合同制聘用人员现在已经成为医学部人力资源重要的组成部分。截至2017年12月31日，医学部本部有合同制聘用人员459人（含劳动合同制100人、劳务合同制143人、劳务派遣制216人，不含出版社、动物部、幼儿园等机构），2017年度入职125人，离职70人，年度净增加54人。

317人（其中派遣215人）办理社会保险；平均每月完成298人次的工资审核工作（其中劳务派遣208人）。

截至12月31日，医学部与新进的临时聘用人员签订劳动合同23份（网络22人）、劳务合同18份、续签劳动合同2份，劳务合同68份；新增劳务派遣人员76人，续签劳务派遣合同31人。

合同制职工月平均工资（合同工资）为5495元，月平均实发工资（合同工资+加班费+奖金-扣款（含个人保险及公积金））为3904元，月平均单位承担工资（合同工资+单位承担保险公积金）为5641元，人均年实发工资为4.8万元。

【工资与福利】 校本部。2017年1月，根据《北京大学专项岗位绩效奖励实施办法（试行）》，同时结合2011计划的人员绩效，顺利完成2016年度专项岗位绩效奖励的发放工作。本次专项岗位绩效奖励总额约为16,536.98万元，获奖人数为4061人，人均奖励40,721元。

1月，梳理全校暂停薪人员、受处分处罚人员、离岗人员、实际工作不满半年人员、组织借调人员等教职工的具体情况，同时兼顾本科见习人员、兼职人员、年薪制人员、企业编制人员、博士后的特殊情况，对全校教职工进行增加工龄、晋升薪级、发放一次性年终奖的工作。

1月，审核并发放2016年度子女互助医疗，共发放2144人，总金额为643,200元。

5月，北大附中、北大附小按照总额包干的办法进行岗位聘任，学校按年度将人员经费拨至北大附中和北大附小。根据岗位津贴调整后的测算情况，将北大附中、北大附小的年度人员经费调整为600万元、200万元。

5月，根据教育部《关于做好已增加知识价值为导向分配政策落实情况督察工作有关事项的通知》（教技司〔2017〕13号），协调科研部、社科部、财务部、科技开发部、产业办、医学部等部门展开自查工作，并完成自查报告。

5月，为支持校园服务中心的幼教中心建设，向幼教中心拨款10万元。

6月，为175名离休干部发放防暑降温费，每人240元。

6月，引导专项津贴分配。重新核定各单位2017年度的引导专项津贴的预算，并及时下达给各单位。结合2017年度整体预算情况，对已经批复综合改革方案的院系（化学院、光华管理学院）适当增加人员经费，其他院系的人员经费额度根据实际情况调整。

6月，启动本科生转正和定级工作。将本科生转正定级纳入人事管理系统当中。单位通过系统完成本科生转正和定级工作的申请。8月，完成30名本科生的转正和定级工作。

7月,调整干警津贴。干警津贴是学校根据北京市的相关政策,专门针对学校保卫部职工设立的特殊津贴。根据干警津贴的调整规定,干警津贴的标准统一调整为660元/月,本次共调整47人的干警津贴。

9月,完成职级津贴的调整工作。根据职级津贴的调整规则,通过对比审核,涉及调整职级津贴的人数为375人。

10月,高校薪酬协会数据采集。根据高校薪酬协会的要求,统计事业编制全体在职教职工的薪酬数据,并进行详细分类,包括单位类别、人员类别、学科门类、教育程度、最高学历、行政职务、职称、岗位等级、薪酬水平、人才类别等。

10月,调整5419名退休人员的养老金,并完成2016年和2017年的养老金补发,共补发28,939,241元。

11月,根据财政部、教育部的要求,完成高校薪酬改革情况调研的工作报告。工作报告总结当前高校的工资政策、薪酬结构、按岗位分类的工资待遇情况、近5年的工资增长情况、绩效考核办法、高层次人才待遇有关政策、青年教师的薪酬政策、工资的经费来源等详细情况。

11月,调整遗属补助标准。根据《关于调整本市去世离休干部无工作配偶生活困难补助费标准的通知》(京组通〔2017〕40号),去世离休干部配偶无工作、有子女的生活困难补助费调整到每人每月940元;去世离休干部配偶无工作、无子女的生活困难补助费调整到每人每月1405元。

11月,完成职称晋升和聘任通用岗的待遇调整工作。此次职称晋升169人和聘任通用岗调整368人,根据规定调整相关待遇。

11月,"吃空饷"问题长效机制建立情况专项督查。根据《关于建立机关事业单位防治"吃空饷"问题长效机制的指导意见》(人社部规〔2016〕6号)、《关于开展防治"吃空饷"问题长效机制建立情况专项督查工作的通知》(教人司〔2017〕367号),协调组织部、纪委、财务部、医学部,组织开展防治"吃空饷"问题长效机制的自查工作,按照严格界定的"吃空饷"情形,梳理当前与防治"吃空饷"问题相关的政策、制度、程序,从人员日常管理、工资发放管理、离岗人员管理、监督管理、责任追究等多个方面严格排查,对于可能出现"吃空饷"问题的地方进行查漏补缺,完成自查报告。

12月,对因公牺牲人员的遗属进行慰问。每年给予因公牺牲人员的遗属一次性慰问补助,每人每年400元。

12月,完成工人技师聘岗工作。根据工人聘岗的要求,共2名中级工晋升为高级工,8名高级工晋升为技师,1名技师晋升为高级技师,同时兑现相关待遇。

12月,采暖补贴。根据《关于在京中央和国家机关职工住宅物业管理和供热采暖改革的意见》(国管房改〔2014〕504号)、《关于在京中央和国家机关职工住宅区物业管理和供热采暖改革有关问题的通知》,结合动力中心供暖协议的签订情况,共为9299人发放采暖补贴。

生命中心津贴是专门针对生命联合中心岗位发放的津贴。2017年度生命中心津贴发放共涉及146人,总金额为2263万元。

专项岗位津贴是专门针对化学学院、生命学院发放的津贴。2017年度专项岗位津贴发放共涉及67人,总金额为585万元。

福利费。北京大学福利费主要用于教职工的生活困难补助、医药补助、慰问等情况。根据福利费相关文件规定,按照机关党委人均12元/年、其他单位人均50.4元/年的标准拨款。2017年拨款总金额为46万元,涉及9528人。

离退休人员发放返聘费。2017年共为72名离退休人员发放返聘费,总金额为98万元。

教育岗位工作满30年。5月,启动教育岗位工作满30年的申报工作。全校共有145人申报,经审核有135人符合条件。9月,整理符合条件的教职工材料和名册,并配合学校工会的工作,在教师节对这些辛勤工作的教职工已进行表彰。

一次性抚恤金和丧葬费。2017年共发放一次性抚恤金和丧葬费127人次,发放金额为19,723,986元。

考勤管理。共处理病假、产假、配偶陪产假、生育增加假、婚假、丧假、事假、旷工等假期管理请求1589人次。

新进人员档案阅览。对于事业编制、新体制等新进人员,为保障新进人员顺利办理入校手续,及时进行档案阅览。共计阅览186人次。

起薪/停薪。根据调配、博士后等办公室的请求,及时为教职工办理起薪、停薪手续。共为在职、博士后等552人办理起薪手续,为在职、博士后、离退休等430人办理停薪手续。

退休手续。根据国家规定,办理退休人员手续133人次,教授延缓退休手续28人次。

医学部。1.根据国家和学校的相关政策,落实教职工的薪酬福利待遇。

发放在职工资15,727万元;离退休费17,218万元;岗位津贴10,927万元。2016年9月至2017年8月第十七轮岗位津贴共发放11,643万元。2016年有1422人享受专项岗位绩效奖励,共发放5524万元。1552人享受2016年年终一次性奖金,共发放610万元。有1469人晋升一级薪级工资,人均月增资87元。

2.根据《北京大学教研系列职位基本年薪实施方案》以及《关于落实常委会决议对教研系列待遇进行调整的操作细则》,实施医学部优秀人才引进与支持计划,落实教研系列人员待遇:调整年薪制人员基本年薪;发放博雅讲席教授津贴、博雅特聘教授津贴、博雅青年学者津贴、医学部人才奖励计划津贴。一次性发放2017年度博雅特聘教授(11人)、博雅青年学者(24人)津贴350万元,医学部人才奖励计划津贴178.8751万元（26人）；调整教师特别住房补贴，为34位教师发放特别住房补贴。

3. 调整博士后工资待遇。2017年起进站的博士后实行年薪制，普通全职发薪博士后年薪18万元，博雅博士后年薪24万元。

4. 根据教育部统一部署，4月提高离退休人员离退休补贴标准，自2015年1月1日起执行。根据人力资源社会保障部办公厅、财政部办公厅《关于2017年调整在京中央国家机关事业单位退休人员基本养老金的通知》（人社厅发〔2017〕117号）文件精神和教育部统一部署，9月为退休人员发放基本养老金。根据上级文件精神，提高生活长期完全不能自理的离休干部护理费标准，自7月1日起由1000元/月提高到2500元/月。

5. "特岗特贴"的审核与发放工作。为保卫处19位在编工作人员发放特殊津贴17,892元；为基础医学院解剖教研室24位在岗人员发放特殊岗位津贴8.61万元。

6. 有22位职工去世，发放丧葬费、抚恤金368万元。

7. 保证特殊人员的待遇兑现，为17位遗属发放遗属生活困难补助6.44万元；为24位原"五七连"人员发放生活补助408,384元。

【社会保险】 校本部。6月至7月，根据北京市人力资源和社会保障局《关于统一2017年度各项社会保险缴费工资基数和缴费金额的通知》，顺利完成2017年度职工基本养老保险、失业保险、工伤保险、生育保险、基本医疗保险缴费基数的调整工作。本次基数调整工作涉及9025人次（其中事业编制职工5445人，劳动合同制职工3580人）。目前，各项保险的缴费基数上限为23,118元，养老保险、失业保险缴费基数下限为3082元，工伤保险、医疗保险、生育保险缴费基数下限为4624元。2017年6月份，根据核对的劳动合同制职工2016年度月平均工资调整劳动合同制职工2017年度住房公积金缴费基数，调整后个人和单位的最低缴纳额为273元，最高额为2774元。

北京大学职工共缴纳社会保险费用14,642万元，其中单位缴纳11,150万元，个人缴纳3492万元。办理保险增员1426人次，减员1178人次，跨省市转移31人次，发放领卡证明411张，发放职工社会保障卡396张，发放医保个人账户存折446张，变更社保信息1176人次。为劳动合同制职工申领生育保险待遇306人次，申领金额4,334,693.65元；医疗报销办理366人次，报销金额453,636.02元；申报工伤待遇9人次，发放金额540,833.56元；办理失业待遇2人次，发放一次性失业保险金32,456元；办理养老保险待遇8人次，发放金额145,332.59元。

为保障职工在养老、医疗等方面的合法权利，依据国家养老保险、医疗保险、工伤保险、失业保险、生育保险等社会保险制度及北京市有关规定，北京大学事业编制职工在北京市参加失业保险和工伤保险，事业编制合同制工人除上述两险外还在北京市参加养老保险，外籍职工同时参加五险。年底事业编制职工参保人数5585人，比2016年增加92人，保险费用1915万元，比2016年增加73万元。

【博士后管理工作】 校本部。博士后进出站情况。北京大学校本部招收博士后研究人员528名（含外籍博士后28人）。其中，校本部全职博士后392名，校企联合招收55名，深圳研究生院招收78名，代医学部招收2名，在职博士后1名。

北京大学校本部出（退）站博士后339名。其中，留校工作34名，国内高校科研机构工作138名，国内其他事业单位工作31名，政府机关工作9名，国有企业工作16名，非国有企业工作的博士后57名，在国内继续从事博士后研究工作9名，出国从事博士后研究工作23名，外籍回国8名，出站待业8名，退站6名。

截至2017年12月31日，北京大学校本部累计招收博士后研究人员5993名，出（退）站4638名，在站1355名。

落实学校博士后工作改革政策。1. 根据《北京大学关于进一步加强博士后队伍建设的意见》（校发〔2016〕163号）的有关规定，先后组织实施三批次博雅博士后项目申报、评审工作，共计评选出78名获得博雅博士后项目资助者。

2. 2016年4月，林建华校长访问北京大学战略合作伙伴德国柏林自由大学。经协商，双方决定启动北京大学与柏林自由大学联合博士后项目。2017年初，开展首批双方国际联合博士后申报工作。4月至5月，根据两校专家评审结果和柏林自由大学的建议函，双方共同确定Julian Kollermeier和Caio Yurgel两位候选人为第一批联合博士后项目人选。

3. 11月初，在国际合作部组织主持下，与普林斯顿大学进行会议沟通，就北京大学与普林斯顿大学联合招收国际联合博士后达成共识，并于12月初完成对双方国际联合博士后英文备忘录文稿的修订工作。

4. 根据《北京大学关于进一步加强博士后队伍建设的意见》（校发〔2016〕163号）中有关冠名博士后项目的相关规定，3月，北京大学与中国工程物理研究院共同设立"科学挑战计划博士后"项目。项目的设立有利于推动院校科研合作和人才培养，是加强院校合作的创造性举措。

5. 博士后年薪制改革。2017年开始实施北大博士后薪酬年薪制改革，将博士后薪酬分为两个基本档次，并为无房博士后发放3500元/月租房补助，年薪制改革进一步规范博士后薪酬，为博士后分类管理，提高招收质量奠定基础。

6. 改进完善博士后进出站服务工作。10月，根据博士后日常进出站出现的新情况，博士后办公室对日常进出站服务进行梳理，并对完善进出站服务进行系统思考，撰写《关于进一步改进完善北京大学博士后进出站管理服务的建议》，提出改进完善进出站服务的一系列建议，并在部领导召集的博士后工作会议上，逐条研究并制定落实方案。

在站管理与服务工作。1. 2016年下半年，全国博管会在几所高校进行博士后工作试点改革。为解决改革方案对北京大学拟进站博士后户口迁移等造成的不利局面，撰写上报国家科技教育领导小组和全国博士后管理委员会报告草稿两篇，并积极与全国博管会主管部门沟通。在试点方案即将生效实施最后阶段，反复多次与全国博管办主管领导沟通争取，较为平稳地解决北京大学拟进站博士后户口迁移问题。

2. 组织申报国家博新计划项目，及时与国家主管部门沟通，提出相关建议，并负责沟通推荐北京大学参评专家。北京大学获得博新计划资助总人数（15人）名列全国高校之首。

3. 组织申报中国博士后科学基金。全年组织在校博士后申报中国博士后科学基金共计3批次，审核材料共计360多份。其中154人次获得资助，资助总金额1041万元。

4. 组织每年度优秀博士后评选。组织优秀博士后奖申报和评选工作，汇总各学院（系、所、中心）推荐获选人材料63份，联系落实评选专家34名，召开评审会议，评出优秀博士后25名。

5. 组织各类博士后交流联谊活动。组织推选博士后报名参加北京市新一届博士后联谊会。通过学校博士后联谊会，组织北京大学数百名博士后及家属参加北京博士后趣味运动会，组织开展羽毛球、乒乓球等活动，增进博士后之间的交流联谊和身心健康。

6. 改进完善博士后管理信息系统。为全面执行2016年8月学校出台的有关博士后政策和2017年国家出台的一系列管理政策，不断改进完善信息系统，向计算中心提交系统需求变更确认书十多份，主要包括：（1）通过增加"拨付方式"字段，将各种专项和经费来源进行系统的梳理和整合；（2）将基本年薪和租房补贴管理纳入信息系统；（3）修改起薪通知单，将起薪时间改为按实际报到日；（4）修改院系推荐报告、报到流程审查表等模板，并与报到须知等一起纳入录用通知邮件；（5）召集两次两部门联席会议和一次三部门联席会议，为推进在信息系统中实现经费冻结和未来一站式服务做准备。

7. 改革完善博士后公寓管理。根据有关部门要求，与中关新园管理部一起，对新公寓进行为期一周的入户排查，并针对检查中发现的问题及时进行整改；根据学校领导要求，与房产部一起对旧公寓进行系统检查，提出4条整改意见，已经纳入学校决策议程；研究下一步博士后公寓分配的改进方法。

医学部。1. 博士后工作改革和制度建设。（1）理顺博士后管理体制，附属医院的博士后管理从教育处统一换到人事处；附属医院的博士后工资由医院发放，基金由医院管理。博士后管理更加顺畅。

（2）取消名额限制，扩大博士后规模。取消名额限制后，2017年的博士后招收人数是以往的2倍多，一定程度缓解博士研究生名额少对科研的压力。

（3）改革博士后经费筹集模式。完善国家、学校、医院和合作导师共同承担日常经费的模式，体现医学部对于博士后工作的大力支持。2017年医学部双一流经费共支出约1050万元用于博士后薪酬发放。

（4）提高博士后待遇，博士后实行年薪制，普通博士后年薪18万元、博雅博士后年薪24万元。

（5）住房改革。博士后公寓按照自愿申请、先到先得的原则分配，并按照市场价收取房租。配合这项改革，和房产一起联系评估公司做博士后公寓市场价的评估。

（6）在站时间弹性管理。为落实好各项改革，这一年进行多部门的沟通，处内和劳资办公室、处外和计财处、总务处等部门，以及学院和医院进行多方的沟通，解释。修改配套表格、优化办事流程、做好政策解释。

2. 博士后进出站及在站人员结构。医学部博士后进站102人，其与工作站联合培养11人。博士后出站（含退站）55人，其中留校工作6人，高校、科研单位及医院就业22人，企业就业14人，其他4人，退站8人，死亡1人。

截至2017年12月31日，医学部8个博士后流动站累计招收博士后855人，累计出站（含退站、死亡）696人。目前在站159人。在站博士后中，男性81人，占50.9%；女性78人，占49.1%。30岁及以下的85人，占53.5%；31—35岁的65人，占40.9%；35岁以上的9人，占5.6%。基础医学37人，药学59人，临床医学37人，公共卫生与预防医学7人、生物学8人、中西医结合2人、口腔医学3人、护理学2人、哲学和社会学4人。根据《北京大学医学部博士后研究人员延期管理实施细则》共办理6名博士后延期的审批。

3. 博士后在站管理。认真组织完成中国博士后科学基金第61批、62批面上资助和第十批特别资助的申报。其中，61批医学部20人申请，1人获得面上一等资助，7人获得面上二等资助；62批医学部39人申请，5人获得面上一等资助，8人获得面上二等资助。第十批特别资助有8人申请。完成"博新计划"的组织和申报，4人申请1人获批。完成国家"博士后国际交流计划"的申报，1人申报派出项目并获批。

2017年开始实施博雅博士后项目，上半年和下半年各组织一次申报评审，第一批推荐8人，获批4人，实际进站3人；第二批推荐4人，获批3人。

2017年度博士后科研成果如下：共发表SCI收录的第一作者论文33篇，累计影响因子136.273，平均单篇影响因子4.13；发表第一作者中文核心期刊文章14篇；获得各类基金37项，累计经费641.93万元。

【人事档案管理工作】校本部。截至12月31日，在库档案为59,105卷。2017年度接收档案材料12,986份，档案转递6787卷（含部分往届生）。接收档案10,877卷，其中教职工档案563卷（含博士后），本科新生档案2969卷，研究生新生档案 7345 卷。

医学部。2017 年管理档案 5335 份，总归档量 8305 份，全年共提供查阅档案 675 人次，案装订 736 卷，以及部分档案纠错修补工作。通过加强查阅、归档登记管理，细化登记内容，完善调入调出手续、电子目录的维护，进一步规范档案管理工作。并拟定《人事处档案管理条例》，完善档案室硬件建设，完成档案倒柜、规范排放，进一步明确使用流程、查阅、归档要求及标准。

【人才服务与培训中心工作】 校本部。按照 2010 年制定的《事业编制人员二级人事代理管理流程》，稳步推进二级人事代理制度。2016 年底有十二批 1304 人纳入二级人事代理。

主持人事部主页信息建设，负责"北大人物"栏目组稿工作，2016 年介绍 25 位北大的优秀学人。负责《人事工作简报》的组稿、发行工作，制定简报发稿任务计划，2016 年组稿 14 期，按期发行。统筹完成《北京大学教师手册》（2016）编制工作。

2016 年底开始协助劳动劳动合同制职工办理两地分居手续。

2016 年度开放所有档案存放在北京市的劳动合同制职工专业技术职务代评，扩大代评范围，共有 12 人参评教育管理、工程技术、实验技术、图书资料四个系列。

科研项目聘用应届毕业生专项工作 2016 年正式结束，对 6 位 2014 年聘用毕业生进行年度考核，同时办理 2016 年期满落户手续。

目前转岗富余人员总计 55 人，离退休人员（含退职）36 人，在职人员 19 人，其中 4 人有工作岗位。

医学部。签订聘用合同的毕业分配人员有 521 人，调入人员 88 人，解除合同 121 人。到目前为止总代理 10,648 人，解除代理共 2258 人，现代理 8390 人。

上半年领取和发放 2016 年新教师岗前培训合格证。下半年按计划 9 月组织 2017 年新教师岗前培训的报名工作，本期共有 456 人报名。11 月中旬组织学员在会议中心参加面授课，联系面授课老师及协调面授课相关事宜。

代管人员 12 人，事业编制 11 人，企业编 1 人，退休 9 人，负责他们的日常管理和与用人单位协调等事务性工作。

为配合医学部人事制度改革，为用人单位提供服务，人才中心负责招聘工作。为附属医院、医学部各院、系、部处等单位上网发布招聘信息 30 次。

（人事部）

离退休工作

【发展概况】 北京大学对离退休教职工实行学校、院系/机关职能部门二级服务管理的工作机制。离退休工作部下设综合办公室、离退休事务管理办公室、老干部活动中心 3 个科室，其中综合办公室与人事部综合办公室合署办公。离退休工作部定编 7 人，实际工作人员 6 名。部长马春英。1 月 13 日，学校任命陈默为离退休工作部副部长（试用期一年），因另有任用，免去李海燕离退休工作部副部长职务。北京大学关心下一代工作委员会秘书处挂靠离退休工作部。截至 2017 年底，北京大学校本部事业编制离退休教职工共有 5562 名，其中离休人员 160 人，退休退职人员 5402 人。全校离退休人员中，80 岁以上 1783 人，占比 32%，70 岁以上则已远远过半，达到 3223 人。

【强化组织领导】 根据学校分工及换届工作安排，北京大学适时对离退休工作委员会、离退休工作领导小组、关心下一代工作委员会进行调整，郝平、林建华担任离退休工作委员会主任，安钰峰担任离退休工作领导小组组长、关心下一代工作委员会主任。

【持续完善工作制度】 2017 年，北京大学深入贯彻党的十九大精神，认真落实中共中央办公厅国务院办公厅《关于进一步加强和改进离退休干部工作的意见》及中共教育部党组、中共北京市委教育工作委员会相关文件要求，根据北京大学第十三次党代会工作部署，对《关于进一步加强离退休工作的意见》进行修订，制定《中共北京大学委员会关于进一步加强和改进离退休工作的实施办法》（党发〔2017〕113 号），进一步加强和改进新形势下北京大学离退休工作。同时制定《北京大学离退休人员活动费使用管理规定》（校发〔2017〕262 号），修订《北京大学离退休教职工生活特困补助专项经费使用办法》《北京大学退休教职工重大疾病补助专项经费使用办法》《北京大学离休教职工重大疾病补助专项经费使用办法》。

【加强工作队伍建设】 5 月 23 日，北京大学举办离退休工作系统会暨培训会，党委副书记、纪委书记安钰峰为全校离退休工作人员做《关于进一步加强和改进离退休干部工作的意见》专题学习报告。7 月，离退休工作部应北京大学人口研究所、老年学研究所邀请，派出工作人员参加 2017 两岸老龄福祉科技与服务管理研修活动。11 月 29 日，组织全校离退休工作人员参观第六届北京国际老龄产业博览会，促进工作人员更加全面地了解老龄产业发展和社会养老公共服务资源情况。

【加强调研宣传工作】 先后走访北京市教育系统老年大学、北京市海淀区老龄大学、中科院老年大学等校外单位，调研老年大学办学经验；调研校内考古文博学院、历史学系等，考察文科离退休教师外聘情况；赴中组部老干部局汇报北京大学离退休工作，并接待中组部来北京大学调研离退休干部党建工作等。建立离退休工作及关心下一代工作微信公众号"博雅春晖"，并面向各二级单位开放网站"基层动态"板块，抓好信息工作。

【开展十九大专题活动】 围绕"畅谈十八大以来变化，展望十九大胜利召开"主题,从5月开始,陆续推出一次茶会、一次座谈会、一次征文、两次访谈,凝聚引导一批政治立场坚定、理论水平高的老同志深刻回顾十八大以来新变化,展望十九大胜利召开的美好愿景,打造"博雅银龄茶会"活动品牌,组建关心下一代专家委员会等专业老同志队伍。10月18日,组织离退休教职工、在职工作人员与学生代表一起收看党的十九大开幕实况直播,召开"老中青共话发展变化,喜迎十九大胜利召开"主题座谈会;在党的十九大闭幕后,组织青年学子采访一批理论水平高的老专家、老教授,解读共产党人的初心与使命。

【重视老同志意见建议】 在北京大学第十三次党代会召开前夕,专门召开离退休教职工代表座谈会,就党委工作报告起草工作及"双一流"建设征求意见。郝平书记等校领导专程登门拜访老同志代表,征求有关党代会召开的意见建议。针对离退休人员普遍关心的学校建设发展问题,通过召开全校春节团拜会、离退休教职工代表座谈会、基层工作人员代表座谈会、老年社团代表座谈会等,听取意见建议,保持信息渠道通畅。

【完善三重保障体系】 在国发养老金(退休金)基础上,持续完善学校特困补助、补充商业保险等离退休教职工特困帮扶机制,不断完善三重保障体系,努力解决老同志的实际困难,提高老同志的生活质量。校本部设立每年60万元离退休教职工重大疾病补助专项经费,每年40万元离退休教职工生活特困补助专项经费,用于帮扶生活困难的老同志;为事业编制离退休教职工统一出资购买老年人意外伤害险。

【坚持慰问制度】 在重要纪念日、重大庆典和重大节日,学校领导带头走访看望离退休教职工。离退休工作部坚持落实年节慰问、生日慰问、疾病慰问制度,2017年各类走访慰问共计146人次,累计发放慰问金慰问品约合5.85万元。全校各单位也通过走访看望、举行座谈会、团拜会、祝寿活动等对离退休教职工进行慰问。

【积极推进文化养老】 加强燕南园63号院老干部活动中心建设,开设老年课程达到7门,在学离退休教职工近200人次;学校划拨资源东楼三间近400平方米教室用于老年课程建设,并将筹建老年大学的规划提上日程。

因时因地组织各类学习活动,开设"博雅银龄课堂",分别在5月、6月邀请相关领域专家为老同志讲解法律、防金融诈骗等知识;10月组织老同志代表集体参观"砥砺奋进的五年"大型成就展,加强主题教育;同时向各二级单位划拨活动经费共计1,249,320元,人均下拨额度由240元提高至400元,鼓励引导各单位组织老同志开展活动;支持引导离退休教职工社团依法依规开展活动,丰富离退休教职工的精神文化生活。

【积极开展关心下一代工作】 把握机遇,开拓创新,突出学习贯彻十九大精神主线,发挥老同志优势,开展立德树人工作。进一步加强老同志队伍建设,拓宽"春燕行动""家燕行动"等实践育人平台,完善老同志关心下一代、年轻人关爱老一辈的"双关"工作格局。

6月,参与"北京高校网络新媒体环境下关心下一代工作研究项目"课题,发放问卷,参与征文,获得一等奖、二等奖各一篇;8月,积极响应北京市教育系统关工委号召,组织军训服装捐赠活动,共向河北贫困地区捐赠军训服装4124件,居北京高校之首;12月6日,北京教育系统关工委邀请北京大学马克思主义学院教授郭建宁作学习党的十九大精神专题报告,并聘请他为北京教育系统关工委"五老"报告团成员。12月8日,北京大学承办北京市教育系统关工委"五老"报告会,邀请全国政协教科文卫体委员会委员、朱德元帅之孙朱和平少将作"'信仰的力量'——学习贯彻党的十九大精神"专题报告,北京大学国防生和来自北京各高校关工委老同志及青年学子代表等400余人参加报告。12月14日,北京市教育系统关工委第二协作组会议在北京大学召开,会议围绕学习落实党的十九大精神展开讨论,并参观北京大学关工委立德树人教育基地。

【承办教育部"院士回母校"活动】 10月9日,北京大学举办"院士回母校"活动,地质勘探学家、数学地质学家、中国地质大学原校长、北京大学1952届地质学系校友赵鹏大院士,理论物理学家、中国科学院高能物理所研究员、北京大学1956届物理系校友张宗烨院士,半导体物理学家、北京大学1965届物理系校友夏建白院士应邀回到母校与北大学子座谈交流。中国关心下一代工作委员会主任顾秀莲、教育部关心下一代工作委员会主任李卫红、中国科学院副院长张涛、北京大学党委书记郝平出席活动并讲话。中国关心下一代工作委员会,中国科学院,教育部关心下一代工作委员会,北京教育系统关心下一代工作委员会,教育部思想政治工作司、高校学生司,北京高校关心下一代工作委员会,北京大学校友和师生代表等300余人参加活动。活动由北京大学党委副书记、关心下一代工作委员会副主任叶静漪主持。北京大学党委副书记安钰峰,北京教育系统关心下一代工作委员会副主任、北京大学关心下一代工作委员会副主任岳素兰参加活动。"院士回母校"系列活动是教育部关心下一代工作委员会自2016年以来着重打造的三项品牌工作之一,以"坚定理想信念,传承科学精神"为主题,旨在通过院士回母校与在校学生交流,以自身治学做人、科学报国的经历和感悟,帮助和引导大学生树立职业理想、确立职业规划、激发学习动力。

(离退休工作部)

财务工作

【发展概况】 按照教育部财务决算报表(财基表)口径,

2017年北京大学收入总额1,541,914.64万元,比2016年的1,160,713.90万元增加381,200.74万元,增长32.84%。

2017年支出总额为1,072,080.28万元,比2016年的940,460.12万元增加131,620.16万元,比上年增长14.00%。年末固定资产总额1,523,514.75万元,比上年增长11.38%。

总体看来,2017年北京大学收入、支出总量及固定资产总量均保持稳健增长趋势。

【专题分析】 1.财政拨款增长迅速,自筹收入保持稳定。2017年北京大学收入具体构成情况如下:财政补助收入536,627.70万元,占总收入的34.80%;事业收入428,642.72万元,占总收入的27.80%;附属单位上缴收入310.00万元,占总收入的0.02%;经营收入1480.02万元,占总收入的0.10%;其他收入574,854.20万元,占总收入的37.28%。2017年北京大学财政拨款(包括财政补助收入、科研事业收入中非同级财政拨款、其他收入中非同级财政拨款)占总收入的50.55%;学校自筹资金(包括教育事业收入、其他科研事业收入、附属单位缴款、经营收入、其他收入中除非同级财政拨款以外的收入)占总收入的49.45%。

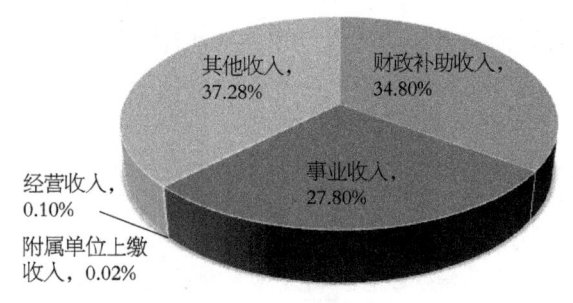

图8-1 2017年北京大学收入构成

(1)财政拨款稳定增长。国家拨款在2017年度有一定程度的增加,主要原因为2017年财政补助收入增加63,785.61万元,其中教育补助收入增加61,899.55万元,其中教育补助收入基本支出增加47,982.98万元,项目支出增加13,916.57万元。建设世界一流大学(学科)和特色发展引导专项、基本科研业务费、改善基本办学条件专项、纵向科研基金、重点实验室等多渠道财政资金为学校加快教学科研事业发展,创建世界一流大学提供资金保障。

(2)自筹经费能力增长明显。积极开展各种社会服务,努力发展校办产业,广泛争取海内外捐赠和社会资助。2017年学校自筹经费收入达762,499.45万元,比上年的439,611.63万元明显增长。自筹经费大大缓解学校事业发展和办学经费不足之间的矛盾,为增强办学实力、提高办学效益提供资金保障。由于肖家河教职工住宅项目的销售,学校在2017年度自筹经费中其他收入大幅增长,剔除肖家河教职工住宅项目的售房收入,学校自筹经费保持稳定。

2.支出结构与事业发展需求匹配。2017年北京大学总支出为1,072,080.28万元,教育事业支出和科研事业支出分别占总支出的60.01%和24.55%,是学校最大的两项支出。

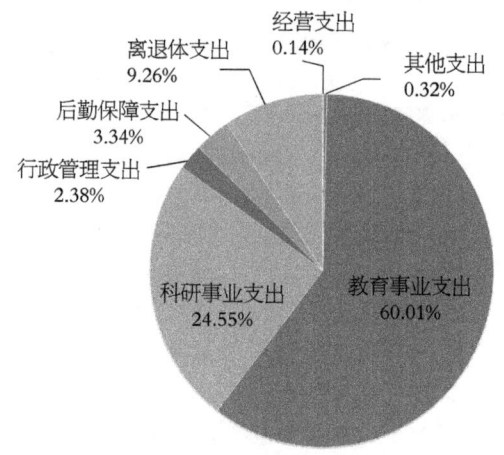

图8-2 2017年北京大学支出构成

北京大学支出情况总体保持稳定,其中教育事业支出稳步增长,在教学上的投入的经济资源持续增加,行政管理支出有所下降。

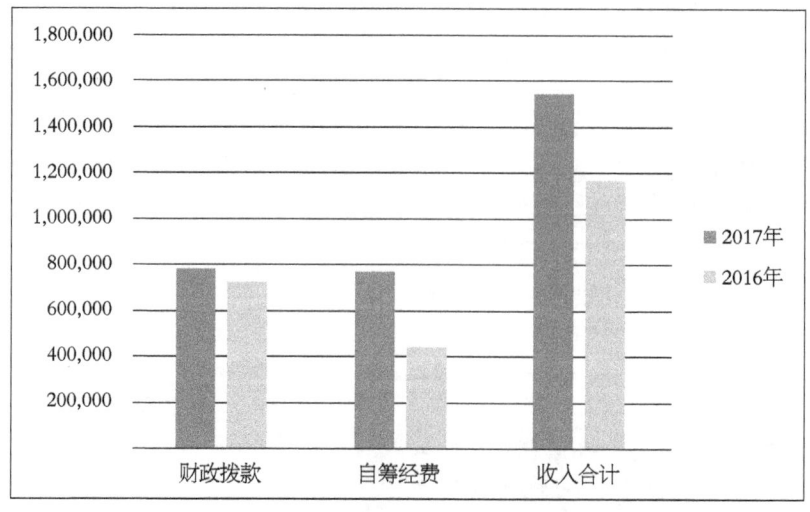

图8-3 2016—2017年北京大学收入情况比较(单位:万元)

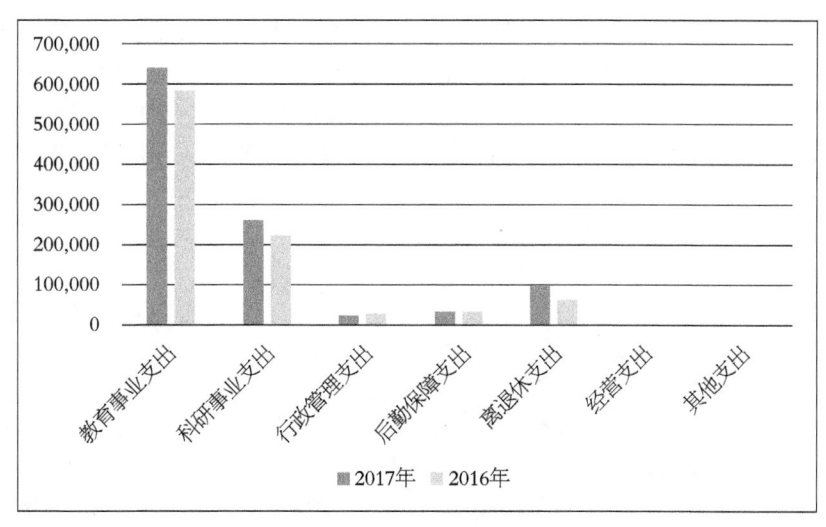

图 8-4　2016—2017 年北京大学支出构成比较（单位：万元）

3. 财务指标评价良好。2017 年，北京大学资产负债率为 5.54%，流动比率为 8.42，财务风险进一步下降，财务运行状况良好。2017 年，北京大学人员支出比率 44.60%，公用支出比率 55.40%，人均基本支出 480,489 元，生均奖助学金 7088 元。2017 年，北京大学总资产增长率 18.02%，净资产增长率 22.37%，总收入增长率 32.84%，财政补助收入增长率 13.49%，自筹经费增长率 46.14%，主要是由于肖家河教工住宅售房收入导致其他收入增加明显。从整体上看北京大学 2017 年各项财务指标均在合理的范围之内，学校财务状况处于良性循环状态。

【管理工作】 1. 推进财务信息化，三大平台正式上线。6 月 1 日，经过一年的开发筹备，全新的北京大学财务核算系统、网上报销系统、网上收费平台正式上线运行。新的财务核算系统和网上报销系统，利用信息化手段建立校内共享的信息平台，既解决"报账难""难报账"问题，同时也将内部控制制度和预算额度控制固化到网上报销系统，推行公务卡结算和网上报销验证，全面无现金支付使得资金支付可追溯、可查询。完善薪酬发放系统，改进合同制工资发放流程，通过系统控制实现超支预警、超标限制、资金冻结、算税报税、收入查询等新功能；开发运行新的研究生奖助平台，提高发放效率，增强信息管理与查询功能。优化内部支票结算模块，提高支付效率。

网上收费平台通过线上、线下资金结算通道，实现方便、快捷和全过程规范管理。收费平台对接校内各类收费系统，统一各类缴费渠道，方便校内外师生群众缴费。截至 2017 年底，校园缴费平台已开通 41 个单位主管的缴费项目 90 个，线上缴费总笔数 15.59 万笔，独立核算单位缴费累计 12.01 万笔。全部现金缴费无手续费、次日到账，与传统的支付平台相比，既节省费用，同时避免资金长期滞留在第三方平台的风险和损失。

2. 多措并举进一步落实"放管服"，提升财务服务水平。为进一步落实《关于进一步完善中央财政科研项目资金管理等政策的若干意见》（中办发〔2016〕50 号文）等有关制度要求，贯彻落实"放管服"精神，服务好教学科研主业，财务部牵头制定一系列落实上级要求、符合北大实际的财务管理办法，在规范财经纪律的基础上，尽最大可能方便师生对经费的使用，对各类特殊事项，明确经费来源与审批流程。

整合原来分散于不同科室的人民币与外汇报销业务，将出国批件从学校外事部门直接移交财务报销窗口，并改进签证费现金收取方式，实现不同币种业务和出国报销的一站式服务，既节省师生报销时间，也加强财务风险防控。

发布《关于调整现金报销等结算业务的温馨提示》，倡导尽量选择银行卡、网银、汇款、支票等安全、便捷的结算方式，对现金报销实行提前一个工作日预约的办法，保证"无现金支付"工作积极稳妥推进。

积极筹措建设资金与贷款，保证肖家河教工住宅项目顺利推进。为配合年初肖家河住宅项目贷款工作，财务部积极与北京市公积金中心沟通协调，争取便利政策，在购房现场同时为职工办理住房公积金支取，方便职工每月偿还贷款。

实现校内票据管理系统与财政部票据管理系统的对接，初次利用财政部财政票据电子化管理系统进行 2017—2018 学年度学费票据的批量打印。在学校收费平台增设财政票据打印功能，为校内 22 家单位 30 多个开票点提供安装和咨询服务，确保财政票据电子化平稳推进。

3. 加强预算管理，做好资金统筹与预算执行。财务部在部门预算编制过程中积极向财政部、教育部争取财政资金，保证学校在改善人员待遇、保障基本运转、加大教学科研投入、进行基础设施建设等方面事业发展的资金需求。根据 2017 年教育部部门预算批复，学校财政补助收入继续增长，位居中央高校财政补助收入首位。在预算编制过程中，着力强化与校内各部门的配合，在建设世界一流大学（学科）和特色发展引导专项、中央高校改善基本办学条件专项、中央高校捐赠配比专项等教育部重大专项资金上积极争取，在保障学校基本运行的同时，通盘考虑学校教学、科研、人才队伍建设、基础设施等方面需求，避免资金错配，充分发挥资金效益。按月通报财政重点专项执行情况，定期组织召开预算执行推进会，协调解决执行中的各类问题，保障财政资金使用效益。

4. 积极争取政策减轻学校税负，规范纳税流程。按照《关于全面推开营业税改征增值税试点的通知》（财税〔2016〕36号）、《关于明确金融、房地产开发、教育辅助服务等增值税政策的通知》（财税〔2016〕140号）等文件要求，财务部积极完成增值税简易计税方法备案，适用简易计税方法的纳税项目按照3%征收率计算缴纳增值税，简化税务工作内容，优化科研人员的工作环境，减轻学校税收负担。

加强个税申报指导。3月，北京市地税局首次采用个税申报软件，要求全校所有符合申报标准的员工在3月31日前全部完成申报。财务部邀请北京市地税局个税专家进行政策宣讲，编写详细操作流程，发布手机端申报教程，利用多种途径为老师们答疑解惑，圆满完成年度个人所得税12万元自行申报工作。协调地税部门，妥善解决外籍、港澳台教职工打印完税证明问题。发布《年终奖个人所得税注意事项》，引导各单位合理避税。

规范纳税流程。根据事业单位法人证书、组织机构代码证和税务登记证"三证合一"要求，财务部完成税务端变更，做好发票销毁、进项税额抵扣、发票报销事项安排，确保全校涉税工作正常开展。实行印花税电子申报，完成环保税、水资源税开征税源信息采集工作，完成2014—2016年度地税相关收入、各地方税种缴纳情况自查工作，制定补缴方案。

5. 加强财务信息公开，方便师生监督与查询。北京大学高度重视财务信息公开，将"公开、透明"纳入学校财政工作的根本性指导方针中，在按照教育部规定向全社会公开预决算信息、积极依申请公开"三公经费"的同时，坚持按时、按格式规范公开财务制度、预算、决算、行政事业性收费、国有资产管理等工作，继续完善构建学校和院系两级财务公开制度，通过党代会、教代会、党政联席会、干部大会、学校主页、财务部主页、财务综合信息服务系统、北大未名BBS、书记校长信箱等多个渠道公开财务信息，促进教职工全面参与管理、实施监督。

财务部重新设计与优化部门网上主页，根据师生关注度突出服务指南、规章制度与业务系统等子专栏，将财务工作细分为核算业务、学生服务、工资福利、劳务酬金、科研经费、出国外汇、单位涉税、收费立项、出纳业务、综合业务十大项目。同时，加强财务部综合信息服务系统运行的维护与更新，开发"财务驾驶舱"功能，方便院系财务主管与财务人员查询预算与收支信息。结合相关业务需求，不断完善网上报销、薪酬劳务发放、项目负责人经费查询统计等用户操作功能，稳妥实现与财务核算系统的数据对接。

6. 优化内部管理架构，加强人员轮岗交流。进一步完善部门组织架构，按照"人岗匹配、归口管理、岗位内控、管理核算并重"的原则，对各科室的岗位设置及工作职责进行优化调整，财务部启动部门内部轮岗计划。2017年财务部实现轮岗11人次，同时对化学与分子工程学院、工学院、光华管理学院、新闻与传播学院等19个院系的派驻会计进行岗位轮换，使轮岗工作制度化、常态化。

（财务部）

实验室与设备管理

【发展概况】 2017年，实验室与设备管理部（简称设备部）积极推进学校大型科学仪器公共平台建设，构建国内领先、国际一流的科研公共服务体系，支撑各学科建设和发展；深化实验教学改革，总结和凝练实验教学示范中心及虚拟仿真实验教学中心评建经验，以培养复合型、创新型人才为核心目的，充分利用前沿信息化技术手段，将实验、实践教学的作用贯穿人才培养的全过程；继续加强实验技术队伍建设，组织完成本年度实验技术系列职称评审和实验室工作先进集体和先进个人评审工作；继续完善大型科学仪器购置论证和效益管理，促进资源整合与开放共享；继续管理和执行学校"引导专项""985工程"设备经费；进一步规范设备采购的各个环节，加大招标采购、集中采购的执行力度，为学校争取更大的利益；全程负责仪器设备进口免税手续的办理，进一步加强免税科教用品的管理和政策宣传；建立健全实验室安全教育体系，加强环境保护和辐射防护管理、实验室危险废物排放及实验动物安全管理；承担北京市科委相关研究项目的建设工作；继续以管理机制创新和信息化建设为手段，进一步落实各项规章制度的执行；协助先进技术研究院完成相关认证工作。

（黄凯、周勇义）

【实验室建设与实验教学改革】 截至2017年底，北京大学共有实验室203个，其中校本部96个，医学部107个（校本部部分详见附表1：《2017年北京大学实验室基本情况一览表》）。2017年实验室建设和实验教学改革的主要工作如下：

示范性虚拟仿真实验教学中心评建。2017年，北京大学口腔医学实验教学中心申报的"口腔医学牙周操作实验教学虚拟仿真项目"通过教育部组织的"示范性虚拟仿真实验教学项目"认定。

启动世界著名高校实验教学比较研究。组织开展北京大学各主要实验学科与世界一流大学相应学科之间的实验教学比较研究。在借鉴世界一流大学有益经验的同时，为学校实验教学改革与发展提供更科学、更丰富的决策参考，进一步提升实验教学的整体水平，从而达到提高学生创新能力和创新精神培养的目的。2017年首先启动的是化学、物理、地球、生物、医学、药学六个学科。研究整体完成后将依托高等学校国家级实验教学示范中心联席会、中国高等教育学会实验室管理工作分会，在全国范围内开展各学科世界著名高校实验教学比较研究。

实验教学改革和教学实验室建设经费的评审与执行。2017年，设备部负责执行的北京大学实验教学改革经费共支持8个院系的12项实验教学改革项目，经费总额39.7万元；负责执行的实验教学设备补充经费共支持6个院系的12项实验教学条件建设和改善项目，经费总额58.5万元。

修购基金管理。中央高校修购专项是国家为集中解决中央高校普遍面临的问题，在年度教育事业费预算中安排的专项资金，主要用于中央级普通高等学校的房屋修缮、基础设施维修改造、仪器设备购置等。2017年北京大学共执行经费5174万元用于基础实验教学、公共平台和图书馆的条件提升改造（其中校本部2364万元，医学部2810万元），目前项目已基本执行完毕。同时，学校在全校范围内分院系组织完成2018—2020年修购基金执行计划校内论证和申报工作，经教育部委托事务所论证并经财政部复核，最终批复2018年执行金额5540.97万元，其中校本部3524.97万元。

实验技术队伍建设。实验技术队伍的建设与管理是高校教学、科研工作以及学科建设的重要保障。截至2017年底，校本部共有实验技术人员376人，其中，教授级高工26人，高级工程师/高级实验师153人，工程师/实验师184人。

1. 组织完成实验技术系列职务聘任工作。全校新评聘教授级高工2人，高级工程师15人（其中医学部2人），工程师16人（其中代评1人）。

2. 组织完成2017年度北京大学第九届实验技术成果奖评审。全校共评选出一等奖2项、二等奖8项、三等奖10项，评审结果于7月18日经第925次校长办公会审议通过。

中小学生实验实践课程基地建设。2015年6月，北京市教委开展"中小学生实验实践课程基地"建设工作，北京大学成为首批"北京市中小学生实验实践课程基地"授牌的8所高校之一，具体由设备部牵头负责组织相关工作。2017年按计划开展相关工作。

大型科学仪器公共平台建设。大型科学仪器公共平台是北京大学培养创新型、复合型领军人才，开展高水平科研工作，抢攻科学前沿的关键条件，也是北京大学投身国家和地方经济建设，积极履行社会服务职能的物质基础，其建设始终受到学校的高度重视。截至年底，北京大学共有7个校级公共平台，分别为：电子显微镜实验室、分析测试中心、北京核磁中心、实验动物中心、微纳加工实验室、液氮中心和高性能计算平台，设备总价值4.3亿元。2017年，北京大学公共平台建设工作主要包括：

1. 实验动物中心再获国际AAALAC组织完全认证。11月21—22日，国际AAALAC组织专家组对北京大学认证三年复审工作，专家组在校IACUC成员陪同下，检查动物饲养设施、相关实验室以及上次认证以来的各类存档资料。专家组对学校实验动物工作给予充分肯定，并表示会如实将检查情况上报AAALAC国际理事会。

2. 电子显微镜实验室升级成为国内高校最好电镜平台。北京大学以全球最低价购入亚洲首台超高能量分辨电子显微镜以及国内最低价购入的FEI双球差矫正电镜陆续到货并完成安装，并且已开始面向全校开放共享。两台球差电镜的购入将极大提升北京大学电子显微学、纳米材料及其他物质研究相关学科探索前沿问题的能力。

3. 拥有国内首台常温水冷技术设备的高性能计算平台投入使用。北京大学高性能计算公共服务平台是北大建立的校级科学仪器公共平台之一，是北大"双一流"建设学科支撑体系的重要建设项目，于2016年5月通过建设论证，由实验室与设备管理部负责管理，计算中心负责技术支持和运行维护。2017年，平台先后完成设备安装、调试和验收工作，现已面向全校开放共享。平台在国内率先采用常温直接水冷技术解决CPU和内存散热问题，系统性能良好，节能效果显著，LINPACK效率达到92.6%，PUE值达到1.1，均优于合同技术指标要求，居于国内领先水平。

4. 冷冻电镜平台逐步成为具有国内先进水平的科研支撑平台。冷冻电镜对生物物理、定量生物学、结构分子生物学和分子医学等前沿交叉学科的发展具有极为重要的推动作用。2017年，北京大学购置的两台300kV冷冻电镜陆续到货，其中一台已完成安装调试，面向全校开放使用。自此，北京大学已有冷冻电镜4台（300kV 2台、200kV 1台、120kV 1台），形成一定的资源规模。为更好的管理和使用冷冻电镜资源，设备部组织冷冻电镜平台的试运行，并牵头制定运行管理方案。冷冻电镜平台的搭建对学校相关学科的发展至关重要，将为全面提升整体科学研究实力提供重要支撑。

5. 组织完成校级公共平台绩效考评。为促进平台各项工作的科学化、规范化与公开化，强化平台建设人员的管理理念，确保学校投资效益的充分发挥，设备部组织编制高校中首个公共平台绩效考评指标体系，旨在对公共平台的运行效果进行全面、客观的考量，实现以评促建的目的。分别组织完成北京大学公共平台的中期和年终绩效考评，从公共性、科研能力、管理机制、队伍建设、平台特色等方面全面检验各平台的管理与服务工作，并根据考核成绩拨付平台运行专项补贴。

（张　媛、张黎伟）

【"引导专项""985工程"设备经费的管理和执行】 截至2017年底，由设备部负责管理和执行的"985工程"三期设备经费、"建设世界一流大学和特色发展引导专项"设备经费共计拨款14.37亿元，截至2017年底已执行13.52亿元。其中2017年拨款2.41亿元，执行4.00亿元（含"985三期"尾款执行）。

（石　铄、荆明伟、杜　卓）

【仪器设备管理】 截至年底，北京大学在用仪器设备总量309,720台，价值人民币69.86亿元（校本部230,090台，价值人民币52.94亿元；医学部79,630台，价值人民币16.92亿元），其中40万元以上大型仪器设备1932台，价值人民币28.16亿元（校本部1421台，价值人民币21.55亿元；医学部511台，价值人民币6.61亿元）。

北京大学新增1000元以上仪器设备30,857台，价值人民币7.6亿元。其中校本部新增24,222台，价值人民币5.47亿元；医学部新增6635台，价值人民币2.13亿元。

北京大学新增40万元以上大型仪器设备194台，价值人民币3.04亿元。其中校本部新增40万元以上大型仪器设备131台，价值人民币2.19亿元；医学部新增40万元以上大型仪器设备63台，价值人民币0.85亿元。（详见附表2：《2017年新增40万元以上大型仪器设备一览表》）。

2017年仪器设备管理方面的主要工作如下：

北京大学第二十五期大型仪器设备开放测试基金的执行。第二十五期大型仪器设备开放测试基金共开放设备199台/套（含实验动物中心），完成课题1173项，使用基金689.67万元，测试机时13,153,672小时，测试样品246,024个，资助申请人发表SCI论文988篇，获得专利128项，出版专著12部，千余名师生使用基金系统内的大型设备。获资助单位包括化学与分子工程学院、物理学院、生命科学学院、信息科学技术学院、地球与空间科学学院、城市与环境学院、环境科学与工程学院、考古文博学院、工学院、前沿交叉学科研究院、深圳研究生院、分子医学研究所、心理与认知科学学院、医学部14个院系。

北京大学第二十六期大型仪器设备开放测试基金的申报和评审。第二十六期大型仪器设备开放测试基金共收到课题申请1427个，测试费申请总额2353.4万元，申请机时2267.64万时，申请样品测试39.46万余个。经专家评审，最终获得批准的课题共1325个，测试基金总额910.0万元，其中学校出资455.0万元，申请人配套经费455.0万元（详见附表3：《北京大学大型仪器设备开放测试基金使用情况表》）。参加本期基金开放的仪器设备共210台/套（含实验动物中心）（详见附表4：《第二十六期大型仪器设备开放测试基金开放仪器一览表》）。

大型仪器设备测试服务。2017年，北京大学大型仪器设备测试服务总收入7469万元（不含大型仪器设备开放测试基金部分）（详见附表5：《2008—2017年北京大学大型仪器设备测试服务收入统计表》）。

组织40万元以上大型仪器设备购置可行性论证145次，共论证仪器设备152台/套（详见附表6：《2017年北京大学大型仪器设备购置论证统计表》）。

大型教学科研仪器设备使用情况调查及分析。根据教育部和北京市教委文件要求，完成全校1714台40万元以上仪器仪表类教学科研仪器设备的年度使用情况调查及分析。其中校本部1302台，价值18.74亿元，年使用机时800小时以上的仪器占84.3%，年使用机时2000小时以上的仪器占26.7%。

国家科技基础条件资源调查。根据科技部、财政部《关于开展2017年国家科技基础条件资源调查工作的通知》国科发基〔2017〕185号的要求，完成北京大学（含医学部）1122台50万元以上大型仪器设备基本信息和全校设备总体情况的统计上报，包括基本信息、开放共享情况、使用机时和维护管理情况等。

科研设施与仪器国家网络管理平台数据对接与报送。为进一步加强科研设施向社会开放共享，根据科技部和教育部要求，完成全校1009台50万元以上大型仪器设备基本信息和开放共享信息的统计上报，并实现与国家网络平台的数据对接。

仪器设备资产处置。设备部继续实行校内调剂、集中收储、公开处置的仪器设备报废程序，力求实现仪器设备使用价值的最大化。2017年北京大学旧仪器设备变价收入为131.78万元，其中校本部127.7万元。

大型仪器开放共享现场督查。5月，根据中央全面深化改革领导小组办公室的部署，科技部第五督查组赴北京大学现场督查《国务院关于国家重大科研基础设施和大型科研仪器向社会开放的意见》（国发〔2014〕70号文）的落实情况。设备部联合膜生物国家重点实验室和蛋白质与植物基因研究国家重点实验室共同开展工作，顺利完成现场督查各项工作内容。督查组对学校在落实《意见》过程中的制度化建设、全生命周期管理模式、校-院系-实验室三级开放共享体系建设、保障激励机制建设、以及两个国重实验室的管理和开放共享工作给予充分肯定与好评。

公车改革。2017年4月，教育部正式批复北京大学公车改革工作方案。批复意见同意北京大学公车改革方案，并要求学校在保留车辆预算、车辆使用管理、司勤人员安置、车辆处置、公务用车纪律等方面严格规范管理。收到批复后，设备部立即启动封存公车的处置以及其他各项相关工作。截至12月，北京大学封存公车拍卖和解体工作全部完成，标志着学校车改工作已基本完成。同时，为规范学校公车管理，设备部牵头公车管理小组，针对留用车辆的使用、封存车辆的管理、租车等相关事宜达成共识，并制定相关工作规范。

首都科技条件平台北京大学研发实验服务基地建设。2017年，北京大学继续承担北京市科委现代服务业促进重大专项——"首都科技条件平台北京大学研发实验服务基地建设及运营"项目（九期）建设工作，项目经费250万。基地建设由设备部牵头组织，并在科技资源开放共享、科研成果转化、专利技术转移等方面取得优异的成绩，并顺利通过六期项目建设验收和绩效考评。

科普基地建设。1.北京市科普项目社会征集。2017年度北京大学推荐的《纳米氢化物制氢的燃料电池车展品研发》、《2.48亿年巢湖龙海洋群落及研究过程的VR复原和科学展览》项目，获得市科委科普专项资助。

2. 组织实验室参加全国科技周。5月20日至27日，设备部组织北京大学相关项目参加北京大型科普博览——全国科技活动周暨北京科技周的展出。

（周勇义、张黎伟、李卿、马宁、张宇波、徐继革）

【仪器设备采购】 设备部进一步完善采购制度，规范仪器设备采购申报、审批程序以及招标采购流程；继续完善"阳光采购"机制，每月定期公布学校通用设备实际采购价格及采购工作相关信息，帮助全校师生及时掌握通用类仪器设备的实际价格变动情况。2017年，北京大学共采购仪器设备9.27亿元，其中校本部采购仪器设备7.03亿元，医学部采购仪器设备2.24亿元，主要工作如下：

招标采购工作。2017年，北京大学共组织仪器设备招标和竞争性磋商233次，中标金额共计4.19亿元。其中校本部组织设备招标和竞争性磋商135次，中标金额共计3.14亿元；医学部仪器设备招标98次，招标金额共计1.05亿元。

国内仪器设备采购。2017年，北京大学共采购国内仪器设备3.79亿元，审核并签订5万元以上合同1233份，合同金额共计3.67亿元。其中校本部采购国内仪器设备2.37亿元，审核并签订5万元以上合同921份，合同金额共计2.25亿元；医学部采购国内仪器设备1.42亿元，审核并签订5万元以上合同312份，合同金额共计1.42亿元。

国外仪器设备采购。2017年，北京大学采购国外仪器设备5.48亿元人民币。其中校本部采购国外仪器设备4.66亿元人民币，通过竞争性谈判或招标采购等方式签订及执行合同620项，共计4823台（件、套、批）；医学部采购国外仪器设备0.82亿元，通过竞争性谈判或招标采购等方式签订及执行合同197项。

办理科教用品免税情况。2017年，北京大学共办理免税合同708项，办理境外赠送免税3项，免税金额折合人民币约5.09亿元，按平均税率20%计算，共免除税款约1.01亿元。其中校本部办理合同免税511项，办理境外赠送免税3项，免税金额折合人民币约4.27亿元，免除税款约0.85亿元；医学部办理免税197项，免税合同金额折合人民币约0.82亿元，免除税款约0.16亿元。

（石铄、张洁、荆明伟、西鹏）

【实验室安全与环境保护】 北京大学以培养学生全面安全素质为主要内容的安全教育理念贯穿和融入校园学习的全过程，不断完善相关规章制度，增强师生的安全责任意识，全面提升学生的安全技能与综合素质，有效防范实验室安全事故的发生，推动安全文化逐步融入校园文化，促进平安校园与和谐校园的建设，避免或减少对环境的污染。2017年，在实验室安全、环境保护和辐射防护方面的主要工作如下：

实验室技术安全管理。为确保北京大学实验室安全，设备部采取多种措施，大力加强实验室技术安全管理工作：

1. 构建危险化学品全流程管理体系。（1）危险化学品安全管理平台软件建设：按照国家法律法规及政府相关部门的要求，加强实验室试剂管理，采用"互联网+管理"的模式，开发建设"北京大学试剂管理系统"，对北京大学试剂使用进行全程管理。1月1日，该系统在化学与分子工程学院试运行，效果良好；9月1日于全校范围内投入使用。（2）危险化学品安全管理硬件设施建设：通过规范设计并完善配套设施，将化学院试剂库升级为校级库房，同时建设剧毒库、易制毒库、易制爆库、液体易燃库、氧化剂库、还原剂库、有机库、无机库，并购置2台集装箱式实验室废弃物暂存柜，明确化学品存放规则，科学管理、严格分库，更好地为全校师生服务，保障教学科研的顺利安全有序开展。（3）危险化学品安全管理制度建设：根据《危险化学品安全管理条例》（2011年修订）、《易制毒化学品管理条例》（国务院令第445号）、《剧毒化学品购买和公路运输许可证件管理办法》（公安部令第77号）、《药品类易制毒化学品管理办法》（卫生部令第72号）等政策法规，起草及修订北京大学化学品安全相关管理办法，包括《北京大学试剂管理平台使用暂行办法》《北京大学危险化学品管理办法》《北京大学试剂供货商管理办法》《北京大学试剂平台报销管理规定》《北京大学废弃物管理办法》《北京大学气瓶管理办法》等，不断加强制度建设，建立长效机制，促进危化品规范管理。

通过危险化学品全流程管理体系建设，不仅有效地规范北京大学试剂供货商管理，而且基本实现包括危险化学品在内的试剂的全生命周期管理。通过高频的配送、回收，高效的服务，即通过"时间换空间"的方式，降低采购成本，确保产品质量，有效降低实验室试剂存量，同时实验室废弃物得到有效回收和处置，有效降低实验室的安全隐患，提高学校实验室安全管理的水平，极大简化试剂的采购、登记、使用、处置等关键环节，在全国高校中率先实现危化试剂的全流程闭环管理。共纳入试剂平台管理厂商285个，校内用户3324人，课题组559个，平台展示商品2811万条。2017年订单总量101,372个，累计采购金额2036.9万元。

2. 实验室、仪器设备和实验室安全巡查。2017年度共巡查16个院系的39个实验室，巡查报告和实验室安全整改通知已发送相关单位，并对整改效果进行复查。

3. 实验室安全检查。寒暑假前夕、国庆、两会和十九大期间等重大节假日活动期间，由设备部环境保护办公室组织，学校实验室安全委员会暨辐射防护工作小组成员组成实验室安全检查小组，对学校各院系实验室进行全面、细致的例行安全检查。

4. 实验室冰箱防爆改造。对化学学院36台存放危险化学品的普通冰箱实施防爆改造。

辐射安全与防护。1. 辐射安全许可证延续申请。辐射安全许可证是学校开展辐射安全教学、科研和医疗诊断（校医院）工作的基础和法律保障，5年须办理延续手续。此次辐射安全许可证延续获批后，有效期延至2022年9月30日。

2. 辐射项目的管理。2017年度北京大学共完成两个辐射项目的环境保护验收现场检测工作；完成3批次辐射项目的新改扩建环境影响登记备案工作。

3. 办理放射性同位素进口、转让审批和废旧放射源送贮手续。按相关规定，北京大学先后办理Ge-68（进口、国环辐审〔2017〕0509号）；P-32、S-35、H-3、C-14、Tc-99m、I-131、Ca-45（京环辐审〔2017〕47、48、74、108、109、111）等非密封放射性物质的进口和转让审批手续，共计7次。顺利送贮3枚废旧放射源。

4. 辐射工作人员及工作场所管理。2017年度，北京大学累计完成700余人次的个人剂量检测；完成两次辐射工作场所的环境剂量检测，结果显示所有辐射工作场所环境剂量均处于环境辐射本底水平，无超标或异常；组织完成全校10个放射性物品库安全防范评价与验收工作。

5. 北京市辐射安全（对外）培训。2017年设备部环境保护办公室继续与继续教育学院合作，组织4期辐射安全与防护培训，京津冀单位共713位辐射工作人员参训。

环境保护。1. 危险化学废弃物处置与管理。2017年，在化学与分子工程学院的积极配合下，全校（含医学部）共组织处理实验室危险废液等共计约283.7吨，处理费用459.5万元（其中校本部156.3吨，处理费用250万元）；组织处理实验动物废弃物共计53.3吨，处理费用22.5万元（其中校本部7.3吨，处理费用3.3万元）。同时，完成北京市环保局、北京市安全生产监督管理局、北京市教委布置的各项实验室危险化学品、危险废物情况的调查和统计工作。

2. 环保宣教活动。通过向本科新生和新教工发放安全、环保宣传材料，开展"认知燕园草木，爱护校园环境"活动等措施，促进北京大学绿色大学、平安校园建设。

3. 实验室安全文化建设。北京大学实验室安全文件建设工作主要包括：（1）印发实验室安全标识；（2）组织"2017北京大学实验室安全故事"有奖征文活动，来自6个单位的16篇征文获奖，部分与辐射相关的文章投到环境保护部核安全中心，有5篇文章获奖；（3）与院系合作组织开展北京大学2017年实验室安全系列讲座共计6期，累计参与师生人数千余人，系列讲座获得参与师生的一致好评。

（张志强、李恩敬、刘雪蕾、王洋洋、谢嫣琪、徐继革）

表8-20 2017年北京大学实验室基本情况一览表

序号	单位	实验室个数	实验室使用面积（m²）	教学实验（12—13学年）			仪器设备		其中20万元以上大型设备	
				实验个数	实验时数	实验人时数（万）	数量	金额（万元）	数量	金额（万元）
	合计	203	206,885	1490	24,166.5	262.9686	191,180	507,041.4	3345	27,5201.9
1	数学科学学院	2	2100	4	12	0.0780	2836	2271.49	1	47.61
2	工学院	11	30,754	102	5018	2.8009	13,204	37,212.06	224	18,703.82
3	物理学院	11	23,091	169	1448	11.6733	18,835	84,921.97	533	55,737.62
4	化学与分子工程学院	12	20,060	169	1513	22.7388	15,736	53,564.65	482	36,821.73
5	生命科学学院	11	22,176	186	613	5.9198	15,347	65,806.59	424	45,310.17
6	地球与空间科学学院	6	5485	182	1295	4.0436	6898	14,809.81	98	7016.31
7	心理学系	4	2678	78	792	1.5220	1944	3551.57	33	1611.03
8	中国语言文学系	1	275	4	59	0.1630	2258	1878.33	1	31.65
9	新闻与传播学院	1	80	5	710	0.9030	531	667.47	无	无
10	考古文博学院	1	1200	24	3147	4.6012	2928	4835.67	32	1725.82
11	光华管理学院	1	450	3	16	0.0832	7842	6403.78	9	333.07
12	法学院	1	530	4	360	0.8910	1877	1626.04	1	27.50
13	北京核磁共振中心	1	1170	无	无	无	519	3863.77	15	3324.05
14	现代教育技术中心	1	1128	无	无	无	4554	4150.94	8	243.82

（续表）

序号	单位	实验室个数	实验室使用面积（m²）	教学实验（12—13学年）			仪器设备			
				实验个数	实验时数	实验人时数（万）	数量	金额（万元）	其中20万元以上大型设备数量	金额（万元）
15	体育教研部	1	80	9	18	0.1948	1433	1309.19	4	173.08
16	信息科学技术学院	17	21,677	245	5232	88.5486	19,155	55,811.22	410	28,310.99
17	计算机科学技术研究所	1	1100	无	无	无	1160	2909.91	13	582.90
18	人口研究所	1	587	无	无	无	338	259.24	无	无
19	计算中心	1	3111	无	无	无	12,082	12,086.51	64	3650.73
20	图书馆自动化实验室	1	400	无	无	无	3256	12,900.28	49	2738.02
21	城市与环境学院	3	3873	111	1099	4.3612	7334	13,140.39	124	5556.95
22	环境科学与工程学院	4	3805	9	703	1.1860	6145	16,144.84	127	8446.49
23	分子医学研究所	1	3316	1	10	0.0390	2957	8330.51	76	4032.50
24	北京大学实验动物中心	1	4139	无	无	无	439	3201.20	7	2628.46
25	电子光学与电子显微镜实验室	1	850	1	48	0.3312	332	5260.99	23	4755.51
26	北京现代物理研究中心教育部重点实验室	1	600	无	无	无	31	36.97	无	无
27	基础医学院	66	18,082	78	974	54.81	19,284	41,419.28	282	17,826.39
28	药学院	17	21,213	18	72	0.96	9366	21,705.68	157	12,089.23
29	公共卫生学院	15	5470	16	464	2.45	5916	8473.50	50	2662.38
30	护理学院	1	1367	14	326.5	54.03	1661	2086.63	5	678.62
31	公共教学部	3	1483	53	无	无	1910	2103.42	14	1018.63
32	医药卫生分析中心	1	1500	5	237	0.64	690	7705.05	42	6865.97
33	实验动物科学部	1	1538	无	无	无	281	210.64	2	49.60
34	中国药物依赖性研究所	1	947	无	无	无	1254	1484.17	8	370.26
35	信息中心	1	570	无	无	无	847	4897.63	27	1830.95

（张　媛、马　宁、许嘉珉、姚婧婧）

表8-21　2017年新增40万元以上大型仪器设备一览表

序号	设备名称	单价（万元）	经费来源	单位
1	四极杆-静电场轨道阱高分辨质谱液质联用仪	257.27	建设世界一流大学项目	城市与环境学院
2	三重四极杆液质联用仪	135.06	建设世界一流大学项目	城市与环境学院
3	蛋白快速纯化液相色谱系统	49.09	教学事业费	城市与环境学院
4	释光测量系统	42.24	建设世界一流大学项目	城市与环境学院
5	光合荧光测量系统	67.89	985工程	城市与环境学院
6	超高精度液态水同位素分析仪	78.77	建设世界一流大学项目	城市与环境学院
7	服务器集群	112.45	科研专款或基金	地球与空间科学学院
8	电子探针显微分析仪	317.58	建设世界一流大学项目	地球与空间科学学院

(续表)

序号	设备名称	单价（万元）	经费来源	单位
9	多接收等离子体质谱仪	637.11	建设世界一流大学项目	地球与空间科学学院
10	原子吸收光谱仪	43.00	985 工程	地球与空间科学学院
11	磁化率仪	70.87	科研专款或基金	地球与空间科学学院
12	多通道热辐射计	51.41	建设世界一流大学项目	地球与空间科学学院
13	清醒动物体成分分析仪	82.16	建设世界一流大学项目	分子医学研究所
14	三角钢琴	50.00	教学事业费	歌剧研究院
15	无液氦综合物性测量系统	317.05	科研专款或基金	工学院
16	激光显微 3D 成像仪	114.00	建设世界一流大学项目	工学院
17	微尺度粒子成像测速系统	128.39	科研专款或基金	工学院
18	快速扫描型原子力显微镜	187.25	科研专款或基金	工学院
19	高速成像系统	67.52	科研专款或基金	工学院
20	高速成像系统	67.52	科研专款或基金	工学院
21	高速成像系统	67.52	科研专款或基金	工学院
22	三维飞秒激光直写仪	433.39	科研专款或基金	工学院
23	三维打印机	124.06	科研专款或基金	工学院
24	电化学工作站	40.69	科研专款或基金	工学院
25	流式细胞分析仪系统升级包	62.00	建设世界一流大学项目	工学院
26	流式细胞分析系统	43.00	教学事业费	工学院
27	高速数字摄像机	40.75	建设世界一流大学项目	工学院
28	紫外光刻机	95.24	科研专款或基金	工学院
29	微纳结构测量用磁场系统	40.22	科研专款或基金	工学院
30	场发射扫描电子显微镜	327.42	科研专款或基金	工学院
31	智能型超速离心机	59.14	建设世界一流大学项目	工学院
32	三指灵巧机械手	49.90	科研专款或基金	工学院
33	原位纳米力学测试系统	194.00	科研专款或基金	工学院
34	共聚焦显微镜	176.28	科研专款或基金	工学院
35	三指灵巧机械手	49.90	科研专款或基金	工学院
36	离子显微镜	909.12	科研专款或基金	工学院
37	等温吸附分析仪	280.26	科研专款或基金	工学院
38	小动物活体光学成像系统	185.17	建设世界一流大学项目	工学院
39	放射性流量检测仪	40.95	科研专款或基金	化学与分子工程学院
40	等温滴定微量热仪	72.16	建设世界一流大学项目	化学与分子工程学院
41	快速纯化液相色谱系统	40.46	建设世界一流大学项目	化学与分子工程学院
42	时间分辨荧光光谱仪	42.48	科研专款或基金	化学与分子工程学院
43	超高真空低温扫描探针显微镜	357.89	科研专款或基金	化学与分子工程学院
44	量子效率测试系统	102.42	建设世界一流大学项目	化学与分子工程学院
45	单晶 X 射线衍射仪	290.42	科研专款或基金	化学与分子工程学院
46	全自动气体吸附分析仪	61.03	科研专款或基金	化学与分子工程学院
47	高分辨等离子体质谱仪	312.77	建设世界一流大学项目	化学与分子工程学院

（续表）

序号	设备名称	单价（万元）	经费来源	单位
48	红外光谱辐射计	152.19	科研专款或基金	化学与分子工程学院
49	X射线光电子能谱仪	491.96	985工程	化学与分子工程学院
50	小动物活体光学成像系统	118.49	建设世界一流大学项目	化学与分子工程学院
51	细胞分选仪	84.58	科研专款或基金	化学与分子工程学院
52	全自动实验室样品处理工作站	63.63	科研专款或基金	化学与分子工程学院
53	快速纯化液相色谱系统	40.12	建设世界一流大学项目	化学与分子工程学院
54	实验室废弃物暂存柜	40.00	科研专款或基金	化学与分子工程学院
55	超高效液相色谱仪	57.96	科研专款或基金	化学与分子工程学院
56	多角度激光光散射仪	40.47	建设世界一流大学项目	化学与分子工程学院
57	测序系统	194.57	科研专款或基金	化学与分子工程学院
58	大气重金属在线监测仪	197.80	科研专款或基金	环境科学与工程学院
59	拉曼激光雷达系统	383.55	科研专款或基金	环境科学与工程学院
60	液相色谱串联四级杆质谱仪	155.18	建设世界一流大学项目	环境科学与工程学院
61	气相色谱-四级杆串联飞行时间质谱仪	159.41	科研专款或基金	环境科学与工程学院
62	飞秒激光器	240.58	科研专款或基金	环境科学与工程学院
63	扫描电迁移率颗粒物粒径谱仪	80.25	科研专款或基金	环境科学与工程学院
64	北京大学高性能计算公共服务平台机房部分	129.70	建设世界一流大学项目	计算中心
65	显微计算机断层扫描仪	87.39	科研专款或基金	前沿交叉学科研究院
66	服务器	44.60	科研专款或基金	科维理天文与天体物理研究所
67	倒置研究型显微镜	55.04	科研专款或基金	生命科学中心
68	光片照明显微镜	204.32	科研专款或基金	生命科学中心
69	全自动蛋白质表达定量分析系统	109.29	科研专款或基金	生命科学中心
70	脑磁图数据分析工作站	103.00	科研专款或基金	生命科学中心
71	脑磁图仪器内置液氦循环系统	119.00	科研专款或基金	生命科学中心
72	实验鼠体脂成像分析仪	53.56	科研专款或基金	生命科学中心
73	高性能计算系统	217.59	科研专款或基金	生命科学中心
74	64通道核磁兼容脑电系统	77.90	科研专款或基金	生命科学中心
75	彩色多普勒超声检测仪	66.00	科研专款或基金	生命科学学院
76	多功能微孔板检测仪	40.19	科研专款或基金	生命科学学院
77	实时定量焦磷酸序列分析仪	106.57	科研专款或基金	生命科学学院
78	高效液相色谱仪	73.68	科研专款或基金	生命科学学院
79	超高效液相色谱/三重四级杆液质联用系统	189.63	科研专款或基金	生命科学学院
80	磁共振成像系统	1668.50	科研专款或基金	生命科学学院
81	磁共振成像系统	1126.00	科研专款或基金	生命科学学院
82	微滴式数字基因扩增系统	124.09	建设世界一流大学项目	生命科学学院
83	高真空镀膜系统	76.16	建设世界一流大学项目	生命科学学院
84	快速动力学停流及淬灭系统	60.57	科研专款或基金	生命科学学院
85	温度感觉分析仪	49.00	科研专款或基金	生命科学学院
86	温度感觉分析仪	49.00	科研专款或基金	生命科学学院

（续表）

序号	设备名称	单价（万元）	经费来源	单位
87	植物活体影像系统	119.78	建设世界一流大学项目	生命科学学院
88	超高分辨活细胞成像系统	342.51	建设世界一流大学项目	生命科学学院
89	脉冲场毛细管电泳分析系统	64.45	科研专款或基金	生命科学学院
90	单分子实时测序系统	305.00	科研专款或基金	生命科学学院
91	测序系统	41.12	科研专款或基金	生命科学学院
92	等离子空气消毒机	55.00	建设世界一流大学项目	生命科学学院
93	等离子空气消毒机	55.00	建设世界一流大学项目	生命科学学院
94	等离子空气消毒机	55.00	建设世界一流大学项目	生命科学学院
95	120kV透射电子显微镜	215.59	建设世界一流大学项目	生命科学学院
96	扫描电子显微镜	232.17	建设世界一流大学项目	生命科学学院
97	聚焦离子束/电子束双束显微镜系统	737.65	建设世界一流大学项目	生命科学学院
98	超薄切片机	40.96	建设世界一流大学项目	生命科学学院
99	激光扫描共聚焦显微镜	114.65	教学事业费	生命科学学院
100	磁盘阵列	104.54	教学事业费	图书馆
101	电子束蒸发台	268.30	建设世界一流大学项目	微米纳米加工技术国家级重点实验室
102	磁控溅射台	391.12	建设世界一流大学项目	微米纳米加工技术国家级重点实验室
103	晶圆键合机	397.19	建设世界一流大学项目	微米纳米加工技术国家级重点实验室
104	综合物性测量系统	380.70	科研专款或基金	物理学院
105	服务器	209.22	科研专款或基金	物理学院
106	三轴精密移动平台	58.40	科研专款或基金	物理学院
107	电感耦合等离子体质谱仪	90.99	科研专款或基金	物理学院
108	2K泵组	247.62	科研专款或基金	物理学院
109	全自动反应离子束刻蚀机	58.00	建设世界一流大学项目	物理学院
110	低温恒温器系统	45.37	科研专款或基金	物理学院
111	高功率飞秒激光器	118.61	科研专款或基金	物理学院
112	离子减薄仪	71.47	教学事业费	物理学院
113	定点修块抛光机	40.29	教学事业费	物理学院
114	阴极荧光谱仪系统	113.63	科研专款或基金	物理学院
115	扫描电子显微镜	168.38	科研专款或基金	物理学院
116	材料综合物性测量系统	236.52	建设世界一流大学项目	物理学院
117	极紫外超快激光系统	450.01	科研专款或基金	物理学院
118	高分辨光谱系统	40.01	科研专款或基金	物理学院
119	原位力学测试系统	99.61	科研专款或基金	物理学院
120	高次谐波极紫外谱仪系统	80.00	建设世界一流大学项目	物理学院
121	飞秒钛宝石激光器	161.18	建设世界一流大学项目	物理学院
122	微机主机	85.00	科研专款或基金	物理学院
123	电子直接探测系统	72.71	建设世界一流大学项目	物理学院
124	影像导航系统	102.91	建设世界一流大学项目	心理与认知科学学院

(续表)

序号	设备名称	单价（万元）	经费来源	单位
125	小动物听觉神经生理工作站	71.13	建设世界一流大学项目	心理与认知科学学院
126	嗅觉刺激系统	61.84	建设世界一流大学项目	心理与认知科学学院
127	交互式光学动作捕捉系统	119.05	建设世界一流大学项目	心理与认知科学学院
128	光刻机	79.63	教学事业费	信息科学技术学院
129	电子束蒸发镀膜系统	143.73	科研专款或基金	信息科学技术学院
130	透射电镜原位液体电化学样品台	87.54	科研专款或基金	信息科学技术学院
131	超稳定光频测量系统	58.42	科研专款或基金	信息科学技术学院
132	超高分辨率共聚焦显微镜	598.00	科研专款或基金	医药卫生分析中心
133	超高分辨质谱液质联用仪	579.90	科研专款或基金	医药卫生分析中心
134	基质辅助激光解吸电离飞行时间质谱	400.00	科研专款或基金	第一医院
135	超高分辨场发射扫描电子显微镜	337.00	科研专款或基金	口腔医院
136	IVC 蓝线 NEXT 饲养设备	307.84	985 工程	系统生物医学研究所
137	生物样本库液氮自动化存储系统	299.80	科研专款或基金	肿瘤医院
138	飞秒激光器	289.00	教学事业费	口腔医院
139	智能型高速流式细胞分选系统	264.66	科研专款或基金	天然及仿生药物国家重点实验室
140	流式细胞分选仪	246.30	科研专款或基金	生物化学与分子生物学系
141	3D 生物打印系统	244.50	科研专款或基金	第三医院
142	智能流式细胞分选仪	227.93	科研专款或基金	口腔医院
143	基质辅助激光解吸电离飞行时间质谱成像系统	169.00	科研专款或基金	分子与细胞药理学系
144	超高分辨率小动物超声影像系统	168.00	科研专款或基金	口腔医院
145	小动物活体成像系统	159.95	985 工程	系统生物医学研究所
146	长时间动态细胞观察及功能分析系统	159.20	科研专款或基金	口腔医院
147	全能型成像分析系统	157.00	科研专款或基金	口腔医院
148	原子力显微镜	144.00	科研专款或基金	口腔医院
149	超级综合无线模拟人 2	142.84	教学事业费	护理学院实验教学中心
150	超级综合无线模拟人 1	142.84	教学事业费	护理学院实验教学中心
151	计算机集群计算系统及软件	140.00	基建设备费	生物物理学系
152	心肺功能模拟人	137.20	教学事业费	护理学院实验教学中心
153	下一代防火墙 PA5060	127.69	985 工程	医学部信息通讯中心
154	高压包	127.00	基建设备费	生物物理学系
155	综合分娩胎心监护模拟人	125.00	教学事业费	护理学院实验教学中心
156	流式细胞仪	122.00	建设世界一流大学项目	免疫学系
157	纳米压痕仪	119.00	科研专款或基金	第三医院
158	原子力显微镜	119.00	科研专款或基金	第三医院
159	智能综合生理模拟人-爱因斯坦	99.88	建设世界一流大学项目	药事管理与临床药学系

(续表)

序号	设备名称	单价（万元）	经费来源	单位
160	纳米颗粒跟踪分析仪	98.75	科研专款或基金	病理学系
161	超声多普勒超声检测系统	97.50	科研专款或基金	第三医院
162	流式细胞仪	93.00	科研专款或基金	第三医院
163	等温滴定微量热仪	90.00	985工程	天然及仿生药物国家重点实验室
164	反重力减重跑台	89.50	科研专款或基金	第三医院
165	高分辨率线粒体呼吸机	89.40	科研专款或基金	生理学与病理生理学系
166	流式细胞仪	79.80	科研专款或基金	人民医院
167	光相干断层扫描仪	78.90	科研专款或基金	第一医院
168	生物材料疲劳试验机	78.00	科研专款或基金	口腔医院
169	植入式生理信号遥测系统	75.40	科研专款或基金	第一医院
170	高效液相分析系统	75.10	科研专款或基金	第六医院
171	二氧化碳激光治疗仪	75.00	科研专款或基金	人民医院
172	智能化多功能成像分析系统	74.80	科研专款或基金	第三医院
173	小鼠独立通风笼具系统	74.58	建设世界一流大学项目	肿瘤医院
174	超速离心机	71.10	科研专款或基金	生理学与病理生理学系
175	数字切片扫描与应用系统	69.60	教学事业费	生物医学实验教学中心
176	微量热等温滴定量热仪	69.00	985工程	系统生物医学研究所
177	自动多肽合成仪	67.80	建设世界一流大学项目	天然及仿生药物国家重点实验室
178	心输出量测量仪	67.00	建设世界一流大学项目	人民医院
179	液压型显微操作仪	64.65	建设世界一流大学项目	分子与细胞药理学系
180	荧光定量核酸扩增仪	63.82	建设世界一流大学项目	病原生物学系
181	全二维液相色谱系统	60.89	科研专款或基金	天然药物学系
182	钬激光治疗机	60.00	建设世界一流大学项目	第三医院
183	高频外科手术系统（能量平台系统）	59.00	科研专款或基金	第一医院
184	全功能震荡培养箱	56.92	科研专款或基金	第三医院
185	无创血管内皮功能诊断系统	54.50	科研专款或基金	第三医院
186	流式细胞仪	49.98	建设世界一流大学项目	人民医院
187	血细胞分离机	49.60	科研专款或基金	人民医院
188	血细胞分离机	49.60	985工程	人民医院
189	自动染色装置	49.50	科研专款或基金	第一医院
190	荧光定量核酸扩增仪	47.78	建设世界一流大学项目	病原生物学系
191	双色红外激光成像系统	45.00	985工程	免疫学系
192	实时荧光定量PCR仪	40.93	科研专款或基金	人民医院
193	实时荧光定量PCR仪	40.93	科研专款或基金	人民医院
194	自动化核酸提取系统	40.43	985工程	第三医院

（马　宁、姚婧婧）

表 8-22　北京大学大型仪器设备开放测试基金使用情况表

序号	年份	校拨测试费（万元）	经费来源	资助课题（个）	测试费总额（万元）
十一期	2002—2003	70.00	"985"一期	374	91.00
十二期	2003—2004	152.00	"十五""211"	443	198.00
十三期	2004—2005	204.00	"十五""211"	564	306.00
十四期	2005—2006	249.14	"十五""211"	628	373.70
十五期	2006—2007	299.75	"985"二期	690	449.63
十六期	2007—2008	350.00	"985"二期	792	571.00
十七期	2008—2009	300.00	"985"二期	808	600.00
十八期	2009—2010	370.00	"985"三期	892	740.00
十九期	2010—2011	414.08	基本科研业务费	960	828.16
二十期	2011—2012	400.00	基本科研业务费	1055	800.00
二十一期	2012—2013	399.70	基本科研业务费	1198	799.40
二十二期	2013—2014	402.40	基本科研业务费	1293	804.80
二十三期	2014—2015	400.00	基本科研业务费	1364	800.00
二十四期	2015—2016	400.00	基本科研业务费	1284	800.00
二十五期	2016—2017	400.00	基本科研业务费	1347	800.00
二十六期	2017—2018	455.00	基本科研业务费	1326	910.00

（李　卿）

表 8-23　第二十六期大型仪器设备开放测试基金开放仪器一览表

序号	仪器编号	仪器名称	型号	所属院系	仪器负责人
1	201119261	全自动样品前处理系统	PREPELITE-GV	城市与环境学院	付晓芳
2	199902810	气相色谱仪	HP-6890	城市与环境学院	付晓芳
3	200108949	液相色谱-质谱仪	Alliance2690-ZMD	城市与环境学院	胡建英
4	200703605	气相色谱质谱联用仪	GC-MS-QP2010plus	城市与环境学院	胡建英
5	000000001	北京大学塞罕坝生态实验站开放平台	无	城市与环境学院	吉成均
6	200108579	大幅面扫描仪	Atlas Plus P-93	城市与环境学院	刘雪萍
7	201004693	计算机机群服务器及存储	DELL 2970	城市与环境学院	刘雪萍
8	200805823	气相色谱仪	7890A	城市与环境学院	刘　煜
9	200805824	三级四极杆串联质谱仪	320 MS	城市与环境学院	刘　煜
10	200809816	气质色谱/质谱联用仪	5975C/7890A	城市与环境学院	刘　煜
11	200407727	气相色谱-质谱联用仪	5973 I	城市与环境学院	刘　煜
12	200510101	气相色谱仪	Agilent 6890N	城市与环境学院	刘　煜
13	200201580	气相色谱-质谱联用仪	HP6890/5973N	城市与环境学院	刘　煜
14	200510080	高效液相色谱仪	Agilent 1100	城市与环境学院	刘　煜
15	201305053	液相色谱/三重四极杆串联质谱仪	API4000/UFLC-XR	城市与环境学院	刘　煜
16	200201581	气相色谱仪	Agilent 6890	城市与环境学院	陆雅海
17	199902809	原子吸收分光光度计	Z-5000	城市与环境学院	蒙冰君
18	200307516	离子色谱仪	792IC	城市与环境学院	蒙冰君
19	200510102	微波消解/萃取系统	MARSXPRESS	城市与环境学院	蒙冰君

（续表）

序号	仪器编号	仪器名称	型号	所属院系	仪器负责人
20	200306881	极谱仪	757VA	城市与环境学院	蒙冰君
21	200001685	激光粒度仪	FRITSCH A22	城市与环境学院	蒙冰君
22	200103753	快速溶剂提取仪	ASE-300	城市与环境学院	蒙冰君
23	201208214	总有机碳分析仪	TOC-V CPH	城市与环境学院	蒙冰君
24	200804131	纳米粒度仪	Nano-ES90	城市与环境学院	蒙冰君
25	200001352	激光粒度分析仪	MS2000	城市与环境学院	周力平
26	200210622	激光拉曼光谱仪	RM-1000 型	地球与空间科学学院	崔 莹
27	201605866	台式扫描电子显微镜	JCM-6000Plus	地球与空间科学学院	郭艳军
28	200210230	激光显微定年系统	MS5400	地球与空间科学学院	季建清
29	198801723	激光显微探针定年系统	VSS	地球与空间科学学院	季建清
30	200108955	电子探针	JXA-8100	地球与空间科学学院	李小犁
31	201105841	热场发射扫描电镜	QUANTA-650FEG	地球与空间科学学院	刘建波
32	201301764	傅里叶变换红外显微光谱仪	Nicole iN10	地球与空间科学学院	刘 曦
33	201001989	高温高压材料合成系统	Quick Press	地球与空间科学学院	刘 曦
34	201002203	六面顶大腔体静高压装置	6*14MN 铰链式	地球与空间科学学院	刘 曦
35	201527388	激光显微拉曼光谱仪	inVia Reflex	地球与空间科学学院	鲁安怀
36	201511078	显微红外光谱仪	LUMOS	地球与空间科学学院	鲁安怀
37	201518380	原子力显微镜	Dimension ICON	地球与空间科学学院	鲁安怀
38	200806017	电感耦合等离子质谱仪	Agilent 7500 Ce	地球与空间科学学院	马 芳
39	201414008	全谱直读等离子体发射光谱仪	BLUE SOP	地球与空间科学学院	沈 冰
40	200606221	多功能 X 射线粉末衍射仪	X'pert Pro MPD	地球与空间科学学院	王河锦
41	200407725	顺序式 X 射线荧光光谱	ADVANT`XP+	地球与空间科学学院	杨 斌
42	201710296	多接收等离子体质谱仪	Nu Plasma II	地球与空间科学学院	张贵宾
43	192000002	透射电子显微镜	Tecnai G2 T20	电镜实验室	李雪梅
44	201202793	透射电子显微镜	Tecnai G2 T20	电镜实验室	李雪梅
45	000000002	冷冻透射电子显微镜	Titan Krios G2 300	电镜实验室	李雪梅
46	201202794	场发射透射电子显微镜	Tecnai F20 S-Twin	电镜实验室	张敬民
47	000000003	双球差透射电子显微镜	Titan Cubed Themis G2 300	电镜实验室	张敬民
48	000000004	氦离子显微镜	Zeiss Orion NanoFab	电镜实验室	朱 瑞
49	192000003	病理组织形态学检测系统	RM2235/CM1900/VIP-5-JR-J2/TEC-5/ST5020/BX51/IX71	分子医学研究所	张秀琴
50	201605087	高性能计算系统	Lenovo FlexSystem	工学院	贺贤土
51	201308908	全谱直读等离子发射光谱仪	Prodigy	工学院	刘丽丽
52	200604089	原位纳米力学测试系统	Tribo Indenter	工学院	强 明
53	200103757	激光测振仪	OFV-3001/353	工学院	强 明
54	201015295	非接触式材料及结构应力场成像系统（红外热像仪）	SC7300M	工学院	强 明
55	201621354	智能 X 射线衍射仪	SmartLab 9KW	工学院	孙智利
56	201621355	单晶 X 射线衍射仪	XtaLAB PRO	工学院	孙智利
57	200107525	数字化扫描电子显微镜	KYKY-2800	工学院	孙智利

（续表）

序号	仪器编号	仪器名称	型号	所属院系	仪器负责人
58	200108948	粒子成像流场测量系统	Y120-15E	工学院	袁辉靖
59	201615279	氙灯导热仪	DXF-500	工学院	张杨飞
60	201615366	动态热机械分析仪	DMA Q800	工学院	张杨飞
61	201001591	日立高分辨扫描电子显微镜	S-4800	工学院	张杨飞
62	200303325	800兆核磁共振谱仪	AV 800	核磁共振中心	金长文
63	200608986	600M核磁共振谱仪	AVANCE DRX 600MHz	核磁共振中心	金长文
64	200303559	500兆核磁共振谱仪	AV 500	核磁共振中心	金长文
65	200608985	400M核磁共振谱仪	AV400	核磁共振中心	金长文
66	200303326	600兆核磁共振谱仪	AV 600	核磁共振中心	金长文
67	201500993	生物分子成像仪	ImageQuant LAS 4000mini	核磁共振中心	夏斌
68	200605224	串联飞行时间质谱仪	Ultraflex	化学与分子工程学院	白玉
69	201313957	荧光光谱仪	F-7000	化学与分子工程学院	陈明星
70	200507397	稳态/瞬态荧光光谱仪	FLS920	化学与分子工程学院	陈明星
71	201313958	荧光光谱仪	F-7000	化学与分子工程学院	陈明星
72	201014861	气相色谱质谱联用仪	7890A/5975C	化学与分子工程学院	陈明星
73	200507398	皮秒荧光寿命测定仪	lifepec -Red	化学与分子工程学院	陈明星
74	201311874	荧光光谱仪	FLS980-S2S2-stm	化学与分子工程学院	陈明星
75	201528493	紫外-可见-近红外分光光度计	UV-3600 Plus	化学与分子工程学院	陈明星
76	201003907	光电子发射谱仪	AC-2	化学与分子工程学院	关妍
77	201528501	超快时间分辨荧光光谱仪	Delta Flex	化学与分子工程学院	关妍
78	201301827	激光共聚焦荧光显微系统	ALR-SI	化学与分子工程学院	关妍
79	201119329	红外荧光测试系统	Nanolog FL3-2iHR	化学与分子工程学院	关妍
80	200201526	荧光光谱仪	Fluorolog-3	化学与分子工程学院	关妍
81	198600050	透射电子显微镜	JEM-100CX	化学与分子工程学院	黄建滨
82	201404610	透射电子显微镜	JEM-2100	化学与分子工程学院	鞠晶
83	201403022	场发射透射电子显微镜	JEM-2100F	化学与分子工程学院	鞠晶
84	201001956	拉曼光谱及成像系统	L2BRAM ARAMIS	化学与分子工程学院	李彦
85	201118219	等离子体发射光谱仪	Prodigy	化学与分子工程学院	李泽军
86	201116571	傅里叶变换红外光谱仪	IRAFFINITY-1	化学与分子工程学院	李泽军
87	201202861	离子色谱仪	ICS-900	化学与分子工程学院	李泽军
88	201709734	高分辨等离子体质谱仪	ELEMENT XR	化学与分子工程学院	李泽军
89	200609789	电位分析仪	ZeTaPALS	化学与分子工程学院	梁德海
90	201003893	流变仪	MCR301	化学与分子工程学院	梁德海
91	199400783	X射线衍射仪	DMAX-2400	化学与分子工程学院	廖复辉
92	200706424	核磁共振波谱仪	AM-300	化学与分子工程学院	林崇熙
93	200308369	核磁共振谱仪	JEOL-300MHZ	化学与分子工程学院	林崇熙
94	200303529	核磁共振谱仪	300MHz Mercury Plus	化学与分子工程学院	林崇熙
95	200108930	影像板X射线衍射仪	RAPID-S	化学与分子工程学院	刘春立
96	199900780	气相色谱仪	HP6890	化学与分子工程学院	刘虎威

（续表）

序号	仪器编号	仪器名称	型号	所属院系	仪器负责人
97	199900777	高压液相色谱仪	HP1100	化学与分子工程学院	刘虎威
98	200609791	紫外/可见光谱仪	Lambda 950	化学与分子工程学院	刘忠范
99	200307671	高压液相色谱	AGILENT 1100	化学与分子工程学院	刘忠范
100	200006914	超高真空镀膜机	ULS-400	化学与分子工程学院	刘忠范
101	200604091	冷场发射扫描电镜	S-4800	化学与分子工程学院	刘忠范
102	199500572	红外光谱分析仪	SYSTEM 2000	化学与分子工程学院	刘忠范
103	200108925	接触角测定仪	OCA2O	化学与分子工程学院	刘忠范
104	200508249	MBE/SPM 电学测量系统	Multiprobe	化学与分子工程学院	刘忠范
105	200508250	多针尖纳米刻蚀系统	830-ABC/SP/N	化学与分子工程学院	刘忠范
106	199802240	比表面和孔径分布测定	ASAP 2010	化学与分子工程学院	聂洪港
107	200201512	X 射线粉末衍射仪	X'PertPro	化学与分子工程学院	牛佳莉
108	200805821	小角 X 射线衍射仪	SAXsess	化学与分子工程学院	牛佳莉
109	200201511	X 射线衍射仪	D8 Discover	化学与分子工程学院	牛佳莉
110	200108939	热台偏光显微镜	DMLP	化学与分子工程学院	潘　伟
111	200303532	扫描探针显微镜	SPI3800N，SPA-400	化学与分子工程学院	潘　伟
112	199900528	凝胶渗透色谱	515+2401+2487	化学与分子工程学院	潘　伟
113	199801799	高效液相色谱仪	HP1100	化学与分子工程学院	潘　伟
114	201528456	拉曼红外光谱系统	DXRxi & iS50	化学与分子工程学院	潘　伟
115	201512545	粉末 X 射线衍射仪	X-Pert3 Powder	化学与分子工程学院	苏　婕
116	201707118	单晶 X 射线衍射仪	XtaLAB PRO 007HF(Mo)	化学与分子工程学院	苏　婕
117	200404637	圆二色光谱仪	J-810	化学与分子工程学院	宛新华
118	200401840	全自动旋光仪	P-1030	化学与分子工程学院	宛新华
119	200804693	元素分析仪	Vario MICRO CUBE	化学与分子工程学院	王智贤
120	199803387	元素分析仪	VARIO EL	化学与分子工程学院	王智贤
121	200502371	多功能成像电子能谱	Axis Ultra	化学与分子工程学院	谢景林
122	201712984	X 射线光电子能谱仪	AXIS Supra	化学与分子工程学院	谢景林
123	200210195	激光光散射仪	ALV/DLS/SLS-5022F	化学与分子工程学院	阎　云
124	200210191	多功能电泳仪	Multiphor Ⅱ	化学与分子工程学院	袁　谷
125	200401834	液相色谱-质谱联用仪	SURVEYOR-LCQDECA	化学与分子工程学院	袁　谷
126	200108938	等离子发射光谱仪	PROFILE SPEC	化学与分子工程学院	张　莉
127	200210194	X 射线荧光光谱仪	S4-Explorer	化学与分子工程学院	张　莉
128	201511079	流变仪	ARES G2	化学与分子工程学院	张文彬
129	199801798	毛细管电泳仪	P/ACE 5500	化学与分子工程学院	张新祥
130	201208574	400M 核磁共振谱仪	BRUKER AVANCE III 400	化学与分子工程学院	张　秀
131	201208575	500M 全数字化超导核磁共振仪	AVANCE Ⅲ 500M HZ	化学与分子工程学院	张　秀
132	201208573	400MHz 宽腔固体核磁共振谱仪	AVANCE III 400M HZ	化学与分子工程学院	张　秀
133	201528563	热重-红外-气相色谱/质谱联用系统	TGA8000-Frontier FTIR-Clarus SQ8 GC/MS	化学与分子工程学院	章　斐
134	200210465	调制式扫描量热仪	Q100	化学与分子工程学院	章　斐

(续表)

序号	仪器编号	仪器名称	型号	所属院系	仪器负责人
135	200604084	热重分析仪	Q600SDT	化学与分子工程学院	章 斐
136	201528549	超高分辨四级杆串联傅里叶变换质谱仪	solariX XR	化学与分子工程学院	周 江
137	201207386	场发射扫描电子显微镜	Hitachi S-4800 场发射扫描电镜	化学与分子工程学院	邹德春
138	200407733	离子色谱	ICS-2500	环境科学与工程学院	陈 倩
139	200510134	气相色谱质谱联用仪	5973I	环境科学与工程学院	陈 倩
140	200301647	液相色谱质谱联用仪	1100LC/MS Trap SL	环境科学与工程学院	陈 倩
141	200805826	倒置荧光显微镜	TI-DH	环境科学与工程学院	陈 倩
142	200805827	PCR 仪	DNAENGINE	环境科学与工程学院	陈 倩
143	200805825	纳米粒度仪	ZS90	环境科学与工程学院	陈 倩
144	200916337	高效液相色谱仪	Agilent 1200	环境科学与工程学院	陈 倩
145	201108995	电感耦合等离子体发射光谱仪	Prodigy	环境科学与工程学院	陈 倩
146	201015728	电感耦合等离子质谱仪	XSEKIES2	环境科学与工程学院	陈 倩
147	200916336	高级微波消解系统	ETHOS1	环境科学与工程学院	陈 倩
148	200108956	高分辨气谱质谱联用仪	MSTATION 700-D	环境科学与工程学院	胡建信
149	000000005	人类遗传资源中心平台		生命科学学院	魏丽萍
150	201517994	高性能计算系统	NA360M4	生命科学中心	陈芳进
151	201517992	磁盘阵列	SFA12K	生命科学中心	陈芳进
152	201501433	基质辅助激光解析串联飞行时间质谱仪	5800	生命科学中心	陈 兴
153	201413387	核磁共振波谱仪	Bruker-400	生命科学中心	林崇熙
154	201319963	双压线性离子阱-高场静电场轨道阱杂交组合型质谱液相联用仪	Orbitrap Elite	生命科学学院	陈 兴
155	201309469	线性离子阱-静电场轨道阱组合式质谱液质联用仪	LTQ Orbitrap XL	生命科学学院	陈 兴
156	200913727	等温滴定微量热仪	ITC-200	生命科学学院	李兰芬
157	201318318	流式细胞分选仪	FACSAria III	生命科学学院	罗春雄
158	201318319	流式细胞分选仪	FACSAria SORP	生命科学学院	罗春雄
159	201314384	流式细胞分析仪	LSRFortessa	生命科学学院	罗春雄
160	200405161	制备超速离心机	L-80XP	生命科学学院	潘 卫
161	200201576	蛋白质序列分析仪	Procise 491	生命科学学院	沈为群
162	201107186	高通量基因组测序仪	Hiseq 2000	生命科学学院	张 韵
163	000000000	实验动物开放平台		实验动物中心	陈建国
164	200407723	环境扫描电子显微镜	Quanta 200FEG	物理学院	陈 莉
165	200407740	碳14测量加速器质谱仪	1.5SDH-1	物理学院	丁杏芳
166	201527067	离子减薄仪	695.C	物理学院	付恩刚
167	199400782	透射电子显微镜	H-9000NAR	物理学院	付恩刚
168	198601027	串列静电加速器	5SDH-2	物理学院	付恩刚
169	200703602	诱导耦合等离子刻蚀机	KYICP-T888036	物理学院	康香宁
170	201204366	薄膜沉积系统	DE-12	物理学院	林 芳
171	200709089	紫外喇曼光谱仪	invia 6365	物理学院	林 芳
172	199703475	交变梯度磁强计	2900-04C	物理学院	刘顺荃

(续表)

序号	仪器编号	仪器名称	型号	所属院系	仪器负责人
173	199401760	离子刻蚀机	LKJ-1C	物理学院	马 平
174	201002870	准分子激光器	LPX PRO 210F	物理学院	马 平
175	200107670	脉冲激光溅射沉积系统	PLD-IV	物理学院	聂瑞娟
176	200508027	精密阻抗分析仪	Agilont 4294A	物理学院	沈 波
177	200508028	半导体参数分析仪	Agileut 4155C	物理学院	沈 波
178	200608982	高温高阻霍尔测量系统	Accent	物理学院	沈 波
179	199701789	材料研究衍射仪	X'PERT-MRD	物理学院	王永忠
180	200210472	聚焦离子束系统	STARTA DB235	物理学院	徐 军
181	201713537	材料综合物性测量系统	PPMS-9	物理学院	杨文云
182	201517519	磁学测量系统	MPMS3	物理学院	叶子荣
183	201612801	无液氦综合物性测量系统	DYNACOOL-9	物理学院	叶子荣
184	200302852	场发射透射电子显微镜	Tecnai F30	物理学院	尤力平
185	200404088	磁学性质测量系统	MPMS XL-7Tesla	物理学院	张 焱
186	200404087	物理性质测量系统	PPMS 9Tesla	物理学院	张 焱
187	201104977	场发射扫描电镜	Nova_NanoSEM430	物理学院	朱 瑞
188	200210231	128 导脑电采集分析仪	ESI-128system	心理与认知科学	韩世辉
189	201001770	64 导脑电系统	BrainAmp DC Standard 64-channel	心理与认知科学	周晓林
190	201001771	眼动追踪系统	CL Version 4.31	心理与认知科学	周晓林
191	200803978	原子层沉积系统	Savannah	信息科学技术学院	董立军
192	201408503	原子力显微镜	BRUKER DIMENSION ICON	信息科学技术学院	傅云义
193	200805819	扫描探针显微镜	Innova	信息科学技术学院	高 崧
194	200805818	扫描探针显微镜	MultiMode V	信息科学技术学院	高 崧
195	200805820	脉冲测试仪	Keifhley 4200-PIV-A	信息科学技术学院	胡又凡
196	201107673	原子力显微镜	Dimension ICON	信息科学技术学院	李 力
197	200407897	薄膜蒸镀仪	AXXIS	信息科学技术学院	梁学磊
198	200806015	紫外近红外成像光谱仪	JYIHR320	信息科学技术学院	廖建辉
199	201005130	低温探针台	TTP4	信息科学技术学院	廖建辉
200	200911517	反应离子刻蚀机	Minilock	信息科学技术学院	潘华勇
201	200301559	电子显微镜	TECNAI20	信息科学技术学院	王晶云
202	200404726	场发射扫描电镜	XL30SFEG	信息科学技术学院	王 胜
203	201014677	紫外-可见-近红外拉曼光谱仪	LABRAM HR800	信息科学技术学院	王 胜
204	200912731	场发射环境扫描电镜	FEI Quanta 600	信息科学技术学院	魏贤龙
205	201005272	磁控溅射镀膜仪	PVD75	信息科学技术学院	许胜勇
206	200806018	单面紫外光刻机	MJB4	信息科学技术学院	岳双林
207	200807301	椭偏谱仪	UVISEL FUV	信息科学技术学院	岳双林
208	200807302	单双面紫外光刻机	2000S/A	信息科学技术学院	岳双林
209	201004654	台阶仪	XP1	信息科学技术学院	岳双林
210	200904369	半导体参数测试仪	B1500A	信息科学技术学院	张志勇

（李 卿）

表 8-24 2008—2017 年北京大学大型仪器设备测试服务收入统计表
（校本部，不含开放测试基金）

年度	金额（万元）
2008	693.3
2009	1159.0
2010	1864.0
2011	1960.4
2012	3675.0
2013	5522.0
2014	5353.2
2015	6872.15
2016	7190.0
2017	7469.0

（李 卿）

表 8-25 2017 年北京大学大型仪器设备购置论证统计表

序号	设备名称	所属院系	论证预算（万元）	资金来源
1	全自动双站物理化学吸附分析仪	工学院	74.00	高精尖中心专项
2	智能制造机器人试验平台	工学院	377.00	高精尖中心专项
3	光阴极制备及传输系统	物理学院	80.00	科技专项
4	流变仪	工学院	90.00	高精尖中心专项
5	粒子图像测速仪	工学院	130.00	高精尖中心专项
6	光参量放大器（3 套）	化学与分子工程学院	149.70	基金委重大仪器专项
7	显微共焦拉曼光谱仪	工学院	96.30	高精尖中心专项
8	高帧速层析粒子图像测速系统	工学院	640.00	国家重点实验室经费
9	单颗粒黑碳光度计	环境科学与工程学院	185.00	国家重点实验室经费
10	原位光学集成-超高真空超低温-扫描探针显微镜系统	物理学院	150.00	国家重点实验室经费
11	激光扫描共聚焦显微镜	物理学院	72.80	国家重点实验室经费+基金委项目结余经费
12	低温恒温器系统	物理学院	121.00	国家重点实验室经费
13	主动减震台	物理学院	73.90	实验室发展基金
14	扫描电迁移率颗粒物粒径谱仪	环境科学与工程学院	68.00	国家自然科学基金
15	扫描电迁移率颗粒物粒径谱仪	环境科学与工程学院	81.00	国家重点研发计划
16	飞秒激光器	分子医学研究所	102.00	生命科学联合中心-公共技术平台经费
17	三维动态光学应变测量系统	工学院	190.00	国家重点实验室经费
18	X 射线衍射应力分析仪	工学院	170.00	国家重点实验室经费
19	模式生物流式分选系统	分子医学研究所	196.40	生命科学联合中心经费
20	模式生物流式分选系统专用显微镜	分子医学研究所	92.40	生命科学联合中心经费
21	X 射线衍射仪	工学院	196.00	高精尖中心专项
22	绿光泵浦激光器	物理学院	78.00	ITER 专项

(续表)

序号	设备名称	所属院系	论证预算（万元）	资金来源
23	任意波形发生器	化学与分子工程学院	80.00	国家自然科学基金创新群体经费
24	真空型傅里叶变换红外光谱仪	物理学院	113.00	国家重点实验室经费
25	高分辨显微共焦拉曼光谱仪/多波长光电成像显微系统	物理学院	170.00	国家重点实验室经费
26	稳态瞬态荧光光谱仪（含显微成像系统）	物理学院	210.00	国家重点实验室经费
27	透射电子显微镜	工学院	320.00	高精尖中心专项
28	高真空双电子束蒸发镀膜仪	物理学院	190.00	北京大学学科建设经费
29	转盘式激光共聚焦显微镜	生命科学学院	325.00	统筹支持一流大学与一流学科建设经费
30	高速电子实时示波器	物理学院	175.00	国家重点实验室经费
31	红外 InGaAs 面阵探测器	物理学院	47.00	国家重点实验室经费
32	扫描电镜阴极发光谱仪	化学与分子工程学院	230.00	统筹支持一流大学和一流学科建设经费
33	无液氦低温强磁场共聚焦显微镜	物理学院	278.00	国家重点实验室经费
34	透射电子显微镜系统	信息科学技术学院	281.00	引导专项
35	无液氦低温强磁场穆斯堡尔谱仪	化学与分子工程学院	220.00	统筹支持一流大学和一流学科建设经费+科研经费
36	闭路氦循环低温真空恒温仪	物理学院	152.60	国家重点实验室经费
37	高分辨液质联用仪	化学与分子工程学院	395.00	统筹支持一流大学和一流学科建设经费
38	测序系统（2套）	生命科学学院	1500.00	未来基因诊断高精尖创新中心
39	电子束蒸发镀膜仪	物理学院	150.00	统筹支持一流大学和一流学科建设经费
40	600 MHz 超导傅里叶核磁共振谱仪	化学与分子工程学院	830.00	统筹支持一流大学一流学科经费+测试费
41	液相色谱/三重四极杆串联质谱仪	城市与环境学院	285.00	统筹支持一流大学一流学科经费
42	飞秒脉冲光参量振荡器	物理学院	82.50	统筹支持一流大学一流学科建设经费
43	宽波段变温单光子测试系统	物理学院	399.00	国家重点实验室设备建设和更新费用
44	三光子显微系统	生命科学学院	330.00	生命科学联合中心经费
45	支撑剂导流评价系统	工学院	388.00	高精尖中心专项
46	高性能计算机集群存储设备和计算设备（2套）	生命科学学院	199.00	北京未来基因诊断高精尖创新中心项目经费
47	PID 自动温湿度模拟野外实验系统	城市与环境学院	49.50	统筹一流大学和一流学科建设经费
48	高温高压物理气相输运 AlN 单晶生长系统	物理学院	720.00	中央财政资金
49	光纤式在线傅里叶变换红外光谱仪	化学与分子工程学院	75.00	统筹一流大学和一流学科建设经费及课题组科研经费
50	稳定同位素比质谱仪	环境科学与工程学院	396.00	统筹支持一流大学和一流学科建设经费
51	气相色谱质谱联用仪	环境科学与工程学院	70.00	统筹支持一流大学和一流学科建设经费
52	128 导脑电系统	心理与认知科学学院	80.00	国家基础科学人才培养基金
53	动作捕捉和虚拟交互系统	心理与认知科学学院	78.00	统筹支持一流大学和一流学科建设经费
54	经颅电刺激系统	心理与认知科学学院	67.00	统筹支持一流大学和一流学科建设经费
55	高性能集群	物理学院	120.00	国家重点实验室经费+自筹
56	MOCVD 设备尾气处理装置	物理学院	85.00	中央财政资金+统筹支持一流大学和一流学科建设经费

(续表)

序号	设备名称	所属院系	论证预算（万元）	资金来源
57	自动零距抗张强度测试仪	图书馆	54.00	修购专项
58	傅里叶变换红外光谱仪	图书馆	75.00	修购专项
59	痕量有机物分析质谱仪	环境科学与工程学院	494.91	国家重点实验室经费
60	大气常压离子长飞行时间质谱仪	环境科学与工程学院	489.00	国家重点实验室经费
61	高分辨飞行时间黑碳气溶胶质谱仪	环境科学与工程学院	497.55	国家重点实验室经费
62	MHz脉冲激光照明与图像采集系统	工学院	1336.00	国家重点实验室经费
63	离子抛光仪	化学与分子工程学院	110.00	统筹支持一流大学和一流学科建设费
64	纳米等离激元激光器表征系统	物理学院	354.00	国家重点实验室经费
65	超快激光器系统	物理学院	172.00	统筹支持一流大学和一流学科经费
66	无液氦综合物性测量系统	物理学院	265.00	2011计划
67	小型台式X射线衍射仪	考古文博学院	60.00	统筹支持一流大学和一流学科建设经费
68	大型计算系统	物理学院	85.00	物理学院学科建设经费和北大生命科学联合中心科研经费
69	扫描探针显微镜	化学与分子工程学院	217.12	统筹支持一流大学与一流学科建设经费+其他
70	事件相关电位系统	对外汉语教育学院	70.00	统筹支持一流大学与一流学科建设经费
71	微量差示扫描荧光蛋白稳定性分析仪	化学与分子工程学院	76.00	北大清华生命联合中心经费
72	激光选区熔融金属3D打印机	工学院	350.00	北京市高精尖中心
73	热线风速仪	环境科学与工程学院	49.95	重点实验室设备经费
74	双室超高真空电子束蒸发系统	信息科学技术学院	112.70	科研经费
75	气体纯化装置	地球与空间科学学院	79.50	统筹支持一流大学与一流学科建设经费
76	二氧化碳激光器	地球与空间科学学院	50.00	统筹支持一流大学与一流学科建设经费
77	二氧化碳激光器	地球与空间科学学院	70.00	统筹支持一流大学与一流学科建设经费
78	冷冻电镜平台附属计算设施	生命科学学院	1603.00	统筹支持一流大学与一流学科建设经费+其他
79	在线单颗粒气溶胶质谱仪	环境科学与工程学院	300.00	北京大学高精尖中心
80	原子力显微镜	工学院	80.00	统筹支持一流大学一流学科建设经费
81	全二维超高压液相色谱仪	化学与分子工程学院	96.00	国家自然科学基金重大仪器专项，自然科学基金
82	电子束蒸发镀膜仪	物理学院	150.00	统筹支持一流大学和一流学科建设经费+973项目经费
83	可调谐红外双激光差分吸收光谱仪	环境科学与工程学院	175.00	国家重点实验室科研仪器设备经费
84	程控阵列式超声仪	工学院	79.00	国家重点实验室经费
85	全自动活细胞实时荧光成像系统	分子医学研究所	196.00	生命科学联合中心
86	原子层沉积系统	化学与分子工程学院	73.40	教育教改拔尖人才培养和国家自然科学基金委重大项目
87	激光直写仪	化学与分子工程学院	104.00	教育教改拔尖人才、国家自然科学基金委重大项目、国家自然科学基金
88	聚焦离子/电子双束系统	物理学院	800.00	统筹支持一流大学与一流学科建设经费
89	环境扫描电子显微镜	物理学院	200.00	统筹支持一流大学与一流学科建设经费

(续表)

序号	设备名称	所属院系	论证预算（万元）	资金来源
90	扫描电子显微镜	考古文博学院	105.00	统筹支持一流大学和一流学科建设经费
91	三维高速形变位移测量仪	工学院	146.00	统筹支持一流大学和一流学科建设经费
92	高性能离子源	地球与空间科学学院	180.00	统筹支持一流大学与一流学科建设经费
93	流式细胞仪	生命科学学院	218.00	生命联合中心经费
94	拓扑超导分子束外延系统	物理学院	1250.00	双一流建设经费和2011计划经费
95	脉冲通电加压烧结系统	物理学院	58.00	国家重点实验室和国家自然科学基金
96	高分辨三维X射线显微成像系统	工学院	289.00	统筹支持一流大学与一流学科建设经费
97	高通量生物大分子力学测量仪	北大-清华生命科学联合中心	94.00	生命科学联合中心公共技术平台建设经费
98	水平冰核计数仪	环境科学与工程学院	104.00	高精尖中心专项
99	近红外脑功能成像仪（2套）	心理与认知科学学院	128.00	临床+X
100	三重四极杆气相色谱质谱联用仪	化学与分子工程学院	95.00	万人计划-教学实验条件提升项目
101	企业级中端全闪存储阵列	计算中心	240.00	统筹支持一流大学与一流学科建设经费
102	高性能计算集群	地球与空间科学学院	130.00	地球与空间科学学院遥感大数据启动经费
103	便携式光合荧光测量系统	生命科学学院	68.00	统筹支持一流大学与一流学科建设经费
104	平行封焊机	信息科学技术学院	140.00	统筹支持一流大学与一流学科建设经费
105	振动圆二色光谱仪	化学与分子工程学院	90.00	统筹支持一流大学与一流学科建设经费
106	高效液相色谱-三重四级杆串联质谱仪	城市与环境学院	100.00	启动经费+青年拔尖人才支持计划
107	快速显微共聚焦拉曼光谱仪	工学院	105.00	统筹支持一流大学与一流学科建设经费
108	微波闪烁仪	物理学院	90.00	统筹支持一流大学与一流学科建设经费
109	X射线衍射仪	物理学院	121.68	统筹支持一流大学与一流学科建设经费
110	真空新垫料分配系统	实验动物中心	80.00	生科院大楼建设费用
111	真空废垫料处理系统	实验动物中心	80.00	生科院大楼建设费用
112	实验动物笼具柜式清洗消毒机（3套）	实验动物中心	500.00	生科院大楼建设费用
113	5飞秒载波相位稳定激光器	物理学院	128.00	介观物理国家重点实验室设备更新费
114	超高分辨率显微镜	化学与分子工程学院	172.00	统筹支持一流大学与一流学科建设经费
115	低温共聚焦显微镜	化学与分子工程学院	148.00	统筹支持一流大学与一流学科建设经费
116	便携式空气质量多参数测量仪	环境科学与工程学院	100.00	国家重点联合实验室经费
117	实时荧光检测分析系统	生命科学学院	353.57	生命科学联合中心经费
118	超高灵敏度激光共聚焦活细胞成像系统	基础医学院生物化学系	360.0	统筹支持一流大学与一流学科建设经费
119	活细胞微孔板成像检测系统BIOTEK citation5	基础医学院生理学与病理生理学系	120.0	统筹支持一流大学与一流学科建设经费
120	流式细胞分选仪	基础医学院系统所	224.0	统筹支持一流大学与一流学科建设经费
121	流式细胞仪	基础医学院放射医学系	186.0	统筹支持一流大学与一流学科建设经费
122	Canto三激光流式细胞分析仪	基础医学院免疫学系	129.2	统筹支持一流大学与一流学科建设经费
123	流式细胞仪	第三医院	98.0	统筹支持一流大学与一流学科建设经费
124	流式细胞仪	第三医院	93.0	统筹支持一流大学与一流学科建设经费
125	场发射扫描电子显微镜	医药卫生分析中心电镜室	435.0	统筹支持一流大学与一流学科建设经费

(续表)

序号	设备名称	所属院系	论证预算（万元）	资金来源
126	共聚焦显微镜	药学院药物分子递送及释药平台	200.0	统筹支持一流大学与一流学科建设经费
127	单分子成像荧光显微镜	基础医学院系统所	150.0	统筹支持一流大学与一流学科建设经费
128	气相色谱-三重四极杆质谱联用仪	公共卫生学院生育所	130.0	统筹支持一流大学与一流学科建设经费
129	条件性恐惧系统	第六医院	121.0	统筹支持一流大学与一流学科建设经费
130	在体多通道记录和分析系统	第六医院	112.0	统筹支持一流大学与一流学科建设经费
131	3D多功能流式点阵仪	人民医院	120.0	统筹支持一流大学与一流学科建设经费
132	全自动蛋白质印迹定量分析系统	第六医院	120.0	统筹支持一流大学与一流学科建设经费
133	正置荧光显微镜	基础医学院神经生物学系	99.0	统筹支持一流大学与一流学科建设经费
134	双光子激光器	基础医学院神经生物学系	98.0	统筹支持一流大学与一流学科建设经费
135	彩色超声仪	第三医院肾内科	98.0	统筹支持一流大学与一流学科建设经费
136	液质联用仪	药学院	98.0	统筹支持一流大学与一流学科建设经费
137	元素分析仪	天然药物及仿生药物国家重点实验室	95.0	统筹支持一流大学与一流学科建设经费
138	蛋白质结晶筛选机器人	药学院结构药理学及药物设计平台	90.0	统筹支持一流大学与一流学科建设经费
139	反重力减重跑台	第三医院	90.0	统筹支持一流大学与一流学科建设经费
140	定量浓缩/平行蒸发仪	医药卫生分析中心药学与化学实验室	80.0	统筹支持一流大学与一流学科建设经费
141	animal vivo magnetic resonance imaging system（小动物活体磁共振成像仪）	医药卫生分析中心	1500.0	统筹支持一流大学与一流学科建设经费
142	流式细胞仪（30色高端分析型）	医药卫生分析中心	680.0	统筹支持一流大学与一流学科建设经费
143	在体光-电双光子激光扫描显微镜	医药卫生分析中心	650.0	统筹支持一流大学与一流学科建设经费
144	机房空调设备	医疗大数据中心	63.3	修购专项
145	存储服务器	医疗大数据中心	43.2	修购专项

（孙品阳、张宇波）

审计工作

【发展概况】 审计工作数量。2017年，共完成审计审签项目（出具审计报告、意见）近700项，包括综合管理审计、经济责任审计、建设投资评审、建设工程管理审计、参与"三重一大"经济事项5个方面25个类别的工作，以及配合巡视审计工作。

审计工作绩效。1.增收节支、创造效益。除去隐性效益之外，显性效益主要包括通过综合管理审计、工程造价审计，增收节支1500多万元；通过工程月度拨款审计，直接减少月度拨款1050万元；建设工程投资控制在合理规模以内。2.纠正和处理违法违规事项，防范违规风险。3.促进优化学校内部管理控制机制，落实经济责任，提高资源绩效。

审计工作受到表彰。在2017年教育部对直属高校财务管理状况评价中，有关内部审计部分被评为优秀。北京大学审计室被评为全国内部审计先进集体（2014年至2016年），部门1位同志被评为全国内部审计先进工作者（2014年至2016年）。

【预算管理审计】 进一步加强和规范预算管理审计。对于预算的编制和调整，学校安排内部审计部门提前介入，列席有关决策会议。对北京大学2017年预算管理情况进行审计，重点对预算依据充分性、预算编制完整性、预算安排合理性、预算调整规范性等进行审计，并重点关注资金绩效。通过审计，进一步规范预算编制，提高预算的科学性，优化资源配置，提高预算资金使用效益。

【领导干部经济责任审计】 1.经济责任审计范围逐步扩大，并严格按照国家经济责任审计规定有关要求，做到应审尽审、凡审必严、严肃追责。为配合学校党政管理部门整体换届工作，对部分党政管理部门负责人进行全面审计，加强对管理部门经济责任审计的分类管理，采取有效审计方式，提高审计绩效。

2.坚持以综合管理审计为业务基础，突出对领导干部履职尽责、优化管理、管理绩效的审计，以促进优化单位管控机制、规范权力运行。

3.坚持发挥部门联动作用，提高经济责任审计绩效。建立健全经济责任联席会议机制作为"立行立改"台账，拟定整改方案；建立健全与纪检监察联动协作机制，出台学校纪检监察和审计加强协作配合的有关制度。

4.在及时揭示提醒在履行权力过程中出现的不负责任、绩效不高等问题和风险同时，积极督促整改，切实推动领导人员履职尽责，全面落实经济责任。

5.在部门网站公示的基础上，开始对所有经济责任审计项目在校内门户上进行公示，进一步加强信息公开。

【建设工程投资评审】 审计室持续优化建设投资评审制度，出台《北京大学建设工程投资评审规定》，通过强化分类管理、实行限额设计、规范评审等方式，加强建设投资前期的宏观管理和总量控制。对建设工程投资评审小组成员进行调整，进一步优化投资评审决策机制。

【建设工程管理审计】 加强对建设工程内部控制的审计，推动建设工程项目归口管理，优化流程设计；同时持续优化建设工程管理审计模式，突出审计重点，抓住关键环节，推进建设工程审计全覆盖。

【其他审计工作】 在科研管理审计方面，突出对重点环节、薄弱控制的审计，坚持激励科研人员和确保资金安全并重；在资产管理审计方面，坚持以规范学校资产管理、提高资产使用效益、落实管理责任为重点，加强对校产业办和资产经营公司履行出资人职责的审计。

【"三重一大"经济事项】 持续践行内部审计"建设性"理念，参与学校预算管理、财务管理、资产管理、采购管理、建设工程管理等方面十多个专门委员会和小组的工作，促进优化资源管理内部控制，促进提高资源效益。

【内部控制建设与评审】 持续坚持服务学校发展战略，突出机构设置、核心控制机制；坚持"以评促建"，持续优化控制机制；继续大力推动内部控制管理信息系统建设，提升内控建设手段。

2017年4月，按照教育部要求，完成2016年度北京大学内部控制报告；9月，完成学校落实教育部关于开展直属高校财务专项治理工作内部控制部分情况报告；继续完善修订学校内部控制手册，完成合同管理系统、学校法规库系统的需求调查和前期文档准备工作，并与系统开发商进行询价沟通。2017年下半年，结合经济责任审计，开展第二轮内部控制评审工作，对研究生院、校友会等单位进行内部控制评审。

【审计工作优化创新】 明确内部审计战略审计室按照"五经五纬"业务格局，把重大经济决策执行、预算管理与执行、内部控制建设、经济责任履行、资源绩效等纳入常规审计工作，并加强对重点资金、重点事项、重点领域的过程审计监管，充分发挥内部审计在学校治理与资源管理体系中的重要作用。

推进审计全覆盖审计室有重点、有步骤、有深度、有成效地推进审计全覆盖，把学校全部单位各类业务活动及其内部控制、领导干部经济责任等全部纳入审计范围，涵盖5个方面25个类别。更加注重业务审计与管理审计的开展，切实开展绩效审计。

优化审计业务管理模式优化业务组织方式，梳理整合审计业务重点、流程；优化业务操作方式，开展"总体分析、发现重点、精准取证、系统研究"；优化审计结果处理方式，将审计发现问题分类分级管理，对重大、重要、一般问题分层次协调处理解决，将审计发现问题整改内化在审计过程中。

【审计专业化建设】 专业人才建设。审计室继续加强审计队伍专业化、职业化建设，具有国际注册内部审计师（CIA）11名、中国注册会计师（CPA）5名、高级审计师资格6名。通过设置主审、高级主审等部门专业职务，为审计业务发展提供人才保障。

专业规范建设。结合业务最新发展，持续修订审计手册，确保审计专业服务品质。

专业技术建设。开展研究式审计，深入运用"业务分析""问题导向""数据式审计"等技术方法，不断总结提炼业务诀窍，提升审计品质。

【部门党建工作】 认真开展教育活动。根据学校党委的要求和审计室的工作特点，将党建工作与不断优化审计业务相结合。开展"两学一做"，即学习"习近平总书记系列讲话精神"、学习《中国共产党章程》及党的十九大精神等一系列专题学习教育活动，组织全体工作人员观看十九大开幕式及闭幕式。

重视党风廉政建设工作。设立支部纪律检查委员，扎实落实党风廉政建设责任制。

组织基层党建活动。党支部"立足本岗提技能，放眼学校议战略——基层党员学习制度建设"项目获得北京大学基层党建创新立项二类项目。组织党员到北京展览馆参观"砥砺奋进的五年"大型成就展。

（审计室）

表 8-26 审计项目分类统计表（2017 年）

方面	类别	2017 年
综合管理审计	1. 预算管理审计	1
	2. 内部控制评审	无
	3. 大额资金管理审计（校本级及 12 家二级独立核算单位月度审计）	117
	4. 资产管理审计	无
	5. 采购管理审计（大额货物、服务等）	无
	6. 二级单位管理审计	7
	7. 科研项目管理审计、审签	66
	8. 专项审计（调查）	9
	小计	200
经济责任审计	9. 中层领导干部经济责任审计	4
	10. 提任副校级领导干部经济责任审计	2
	小计	6
建设投资评审	11. 投资计划评审（1000 万元以上项目）	8
	12. 设计概算评审（50 万元以上项目）	53
	小计	61
工程管理审计	13. 招标控制价审计（50 万元以上项目）	61
	14. 竣工结算审计（20 万元以上项目）	66
	15. 招标文件审计（50 万元以上项目）	122
	16. 大型项目评标监管	8
	17. 合同审计（50 万元以上项目）	59
	18. 工程月度请款审计（5 个管理部门）	27
	19. 拆迁管理审计（2 个拆迁项目）	7
	小计	350
参与"三重一大"事项	20. 预算、财务管理类	1
	21. 资产管理类	40
	22. 采购招标管理类	13
	23. 建设工程管理类	3
	24. 教学科研类	1
	小计	58
内部控制建设与评审	小计	6
	合计	681

（审计室）

网络安全与信息化管理

信息化建设与管理

【发展概况】 2016年底，北京大学对信息化建设与管理办公室进行机构调整。2017年12月15日，北京大学发文撤销北京大学信息化建设与管理办公室建制，调整成立北京大学信息化建设与管理委员会办公室，内设于党委办公室校长办公室。在完成机构调整之前的过渡期内，信息化建设与管理办公室按照既定方针，以信息化经费管理和信息化建设项目管理为推手，加强信息安全工作，推进校内信息化资源整合，保障正常的工作秩序，取得相应的工作成果。

人员变化机构调整之前，信息化建设与管理办公室共有工作人员9人，其中主任1人，副主任2人，医学部兼职副主任1人，工作人员5人；机构调整之后，编制4人，其中副主任1人（空缺），工作人员3人。

【信息化工作领导机构调整】 根据北京大学规划委员会《关于信息化建设与管理办公室机构调整的批复（规划〔2017〕1号）》精神及主管校领导、党委办公室校长办公室领导的指示意见，信息化建设与管理办公室组织起草北京大学网络安全与信息化领导小组调整方案，该方案经10月31日十二届校党委第238次常委会审议通过。根据调整方案，将原北京大学网络安全与信息化领导小组调整为北京大学网络安全与信息化建设委员会，委员会下设北京大学网络安全与信息化工作小组。工作小组办公室设在信息化建设与管理办公室。

【学生数据共享服务平台建设】 2017年6月，学校启动学生数据共享服务平台建设，形成由党委办公室校长办公室牵头，信息化建设与管理办公室、计算中心参与的工作组。工作组分别调研教师、学生及职能部门的需求和意见建议，形成建设方案。截至年底，搭建学生数据共享服务平台，统一学生数据标准，集成各类学生数据；集成校内主要业务系统的数据，为解决重复填报、多头采集、部门区隔等问题奠定基础，并初步实现学生电子档案、校情展示、校领导工作台、数据应用分析（学业预警、失联预警等）等功能；为推进学校数据共享，实现大数据挖掘利用，服务综合改革奠定重要基础。

【信息化经费管理】 信息化建设与管理办公室组织编制信息化建设经费预算，负责经费拨付及有关事宜的协调处理。信息化经费预算1729.40万元，其中常规经费1510.50万元，建设经费218.90万元，用于学校信息化运行维护方面的硬件续保、机房多媒体教学平台改造、昌平校区机房改造、全球畅游网络服务建设、菜肴出品管理系统设备购置等。

【网站管理】 门户网站图片运行维护。与党委宣传部合作，安排2017—2018年度门户网站主题图片运维事宜。

网站日常管理。组织进行网站域名注册，共注册302个。组织进行北京大学基层网站迁移工作，配合计算中心协助各单位将自建网站迁移至学校网站群，具体工作包括梳理学校网站列表，收集各单位网站需求，协助技术人员进行数据迁移和用户培训，完成网站部署和上线测试。

【编码管理】 为心理与认知科学学院、政策法规研究室、人文社会科学研究院、学科建设办公室、学生资助中心、南南合作与发展学院、应用物理与技术研究中心、社会研究中心8家校内单位设定单位编码。

【大型软件购置审批】 完成40家单位的138项软件审批，金额合计约2787万元。组织及参加有关项目论证会，包括国家发展研究院朗润E学堂及大数据管理系统可行性论证、总务部水电暖综合收费管理系统可行性论证、图书馆学术资源发现与调度服务系统可行性论证、教师教学发展中心网络教学平台、信息科学技术学院Sentaurus半导体模拟软件套装、继续教育部综合管理服务系统可行性论证。

【信息化建设项目管理】 组织信息化建设项目立项，包括办公自动化系统升级、校内门户升级改造、北京大学社会调查平台2.0一期、餐饮中心菜肴出品管理系统。协调研究生教育管理信息系统、科研管理综合信息系统、博士后管理服务网站等以前年度立项项目建设。参加校园机房扩建及配套系统、财务管理与服务信息系统、高性能计算平台等的论证工作。

【信息安全管理】 负责信息安全类事件的日常协调处置和信息系统安全等级保护工作的组织落实，重点保障十九大期间的网络安全工作。在学校主管领导指导下，信息化建设与管理办公室、计算中心有关负责同志组成专门工作小组，负责制定学校安全保障方案及各项举措的落实。十九大期间，北京大学网站和信息系统未发生各类信息安全事件。保障两会期间网络安全、完成教育行业网络安全综合治理行动、配合公安机关完成网络安全执法检查及其他日常信息安全常规检查和等级保护工作。

【党风廉政建设】 信息化建设与管理办公室按照党风廉政建设责任制要求，加强业务学习，坚持三重一大制度，积极落实干部有关事项申报。信息化建设与管理办公室未发生违纪、违法行为，在例行的年度考核中，所有职员都通过师德师风考核。

（信息化建设与管理办公室）

计算中心

【发展概况】 截至2017年底，计算中心共有职工84人，其中，正式在岗职工61人，返聘10人；正高级职称6人，副高级职称30人，中级职称22人，初级职称3人。具有硕士及以上学历人数49人，占中心总人数80%，其中具有博士学位人数8人。中心新入职2人，无退休和调离人员。

2017年，计算中心领导班子团结依靠中心全体教职工，全力推进校园信息网络建设，在校园网建设、电子校务开发、信息服务、网络安全、数据中心建设、微机教学服务、高性能计算平台建设等多项工作中取得一系列进展。

【科研工作】完成国家发改委2011年国家信息安全专项"基于可信身份联盟和云计算的数字资源安全防护服务平台"项目验收工作；继续推进另一国家高技术研究发展计划（863计划）"基于中国云产品的混合云关键技术与系统"项目的研究进程，目前进展顺利；完成教育部项目《信息技术学习、教育和培训学习系统体系结构与服务接口 第2部分：教育管理信息服务接口》国家标准的撰写，已通过全国信息技术标准化技术委员会秘书处在北京组织的审查，形成报批稿。

共发表论文4篇，其中3篇核心期刊，1篇EI检索。

【成人教育】完成成人教育639名新生学籍办理和672名毕业生论文指导、成绩评定、学位授予等工作，为3300名远程及夜大在校生完成注册、授课、答疑、考试、阅卷等一系列工作。

【交流合作】7月14日，德国海德堡大学计算中心主任Prof. Heuveline到访计算中心，双方就信息化建设领域的实践与经验进行探讨和交流。

【党建工作】4月29日，计算中心党支部召开全体党员大会，对中心党支部进行评议及部署传达"两学一做"相关工作要求。6月，抽调核心技术人员，配合组织部，完成"两学一做"网站的设计、开发和建设，为保障学校"两学一做"工作提供信息化保障。6月，计算中心党支部根据学校党委工作安排，向全体党员送发开展"学党章党规，学系列讲话，做合格党员"学习教育的相关学习材料。6月，计算中心党支部组织完成本支部的"共产党员献爱心"捐献活动。7月，计算中心党支部举行全体党员大会，主要内容为于现杰同志的转正和"两学一做"学习教育的学习讨论。10月，计算中心党支部根据学校党委和组织部的工作要求，按照"两下两上"工作程序，组织完成直属单位党委委员候选人提名和推荐工作。10月28日，计算中心党支部和工会组织，组织参观"信念、精神、传承——纪念红军长征胜利80周年大型馆藏文物展"。

【校园网公共服务建设】计算中心根据学校发展的需要，重视校园网规划、设计、建设和运行维护，继续完善校园网出口管理，加强校园网核心层、汇聚层和接入层建设，做好光缆建设并进一步完善无线网络建设，持续对校园网主干结构进行优化调整，全面优化校园网的基础服务性能，较好地保障学校网络的平稳运行，整体上提高网络的性能和网络接入服务能力。

完成12栋教学科研楼网络有线无线一体化改造，安装交换机149台，AP 633台，新增信息点638个，目前无线网络日均用户终端超过7.2万，与2016年同比增长6.7%，有线网络1.4万，同比减少30%。同时，利用网络改造的剩余交换机，升级改造网络系统比较老旧的5个教学科研楼宇和3个家属宿舍楼，共替换安装有线交换机214台；完成邱德拔场馆无线网络的超高密度覆盖工程，共安装82个超高密AP和配套定向天线，保证开学典礼、毕业典礼等校内重大活动的无线上网需求。截至2017年底，有线交换机达到4530台，与2016年同比增长4.3%；无线AP达到15,300台，同比增加5.5%。

对校本部和医学部人员的"单位编码""教师学生编码"进行统一，完成校本部人事管理系统和实验室与设备管理系统在医学部的部署，并打通两校区师生上网，推进新财务系统、科研系统在医学部的使用。

完善全球无线漫游联盟eduroam项目，完成10场eduroam和carsi项目宣讲，完成联盟运行分析系统2.0主要功能模块开发，接入规模达到74所高校。完成eduroam服务网站改版、学校运行分析系统升级、IPv4/纯IPv6教育网双根上线等工作。

规范安全管理，提升安全等级：设计开发北京大学网站及信息系统安全状况管理系统，并以此系统为依托，重新登记备案北京大学网站及信息系统，清理台账，完成登记备案网站和信息系统1100多个，为后续进行网站和信息系统资产清查、全面提升北京大学整体的网站和信息系统管理水平提供第一手资料；建立院系信息化负责人、网站负责人、网站管理员人员库，方便各类网络安全人员了解自己所管理的网站及信息系统情况，做到责任到人、职责清晰；依托知道创宇网站监测系统和绿盟漏洞扫描系统，针对已备案网站和信息系统建立常规扫描及扫描结果实时上传机制；借助网站监测、漏洞扫描、流量控制等系统和设备，初步建设网站安全常规防护体系，初步形成"安全策略实施监控表"，做到在册网站安全状况一目了然。

进行技术试验，拓展安全防护渠道：以www.eduroam.edu.cn网站升级为契机，和博达公司一起，试验在规避安全风险的前提下，内容管理系统对网站页面动态功能的支持，为后续在册网站的迁移和增强安全防护积累经验；启动安全数据采集及分析平台的设计和开发工作；与PaloAlto、思科等多家公司就出口流量分析、下一代防火墙、等保测评、安全服务、上网行为分析、安全态势感知、网站监测、webvpn等多项技术进行交流活动，对PaloAlto下一代防火墙产品、科来网络行为回溯追踪产品、派网流量分析产品、ArrayDDoS攻击检测产品、360网站云监测产品、webvpn产品进行测试。

做好安全应急及运维工作：采用大小白名单机制，借助防火墙、Web应用防火墙、堡垒主机等多种技术手段，从服务器区安全、出口安全、出口 DDos 攻击防护等多个角度，形成立体化的网络安全屏障，全方面提高网络安全保障能力。

启动等保测评，提升校园网信息系统安全管理标准：启动北京大学网站和信息系统等级保护测评工作，本次计划对 2 个三级系统和 9 个二级系统进行测评。

按照上级要求，对学校各级单位的网站加强规范管理和建设，于 2017 年暑假启动网站群项目建设，将各级单位自建网站统一迁移至学校网站群中，规范网站建设内容，加强网站的安全防范，保障学校教学、科研、管理和服务等工作的正常开展。目前已逐步确立网站群迁移的原则，并成功完成迁移网站 39 个，正在迁移过程中的网站有 84 个。

完善校园网管理系统等信息服务，加强信息化在教学管理中的应用：继续做好邮件系统的开发和维护，进一步提高邮件系统安全性，完善 ITS 系统的开发和维护，推进用户管理系统的开发和维护，完成托管服务器的运行管理工作，完善 VPN 服务，为校园网用户提供高质量的视频会议服务。

先后开发北京大学 APP iOS 版、北京大学校园地图、基建工程部网站留言系统、公寓服务中心网站留言系统、高性能计算平台征名系统、党代表提案系统、岗前培训在线考试系统，并在正版软件平台增加 Origin Pro 软件；推进校情资源展示平台的建设，实现"人才培养""教育教学""师资队伍""资产设备""校园生活"5 大部分共计 32 项统计分析。

【电子校务开发】 各项新系统的开发与建设得到持续推进。学生综合信息管理系统建设取得较大进展，保障奖助体系改革顺利实施，本科生教学综合改革得到全面支持，多项业务完成重大升级，自助服务功能实现重大突破；持续升级和完善人事系统，根据新需求新开发和重构年度考核、985 聘岗、职工信息核查、劳动制人员入职等 9 项系统功能；稳步开展后勤综合服务平台建设，新建会议室预订、校级会议室管理和结算、意见建议、供暖费交纳和管理 4 个系统；大力支持学校后勤工作改革，通过移动应用支持后勤工作，创新服务模式，提升效率和质量；科研管理综合信息系统项目管理和经费管理功能正式上线运行，科研成果分类功能设计完成；新财务系统正式上线运行，开通 34 个单位主管的缴费项目 50 个，实现 2017 年度学费、住宿费等费用的网上缴纳，同时完成收费系统与自助机接口程序开发，持续改进和完善薪酬发放系统；国际合作部综合管理系统中教职工因公临时出境和因私出境申请的功能正式上线运行，共受理教职工出境申请 3229 人次，推进教工出境管理相关各部门的信息共享和业务协同，并实现接收礼品的移交功能，完成国际会议申报管理的开发，并配合国合在用管理系统的功能新增 9 个功能；保卫部平安校园管理系统实现访客、游客预约入校管理，并完成手机端应用程序的开发；针对学科建设项目和经费的管理，初步完成学科建设管理信息系统的搭建。

完成学生数据服务平台和教师数据服务平台的建设，已建立 28 类学生电子档案，并随 2017 版门户上线正式启用。教师数据服务平台初步设计建设以教学科研经历和成果为核心内容的教师电子档案 18 类，已滚动完成其中 9 类。数据服务平台的建设有效推进信息系统互联互通和数据共享，将较好地解决学生和教师数据多头征集、重复填报、部门区隔等问题，为学校各类资源的准确统计和办学效益分析提供良好数据基础。

完成新版门户设计和实现，于 12 月 31 日正式上线。新版校内门户集成全校 98 项主要应用服务，全面支持各类移动终端，同时支持 APP、微信等新媒体，成为北大师生网上办事、网上办公的唯一入口。新版门户还突破性增强数据共享和大数据分析能力，方便开展学术研究和分析决策。

继续对已上线系统进行改善与优化。继续维护和完善世界哲学大会会议系统，在后台管理中增加邮件、统计、打印收据、注册方式、注册系统语言、支付订单管理、批量注册等功能；完成自助机系统程序的更新、测试和配置工作，对 14 台自助机的异常进行远程处理、现场处理；根据学校要求维护迎新网站，为新生提供服务，新增新生农行卡采集和新生宿舍查询功能；完善设备实验室管理系统，新增实验室房间信息维护和审核等功能，重新设计开发开放测试基金邮件通知模块，完善设备共享预约平台和教育部"仪器平台校际互通建设"CERS 国家平台接口；完善太阳卡申请审批系统，修改临时餐卡系统和南开太阳卡系统对接的接口，修改申请餐卡实际人数和填报人数的相关判断和处理，解决人员详细信息的上传模板问题。

尝试将人脸识别前沿技术应用于校内多项服务，通过准确、快速的自动身份验证手段简化繁琐手续。2017 年，已在迎新系统实现刷脸报到及办理进度查询，在会议签到系统增加刷脸签到和人证合一比对签到功能，在核心机房和会议室门禁系统实现刷脸进入，并在校内多处进行推广部署。

【公共教学资源建设】 继续注重服务质量，做好机房软硬件维护，全面升级 1 号至 8 号机房数字语音多媒体教学软件，完成机房投影设备采购和安装调试，进一步提高教学机房多媒体化，2016—2017 学年完成上机教学机时约 74 万小时，同比增长 17.6%。

继续为学校各项培训、赛事等活动提供良好技术服务，为平民学校教学、学校社会招聘考试和学校职称考试等提供机房技术服务；顺利完成 2017 年总计 47 场，共计 11,653 人次的 TOEFL、GRE、Daf 机考工作，与 2016 年相比增加 15 场次，考生人数增加 4669 人次。

完成北京大学第十五届数学建模大赛、"斯伦贝谢杯"第十六届程序设计竞赛暨 ACM/ICPC 北大代表队选拔赛、亚洲区预选赛北京大学赛区比赛的技术保障任务；为北京市硕士研究生统一招生考试政治网上阅卷和北京市普通高等学校招生全国统一考试语文科目的网上阅卷工作提供技术支撑和服务保障。

【用户服务】 完成校园网联网的运行和维护工作，完成新太阳中心、保卫部无线联网等14处网络工程，敷设光纤2658米，网线2875米，与2016年敷设光纤5700米、网线8220米相比，有所减少。暑期完成1911间学生宿舍网络端口检修，与2016年相比增加353间。上门维护网络故障246次，为教工宿舍安装网络78户，与2016年相比减少117次。

做好"51023"用户热线服务工作，2017年，共接听用户电话31,663次，回复6962次，日接听98个，呼出电话22个，平均接听率86%。

坚持用户服务周报提交工作，对热线服务咨询、工单完成、网络解答、上门维修等工作进行统计和记录，使网络服务工作更加规范。

继续做好校园网及各应用系统的管理、运行和维护工作，为学校各项业务提供虚拟服务器、相应防火墙、监控和数据备份服务。

完成https数据流的加密工作，使网站数据的安全性与一致性得到显著提升，并初步建成https服务平台，为多个网站提供https服务。

进一步加强网络信息安全监管，全面提高安全服务能力，对校内门户等系统实施IAAA双因素认证功能，增强应用安全。

规范和完善数据管理，做好存储与灾备工作，实现计算中心生产服务器和托管服务器全面数据备份，提升数据库备份速度与可靠性；启动全闪新存储购置工作。

【高性能计算平台建设】 顺利完成"北京大学高性能计算公共服务平台"超级计算机系统的设备到货、安装、调试以及建设项目验收等相关工作，并推动成立"高性能计算校级公共平台专家委员会"，协调制定高性能计算平台资源调度策略和资费政策。9月26日起，面向全校师生提供试运行服务，并于11月17日经公开有奖征集，正式命名为"未名一号"。9月，学校决定依托高性能计算平台建设冷冻电镜平台附属计算机设施，12月15日，平台的第二套超算系统"未名生科一号"确定采用联想最新超级计算机系统深腾X8810进行建设。

"未名一号"是中国第一套超大规模温水水冷超级计算机系统，节能效果显著，平均PUE低至1.1。"未名一号"系统运行平稳，作业饱满，性能优良，节点平均利用率高达95.87%，建立用户账号354个，分布于18个院系，支撑科研项目100项，支持发表高水平研究论文4篇。

（计算中心）

医学部信息通讯中心

【发展概况】 医学部信息通讯中心前身为医学部信息中心和医学部电话室，2002年合并后组建现信息通讯中心。信息通讯中心是医学部信息化建设的主要力量，承担着学校信息化基础设施、信息系统、校园卡系统、电话通讯等校园信息化建设任务的规划设计、具体实施和组织协调，以及日常管理、运行维护、咨询培训、用户服务等工作。

医学部信息通讯中心下辖网络管理室、信息管理室、运行管理室、综合服务室四个科室。种连荣为主任，张翎为常务副主任，宋式斌为副主任。信息通讯中心党支部党员5名，党支部书记尹忆民，副书记黄宁玉。在编职工16人，其中正高1人，副高2人，中级职称8人，初级职称3人，工人2人。2017年退休1人，离职1人。

【党建工作】 学习领会十九大精神，支撑学校"双一流"建设；落实"三重一大"制度，依法依规民主决策；加强信息化项目管理，保障信息化建设顺利开展；建设模范小家，充分发挥工会及民主监督小组的监督作用。

组织观看十九大开幕式，学习领会党的十九大报告精神，坚持落实中央八项规定精神要求，落实"一岗双责"制度，加强信息通讯中心党风廉政建设。围绕推进学校"双一流"建设，开展中心各项工作。

严格规范中心各项管理制度，坚持"三重一大"民主决策，坚持办公例会制度，讨论中心各项事宜，共召开40次例会。各类考核、评比，严格按照民主评议、例会决策、结果公示、最终上报的民主决策程序。

中心信息化项目严格按照学校招投标流程实施，项目执行过程密切监督，保证项目顺利完成，每个项目终结要通过严格的验收流程，杜绝隐患。

积极组织全体员工参与工会各项活动，开展工会建家活动，被评为北京大学模范职工小家。民主监督小组参政议政，对中心日常业务、制度建设、岗位考核等工作进行监督。

【网络建设】 实施网络优化提升，完成无线网二期建设，实现医学部无线网全覆盖；增容出口，实施无感知认证，提升上网体验；改造楼宇弱电基础设施，提升接入网络条件；强化网络运行监控，运行状态可视化；推进北大医学网络建设，服务医院师生。

1. 完成无线网二期建设，实现医学部无线网全覆盖。完成无线网络二期建设，完成1600个无线设备施工调试。两期项目完成后，实现医学部本部、草岚子校区、医疗产业园三校区室内外无线网全覆盖。

2. 增容出口，实施无感知认证，提升上网体验。增容出口带宽，从3.4G提高到5.4G，实现上网无感知认证，师生每人连接数5个，网络高峰流量达到5G，上网体验显著提升。

3. 改造楼宇弱电基础设施，提升接入网络条件。完成药学楼、国际合作交流中心网络电话设计和建设工作，共建设各类信息点1394个，无线接入点190个；完成部分楼宇共89台接入设备的更换。完成大型仪器共享平台第四期网络改造工作，完成7栋楼宇，33台大型仪器的接入工作。指导产业园、西北区网络改造和建设工作。

4. 强化网络运行监控，运行状态可视化。完善综合网管系统，增加网络质量检测探针，实时监控网络连接服务状态，完善校园网监控拓扑、机房的温湿度监控，实现运行状态可视化。

5. 推进北大医学网络建设，服务在医院师生。网络连通积水潭医院、航天中心医院两家临床医院。

【信息系统建设】 信息系统建设持续推进，完成编码改造，规划新型校园卡系统，协助各部门建设完善信息系统，提供科研和决策分析支持。

1. 持续完善综合服务平台，建设多个小微应用。持续完善综合服务平台建设，保障离校派遣、组织关系迁移等老应用，新发布新生照片采集、薪资查询、学宿费查询、志愿服务管理、劳务费网上申报、会议室预定管理、网络信息备案系统、党支部管理、网络报修、账号管理、云桌面申请十余个应用，运行稳定，效果良好。

2. 制定医学部人员信息编码标准，升级改造系统。完成门户系统、网关系统中的人员编码升位工作，协助完成设备资产管理系统、设备竞价系统的人员编码升位工作；完成数据中心、综合服务平台中单位编码的更新统一；完成数据资源目录前期建设，日常维护数据同步任务。

3. 规划校园卡系统，签署合作协议，发放附属医院校园卡。与中国工商银行签署《北京大学医学部校园卡项目合作协议书》，工行五年内投资739.802万元用于建设医学部校园卡系统，已确定新校园卡系统的技术方案，并启动相关建设工作。落实北京大学提案，经部务会讨论通过，为6家直属附属医院发放校园卡10,653张。配合学校科研楼改造，建设医学部校园卡门禁系统，首期覆盖新公卫楼等10座楼宇。

4. 协助各部门建设完善信息系统。协助计财处进行自助缴费机系统建设，完成留学生学宿费的缴纳；协助设备处完成设备管理系统改造工作。部署并测试办公系统，给办公系统人员开展系统使用培训；协助人事处部署、测试人事管理系统，清理人事系统数据，开发教职工基本信息核查应用服务。

5. 提供科研和决策分析支持。协助设备处完成试剂平台数据统计分析，协助资助中心对本科生就餐数据进行分析，为营养补助发放提供参考；协助设备处完成年底设备资产结算，协助计财处完成资产清查。发布虚拟桌面服务，支持小微科研计算服务。根据用户申请，共分配各类桌面52个。

6. 完成各信息系统运行维护工作。统一身份认证系统新接入应用7个，目前共有13个应用系统接入，为3万多用户提供身份认证服务，日均认证700多人次。保障网上支付系统运行，师生通过网上支付平台缴费近万笔。利用安心守护监控信息系统运行。系统共监控62台主机，43个URL，42个TCP连接，12个数据库，6个weblogic服务。

【网络安全】 保障网络信息安全，管理和技术两手抓，全面实施安全防范，2017年网络安全零事故。

1. 加强网络信息安全管理，规范制度，清查信息资产。发布网络安全应急备案通知，发布备案系统，登记备案156个信息网站和应用系统。启动邮件等三个系统的等级保护工作。完成服务器地址和域名清理工作，共整理出服务器地址288个，有效域名233个（包括别名），清理僵尸域名18个。加强邮件安全防护，启用弱密码安全防护机制，处理僵尸账号，禁用弱密码和僵尸账号547个。

2. 实施网络准入制度，源头控制安全。优化网络运行结构，更新网络认证系统，实现有线与无线网络的准入管理，控制源头安全。

3. 实施网络安全应急响应，安排值守零事故。重点时段启动网络安全应急响应预案，安排近2个月的7×24小时在岗值班，完成安全保障任务，2017年网络信息安全零事故。

4. 加强漏洞检测与通报机制，落实漏洞修复。定期对医学部网站和信息系统进行扫描，2017年共扫描服务器系统1118台次，发现漏洞总数66个，其中高危漏洞48个，中危漏洞18个；转发安全提醒15条，督促附属医院等二级部门完成修补工作。

5. 部署新型安全设备，实现安全可视化管理。在校园网出口以及数据中心出口分别部署新型安全设备，日均处理安全风险约98万次，保障校园网信息系统运行安全。

【基础设施】 基础设施进一步加强，运行能力显著提升，建设灾备机房，防范应用和数据安全风险；增容升级虚拟化平台，满足信息系统运行所需；实施电话线路改造工程。

1. 建设灾备机房，防范应用和数据安全风险。完成医学部灾备机房建设工作，以B级机房的标准进行改造，割接网络和监控光缆454芯。改造后的机房整洁卫生，线路规整，电力双路，空调冗余，可保障未来灾备设备的可靠运行。

2. 增容升级虚拟化平台，满足信息系统运行所需。完成虚拟化平台的版本升级，共升级迁移虚拟机348台次；完成平台设备增容，新增运行服务器7台，CPU资源增加2倍，内存增加1倍。平台服务教育处、计财处等十余个部门，支撑学校核心业务运行。

3. 实施电话线路改造工程。启动电话线路改造工程，完成中心实验楼等10座楼宇的电话线路改造，配线可用率由约70%增长到98%以上。

【服务保障】 加强协调服务能力，强化运行保障，满足学校各部门需要，改善服务；完成英文网建设，为二级部门提供网页和网站运行服务；设备间巡检常态化，系统运行有保障。

1. 满足学校各部门需要，改善服务。完成迎新工作，保障迎新现场运行的网络和系统，印制并发布新生指南，优化系统处理的流程。配合西北区拆迁，完成会议中心、学生6号楼网络电话改造；完成校医院专网改造，实现跨楼报销；

完成博士南北楼、学生5号楼3层水控改造，部署最新无线水控设备，实现丢卡不丢钱。完成毕业派遣、迎新、校庆典礼、十九大开幕式等重要活动的网络直播；保障10次网络视频会议，服务校本部、各附属医院、深圳医学研究中心等部门；支持人事处进行2次海外学者视频面试。

2.完成英文网建设，为二级部门提供网页和网站运行服务。完成英文网站的设计和建设工作，新英文网设计理念与国际接轨，界面风格友好，采用自适应技术，适应桌面、平板、手机等不同终端，已于12月4日上线服务。完成计财处网站改版；协助联系公教部、药学院、设实处、健康大数据中心的网站改版或建站。

3.设备间巡检常态化，系统运行有保障。建立机房和弱电间巡查制度，定期巡查安全，完成核心机房巡查39次，汇聚机房和弱电间巡检4轮次。

（医学部信息通讯中心）

工会与教代会工作

【发展概况】 2017年，北京大学工会以市总工会"围绕大局公转，围绕需求服务，围绕效率创新"工作方针为指导，围绕学校中心工作，切实履行工会四项职能，大力推进"三型"工会组织建设，为北京大学"双一流"发展建设做出贡献。

【民主建设】 教代会工作。1月12日，召开六届六次教代会，党委书记郝平发表讲话，校长林建华作学校工作报告，财务部作财务工作报告，副校长王仰麟作肖家河教师住宅项目进展专项报告，教代表审议教代会、工会工作报告和提案工作报告。起草《北京大学教职工代表大会实施办法》，进一步加强教代会建设。医学部、附属医院及各院系按照规定召开二级教代会或全体职工大会，行使民主权利。

提案工作。完善提案工作"三会两评一化"制度，着力提升教代会提案工作质量，激发教代表履职热情，充分发挥教代表作用。教代会提案系统与学校办公自动化系统衔接，实现全流程无纸化闭环管理。六届六次教代会期间及会后，代表共提交25件提案，最终立案13件，9件转为建议，参与代表共计178人次。提案和建议内容涉及教学科研管理、人事管理、校园秩序管理、后勤服务保障、医疗改革、养老助老、子女就学、校本部和医学部深度融合等方面，答复率达到百分之百。附属医院教职工办理北京大学校园卡等提案得到落实。共评选出4件优秀提案、2个提案办理奖。

教职工民主参与。教代会代表组讨论建议、教职工关注焦点及思想状况及时上报学校，助力学校发展。就执行《医药分开综合改革实施方案》、肖家河教师住宅建设进展情况、增设教工食堂等事项召开校领导与教职工沟通会。长期以来颇受教职工关注的子弟入学等问题得到解决，老旧住宅加装电梯事项学校已做出决策并启动。

【教职工权益维护】 做好教职工接待和劳动争议调解等工作，制订《北京大学劳动争议调解委员会工作细则》，全年接待教职工来访数十人次，引导教职工依法理性表达诉求，维护校园和谐稳定。继续推进合同制职工入会工作，2017年全校合同制职工会员总数达到7611人。

重点帮助教职工解决日常工作生活中最关心、最直接、最现实的问题。开展慰问和"送温暖"活动，慰问劳模、教学科研骨干、三十年教龄教职工、2017年度荣休教职工、困难教职工及"两节"坚守岗位职工、招生和军训工作人员、援疆援藏医护人员等共计3000余人次，慰问金额达90余万元。为教职工办好事、办实事，为教职工办理"京卡·互助服务卡"。做好会员普惠工作，组织各项便民服务，提供寒暑假旅游服务，组织驾驶培训，举办父母沙龙，开设母婴关爱室和儿童阅览室，为雏鹰公益社提供经费、人力和场地支持，解决教职工子女放学后看护问题。继续举办"幸福学堂"，开展系列健康讲座。医学部"心灵驿站"为教职工身心健康保驾护航。

以"爱心基金"为依托，积极探索教职工大病救助的帮扶机制。2017年校工会"爱心基金"共支出33.1万元，慰问18位教职工（含6名合同制职工），传递着学校大家庭的温暖。2.继续做好职工互助保障计划投保、续保和理赔办理工作。为4689名女教职工办理女职工特殊疾病互助保险，为5985人办理职工重大疾病互助保险，并协助39名教职工办理出险赔付，累计赔付金额达77万元。

以多层次服务为依托，维护女教职工权益。制定《北京大学工会女教职工工作委员会工作条例（试行）》。开展学术讲座、参观展览、文化体验、女职工权益保护法律法规知识竞答等多种形式的活动，维护女教职工权益。"展巧手灵心，绘女工风采"女教职工手工艺作品大赛以线下展览、线上投票方式吸引校内广泛关注，网上阅读量达9350次。医学部评选"女教职工之星"和"天使之星"，开展"巾帼建功"主题活动。

【教职工素质建设】 师（医）德师（医）风建设。推荐评选2名首都劳动奖章、1名北京市工人先锋号。召开"弘扬师德新风尚，做好学生引路人"庆祝教师节座谈会，引导教职工铸高尚师德、做育人楷模。推进"北大劳模访谈录"项目，弘扬劳模精神。组织19名医疗专家团赴新疆生产建设兵团十师开展义诊活动，近百名教职工参加"美化校园"义务劳动，践行公益、服务社会。

青年教师职业发展。1.青年教师教学基本功比赛纳入学校教师教学发展培训计划，学校加大奖励力度。举办第17届教学基本功比赛，分设文、理、医三场，共74名选手报名参赛。组织选手参加北京高校第十届青年教师教学基本功比赛，7人获得一等奖，11人获得二等奖，8人获得三等奖。

2.以"五四"青年节和校庆为契机,举办"卓越教学:思考与实践"青年教师教学论坛暨教学基本功比赛颁奖会,多名校领导出席活动并为获奖选手逐一颁奖。医学部工会举办"比拼教学技能,感悟精彩人生"青年教师教学基本功比赛论坛。3.暑期以"追寻前辈足迹,学习革命传统"为主题,组织青年教师和青年岗位能手赴中共一大会址和蔡元培、马寅初故居开展社会实践活动。

平民学校。依托"平民学校"更好地服务合同制和派遣制员工发展。83名新学员走进平民学校第12期课堂,73人结业。举办素质拓展、春秋游、参观校史馆和中国人民抗日战争纪念馆等活动,制作班刊《燕园百草堂》。面向800名工友开展"北大校内务工人员调查研究"。积极参与全国总工会、教育部联合开展的"尊法守法,携手筑梦"服务农民工法制宣传行动,联合法学院、团委组织5个宣讲分队,组织2000余人参加普法知识竞答活动。

【文体活动开展】群众性文体活动。采取群众体育工作积分制,贯穿全年体育活动,充分发挥院系主体作用,调动教职工的参与积极性。组织1459名教职工在校运会上表演《八段锦》。以迎接120周年校庆为契机,启动"健身120"教职工冬季健身活动。以游泳、毽球、羽毛球、足球、乒乓球等比赛为主线,以社团活动为辅助,全面开展全民健身运动。组织教职工参加"一二·九"大合唱和师生新年跨年晚会。为会员发放文娱兑换券近40万元。

教职工社团建设。支持基层工会与社团自主开展活动,满足多样性需求。各教职工社团根据《工会教职工社团管理办法》重新注册、集体招新,积极参加校外赛事和志愿者活动。鼓励二级工会组建文化、体育社团和兴趣小组,目前已超百个,搭建多级交流平台,带动教职工参与文体活动,愉悦身心,打造和谐校园氛围。

【工会组织自身建设】加强理论学习,提高思想政治素养。认真学习宣传贯彻党的十九大和北京大学第十三次党代会精神,组织工会干部观看十九大开幕式,举办"学习贯彻十九大,携手共建'双一流'"专题讲座,面向青年教师举办"习近平对新时代中国特色社会主义思想的体系化"讲座,面向全校教职工开展"学习党的十九大和中共北京大学第十三次党代会报告"知识竞答活动。医学部工会主办"学习贯彻十九大会议精神"中国高等医学教育工会理论研究会常务理事会议。基层院系、附属医院工会以教职工喜闻乐见的形式开展多种多样的学习宣传活动。召开工会干部培训暨工作研讨会,以"发挥教代会作用,助力'双一流'建设"为主题展开培训和交流。组织专兼职工会干部学习上级工会重要文件精神,进一步完善教代会、工会工作制度。

完善激励机制,增强基层组织活力。坚持重心下移,确保政策措施、工会经费、服务资源向基层组织倾斜,发挥基层工会的主动性与创造性。开展"建家"促进年专项活动,推进三级"建家"工作,共验收7个校级教职工之家,14个校级教职工小家;7个单位通过北京市教育工会先进教职工小家验收。拨出专项经费145万用于基层单位"建家"设施配套工作,建设和谐温馨的"教职工之家"环境。深入开展创先争优活动,以评促建。表彰工会先进集体和优秀个人,评选工会精品活动、优秀活动、好新闻奖,召开经验交流暨评审会,推广经验,促进交流。医学部通过"权益杯"精品活动立项和观摩活动,宣传推广先进经验。

加大宣传力度,重视理论研究。建设兼具推送、展示、服务功能的工会微信公众号,综合运用多种信息化服务手段,提高工会工作的便捷性与时效性。继续发挥工会网站、《北大教工》《教工之声》宣传阵地作用。设置理论研究专项经费,出版《中国劳动关系学院学报》(增刊),进一步推动理论创新与实践创新。精选"幸福学堂"(北京大学教职工心理健康支持计划)部分课程实录,出版《幸福学堂十五讲》一书,传播心理健康知识,使北大优质教育资源惠及更多民众、温暖更多家庭。

规范财务管理,完善财务制度。足额缴纳工会经费。完善工会财务制度,认真编制预决算,做好预算中期调整工作。制定《北京大学校工会经费使用及报销规范》等财务工作规范性文件,制订《北京大学工会固定资产管理办法》,完善入库出库流程,确保工作合理合规开展。认真自查,顺利通过北京市教育工会组织进行的工会资产财务检查及经费审计,针对检查和审计意见积极整改落实。

(工会)

共青团工作

【发展概况】2017年,北京大学共青团以党的十九大精神为指引,全面贯彻全国高校思想政治工作会议精神,落实立德树人根本任务,以共青团改革攻坚为主要目标,不断完善"一心双环"团学组织格局,进一步做好团员青年思想引领与成长服务,更加有力地助推世界一流大学和一流学科建设。

【理论学习】北大团委深入学习党的十九大精神与习近平新时代中国特色社会主义思想。8月28日,举行主题为"紧跟党走推进群团改革·引领青年立志奋发成才以优异成绩迎接十九大胜利召开"的座谈会,集体学习习近平总书记关于群团改革工作的重要指示和给第三届中国"互联网+"大学生创新创业大赛"青年红色筑梦之旅"大学生回信精神。9月19日,中央党校与北京大学两校青年共学《习近平的七年知青岁月》主题座谈会顺利举行。10月18日,组织各基层单位团员青年代表,在新太阳学生中心会议室召开"不忘初心跟党走,青春献礼十九大"北大团员青年收看十九大开幕盛况暨学习座谈会。10月29日,邀请中共第十九届中央委员会候补委员、北京大学党委书记郝平走进青年课堂，与师生共学十九大精神。

11月14日，医学部团委举行"听玉村书记讲党课·深入学习十九大精神"暨医学部共青团系统初、高级团校，团支部书记培训班开学典礼，北京大学党委副书记、医学部党委书记刘玉村应邀出席并为团校学员上开学第一课。12月28日，举行"青春建功十九大·不忘初心跟党走"主题知识竞赛暨团日活动表彰。

【思政教育】 抓好重大节日、事件，贯彻全国高校思想政治工作会议精神。4月4日，北京大学师生代表来到静园北大革命烈士纪念碑前举行清明公祭活动。校党委书记郝平、校长林建华等校领导班子成员，相关职能部门负责人，基层红旗团委教师，院系党团支部书记，团校优秀学员，国防生、飞行学员和国旗班成员等代表共200余人参加了此次活动。青年学生代表先后朗诵了由北大学生原创的缅怀革命先辈的诗篇《青松礼赞》和追念李大钊同志的著名革命诗篇《烛火之殇——李大钊诗传》节选。4月28日，举行李大钊同志英勇就义90周年纪念活动。5月4日，举行"时刻看齐，永远跟党走"五四主题团日活动，隆重纪念中国共产主义青年团成立95周年、北大早期团组织成立97周年、习近平总书记在2014年考察北京大学时发表五四重要讲话3周年。12月9日，指导举办新生"爱乐传习"项目暨纪念"一二·九"运动82周年师生歌会，活动以"不忘初心跟党走，争做圆梦新一代"为主题，3000余名师生参与其中。

医学部团委围绕重大事件、节日，在青年中广泛开展爱国主义教育。3月5日，组织学生会、研究生会、青年志愿者协会、各学生社团骨干和高级团校成员等20余人观看了十二届全国人大五次会议开幕式并聆听了李克强总理所作的政府工作报告。4月，启动第四届"青春心向党，传递正能量"的主题团日活动。5月9日，举行"不忘初心·铭记誓言"2017医学部共青团系统五四表彰暨纪念中国共产主义青年团成立95周年青春歌会。10月25日至26日，组织"我爱北大医学，我为母校献祝福"喜迎北医105周年庆典系列活动，包括推出"写给北医的三行情诗"优秀作品展、"HAPPY TIME·BEIYI GAME"庆典线上小游戏、北医105岁庆生专属表情包等活动，组织学生代表参加"热爱北医母校·建设北大医学"师生校园大步走活动，组织30余名学生志愿者全程服务"厚道·医学——北医105周年讲述交流会"。

【工作改革】 北大团委贯彻《中共中央关于加强和改进党的群团工作的意见》和中央群团工作会议精神，贯彻落实《共青团中央改革方案》和《高校共青团改革实施方案》，起草制定北大共青团工作改革实施方案。

深耕制度建设，优化"一心双环"。3月27日，团中央书记处书记傅振邦到北京大学调研并召开首都重点联系高校团委书记工作例会，对下一阶段高校共青团工作提出了三方面要求：对标看齐、动真碰硬、稳中求进。9月28日，团市委书记熊卓出席"喜迎十九大，争创双一流，为首都共青团改革发展做出北大青年新的贡献"主题座谈会，调研北大共青团工作并作出重要指示。2017年，校团委起草制定《北京大学共青团改革与青年发展实施方案》，配合党委组织部修订《北京大学共青团干部选拔任用办法》，进一步完善《北京大学学生社团管理条例》和《北京大学学生代表大会组织条例》。

紧扣立德树人，完善育人体系。依托"北大团校"选拔培养全校优秀学生骨干；形成北大共青团学生部制成长概念，联合开展社会实践、建立基层联合团校；全面推进第二课堂育人体系建设；继续开展雷锋团共建共育工作，义务兵唐青成为北大第一位赴雷锋团参军的大学生优秀代表，并牵头申报北京高等学校党的建设和思想政治工作优秀成果奖评审，《探索高校育人共同体，开创共建共育新格局》荣获优秀成果一等奖。与教育部政策法规司联合建设"高等学校学生法治教育研究中心"，并于10月10日成功承办第二届全国学生"学宪法，讲宪法"活动暨首届部属高校演讲决赛。

倾听青年心声，保障学生权益。成立权益部，统筹学生会、研究生会，加强与校内其他部门的互动交流，完善学生权益工作机制。指导制定《北京大学学生权益保护条例》，认真落实关于加强"1+100"团干部直接联系青年工作要求，切实做好权益维护与成长服务工作。

优化评价体系，发挥榜样作用。5月4日，校团委隆重举行"时刻看齐，永远跟党走"五四主题团日活动并设立"高君宇奖"作为北大共青团系统最高奖项，面向全体北大团员青年设立，由基层团支部推举候选人，奖励给对集体贡献最大的团员青年。新增优秀基层团委书记、优秀青年调研成果等表彰奖项。

【骨干培养】 北大团委构建多维度的培养机制，着力推进青年学生骨干培养。

继续加强高级团校建设，第三十四期高级团校同时也是十九大精神学生骨干专题研究班。推进高级团校改革，重新修订高级团校培养计划，规范学分制度和奖惩制度，在招生对象和规模方面做出较大调整。9月19日，邀请校党委书记郝平与中央党校教育长罗宗毅等出席中央党校与北京大学两校青年共学《习近平的七年知青岁月》主题座谈会。

持续打造一支专职、挂职、兼职相结合的团干部队伍。改革团系统年度评优体系，创设北京大学"高君宇奖"，增设优秀基层团委书记、优秀新生团支部书记、优秀学生会组织标兵等奖项。

医学部团委推进三级团校培养模式。3月5日，组织学生会、研究生会、青年志愿者协会、各学生社团骨干和高级团校成员等20余人观看了十二届全国人大五次会议开幕式并聆听了李克强总理所作的政府工作报告。11月14日，举行"听玉村书记讲党课，深入学习十九大精神"暨医学部共青团系统初、高级团校，团支部书记培训班开学典礼，各学院团委老师以及各级团校往期学员代表和新学员近300人出席。

【创新创业】 北大团委以国家创新驱动发展战略为指导，以培养守正创新、引领未来的优秀创新人才为目标，打造"双创"升级版，进一步激发广大青年创新意识，提升创业能力。

竞赛发展。圆满完成北京大学第二十五届挑战杯系列赛事的评审工作，并启动第二十六届挑战杯系列赛事。6月3日，在北京师范大学举行的第九届"挑战杯"首都大学生课外学术科技作品竞赛终审决赛中，北京大学获得特等奖2项、一等奖6项、二等奖6项，并以总分第二名的成绩获得"优胜杯"。11月18日，在上海大学举办的第十五届"挑战杯"全国大学生课外学术科技作品竞赛中，北京大学共获得二等奖2项、三等奖2项。举办北京大学第十五届"江泽涵杯"数学建模与计算机应用竞赛。组织北京市第二十八届大学生数学竞赛（暨第九届全国大学生数学竞赛北京赛区预赛），北京大学获得甲组非数学专业组一等奖31人，丙组经管类一等奖4人、二等奖21人、三等奖10人。

创业服务。3月，校团委书记陈永利与日本JOUJU股份有限公司事业部经理关本正和先生签署"河合创业基金"捐赠协议，支持北京大学青年创新创业工作。8月，在第三届中国"互联网+"大学生创新创业大赛（北京赛区）比赛中，"水下机器鱼"获得一等奖，另外获得二等奖2项、三等奖2项。9月，在"盐商杯"第四届"创青春"中国青年创新创业大赛中，北京大学"高性能环保钛电池"荣获铜奖。9月22日，与北京首科创融科技孵化器有限公司签署战略合作协议，为北大学生创业提供孵化基地，满足学生的创业需求。9月25日，组织"河合创业基金"颁奖仪式，北京大学"质享科技""费米科技"等创业项目经过评审，获得基金支持。10月，在第三届中国"互联网+"大学生创新创业大赛决赛中获得铜奖1项。10月24—26日，在"京投发展杯"创青春·首都青年创新创业大赛决赛中，北京大学"新一代环保钛电池"项目以第一名的成绩获得金奖。

专题讲座。邀请专家学者为北大学生举办十五场专题讲座，诸如江付《杀死一只知更鸟》的逻辑"、庄明科"大学生自我管理与职业发展"、吴国盛"从求真的科学到求力的科学"、吴增定"马基雅维里与人民——从葛兰西和阿尔都塞的角度看"、李晨枫"沟通无阻与谈情说爱"等。

校地合作。7月15—22日，完成青少年高校科学营北京大学分营活动，来自海峡两岸及港澳地区的440名师生参加了本次为期8天的高校科学营活动。7月16日，在北京大学邱德拔体育馆举行2017年青少年高校科学营全国开营仪式暨北京营开营活动和北京大学分营活动，来自中国科学技术协会、教育部、国务院港澳台办公室等单位的领导和海峡两岸及港澳地区的3000名师生参加开营仪式。

国际交流。2月22—25日，以校党委副书记叶静漪为团长的第十届东大-北大青年创新创业交流活动在东京大学举行。11月30日—12月3日，举行东京大学-北京大学创新创业交流活动，来自东京大学的15名师生与北大师生共同参与，拓宽并加深两校在创新创业工作方面的交流与合作，为两校创业教育经验分享与交流奠定了基础。

【校园文化】 支持文化育人，广泛开展形式多样、内涵丰富的文体活动。5月4日，举行北京大学120周年校庆年启动仪式全校师生共同庆祝母校119周年生日，迎接120周年校庆年的到来。5月12日，举行北京大学第十三届学生"演讲十佳"大赛决赛，来自校本部、医学部和深圳研究生院的13名选手，通过主题演讲和即兴演讲两轮比拼角逐"演讲十佳"的荣誉称号。7月5日，举办北京大学2017年"毕业如歌，离别如诗"毕业生晚会，节目类型涵盖了歌曲、舞蹈、相声、魔术、戏曲等艺术形式，其中超过一半节目为原创，体现了北大学子热爱生活、热心文艺的精神风貌。10月9日，举办"院士回母校"活动，赵鹏大院士、张宗烨院士、夏建白院士应邀回到母校与北大学子座谈交流。10月10日，举行第二届全国学生"学宪法，讲宪法"活动暨首届部属高校演讲决赛，来自全国32所部属高校的选手参加比赛，共讲宪法故事，弘扬宪法精神。11月6日，协助燕园街道办事处举办"欢庆十九大，乐享重阳节"大型群众文艺汇演，参演居民达200人，演员最大年龄87岁，平均年龄接近70岁。举办北京大学2018年新年联欢晚会，全校师生齐聚一堂，迎接120周年校庆年的到来。

医学部团委抓住庆典活动，以多元化途径丰富校园文化。12月1日，指导北医民乐社、北医阿卡贝拉清唱社与学院路部分高校民乐社团联合举办"天寒觅知音"专场音乐会。

【社会实践】 暑期实践。2017年学生暑期社会实践以"勇担青春报国志，不忘初心跟党走"为主题，共"红色之旅""文化之源""改革之路""基层之声""创新之翼""教育之本"和"志愿之歌"七个部分，同时开展了"金光筑梦"公益实践计划、"北京大学-云南大学-香港理工大学"三校联合少数民族服务团以及2017年"团聚朝阳"青年专项社会调研等一系列重点项目。共有427支暑期社会实践团队赴全国各地开展活动，参与总数4325人次，参与人员涵盖了北京大学各个院系师生。其中，本科生总计3119人次，占总人数的72.1%；硕士研究生总计689人次，占15.9%；博士研究生总计517人次，占12%；每支团队均配备指导教师1—2名，总计452人次，其中随团老师63人次，占指导老师人数的13.9%。实践区域覆盖了全国的31个省、自治区、直辖市，香港特别行政区、澳门特别行政区和台湾地区，并有部分优秀团队远赴海外进行实践调研活动。在选址范围持续扩大的基础上，各团队还结合自身实践主题内容，从各地农业区县、城乡结合部、中心市区等地的区位特征入手，选取适当区域开展实践活动。调研环境选择中的科学性、合理性与针对性显著提高。继续开展研究生暑期专项实践，设置政府挂职、就业见习、公益实践、课题研究四大板块。同时，继续承办"青年服务国家"首都大学生暑期社会实践总结分享会，展示了2017年暑期首都各高校师生的优秀实践成果，并对相关师生代表进行了表彰。

寒假返乡。2017年继续推进"新时期，新观察"学生寒假返乡社会观察活动。加强筹备阶段的规划与指导，紧扣时代发展脉搏，聚焦"经济新视线"——实证观察调研活动、"兴教赤子心"——母校感恩回访活动、"志愿全家福"——家庭爱心公益活动三大主题，为同学们开展实践活动提供方向指导。充分利用未名bbs"pku_practice"版面、微信平台等，发布活动相关的报名通知、参考课题与寒假返乡活动指导手册，方便同学们第一时间获取相关信息。加强与院系间的合作，组织各院系实践委员充分利用所在院系平台进行院系内部的组织、报名与评审工作。2017年学生寒假返乡社会实践观察活动共有509人次报名立项，其中本科生占71%，硕士、博士生占29%。

医学部团委积极开展2017年暑期社会实践活动。7月4日，举办北京大学卫生国情教育——赴云南暑期社会实践启动仪式。7月13日，组织北京大学"卫生国情教育"实践团师生参访西南联大旧址。

【志愿服务】 北大团委优化志愿服务工作，提升志愿服务制度化、信息化、项目化、专业化水平，全校青年志愿者累计服务时间达22,000小时，各类项目达300余个，有一批优秀的青年志愿者个人和项目。

改组北京大学青年志愿者协会。完善青协秘书处组织架构，秘书处下新设公共关系、行政、志愿者发展、社区运营和项目活动五个中心，从文化传播、制度建设、人才培养、项目开发等维度拓展服务内容、创新工作形式，统筹、规划、引领北京大学青年志愿公益事业的发展。

配合国家重大赛会和主场外交活动。10月，配合北京冬奥组委，在北大举办冬奥文化宣讲活动，开启了冬奥高校宣讲第一站。12月，北京大学独家承担中国共产党与世界政党高层对话会志愿服务工作，校团委经过层层选拔和严格考核，最终确定162名志愿者为大会服务。

重视校园志愿服务中的基层力量。3月，以"北京大学院系青协服务月"为契机，发起"家燕行动"，行动涉及校园秩序维护、关爱老教授，号召、吸引、凝聚广大青年学子以志愿服务的方式，为校园生活和建设贡献力量。3—6月，开办北京大学第十三期平民学校，由25名助教组成的团队为平民学校的百余名工友提供了主课教辅、英语及计算机授课等志愿服务。

推进志愿服务规范化、制度化。响应民政部、团中央关于志愿服务规范化的号召，推进"志愿北京"平台普及，统一志愿服务证明样式，建立健全志愿时长认定和优秀志愿者表彰体系工作。着手建设集活动发布、招募选拔、培训管理、评估认证等功能为一体的"燕巢"北京大学志愿者门户网站与管理服务平台，为国内高校首创。

注重人才培养和骨干队伍建设。发起"青燕"青年公益伙伴成长计划，通过理论讲座、专题工作坊、社区和社会组织参访调研等方式，培养了两期共30余名志愿服务骨干，其中多数活跃在北大各志愿服务组织。

促进志愿服务"供给侧改革"。与联合国志愿人员组织（UNV）合作，推送十余个国际志愿服务岗位。与优秀社会公益组织合作，引进夕阳再晨、传递童年、睿搏助老、梦想教练计划等一系列精品志愿服务项目，拓宽北大青年参与志愿服务的渠道，提升志愿服务项目化和专业化建设水平。

医学部团委拓展志愿服务领域，打造长效化、体系化志愿服务品牌。3月9日，举行"志愿青春·团聚正能量"第五届志愿庆典暨2016年北京大学医学部青年志愿服务工作表彰活动。12月5日，适逢第32个国际志愿者日，指导各学生志愿服务组织举办"微志愿·共青春"公益宣传活动，医学部青年志愿者协会及阳光爱心诊所、学生服务团、红粉笔支教协会、纸路益行社、红百合志愿者协会等5家志愿服务类社团在主干道进行了集中展示宣传活动。坚持交通安全志愿服务团、松堂志愿服务团、校史讲解志愿服务团等长期服务项目。拓展志愿服务空间，深化与北京大学人民医院、第三医院、肿瘤医院、儿童医院等单位的长期合作。

【学生社团】 北大团委加强对学生社团的思想引领和管理服务，引导学生社团规范发展。

常规工作。2月和9月，根据《北京大学学生社团管理条例》及其实施细则，进行学生社团登记注册，要求提交社团章程和学期工作总结。截至2017年12月，北京大学正式登记注册的学生社团达271家。3月、5月、10月和12月，组织召开4次学生社团工作会议，讲解《〈北京大学社团管理条例〉实施细则》及其他各项管理条例，就社团发展过程中出现的新问题，与各社团代表沟通，协调社团发展过程中需要的各类资源。10—12月，成立筹委会，对提交申请成立的45家新社团进行材料初审、公开听证及答辩复审等，最终有10家学生社团通过审核。严格执行社团学期注册、重大活动备案、高风险活动评估管理等规章制度，依章依规开展校内公共资源审批工作，建立一套较为完备的社团管理服务制度体系，并根据需要不定期进行修订和完善。经统计，2017年度共审批备案重大、涉外、出京活动600余次，新太阳学生中心活动场地5200余间次，第二教学楼、理科教学楼活动场地1900余间次，文史楼活动场地600余间次，三角地展板申请400余件，外设临时展位200余个。

沟通监管。加强与社团的沟通，了解社团动态，继续实行"社团联系人"制度，依据类别将社团分为22组，建立一对一沟通机制，便于社团及时反馈需求、提出困难、解决问题。不定期举行分类别社团工作会议，在社团负责人与校团委之间、同类别社团负责人之间搭建面对面沟通的平台，加深对社团发展情况的了解，促进同类别社团间经验交流，鼓励社团对未来发展与整体规划建言献策。推进学生活动空间规划设计，开拓28楼地下空间作为社团活动场地，并形成制度化管理模式。

评优表彰。评选爱心社、法律援助协会、山鹰社、学生国际交流协会、阿卡贝拉清唱社（医学部）五家学生社团为2017年度北京大学品牌社团；自行车协会、燕园文化遗产保护协会、模拟联合国协会、学生书画协会、青年天文学会、中国音乐学社、台湾研究会、绿色生命协会、网球协会（医学部）、中医协会（医学部）十家学生社团为2017年度北京大学十佳社团；校园公益营建社、三秦文化协会、赛艇协会、南粤发展与人才促进研究会、健美协会五家学生社团为2017年度北京大学新锐社团，发挥优秀社团的示范引领作用，推动社团组织水平提升。举办北大青年与学生社团"书法三人行"活动，以学生社团为创作对象，将学生社团的历史、精神、宗旨用书法形式加以表达，展现北大学生的精神面貌。组织社团集体招新、社团文化节等集中展示活动，展现社团风采。制定拉卡拉社团发展基金管理体制与实施细则，开展拉卡拉社团发展基金评审工作，助力社团品牌活动；支持爱心万里行、车协暑期远征、山鹰暑期攀登、湖畔音乐会、中国音乐学社专场演出、阿卡贝拉清唱社专场演出等重点项目，提升社团活动质量，打造社团精品项目。

医学部团委推动学生社团的规范化、制度化发展。截至2017年12月，医学部注册学生社团共计65家，阿卡贝拉清唱社（医学部）、网球协会、中医协会等十家社团获得2017年度北京大学医学部"十佳学生社团"称号，学生社团建团数量已达34家。本年度，阿卡贝拉清唱社、民乐社、学生舞蹈团等学生社团相继开展专场演出。

【学生组织】 1. 学生会。2017年5月28日，北京大学第三十四届学生会常委会第八次全会、第三十四届学生会常委会第九次全会召开。经过无记名投票，孙北奇、牟林翰、关嘉昊、孟陆、林鹰谷、秦川、曹越当选主席团成员，卢赫、李颖、唐皓昱、熊芳菲当选常代会会长团成员。孙北奇当选执委会主席，李颖当选常委会会长。

内部监督。完善对于学生会内部的监督系统，通过常代表、广大同学的全会质询、评分问卷等方式全方面监管评估学生会活动。健全完善学生会财务制度，规范财务流程、加强公章管理。改革学生会骨干培训学校的授课、实践、综合评价等各个环节，培养学生会优秀骨干。

外部沟通。加强微信平台建设，截止到2017年底，北京大学学生会微信平台关注量达7.7万。定期发布权益服务快报、组织"我的校园我做主"座谈会、举办2017年度"畅议未名"校园提案大赛。

校园活动。2017年度十佳歌手决赛持续创新，加入选手1+1合唱、PK等趣味性元素。2017年"齐迹之路"穿越沙漠活动，集结包括港澳在内的多所高校。2017年国际创新嘉年华将国际文化与科技创新元素相结合。此外，学生会继续开展"剧星风采大赛""北大电影人""体育之夜""北大之锋"和"新生杯"辩论赛、"北大杯"和"新生杯"系列体育赛事、"十佳教师"评选和燕园美食节等活动，同时还承办了国际文化节的部分活动及留学生十佳歌手大赛。

2. 研究生会。2017年6月10日，北京大学第三十三次研究生代表大会暨第二十八届研究生会常委会第一次全体会议举行。经过无记名投票，陈军伟、李晓萱、刘晟宇、陆建洲、吴朋政、苏彬彬、许晨彤当选主席团成员，袁晨阳、王一真、米胜男当选常委会主任团成员。陈军伟当选执行委员会主席，袁晨阳当选常委会主任。

思想引领。开展"聚焦"专栏，分享思政动态。举办"新时代，新思想，新青年"——全国高校研究生"习近平新时代中国特色社会主义思想"学习论坛，来自全国近三十个省区市的45所代表性高校研究生骨干参与研讨。

组织建设。3月，开展北京大学研究生会春季招新。4月，正式上线北京大学研究生会官网，优化"掌上燕园"APP，并推出相关的微信小程序。精简部门、人员、活动，建立"学校－院系－班级"三级联动工作机制。举办各高校、各学院外联骨干共话外联沙龙，"新媒实训"PS技能培训讲座。骨干培训寒假实践调研顺利答辩。12月，举办北京大学研究生会第五届骨干培训学校，包括开幕式暨公文写作课程、宣传意识与技能课程、两次选修课程、新华社参访和校园实践六次活动。开展8次"院系走访"活动，直接与45个院系研究生会进行沟通。

学术交流。3—4月，举行第三届"十佳导师"、第十九届研究生"学术十杰"评选活动。举办顶级名校招生逻辑揭秘，生活智趣汇科普活动。首创研究生学术午餐活动，举办"未名对话"系列论坛。12月13日，举行庆祝北京大学研究生教育一百周年暨北京大学第二届"研究生学术文化节"开幕式，各级领导和嘉宾学者围绕"从历史走向未来——百廿燕园的学术传承"进行主题发言，本届研究生学术文化节包括开幕式、博雅乐读、学术十杰评选等系列活动。

社会实践。1月，组织研究生服务团赴广东云浮、河北赤城、四川洪雅等地开展实践调研。11月，组织博士生服务团前往浙江、四川、重庆和广西等地开展调研和实践。

就业服务。1月，组织第四届北京大学常春藤盟校创业团队赴杭州考察交流；举办气象新媒体主持人创业分享会。3月，开展骨干培训学校职业规划课程；举办北京大学研究生高端人才校企对接会。4—5月，举办学而思杯职场北大人风采大赛；举办职场技巧私人定制讲座；举行金融街青年巡讲会；首次开设"职场北大人"一路同行求职课程；举行"燕园职道"讲座，内容包括简历修改、面试求职、职业发展等。11月，举办北京大学2017年秋季求职交流会，40

余家海内外知名企业和近千名学子参会，人民日报、团中央等单位对本次交流会进行了报道。打造"双创未名"生态系统，联通校园内外、学生学校、创业创投和国内国际资源，已成功推荐五个团队入驻双创中心。参访天津金铸铝业、格灵深瞳、驭势科技、云知声、小米、联想等知名企业。

校园生活。2—3月，邀请服装品牌创始人周洋女士分享形象提升心得，举办女性健康讲座，博士生工作坊和"一日医生"活动等。4月，开展送福利活动，包括公益验光、美妆讲座、眼镜内购卡、电影票认领、美食分享等。5月，举办男性穿搭讲座，游艺人生——艺术史讲座，母亲节献礼，"琅声"系列国学经典展现活动，举办"未名原创"，与校园原创歌手们共同推出系列音乐作品。举办"硕博杯"体育比赛，包括篮球、足球、乒乓球、羽毛球、台球、壁球、竞技棋牌七大类体育竞技项目。推出升级版大型全新联谊活动——"统帅相伴，研途有你"六人行，以及"舞夜最美·十八院联谊派对"等联谊活动。

合作交流。先后接待北京外国语大学、澳门大学、中国科学院大学、北京理工大学、吉林大学、复旦大学等十余所高校研究生会来访团。7月15—25日，组织来自16个院系的20名研究生参与首个博士生实践国际调研项目，以"牵手中菲"为主题寻找中菲两国在"一带一路"倡议下的合作空间。8月1—6日，举办北京大学-香港大学学生交流论坛。9月25日，举办秋季学期中外学生语伴交流会。10月，举办北京大学"一带一路"青年论坛、北京大学中乐社——圣母大学手铃乐团联合音乐会。12月，协助港澳台办公室举办第二届"中国方略：当代中国与世界"研习营。

【北大团内信息】 推进《北大团内信息》改革，调整栏目设置，目前分为工作风采、学校要闻、基层动态、简讯、专题、情况通报六类；修订编校规范；加强基层信息员队伍建设。2017年共收集、编辑、报送《北大团内信息》21期，共计信息1200余则，37万余字；按时向学校报送《北京大学党政信息》40期，共计信息390则，24,767字。

（团委）

机关党建

【十九大精神学习】 机关党委组织所属党支部深入学习宣传十九大精神。各党支部认真组织收看大会开幕式、闭幕式以及新一届政治局常委见面会等盛况，大会闭幕后通过举办讲座、座谈、参观考察等形式开展十九大精神的学习。机关党委举办了学习党的十九大精神专题培训班，邀请专家解读习近平新时代中国特色社会主义思想。社科部党支部开展了"沿习近平总书记足迹前行，在实践中贯彻落实十九大精神"主题党日活动；党办校办党支部邀请中文系教授韩毓海给全体党员作十九大报告专题学习辅导，并瞻仰西山无名英雄纪念广场。这些活动形式新颖、针对性强，取得了很好的教育效果。

【巡视整改工作】 在中央第十三巡视组专项巡视北京大学党委期间，机关党委认真撰写情况报告，由机关党委书记、向27位巡视组成员当面进行了报告。对于巡视组针对北京大学反馈的问题，机关党委结合实际制定《机关党委落实巡视整改任务实施方案》，明确整改任务、时间进度和责任人，做到整改落实不留死角。

【学校十三次党代会选举工作】 2017年，机关党委顺利完成出席学校第十三次党员代表大会党代表和学校新一届两委委员的"一上一下""二上二下"的酝酿提名和推选工作。9月21日，机关党员代表大会隆重召开，到会代表投票选举出27名出席学校第十三次党员代表大会的代表。机关党委组织召开了郝平书记与机关党代表见面会，郝平书记代表学校党委认真听取了机关党代表的意见和建议，并对机关党的建设和机关干部提出了要求。

【加强机关党支部建设】 1.组织党支部按期换届，配齐支部书记。2.深入推进"两学一做"学习教育常态化制度化。机关党委狠抓党支部建设，落实"三会一课"制度，机关党委定期进行督导检查。建立机关党委委员联系支部制度，每位党委委员联系2个党支部，对党支部工作进行指导。机关党委还为每个党支部建立了"两学一做"图书角。3.机关各党支部召开"两学一做"专题组织生活会、认真参加网上党章党规考试，以"迎接十九大，做合格党员"为主题，教育引导党员干部践行"四讲四有"、做到"四个合格"。4.集中开展党支部工作记录检查工作。5.举办党支部骨干专题培训班，机关各党支部书记、委员近40人，前往北京市爱国主义教育基地北京农机试验站学习参观，进行"推进'两学一做'常态化制度化"专题培训，并聆听了安钰峰副书记"如何做一名合格的机关干部"的总结讲话。6.机关党委启动了"北京大学机关干部职工思想状况调查"，通过座谈、访谈以及大规模问卷施测的形式，了解机关党员干部思想状况，并形成专题调研报告。7.机关党委开展了党员示范先锋岗微视频征集展播活动，得到了各个党支部的积极响应。机关党委经过认真评审，评选出保卫部党支部选送的作品等一二三等奖共9名。8.在庆祝中国共产党建党96周年之际，学校党委和机关党委表彰一批在党务和思想政治工作中做出突出贡献的先进集体与优秀个人。机关党委获"北京大学党务和思想政治工作先进集体"称号，任羽中等9人获"北京大学优秀党务和思想政治工作者"称号，孙丽等8人获"北京大学党务和思想政治工作奉献奖"称号，蒋广学等3人获"机关党委党务和思想政治工作者"称号。

【党员教育管理】 1.组织机关党员干部参观了"砥砺奋进的五年"大型成就展。2.在五四青年节前夕，组织机关党员干部参加了"铁肩担道义，妙手著文章——纪念李大钊同志英勇就义90周年"纪念活动。3. 积极参加"一二·九"大合唱，机关的同志们与校领导、学生合唱团同台献唱，共同用歌声诠释了伟大的革命精神。4. 做好机关党员发展工作，2017年，机关党委共发展6名新党员，4名预备党员按期转正。5. 机关党委开展了党员专项困难帮扶活动，有2名困难党员获得帮助。此外，机关党委还对8名机关干部因本人或家属患大病、病故等原因，送去了慰问金，表达了党委对他们的关怀。

【党建创新立项】 2017年，积极申报基层党建创新立项。继续教育部党支部申报的"基于人力资源开发理论的党支部党员教育制度建设"获一类项目立项，审计室党支部申报的"立足本岗提技能，放眼学校议战略——基层党员学习制度建设"获二类项目立项，研究生院党支部申报的"以'四事'为抓手，加强支部建设，进一步发挥党员的模范和带头作用"获三类项目立项。

【机关工会工作】 2017年，机关工会先后组织全体职工开展丰富多彩的活动，包括"爱心基金"捐款活动、教师节前夕清洁校园活动、校运动会和学校各类比赛等。在校运动会上，机关3支代表队进入团体总分前10名，并获得精神文明奖。教工足球比赛，机关一队获得冠军；教工羽毛球比赛，机关一队夺得甲组团体季军，财务部队获乙组冠军；教工乒乓球比赛男子组机关一队获得季军，女子组机关队获得第五名。此外，机关工会还组织认识燕园植物活动、定期户外徒步活动、机关趣味运动会、三八节活动等。机关工会获"2017年先进工会"称号，5个部门工会获"优秀工会小组"称号，14人获得"优秀工会干部"称号，5人获得"优秀工会积极分子"称号。

【机关团总支工作】 在北京大学2016—2017年度青年岗位能手评选活动中，机关有14人获"青年岗位能手"称号。

（机关党委）

后勤党建

【发展概况】 2017年，后勤党委按照学校党委和行政的工作要求和部署，以习近平新时代中国特色社会主义思想为指引，全面贯彻落实党的十八大、十九大精神，贯彻落实习近平总书记系列重要讲话精神，落实全国高校思想政治工作会议精神，落实学校第十三次党代会各项部署，落实"两学一做"学习教育常态化制度化要求、学习党章和《中国共产党党内监督条例》等党内法规。以后勤改革、巡视整改、开好北京大学第十三次党代会、补充北京市党员信息系统数据、党支部建设为契机，做好领导班子和干部队伍建设、党员学习教育、基层党组织建设和思想政治工作、后勤队伍建设、规范管理、党风廉政建设等重点工作，同时，创新工作思路与方式，特色工作取得进展。

【加强领导班子和干部队伍建设】 加强领导班子思想政治建设、组织建设、干部队伍建设和党风廉政建设，努力建成坚强有力的领导班子，发挥好后勤党委、后勤干部"带头人"的作用。

领导班子认真贯彻执行党的路线方针政策，落实学校党政工作精神，坚持正确的政治方向，不断提高思想认识水平。在党、国家、北京市教委和学校党委部署的历次思想政治和理论学习中，认真贯彻落实学习内容，学习党的十八大及十九大精神、习近平总书记系列重要讲话精神、全国高校思想政治工作会议精神，学习学校第十三次党代会精神，学习党章、《中国共产党党内监督条例》等党内法规，带头学习、主动学习，学习有计划、有检查、有总结。带领后勤党委、基层党组织和广大干部职工深入领会把握党、国家和学校的政策方针，坚持正确的政治方向和舆论导向。

在组织建设方面，坚持民主集中制，集体议大事，遇有重要的事项都要召开党委会，指导监督后勤各单位执行好集体议大事的制度；后勤党委和各单位都坚持党政联席会议制度，党政配合，团结协作，科学决策，民主、规范管理。

开好专题民主生活会。坚持群众路线，深入基层，建立为民务实清廉的作风，为群众办实事和解决问题困难。进一步做好干部出国（境）证件管理和严格履行出国审批手续。

【深化学习教育】 推进"两学一做"学习教育常态化制度化，积极配合巡视工作，学习贯彻落实十九大报告精神、中央31号文件精神，持续深入推进党的思想政治建设和作风建设。积极配合巡视工作，在后勤党委的指导下各单位保质保量地整理完善巡视过程中可能会查阅的材料，积极配合学校，按时提交各类所需信息。认真学习中央31号文件精神，后勤党委策划后勤系统育人工作报道《夯实后勤服务保障 打造全方位育人阵地》；全面汇报总结后勤各单位育人工作实践和效果，在新闻网上刊登，公寓服务中心、会议中心、餐饮中心育人工作报道也陆续在新闻网上刊登。

后勤系统各单位积极开展学习十九大报告精神的教育活动。10月18日，后勤系统各单位分别组织员工观看十九大开幕式，在十九大胜利闭幕后，各单位掀起学习十九大报告的热潮。如副校长王仰麟给后勤党代表、领导干部及党支部书记讲党课，传达十九大报告精神，生动讲解报告中与学校发展、后勤工作有关的内容；总务部、房产部、基建工程部、餐饮中心、公寓服务中心、校园服务中心联合召开以"不忘初心牢记使命，立足后勤服务师生"为主题的学习十九大精神主题党日活动；餐饮中心、会议中心退休支部参观香山双清别墅，重温入党誓词；动力中心退休支部开展十九大报告讨论活动；餐饮中心组织职工参观"砥砺奋进的五年"大型成就展；会议中心邀请政府管理学院的专家给中心全体党员干部作十九大报告解读等。

【第十三次党代会前期筹备工作】 按照学校党委要求,做好党代表、两委委员推荐提名工作。在党代会筹备过程中,后勤党委根据学校党委要求,按时召开党委(扩大)会、党员代表大会。严格按照工作程序和时间要求,保证党代表选举和两委委员候选人推荐提名工作规范有序进行。在推荐提名过程中,后勤29个党支部参与率达到100%,党员参与率达到99%以上。

【专项工作】 继续做好后勤改革和队伍建设,牵头做好并指导完成各单位管理制度分册的撰写和编辑成册、协助行政做好"燕园微后勤"公众号文章发布前的审核工作。

【基层党建工作】 后勤党委依托基层党支部开展丰富多彩的活动,同时,协调指导党支部做好管理服务党员和基层党建工作。会议中心党总支二支部孙战龙、餐饮中心党总支一支部李明鑫2人被评为优秀党务和思想政治工作者;校园服务中心党总支一支部马红梅,校园服务中心党总二支部刘燕,总务部退休党支部王希祜、何健,机关三支部宁士敏、张振铎,动力中心党总支退休党支部徐继英7人获得北京大学优秀党务和思想政治工作奉献奖。

2017年,共发展党员10人、转正20人,参加第11期教职工党性教育读书班8人、毕业8人,接转组织关系18人次,做好党费收缴和党内统计工作。共产党员献爱心376人,累计捐款22,840元。10人获得"生活困难党员帮扶补助",2人获得学校扶贫帮困活动的一次性补助。根据组织部要求,开展北京市系统中党员信息的补充完善工作。

【党务工作规范创新】 加强后勤党组织自身建设,规范党务工作细则,进行创新尝试。指导基层党组织进行支部设置和完成换届。进一步加强对后勤基层党组织负责人的培训,参加学校党支部书记培训。公寓服务中心党总支党建课题结题。

【党风廉政建设】 各单位推进廉政风险防范管理,加强制度建设和干部廉洁教育,召开处级领导班子专题民主生活会,后勤廉政情况较好。

【老干部工作】 加强对离退休党组织和党员的管理服务,主动向离退休老同志介绍学校和后勤工作的近期动态与发展变化,向组织部申请困难帮扶补助,关心他们的思想状况和现实困难并帮助解决问题。

【工团工作】 支持后勤分工会开展各项工作。如学校教代会、工会代表履行好职责,开展平民学校工作,组织后勤职工参加运动会、文体比赛、爱心基金捐款、学校"一二·九"合唱等。指导后勤团委开展工作,加强对后勤团员青年教育、引导、服务,2017年后勤8名职工获得青年岗位能手称号(含2名青年岗位能手标兵),引导青年职工参加平民学校班主任志愿服务等,建设有朝气、有热情、能力强、团结上进的后勤青年职工群体。

(后勤党委)

直属单位党建

【直属单位党委概况】 2017年,北京大学直属单位党委下属计算中心党支部、档案馆党支部、教育基金会党支部、现代教育技术中心党支部、校史馆党支部、歌剧研究院党支部和燕京学堂党支部共计7个党支部,党员179人。其中,学生党员28人;在职正式党员91人,离退休党员52人,其他8人;女党员94人,少数民族党员12人,预备党员10人。2017年转入组织关系18人,转出组织关系10人,发展党员5人,预备党员转正4人,死亡3人,与上年相比党员总数增加10人。

2017年,直属单位党委深入贯彻落实党的十九大精神和全国高校思想政治工作会议精神,按照学校总体部署完成了配合中央巡视工作、全面推进"双一流"建设等重要工作,大力推进基层党组织的思想建设、组织建设、作风建设、制度建设和反腐倡廉建设,严格落实"两学一做"学习教育常态化制度化,为促进各直属单位工作任务的完成提供坚强有力的组织保证,各项工作取得较好成绩。

【"两学一做"学习教育】 2017年,按照中央和学校党委的部署要求,深入学习领会习近平总书记系列重要讲话精神,将"两学一做"融入"三会一课"之中,加强对党章党规和习近平总书记系列讲话的学习,同时积极开展讲党课、知识竞赛等形式多样的学习活动,引导党员自觉按照党员标准规范言行,进一步坚定理想信念,提高党性觉悟,为各项业务工作的开展提供了强大的思想和政治保障。其中,基金会党支部与组织部党支部联合开展"两学一做"专题党课,由朱善璐同志为大家讲授党课《源头与初心——共产党员的理想与信念》,带领大家学习了习近平总书记在纪念李大钊同志诞辰120周年座谈会上的讲话以及视察北京大学时发表的讲话。燕京学堂党支部邀请延安干部学院冯建玫教授为党员和团员讲党课,重温延安革命精神和老一辈共产党员为共产主义事业奋斗的光辉历程。

【学习十八届六中全会和十九大精神】 2017年,党委班子及各党支部以集中学习和自学等方式,认真学习贯彻党的十八届六中全会精神和党的十九大精神。十九大召开期间,各支部均组织单位全体教职工集体收看党的十九大开幕会,认真聆听习近平总书记所作的报告,同时召开党员大会,学习落实学校关于认真学习贯彻党的十九大精神的要求和党委书记郝平在北京大学传达学习党的十九大精神会议上的讲话,组织党员认真学习党章的修改部分,并将新党章及时发放到全体党员手中。教师教学发展中心党支部为党员购置发放学习材料;燕京学堂党支部以"习近平总书记最打动我的那句话"为主题开展主题党日活动,组织老师和留学生学习讨论党的十九大精神,并收集他们对党的十九大的想法,开展以"十九大与中国发展"为主题的系列学习活动,邀请了香港大学政治与公共行政学系副教授阎小骏、剑桥大学政治与国际关系学院高级研究员 Martin Jacques 和北京大学教授翟崑为同学们解读十九大精神。

【学习贯彻全国高校思想政治工作会议和中央31号文件精神】根据学校部署，将北京大学学习贯彻全国高校思想政治工作会议精神和中央31号文件精神材料汇编等发给全体党员，并组织和要求各支部认真学习。各支部分别通过召开党员大会、组织党员自学、开展学习讨论等方式，对文件材料进行学习，重点学习了习近平总书记关于立德树人的重要论述。

【主题党日活动】组织各支部党员开展主题鲜明的党日活动。计算中心党支部、燕京学堂党支部、教师教学发展中心党支部分别组织党员参观"砥砺奋进的五年"大型成就展。校史馆党支部组织党员赴平西抗日纪念馆参观、学习，缅怀革命先烈，并拜祭北京大学原党委书记、校长陆平的墓地。基金会党支部联合图书馆党委、马克思主义学院党委共同组织师生党员代表前往万安公墓李大钊烈士陵园，祭奠伟大的革命先驱李大钊同志，缅怀革命先烈、强化爱国主义教育。燕京学堂党支部联合团支部共26名师生前往雄安新区、安新县白洋淀地区开展"两学一做"学习教育主题党团日活动，并赴北京市党性教育基地开展以"全面从严治党"为主题的党性教育集体学习活动。

【党员发展】2017年，直属单位党委秉承优良传统，充分发挥支部书记、单位领导、老党员的模范带头作用，积极引导德才兼备的职工向党组织靠拢。对于递交了入党申请书的教职工，通过落实"点对点联系人"和"入党积极分子定期考查"制度，充分发挥支委、党小组长的"传帮带"作用，在思想上与他们谈心、交心，找出优缺点，指出努力方向，在工作、学习上给予支持和帮助，在生活上给予关心和照顾，使他们健康、稳步地成长和成熟起来。2017年党委共发展党员5人，完成预备党员转正4人，既有在校学生，又有一线教学管理人员和专业技术骨干，充分增强了党组织在广大知识青年群体以及基层教学管理工作中的影响力。

【基层党组织到期换届】2017年，直属单位党委下属的计算中心、教师教学发展中心、校史馆、档案馆、歌剧研究院、燕京学堂六个党支部到期。11月，根据各党支部的实际情况，直属单位党委组织和指导各党支部先后完成换届工作。

【配合中央巡视落实整改】根据巡视整改中期推进会的会议精神和相关要求，结合实际工作情况，严格按照巡视组反馈意见，坚持问题导向，着力解决突出问题，组织各党支部进行对照检查，分别列出问题清单，并针对重点问题研究整改措施，制定整改方案。确定16项整改任务，细化28条具体举措。

【党员信息核查专项工作】按照学校组织部和上级党委的要求，对党委7个党支部和170余名党员的信息进行全面核查，严格按照时限要求完成核查任务。期间，党委召开专门会议对各党支部开展党组织党员信息核查工作进行培训指导，明确工作任务和要求，并在每个支部设管理员，及时解决工作中遇到的问题，确保信息核查工作有序开展。各党支部书记认真履行第一责任人职责，合理协调工作时间，党务干部积极分担工作任务，对支部党员核心数据进行录入、核实，在时间紧、任务量大的情况下，加班加点、分工配合，确保党员信息准确、完整。各党支部通过信息化手段加强党员信息管理，夯实基础工作，为做好党建工作提供可靠的数据和信息保障。

【优秀表彰】2017年，根据学校要求，讨论并申报计算中心党支部的杨雪和基金会党支部的陶娟两位同志为"北京大学优秀党务工作者"。基金会党支部的黄赟和计算中心党支部的公绪晓获得"北京大学青年岗位能手标兵"荣誉称号，基金会党支部的刘雯和计算中心党支部的彭一明获得"北京大学青年岗位能手"称号。

【党员爱心捐款】根据上级文件精神，在七个党支部的全体党员中开展捐款活动。活动结束共收到捐款2870元，以实际行动奉献了爱心。

【困难党员帮扶】积极配合学校党委完成专项扶贫帮困以及2017年生活困难党员帮扶补助工作，确定并申报4人为专项扶贫帮困对象，分别获得3000至5000元补助；申报5名党员为2017年度北京大学困难党员帮扶补助对象，每位困难党员获得帮扶补助金额3000元。

【统计工作】完成信息核查及数据的汇总统计工作，为党的各级领导机关正确决策、实施领导提供依据，为编制发展党员的工作计划、检查计划的执行情况提供依据，为党组织研究党的自身建设、改进工作提供基础资料，为党的理论研究、宣传教育等部门提供依据资料和素材等。

（直属单位党委）

产业系统党建

【发展概况】中共北京大学校办产业工作委员会（简称：产业党工委）成立于1998年，属北京大学党委派出的二级党委机构。产业党工委目前下设方正集团、青鸟集团2个党委，北大科技园、北京北大临湖科技发展有限公司、北京北大软件工程股份有限公司、北京北大未名生物工程集团有限公司、北大培文教育文化产业集团、校产办机关等6个直属支部。截至2017年12月，共计112个基层党组织，组工系统内党员2187名。2017年集中对理顺党员组织关系并全部纳入系统信息化管理，转接党员980人次。规范党组织建设，推动直属党支部顺利完成换届工作，新组建方正集团党委下属的国际医院党委，对14个下属企业党组织进行"临改正"（临时改为正式），对北大维信公司党组织整建制转至海淀园工委，逐步完善组织建设。

【党风廉政建设】 贯彻全面从严治党要求，组织校办企业主要负责人、党员干部代表近百人参加北京大学党风廉政建设警示教育大会，听取违反中央八项规定精神等方面典型案例的通报。严格落实中央八项规定精神和上级有关要求，在"五一""十一"及元旦等重要节日前夕，下发深入落实中央八项规定精神的通知，并利用"北大资产"微信公众号平台加强宣传，明确提出各级党组织要认真抓好党员和党员领导干部节日期间廉洁自律工作；党员和各级干部要严格遵守廉洁自律各项规定；各级党组织和有关纪检监察机构要锲而不舍纠正"四风"，加大监督执纪问责力度，使纪律挺起来、立起来、严起来。根据上级要求，进一步规范做好查信办案工作。

坚持开展调研，从完善基层组织、开展支部活动、提升工作成效等方面着手，努力做好基层党建工作，力求两手抓、两促进，在实际工作中加强组织领导，严明党的政治纪律和政治规矩，认真贯彻中央八项规定精神，持之以恒纠正"四风"，取得了一定效果。

【党建基础工作】 全年共发展党员32名，其中软件学院学生11，预备党员转正27名。叶智勇、马军长被评为北京大学优秀党务工作者。

5月2日，校产办、产业党工委、北大资产经营有限公司与学校档案馆举行"产业办、产业党工委归档工作研讨会"，学习、研讨校办产业档案管理相关事项，北大资产公司借调10余人列席参会。

5月16日，在清华大学举行2017年度全市高校党建研究课题评审会，产业党工委申报的"新形势下如何在高校校办企业全面贯彻党的领导、加强党的建设"顺利通过课题评审，成为全市32项课题的其中一项。

6月15日，校产办、产业党工委、资产公司负责人商议整改落实和内部整改工作动员；6月20日，召集产业系统控股企业负责人布置整改工作方案；6月28日，方正集团对下属二级企业负责人内部整改工作动员，明确要求、落实责任，成立各级整改工作组。

8月17日—9月14日，成立配合专项审计办公室，共向审计组提交387批次材料，全部回复了审计组向资产公司及下属企业发出的58份取证单。在较好完成了配合审计工作的基础上，充分研究、反复沟通，形成了较为全面的整改工作报告，并正在按计划、有步骤地推进整改工作。

9月25日，在方正大厦2层报告厅召开中共北京大学校办产业工作委员会党员代表大会，选举韦俊民、王海燕、生玉海、冯岚、孙敏、刘俊英、萧群、黄桂田、谢克海9名同志为学校第十三次党代会校办产业系统党代表。

11月8日，校党委书记郝平、副书记安钰峰一行到方正大厦调研校办产业系统党建工作。学校第十三次党代会产业系统党代表、校产办、产业党工委和相关企业有关人员等参加调研座谈会。调研座谈会由校产办主任黄桂田主持。

12月4日，校党委副书记安钰峰出席参加在方正大厦举办的产业系统"两学一做"学习教育暨企业党建培训班的结业仪式。产业党工委书记萧群作《加强国有企业党的建设与党的领导，把党建工作成效转化为企业发展优势》主题党课，从加强国有企业党的建设与党的领导时代背景、历史原因、具体要求和北大校办企业加强国有企业党的建设与党的领导的工作举措、北大校办企业基层组织与党员的职责和义务五个方面进行阐述。本期培训班涉及基层党支部书记、党务秘书共计130人次。

【企业交流】 6月27日，由北大资产经营有限公司、校办产业党工委牵头，会同学校纪委、党委组织部、方正集团等单位主要负责同志前往国家电力投资集团进行调研，紧密围绕企业党建、企业改制、企业决策程序、企业纪检监察等工作进行学习交流。

【方正集团党委思想建设】 2月，召开2016年度集团领导班子民主生活会。10月18日，集团党委认真组织集中收看党的十九大开幕盛况，及时印发学习通知并配发学习材料，举办学习十九大精神党务干部专题培训班、党委理论中心组（扩大）会议等全面学习十九大精神。认真配合完成中央第十三巡视组对北京大学党委巡视工作，认真制定整改工作方案并积极进行整改。制定完善《北大方正集团有限公司党委理论学习中心组学习暂行办法》，共举办2次党委中心组（扩大）会议，编辑《中心组学习参阅》13期。

【方正集团党委制度建设】 从3月开始，以党委、纪委联席会议形式集体研究集团干部任免事项并提出意见。建立了集团党委、执委联席会议的周例会工作机制，对集团经营管理和改革发展的"三重一大"事项进行集体研究决策。

【方正集团党委组织建设】 2017年初，正式启动党员组织关系接转和党费补缴专项工作。党员组织关系转入实现了应转尽转，党费补缴收缴工作圆满完成并不断规范。

2017年，不仅实现国际医院党委等4家党组织的"从无到有"，还完成方正物产集团党总支等5家党组织的"临转正"，以及方正富邦基金党支部的换届选举工作。

2017年底，集团各基层党组织广泛开展了以党支部评议考核和民主评议党员为主要内容的专题组织生活会。在评议考核的基础上，共评选出2017年度先进基层党组织15个，优秀共产党员30人，优秀党务工作者17人，评优范围全面覆盖直管及属地党组织及党员。

（产业党工委）

医学部产业党建

【发展概况】 医学部产业党总支与行政、企业和工会紧密合作，推进"两学一做"学习教育，以党政工企共建的方式，做好产业党总支、工会、离退休等各项工作。

【思想作风建设】 1月9日,产业领导班子集中学习《关于学习贯彻习近平同志、刘云山同志在全国高校思想政治工作会议上重要讲话精神并转发〈中共中央国务院关于加强和改进新形势下高校思想政治工作的意见〉的通知》文件精神。2月23日,召开"全国高校思想政治工作会议和中央31号文件精神"专题学习会。

通过自学和集中学习的方式,在党政联席会、总支委员会、支部书记会深入领会社会主义新时代的思想内涵,学习十九大精神及北京大学第十三次党代会、医学部第十三次党代会的精神,研究产业工作的定位和要求,统一思想,凝聚共识。

12月28日,产业党总支委员扩大会暨支部书记培训会召开,陈娟主讲"学习十九大报告体会"的党课,要求各党支部结合党支部和党员实际,每月固定党支部主题党日活动时间,主题党日列入党支部年度工作计划。

【"两学一做"专题教育】 1月18日,产业党总支"两学一做"专题民主生活会召开,产业主管领导、医学部副主任肖渊,纪委书记范春梅参加了会议。吴问汉代表产业领导班子、张海澄代表网络学院领导班子分别做了分析自查。

2017年初,各在职党支部召开"两学一做"学习教育专题组织生活会。6月,网络学院党支部以"学习长征精神,不忘初心,砥砺前行"专题活动荣获医学部优秀主题党日活动优秀奖。

【迎接中央巡视组检查】 6月,产业班子学习并讨论了《关于学习贯彻中央第十三巡视组专项巡视反馈意见深入开展整改工作的实施方案(33)进一步推动校本部与医学部深度融合》文件精神。7月,通报中央巡视组的反馈意见。根据工作实际,制定了产业党总支落实巡视整改任务实施方案,并于9月12日召开产业党总支巡视整改专题民主生活会。

【组织建设】 产业党总支切实加强在企业中党的领导,发挥党组织的政治核心作用。在管理层人员安排上实行双向进入,交叉任职,党的书记、总支委员、支部书记都分别担任企业主要领导职务或进入公司决策层,实现政治领导、思想领导和组织领导的有机统一。在职党支部书记都是所在单位的中层干部和企业高管人员,能够直接参加决策层会议。重视支部书记的培训,重要的政治活动和学习教育都要求支部书记参加。

事企分离后,原网络学院党支部组成继续教育学院党支部划归机关党委管理,产业党总支组建医大时代支部。7月,原属于医学部直属单位管理序列的医学出版社有限公司纳入产业管理。出版社党组织和工会关系划转至产业。

2017年,医学部产业党总支荣获北京大学医学部党务和思想政治工作先进集体称号。

【党风廉政建设】 产业系统定期召开产业党政联席会议决定本单位重大事项。2017年初,医学部产业系统召开职工大会,主要负责人汇报年度工作及规划设想并述职述廉,同时对党政班子进行群众满意度测评。

6月26日,产业党总支警示教育专题民主生活会召开,通报产业落实八项规定的总体情况。

产业党总支认真调查处理群众来信来访,对于群众反映强烈的问题积极沟通协调,掌握相关情况,妥善化解矛盾。

【建设和谐产业】 在庆祝"三八节"之际,产业工会组织召开职工"子女家庭教育"的恳谈会。在教育培训板块"事企剥离"、北医出版社转入产业系统管理后,产业办通过培训、业务交流、座谈等形式开展不同的学习研讨会,创造了良好的学习工作氛围。

产业积极参与医学部工会组织的北医"105周年"大步走、摄影比赛和羽毛球比赛等活动,并获得医学部第54届田径运动会"优秀组织奖"。11月7日,产业党总支、产业工会组织教职工赴房山周口店坡峰岭游览并参观周口店遗址博物馆新馆。做好女工安康保险的常规工作和职工重大疾病保险的新会员入保工作。

【产业离退休及统战工作】 现有离退休职工222人。11月9日,产业党总支组织退休党员、工会干部参观"砥砺奋进的五年"大型成就展。12月28日,组织召开产业离退休人员情况通报会,医学部副主任肖渊、产业管理团队和离退休老同志150余人参加了会议。

2017年在北京教育系统离退休干部"三星"评选活动中,产业推荐刘雅娟老师参加"乐为之星"评选活动。

做好各项常规离退休工作,如配合离退休工作处组织节日物品发放、体检的通知和服务工作。配合医保办公室做好离退休人员就近就医、社区医院的变更12人次。配合计生办做好独生子女父母年老时一次性奖励发放工作。配合做好三代子女入托、幼升小和小升初的摸底、通知及服务工作。2017年底,产业党总支、产业管理办公室组成几个慰问小组,为退休老同志送温暖。

产业党组织关注离退休统战人士的生活和诉求,注重发挥在职统战人士的作用。

(医学部产业党总支)

后勤管理与保障

总务工作

【发展概况】 总务部是为学校教学科研和师生员工提供后勤服务保障的职能部门。下设综合办公室、计划管理办公室、运行管理办公室、人事办公室四个办公室。同时，北京大学爱国卫生运动委员会办公室常设于总务部。截至2017年12月，部门共有工作人员12人，其中在职事业编制职工10人、劳动合同制职工2人；总务系统在职事业编制人员331人、非事业编制人员2700人（含劳动合同制人员1400人、劳务派遣、劳务外包、合作经营单位人员等1300人），共计3031人。

【运行管理】 2017年重点工作：1.校园及周边地区水暖电管网改造。

（1）西门北侧顶管工程。为便于将蔚秀园区和校本部上、下水、中水和供暖设施进行连通，确保基础设施的稳定运行，在西门北侧完成顶管工程，给上述管道的铺设预留路由和通道。

（2）校内给水、排水、雨水管道改造。2017年完成对家属区4—7公寓给水管道更换，保障居民供水安全。逐步完善校内雨水系统，2017年完成老化学楼周边雨水管道系统，减少雨季路面积水对师生出行产生的影响。

（3）电力设备更新维护四期。完成校内电力设备设施更新，包括水塔、五四、学生区、勺园开闭站低压主进开关通讯模块及电源维修更换，西一、西二、中关新园、理科楼开闭站中压开关检测，38楼、40楼、二教、畅春新园、低温、西二配电室低压主进开关检测等内容。

（4）教室空调系统维修及清洗。完成包括三教、四教VRV室内机清洗、二教室内中央空调终端盘管清洗、理科楼空调冷冻泵和冷却泵维修、更换二教空调冷冻泵和冷却泵启动装置、更换理科楼空调冷冻泵和冷凝泵启动装置等，确保公共教室空调系统的正常运行。

（5）昌平校区小电站配电室增容改造工程。随着昌平校区用电使用量的增加及一些大型试验设备的应用，昌平校区的用电总负荷持续紧张，2017年开始实施昌平校区小电站配电室增容改造工程。

2.校园基础设施维修、改造。

（1）学生宿舍粉刷工程。对近70,000平方米毕业生宿舍及相应的楼道进行粉刷、检修工程，确保各宿舍楼和宿舍以崭新的面貌迎接新生的到来。

（2）消防设施维修改造。完成畅春新园消防外线及泵房设备设施更新、学生宿舍等消防水龙带更新、畅春园消防泵房维修、二教等消防设备设施更换等工程，确保消防系统正常运行、保障师生日常安全。

（3）学生宿舍家具调整。完成勺园部分学生宿舍家具调整工作，新家具更加满足了学生的需求，宿舍环境得到有效改善。

（4）开水器新增及更换。给学生宿舍36—42及45甲、乙楼的各楼层填补安装开水器，确保每层都装有开水器，为学生生活提供更便利的条件；对校内剩余老旧纯水机完成更新；为图书馆增加配置开水器；为地学楼安装开水器，确保师生的正常教学，共计新增及更换开水器34台。

（5）学生宿舍浴室改造。完成校内38、39、33、45甲、45乙楼顶层增加浴室，使学生的洗浴环境得到改善。因畅春园64、65楼浴室顶棚龙骨及水控系统线路老化，本次改造将64、65楼问题一并解决。

（6）学生宿舍楼基础设施维修改造及设备购置。完成学生宿舍楼基础设施维修改造项目，包括卫生间隔断更换、宿舍楼护栏更换、卫生间管道更换、宿舍楼内信箱更换、学生宿舍走廊文化及门厅装修、畅春新园活动中心新建厕所等。

（7）28楼后勤服务大厅改造工程。完成28楼地下服务大厅装修改造工程，服务大厅的建成将多个服务师生的窗口进行了集中，使对学生的服务效率大大提高，且服务大厅的方案设计由学生社团完成，整体装修风格更加满足了学生的想法和需求。

（8）幼儿园硬件设施改造更新。完成燕东幼儿园音乐教室装修改造及蔚秀幼儿园门厅装修改造，提升了幼儿园环境品质。

（9）理科楼污水坑改造及更换污水泵。理科楼现有污水坑已经使用15年，坑内轨道、耦合器、水管等严重腐蚀、老化，完成坑内污水泵的更换改造。

（10）家属区各楼室外接线箱更换。家属区各楼干线的派接箱因多年风化锈蚀，现大部分已损坏，造成线缆接头裸露，存在较大安全隐患，2017年完成燕北园及蔚秀园室外接线箱的更换。

（11）部分楼宇屋面防水、外墙砖维修。校内45楼、46楼、47楼、48楼、45甲楼、45乙楼、畅1楼、畅2楼屋顶防水层老化龟裂导致渗水，完成上述楼宇的防水维修工程，确保楼宇在雨季的正常运行；36楼、41楼、64楼、畅1楼、畅2楼、畅3楼、畅4楼、农园食堂东立面外墙砖部分空鼓脱落，存在安全隐患，完成上述外墙砖修复工程，确保人员安全。

（12）博雅塔照明系统改造工程。博雅塔为燕园建筑景观"一塔湖图"之精髓。博雅塔现有的塔身景观照明系统由于使用年限较长，灯具及配电线路均有一定程度的损坏。2017年，为恢复该照明系统，开始实施博雅塔照明系统改造工程。

3.校园环境整治。

（1）完成蔚秀园湖区改造工程，包括修整驳岸、整治湖底、周边园林绿化，恢复蔚秀园湖区整体风貌。

（2）完成校园环境整治工程，美化校园环境。包括：一教北侧山体改造、未名湖周边山林地带古树毛石树池维修、园林库房和花房建筑维修、昌平校区彩钢板房更换、技物楼彩钢板房更换、对外汉语及新闻与传播学院绿地喷灌改造、燕北园道路修缮、蔚秀园家属区绿化种植、承泽园道路修缮、承泽园绿化补种等。

【节能减排】 继续坚持执行北京大学用水用电全额收费的市场运作机制，将节约能源纳入市场经济的轨道。2017年是执行全额收费办法的第16个年头，也是执行学生宿舍"定额管理，计量收费"制度的第12个年头。全年水电费总支出为：8867万元，总收费为：9552万元，收支基本平衡，略有结余。2017年，完成节能减排项目共计20余项，投入资金约2100万元。

1. 完成昌平校区燃煤锅炉清洁能源改造工程，将燃煤供暖改为燃气供暖，大大减少污染物的排放及能源的消耗。

2. 根据北京市及海淀区环保局要求，实施燃气锅炉低氮改造，以减少氮氧化物等排放，减少环境污染。2017年，完成4台28MW锅炉燃烧机的低氮改造。

3. 更换老旧液压电梯为无机房曳引电梯，具体为畅春园食堂电梯，更换后可节约电能资源约5%。

4. 对36—42楼、34A地下及畅春园5栋学生宿舍楼进行集抄系统改造，在节约电能的同时实现学生售电系统网上支付功能。

5. 对对外汉语教育学院、新闻与传播学院地库常亮灯进行感应灯更换工程。

6. 节水工程。完成对外汉语教育学院、新闻与传播学院绿地的喷灌改造，进一步节约水资源。

7. 健全学校节能工作机构，制定节能工作计划。

8. 完成北京大学2017年度碳排放报告，并按照北京市发改委要求完成重点碳排放单位2017年度履约工作。

9. 根据北京市发改委、北京市质监局、北京市财政局共同下发的《关于推进在京万家企业和市级考核重点用能单位能源管理体系和碳排放管理体系建设工作的通知》要求，北京大学已于2016年通过能源管理体系认证并获得证书，2018年初完成能源管理体系的认证工作。

10. 根据北京市发展和改革委员会和北京市统计局相关文件要求，完成北京大学2017年度能源利用状况报告。

11. 加强节能宣传。积极配合各级政府的能源管理部门及市、区节水办在世界节水日、全国节水宣传周及节能宣传周开展节水、节能宣传。加强学习兄弟高校切实可行的节水、节能经验和技术；与学校相关学生社团联系，开展宣传活动，引导学生树立节能环保观念，关注生活中节电、节水、节约资源的方式方法，从自己做起，从身边的小事做起。

【财务管理】 严格办事流程、规范资金使用，完成学校交办的各项财务任务，保障了学校在供暖、公用水电、校园环境及卫生、零星修缮、学生宿舍、公共教室、职工班车及中水处理站等方面运行保障的资金支持。2017年，总务系统完成校级预算经费14,357.52万元，总务部完成学校专项资金4437.17万元。

【队伍建设】 1. 完善人事管理制度。（1）加强后勤各中心绩效工资规范管理，进一步规范后勤党委系统6个中心绩效工资管理办法，相关办法通过总务长办公会审议并报财务部备案。（2）加强部门基础绩效管理，按照学校要求，协助部长，和派驻财务办公室一同，做好部门基础绩效。

2. 组织工程技术（后勤/产业）学科组职称评审，1人晋升高级工程师，9人晋升工程师，1人具备工程师职务资格；组织工勤技能岗位聘岗后勤评审会，1人晋升一级岗位、9人晋升二级岗位、2人晋升三级岗位。组织唐立新奖教金初审，后勤共有10人获得奖教金。

3. 总务部在职人员人事工作。（1）加强领导班子和干部队伍建设。做好班子、干部述职测评和年度考核，民主生活会和重要事项报告，新上岗干部试用期满考核。（2）配齐科室干部和工作人员队伍。部内调整、招聘2名科室干部，招聘1名事业编制人员。（3）做好月考勤考核、职员岗位聘任、聘期考核和续聘、年度考核等。事业编制人员参加年度考核12人，其中优秀1人，合格11人。做好2名合同制人员试用期满考核及年度考核，考核结果均为合格。（4）做好总务部干部独生子女互助医疗、生日庆祝会等薪酬福利。（5）做好总务部干部人事基本信息核查。（6）做好总务部干部的各种培训、考核、通用岗位申请、职称职务晋升、续聘、薪酬福利以及职工人事问题协调解决。

4. 协调服务总务系统各中心做好在职人员人事工作。（1）加强中心干部队伍建设。配合组织部为中心配备正、副职干部，协调做好中心领导班子、干部述职测评和年度考核，民主生活会和重要事项报告，新上岗干部试用期满考核。（2）深化后勤队伍改革，在学校总体招聘指标非常紧张的情况下，完成招聘事业编制人员2名，加强了中心骨干力量。（3）组织中心科室干部招聘。（4）做好聘期考核和续聘、年度考核等。2017年度事业编制人员参加考核326人，其中优秀22人，合格301人，不参加考核3人。（5）协调中心事业编制人员调动、各种考核、职称职务晋升、续聘、工资返还以及职工人事问题协调解决。（6）在人事部的指导下，协调监督总务系统各中心做好合同人员的规范管理，进一步规范合同签订、社会保险等用工管理。（7）依托各单位加强好职工队伍建设。组织职工培训、技能大赛、参加平民学校、实施激励机制。一是带好以科室干部为核心的管理、技术骨干队伍。打破身份壁垒，注重从合同制职工中培养管理、技术骨干。努力实现同工同酬，制定激励机制。加强骨干中心内部交流和轮岗。二是制定合理的薪酬机制。由多部分组成、多种运行模式并存的中心，建立统一的薪资体系和绩效激励制度，加强规范管理。薪酬与岗位结合，体现岗位责任、单位效益、工作表现、个人情况的重要作用。在成本高涨和个人待遇提高的诉求中寻找平衡点，建立合理的晋升机制。三是拓宽培训内容和形式。进行骨干人员管理能力和拓宽视野培训。借助中国烹饪协会等专业机构，参加国际比赛、中国高校技术大赛、北京市职业技能大赛、单位内部组织竞赛等，提高技术水平和创新能力。后勤共有600余名员工从平民学校毕业，本年度毕业55人，提高素质，提升归属感和认同感。四是发挥思想政治作用。评选树先进典型，后勤评选唐立新奖教金、优秀共产党员、青年岗位能手、后勤之星，各单位给予精神文明、管理、技术、服务、创新等先进个人评优奖励。组织丰富多彩的文化活动，后勤每年组织150人左右参加学校"一二·九"合唱，各单位也组织文艺晚会、歌咏比赛、趣味运动会、才艺展示、志愿服务等活动。

5. 离退休人员服务工作。（1）做好总务部离退休职工加强沟通、慰问、生活特困帮扶、投保老年意外险、报名"金婚庆典"、支部活动等。（2）协调服务总务系统各中心做好离退休人员服务。学校组织的离退休人员政治及工作政策学习、参观考察、活动经费、特困职工补助、评选表彰等，都及时向离退休人员传达和发放。结合后勤特点，做好对当年离退休人员的安排和服务，加强离退休人员思想政治学习，加强生活福利方面的关心，加强离退休党支部工作，加强对生活困难和遇有难事的离退休人员的关心和帮助，组织好年底慰问等工作。

6. 组织人事干部交流培训，加强与兄弟高校间的后勤人事管理工作交流，进一步提高人事干部工作水平。

【综合事务】 1. 做好学校第十三次党代会服务保障。协调会议中心做好会场整体布置和服务。动力中心会前排查和整改会场电力设施；会议期间封闭电网，禁止各项施工操作，并安排专人在开闭站值守。校园服务中心做好校园环境和会场区域保洁美化；车辆管理科选拔优秀司机、优化设施配备，做好会议期间车辆服务。各单位齐心协力圆满完成任务。

2. 做好巡视整改立行立改项目，完成巡视综合保障。做好教室运行保障机制建设、校园卫生管理责任制、学生宿舍文化和公共空间建设、昌平校区供暖锅炉房节能减排改造、集中供暖锅炉房低氮改造等问题整改。1名副部长参与巡视综合保障工作组，后勤服务保障工作受到好评。

3. 做好120周年校庆筹备。正在进行博雅塔景观灯修复。蔚秀园湖区改造也即将完成，恢复湖区整体风貌，极大改善家属区的环境。

4. 推进全过程、全方位育人。艺园食堂二层免费为患病同学制作"无碘餐"，受到师生热议和好评。在各单位支持下，系统总结后勤思想政治工作经验，形成专题报道发表在新闻网，获得广泛好评，并首次确定服务育人、参与式管理、学生实践、文化育人等后勤育人管理模式。牵头完成学校落实思政工作任务分解方案（九），方案涉及20余家服务单位的思政工作汇报。

5. "我的校园我做主"师生代表与后勤系统座谈会自2016年12月启动至2017年底，已经成功举办6次，包括后勤各单位座谈会、专题座谈会和走进院系三种模式；座谈会得到了学生的积极响应和热情参与，累计参会人数120余人次，总时长30余小时；副校长王仰麟每次都参加。通过交流，师生更加深入了解后勤工作和校园规划，后勤已经积极采纳和整改合理化意见和建议共56项，提高服务质量，共建美好校园。

"燕园微后勤"公众号于2017年9月底开通，由后勤系统各单位信息员和招募的学生团队组成工作队伍，由学生团队负责运营；目前已经发文24篇，内容涵盖思想理论学习、重要通知、专项工作和活动、工作思考和队伍建设等；发布的文章受到了同学好评，也加强了沟通。

6. 加强信息化建设，搭建后勤线上综合服务平台，网上报修系统、网上订票系统平稳运行，食堂失物招领，网上订餐、网上订会议室等模块已开发完毕，正在调试过程中。

7. 做好爱卫会和校内控烟工作。与动力中心和校园服务中心等单位共同做好防汛工作。做好宿舍和校园安全大检查。

【党建工作】 2017年，总务部全体党员观看党的十九大开幕式直播，主要干部和同志参加郝平书记十九大精神专题报告会、王仰麟校长学习十九大精神党课、十九大代表吕义聪报告会等，全体党员开展43楼后勤单位学习十九大精神联合主题党日活动和学习学校第十三次党代会报告主题党日活动等。全体党员、干部职工以习近平新时代中国特色社会主义思想为指引，加强思想政治学习，坚定理想信念，发挥好党员模范作用，做好岗位工作。

根据学校2017年党风廉政建设和反腐败工作会议精神以及专项巡视整改工作要求，做好部门党风廉政建设工作，落实党风廉政建设主体责任，加强领导班子作风建设，贯彻落实中央八项规定、反对"四风"，密切联系群众，廉洁自律。

（总务部）

会议中心

【发展概况】 北京大学会议中心主要负责组织承办各类会议，开展多种形式的对外学术、文化交流活动；管理经营群众文化活动场所，组织校园文化艺术活动；为外国专家、留学生、部分国内学生和其他中外宾客提供住宿、餐饮等服务。会议中心现有建筑面积22.6万平方米，拥有一个2063个座位的礼堂和39个大、中、小型会议室，6个不同风格特点的餐厅，5000多张接待床位及其他配套综合服务设施。

会议中心下对外交流中心、百周年纪念讲堂管理部、勺园管理部、中关新园管理部和办公室、财务室。张胜群任会议中心主任，孙战龙、李榕、刘寿安、周锋任副主任。马冬妮任中心办公室主任，周立宏任中心财务室主任。2017年共有员工1038人，其中学校编制员工79人（干部16人、工人63人）。2017年退休员工8人。

2017年会议中心全力配合学校迎接中央巡视组专项检查，认真做好巡视检查相关服务保障工作，严格落实巡视工作要求，深入梳理查摆工作中存在的问题，对于按照新要求查找出的会场使用和大型活动承接、安全生产管理、账单管理等问题高度重视，立行立改，通过完善制度、规范流程、加强培训、明确责任等确保整改工作落到实处。

【业务发展】 2017年会议中心继续承担大量高层次活动组织和重要接待任务，包括接待法国总理贝尔纳·卡泽纳夫、挪威首相埃尔娜·索尔贝格、韩国总统文在寅、泰国公主诗琳通等外国政要，服务建校119周年双一流建设推进交流会、学校第十三次党代会、学校领导班子战略研讨会、西南联合大学建校80周年纪念大会等重大活动；承办北京论坛、第14届世界文化艺术管理双年会等大型国际国内学术会议7个；承接国务院侨务办公室、中央人民政府驻香港特别行政区联络办公室、国外大学和机构的海外研修项目与交流团队9个；接待来访海外宾客35批共1560人次；各类会场使用5148场次，参加会议活动约51.2万人次；举办演出121场，放映电影101场，推出艺术课堂7场，观众26.1万人次；接待中外宾客7.8万人次住宿，74.2万人次就餐；在住留学生2253人；国内研究生本科生1080人；博士后259户。

对外交流中心为学校师生提供优质会场服务，提升拓展会议交流项目的层次与领域，进一步完善了项目报批立项、会议和交流项目承办费用标准、项目承办协议、研修纪念证书管理、海外团队接待流程等工作程序，全力筹备第24届世界哲学大会、第42届世界大学生程序大赛总决赛等120周年校庆重要活动。讲堂延续五四交响音乐会、新生音乐会、新年芭蕾音乐会等传统品牌活动，引进豫剧、沪剧等地方剧种和欧盟电影展作品等优秀影片，并组织《芳华》等电影超前点映和主创交流活动；继续依托讲堂剧团、讲堂合唱团开展艺术创作，推出自制话剧《根鸟》和《音乐那点事》合唱系列演出，另有原创剧《九月悠长》成为第十届北京青年戏剧节展演剧目，合唱团还在第七届北京合唱节比赛中获得2项金奖、1项银奖。勺园打造学生宿舍"家"文化，举办端午包粽子、毕业送祝福、组织在住中外学生参加新春游园会等特色文化活动；努力提升餐厅内涵，组织亲子烘焙课堂、教外籍教师做月饼、在北大附中举办"走进西餐"分享课等；坚持为有需要的学校机关单位提供床品换洗服务，并推进完善预订销售体系，建立客户回访制度。中关新园调整辰光咖啡厅功能布局，为在职教职工提供午餐自助服务，缓解学校东部区域教职工中午用餐难问题；继续贯彻"首接负责制"和"一站式"服务规范，并从师生实际需要出发，推出北京传统美食烤鸭等特色菜品，开发并更新学生公寓洗衣机由投币模式升级为刷卡模式等；与大众点评网、美团网进行商务通合作，拓展网络宣传和销售渠道，并改造厨房为上线视频厨房，打造阳光健康餐饮。勺园和中关新园还配合学校整体工作，调整352间学生公寓布局，满足学生住宿需求。

会议中心遵照学校政策要求，顺应运营环境变化，为配合学校秩序建设，主动调整"以外养内"的经营方针，对外交流中心、讲堂和勺园不再承接校外单位业务。各单位调整服务模式，强化营销宣传，挖掘经营潜力，同时加强成本控制，节约费用支出，实现了经营规模与效益水平的相对稳定。全年实现总收入2.39亿元，营业利润7854万元。提取房屋折旧2360万元、上缴学校利润310万元、以货币资金归还学校贷款3385万元后，实现净利润1799万元。

会议中心为学校和师生提供服务免收、减收费用共计324.83万元，其中交流中心125万元，讲堂167.9万元，勺园6.37万元，中关新园25.56万元。

会议中心自筹资金907万元升级讲堂舞台机械、改造勺园西餐厅软装配饰和中餐厅东门门头，维修中关新园内部道路等，并积极推进勺园7号楼外墙及周边环境改造和勺园9号楼、中关新园9号楼装修改造前期设计工作；在学校支持和87级校友李莹捐助下，启动讲堂多功能厅改造工程，努力提高硬件保障水平。

【财务管理】 2017年会议中心强化财务工作整合，由中心财务室副主任派驻勺园管理部负责财务工作，为探索建立财务统筹平台创造条件；加强财务内部控制，出台账单管理办法，规范账单管理工作；做好应税管理；配合学校完成三证合一工作；严格按照招标规程完成中心层面22个招标项目，并协助总务部开展5个项目的招标工作；继续进行整体采购平台的建立和规范管理，整合采购途径，降低运营成本。

【队伍建设】 2017年会议中心规范人力资源管理，认真贯彻落实学校和会议中心相关人事管理制度；严格干部聘用程序，所有内设一级机构助理及以上人员全部进行公开招聘，面向校内外多渠道选拔引进管理骨干，全年聘任内设一级机构助理及以上干部8名；加大人员管理力度，按照学校程序组织全员年度考核、聘期考核等，完善干部员工试用期考核机制，连续第三年组织166名员工代表对所属4个单位领导班子和总计16名班子成员进行年度考核测评；加强业务技术骨干培养选拔，组织员工参加学校职称评定和工勤岗位聘任，其中，王瑶、李洁茵获评初级职称，郑倩、张羽琳获评中级职称，陆德旺、刘建良获聘中式烹调师二级技师。讲堂尝试拓宽用工途径，引进外包安保团队，缓解岗位缺编问题；勺园餐饮部成立管事部，合理配置人力资源，鼓励一专多能、人员打通使用；中关新园继续开展员工动态分级管理，共有70人获得中、高级岗位。

会议中心加大对学习培训活动的组织和投入，继续邀请专家对中高层管理干部进行系列培训；组织2批共219名新入职员工培训，并分别参观校史馆和中心所属单位；以"守正创新，稳中求进"为主题举行年度研讨会，深化干部员工对学校和中心发展的共识；开展服务人员英语培训、勺园——中关新园中高层培训等跨单位联合培训；各单位积极组织特色培训活动，交流中心组织服务礼仪、服务英语、大型会议设施实地考察及会议观摩培训，讲堂开展哲学、美学培训，勺园组织基层管理者拓展、服务人员彩妆培训，中关新园组织销售相关岗位人员拓展培训、举办红十字急救护培训、管理人员"同读一本书"活动等。全年共组织各类培训781课时、10,385人次受训，22人参加平民学校学习，36人在职进修大专及以上课程。

会议中心关心员工诉求，每学期举行1次基层员工座谈会，听取员工意见建议；不断完善薪资体系，提高员工待遇水平；组织员工体检和接种疫苗；关心生活困难员工和退休人员，坚持开展走访慰问活动；丰富员工文化生活，全年共组织600余人次观看文艺节目，举办庆中秋迎国庆传统联欢活动、拔河比赛等群众性文体活动，组织员工参加学校各项体育赛事，并获得教职工游泳比赛总分全校第五、乒乓球比赛前八强。勺园举办首届"勺园好声音"歌手大赛、"最美勺园人"职工摄影大赛，组织员工中秋做月饼、健康大步走、新春游园会等活动，并改善员工住宿条件，实现一卡通整合；中关新园举办第一届趣味运动会，共设17个比赛项目，参加员工达到423人。

【党建工作】 2017年会议中心共有6个党支部，党员97人，预备党员3人。

中心党总支认真组织党员群众学习党的十九大和学校第十三次党代会精神，传达贯彻全国高校思想政治工作会议精神，组织收看党的十九大开幕会直播，参观"砥砺奋进的五年"大型成就展、瞻仰西山无名烈士纪念广场、参观"寻找致远舰"展览等特色活动。

会议中心高度重视党风廉政建设，召开中心领导班子党风廉政建设警示教育专题民主生活会，开展廉政建设专项自查活动，坚决贯彻中央八项规定精神，完善公车使用管理规范，落实学校和中心相关规章制度，严防"四风"问题回潮。

会议中心坚持民主集中制，制定《会议中心领导班子落实"三重一大"决策制度实施办法》，通过定期举行中心主任办公会进行集体决策；落实财务支出审批制度，严格物资出入库手续，将中心绩效等纳入学校绩效工资管理体系，有效防范廉政风险。

【内部管理】 2017年，会议中心完善管理制度体系，根据实际工作需要，在中心层面出台业务管理、安全管理、财务管理等方面的6项制度；加快信息化建设步伐，中心OA办公系统完成升级，实现移动办公功能；完成网站域名迁入学校工作；拓展服务端移动支付方式，为师生提供便利；健全安全稳定工作机制，积极配合学校安全生产月、彩钢房建筑排查整治等活动，继续开展应急消防演练、安全工作评优等活动，并完成卫生、食药、城管、涉外登记等检查和年审工作。

对外交流中心制定完善《对外交流中心安全生产管理制度》等2项规章制度；完成网站改版上线，并纳入学校网站群中进行统一管理，保证网站安全；加强对学生助理工作的规范，给更多学生参与对外交流实践的机会。

讲堂出台《讲堂中高级技术等级评定管理办法》等3项规章制度，开展《员工手册》培训并借此完善制度建设；完善在线售票系统，推动技术升级，改善用户体验；成立讲堂安全工作督导组，配合校园安全工作要求，购置专业安检设备；成立文创组，设计文化衍生品，辅助品牌打造。

勺园制定实施《勺园月度绩效奖金管理办法》等6项规章制度，并实现员工办事指南上墙；实行干部总值班制度；完善千里马酒店管理系统功能模块，搭建数据库备份及安全防护屏障；7号楼中控总值班室正式建成，强化安全管理；全面实行工程系统综合维修保障体系，保证整体运行安全稳定。

中关新园制定出台《中关新园管理部账单管理细则》等9项管理制度；完成12个OA办公系统工作流初始化，启用客房视频点播收费功能，完成工程报修系统前期调研和一期立项；开通中关新园微信公众号；完善巡检保养班组，确保设施安全运行；完善消防安全标识和疏散导示，新购置专业安检设备，提升安全防范能力；接待清华大学、南京大学等十多批高校后勤同行参观考察，增进学习交流。

孙战龙被评为北京大学优秀思想政治工作者。会议中心办公室王悦亭被评为北京市优秀共青团员。中关新园管理部李建富获唐立新奖教金，王单获北京大学"青年岗位能手"称号，亚丽获海淀区公安分局出入境管理大队颁发的涉外饭店优秀个人称号，中餐厨师长陈义洪荣获中国烹饪文化传承大师称号，中餐厨师付超、宿磊在北京"阿具杯"创意菜大赛中分获特金奖和金奖。

（马冬妮）

餐饮中心

【发展概况】 2017年，餐饮中心直管食堂10个（含学一食堂、艺园食堂、燕南美食、学五食堂、农园食堂、畅春园食堂、勺园食堂、佟园食堂、松林快餐厅、最美时光咖啡厅）；校外托管食堂3个（圆明园校区食堂、昌平校区食堂、万柳食堂）。

截至2017年底，餐饮中心共有员工1062人，其中：在职事编职工64人，占员工总数的6%；劳动合同制83人，占员工总数的7.8%；劳务派遣制428人，占员工总数的40.3%；合作经营及劳务外包单位员工合计487人，占员工总数的45.9%。

2017年1—12月，伙食营业总收入1.93亿元，比2016

年增加1129万元，增幅6.22%（2016年营业总收入为1.82亿元），收支总体平衡。

2017年，日均服务就餐师生33,000人。生均月伙食费（含本、硕、博，75餐/月以上，采样数据：2017年10月）为638.4元/人/月。

2017年，食品原材料采购总量合计2957万斤，比2016年增加40.8万斤。餐饮中心坚持大宗食材采购均来自北京高校直供基地和北京高校伙食联合采购平台，平台采购量占全年采购总量的71%（饮料、西餐等食材上述两个平台无法提供，由餐饮中心自采）。

为保持伙食稳定，确保伙食补贴基金的"专款专用"，2017年，对米、面、肉、蛋、豆制品及蔬菜等品种执行价格补贴合计约833万元，比2016年减少184万元（2016年为1017万元）。

为保证食堂正常运营，2017年投入基础设施改造、设备购置费用约730万元。

【食品安全】 2017年，餐饮中心在严格执行"采购—加工—售卖—洗消"等关键环节管理的基础上，实施"食药监局定期抽检+中心每日巡检+食堂每日自检"相结合的三级质检监督措施，强化食品安全控制，有效保障师生饮食健康，未发生群体性食源疾患，为维护校园稳定发挥重要作用。

【特色餐饮服务】 1.整合食堂现有资源，拓展餐饮服务项目。自2017年3月起，在学一食堂东厅开办休闲快餐，推出自制面包糕点售卖专区，并在正餐时间段外，开设中式小炒窗口，提供单份现炒菜品及特色小吃等，延长营业时间（上午11:00—晚10:00）；艺园食堂主食售卖点晚7:00—10:30推出煎饼、热干面等小吃，多元化的餐饮服务深受同学欢迎。

2.配合和谐美丽校园建设，为师生提供更多的学习交流空间。2017年暑期将农园一层东北角改造为咖啡厅，并于2017年9月投入使用，营业时间至晚10:30，日均服务师生200余人。为缓解就餐拥挤，咖啡厅在午晚用餐时段正常向师生开放，同时不强制消费。

3.关注细节，主推人性化服务。2017年4月起，各食堂免费提供餐巾纸，完善师生就餐体验；艺园食堂二层、燕南美食先后为患甲亢疾病同学提供"无碘餐"，广受好评。3月21日，北京大学党委书记郝平对艺园食堂二层这种善举予以批示，对食堂这种贴心服务措施提出表扬。

4.在零点食堂开通支付宝结算服务，让师生生活更加便利。为方便师生，2017年，在农园三层、畅春园三层等零点食堂推出支付宝结算服务，让师生切实感受到智能化、信息化给校园生活带来的便利。

5.丰富校园餐饮文化，开展校园秋季美食周和重庆菜美食节活动。2017年10月、12月，在学一、艺园、勺园、农园、畅春园、燕南食堂先后开展秋季美食周和重庆菜美食节活动，累计推出50余道应季菜品及正宗重庆菜，受到师生好评。松鼠鱼、小土豆等数十道菜品受到师生追捧，不仅丰富了食堂伙食，还营造了良好的校园餐饮文化。

6.2017年11月份起，各食堂统一使用非转基因食用油。

【专项工作】 1.结合巡视工作对后勤系统的反馈意见，进一步完善餐饮中心管理制度。在2016年修订完善《餐饮中心管理制度汇编》（第四版）的基础上，结合中央巡视整改要求，针对中心重点管理环节，进一步完善《食堂合作经营项目招标程序》《食材采购询价定价机制》，健全《食堂低值易耗品采购管理制度》，并建立《餐饮中心安全工作奖惩办法》，提高食堂安全管理水平。

2.接受监督，完成"明厨亮灶"改造工程。按照海淀区食品药品监督管理局要求，餐饮中心在各食堂实施"明厨亮灶"改造工程，师生可通过餐厅大屏幕实时监督食堂后厨工作，增加食堂工作透明度，提升餐饮服务食品安全保障水平。

3.研发并启用餐饮中心人事管理系统。该系统于2017年11月上线试运行，使日常的人事管理、薪酬制定和发放以及宿舍管理实现信息化，提高工作效率和精准度。

（甄 涛）

动力中心

【发展概况】 动力中心主要承担全校水、电、暖的供应和服务保障工作。包括水电暖的运行、水电暖管网的检修维护、防汛抗洪、零星维修、水电暖费用的收缴、浴室管理服务、校内公共区域的物业管理服务等。中心下设9个科室，共有职工366人（其中事业编制84人，劳动合同制140人，劳务派遣36人，季节工104人，退休返聘2人），2017年事业编制退休6人。

【水电暖运行管理】 2016年12月1日至2017年11月30日，学生售电室电费销售2,598,924度，总计1,326,802.21元，同比增长22.5%。民用收费室共收取水费2,896,000元，电费10,748,755.40元。2016至2017年度收取供暖费共1056.4万余元，比上个供暖季收取的供暖费有小幅增长。

2017年，北京大学供水量约220万吨。浴室全年洗浴人数2,777,349人，日均洗浴人数7630人，单日洗浴人数最高可达13,111人次。2017年新增7间楼区浴室，增加喷头38个，使浴室总数达到1304间，喷头总量已达1300多个。

2017年，共向北京大学输送电量1.3亿度，电力保障全年8760个小时运行正常，为学校教学科研工作创造了良好的用电条件。

2017至2018年供暖季，动力中心辖区供暖面积约为214万平方米，附中供暖面积约为10万平方米，昌平校区供暖面积约为5.6万平方米，共计约230万平方米。

2017年，动力中心完成给排水管网清疏、防汛期间雨水沟清掏、全校管道检修、浴室设备正常检修、变配电系统检修、全校照明系统的巡视和检修、供暖系统的夏季检修、蔚秀园锅炉房增容改造工程、昌平校区燃煤锅炉清洁能源改造和集中供暖锅炉房低氮改造三个大项改造工程；完成了理教、二教4台电梯的大修、理科楼、二教两台中央空调冷水螺杆机组的大修、排查地下9个消防泵房和管辖范围内消防管道设施设备的缺陷，更换二教水流指示器，三教、法学楼消防、喷淋管进户截门、更换畅春园3号楼屋顶稳压间逆止阀，排查及检验中控到消防泵房控制柜的信号传输；家属区所用卡表8000多块电表的检查与维修更换、公用卡表2000多块电表的检查与维修更换，学生区建南750块电表的维修与更换。2017年度水系统维修跑票共计12,824张、电力系统维修跑票7701张，为水电暖的稳定运行奠定了坚实的基础。

【水电暖计划管理】 2017年，动力中心配合学校完成新建楼宇及校园基础设施水、电、暖前期方案设计及后期改造等任务共计164项，其中包括：水专业共计81项，重点包括：光华至老地学楼雨水管网改造、化学学院E区污水三通一平改造、老地学楼消防外线、畅春新园消防外线维修、畅春园泵房及水箱间维修、燕东园4至7公寓上水管网更新等；电专业47项，重点包括：科研综合楼电表改造、图书馆东侧修缮临电工程、家属区各楼室外接线箱更换、学生公寓及办公区增加高杆路灯及庭院灯照明、校内开闭站及配电室防汛改造等；暖专业36项，重点包括：燕北园各楼供暖回水管及立支管改造、集中供暖锅炉房烟气外线改造、北京大学生命科学科研大楼热力外线工程、燕园街道、燕东园平房加装暖气工程等。上述工程的顺利完成进一步优化完善了学校水电暖管网和机房设备等基础设施，为学校教学科研工作提供更为安全可靠的保障。

【服务保障工作】 1. 重大活动的水电保障工作。2017年，动力中心完成5月1日至4日的五四校庆活动、5月21日的校园开放日、7月5日的毕业生典礼、9月迎新、11月18日北京大学第十三次党代会等重大活动的保障工作。

2. 网签供暖费缴费工作。根据《关于在京中央和国家机关职工住宅区物业管理和供热采暖改革的意见》及配套的《在京中央和国家机关职工住房采暖补贴办法》，为方便校内事业编制教职工缴纳供暖费，2017年11月9日动力中心开展网签工作，即学校财务部从教职工的工资中代扣供暖费。为解决退休教职工缴纳供暖费的问题，先后组织多名工作人员前往畅春园、蔚秀园、燕东园等园区的居委会进行服务，为近300多位行动不便的老人进行网签。动力中心共完成网签缴纳供暖费3500余户，完成本次全校事业编制教职工供暖费网签收缴工作。

3. 完成动力中心新办公楼搬迁启用工作。动力中心于2017年秋季开学前完成新办公楼的搬迁启用工作，此次搬迁涉及9个科室。

（动力中心）

公寓服务中心

【发展概况】 公寓服务中心（含特殊用房管理中心，下同）内设机构包括学生公寓办公室、教师公寓办公室、万柳公寓办公室、综合办公室和财务办公室。2017年以来，围绕学校中心工作，以"安居乐学、安居乐教"为目标，为师生提供高水平的公寓服务保障，创造高品质的住宿生活环境。

按照学校招生计划，在学校学生住宿工作小组的指导下，协调落实国内学生（包括港澳台生）住宿安排。2017年底，校内学生宿舍34栋，建筑面积23.6万平方米，宿舍7580间，住宿学生24,247人。在教师公寓管理委员会的领导下，承担教师公寓、博士后公寓的周转住宿服务。现有教师公寓（含博士后公寓）1527套（间），居住教职工（含博士后）1500余人。万柳公寓建筑面积10万平方米，住房953套（间），住宿研究生（主要为专业硕士）2600余人，教职工430余人。

2017年从事学生公寓、教师公寓和万柳公寓服务保障的干部员工共有328人，其中管理人员20余人，综合服务保障一线员工300余人。公寓中心干部职工274人，包括学生宿舍楼长105人，卫生保洁70余人，综合服务、工程维修、运行保障、安保等80余人。劳务外包人员（安保、消防中控、安防和卫生保洁等）54人。

2017年公寓服务中心继续推动校内学生公寓、教师公寓与万柳公寓进行住宿资源统筹、人员队伍整合、保障服务协调开展，提升服务水平。

【常规工作】 学生公寓管理。1. 加强与学生沟通，改善住宿生活条件。开展沟通座谈10多次，结合学生意见和建议，提升人性化服务。学生宿舍调整1000多人次，勺园宿舍家具更新调整500多套，就宿舍周边施工影响等问题，多次召开沟通会，增进同学理解。

2. 做好毕业生文明离校和宿舍综合维修工作。近6000名毕业生安全文明离校。配合总务部完成宿舍综合维修，粉刷1163间，检修748间，改建楼内浴室12间，完善有关配套服务设施。

3. 配合国际合作部、教务部、招办及相关院系做好暑期学校、学科夏令营、招办体验营等27个项目暑期住宿7600多人次。

4. 多方协调落实2017年新生住宿方案，细致筹划做好迎新入住工作安排。校本部新生8000多名顺利入住，配送新生卧具3000多套。

5. 开展宿舍文化建设。举办"燕窝杯"宿舍联谊城市定向赛、燕窝微波炉美食DIY、楼委会素质拓展等系列活动；会同学生工作部开展"安全文明卫生宿舍"和"示范学生宿舍"评选，构筑友爱校园氛围和阳光校园文化。

6. 加强安全管理，提升公寓服务规范化水平。坚持开展综合检查，在安全秩序、卫生环境以及维修服务等方面，对楼管组、保洁队伍进行培训，进一步提升工作实效。会同保卫部共同开展"安全管理先进楼管组"创建和评选。

教师公寓管理。1. 开展违规租住教师公寓教职工清理清退工作，促进教师公寓周转。清退教师公寓30多套（间），全力保障学校引进人才和新入校教职工公寓入住安排。

2. 积极拓展房源，拟订方案，报经教师公寓管理委员会及校长办公会审议，开展两次教师公寓入住安排。近年来200多位新入校教职工入住教师公寓的申请得以全部解决。

3. 研究修订和完善教师公寓管理办法。以肖家河教师住宅配售为契机，在充分调研、与教师开展座谈广泛征求意见和建议的基础上，配合人事部、房地产管理部商讨修订《北京大学教师公寓管理办法》。

4. 逐步改善教师公寓的条件和配套服务，进行必要的装修和家具配备。启动了畅春园青年公寓60楼和中关园新标准教师公寓装修改造工程。

5. 进一步提升博士后公寓家具设施配备条件以及入住卫生保洁等服务事项。

6. 配合学校动力中心开展供暖费交纳工作，涉及校园周边及燕北园教师公寓、博士后公寓1090户。

万柳公寓管理。1. 加强住宿资源整合与统筹使用，改善学校师生住宿条件。2017年帮助校本部18个院系1128名专业硕士、医学部口腔医院学生150人、校本部留学生33人解决了住宿问题。新入住万柳教师公寓教职工130多人。

2. 做好毕业生文明离校和暑期住宿安排。900多名毕业生安全文明离校，开展"大家筑小舍，小舍出大家"毕业离校系列活动。同时，协助有关院系做好暑期夏令营接待，共计7批次1400多人入住万柳公寓。

3. 进行维修改造、强化安全管理与综合服务，提升园区品质，营造良好住宿生活环境。加强学思堂、健身馆的服务与管理；改变园区人车混行状况；完成锅炉降氮改造以及浴室电锅炉改造工程；开展消防和安防全面检查与隐患排查。

4. 进一步促进师生沟通和参与机制建设，加强信息化综合平台建设。通过万柳学区教师自管会、万柳学生联合会、师生联合党支部等师生组织，引导师生参与管理和服务。加强微信平台建设，与师生互动，促进信息公开和效能提升。

5. 进一步提升服务育人和文化建设。开展"万柳大家庭系列生活课堂""大家空间"等10多场文化公益活动。同学参与宿舍公共空间和门厅公共文化空间装饰改造，共建宿舍文化和品质校园。

6. 加强和提升后勤基层党组织建设和队伍建设。结合万柳学区特点，成立了师生联合党支部。组织了"弘扬工匠精神，争做育人模范"万柳学区首届职工技能大赛，通过技能比武等形式，加强了对员工的技能培训。

7. 团结协作，加强管理，确保优质服务，同时开源节流并实现了良好的经济效益，2017年上交学校收入2000万元。

【专项工作】 1. 关于学生宿舍情况的专项总结及汇报。对现有学生宿舍及住宿情况进行总结，结合近年来住宿安排情况进行分析，与有关部门进行沟通，提前做好2018年学生住宿工作安排。

2. 全力配合学工部推进落实学生公寓辅导员建设。按照学校整体工作部署，在2017级新生楼试行公寓辅导员制度。提前改造相应空间用于辅导员的住宿和办公，同时与学生公寓楼管组分工协作，加强学生公寓中的思想政治工作，落实全方位育人。

3. 进一步促进师生沟通和参与机制建设，加强公寓服务信息化综合平台建设。加强微信平台建设，增进与师生互动。加强与北大"燕窝"、万柳学区教师自管会、万柳学生联合会、师生联合党支部等沟通合作，增进师生参与管理。

4. 结合教师公寓管理办法的修订完善工作，申报北京大学教师思想政治2017年度课题，并获得批准立项。开展"高校青年人才住房状况对其心态影响的研究"，为学校周转住房的政策制定和管理服务提供依据，让教师公寓更好地服务于学校的人才引进和培养计划。

【党建工作】 1. 加强思想政治建设和作风建设。按照学校党委工作部署，深入学习贯彻习近平总书记系列重要讲话精神，继续开展专题教育增强"四个意识"，坚持以立德树人为根本，把思想政治工作和后勤服务工作紧密结合起来，积极稳妥地推动各项任务。

2. 贯彻落实全国高校思想政治工作会议精神，推动各项工作开展。贯彻落实学校党委的工作部署，制定工作方案，积极探索学生公寓管理服务育人的方式方法，努力践行服务育人和立德树人。

3. 加强基层党团组织建设，增强凝聚力和战斗力，发挥先锋模范作用。在万柳学区成立了师生联合党支部，加强中心党支部与师生党员联系，发挥党员先锋模范作用。结合"立行立改"事项，开展"党员齐争先，服务师生走在前"等主题党日活动和特色活动。

4. 认真贯彻落实党风廉政建设责任制，加强制度建设。按照中央巡视整改要求，认真排查薄弱环节和有关问题，制定整改措施，规范管理制度。进一步加强中心班子的思想、组织、作风、制度和党风廉政建设，认真开展"两学一做"、党风廉政警示教育等专题民主生活会和组织生活会。严格执行"三重一大"和党风廉政建设责任制和廉政准则各项规定，认真落实"一岗双责"。修订完善公寓服务中心《党风廉政建设责任制实施细则》和《领导班子落实"三重一大"决策制度实施办法》。认真执行领导干部个人有关事项报告、述职述廉制度。

（公寓服务中心）

表9-1　2017年学生公寓基本情况一览表

序号	楼号	宿舍间数	宿舍间型（人）	住宿人数	学生类别	建筑年代	建筑面积（m²）	宿舍面积（m²）
1	28	291	4	1160	男本	2016	9592	20.5
2	29	159	4	637	男本硕	2015	6063	20.8
3	30	163	4	648	女本硕	2015	6054	20.8
4	31	275	4	1097	男本	2015	9642	20.8
5	32	291	4	1164	女本	2016	9592	20.5
6	33	151	4	610	女本	1998	5894	20.4
7	34	241	4	947	女本硕	1999	8290	20.4
8	35	310	4	1230	男女本	2016	9592	20.5
9	36	224	4	902	男博本硕	2003	8065	21.9
10	37	246	4	984	女本	2003	8319	21.9
11	38	197	4	792	男本	2004	6941	18.8
12	39	243	4	985	男本硕	2004	8206	18.8
13	40	217	4	876	女本硕男本硕	2005	7676	21.9
14	41	209	4	843	女本硕博	2005	8203	21.9
15	42	198	4	803	男本硕博	2005	6698	21.9
16	44	158	4	632	男女本	2014	5406	18.9
17	45	234	2—4	836	女本博	1985	6285	14.2
18	45甲	221	4	878	男本	2000	7735	22.8
19	45乙	241	4	968	男本	2003	8423	22.8
20	46	219	2—4	709	男本硕博	1985	6034	14.2
21	47	198	2—4	631	女本硕博	1985	5450	14.2
22	48	196	2—4	494	女硕博	1985	5450	14.2
23	畅春园60甲	80	2	159	女博	2007	2252	15.4
24	畅春园61甲	71	2	142	男博	2007	2041	15.4
25	畅春园63	189	2	375	男博	2005	5460	14.7
26	畅春园64	161	2	320	男博	2007	4530	15.4
27	畅春园65	205	2	406	男博女博	2007	5308	15.4
28	畅春新园1号	353	2	695	男博	2005	9241	17.1
29	畅春新园2号	411	2	781	男博	2005	10,526	17.1
30	畅春新园3号	487	2	951	女博	2005	12,494	17.1
31	畅春新园4号	377	2	734	男博女博	2005	9745	17.1
32	勺园1号	124	2—4	248	男博	1981	3320	13.6
33	勺园3号	124	2—4	248	女博	1981	3320	13.6
34	勺园4号	116	2—4	362	男硕博	1981	3534	13.6
总计		7580		24,247			235,381	

数据统计时间：2017年12月31日

（公寓服务中心）

表 9-2　2017 年教师公寓、博士后公寓基本情况一览表

类别	园区	套（间）数	人数	备注
教师公寓	畅春园及承泽园（含青年公寓）	327	329	3 居 10 套 2 居 10 套 1 居 34 套 标准间 273 间
	蔚秀园	98	97	4 居 1 套 3 居 2 套 2 居 89 套 筒子楼单间 6 间
	朗润园	11	11	4 居 5 套 3 居 6 套
	燕东园（含清华园）	119	118	4 居 1 套 3 居 2 套 2 居 83 套 1 居 33 套
	中关园	293	222	3 居 135 套 2 居 67 套 1 居 91 套
	燕北园	147	147	3 居 128 套 2 居 19 套
	万柳公寓	353	420	4 居 3 套 3 居 17 套 2 居 98 套 标准间 235 间
	附中	1	1	2 居
	合计	1349	1345	无
博士后公寓	畅春园	72	61	标准间
	承泽园	70	64	2 居
	中关园	36	33	1 居
	合计	178	158	无
	总计	1527	1503	无

数据统计时间：2017 年 12 月 31 日

（公寓服务中心）

表 9-3　2017 年万柳公寓基本情况一览表

房屋类型	使用人	房间数量	人数	备注
学生公寓	专业硕士	725 间	2628 人	4 人间
	学术硕士	2 间	7 人	4 人间
	留学生	8 间	21 人	4 人间
		3 间	4 人	标准间
		4 套	17 人	3 居
教师公寓	教职工	235 间	218 人	标准间
		118 套	202 人	2 居 98 套 3 居 17 套 4 居 3 套

（续表）

房屋类型	使用人	房间数量	人数	备注
有关院系和部门用房	外国专家、外教、访问学者、挂职交流干部等	41 间	无	标准间
		1 套	无	3 居 1 套
办公用房	有关院系、单位	6 套	无	2 居 2 套 3 居 2 套 4 居 2 套
其他用房	外校学生公寓	160 间	640 人	4 人间
	合作单位宿舍	3 间	无	标准间
		33 套	无	2 居 9 套 3 居 23 套 4 居 1 套
	合作单位办公	6 套	无	2 居 3 套 3 居 2 套 4 居 1 套
总计		953 套（间），折合 1576 间		

数据统计时间：2017 年 12 月 31 日

说明：上表专业硕士具体包含法学院 814 人、光华管理学院 351 人、对外汉语教育学院 103 人、新闻与传播学院 101 人、城市与环境学院 4 人、外国语学院 118 人、心理学系 105 人、计算机科学技术研究所 3 人、社会学系 63 人、考古文博学院 58 人、建筑与景观设计学院 60 人、歌剧研究院 23 人、中国语言文学系 103 人、经济学院 227 人、人口研究所 43 人、数学科学学院 145 人、新媒体研究院 74 人、政府管理学院 41 人、国际关系学院 10 人、分子医学研究所 11 人、艺术学院 16 人、历史学系 4 人、口腔医学院 151 人。

（公寓服务中心）

校园服务中心

【发展概况】 校园服务中心是综合性的后勤服务机构，负责多项校园服务项目。中心下设 6 个科室：综合办公室、财务室、绿化环卫管理科、综合事务科、车辆管理科、附属幼儿园。2017 年中心在职职工 332 人，其中事业编职工 75 人，合同制职工 257 人，劳务及实习人员 54 人。退休职工 397 人，其中 2017 年退休 12 人。2017 年，中心完成园林绿化、环境卫生、公共教室及部分行政楼保洁、饮水机管理维护、报纸杂志及信件收发、交通订票、电话通讯、车辆运输、幼儿保教等多项服保障工作，并在迎接新生、毕业生就业洽谈会、毕业典礼、国际文化节、毕业生行李发送、高考阅卷、学校重大会议活动、外事活动等多项重点工作服务保障在发挥了重要作用。

【业务发展】 1. 绿化环卫服务工作。2017 年完成全校约 96 万平方米的绿化养护任务，其中水面面积约 10 万平方米。种植水生植物 6000 株，培育和栽植 4.5 万余株盆鲜花，完成重大节日的鲜花布置摆放工作。完成北京大学 33,750 株荒山义务植树的年度任务。对辖区内 1000 余株杨柳树雌株注射生物药剂，进一步降低春季飞絮对环境的影响。配合总务部爱卫会，完成全校 200 余栋楼宇的灭蚊蝇工作、1300 余处灭鼠投放点的投放工作。完成校本部内 65 万平方米的道路及道路周边环境的日清扫保洁任务，其中道路清洁面积 38 万平方米。完成 720 多车化粪池的清掏清运、3800 多箱生活垃圾的收集转运以及树枝树叶和无主垃圾 350 多压缩车的清运工作。完成临湖轩环境改造工程、一教北侧山体改造工程、画法研究院绿化及山体修复工程、蔡元培像周边绿化改造工程等 20 余项工程建设任务，其中绿地改造面积约 7500 平方米，道路铺装维修面积约 850 平方米，安布景石约 330 吨，宿根花卉约 1.1 万株/芽，种植各类花灌木及绿篱苗木约 12,400 余株。新安装绿地栏杆约 200 米，维修绿地栏杆约 400 米。购置和安装垃圾桶 120 个，更新环卫保洁车辆。

2. 综合事务服务工作。2017 年完成全校 329 间教室、教学区 4.8 万余平方米、2.4 万张座椅及学校 30 余所院系的保洁服务工作。配合学校完成研究生考试阅卷服务工作，全国四、六级考试报名工作，理教 LED 灯更换，文史楼部分教室墙面维修，二教一层厕所管道防水维修，理教部分教室墙面维修，三四教空调清洗保养，二教中央空调维修，二教"树下空间"咖啡屋装修改造，校友返校饮水服务等保障工作。完成北京站和西客站迎接新生 1000 余人、寄存研究生行李 1529 件、发放本科新生行李 780 余件等服务工作。完成全校教学楼、学生宿舍及部分院系 300 余台饮水机的日常维护及巡检工作。为学生办理公交卡 3335 张，为全校师生定购火车票 39,000 余张、机票 30 张。完成 2018 年度报刊征订工作，收发师生订阅度报纸 135 种，平均每日 3596 份；

杂志426种，平均3768本每月；寄发挂号信33,712件普通信件平均4至5盒每天，印刷品平均30至40袋每天，外文信3至4袋。

2017年配合联通公司完成学校的电话建设、管理和服务工作。完成财务部、动力中心、中水站、资源中学二次改造、资源东楼、车队光纤改造，协助联通公司完成燕南园57号、成人教育学院、地学楼、设备2号楼、生命中心等区域电缆及管道铺设任务。完成装、移电话514部，检修电话2000多部，保障学校2万多户电话的正常使用。营业厅完成6万多用户的收费任务，代办各类电话业务600多笔。完成学校查号台的日常电话查询工作。

完成文印室整理2013年至2016年所有文件的标题目录排版、归档及2012—2016年文件的归档整理工作，完成了内发文417个、外发文737个，打印北京大学志等文稿200多页。

3. 车辆运行服务工作。2017年总运行服务里程721,932公里，创效益最佳业绩，创近年全年安全行车无事故违法行为佳绩。完成学校教师班车及附小班车350趟次，176,000人次。完成两会、巡视组工作用车等多项重要任务。配合学校做好车改工作，接收学校转拨49辆车及报废车辆5部。配合学校安全工作需要，完成拆除洗车房、彩钢板房改造等工作。完成校园网络系统安装。

4. 幼儿保教服务工作。2017年实现931名三岁以上在园适龄儿童的保教服务工作任务，其中教职工二代子女约占三分之二，三代子女及其他约占三分之一，较好地解决了教职工适龄子女入托问题。完成海淀区学前教育督导组督学回访、建园65周年庆典活动及主题研讨会、2017届幼儿毕业典礼及新生入园适应家长会和亲子活动等重点工作。开展心理讲座，邀请特教专家来园进行融合教育讲座，进行全园范围的师德教育，全员签订《安全责任书》及《师德师承诺书》。接待海淀区区域游戏课程课题现场研讨会，迎接海淀区督学工作及挂牌仪式。完成3名市级骨干教师的申报工作，参与海淀区优秀区域游戏材料的拍摄活动。增加保安人员，完成监控无死角等安全相关设备设施改造工作。全园多名教师获得市区级相关工作先进称号，3名教师获市级业务及征文评比活动一等奖，附属幼儿园获"十二五期间海淀区教师培训工作和园本培训先进单位""海淀区教育统计工作先进集体"称号。

【管理运行及制度建设】 1. 党建工作。2017年积极加强党组织建设，认真开展日常党务工作，顺利完成中心退休支部换届；新发展4名预备党员，4位预备党员转正；完成中心全体党员和积极分子的电子信息核查工作；提交2018年的党员发展计划。配合完成学校第十三次党代会的代表推选工作。组织召开了中心党支部的全体党员大会，完成后勤党代表的推选工作。

重视政治思想教育，结合十九大的召开，中心各支部及各行政管理部门利用多种途径，组织党员群众认真开展学习活动，不断提高职工的政治思想觉悟与水平。关注职工师德师风建设，结合实际工作需要，开展职工培训，签订承诺书，确保相关要求落实到位。

加强党风廉政建设，作风建设常抓不懈，加强各级领导班子及管理干部的党性教育，增强拒腐防变意识，结合实际工作不断学习和反思，不断改进工作作风。明晰确认党风廉政建设责任制要求，与各级领导干部签订相关责任书，对存在的问题认真排查、立查立改，真抓实干，改进校园服务，提升服务品质，解决师生关心的问题。认真贯彻落实民主集中制。坚持中心领导统筹管理，分管领导具体负责，科室落实执行，全体干部职工积极参与的领导体制和工作机制，坚定主张集体领导、集体决策，通过各种例会、专项会等多种形式，通报及沟通重点工作，集体研究决策重点问题，形成集体决议并严格执行，严格遵守工作纪律。

2. 制度建设。2017年继续梳理和完善各项规章制度，结合工作实际，调整和规范业务管理，尤其是对涉及中心人、财、物的重要工作和风险点不断梳理问题、加以改进完善，参照国家和学校的有关规定，不断完善和细化管理办法，提升管理效率。关注财务管理中的收支平衡，加强成本核算，逐步完善预算编制方法；建立经费核算及使用机制，强调财务监管制度，努力实现中心良性发展。

积极贯彻落实学校和中心的各项人事管理制度，完善和细化人事管理的具体办法和流程，进一步规范并落实人员招聘和入职离职的相关程序。强调人员管理和培训相结合，分级分层进行培训，逐步加强队伍建设。在完善中心层面制度的同时，强调抓好科室制度建设，不断完善从中心到科室、从宏观到具体的制度架构体系。

3. 年度特色工作。2017年继续完善中心层级管理架构，中心管理层面强调领导班子分工合作，在全面兼顾中心发展的同时，克服领导班子成员缺编困难，重新明确领导班子的分管工作内容和任务分工，做到统筹管理与具体分管相结合，保障中心的各项工作有分管、有指导、有监督、有落实。利用办公例会等形式，加强科室工作交流与沟通，实现中心对科室工作的指导与监督，确保各部门工作的规范落实。进一步明确各级管理层相应的权利和责任，严格执行一岗双责，强调"谁主管，谁负责"，强化责任分工，逐步实现管理与监督的双向管理机制，保障各项工作规范运行。领导班子带领各级管理干部认真学习并深刻领会学校文件精神，与时俱进，不断补充完善中心制度体系内容。例如，加强日常事务管理中的内部控制和监管，进一步完善中心公章管理办法；为确保分层管理的责任落实，进一步调整内部公文呈报系统；为畅通信息沟通渠道及更有效的落实民主集中制的要求，进一步调整办公例会形式，每周一次科室副主任以上的例会，隔周一次主管以上的扩大会，初步尝试议题形式召开领导班子会议；进一步规范合同、协议等重要文件的申报签订程序，落实逐级管理职责。

（校园服务中心）

房地产管理

【发展概况】 2017年,房地产管理部切实履行部门职责,认真落实各项工作要求,保证日常工作的顺利开展。办学空间拓展、肖家河教师住宅建设、家属园区住宅楼电梯安装、人才房分配、枫润家园遗留问题处理等重点专项工作取得重大进展,为学校引进人才、开展教学科研工作、建设"品质校园"提供有力保障。

【综合管理】 公用房调配与管理。1. 公用房分配与调整:2017年以来,根据校领导指示精神以及公房配置领导小组有关决议,为地球与空间科学学院、城市与环境学院、化学与分子工程学院、新结构经济学中心、歌剧研究院等41家单位调配用房6852.01平方米,完成用房协议签订、使用费缴纳等工作。结合学校用房分配调整,陆续收回环境科学与工程学院、北京大学电视台、学科肖家河项目管理办公室等单位办公科研用房2300.61平方米。

2. 产业用房回收:根据学校决议,2017年与临湖公司陆续交接租赁到期用房,累计交回资源东楼71间,5233.25平方米,资源大厦120间,9989.34平方米。3月,收回校办产业所属南墙4段、5段南墙地下室,约1000平方米。

3. 信息统计上报工作:2017年,配合学校各相关职能部门,完成2016年资产决算、2017年高教基表统计等校内外统计上报工作31次。

4. 公房数据管理工作:2017年对全校房产证、土地证,逐个从档案馆借出并进行扫描整理。进行全校公用房房间数据维护770次。参加基建竣工验收2次。完成学生公寓一期、二期、资源大厦、公共教室等22栋楼宇的图纸入库工作。

5. 信息化建设工作:与计算中心密切配合,讨论公共会议室预约系统建设工作。

住房日常管理工作。1. 办理住房相关手续。办理住房调查表、开具住房证明390人次,办理减员、离职、调动单位167人次。燕南园、冰窖平房搬迁安置6户,收回住房3户。

2. 办理访问学者公寓各项手续125人次。其中新签、续签110人次、退房15人次。办理访问学者公寓申请、入住、收费、退房等手续40余人次。3. 单位临时租借管理:单位临时租借房签订协议25份,收取房租38人次。4. 福利承租住房管理:外户福利承租房收取房租210余人次。

校园置换与腾退。1. 完成校内平房区搬迁腾退项目第二批安置房网签手续的审批与办理,目前本次搬迁腾退项目居民安置房的网签手续基本完成;

2. 完成校内平房区搬迁腾退项目部分居民的补偿款发放手续。

3. 联合燕园街道办事处就蔚秀园区域内部分违建进行拆除。同时,与拆迁公司、燕园街道办事处三方就整治违建问题共同约谈剩余5户平房居民,现场进行勘查并向住户发放、张贴限期拆违通知书;

4. 委托相关公司对蔚秀园区域存在的渣土进行清理。

5. 推进枫润家园18户居民安置房产权手续的办理工作。

6. 完成景观设计学大楼建设项目内公用厕所拆迁补偿相关工作。

7. 完成五道口公建改住宅楼相关工作。

8. 向海淀区住建委报送关于北大附中东南角教育预留用地拆迁工作的相关文件。

9. 完成安置房物业、供暖费用及蔚秀园渣土清理费用的预算及支付手续。

房屋维修管理。1. 日常维修。2017年全年处理各类房屋报修1048起。

2. 教师公寓粉刷检修。完成73套教师公寓(含博士后公寓)入住简装检修。

3. 漏雨防护。集中清扫燕北园、承泽园、燕东园、蔚秀园、畅春园、中关园、校内办公楼等各园区楼宇屋顶垃圾,避免楼宇屋顶垃圾造成下水口堵塞漏雨,有效减少漏雨情况发生。

4. 装修工程。启动高访公寓四期公寓精装修、4—7公寓挑顶、25套新标准教师公寓精装修、朗润园、中关园等公共楼道粉刷工程。除25套新标准教师公寓精装修没有竣工外,其余已全部竣工验收并结算。

5. 完成理科二号楼西侧男女卫生间防水维修及地下室注浆工程、新太阳学生中心一层男女卫生间防水维修工程、理科一号楼门口无障碍通道施工工程、高访公寓更换电子指纹密码锁等工程。

6. 专项维修。完成承泽园109楼电气维修工程;完成北京大学技术物理楼五层多间办公室屋顶漏雨改造工程;完成法学院地下室上下水管道改造工程。

【房改工作】 1. 肖家河住宅配售的后续相关工作。完成了选购肖家河住宅教职工原承租公有住房的房价核算,并完成了选购肖家河住宅教职工原已购公有住房回购的前期准备工作,同时向央产房交易办公室报送两千多套已选房教职工相关档案信息。另外参与了肖家河人才房的配售工作。

2. 学校周边已购公有住房的回购工作。2017年共计对学校周边四套房屋按市场评估价格进行回购。

3. 向央产房交易办公室报送我校已售住房档案信息。共计报送申请办理继承、共有、校外房上市及抵押等各类房屋及人员信息123户。

4. 按照国务院机关事务管理局的相关政策要求,对申请办理上市出售、继承、共有等业务的教职工代为办理专项维修金补交业务,共计为102户住户开具了住宅专项维修资金结余情况查询结果告知单。

5. 住房改革资金测算和住房调查及审核工作。校本部:按照国家要求和学校规定,为540名新进校职工及时建立住房档案。同时,对我校现有教职工住房档案进行完善。编制上报北京大学住房制度改革支出预决算报表，为3768名在职无房职工和住房未达标职工申报2018年住房补贴资金6666.34万元，为今后我校住房制度改革顺利进行奠定良好基础。

6. 教职工住房补贴发放。校本部：全年为3751名无房及未达标教职工发放住房补贴4908万元，其中为526名新进职工及时核定和发放住房补贴及临时生活津贴。继续做好老职工住房补贴拾遗补缺工作，为44名老职工核定和发放了住房面积未达标补贴和级差补贴。

【家具资产管理】 1. 审核、建账、贴示家具标签的新购置家具17,429件，价值2054.131482万元。处置废旧家具8689件，价值379.433415万元。调拨可再用家具747件，价值192.976万元。

2. 一次性购置家具总值超20万元的单位，以公开招标的方式完成了7次家具招标，总中标价513.65349万元。并负责组织和参与家具招标合同的签订及招标家具验收工作。

3. 对已达报废年限无法再使用的破损家具，进行报废招标总计3次，处置收益总计1.55万元，已上缴北京大学国资办。

【校园规划】 1. 校园规划相关会议工作。召开校园规划委员会会议2次，通过会议及邮件征求意见方式审议校园规划建设项目计30项，其中11个重大项目报校长办公会审议通过；调研统计校园内雕像，讨论三角地、东校门等区域景观等事宜；组织召开公用房出租招标领导小组工作会议及学生评审代表讨论会，配置完成多处生活配套服务区规划工作、教学楼区域自动贩卖机的规划布点工作。

2. 校园规划报批及相关工作。牵头制定《北京大学海淀本部校区总体规划》《昌平校区总体规划》，经校长办公会审议通过，已报送并根据北京市规划和国土资源管理委员会反馈意见修改完善，作为校园规划建设基础依据；与基建工程部沟通调整《"十三五"基建规划》，并通过系统填报更新后的数据。

3. 教学科研空间拓展工作。推进挂甲屯区域土地利用事宜；与房山区沟通，探讨在良乡高教园建设新校区的可行性；推进利用北京吉利学院校区建设新校区相关工作；协助租用达园宾馆办公空间；参与昌平校区大气环境模拟实验基地、昌平校区实验动物中心等重点项目协调推进工作。

4. 校园品质提升工作。会同燕园街道办事处等单位，参与开展燕园地区违法建设整治工作；会同燕园街道办事处，完成天然气管线占压整改事宜；与基建工程部沟通探讨蔚秀园16、17号楼之间建设老年大学的可行性；向社会学系出具拆除镜春园83号院围栏通知；经与总务部沟通完成中国画法研究院停车场恢复绿地事宜；完成校内三角地至大浴室沿线建筑（邮电所暂未动）的腾退及拆除工作；联合燕园街道办事处拆除燕南园南侧及三角地约500平方米违章违规建筑。

5. 生活配套服务空间规划工作。编写并公布实施《北京大学生活配套服务空间管理办法》；完成45甲地下商业区、新太阳地下超市、双创中心咖啡厅、教室楼便利店等各类生活配套服务招租工作；完成校内生活服务区9处20余个网点的公开招标、竞争性磋商工作；完成对2016年已招标生活配套服务区日常管理工作。

6. 校园空间及房屋资源统筹优化工作。推进中关园常安福宾馆收归学校改造为校内食堂；将新太阳中心阳光大厅、农园食堂一层规划为学生自习区并投入使用；将电教大楼规划为师生学术交流空间；将28、32楼地下空间规划为学生活动空间；推进成府园、二教、理科5号楼地下车库改造工作，推进启用废弃多年的成府园政府管理学院地下车库。

7. 校园基本建设项目评审工作。参加基建工程部、总务部、离退休工作部、出版社等部门关于学校基本建设项目、改造项目的评标、开标会40余次，评标项目约计120项。

【重点专项工作】 1. 燕南路沿线腾退及拆除工作。2017年1月，联合街道办、社区中心对三角地至燕南路沿线违章建筑实施集中清理和拆除。拆除违章建筑约500平方米。同时对三角地西侧平房商业区清退拆除。共涉及新华书店、礼品店、理发店、眼镜店、文具店、打印店、照相店等约10家商户，拆除总建筑面积560平方米。2017年暑期，联系基建工程部对燕南路北侧工商银行、博实超市、大浴室、教工浴室及周边临建实施拆除，拆除面积1900平方米，期间妥善调配空间解决动力中心人员宿舍、库房及值守需要。联系校园中心完成拆除区绿化工作。

2. 公房出租管理规范化工作。（1）2017年，依照《北京大学公用房出租管理细则（暂行）》工作要求，继续推进公用房出租管理规范化工作。5月学校正式出台《北京大学生活配套服务空间管理办法》（校发〔2017〕102号）。（2）2017年先后组织了新太阳地下超市（二次）、双创中心咖啡厅、45甲生活服务区等共9次招标、竞争性磋商工作，涉及20余个包件。完成协议签订和租金收取。经公房出租招标领导小组审议，制定和完善依据评估发包的管理机制，陆续启动或完成双创咖啡、出版社大楼、光华楼等租金评估或咨询工作。（3）组织和实施45甲地下商业区规划布局、装修施工，完成土建、上下水、配电，消防系统更新改造，室外标识设计安装等工作。同时协调解决电梯更新调试、各单位入住装修、物业服务、消防值守等问题，协助各服务单位办理出入证、饭卡、车证等。（4）配合部领导与海淀区工商局、房管局领导多次沟通，梳理有关材料，陆续办理完成"45甲""29楼""新太阳""二教"4处地下空间使用许可。与街道办密切配合，协助校内商业经营单位启动办理工商注册手续。(5)针对校内师生需求实际情况,鼓励学生创新创业,经价格调研和领导小组审批,引入"趣智"自动售货机和"寄存宝"储物柜,在校园教学区进行投放和试点投放。(6)配合海淀地税局以及学校财务部门,对全校非独立核算单位2014—2016年营业税、土地税、房产税开展专项清查工作,上报有关缴费情况,完善管理流程,对所属商业用房定期缴纳税费。

3. 配合学校重点项目建设。配合双创中心、成府园与二教地库改造、一公寓食堂改造,负责与用房单位沟通协调,实施周转或改造方案,配合处置有关资产等。

4. 住房配售工作。肖家河教师住宅。2017年初,在校党委和行政的统一领导和工作部署下,圆满完成肖家河教师住宅2017套住房的签约和缴费工作。2017年下半年,成立肖家河教师住宅购房人联络组,引进前期物业公司,全力做好交房入住准备工作。

5. 上地枫润家园商品房。协助13位人才与开发商办理签约、缴费及入住手续,房产证也在积极办理中。

(顾邱岚、林永兴、陈奕珍、张 豫、
于 斐、胡烜霞、夏旭东)

表9-4 2017年北京大学土地基本情况汇总表

序号	资产名称	土地面积（平方米）
1	昌平区十三陵镇泰陵园村东南侧	1938
2	昌平区十三陵镇西山口村南苗圃	11,260
3	昌平区十三陵镇西山口村南	3935
4	昌平区十三陵镇北京大学昌平园区	346,296
5	海淀区北京大学中关园	160,200.68
6	海淀区海淀路50号	2150.52
7	海淀区海淀路46号	1548.05
8	海淀区海淀路36号	589.44
9	海淀区海淀路38号	777.79
10	海淀区万柳大学生公寓	23,557.61
11	北京大学4—7公寓	15,732.44
12	海淀区骚子营北京大学燕北园	94,472.54
13	北京大学畅春园	60,644.06
14	海淀区中关村19号楼	663.66
15	海淀区中关村23号楼	651.55
16	海淀区中关村26号楼	1045.24
17	海淀区中关村25号楼	1017.84
18	北京大学燕东园	185,073.08
19	北京大学蔚秀园	84,851.11
20	北京大学承泽园	58,748.41
21	海淀区海淀路44号	132.61
22	海淀区中关村北二条3号	13,182.95
23	海淀区海淀路5号	1,016,971.11
24	海淀区蓝旗营教师住宅小区	25,323.84
25	海淀区大泥湾北大附中	55,485.32
26	海淀区北京大学畅春新园学生宿舍	19,999.94
27	海淀区中关村北二条街7号	1527.07
28	海淀区北河沿3号楼	581.68
29	海淀区上地朱房	7529.8

(续表)

序号	资产名称	土地面积（平方米）
30	海淀区教养局 10 号	353.8
31	海淀区苏家坨镇金仙庵	16,779.39
32	海淀区苏家坨镇金仙庵朝阳院	6667
33	海淀区苏家坨镇寨口村 44 号	1681.83
34	东城区黄米胡同 7 号	837
35	东城区黄米胡同 9 号	400
36	东城区礼士胡同 141 号	375.2
37	东城区东高房胡同 21 号	3093
38	昌平区南口镇太平庄村	6667
39	昌平区十三陵镇北京大学昌平园区污水处理池	120
40	海淀区蓝旗营教师住宅小区商建	5964.45
41	海淀区北京大学篓斗桥学生宿舍	7774.67
42	海淀区北京大学成府园	102,212.3
43	医学部	392,305
	总计	2,741,117.98

表 9-5　2017 年北京大学校舍情况

	编号	学校产权校舍建筑面积（平方米）				正在施工校舍建筑面积（平方米）
		计	其中			
			危房	当年新增校舍	被外单位借用	
甲	乙	1	2	3	4	5
总计	1	2,763,937	0	14,717	0	238,834
一、教学科研及辅助用房	2	894,919	0	3070	0	164,554
教室	3	99,233	0	3070	0	0
图书馆	4	67,462	0	0	0	12,897
实验室、实习场所	5	407,458	0	0	0	48,900
专用科研用房	6	243,603	0	0	0	80,757
体育馆	7	61,252	0	0	0	22,000
会堂	8	15,911	0	0	0	0
二、行政办公用房	9	95,033	0	0	0	0
三、生活用房	10	924,523	0	0	0	34,580
学生宿舍（公寓）	11	460,907	0	0	0	0
学生食堂	12	45,831	0	0	0	34,580
教工宿舍（公寓）	13	178,227	0	0	0	0
教工食堂	14	0	0	0	0	0
生活福利及附属用房	15	239,558	0	0	0	0
四、教工住宅	16	409,854	0	0	0	0
五、其他用房	17	439,608	0	11,647	0	39,700

表 9-6 2017 年北京大学教职工住宅汇总表

区片	套数（套）	建筑面积（平方米）
主校园内	96	9834.00
医学部校内	1628	112,417.94
附中	108	6000.00
中关园（含科学院）	1286	79,083.00
蔚秀园	817	43,403.00
畅春园（含青年公寓）	662	31,790.00
承泽园	394	24,961.00
燕东园（含清华园）	884	51,698.00
燕北园	1390	96,700.00
蓝旗营	641	77,420.80
西三旗		41,116.24
其中 1. 校本部	447	35,322.01
2. 医学部	81	5794.23
六道口		7285.9
其中 1. 校本部	83	5994.30
2. 医学部	18	1291.6
燕东园小楼		2337
燕南园小楼		2019.4
筒子楼		6070.83
其中 1. 校本部		4134.00
2. 医学部	22	1936.83
平房		1639.02
其中 1. 校本部		762
2. 医学部	48	877.02
合计		593,776.13

注：校本部教职工住宅中（1）筒子楼为蔚秀园 23 楼、科学院 19 楼；（2）西三旗和六道口建筑面积为产权证面积；（3）燕东园小楼、燕南园小楼不含转办公用房面积及已搬迁安置不再配售面积，建面系数 1.52。

（房地产管理部、医学部房地产管理办公室）

基建工作

【发展概况】 截至 2017 年底，北京大学基建工程部在编人员 27 人：其中，总务长办公会成员 1 人，部长 1 人，副部长 3 人，综合办公室 2 人，前期管理办公室 5 人，计划办公室 4 人，维修管理办公室 5 人，工程建设办公室 6 人。在编人员中教授级正高职称 1 人，副高级职称 7 人，中级职称及以下 19 人。

截至 2017 年底，基建工程部党总支有党员 48 人，其中：在职党员 27 人（含北京大学建筑设计院 7 人，肖家河项目管理办公室 2 人），退休党员 21 人。

2017 年校本部新建和改造工程主要项目为 28 项，建筑规模约为 292,735 平方米，其中竣工项目 13 项，竣工面积为 101,180 平方米，在建项目 15 项，建筑规模约 191,555 平方米。

【基建投资计划与完成情况】 投资计划情况。截至 2017 年底，北京大学当年在建项目（包括新建、改造项目）计划总投资 171,436 万元。其中新建项目 8 项，建筑面积 164,734 平方米，计划总投资 109,944 万元；改造项目 20 项，建筑面积 128,001 平方米，计划总投资 61,492 万元。

投资完成情况。1. 新建项目完成情况。截至 2017 年底，累计完成基建投资 22,081 万元，其中完成中央预算内资金 4534 万元，完成自筹资金 17,547 万元。2. 改造项目完成情况。截至 2017 年底，累计完成维修改造工程投资 18,941 万元。其中图书馆东楼修缮 5928 万元，生命科学实验室改造 4665 万元，附中配套项目完成 1340 万元，加速器大楼改造

803万元，地下车库（法学楼、政管、二教）697万元，勺园1235号楼及餐厅改造完成636万元，老地学楼改造605万，圆明园校区改造622万元，动力中心周转楼改造578万元，校史馆改造512万，二体加固504万元，继续教育学院达园装修改造400万元，静园1—6号院372万元，南门6号楼维修354万元，化学学院配电室增容电梯更换234万元，光华1号楼加建208万元，猴房维修工程203万元，技物楼西平房超强激光实验室加固改造196万元，太平洋大厦改造184万元，成府园地热水井163万元，电话室搬迁144万元，附中热力站扩建130万元，外文楼、俄文楼、民主楼古建修缮120万元，勺园6号楼改扩建118万元，附小体育馆配电室迁建103万元等。

【工程项目管理情况】 工程前期报批情况。1.南门区域教学科研综合楼4、5号楼（58,967平方米）：因学校使用功能调整（4号楼使用单位调整为马克思主义学院）及建设"无车校园"的规划安排，4、5号楼的设计方案进行调整，截至2017年底，进行人防初步设计审图及准备办理施工计划。

2.工学院与交叉学科大楼2号楼（69,479平方米）：为解决校园停车问题以及使用单位提出调整使用功能，2号楼设计方案调整，截至2017年底，完成施工图设计。

3.化学学院E区大楼（21,630平方米）：接续上年的报建工作，2017年完成可行性研究报告评估、方案复函、重点建设项目确认函、人防规划批复。

4.昌平校区实验动物中心（34,602平方米）：2017年内编制项目建议书。

5.东操场体育活动中心及地下车库工程（64,915平方米）：因处于文保核心区，需先申请文物局方案审批。完成文物影响评估报告并正式上报国家文物局，批复意见需进行方案完善，目前在重新进行文物影响评估报告编制。

6.燕东食堂（24,300平方米）：在与文物局沟通后，2017年开展文物评估报告的调整工作，包括开展基坑支护方案及保护性建筑托换方案加入评估方案。目前在进行托换方案细化等工作。

7.理科三号楼改扩建工程（26,340平方米）：建设项目规划条件报批，项目因教育部调整管理办法面临重新申报的工作，2017年主要开展文物影响评估报告的编制及上报工作，另经使用单位沟通，其可能对使用空间的使用有其他考量，暂未明确使用功能等开展设计工作的基本条件。

2017年处于前期报批及设计阶段的主要新建项目有13项，分别是：南门区域教学科研综合楼4、5号楼、工学院与交叉学科大楼2号楼、化学学院E区大楼、昌平校区实验动物中心、北京大学附属中学北校区综合教学楼、东操场体育活动中心及地下车库工程、理科三号楼改扩建工程、燕东食堂、昌平校区环境风洞实验室、图书馆西馆工程、生命科学园连楼、塞克勒考古博物馆改扩建工程、43楼西侧车库等。

2017年处于设计阶段的改造项目主要有19项，分别是中关园公寓食堂改造、民主及外文楼修缮、图书馆东馆修缮改造、太平洋大厦外立面改造、昌平区实验动物临时设施、勺园7号楼装修改造、百年讲堂多功能厅装修改造、二教内庭院景观工程、电教大楼改造、加速器大楼改造、中关园9号楼装修改造、勺园9号楼装修改造、光华管理学院达园宾馆装修改造、光华管理学院达园宾馆装修改造、新太阳学生中心91剧场装修、新太阳学生中心学生用房装修、办公楼改造、燕南路景观工程、中文系装修改造、附中绿化景观工程等。

招投标情况。1.基建工程部各类工程无论大小，均实施阳光工程：严格进行工程招标，接受政府及学校相关部门监督管理；在实际进行中接受学校纪委、审计等部门全过程监督；工程竣工结算接受审计室审计监督。

2.2017年在建筑市场共完成7项总包、监理招标，分别是：(1)生命科学实验室改造项目（34,602平方米、216,687,465.6元）；(2)图书馆东楼修缮工程（26,623.76平方米、125,248,133.05元）；(3)校史馆装修改造工程（2955平方米、8,208,567.87元）；(4)加速器大楼装修改造工程（6003.9平方米、13,282,693.85元）；(5)惠新东街校区市政配套改造项目-变配电室及低压电缆改造工程（7150米、11,178,961.69元）；(6)惠新东街校区市政配套改造项目-市政热力站及一、二次热力管网改造工程（2332米、8,227,877.05元）；(7)惠新东街校区市政配套改造项目-室外雨污水地下管网改造工程（1230米、3,891,839.35元）。

3. 2017年在学校共完成5项总包、监理招标，分别是：（1）俄文楼修缮改造工程（2146平方米，2,586,695.67元）；（2）继续教育学院达园装修改造工程（2414.7平方米，7,549,734.89元）；（3）动物中心猴房维修工程（316平方米，2,185,390.08元）；（4）地下车库（政府管理学院、法学楼及二教）维修工程（20,331平方米，8,356,563.33元）；（5）中关园公寓食堂改造工程项（796平方米，3,966,735.11元）。

工程建设情况。竣工工程。1.阿卜杜勒·阿齐兹国王公共图书馆暨北京大学古籍图书馆：该工程建筑面积12,648平方米，为沙特王室捐资兴建的古籍图书馆。2015年3月开工，2017年11月竣工。

2.附小体育馆：该工程建筑面积11,647平方米，2014年7月开工，2017年8月竣工并投入使用。

3.昌平学生公寓2、3号改造：建筑面积10,316平方米，2015年12月开工，2017年5月竣工。

4.二教地下车库：为改善校园停车较多影响环境的现状，对二教原地下自行车库进行改造，建筑面积5491平方米，2016年7月开工，2017年1月竣工。

5.附小宿舍楼改造：建筑面积2436平方米，2016年7月开工，2017年9月竣工。

6.圆明园校区装修改造：原方案为附中北校区教学楼建设建立周转场所，建筑面积6410平方米，2016年10月开工建设，整体工程于 2017 年 4 月竣工。

7. 农园餐厅改造：对农园餐厅一层北侧进行改造，改造面积 285 平方米，2017 年初招标，利用暑期施工，已竣工并投入使用。

8. 化学楼 BD 区配电室增容改造及电梯更换：为北京大学 2016 年改善办学条件项目，建筑面积 320 平方米，2017 年初开工建设，已经完工并投入使用。

9. 老地学楼改造：为北京大学 2016 年改善办学条件项目，建筑面积 3067 平方米，2016 年底完成招标，2017 年 3 月开工建设，9 月竣工并投入使用。

10. 地下车库（法学楼、政府管理学院及二教）：建筑面积 20,331 平方米，为 2017 年巡视北大立行立改项目，暑假前完成招标并利用暑期进行施工，10 月竣工并投入使用。

11. 万柳食堂改造：建筑面积 694 平方米，暑期前完成招标并开工建设，11 月竣工并已投入使用。

12. 猴房维修：动物中心实验室的装修改造，面积 316 平方米，暑期完成招标并开工建设，11 月初已经竣工。

13. 附中惠新校区加固改造工程：为附中惠新校区教学楼及宿舍楼加固改造工程，于 2016 年 12 月开工，2017 年 12 月竣工，已投入使用。

在施工程。1. 生命科学科研大楼：该工程建筑面积 26,900 平方米，2014 年 12 月开工，2015 年 10 月结构封顶，因需要完成特殊实验室改造的招标而暂停。

2. 生命科学楼实验室改造：为生科大楼的内部精装修工程，于 2017 年 7 月完成招投标工作，8 月开工建设。

3. 景观设计学大楼：该工程建筑面积 22,300 平方米，于 2016 年 12 月开工。因该工程正好处于北京地铁 4 号线的上方，一直在与北京地铁公司进行配合施工的沟通，2017 年已完成和北京地铁的洽谈，进行基坑施工阶段。

4. 国家发展研究院大楼：该工程建筑面积 29,223 平方米，分为新建和古建维修两个部分，于 2016 年 5 月开工，目前文物石桥的托换保护工程已完工，正在进行基坑挖土工程。

5. 实验设备 2 号楼：该工程建筑面积 23,000 平方米，于 2016 年 6 月开工，目前已完成结构施工。但由于使用单位对楼内的使用功能进行大幅调整，机电专业需重新设计。

6. 太平洋大厦外立面改造：为北京大学 2016 年改善办学条件项目，建筑面积 9810 平方米，目前已完成招标，2017 年 5 月取得开工证。

7. 餐饮综合楼：建筑面积 34,602 平方米，2016 年 12 月开工，2017 年基坑土方施工已完成，正在进行结构施工。

8. 附中北校区综合楼：建筑面积 31,314 平方米，为资源中学校区教学楼，2017 年 3 月开工。

9. 图书馆东楼修缮：为北京大学 2017 年改善办学条件项目，建筑面积 26,682 平方米，暑期完成招标后，由于尚未取得开工许可证，且使用单位仍在对地下部分的使用功能进行方案调整，不具备施工条件。

10. 校史馆改造：为北京大学 2017 年改善办学条件项目，建筑面积 3100 平方米，已于 10 月完成招标并开始开工建设。

11. 燕南园 57 号院改造：该建筑为冯友兰故居，年久失修需要进行改造，建筑面积 185 平方米，2017 年暑期开工。

12. 达园宾馆装修改造：为继续教育学院办公场所，建筑面积 2415 平方米，暑期招标完成并已开工建设。

13. 俄文楼修缮：建筑面积 1412 平方米。

14. 校景亭等古建修缮：为学校校景亭等几处古建紧急维修，10 月完成招标并开工建设。

15. 加速器大楼改造：为北京大学 2017 年修购项目，2017 年 12 月招标完毕。

16. 中关园食堂改造工程：建筑面积 795.5 平方米，为 2017 年巡视北大立行立改项目，该工程于 2017 年 12 月完成招标。

【工程结算审核情况】 2017 年完成学生公寓一期，附中体育馆，环境科学大楼，南门区域 2 号、3 号楼，第二体育馆维修改造，静园 1—6 院维修改造，百周年纪念讲堂观众厅改造，动力中心周转楼等 131 项工程结算审核工作，其中送审计 101 项，结算审核金额约为 62,500 万元（经监理审核后申报额约为 64,000 万元，经审核审减 1500 万元）。协调大学生活动中心项目总包单位、新太阳、第三方造价咨询公司完成新太阳中心的竣工结算工作。

（黎 黎、汪 竞、高 丹、刘文建、王佳曦、苗京楠、刘金成、李爱民、任 慧）

肖家河项目建设

【发展概况】 2017 年，肖家河项目管理办公室紧紧围绕回迁住宅交付、教工住宅开工建设等工作主线，各项工作取得实质性进展，同时在项目手续办理、项目建设管理和办公室自身建设方面也取得进展。

【宅基地拆迁】 2017 年，项目新签订宅基地拆迁补偿协议 2 份，涉及 1 宗宅基地，面积 702.06 平方米。共安置人口 8 人、审定宅基地面积 702.06 平方米，安置回迁住宅面积 675.81 平方米。累计经项目拆迁资金联审组审议通过、并签订的住宅拆迁协议 986 份，涉及安置人口 3047 人；认定宅基地面积 180,902.48 平方米、弃房面积 19,421.16 平方米、补足面积 39,756.24 平方米，最终实际安置面积 214,467.30 平方米。已签订协议的被拆迁户已全部完成选房并发放拆迁补偿款。尚余 4 个宅基地院落已拆除但因其自身诉讼等因素未签订拆迁安置补偿协议。

【非住宅拆迁】 西郊机场北远距导航台。2017 年 2 月 14 日，该导航台全部迁移至新址，旧址予以交付拆除。

国防大学水井房。2012 年起，补偿条件几经反复，同时受部队人事变动和机构改革影响，长期未能达成一致。学校多方协调，积极推动水井房拆迁谈判工作。

【回迁房交付】 截至2017年底，回迁住宅已完成2610套房屋的入住手续办理工作，签订《补充协议二》916份，发放回迁安置周转费及房屋面积差额费7160余万元。安置签约量达到90%。剩余40户入住相关协议未签署完整，部分已办理入住领取补偿款。10户回迁居民未签订《补充协议二》，经了解，其自身产权纠纷为主要原因。

【处理回迁居民诉求】 2017年，回迁居民诉求基本集中在两个方面：一是业主申请安置房屋产权人超出安置政策范围；二是顶层阁楼的业主认为阁楼层房屋的舒适度、市场价格等相关条件劣于平层房屋，要求换房对赔偿损失。

针对不同诉求，肖家河项目管理办公室提出若干建议解决方案。并多次经政府相关部门协调召开现场座谈会，积极寻求解决途径。主要解决方案如下：

1. 关于变更回迁安置房屋产权人问题。肖家河项目管理办公室与海淀区城乡一体办沟通并与海淀区征收办，房管局及房屋登记中心、海淀镇政府等单位会商，并征询项目法律顾问、专业代理公司意见，结合重点村拆迁改造的相关政策，针对超出政策安置范围、原拆迁协议合并、家庭内部再分配等诉求，通过签署补充协议或见证家庭分配协议的方式化解矛盾，积极推进业主收房入住。

截至2017年底，肖家河项目管理办公室已对51宗变更回迁安置房屋产权人申请予以登记，并于2017年12月15日停止申请的受理。并根据海淀区房屋征收办公室来文要求，整理相关回迁安置房信息并汇总上报。

2. 关于阁楼房屋的问题。2017年，已签署《阁楼改造及补助协议》30份。

【土地手续办理】 受国防大学水井房拆迁工作未完成影响，项目目前无法完成整体的拆迁结案。2017年2月28日，项目获得北京市规划和国土资源管理委员会签发的《国有建设用地划拨决定书》，据此，项目部分地上建筑获得了依法以划拨方式设立国有建设用地使用权、使用国有建设用地和申请土地登记的凭证。截至2017年底，受国土及规划主管部门业务合并影响，地下及还建商业部分的土地出让手续处于停滞状态，由此影响了工程规划许可证、开工证等后续一系列手续的申请办理。

【工程建设】 2017年，肖家河项目同期开工建设的总规模达到60万平方米。

1. 进度控制。2017年，为实现北京的蓝天目标，配合环保部门、住建委做好预警工作，及配合政府各项活动和重大会议，项目频繁停工。据测算，将延误项目工期4个月。面对这一严峻局面，肖家河项目管理办公室组织施工单位、监理单位合理安排，有序推进施工建设。截至目前，教工住宅一区、二区、还建商业S1的主体结构已全部封顶，正在进行装修和机电安装工作。三区、还建商业S2的主体结构施工也积极建设中。设计工作进入收尾阶段，项目各地块的市政接驳管线全部预留预埋完成，小区道路出入口与周边道路完成对接。

2. 质量控制。项目坚持全方位、全过程的质量控制，与监理单位联合对施工单位从资质到人员的管控，加大检测频次和对现场的巡查力度，委托第三方实验室对进场材料进行抽测，多次退场经复检不合格的钢材、混凝土、排水管材等施工原材料。结构封顶后委托第三方检测机构对结构进行全方面的检测。装修阶段严格考察各材料供应厂家，淘汰施工单位推荐的多家规模小、质量差的供货商，并积极关注市区两级行业主管部门、国家工商行政管理部门的常规质量检查通报情况，及时排除质量有问题的单位和品牌。

3. 安全控制。2017年，项目严控安全管理，认真履行法律法规中建设单位在施工现场安全管理中的责任和义务。教工住宅、还建商业等各地块均为深基坑施工作业，雨季面临巨大的安全考验。肖家河项目管理办公室就严把安全关，委托业内知名设计单位、监理单位、检测单位参与，要求施工单位严控重大危险源，在施工过程中加强检查和验收。

2017年4月23日，由中建三局集团承建、建研凯博监理公司负责监理的肖家河还建商业S1P1楼施工现场发生意外伤亡事故。事故发生后，肖家河项目管理办公室立即要求其余在施项目全部停止施工，并组织各监理单位和施工单位对施工现场进行了"横到边、竖到底"不留任何死角的安全隐患排查工作，对检查存在的安全隐患，要求施工单位"定人限时"整改完成，并自检合格后报监理单位进行复验，确保消除所有安全隐患，同时要求各施工单位再次对工人进行安全教育和技术交底，监理单位必须监督、检查教育和交底情况。

【变更教工住宅外立面设计】 鉴于近年来各地建筑物外立面砖脱落事件频繁发生，肖家河项目管理办公室在考察调研和征求各方意见的基础上，根据北京地区外立面外保温的工艺特点，按照与项目原外立面方案相比"不降低外立面品质，不降低工程造价，不影响工程施工进度"的原则，与设计单位反复论证，从造价、安全、耐久性、维护成本及立面设计效果等方面探讨多种外立面材质和设计方案，决定将教工住宅外立面做法改为首层干挂石材、首层以上做真石漆喷涂。

根据文物部门的指导意见，并采纳教职工代表的意见，设计院提供了"融合北大元素，顶层砖红色真石漆涂料，首层干挂石材，中间灰色真石漆涂料，形成三段式构图"的设计方案。此建议方案在学校工会的组织和安排下于2017年9月7日向购房教职工代表进行了介绍说明，并向学校做了专题汇报，并实施于教工住宅。

【招投标管理】 2017年招投标工作重点是组织各工程项目的专业工程和材料设备暂估事项进行招标。截至2017年10月，肖家河项目管理办公室共计组织公开招标21次（主要为市场公开招标），中标总价款1.2亿元；组织材料、设备招标6项，中标及合同价约5000万元；组织工程结构检测服务类招标3项（主要为校内公开招标），中标价共计200余万元。同时完成了肖家河项目配套幼儿园的资格预审工作。

【合同管理】 截至2017年1月至10月，共计审核各类暂估价招标合同17项；审核管理办直接签订各类合同31项（不含拆迁补偿协议），合同金额约1961万元，主要为结构检测等前期类合同及补充协议。

【工程结算审核】 2016年9月，肖家河项目回迁住宅实现交竣，2017年完成回迁住宅J、H地块及G15、G16号回迁住宅的竣工结算审核工作，提交学校审计室审计。经初步测算，在施工单位报送的竣工结算基础上，共计核减工程造价6061万元。

【法务、信访及安全稳定工作】 2017年，肖家河项目管理办公室处理来电、来访50余起，进行书面回复9起，电话正式回复11起；配合律师参与诉讼2宗，配合法院及律师提供诉讼调查资料11件次。

肖家河项目管理办公室始终坚持工作流程，陆续制定《处突工作预案》《维稳方案》等规章制度，做到有据可依，既坚持原则，把握分寸，以学校的利益为首要，又热情周到，尽可能从对方的角度出发，耐心缓和对立情绪。积极协调各业务部门提供相关历史资料或专业说明，最大限度维护学校和肖家河项目管理办公室的权益。

【安全保卫工作】 2017年，肖家河项目管理办公室根据学校各项安保工作安排，认真履行安全管理职责，以北京大学安全管理标准化建设要求为蓝本，从工作实际出发，逐条逐项落实。成立专项安全领导机构，各部门各负其责，制定相应安全工作预案，日常逐个办公区排查电气安全隐患，开展消防安全培训，利用多种渠道和方式提高肖家河项目管理办公室工作人员安全防范意识和自防自救本领。

【制度建设】 2017年，肖家河项目管理办公室新制定规章制度3项，分别是：《领导班子落实"三重一大"决策制度的实施细则》《处突工作预案》《维稳方案》，修订《印章管理办法》《招聘管理办法》；编制完成《北京大学肖家河项目管理制度汇编》（2017年版），汇总肖家河项目管理办公室现行36项规章制度及管理流程。

【党风廉政建设】 2017年，肖家河项目管理办公室贯彻落实党的十九大和学校党委会议精神，全面落实建设党风廉政建设责任制，加强党风廉政宣讲和培训，对腐败现象保持"零容忍"态度，认真对待群众举报和相关信访案件，保证件件有着落；认真贯彻执行"三重一大"事项集体决策程序，坚持主任办公会、现场例会决策机制，体现民主集中制优势；进一步严格执行中央八项规定精神，对财务管理、会议管理、接待管理都做出相应要求，严防"四风"问题出现。

【队伍建设】 2017年，肖家河项目管理办公室招聘员工5人，解聘2人，新入职员工分别充实到前期管理部及造价合约部等部门。目前共有员工29名，其中事业编制员工6名，其他员工23名。

（肖家河项目管理办公室）

昌平校区管理

【发展概况】 北京大学昌平校区目前占地面积550余亩，已有建筑面积5.6万平方米，是北京大学20世纪60年代建设的分校区。2008年，北京大学做出决定，对昌平园区的功能定位进行调整，把北京大学昌平校区建设成为集大科学装置、开放性公共科研平台、国家重大科研项目和国家重点实验室于一体的科学研究基地以及基础研究向实际应用转化的研发平台。截至2017年12月底，昌平校区共有在职职工57人，其中在编职工9名，劳动合同制职工33人，劳务协议职工15人；另有离退休人员6名。2017年，昌平校区人员离职4人，新入职7人。

【日常行政工作】 2017年，昌平校区管理办公室对制度进行重新修订汇编，完成了以下规章制度的草拟工作：《北京大学昌平校区入驻实验室管理细则》《北京大学昌平校区管理办公室劳动合同制人员招聘及录用管理办法》《北京大学昌平校区管理办公室劳动合同制人员考勤管理办法》《北京大学昌平校区管理办公室劳动合同制人员考核管理办法》《北京大学昌平校区管理办公室劳动合同制人员薪酬管理办法》《北京大学昌平校区管理办公室劳动合同制人员奖惩管理办法》《消防监控员职责》等。

昌平校区管理办公室公开招聘运行保障办公室工勤岗职工7人，并办理6名工勤岗职工的离职；共录入设备系统831件仪器设备，并定期对昌平校区资产进行核查，及时变更资产信息；不断加强对昌平校区财务、公章、车辆、电话、信息以及网站维护等的管理，并及时将昌平校区办公会的决议形成通报对外公布。

昌平校区管理办公室积极组织职工参加北京大学工会组织的手工艺创意大赛；积极参与北京大学工会组织的各项有奖问答、知识竞赛等活动；开展每周大步走活动，组织趣味运动会、拔河比赛、联欢会等。

【入驻实验室工作】 截至2017年12月底，北京大学共有8个院系的35个实验室入驻昌平校区，具体包括信息科学技术学院9个、环境科学与工程学院2个、地球与空间科学学院4个、物理学院1个、化学与分子工程学院4个、工学院10个、生命科学学院1个、城市与环境学院4个。一些重大实验室项目也在酝酿当中，如动物中心、环境科学风洞等。昌平校区通过积极筹建危化品废液存放装置、加强实验室安全管理、为实验室协调花房实验用地、为院系协调实验室用房、为实验室改善住宿环境和条件、探索解决部分特殊实验室欠费问题的解决机制等，做好实验室师生的服务工作。

【对外联络工作】 2017年，在不影响实验室正常运行的前提下，昌平校区管理办公室与北京明园大学、北京汇聚花生互联网教育科技有限公司、北京四海弘通咨询有限公司、北京德信仁教育科技发展中心、北京市海淀区燕园园丁培训学校、北京京师燕园智能教育科技有限公司、中国政法大学司法考试学院等单位签订租赁协议，开展约8个班次、1800余人的培训工作。

【运行保障工作】 2017年，昌平校区完成锅炉煤改气工程，并配合学校总务部做好锅炉清洁能源改造工作。此外，完成2、3号楼周边绿化及道路停车场铺设及2、3号楼家具、电视、空调、热水器的购置和安装；完成图西多媒体教室改造工程，完成主楼C座门前改造工程；完成校园一卡通门禁安装：水控中端70个、门禁21处；配合计算中心完成对核心机房的整体改造；完成2、3号楼光缆铺设及公寓、图西报告厅多媒体无线网络工程；完成26个网络机房、2个电话机房的维护管理，为昌平校区网络畅通、配合教学科研提供了优质服务。启动西部小电站改造工程，从根本上解决校区西部用电不足的问题，为动物中心等设施工程的启动做好前期准备。

【安全保卫工作】 根据北京大学对二级单位安全管理标准化建设的有关要求，昌平校区管理办公室2017年制订相关安全制度，签订安全稳定责任书，同属地有关管理部门签订森林防火责任书、交通安全责任书，同昌平校区内常驻单位、实验室签订安全责任书，明确各自职责和任务。

督促有关部门拆除大部分彩钢板房，消除危险隐患；增加专项投入，建设校园视频监控系统及安防监控室，及时监控事故现场，将事故扼杀在萌芽状态；与学校保卫部门和昌平区消防支队、十三陵派出所共同组织紧急疏散演练、灭火消防演练和消防知识培训，提升消防安全意识和相关技能。昌平校区全年无刑事案件、无重大治安案件、无安全责任事故。

【党建工作】 截至2017年底，昌平校区党支部共有14名党员，其中10名在职在岗，4名退休，还有1名积极分子和1名递交入党申请书的同志。

昌平校区党支部组织学习十八届中央历次全会精神、十九大报告、习近平总书记系列讲话精神，增强昌平校区职工的政治意识、大局意识、核心意识、看齐意识；积极践行群众路线，关心党员群众利益，丰富职工业余生活，对职工群众集中反映的问题认真研究并及时改进。

昌平校区党支部因地制宜组织开展各种活动，包括定期举办讲座、请党总支书记讲党课、带领广大党员和群众学习北京大学第十三次党员代表大会的精神、组织参观爨底下村、参观"砥砺奋进的五年"大型成就展、参观毛主席纪念堂等。

（昌平校区管理办公室）

社会服务与联络

国内合作

【发展概况】 2017年，国内合作委员会办公室积极研究核心使命和外延服务的统筹发展，按照争取外部资源、服务核心使命、扩大学校影响的思路，开展交流合作、对口支援与定点扶贫工作，取得新成效。

1月，罗永剑任国内合作办副主任，原副主任孙基男调任软件工程国家工程研究中心副主任。7月，北京大学应届博士毕业生李尧星入职国内合作办。

【交流合作】 1.重要决策。4月21日、9月20日、11月28日，国内合作委员会2017年第1、2、3次会议先后召开，审议通过《成都市人民政府－北京大学－吉利集团有限公司三方战略合作框架协议》《北京大学－成都市人民政府战略合作协议》《北京大学－四川省人民政府战略合作协议》《常熟市人民政府－北京大学－江苏省产业技术研究院共建北京大学分子工程苏南研究院协议》《北京大学与武警学院战略合作框架协议》《国家食品药品监督管理总局－北京大学战略合作框架协议》《北京大学－内蒙古大学合作协议》《北京大学与微软（中国）有限公司战略合作备忘录》《深圳市人民政府－北京大学合作共建深圳健康科学研究院框架协议》《杭州市萧山区人民政府－北京大学共建北京大学信息技术高等研究院框架协议》《财政部与北京大学关于联合设立"北京大学政府和社会资本合作研究中心"的战略合作协议》，听取《北京大学与国家机关事务管理局合作框架协议》《关于共建多模态跨尺度生物医学成像设施苏州工程转化中心备忘录》签约情况通报，讨论《北京大学国内合作委员会工作条例（修订稿）》和《北京大学国内合作协议管理办法（草案）》。12月15日，北京大学党委常委会听取国内合作工作专题汇报，决定暂停二级单位对外合作签约，开展清理排查工作。

2.合作协议。3月11日，北京大学与湖南省人民政府签署战略合作协议；6月1日，校党委书记郝平一行访问武警学院并签署合作协议；5月18日，校长林建华一行访问江苏并出席苏南分子研究院签约暨揭牌仪式；6月7日，北京大学与成都市人民政府签署战略合作协议；10月31日，北京大学与福建省人民政府签署《战略合作协议·人才专项》；12月16日，校长林建华一行赴杭州访问并出席信息技术高等研究院签约仪式。

3.交流访问。4月7日，海淀区领导来访，与校党委书记郝平、校长林建华等进行座谈交流；4月25日，西藏自治区主席齐扎拉一行来访；5月9日，校党委书记郝平一行访问河北；6月2日，无锡市政府秘书长许立新一行来访；7月10日，江西省教育厅叶仁荪一行到访；9月5日，华润集团董事长傅育宁来访；9月14日，军事科学院政委方向一行来访；10月16日，杭州市余杭区委组织部部长朱红丹一行来访；11月3日，深圳市副市长高自民来访，参观生物成像中心和核磁中心，并与校长林建华会谈；11月22日，敦煌研究院院长王旭东一行来访；12月5日，云南师范大学副校长丁文丽来访。

【支援援建】 继续推动对口支援石河子大学、西藏大学等工作。

1.领导互访：1月14日至15日，副校长王杰赴烟台出席烟台大学理事会成立大会暨一届一次会议；3月15日至16日，石河子大学党委副书记夏文斌一行来校调研，与图书馆、先进技术研究院等部门座谈；4月8日至9日，校长林建华率团访问新疆生产建设兵团、石河子大学，与兵团领导、石河子大学校领导商谈进一步深化对口支援工作等事宜；4月25日，西藏自治区主席齐扎拉一行访问北京大学，与校党委书记郝平、常务副校长吴志攀、副校长王杰、党委副书记叶静漪就进一步加强援藏工作等事宜座谈交流；5月9日，西藏大学校长纪建洲一行访问北京大学，与副校长王杰、医学部副主任王维民等领导商谈深化对口支援工作等事宜；11月10日，石河子大学副校长陈创夫一行来访，与副校长龚旗煌商谈进一步加强石河子大学博士点建设等事宜；11月22日，新疆师范大学校长帕尔哈提·加拉力一行访问北京大学，与校长林建华商谈合作事宜。

2.重要会议：7月11日，"高校团队对口支援石河子大学2017年度例会"在华中科技大学召开，副校长王杰出席并与石河子大学签署《北京大学-石河子大学本科生交流项目协议书》；7月23日至24日，"高校团队对口支援西藏大学2017年度例会"在西藏大学召开，校长林建华、副校长王杰等领导出席会议，并代表学校向西藏大学捐赠1143册图书，总价值82,930元；9月17日至19日，校党委副书记安钰峰赴拉萨出席"教育对口支援西藏暨'组团式'教育人才援藏工作会议"，并赴西藏大学调研；9月29日，"2017年对口支援西藏大学高校团队秘书处工作会议"在北京大学召开，副校长龚旗煌出席。

3.常规工作：6月，通过"北京大学新疆研究生培养基地"争取名额，录取石河子大学两名教师攻读博士学位；7月，接收3名西藏大学教师来校进修，并减免住宿费用；7月，接收20名西藏大学医学院实习生到北京大学首钢医院实习，并减免实习费用；9月，接收石河子大学17名本科生来校进行为期一年的交流学习；9月，安排石河子大学2名青年教师来校，与2名北京大学资深教师"结对子"学习；9月，接收玉树州两名干部来校进行为期一年的进修。

【定点扶贫】 继续深入推进"1+8"帮扶工作模式，全力做好扶贫工作。

1.领导互访：9月18日，副校长龚旗煌会见弥渡县委书记沙伟风一行，商谈进一步推动对口帮扶等事宜。

2.重要会议：3月28日，副校长王杰赴昆明出席"2017年滇西脱贫攻坚部际联系会暨直属高校、直属单位扶贫工作推进会"；10月9日，副校长龚旗煌赴北京会议中心出席国务院扶贫办召开的"脱贫攻坚事迹报告会"。

3. 帮扶举措：3月至12月，举办7期"北京大学弥渡讲坛"，累计培训弥渡县党政干部、专业技术人员3000余人次；3月23日至26日，经北京大学多方协调，"2017年全国儿科医师专项培训"在弥渡县举办；8月14日至27日，北京大学协调联系美中教育机构（ESEC），为弥渡县举办"TIP英语教师培训班"，对全县80名中学英语教师进行封闭培训；9月29日，城市与环境学院教授吕斌，艺术学院教授彭锋、周映辰受聘为弥渡县人民政府顾问；12月11日至15日，北京大学为弥渡县举办"北京大学－云南省弥渡县党政干部'十九大精神'学习培训班"，来自弥渡县的51名党政干部参加培训，北京大学副校长龚旗煌出席开班典礼并致辞。

4. 考察调研：6月至7月，法学院、经济学院、国际关系学院、艺术学院学生暑期实践团赴弥渡县开展实践活动；7月20日至23日，城市与环境学院教授吕斌赴弥渡县调研，指导城乡规划；8月17日至18日，国际关系学院党委书记虎翼雄一行赴弥渡县红岩镇考察调研；8月19日，光华管理学院院长刘俏一行赴弥渡县德苴乡调研；9月29日，艺术学院院长王一川一行赴弥渡县密祉镇调研；10月25日，经济学院院长孙祁祥一行赴弥渡县苴力镇考察调研；11月18日，继续教育部部长刘力平赴弥渡县考察调研。

（国内合作办公室）

首都发展研究院

【发展概况】 2017年，北京大学首都发展研究院（以下简称"首发院"）按照北京大学党委部署，认真学习党的相关文件精神，扎实开展"两学一做"学习教育；做好北大与北京市对接的桥梁与纽带，立足北京发展，紧密围绕京津冀协同发展战略，积极为国家和北京市献言献策，在能力建设和服务首都经济社会发展方面取得显著成绩。

【服务首都发展】 2017年新年之际，由京津冀协同发展联合创新中心与北京大学政府管理学院联合主办、首发院承办的"中国城市政策与管理暨京津冀协同发展新年论坛（2017）"在北京大学廖凯原楼召开。此次论坛是首发院举办的第二届新年论坛，旨在搭建中国城市政策与管理的官产学研究与交流平台，把脉中国城市发展，为京津冀区域协同发展提供智力支持。中国城市规划设计研究院院长杨保军、国家发改委应对气候变化司副司长李高、京津冀协同发展联合创新中心主任杨开忠分别作题为"全国城镇体系规划的创新思考""应对全球气候变化与我国中长期低碳转型""实现京津冀协同发展战略路径"的主旨报告。北京大学首都发展研究院院长李国平主持论坛开幕式和主旨演讲环节。

首发院作为北京大学服务首都的重要智囊团，长期为首都发展决策提供重要智力支撑，在京津冀区域协同发展的理论与政策研究领域更是走在全国前列。2017年，首发院按照国家《关于加强中国特色新型智库建设的意见》的基本标准，从建设实体非营利机构、决策咨询研究领域、领军人物和核心团队等方面逐一落实智库建设要求，经过多轮的遴选，首发院正式入选首批14家"首都高端智库"试点单位。2017年，首发院专家学者采用讲学、学术会议特邀报告、社会团体任职等途径发挥智库作用。

3月，与内蒙古自治区乌兰察布市国土局签署战略合作协议，为其提供政策咨询、人员培训等智力支持，全年共开设4期培训班，参训人员达200余人。此外，还为衡水中学、江苏省标准化研究院、黔南州人民政府法制办、兴业银行、朝阳区教育学院开设5期培训班。

12月，《首都发展报告2017》正式由科学出版社出版发行。《首都发展报告2017》是深入研究首都发展系列报告的第二部，聚焦于创新驱动北京市产业发展的理论、实证和对策研究。

继续承办"北京大学国子监大讲堂"，全年共授课18讲，邀请北京大学历史学系、城市与环境学院、艺术学院等院系教师为北京市民举办国学和中国传统文化讲座，内容涉及北京历史文化、近代音乐、绘画、民俗等。与东城区教委继续开设8期流动大讲堂，深入街道、社区和中学，举办传统文化相关讲座。出版北京大学国子监大讲堂市民读本《文苑英华》（上下册）。9月15日，北京大学国子监大讲堂10周年纪念活动在北京孔庙和国子监博物馆成功举办，对优秀教师、学员及管理者进行了表彰，并举办国学教育读本《文苑英华》的首发式。刘延东副总理对北京大学国子监大讲堂给予批示和肯定。

继续与北京市经济与社会发展研究所合作主办《决策要参》。该刊紧扣首都发展中的重大问题，力求为市委、市政府制定相关政策提供富有针对性的海内外重要政策研究成果。2006年2月创刊至2017年底，已出版128期，成为各级政府的主要理论阅读材料之一。

广泛开展国际学术交流与合作。主管国际交流和合作工作的蔡满堂副院长同首发院主要国际合作伙伴（世界银行、国际区域科学学会、联合国环境规划署、联合国开发计划署、联合国教科文组以及美国、欧洲、亚洲地区高等院校和研究机构）保持日常联系；参与北京大学国际合作部的"国际人才培养"工作，包括国际人才培养计划讨论和国际组织就业指导等具体工作。李国平院长、林坚副院长、万鹏飞副院长、沈体雁副院长等通过与印度、新加坡、日本，以及欧美国家和地区的机构协作，参与国际学术会议和学术考察。

【决策支持研究】 2017年，首发院坚持服务首都和京津冀协同发展的战略定位，与北京市各委办局展开多领域研究与决策咨询工作，主要合作单位包括北京市发展改革委员会、北京市科学技术委员会、北京市规划和自然资源委员会、北京市社会科学界联合会、北京市城市管理委员会、北京市委信息室、北京京津冀协同领导小组办公室等。承担国家级重要科研任务，主要委托单位包括国家自然基金委、国家发改委地区司、国家旅游局、国家能源局、国家海洋局、住房和城乡建设部等。

2017年，《北京城市总体规划（2016年—2035年）》获得中共中央、国务院批复，首发院承担首都总体及各区功能定位和未来发展相关的多项重要研究课题；伴随着非首都功能疏解的进一步加快以及通州副中心建设，在首都空间土地集约利用、特色小城镇建设等领域也展开多项研究工作，主要涉及各区功能定位总体思路研究、创新驱动北京产业升级与空间格局优化研究、京津冀协同发展背景下《北京市主体功能区规划》调整修改研究、2050年城市发展目标研究、2017年度北京市开发区土地集约利用更新评价、北京市副中心城市存量建设用地更新改造实施策略、加快城市副中心文化创意产业发展的对策研究、面向公众满意度的首都城市管理执法模式研究、培育新经济增强西城区经济内生新动力研究、未来五年海淀重点改革领域顶层设计研究等多个方面。

京津冀协同发展是首发院的重点研究领域。2017年，首发院承担大量京津冀协同发展的研究课题，主要涉及京津冀区域旅游协同发展规划纲要、京津冀空间规划研究、《京津冀协同发展报告（2016）》编写、京津冀协同创新指数研究、京张冬奥产业带专项规划研究、京津冀产业转移承接对策研究、调整疏解非首都核心功能与京津冀协同发展研究等。

2017年，首发院成为第一批14家首都高端智库建设试点单位之一，组织专家力量撰写专门的研究报告，参加"构建有效超大城市治理体系专家座谈会""首都腾笼换鸟专家座谈会"，直接为市委市政府领导提供决策咨询。全年共承担科研项目52项，撰写科研报告32篇，发表学术论文55篇，出版著作11部，荣获北京市及相关奖项8项，多项科研成果被政府部门采用。

【党建工作】 2017年，首发院根据学校党委统一部署，继续在院内开展"两学一做"学习教育。领导班子成员除在所在院系参加学习外，还在首发院组织专门学习活动，严格对照党员特别是党员干部标准来自我剖析，集体学习党章，重温入党誓言。通过"两学一做"学习教育，首发院领导班子增强了党员荣誉感和集体责任感，提升了为员工服务的意识。

首发院重视领导干部的党风廉政建设，积极配合学校党建工作，提高领导干部廉洁从政意识，自觉接受监督，坚决杜绝违反《中国共产党廉洁自律准则》的行为。坚持"一岗双责"，落实党风廉政建设主体责任制；坚持"三重一大"制度，开展院务公开；积极落实中央八项规定，进行自查，杜绝可能存在的腐败隐患。年底按照学校统一部署，开展首发院领导班子年度考核工作，并组织召开领导班子专题民主生活会。

（程　宏）

深港产学研基地

【发展概况】 2017年，根据深港产学研基地领导小组会议对基地的定位，深港产学研基地以区域发展为导向，以两校智源为支撑，以创新创业为动力，紧紧围绕构建"一个中心三个平台"的业务布局，强化应用研发中心的核心竞争力，夯实产业发展、创新服务、人才培育三个支撑发展平台，各项工作取得新的突破，朝着布局合理、设施一流、配套完善的国际化创新创业基地的建设目标持续迈进。主任：谭文长，副主任：李世玮、王宁。

【应用研发中心建设】 2017年，基地制定完善《深港产学研基地实验室管理办法（试行）》《深港产学研基地知识产权管理暂行办法（试行）》，初步建立知识产权管理、转让、奖励的办法，建立目标考核机制与奖励激励措施。全年实验室立项项目数及科研经费均创历史新高，深圳环境模拟与污染控制重点实验室承担的"齿科氧化锆陶瓷材料的颜色调控技术及应用研究项目"获广东省科技奖二等奖，生物医学工程研究中心"牙列缺损的数字化精准种植修复系列研究"获深圳市2017年度科学技术奖公益类二等奖。

研发机构引进及建设。2016年，基地引进心血管影像与介入医疗器械工程实验室与大气污染溯源技术研究所，2017年重点对这两个实验室进行建设，并引进建立公安大数据联合实验室。

1. 心血管影像与介入医疗器械工程实验室。实验室由校本部霍云龙教授团队建立，重点研究领域之一为开发心脑血管病、肿瘤等重大疾病的早期预警和诊断、疾病危险因素的早期干预等关键技术。实验室联合科学家、工程师、医生，共同开发设计"冠脉斑块诊断仪+FFR球囊导管""CT数据分析系统""MRI心脏诊断分析系统"等新产品，用于心血管疾病早期预警、诊断和治疗。此外，实验室在血液动力学、血管壁软组织力学、三维冠状血管网络、高血压和心室肥大、心衰、冠状动脉狭窄、无创诊断冠脉血流储备分数、弥漫性冠状动脉疾病等方面取得了一些具有重要意义的科研成果。

2. 公安大数据联合实验室。实验室由校本部王腾蛟教授团队建立，积极推动大数据技术及其在公安领域的应用研究，并与深圳市特种证件研究制作中心进行深入合作。实验室面向公安部门应用需求，研究大数据技术，加强高素质人才的交流和合作，将高新技术成果转化为具有竞争力的新产品，为公安部门和相关领域的业务开展提供重要技术支撑。

实验室现已开展"IST主营业务大数据管理分析平台"的研发工作，以深圳市IST主营业务数据为基础创建大数据管理分析平台，核心关键技术包括：示例驱动的数据特征库构建及数据提取机制，面向IST主营业务大数据分析的统一视图数据建模方法，多源异构大数据融合、关联分析技术，以及面向公安人口数据的智能分析算法库。

3. 大气污染溯源技术研究所。研究所主要针对当前我国异常突出的雾霾现象等大气污染问题，充分发挥北京大学在大气环境领域的技术和人才优势，满足大气污染治理方面的重大需求。研究所集成多学科背景的高水平人才，以粤港澳为基地，面向大气污染监测与控制领域组织实施高质量的技术服务、技术研发与产业化项目。

【产业发展平台建设】 1. 深港产学研基地产业发展中心组建新的理事会：为理顺基地产业发展中心的管理机制，2017年，基地新组建产业发展中心理事会，理事会成员由基地领导、产业部门负责人及基地职能部门负责人共同组成，并设立监事，推动和监督产业发展中心进入良性发展轨道。基地在南京、哈尔滨等地的孵化基地发展迅速，一大批优秀企业在基地产业发展中心孵化服务下迅速成长，中心建立的众创空间也被确定为国家备案众创空间。

2. 组建新的深港产学研科技发展公司董事会：由于上一届董事会已到期，2017年，基地组建新一届深港产学研科技发展公司董事会。公司投资服务的多个项目均发展良好，其中深港产学研环保股份公司发展迅速，在深港产学研科技发展公司的强力推动下顺利完成四轮增资，券商、律师、会计师陆续进场，2017年向证监局申请上市辅导备案，拟在中小板上市；基地科技发展公司投资的深泰明等企业发展良好，投资的广州高清已完成退出并获得较好收益。

【深港产学研合作基金】 顺利启动2017年深港产学研合作基金申报工作，北京大学、香港科技大学和基地内部各实验室踊跃参与，项目的质量和数量都有所提升。经过业界专家评审，最终确定对"基于纳米结构的低功耗高灵敏度智能气体传感器""基于合成生物学对粘性蛋白质材料的开发及其肿瘤检测的应用""无线充电芯片研发及产业化""基于主动学习的公安身份数据智能分析""基于功能化原位陶瓷覆层的新型铝合金骨植入材料的研究与应用探索"等5个项目进行资助。

此外，在第十九届中国国际高新技术成果交易会上，基地携实验室及孵化项目组团参展，获得优秀组织奖、展示奖、优秀产品奖等诸多奖项。

【教育培训平台建设】 2017年，基地调整建立新的培训中心干部班子，设立三个培训部门及三个创新团队，同时出台激励考核机制。全年培训收入达到历史最高水平，其中培训一部举办的企业高级管理班规模和影响不断扩大，办班形式多样，追求实效；培训二部创造平台内最高培训业绩，市场开拓能力和办班质量不断提升；培训三部积极尝试和摸索专业培训，布局金融人才的培训；培训四部在原有专升本培训工作的基础上积极转型，拓展新业务；培训五部在新领域和板块进行探索，紧跟国家发展战略，布局培训业务；创新组以团队形式探索外地干部来深培训，积极开拓培训市场。

【创新创业平台建设】 2017年，创新创业平台继续与香港数码港合作举办深港青年创业计划活动，并将活动范围扩大到珠三角地区，全年共吸引300余名创业者加入。为推动粤港澳大湾区发展，深港产学研基地与前海管理局等单位合作，在深港青年创业计划基础上，共同举办深港澳青年创新创业大赛，共吸引500余个项目参加；大赛涌现出一批优秀项目，3个项目获得中国创新创业大赛优胜奖，7个项目分别获得中国深圳创新创业大赛行业赛一、二、三等奖及优胜奖，在9月举办的深圳创新创业大赛总决赛中，深港产学研基地激光团队和善柔科技公司分别获得团队组及企业组二等奖，深港产学研基地也被大赛组委会授予优秀组织单位。平台本年度还承担国家科技部专项"深圳市创新示范基地建设"。

（邓小昆）

科技开发

【发展概况】 2017年，科技开发部/产业技术研究院继续加强单位内部建设，完善相关规章制度，着力提升规范化、专业化管理服务能力；重点围绕科技成果转化和创新创业的主要任务，在校企合作、校地合作、技术转移、专利运营、合同及经费管理、创新创业教育与研究等方面开展工作。

2017年，科技开发部签订进款技术合同480项，合同总额43,527.11万元，到款22,631.34万元；医学部技术转移办公室审核科技开发合同612项，签约资金总额15,931万元，到款8073.85万元；推动学校与企业签订13项校企联合研发平台协议，合作经费15,200万元。科技开发部积极开展校地合作，继续推进与7个省、市、区政府合作共建的产学研合作办公室，参与建设东莞光电研究院、生命科学华东产业研究院等4个校地科技合作平台。积极开展高端专利运营。此外，产业研究院还为学校开设的6门创新创业课程提供教学支持，围绕创新创业教育主题，组织开展多层次创新创业活动和国际创新创业教育合作，举办5场研讨会及2场模拟创业大赛。

【共建校企联合研发平台】 科技开发部积极发挥学校学科优势，推动人才、科研与企业互动，促进学校与行业领军企业建立校企联合研发平台，推进高端校企合作。2017年，科技开发部推动学校相关院系与北京数盾信息科技有限公司、华为技术有限公司、深圳市腾讯计算机系统有限公司、广东佳德土壤修复技术有限公司、北宾医疗技术南京有限公司、北京北方财富投资有限公司等13家企业签署共建联合研发平台协议，合作领域包括网络空间安全、大数据、现代医疗、高端智能设备、生态修复、金融科技、智慧教育等，合作经费15,200万元。

【建设校地科技合作平台】 2017年，科技开发部与广东省鹤山市人民政府签署产学研合作共建协议，合同金额75万元。继续推动与甘肃省科技厅、江苏省常州市武进高新区、江苏省盐城市政府、山东省烟台市高新区、湖南省长沙市科技局、河北省衡水市高新区6个省、市、区政府开展校地合作。根据地方合作需求和经济社会发展现状，多次组织校内科研人员及优秀项目与地方企业进行对接，促成一批成果的合作与落地。

科技开发部参与北京大学东莞光电研究院、北京大学生命科学华东产业研究院、北京大学分子工程苏南研究院、北京大学信息技术高等研究院等校地科技合作平台建设工作。其中生命科学华东产研院平台已经启动，两年间到校经费为4500万元。

【国际国内技术转移工作】 2017年，科技开发部的技术转移工作继续以京津冀、华东地区为中心开展，在外地设立的苏州国际技术转移中心和南京生物医药创新中心运行顺利。北京大学技术转移中心为企业提供技术论证调研、国际市场可行性分析、国际技术转移、消化吸收、二次开发等服务，在此过程中锻炼和培养出一批高素质的复合型人才，探索人才培养方向和模式；同时，有效推动学校学科建设和技术创新，提升学校科研实力和国内外知名度。技术转移中心全年提供国际国内科技资源信息共600条，发布企业难题招标50项，促成技术转移交易额达500万元以上。3月8日，在由北京技术市场协会、中国国际经济合作投资公司主办的"2017北京国际技术转移协同创新论坛"上，科技开发部被授予"优秀技术转移机构"。

【孵化基金管理工作】 科技开发部管理海淀区政府与北京大学共同成立的"北大–海淀重大科技成果孵育基金"，已完成投资项目9项，其中6项为北京大学教授、学生团队创业项目，2项为首都其他高校教授创业项目，1项为海归团队创业项目，投资金额共计2942.4778万元（含一笔追加投资）。2017年，投资团队积极开展投后管理服务工作，已投项目均取得一定程度的发展，并有3个项目开始启动第二轮融资计划。

管理首只大健康领域的高校科技成果转化（产业化）基金，该基金由北京市科学技术委员会联合北京大学科技开发部于2015年2月发起设立，前孵化基金（指支持早期孵化的基金）共筛选项目30余项，其中国内项目25项，国际项目5项，已投资项目2项。

【合同管理工作】 5月2日，北京大学第920次校长办公会审议通过《北京大学科技开发技术合作项目及经费管理办法》，进一步规范技术合同的审核、签订和经费管理。科技开发部为校内科研人员提供各类法律事务咨询，认真履行北京大学横向技术合同及其他相关合同的法律审核职责，在审核中严格把关，近5年来没有出现任何法律纠纷。

2017年，科技开发部签订进款合同480项，合同额43,527.11万元；医学部技术转移办公室审核科技开发合同612项，签约总额15,931万元。按合同类型分，技术合作及开发合同180项，合同额29,529.9万元；技术转让合同14项，合同额2502.2万元；技术服务及咨询合同286项，合同额11,495.01万元。按合同签订院系分，前三位分别为：信息科学技术学院107项，合同额10,540.82万元；数学科学学院11项，合同额6698.42万元；生命科学学院19项，合同额4655.5万元。

2017年签订的进款技术合同中，合同额在100万元以上的共有67项，合同额33,280.23万元，占合同总额的76.5%。医学部全年签约资金超过100万元的科技开发合同20项，签约资金3763万元。科技开发部与海外企业签订技术合同23项，合同金额3193.2万元，合作方包括美国、德国、英国等国的企业和国际组织。

【经费管理工作】 科技开发部按照《北京大学科技开发技术合作项目及经费管理办法》对横向科研经费进行规范、统一管理，严格控制风险。完善"项目负责人—院系—学校"三级管理体制，按项目为基准将横向经费单独立号管理，将内协、外协、外包、代购等纳入项目系统管理，理清项目经费的收入和支出关系，有效规避风险。此外，根据横向科研工作的实际制定相关制度，根据合同预算进行经费支出管理，为项目负责人提供便捷服务，有效支持教学科研工作。根据巡视整改要求，对境外来源横向经费进行单独立项管理。

根据账目统计，2017年科技开发部技术合同到款共计22,631.34万元，按合同类型分，技术开发合同到款12,545.3万元，占55.4%；技术转让合同到款996.94万元，占4.4%；技术服务与咨询合同到款9089.1万元，占40.2%。按合同签订院系分，信息科学技术学院到款5066.41万元，生命科学学院到款3351.07万元，城市与环境学院到款2621.09万元，化学与分子工程学院到款1812.43万元，工学院到款1753.32万元，环境科学与工程学院到款1664.03万元，地球与空间科学学院到款1374.50万元，数学科学学院到款1202.22万元，计算机科学技术研究所到款1098.40万元，物理学院到款783.40万元，其他单位到款1904.47万元。其中，来自美国、英国、加拿大等国家的外汇到款共计1366.46万元。

【专利运营工作】 科技开发部设立"专利转化基金"用于北京大学高端技术挖掘、知识产权保护和商业转化。2017年，经评估分析，"专利转化基金"共资助"一种用于自动摄影的无人机智能控制技术"等5个专利项目，分别来自计算机科学技术研究所、生命科学学院、化学与分子工程学院和工学院。"专利转化基金"自设立以来，已资助校内教师重要专利16项，涉及生物医药、化学化工等多个技术领域。

为促进校内师生了解和掌握专利保护及专利运营的知识、策略和动态，科技开发部全年举办两场专利培训讲座，主题分别涉及"医药领域中专利的产生和运用"和"高校院所专利产业化的模式和路径探索",共有近100位来自校本部、医学部和附属医院的师生参加讲座。两场讲座内容主要围绕专利产业化,邀请企业界的专利专家,向师生介绍专利运用的案例,呼应先前的讲座,形成"专利基础知识—专利保护实务—专利运用案例"的逻辑脉络。

2017年,科技开发部签署专利转化合同14项,合同总金额2502.2万元。

【医学部专利管理工作】 医学部本部(不含附属医院)申报专利45项(含国际专利2项),其中发明专利44项,实用新型1项;授权专利41项(含国际专利5项),其中发明专利39项,实用新型2项。医学部附属医院申报专利331项(含国际专利申请6项),其中发明专利133项,实用新型187项,外观设计5项;授权专利335项,其中发明专利45项,实用新型287项,外观设计3项。

【产学研奖评选工作】 根据北京大学产学研工作表彰办法,科技开发部于2017年开展第三届产学研工作的评奖活动。校本部和医学部共产生产学研合作奖36个,其中特别贡献奖1个,先进集体奖6个(一等奖1个、二等奖2个、三等奖3个),项目合作先进个人奖14名,产学研管理工作先进个人6名,产学研合作优秀项目奖9个(一等奖3个、二等奖2个、三等奖4个)。

【创新创业教育】 2017年,产业技术研究院为《创业基础》《模拟创业》《新创企业的技术商品化》《新创企业的创新管理》《Venturing into China Part-1: Hands-on Venture Design》《Venturing into China Part-2: Entrepreneurial Innovation in the 21st Century》六门课程提供教学支持,服务近20位课程教师和450余名选课学生。策划和组织开展多层次的创新创业活动,开展国际创新创业教育合作,为北京大学学生开拓交流实践的机会。

围绕创新创业教育主题,产业研究院举办一系列研讨会,并举办"北京大学第五届模拟创业大赛"和"北京大学第六届模拟创业大赛",比赛项目涵盖共享经济、人工智能、科技、教育、运动、医疗、互联网金融及公益等多个领域。推进北大创业咖啡项目,遴选学生团队参与咖啡项目经营活动,为学生搭建创新创业实践平台。管理北京大学创新创业孵化空间,共有20余支团队申请入驻,17支通过审核入驻空间;其中2支团队获"首都科技创新券"项目支持,7支团队注册公司,4支团队获得营收,2支团队获得融资。引进市科委创新券工程项目及企业资源,为学生创业项目提供经费支持。

【学习落实"两学一做"】 2017年,科技开发部/产业技术研究院党支部严格按照学校的工作要求,认真完成上级党委布置安排的各项工作,坚持把"两学一做"学习教育贯穿在日常工作中。定期开展专题学习,并结合部门工作组织特色主题活动。围绕加快建设创新型国家战略,积极组织单位老师加强业务学习,系统学习国家有关科技成果转化的政策和制度,如《中华人民共和国促进科技成果转化法》《加强高等学校科技成果转移转化工作的若干意见》等,结合巡视整改学习《关于进一步完善中央财政科研项目资金管理等政策的若干意见》《教育部关于规范和加强直属高校国有资产管理的若干意见》等文件,把国家的方针政策切实落实到北京大学科技成果转化工作中,不断提高科技成果转化能力。

【配合响应中央巡视工作】 中央巡视组进驻学校巡视期间,根据学校关于迎接巡视工作的要求,积极响应巡视组的工作需要,多批次按时、如实提交各类数据、文字材料等。根据学校未巡先改、边巡边改、立行立改的要求,针对单位自查以及巡视过程中发现的问题进行分析、研判,迅速启动整改工作,如涉外经费单独分类立项管理;及时修订外协外包合同以及经费管理方面相关的工作流程,进一步防范风险;对校企联合研发机构的情况启动排查摸底工作,草拟管理办法,进入试行。

按照巡视组以及国办有关文件的要求,对科技开发部下属企业进行整改,推动企业全部转入学校资产经营公司管理。对科技开发部持股企业进行梳理,建立各企业的资料档案和工作台账,为后期整改工作奠定基础;向专业的法律顾问、税务机构进行咨询,进一步理清整改工作的思路和方案,为彻底解决这一历史遗留问题做好充分准备。

(科技开发部)

表10-1 2017年度北京大学签订的进款技术合同统计表

(单位:万元)

院系	技术开发		技术转让		技术服务与咨询		联合实验室		合计	
	合同数	合同额	合同数	合同额	合同数	合同额	合同数	合同额	合同数	合同额
中国语言文学系	无	无	1	3	无	无	无	无	1	3
校办产业管理委员会办公室	无	无	无	无	3	117.28	无	无	3	117.28
城市与环境学院	1	无	无	无	34	2461.94	无	无	35	2461.94
地球与空间科学学院	9	672.83	无	无	55	1555.53	无	无	64	2228.36
分子医学研究所	9	460.39	无	无	2	300	无	无	11	760.39
工学院	31	1422.5	1	10	21	1316.27	无	无	53	2748.77

(续表)

院系	技术开发		技术转让		技术服务与咨询		联合实验室		合计	
	合同数	合同额	合同数	合同额	合同数	合同额	合同数	合同额	合同数	合同额
海洋研究院	1	37	无	无	无	无	无	无	1	37
化学与分子工程学院	6	264.9	1	15	25	420.16	1	700	33	1400.06
环境科学与工程学院	8	724.1	无	无	41	1364.96	1	1000	50	3089.06
计算机科学技术研究所	7	354	1	无	4	470	无	无	12	824
计算中心	1	82	无	无	2	80	无	无	3	162
继续教育学院	无	无	无	无	1	1	无	无	1	1
建筑与景观设计学院	无	无	无	无	9	297.13	无	无	9	297.13
考古文博学院	无	无	无	无	1	13.08	无	无	1	13.08
科技开发部	无	无	无	无	7	419.8	无	无	7	419.8
前沿交叉学科研究院	1	100	无	无	1	20	1	1000	3	1120
软件工程国家工程研究中心	6	417.48	无	无	4	155.08	3	2500	13	3072.56
实验室与设备管理部	无	无	无	无	1	3.8	无	无	1	3.8
生命科学学院	11	4594.6	1	50	9	65.9	无	无	21	4710.5
数学科学学院	6	232	无	无	3	66.42	3	6500	12	6798.42
物理学院	14	984.3	1	300	16	264.45	1	1000	32	2548.75
心理与认知科学学院	无	无	无	无	7	137	无	无	7	137
新闻与传播学院	无	无	无	无	1	42	无	无	1	42
信息科学技术学院	55	3358.8	8	2124.2	40	1392.83	5	3700	108	10,575.82
校本部总计	166	13,704.9	14	2502.2	287	10,964.63	15	16,400	482	43,571.72
医学部	8	1120.84	8	500.4	400	8231.86	无	无	416	9853.1
总计	174	14,825.74	22	3002.6	687	19,196.49	15	16,400	898	53,424.82

（袁敏九、郑宗方）

表10-2　2017年科技开发部技术合同到款

（单位：万元）

院系	技术开发	技术转让	技术服务与咨询	合计
城市与环境学院	447.84	无	2173.25	2621.09
地球与空间科学学院	435.60	无	938.90	1374.50
分子医学研究所	285.28	无	27.58	312.86
工学院	940.35	10.00	802.97	1753.32
海洋研究院	17.50	无	100.60	118.10
化学与分子工程学院	1206.58	15.00	590.85	1812.43
环境科学与工程学院	370.60	99.00	1194.43	1664.03
计算机科学技术研究所	762.40	无	336.00	1098.40
其他	293.11	8.40	347.80	649.31
建筑与景观设计学院	无	无	197.87	197.87
考古文博学院	无	0.60	55.03	55.63
软件工程国家工程研究中心	302.91	无	88.54	391.45
生命科学学院	2655.77	30.00	665.30	3351.07

（续表）

院系	技术开发	技术转让	技术服务与咨询	合计
数学科学学院	1091.00	无	111.22	1202.22
物理学院	431.00	无	352.40	783.40
心理与认知科学学院	无	无	179.25	179.25
信息科学技术学院	3305.36	833.94	927.11	5066.41
合计	12,545.30	996.94	9089.10	22,631.34

（朱 梅）

表10-3　2017年度北京大学签订的100万元以上技术合同

（单位：万元）

项目名称	合同类别	项目负责人	合同对方	单位	合同额
北京大学-北京数盾信息科技有限公司共建"网络空间安全研究院"协议书	联合实验室	徐茂智	北京数盾信息科技有限公司	数学科学学院	5000
北大-拜耳二期框架协议	技术开发合同	吴 虹	Bayer Health Care Company Ltd.	生命科学学院	2100
华为-北京大学软件工程技术联合实验室框架协议	联合实验室	周明辉	华为技术有限公司	信息科学技术学院	1500
移动应用分析关键技术——"一种基于应用程序编程接口的安卓重打包应用检测方法"等2项专利的实施许可	专利实施许可转让（技术转让）	郭 耀	绿欣科技发展（北京）有限公司	信息科学技术学院	1500
结直肠癌单细胞合作	技术开发合同	张泽民	Amgen Inc	生命科学学院	1206
北京大学与深圳市腾讯计算机系统有限公司联合建立"北京大学-深圳市腾讯计算机系统有限公司协同创新实验室"	联合实验室	崔 斌	深圳市腾讯计算机系统有限公司	信息科学技术学院	1200
北京大学-华农天时共建"北京大学农业大数据研究中心"	联合实验室	吴 岚	华农天时（北京）科技有限公司	数学科学学院	1000
【已经终止】"北京大学-北京远程视界集团现代医疗协同创新实验室"合作协议	联合实验室	裴剑锋	北京远程视界科技集团有限公司	前沿交叉学科研究院	1000
【联合实验室】北京大学-广东佳德土壤修复技术有限公司共建"北京大学佳德生态修复联合研究院"	联合实验室	刘阳生	广东佳德土壤修复技术有限公司	环境科学与工程学院	1000
北京大学科技开发部-北宾医疗技术南京有限公司共建"北京大学-北宾睡眠协同创新实验室"协议书	联合实验室	汤 超	北宾医疗技术南京有限公司	物理学院	1000
北京大学与北京燕园一帆科技有限公司共建"北京大学-燕园一帆智慧教育协同创新中心"协议书	联合实验室	孙基男	北京燕园一帆科技有限公司	软件工程国家工程研究中心	1000
北京大学-北京北方财富投资有限公司 共建"金融科技创新实验室"协议书	联合实验室	孙基男	北京北方财富投资有限公司	软件工程国家工程研究中心	1000
天然工质热泵工艺及装备研发	技术服务合同	张信荣	安徽环球星新能源科技有限公司	工学院	800
FD-SOI器件机理研究和ESD设计	技术开发合同	王 源	上海华力微电子有限公司	信息科学技术学院	721
共建"北京大学-盛德协同创新研发中心"	联合实验室	陈继涛	安徽盛德能源互联网研究院有限公司	化学与分子工程学院	700
北京大学-林肯研究院城市发展与土地政策研究中心开展项目活动的资助协议	技术服务合同	刘 志	林肯土地政策研究院	城市与环境学院	660.97
山东省国土规划编制工作合作协议书	技术服务合同	林 坚	山东省国土资源厅	城市与环境学院	650

(续表)

项目名称	合同类别	项目负责人	合同对方	单位	合同额
共建北京大学软件工程中心-博凯能源大数据联合实验室	联合实验室	冯浩然	浙江瀚普智慧科技有限公司	软件工程国家工程研究中心	500
北京大学信息科学技术学院-爱司凯科技股份有限公司共建"高端智能设备协同创新实验室"	联合实验室	段晓辉	北京爱数新科技有限公司	信息科学技术学院	500
三方共建智慧体育大数据联合实验室合作框架协议	联合实验室	马尽文	国家体育总局体育科学研究所；杭州明霖信息技术有限公司	数学科学学院	500
北京大学信息技术学院-北京志远天下教育科技有限公司共建"智慧教育协同创新实验室"	联合实验室	段晓辉	北京志远天下教育科技有限公司	信息科学技术学院	500
"亚像素运动估计系统及方法"等专利（申请）和软件著作权的实施许可	专利实施许可转让（技术转让）	贾惠柱	博雅视云（北京）科技有限公司	信息科学技术学院	450
滇池流域水污染控制工程评估及精准治污决策系统研究——盘龙江片区试点项目	技术服务合同	刘 永	昆明滇池投资有限责任公司	环境科学与工程学院	448.44
重金属铅镉砷污染农田土壤修复技术开发	技术开发合同	刘阳生	广东佳德土壤修复技术有限公司	环境科学与工程学院	400
人工智能技术应用研究	技术咨询合同	徐文华	北京交通大学健康中国研究院	信息科学技术学院	400
鉴定 β 细胞再生的新标记	技术开发合同	徐成冉	Boehringer Ingelheim international GmbH	生命科学学院	350
一种基于图形化蓝宝石衬底和预溅射技术的AlN薄膜的制备方法等两项专利申请的实施许可	专利实施许可转让（技术转让）	沈 波	深圳佑荟半导体有限公司	物理学院	300
AlGaN 基深紫外 LED 外延材料制备工艺	技术开发合同	沈 波	深圳佑荟半导体有限公司	物理学院	300
使用化合物将肝脏成肌纤维细胞变成肝细胞	技术开发合同	赵 扬	Boehringer Ingelheim international GmbH	分子医学研究所	300
Generating Mature Hepatocytes from Human Induced Pluripotent Stem Cells	技术开发合同	赵 扬	Bayer HealthCare Company Ltd.	分子医学研究所	300
基于全深度网络的数字视网膜摄像机关键技术与架构研究	技术开发合同	田永鸿	杭州海康威视数字技术股份有限公司	信息科学技术学院	300
关于北京大学与山东众阳软件共建"大数据联合研发中心"合作协议的补充协议	技术服务合同	童云海	山东众阳软件有限公司	信息科学技术学院	300
电子出版的技术咨询与服务	技术服务合同	郭宗明	北京北大方正技术研究院有限公司	计算机科学技术研究所	290
Postdoctoral Fellowship and Faculty Award Sponsorship Agreement	技术开发合同	吴 虹	Boehringer Ingelheim International GmbH	生命科学学院	260
Research on Infiltrating Immune Cells in Hepatocellular Carcinoma by Single Cell RNA Sequencing	技术开发合同	张泽民	Boehringer Ingelheim International GmbH	生命科学学院	250
非制冷红外焦平面传感器核心技术研究	技术开发合同	鲁文高	西安赛恒电子科技有限公司	信息科学技术学院	250
GaN 材料生长与新型芯片制造技术	技术开发合同	康香宁	合肥彩虹蓝光科技有限公司	物理学院	237
硅工业循环经济若干关键产业创新技术研发与应用	技术开发合同	王习东	江苏省东海高新技术开发区管理委员会	工学院	210
下一代视频编解码标准技术	技术开发合同	马思伟	深圳市大疆创新科技有限公司	信息科学技术学院	210
2nd Specific Research Project Agreement	技术开发合同	吴 虹	Bayer Health Care Company Ltd.	生命科学学院	208.6

（续表）

项目名称	合同类别	项目负责人	合同对方	单位	合同额
高精度微机械陀螺敏感结构加工	技术服务合同	王银鹏	清华大学	信息科学技术学院	200
转基因植物合作研究	技术开发合同	贾桂芳	北京光元力方生物科技有限公司	化学与分子工程学院	180
太赫兹光谱矿物材料开发与应用	技术开发合同	鲁安怀	四川复力环保科技有限公司	地球与空间科学学院	180
柴达木盆地古近纪以来咸化湖盆的沉积及空间演化过程与机理研究	技术服务合同	关 平	中国石油天然气股份有限公司青海油田分公司	地球与空间科学学院	162.74
源代码静态分析精化技术研发	技术开发合同	马 森	北京北大软件工程股份有限公司	软件工程国家工程研究中心	162
北京大学科技开发部盐城产学研合作办公室共建协议	技术服务合同	邱建国	盐城市人民政府	科技开发部	150
晶澳太阳能有限公司与北京大学工学院合作开展北京大学创客实践教育中心"太阳能光伏领域创新实践课题"的人才培养合作协议	技术服务合同	王 东	北京晶澳太阳能光伏科技有限公司	工学院	150
克拉苏构造带盐下深层断背斜差异变形特征及裂缝带预测	技术开发合同	侯贵廷	中国石油天然气股份有限公司塔里木油田分公司	地球与空间科学学院	150
合作协议书	技术开发合同	张 铭	天津农村商业银行股份有限公司	信息科学技术学院	150
"一种AVS帧内模式决策方法和装置"等专利（申请）的实施许可	专利实施许可转让（技术转让）	贾惠柱	博雅视云（北京）科技有限公司	信息科学技术学院	150
基于三维激光雷达SLAM关键技术开发	技术开发合同	赵卉菁	上海汽车集团股份有限公司	信息科学技术学院	145.5
准噶尔盆地基底构造及其周缘盆山演化	技术服务合同	吴朝东	中国石油新疆油田分公司（勘探开发研究院）	地球与空间科学学院	120
面阵型APD探测器接口ASIC设计	技术开发合同	鲁文高	中国科学院上海技术物理研究所	信息科学技术学院	120
蛋白复合体的冷冻电镜研究	技术开发合同	高 宁	诺华（中国）生物医学研究有限公司	生命科学学院	120
沅陵县全域旅游发展总体规划（2017—2030）编制项目合同书	技术服务合同	吴必虎	沅陵县文体旅游广电新闻出版局	城市与环境学院	120
转向架关键零部件自动检测技术研究	技术开发合同	孙基男	中车青岛四方机车车辆股份有限公司	软件工程国家工程研究中心	108.48
宜宾市环境保护局编制"宜宾市中心城区集中式饮用水水源保护区调整技术报告"服务采购项目	技术服务合同	周 丰	宜宾市环境保护局	城市与环境学院	104
苏36-11区块提高采收率井网试验岩芯分析项目合同	技术服务合同	师永民	中国石油天然气股份有限公司长庆油田分公司第四采气厂	地球与空间科学学院	103.5
人工智能化学分子识别系统	技术开发合同	裴剑锋	上海鹰谷信息科技有限公司	前沿交叉学科研究院	100
郑州市大气颗粒物PM10、PM2.5源解析研究项目	技术服务合同	唐孝炎	珠海高凌信息科技股份有限公司	环境科学与工程学院	100
冶金资源环境新技术研发与推广应用	技术开发合同	王习东	潍坊特钢集团有限公司	工学院	100
羽毛球运动中基于动态感知数据的基本动作识别与分类研究	技术开发合同	马尽文	国家体育总局体育科学研究所	数学科学学院	100

（续表）

项目名称	合同类别	项目负责人	合同对方	单位	合同额
美丽中国与生态文明建设顶层设计问题研究	技术咨询合同	俞孔坚	中国科学院学部工作局	建筑与景观设计学院	100
大气总汞测量技术	技术开发合同	曾立民	北京雪迪龙科技股份有限公司	环境科学与工程学院	100
电子废弃物资源综合利用新技术研发与应用	技术开发合同	王习东	四川省中明环境治理有限公司	工学院	100
石墨烯及其复合材料研究	技术开发合同	刘开辉	安徽省沃尔森新能源材料股份有限公司	物理学院	100
治疗缺血性脑中风新药-静脉注射用和厚朴酚微乳临床前研究成果转让	技术转让	陈世忠	火人科创（北京）药物研发有限公司	医学部	500
0-6月龄婴儿的婴儿配方奶粉临床喂养效果研究	技术服务	张玉梅	内蒙古乳业技术研究院有限责任公司	医学部	388.98
推进县级公立医院药事综合改革人才培养项目	技术服务	史录文	辉瑞投资有限公司	医学部	300.23
深圳市政府三名工程技术支持协议	技术服务	柯杨	北京大学深圳医院	医学部	300
关于加强我国学术民主建设的调查	技术咨询	韩启德	中国科学院科技战略咨询研究院	医学部	235
全国基本医疗保险参保患者诊疗项目和医用器材利用分析	技术服务	崔斌	中国医疗保险研究会	医学部	210
T89对缺血心肌的心脏微血管和心脏微循环障碍的改善作用	技术服务	韩晶岩	天士力制药集团股份有限公司	医学部	210
经典名方"小续命汤"颗粒剂的开发研究	技术开发	蔡少青	神威药业集团有限公司	医学部	190
"中国慢性呼吸疾病规范治疗循证医学及医保大数据分析"项目合作协议	技术服务	史录文	北京健康促进会	医学部	182.2
关于为深圳北京大学香港科技大学医学中心提供临床研究的技术咨询服务	技术咨询	方伟岗	深圳北京大学香港科技大学医学中心	医学部	150
患者安全与医疗警戒项目核验合作协议	技术咨询	王岳	正大天晴药业集团股份有限公司	医学部	150
新型非天然氨基酸定点修饰的抗耐药菌抗体研究项目合作协议	技术服务	夏青	中国人民解放军军事医学科学院毒物药物研究所	医学部	120
蔓越莓胶囊对预防女性复发性泌尿道感染的有效性和安全性评价的临床研究	技术服务	李明子	Swisse Wellness Pty Ltd.	医学部	111.38
20种新精神活性物质偏爱大鼠实验及精神依赖性评价研究	技术服务	翟海峰	公安部禁毒情报技术中心	医学部	110.56
基层高血压管理模式探索及效果评价研究	技术服务	史录文	辉瑞投资有限公司	医学部	103.11
社区合理用药综合能力提升项目	技术服务	史录文	北京市东城区社区卫生服务管理中心	医学部	102.1
化合物7号用于抗肌萎缩侧索硬化症的药效学研究	技术开发	刘俊义	北京脉迪法莫医药科技有限公司	医学部	100
EGFR蛋白委托制备	技术服务	云彩红	江苏先声药业有限公司	医学部	100
WYY026B的临床前药效学研究	技术开发	王银叶	北京红惠新医药科技有限公司	医学部	100

（袁敏九、郑宗方）

表 10-4 2017年医学部专利申请及授权情况统计（含附属医院）

单位名称	申请专利					授权专利				
	国外	发明专利	实用新型	外观设计	合计	国外	发明专利	实用新型	外观设计	合计
基础医学院	1	15			16	1	13			14
药学院	1	24			25	4	18			22
公共卫生学院			1		1		1	1		2
护理学院					无			1		1
医药卫生分析中心		2			2		2			2
公共教学部		1			1					无
第一医院		19	55		74	1	16			17
人民医院		15	18		33	8	10			18
第三医院		60	104	5	169	8	50	3		61
口腔医院	5	10	1		16		12	5		17
肿瘤医院	1	2	1		4		2			2
第六医院					0		3			3
深圳医院		25	5		30	11	206			217
国际医院		2	3		5					无
合计	8	175	188	5	376	5	79	289	3	376

（郑宗方）

2017年重点科技成果推广项目

- 未来网络媒体内容分发系统
- VR 虚拟现实视频网络直播系统
- HEVC 高效视频编解码器及图片编解码器
- 文档安全打印管控系统
- 漫画图像版面理解技术
- 音乐情感自动识别及自动标注系统
- 版云——版面智能分析云服务平台
- 新一代智能移动搜索引擎
- 5G 通信系统精细化数字预失真器
- 互联网图像视频识别与检索系统
- 主动感知的 Web 数据提取、管理与目标行为分析
- 适应病人足部手术后和足部疾病的个性化矫形系统和消耗品
- 一种智能节电产品
- 100G 硅基集成光收发芯片
- 数字化高精度全光纤陀螺仪
- 基于阻变器件的计算、存储一体化计算机架构
- 电子材料 3D 打印设备开发与应用
- 石墨烯
- 微藻生物能源的开发与利用
- 大气压低温等离子体制备灭活疫苗
- 大气压低温等离子体技术口腔应用简介
- 新型长程电子胎心监护系统
- 低温等离子体诱导酵母活性提取物——潜在的护肤化妆品交叉
- 人体微观结构的精准医学超分辨成像
- 近红外 LED 用于肺纤维化治疗的研究开发
- 面向城市社区的现代化家庭用医保检查诊断设备
- 医院用激光加速器癌症治疗设备
- 高通量遗传筛选技术
- 精神健康智能询诊和服务平台
- 六元精神健康移动智能询诊平台
- 面向精神科临床研究的业务过程与数据集成平台
- 国产口腔引导组织再生材料研发
- 软骨再生用生物材料的产业化
- 循环癌细胞富集器的研发及产业化
- 超声波技术在隐裂牙综合症中的应用
- 非热型脉冲式体表肿瘤治疗服务平台项目

（刘淑媛、郑宗方）

校办产业管理

【发展概况】 截至2017年底,校办产业资产总额3759.25亿元,比上年增长7.16%。2017年度总收入1367.91亿元,比上年增长30.25%。2017年,北大资产经营有限公司(简称"资产公司")共计收到下属企业上交款近2.03亿元;其中,方正集团上交1.2亿元,出版社上交2100万元,资源集团上交1200万元,先锋公司上交935万元,青鸟集团上交600万元,学园公司上交600万元,科技园有限公司上交500万元,科技园建设公司上交500万元,江西科技园公司上交500万元,维信公司上交500万元,临湖公司上交200万元,软件工程公司上交200万元,其他公司上交约465万元。另据不完全统计,校办企业全年向学校及社会捐款、捐物总额超过5200万元,累计向国家缴纳各项税费及国有资本经营收益近49亿元。

【常规工作】 截至2017年12月初,校办产业管理委员会办公室(简称"校产办")共收文245件。上报教育部文件28份;通过学校OA系统上报文件58份;紧急事项处理20余项;资产公司和校产办共出红头文件50份。

2017年,共召开资产公司总办会8次,审议研究97个议题;资产公司董事会9次,审议研究104个议题;校产办办公会6次,从8月31日起校产办办公会改为党政联席会,共召开7次(从11月起每周一上午召开例会),审议研究约70个议题;北京大学校产管理委员会(简称:产管会)2次(均为扩大会议),审议研究19个议题;产管会办公会5次,审议研究54个议题。

整理科技开发部移交档案资料1877件(1993年至2007年);燕园大厦档案资料1110件(1990年至2013年);巡视档案资料686件。

经办国资事项36项。截至2017年11月15日,已办理完成项目8项,正在办理项目25项,办理产权登记事项3项。办理完成的项目有北大医疗湖南恺德医院房产转让评估备案项目、北大资源东源汇信股权转让评估备案项目、北大方正信产悟略科技股权转让评估项目、深圳方正信息系统房产转让评估项目等;正在办理的项目有北京大学地球物理系工厂注销项目、北大医疗深圳汇佰注销项目、北京红楼计算机科学技术研究所注销项目等。

信访工作共接访130余件,通过纪委转接20余件,基本已进行核实调查和协调处理,并及时回复;个别历史遗留问题也在积极推进,花家地84户租户群访事件有突破性进展。

【巡视整改及审计工作】 北大校办产业是2017年中央巡视工作的重点之一,并接受国家审计署的专项审计调查。为配合好巡视和审计工作,校产办、产业党工委努力抓住"巡视前充分动员,巡视中及时响应,巡视后认真整改"三个关键环节,开展大量组织协调工作。

巡视期间,召开校办企业主要负责人参加的动员工作会议,要求各企业高度重视并配合好此次中央巡视工作;组织主要校办企业负责人、党员干部代表近百人参加北京大学党风廉政建设警示教育大会,听取违反中央八项规定精神等方面典型案例的通报;组织精干的工作团队,完成巡视组布置的工作任务。据不完全统计,两个月内共提交48批次、180余项材料,5次接待巡视组领导现场指导工作。

8月17日至9月14日接受校办企业经营管理情况专项审计期间,在配合专项审计办公室的协调下,校产办共向审计组提交387批次材料,全部回复了审计组向资产公司及下属企业发出的58份取证单,并形成较为全面的整改工作报告。

2017年,校产办设专职副主任,领导体制人员配备更为完善。产业党工委副书记生玉海兼任方正集团董事长。按照《公司法》、国资管理相关法律法规及各所属企业公司章程,结合巡视整改要求,完成其他控股校企的董事、监事、高级管理人员换届和必要调整。

【校办企业治理】 积极把党的领导融入公司治理的各个环节,明确和落实党组织在公司治理结构中的法定地位,加强党风廉政建设。

严格执行学校"三重一大"决策制度和国有资产管理规定,明确校办企业重大事项决策程序。建立健全北京大学校办企业党组织管理框架和经营性资产管理架构体系,探索完善下属企业考核制度、审计制度等管理制度并严格执行,开展董监事换届调整工作。

清理整顿校办企业,坚持促进科研成果转化、反哺教学科研的根本方向不偏离,维护北大声誉。在审订下属企业战略调整规划的基础上,制订校办产业发展战略规划和资产公司转型方案;积极推进校办企业办学整顿工作。

制定切实可行的工作方案,积极推动巡视和审计发现问题的整改工作;充分利用中央巡视反馈和专项审计报告的成果,妥善处理历史遗留的国资流失问题,提升校办企业整体管理水平。

【主要企业名录】
北大资产经营有限公司
北京大学出版社有限公司
北京大学音像出版社有限公司
北京大学医学出版社有限公司
北大方正集团有限公司
北大资源集团有限公司
北京北大青鸟软件系统有限公司
北京北大科技园有限公司
北京北大科技园建设开发有限公司
北京北大临湖科技发展有限公司
北京开元数图科技有限公司
北京北大宇环微电子系统有限公司

北京北大明德科技发展有限公司
北京北大英华科技有限公司
北京燕园天地科技有限公司
北大培文教育文化产业（北京）有限公司
北京北大软件工程股份有限公司

（校办产业管理委员会）

北大科技园

【发展概况】 北大科技园创建"创启未来"服务品牌，搭建以人为本的创业服务体系与以创新要素为基础的技术服务体系，面向创业者、创业项目、科技企业等创新主体，提供涵盖多元办公空间、创业辅导、投融资对接、技术服务、品牌推广、政策咨询与申报、产业发展、协同创新、智能化平台、社群生态等的全要素科技服务；面向地方政府、园区开发商等区域发展主体，提供园区定位策划、产业政策研究、园区规划与建设、产业引入与发展、创新创业孵化服务体系搭建等全周期、全产业链的科技园区运营服务。通过轻资产运营、重资产开发等多种形式，独立或合作建设针对早期创业项目和团队孵化的众创空间、初创型科技企业孵育的孵化器、中小型科技企业成长的加速器、产学研综合一体化的科技园等各类园区产品。

截至2017年底，北大科技园各地分园服务的创新、创业型中小企业和项目近5000家，吸引、服务在园在孵高端人才超过5000人，在园在孵创新、创业型中小企业636家，园区年度总产值超过50亿元，在园企业自主知识产权数量达490项，各地分园已成为推动区域特色产业集聚和城市经济创新发展的新引擎。

【园区建设】 截至2017年底，国内外已建和在建的园区12个，运营园区面积达到40万平方米，包括北京本部成府园区、北大科技园南区、北京上地园区、包头园区、江西园区、金华园区、天津园区、石家庄园区、西安园区、台州园区及美国硅谷园区等。

2017年，北大科技园稳步推进园区拓展与落地，围绕轻资产业务继续开疆拓土，台州北大科技园1万平方米、西安北大科技园曲江创客大街园区4000平方米开园投入使用，石家庄北大科技园新增运营面积4410平方米，西安北大科技园未央园区运营1.5万平方米实现签约、盐城北大科技园一期项目运营1.65万平方米实现签约。

现有园区运营有序，金华北大科技园一期签驻率达97%，入驻企业70家，成功举办"创启未来"2017全球总决赛，提升地区创新创业氛围，荣获"2017年信息经济重点企业——园区（特色小镇）运营型企业""浙江省十大小微企业集聚发展优秀平台""金华市十大信息经济众创空间""金华市青年创客工场"优秀单位等荣誉资质；天津市宝坻北大科技园签驻率达93%，入驻企业109家，助推地方产业转型升级；石家庄北大科技园签驻率达93%，入驻企业62家，荣获"河北省省级科技企业孵化器""河北省省级示范性创业就业众创空间""京津冀协同发展人才志愿服务基地·北大科技园·裕华区站"等荣誉资质；西安市北大科技园一期（曲江文化大厦）签驻率达100%，入驻企业级团队50家，荣获"全国青年创业示范园区""西安市创业孵化基地"等荣誉资质。

【基地建设】 北大科技园上地园区。北大科技园上地园区项目是北京大学围绕国家"创新驱动"发展战略规划建设的国家级大学科技园，总用地规模37.42万平方米，规划建设面积49.15万平方米，总建筑规模约80万平方米，定位为面向全世界高精尖技术发展战略方向，建设未来20年国家自主创新示范区核心区的"双核心"，成为中国战略性新兴产业发展策源地、中国经济新业态发展的创新极核。2017年，上地园区项目征地拆迁工作取得重大突破，项目大市政工程"九通一平"快速推进。

北大科技园包头园区。2017年，北大科技园包头园区依托北京大学及北大科技园优势，着力打造品质园区，影响力不断扩大。工业一期5.5万平方米围绕装备制造、新能源、新材料和环保产业积极开展产业引入工作，年底厂房整体签驻率达84%，引入企业及项目31个，涵盖无人机、石墨烯、机器人等行业。全年获得"国家级科技企业孵化器""内蒙古自治区小型微型企业创业创新示范基地"等资质认定。工业二期地块工程建设稳步推进，年底完成竣工验收工作。

北大科技园金华园区。2017年，在金华市政府大力支持下，北大科技园金华园区扩大平台服务效力，进一步扩展园区规模，共建二期项目，打造金华首个创新人才与创新技术集聚的产业创新综合体，是北大科技园"由园到城"顶层设计落实的关键一步，是践行产学研合作、深入地方服务发展的重要布局。园区二期开发项目占地面积24.4亩，建设面积2.6万平方米；轻资产运营面积新增6万平方米；12月13日，北大科技园与金华市金义都市新区管委会签约共建"金华北大科城"，项目总占地6000亩，涵盖高教、医疗、产业、科研、配套等功能板块。

【重点项目】 "创启未来"2017全球创新创业汇。2017年，北大科技园创新孵化品牌"创启未来"全面升级为全球创新创业汇，围绕赛事核心，从活动组织形式、赛程赛制、项目规模、评委阵容到创业孵化服务全方位提升。根据不同城市的创业环境、产业方向以及经济基础定制活动形式，涵盖创业大赛、创业大学堂、创投活动、创业孵化营、名企走访、北大创业家俱乐部等多项创新创业高端产品，为创新创业主体提供全方位支持。活动于6月1日在北京大学全球大学生创新创业中心正式启动，历时5个月，足迹遍及北京、金华、包头、天津、石家庄、西安、台州、郑州、香港、首尔、波士顿、西雅图、硅谷地区等全球13个站点，举办双创活动百余场，吸引海内外优质创业项目近800个，最终有59个优质项目参加全球总决赛。同期举办以"聚焦创新生态，创启时代变革"为主题的北京大学创新创业论坛，汇聚国内优秀的创业者、顶级投资机构投资人、知名学者专家，共同探讨全球化创新创业新生态的构筑。

北大创业孵化营人工智能专业化众创空间。基于科技众创空间三年来积累的成功经验和丰富资源，北大科技园、北大孵化器联合北大人工智能创新中心、微软、谷歌、Facebook、百度、阿里、华为等机构共同开展人工智能领域创新创业项目孵化和创业实践教育工作，以北大创业孵化营为载体，建立集项目筛选、孵化、加速、产业化为一体的人工智能领域全程孵化服务链条。通过搭建人工智能专业化孵化平台，汇聚国内外一批优质的人工智能创新创业项目，邀请人工智能产业领域专家学者，开展系统性线上线下孵化培训，促进"产学研用"的紧密结合，形成多学科交叉、产学研融合的人工智能前沿技术策源地；通过"创启未来"伴随式孵化服务体系，成功对接上百个投资机构合作资源，与社会资本、孵化基金深度融合，加速创新创业成果产业化进程。12月28日，北大科技园人工智能专业孵化平台成功入选科技部下发的"第二批国家专业化众创空间示范名单"，成为首个入选的人工智能国家级专业化众创空间。

智库建设。2017年，北大科技园创新研究院独家发布《北大科技园园区评价指标体系》《中国人工智能产业发展白皮书》《经济与产业研究汇编2017》等高标准研究成果，对外提供咨询服务项目7个。

智能化科技服务平台建设。智能化科技服务平台运用网络信息技术手段，对人才、空间、技术、资金、政策等创新要素进行数字化应用开发，以大数据洞悉双创行为，优化配置海量创新资源，通过平台化运作与网络化生态建设，形成跨地区、跨行业、跨领域的"互联网+"科技服务云平台。全年服务平台用户万余人，积累企业库近2500家、项目库近2000个、专家导师库近400人，服务表单达数万次。

【科技创新】 北大科技园引进、建设创新技术平台，包括新材料、先进制造、信息技术等研究及转化服务机构16个。2017年，在园企业自主知识产权数量达490项，园区年度总产值超过50亿元。园区内通过信息和技术交流，搭建各类行业技术服务平台，实现企业资源共享。

【管理创新】 秉持"校地合作、协同创新"的发展理念，以科技成果资源引入与创新创业孵化服务输出为核心，获得来自市场合作方专业服务采购及园区开发与运营收益，确立企业科技与地产"轻重资产"相结合的发展模式，致力于实现科技园区规模化扩展与跨越式发展。

【年度纪事】 1月10日，北大孵化器荣获北京创业孵育协会、北京众创空间联盟颁发的2016年度"孵化器（大学科技园）品牌荣耀TOP10"。

4月19日，西安北大科技园等37家园区荣获第三批"全国青年创业示范园区"授牌。

4月20日，包头北大科技园荣获"内蒙古自治区小型微型企业创业创新示范基地"。

5月25日，金华北大科技园获金华市"员工最满意"党群服务中心荣誉称号。

6月28日，北大资产经营有限公司与金义都市新区、金华经济技术开发区签署金华市金义科创廊道重点项目战略合作协议。

7月3日，西安北大科技园获评"西安市创业孵化基地"。

7月15日，西安北大科技园曲江创客大街园区正式开园投入运营。

9月15日至21日，北大科技园同步参展"2017年度全国大众创业万众创新活动周"上海主会场、北京会场、内蒙古分会场，并作为创新创业服务平台杰出代表亮相新闻联播双创周专题报道。

9月19日，台州北大科技园正式开园投入运营。

10月26日，北大创业孵化营毕业的5家企业入选2017年度"中国最具投资价值企业50强"榜单。

11月11日，由西安市委市政府主办，北大科技园、西北有色金属研究院、未央区委区政府联合承办的2017全球硬科技大会新材料协同创新发展论坛暨西安新材料创新中心揭牌仪式成功举办。

12月28日，北大科技园人工智能国家专业化众创空间入选"第二批国家专业化众创空间示范名单"。

（北大科技园）

北大方正集团

【企业概况】 北大方正集团旗下拥有方正科技、方正控股、北大医药、北大资源、方正证券、中国高科6家上市公司。方正集团各大产业板块依托北京大学创新发展，并通过产业协同效应持续创造社会价值，形成各具特色的竞争优势与行业影响力。

信息板块始于王选院士的激光照排技术，旗下方正信息产业集团是中国IT行业的领军企业。2017年，信息板块形成了覆盖字库、出版印刷、新闻传媒、宽带通信、医疗信息化、智慧城市解决方案等领域的产业布局。

医疗板块以北大医疗集团为主体，依托北京大学和医学部，核心业务包括以北大国际医院为龙头的医疗服务、以医疗产业园为主的创新创投和以北大医药上市平台为主的制剂研发、生产和销售，致力于成为国际化的医疗大健康龙头企业。

产融板块在已有产业与资本协同发展的基础上，不断完善全产业链金融产品与服务体系，探索产融结合新模式，以方正证券、方正人寿、方正物产为龙头，致力于成为新金融的开拓者和领跑者。

创新中心，以高科技、文创等园区的建设、运营及创新孵化为核心业务，为科技成果转化、高新企业孵化、创新创业人才培养提供支撑和服务，积极践行国家创新驱动战略。

【业务发展】 1. "北大医疗互联网医院"落户银川。3月19日，北大医疗信息技术有限公司与北大医疗产业集团共建的"北大医疗互联网医院"落户银川，将通过健康医疗大数据共享、科研、服务、运营四大体系，为银川互联网医院产业集群建设带来先进的互联网诊疗平台和丰富的医疗资源。

2. 吴阶平泌尿外科中心（联盟）成立。4月28日，"吴阶平泌尿外科中心（联盟）新闻发布会"在北京召开，宣布筹建"吴阶平泌尿外科中心联盟"，吸收200家国家级贫困县成员单位，在全国范围内选拔和培训优秀专业医师，提供一流的专业医疗支持。

3. 中国高科全球教育发展研究院成立。4月28日，中国高科全球教育发展研究院启动仪式在北京举行，中国高科集团与北京大学教育学院签署战略合作协议，在教育发展研究领域开展全方位合作，联合打造中国最具影响力的教育研究机构。

4. 北京大学国际医院心脏疾病中心正式成立。9月22日至24日，由北京大学心血管外科学系主办的北京大学微创心脏外科国际论坛在北京大学国际医院召开，论坛特别举办"北京大学微创心脏外科临床培训与创新中心""北京大学国际医院心脏疾病中心"和"中国医学科学院阜外医院-北京大学国际医院心外科技术培训中心"成立仪式。

【重点项目】 1. 方正集团携手珠海市政府打造PCB高端智能化产业基地。9月26日，方正PCB高端智能化产业基地动工仪式于珠海市斗门区富山工业园举行。基地是珠海市政府与方正集团全面加强合作的又一重大成果。

2. 方正证券成立深圳、山西分公司。9月，方正证券深圳、山西分公司相继正式成立，成为方正证券首批由营业部变更而来的区域分公司，至此方正证券下属区域分公司达到11家，将有助于实现公司机构业务的快速发展。

【自主创新】 1. 方正电子牵头成立鸿雁POD联盟共建按需印刷新生态。5月9日至13日，第九届北京国际印刷技术展览会（China Print 2017）在北京中国国际展览中心新馆举办。由方正电子发起，行业协会、出版单位、电商平台、科研单位、印刷企业、印刷软硬件设备开发商、耗材提供商等产业链上下游企业共同组建的行业组织——"鸿雁POD联盟"应运而生，充分整合各方力量，通过资源配置、信息共享、技术互补，协力构建"POD按需印刷新生态"，推动智能生产、智能制造、按需印刷技术在中国的落地。

2. 方正集团数字出版技术国家重点实验室在"2017开放学术精准画像大赛"中取得佳绩。8月至10月，方正集团旗下数字出版技术国家重点实验室知识服务团队与北京大学计算机科学技术研究所组队，参加由清华大学、Microsoft Research、中国工程院知识中心、中国科学院文献情报中心以及中国人工智能学会联合发起组办的"2017开放学术精准画像大赛"，并在400支参赛队伍中取得第一阶段第二，第二阶段第五的佳绩。

3. 方正字库2017秋冬新品发布会暨"2016—2017 Tokyo TDC北京选作展"成功举办。11月11日，方正字库2017秋冬新品发布会暨"2016—2017 Tokyo TDC北京选作展"在751时尚回廊召开，由方正字库开发的24种、63款新字体正式发布，由方正字库独家代理的TypeTogether 11款西文字体和全球第一款三维可变中文字体方正悠黑同期发布。

【获奖情况】 1. 方正集团荣获2016年度国家科学技术进步奖二等奖。在2017年1月9日举行的国家科学技术奖励大会上，由公安部信息通信中心、北大方正集团等单位共同参与的"全国警用地理信息基础平台应用技术研究与规模应用示范"（PGIS项目）荣获2016年度国家科学技术进步奖二等奖，方正国际首席执行官周大良、方正国际智慧城市研发中心总经理王生等为项目主要完成人之一。

2. 方正集团入选"2017中国电子信息行业创新能力五十强企业"。2月21日，"2017年中国电子信息行业发展大会"在京召开，大会发布2017中国电子信息行业创新能力五十强企业，方正集团入选。

3. 北大医信"北京心血管病防控数据平台"入选工信部案例集。4月25日，由北大医信联合首都医科大学附属安贞医院、北京市朝阳区卫生局等单位建设的"北京心血管病防控数据平台"经过40余位专家的3轮评审，从452个案例中脱颖而出，成功入选由工信部组织的全国"大数据优秀产业、服务和应用解决方案"案例集。作为具有医疗大数据资源整合利用示范效应的项目，平台在技术上突破多源异构医疗数据互联互通的难点，实现可持续发展的大数据运营模式创新。

4. 北大医疗进入"2016中国民营医院集团50强"前三甲。6月25日，在深圳举办的2017中国医疗投融资论坛上，"2016中国民营医院集团50强"排行榜揭晓，北大医疗产业集团位居第三名，前两名分别为爱尔眼科、华润凤凰医疗。

5. 方正集团位列财富杂志最受赞赏的中国公司排行榜36名。10月11日，《财富》（中文版）推出"2017年最受赞赏的中国公司排行榜"，方正集团与阿里、百度、华为等公司同登榜单，位列第36名，取得了近年来的最佳成绩。

6. 方正集团荣获2017美通社新传播大奖"品质内容奖"。12月7日，方正集团凭借优质的原创传播内容和创意策划，在"美通社2017年新传播年度论坛"上获得2017美通社新传播大奖"品质内容奖"。

【社会公益】 1. 方正证券20万元支援宁乡汛后重建。7月13日，湖南省长沙市金融办组织开展"在长金融机构支援宁乡县灾后重建工作捐赠仪式"，方正证券向宁乡县捐赠人民币20万元，全力支援宁乡灾后重建。

2. 方正证券向地震灾区捐款55万元。8月8日夜间，四川省阿坝州九寨沟县发生7.0级地震；8月9日晨间，新疆博尔塔拉州精河县发生6.6级地震。方正证券通过中国扶贫基金会向地震灾区捐款人民币55万元，用于开展紧急救助、医疗支持、过渡安置及灾后重建项目，帮助灾区人民抗震救灾、重建家园。

【年度纪事】 1月20日，方正集团在北京大学举行成立30周年庆典暨王选院士诞辰80周年纪念年会。本次活动重温了王选院士的生平，回顾了方正集团过去三十年的发展历程，总结了2016年方正集团面临的挑战和机遇，制定了新的五年战略，展望了方正集团的未来发展。

3月1日，北大医信携手北大医疗集团取得"互联网医院"牌照。

4月1日，为纪念王选院士诞辰80周年，方正集团发起"我心中的王选精神"作品征集活动。短短一个月时间，通过微信后台留言、邮件投稿等渠道，累计收到散文、诗歌、歌曲、漫画、朗诵、情景剧、短评等多种形式的近百件参赛作品。

4月7日，方正电子参与承建的新闻出版业科技与标准重点实验室"AR+教育数字出版联合实验室"正式揭牌，推进AR技术与教育及出版行业深度融合。

5月22日，在国家数字复合出版系统工程V1.0成果发布会上，方正电子展出"出版社复合采编系统""XML排版系统""图书应用集成""书刊协同采编系统""少数民族文字出版资源管理系统"等研发成果，为新闻出版业实现数字化转型、迈向融合发展奠定强有力的技术基础。

5月23日，北大医疗产业集团与国家卫生计生委干部培训中心（国家卫生计生委党校）在北京大学国际医院举行战略合作签约仪式。北大医疗产业集团、北京大学国际医院被列为国家卫生计生委党校实践教学基地，并举行揭牌仪式。

6月5日，方正集团召开干部会议，集团党委、董事会、监事会、执委会成员，产业集团、直管企业负责人以及方正集团各职能部门负责人出席会议。

6月30日，在中国共产党成立96周年前夕，北京大学国际医院党委成立大会在行政楼多功能厅举行。

7月24日，方正集团2017年中期经营会议召开。集团党委、董事会、监事会、执委会成员，各产业集团及直管企业班子成员，集团总部职能部门负责人等90余人参加会议。

8月1日，北大医信牵手北京大数据研究院共建联合实验室。

10月23日，北大医疗产业集团与方正证券股份有限公司在北京签订战略合作协议，利用各自深耕领域的专长，发挥方正旗下兄弟企业的协同效应，携手开展医疗健康扶贫建设，服务于国家脱贫攻坚战略。

（北大方正集团）

北大资源集团

【发展概况】 北大资源集团目前已形成特色产业、精工产品、价值服务三大业务板块，聚焦环渤海、西南、华中、长三角、珠三角五大区域进行战略布局，业务版图已覆盖20余个中心城市，开发项目50余个，总开发面积超过2000万平方米。

集团下属企业23家，在职员工5000余人，管理资产规模逾千亿。自2016年开始，集团进入新五年战略快速发展阶段，行业销售规模排名从2015年的第128位，快速跃升至2017年的第68位。

【产业拓展】 1. 北大资源、北大医疗携手漳州市打造"智慧健康小镇"。1月8日，北大资源集团与福建漳州高新区、卫计委、漳州中医院以及漳龙集团签署战略合作框架协议，携手在漳州高新区靖城园区共同建设"智慧健康小镇"，深度整合"健康管理、智慧研发、服务体验、度假旅游、养生养老"五大核心产业，打造辐射全省的"产城融合旗舰示范区"。

2. 北大资源开启中法养老合作。2月23日，北大资源与法国DomusVi（多慰）集团在北京签署战略合作协议，全面开启养老产业合作，进军大健康产业。

3. 北大资源物业与霍普医院签订战略合作协议，首次外拓医疗物业疆土。3月23日，北大资源物业集团昌平分公司与北京霍普医院有限公司就物业服务合作举行战略签约仪式，就安全保卫、秩序维护、日常办公区域及特殊区域（如放射核素病房）的清洁服务等方面展开深入合作。

4. 北大资源集团与天津蓟州区签署大健康产业战略合作协议。年初，在天津市蓟州区举办的"推动京津冀协同发展·投资蓟州招商引资重点项目季度签约活动"中，北大资源集团与蓟州区政府签订大健康产业领域战略合作框架协议。

5. 贵阳北大资源签约丰都新区康养城项目。4月26日，贵阳北大资源和贵州天下山水文化旅游开发有限公司在贵阳签署"兴义市丰都新区康养城"项目战略合作协议，携手打造康养项目示范样本。

6. 北大资源盐城科教小镇正式签约。5月22日，"方正集团盐城产城融合项目签约仪式"在江苏省盐城市举行。

7. 北大资源与上海临港集团签署战略合作协议。9月25日，北大资源集团与上海临港集团正式签署战略合作协议，携手开启科技、大健康、文创等领域的多维度合作，通过在上海共建北大医疗产业园、北大资源文创园和北大科技园等方式，打造京沪"产业直通车"，协同推动产业、城市的创新和发展。

【获奖情况】 1. 北大资源荣获"2016成长价值标杆企业"大奖。1月11日，北大资源凭借2016年在产城融合发展等领域取得的卓越成绩，获得"2016成长价值标杆企业"。

2. 北大资源荣登"2017卓越100榜"。3月22日，由观点新媒体主办的"2017卓越100榜发布盛典"在深圳举行，评选和表彰过去一年业界杰出企业，北大资源登上百强榜单。

3. 北大资源荣膺"2017中国特色产业新城运营优秀企业"。5月18日，国务院发展研究中心企业研究所、中国指数研究院等联合发布"2017中国产业新城运营商评价研究"成果，北大资源凭借在产业新城运营领域的突出成绩，荣膺"2017中国特色产业新城运营优秀企业"。

4. 北大资源物业集团荣登全国物业百强榜。6月16日，在中国指数研究院主办的"2017中国物业服务百强企业研究"成果发布会上，北大资源物业集团入选"2017中国物业服务百强企业榜"，同时荣膺"中国特色物业服务领先企业"称号。

5. 北大资源荣膺"2017年中国产业园区运营商30强"。7月21日，《2017年全国产业地产发展白皮书》发布论坛暨产业园区运营商TOP30发布会在上海举行。北大资源荣膺2017年中国产业园区运营商30强，并同与会嘉宾们分享北大资源在科创产业及园区运营方面的发展经验。

6. 北大资源荣膺中房协品牌价值百强等多项大奖。9月13日，由中房协、上海易居研究院联合开展的中房协2017品牌价值测评成果发布会在上海举行，北大资源集团以品牌价值45.37亿元位列第56位。

7. 北大资源集团荣膺中国业界25年荣誉殿堂品牌典范企业。9月18日，由中国房地产报举办的"将中国房地产改革进行到底"高峰会议在北京富力万丽酒店隆重举行，北大资源集团荣膺中国业界25年荣誉殿堂品牌典范企业。

8. 北大资源物业集团荣获"中国蓝筹物业企业"称号。9月26日，由《经济观察报》主办的"2017中国蓝筹物业年会"暨"蓝筹物业价值榜评选颁奖典礼"在京举办，北大资源物业集团荣获"中国蓝筹物业企业"（30强）。

9. 北大资源·博泰城荣获亚洲商业空间设计金奖。11月26日，APDC 16/17亚太室内设计精英邀请赛颁奖盛典在上海外滩W酒店举行，昆明北大资源·博泰城项目凭借在商业设计领域的持续创新，荣获商业空间设计最高奖项金奖。

【社会公益】 1. 井冈山黄坳中心小学"北大资源图书馆"落成。7月20日，由北大资源公益助学计划援建的"北大资源图书馆"在井冈山黄坳中心小学正式投入使用。北大资源还将在此建立"爱心助学党员实践基地"，长期为黄坳中心小学的同学们提供助学支持。

2. 湖南北大资源公益助学之旅抵达三门镇莲花小学。7月29日，湖南北大资源携手网易株洲联合主办的"与爱童行·筑梦成长"公益活动正式启程，为株洲三门镇莲花小学近百名困难留守儿童送去必要的生活和学习物资。

3. 昆山北大资源积极开展精准扶贫。10月，由昆山市慈善总会、昆山市慈善基金会牵线搭桥，昆山北大资源公司主动与昆山巴城工业区、巴城建管所慈善工作站定向结对，对口认捐昆山"慈善救助巴城镇贫困群"项目10万元，为当地困难群众奉献爱心。

（北大资源集团）

北京北大维信生物科技有限公司

【发展概况】 北京北大维信生物科技有限公司长期致力于天然药物、创新药物的研究，是国内最早和最大的致力于红曲天然药物和现代中药研发、生产和销售的国家高新技术企业。2017年，北大维信总计实现销售收入28,901万元，工业总产值31,278万元，利润1035万元，纳税总额5506万元，资产总额46,484万元。公司现有员工788人。

【研究开发】 北大维信坚持以自主创新为导向，积极进行新药研发，健全相关知识产权管理制度，建立对研发人员的有效激励机制和绩效考评机制，形成研发部门的技术创新动力；尝试将知识产权管理与技术创新、企业营销相融合，使企业知识产权战略服务于企业竞争战略目标。截至2017年底，公司累计拥有有效专利147件，已获授权专利110件，其中已授权发明专利100件。中国人民大学中国经济改革与发展研究院和经济学院联合发布的"2017年中国企业创新能力1000强排行榜"中，北大维信入围。

【业务发展】 北大维信生产厂区位于中关村永丰高新技术产业开发基地。厂区占地面积2.7万平方米，建筑面积近3万平方米，拥有10万级超净生产车间等一批先进设备。厂区于8月顺利通过GMP认证，获得《药品GMP证书》，年产胶囊10亿粒，片剂5亿粒。

血脂康是北大维信自主研发的天然他汀类调脂药物，是首个拥有大型循证证据并已完成美国FDA二期临床研究的国产调脂药品牌。公司坚持以学术推广为根本的市场推广策略，并取得良好效果。血脂康入选《国家基本药物目录》和人力和社会保障部《医疗保险目录》，自上市以来已经进入国内数千家大医院和药店，产品销售额与品牌知名度逐年上升，在国产降血脂药物市场份额中名列前茅，并取得香港中成药注册证明书，正式在香港获准注册上市。2017年，血脂康胶囊国际多中心三期临床完成美国PK研究及非临床研究。

【重点项目】 5月，北大维信建立中关村质量奖申报项目组，按照《卓越绩效评价准则》国家标准，在领导作用和企业文化、战略、人力资源管理系统、技术资源、基础设施的有效管理五大方面进行整合和提升，制订"贯标实施、自我评价、提请申报、现场考核"四阶段项目计划，于10月底接受政府现场审核，并通过审核和公示。

【基地建设】 1月，北大维信质量管理部实验室获得中国合格评定国家认可委员会（CNAS）实验室认可证书，将列入获得认可的机构名录，具备按有关国际认可准则开展检测服务的技术能力。

2017年，完成制剂厂房改扩建项目及VOC废气治理项目。制剂厂房改扩建项目投资4500多万元，对原有车间进行内部改造，增加一条自动化外包生产线；该项目已竣工验收，产能提高2倍至5倍，实现设备技术升级和管理水平提升。对污水一、二级接触氧化池、斜板沉淀池、清水池进行提升改造，使整体处理降解能力由60%提升至81%，处理后的排放水质远远低于《DB11/307—2013》水污染物综合排放标准的限值。公司本着绿色制造、节能减排的目标，定期对污水系统进行持续、深化处理改造，2017年，获评北京市节水型单位。

（北大维信生物科技有限公司）

医学部产业管理

【发展概况】 2017年，医学部产业班子在校办产业管理委员会和产业管理专家委员会的指导下，明确"依托北医资源，勤奋创新创业；传承北医精神，服务北大医学"的发展理念，制订产业发展规划。

为落实产业转型发展的理念，组织产业办全体人员参加"首期全国高校高级技术经理人培训班"，深入调研北大科技园、北大科技创新孵化器、北京大学全球大学生创新创业中心（北京大学创业训练营）等单位，并与国内相关企业进行洽谈，学习成功经验，寻求合作机会。

2月27日调整北京大学医学部产业管理专家委员会成员，并于4月10日召开北京大学医学部第三届产业管理专家委员会第一次会议暨2017年北京大学医学部产业发展研讨会。

10月20日召开医学部产业发展战略研讨会，学习十九大报告，结合中央巡视、国家审计情况介绍产业发展现状，汇报医学部产业五年发展规划（2017年至2022年）。

【常规工作】 维权打假工作。2017年共处理冒用北京大学医学部名义的举报事件15起，在"维权打假"网页专栏中对其中三起影响较大、容易让公众产生混淆的经营活动发布声明。

房屋资源管理工作。1.按照归口管理的原则，在人、财、物交接审计后，会议中心移交总务处管理。2.协助收回有朋馆房屋资源，北京明正司法鉴定中心于5月24日搬出有朋馆，正式交学校管理。3.根据产业发展需要，确定在产业楼一层组建北大医学科技成果展示转化中心和师生双创中心。4.依法依规完成产业楼一层租户清退工作。

安全工作。2017年，组织安全工作会9次，及时传达学校的安全会议精神。不定期对产业楼、西侧平房进行安全检查，建立安全台账，制定安全管理流程，配合产业系统人员办理临时出入证。依据医学部安全紧急预案重新制定、修改产业办安全紧急预案。6月20日，邀请保卫处组织消防演练，产业所属单位及各承租单位90余人参加演练活动。

【规范企业管理】 根据中央巡视组、审计署的要求和北京大学的工作部署，制定《北京大学医学部所属企业整改工作方案》。

1.经医学部产业管理委员会研究，同意将北京北医控股有限公司的股权划转至北大资产公司，北大产管会委托授权医学部产管会对北医控股有限公司实施管理决策，医学出版社有限公司股权划转到北医控股有限公司。该工作完成后，医学部所属企业将逐一转至北京北医控股有限公司。

2.完成北京医大时代科技发展有限公司、医学网络教育学院的拆分工作，完成在职教育培训中心、北京医大时代教育咨询有限公司的拆分工作。

3.进一步完善董监事会人员管理，加强专业化团队建设。（1）完善《北京大学医学部派出董事监事管理办法》，启动并完成北京北医控股有限公司、北京北医投资管理有限公司、北京大学医学出版社有限公司董事监事变更，协助北京医大时代科技发展有限公司变更董事监事。根据组织部对干部管理的相关要求，将在公司兼职的副处级及以上干部在组织部备案。（2）组织董监事会人员、产业办人员参加"2017国际继续医学教育创新与人才发展峰会—非公医疗医学继续教育分会论坛""创新国资监管与混合所有制实施、校办企业改革与规范化运作研修班"等会议培训。

4.根据学校产业战略调整方案和企业改制政策，分类清理历史遗留问题，完成问题企业的改制、复活或者关停并转。（1）配合北京卫星信息工程研究所强制清算北京赛腾远程卫星科技网络开发有限公司。（2）推进北京北医眼视光学研究中心的清算关闭工作。（3）协调药学院成立医药科技开发分公司清算小组，推进关闭工作。（4）启动北医社读者服务部注销工作。（5）启动《中国糖尿病杂志》社、《中国妇产科临床杂志》社的改制工作。（6）推进北京医大富仁德保健品公司历史遗留问题的解决。（7）协助中医药科技发展中心解决历史遗留问题。

【教育培训企业经营情况】 企业概况。2017年上半年，北京医大时代科技发展有限公司与医学网络教育学院完成事企分离。经过半年的调研和探索，初步确立了一条以"缔造中国医学知识传播与服务第一品牌"为目标、以资源和服务为内容、以"互联网+"为手段、"依托北医，服务北医；面向市场，服务社会"的新医大时代发展之路，即"医大时代教育2.0版"。

业务发展。1.首个培训项目——自愈力康复师培训班首期面授班于3月24日开班。7月15日，大中医体质健康-自愈力康复师培训网上课程已正式上线。

2.6月9日，《大医学堂》上线运营。

3. 8月3日，首次尝试在线直播课程运营模式，面向全国进行护患沟通课程直播。

4. 引入英国开放大学招牌训练课程"学习设计与课程设计工作坊"并进行升级改造，8月8日在北京开讲。

5. 9月27日以护理科研项目为基础的微信公众号平台"护研社"正式上线运营；该平台为国内首家专注于护理科研培训的新媒体与服务平台，配套研发国内首套护理科研能力模型及实训体系课程。

6. 首期"国际化标准医疗管理高级研修班"于11月13日在香港举行。

【出版社、杂志社经营情况】 北京大学医学出版社。2017年，出版社归口医学部产业管理。根据北京大学医学部校办产业管理委员会及股东北京大学资产管理公司的相关批复，组建出版社第三届董事会、监事会。

1. 经营情况：全年出版图书631种。其中，新书206种，重印书425种。销售总册数233.77万册，销售码洋15,020万元，销售收入6417万元。

2. 业务发展：（1）启动临床医学专业本科（第4轮）教材的修订改版工作，本轮启动教材共47种。（2）启动数字化转型升级及专业数据库建设项目。

3. 重点项目：（1）完成"十三五"国家重点出版物出版规划项目2项。（2）完成国家出版基金资助项目2项。（3）完成国家科学技术学术著作出版基金项目1项。

4. 获奖情况：（1）《血管生物学》（第2版）获第六届中华优秀出版物奖提名奖。（2）《米勒麻醉学》（第8版）、《现代阴道镜学》（第3版）获引进版优秀图书。

《中国介入心脏病学杂志》社。依据中国科技论文与引文数据库（CSTPCD）2017年度引证报告，本刊扩展影响因子为1.432；扩展总被引频次为1229。4月，成立第六届编委会：主编1人，执行主编18人，顾问26人，编委104人。杂志平均每期发行2200册，遍及33个省、市、自治区。截至12月15日，全年共收稿件460篇，均由国内著名心血管专家进行评审。

《中国糖尿病杂志》社。2017年度共收稿件1100篇，12期杂志错误率小于1.5%。结合专业特点，开辟"基层之窗"专栏。开发在线阅读、订阅、查询等功能，方便读者、作者使用。开设专题并邀请相关专家作述评，同时评选优秀论文，体现"面向临床、服务科研"的办刊宗旨。

《中国妇产科临床杂志》社。截至12月19日，编辑部全年共收稿件892篇，刊登209篇，刊登率为23.4%。围绕妇产科临床关注热点，进行重点组稿。2017年，再次被收录为中国科技核心期刊。配合北京大学妇产科国家和学（协）会的继续教育项目，举办继续医学教育项目、学术研讨会和专业培训20场。加强《中国妇产科临床杂志》和《医学参考报妇产科学频道》微信公众号平台和网站的建设。

【养老产业研究中心】 4月18日，北京大学医学部医养结合养老产业研究中心成立，研究重点包括医养结合领域内政策研究、标准制定、学术研讨、专业培训、学习交流和管理咨询等，搭建学术和实践交流的平台。中心多次参与卫计委、民政部和相关部委的标准与政策编制，应邀参加政策研讨和养老产业发展论坛。

（医学部产业办）

筹资与基金管理

【发展概况】 2017年，北京大学教育基金会拓展捐赠资源，规范项目和财务管理，开展投资工作，全面提升宣传水平，加强机构建设，各项工作取得稳步进展。全年签署并备案的捐赠协议共461份，总额达15.24亿元（人民币，下同），实现到账社会捐赠5.19亿元，投资收益1.79亿元，连同财务部获得国家财政配比资金1.29亿元，管理的各类捐赠项目2800余项，直接奖励、资助师生9000余人次。全年到账捐赠中，用于学生项目的占9%，教师项目占17%，院系项目占27%，基础建设项目占12%，留本基金占31%，其他项目占4%。

【筹资工作】 2017年，教育基金会成功促成多笔大额捐赠。

5月4日，北京大学建校119周年校庆之际，木兰汇公益基金会捐赠仪式暨何巧女董事长北京大学名誉校董授予仪式在北京大学朗润园举行。木兰汇公益基金会向北京大学捐资3亿元人民币设立"北京大学国家发展研究院木兰基金"，以支持贫困女性创业、就业、公益培养和女性领导力公益研究，支持举办木兰·全球女性领袖论坛，设立北京大学木兰奖学金、奖教金和讲席教授。

12月18日至22日，校党委书记、教育基金会理事长郝平率团访问香港，出席北京大学新年交流会，看望在港校友，拜访多位长期支持北大的名誉校董和友好人士，并签署了约1.8亿元的捐赠协议。

1月8日，嘉华集团主席及创办人、Lui Che Woo Charity董事长吕志和博士宣布向北京大学捐资1.2亿元人民币成立"吕志和生命科学学院基金"，主要用于建设北京大学生命科学科研大楼，支持生命科学学院的发展。"吕志和楼"总建筑面积达26,900平方米，共七层，专注于现代生命科学前沿交叉领域的研究。

5月5日，北京大学建校119周年校庆之际，北京大学校友、同景集团董事长吴先红先生捐资1.2亿元人民币设立"吴先红教育基金"，支持北京大学建设有中国特色的世界一流大学。

12月21日，香港嘉里集团主席、北京大学名誉校董郭鹤年宣布通过郑格如基金会向北京大学捐资1.1亿元，支持北京大学餐饮中心的建设。

12月18日，香港"北大之友"会董、北京大学国际关系学院陈上智校友向北京大学捐资5000万元，设立北京大学明德教育基金。

此外，海航集团捐资1.5亿元支持师资队伍、人才培养和关爱离退休员工，林高演先生捐资6000万元支持电教改造工程，孙陶然校友捐资5000万元支持光华管理学院和社团发展，北京大学计算机研究所1993级硕士生刘振飞校友宣布再次捐资注入北京大学王选青年学者奖励基金。

教育基金会依托校庆交流会、"财智人物 北大讲堂"等平台，积极联络具有捐赠潜力的企业家和校友；结合校领导出访，详细制定筹资方案，积极拓展捐赠资源。5月，在学校高度重视和大力支持下，校庆交流会升级为首场《讲述》活动，邀请200余位捐赠人和潜在捐赠人出席活动，以此为契机促成3笔巨额捐赠，协议总额5.7亿元。

创新院系部门合作模式，根据院系特点明确联络人，为院系筹款提供指导和服务。2017年，为医学部、就业指导中心作专题筹款讲座，成功帮助生命科学学院、新闻与传播学院、医学部、信息管理系、就业指导中心、团委等多个院系和部门争取到捐赠支持，并争取到第一笔2000万元的树人奖教金。

【项目管理】 教育基金会与校内相关部门密切合作，完成2016—2017学年度校级奖学金、助学金、奖教金的计划制订和评审工作。12月1日，北京大学2017年奖教金、奖学金颁奖典礼隆重举行。2016—2017学年共设立校级奖助学金、奖教金180余项，311名教师获得本年度北京大学奖教金，奖励总额为1519万元；4891名学生获得奖学金，奖金总额为4100多万元；设立"优秀辅导员奖"，协调落实首批讲席教授资金。12月26日，首届张世英美学哲学学术奖励基金颁奖仪式在北京大学教育基金会北大之友报告厅举行。清华大学哲学系教授陈来和北京大学哲学系教授朱良志获得首届"张世英美学哲学奖励基金"学术成就奖。

2017年，教育基金会项目数量、奖金总额较上一年度均有所增加。为提升项目管理的有效性，基金会全面梳理现有捐赠项目，明确项目负责人和执行单位，细分项目类型和目标，重点项目精细化、个性化管理，建立并完善"项目负责人负责制+基金会监管"的科学化项目管理模式。

【财务管理】 坚持"规范、透明、效益、安全、服务"总方针，完成国税登记及有关事项，顺利获批非营利组织企业所得税免税资格。完成年度例行财务审计，填报完成2016年度工作报告。结合学校最新规定修订人员经费相关管理规定，出台日常费用报销单，按照"财事结合"双重审批的思路，明确报销事项和流程。

2017年，教育基金会配合多项检查工作顺利开展。1月，接受例行的年度审计；3月，配合审计署驻财政部审计组对教育基金会的延伸审计；6月，接受民政部委托北京中平建华浩会计师事务所实施的2017年社会组织抽查审计；8月，配合审计署校办企业审计组对教育基金会的延伸审计；8月，接受教育部检查组对中央财政配比资金公益项目的有关检查工作。

【投资工作】 教育基金会投资团队按照理事会和投资委员会的决策，审慎积极地开展投资工作。认真学习国家有关法律法规，全面梳理现行投资工作制度，细化投资程序，完善投资工作制度体系；深入研究金融市场，仔细寻求适合基金会投资的金融产品与合作伙伴，合理布局投资。在市场波动的情况下较好地控制了投资风险，资产配置比例显著优化，较为有效地把握住了市场的结构性机会，投资收益较上一年度显著提高。

【品牌宣传】 2017年，教育基金会围绕筹资拓展和项目执行，继续建设微信公众平台、官方网站、月度工作简报、工作季报、《北京大学发展通讯》和《基金会年度报告》，加强深度报道，不断提升内容质量。做好信息公开工作，按照法律法规要求披露信息。制作119周年校庆宣传册。

【机构建设】 积极配合中央巡视组巡视工作，"以巡促建"做好日常工作的梳理。

加强理事会决策作用。按照民政部和基金会章程要求，组织召开2次理事会。9月22日召开第六届理事会第三次会议，增补郝平、王博、李宇宁、张新祥为基金会理事，选举郝平为基金会理事长，王博为副理事长，李宇宁为秘书长。

调整内设机构，增设法务与信息室。以制度建设为抓手，认真开展项目立项、协议审核、资金入账和境外非政府组织备案工作，出台《基金会接受境外非政府组织捐赠临时活动备案工作办事指南》《网络办公系统业务信息查询管理办法（试行）》等。修订《基金会领导班子关于落实"三重一大"决策制度的实施办法》，制定聘任岗位与薪酬待遇管理制度、月绩效考核管理办法、印章管理制度等。组织两次内部培训。

（教育基金会）

校友工作

【发展概况】 2017年，校友工作办公室全面开展"两学一做"学习教育，积极配合中央巡视组对北京大学的专项巡视工作，围绕"服务学校核心使命"这一中心任务开展工作，各项业务稳步推进。校友工作办公室始终坚持民主集中制，"三重一大"事项必须经由主任办公会集体决策。11月，学校研究决定，任命李文胜为校友工作办公室主任，免去李宇宁的校友工作办公室主任职务。

校友工作办公室继续加强对各级各类校友组织的业务指导和监督，引导各类校友组织健康有序地发展；精致区分校友需求，细化服务，为不同类别、不同需求的校友群体提供服务与支持；运用现代信息技术手段，扩大联系范围，推进信息工作发展，创新校友网络模式；进一步凝聚校友力量，提升各界校友关注度和参与热情，积极筹划120周年校庆系列活动，切实为北京大学的建设和师生发展服务。

【机构建设】 截至2017年底，北京大学校友会各类备案校友组织共计123个，2016年同期数据为119个。其中国内（含港澳台地区）备案组织49个，海外备案组织29个，院系备案组织29个，行业兴趣类备案组织16个。针对各校友组织的特点建立联络人制度，负责联络不同地区、类型的校友组织，对接校友事务，定期更新信息，搭建交流平台并分享工作经验。先后走访南京、河南、湖北、新疆、深圳、上海、香港、纽约、南加州、休斯敦、瑞士等地的校友组织。

【召开会员代表大会】 11月24日至26日，北京大学校友会第九届会员代表大会暨第十一次校友工作研讨会在新疆乌鲁木齐市召开。来自全球近百个备案校友组织的260余名校友代表参加了本次大会。大会对第八届理事会四年来工作进行了总结与回顾；选举产生了第九届理事会和常务理事会，以及第一届监事会；对2015—2017年度优秀校友工作集体与个人进行了表彰。校友代表就母校和校友工作发展、120周年校庆筹备等议题展开研讨。

【校友服务】 继续推广常规品牌服务项目，包括定期发行《北京大学校友通讯》和《北大人》校友刊物；全年办理北大校友卡1.7万余张、中银北大信用卡普卡1830张、白金卡1502张；继续办理校友电子邮箱（@pku.org.cn）；定期、主动、及时为海内外校友推送母校热点新闻；日常接待校友来访、来电，组织、协助各备案校友组织开展工作。继续拓展创新品牌服务项目——毕业季"北大毕业帮"活动。多方面服务应届毕业生，建立毕业生微信群，对接众多校友企业联合提供专属优惠服务，引导60余个备案校友组织参与"迎新"。"北京大学校友企业服务联盟"利用校友会网络平台，由校友企业向校友提供专享服务或专属产品，陆续推出话剧、游学、优惠产品等21个项目，并组织单身联谊等线下活动，已逐渐形成北大人互惠互助的校友生态系统。

【校友网络平台建设】 继续加强北大校友网、校友会微信和微博的建设，协助学校及相关管理部门维护北大网络形象，关注、整理和反馈网络舆情。

重点推进校友数据挖掘工作。分类整理校友名单，追踪重点校友信息，发布校友统计报告。先后完成院士校友名单、十九届中央委员、中央纪委委员名单、北大院士校友等名单的发布工作。

先后发布两版"燕缘"网络产品，通过办理校友卡、活动报名、校友组织管理等方式，引导校友注册"燕缘"；通过重点校友联系、校友接待走访、线下活动组织等方式，进一步提升"燕缘"品牌在校友群体中的影响力。在校庆校友返校日推出"119校庆日丨母校，我想对你说"线上送祝福活动和"119校庆日丨燕缘摄影展"线上活动。截至目前，"燕缘"已拥有注册用户9700余人，活动26个，2017年度在线办理校友卡2909张。开发"燕缘北大人"微信小程序，以校友认证查询、校友卡在线办理、微信卡包等为主要功能，并具备强大的后期扩展能力。

【年度活动】 2017年，策划组织海内外大型校友活动十余场。举办"在京老校友新年联谊会""燕京大学校友返校"等活动；119周年校庆期间，以"家·年华"为主题策划组织了多个门类、十余项丰富的校友活动；协调近20个校内部门机构，开放了赛克勒考古博物馆、地质博物馆、图书馆等科教文化资源，与校友分享母校的发展成果。校友工作办公室主办或协办中国创业者2017峰会、2017北京大学全球金融论坛、校友书法展、校友新年音乐会、校友足球赛等活动，并在北京大学主办的"院士回母校"首场活动、西南联大建校80周年纪念大会、120周年校庆年启动仪式和"讲述——建校119周年'双一流'建设推进交流会"系列活动等多场大型活动中发挥重要作用。

【北京大学全球大学生创新创业中心】 2017年3月，由校友工作办公室负责资金筹措、工程改造和运行管理的"北京大学全球大学生创新创业中心"正式投入运行，项目设计功能包括"新青年"创客空间、创业大讲堂、创业咖啡、创新创意设计展示中心和"极客"实验室等。中心充分调动北大校友企业家资源，整合大学、地方政府、产业实体和金融机构等多种社会资源，全链条、全方位地构建大学生创新创业生态系统。截至2017年12月，中心已举办各类主题活动近200场，有25个学生创业团队进驻"新青年"创客空间，6个在校生创业团队获得了融资。中心接待多位国家领导人、教育部、科技部、共青团中央和北京市领导的视察，积极推动以创新创业为主题的国际创业资源整合及港澳台学生交流，举办英国、美国、泰国、韩国等多个海外交流项目，进一步扩大北大的国际影响力。

【筹资工作】 校友工作办公室不断提升校友捐赠率，在制订规划、活动策划、宣传推广、基金管理及后续服务等方面进行了积极的尝试。"2018北京大学校友新年音乐会"反响积极，共计500余位校友参加音乐会，捐赠金额突破25万元，助力学校艺术文化发展；培育在校生感恩意识，连续4年举办"转身之间，赠书留香"毕业季捐赠活动，应届毕业生捐款率超12%；关注患病校友，倡议北大人捐资助力，传递校友情谊。倡导并协助院系、校内部门开展校友筹资工作，为大讲堂多功能厅的建设牵线搭桥，促成"李莹文化艺术基金"的设立；帮助遥感基金、山鹰社珠峰攀登项目争取大额捐赠。

【校庆筹备】 校友工作办公室深度参与北京大学120周年校庆筹备工作，先后参与校庆视觉系统设计、校庆年启动仪式、"联大手迹"、母校的味道等校庆系列活动，配合支持《与北大同行》校庆纪录片的策划、拍摄工作，发起并组织"北大1200公里不间断接力""北大人120周年120万公里全球跑""2017广州黄埔马拉松北大赛中赛"等活动，其中全球跑完成30余万公里跑量，参与校友超过5000人。全面开展西南联合大学建校八十周年纪念大会系列活动，包括纪念会、献花仪式、西南联大精神研讨会、西南联大校史展览等多项活动，联络、接待40余位高龄联大校友、多所高校代表等400余位嘉宾，联系媒体近百家，在校内外受到广泛关注。

（校友工作办公室）

医　　院

医院管理

【发展概况】 2017年1月至11月,北京大学医学部各医院门诊总计14,982,969人次,急诊总计1,193,153人次,出院总计446,824人次。平均住院日与去年相比进一步缩短,由9.98天缩短至9.63天。

【医疗信访管理】 2017年,医管处共接待、处理群众医疗投诉类来访、来信、来电及传真等共计40件次。医管处按照上级部门维稳要求,起草《北京大学医学部医疗信访处理流程》和《医管处信访工作规定》,对规范医疗信访流程,维护学校和医院的安全稳定发挥了积极有效作用。

【社会服务】 自2015年起,医学部领导高度重视中共中央组织部、人力资源社会保障部、国家卫生计生委关于开展医疗人才"组团式"援藏工作的要求,责成医管处作为此项工作协调部门,根据受援医院在专科建设和人才队伍建设方面的实际需求,先后于2015年8月、2016年7月、2017年7月派出来自北京大学第一医院、北京大学人民医院、北京大学第三医院和北京肿瘤医院的63名医疗人员赴西藏开展组团式援藏工作,其中高级职称医疗人员占56.5%,涉及专业22个。医学部2017年派出第三批援藏队员21名,并于7月26日组织召开了医学部"组团式"援藏医疗队员欢送会,会上颁发了装备和纪念品。

4月8日,北京市医药分开综合改革正式启动。作为归口管理单位之一,医学部高度重视医改工作,领导亲自视察各附属医院医改实施情况,确保医改顺利进行。医管处作为医学部医改主要负责部门,按时、保质地上报医改发文及各项信息数据,并将医改文件和会议的要求及时传达到各医院落实,得到了北京市医改部门的肯定。

完成中央巡视组驻北京大学期间的医疗保障、党的十九大和北京大学第十三次党代会保健任务的组织协调工作。

继续支持国家医疗服务数据中心建设。医管处是国家医疗服务数据中心挂靠在北京大学医学部的具体办事机构。医管处和医学信息中心相关技术人员通力合作,完成了国家卫生计生委医管中心委托的相关工作,为全国96家医院分别撰写了基于病案首页的医疗服务评估报告,完成了42万元专项资助的6项医疗数据研究项目、全国扶贫数据整理、国家罕见病目录整理等相关工作,并受到了肯定。

【医院管理工作会议】 11月27日,医学部组织召开医院管理工作会议。此次会议邀请国家卫生计生委医政医管局领导和北京市卫生计生委领导参会,北京大学医学部领导及相关职能部门、10家附属医院的院领导及相关处室近百人出席会议。会上,北京大学副校长、医学部主任詹启敏宣读了医学部医院管理委员会换届决定并颁发证书;医学部副主任刘晓光对附属医院医政监测数据、医疗工作情况进行了讲解;国家卫生计生委和北京市卫生计生委领导对目前我国医改政策进行了解读,并对医学部及附属医院未来的发展提出了希望和建议;各医院院长、书记与上级领导进行了积极交流和互动;最后,医学部主任詹启敏、党委书记刘玉村展望了各附属医院及北大医学的未来发展方向,并提出要求。

【北京大学校医院合作工作】 9月,根据北京大学党委常委会关于北京大学校医院合作工作的要求,医管处等相关部门对校医院现况进行多方面调研,并形成调研报告,明确推进时间。

【护理工作】 5月10日,召开"庆祝5·12国际护士节表彰大会"。经各医院评选推荐,共有24名护士长、91名护士被授予2016年度"北京大学医学部优秀护士长、优秀护士"称号。

【医疗质量检查与评估】 连续9年对附属医院医疗质量进行检查,今年重点对重大突发事件应急管理、培训与演练以及手术室医院感染问题进行了专项检查,并依据病案首页,对附属医院做出医疗质量评估。

(医院管理处)

表11-1 北京大学附属医院医疗信息统计(2017年1—11月)

机构名称	实际床位(张)	总诊疗人次数(人次)	门诊人次数(人次)	急诊人次数(人次)	出院人次数(人次)	住院病人手术人次数(人次)	出院者平均住院日(天)	病床使用率(%)
第一医院	1574	2,437,987	2,281,911	156,076	78,737	41,733	6.74	99.63
人民医院	1720	2,442,645	2,292,007	150,638	74,473	36,054	8.1	106.00
第三医院	1755	3,591,764	3,359,934	231,830	93,804	45,102	5.79	93.80
口腔医院	157	1,424,400	1,343,819	80,581	6472	6089	7.9	97.00
肿瘤医院	778	558,866	558,866	无	58,478	12,397	4.29	97.30
第六医院	221	274,403	274,403	无	2949	无	26.44	105.59
深圳医院	1443	2,647,726	2,415,241	232,485	57,662	31,798	7.6	93.24
首钢医院	921	870,735	788,831	81,904	27,386	6481	10.18	91.24
国际医院	750	577,094	546,939	30,155	21,607	11,372	9.58	86.10
滨海医院	800	1,350,502	1,121,018	229,484	25,256	20,348	9.7	92.60
总计	10,119	16,176,122	14,982,969	1,193,153	446,824	211,374	9.632	96.25

第一医院

【医疗工作】

表11-2 2017年1—12月完成的主要任务数、医疗及绩效指标

1. 期末实有病床数	1574		
2. 入院总人次	86,325	出院总人次	86,367
3. 门诊人次	2,499,777	日平均	8195.99
4. 急诊人次	176,554	日平均	483.71
5. 平均病床日均门诊人次（含急诊）		5.51	
6. 住院病人手术人数	45,847		
7. 麻醉意外人数	无	麻醉死亡人数	无
8. 急诊抢救总人次	11,120	抢救成功人次	10,775
9. 无菌手术切口甲级愈合率（%）		99.60	
10. 病床使用率（%）		99.96	
11. 出院者平均住院日（天）		6.75	
12. 病床周转次数（次/年）		54.87	
13. 平均床位工作日数（天）		364.86	
14. 尸检率（%）		0.4	
15. 急诊病人入院率（%）		11.28	
16. 危重病人急诊抢救成功率（%）		96.90	
17. 院内感染率（%）		0.86	

医政管理工作。2017年完成对口支援及政府公益性工作：对口支援24家单位；完成中组部医疗人才"组团式"援藏工作；组织完成北京市"服务百姓健康行动"全国大型义诊周活动；收治"明天计划"残疾患儿住院52人次。对外合作5家医院，派出专家2078人次；刊发《医疗信息简报》12期，发布《医疗综合评估档案》12期；开展23个专业48个病种的临床路径管理工作，完成入径患者176例，准入医疗技术6项；2017年共组织院内会诊42,846例，院外会诊566例；终末病历质控7321份，终末病历甲级率93.7%；围术期病历抽查1029份，总体合格率86.39%；完成放射防护各项预评、控评、验收和更新工作；2017年接报医疗安全（不良）事件1454件。2017年，全院出诊单元80,066个，停诊率为1.7%；新增专病专症门诊21个；预约挂号率54.1%，社区预约转诊26,041人次，新增合作社区4家；完成门诊手术1070例，新开设MDT门诊6个，MDT门诊共接诊960人次，组织门诊疑难病会诊13例；新增特需医师19位；开展门诊健康大讲堂41场。2017年度新发纠纷统计核定为55例。进行过错鉴定10例，医疗事故鉴定1例，尸检3例，亲子鉴定1例，医调委鉴定35例。

护理管理工作。2017年临床护理完善全员参与质量管理模式，开展延续护理及在线患者健教项目；组织护理质量督导31次；分别发放住院、门诊患者满意度调查问卷9934份、6512份，满意度分别为99.87%、98.36%；评出"一病一品"标杆病房12个，美化环境标杆病房4个。培训护生439人次、进修生290人、新护士342人、专科护士认证学员487名；获批中华护理学会老年专科护士实习基地；引入加拿大安大略省护士协会最佳实践指南应用项目；继续帮扶多家医院，推进深圳医疗卫生"三名工程"。申请各级护理科研基金68项、国家专利57项，发表论文100篇（1篇SCI）；获得1项北京护理学会成果奖；出版护理书籍11本。构建磁性职场环境；培养54名专科护士，选派11人分赴加拿大、丹麦、香港培训。

感控管理工作。2017年开展医院感染监测86,493人，处理医院感染高危病例预警12,593条；开展医院感染目标性监测与防控4456例；手卫生工作共检查37个科室的12,576人，依从性为90.6%，正确率为98.3%；2017年医院感染"0"暴发。2017年报告传染病1649例，无迟报、漏报；完成高风险岗位职业病危险因素的检测及上报工作和14人的职业健康体检。发放健康教育宣传资料共计19,079份；组织了爱耳日、艾滋病日等19个卫生日的宣传工作。

医学装备管理工作。2017年完成了医学装备概念下的设备与耗材融合管理，建立了院级医学装备管理委员会和多部门联合的医学装备管理框架。认真落实中央巡视整改专项工作方案的精神，"真认账、真反思、真整改、真负责"；落

实医改政策，不断完善医学装备管理，细化耗材管理内容，重新梳理在用医用耗材的供应商、分类、品种和品规。2017年完成财政项目采购4项，4200万元；院内自筹采购308项，15,211万元；信息类采购项目37项，4135万元；维护保养项目22项，2099万元。设备类固定资产报废596台套，3163.4万元。计量强制检定设备5861台件，支出计量费用51万元。日常维修设备1275台，364.5万元，日常巡检、维护、保养3106台次，随访700科次。完成设备各类专项清查4次。完成耗材采购入库17,589单，55,064.5万元，出库33,855单，发出53,877.3万元，签订合同358份。新增耗材品规准入前价格论证122项。完成供应商变更45家。

信息化建设工作。2017年规划无线网、行政网改造工程，医院信息平台建设方案；完成医改信息系统切换、提供数据监测工具，提供支付宝处方支付功能，自助机上线；移动护理信息系统、手麻系统、输血管理系统、门诊手术预约系统等上线；新装电脑整机147台、打印机44台，维护电脑604台次、打印机597台次，现场排除故障1833次，新增信息点210个；规划医院网络安全体系、应对勒索病毒。

药事管理工作。2017年按时顺利地完成了"药品目录比对""网签协议""执行药事会决议""阳光采购平台采购药品""调价退票"等医改相关工作；加强合理用药管理，监控重点药品品种，降低药占比；召开抗菌药物合理使用、处方点评、多重耐药菌管理会议；新开展HPV药师专科门诊；新增2个病种的患者教育工作；调剂发药人员、临床药师对不合理的处方进行干预、点评；崔一民教授荣获中国生命科学研究领域权威奖项、第十一届"药明康德生命化学研究奖"学者奖。

医保管理工作。2017年加强医保总额预付管理，完善考核指标制定和月度数据统计分析工作；完成北京市医疗保险特种病备案3632人次，工伤尘肺患者挂号审核133人次；审核医疗保险患者住院费用34,715人次，新增信息系统提示372项；启动医保患者出院结算审核流程调整，并进行试点培训、现场辅导；完成医保中心拒付项目分析886笔，118,119.35元；完成9省的新农合跨省就医联网结报签约，2017年完成14人次的结报工作；完成北京市基本医疗保险跨省异地就医住院医疗费用结算1599人次。

干部保健工作。2017年共完成121名院士专家的体检工作，为152名享受副部级医疗待遇人员进行了集中健康体检。干部门诊接诊院士424人次、副部级干部995人次，收治院士54人次、副部级干部173人次、正部级干部12人次。2017年完成国家卫生计生委保健局安排的医疗保健任务18次，派出医务人员69人，参加服务共369天。安排专家参加保健局组织的中央保健对象会诊41次。完成两会、"一带一路"国际合作高峰论坛、十九大等大型医疗保障任务及外院应急转运工作。

【教学工作】 2017年北大医院作为第二主办方成功举办了第四届中国住院医师教育大会（CCRE），并获得加拿大皇家内科和外科医师学院（RCPSC）国际学院的国际机构认证。"外科学校"获得北京市卫生计生委住院医师培训专题立项和资助。2017年，全国二十余个省市和大学来第一医院以及邀请第一医院进行"胜任力导向住院医师培训"经验介绍，受众数千人次。

2017年成立五个教学职能中心，广泛开展模拟教学、信息化、评价考核以及教师发展等多方合作。申报并承担北京市教育教学课题3项、医学部教育教学课题7项。

本科教学将思想政治教育和职业精神培养融入课堂教学并开展系列人文教育活动，突出临床专业课程的通识和胜任力理念，完成基础医学专业临床课程设计和医学部系统内师资培训；研究生工作获北京大学优秀博士论文4篇，转博通过率60%，获研究生创新奖14项；2017年全院各级共363项继续教育项目，受众达41,000余人。

【科研工作】 2017年度申报课题370余项，获批129项，获课题经费10,961.99万元。获批项目中，牵头国家重点研发计划1项、牵头"重大新药创制"科技重大专项1项、牵头"艾滋病和病毒性肝炎等重大传染病防治"科技重大专项1项。

院级各类基金申报178项，获批117项，支持经费408.86万元。横向课题（非政府机构发起或委托的研究课题）共立项58项，到账经费1140.26万元。

共发表各类论文1040篇，其中被SCI收录论文346篇，其中1项全球多中心临床研究的阶段性成果在《JAMA》发表。共出版书籍39本，其中专著18部。

申报获批各类科技奖励14项，其中部委级奖项5项。共申请专利76项，获授权38项，其中2项已授权专利获得转化。2017年参加国内外学术会议1721人次，共主办各种学术会议48次。共承接临床药物试验112项，结题45项。

【后勤管理】 2017年全年未发生安全事故；总务处定期组织安全检查、培训和应急演练，保障全院五个院区6792台套动力设备的安全运行、日常维保及节能管理，能耗监测平台也顺利验收；规范招标采购，2017年组织招标论证165项，车辆、家具、印刷、工程等集采目录内项目全部严格执行集采政策；完成公车改革方案制定及落实，完成十九大等国家重大会议期间本院医疗用车任务；完成职工外包食堂的招标论证及顺利交接；发表后勤论文7篇，撰写部门宣传稿件84篇。

【安全保卫】 2017年共处置危险废液780公斤；接报警1420余次，制止患者加塞挂号1614人次；清理闲散滞留人员1720人次，制止违规充电电动车133次，打击号贩子33人次，血贩子11人次；办理外籍人员住院备案40起；完成重要警卫勤务4起；制高点管控备案544人。签订安全责任书20余份，开具动火证185次；进行消防安全检查160次，消防设施巡检48次，消防电气检测1次；组织外出消防演习3

次，新员工岗前消防培训1次，科室消防演习70次，消防培训50次。顺利完成重大活动期间的交通安全保障工作和停车场管理工作。办理集体户籍借出归还手续311例，户口迁出49例，集体户籍落户68例。

【**基本建设**】 保健中心工程：2017年9月14日结构封顶。截至2017年底，保健中心工程依次完成了地下室结构施工、地上钢结构施工、部分内隔墙砌筑、轻钢龙骨墙施工及部分机电管线安装工作。图书馆教学楼已经竣工，达到交付使用状态。

城南院区工程：2017年4月26日可行性研究报告获得国家卫生计生委转发国家发展改革委的批复，8月25日获批中央在京重点建设项目，12月15日初步设计及概算通过了国家卫生计生委组织的专家评审。

【**经营管理**】 医院建立成本控制机制、加强全面预算、细化成本单位，以实现国有资产的保值和增值。

表11-3 2017年、2016年收入、支出对比（单位：万元）

项目	2017年1—12月	2016年1—12月	增减率%
总收入	380,839	367,621	3.60%
总支出	380,837	367,616	3.60%
人员经费/支出占比	40.05%	35.58%	12.56%

（张悒悒）

【**党建工作**】 坚持党的领导。用党的十九大精神和习近平新时代中国特色社会主义思想武装全体党员干部。党的十九大召开前，医院党委以"喜迎党的十九大，做好学生领路人"为主题开展讲党课，学习总书记重要讲话和大型签名活动。全院党务干部、各党支部响应号召积极组织参观"砥砺奋进的五年"大型成就展览。十九大胜利闭幕，三个层面的系列学习活动随即展开：党委书记在全院干部、党外代表、离退休代表、青年学生中讲党课，做学习十九大精神和新党章的表率；党委委员来到自己所联系的支部讲党课，充分激发基层支部的活力；各党支部书记在科室讲党课，结合本部门实际情况提出落实方案；最后全院的"微党课"大赛把学习十九大精神推向高潮。

认真学习北京大学和医学部第十三次党代会精神，落实立德树人根本任务。为迎接北京大学和医学部党代会的召开，全院党员严格执行"三上三下"推选党代表的任务。2017年落实"立德树人"根本任务，医院坚持"党政同责、教育并重"的理念，由院长、书记一把手在医院党政联席会议上确定学生思政工作的具体要求，由教学副院长和负责学生工作的副书记与教育处组成定期会议机制，落实各项思政要求，学生、研究生总支组织讲党课、"故事汇"、社会实践等活动，上下联动努力做到教育工作全院一盘棋，真正成为学生的引路人。

党政班子带头执行"两学一做"学习教育制度化常态化要求，履行党建第一责任人职责。医院党委主要负责同志、党委委员、党支部书记明确自己的在党建工作的主要职责。医院党委重新梳理党组织生活制度，强调先从党委会、党政联席会、党委书记办公会和中心组理论学习做起，达到制度化常态化的要求，为全院党组织树立良好的标杆。

德才兼备、以德为先，坚持党管干部，不断强化党支部书记"抓大局、保方向"的科室定位。2017年坚持由党委组织对医院中层干部的考察、任用、考核、岗前廉政教育。通过严格的组织程序，遴选出政治合格，思想过硬，廉洁自律，勇于担当的干部，体现了党管干部在北大医院得到具体落实。医院强调科室主任和支部书记党政同责。在核心组落实"三重一大""一岗双责"的基础上，明确了党支部书记在科室发展方向等重大问题上有否决权，提高了党支部书记的工作热情和在科室的政治话语权。

强化基层党建。1. 继续夯实"实稳优正"的党委结构，完善"高严清好"的工作机制。2017年确定党委工作具体思路即：制度建设，打造组织领导力；文化引领，提升宣传凝聚力；三延一考，强化纪委监督力；立德树人，夯实思政感召力。至2017年底一批科室建立起独立的党支部，医院基本达到党支部建在科室的要求。医院共有党总支5个，党支部75个，现有党员2020名，其中在职党员1133名，学生党员305名，离退休党员582名。

2. 贯彻"立德树人"根本任务做到"五个统一"，积极营造全面、全程、全方位育人的氛围。2017年医院党委总结提炼出立德树人的"五个统一"即：旗帜统一，强调政治方向坚定；思想统一，强调充分沟通共识；主题统一，成为开展工作抓手；行动统一，确保落实各项举措；成效统一，则是反馈成果喜人。2017年全年共发展党员25名，其中35岁以下13名，本科及以上学历15名，中、高级技术职称5名。至2017年底，北大医院已建立了一支数量充足、质量过硬的入党积极分子队伍，有强烈入党意愿的积极分子达112名。

3. 统一思想、凝聚力量，及时准确宣传报道，形成弘扬医院文化的舆论态势。2017年度的宣传工作围绕党的十九大精神学习传达和北京市医药卫生综合改革进行，及时打出了宣传工作的"组合拳"。坚持正确的政治方向、舆论导向和工作取向，统一思想、凝聚共识，使得广大教职员工的思想动态与十九大精神、与医改政策保持一致，同时深挖品牌建设内涵，结合援疆援藏等社会责任，推出"壮丽中国画卷，精彩医者人生"系列专题报道。医院一批以多学科合作、疑难重症诊疗为重点内容的通讯报道取得了良好的效果，成为宣传内容的亮点。

4. 党委领导下，做好党外人士后备干部培养，协助各民主党派做好自身建设。北大医院民主党派齐全，现有七个民主党派成员244名，除民建外，其他各民主党派均建立了独立的基层组织。医院现有全国政协委员3人，市人大代表2人，区人大代表1人，区政协委员5人，无党派人士2名。

2017年新发展党派成员4人党外人士积极参与医院改革和发展，为医院建设贡献力量。

5.群团、青年、离退休等工作踏实务实，为维护医院和谐保驾护航。2017年医院召开第七届教职工代表大会，第十一届工会会员代表大会，选举产生了新一届教代会常设主席团成员及各专门工作委员会。先进职工小家、模范职工小家建设蓬勃，职工活动丰富多彩。在2017年召开了共青团北京大学第一医院第八次团员代表大会，并选举产生了新一届团委领导。广大团员青年积极学习党的十九大精神，提升了团员的思想政治水平。离退休党总支注重党员的教育，开展了"不忘初心，牢记使命，永葆革命本色"主题教育活动。2017年完成了10个离退休党支部的换届工作，同时举办了第十九期离退休党务干部培训班。

全面从严治党。1.持之以恒、正风肃纪，坚定不移地贯彻全面从严治党的要求，全面履行党委主体责任和纪委监督责任。建立健全党风廉政建设责任制体系，完成本年度党风廉政建设责任制分工，明确党委的主体责任和纪委监督责任。按照新的党委行政班子领导成员所辖职责，责任到人，强调领导干部履行"一岗双责"，按照党风廉政建设主体责任实施细则的要求，担当起组织领导、选人用人、监督管理、支持保障、示范表率的责任。

2.坚持做好党支部考核评估、支部书记述职和党支部委员会整体换届工作。2017年医院对全体党支部进行了网上考核评估，参与率达95%以上；随后支部书记按照党委的述职提纲进行了书面述职。在党支部委员会换届过程中，测评述职表现落后的党支部书记和支委会均得到调整。

3.认真对待中央巡视整改问题，强调以扎实的行动、精细的管理取得整改的标杆。医院党政领导班子经过认真研究决定，本着"随查随改、立行立改，改之迅速、行之有效"的标准行进。自中央巡视以来，医院认真落实中央巡视整改意见，旗帜鲜明、态度明确，由党政领导亲自部署，秉承聚焦问题和全面清理的工作思路，认真查找问题，梳理流程，建立制度。

（田 雨）

人民医院

【发展概况】 基本情况。卫生技术人员3684人，其中正高级职称267人，副高级职称331人，中级职称873人，初级师1172人，初级士及未评聘1041人。

医院专用设备账面净值30,543.6万元，其中甲类医用设备3台、乙类医用设备12台，本年度新购置医用设备总金额7487.99万元，无甲、乙类医用设备。业务总收入411,811.35万元，其中医疗总收入386,522.55万元。

机构设置。新增设6个科室（部门）：创伤救治中心、睡眠中心、行政事务管理委员会、通州院区综合办公室、白塔寺院区综合办公室、纪委办公室（监察办公室与纪委办公室合署办公）。目前，设有48个临床科室，17个医技科室，28个行政职能处室。

院区情况。医院使用运行2个院区，筹建2个院区。白塔寺院区（建筑面积2.2万平方米）和西直门院区（建筑面积11万平方米），编制床位1048张。建设中的北院区预计2019年投入使用，通州院区预计2018年投入使用。

【医疗工作】 2017年出院81,893人次，床位周转52.2次，床位使用率90.46%，平均住院8天。住院手术50,364例。剖宫产率36.4%，孕妇死亡率0.36‰，新生儿死亡率2.2‰，围产儿死亡率8.6‰。科室34个实施临床路径，病种647个。全血4U，红细胞悬液56,863U，血浆4,268,700mL，血小板30,920治疗量，自体输血2363人次，自体输血量7160U。

预约挂号管理。采取手机APP、自助挂号机、挂号窗口、北京市预约挂号平台（114平台）、诊间预约（医生工作站）、功能社区挂号、电话预约（88,324,600）等预约挂号方式。2017年，预约挂号1,298,822人次，占门诊总人次的48.98%。

卫生计生委审批登记项目包括神经介入诊疗技术和三级以上外周血管介入诊疗技术。

药物管理。药占比26.93%，其中门诊药占比18.05%，住院药占比8.88%。门诊患者抗菌药物处方比例6.29%，急诊抗菌药使用率44%，住院患者抗菌药物使用率38.18%。

医保工作。北京市医保出院人数33,714人，其中城镇职工医保出院29,621人（不含生育保险、离休、医疗照顾人员、居民大病医疗、工伤保险），总费用74,884.19万元。开展专项违规问题整改工作，减少门诊拒付费用；加强数据分析和网格化管理，定期将各项医保数据情况及时反馈给临床科室；配合人社部推进基本医疗保险全国联网和异地就医住院医疗费用直接结算工作；参与国家新农合跨省就医即时结报试点工作；完成医药分开综合改革任务，做好应急预案。

三级医疗开展情况。接收基层医疗机构和社区医疗机构共上转患者48,726人次，下转社区医疗机构患者973人次。

医疗支援。6月16日，胸外科赵辉主任医师赴江苏丰县爆炸事故救援。6月24日，院长助理王天兵、神经外科主任医师刘波、重症医学副主任医师吕杰、创伤骨科主治医师黄伟赶赴四川茂县山体垮塌救援。7月6日，创骨科副主任医师薛峰、重症医学科副主任医师赵慧颖赴河北承德围场县重大交通事故救援。8月10日，创伤骨科张培训主任医师前往四川省阿坝州九寨沟县抗震救灾。8月11日，创伤骨科陈建海副主任医师赴陕西省秦岭1号隧道交通事故救援。对口支援工作范围辐射到我国西部边陲，派出基层锻炼医疗队21批次，其中外地10批次，京内11批次。派出队员74人次，其中副高职称29人次，中级职称45人次。配合中共中央组织部、人力资源和社会保障部、国家卫生计生委医疗人才"组团式"援藏工作，派出第三批援藏医疗队共计7人，其中副高职称3人，中级职称3人，初级职称1人。派出中组部援疆副高职称干部1人，派出援青副高职称专家1人。医疗纠纷处理。医院无医疗责任险，受理医疗投诉90例。结案赔偿28例，其中自行协商解决12例，医调委调解5例，法院判决11例。赔付总金额419万元，其中医院承担419万元。

【护理工作】 2017年护士1942人，其中本科547人，研究生及以上学历25人，医护比1∶1.8。床护比1∶1.03。ICU床位49张，CCU床位21张，NICU床位6张。护理单元62个。

完善护理管理体系，明确科护士长、护士长任职条件和考核标准；梳理护理质量管理委员会章程，下设护理管理组和专业组，包括文化建设组、制度建设组、在职培训组、静脉治疗专业组、压疮管理专业组、糖尿病健康教育专业组、急危重症护理专业组并调整委员会人员；《北京大学人民医院临床护理规范丛书》出版发行，共634条护理规章与流程；优化移动护理信息系统，改进护理工作流程，加强护理质量督查，护理不良事件上报率100%，整改率100%；组织护理管理者培训12次，选送103位护士长和骨干护士出国短期参观学习。

加强护士培训工作，选派33名骨干护士参加中华护理学会和北京护理学会组织的专科护士培训，共有246名专科护士，16个专科护士资格认证临床教学基地，接收学员34批次434人。举办各类护理专项培训，包括静脉治疗护理联络员培训、皮肤护理联络员培训、疼痛护理联络员培训、护理信息化联络员培训、糖尿病健康教育联络员培训、责任护士岗位培训等。招收护理专业临床实习生共计165人；招收北京大学医学部护理专业本科学生临床实习20人，各类见习218人次。

【科研工作】 2017年申报各类科研课题283项，中标100项。其中国家级42项，经费6659.4万元；省部级34项，经费1889.6万元；校级15项，经费559.44万元；国际及学会9项，经费123.3万元。在研课题386项，结题158项。

"单倍型相合造血干细胞移植的关键技术建立及推广应用"获2017年度国家科学技术进步奖二等奖；获中华医学科技奖一等奖1项，获华夏医疗保健国际交流促进科技奖二等奖1项、三等奖1项，获中华预防医学会科学技术奖三等奖1项，获2017年度何梁何利基金科学与技术进步奖1项。本年度共有18项专利获得授权；其中，授权发明专利8项。

拥有1个教育部重点实验室，9个北京市重点实验室，2个北京市国际科技合作基地，1个北京临床医学研究中心。拥有11个国家教育部重点学科，18个国家卫生计生委临床重点专科。

【医学教育】 承担临床八年制、基础八年制等共计16个轨道的教学任务，在培学生共计1041人。承担规范化培养住院医师、规范化培养专科医师等10余个轨道的培训、培养管理工作，共计学员2077名。培养临床医学专业八年制学生250人，专业学位研究生、科学学位研究生、在职研究生及港澳台研究生和留学生共计479人（其中临床专业学位博士研究生37人，医学科学学科博士研究生103人，临床专业学位硕士研究生174人，医学科学学科硕士研究生76人，在职博士和硕士研究生69人，港澳台研究生和留学生20人）。教师1911人，其中教授71人，副教授22人。招收博士研究生52人，硕士研究生85人，在职申请学位人员30人，港澳台研究生和留学生7人。前往美国等国家和地区进修学习共23人。

【学术交流】 接待来访外宾及港澳台来宾37批103人次。完成国家卫生计生委派遣的非洲英语国家医院管理研修班。参加国际学术会议117人次。接待来访外宾及港澳台来宾37批103人次。完成国家卫生计生委派遣的非洲英语国家医院管理研修班。

【信息化建设】 信息化建设投入2800万元。完成北京市医改相关信息工作的技术支持，成功实现系统顺利切换；配合国家卫生计生委有关部门在国内率先实现新型农村合作医疗即时结算和信息报送工作；支持医保跨省异地就医住院医疗费用直接结算工作，完成首例跨省异地就医人员住院医疗费用结算工作；完善危机值管理系统；完善电子病历手术分级管理功能建设；启动自助机和移动APP项目，成功开通患者挂号功能。

【基本建设】 2017年1月，西直门院区麻醉恢复室改造工程竣工；4月，启动西直门院区门诊楼配电室增容工程；6月，西直门院区门诊楼五层诊室装修工程竣工；7月，西直门院区住院部介入诊疗设备安装配套场地改造工程；西直门院区科教楼与门诊楼地下连廊防水堵漏工程竣工；8月，西直门院区消毒供应室设备更新配套工程竣工；9月，西直门院区西配楼改造工程开工；11月，西直门院区科教楼陆道培学术报告厅装修工程完工。

【党建工作】 2017年医院有党总支2个，49个教职工党支部，4个离退休党支部，4个学生党支部。共有党员1667名，其中包括在职党员1112人，离退休党员268名，学生和研究生党员237人。2017年医院共完成发展对象预审25人，完成发展对象入党程序20人，预备党员转正36人。2017年北京市党建工作平台正式启用，共办理党员转入手续152人次、转出111人次。

在思想学习上，2017年共开展15期支部书记面对面学习，79人次参加；制定《北京大学人民医院党委理论中心组、中层干部学习制度及计划（2017年）》，组织开展10期中层干部培训，参加人员近2000人次；2017年初应用网络培训考试信息技术建立党员在线学习培训考核体系，以1200余名全院在职党员及学生党员为培训对象，依托医院员工自助平台的"培训管理"系统，进行网上学习与答题测试，已上线15项学习课程，并配套15套试卷，共计400余道试题。

院党委组织各支部参与征文及党建创新立项申报，获医学部立项7项，并首次在医院层面给予10项课题立项支持，报送中国卫生思想政治工作促进会城市医院分会征文26篇，报送中国卫生思想政治工作促进会教育分会征文13篇。采用全面质量管理的项目管理方式，开展"以问题为导向"的"两学一做"与中心工作相结合项目，2017年共立项42项，并由党委书记牵头组织开展了7次中期评估会。

6月26日召开北京大学人民医院第四次党代会代表2017年年会，总结了医院第四次党代会以来医院党委和纪委的主要工作。在干部管理方面，2017年选聘了选拔职能处室正副职干部共45人，并完成了科研处、财务处等科级干部选聘，涉及21个职能处室。开展新任命干部的廉政谈话，新任命干部签署了《北京大学人民医院领导干部任职廉政承诺书》，完成了《廉政知识测试》。

2017年医院党委荣获中国卫生思想政治工作促进会城市医院分会"思想政治工作先进单位"称号。通过支部推荐、党委评选等程序，评选出北京大学优秀党务和思想政治工作者4名，医学部优秀的党务和思想政治工作者4名，北京大学党务和思想政治工作奉献奖2名，院级优秀党务和思想政治工作者4名，院级优秀共产党员146名。

【成立创伤救治中心】 2017年3月15日，医院举行创伤救治中心（以下简称"创伤救治中心"）成立大会。全国多个省市和地区的创伤救治专家，北京市各级各类118家三级、二级、区医院和社区服务中心的急诊、呼吸、心脏、神内、神外、肾内、妇产、放射、影像等科室专家莅临大会。"创伤救治中心"是人民医院创建的第一个学科群模式，围绕严重创伤救治的目标和任务，设立"资源共享、优势互补、协作攻关"的学科群。针对涉及多个学科的严重多发复合伤，发挥学科间的优势互补作用，提高重创伤患者的救治率。

【完成医药分开综合改革工作】 北京市医药分开综合改革从2017年4月8日起全面实施。医院从人员培训、信息系统改造、就诊流程优化、数据监测上报、政策宣传维稳等方面开展了一系列工作。医院成立医药分开综合改革领导小组和工作小组，对医改工作进行分解落实。组织召开"医药分开综合改革动员部署培训会"、临床医疗集中培训、护理培训、财务培训、门急诊人员培训等培训活动。在政策宣传方面，医院以悬挂横幅、电子显示屏滚动播放、摆放易拉宝、张贴海报、发放宣传册、网站宣传等方式解读医改政策。医院信息中心制定了系统切换方案和回退方案，进行435项服务条目导入关联的数据准备，与财务、医保、医务、护理、医技科室及相关开发公司合作进行系统改造，建立测试环境，研究条目组合方案，监测报表生成，同时配合字典修改、条目对应、退费退药退号流程、号表管理进行一系列改造，并开展系统切换实际演练，制定系统备份恢复方案、客户预案、信息技术支持等一系列周密的应急预案。

【姜保国获何梁何利基金科学与技术进步奖】 姜保国教授于2017年获得何梁何利科学与技术进步奖。姜保国教授研究并制定了中国严重创伤救治规范，自主研发了现场急救与救治医院间的信息联动系统，从根本上改变了中国严重创伤救治现状和流程；作为"973"国家项目首席专家，在国际上提出周围神经替代修复、周围神经修复过程中的重塑等多项创新性假说，并进行了系统论证；首次提出内固定材料应基于国人的解剖数据进行设计，并率先提出了关节周围骨折的理念，证实关节周围骨折独特的愈合模式；设计完成具有自主专利权的符合国人解剖特点的内固定系统。

【黄晓军获国家科学技术进步奖二等奖】 黄晓军教授课题组成员开展的"单倍型相合造血干细胞移植的关键技术建立及推广应用"项目，获得2017年度国家科技进步奖二等奖。单倍型相合造血干细胞移植的关键技术建立及推广应用"项目是基于自创的粒细胞集落刺激因子诱导免疫耐受，该项目组创建个性化单倍型相合移植方案、单倍型相合移植供者优选原则、优化的感染防治等关键技术，形成原创单倍型相合移植体系，被国际同行称为"北京方案"。"北京方案"治疗急性白血病和重型再生障碍性贫血的总体生存率达75%—89%，取得与同胞全合移植一致的疗效，实现人人都有造血干细胞移植供者；近3年单倍型相合移植已成为国内首位移植模式。

（人民医院）

第三医院

【发展概况】 基本情况。医院院领导班子9人，设有36个临床科室。卫技人员4072人，其中正高级职称243人、副高级职称350人、中级职称874人、初级师1031人、初级士1574人。医疗设备净值49,177万元，其中甲类医用设备2台、乙类医用设备22台。新购置医用设备总金额21,115.85万元，其中甲类医用设备1台，乙类医用设备3台。

机构设置。新增3家医联体成员单位，总数达26家。

【医疗工作】 基本医疗情况。门诊369.89万人次，急诊29.22万人次；出院103,056人次，床位周转次数58.79次，床位使用率94.05%，平均住院日5.78天/人次；手术61,472例次。

医疗质量管理。建立医疗技术临床应用负面清单动态管理机制，强化事中事后监管。运用根因分析等管理学方法，全面梳理和优化"危急值"管理，提高流程易用性和可操作性，保证"危急值"报告制度的落实。充分利用医院感染实时监测预警及在线交互平台，尽早发现感染病例，及时多渠道给予干预措施，尽早隔离控制传染源，切断传播途径。持续加强临床路径管理，为即将推开的全员全病组DRG付费试点工作做好充分准备。试行预约挂号统一号池管理，实现住院患者基本信息微信录入，减少患者入院时办理手续时间。推进护理管理工作，以提升患者就医体验，提升工作效率。积极开展临床药学多学科联合查房及会诊，并开展联合门诊，实现了PIVAS医院全覆盖，极大地保障了医院的用药安全。

【教学工作】 完成723名医学生6658学时教学任务，在读研究生403人，61人获得学位。在岗博士生导师57人，硕士生导师120人。

第一阶段住院医师规范化培训280人，第二阶段培训或专科培训在培130人。各类进修人员1688人，国家级和北京市继续医学教育项目103项。

段丽萍教授荣获北京大学医学部教学名师奖，乔杰教授荣获北京大学医学部教学成果一等奖，赵一鸣等四名教师荣获2017年度北京大学优秀教师奖，高炜教授荣获2017年度北京大学医学部教学管理优秀奖及教育教学成果三等奖。普外科团队荣获2017年度北京大学医学部优秀教学团队奖。2017年，青年教师在各类教学比赛中继续取得骄人成绩，杨航老师在中华医学会第七届医学（医药）院校青年教师教学基本功比赛中获一等奖，杨航和刘玉雷在北京高校第十届青年教师教学基本功比赛（理工类）中荣获一等奖。

医院对临床医学专业课程结构进行了大幅度调整，缩减理论授课学时，开设大批选修课程；针对八年制临床医学生在校期间科研能力培训不足的短板，实施"双轨式"的科研培训模式。严抓学位论文质量，强化研究生培养过程管理。

【科研工作】 中国医院科技影响力综合排行榜列第11，北京市列第4，其中妇产科和骨科分别继续稳居第1和第3。

国家科技重大专项课题1项，国家重点研发计划项目2项，国家重点研发计划课题8项，经费总计4377.6万元；国家自然科学基金项目资助43项，青年科学基金项目21项、面上项目17项、重点项目1项、应急管理项目1项、重大研究计划2项，批准直接经费合计1850万元。项目总数及青年科学基金项目数量均列医学部各院系首位。

完成申报科技成果奖7项，北京市科技进步奖2项、教育部推荐国家奖1项、高等学校科学研究优秀成果奖2项、华夏医学科技奖2项。国家科技进步奖二等奖1项、国家自然科学奖二等奖1项、教育部高等学校科学研究优秀成果奖自然科学奖一等奖1项、各类社会力量颁奖4项，出版专著11本、译著11本。

统计源收录期刊以上杂志共发表论文674篇，MEDLINE收录论文95篇，SCI论文总篇数260篇，平均影响因子3.64。最高影响因子44.405，影响因子5以上SCI论文共29篇。《美国医学会杂志》（JAMA）（IF=44.405）正式发表医院内分泌科、生殖医学中心、临床流行病学研究中心等组成的跨学科研究团队合作完成的，名为"甲状腺功能正常的甲状腺自身免疫状态妇女接受左旋甲状腺素治疗后的妊娠结局研究随机对照临床试验"的研究结果，该研究是该领域迄今为止国际上报道的临床研究中样本量最大的RCT研究。

【交流合作】 医院出国参加国际学术会议125人次，访问交流5人次，科研合作9人次；出境参加港澳台学术会议16人次，访问交流5人次；接待外宾6次。派往美国等国家的科研及临床机构进修学习18人。10人参与"密歇根大学医学院与北京大学第三医院行政管理培训项目"。4人参加2017年度国际应急管理学会医学委员会组织的4项国际卫生管理培训项目。

【社会服务】 医院共有49名医师赴延庆区医院、延庆区妇幼保健院、赤峰市医院、赤峰学院附属医院、甘肃环县人民医院、山西大宁县人民医院开展对口支援工作，累计完成门急诊10,700余人次，手术1445例，开展新技术76项。6月，组织17名队员赴山西吕梁地区开展为期30天的巡回医疗工作，共完成门急诊2600余人次，手术43例，开展新技术6项，义诊738人次。7月，第三批6名"组团式"援藏医疗队赴西藏自治区人民医院开展为期一年的援藏工作。8月，第二批队员顺利完成援藏任务返京，一年来，援藏专家接诊病人4000余人次，完成手术665例。9月，组织11人医疗队，赴西藏昌都地区开展为期一周的义诊活动，共诊疗2150人次。

5月14—15日完成"一带一路"国际合作高峰论坛医疗保障工作；3月5—15日完成十二届全国人大五次会议医疗保障工作，诊治病人395人次；9月完成国际刑警组织第86届全体大会卫生保障工作。8月9日，完成四川九寨沟地震伤员救治工作。承担"健康快车"任务，完成新疆喀什站扶贫治盲工作，完成1026例次白内障免费复明手术。

【党建工作】 医院党委现有2个党总支，72个党支部，党员1760名。

中心组成员坚持自学与集中学习相结合，理论学习与调查研究相结合。医院党委认真落实"三重一大"集体讨论制度，通过党委会、党政联席会，进一步讨论我院认真落实"三重一大"工作具体举措，干部任命、设备采购等全部经过党委会或党政联合会议集体讨论决定，坚持民主集中制、民主决议的原则。

开好领导班子民主生活会，加强领导作风建设，按照学校要求聚焦中央八项规定精神的落实，联系个人在分管领域履行"一岗双责"的情况及领导班子党风廉政建设情况，以问题为导向，进行对照检查。顺利通过"全国文明单位"复审确认并获得表彰。

继续聚焦党风廉政建设中心任务，进一步推进党风廉政建设责任制，落实纪委职能"三转"，切实履行监督责任，强化监督执纪问责。

2017年，医院工会有工会小组71个，会员4882人；全院有48个团支部，团员1303人。

【加入中国-中东欧国家医院合作联盟】 4月27日，在国家

"一带一路"倡议下，为了加强国际医学交流与合作，医院加入中国-中东欧国家医院合作联盟。作为联盟医院之一。

【成为国家产科专业医疗质量管理与控制中心、国家康复医学科专业医疗质量管理与控制中心】 10月13日，国家卫生计生委发文，正式委托医院产科为国家级产科专业医疗质量管理与控制中心，委托我院康复医学科为国家级康复医学科专业医疗质量管理与控制中心。正式成为国家级医疗质控中心代表着我院产科和康复医学科在前期筹建阶段的工作得到了上级及国内同行的认可。

【乔杰教授当选中国工程院院士】 11月27日，中国工程院举行了"2017年当选院士颁证仪式"，正式发布增选院士名单。院长、妇产科主任、生殖医学中心主任乔杰教授当选中国工程院院士，并代表医药卫生学部增选院士发言。

（第三医院）

口腔医院

【发展概况】 基本情况。职工2525人（在编936人、编外1589人），其中卫生技术人员1936人，包括正高级职称123人、副高级职称185人、中级职称440人、初级师551人、初级士559人。

拓展建设。制定《"十三五"规划纲要（2016—2020）》《中长期发展规划（2016—2025）》。院内东楼建设项目稳步推进。与海南省、三亚市共同筹建"北京大学口腔医院三亚分院"，占地面积约7万平方米，拟设牙椅150台、床位100张。

取得成绩。受国家卫计委委托成立"国家口腔医学质控中心"，"国家口腔疾病临床医学研究中心"获科技部认定；口腔医学学科入选"双一流"建设学科，在教育部全国第四轮学科评估中荣列"A+"；连续8年位列复旦版中国医院专科声誉排行榜口腔专科第1名；在2017年QS世界大学学科排名荣列全球第13名；获全国科普教育基地（2015—2019）、北京高校先进基层党组织、北京市科普基地（2017—2019）、中华口腔医学会支持西部行公益事业奖。

（王明亮）

【医疗工作】 基本医疗情况。完成门急诊诊疗1,557,816人次，同比增长0.1%。入院7103人次，同比增长3.1%；出院7100人次，同比增长3.2%；完成手术6675例次，同比增长2.4%，占出院总人次的94.0%。

全院实有开放椅位577台，诊椅使用率98.1%，每医师日均接诊9.3人次，每椅位日均接诊8.9人次。五个病区开放床位157张；床位使用率97.0%，同比增加0.9%；平均住院日7.9天，与去年同期减少0.1天；床位周转45.2次，同比增加3.2%。

4月8日0时起，根据北京市统一部署，医药分开综合改革正式推行。

受国家卫生计生委医政医管局委托，牵头《国家临床重点专科群建设要求和考核标准（口腔医学专科）》起草工作。11月，向国家卫生计生委医政医管局提交《国家临床重点专科群建设要求和考核标准（口腔医学专科）结题报告》及决算报告。

推动国家口腔医学中心建设。9月，副院长张伟在国家医学中心工作会议上汇报了口腔中心设置标准起草情况。11月，党代会上，国家口腔医学中心建设正式列入北京大学第十三次党代会报告。11月，向北京大学医学部提交了《关于国家口腔医学中心申报相关工作的请示》。

开展预约挂号工作，11月，口腔医院手机APP平台试运行，初步实现全预约。医务处举办医疗实践大家谈。

护理工作。护理人员921人。深入开展优质护理服务工作，完善口腔门诊四手操作培训，提高临床护理服务细节质量。同护理学院合作设计全国大学生口腔护理公开课的课程内容。完成人民卫生出版社《口腔护理视频库》11项护理操作视频录制。国内外期刊发表论文13篇，其中2篇SCI刊出，参编书籍5部。

院感工作。积极开展医院感染管理持续改进工作，开展医院感染管理工作检查及自查工作，职业暴露伤监测174人次，转运医疗废物22万公斤。推动职业病与辐射管理工作顺利进行，办理首台豁免管理射线装置。

【教学工作】 学生人数。在校生总数617人，本科生（含八年制）277人，在读研究生315人，其中博士生133人、硕士生182人。在职申请学位在读25人。八年制本博连读生管理36名八年制学生、13名五年制学生毕业。

3项医学部级教改项目立项，17项医学院级教改项目立项，18项医学级教改项目结题。

研究生管理。教育部抽检博士学位论文，口腔医院5篇（2篇学术博士/2篇专业博士/1篇八年制）全部合格。3位同学获得北京大学优秀博士学位论文奖。开展导师培训。研究生宿舍搬迁至万柳校区。

住院医师规范化培训。招录住院医师45人。在北京市一阶段住院医师规范化培训考核中，考生49人，通过率95.9%；医学部二阶段考核中，考生46人，通过率96%。接收新疆和西藏规培学员各1人。作为北京市住培结业技能考核基地，承接考生195人（占全市58%）。周永胜获"优秀专业基地主任"，张路获"优秀住院医师"。

继续教育。招收进修生223人，其中少数民族18人，西部地区47人，访问学者及基层骨干学员10人，"西部行"计划免费学员5人，少数民族特培1人，贵州省"黔医人才计划"学员4人。

举办国家级项目53项，61个班次，学员4574人；市区县级项目117项，受众11,201人次。

教学其他。新设立"思创导师"16名，为每班配备1名

"思创导师"，制订相关聘任和工作职责文件。

【科研工作】 平台建设。"口腔数字化医疗技术和材料国家工程实验室"平稳运行；成功获批"口腔疾病国家临床医学研究中心"；完成3项干细胞相关研究临床前研究；筹备申报国家食品药品监督管理总局重点实验室。

科研项目。项目申请206项，获各类项目资助63项，2892.32万元。其中国家自然科学基金30项（面上项目16项，青年科学基金14项），1132万元；国家重点研发计划课题1项，383万元；中央保健课题1项，10万元；医学部项目16项，1004.32万元（"双一流"项目3项，国际合作项目3项，2016医-信交叉学科种子基金1项，2017青年培育基金5项，交叉研究种子基金4项）；北京市科技新星及领军人才4项，130万（2017/2018科技新星各1项，2017领军人才1项，2018新星交叉合作课题1项）；北京市自然科学基金7项，127万元（2017面上项目4项，青年项目2项，海淀原始创新联合基金1项）；首都临床特色应用研究3项，46万元（2016申报）；北京市科技计划1项，60万元。

项目进展、结题及审计调查133项，其中中期检查62项、结题验收38项、项目调查33项。

成果奖励。成果奖励申报11项，获2017年度北京市科技奖三等奖（口腔硬组织的生物再生及其关键调控机制研究，周永胜课题组）、2016年度北京医学科技奖三等奖（口腔癌颈部淋巴结转移机制及诊治规范研究，郭传瑸课题组）、第三届"树兰医学奖"（邓旭亮）。

申请专利18项，其中国际发明专利3项，国内发明专利13项，实用新型专利2项；授权发明专利12项，实用新型专利5项；专利转化6项。

英文论文209篇（其中SCI收录第一作者单位188篇，通讯作者单位9篇；英文非SCI论文12篇）；中文论文220篇，其中中华系列72篇，北医学报47篇，其他杂志101篇；出版著作10部，其中编著5部，译著5部。

人才培养。21人纳入梯队培养，其中第一梯队6人，第二梯队15人。第五届38名院内博士后累计产出SCI论文21篇。新纳入培养院内博士后36名。院级青年基金27项结题、22项进展汇报、16项立项。

学术活动。举办3个国际学术会议：2017国际口腔颌面外科论坛、2016北京-首尔唾液腺研究联合研讨会暨2016年北京大学口腔医学院唾液腺疾病研究中心和唾液研究中心联合年会、中国-马来西亚口腔颌面外科学术年会。举办2个全国性学术会议，组织教职工参加国际牙科研究会年会（IADR）会议等。

科研支持系统建设。召开第一届口腔药物及器械临床试验规范管理经验交流会，推动药物及器械临床试验。伦理委员会审查项目204项。

【预防工作】 承担卫计委"全国儿童口腔疾病综合干预项目"管理工作及技术支持。

承担全国第四次口腔健康流行病学调查项目专家组、技术组和督导组工作。

承担国家卫计委"防治结合型口腔医疗机构模式探索项目"第二期项目。

【社会公益工作】 对口支援帮扶工作。与11家医院签署对口帮扶协议，选派12批专家团队61人次赴帮扶医院开展学术讲座。

援藏干部江泳圆满完成在西藏大学医学院的援藏工作凯旋，孙志鹏被选派为"教育部第九批援疆干部人才"赴新疆石河子大学医学院第一附属医院挂任副院长开展一年半的援疆任务。

承接北京市卫计委和民政局组织的"孤残儿童手术康复明天计划"和中华慈善总会的"微笑列车"惠民服务工作，完成35例残疾儿童的唇裂、腭裂修复术及唇腭裂继发畸形修复术。

响应京津冀协同发展号召，接收津冀地区进修生38人。选派9名老专家分三批到海南帮扶当地口腔医疗工作。

【学术团体工作】 中国医师协会口腔医师分会工作。举办第二期基层口腔医师学术培训资助活动，其中西部地区36人。

举办国家级Ⅰ类继续教育培训项目四项：第十五届口腔医师论坛、第一届口腔医师高端论坛、全国口腔诊疗器械消毒灭菌技术规范培训高级研修班、口腔医师风险防范与权益维护高级研修班。

组织第四届委员会第三次全体委员工作会议，加大口腔医师分会组织建设。

中华口腔医学会工作。支持中华口腔医学会"西部行"、孤残儿童项目等公益活动；支撑学会承办全国爱牙日活动和学术年会。

中国牙病防治基金会工作。组织"关爱家庭与儿童口腔健康三年计划""孤残儿童口腔疾病综合防治示范项目""孝口福"为五保老人制作义齿公益活动、创立"山区儿童口腔疾病综合防治项目"。组织筹划"健康口腔微笑少年"项目和大学生社会实践项目。

世界卫生组织预防牙医学科研与培训中心工作。世界卫生组织预防牙医学科研与培训中心工作成功续约（2017年6月—2021年6月）。承办第九届亚洲首席牙医官会议。

【国际交流工作】 接待外宾来访61批次，218人次。短期公派出访132人次，涉及25个国家或地区。

院校交流。与美国南加州大学牙学院、日本昭和大学、日本东北大学牙学院、美国密歇根大学牙学院、日本朝日大学齿科卫生士专门学校、瑞士苏黎世大学口腔种植中心等6所国际知名口腔院校签订或续签协议。

与日本东北大学、日本朝日大学、日本明海大学、美国波士顿大学、美国太平洋大学、美国凯斯西储大学、泰国清迈大学、香港大学牙医学院和中国台湾中山医学大学等继续开展，海外研修项目派出38人次，接待海外学生来访42人次。

国际会议。10月13—14日，由中华口腔医学会主办、北京大学口腔医学院协办的第二届亚太区牙学院院长论坛（The 2nd Asia Pacific University Forum）在京召开，论坛主题为"口腔医学创新——科研与教育"（Innovation for Oral Science and Education）。

国际项目。申请科技部与日本文部科学省的"樱花科技计划"项目，选派师生到日本三所牙学院交流，对口学校分别为日本姊妹校朝日大学、明海大学以及日本东北大学。

【人才工作】 人才数据。增聘教授2人，副教授11人；晋升主系列正高6人，主系列副高15人，非主系列副高1人；晋升中级职务42人；确认主系列正高职务1人。公派出国21人、回国人员17人。

组织人员赴基层工作，共计四批次25人次。

7月完成养老保险信息采集工作中要求的信息补采工作。

【信息化工作】 配合北京市医药分开综合改革，完成信息系统改造以及外部接口开发。实施管理信息系统升级改造项目，开始医疗综合管理平台（Hospital Resource Planning, HRP）建设。

【财务审计工作】 全面梳理原有号种，开展药品清产盘点及核算工作；三次批量办理公务卡，规范科研活动支付业务及日常公务支出，减少现金支付结算。

内部控制。形成《北京大学口腔医（学）院财务处岗位职责》。

创新服务。深入推进"互联网+"行动计划，通过开通微信、支付宝、Applepay等支付方式，减少排队等候次数和时间，改善患者就医体验。

审计工作。完成委托预算、结算审计及自审项目62项，报审金额4436.73万元，审减额675.34万元，审减率15.22%；审核合同共计14份，涉及金额1094.93万元，提出审计建议36条；审核国家自然基金课题及博士点基金课题3项，合计金额20万元。

【医学装备管理】 设备配置。制定《招标采购管理办法》《急救及生命支持类医疗设备应急预案》。设备和家具招标采购14次，涉及117台件（套），价值约5786万元。

医用耗材管理。制定《高值医用耗材管理办法》《医用耗材使用监控管理办法》，配合国家"医用耗材专项整治"及北京市"医用耗材京津冀联合采购"工作自查及资料准备。医用耗材采购2.6亿元。

其他工作。组织召开"数字化口腔设备器材应用与管理研讨会""口腔医学装备产业发展与应用协同推进"学术会议等会议。

【后勤基建工作】 完成锅炉房改造工程项目、更换空调锈蚀管道、完成氧气站、医疗废物暂存站搬迁项目工程。

【安全保卫工作】 治安管理。清理号贩子及嫌疑人1462人次，其中拘留172人。

消防安全管理。组织消防培训31次、逃生演练17次、1600具灭火器达报废年限已全部更换。

交通管理。服务患者车辆12余万辆/年，改善院内交通环境，新装LED交通信息显示屏。

【党风廉政建设】 制定《2017年党风廉政建设主要工作任务分工》，明确主管领导及部门负责人的党风廉政建设责任。

院党委认真贯彻落实党风廉政建设要求，与医院业务工作同部署、同检查。

重新修订《党政领导班子落实"三重一大"制度的实施办法》《各科室落实"三重一大"制度实施办法》。为科室下发《科室三重一大事项决策记录本》。

院党委、纪委进行案例和政策宣讲，提醒大家严守规矩纪律底线。对"三重一大"、重点岗位轮岗制度、院务公开制度落实情况进行监督检查。开展研究生招生复试、转专业专项督查。

3—4月，配合做好中央巡视北京大学工作。

6月1—7日，国家卫生计生委大型医院巡查组专家一行12人正式进驻，对医院工作予以全面巡查指导。

筹备北京高校党建和思政基本标准入校检查，扎实推进巡视巡查后的整改落实，促进医院管理水平全面提升。

【党建工作】 党支部44个，党员1037名，发展新党员21人、预备党员转正27人。举办入党积极分子培训班。梳理青年骨干入党意愿，吸引优秀人才入党。

深入贯彻落实十九大精神和北大、医学部第十三次党代会精神。明确《党政领导分工》，修订《党政联席会议事规则》。推进科室"三重一大"制度落实并定期督查。推进院周会中层干部培训制度。

江泳援藏凯旋，选派孙志鹏作为中组部援疆干部挂任新疆石河子大学医学院第一附属医院副院长一年半。

组织"弘扬红旗渠精神，两学一做常态化、制度化"专题支部书记培训，举办"红旗渠精神报告会"暨"党委书记讲党课"。党支部书记、党支部工作考核推进到每年2次。党支部工作规范性显著改善。

出台《医院文化建设实施方案》，制定三年规划、五年目标。

获评北京高校先进基层党组织。

【统战工作】 推荐党外人士服务社会，邓旭亮当选农工党中央委员、孙燕楠当选为农工党北京市第十三届委员会委员。承办2017年医学部统战系统新春联欢会。

【群团工作】 工会教代会工作。召开第五届教职工代表大会暨第八届工会会员代表大会，推选51名职工担任新一届工会小组长。为416名职工办理重大疾病保险。举办教职工硬笔书法比赛、教职工书画作品展、我想对你说——手写明信片征集、中国古诗词作品音乐朗诵会等活动。

共青团工作。组织开展"青春心向党，传递正能量"、"青春心向党，建功十九大"两个主题的主题团日活动。各支部组织团员参观"砥砺奋进的五年"展览。

参加医学部团委组织的庆祝建团95周年红歌会演唱《红星歌》。

学生会、研究生会划归院团委统一指导。

制定《志愿服务制度》，细化志愿者管理。

离退休工作。离退休人员474人。开展老专家智力支持海南项目。医院领导慰问抗战时期参加革命工作的离休老干部。举办"夕阳无限好，集体祝寿会""端午节尊老敬老献爱心""心灵手巧，编织美好"等主题活动，出版《夕阳心语》期刊。

【年度人物】 8月17日，全国卫生计生系统表彰大会在京召开。王兴教授荣获2017"全国卫生计生系统先进工作者"称号。

【领导视察】 1月23日，国家卫生计生委副主任崔丽、金小桃，医政医管局副局长李路平与北京大学医学部主任詹启敏、副主任肖渊来院走访慰问一线医务人员。

10月23日，国家卫生计生委副主任、国务院医改办主任王贺胜，国家卫生计生委医政医管局局长张宗久、体改司监察专员姚建红、医政医管局副局长焦雅辉等领导一行来院调研。

11月7日，北京大学党委书记郝平，党委副书记安钰峰，党委副书记、医学部党委书记刘玉村，副校长王仰麟等领导一行来院调研。

（王冕）

肿瘤医院

【发展概况】 发展历程。2017年5月4日，医院事业单位法人证书变更，变更后名称为北京肿瘤医院（北京大学肿瘤医院）。6月19日，启用"北京大学肿瘤医院"公章。

队伍建设。全院员工2137人，其中在编1142人，非在编995人。有中国工程院院士1名、长江学者奖励计划特聘教授1名。现有教授30名、副教授61名、博士研究生导师45名、硕士研究生导师63名。

学科建设。有国家重点学科1个（肿瘤学）、国家临床重点专科2个（肿瘤科、病理科）、北京市重点学科4个（北京市胃癌防治中心、北京市乳腺癌防治中心、北京市影像介入治疗中心、超声诊断）、北京市中医管理局重点学科1个（中西医结合科暨老年肿瘤科），是恶性肿瘤发病机制及转化研究教育部重点实验室、恶性肿瘤转化研究北京市重点实验室。

医疗工作。1997年通过三级甲等医院评审，致力于胃癌、乳腺癌、肺癌、结直肠癌、肝癌、食管癌、恶性淋巴瘤、恶性黑色素瘤、泌尿系统肿瘤、妇科肿瘤、头颈部肿瘤、骨肿瘤、软组织与腹膜后肿瘤等各种肿瘤的诊断和综合治疗，患者来自全国各地。

科研工作。在肿瘤学基础理论研究、常见主要肿瘤的临床诊断与治疗、胃癌、食管癌高发区现场的预防干预研究等领域均有创新与领先的成绩，主持和承担了"国家科技攻关""863""973""国家自然科学基金"等项目及北京市和其他部委的重点科研项目。

教学工作。是全国肿瘤学博士学位授权点和博士后流动站。医学教育涵盖本科生、硕士生、博士生、博士后以及进修生、职工的继续教育。每年定期举办全国临床肿瘤医师进修班和国家继续教育项目全国性学习班。

机构设置。2017年成立临床规范化培训科，隶属教育处。国内合作与产业处增加"远程医疗管理办公室"名称。设置远程医疗中心。

【人才建设】 接收毕业生。2017年共接收应届毕业生33人，其中博士毕业生31人，硕士毕业生2人；其中2人为海外留学回国人员。

人才引进。2017年引进高层次人才2人，分别为流行病学研究室李文庆、淋巴肿瘤内科殷勤伟。

获批人才。季加孚入选北京学者；季加孚入选高创计划杰出人才；柯杨入选北京大学国华奖；詹启敏、刘巍入选使命计划；郭军、潘凯枫、李子禹、郝纯毅入选登峰计划。

博士后接收。2017年博士后进站6人，出站2人。

职称评聘。晋升高级职称48人，其中正高13人、副高35人。

【医疗工作】 医疗工作概况。2017年门诊总量612,293人次，同比增长3.6%；日均门诊量2437.6人次，同比增长4.1%；开放床位776张；出院64,327人次，同比增长14.1%；手术15,484人次，同比降低2.1%；床位周转82.90次，同比增长13.7%；床位使用率97.78%，同比增长2.00%；平均住院日4.28天，同比下降0.54天。医院药占比41.09%。出院病人前十位病种是：大肠癌、肺癌、乳腺癌、胃癌、恶性淋巴瘤、食管癌、恶性黑色素瘤、肝继发癌、肝癌、卵巢癌。手术病人前十位病种是：乳腺癌、大肠癌、胃癌、肺癌、甲状腺癌、食管癌、肾癌、肝癌、肝继发癌、膀胱癌。

医疗质量指标。2017年度全院医疗质量主要指标是：病人病死率0.11%；切口甲级愈合率99.89%；新病人率24.02%；恶性肿瘤率97.46%；科际会诊1489例。

医疗质量管理。制定2017年督导方案和计划，督导临床科室11次，医技科室4次。运行病历实时监控，2017年终末病历质检3046份，甲级病案率86.9%。加强重点患者监控，共监控重点患者1038人次。年度临床路径比例达到51.78%。全年全院上报不良事件617例。

护理工作。2017年护士总数768人，同比增加5.35%；其中合同制护士519人，同比增加10.66%；在编护士249人，同比减少4.23%。年度护士离职率0.53%。护士中有硕士学历18人占比2.34%，本科学历447人占比58.21%。总体床护比1∶0.99，普通临床病区床护比1∶0.55。

行风建设工作。健全行风建设工作组织领导体制，建立《北京大学肿瘤医院行风建设责任人约谈制度》，积极组织专题行风教育培训，开展年度医德医风考评工作。

【科研工作】 科研工作概况。2017年获资助86项，科研经费5363万元人民币。完成结题项目80项，管理在研课题270余项，院内课题42项。2017年发表论文352篇，其中SCI论文181篇，总影响因子720.926。出版专著8部。获得专利9项。

获奖成果。季加孚等的"胃癌综合防治体系关键技术的创建及其应用"获国家科学技术奖二等奖。沈琳等的"适合中国人群特征的胃肠间质瘤个体化药物治疗体系的建立"获华夏医学科技奖二等奖。寿成超等的"注射用血管生成抑肽"临床试验批件及相关专利转让获北京大学第三届产学研合作优秀项目一等奖。沈琳等的"运用内镜活检进展期胃癌微量标本构建药物临床前研究最佳PDX模型"获北京大学实验技术成果奖三等奖。孔燕等的"中国黑色素瘤患者潜在分子治疗靶点的筛选平台"获北京大学实验技术成果奖三等奖。

发明专利。2017年获专利9项，邓大君等"利用甲基化特异性荧光法检测p16基因CpG岛甲基化的引物组"获欧洲发明专利授权；张志谦等"一个识别肿瘤起始细胞的抗体和抗原及其应用"获日本发明专利授权；邓大君等"体外估测肿瘤发生、转移或生存时间长短的方法及所用人工核苷酸"获美国发明专利授权；杨薇等"多针尖扩展射频消融电极针"获实用新型授权；邢蕊等"用于癌症诊断和治疗的方法和组合物"获中国发明专利授权；李萍萍等"一种治疗乳腺癌并能改善乳腺癌内分泌治疗副作用的中药制剂"获国家发明专利授权；邓大君等"体外估测肿瘤发生、转移或生存时间长短的方法及所用人工核苷酸"获日本发明专利授权；杨志等"一种放射性核素标记的特异性前哨淋巴结显像剂及其制备方法"获中国发明专利授权；张志谦等"一个识别肿瘤起始细胞的抗体和抗原及其应用"获韩国发明专利授权。

【教学工作】 工作概况。2017年研究生招生78名，其中博士38名，硕士40名（含港澳台1名，留学生3名）。研究生毕业66名，其中博士38名，硕士28名。年底在院研究生共248名，在职研究生22名。招收进修医师175名，接收短期参观学习人员67名、实习学生21名，国内访问学者8名。年度在培住院医师114名。应用教育部教学设备专项基金建设的"临床技能培训中心"投入使用。

教师情况。2017年新增博士生导师10名，硕士生导师7名。年末共有导师109名，其中博士生导师48名，硕士生导师61名。

研究生工作。2017年研究生设4个研究生班。新入党研究生3名，年底共有106名研究生党员，研究生党总支有4个研究生党支部。组织研究生开展各类学术活动、组织暑期夏令营、开展暑期社会实践以及春游、毕业行、元旦晚会及羽毛球比赛等系列活动。定期组织召开研究生思想政治工作例会，创新研究生工作的新模式。

住院医师规范化培训。7月18日成立临床规范化培训科（亚科级别），隶属教育处。医院成为国家级住院医师规范化培训基地。2017年在培住院医师114名，在培专业型研究生88人，送出委培住院医师16名。招录住院医师5名，其中放射肿瘤基地1名，超声、核医学基地各2名。

【学术交流】 召开学术会议。2017年医院主持召开第12届国际胃癌大会、家族遗传性肿瘤协作组工作启动会暨第一届学术年会、第5届复发转移乳腺癌的管理和综合治疗进展学习班、肿瘤姑息护理进展学习班、第四届"全国乳腺癌规范化诊断治疗"学习班、第七届燕京肿瘤临床与PET/CT应用会议、第十届肿瘤常见症状规范化处理学习班、第九届肿瘤心理与姑息治疗学习班、第八届肿瘤精准放化疗规范暨2017全球肿瘤放疗进展论坛、中国胃肠肿瘤外科联盟2017年度会议、阳光长城学术会议暨结直肠肿瘤论坛、北京地区胸部肿瘤MDT病例研讨会暨北京大学肿瘤医院胸部肿瘤中心第二届学术年会、第五届北京大学肿瘤医院泌尿肿瘤微创学习班、北京大学恶性肿瘤发病机制及转化研究教育部/北京市重点实验室暨北大肿瘤研究中心学术论坛。

国际交流。2017年先后有26次外宾来访，进行学术交流。

"一带一路"国际肿瘤专业人员培训基地。4月16日，北京大学肿瘤医院"一带一路"国际肿瘤专业人员联合培训中心授牌，是国内的三大培训基地之一。6月5—7日，在医院召开"腔镜结直肠国际COE交流活动——俄罗斯专场"。8月8日，医院与呼伦贝尔市医学会、满洲里市医学会联合举办"一带一路"国际肿瘤诊疗峰会暨满洲里论坛。10月30日，承办了"一带一路"国际肿瘤专业人员联合培训学术交流会。

【医疗合作】 医疗合作概况。2017年医院对医疗合作工作进行了规范化管理，确定与12家医院建立技术合作关系，分别是：北京新里程肿瘤医院、北京南郊肿瘤医院、北京迦南门诊、北京大学国际医院、北京和睦家医院、沧州市人民医院、吉林国文医院、山东禹城市人民医院、哈尔滨市第一医院、内蒙古乌海樱花医院、辽宁医学院附属第一医院、鞍山市肿瘤医院。

根据北京市卫生计生委要求，医院承担5家对口支援合作医院项目：内蒙古赤峰巴林右旗医院、内蒙古包头市肿瘤医院、宁夏中卫市人民医院、新疆和田地区人民医院、北京顺义区妇幼保健院。

合作医院管理。修订《北京肿瘤医院 北京大学肿瘤医院医疗合作管理制度（试行）》；修订与完善《北京肿瘤医院 北京大学肿瘤医院远程医疗管理办法》（2017版）；制定《北京肿瘤医院 北京大学肿瘤医院双向转诊工作制度》。

远程医疗工作。与72家医疗机构开展远程医疗合作，北京大学肿瘤医院远程医疗中心是北京市第一批远程会诊中心。2017年度完成远程会诊1955例。

【党建工作】 组织建设。2017年7月4日，北京大学医学部党委批准增补隗铁夫同志为党委副书记。2017年发展党员30名，预备党员转正14名，转入组织关系69名，转出组织关系46名。年底党员821人。

党建活动。继续推进党委委员联系党支部工作、召开3次专题民主生活会、中心组理论学习5次、举行43名党支部书记参加的讲党课比赛、召开支部组工系统培训和支部工作规范化培训、举办"大漠孤烟直，大医精诚至"北肿党日主题宣讲活动、举办两会精神报告会、举办入党积极分子培训班、共产党员献爱心捐款531人捐款45,296.2元。

宣传工作。配合医院重点工作，开展"身边的榜样"、援疆、援藏、援宁夏医生的系列典型宣传活动，开展医改工作、学习十九大精神、医德医风廉政教育、创建无烟医院及各类医院文化的主题宣传活动。2017年完成主要工作有：参与制作电视专题科普节目46期，出版《院所通讯》79期、出版《北京大学肿瘤医院》院报20期、报刊发表文章188篇。

纪检监察工作。每季度召开纪委工作会议，制定了纪委2017年工作计划和《北京大学肿瘤医院2017年党风廉政建设工作主要任务分工》。在全年工作中，强化执纪监督作用，参加药事会、基建领导小组会议、医疗装备管理委员会等会议。对新任命的领导干部进行廉政谈话。及时传达落实文件精神，深化党风廉政教育。

统战工作。北京大学肿瘤医院现有8个民主党派成员共126人，有民盟、农工党、九三学社三个民主党派的基层组织。季加孚当选为中国民主同盟第十二届中央委员会常务委员，任民盟北京市委医疗卫生委员会主任。顾晋当选为农工民主党第十六届中央委员会常务委员。

【群团工作】 工会工作。2017年医院工会有工会小组77个，会员2135人。2017年召开第十届职代会第一次会议，选举许秀菊为工会主席，刘鹏为工会常务副主席，刘晶为工会副主席。开展的工会活动主要有：召开工会工作总结会暨工会干部培训会、举办"北肿职工庆十九大诗歌联篇"活动，举行"大漠孤烟直，大医精诚至"宣讲活动，进行了"工会工作如何体现思想政治工作'生命线'的价值"主题培训，举办第五届庆三八"清逸杯"女职工作文比赛，继续开办职工子女寒暑假托管班，继续开展"润心杯"精品活动。

共青团工作。2017年全院有35个团支部，团员806人。团委获得北京大学医学部"红旗团委"称号。积极开展适合团员青年的活动，开展了团史知识的学习，纪念抗日战争爆发80周年知识培训，迎接十九大胜利召开学习活动，组织参加五四青年节"青春大合唱"歌咏比赛，开展"青春心向党，传递正能量"主题团日活动等。继续开展志愿服务工作和社会公益服务

离退休工作。2017年有离退休职工331名。其中离休干部6人，退休干部253人，退休工人72人。离退休党员工作设离退休党总支，下设两个党支部，有离退休党员103人。

【医院文化】 医院文化建设。以思想建设为中心，全面开展服务组织、服务患者、服务社会、服务发展的统合型文化建设。

倡导以患者为中心的文化理念。季加孚院长发表《打造以患者为中心、面向未来的医院文化》文章，阐述了医院文化的四个层面：1. 为患者带来希望的物质文化。2. 服务本地的行为文化。3. 以病人为中心的制度文化。4. 以公平可及、群众受益为出发点和立足点的精神文化。提出：北京大学肿瘤医院的文化，就是播种爱、凝聚爱、传递爱的文化。

心语墙。在各病房开设的一个医患交流的板块，为医患创建一个表达关爱和情感的空间。季加孚教授围绕"心语墙"撰写了文章，刊登在《英国医学杂志》（BMJ）期下网站 The BMJ opinion。

心音坊。由专业的肿瘤心理医生和音乐治疗师一起，为患者打造一个用音乐抚慰心灵的诊疗环境。

生命通道。在连接主楼与外科楼的通廊建成。优化通廊内环境，缓解手术前患者紧张焦虑情绪。

国家大剧院公益演出。2017年国家大剧院"百场公益演出"4次将高雅艺术带给医院的患者和医务人员。

井盖文化。举办第五届井盖文化节。

【第12届国际胃癌大会】 4月20日，第12届国际胃癌大会（IGCC）在北京召开。本次大会共收到1245篇研究摘要投稿，设置了36个专题，邀请了343位国内外胃癌防治各领域知名专家进行学术报告和研讨，来自全球48个国家和地区的3816名学者参加会议。大会主题是"弥合差距，共克胃癌"。4月23日，为期4天的国际胃癌大会（IGCC）落下帷幕。北京大学肿瘤医院院长季加孚教授出任国际胃癌学会（IGCA）新一届主席。

【中央巡视组巡视医院工作】 3月22日，中央巡视组到医院进行调研，院领导班子全体成员及6个部门的党支部书记参加调研。医院撰写《坚持问题导向，强化看齐意识——北京大学肿瘤医院党建工作汇报》报告，上报中央巡视组。7月7日，《北京大学肿瘤医院关于防范廉政风险整改落实报告》上报北京大学医学部。中央巡视组巡视期间，北京大学肿瘤医院根据巡视组工作要求，全程撰写报告10余万字，提交各类材料300余份，召开协调会、沟通会数十次。

【获国家科技进步二等奖】 12月6日，国务院颁发获奖证书，由季加孚、游伟程、陈凛（解放军总医院）、沈琳、梁寒（天津肿瘤医院）、吕有勇、潘凯枫、寿成超、邓大君、柯杨完成的项目"胃癌综合防治体系关键技术的创建及其应用"获得了国家科学技术进步二等奖。这是我院继1999年后，再次获得国家科学技术进步奖二等奖。

"胃癌综合防治体系关键技术的创建及其应用"研究项目取得了如下科技创新成果：国际上首创胃癌防控的可行性策略，有效降低胃癌发病风险；首次确立了我国进展期胃癌手术及围术期治疗的规范与方案，显著提高根治性切除率及生存率；创建国际标准的样本资源平台，通过样本研究，在国际上首次发现能显著逆转胃癌癌前病变的靶点。

该研究共发表论文757篇，其中SCI论文195篇，被引用4777次，总影响因子713.34，出版专著17部。获授权发明专利1项，其他知识产权2项。曾获省部级科技奖励9项。

（王 伦）

第六医院

【发展概况】 2017年，北京大学第六医院医务人员540人。其中高级职称38人，副高级职称35人，中级职称144人。院长陆林教授当选为中国科学院院士。连续8年获复旦大学医院管理研究所中国医院最佳专科之精神医学排行榜第一名。连续三年获中国医学科学院信息所中国医院科技影响力排行榜（精神病学）第一名。北京大学-中国残联精神残疾康复合作中心落户第六医院。医疗设备总值3974.61万元，年内购置医疗设备90.09万元，其中甲类医疗设备无，乙类医疗设备无。业务总收入31,762.47万元，其中医疗总收入29,350.33万元。

【医疗工作】 2017年4月8日，根据北京市统一部署，医院开展医药分开综合改革。结合国家卫生计生委大型医院巡查、国家卫生计生委属管医院绩效考核，医务处及所辖部门重新整理和修订了相关制度。通过开展病历质量及病案管理，主治医师督导等活动，切实保障医疗质量和安全，持续进行改善医疗服务计划。

2017年完成302,199人次门诊量；工作日平均门诊量为1194人次。其中普通门诊178,091人次；专家门诊94,183人次；特需门诊29,925人次。入院3227人次，出院3238人次，床位周转14.6次，床位使用率105.82%，平均住院日26.41天。出入院陪护率13.33%，治愈率3.93%，好转率85.02%。

预约挂号管理。预约挂号形式有：114电话预约、北京市统一挂号平台网上预约、支付宝预约和出院病人复诊预约。

开展新技术、新疗法情况。2017年新增补体C3、C4和IL-6测定三项；中医科新增艾灸项目，并申报离子导入治疗疼痛项目；B超项目于7月18日正式启动。

医保工作。认真履行定点医疗机构职责，积极探索新形势下精神病专科医院医保管理的新方法；加强日常医保管理；配合医改，调整费用结构，实行住院定额付费；面对定额标准低，结构调整困难的现状，出台一系列措施，确保医疗服务质量；克服困难开展了异地医保及异地新农合患者跨省就医即时结报工作。

医疗支援。积极开展精神卫生合作和对口支援工作，推动与新疆、青海、贵州、内蒙古、延安、宁夏固原的扶贫和对口帮扶，与国内25家精神卫生机构建立合作关系，其中，与深圳市康宁医院合作纳入深圳市"三名工程"，带动全国精神卫生事业的发展。新增儿科王玉凤团队助力深圳市儿童医院"三名工程"。加强海淀区的医联体工作，启动朝阳区医联体工作。作为海淀区精神卫生防治医联体的核心医院，派出原岩波院长助理挂职海淀区卫计委主任助理和海淀精防院副院长，支援海淀精防院建设，支持海淀区精神卫生事业发展。在京内还支援了华一医院，北京大学人民医院等机构。

医疗纠纷处理。2017年接待纠纷105起。2起在调解中心调解，医院赔付3.47万元；1起在法院已经结案，赔付3000元；3起往年的案子，其中1起按患方撤诉处理，2起在审理中。

【护理工作】 护士126人，其中硕士研究生3人，本科73人，专科50人。医护比例1：1.20，ICU床位无。

深化优质护理服务，加强重点环节管理，保障患者安全；开展特殊工娱疗活动、专项康复项目训练、组织全员健身运动、板报宣教、组织患者互助会等活动。

加强护理队伍建设，提升护理管理水平。加强护理人员仪表管理，继续抓好"三基三严"训练和护理人员的继续教育工作，注重骨干护士培养，提升专科护理水平。加强护理人力资源管理，保证在各特殊环节和特殊时段的护理人员合理运用。

加强护理管理，规范各项护理工作，实行护理部走动式管理；加强对陪住人员的管理，提高陪护人员对患者风险的认知，保证陪护质量；规范科室文件管；举办"护士驿站"，减缓护士压力，完成分级护理制度的修订和完善。

【科研工作】 荣获2016年度中国医院科技影响力排行榜精神病学学科第1，召开2016年度科研表彰会暨第九届学术年会。

黄悦勤教授获批国家重点研发计划"精准医学研究"重点专项1项，获金额1368万元；刘靖主任医师、王华丽教授获国家重点研发计划"重大慢性非传染性疾病防控研究"重点专项，获批金额分别为780万元和998万元。共获批10项国家自然科学基金项目，获资助经费1145万元。各项科研经费共6110.4万元，创历史新高。共获批省部级科研项目10项。

加强国内外交流合作。继续推进与墨尔本大学的深度合作，组织团队参加北京大学第六医院与墨尔本大学的第四届精神病学研究与培训中心联合论坛。与美国佛罗里达大学、美国国立卫生研究院等国际组织和机构保持密切的联系，进行了多领域的合作研究，年内各研究室共70余人次参加重要国际学术会议。主办了第四届中国睡眠与心身医学论坛等多项学术交流活动。

科研成果。医院人员作为第一作者或通讯作者共发表学术论文137篇，其中，英文论文66篇，中文论文71篇。在英文SCI收录期刊中，作为第一作者或通讯作者，共发表论文61篇；在英文非SCI收录期刊中，共发表论文5篇。

在中文核心期刊上，作为第一作者或通讯作者，共发表论文39篇；在中文非核心期刊上，共发表论文32篇。

医院人员主编、主译或参加编写著作共计5部，其中，主编4部，参编1部；新授权发明专利3项。

【教学工作】 2017年，在培住院医师46人，临床型研究生24人，二阶段（专培）在培住院医师7人。组织精神病理学沙龙二阶段、教学门诊、住院医师组会、教学进病房活动、住院医师病历点评等丰富的教学活动。

硕士招生20人，博士招生16人，八年制招生6人，同等学力申请硕士学位8人，加强研究生的培养和管理。

承担北大医学部共382名学生的教学工作，配合医学部整体教学改革目标，起草新的精神病学教学大纲与实习指导手册。

2017年共组织申请国家级继续医学教育项目29项，实际举办21项，举办区县级项目70次，共招收各种专项研修/临床进修人员116名。

扎实推进研究生的思想政治工作，积极开展高校学生的心理健康相关培训工作，成立了"首都大学生心理健康直通车"。

【学术交流】 继续加深与墨尔本大学的合作，组织医院团队参加与墨尔本大学的第四届精神病学研究与培训中心联合论坛。与美国佛罗里达大学、加利福尼亚大学、英国伦敦国王学院等著名大学开展合作交流，并与国际阿尔茨海默病协会世界卫生组织总部和西太区办公室、世界精神病协会、美国国立卫生研究院等国际组织和机构保持密切的联系，进行多领域的合作研究。

10月，组织各研究室科研人员赴美，与麦克莱恩医院、哈佛医学院麻省总医院临床大数据中心、哈佛-麻省理工Broad研究所斯坦利中心以及Lieber脑发育研究所、约翰斯·霍普金斯大学精神病学系等在精神卫生领域处于全球顶尖水平的机构开展深入研讨和交流，并就今后继续合作达成共识。

医院专家积极参加国际学术交流会，年内各研究室共计70余人次参加重要国际学术会议。

2017年医院主办第四届中国睡眠与心身医学论坛、国际精神疾病新进展学术会议等多项学术交流活动，吸引了国内专家学者共1200余人参会。

医院师生还积极参加国内同行学术交流活动，如中华医学会精神医学分会第十五次全国学术会议、中国医师协会第八届睡眠医学学术年会等，并以会议特邀报告、大会发言、专题会交流、壁报交流等多种形式与国内研究人员进行了交流互动。

【公共卫生服务】 继续担任国家卫生计生委指定的国家精神卫生项目办公室工作。2017年，中央财政下拨项目经费4.72亿元。截至2017年底，686项目总投入经费34.74亿，其中中央累计投入23.66亿，地方配套11.08亿，工作已覆盖全国31省区市的331个市州及2810个区县，登记并录入国家严重精神障碍信息系统患者573万余人，已纳入社区随访服务513万余人，在册患者管理率89.5%，服药率67.2%。

通过召开会议、制定试点工作考评方案、试点工作经验交流现场培训班等形式推动全国精神卫生综合管理试点工作。承担40个试点和部分地区的集中督导组织工作，年内组织并参与全国现场督导45次，参与督导的领导及专家等240人次。

国家严重精神障碍信息系统。继续承担该系统的日常管理、培训、安全防护、数据核对和质量控制、定期编写月报等。年内协助云南、辽宁、天津3省（市）省级平台上线。精神科医师转岗培训，设计调查表，调查全国精神科医师转岗培训，撰写总结并上交国家卫生计生委疾控局。

参与起草并协助组织专家多次讨论修订心理健康服务综合试点方案。受国家卫生计生委疾控局委托修订《严重精神障碍管理治疗工作规范》。多次召开专家研讨和修订会，并与疾控局反复讨论修订，征求国家多部门、国家卫生计生委各司局和各省意见。

【健康教育】 加强健康科普培训和宣传工作，做好医院内外精神疾病科普知识宣传，利用多种途径做好科普知识宣传工作。组织派出多名专家参加北京CDC健康科普专家巡讲活动。组织专家参加北京健康促进委员会、北京市卫生计生委组织的科普专家培训会，提高医院专家健康科普能力。利用院内媒体在医院简报、官方微信公众号、微博、医院官网等发布精神疾病有关科普知识。结合世界精神卫生日等重要活动日，举行义诊等活动，扩大科普知识受众。与媒体合作协调专家参与科普节目，撰写科普文章。

【管理培训】 2017年"北京大学第六医院第五届精神专科医院管理论坛""精神专科医院院际合作院长论坛"和2017年中国精神卫生"名院行"北京高层论坛等会议和培训，加强了与国内兄弟医院的合作与交流。

【信息化建设】 完善医院HIS系统、电子病历系统、门诊分诊叫号系统、无线医护系统、心理测查系统、检验系统、美康医药系统、门禁等系统的正常稳定的运行。完成了医院的信息数据统计工作。完成医院信息系统改造工作，完成2018年卫计委信息化建设项目的申报完善工作，完善了委属委管医院数据上报平台工作及数据平台项目的具体实施事宜。继续完成数据中心和区域医疗系统集成项目。顺利完成年内每期医保升级工作和医保新农合账户相关改造工作。挂号缴费一体自助机部署上线工作。完善实名接入Internet网络，内网终端同时配备接入认证系统，保障网络安全。

（第六医院）

深圳医院

【发展历程】 2017年4月,北京大学深圳医院顺利通过国家卫计委电子病历应用能力五级认证;9月,顺利通过了三甲复审;12月,成功入选广东省"智慧医院"建设单位。

【队伍建设】 全院职工总数2774人,其中在编员工1359人,聘用员工1058人,岗位培训员工132人,劳务派遣员工225人。在岗员工中,医疗882人,护士1149人,具备正高资格人员289人,副高资格422人,高级资格人员占员工总数的25.63%;大学本科以上及以上学历员工占全院人员总数的74.95%,具备硕士及以上学位员工占员工总数的23.65%。2017年医院引进学科带头人4名、博硕士研究生24名。以临床科室需求为导向,新任命25名临床科室主任、副主任。

【学科建设】 医院综合竞争力在全国省会市属医院中排名22位,在广东省各大医院中排名第18位。妇产科、泌尿外科、皮肤科、整形外科和变态反应专业科技影响力进入全国百强。骨脊柱科、重症医学科、超声科、内分泌科、生殖医学科等7个学科成为深圳市品牌学科。妇产科喜获华夏医学科技奖二等奖,成果同时被美国克利夫兰医学中心评为"2017年影响世界发展十大医学进步"之一。

2017年新增"三名工程"14个,全院"三名工程"已达20个,共获资助2.2亿元,其中院士团队共6个。与11个"三名工程"对端医院建立了远程系统,使病例讨论、手术观摩、学术交流常态化。

有3个国家临床医学中心(国家肿瘤临床研究中心、国家老年医学临床研究中心和国家口腔疾病临床研究中心)在医院挂牌分中心。获得国家卫计委批准,成为全国第二批干细胞临床研究机构。新成立3个创新平台(卵巢功能保护转化医学平台、脊柱结构与功能重建生物医学平台、远程医疗+移动服务平台)。

引进北大医学部科研团队增强临床研究所实力。医院6个临床医学研究项目获市卫计委专项资助。同时,医院首次自筹经费80万元资助院内临床研究项目开展。

【医疗工作】 2017年门诊总量2,910,327人次,同比增长2.04%;日均门诊量2437.6人次,同比增长4.1%;开放床位1443张;出院64,002人次,同比增长7.60%;手术71,413人次,同比降低5.00%;床位周转82.90次,同比增长13.7%;床位使用率94.06%,同比降低5.29%;平均住院日7.58天,同比下降0.39天。

2017年度全院医疗质量主要指标是:全院非计划再次手术发生率从过去的1.33%降低至0.45%;三四级手术占比达48.2%,数量较去年同期增长10.8%;病例组合指数(CMI)排名全省第六;急性脑梗静脉溶栓等待时间(DNT)从平均120分钟降低至50分钟以内;急性心梗介入治疗院前等待时间从平均120分钟降低至30分钟;急诊抢救室平均停留时间从7.7小时降低至6.3小时。同时建立不良事件管理信息系统,上报不良事件300例,完成系统性问题的PDCA管理21例。全院抗菌药物合理使用主要指标全面持续达标。临床路径综合评分全市第一,入径4.2万例,占总出院人数78%。深入开展优质护理服务,脊柱外科获全国"优质护理服务示范病区"。

完成游离腓骨瓣对上颌骨缺损修复重建手术、经口甲状腺癌等属深圳首例的高难度手术,腹腔镜和胃肠镜联合切除胃肠道早期肿瘤、巨大肝肿瘤切除、冠状动脉内膜旋磨术和疑难复杂大血管手术等单项技术已处市内领先。

【科研工作】 医院共获各级科研立项64项,科研经费1079.5万元人民币。其中,国家自然科学基金5项,省部级科研立项11项。共结题81项,其中广东省自然科学基金2项,广东省科技计划项目1项;省医学科研基金4项,市科创委46项,市卫计委28项。发表论文近398篇,其中SCI收录80篇。其中,女性生殖道微生态研究成果在《自然·通讯》杂志发表,引起国内外媒体热议。全院共获得发明专利5项,创建院以来最高纪录。"自取样HPV检测模式"获华夏医学科技奖二等奖,成果同时被美国克利夫兰医学中心评为"2017年影响世界发展十大医学进步"之一。

【教学工作】 2017年,新招收63名研究生,在培研究生达到188名。新增广东医学院、湖北医药学院、大连医科大学实习生170名,其中外籍留学生6名。开展医学继续教育项目69项,其中国家级17项,省级24项,培训学员近万名。为全市培养高层次临床研究设计人才240人次,其他人才1200人次。

选送53名医师外出进修,其中出国培训24人。第一批医疗业务骨干和护理后备人才培训班顺利毕业,其中9名青年业务骨干和17名护理后备人才走上管理岗位;2名青年业务骨干牵头成功申报"三名工程"。通过业务技能竞赛选拔"技术标兵"20多名。

全年获得国家、省和市级住院医师师资培训经费1650万元,为全市培训400名师资。新招收规培住院医185名。1名全科规培医师获"全国百名优秀住院医师"荣誉称号。

【学术会议】 2017年第四届甲状腺手术技巧交流与学习班、深圳市视光学会年会、"为了姐妹们的健康与幸福"大型公益活动、第三届中国女医师协会妇产科大会、深圳市医学伦理进阶培训班、论道GI-胃肠肿瘤深圳峰会、"深圳市内分泌疾病诊疗质量控制中心"成立大会、深圳市卫生计生委医学伦理专家委员会成立大会、深圳市麻醉学术年会、深港智能化护理建设交流会、第一届女性糖尿病与内分泌疾病论坛/广东省妇科内分泌疾病与生殖遗传疾病规范诊疗及新进展研讨会等会议。

【医疗合作】 与福田区医联体建立战略合作关系,成为该医联体的上级转诊单位，构建双向转诊体系。超额完成专家进社区工作（完成率达125%），优质资源下沉到社康中心。

医院分别与河源市人民医院、和平县医院、金秀县人民医院、喀什市人民医院等单位达成对口帮扶协议，对受援医院进行技术和管理等全方位扶持。选派重症医学科骨干医师到喀什工作1年，参与喀什市人民医院ICU建设。与喀什市人民医院、百色市人民医院建立远程会诊系统。

【党建和群团工作】 发挥党员先锋模范作用，倡导新时期医师职业精神，推动服务提升工作。甲乳外科韦伟和检验科纪玲分别被授予"深圳市劳动模范"和"深圳市三八红旗手"荣誉称号。

深入推进"志愿者文化"建设，凝聚一支由400多名义工组成的志愿者队伍，其服务总时间超过1.5万小时。"红马甲"成为增进医患互信和沟通的"润滑剂"。

【医院文化建设】 以工、青、妇等群团活动为平台，进一步丰富职工业余文化生活，开设18个职工文化兴趣活动班，打造"员工幸福"的和谐氛围。

医院围绕"职业文化、服务文化、感恩文化、家园文化"等主题，开展各类精品文化项目，提升医院文化内涵，凝练核心价值观。"天使仁心·医路同行"原创微电影大赛项目先后荣获深圳市直机关"党建杯"创新大赛的一等奖、全国"紫光阁杯"党建创新成果展示"十佳优秀案例"。在全市卫生系统内首办慈善公益音乐会，感恩社会、患者、员工，引起社会强烈反响和广泛赞誉。医院党建工作获得市医管中心2017年"基层党建优秀奖"。

医院微信公众号推送原创科普作品182篇，接收媒体采访报道200次，微信服务号粉丝量达43万，综合影响力经权威第三方评估排名全国五十强。

【行风建设工作】 坚持行风例会制度，将行风建设指标纳入科室3A绩效。建立合同网上审批系统，完成招标采购和合同管理流程再造，实现审计无纸化；全年完成近2亿元的各类合同审计，较去年增长55.1%。制定科室耗占比指标，实现在手术量增长的基础上，降低全院耗占比。

（深圳医院）

首钢医院

【医院概况】 基本情况。卫技人员1484人，其中高级职称41人，副高级职称101人，中级职称464人，初级师442人，初级士153人。医疗设备30,359.03万元，新购置医疗设备2429.75万元，业务总收入155,705.74（万元），其中医疗总收入151,675.89（万元）。

机构设置。3月28日普通外科二病区更名为普通外科胃肠病区；2月13日成立北京大学首钢医院生物样本库。

改革与管理。3月22日召开第十九届一次职工代表大会，顾晋院长会上作了题为《凝心聚力 共创未来 努力实现医院持续健康发展》的工作报告。医院制订了《北京大学首钢医院2017年反腐倡廉主要任务分工方案》和《北京大学首钢医院党风廉政建设目标责任书》等文件，印发《2017年北京大学首钢医院党风廉政建设责任制检查考核工作方案》和《北京大学首钢医院党风廉政建设责任制检查年度考核办法（试行）》。

医院共有21位外院医师办理了多点执业。7月19日，首钢医院作为医联体核心医院，与下属13家成员医院举行医联体续签大会。9月13日，北京大学首钢医院医联体理事会成立。

【医疗工作】 门急诊量968,236人次，编制床位1006张，实际开放913张，出院患者30,300人次，较2016年增长5.12%；手术量7126例；病床使用率91.54%，出院患者平均住院日10.13天；药占比43.3%，其中住院药占比32.95%。实施临床路径的19个科室84个病种。全年用血量：红细胞悬液5617单位，血浆4579单位，血小板988单位，自体输血175例，自体输血量21单位。

预约挂号管理。采取网络预约、微导诊预约、窗口预约、电话预约、诊间预约、出院复诊预约和社区转诊预约等多种形式，开放号源比例98.5%，预约挂号21,164人次，预约挂号人次占门诊比例约2.53%。

开展新技术、新疗法情况。新技术、新项目41项，如心血管内科的《光学相干断层成像（OCT）在临床冠心病截图治疗中的应用》、骨科的《关节镜下自体肌腱移植重建后交叉韧带》。

药物管理。继续加强抗菌药物处方点评工作，加强医院抗菌药物临床应用管理。门诊患者抗菌药物使用率13.26%，急诊患者抗菌药物使用率34.60%，住院患者抗菌药物使用率54.55%，住院患者特殊级抗菌药物使用率10.43%，住院患者抗菌药物使用强度42.28，特殊级抗菌药物使用强度9.10，住院患者抗菌药物联合使用率41.32%。医院感染发生率为0.99%。

医保工作。出院19,798人次，同比增长2.37%；总费用44,121.77万元，出院医保病人次均费用2.22万元。

医疗支援。医院派出29名医师前往内蒙古自治区四子王旗医院、内蒙古包头一机医院，开展内科专业、外科专业、妇产科专业、超声专业、呼吸科专业、影像专业、心内科专业、神经内科专业、内分泌专业、中医专业、消化内科专业、麻醉专业、眼科专业等11个专业进行对口帮扶工作。与首钢水城钢铁（集团）有限责任公司总医院开展对口支援，呼吸内科、普通外科、泌尿外科每月定期派医师进行帮扶工作。6月15—16日，医院党委组织医院党员专家赴首钢京唐公司、迁钢公司和矿业公司为一线干部职工和家属进行健康讲座和健康咨询。

医疗纠纷处理。参加医责险1526人，缴费100.42万元，保险赔付82.27万元。发生医疗纠纷10起，调解5起，法院判5起。

【护理工作】 护士707人（均为注册护士），其中，合同护士524人，医护比例0.61：1。ICU床位45张。

全部病区落实责任制整体护理，住院患者满意度超过98%。建立专科护理质量指标95个，开展护理品管圈活动，并完成13个项目。开展循证护理查房，完成院级和多科室联合查房22次。修订疾病护理指引202个，修订护理规章制度、指标等11项。

2017年，获批院内青年基金课题2项，在统计源期刊发表护理论文5篇。

完成护理临床实（见）习带教257人，其中本科生9人、大专生244人、中专生4人。全院护理人员继续教育学习达标率99.9%。接收进修护士1人。15人参加专科护士培训并取得证书，其中血透室护士1人、急诊室护士1人、糖尿病护士1人、造口伤口护士1人、PICC护士7人、ICU护士3人、手术室护士1人。

【科研工作】 新增科研课题9项，其中国家重点研发计划1项，国资预算资金支持科技创新项目1项，北京市科委"首都临床特色应用研究"1项，北京市"自然科学基金"1项，北京大学"临床医学+X"专项项目1项。发表论文150篇，其中SCI文章12篇，核心期刊78篇，非核心期刊72篇。在统计源期刊发表的护理论文数22篇。6月，院长顾晋教授申报的首钢生命科技创新中心建设项目获国资预算资金支持科技创新项目，顾晋-盆腔实体肿瘤综合治疗创新团队获2017市属企业优秀科技创新团队。7月，院长顾晋教授申报的"CART新技术在消化道肿瘤中的临床应用"项目获北京大学临床医学+X专项项目。

6月13日，医院安宁疗护中心启动仪式暨《京西安宁疗护学术论坛》举行。7月20日，由医院主办的京西呼吸论坛召开。7月23日，由医院主办的北京大学心血管医师高峰论坛暨全国药物球囊峰会举行。7月27—29日，第十四届中国国际血管医学大会暨2017北京西部医学论坛在医院召开。11月17日，召开第六届北京西部医学影像论坛研讨会。

【医学教育】 本科教育方面，顺利完成2013级生物医学英语专业教学任务和2014级海外口腔专业教学任务，33人955学时；完成2012级和2013级西藏大学医学院临床教学实习任务；医院培养硕士研究生2人、博士研究生1名。

医院参加北京市卫生局专科医师规范化培训的住院医师共95人，其中一阶段38人，二阶段57人。参加继续医学教育的人员927人；接收来院进修共43人。举办短期学习班39次，参加人数6100人次。为职工举办学习班104次，年脱产学习210人次。到院外进修17人，出国进修3人。录取研究生17人，其中硕士16人、博士1人。

5月6日，医院心内科医生王硕获得北京高校第十届青年教师教学基本功比赛（理工类）一等奖。12月21—22日，北京大学第十七届青年教师教学基本功比赛（医科类）在北大医学部举行。医院泌尿外科赵子臣荣获一等奖第一名、最佳教案奖、最佳现场演示奖、最受学生欢迎奖；肾内科李晓帆荣获三等奖；泌尿外科主任李宁忱教授荣获优秀指导老师奖。组织"医学大家"系列讲座10期，"青年医师职业生涯培训100讲"17讲。

学术交流。1月5日，内蒙古四子王旗副旗长贾喜红及对口帮扶单位四子王旗人民医院院长白桂平一行5人来医院进行交流学习。6月28日，天津北辰北门医院院长王维栋一行14人赴医院交流党建工作成效与经验。11月10日，副院长王宏宇一行赴拉萨参加西藏大学医学院举办的2017年实践教学工作经验总结交流暨表彰大会。

【信息化建设】 完成医院特色的生物样本库管理系统，建设移动医护系统等一批业务系统，集中解决一部分临床反映较多、凸显的业务系统问题，新增一部分对临床工作效率有明显提升的业务系统功能模块，实现院内各系统互联互通。

【基本建设】 积极推进新门急诊医技大楼项目，完成医疗工艺布局一级流程、二级流程设计工作，完成老内科楼腾挪搬迁以及建筑拆迁计划达到开工条件。完成安宁疗护中心配套设施改造和眼科、耳鼻咽喉科病区等施工改造项目，完成肝胆胰病区改造项目方案设计等工作。不断规范后勤管理，启动了医院餐厅运行模式和服务模式的改革创新，进一步规范了运营机制。精心建造医院中心花园，更换医护人员白衣，升级改造职工浴室。

（吴妍彦）

国际医院

【组织机构】 2017年2月27日，北京大学国际医院增加医疗美容服务，诊疗科目包括美容外科、美容牙科、美容中医科、美容皮肤科。2月28日，临床组织架构调整，北大肿瘤国际医院部下新增淋巴瘤科。6月30日，成立中共北京大学国际医院委员会。7月10日床位数变更至750张，牙椅变更至39台。10月26日，成立北京大学国际医院教研室，分三级管理，第一级为医院科研教育部，第二级为教研室，第三级为教研组。12月18日完成三年一度医疗机构执业许可证校验。

【队伍建设】 全院员工1747人，高级职称96人。2017年招聘应届毕业生62人，硕士及以上毕业生占61%。张驰入选国家第十三批"千人计划"，并授予国家级"特聘专家"称号。

染防控体系，提升昌平区医院感染管理工作整体水平，6月医院成功中标成为昌平区医院感染质量控制和改进中心的主任委员单位。

9月8日，昌平区医院感染质量控制和改进中心成立大会暨第一次全体专家会在医院召开。北京市卫生计生委、昌平区卫生计生委及北京市医院感染管理质量控制和改进中心单位领导参加会议。会议宣布了专家顾问及专家委员会名单，并现场颁发聘书。昌平区医院感染质量控制和改进中心将充分发挥在昌平区医院感染管理专业的引领作用，积极推进各项工作，结合昌平区实际情况和国家相关法规指南，制定医院感染管理质量控制标准和操作规范，开展相关工作指导和质控督查。

（刘 坤、曹 洋）

【获"中国公益影响力医院"奖】 3月16日，由光明网主办的"2016—2017年度中国青年医生暨十大妇幼天使"公益征选活动揭晓结果。北京大学国际医院获2016—2017年度"中国公益影响力医院"称号。

医院始终秉持着公益性，积极履行社会责任，2016年，医院开展"关爱健康 专家同行""服务百姓 健康行动""急救善使在身边""青少年健康夏令营"、糖友俱乐部、儿童口腔开放日、走进养老院等各类主题健康义诊、讲座和病友交流活动近百场，服务群众10万余人次。此外，医院还积极开展各类志愿者服务活动，设有社工志愿者部门，在院内外开展志愿服务工作。

（耿 璐）

【护理垂直管理模式】 创新的护理管理模式。2014年12月5日医院确立建立护理垂直管理的新的管理模式方向。2017年建立并逐步完善了护理部-科护士长-护士长的垂直管理体系。护理部下设护理管理、护理质量安全管理、护理专科、护理健康教育、护理教育培训、护理科研管理、护理信息管理7个护理部委员会，系统分管管理、质量、专科、健康教育、教育培训、科研、信息各方面工作，并直接对护理部负责。同时护理部还对护理岗位配置/人力资源、培训、质量控制、绩效考核四方面的工作实现了真正的垂直管理，率先在院内实施了护理人员薪酬绩效改革，以总额控制、优化结构、岗位分级、促进激励为总体原则，梳理了护理人员编制并组织实施了任职资格考核，进一步优化了人力资源配置，建立起多劳多得、优绩优酬的正向激励体系。有力的激励了护士的工作积极性，将护理的人、财、物与责、权、利等各方面进行了统一。

（许春娟）

【获批临床试验机构资质】 前期，经院长办公会批准，医院成立药物临床试验筹备小组，正式启动药物临床试验机构的申报筹备工作，确定肾病学、血液学、肿瘤内科学、消化内科学、麻醉学和泌尿外科学等6个专业为首批申报专业。筹备工作小组启动各项制度、章程、SOP建设，开展多轮GCP法规、SOP培训及考试。2016年12月，正式成立药物临床试验中心、中心办公室和药物临床试验伦理委员会，同月向国家食品药品监督管理总局提交资格申请材料。2017年3月13日至14日，药物临床试验机构、伦理委员会和6个申报专业通过药物临床试验机构（GCP）机构资格检查专家团队的现场审查和考核。2017年5月16日，正式获得药物临床试验机构资格。

（于 峰）

【召开第一届科研教学工作大会】 3月31日，医院组织召开第一届科研教学工作大会。北京市卫生计生委、昌平区卫生计生委、北京大学医学部、北京市医教协会、中关村生命科学园等单位相关领导出席了本次会议并发表重要讲话。陈仲强院长指出，科研教学是助推医院发展的重要动力和翅膀，医院自筹建之初就以"建设国际一流医院，领跑医疗体制改革"为使命和愿景，将教学科研工作嵌入到医院整体发展规划之中，总面积44万平方米范围内，规划出教学平台8000余平方米，科研平台4000余平方米。

会上，科研副院长就《2016年度科教工作总结暨2017年度科教工作展望》进行报告，同时宣布，正式颁布科研教学相关绩效制度《科研工作奖励办法（试行）》，该制度实行后将从科研项目、论文发表、科研获奖、授权专利方面全面支持和鼓励全院科研工作的发展。同时，对2016年科研教学工作取得优异成绩的团队及个人进行了颁奖。

（于 峰）

【正式启动DNV GL双项认证】 11月6日，医院正式引入DNV GL国际医院管理标准和感染控制标准双项认证，双方将充分合作，参照DNV GL认证标准提升医院安全质量，梳理医疗管理流程，以期未来为患者提供优质医疗服务。

（王 迎）

【成为北京市首家社会资本办医医联体核心医院及首家跨行政区划医联体核心医院】 5月26日，医院正式批复为北京市首家社会资本办医医联体核心医院，统筹昌平区域内9家医疗机构，开成资源共享、分工协作的组织管理模式。10月31日，医院正式批复为海淀区东北部医联体核心医院，成为北京市首家跨行政区划医联体核心医院。

（王 迎）

【获批北京市爱婴医院称号】 7月北京市卫生计生委组织专家对医院爱婴医院工作进行综合评估，并于12月发文（京卫老年妇幼〔2017〕36号）确定成为北京市爱婴医院。

（秦英芳）

【学科建设】 开设65个学科，31个学科具备自营自建能力，与北大肿瘤医院合作开设淋巴瘤病专业，与北大医院传染疾病科合作开设感染肝病科病房，与阜外医院合作开设心脏外科病房并开展了心脏手术。开放肿瘤病房楼；新开设整形美容科、淋巴瘤科、心外科三个科室；增开感染肝病科、放疗科等9个专科的病房。

【医疗工作】 2017年门急诊量642,176人次，门诊预约率70%，同比增长10%，门诊自助缴费47.5%；；患者满意度94%。出院24,325人次，床位周转次数26.7次，床位使用率70.91%，平均住院日9.6天，住院手术例数为38,843例。剖宫产率29.12%，孕产妇死亡率0/10万，新生儿死亡率3.6‰，围产儿死亡率5.2‰；医院感染发病率为1.83%，法定传染病报告率100%。实施临床路径的有31个科室及142个病种。

全年用血量及分类：红细胞：11,041U，血浆：894,300mL，血小板用：3806治疗量，自体输血：458人次、1092U。

2017年已备案北京市重点医疗技术2项，包括冠心病介入诊疗技术和人工膝关节置换技术，已备案国家限制技术4项，包括肿瘤深部热疗和全身热疗技术、肿瘤消融治疗技术、放射性粒子植入治疗技术、性别重置术。新开展其他医疗技术18项，包括体腔循环热灌注治疗技术、肿瘤光动力治疗技术、机械通气技术、介入性呼吸内镜技术、内科胸腔镜治疗技术、胸腔闭式引流术、右心导管检查术、结肠胶囊内镜检查技术、小肠胶囊内镜检查技术、淋巴细胞免疫治疗习惯性流产技术、先天性耳形态畸形无创矫正技术、呼出气一氧化氮监测（FeNO）技术、内镜下三腔喂养管置入术、食管24小时pH-阻抗监测技术、固态36通道食管测压技术、高分辨肛门直肠测压技术、子宫输卵管超声造影技术、口腔种植技术。

医保出院人数10,141人，总费用21,578万元。2月23日正式成为首批新农合跨省联网结报定点医院。6月28日，接入国家异地就医结算系统，成为国家医保异地就医定点医院。

医联体内上转核心医院患者786人次，其中IDS系统转诊177人次，"京北医生沙龙"微信群组及医院微信公众号平台转诊421人次，电话转诊152人次，住院转诊36人次。核心医院下转门诊患者321人次。

8月支援河北尚义县医院妇科，派出专家4人，门诊量：132人次；腔镜手术：4例；专业培训讲座：4次；支援内蒙古卓资县医院内分泌科：安排一名专家义诊患者50余人，业务查房3次，专业培训1次。

6月成功获批昌平区医院感染质量控制和改进中心以及昌平区血液净化质量控制和改进中心。

2017年护士人数789人，本科学历397人，研究生学历4人。医护比例：0.55:1，床护比：1.25:1，共有39个护理单元。

【科研工作】 2017年，颁布科研绩效管理办法，成立专家委员会，指导医院科研发展，获批药物临床试验机构资质，启动精准医学合作论证。获批纵向科研项目6项。全年在研课题80项，到位经费320万元人民币。2017年发表论文110篇，其中SCI论文24篇，总影响因子67.434。

【教学工作】 与7家医学院校建立临床实习基地。接收技师、药师、实习生37人；招收进修医121人；承担讲课任务的师资465人，其中承担技能教学平台基础及专科带教任务的师资共计83人；具有教授职称5名，副教授职称8名。

【参访交流】 8月17日，蒙古国卫生部部长阿·朝格其其格一行9人到北京大学国际医院参观、交流，医院与蒙古国立医科大学、蒙古中央医院在远程会诊、转诊、医疗人员继续教育等方面达成合作意向、签署合作协议。8月21日，医院消化内科与日本自治医科大学附属医院光学医疗中心签署战略合作协议。

【医疗合作】 11月1日与中国初级卫生保健基金会签署癫痫关爱基金合作框架协议。11月17日与北京同心圆慈善基金会签署北京同心圆慈善基金会大病救助工程北京大学国际医院合作框架协议。11月30日与杭州微笑行动慈善医院签署唇腭裂患儿救助合作协议。

【党建工作】 6月30日中共北京大学国际医院党委成立，在职党员399人，其中专科学历22人，本科学历157人，硕士学历158人，博士学历62人；临床医技药护党员312人，职能科室党员87人。党委下设外科、内科、医技、综合（一）、综合（二）5个党总支，31个党支部。8月成立党委办公室、党委宣传部和纪检监察部；12月完成团委组建工作。

研究制定《党委会议事规则》《党委会会议制度》《党支部工作职责》《党委委员联系党支部工作制度》等共计14项党务管理工作制度，健全完善党务工作规范运行的制度体系框架。

6月至12月，召开党委会议7次，组织中心组学习（扩大）会议1次。开展争创"党员示范岗"活动、召开"如何做好支部工作"专题培训会议，组织"生命之约，大爱传递"器官捐献志愿宣传活动。

【社会服务文化建设】 2017年全年共600余位志愿者，在医务社工的督导下组成门诊组、音乐演奏组、满意度评价组、儿童血液病房组、肿瘤内科病房组、心脏中心病房组、ICU病区组、医护人员支援组8支服务队提供服务总时长达6000余小时，累计服务患者80余万次。

2017年共组织开展健康教育活动88场，参与人数7600人次。传统媒体（包括报纸、杂志、电视、广播）上发布健康教育内容47篇，新媒体（医院门户网、其他网站、博客、微博等）进行科普宣传57篇。

（王迎）

【中标昌平区医院感染质量控制和改进中心主任委员单位】 为进一步推进昌平区医院感染预防与控制工作，健全医院感

滨海医院

【基本情况】

表11-4 滨海医院基本情况

		数量	与上年比增长数	与上年比增长率（%）		数量	与上年比增长数	与上年比增长率（%）
建筑面积（m²）		107,563	0	0	职工人数	1056	-6	-0.56
床位（张）		800	0	0	卫生技术人员	919	-12	-1.29
固定资产（万元）		103,145.18	2467.78	2.45	高级技术人员	163	2	1.24
设备（万元）		40,350.12	2064.04	2.63	中级技术人员	272	14	5.43
					初级技术人员	484	-28	-5.47
医疗服务	诊疗人次（万）	149.59			平均每一门诊人次医疗费用（元）	243.44		
	门诊人次（万）	123.95			卫生费用			
	急诊人次（万）	25.64						
	住院人数（万）	2.78			平均每一出院病者医疗费用（元）	16,362.33		
	出院人数（万）	2.78						

注：1. 非在编人员数：495人
2. 小数点后保留两位

【卫生改革】 2017年9月1日取消一次性医用耗材加成，并通过结构化调整保证医院经济状况正常运行；加快医联体建设步伐，完善分级诊疗及双向转诊等相关流程，全年签约医联体合作医院12家，其中滨海新区10家，市内三级医院2家，远程心电合作医院10家，检验项目合作医院10家；持续完善医院绩效考核RBRVS系统和成本控制方案，根据实际情况调整职工绩效工资分配比例，实行按岗位进行绩效分配。引入DRGs分组器软件，构建基于DRGs的住院费用核算与监管平台，同时结合RBRVS核算医疗服务项目，进行病种绩效评价。

【医政管理】 以诊疗流程、首诊负责制、减轻患者负担、合理检查、合理用药等方面作为切入口，规范落实医疗核心制度和各项诊疗常规；建立临床路径推动微信群，每月公示排名靠后科室，临床路径管理率达到51.34%，完成率达到70%以上；加强病案首页管理单项考核，调研并尝试取消纸质化验单和纸质病历。组建医疗质量控制组，启动"五中心大查房"（MDT）项目；与独立的第三方评价机构合作，启动患者就诊体验评测"医满意"项目，通过与患者进行背对背调查，获取其真实就医感受和需求，运用大数据云平台分析，客观、准确反映管理存在的问题并持续改进；持续深化优质护理服务，树立主动服务意识，扩大影响力，开展"最佳环境病房"评选活动，召开"安全输液"项目启动会，完成第一阶段网络课程学习及在线考核；开设特色门诊，增设骨科脊柱专科门诊、神经内科心理门诊、普外科乳甲门诊、儿科内分泌门诊、创面治疗门诊；按照"院前急救、医院救治和危重病监护"三位一体模式，推进急诊医学中心建设。设立公共卫生科，成立胸痛中心，启动卒中中心建设、急诊外科的流程再造工作。推进新农合异地联网结算工作，成立异地新农合领导小组及工作小组，全年完成29个省区市异地基本医疗保险联网结算测试工作，共12名异地患者实现医保联网结算。开展临床抗菌药物使用整治工作，不断降低抗菌药物使用强度，医院感染率1.64%，同比下降0.13%。全年开展疾病病种（主要诊断）2289种、手术病种（所有手术）1387种。

【药事管理】 推行临床药师制，发挥药师在处方审核、处方点评、药学监护等合理用药管理方面的作用；加大"药占比"控制力度，通过每日报告、每周处方点评、重点科室院长查房等手段进行专项治理。重新调整特殊级别抗生素处方专家组成员，对碳青霉烯类和替加环素进行重点监控。承办"天津市抗菌药物规范使用培训""疼痛管理病房"沟通启动会、国家卫计委合理用药专家委员会"以耐药监测促抗菌药物合理应用和科学管理——技术下基层天津站"；制订《天津市第五中心医院进一步加强抗菌药物管理（AMS）实施方案》、举办"PK/PD，让抗生素使用的更合理"专题活动。全年门诊患者抗菌药物使用率14.16%，急诊患者抗菌药物使用率37.65%，住院患者抗菌药物使用率50.38%，接受抗菌药物治疗住院患者微生物检验样本送检率57.38%，一类切口抗菌药物预防使用率15.17%，DDD值41.58。

【便民服务】 门诊设立"分级诊疗预约转诊服务中心"，在原有预约、导诊服务功能基础上，将医联体内下级医疗机构转诊过来的病人实行信息实时传输和汇总，提前预约、全程陪诊，简化程序，方便转诊患者就诊。建立60岁以上患者、军人、残疾人、计划生育困难家庭扶助人员就诊优先及绿色通道。

【科研与教学】 完成中心实验室改扩建，拓展与美国杜克大学合作领域，以SUMO重大专项研究为核心工作，确立涉及16个临床及医技科室的子课题研究方向。获天津市科技成果认定5项，填补滨海新区空白10项，国家专利4项，天津市卫计委中医中西医结合项目1项，天津市护理学会项目1项，滨海新区医药卫生科技项目9项。全年发表论文78篇，其中SCI论文10篇。

获批国家级住院医师规范化培训基地10个，分别为内科基地、外科基地、儿科基地、麻醉基地、急诊基地、超声基地、放射基地、口腔全科基地、神经内科基地、全科基地。完成规范化学员培训、毕业生实习等400余人次；北京大学医学部2016级医检系24名学生《临床医学概论》理论教学。举办国家级继续医学教育项目3项，省市级继教项目4项，区级继教项目45项。组织院内继教项目（区县级）讲座30余次，组织实习生院内讲座30余场次，实习生教学大讲课9次。加大实训中心硬件投入，新增高仿真模拟人、穿刺模拟、听诊模拟等教学设备，筹建模拟腔镜实训中心，模拟腔镜数量居于天津市前列。

【学科建设与技术创新】 合作共建以来，各学科建设水平得到快速提升。继2014年儿科、骨科、神经内科、小儿外科、重症医学科、心血管内科在滨海新区医学重点学科评审中被评为新区医学重点学科，妇产科被评为新区医学发展学科之后，2017年普通外科在滨海新区第三周期第二批次医学重点学科评审中被确认为新区重点学科，神经外科、麻醉科为新区医学发展学科。

儿科进一步细化各亚专业，拓展学科广度，发掘深度。包含多个亚专业：新生儿疾病、小儿神经系统疾病、小儿内分泌疾病、呼吸系统疾病、消化系统疾病、感染性疾病、免疫系统疾病等。开展超早期脑瘫筛查、新生儿脑功能监测及动态脑电图、心电图的监测、遗传代谢性疾病的检测及基因检测；开展小儿动态脑电图、肺功能监测。骨科开展肩锁关节脱位关节镜下endobutton重建术、锁骨远端骨折关节镜下endobutton固定术、肩关节前方不稳定切开Latarjet喙突转移术、肩关节前方不稳定镜下bankart修复术、复杂肩胛骨骨折切开复位内固定术、喙突骨折切开复位空心钉内固定术、髌骨骨折带线锚钉固定术、肱骨大结节骨折缝合桥固定术、骨折转子下骨折闭合复位内固定术及股骨远端骨折前正中切口双钢板内固定术等，且水平均居国内一流。妇产科以微创诊治、宫颈病变和盆底修复、产科危重症为重点。建立高危孕产妇管理以及重症转诊体制，开展产前诊断工作，以不孕症临床诊治为特色，打造滨海新区区域性不孕症诊治中心。普通外科承担滨海新区急重症急腹症的诊疗，同时在北大专家协助指导下逐步独立完成疑难手术，并开展多项新技术及术式，在滨海新区属领先地位。开展腹腔镜胰十二指肠切除术（whipple）、腹腔镜半肝切除、三镜联合（腹腔镜、胆道镜、胃镜）胆总管切开一期缝合，开展大隐静脉腔内射频闭合术，患者当日住院，当日出院，微创无痛，取得良好的经济效益及社会效益。创伤小、恢复快、疼痛轻、效果好已经成为该科开展多种微创术式及新技术的特色。神经外科设颅脑创伤、神经肿瘤、神经内镜、功能神经外科、脑血管病、脊髓脊柱、周围神经疾病、神经重症等亚专业组，建有脑卒中中心和神经创伤中心的绿色通道。与天津医科大学总医院、北京天坛医院等密切合作，成为国家神经系统疾病临床研究中心，首都医科大学附属北京天坛医院神经系统疾病专科联盟成员单位。开展脑室镜辅助颅内血肿清除术和经鼻蝶垂体瘤切除术，处于滨海新区领先地位，开展InnovaCT引导下颅内血肿清除术处于天津市领先。麻醉科开展超声引导神经阻滞技术，以及超声引导下动静脉穿刺等达到天津市领先水平，在可视化麻醉技术方面有了跨越式发展。检验科获得中国合格评定国家认可委员会（CNAS）颁发的认可证书，成为天津市第10家，全国第285家通ISO15189实验室认可单位。

【学术交流】 5月，承办"国家卫生计生委能力建设和继续教育肩肘方向项目研讨会、全国肩肘外科新进展学习班暨第二届滨海肩肘高峰论坛"。国家卫生计生委能力建设和继续教育中心医学部主任郑超颖，北京大学人民医院院长姜保国教授等领导莅临会议并致辞，来自津京冀的多名肩肘外科专家和临床医生参加了本次会议。10月，举办"第5届滨海新区心血管病论坛及滨海新区心血管病规范化治疗国家级继教班"；12月，举办"神经科疑难疾病诊治国家级高级研讨班"。

【医疗纠纷处置】 全年接待投诉119例，解决105例，其中医调委调解解决12例，院内协商2例，沟通解决91例，结案率为88.2%。医疗事故及医疗损害鉴定4例。

【卫生应急】 第十三届全运会于8月27日至9月8日在天津市举办，医院作为滨海新区区域医疗中心，被指定为赛会医疗救治定点单位，承担在滨海新区举办的群众比赛、测试赛、正式赛部分项目和全运会驻地的医疗保障任务。接到任务后，医院领导高度重视，立即制定工作方案和应急预案、选拔业务骨干、合理调配医疗资源，在院内设立专门窗口、开辟专用通道、张贴导向标识，在急诊科、骨科、干保科和重症医学科预留床位，在做好日常诊疗服务同时，为赛会提供医疗保障。保障期间共计接诊患者46人，转至院内就诊5人，所有患者均在第一时间得到有效救治。此次医疗保障任务自7月1日开始至9月4日结束，持续60余天，共有25名医务人员参加，执行保障任务150余人次。

【对口帮扶】 分别于2月、8月选派普外科沈建伟医生为第二、三批援藏干部、重症医学科李昶医生为第三批援藏干部，赴西藏自治区昌都市丁青县人民医院医疗援助工作。8月，选派泌尿外科张景军医生参加第二十四批卫生部支援非洲刚果（布）医疗队，赴非洲刚果（布）首都布拉柴维尔中刚友好医院进行为期一年的援非任务。

7月，该院院办、医务处等相关领导、处室负责人在滨海新区卫计委李长春主任带队下赶赴青海省黄南州各医疗机构实地考察。考察期间，该院与青海省黄南州人民医院建立一对一结对帮扶关系，以急诊重症医学、心脏科、神经科为重点帮扶专业，同时加强对产科、儿科专业的技术支持。双方还就帮扶实现的任务目标、实施计划等进行细化，10月正式签署合作帮扶协议。

【人才队伍建设】 全年招收录用新职工21人，其中博士1名、硕士研究生12人。通过引进和培养方式优化人才队伍。引进广东省梅州市中医医院骨科专家1名；自主招聘中心实验室博士1名；2人申报131创新型人才。采取送出去、请进来方式加强人才培养，全年接收来院进修16人次，派出15个专业共82人赴国内外进修学习，其中儿科1人赴美国杜克大学医学中心进修学习。

【信息化建设】 门诊一卡通自助挂号缴费系统正式上线，运用互联网+技术再升级，并同步推广手机APP。先后完成医院办公信息系统（OA系统）一期职能部门、二期临床科室各项流程测试、优化，并正式上线运行，OA系统手机APP同步上线。按照国家网信办和卫计委要求，对4项医院重要信息系统（HIS、电子病历、PACS和LIS）进行等级备案。推进移动护理系统及护理管理系统的上线使用，该系统的使用可以大大降低医疗差错发生率。

【公益性活动】 全年组织大中型义诊活动12次，累计服务群众约1400人，发放宣传材料约2000份。组织全院职工参加天津市妇联"一家衣善"为主题的捐衣活动，共捐赠衣被250余件。共29名职工参加义务献血，献血总量6000mL。

【后勤保障与安全】 以确保第十三届全运会成功举办、党的十九大、天津市第十一次党代会胜利召开为主线，以"结合滨海新区新一轮安全生产隐患大排查大整治工作，深入开展安全生产大检查活动"为主题，以营造安全稳定的医疗环境、创建平安医院为工作重心。认真开展"六查六看"，先后制定《安全生产工作方案》《反恐工作方案》，组织安全生产巡查57次，专题召开安全隐患自查整改会议，发现隐患及时消除，确保安全稳定运行。以北京、天津两次火灾事故为警示，持续开展多科室联动消防自查自纠，举办消防培训2次、应急演练4次；制定《天津市第五中心医院化学危险品管理办法》，规范易制毒化学品申报、购置、储存、监管等流程，明确督查、主管、主办科室职责，落实三级安全责任制。

探索节能降耗新模式，与天津创绿新能源公司开展合作。同比去年节约水费约1.1万元、电费100余万元、燃气费约18万元；着力加强设备日常维护，降低故障率。

【基本建设】 完成地下停车库工程主体（土建）施工。完成新建门急诊楼项目前期各项建设手续审批，预计2018年4月份正式开工，年底主体竣工。

【预防保健】 2017年计划内接种一类疫苗接种10,437人次，二类疫苗804人次；建卡、册759人；学生查验1213人次；辖区内0—7岁儿童进行健康体检1411人次，先心病筛查446例，白内障筛查445例，髋关节筛查398例，脑瘫筛查448例，孤独症筛查540例，筛查率均95%以上；新生儿产后跟踪追访867人次，儿保访视842人次，妇保追访1017人次，妇保访视827人次，高危儿管理67人，高危产妇管理217人次。

【医院文化建设】 在学科建设、管理创新、科研教学等方面的成效在第一时间进行报道，配合各科开展有针对性的宣传活动；整合媒体资源，对传统媒体（电视台、报纸），新媒体平台（网站、微信），院内载体（信息简报）和展牌等宣传媒介进行整合，根据不同媒介的受众特点，有针对性地推送信息。继续与滨海电视台合作办好《非常健康》栏目，并有效运用电视台、报刊和院内简报、电子显示屏等传统宣传媒介及医院网站、公众微信等新媒体，扩大宣传，提升形象。全年播发信息80余条，其中制作播出《非常健康》栏目52期；编印《医院工作信息简报》19期，利用微信网站等新媒体推送信息100余条，其中"生命托举"被央视和新华社等媒体转发，受到广泛关注。

【行风建设】 制定《天津市第五中心医院无"红包"医院实施方案》《天津市第五中心医院严肃查处收受"红包"、回扣违法违规行为管理办法（试行）》，7月被天津市卫计委授予"无红包医院"称号。制定《党风廉政建设和反腐败工作责任分工意见》，将党风廉政建设和反腐败工作任务进行了细化分解，责任到科、责任到人。组织全院职工进行"加强岗位廉政建设"培训，观看廉政教育光盘，进行廉政知识答卷，提高干部职工廉政意识。全年共收到表扬信91封，锦旗267面，镜匾1块，147人次拒收"红包"15万余元。

【党建工作】 制定《关于进一步加强和改进天津市第五中心医院党的建设工作的实施方案》；强化党组织从严治党的主体责任、书记第一责任人和班子"一岗双责"的责任。签订《党建工作责任书》，开展党员"承诺、践诺、评诺"活动。开展党组织和党员年度"双评"工作，强化基层党组织书记和党务干部教育培训工作。落实"三会一课"、党员教育管理、党员思想状况分析、组织生活会、民主评议党员等各项工作制度，并逐步实现了电子档案管理。完成党员档案资料归档工作，建立党员档案。制定《天津市第五中心医院关于做好补交党费使用和管理工作方案》。开展党员组织关系集中排查工作，进一步摸清党员底数，理顺组织关系，严格党籍管理，健全党员档案。召开专题组织生活会，开展批评与自我批评。召开"抓改革敢担当促发展"动员会，开展"维护核心、铸就忠诚、担当作为、抓实支部"主题教育实践活动，推进"两学一做"学习教育常态化制度化。全年发展党员 3 名、转正 5 名。

通过在门诊区域、住院部大厅等显著位置利用悬挂横幅、电子屏滚动播出等方式开展"迎庆十九大"主题宣传活动。举办学习贯彻十九大精神学习班，组织党员干部职工集中观看十九大开幕会直播；医院党委、院领导班子带头学习，分别组织支部书记学习班及各支部党员、全院党员干部职工等多层次、多场次学习宣传；邀请区委党校教授授课；滨海新区卫计委党委副书记、主任，天津市第五中心医院党委书记、执行院长李长春在学术报告厅做十九大精神主题宣讲，医院党员、干部、职工 300 余人到会聆听。

【职工工作】 组织传统文化讲座、中秋诗歌征文和诗歌朗诵会，开展足球、篮球联赛、羽毛球、乒乓球友谊赛等多种形式的文体活动，丰富文化生活；走访慰问部分离退休老干部及困难、患病职工，发放慰问金 27,000 元，组织退休职工参观北辰灵芝种植产业园；关爱职工心理健康，邀请知名心理专家为职工进行心理疏解讲座；为全院职工缴纳费用办理工会会员服务卡；为 11 名合同制职工办理居住证积分落户网上申报手续。

【荣誉】 国家级荣誉。2017 年急诊科护理部荣获"全国五一巾帼标兵岗"荣誉称号。

省市级荣誉。（1）集体荣誉。2 月急诊科学雷锋志愿服务站被天津市文明办、国资委党委、民政局、环保局、总工会、团市委、妇联、文联、残联评为"优秀志愿服务岗（站）"荣誉称号。9 月被天津市精神文明建设委员会评为"天津市 2015—2017 年度文明单位"。（2）个人荣誉。孙莉萍同志荣获"天津市三八红旗手"荣誉称号。

（刘明勇、任 亮）

校医院

【发展概况】 科室设置。校医院（北京大学医院）下设综合办、医务科、护理部、财务科、人力资源办、宣教办、离退休接待办、质量管理与控制办、公费医疗管理办、医院感染管理与控制办等职能和管理科室；特色中心为口腔中心、体检中心、肾病中心（血液透析室）；门诊科室有内科、外科、急诊室、眼科、耳鼻喉科、中医科、皮肤科、康复科、心理咨询、保健科、导医组、挂号室；辅助科室有放射科、功能检查科、检验科、药房、手术室、供应室、信息科、物资组。

人员情况。现有在编职工 101 人，其中卫生技术人员 97 人，包括正高职称 4 人，副高职称 41 人，中级职称 49 人，初级职称 3 人；行政后勤人员 4 人。劳动合同人员 276 人，其中医师 68 人，护士 148 人，其他卫技人员 34 人，其他人员 26 人。全年社会调入 2 人，退休 8 人。

人事管理。医院 A 类岗人员在干部例会做岗位述职考核。根据学校 985 岗位聘任工作要求，对医院在编职工进行岗位聘任考核。

资质资格。医院通过北京市"爱婴医院"资质评审、盆底功能筛查资格评审、妇幼规范化门诊评审。完成医师执业变更注册和护士执业变更或延续等注册。

【医疗服务】 常规工作。全年门诊 444,788 人次，急诊 28,451 人次；日均门诊量 1794 人次，住院病人 555 人次，免疫接种 28,419 人次，上门医疗服务 579 人次，学校重大活动中提供医疗保健服务 120 人次。全年体检 35,999 人次，追访职工体检异常 592 人，筛查确诊肿瘤 26 例；追访学生体检异常 404 人，筛查确诊肺结核 14 例；为无社会养老保障老人及精神疾患病人免费查体 62 人次。超声诊断并经上级医院手术确诊高危病患 61 例，其中体检诊断恶性肿瘤 33 例，门诊 B 超诊断恶性肿瘤 28 例。为暑期大学生军训提供医疗服务保障，及时诊断并成功抢救过敏性休克学生 1 例。

质量提升。全年组织院长业务查房 10 次，门诊病历、住院病历及处方督导、检查 12 次，护理查房 12 次。有针对性开展医疗质量管理会议 14 次。及时发现并确诊大面积肺栓塞及主动脉夹层瘤等高风险病例。配合北京市医药综合改革工作，确保 4 月 8 日零时各系统顺利切换和正常运行。全年住院甲级病历合格率为 100%，门诊患者满意度 95%，住院患者满意度 98%；收到表扬信 41 封，锦旗 14 面。

【社区卫生】 公共卫生。常见传染病、流行病学调查，对密接者进行应急接种。完成大学生疑似肺结核的防病、隔离 19 人次，排查密接工作 7 次，确诊感染诺如病毒大学生 6 例。利用"疫苗与健康"微信公众号，发布相关信息，全校关注人数多达 26,970 余人。完成各类传染病网络直报，无漏报、迟报。

健康教育。全年共开展健康教育大课堂 102 次，累计受益人次达 19,298，发放折页、宣传单等宣传材料 46 种计 9805 份，发放自制健康教育宣教材料 42 种计 12,250 份；宣传栏更换 6 次，网站发布健康科普文章 94 篇；通过微博进行健康教育宣传，累计受益人次超 30,000；举办健康咨询活动 23 场，累计受益人次达 18,493。

慢病管理。与燕园街道、北大幼儿园及学校各院系等部门协调，将家庭医生签约、老年人健康管理等工作融于日常临床工作。

【特色工作】 口腔中心制定复诊患者网络即时预约医生制，坚持三级管理负责制，开展疑难病症及术前讨论。聘请日本冈山大学教授下野勉先生为学术顾问。全年共接诊病人 102,143 人次，开展牙齿种植等手术 712 例；为中小学生及学龄前儿童进行免费口腔检查、涂氟、窝沟封闭治疗 3700 余人次。眼科开展 OCT 检查项目，中医眼科开设专家门诊。外科开展水疗项目。安装公费医疗报销排队叫号系统。增开住院部三楼病区。

【教育培训】 全年举办院级业务讲座、培训62次，全院医技护共计324人完成在职继续教育学习，达标率100%。

【科研合作】 与合作单位联合申请国家自然科学基金资助项目"牙体组织声成像方法研究"。与安贞医院合作进行"心房颤动治疗规范和技术优化研究"。与北京医院合作，进行首发基金项目：北京市慢性肾脏病社区教育与干预和"十二五"国家科技支撑项目：2型糖尿病高危人群干预。与阜外医院合作，参与国家科技支撑计划课题：职业场所高血压管理和"国家十二五科技支撑项目"：难治性高血压诊断和治疗研究。与北京大学环境科学与工程学院合作，参与国家自然科学基金重大项目：二次颗粒物和臭氧的环境暴露和健康效应研究。参与"红围巾关爱行动"中的"慢性阻塞性肺疾病/支气管哮喘疾病规范管理项目"研究。参与学校以临床为核心的物联网智能老年监测及照护系统开发项目和"大学生身心健康发展与促进"研究平台项目。

【党建工作】 理论学习。组织班子成员及党委委员、支部书记和全体党员深入学习贯彻党的十九大会议精神和习近平总书记系列重要讲话精神，及时学习传达北京大学第十三次党代会精神。成立理论学习中心组。

制度建设。执行民主集中制、"三重一大"制度，实行北京大学医院党政联席会机制。召开民主生活会，开展党员谈心谈话，开展批评与自我批评。落实"三会一课"制度，开展"两学一做"学习教育专题组织生活会，要求党员佩戴党徽上岗。纪委委员监督医院内招标和药事委员会相关工作。

支部工作。全年新发展党员1人，预备党员转正1人，培养入党积极分子。1—11月共召开医院党委扩大会及支部书记例会14次，党员大会3次，党政联席会以及巡视整改专题会33次。参观"砥砺奋进的五年"大型成就展。赴山东枣庄参观台儿庄大战纪念馆、清官廉史展览馆和微山湖铁道游击队纪念园。聆听中共枣庄市委党校副校长刘春泉教授"重温铁道英雄故事，继承光荣革命传统"的主题党课。申请"医院离退休党支部的制度建设探索"党建课题，获得3500元立项经费。

党风廉政。完善医院"党风廉政建设责任制"实施办法，明确党风廉政建设主体责任和"谁主管，谁负责"班子成员分管责任。执行八项规定精神和公务接待标准，按规定发放绩效和补贴，召开党政联席会和专题民主生活会在中层干部及关键岗位人员中，开展党风廉政建设警示教育。

巡视整改。借助学习中央第十三巡视组《关于专项巡视北京大学党委的反馈意见》和赵洪祝同志在巡视反馈会议上的讲话及郝平同志在会上的表态讲话等。成立巡视专项整改工作小组，提交巡视整改资料，制定医院和党委巡视整改工作方案。对"合作办医"项目存在的法律风险和经济风险进行专项整改，聘请专业法律顾问，逐项梳理现有"合作办医"合同，逐步终止不合规合作。

【制度建设】 新建《北京大学医院对外合作管理制度》《北京大学医院科研经费管理制度》《北京大学医院网站、微信公众号、官方微博管理制度》《北京大学医院学术报告管理办法》。完善医院"三重一大"决策制度实施办法和"党风廉政建设责任制"实施办法以及《医院党委委员联系支部制度》《医院党委委员联系党外优秀业务骨干制度》。

【工会工作】 落实合同制职工入会工作。组织在职员工参加春游、秋游、迎新春联谊等活动，参加学校教工运动会集体操表演，并获得精神文明奖。协助离退休党支部开展党日活动。组织离退休职工重阳节游园活动，走访慰问离退休职工、患病住院职工。遇有职工或直系亲属去世，上门慰问，并协助处理后事等。

【资产情况】 全年公费医疗总收入1.35亿元，包括北京市公费医疗专项拨款6032.14万元，学校公费医疗投入7500万元，总支出1.56亿元。新增固定资产829.12万元。还学校借款利息2000万元。

【获奖情况】 云虹获得北京市第一届"人道奖"先进个人。崔雪获海淀区卫生系统"优秀护理管理者"。王秀峰、李晓燕、刘洋（口腔科）获得海淀区卫生系统"优秀护士先进个人"。王珏获2017年度北京市口腔公共卫生服务项目先进个人。刘瑢获得北京市基层医生呼吸疾病知识技能脸部竞赛"二等奖"，并作为北京市代表队在第一届全国基层医生呼吸疾病知识与技能大赛团体比赛中，获得"第三名"。苏博、回忆代表医院参加北京市卫生协会主办"颈动脉超声技能大赛"获得三等奖。徐京昕获北京大学优秀党务工作者。姜天、许小丰获得北京大学安全工作先进个人。保健科代表医院参加"海淀区EV71健康教育调查项目"，获得"优秀组织奖"。

（校医院）

其他单位

图书馆

【发展概述】 2017年，北京大学图书馆资源建设和设备经费首次突破8000万元，比五年前增加126%，新增一大批电子资源，为包括国别和区域研究在内的北大诸多一流学科建设提供有力支撑。同时，理顺总馆和院系分馆之间的关系，确立"统一领导、协同管理、分类负责、全员受益"的发展方向。

在服务方面，创新新生入馆教育模式，完成2017年版学科竞争力分析报告；推出新版英文主页；完成新一代联机公共目录查询系统OPAC Enterprise（Open Public Access Catalogue Enterprise）的安装、测试与本地化；在读者宣传和各种读书文化活动上推陈出新。为启动东楼修缮工程，完成文献搬迁工作。推进中国高等教育文献保障系统（China Academic Library & Information System，以下简称CALIS）和中国高校人文社会科学文献中心（China Academic Humanities and Social Sciences Library，以下简称CASHL）在资源、技术和服务方面的共建共享，进入战略发展转型期。

2017年7月，陈建龙担任图书馆馆长；9月，郑清文担任图书馆党委书记。

【东楼搬迁】 2017年，完成东楼文献搬迁、古籍打包、基础设施搬迁和清理工作。学习支持中心2017年1月完成120万册普通图书搬迁、整理、上架、改馆址等工作。古籍图书馆历时三个月下架、清点、装箱、打包古籍图书19,066箱，分三批次完成樟木书柜搬运工作。信息化与数据中心借搬迁机会重建虚拟化平台网络架构，更新核心存储器，升级上联实现重要数据在虚拟化平台上运行；耗时两个月，确保零失误，完成100多台服务器、30多台网络设备、5组存储设备、3组机房精密空调、1组UPS（Uninterruptable Power System）不间断电源设备的安全迁移。综合管理与协作中心积极配合上述中心完成搬迁，对东楼家具和设备逐层清点，协调学校相关部门完成国有资产报废清理工作；登记和搬运旧家具和设备。

【资源建设】 2017年，图书馆资源建设中心从保增长到调结构，资源建设经费实现突破，达到6800万元，其中电子资源占全部资源经费的74.08%。优化学科资源建设结构，以扶优、扶强、扶特为价值取向，优先保障"双一流"学科建设文献，尤其国别与区域研究学科文献。对于交叉学科、新兴学科给予适当倾斜，以求发现新的学科增长点。

【古籍入藏】 2017年入藏《天全楼藏帖》，成为迄今馆藏最为重要的一部丛帖，属二级以上文物，可入选国家珍贵古籍名录。此外，共入藏拓片965份、每册207张。精品多，史料多，艺术价值高，且有较为罕见的珍稀藏品。其中，包括从拍卖会或博物馆购入的《速盘》等32种西周青铜重器，《邑子六十人造像碑》《豆卢望碑》《杨良瑶神道》《冯承素墓志》《李建成夫妇墓志》等一批重要碑志，《辽宁省博物馆藏金石文字精萃》《中国古代瓦当集萃》《燕下都新出文物集拓》古陶文明博物馆藏甲骨文、战国封泥、藏瓦、藏砖等拓片集，《米南宫墨妙四卷》《诒晋斋法书十六卷》《林则徐手札八卷》等丛帖。

【体系建设】 2017年，以"用户导向，服务至上"为理念，总-分馆协同发展，建立健全"统一领导、协同管理、分类负责、全员受益"的全校图书馆体系。图书馆分馆数量达到41家，分馆馆藏总量突破百万，建立分馆专项经费申请制度。在院系学科门户建设、珍稀资源数字化、分馆馆员派驻制度等方面进行探索。

2017年11月，以"'双一流'建设与北京大学文献信息资源体系发展"为主题，召开北京大学文献信息资源战略发展、图书馆工作委员会工作会议。会议就总-分馆体系问题、信息资源建设和信息服务创新问题、分馆专项经费效益以及人力资源状况等进行讨论。另外，对2008年校发文件《北

表12-1 2017年度新增文献资源（实体资源）统计

项目（种）		中文		外文		总计	
		（册/个）	（种）	（册/个）	（种）	（册/件/个）	
实体资源	图书	48,589	87,616	12,336	13,275	60,925	100,891
	期刊	2918	9387	1177	1290	4095	10,677
	报纸	149	1928	32	无	181	1928
	学位论文	无	无	无	无	7224	7224
	多媒体	无	无	无	无	329	718
电子资源	数据库	191	220	211	257	402	477
	电子期刊	27,466	27,466	35,149	35,149	62,615	62,615
	电子报纸	151	151	973	973	1124	1124
	电子图书	1,002,176	1,002,176	501,366	501,366	1,503,542	1,503,542
	电子学位论文	6,754,503	6,754,503	680,821	680,821	7,435,324	7,435,324

京大学文献信息资源体系管理办法》的修订稿进行讨论，并就《北京大学国有图书文献资产管理工作规程》《北京大学开放获取政策》两个文件的修订稿征求意见。

【信息平台】 2017年3月，新版英文主页正式上线。北京大学图书馆成为中国大陆首家提供中英文对照内容门户服务的高校图书馆，为校内外读者提供英文浏览服务。截至2017年底，访问总数已达51,339次，占全站首页访问量的4.46%。新版英文主页采用Drupal框架技术；界面设计保持中英双语风格统一，页面提供一次点击便捷跳转的语言切换功能，保证中英文版主页内容完全和精准对应，利用多种技术手段提高服务系统面向多种语言的兼容性。

2017年，完成学位论文管理系统调研与选型工作。选定"麦达论文提交发布系统（ETD）"和"麦达数字图书馆系统软件（DRM）"用于图书馆学位论文和博士后出站报告管理，以及通用PDF全文资源的版权保护发布。组织新系统功能测试，部署新系统的迁移和上线等工作。

2017年，确定CALIS新一代图书馆平台架构和技术路线。在对FOLIO（Future of Library Is Open，业内直译为：图书馆的未来是开放的）跟踪研究的基础上，CALIS陆续制订和发布多个设计开发相关的内部规范，并多次召开技术研讨会，对新一代图书馆服务平台的研究成果和规划性阶段总结进行发布。

2017年，开发新中文核心期刊评价系统。中文核心期刊评价项目组重新制订2017年版《中文核心期刊要目总览》研究方案，完成中文核心期刊评价的前期期刊数据和评价指标数据的准备工作，并制定相关的数据处理规范和工作流程；同时，开发新的中文核心期刊评价系统。

【入馆教育】 2017年8月，为帮助新生快速了解图书馆资源、掌握使用图书馆的技巧，图书馆全新改版、上线"新生专栏"，嵌入"玩转大图"闯关游戏，并支持PC端和手机端的流畅使用，为新生提供图书馆服务指南。由于东楼已开始封闭大修，图书馆还推出VR全景体验活动，展现老馆内外实景图片。同时，图书馆微信公众号主要起到新生导引和入馆培训功能。新生教育平台、"图书馆的初遇"手游进入"迎新专题"栏目，帮助新生便捷、快速地熟悉图书馆。"图书馆的初遇"手游以将图书馆知识、信息检索基础技能等融进各个关卡，根据玩家的答题走向提供七种结局，如"现充的学霸""宅男"等。

【文化活动】 2017年图书馆主办"北大读书讲座""大雅讲堂"等系列阅读推广活动。邀请李猛、黄燎宇担任"领读导师"，举办"新青年·享阅读"青年读书沙龙活动。举办实体书展活动，并设计制作"书名片"，在主题展区设置电子屏，同步展示相关电子资源和多媒体资源，提供二维码供读者随时使用。推出"艺术图书推荐展""台湾原版学术图书展"等主题展览。6月，举行李仁清传拓艺术展；9月，与梁漱溟亲属合办"梁漱溟与北大"专题展览；推出"燕然笑语"2017年毕业摄影展。2017年11月，推出"图书馆文化工作坊"系列活动，开展"燕园落叶艺术展""邂逅油画，约绘图书馆"艺术沙龙两期活动。

【交流合作】 在线课程。2017年，CASHL携手出版机构Springer Nature共同发起"开世览文名师讲堂"，拟以CASHL187种大型特藏为发端，邀请海内外人文社会科学领域学者面向全国以在线直播的形式公开讲座。1月6日，北京大学国际关系学院副教授、燕京学堂院长助理陈长伟以"台湾与越战"为题，进行首讲直播，2017年度共有7位来自国内高校的人文社会科学名家做客"开世览文名师讲堂"。

2017年，教育部高校图工委和教育部图书馆学教学指导委员会、"爱课程"网联合北京大学信息管理系举办图书馆（学）在线课程联盟成立大会暨首批在线开放课程建设研讨会顺利召开。来自北京大学、清华大学等25所高校的40余位代表围绕在线开放课程建设与应用培训进行讨论，并对首批在线课程选题进行论证与评议。会议确定18门首批在线开放课程，将在联盟网站（http://lis.icourses.cn/）陆续上线。

知识库联盟。2017年，北京大学图书馆作为中国高校机构知识库联盟主要建设方，组织完成IR（Institutional Repository，机构知识库）技术交流会、讨论和编写联盟门户详细设计文档、筹备联盟门户元数据仓储平台建设等工作。

【学术科研】 2017年，图书馆总馆科研项目共计30项，其中新立项14项，拨入总馆科研经费共计167.27万元。成果产出67项；成果获奖，其中《政治游说——〈战国策〉译读》（朱本军著）获北京大学第十三届人文社会科学研究优秀成果二等奖。

2017年，在中国知网发布的"中国学术期刊影响因子年报（人文社会科学·2017版）"中，《大学图书馆学报》影响因子学科排序位于图书馆学情报学期刊第二名。

2017版北京大学学科竞争力分析报告正式发布，38份学科竞争力分析报告基于多维文献计量和情报分析，运用科研评价文献资源和分析工具，为学校43个博士点一级学科/30个"双一流"建设入选学科进行学科竞争力分析与梳理。

2017年2月，首份北京大学阅读报告正式发布。阅读报告围绕"阅读"这一线索，从整体概况、到馆与主页访问、资源检索与利用、读者借书及其特征、阅读设备与阅读活动等五个方面入手，梳理图书馆围绕阅读提供资源及其阅览、出借情况，刻画读者阅读足迹和借书特征，集成图书馆围绕阅读开展的相关活动，描述总-分馆的服务体系。

【党建工作】 2017年10月18日，图书馆党委组织党委委员、馆务会成员、各支部书记及支部委员观看党的十九大开幕会，组织全馆党员分享学习十九大报告的心得体会。

【工会工作】 2017年，图书馆吸纳15名新职工加入中华全国总工会。积极参赛，在妇女节趣味定向越野赛、女教工手工艺作品大赛、校运动会（团体亚军）、游泳比赛（团体亚军）、毽球比赛、足球比赛、羽毛球比赛、乒乓球比赛中取得优异成绩。组织活动，开展第一期"从图书馆视角学习十九大报告"工会精品沙龙活动；举办"撸起袖子，加油干"拔河比赛组织春游、秋游活动和图书馆年终总结大会。参加校工会"建家活动"，宣传并组织职工向校工会"爱心基金"捐款，筹得善款6606元。

【硬件改造】 图书馆完成对西楼自习区、阅览区电源及电路的扩容改造，新增插座150余个，提供五孔插孔近1000个，USB插孔近400个，基本达到每个座位人均一个五孔插座。

（图书馆）

医学图书馆

【读者服务】 图书阅读流通服务。2017年1月，图书馆撤销电子阅览室，功能合并到保存本阅览室。4月1日，调整后的保存本阅览室恢复正常开馆。

4月1日起，周六、日开馆时间由原来的上午10:00提前至早8:00，每周增加开馆时间4小时。延长周末开馆时间后，开放时间增加到每周91小时。2017年，图书总借还106,790册次。

图书通借通还顺利开展，范围涉及北大中心馆、医学图书馆及六家附属医院（一、二、三、六院，口腔医院、肿瘤医院）图书馆，每周两次运转图书，专人专车负责。2017年，北大系统的图书通借通还总量为25,434册次，通借通还的占比达到23.8%，比2016年提高3.5个百分点。

2017年，读者使用自助借还机借还共计54,760册次，比例超过总体借还的一半。此外，图书馆二层大厅设置歌德电子阅读机一台，读者通过扫描二维码，实现电子图书的手机在线阅读。

2017年6月，图书馆完成小语种图书的编目工作，内容涉及老号书、二层外文书区及工具书阅览室的英日俄西文图书，2000余册，全部进入馆藏。

图书文献的整理工作。在馆内可流通图书文献中，将出版年为1980年及以前的图书状态更改为非流通状态。外文阅览室进行为期两周的外教中心护理教材展览展示活动，共展出护理学优秀教材100余册。

电子资源信息检索服务。今年组织数据商开展了13场数据库培训，如SciFinder、MicroMedex等数据库培训等。

馆际互借与文献传递服务。2017年共处理文献传递申请2631条，馆际互借申请83册次，文献满足率77.83%。2017年3—4月，开展了中国高等教育文献保障系统（China Academic Library & Information System，以下简称CALIS）宣传月活动。

用户信息素质教育培训。图书馆完成校内规定的研究生与本科生选修课包括《医学文献检索课》《药学信息检索与利用》《临床医学信息检索与利用》《图书馆资源利用》课程任务205学时，加上夜大学、业余继续教育等各类文献检索课教学任务，合计为295学时、1188人次（表1）。

表12-2 2017年医学图书馆课程完成情况

培训对象	授课学时数（学时）	授课人数
本科生	108	278
专升本（夜大）	30	341
研究生	97	201
继续教育处（业余骨干班等）	60	368
合计	295	1188

【网络平台】 2017年，图书馆网站访问总量达到625,181次，手机图书馆访问达21,534次，为读者发送借还提醒短信14,383条。

【信息服务】 2017年，为教育部项目、全国中小企业创新基金、首都发展基金以及外省市的课题基金申请开展科技查新及论文收录引用证明等共计215项。继续学科馆员服务。

医学信息咨询中心业务持续开展：为红杉资本中国基金提供医疗投资项目分析研究报告；为博睿精实医学信息咨询公司提供肿瘤、眼科、医学教育等领域的全球热点研究报告；组织馆员开展医学学科研究热点工作，并发表学术论文；2017年4月受邀参加上海举办的"全球健康产业领袖峰会2017"（tHIS, The Health Industry Summit 2017）并主持移动医疗论坛；2017年11月与新闻出版广电总局直属协会中国新闻文化促进会联合签署"具有历史影响力的中国医药期刊"合作备忘录，开始活动评价体系建设。

开展机构知识库的建设：截至2017年12月31日，累计上载条目数量128,630条，其中全文33,168条，浏览总量共计532,511次，全文下载共计12,079次。

为医学部各部门提供统计数字、分析报告，并发布2017年北大医学科研产出报告。

【阅读推广】 电子馆讯、图书馆学生服务团小精灵举办阅读推广系列活动（图书馆密室逃脱、换书大集、阅读之星评选等）。图书馆微信、微博继续运营，粉丝分别达4336和20,108人。

【资源保障】 纸质资源平稳发展。2017年，购买各种文献资源（电子、纸质）的费用合计为9,738,749.19元。

项目名称	费用（元）
电子资源	5,053,850.02
外文期刊	2,857,234
其他期刊	160,806.45
外文图书	829,560.91
中文图书	757,884.81
其他（包括装订费、磁条和条码等费用）	79,413
合计	9,738,749.19

9月14日，图书馆举办"2017年度选择内地版中外文图书供应商招标会"。最后确定北京人天书店和北京台湖出版物会展贸易中心有限责任公司为中标人。

图书馆具体纸质资源采购情况如下。中文图书：采购新书4635种，9153册。中文赠书558种678册。外文图书：采购新书1024种，1102册。其中外教中心图书492种，525册。外文赠书62种，77册。中文期刊：订购571种，650份。中文报纸：订购55种，62份。外文期刊：订购141种，141册。接收赠刊：中外文期刊约3000册。此外，2017年，图书馆还接收了护理学院赠送的外文旧书近500册。

电子资源体系完善。1.2017年，图书馆续订/新订数据库88个，其中与北大图书馆合订52个；截至2017年，可供读者使用的数据库合计为108个。续订/新订的数据库，按文献类型统计如下：（1）电子期刊：39；（2）文摘库：9；（3）电子图书：8；（4）引文库：6；（5）学位论文：5；（6）会议论文：3；（7）事实库：8；（8）多媒体：2；（9）软件：5；（10）综合：3。

2. 学位论文：网上审核医学部博硕士学位论文1921篇，编目博硕士学位论文2456篇，编目博士后出站工作报告14篇。论文数字化55篇。

3. 收到《北医人文库》赠书7册，并对网上文库的建设、维护与管理。

4. 2017年，CALIS医学中心组团购买如下数据库。（1）电子期刊：LWW+NEJM、ThiemeeJournals、BMJ Journals、Karger eJournals、PHMC、F1000Prime、美国医学会（AMA）电子期刊、英国Informa出版社全文电子期刊基础医学专辑&药学专辑。（2）电子书：Karger eBooks、Thieme eBooks、Thieme Clinical Collections。Thieme Clinical Collections为新订资源。（3）事实型：MICROMEDEX、Best Practice、Clinical Evidence

【基础设施】 2017年9月图书馆机房新增2台戴尔PE R930机架式服务器。新增一台华为OceanStor SNS2224光纤交换机，用于戴尔刀片存储。12月将机房备用电源UPS主机进行了电容和风扇更换，并对主机进行了全面清理和检修。

【党建工作】 2017年，党支部开展了多样化的政治理论学习以及教育活动，理论教育的方式除继续采用网页、微信群外，还创立了党支部自己的微信平台——"北医图党支部微平台"，收到良好的效果。

【交流合作】 2017年6月12日至14日CALIS医学中心在乌鲁木齐召开了CALIS全国高校医学图书馆2016年学术年会暨2016两岸三地医学图书馆馆长论坛。来自38所高校医学图书馆的70位馆长和部门负责人以及13家数据商代表出席了本次会议。本次会议分别就医学图书馆的资源建设、文献计量评价、数据服务、创新服务、信息素养教育等多个方面进行了广泛的学术交流。

【项目申报】 CALIS医学中心面向全国高校医学图书馆设立科研基金，并制定科研基金项目管理办法。2017年4月，完成了2016年度科研基金项目的结题评审工作。同年10月，启动2018年科研基金项目的申报工作，收到来自23个图书馆的45份项目申请，经学术委员会评审，最终评选出30项课题给予立项，其中：重点资助项目6项，一般资助项目10项，自筹经费项目14项，于2017年底顺利完成科研基金项目的申报工作。

【科研成果】 2017年，医学图书馆正式发表期刊论文7篇，正在进行的各级科研项目10余项，并获得多个奖项。

（医学图书馆）

出版社

【发展概况】 2017年，北京大学出版社出版图书3926种，实现生产码洋8.38亿元，净发货码洋6.37亿元，净发货实洋4.10亿元，退货率9.1%。资产总额达9.53亿元，同比增加5876万元，增长6.6%，全年实现回款3.81亿元，资本保值增值率为106.5%，资产负债率为13.68%，流动比率7.2，速动比率4.8。上缴国家各种税费3889万元（含音像社63万元），上缴国有资本收益763.0万元（含音像社4万元），上交学校利润2150万元（含音像社50万元），捐助学校教材建设专项基金100万元。

出版的3926种图书中，新版1220种、重印2706种。新版图书中，教材新书430种，学术新书466种，大众新书324种。教材、教学参考书和学术著作出版占比为73.44%，比上年下降4.47%。大众新书品种占比26.56%，比上年上升4.47%。

队伍规模保持基本稳定，全社员工393人。其中，事业编制55人，其他人员338人；正高职称25人，副高职称51人，中级职称160人；博士学历27人，硕士学历164人，本科学历127人，大专学历35人，硕士研究生及以上学历占全社职工人数比例为48.6%。

【重点项目】 2017年，出版社共承担2016年度北京大学立项教材51种、北大规划教材48种。全年累计获批各类出版资助金额1715.13万元。其中国家出版基金项目立项5种，国家社科基金后期资助项目立项28种，全国哲学社会科学成果文库项目立项2种，北京市社会科学理论著作出版基金项目立项10种，教育部哲学社会科学系列发展报告项目共出版10种。《"一带一路"协同发展研究丛书》和《中国航天事业为什么能成功》2种选题入选中央宣传部、国家新闻出版广电总局"2017年主题出版重点出版物选题"。

【版权工作】 2017年全年引进版权完成签约的新项目共计171项，版权输出完成签约共计174项，继续保持版权贸易顺差。出版社继续围绕优势领域，与众多国际一流出版社以及"一带一路"沿线国家出版机构加强合作，推动优秀出版物走向国际市场，输出语种涉及英语、俄语等12种。打造出一些具有国际影响力的经典品种：《中华文明史》成功出版韩文版和塞尔维亚文版，《解读中国经济》成功出版阿拉伯文版和泰文版。2017年，出版社获得各种"走出去"项目立项共计29种，其中国家社科基金中华学术外译项目11项，"丝路书香工程"重点翻译工程12项，"丝路书香工程"外国人写作中国计划1项，CBI（China Book International）中国图书对外推广计划5项。

【年度特色】 出版社以中央巡视北京大学党委为契机，结合教育部国资检查发现的问题，对照巡视反馈意见，对管理制度、组织框架、工作流程、业务范围和资产管理、党组织建设等方面进行检查梳理，找出薄弱环节和工作漏洞，明确整改工作目标、任务分解方案和相关责任人，制定整改工作方案和工作进程安排。主要从强化党委责任担当、坚持党建与企业发展同步谋划；梳理规章制度，建立健全体制机制；加强国资管理，追讨流失国有资产；聚焦主业，梳理发展战略，调整管理框架等方面整改落实工作，健全企业治理结构，规范企业运行行为，确保企业在正确的方向上运行，保证国有资产的安全。

2017年，储运部完成新一轮物流公司外包服务公开招标，本次招标联合清华大学出版社、北京大学医学出版社、中国农业大学出版社共同举行。2017年，新的物流系统全面上线，完全实现无纸化配送和柔性化生产组织模式。

【奖励荣誉】 2017年9月，出版社被国务院新闻办、国家新闻出版广电总局授予中国图书对外推广计划（2016）优秀奖第二名（单体社）。11月，出版社被商务部、中宣部、财政部、文化部、新闻出版广电总局评为"2017—2018年度国家文化出口重点企业"。

2017年，出版社获得各类图书奖项89项，其中国家级2项，省部级30项。《新中国60年外国文学研究》获得第四届中国出版政府奖图书奖，《水基础科学理论与实验》获得第四届中国出版政府奖图书奖提名奖。《国粹：人文传承书》入选中国出版协会"2017年中国30本好书"。《中国经典原境界》入选国家新闻出版广电总局第二届向全国推荐中华优秀传统文化普及图书。

【党建工作】 狠抓理论武装，提高政治站位。通过党委理论中心组学习、领导班子专题学习研讨、党委书记讲党课、支部学习、开展知识竞答等形式，组织党员、干部、职工学习十九大精神、习近平新时代中国特色社会主义思想，坚持党的政治建设为统领，坚决维护党中央权威和集中统一领导。

认真履行党建责任，努力提升党建工作水平。强化基层党委会制度，组织召开党委会或党委扩大会14次，坚持党委月会制度、支部月会制度，定期研究党建工作，加强对支部工作的指导和检查，坚持一年两次支部工作总结交流，以及《支部工作手册》《入党积极分子考察登记表》的检查。认真落实"三会一课"制度，做到一个月开展一次组织活动。2017年，组织党员进行政治学习，观看红色剧目和电影，观看"砥砺奋进的五年"等展览，与清华大学出版社、中国农业大学出版社进行党务和业务交流活动，通过支部微信群发送学习资料、互动讨论、交流心得，组织党员参加网上知识竞答等活动。稳步推进组织发展工作，2017年发展党员2名，北大党校培训毕业3名，新增入党积极分子3名。推进落实基层党务工作人员待遇，从2017年6月起，每月为支部书记和支委发放工作津贴。2017年9月，建立党的工作机构——党委办公室，配备2名专职党务工作人员。

以修订公司章程为契机，把加强党的领导和完善公司治理统一起来。在公司章程中明确党组织在重大决策中充分发挥作用，用法定形式和制度保证党的领导融入公司治理各环节、各方面。明确党组织研究讨论是董事会、经理层决策重大问题的前置程序。坚持决策事项先在党委会上研究讨论，然后提交党政联席会议做出决策。

加强思想政治工作，扎实落实意识形态工作责任制。通过年初全社工作会议、党组织专题学习、编辑继续教育培训，增强全员政治敏锐性和政治鉴别力，强化全员守好意识形态阵地意识的思想自觉和行动自觉。规范工作流程，从选题源头抓起，严格落实稿件三审制度，严把出版物政治导向关和学术导向关，分清是非界限，把握学术与政治的界限，不给错误思想提供传播渠道，守住守好意识形态工作的主阵地。重视新媒体阵地的管理和引导，制定并严格执行《新媒体工作管理办法》，规范出版社新媒体平台的建设、应用和管理，发挥新媒体平台在思想引领、文化传承、风采展示和信息服务等方面的积极作用。

狠抓作风建设，认真履行党风廉政建设责任制。领导班子成员认真履行"一岗双责"，纠正"四风"不止步。严格执行廉洁自律准则，带头落实中央八项规定精神，自觉抵制各种腐败行为，严格执行公务用车、公务接待、公款出国出境、出差、兼职等方面的制度规定。

积极引导职代会、工会开展工作，发挥其在民主决策、民主管理、民主监督、沟通协调、汇聚职工智慧方面的积极作用。凡应经职代会审议通过的重大事项，在党政联席会议之前要提交职代会审议通过。坚持领导班子定期向职代会代表征求意见，推动职工关心问题的解决。坚持执行社务公开制度，主动接受职工监督。大力支持工会开展各类活动，增进职工联系，营造积极向上、友善和谐的氛围。关注离退休工作，为离退休职工提供经济上的互助保障和生活上的照顾和帮助。

【社会公益】 2017年出版社党员和群众在"共产党员献爱心"活动中，共有115人捐款11,816.5元。在为北京大学校工会"爱心基金"的捐款活动中，职工捐款20,350元，出版社捐款20,000元。

累计捐赠图书31,184册，码洋92.03万元：1.向新疆大学捐赠图书1120册，码洋109,967.50元；2.向新疆石河子大学捐赠图书 1120 册，码洋 109,967.50 元；3. 向北京大学图书馆捐赠图书 3276 册，码洋 326,766 元；4. 向贵州省遵义市第一中学捐赠图书 6000 册，码洋 93,000 元；5. 向贵州省遵义市汇川区行政办公中心、区委宣传部捐赠图书 18,000 册，码洋 180,000 元；6. 向西藏大学捐赠图书 1143 册，码洋 82,930.50 元；7. 向"光华公益书海工程活动"捐赠图书 525 册，码洋 17,680.50 元。

（陈　健、卢旖旎）

校史馆

【发展概况】 北京大学校史馆成立于 2001 年 3 月，日常工作主要为校史展览、校史研究以及校史文物的征集、保管和展出。

校史馆馆舍于 1998 年北京大学百年校庆时奠基，2001 年 9 月竣工，建筑面积为 3100 平方米，分为上下三层，时任国家主席江泽民亲笔为校史馆题写馆名。2002 年 5 月 4 日，校史展览正式对外开放。展览主要分为北京大学校史陈列展、北京大学杰出人物展和专题展览三个部分。首层为北京大学杰出人物展，首批展出的革命先烈、学术先辈和各方面的杰出人物共 217 位。地下一层不定期举办各类校史专题展览。地下二层为北京大学校史陈列展，根据北京大学自身发展的脉络和特点，将北京大学历史分为九个阶段进行展示，展线长 400 余米，展板 273 块，展出图片图表 800 余幅、实物 440 余件。地下二层设有影视厅，定期播放校史专题影视作品。

校史馆内设研究室、综合办公室及资料室，编制 6 人，现有在职人员 6 人、返聘人员 4 人，兼职 1 人。现任馆长马建钧，副馆长刘晋伟。校史馆党支部包括在职及退休党员 11 人。党支部书记为林齐模（2012 年 12 月起任直属机关党委委员），副书记为杨琥。

【改造改陈】 2017 年 10 月 25 日，在基建工程部的主持下，校史馆馆舍开始全面改造，改造设计由北京建筑设计院负责，施工建设由中建八局负责。

12 月 29 日，校史馆展览改陈工作正式展开并发布招标公告，改陈工作采取设计施工一体化方式，由基建工程部负责组织实施。

【参观接待】 校史馆自 2017 年 7 月 1 日起闭馆整理，为馆舍改造与展览改陈工作做准备。截至 6 月 30 日，共接待参观 11,526 人次，其中本校师生员工校友及客人 2798 人次，团组 209 个。5 月 4 日校庆日特开校友专场；5 月 20 日配合校园接待日免费开放参观。

重要参观团队及人员有宋庆龄基金会、中央巡视组、审计署、水利部陆桂华副部长一行、北京市昌平区党政代表团、台湾大学代表团、北京大学中青年骨干培训班及干部研讨班等。

探索提高参观接待与对外服务水平的方式与途径。截至 2017 年 7 月，校史馆志愿讲解服务队的规模近 30 人，基本满足参观人员和团队的讲解需求。继续坚持日常开馆义务值班、节假日临时接待讲解补助等制度，做到开馆时间至少两名讲解员同时值班讲解、预约团队皆能得到志愿讲解服务。继续做好志愿讲解员队伍的培训及服务工作，组织讲解员参观西北科学考察团九十周年纪念展（9 月），并于闭馆期间联系志愿者为云南蒙自一中高二学生（11 月）、北京八中高一学生（12 月）介绍北大校史并开展交流。

【展览筹办】 2017 年 1 月至 6 月，校史馆地下一层专题展厅继续展出"书生本色　学者风范"系列专题展览之"徐光宪先生生平图片展"，展览再现徐光宪先生从一个对世界充满好奇的少年，勤奋探索，自强不息，成长为一代科学大家的人生历程。

为展览改陈并迎接百廿校庆，2017 年全年，校史馆集中研究力量组织校史研究人员对北京大学百年校史陈列的脚本及展陈内容进行讨论修订，组织展览专业人员对展陈形式的改造进行讨论，并从展览专业化角度为馆舍建筑改造设计提出合理化建议。

11 月，着手开展校史馆分馆"北大生活"陈列展筹备工作。筹备工作由"北大生活"陈列展筹备小组具体负责，由房地产管理部牵头，公寓服务中心、校友工作办公室、基建工程部、校史馆、邱明斤校友等各小组成员分工协作、通力配合。展览以讲述北大校园生活发展变迁为主题，以北大人日常校园生活为展示内容，希望通过收集和展示 1898 年以来北大校园生活方方面面的实物和影像资料，还原各时期的北大生活面貌，纪念北大生活的演进历程，以期达到记录北大发展、还原北大历史、宣传北大文化、弘扬北大精神、凝聚北大力量的作用。展览位于北大校园核心生活区的 28 楼，计划于 2018 年北大 120 周年校庆期间对外开放。

【校史研究】 "北京大学校史上的第一·人物编""北大名贤馆集萃"（暂定名）项目仍在继续进行中，《书生本色　学者风范》第二辑稿件编写工作已经完成。《国立西南联合大学图史》完成再版，《联大往事》书稿已交付出版社待出版。

2017 年，校史馆承担北京大学十三次党代会宣传材料的审定及材料补充修改工作，为北京大学党委宣传部、艺术学院联合制作的音乐剧《大钊先生》剧本创作提供学术支持并多次参加剧本研讨，为北京大学校友书画协会重大历史题材绘画创作提供学术支持并参加创作选题及审稿，为党委宣传部策划的《画品北大》提供学术支持，为 120 周年校庆宣传片《与北大同行》提供资料并配合采访，配合宣传部接受新华社"北京大学的红色记忆"主题的采访并提供资料，为北京大学上海校友会《蔡元培与上海》专题片提供学术支持，参与云南师范大学西南联大博物馆展览脚本审阅工作。配合学校党委宣传部,推出西南联大80周年纪念、抗战胜利纪念、北京大学第十三次党代会等专题微信报道。

在研究成果方面,郭建荣发表《纪念蔡元培就任北大校长一百周年》(《北京大学校报》第1434期),郭建荣、张万仓等参与《蔡元培全集》的编校工作。

在校史宣传方面,组织研究人员以讲座、采访、资料支持等形式宣传北大校史、弘扬北大精神。为支持和配合校内外宣传工作,先后向党委办公室校长办公室、120周年校庆筹委会、宣传部、校友办公室、福建电视台、光华管理学院提供校史资料及图片。郭建荣作两次题为"百年北大精神与传统"的讲座(7月)。杨琥为港澳台大学生夏令营(7月)、全国优秀中学生夏令营(8月)做北大校史讲座,为直属机关党委做题为"北京大学与中国共产党的创建"的报告。

为宣传校史,校史馆着手设计制作2018年校史台历和2018年校史效率手册。

【文物征集与管理】 校史馆共有藏品10大类815件、礼品17类1031件。2017年,共接受校内外人士捐赠北大校史文物100件组、复制品3件组、电子资料3件组,购买校史文物4件组。校内单位移交北京大学礼品101件。

2017年继续开展藏品数字化工作,共扫描馆藏文本资料149件组、复制件69件组、照片158件组,完成155件校史文物照片的专业拍摄以及对"大学堂"匾额、校园地图铜雕等重要藏品的3D扫描。

9月至10月之间,与专业文物运输公司签约,完成校史文物的整理、包装及搬迁工作。

【业务交流】 与到访的台湾大学、北京大学医学部、广西大学、郑州工程技术学院、贵阳学院等高校校史同行进行交流座谈。

【图书资料】 继续加强图书资料室的规范化管理,对所购买和赠送的新书做到及时编目、上架、出借,并做好新书发布工作,在为展览和内部工作人员服务的同时,每周定期对社会开放。资料室现有图书4182册、报刊56册,其中中文图书3781种3901册、中文刊131种156册、工具书108种126册。接待校内外读者阅览588人次;借阅图书1401册次,室内阅览527人次,咨询104人次。资料室对新书及时编目、上架,并做好新书发布工作。在服务校史展览、研究的同时,定期对社会开放。校史馆改陈期间,图书资料室迁至勺园5甲401室,暂停对外开放。

【内部管理】 校史馆连续16年做到"十无"达标,获得"2017年度北京大学安全管理先进单位"称号。继续坚持并不断完善往年形成的安全保卫小组例会制度、安全员巡视制度、消防及电路器材定期检查制度、人员进出登记管理制度、年度消检电检制度、中控员日间消防安全巡查制度以及消防设备月度维保制度。2017年6月,组织进行消防疏散演习。馆舍搬迁后,在临时库房加装监控、进行防水处理,并设置专门岗位进行24小时监控值守。

在设备维护方面,继续与设备公司签订维保协议,确保电梯、安防、消防等设施安全有效运行。

【党建工作】 校史馆党支部组织党员认真学习党章和习近平总书记系列重要讲话,把"两学一做"常态化。组织党员到平西抗日纪念馆参观学习,并祭拜陆平同志墓地。

校史馆认真贯彻学校关于党风廉政建设的要求,通过日常工作的制度化和规范化建设来保证党风廉政建设,使党风廉政建设与具体工作相结合,落在实处。

领导班子坚持周务会制度,坚持《档案馆校史馆馆务会议工作规则》《档案馆校史馆领导班子落实"三重一大"制度的实施办法》《档案馆校史馆财务工作规则》《档案馆校史馆馆务公开制度及实施办法》,研究决定各项工作,工作中一贯坚持集体领导、集体决策,实行民主集中制,坚持馆务公开,建立共识,增强向心力、主人翁责任感和集体荣誉感。认真遵守学校的财务制度,坚持"收支两条线",不设"小金库"。

(刘 静)

档案馆

【发展概况】 北京大学于1958年设立专门机构管理档案。1958年11月,档案室成立,为大学办公室的内设机构,1959年1月成为独立的北京大学档案室,由校党委办公室领导。1982年12月,北京大学综合档案室成立,为学校直属机构,处级建制。1993年5月,北京大学综合档案室更名为北京大学档案馆。档案馆既是学校档案工作的职能部门,又是永久保存和提供利用本校档案的科学文化事业机构,下设收集指导、管理利用和技术编研3个办公室,编制13人。截至2017年底,全馆有工作人员12人,其中高级职称2人,中级职称9人,初级职称1人。另有兼职1人,返聘人员1人。现任馆长马建钧,副馆长刘晋伟。

档案馆馆藏包括北京大学、西南联合大学、日伪占领区北京大学、北平大学和燕京大学5个全宗,涉及党政、学籍、科研、基建、人物、出版、会计、声像、设备、实物等10个档案门类。截至2017年12月,馆藏档案排架长度2968延米。

2017年,档案馆的工作重点是围绕为学校中心工作和建设世界一流大学服务的总体目标,继续推进档案管理规范化、档案资源结构多元化和档案工作信息化进程,加强档案基础业务建设、档案数据库建设。继续做好人物档案征集工作,拓宽征集渠道。

【档案收集与整理】 2017年重点完成了党办校办、人事部、教务部、国际合作部、继续教育部、研究生院、会议中心、共青团委员会、校产办、学科建设办公室、国家发展研究院、新闻传播学院等单位归档工作的指导与服务。

更新《档案工作主管领导和部门档案员信息表》，完成全校100个归档单位98个文书档案员的归档业务培训工作，同时加强对新成立单位归档工作的指导与服务，确定专人进行培训和指导归档，确保新增单位档案及时完整归档。

加强科研项目归档工作质量体系建设。2017年，档案馆修订重大项目科研档案质量体系管理制度，并与先进技术研究院协作，继续推进重大科研项目档案收集、指导分级机制的制度建设，规范重大科研项目档案验收与归档工作。

开展对北大要闻和北大专题热点事项照片档案征集工作。

2017年已接收进馆的常规业务档案、资料合计25,955卷（件），其中：党政文书档案7625卷（件）、学籍档案14,105卷（件）、声像档案623卷、基建档案40卷（件）、出版档案34卷、科研档案435卷（件）、人物档案2899卷（件）、会计档案192卷，资料1件，实物档案1卷。

【档案管理与利用服务】 2017年共接收档案核查入库22,062卷（件），其中党政文书档案8004卷（件）、学籍档案12,598卷（件）、声像档案317卷、出版档案7件、人物档案480卷（件）、科研档案585卷（件）、已故人员档案71卷。

2017年共提供档案利用1488人次，利用档案6256卷（件）。其中华人民共和国成立前1319卷（件）、中华人民共和国成立后4937卷（件）；用于编史修志1303卷（件）、工作查考2858卷（件）、学术研究1074卷（件）、宣传教育188卷（件）、其他类833卷（件）；复印档案6512张，扫描2090张，拍摄113张。为《北京大学志》编写工作提供档案支持，此项工作涉及馆藏多个方面，涵盖各部门、各院系、各部处以及撤销单位，占整体利用率的30%以上。

配合中央巡视工作提供全天候档案查询工作。此项工作自1月开始至5月结束，共接待包括巡视组工作人员和校内34个单位60余人次查档，调阅档案1535卷件，复印2824张。

编制专项档案检索目录，建立重要人物馆藏档案专题目录。2017年开展"党代会会议记录专题"。在重要人物馆藏档案专题目录方面，目前共完成29位重要人物馆藏专题目录。

2017年度继续开展历史档案整理工作。继续进行京师大学堂、燕京大学档案全宗的扫描工作，共计完成187卷886件档案，扫描9684张。2017年度共整理技术物理系、历史系、计算机系历史档案783卷（件），并对该部分档案进行检查、上架、填写存址及汇总数据等。

2017年度对101库房2014年硕士学籍共5570件及2011年至2013年本科学籍355卷档案进行排架调整，更改存址及柜号标签，并对部分目录夹进行一一核对、整理、更换、重新打印案卷目录。为满足库房安全性要求，为一层两个档案库房更换符合国家安全标准的防盗门及密码锁。

共接受30人次的学历学位认证，提供46卷（件）档案的利用，主要包括学位证、学历证以及成绩单的认证。

【档案编研与信息化建设】 档案管理信息系统调研工作。针对目前电子文件和档案管理的现状和工作实际情况，提出档案管理系统升级计划，希望借助档案系统升级的契机，建立完善的档案管理系统和电子文件管理方案。

档案数字化工作。1.整理完成新征集的1978年至2000年部分照片档案，补充扫描照片原文368张，挂接照片原文1869张，完成汇总库中未挂接原文的1532张照片数字化和原文挂接。

2.继续对1970年至1992年的录音磁带进行数字化转录工作。全年共转录录音带162卷，累计时长372小时。

【档案安全与保密】 档案馆是全校重点防火单位和保密要害部门，始终牢固树立"安全第一"的思想，重视组织建设和规章制度建设，加强安全责任制的落实工作，注重发挥安全保密工作小组的作用，定期分析、查遗堵漏，坚持日常的巡查以及节假日前的清查，并每季度进行一次消防设备的安检。严格执行国家保密制度，坚持涉密档案利用保密审查程序，加强涉密计算机和涉密载体管理，强化涉密人员保密意识，提高应对突发事件的应急指挥和处置能力。配合学校质量管理体系认证工作，配合学校2017年度质量体系外审，档案馆重新梳理和修订档案馆内部工作制度，建立档案馆2017年度的质量管理体系工作目标，并在质量体系外外部审查和学校内审检查中，顺利通过检查，无不符合项。

【馆际交流与合作】 2017年，档案馆参加北京市高校档案研究会年度课题立项评审会（3月，北京），第六届中国档案职业发展论坛（5月，厦门），北京市高校档案研究会理事会（6月，北京），北京市高校档案研究会理事会（7月，北京），北京市教委"档案信息化建设"研讨会（10月，北京），中国电子文件管理论坛（11月，北京）；接待中国农业大学、云南师范大学、贵阳学院、台湾大学等同仁来校开展业务交流。

鼓励馆员参加档案专业学术研究和交流活动。2017年档案馆工作人员在档案类核心期刊发表学术论文11篇，并获中国高等教育学会档案工作分会2017年学术论文二等奖、三等奖及"第六届中国档案职业发展论坛"优秀论文二等奖。

（贾永刚）

医学部档案馆

【基础业务工作】 档案管理。2017年，医学部档案馆共接收各部门移交的纸质档案1188卷，其中教学档案668卷，含教学综合34卷；科研档案93卷；基建档案48卷；党政档案320卷；出版物56卷（册）；设备档案3卷。搜集整理照片 1500 张左右；接收校友捐赠光盘 1 张。对外提供查阅、借阅服务 1281 卷 / 张次，其中纸质档案 375 卷次，提供照片利用 906 张次。

业务培训。6 月 16 日，邀请北京大学档案馆副馆长刘晋伟给医学部各部门、学院、医院档案馆工作人员进行业务培训，并布置档案资料的归档工作。组织馆员参加北京市高校档案学会举办的系列培训活动，与兄弟院校进行档案业务交流。

【校史文化活动】 资料收集。将北医民国时期出版刊物《医事月刊》《通俗医事月刊》的电子版，收录馆内。

校史编研。协助北京大学出版社审定《北大日历》。9—11 月，逐条对《北大日历》中的校史初稿进行核实修订，并撰写修改说明，提供可供替换的馆藏照片。

文化宣传。校史志愿讲解，开展第四届校史志愿讲解员的招募和培训工作，新增 3 名讲解员，组织 3 次试讲，举行 8 场次校史讲解活动。对校史文化协会公众号进行备案。给医学生做专题校史讲座。

【党建工作】 支部建设工作。3 月，召开支部大会暨学习贯彻中央 31 号文件专题组织生活会、支部书记讲党课"档案与高校思想政治教育工作"；4 月 16 日，召开"两学一做"常态化制度化专题组织生活会；10 月，组织观看十九大实况直播和常委见面会，召开"不忘初心　牢记使命　高举中国特色社会主义伟大旗帜"主题座谈会；11 月 23 日，组织《中国共产党章程（修正案）》学习研讨会；11 月 30 日，召开支部大会暨学习十九大报告专题组织生活会、支部书记讲党课"文化自信与档案工作"；12 月 11 日，组织北京大学、医学部党代会报告座谈会暨检查、观摩《百年北医历程》(《五年成果展》) 现场学习会；12 月 20 日，开展"传统文化与电影艺术中的文化自信"主题党日活动暨工会小组活动，全体党员和民主党派人士在观复博物馆接受中国传统物质文化遗产知识培训，参观中国电影博物馆暨"光影典范颂清风"廉洁教育展览专线；参加 2 次机关党委组织的次支部书记培训活动、组织"砥砺奋进的五年"大型成就展参观活动。

选举提名工作。完成出席北京市第十二次党代会代表、出席党的十九大代表的推荐提名工作，以及北京大学第十三次党代会、医学部第十三次党代会党代表选举与两委委员三下三上提名工作；部分党员参加了北京大学、医学部第十三次党代会。

【《百年北医历程》展览】 由医学部档案馆牵头，与医学部主任办公室党委办公室共同筹办《百年北医历程》展览。集中撰写 2012—2017 年五年大事记，共计 2987 条；撰写《五年成果展史料汇编》共 80,000 余字；撰写《北医五年成果展方案》共 10,000 余字。6 月 16 日开始，按照办展需要，向医学部各部门、学院、医院广泛收集图片资料，截至 9 月共收集图片、图表等资料 1638 张。并按照展览涉及的专题对图片、图表分类整理。7 月至 8 月，完成了成果展项目的招标工作。9 月起，推进成果展展板及画册设计工作，截至 11 月 30 日，共完成 6 轮文稿的审定修改，并确定终稿。12 月 10 日，《百年北医历程展》布展完成，并于 12 月 11 日正式对外展出。

（田祎娴）

医学部实验动物科学部

【发展概况】 北京大学医学部实验动物科学部于 1984 年 12 月设立。现有实验动物设施约 5000 平方米，其中实验动物繁育楼 1719 平方米，动物实验楼 2400 平方米，科研及动物质量监测楼 320 平方米，其他附属设施约 300 平方米。实验动物科学部现有在编人员 79 人。实验动物科学部本着"以为教学和科研工作服务为中心，确保提供优质、足量实验动物，确保提供全方位的动物实验服务"的工作宗旨，努力打造北大生命科学教学与研究的重要支撑条件和服务平台。

【生产工作】 1. 实验动物生产供应。向校内、外供应合格（达到 SPF/VAF 标准）实验动物 23.3 万只。

2. 实验动物代养管理。代养试验用大小鼠共计 27.3 万只。

3. 动物实验开展工作。协助各教研室及附属医院等 38 家单位进行动物实验 1035 项。受校内、外 10 个单位委托，以合同形式独立承担并完成有关一般药理学、毒理学、免疫学、肿瘤学等方面的动物实验 20 余项。完成 10 余个单位委托的 80 余项大动物实验，开展大动物手术 355 台，成功建立创新手术大鼠模型 1 个。2017 年度共检测血常规样品 5623 份，血生化样品 4558 份次。

【教学工作】 1. 课程教学。2017 年完成药学院本科生《实验动物学基础》教学共 36 学时；完成研究生院四个班的《实验动物学》教学，总计 128 学时，1019 人完成课程考核并取得北京市科委颁发的《实验动物从业人员职业资格证书》；承担医学部遗传学系本科生《实验动物学》8 学时的教学任务；完成基础医学院本科生《实验动物学导论》教学任务。

2. 人才培养。2017 年共举办 11 期实验动物从业人员上岗培训班，培训人数 1300 人。

3. 科研成果。发表论文 8 篇。

【行政工作】 完成 7 次学校伦理审查工作，共计 323 份；实验动物繁育楼和动物实验楼进行楼顶防水处理；添置 4 台蒸汽自主发生器；更换 65 台 IVC 的高效过滤器；更新动物繁殖楼中央空调系统主要制冷部件及动物实验楼 7 台室内空调机；新增、维护消防器材 54 个，检修消防逃生通道，为垫料、饲料库房安装悬挂式超细干粉灭火装置。

【其他工作】 完成医学部本部医用废弃物清运处理约 51,170 千克，北清路校区医用废弃物清运处理约 22,342 千克。

【党建工作】 1.强化党风廉政建设。领导班子带头落实医学部党风廉政建设意见；组织中层干部对相关文件精神、理论和法规进行学习，对标进行自检自查和整改；对下属有业务关联的部门进行重点教育和监管，加强业务管理工作的廉政风险防控，严格购销申报审批管理制度；开展相关培训课程。

2.加强监督执纪。落实干部会议制度，经常性开展批评与自我批评；不定期通过宣传栏、宣传板、通知公告等渠道进行信息公开。

3.深化政治理论学习。学习贯彻习近平总书记系列讲话和党的十九大报告等文件。

【行业认可】 医学部实验动物科学部在北京市实验动物管理办公室组织的动物质量抽查以及飞行检查中均合格；部门被评选为"北京市实验动物行业工作先进单位"；部门实验动物生产许可证（证号SCXK(京)2016—0010）、使用许可证（证号SYXK(京)2016—0041）均顺利通过年检。

（任 波）

燕园街道办事处

【发展概况】 燕园街道成立于1981年12月，属于大院式街道办事处，受海淀区政府和北京大学双重领导。辖区面积约1.84平方千米。燕园街道办事处设有综合办公室、居民民政办公室、劳动和社会保障办公室、城管监察办公室、计划生育办公室、社会保障事务所6个科室。下设中关园、燕东园、校内、畅春园、蔚秀园、承泽园、燕北园7个社区居委会。燕园街道办事处人员编制隶属北京大学，共有事业编制人员16人。

【党建工作】 全面学习贯彻十九大精神，开展党课教育、专题研讨、特色宣讲、征求意见等形式的学习教育活动，坚持党政联席会制度，召开18次街道党政联席会，讨论决定100余项议题。加强党员干部的党风廉洁自律建设，制定《燕园街道党政领导班子落实"三重一大"决策制度实施办法》。选优配齐社区党支部队伍，召开7场座谈会，计有20余位社区干部参与座谈。继续推进"两学一做"学习教育常态化制度化，各党支部每月集中组织党员开展支部活动，学习《中国共产党章程》、十九大报告全文，印制《燕园街道学习贯彻十九大精神学习笔记》。不断加强基层党员的学习教育。学习贯彻落实全国高校思想政治工作会议和31号文件精神。

【综合治理】 联合地区城管、公安、食药监等执法部门开展50余次执法检查，计有500余人次参与其中。清理占道游商60余户，疏解人口50人。拆除辖区内各类违建共400余处，约12,000余平方米，实现拆违"清零"目标。投入约90万元，改造中关园自行车棚8处，增加停车位80个；改造畅春园西院停车场，增加车位10个；恢复被侵占绿地约500平方米，补种绿植近万株；修建燕东园社区垃圾站及北区排水管道，拆除燕北园社区老旧藤萝架。完成畅春园、蔚秀园、中关园及燕北园居委会办公室及活动室的装修改造。投入43万元完成6个社区防爬刺的安装，在6个社区增补47个视频监控摄像头。投入65万元完成承泽园社区48个门栋智慧门禁的安装。在各社区实施消防通道禁停标志和画线工作。完成春节、全国两会、"一带一路"国际合作高峰论坛及党的十九大等敏感期群防群治社会面等级防控14次。配合"智享自行车"工作，开展废旧自行车回收、捐赠、置换工作，组织清运回收自行车160辆。

【社区建设】 开展"一刻钟服务圈"、智慧社区、市级社会动员试点单位、特色街区等项目建设工作。完成蔚秀园社区东门及文化广场改造、承泽园楼道加装信息栏及安装特色宣传栏。组织"春风送暖""春雨行动"和"精准扶贫"爱心捐赠活动，累计募集善款2.3万余元；通过"慈善助困暖人心"和"慈善助学子"救助活动，累计募集资金3万余元。对低保、低收入、杰出妇女代表、高龄空巢、老党员、优抚对象等社区特殊群体，累计发放慰问品34,200余元。根据《北京市海淀区人民政府关于本区2017年既有多层住宅增设（适老化）电梯试点工作的实施意见》精神，在相关市、区相关部门的指导下，开展居民安装电梯答疑解惑工作，推进各社区适老化电梯试点安装工作的开展。配合区文化委完成文化部对海淀区进行的中期督查迎检任务。按时完成"国家公共文化服务体系示范区"档案整理工作。建立"北大-政府-社区-机构"联动管理养老服务模式，通过"家庭助理"空巢老人精神照料和立体式社区互助养老两个服务项目，联动北大爱心社、北大青年协会以及附近高校的青年志愿者，组建规模达100多人的为老志愿服务团队。

【社会保障】 接收失业人员档案135份，登记230人次。发放就业登记证56份，补录就业失业信息81人次。完成失业金领取标准调整23人次。失业人员动态管理系统分发失业人员120人次，社区接收95人次。受理新申领失业金8人次，到期停止10人次，按月发放及复核失业金280人次。春节"送温暖"慰问失业人员24人次。完善残疾人信息台账，做好残疾证的管理、发放、新办和补办工作；完成北京市残疾人基本服务状况和需求信息数据动态更新工作，填写、录入、修改调查问卷共计300份，延期残疾人服务一卡通278张。发放困难残疾人临时救助金1.2万元。发放助残券、各类补助10万余元。开展残疾人失能护理互助保险工作，组织残疾人参加区残联举行的各类就业招聘会、技能培训学习以及职业技能竞赛。办理残疾人灵活就业保险补贴5.2万余元，发放慰问品、慰问金8.9万元，发放康复补助9万元。

【计生工作】 办理户籍人口两孩以内生育登记及再生育行政确认业务364件。办理流动人口生育服务登记业务41件，比去年增加37%。全年办理独生子女父母光荣证、计生证明开具、流动人口信息协查等各类计生业务共计1255件、接待业务咨询2784件。

【居委工作】 举办2场"我的中国梦 欢乐新北京""庆祝十九大 欢度重阳节"大型群众文艺汇演，开展"绿色北京，共爱燕园"生态文明建设工作。爱心社、环保协会、书画协会等学生社团与社区居委会、社区老年社团合作，开展志愿服务活动。开展"燕园街道首届摄影展览"、趣味运动会等活动，各社区在中国传统节日，以趣味运动会、歌咏比赛、诗歌朗诵比赛、手工展示等多样化的活动为载体，累计举办社区活动50余场。

（张琳娜）

燕园社区服务中心

【发展概况】 燕园社区服务中心成立于1999年，实行独立核算，坚持自负盈亏、自我积累、自我发展、自我完善的原则开展社区服务。截至2017年底，社区中心共有在编职工40人。本年度新退休职工13人，新入职员工3人。深入贯彻学习党的十九大报告精神，配合中央巡视督查，对标自查整改，强化党风廉政建设。

【社区服务】 社区中心秉承"高效、便捷、贴心"服务的宗旨，致力于提升社区居民的生活质量，构建包括居家养老、家政服务、便民服务等方面的综合服务体系。

1.服务热线人工值守。设置便民服务热线电话（010-62752492），坚持每天8:00—17:00，周末及节假日不间断人工值守，制定服务热线回访制度。2017年共接听服务热线电话10,000余次、咨询类电话4000余次。2.提升便民服务质量。丰富服务种类，为居民提供住家保姆、小时工、家具家电维修、车具门锁维修、上门理发、送货入户等多种服务。2017年完成保姆及小时工上门服务5000余次，约3500小时，其中免费上门服务500余次社区服务站为高龄老人提供免费送货上门服务，送水送粮、随叫随到；社区中心理发店上门免费为老人理发。做好社区内5个菜站建设管理工作。加强服务商管理，定期评估现有服务商、清退不合格服务商、引进优质服务商，建立服务商接单上门服务制度，要求服务人员统一着装，努力打造"诚实守信、品质至上"的服务队伍。上、下半年各开展1次便民服务日活动，组织部分优质服务商为居民和教职工提供现场体验服务和上门服务。就社区居民需求，定期开展问卷调研，对数据进行收集归纳和统计分析。

3.共建留学生培养活动。与学校留学生办公室合作，承接留学生住家走访及文化体验工作，2017年共开办3次活动，接待留学生89人，其中包括日本留学生家访及太极、书法、国画、剪纸等中国文化体验课。

4.举办公益爱心活动。不定期组织开展公益活动、献爱心活动，暑期无偿捐助北大贫困新生爱心大礼包500份。

【社区经营】 社区中心配合房地产管理部、总务部等部门完成校园内中心所属经营场所的拆迁、关停以及人员分流和安置等工作。配合街道办事处和房地产管理部对校园周边的违章建筑进行拆除、整改，拆除中关新小市场、畅春园果蔬棚、燕北园小市场等社区用房，停用燕东园小市场用房。配合消防安全部门及城管部门清理校园内防火隐患，拆除禾谷园二层社区招待所用房。2017年，中心上交学校房地产管理部房产共计3328平方米，拆除社区房产共计2204平方米，停用燕东宾馆等共计787平方米。

【社区安全稳定】 社区中心实施责任书制度，明确责任到岗、到人。与下属个体商户签订《安全消防责任书》，签订率达100%；针对下属个体商户开展消防安全宣传活动，全年开展2次安全大检查活动，及时更换消防灭火器等消防器材；每月定期排查安全隐患，不定期对食品、餐饮租赁商户进行安全卫生抽查，督促整改。重点检查经营许可期、食品保质期、食品卫生及安全生产预案。

【党建工作】 社区中心认真学习贯彻落实党的十九大报告精神。准确传达落实中央、学校有关党风廉政建设的会议精神、文件要求、讲话精神和各项制度，规范中心各项补贴奖金的发放。

（燕园社区服务中心）

附属中学

【发展概况】 2017年，北京大学附属中学占地面积5.16万平方米、建筑面积4.86万平方米。操场1.20万平方米，体育馆一期1.98万平方米，教学北楼1.68万平方米，换热站420平方米。图书馆藏书10万册，电子图书与北大图书馆共享。固定资产总值5575.61万元。全年教育经费投入18,640.1万元，其中，国家拨款5980.25万元、自筹经费12,361.9万元、事业收入297.96万元。学校信息化经费投入104万元，拥有计算机500台（计算机资产总值300万元），多媒体教室座位3000个，校园网出口总带宽1.2Gbps，数字资源量1TB，"信息技术"课程2课时/周。普通教室130个、专用教室96个、实验室8个。教职工399人，包括正高级教师3人，副高级职称103人、中级职称92人。专任教师320人，包括特级教师7人、北京市学科教学带头人4人、市级骨干教师7人；海淀区D学科带头骨干共47人，本科及以上学历371人。开设教学班84个，其中，初中班30个、高中班54个班。毕业生652人，其中，初中224人、高中428人；招生882人，其中，初中344人、高中538人；在校生2376人，其中，初中831人、高中1545人。高中录取分数线（海淀区）551分，应届高考本科上线率100%。

北大附中以集团化办学的方式扩展与延伸，加快公共基础教育均衡发展，相继承办了北达资源中学、北大附中天津东丽湖学校、北大附中石景山学校、北京医学院附属中学、北大附中朝阳未来学校和北大附中海口学校（2018 年开学）六所集团校，并成立北大附中教育集团总校。2017 年 9 月 9 日，北京大学附属中学在北京大学百周年纪念讲堂举行北大附中教育集团总校成立暨教师节庆祝大会。国家教育咨询委员会委员、联合国教科文组织协会世界联合会荣誉主席陶西平，北京大学副校长、教务长高松，北京市委教育工作委员会副书记郑登文，北京市财政局教育事业处处长王华伟，中共海淀区教工委书记尹丽君，海淀区教委主任陆云泉，中共石景山区教工委书记郝显军，石景山区教委主任李秀兰，天津市东丽区教育局局长郝德礼，北京军区善后办政工组副组长刘长金，中部战区政治工作部群联局局长谢杰，陆军政治工作部群工联络局局长苗永华，空军信息通讯第六旅政委张克晶，民进中央教育委员会副主任姚炜等北京市教委、北京大学及社会各界领导嘉宾出席了成立仪式。

【教学成果】 2017 年预科部完成云课程升级，全面实施依托云平台资源的异步学习和基于问题反馈的个别化辅导。2017 年高考中取得优异成绩，其中理科高分段和自主招生加分学生较去年提升，共计 36 位同学进入北京大学和清华大学，较去年北清录取人数增长 20%。国际部重构课程体系，拓展对外合作，健全升学辅导中心，实行双导师制保证出国方向学生得到全方位指导。2017 年国外大学申请再创佳绩，美国排名前 10 及常春藤联盟录取 6 人，77% 的同学被美国排名前 50 的大学和文理学院录取，100% 的同学收到国外大学录取通知书。

【人员组织】 2017 年 7 月 6 日，王亚章接替生玉海就任北京大学附属中学党委书记。2017 年 10 月以践行十九大精神为契机，北京大学附属中学推动支部换届，9 个支部将基层党建与部门工作融合，并组建宣传工作组，督促工会、教代会发挥组织功能。

【资源分配】 2017 年 9 月 1 日，北京市小升初取消推优，北京大学附属中学在海淀区招收 40 名初一年级就近登记入学学生。根据北京大学第 919 次校长办公会决议，2017 年起北大附中在小升初阶段全面接收北京大学本部及医学部事业编制教职工二代子女。2017 年 12 月 12 日，北大附中朝阳未来学校校园落成仪式在校区惠新东街 8 号举办，继续面向城六区普通学校招生，录取不考试、不掐尖，实行“1+3”四年制贯通培养。

【创客空间】 2017 年暑假，探月学院对南楼创客空间进行了全面升级，将创客空间打造为多功能创新实践空间，并引入首个荣获 MIT 合成生物学大奖的华人团队——蓝晶实验室入驻。在探月学院的支持下，创客空间建立了社会资源转化机制，引入百度、阿里等国内顶尖公司及专业人士以支持附中的课程开设和活动举办。2017—2018 秋季学期，探月学院对引入资源进行整合，并为附中学生开设了空间设计、互联网产品、哲学元问等若干门课程及 10 余次体验活动。

【模式创新】 2017 年 9 月起，初中部开始实行走班选考新模式。新模式下，走班选课方案以两次实践调查的数据结果为依据，并兼顾新课程与复习课的不同特点。学生能够自主选择修习科目、修习时间和修习指导老师等。2017 年 9 月，高中部启动线上线下结合的混合课程建设。线上，推进各科知识逐步图谱化；线下，推动小组合作学习。2017 年 9 月，初中元培课程首次向全体学生开放，学校采用重阅读、专题式、跨学科的研究性学习模式，帮助学生在两年的学习期限内夯实基础，在九年级正式进入高中阶段的学习。

【设备升级】 2017 年 10 月至 11 月，学校更新校内各大场馆硬件设备。致蕙礼堂新增 LED 大屏、舞台灯光、音响及相应的调光台、调音台等设备。图书馆报告厅增设了画质清晰功能完备的 LED 屏幕。下沉剧场升级舞台灯光系统。将原有的音响系统维修升级变为移动音响系统。

【奖学金设立】 2017 年先后设立周沛耕奖学金、苏世荣奖学金。85 届校友池燕明、李革出资设立周沛耕奖学金，奖金 300 万元，用于奖励数理方向的竞赛及教学；李革校友出资设立苏世荣奖学金，奖金 200 万，用于奖励化学竞赛及教学。北大附中依托校友及社会资源，建立包括启明奖学金、宏志奖学金、飞燕奖学金、叔蘋奖学金、瑞穗奖学金在内的奖助学金体系。

【郝平调研附中工作】 2017 年 11 月 7 日，北京大学党委书记郝平同志来到附中，就传达学习十九大精神、推动附中发展建设进行专题调研。北京大学党委副书记安钰峰、副书记刘玉村、副校长王仰麟等陪同调研。郝平书记肯定了附中近年来的发展和变化，认为在坚持素质教育理念引领下，附中的领导班子团结一致，通过探索和实践，在基础教育领域取得了突破性和引领性的瞩目成就。北大特别珍惜附中本部已经取得的教育教学创新成果，希望附中能将这些创新成果和经验延伸各个集团校，并结合学校的品牌内涵和先进的教育理念，面对国家教育事业的高速发展，以“培养人才和国家优秀接班人”为己任，同时更要积极倡导新的教育风尚和理念，影响社会，担负起引领优质文化教育的“北大责任”。

【工会工作】 2017 年 9 月起，北京大学附属中学开始装修工会教职工之家，截至 11 月 24 日整体装饰完成。教职工之家位于学校西门二层小楼，室内可品茶、喝咖啡、弹古琴、做瑜伽，内设阳光露台、跑步机、椭圆机等硬件设备。北京大学附属中学工会被评为“北京市模范教职工之家”。

【教师荣誉】 2017 年，北京大学附属中学姜民、秦蕾、何艳阳当选“特级教师”；中国教育学会、中国高等教育学会、中国职业技术教育学会、中国教育电视台、中国教育报刊社、人民教育出版社联合成立当代教育名家推选活动组委会，张思明当选“当代教育名家”。

（附属中学）

附属小学

【发展概况】 2017年，北京大学附属小学占地面积28,579平方米、建筑面积22,294平方米，体育场（馆）面积12,000平方米。图书馆（室）藏书7.29万册，电子图书200册，订阅杂志、报纸170种。固定资产总值3475万元。全年教育经费投入6414万元，其中，国家拨款约3123万元、自筹经费约3291万元。学校信息化经费投入1080万元，多媒体教室座位356个，校园网出口总带宽100Mbps，数字资源量20TB，"信息技术"课程1课时/周。普通教室59个、专用教室100个。拥有计算机641台。教职工186人，其中，高级职称13人、中级职称141人。专任教师150人，特级教师3人，北京市骨干教师5人，本科以上学历176人。开设教学班60个。毕业351人、招生377人、在校生2079人。

2017年，学校科研工作主要与生命发展课程的系统总结、提升相关，开展了课题申请、课题研究推进、教师培训、成果撰写等工作。2017年，北京大学附属小学尹超校长主导的全国教育科学规划十三五教育部重点课题"基于核心素养的小学生命发展课程研究"立项通过；李颖老师《博物视角下，小学自然观察类课程（植物类）的开发与实践研究》、任辉老师主导的《项目学习中驱动性问题的生成策略研究》也通过北京市教育科学"十三五"规划2017年度一般课题立项。

（庄　严）

【师生赴南极长城科考站】 1月13日至2月2日，北京大学附属小学师生赴南极中国长城科学考察站。北京大学附属小学师生一行18人随中国少年南极先锋科考团，前往中国南极科学考察站，庆祝中国少年纪念标30岁生日，并在"一带一路"青少年和平友好发展国际联盟科学家带领下，在南极进行科学考察。

（庄　严）

【成立人大附中北大附小联合实验学校】 6月1日，成立人大附中北大附小联合实验学校。学校位于海淀区中关村科技园区内，占地面积10余万平方米，建筑面积4.5万平方米，有教学楼、宿舍楼、餐厅、图书馆、钢琴房、千人大礼堂、体操房、足球场、篮球场、游泳馆、标准400米塑胶跑道。人大附中北大附小联合实验学校为全日制民办公助学校，前身为北京市科迪实验中学（创建于2000年），2016年正式更名为人大附中北大附小联合实验学校。小学部由北大附小承办，由北大附小教育集团统筹管理，共享集团内部课程、师资等资源，执行校长由北大附小副校长、数学特级教师李宁担任，实行小班化教学，每个班最多25人建制，采取走读和寄宿两种方式。学校于9月正式开学，小学部招收一年级学生100人，5个教学班；二年级学生（包括转插生）40人，2个教学班。

（何立新）

【金帆京剧团联合专场演出】 6月21日，北大附小金帆京剧团与中关村中学金帆京昆团举办专场演出。纪念北京市学生金帆艺术团成立30周年，戏曲专场"京腔昆韵·新蕾绽放——中国戏曲精品音乐会"在国家大剧院演出，北京大学附属小学金帆京剧团90名小演员，上半场演出4个经典曲目、武打戏及戏曲联唱，包括改编自京剧小戏《小放牛》的京剧歌舞《春日放牛》、现代京剧《智取威虎山》中老生与花脸对唱、京剧《四郎探母》中的折子戏《坐宫》、改编自京剧神话歌舞戏《天女散花》的《天宫七仙女》，取材于古典名著《西游记》的京剧武打戏《孙悟空斗罗汉》，戏曲联唱演唱《穆桂英挂帅》《三家店》《苏三起解》《空城计》《桃花村》等经典唱段。

（莫　晖）

【海峡两岸互访交流活动】 7月6日至12日，北京大学附属小学参加海峡两岸和平小天使互访交流活动。40名来自台北市民族、民生及敦化小学学生与40名北大附小学生结对，开展为期8天文化交流活动。开营仪式上，两岸80名学生演出活动主题歌《同是一个梦》，此后4天，台湾学生住进北大附小结为对子的学生家里共同生活，一起参访故宫、长城、中国科技馆等地，并参加国子监开笔礼仪式、传统书画体验交流活动和两岸学生成语竞赛等活动。

（莫　晖）

【英文戏剧获全国特等奖】 7月24日，北京大学附属小学英文戏剧《花衣魔笛手》获"希望中国"青少年英语教育戏剧大赛全国总决赛特等奖及最佳舞台效果奖。

（庄　严）

【泡泡馆竣工】 9月，北京大学附属小学体育馆"泡泡馆"竣工。"泡泡馆"由清华安第设计院杨洪生设计施工，总投资13,000万元。体育馆位于校园东南角，为灰色混凝土建筑，因其外观镶嵌着圆形的玻璃泡泡，被称为"泡泡馆"。体育馆占地2765平方米，建筑面积11,647平方米，地上一层为综合馆，设有两块标准篮球场地，配备一块80平方米LED大屏及专业声学设计和音响配备，可满足多个班级综合性体育活动；地上二层为篮球馆，设有两个标准篮球场地，同时还配备4个专业羽毛球场地。地下一层是游泳馆和报告厅，游泳馆1800平方米，共有10条泳道，报告厅面积为400平方米，设有246个固定座位，可作为学术交流和年级活动使用；地下二层为活动室，设有京剧、舞蹈、武术、跆拳道、乐队、合唱等7间活动室，其中1间在500平方米以上，其余每间都在200平方米以上。

（王　杰）

【尹超获"明远教育奖"】 11月24日，北京大学附属小学校长尹超获第三届"明远教育奖"实践类奖项。颁奖典礼在北京师范大学敬文讲堂举行，顾明远等专家领导为获得"明远教育奖"称号及奖项的获奖者颁奖,北大附小校长尹超获得优秀实践工作者称号。

(庄 严)

【承办明远教育论坛】 11月25日至26日,明远教育论坛在北大附小举行。论坛由北京明远教育书院主办、北大附小承办,会议议题为"面向未来的课堂教学改革"。国内知名教育学者、来自全国各地大学、科研院所、中小学校长以及骨干教师共计600余人参加论坛。开幕式上,顾明远与苏霍姆林斯卡娅围绕苏霍姆林斯基《把心灵献给孩子》一书,就教育的心灵是什么、怎么看见孩子的心灵等一系列问题展开对话,国家教育咨询委员会委员、国家总督学顾问陶西平、中国教育学会副会长李希贵、数学特级教师张思明分别围绕价值观培养、核心素养等话题作主旨发言。

(庄 严)

人　物

在校院士名录

中国科学院院士

数学物理学部
姜伯驹　张恭庆　陈佳洱　甘子钊　贺贤土　文　兰　杨应昌　陈建生
田　刚　赵光达　徐至展　李政道　苏肇冰　解思深　王诗宬　王恩哥
鄂维南　陈十一　欧阳颀　张平文　谢心澄　李家明　张维岩

化学部
唐有祺　黎乐民　刘元方　周其凤　王　夔　张礼和　黄春辉　高　松
吴云东　刘忠范　严纯华　席振峰

地学部
赵柏林　涂传诒　陈运泰　童庆禧　叶大年　李德仁　张弥曼　秦大河
陶　澍　张培震　傅伯杰　吴立新　郑永飞

信息技术科学部
杨芙清　王阳元　秦国刚　黄　琳　陆汝钤　梅　宏　包为民　龚旗煌
黄　如

技术科学部
叶恒强　方岱宁　俞大鹏　倪晋仁　魏悦广

生命科学和医学学部
翟中和　韩济生　韩启德　许智宏　朱作言　方精云　童坦君　赵进东
蒋有绪　尚永丰　朱玉贤　程和平　陆　林

中国工程院院士

沈渔邨　郭应禄　陆道培　唐孝炎　庄　辉　俞梦孙　何新贵　李德仁
王陇德　高　文　马永生　甘晓华　王　浩　张远航　丁文华　詹启敏
乔　杰　卢秉恒

（人事部）

2017 年增选院士简介

说明：2017 年 11 月 28 日，中国工程院、中国科学院 2017 年院士增选结果全部揭晓，第三医院乔杰教授新当选为中国工程院院士，第六医院陆林教授、工学院魏悦广教授新当选为中国科学院院士。至此，北大现有中国科学院院士 79 名，中国工程院院士 19 名。

此外，北京未来基因诊断高精尖创新中心（ICG）主任、生物动态光学成像中心（BIOPIC）主任谢晓亮，北京大学访问讲席教授、前沿计算研究中心主任约翰·霍普克罗夫特（John Hopcroft），北京大学名誉教授、北京大学-普林斯顿大学联合实验室主任文森特·珀尔（H. Vincent Poor）博士当选中国科学院外籍院士。

乔 杰

乔杰，1964 年出生，北京大学第三医院院长、妇产科主任、生殖医学中心主任、教授，北大-清华生命科学联合中心研究员，国家杰出青年科学基金获得者，中华医学会生殖医学分会第三届委员会主委、中国医师协会生殖医学专业委员会第一届主任委员，《中华生殖与避孕杂志》及《中国微创外科杂志》总编。乔杰院士作为科技部"生殖与发育重大专项"首席科学家、教育部长江学者特聘教授、国家自然科学基金创新研究群体"生殖细胞发育"首席专家，一直从事妇产科及生殖健康相关的临床与基础研究工作，从遗传学、表观遗传学角度对人类早期胚胎发育机制进行了深入的研究，将基础研究成果成功应用于临床上胚胎植入前遗传学诊断；揭示疑难不孕症发病机制，优化辅助生殖技术方法，提高疑难不孕患者治疗成功率。研究成果连续入选 2014、2015 年度中国科学十大进展。

陆 林

陆林，医学博士，博士生导师，教授，中国科学院院士，北京大学第六医院院长/北京大学精神卫生研究所所长、国家精神心理疾病临床医学研究中心主任、中国疾病预防控制中心精神卫生中心主任、药物依赖性研究北京市重点实验室主任、痴呆诊治转化医学研究北京市重点实验室学术委员会主任、北京大学临床心理中心主任。为国家自然科学基金委创新研究群体学术带头人、教育部长江学者特聘教授、国家杰出青年基金获得者、科技部 973 计划项目首席科学家、北京大学-清华大学生命科学联合中心 PI、北京大学 IDG 麦戈文脑科学研究所 PI。

陆林院士主要从事精神心理疾病的临床诊疗技术和发病机制研究。在病理性记忆的神经机制和干预、精神心理疾病治疗新方法及睡眠医学领域开展了系统性的研究工作，提出了干预病理性记忆的新模式和成瘾防复吸治疗的新理念，发现了快速抗抑郁的新靶点和在睡眠中治疗精神心理疾病的新方法。在 *Science*、*Nature Neuroscience*、*JAMA Psychiatry*、*Molecular Psychiatry*、*American Journal of Psychiatry*、*Nature Communications* 等著名国际期刊上发表 SCI 论文 200 余篇，总引用 1 万余次。连续入选 Elsevier 发布的医学领域中国高被引学者榜单。主编（译）或参编论著 20 余部，其中英文论著 3 部；申请发明专利 11 项，其中授权专利 9 项。研究成果曾先后获得教育部高等学校科学研究优秀成果奖（自然科学奖）一等奖、中华医学科技奖一等奖和二等奖、国家自然科学奖二等奖、吴阶平-保罗·杨森医学药学奖（吴杨奖）等。

魏悦广

魏悦广院士主要从事跨尺度力学、弹塑性断裂力学、复合材料力学等研究。在国际上建立了协同考虑应变梯度和表界面效应的跨尺度力学理论；建立了可压缩应变梯度理论和适合应变梯度理论的有限元方法，并由此预测出金属的微尺度断裂强度高达其宏观屈服强度十倍以上的重要结论，突破了传统力学理论的预测极限，引起了国际上对于跨尺度力学的广泛研究。

近年来，他将跨尺度力学理论成功应用于发动机叶片先进热障涂层强韧及破坏机制的表征。相关成果获国家自然科学二等奖两项和三等奖一项。

谢晓亮

谢晓亮（Xiaoliang Xie），美国籍，生物物理化学家。1992年受聘于美国太平洋西北实验室（PNNL）；1999年，被哈佛大学聘为化学与化学生物系终身教授；自2009年以来，一直担任哈佛大学Mallinckrodt讲席教授。谢晓亮曾获得美国物理化学领域最高的奖项"Peter Debye"奖、美国生物物理学会的最高得奖项"Founders"奖和美国医学领域最高的奖项之一Albany医学奖；谢晓亮曾两次获美国国立卫生研究院NIH颁发的"Director's Pioneer"奖。

谢晓亮是单分子酶学的创始人、单分子生物物理化学的奠基人之一、相干拉曼散射显微成像技术和单细胞基因组学的开拓者。2010年，谢晓亮在北京大学主持创办生物动态光学成像中心BIOPIC。2016年谢晓亮又组建了北京未来基因诊断高精尖创新中心（ICG），以促进我国基因组学和精准医学的发展。

约翰·霍普克罗夫特（John Hopcroft）

约翰·霍普克罗夫特（John Hopcroft），美国籍，1939年生。霍普克罗夫特教授现任康奈尔大学计算机科学系工程与应用数学IBM讲席教授。1986年，由于在数据结构和算法设计与分析领域的基础性贡献被授予图灵奖（A.M. Turing Award）。1987、1989、2009年，先后当选美国艺术与科学院、美国国家工程院和美国国家科学院院士；2010年，被聘为中国科学院爱因斯坦讲席教授。霍普克罗夫特教授长期以来推动计算机科学理论和教育在国际上广泛发展，近年来，他致力于中国计算机科学与技术的人才培养体系改革；2017年5月受聘北京大学访问讲席教授后，主持建设北京大学前沿计算研究中心并开设首届"图灵班"。

文森特·珀尔（H. Vincent Poor）

珀尔教授现任普林斯顿大学电子工程系Michael Henry Strater教授。1976、1977年，在普林斯顿大学分别获电子工程硕士和博士学位。2001、2005、2011、2015年，先后当选美国国家工程院、美国艺术与科学院、美国国家科学院和美国国家发明院院士。2016年，受聘北京大学名誉教授，主持北京大学-普林斯顿大学联合实验室，以此推动北大新工科人才培养计划的实施和"信息与通信工程"学科的建设与发展。

（人事部）

哲学社会科学资深教授名录

厉以宁　袁行霈　宿　白　吴树青　叶　朗　刘安武　马克垚　严文明
严家炎　胡壮麟　梁　柱　梁守德　吴慰慈

（人事部）

长江学者名录

批次	单位	姓名	岗位类别
1	物理学院	龚旗煌	特聘
1	化学与分子工程学院	刘忠范	特聘
1	工学院	陆祖宏	特聘
1	物理学院	欧阳颀	特聘
1	信息科学技术学院	彭练矛	特聘
1	工学院	佘振苏	特聘
1	信息科学技术学院	张志刚	特聘
1	生命科学学院	邓兴旺	讲座/全职
1	数学科学学院	田 刚	讲座
1	数学科学学院	夏志宏	讲座
2	信息科学技术学院	查红彬	特聘
2	工学院	陈十一	特聘
2	物理学院	刘晓为	特聘
2	化学与分子工程学院	严纯华	特聘
2	化学与分子工程学院	赵新生	特聘
2	城市与环境学院	周力平	特聘
2	数学科学学院	鄂维南	讲座/全职
2	数学科学学院	许进超	讲座
3	分子医学研究所	程和平	特聘
3	生命科学学院	邓宏魁	特聘
3	物理学院	孟 杰	特聘
3	城市与环境学院	陶 澍	特聘
3	医学部	王 宪	特聘
3	医学部	叶新山	特聘
3	数学科学学院	张继平	特聘
3	生命科学学院	赵进东	特聘
3	环境科学与工程学院	朱 彤	特聘
3	信息科学技术学院	丛京生	讲座
4	地球与空间科学学院	陈永顺	特聘
4	化学与分子工程学院	金长文	特聘
4	化学与分子工程学院	来鲁华	特聘
4	医学部	刘国庆	特聘
4	化学与分子工程学院	刘文剑	特聘
4	物理学院	马伯强	特聘
4	医学部	汪 涛	特聘
4	工学院	王 龙	特聘
4	数学科学学院	王诗宬	特聘

（续表）

批次	单位	姓名	岗位类别
4	化学与分子工程学院	席振峰	特聘
4	化学与分子工程学院	夏 斌	特聘
4	化学与分子工程学院	杨 震	特聘
4	生命科学学院	朱玉贤	特聘
4	物理学院	刘征宇	讲座
5	工学院	方岱宁	特聘/非全职
5	城市与环境学院	方精云	特聘
5	地球与空间科学学院	高克勤	特聘
5	化学与分子工程学院	高 松	特聘
5	工学院	韩平畴	特聘
5	医学部	尚永丰	特聘
5	生命科学学院	苏晓东	特聘
5	分子医学研究所	肖瑞平	特聘
5	物理学院	俞大鹏	特聘
5	医学部	詹启敏	特聘
5	数学科学学院	张平文	特聘
5	物理学院	汤 超	讲座/全职
6	工学院	陈 峰	特聘
6	法学院	陈兴良	特聘
6	信息科学技术学院	刘濮鲲	特聘
6	化学与分子工程学院	邵元华	特聘
6	外国语学院	申 丹	特聘
6	物理学院	沈 波	特聘
6	医学部	王克威	特聘
6	历史学系	王 希	特聘
6	工学院	杨 槐	特聘
6	生命科学学院	张传茂	特聘
6	人口研究所	郑晓瑛	特聘
6	信息科学技术学院	周治平	特聘
6	工学院	刘 锋	讲座
6	医学部	王存玉	讲座
6	化学与分子工程学院	杨伟涛	讲座
6	数学科学学院	郁 彬	讲座
6	国家发展研究院	约翰·施特劳斯（John Strauss）	讲座
7	经济学院	刘 伟	特聘/非全职
7	信息科学技术学院	梅 宏	特聘/非全职
7	中国语言文学系	陈平原	特聘
7	化学与分子工程学院	王剑波	特聘
7	生命科学学院	王世强	特聘

(续表)

批次	单位	姓名	岗位类别
7	艺术学院	王一川	特聘
7	历史学系	阎步克	特聘
7	地球与空间科学学院	张立飞	特聘
7	医学部	张 毓	特聘
7	工学院	张东晓	讲座/全职
7	教育学院	曾满超	讲座
7	物理学院	陈 勇	讲座
7	环境科学与工程学院	何玉山	讲座
8	医学部	杜军保	特聘
8	城市与环境学院	陆雅海	特聘
8	历史学系	彭小瑜	特聘
8	工学院	任秋实	特聘
8	法学院	朱苏力	特聘
8	地球与空间科学学院	宗秋刚	特聘
8	地球与空间科学学院	费英伟	讲座
8	数学科学学院	韩 青	讲座
8	物理学院	李 浩	讲座
8	物理学院	涂豫海	讲座
8	历史学系	王晴佳	讲座
8	医学部	徐清波	讲座
9	数学科学学院	姜 明	特聘
9	生命科学学院	瞿礼嘉	特聘
9	历史学系	荣新江	特聘
9	工学院	王建祥	特聘
9	心理与认知科学学院	余 聪	特聘
9	数学科学学院	郭 岩	讲座
9	工学院	徐 昆	讲座
10	光华管理学院	蔡洪滨	特聘
10	化学与分子工程学院	高毅勤	特聘
10	信息科学技术学院	黄 如	特聘
10	医学部	陆 林	特聘
10	物理学院	朱世琳	特聘
10	数学科学学院	宗传明	特聘
10	医学部	柴 洋	讲座
10	物理学院	林志宏	讲座
10	物理学院	邱子强	讲座
10	生命科学学院	谢晓亮	讲座
10	中国社会科学调查中心	谢 宇	讲座
10	环境科学与工程学院	张人一	讲座

(续表)

(续表)

批次	单位	姓名	岗位类别
10	中国语言文学系	张旭东	讲座
11	法学院	陈瑞华	特聘
11	城市与环境学院	胡建英	特聘
11	医学部	乔 杰	特聘
11	化学与分子工程学院	宛新华	特聘
11	化学与分子工程学院	吴 凯	特聘
11	信息科学技术学院	夏明耀	特聘
11	数学科学学院	朱小华	特聘
11	地球与空间科学学院	Guillaume Dupont-Nivet	讲座
11	化学与分子工程学院	何 川	讲座
11	数学科学学院	庆 杰	讲座
12	中国语言文学系	陈晓明	特聘
12	心理与认知科学学院	方 方	特聘
12	社会学系	郭志刚	特聘
12	哲学系	韩水法	特聘
12	经济学院	黄桂田	特聘
12	医学部	黄晓军	特聘
12	生命科学学院	蒋争凡	特聘
12	化学与分子工程学院	裴 坚	特聘
12	城市与环境学院	朴世龙	特聘
12	化学与分子工程学院	施章杰	特聘
12	数学科学学院	史宇光	特聘
12	工学院	谭文长	特聘
12	工学院	夏定国	特聘
12	建筑与景观设计学院	俞孔坚	特聘
12	地球与空间科学学院	李宝生	讲座
12	物理学院	张 冰	讲座
13	工学院	段志生	特聘
13	光华管理学院	龚六堂	特聘
13	环境科学与工程学院	胡 敏	特聘
13	化学与分子工程学院	李 彦	特聘
13	中国语言文学系	钱志熙	特聘
13	物理学院	孙庆丰	特聘
13	政府管理学院	王浦劬	特聘
13	医学部	王 韵	特聘
13	哲学系	王中江	特聘
13	化学与分子工程学院	张 锦	特聘
13	生命科学学院	张泽民	特聘
13	国家发展研究院	赵跃辉	特聘

(续表)

批次	单位	姓名	岗位类别
13	医学部	周德敏	特聘
13	心理与认知科学学院	周晓林	特聘
13	信息科学技术学院	胡振江	讲座
14	工学院	段慧玲	特聘
14	数学科学学院	范辉军	特聘
14	地球与空间科学学院	傅绥燕	特聘
14	心理与认知科学学院	韩世辉	特聘
14	工学院	侯仰龙	特聘
14	地球与空间科学学院	黄清华	特聘
14	国家发展研究院	刘国恩	特聘
14	化学与分子工程学院	刘海超	特聘
14	光华管理学院	刘俏	特聘
14	物理学院	刘运全	特聘
14	光华管理学院	陆正飞	特聘
14	哲学系	王博	特聘
14	光华管理学院	王辉	特聘
14	历史学系	王奇生	特聘
14	物理学院	王新强	特聘
14	国际关系学院	王正毅	特聘
14	物理学院	吴飙	特聘
14	工学院	吴晓磊	特聘
14	社会学系	谢立中	特聘
14	心理与认知科学学院	谢晓非	特聘
14	化学与分子工程学院	徐东升	特聘
14	北京国际数学研究中心	许晨阳	特聘
14	信息科学技术学院	张路	特聘
14	城市与环境学院	朱东强	特聘
14	城市与环境学院	Philippe Ciais	讲座
14	物理学院	吴军桥	讲座
14	分子医学研究所	许春辉	讲座
15	医学部	邓旭亮	特聘
15	物理学院	胡小永	特聘
15	信息科学技术学院	黄铁军	特聘
15	医学部	焦宁	特聘
15	数学科学学院	李若	特聘
15	光华管理学院	吴联生	特聘
15	历史学系	辛德勇	特聘
15	国家发展研究院	姚洋	特聘
15	化学与分子工程学院	余志祥	特聘

(续表)

（续表）

批次	单位	姓名	岗位类别
15	中国语言文学系	袁毓林	特聘
15	光华管理学院	周黎安	特聘
15	法学院	常鹏翱	青年
15	法学院	车　浩	青年
15	化学与分子工程学院	陈　兴	青年
15	城市与环境学院	程和发	青年
15	物理学院	傅宗玫	青年
15	数学科学学院	关启安	青年
15	中国语言文学系	贺桂梅	青年
15	心理与认知科学学院	李　晟	青年
15	物理学院	彭良友	青年
15	社会学系	渠敬东	青年
15	医学部	汤新景	青年
15	信息科学技术学院	王兴军	青年
15	生命科学学院	徐冬一	青年
15	国家发展研究院	余淼杰	青年
15	工学院	张艳锋	青年
15	法学院	何其生	青年
16	中国语言文学系	廖可斌	特聘
16	政府管理学院	燕继荣	特聘
16	哲学系	韩林合	特聘
16	艺术学院	彭　锋	特聘
16	法学院	张守文	特聘
16	历史学系	王立新	特聘
16	哲学系	仰海峰	特聘
16	光华管理学院	陈玉宇	特聘
16	城市与环境学院	贺灿飞	特聘
16	工学院	郑玉峰	特聘
16	信息科学技术学院	崔　斌	特聘
16	物理学院	王　健	特聘
16	现代农学院	黄季焜	特聘
16	医学部	陈　旻	特聘
16	医学部	孔　炜	特聘
16	法学院	蒋大兴	青年
16	中国语言文学系	董秀芳	青年
16	光华管理学院	路江涌	青年
16	数学科学学院	安金鹏	青年
16	工学院	裴永茂	青年
16	物理学院	廖志敏	青年

（续表）

批次	单位	姓名	岗位类别
16	工学院	邹如强	青年
16	信息科学技术学院	郝 丹	青年
16	物理学院	江 颖	青年
16	北京国际数学研究中心	葛 颢	青年
16	物理学院	何琼毅	青年
16	经济学院	杨汝岱	青年
16	心理与认知科学学院	罗 欢	青年

（人事部）

国家杰出青年基金获得者名录

姓名	院系	批准年
彭练矛	信息科学技术学院	1994
赵新生	化学与分子工程学院	1994
方精云	城市与环境学院	1994
陈建国	生命科学学院	1994
王 宪	基础医学院	1994
刘忠范	化学与分子工程学院	1994
张继平	数学科学学院	1995
龚旗煌	物理学院	1995
严纯华	化学与分子工程学院	1995
来鲁华	化学与分子工程学院	1995
赵进东	生命科学学院	1995
周 专	分子医学研究所	1995
寿成超	肿瘤医院	1995
陶 澍	城市与环境学院	1995
林建华	化学与分子工程学院	1996
吕有勇	肿瘤医院	1996
倪晋仁	环境科学与工程学院	1996
王诗宬	数学科学学院	1997
欧阳颀	物理学院	1997
朱玉贤	生命科学学院	1997
昌增益	生命科学学院	1997
黄季焜	现代农学院	1997
耿 直	数学科学学院	1998
甘良兵	化学与分子工程学院	1998
席振峰	化学与分子工程学院	1998

姓名	院系	批准年
邵元华	化学与分子工程学院	1998
刘张炬	数学科学学院	1999
魏悦广	工学院	1999
王健平	工学院	1999
王 远	化学与分子工程学院	1999
王忆平	生命科学学院	1999
胡建英	城市与环境学院	1999
周力平	城市与环境学院	1999
朱 彤	环境科学与工程学院	1999
林作铨	数学科学学院	1999
王 龙	工学院	1999
王楠林	物理学院	2000
马伯强	物理学院	2000
孟 杰	物理学院	2000
李星国	化学与分子工程学院	2000
陈尔强	化学与分子工程学院	2000
苏都莫日根	生命科学学院	2000
程和平	分子医学研究所	2000
栗占国	人民医院	2000
郑晓瑛	人口研究所	2000
俞大鹏	物理学院	2000
张维迎	国家发展研究院	2000
刘培东	数学科学学院	2001
方 竞	工学院	2001
高 松	化学与分子工程学院	2001

（续表）

姓名	院系	批准年	姓名	院系	批准年
吴 凯	化学与分子工程学院	2001	李存标	工学院	2005
李 毅	生命科学学院	2001	吴学兵	物理学院	2005
夏 斌	化学与分子工程学院	2001	孙庆丰	物理学院	2005
邓宏魁	生命科学学院	2001	许甫荣	物理学院	2005
邹德春	化学与分子工程学院	2001	叶新山	药学院	2005
刘濮鲲	信息科学技术学院	2001	徐东升	化学与分子工程学院	2005
陈永顺	地球与空间科学学院	2001	唐世明	生命科学学院	2005
张平文	数学科学学院	2002	屠鹏飞	药学院	2005
佘振苏	工学院	2002	王学军	城市与环境学院	2005
高原宁	物理学院	2002	魏春景	地球与空间科学学院	2005
王剑波	化学与分子工程学院	2002	黄宝春	地球与空间科学学院	2005
吴云东	化学与分子工程学院	2002	徐信忠	光华管理学院	2005
张传茂	生命科学学院	2002	陈大岳	数学科学学院	2006
韩世辉	心理与认知科学学院	2002	朱世琳	物理学院	2006
肖瑞平	分子医学研究所	2002	刘文剑	化学与分子工程学院	2006
尚永丰	基础医学院	2002	瞿礼嘉	生命科学学院	2006
车庆明	药学院	2002	姜保国	人民医院	2006
詹启敏	医学部	2002	李铁军	口腔医院	2006
柳 彬	数学科学学院	2003	陆雅海	城市与环境学院	2006
杨 震	化学与分子工程学院	2003	张东晓	工学院	2006
齐利民	化学与分子工程学院	2003	任秋实	工学院	2006
宛新华	化学与分子工程学院	2003	金 芝	信息科学技术学院	2006
金长文	化学与分子工程学院	2003	黄 如	信息科学技术学院	2006
苏晓东	生命科学学院	2003	史宇光	数学科学学院	2007
张立飞	地球与空间科学学院	2003	张 锦	化学与分子工程学院	2007
姜 明	数学科学学院	2003	陆 林	第六医院	2007
沈 波	物理学院	2003	余 聪	心理与认知科学学院	2007
朱小华	数学科学学院	2004	赵明辉	第一医院	2007
刘玉鑫	物理学院	2004	黄晓军	人民医院	2007
裴 坚	化学与分子工程学院	2004	徐福留	城市与环境学院	2007
黄建滨	化学与分子工程学院	2004	龚六堂	光华管理学院	2007
王世强	生命科学学院	2004	谭文长	工学院	2008
杜军保	第一医院	2004	吴 飙	物理学院	2008
蔡少青	药学院	2004	余志祥	化学与分子工程学院	2008
陈衍景	地球与空间科学学院	2004	刘海超	化学与分子工程学院	2008
傅绥燕	地球与空间科学学院	2004	张 宏	深圳医院	2008
王习东	工学院	2004	乔 杰	第三医院	2008
李伟固	数学科学学院	2005	宋述光	地球与空间科学学院	2008
王建祥	工学院	2005	夏明耀	信息科学技术学院	2008

(续表)

姓名	院系	批准年	姓名	院系	批准年
汤华中	数学科学学院	2009	李子臣	化学与分子工程学院	2012
郑汉青	物理学院	2009	朱东强	城市与环境学院	2012
王 韵	基础医学院	2009	吴晓磊	工学院	2012
方 方	心理学院	2009	郑玉峰	工学院	2012
陈 清	信息科学技术学院	2009	郭 弘	信息科学技术学院	2012
汪国平	信息科学技术学院	2009	张 路	信息科学技术学院	2012
张 兴	信息科学技术学院	2009	段志生	工学院	2012
张志学	光华管理学院	2009	王新强	物理学院	2012
王金霞	现代农学院（筹）	2009	孔 炜	基础医学院	2012
甘少波	数学科学学院	2010	时 杰	药物依赖性研究所	2012
颜学庆	物理学院	2010	戴志飞	工学院	2012
张亚文	化学与分子工程学院	2010	范辉军	数学科学学院	2013
占肖卫	工学院	2010	李 若	数学科学学院	2013
胡 敏	环境科学与工程学院	2010	施均仁	物理学院	2013
贺金生	城市与环境学院	2010	焦 宁	药学院	2013
魏丽萍	生命科学学院	2010	刘鸿雁	城市与环境学院	2013
蒋争凡	生命科学学院	2010	陈 斌	物理学院	2013
黄清华	地球与空间科学学院	2010	曹安源	工学院	2013
胡永云	物理学院	2010	刘 俏	光华管理学院	2013
杨 槐	工学院	2010	席建忠	工学院	2013
陈宝权	信息科学技术学院	2010	王家军	数学科学学院	2014
吴联生	光华管理学院	2010	许晨阳	北京国际数学研究中心	2014
刘运全	物理学院	2011	章志飞	数学科学学院	2014
李 彦	化学与分子工程学院	2011	孙聆东	化学与分子工程学院	2014
高毅勤	化学与分子工程学院	2011	陈 兴	化学与分子工程学院	2014
朴世龙	城市与环境学院	2011	贺灿飞	城市与环境学院	2014
邵 敏	环境科学与工程学院	2011	孟智勇	物理学院	2014
黄富强	化学与分子工程学院	2011	黄铁军	信息科学技术学院	2014
侯仰龙	工学院	2011	陈玉宇	光华管理学院	2014
戴 伦	物理学院	2011	陈 旻	第一医院	2014
周长辉	光华管理学院	2011	张 研	生命科学学院	2014
张 宁	第一医院	2011	杨 勇	第一医院	2014
王 凡	基础医学院	2011	邓旭亮	口腔医院	2014
段慧玲	工学院	2012	王汉生	光华管理学院	2015
陶建军	工学院	2012	古 英	物理学院	2015
徐仁新	物理学院	2012	徐莉梅	物理学院	2015
胡小永	物理学院	2012	彭海琳	化学与分子工程学院	2015
陈 鹏	化学与分子工程学院	2012	黄岩谊	工学院	2015
郭雪峰	化学与分子工程学院	2012	王喜龙	城市与环境学院	2015

(续表)

姓名	院系	批准年	姓名	院系	批准年
谢 冰	信息科学技术学院	2015	冯 济	物理学院	2017
路江涌	光华管理学院	2015	曹庆宏	物理学院	2017
胡 俊	数学科学学院	2016	张文雄	化学与分子工程学院	2017
吴成印	物理学院	2016	马 丁	化学与分子工程学院	2017
雷晓光	化学与分子工程学院	2016	江 颖	物理学院	2017
汤富酬	生命科学学院	2016	要茂盛	环境科学与工程学院	2017
刘 瑜	地球与空间科学学院	2016	秦跟基	生命科学学院	2017
韩鸿宾	第三医院	2016	高 宁	生命科学学院	2017
宋令阳	信息科学技术学院	2016	李 晴	生命科学学院	2017
王亦洲	信息科学技术学院	2016	朱 健	生命科学学院	2017
林宙辰	信息科学技术学院	2016	程和发	城市与环境学院	2017
余淼杰	国家发展研究院	2016	杨海军	物理学院	2017
徐 明	第三医院	2016	沈志豪	化学与分子工程学院	2017
杨 莉	第一医院	2016	黄 罡	信息科学技术学院	2017
王 辉	人民医院	2016	喻俊志	工学院	2017
刘若川	北京国际数学研究中心	2017	叶 敏	药学院	2017
彭良友	物理学院	2017			

(科学研究部)

百千万人才名录

姓名	工作单位	姓名	工作单位
曾 毅	国家发展研究院	郭 弘	信息科学技术学院
王诗宬	数学科学学院	王习东	工学院
阎步克	历史学系	武阳丰	医学部
赵进东	生命科学学院	赵明辉	医学部
王恩哥	物理学院	梅 宏	信息科学技术学院
肖建国	计算机科学技术研究所	高 松	化学与分子工程学院
赵新生	化学与分子工程学院	刘濮鲲	信息科学技术学院
申 丹	外语学院	柳 彬	数学科学学院
张继平	数学科学学院	王奇生	历史学系
方精云	城市与环境学院	乔 杰	医学部
辛德勇	历史学系	王 龙	工学院
陈建国	生命科学学院	尚永丰	医学部
顾红雅	生命科学学院	王正毅	国际关系学院
严纯华	化学与分子工程学院	张平文	数学科学学院
龚旗煌	物理学院	王世强	生命科学学院
刘忠范	化学与分子工程学院	潘建国	中国语言文学系

（续表）

姓名	工作单位	姓名	工作单位
来鲁华	化学与分子工程学院	黄 如	信息科学技术学院
柯 杨	医学部	余 聪	心理与认知科学学院
寿成超	医学部	王立新	历史学系
王 宪	医学部	黄晓军	医学部
欧阳颀	物理学院	张 弛	考古文博学院
方 竞	工学院	管又飞	医学部
倪晋仁	环境科学与工程学院	张 兴	信息科学技术学院
席振峰	化学与分子工程学院	吴 凯	化学与分子工程学院
林建华	化学与分子工程学院	张守文	法学院
蔡少青	医学部	吴小红	考古文博学院
万 有	医学部	陈 清	信息科学技术学院
汪 涛	医学部	朱小华	数学科学学院
刘 伟	经济学院	陆 林	医学部
陈兴良	法学院	陆雅海	环境科学与工程学院
周 专	分子医学研究所	方 方	心理与认知科学学院
周力平	城市与环境学院	陈瑞华	法学院
赵世瑜	历史学系	俞可平	政府管理学院
荣新江	历史学系	陈 明	外国语学院
陈章良	生命科学学院	范辉军	数学科学学院
宛新华	化学与分子工程学院	焦 宁	医学部

（人事部）

教授名录

数学科学学院

教授

艾明要 安金鹏 蔡金星 陈大岳 邓明华 丁 帆 范辉军 方新贵 房祥忠 冯荣权 甘少波 高 立 耿 直
关启安 胡 俊 姜伯驹 姜 明 蒋美跃 李 若 李铁军 李伟固 李治平 林作铨 刘力平 刘培东 刘小博
刘旭峰 刘 勇 刘张炬 柳 彬 马尽文 马 翔 莫小欢 庆 杰 任艳霞 史宇光 宋春伟 孙 猛 孙文祥
谭小江 汤华中 田 刚 王保祥 王冠香 王诗宬 王 崧 王正栋 文 兰 吴 岚 夏壁灿 徐 恺 徐茂智
杨家忠 杨建生 杨静平 姚 方 郁 彬 张恭庆 张继平 张平文 张志华 章志飞 郑 浩 周蜀林 周 铁
朱小华

研究员

蔡云峰

物理学院

教授

班 勇	陈 斌	陈佳洱	陈建军	陈建生	陈晓林	陈 勇	陈志坚	陈志忠	崔 琦	戴 伦	杜瑞瑞	樊铁栓
范祖辉	方哲宇	付遵涛	甘子钊	高家红	葛愉成	龚旗煌	古 英	郭秋菊	何琼毅	胡小永	胡晓东	胡永云
华 辉	霍裕平	季 航	蒋红兵	李定平	李东海	李 浩	李新征	李 焱	李 智	林 晨	林志宏	刘 川
刘富坤	刘克新	刘玉鑫	刘运全	刘征宇	卢海洋	鲁向阳	陆元荣	罗春雄	马伯强	马中水	冒亚军	孟 杰
孟智勇	牛 谦	欧阳颀	裴俊琛	钱维宏	秦国刚	邱子强	全胜文	冉广照	任晓堂	沈 波	施 靖	施均仁
史俊杰	孙庆丰	谭本馗	汤 超	田光善	王大勇	王恩哥	王福仁	王宏利	王洪庆	王 健	王楠林	王若鹏
王新强	王宇钢	韦 骏	吴 飙	吴成印	吴军桥	吴学兵	肖立新	谢心澄	徐 军	徐莉梅	徐仁新	徐至展
许甫荣	薛惠文	薛建明	颜学庆	杨海军	杨金波	杨应昌	叶恒强	叶沿林	尹 澜	于彤军	俞大鹏	张 冰
张朝晖	张国辉	张宏昇	张焕乔	张家森	张庆红	张维岩	赵柏林	赵春生	赵光达	赵 清	郑汉青	周又元
朱世琳	朱守华	朱 星	Adam Peter Showman									

研究员

陈建军　方哲宇　何琼毅　李新征　林　晨　卢海洋　裴俊琛　施均仁　王大勇　韦　骏　吴　飙

教授级高级工程师

葛愉成　鲁向阳　陆元荣　全胜文　任晓堂　王洪庆　徐　军

化学与分子工程学院

教授

卞祖强	陈尔强	陈 鹏	陈 兴	程正迪	范星河	甘良兵	高 松	高毅勤	郭雪峰	何 川	黄春辉	黄富强
黄建滨	金长文	来鲁华	雷晓光	黎乐民	李美仙	李 娜	李星国	李 彦	李子臣	梁德海	林建华	刘春立
刘 锋	刘海超	刘虎威	刘文剑	刘元方	刘志荣	刘忠范	马玉国	裴 坚	彭海琳	齐利民	其 鲁	邵元华
沈兴海	施祖进	唐有祺	宛新华	王剑波	王颖霞	王 远	王哲明	吴 凯	吴云东	席振峰	夏 斌	徐东升
严纯华	杨伟涛	杨 震	余志祥	翟茂林	张 锦	张文雄	张新祥	张亚文	赵达慧	赵美萍	赵新生	周其凤
邹德春												

研究员

陈家华　孙聆东

教授级高级工程师

谢景林　周　江

生命科学学院

教授

安成才　白书农　蔡　宏　柴　真　昌增益　陈建国　陈章良　邓宏魁　范六民　高　宁　顾红雅　贺新强　纪建国

蒋争凡　孔道春　李沉简　李　毅　吕　植　秦跟基　秦咏梅　瞿礼嘉　饶广远　饶　毅　苏都莫日根　苏晓东
汤富酬　陶　伟　滕俊琳　佟向军　王世强　王忆平　魏丽萍　吴　虹　谢晓亮　翟中和　张　博　张传茂　张　研
张泽民　赵进东　郑晓峰　朱玉贤　朱作言　庄小威

研究员

高　歌　唐世明　谢　灿　徐冬一　姚　蒙　张　晨　朱　健

教授级高级工程师

郝雪梅　李兰芬　彭宜本

城市与环境学院

教授

曹广忠　曾　辉　柴彦威　陈效逑　陈彦光　邓　辉　方精云　冯长春　傅伯杰　韩茂莉　贺灿飞　贺金生　胡建英
蒋有绪　李本纲　李双成　李有利　林　坚　刘耕年　刘鸿雁　刘文新　陆雅海　马建民　莫多闻　朴世龙　秦大河
阙维民　沈泽昊　唐晓峰　唐艳红　陶　澍　王红亚　王喜龙　王学军　王仰麟　吴必虎　徐福留　杨小柳　张家富
周力平　朱东强　Philippe Ciais

地球与空间科学学院

教授

白志强　鲍惠铭　曾琪明　陈鸿飞　陈秀万　陈衍景　陈永顺　陈运泰　传秀云　费英伟　傅绥燕　高克勤　关　平
郭召杰　韩宝福　洪　阳　侯贵廷　侯建军　胡天跃　黄宝春　黄清华　季建清　江大勇　赖　勇　李宝生　李江海
李培军　李　琦　刘建波　刘树文　刘　瑜　鲁安怀　马学平　马永生　毛善君　宁杰远　潘　懋　秦其明　秦　善
宋述光　孙元林　童庆禧　涂传诒　王德明　王河锦　王彦宾　魏春景　邬　伦　吴朝东　吴泰然　晏　磊　叶大年
于超美　张东和　张飞舟　张进江　张立飞　张弥曼　张培震　张显峰　张志诚　赵永红　郑永飞　周仕勇　朱永峰
宗秋刚　Zhao Li

研究员

林　沂　张　勇

心理与认知科学学院

教授

方　方　甘怡群　耿海燕　韩世辉　李　量　钱铭怡　苏彦捷　王　垒　魏坤琳　吴艳红　谢晓非　余　聪　周晓林

建筑与景观设计学院

教授

汪芳　王浩　俞孔坚　John Keith Zacharias

信息科学技术学院

教授

曹永知	查红彬	陈竞	陈景标	陈清	陈向群	陈徐宗	陈章渊	陈中建	陈钟	程翔	程旭	程玉华
丛京生	崔斌	代亚非	党安红	邓小铁	邓志鸿	丁文华	杜刚	段凌宇	封举富	傅云义	高军	高文
郭弘	郭耀	郝一龙	何进	何新贵	侯士敏	胡薇薇	胡振江	黄罡	黄如	黄铁军	焦秉立	焦文品
解思深	金玉丰	金芝	康晋锋	李红滨	李红燕	李家明	李文新	李晓明	李正斌	李志宏	梁学磊	廖怀林
林宙辰	刘爱群	刘宏	刘力锋	刘濮鲲	刘晓彦	刘新元	陆汝钤	罗武	罗英伟	马思伟	梅宏	彭练矛
宋令阳	穗志方	谭少华	谭营	田永鸿	童云海	汪国平	汪小林	王捍贫	王厚峰	王金延	王立威	王腾蛟
王玮	王兴军	王阳元	王漪	王亦洲	王源	王志军	邬江兴	吴建军	吴文刚	吴玺宏	夏明耀	谢冰
谢昆青	徐洪起	许超	许进	许胜勇	杨芙清	杨振川	姚建铨	叶安培	英向华	于晓梅	张大成	张大庆
张帆	张耿民	张海霞	张锦文	张路	张铭	张兴	张岩	张志刚	张志勇	赵建业	赵玉萍	周小计
朱柏承	Hopcroft John Edward		Zhou Zhiping									

研究员

蔡一茂　陈婧　杜朝海　盖伟新　何燕冬　解晓东　黎明　李廉林　魏贤龙　熊英飞　张盛东

教授级高级工程师

段晓辉　冯梅萍　高成臣　何永琪　金野　李婷　王兆江　于敦山

工学院

教授

白树林	包刚	包为民	曹安源	陈峰	陈国谦	陈璞	陈十一	程承旗	楚天广	戴志飞	丁希仑	董蜀湘
段慧玲	段志生	方岱宁	方竞	甘晓华	耿志勇	韩平畴	贺贤土	侯仰龙	黄琳	黄岩谊	李存标	李德仁
李军凯	励争	廖荣锦	刘才山	刘锋	卢海龙	米建春	任秋实	余振苏	史建军	史一蓬	侍乐媛	孙强
谭文长	唐少强	唐永春	陶建军	王建祥	王健平	王金枝	王龙	王前	王习东	王勇	魏悦广	吴立新
吴晓磊	席建忠	夏定国	谢广明	谢天宇	熊春阳	徐昆	杨槐	杨莹	俞梦孙	占肖卫	张东晓	郑春苗
郑玉峰	朱怀球	Zheng Qiang										

研究员

王荄祥　杨剑影

计算机科学技术研究所

教授
彭宇新　孙　俊　肖建国　邹　磊

研究员
陈晓鸥　郭宗明　汤　帜　万小军　赵东岩　周秉锋

环境科学与工程学院

教授
蔡旭晖　陈忠明　郭怀成　何玉山　胡建信　胡　敏　黄　艺　籍国东　李文军　李振山　刘阳生　马晓明　倪晋仁
邵　敏　宋　宇　唐孝炎　王　奇　温东辉　谢绍东　叶正芳　张剑波　张军锋　张人一　张世秋　张远航　赵华章
郑　玫　朱　彤

研究员
刘　娟　刘思彤　克　定

教授级高级工程师
曾立民

软件工程国家工程研究中心

教授
柳军飞　王　平　王亚沙　吴中海

研究员
李　影　张世琨　赵　文

中国语言文学系

教授
曹文轩　常　森　车槿山　陈保亚　陈连山　陈平原　陈晓明　陈泳超　戴锦华　董秀芳　杜晓勤　傅　刚　高远东
葛晓音　龚鹏程　郭　锐　韩毓海　贺桂梅　胡敕瑞　计璧瑞　金永兵　康士林　孔江平　孔庆东　李　简　李　杨
李宗焜　廖可斌　刘　萍　刘勇强　刘玉才　刘子瑜　潘建国　漆永祥　钱志熙　邵永海　孙玉文　汪　锋　王　岚
王丽丽　王岳川　王韫佳　吴晓东　项梦冰　杨海峥　杨荣祥　于迎春　袁行霈　袁毓林　詹卫东　张　辉　张　沛
张旭东　张颐武

研究员

顾永新　李　铎

历史学系

教授

包茂红　陈苏镇　邓小南　董经胜　高　岱　高　毅　郭润涛　郭卫东　何　晋　黄春高　李伯重　李　维　李新峰
刘一皋　陆　扬　罗　新　牛大勇　欧阳哲生　彭小瑜　钱乘旦　荣新江　尚小明　王立新　王奇生　王晴佳　王　希
王新生　王元周　吴小安　辛德勇　徐　健　许　平　阎步克　颜海英　叶　炜　臧运祜　张　帆　赵冬梅　赵世瑜
朱凤瀚　朱青生　朱孝远　朱玉麒

研究员

陈侃理

考古文博学院

教授

陈建立　董　珊　杭　侃　胡东波　雷兴山　李崇峰　林梅村　倪润安　齐东方　秦大树　沈睿文　孙　华　孙庆伟
王幼平　韦　正　魏正中　吴小红　徐天进　徐怡涛　张　弛　张　辛　赵　辉

研究员

陈凌

哲学系（宗教学系）

教授

陈　波　陈少峰　程乐松　杜维明　丰子义　干春松　韩林合　韩水法　何怀宏　李　猛　李四龙　刘华杰　刘壮虎
聂锦芳　尚新建　孙尚扬　王　博　王　骏　王　颂　王中江　王宗昱　吴　飞　吴增定　先　刚　邢滔滔　徐　春
徐凤林　徐龙飞　杨立华　杨学功　仰海峰　姚卫群　叶　闯　叶　朗　张广保　张学智　张志刚　章启群　赵敦华
郑　开　周北海　周　程　朱良志　Roger Thomas Ames　Thomas Rockmore

研究员

张丽娟

外国语学院

教授

薄文泽 查晓燕 陈岗龙 陈 明 程朝翔 褚 敏 丁宏为 丁 莉 董 强 段 晴 段映虹 付志明 高峰枫
高一虹 拱玉书 谷 裕 韩加明 黄必康 黄燎宇 姜景奎 金 勋 李昌珂 李 政 林丰民 凌建侯 刘 锋
刘建华 刘树森 罗 炜 马小兵 毛 亮 宁 琦 潘 钧 彭 甄 钱 军 秦海鹰 申 丹 滕 军 田庆生
王邦维 王 丹 王东亮 王 浩 王继辉 王 建 王 军 王辛夷 王一丹 魏丽明 吴杰伟 谢秩荣 杨国政
喻天舒 湛 如 张 敏 张世耘 张 薇 赵白生 赵桂莲 赵华敏 周小仪

艺术学院

教授

陈旭光 陈 宇 丁 宁 顾春芳 侯锡瑾 李道新 李 松 李 洋 林 一 彭 锋 邱章红 王一川 翁剑青
向 勇 邹 惠

对外汉语教育学院

教授

辛 平 汲传波 李红印 刘元满 王海峰 徐晶凝 杨德峰 赵 杨

歌剧研究院

教授
蒋一民 金 曼

教学教授
戴玉强

国际关系学院

教授

查道炯 初晓波 丁 斗 贾庆国 孔凡君 李寒梅 李义虎 连玉如 梁云祥 罗艳华 牛 军 潘 维 唐士其
王缉思 王 联 王逸舟 王 勇 王正毅 韦 民 许振洲 叶自成 袁 明 翟 崑 张光明 张海滨 张清敏
张小明 张植荣 朱文莉

法学院

教授

白建军　陈端洪　陈瑞华　陈兴良　邓　峰　傅郁林　甘培忠　葛云松　郭　雳　郭自力　贺卫方　蒋大兴　李　鸣
李启成　梁根林　凌　斌　刘剑文　刘凯湘　刘　燕　马忆南　潘剑锋　彭　冰　钱明星　强世功　饶戈平　邵景春
沈　岿　汪建成　汪　劲　王　成　王　磊　王锡锌　王　新　吴志攀　徐爱国　许德峰　薛　军　易继明　张　平
张　骐　张千帆　张守文　赵国玲　朱苏力

研究员

李红海　叶静漪

信息管理系

教授

陈建龙　李常庆　李广建　李国新　刘兹恒　祁延莉　申　静　王继民　王　军　王延飞　王余光　王子舟　张久珍
赵丹群　周庆山

社会学系

教授

方　文　高丙中　郭志刚　李建新　刘爱玉　刘　能　卢晖临　卢云峰　陆杰华　马凤芝　马　戎　钱民辉　邱泽奇
渠敬东　佟　新　王铭铭　谢立中　谢　宇　熊跃根　张　静　周飞舟　周　皓　周　云　朱晓阳

政府管理学院

教授

包万超　高鹏程　关海庭　何增科　黄恒学　金安平　句　华　李国平　陆　军　路　风　沈体雁　宋　磊　王丽萍
王浦劬　萧鸣政　徐湘林　薛　领　燕继荣　俞可平　郁俊莉　赵成根

马克思主义学院

教授

白雪秋　程美东　顾海良　黄小寒　康沛竹　李少军　李翔海　李毅红　林　锋　刘　军　刘志光　孙蚌珠　孙代尧
孙熙国　王文章　王在全　魏　波　郁庆治　杨　河　宇文利

研究员
夏文斌

教育学院

教授
陈洪捷　陈向明　陈晓宇　丁小浩　郭建如　贾积有　蒋　凯　刘云杉　马万华　闵维方　施晓光　汪　琼　文东茅
吴　峰　阎凤桥　岳昌君　赵国栋

研究员
郭丛斌　哈　巍　卢晓东　秦春华

新闻与传播学院

教授
陈　刚　陈开和　陈汝东　程曼丽　胡　泳　李　玮　刘德寰　陆　地　陆绍阳　吕　艺　师曾志　吴　靖　谢新洲
许　静　杨伯溆　俞　虹

体育教研部

教授
董进霞　郝光安　何仲恺　赫忠慧　李德昌　张　锐

教育财政科学研究所

教授
刘明兴　王　蓉

经济学院

教授
曹和平　董志勇　杜丽群　方　敏　何小锋　胡　坚　黄桂田　李　虹　李连发　李庆云　李绍荣　李心愉　刘民权

刘 伟　刘 怡　平新乔　秦雪征　施建淮　苏 剑　孙祁祥　陶 涛　王大树　王曙光　王一鸣　王跃生　夏庆杰
叶静怡　张 博　张 辉　张 延　章 政　郑 伟　周建波

编审
于小东

光华管理学院

教授
蔡洪滨　陈丽华　陈松蹊　陈玉宇　符国群　龚六堂　黄 涛　贾春新　江明华　姜国华　金 李　雷 明　李怡宗
厉以宁　林莞娟　刘 力　刘 俏　刘晓蕾　刘 学　刘玉珍　陆正飞　路江涌　马 力　彭泗清　沈俏蔚　涂 平
王汉生　王 辉　王立彦　王明进　吴联生　武常岐　徐 菁　徐信忠　杨云红　姚琦伟　姚长辉　于鸿君　虞吉海
张国有　张红霞　张建君　张一弛　张 影　张 峥　张志学　赵龙凯　周黎安　周长辉

人口研究所

教授
陈 功　李涌平　穆光宗　裴丽君　乔晓春　宋新明　郑晓瑛

国家发展研究院

教授
傅 军　海 闻　胡大源　黄益平　霍德明　雷晓燕　李 玲　林双林　林毅夫　刘国恩　卢 锋　马 浩　沈 艳
宋国青　唐方方　汪 浩　徐晋涛　杨 壮　姚 洋　余淼杰　张 黎　张维迎　张晓波　赵跃辉　John Strauss

研究员
范保群

基础医学院

教授
白 云　陈英玉　崔彩莲　崔庆华　杜晓娟　方伟岗　葛 青　韩济生　韩晶岩　韩文玲　孔 炜　刘国庆　刘昭飞

鲁凤民　罗光湘　罗建沅　马大龙　马治中　毛泽斌　梅　林　倪菊华　彭宜红　齐永芬　邱晓彦　沙印林　尚永丰
邵根泽　沈　丽　谭焕然　田新霞　童坦君　万　有　汪南平　王　凡　王　玲　王　露　王文恭　王　宪　王　应
王　韵　王月丹　吴立玲　邢国刚　徐国恒　杨宝学　杨吉春　尹长城　尹玉新　于常海　云彩红　张　波　张　君
张　毓　张宏权　张炜真　张卫光　张晓伟　张永鹤　章　京　章国良　赵红珊　赵　颖　周春燕　朱　毅　朱卫国
祝世功　庄　辉

主任医师

刘从容　石雪迎

研究员

刘新文　吴鎏桢　祝　虹　郑乐民

药学院

教授

蔡少青　姜　勇　李润涛　李中军　梁　鸿　凌笑梅　卢　炜　吕万良　蒲小平　刘俊义　齐宪荣　史录文　汤新景
屠鹏飞　王　超　王　夔　王　璇　王坚成　王克威　王银叶　夏　青　徐　萍　杨晓达　杨晓改　杨秀伟　杨振军
叶　加　叶　敏　叶新山　曾慧慧　张　强　张　烜　张礼和　张亮仁　张庆英　张天蓝　周德敏　周田彦

研究员

车庆明　陈世忠　杜　权　付宏征　郭敏杰　贾彦兴　焦　宁　梁建辉　林文翰

编审

黄河清

公共卫生学院

教研系列：教授

郑志杰

教授

安　琳　曹卫华　常　春　陈　娟　陈大方　邓芙蓉　郭新彪　郭　岩　郝卫东　何丽华　胡永华　贾　光　康晓平
李立明　刘　民　吕　筠　马　军　马冠生　马迎华　钮文异　潘小川　孙昕霙　王　红　王　旗　王　燕　王海俊
王培玉　王晓莉　王志锋　吴　明　许雅君　詹思延　张宝旭　张玉梅　朱文丽

研究员

陈晶琦　李可基　李　勇　李智文　刘建蒙　任爱国　王京宇　武阳丰　叶荣伟　余小鸣

主任技师

欧阳荔

护理学院

教授

郭桂芳　李明子　陆　虹　路　潜　尚少梅　孙宏玉　王志稳

公共教学部

教授

丛亚丽　高　嵩　官锐园　郭莉萍　贺东奇　洪　炜　贾炳善　李　菌　刘大川　刘继同　孙秋丹　王　岳　王　玥
王一方　吴任钢　张大庆　甄　橙

研究员

王红漫　谢　虹

第一临床医学院（北大医院）

教授

包新华　曹永平　陈　旻　陈　明　陈育青　迟春花　崔一民　丁　洁　丁文惠　董　捷　杜军保　冯　琪　高献书
高　莹　龚　侃　郭晓蕙　郭应禄　洪　涛　黄一宁　霍　勇　贾志荣　姜　毅　姜玉武　金红芳　金　杰　李建平
李海潮　李　航　李若瑜　李　挺　李　岩　刘　刚　刘梅林　刘　伟　刘新民　刘荫华　刘玉村　刘玉和　刘朝晖
吕继成　潘英姿　乔歧禄　秦　永　阙呈立　任汉云　时春艳　涂　平　万远廉　王朝霞　汪　欣　王东信　王广发
王贵强　王荣福　王薇薇　王蔚虹　王维民　王霄英　王学美　温宏武　吴　林　吴问汉　吴　晔　吴　艳　席志军
薛　晴　肖水芳　辛钟成　熊　晖　徐小元　严仁英　晏晓明　杨慧霞　杨　柳　杨艳玲　杨尹默　杨　莉　杨　勇
姚　晨　于　峰　于岩岩　袁　云　郑　波　张　宏　张路霞　张　骞　张学智　张彦芳　张月华　张卓莉　赵明辉
周利群　周应芳　朱丽荣　朱学骏　邹英华

主任医师

毕　蕙　才　瑜　蔡立新　岑溪南　柴卫兵　常杏芝　陈　建　陈路增　陈　倩　陈喜雪　陈永红　成　虹　董　颖
段学宁　冯珍如　高　枫　耿志宇　龚艳君　韩文科　何志嵩　贺占举　侯新琳　黄　真　季素珍　蒋　捷　金其庄
李淳德　李海丽　李　简　李　良　李　梅　李　明　李巧娴　李双玲　李晓清　李　昕　李学松　梁芙蓉　梁丽莉
梁卫兰　林　健　刘凤君　刘　洪　刘玲玲　刘秀芬　刘雪芹　刘占兵　柳　萍　卢宏章　陆海英　牟向东　孟　磊
马　靖　马晓伟　米　川　年卫东　聂红平　聂立功　潘义生　庞　琳　齐慧敏　齐建光　秦乃姗　邱志祥　曲　元
盛琴慧　邵玉红　宋　毅　孙洪跃　孙　葳　孙伟杰　孙晓伟　孙　瑜　陶　霞　佟小强　汪　波　王爱平　王　刚

王化虹	王建中	王 进	王 军	王宁华	王 玉	王鹏远	王晓敏	王 平	王全桂	王素霞	王文生	王 颖
吴士良	肖 锋	肖慧捷	肖江喜	肖云翔	熊 辉	徐 阳	许 幸	杨建梅	杨淑霞	姚红新	姚 勇	邑晓东
尹 玲	余 进	于晓兰	袁戈恒	袁振芳	张 红	张宝娌	张家湧	张俊清	张 凯	张澜波	张前进	张 岩
张宪生	张晓春	张志超	赵桂萍	赵 鸿	赵卫红	周福德	周 菁	庄 岩	曾 争			

研究员

| 程苏华 | 李惠芳 | 李敬伟 | 李六亿 | 李 岩 | 吕 媛 | 马兰艳 | 潘 虹 | 戚 豫 | 王静敏 | 王 颖 | 辛殿祺 | 张春丽 |
| 张庆林 | | | | | | | | | | | | |

研究馆员

黄明杰

主任药师

| 孙培红 | 周 颖 | 赵 侠 | 梁 雁 |

主任护师

| 陈建军 | 丁炎明 | 耿小凤 | 王 群 |

主任技师

| 李雪迎 | 刘静霞 | 卢桂芝 | 杨宏云 | 郝洪军 | 王 彬 |

编审

| 高雪莲 | 单爱莲 |

第二临床医学院（人民医院）

教授

白文俊	鲍永珍	常英军	陈 红	崔 恒	冯传汉	冯 艺	高承志	高 杰	高旭光	高 燕	高占成	关振鹏
郭淮莲	郭静竹	郭 卫	韩 芳	洪 楠	黄晓波	黄晓军	纪立农	姜保国	姜冠潮	江 倩	李 澍	栗占国
梁梅英	林剑浩	刘广志	刘海鹰	刘 健	刘开彦	刘文玲	刘玉兰	刘元生	陆道培	穆 籣	穆 荣	秦 炯
沈 浣	苏 茵	孙铁铮	孙秀丽	汤小东	王 辉	王建六	王晶桐	王 俊	王乐今	王秋生	王 杉	王 屹
魏 来	徐 涛	许克新	许兰平	许清泉	燕太强	杨 欣	叶颖江	余力生	张建中	张小明	张晓辉	张学武
赵明威	赵 彦	朱凤雪	朱继业	朱家安	左 力	冯淬灵						

主任医师

安海燕	安友仲	白 文	蔡 林	蔡美顺	曹宝平	曹照龙	陈 欢	陈 坚	陈建海	陈江天	陈 雷	陈陵霞
陈琦玲	陈 适	陈 彧	陈育红	陈源源	陈 周	程 琳	程翼飞	戴 林	董霄松	杜 娟	封 波	傅中国
甘良英	高鹏骥	关 菁	郭丹杰	郭 杨	韩红敬	韩学尧	何 菁	何晋德	何燕玲	侯宪如	黄 磊	贾 玫
贾 园	贾月萍	江 浩	蒋京军	蒋 绚	姜可伟	寇伯龙	赖悦云	李帮清	李大森	李厚敏	李剑锋	李明武
李 琦	李 清	李 涛	李 伟	李学斌	李 艺	李永杰	李 运	梁 斌	梁建宏	梁旭东	梁 勇	刘 波
刘春兰	刘国莉	刘 杰	刘 捷	刘 靖	刘 军	刘兰燕	刘 淼	刘 鹏	刘如恩	刘士军	刘献增	刘彦国
刘月洁	陆爱东	路 瑾	鹿 群	马 慧	马 鑫	马艳良	毛 汛	苗榕生	穆新林	倪 磊	潘 芳	裴秋艳
齐慧君	钱 彤	曲华毅	曲进锋	曲星珂	饶慧瑛	任泽钦	沈丹华	申金霞	申占龙	石红霞	石 璇	孙宁玲

唐 军　唐 顺　田 莉　佟富中　王 波　王朝华　王传林　王 东　王福顺　王 豪　王 龙　王 旻　王 茜
王 殊　王天兵　王伟民　王雪梅　王 昱　王 悦　王智峰　王志启　韦 洮　吴慧娟　吴 夕　吴 彦　吴 燕
夏瑞明　谢启伟　邢志敏　熊六林　徐海林　徐 燕　许俊堂　薛 峰　严荔煌　杨 帆　杨 力　杨荣利　杨松娜
杨晓东　姚 兰　叶雄俊　尹东辉　尹 虹　尹慕军　于文贞　袁晓培　袁燕林　曾超美　张殿英　张海澄　张乐萍
张立红　张培训　张荣葆　张挺杰　张万蕾　张熙哲　张晓红　赵 超　赵 辉　赵 辉　赵晓涛　赵永平　周 波
周殿阁　周 静　周 蓉　周翔海　朱继红　朱天刚　主鸿鹄

研究员
昌晓红　陈红松　戴谷音　黄 锋　李翠兰　李 红　李小平　刘艳荣　路 阳　潘孝本　阮国瑞　郁卫东　赵 越

主任药师
方 翼　冯婉玉　顾 健　黄 琳　于芝颖　张海英

主任护师
王 泠　吴晓英　应菊素　张海燕

主任技师
李 丹　柳 鹏　马丽萍

编审
李静然　林文玉　尚永刚　王 黛　张立群

第三临床医学院（北医三院）

教授
敖英芳　陈亚红　陈跃国　陈仲强　崔立刚　崔 鸣　丁士刚　段丽萍　樊东升　付 卫　高 炜　郭向阳　韩鸿宾
韩启德　郝燕生　贺 蓓　洪 晶　洪天配　姜 辉　景红梅　克晓燕　李 东　李 民　李 蓉　李危石　李学民
李昭屏　凌晓锋　刘剑羽　刘湘源　刘晓光　刘忠军　马彩虹　马芙蓉　马潞林　么改琦　齐 虹　齐 强　乔 杰
孙永昌　田 耘　汪 涛　王贵松　王海燕　王金锐　王俊杰　王 薇　王 侠　王 颖　王 悦　王振宇　吴玲玲
修典荣　徐迎胜　徐 智　杨 孜　余家阔　袁慧书　曾 岩　翟所迪　张爱华　张 纯　张 捷　张 奕　张燕燕
张永珍　赵扬玉　郑丹侠　周 方　周丽雅　周谋望　朱 曦　祖凌云

主任医师
毕洪森　蔡 宏　常 春　常 虹　陈宝霞　陈 文　陈晓勇　陈朝文　陈新娜　崔国庆　邓晓莉　窦宏亮　冯新恒
冯学峰　傅 瑜　高洪伟　葛辉玉　葛庆岗　龚 熹　顾 芳　郭红燕　郭丽君　郭秦炜　郭昭庆　韩江莉　韩劲松
韩庆烽　韩彤妍　和 岚　洪 锴　侯纯升　侯小飞　胡跃林　黄 毅　黄永辉　霍则军　姬洪全　姜 亮　姜 薇
江 凌　焦 晨　李 比　李 东　李东明　李海燕　李红真　李 华　李华军　李天润　李卫虹　李小刚　李 选
李 渊　李在玲　李志刚　黎远皋　梁 莉　凌云鹏　刘桂花　刘 平　刘书旺　刘延青　刘瑜玲　刘仲奇　卢 剑
鲁 明　鲁 珊　宋为明　栾景源　马力文　马青变　孟秀丽　苗立英　牛 杰　潘 滔　朴梅花　沈 宁　沈 扬　史成和
宋清华　宋世兵　宋为明　孙 宇　唐 雯　田 华　田彦杰　童笑梅　万 峰　王爱英　王昌明　王 超　王继军
王健全　王 军　王 丽　王丽娜　王立新　王少波　王圣林　王 涛　王天成　王 霄　王晓华　王新利　王雪梅
王 妍　王永清　韦 峰　魏 玲　魏 瑷　邬海博　夏志伟　肖春雷　肖卫忠　谢京城　谢志强　胥 婕　徐 懋
徐 雁　徐 艳　许永根　许艺民　闫 辉　闫 明　闫天生　闫 燕　杨雪松　伊 敏　于 淼　原春辉　袁 炯

曾　辉　张春雷　张凤山　张福春　张　克　张　立　张　莉　张立强　张利萍　张璐芳　张树栋　张卫方　张玉梅
张　媛　张　喆　赵　军　赵素焱　赵　艳　郑亚安　周庆涛　朱　红　朱　丽　朱　昀　庄申榕

研究员
艾　华　常翠青　董尔丹　耿　力　金昌晓　李　默　李树强　李子健　林　丛　刘薇薇　秦泽莲　沈　韬　宋纯理
田　婵　徐　明　许　锋　胥雪冬　张小为　张幼怡　计　虹　赵一鸣　周洪柱　周　瑞　闫丽盈　杨　莉

主任药师
杨　丽　杨毅恒　赵荣生

主任护师
郭　莉　李葆华　朴玉粉　苏春燕　张洪君　张会芝

主任技师
吕志珍　游　珂

研究馆员
田新玉

口腔医学院

教授
蔡志刚　邓旭亮　董艳梅　冯海兰　傅开元　甘业华　高雪梅　高　岩　葛立宏　谷　岩　郭传瑸　胡文杰　华　红
贾绮林　江久汇　姜　婷　李翠英　李　刚　李铁军　李巍然　李自力　梁宇红　林久祥　林　野　刘　鹤　刘宏伟
刘　宇　栾庆先　吕培军　马　莲　毛　驰　孟焕新　聂　琼　彭　歆　秦　满　谭建国　唐志辉　王伟建　王晓燕
王新知　欧阳翔英　王　兴　魏世成　夏　斌　谢秋菲　许天民　徐　莉　徐　韬　伊　彪　俞光岩　岳　林　张　刚
张　杰　张建国　张　益　张震康　赵玉鸣　郑树国　周彦恒　周永胜

主任医师
安金刚　陈　洁　崔念晖　邱　萍　丁　云　樊　聪　高　娟　韩　劼　何秉贞　和　璐　侯建霞　胡　炜　胡晓阳
胡秀莲　姬爱平　纪志农　姜若萍　姜　霞　江　泳　晋长伟　康　军　李良忠　李健慧　李彤彤　李小彤　梁　成
柳登高　刘　峰　刘瑞昌　刘　怡　刘亦洪　刘玉华　骆泉丰　罗　奕　马　琦　马文利　孟娟红　潘　洁　邱立新
荣文笙　司　燕　孙　凤　孙玉春　佟　岱　王晓霞　王泽泗　王祖华　王尊一　魏　松　寻春雷　阎　燕　杨旭东
杨亚东　翟新利　张汉平　张　豪　张　雷　张　磊　张　清　张　笋　张万林　张　伟　张　晓　张　宇　张祖燕
赵　奇　赵燕平　赵玉鸣　周爽英　周团锋

研究员
李盛林　林　红　郑　刚

教授级高级工程师
王　勇

主任药师
郑利光

主任护师

李秀娥　杨　悦

主任技师

陈智滨　吴美娟

临床肿瘤学院（肿瘤医院）

教授

陈克能	邓大君	方志伟	顾　晋	郭　军	郝纯毅	季加孚	柯　杨	李惠平	李子禹	梁　军	林冬梅	刘宝国
刘　巍	吕有勇	潘凯枫	沈　琳	寿成超	苏向前	孙应实	王维虎	王晓东	王子平	吴　楠	解云涛	邢宝才
杨　薇	杨　勇	游伟程	张　彬	张力建	张　宁	张青云	张志谦					

主任医师

安彤同	步召德	蔡　勇	陈　辉	陈冀衡	陈晋峰	陈衍智	陈　晓	迟志宏	崔　明	邸立军	杜　鹏	范志毅
方　健	高顺禹	高雨农	何自静	胡永华	季建英	李　健	李　洁	李金锋	李　明	李　囡	李　萍	李　燕
廖盛日	林宁晶	陆爱萍	马丽华	那　加	欧阳涛	彭亦凡	斯　璐	宋国红	宋玉琴	孙　红	孙　艳	唐　磊
谭宏宇	唐丽丽	涂梅峰	王洪义	王宏志	王　崑	王雪鹍	卫　燕	武爱文	吴梅娜	吴　齐	吴　薇	吴晓江
肖绍文	薛　冬	薛卫成	严　昆	杨　跃	姚云峰	郑　文	张　霁	张连海	张乃嵩	张晓东	张小田	赵爱莲
赵　军	郑　虹	朱步东	朱　军	朱　旭								

研究员

韩淑燕　胡亚洲　隗铁夫　吴健民　邢　沫　许秀菊　徐国兵　杨　志　詹启敏　张焕萍

主任药师

张艳华　杨　锐

主任护师

陆宇晗

精神卫生研究所

教授

沈渔邨　黄悦勤　刘　靖　钱秋谨　司天梅　孙洪强　王华丽　岳伟华　于　欣　张　岱

主任医师

程　嘉	丛　中	贾美香	孔庆梅	李　冰	李雪霓	刘　粹	刘建成	马　弘	马燕桃	孙新宇	唐登华	唐宏宇
田成华	王希林	王向群	闫　俊	姚贵忠	原岩波	张大荣	张鸿燕	周　沫				

研究员

李晓霓　孙　黎　汪向东

主任护师

马　莉　耿淑霞

元培学院

教授

孙　华

前沿交叉学科研究院

教授

陈东敏　David Allanweitz

中国社会科学调查中心

教授

李　强

分子医学研究所

教授

肖瑞平

研究员

程和平　梁子才　汪阳明　周　专

科维理天文与天体物理研究所

教授

樊晓晖　Luis Chi Ho　Spurzem Rainer

研究员
李立新　于清娟　De Grijs Richard

北京国际数学研究中心

教授
鄂维南　郭　岩　韩　青　许晨阳　许进超　周晓华　James Andrew Carlson

研究员
葛　颢　文再文

现代农学院

教授
邓兴旺　黄季焜　王金霞

画法研究院

教授
范　曾

深圳研究生院

教授
朱家祥

党委办公室校长办公室

教授
郝　平　王　杰　吴树青　许智宏　朱善璐

研究员
雷　虹

政策法规研究室

研究员
任羽中

纪委办公室监察室

研究员
王　雷

党委组织部

教授
李文胜

党委统战部

教授
张晓黎

学生工作部

教授
杨爱民

保卫部

研究员
冯支越

保密委员会办公室

研究员
刘旭东

教务部

研究员
金顶兵

科学研究部

研究员
蔡晖 周辉

社会科学部

编审
刘曙光 郑园

研究生院

研究员
贾爱英

人事部

研究员
刘波 王红印

财务部

研究员
郑　庄

国际合作部

研究员
夏红卫　郑如青

实验室与设备管理部

教授级高级工程师
朱德生

总务部

教授
马化祥

研究员
张宝岭

基建工程部

教授级高级工程师
莫元彬

校办产业管理委员会办公室

教授级高级工程师
王　川　周亚伟

学科建设办公室

研究员
贺 飞

工会

研究员
孙 丽

图书馆

研究馆员
陈 凌　范 凡　关志英　李 云　刘大军　刘素清　聂 华　汤 燕　王 波　王燕均　肖 珑　姚伯岳　姚晓霞
张春红　张红扬　张明东　朱 强　邹新明

计算中心

教授级高级工程师
陈 光　陈 萍　李庭晏　马 皓　张 蓓　种连荣

教育基金会

研究员
邓 娅

出版社

编审
杜若明　冯益娜　符 丹　高秀芹　耿协峰　金娟萍　李 东　林君秀　刘 方　刘乐坚　马辛民　商鸿业　沈浦娜
孙 晔　王明舟　杨立范　杨书澜　张 冰　张凤珠　张弘泓　张黎明　周雁翎

校医院

主任医师
李 华　李卫菊　沈 嵩　云 虹

附属中心

正高级教师
李冬梅　王 铮　张思明

附属小学

正高级教师
尹 超

方正集团

教授级高级工程师
黄肖俊　汪岳林　王国印

研究员
蒋必金

未名集团

教授级高级工程师
潘爱华

研究员
张 华

青鸟集团

教授级高级工程师
叶智勇

研究员
杨　明

医学部党政机关、后勤、直属及产业

教授
方　海　孟庆跃　田　佳

研究员
蔡景一　陈立奇　程化琴　崔　爽　戴　清　邓艳萍　樊建军　范春梅　郭艾花　贾忠伟　李　红　李　鹰　刘穗燕
陆　林　时　杰　王　青　王翠先　王军为　徐白羽　徐善东　殷晓丽　张凤云　张　蕾　张　翎　朱树梅

主任医师
王晓军　王振宇　张素敏

研究馆员
王金玲　谢志耘

主任技师
吴后男　袁　兰　周淑佩　邹霞娟

教授级高级工程师
何其华

编审
白　玲　冯智勇　王凤廷　曾桂芳　张其鹏　赵　莳

（人事部、医学部人事处）

2017年在教育战线工作满三十年教职工名单

姓名	单位	姓名	单位	姓名	单位
刘力平	数学科学学院	杨小立	政府管理学院	蔡旭晖	环境科学与工程学院
吴 岚	数学科学学院	燕继荣	政府管理学院	范 曾	画法研究院
贺晓然	数学科学学院	段 晴	外国语学院	李承春	餐饮中心
李久强	数学科学学院	黄必康	外国语学院	张倩文	餐饮中心
白志强	地球与空间科学学院	申 丹	外国语学院	肖向东	餐饮中心
秦 善	地球与空间科学学院	刘 锋	外国语学院	赵立红	餐饮中心
张志诚	地球与空间科学学院	刘洪波	外国语学院	韩九胜	餐饮中心
黄宝玲	地球与空间科学学院	杨 河	马克思主义学院	刘希红	餐饮中心
古丽冰	地球与空间科学学院	王文章	马克思主义学院	张志梅	餐饮中心
于迎春	中国语言文学系	李 杰	体育教研部	林立红	会议中心
张颐武	中国语言文学系	黄 育	体育教研部	任金会	会议中心
陈保亚	中国语言文学系	彭 芳	体育教研部	李青云	会议中心
欧阳哲生	历史学系	滕炜莹	体育教研部	肖庆重	会议中心
李志生	历史学系	侯锡瑾	艺术学院	马宝林	会议中心
徐天进	考古文博学院	高 译	艺术学院	李超英	会议中心
孙 华	考古文博学院	朱秋华	艺术学院	张胜群	会议中心
席大民	哲学系	任雪梅	对外汉语教育学院	张忠平	会议中心
贾庆国	国际关系学院	宣 雅	对外汉语教育学院	李凤莲	会议中心
李义虎	国际关系学院	张 英	对外汉语教育学院	姚良海	会议中心
李寒梅	国际关系学院	刘超英	对外汉语教育学院	肖俊强	会议中心
潘 筠	国际关系学院	韩 曦	对外汉语教育学院	白焕荣	会议中心
沈青兰	国际关系学院	肖建国	计算机科学技术研究所	佟春利	会议中心
侯颖丽	国际关系学院	刘同启	图书馆	果庆魁	会议中心
董小英	光华管理学院	张宇红	图书馆	郎静容	社区服务中心
陈文广	信息管理系	韩茂莉	城市与环境学院	翁正明	动力中心
李建新	社会学系	唐晓峰	城市与环境学院	姚良杰	动力中心
马 戎	社会学系	莫多闻	城市与环境学院	姚良仓	动力中心
陆杰华	社会学系	谢建民	城市与环境学院	张忠良	动力中心
高丙中	社会学系	陈效逑	城市与环境学院	林一凡	动力中心
郭志刚	社会学系	阙维民	城市与环境学院	谭近良	动力中心
杨凤春	政府管理学院	王红亚	城市与环境学院	汪东生	动力中心

（续表）

姓名	单位	姓名	单位	姓名	单位
李 岩	动力中心	李连永	方正集团	邑晓东	第一医院
宋卫民	动力中心	张 华	未名公司	梁进雨	第一医院
闫冬梅	动力中心	朱宏涛	资源集团	万远廉	第一医院
丁跃春	动力中心	叶智勇	北大青鸟	王玉英	第一医院
于文泉	校园服务中心	张玉珂	北大青鸟	文立成	第一医院
崔建新	校园服务中心	陆德忠	北大青鸟	张瑛燕	第一医院
郑士忠	校园服务中心	郑 欣	第一医院	山刚志	第一医院
邵德让	校园服务中心	赵桂荣	第一医院	段继宏	第一医院
李有钢	校园服务中心	于文萍	第一医院	贺占举	第一医院
张海斌	校园服务中心	和继敏	第一医院	梁丽莉	第一医院
果庆平	校园服务中心	韩福月	第一医院	秦宜忠	第一医院
姚海兰	校园服务中心	谢鹏雁	第一医院	张 青	第一医院
徐 冲	校园服务中心	王化虹	第一医院	李薇薇	第一医院
韩秀华	校园服务中心	张海燕	第一医院	郭应禄	第一医院
张京松	校园服务中心	杨海萍	第一医院	王序明	第一医院
魏 冰	校园服务中心	王连捷	第一医院	刘玉立	第一医院
金洪伟	校园服务中心	褚广玲	第一医院	刘树毅	第一医院
郑红艳	公寓服务中心	张 良	第一医院	苏晋伟	第一医院
马宝忠	保卫部	丁文惠	第一医院	刘小颖	第一医院
朱世奎	保卫部	丁燕生	第一医院	白 勇	第一医院
孙桂丰	财务部	陈 澜	第一医院	张兰霞	第一医院
张金霞	财务部	李 利	第一医院	单国瑾	第一医院
尹海莺	财务部	程玉香	第一医院	吕永兴	第一医院
王海欣	财务部	李玉娟	第一医院	杜敏逸	第一医院
王 耀	基建工程部	王桂玲	第一医院	陈丽君	第一医院
王合林	基建工程部	屈海云	第一医院	严仁英	第一医院
李爱民	基建工程部	王海燕	第一医院	吴婉华	第一医院
徐 瑛	附属中学	焦秀宇	第一医院	刘春华	第一医院
舒雪来	附属中学	徐 莉	第一医院	赵丽丽	第一医院
杨玉梅	附属中学	宋以信	第一医院	苏世萍	第一医院
齐 敏	附属中学	张澜波	第一医院	李 辉	第一医院
魏 民	附属小学	高树宽	第一医院	陈淑玲	第一医院
苏小娜	附属小学	段学宁	第一医院	杜 颖	第一医院
李 宁	附属小学	魏九久	第一医院	杨 军	第一医院
陈文胜	出版社	赵建勋	第一医院	吕元霞	第一医院
高春利	出版社	张育海	第一医院	陈建军	第一医院
张凤珠	出版社	刘耀香	第一医院	何小菊	第一医院
符 丹	出版社	米 川	第一医院	任幼军	第一医院
沈浦娜	出版社	王金会	第一医院	俞礼霞	第一医院

(续表)

姓名	单位	姓名	单位	姓名	单位
冯雪丽	第一医院	汪春林	第一医院	熊霞	第一医院
艾乙	第一医院	于世平	第一医院	牛进霞	第一医院
王云秀	第一医院	付健	第一医院	普程伟	第一医院
吴淑芬	第一医院	富宏	第一医院	王艳军	第一医院
贾钧	第一医院	李彦	第一医院	刘毓和	第一医院
王玉燕	第一医院	何新勇	第一医院	王善德	第一医院
陈艳玲	第一医院	郝凤兰	第一医院	谢莹	第一医院
聂红平	第一医院	周刚	第一医院	沈文生	第一医院
刘丽娜	第一医院	张朴	第一医院	刘静霞	第一医院
王玉洁	第一医院	马雁	第一医院	蒋洪	第一医院
王捷	第一医院	李天云	第一医院	袁家颖	第一医院
宋秀婷	第一医院	关利云	第一医院	赵东方	第一医院
金凤霞	第一医院	刘健	第一医院	王蕴平	第一医院
王秋霞	第一医院	吕媛	第一医院	连成华	第一医院
刘晓燕	第一医院	李沙	第一医院	郑新芝	第一医院
田桂芬	第一医院	高福生	第一医院	东锦华	第一医院
张意萍	第一医院	顾秀娥	第一医院	郭寅	第一医院
封志国	第一医院	杨桂良	第一医院	隋宝环	第一医院
段周英	第一医院	于秀珍	第一医院	李长宇	第一医院
杜立霄	第一医院	李瑞芝	第一医院	付均	第一医院
刘玲玲	第一医院	徐文祥	第一医院	田勇	第一医院
杨海珍	第一医院	贾书根	第一医院	张唯唯	第一医院
乔丽君	第一医院	杨秀芬	第一医院	吕金梅	第一医院
朱学骏	第一医院	白温泉	第一医院	邵军	第一医院
何顺华	第一医院	杨馨	第一医院	曲昭泰	第一医院
季素珍	第一医院	王中胥	第一医院	杨丽华	第一医院
李巧娴	第一医院	张明霞	第一医院	李青	第一医院
郭振华	第一医院	李全忠	第一医院	胡哲文	第一医院
张春菊	第一医院	孙洪跃	第一医院	冯宝信	第一医院
俞敏萱	第一医院	柳萍	第一医院	王红	第一医院
万喆	第一医院	陈立新	第一医院	倪少敏	第一医院
李中惠	第一医院	白艳霞	第一医院	盖可笛	第一医院
尹彪	第一医院	干汝起	第一医院	翟玉清	第一医院
于敏	第一医院	田红	第一医院	崔俊香	第一医院
杜玉曼	第一医院	兰云	第一医院	肖彩凤	第一医院
席宏丽	第一医院	张莹	第一医院	吕清顺	第一医院
石昕	第一医院	范玲霞	第一医院	王玉文	第一医院
刘庚信	第一医院	高建国	第一医院	于玉明	第一医院
王华	第一医院	张惠	第一医院	李小杰	第一医院
杨文艳	第一医院	陈星薇	第一医院	郭燕玲	第一医院

（续表）

姓名	单位	姓名	单位	姓名	单位
马春燕	第一医院	李广庆	第一医院	刘勇杰	第一医院
时 红	第一医院	刘忠元	第一医院	张振英	第一医院
周延光	第一医院	程书其	第一医院	姚雅云	人民医院
姜 勇	第一医院	梁世平	第一医院	施 英	人民医院
钱旭东	第一医院	余兆林	第一医院	皮丽娟	人民医院
柴庆波	第一医院	冯振通	第一医院	孔祥燕	人民医院
买国治	第一医院	孟德禄	第一医院	李秀玲	人民医院
韩晶英	第一医院	刘燕君	第一医院	陈庚敏	人民医院
孟宪礼	第一医院	郭彦如	第一医院	王凌霞	人民医院
傅晓雪	第一医院	刘 洪	第一医院	马玲玲	人民医院
张红军	第一医院	潘国庆	第一医院	石 岩	人民医院
刘晓海	第一医院	刘京玉	第一医院	相志宏	人民医院
王鸿义	第一医院	谷长存	第一医院	逯 云	人民医院
金万亭	第一医院	程 平	第一医院	伊惠芳	人民医院
王国庆	第一医院	靳爱民	第一医院	陈洁林	人民医院
张炳华	第一医院	于 鹏	第一医院	刘铁莉	人民医院
李占玲	第一医院	曲 江	第一医院	孙福荣	人民医院
王 硕	第一医院	王俊喜	第一医院	李 蕾	人民医院
张燕娟	第一医院	王 鑫	第一医院	焦丽平	人民医院
周 强	第一医院	王瑞奇	第一医院	刘爱君	人民医院
王林增	第一医院	连福强	第一医院	姜 萍	人民医院
白世华	第一医院	李建国	第一医院	李 嘉	人民医院
刘建国	第一医院	陈立萍	第一医院	王 筠	人民医院
张致福	第一医院	王 焱	第一医院	付国英	人民医院
刘共乐	第一医院	卫晓兰	第一医院	黄爱斌	人民医院
孟大维	第一医院	袁志强	第一医院	余 文	人民医院
张之江	第一医院	张力群	第一医院	姜万庚	人民医院
许新华	第一医院	孟宝生	第一医院	马 彦	人民医院
陈嘉善	第一医院	刘春华	第一医院	郭玉杰	人民医院
许振华	第一医院	桂宝兴	第一医院	孙丽萍	人民医院
王京航	第一医院	张益生	第一医院	曾俊群	人民医院
吴乃军	第一医院	仇学贞	第一医院	郭凯群	人民医院
郝醒时	第一医院	纪奉安	第一医院	郑红梅	人民医院
苑树生	第一医院	陈鸿生	第一医院	杨莉军	人民医院
马 皓	第一医院	杨文才	第一医院	麻为民	人民医院
段应东	第一医院	董树楷	第一医院	胡春香	人民医院
秦恩海	第一医院	李思泉	第一医院	荣 嵘	人民医院
姜洪旺	第一医院	吴志华	第一医院	李晓波	人民医院
董立柱	第一医院	谷长海	第一医院	李 澍	人民医院
辛有刚	第一医院	高兴燕	第一医院	郭淮莲	人民医院

(续表)

姓名	单位	姓名	单位	姓名	单位
吴桂萍	人民医院	杨 林	第三医院	张春雷	第三医院
张小明	人民医院	张玉荣	第三医院	王玉华	第三医院
董 雷	人民医院	李志英	第三医院	陈跃国	第三医院
李建兴	人民医院	杨云燕	第三医院	汪 敏	第三医院
冯 艺	人民医院	李秋红	第三医院	谢志强	第三医院
王 梅	人民医院	唐燕燕	第三医院	张铁军	口腔医院
薛建忠	人民医院	任立红	第三医院	任文革	口腔医院
陈红兵	人民医院	王璐瑜	第三医院	陈学杰	口腔医院
李 培	人民医院	虞 兰	第三医院	刘宏伟	口腔医院
李振军	人民医院	胡丽平	第三医院	伊 彪	口腔医院
郝 悦	人民医院	陶雅莉	第三医院	李成杰	口腔医院
邓爱宏	人民医院	乔玉华	第三医院	李玉桂	口腔医院
王映晖	人民医院	莫晓菁	第三医院	谭 京	口腔医院
宋桂宁	人民医院	游选清	第三医院	唐秀萍	口腔医院
姜保国	人民医院	寇允更	第三医院	韩建立	口腔医院
田文沁	人民医院	殷淑珍	第三医院	胡宗美	口腔医院
赵 越	人民医院	侯文清	第三医院	王春莲	口腔医院
徐 惠	人民医院	杨燕平	第三医院	王卫红	口腔医院
黄 锋	人民医院	段争春	第三医院	张东生	口腔医院
贾 玫	人民医院	童素梅	第三医院	张庆华	口腔医院
尹慕军	人民医院	王鸿艳	第三医院	姜林平	口腔医院
马丽萍	人民医院	杨小瑞	第三医院	高晓篇	肿瘤医院
梁铁军	人民医院	孟 璐	第三医院	王弘茜	肿瘤医院
李恩志	人民医院	任桂芬	第三医院	张 蕾	肿瘤医院
刘春义	人民医院	洪 晶	第三医院	孙亚玲	肿瘤医院
高 勤	人民医院	张祖辉	第三医院	郝 伟	肿瘤医院
赵宏平	人民医院	朱 昀	第三医院	张 军	肿瘤医院
黄立新	人民医院	黄 毅	第三医院	马云霞	肿瘤医院
杨彦杰	人民医院	郭昭庆	第三医院	丁惠军	肿瘤医院
智美花	人民医院	刘 芳	第三医院	李海洋	肿瘤医院
龙帼英	人民医院	施 维	第三医院	陈 瑛	肿瘤医院
王长洪	人民医院	陈 晨	第三医院	欧阳涛	肿瘤医院
张富洲	人民医院	王 涛	第三医院	刘彩云	肿瘤医院
蔡占祥	人民医院	徐顺霖	第三医院	范爱军	肿瘤医院
樊 晶	人民医院	黄雪彪	第三医院	高 杰	肿瘤医院
舒秀玲	第三医院	刘平云	第三医院	韩靖霞	肿瘤医院
李晓涛	第三医院	肖卫忠	第三医院	王洪义	肿瘤医院
彭晓亮	第三医院	郑丹侠	第三医院	李文梅	肿瘤医院
舒成金	第三医院	崔国庆	第三医院	周秀耕	肿瘤医院
温凤林	第三医院	郭向阳	第三医院	李 靖	肿瘤医院

(续表)

姓名	单位	姓名	单位	姓名	单位
董燕华	肿瘤医院	王 应	基础医学院	王东宇	公共教学部
王 洁	肿瘤医院	王铸清	公共卫生学院	孙秋丹	公共教学部
刘长青	肿瘤医院	郝卫东	公共卫生学院	魏继红	公共教学部
黄悦勤	第六医院	张宝旭	公共卫生学院	王金玲	医学部机关
刘 靖	第六医院	杨晓华	公共卫生学院	杨立丽	医学部机关
唐宏宇	第六医院	张 琳	公共卫生学院	王连英	医学部机关
姚贵忠	第六医院	金晓滨	公共卫生学院	王爱军	医学部机关
汪向东	第六医院	武阳丰	公共卫生学院	石 伟	医学部机关
李玲芝	第六医院	王燕玲	公共卫生学院	刘景悦	医学部机关
郭燕明	第六医院	吴 明	公共卫生学院	黄大无	医学部机关
郭燕生	第六医院	刘建蒙	公共卫生学院	桑立华	医学部后勤
姜永远	第六医院	冉福香	药学院	张启军	医学部后勤
李振环	第六医院	李 庆	药学院	金国林	医学部后勤
赵来升	第六医院	黄河清	药学院	王毓春	医学部后勤
王玉明	基础医学院	杨振军	药学院	高兰芝	医学部后勤
王 丹	基础医学院	许凤荣	药学院	张启学	医学部后勤
林 红	基础医学院	屠鹏飞	药学院	姜永胜	医学部后勤
安国顺	基础医学院	齐宪荣	药学院	李宝建	医学部后勤
唐 岩	基础医学院	史录文	药学院	刘永红	医学部后勤
李 燕	基础医学院	喀蔚波	公共教学部	胡翠霞	医学部后勤
洪远凯	基础医学院	王俐翎	公共教学部	刘天臣	医学部后勤
蒋文跃	基础医学院	蔡歌欣	公共教学部	方 敬	医学部产业
刘羿男	基础医学院	王 强	公共教学部	谢红光	医学部产业

(人事部、工会)

2017年逝世人员名单

姓名	单位	出生日期	去世时间
白文海	基建工程部	1932年3月	2017年1月
许菊芳	燕园街道办事处	1930年9月	2017年1月
汤俊雄	信息科学技术学院	1941年1月	2017年1月
程桂芝	校园服务中心	1936年4月	2017年1月
杨乃芳	化学与分子工程学院	1932年12月	2017年1月
唐家福	生命科学学院	1931年11月	2017年1月
张梅英	信息科学技术学院	1936年1月	2017年1月
赵 军	动力中心	1966年5月	2017年1月
赵学东	经济学院	1956年11月	2017年1月

(续表)

姓名	单位	出生日期	去世时间
贺剑城	外国语学院	1927年9月	2017年1月
萧春仁	动力中心	1931年11月	2017年1月
苑绍华	化学与分子工程学院	1940年4月	2017年2月
刘建业	附属中学	1942年11月	2017年2月
李春江	餐饮中心	1958年4月	2017年2月
王效挺	党委办公室校长办公室	1925年11月	2017年2月
禹风云	青鸟集团	1951年11月	2017年2月
韩德刚	化学与分子工程学院	1926年4月	2017年2月
羌笛	化学与分子工程学院	1937年1月	2017年2月
何双春	青鸟集团	1931年3月	2017年2月
邱云祥	化学与分子工程学院	1931年8月	2017年2月
罗曼	图书馆	1924年11月	2017年3月
潘太明	图书馆	1936年12月	2017年3月
吴炳志	体育教研部	1938年9月	2017年3月
胡守信	外国语学院	1928年1月	2017年3月
李桂英	校园服务中心	1934年1月	2017年3月
刘泉水	物理学院	1931年11月	2017年3月
罗素金	化学与分子工程学院	1937年11月	2017年3月
郑淑英	信息科学技术学院	1935年1月	2017年3月
张恩发	餐饮中心	1934年10月	2017年3月
桑祥森	党委宣传部	1936年4月	2017年3月
韩苹卿	档案馆	1928年6月	2017年4月
孙丁乃	动力中心	1925年2月	2017年4月
郝嘉凤	城市与环境学院	1939年11月	2017年4月
贾玉荣	校园服务中心	1930年11月	2017年4月
董洪利	中国语言文学系	1948年7月	2017年4月
肖宗春	附属小学	1927年2月	2017年4月
余崇健	国际关系学院	1926年10月	2017年4月
张鹤琴	计算中心	1936年8月	2017年4月
葛雷	外国语学院	1943年7月	2017年4月
肖文财	工学院	1932年3月	2017年4月
覃守凤	化学与分子工程学院	1936年7月	2017年4月
陈燕	地球与空间科学学院	1931年7月	2017年4月
魏菊英	地球与空间科学学院	1932年10月	2017年5月
张侠	工会	1922年7月	2017年5月
黄文灶	数学科学学院	1936年8月	2017年5月
冯登福	房地产管理部	1937年9月	2017年5月
沈石岩	外国语学院	1933年1月	2017年5月
武玉玲	校医院	1961年1月	2017年5月

（续表）

姓名	单位	出生日期	去世时间
李 恂	燕园街道办事处	1914 年 9 月	2017 年 5 月
周怡天	历史学系	1930 年 8 月	2017 年 5 月
白振禄	餐饮中心	1951 年 1 月	2017 年 5 月
邓 光	化学与分子工程学院	1972 年 11 月	2017 年 5 月
胡 虹	党委组织部	1929 年 3 月	2017 年 5 月
高景英	信息科学技术学院	1954 年 2 月	2017 年 5 月
徐桂德	校园服务中心	1937 年 3 月	2017 年 5 月
黄宗鉴	外国语学院	1923 年 5 月	2017 年 5 月
郑家馨	历史学系	1934 年 9 月	2017 年 5 月
魏玉兰	燕园社区服务中心	1939 年 1 月	2017 年 5 月
陈悠久	国际关系学院	1931 年 11 月	2017 年 5 月
杨通方	外国语学院	1924 年 7 月	2017 年 6 月
陈家鼎	数学科学学院	1937 年 1 月	2017 年 6 月
张凤琴	校园服务中心	1939 年 5 月	2017 年 6 月
黄宝瑞	附属中学	1934 年 2 月	2017 年 6 月
杨敦先	法学院	1935 年 5 月	2017 年 6 月
徐昌华	外国语学院	1935 年 10 月	2017 年 7 月
王玉梅	校医院	1940 年 12 月	2017 年 7 月
钱桂英	校园服务中心	1927 年 12 月	2017 年 7 月
王发辉	生命科学学院	1931 年 4 月	2017 年 7 月
何国琦	地球与空间科学学院	1934 年 10 月	2017 年 7 月
郑桂珍	校园服务中心	1935 年 8 月	2017 年 7 月
黄福栋	动力中心	1933 年 4 月	2017 年 7 月
蔡友林	物理学院	1931 年 1 月	2017 年 7 月
王义述	信息科学技术学院	1934 年 5 月	2017 年 7 月
袁锡成	青鸟集团	1935 年 8 月	2017 年 8 月
田勇强	教务部	1952 年 10 月	2017 年 8 月
周 炜	信息科学技术学院	1935 年 5 月	2017 年 8 月
傅骊元	经济学院	1930 年 8 月	2017 年 8 月
孟瑞祥	出版社	1937 年 5 月	2017 年 8 月
朱毅珍	校园服务中心	1933 年 5 月	2017 年 8 月
甘丽珠	外国语学院	1940 年 8 月	2017 年 8 月
张永顺	出版社	1931 年 1 月	2017 年 8 月
陆学仁	化学与分子工程学院	1937 年 5 月	2017 年 8 月
彭家声	国际关系学院	1929 年 5 月	2017 年 8 月
刘以柱	餐饮中心	1937 年 12 月	2017 年 8 月
熊 毅	对外汉语教育学院	1927 年 8 月	2017 年 8 月
路自忠	信息管理系	1935 年 7 月	2017 年 8 月
魏廷义	燕园社区服务中心	1933 年 1 月	2017 年 8 月

(续表)

姓名	单位	出生日期	去世时间
彭克巽	外国语学院	1928年1月	2017年8月
徐希孺	地球与空间科学学院	1937年2月	2017年9月
沈少周	出版社	1926年2月	2017年9月
杨武年	保卫部	1930年6月	2017年9月
傅忠诚	体育教研部	1936年5月	2017年9月
陈文奇	出版社	1927年7月	2017年9月
傅美英	校医院	1943年6月	2017年9月
高 飞	工学院	1935年10月	2017年9月
郝桂莲	历史学系	1931年5月	2017年9月
邵 郊	心理与认知科学学院	1923年6月	2017年9月
金凤林	校园服务中心	1921年1月	2017年9月
肖桂兰	校园服务中心	1934年8月	2017年9月
陈国蓉	校医院	1934年10月	2017年9月
杨天锡	信息科学技术学院	1933年4月	2017年10月
李德玉	校园服务中心	1924年5月	2017年10月
薛明伦	餐饮中心	1952年4月	2017年10月
程 鹏	法学院	1922年9月	2017年10月
陶凯荣	餐饮中心	1941年3月	2017年10月
王朝禄	会议中心	1936年3月	2017年10月
周 渊	外国语学院	1945年2月	2017年10月
毛承颖	国际关系学院	1925年6月	2017年10月
张光复	燕园街道办事处	1946年7月	2017年10月
王亚利	工学院	1956年2月	2017年10月
朱云芬	经济学院	1929年11月	2017年10月
何绿野	经济学院	1940年11月	2017年10月
毕星洋	附属中学	1930年4月	2017年10月
王正秦	数学科学学院	1945年11月	2017年10月
让庆澜	物理学院	1927年3月	2017年11月
张 凤	餐饮中心	1932年3月	2017年11月
陶维信	出版社	1936年11月	2017年11月
刘桂芬	校园服务中心	1926年9月	2017年11月
果庆成	燕园社区服务中心	1969年1月	2017年11月
吴宝楚	外国语学院	1933年10月	2017年11月
何文望	物理学院	1928年4月	2017年11月
萧灼基	经济学院	1933年12月	2017年11月
马万英	房地产管理部	1936年1月	2017年11月
吕清源	基建工程部	1927年3月	2017年11月
鲁真荣	马克思主义学院	1929年10月	2017年11月
唐 沅	中国语言文学系	1934年5月	2017年11月

(续表)

（续表）

姓名	单位	出生日期	去世时间
井兆春	青鸟集团	1935年1月	2017年11月
朱学贤	数学科学学院	1949年8月	2017年11月
梁金华	人才交流中心	1949年9月	2017年11月
魏文根	出版社	1935年2月	2017年11月
白雅丽	出版社	1954年1月	2017年12月
樊 杰	化学与分子工程学院	1937年8月	2017年12月
肖庆激	会议中心	1962年10月	2017年12月
张霭琛	物理学院	1933年9月	2017年12月
安书祉	外国语学院	1934年2月	2017年12月
李龙堂	数学科学学院	1930年4月	2017年12月
赵凤翔	附属中学	1928年2月	2017年12月
李 茵	教育学院	1971年12月	2017年12月
高月荣	校园服务中心	1925年10月	2017年12月
崔一华	马克思主义学院	1926年4月	2017年12月
姚著先	信息科学技术学院	1931年7月	2017年12月
崔 廉	餐饮中心	1928年11月	2017年12月
沈承昌	纪委办公室监察室	1927年8月	2017年12月
唐少琼	医学部	1930年7月	2017年1月
陈金顺	医学部	1933年4月	2017年1月
陶 平	医学部	1934年6月	2017年1月
南绍仪	第一医院	1927年2月	2017年1月
关雅娴	第一医院	1945年2月	2017年1月
吴辉祖	第一医院	1937年1月	2017年1月
刘广道	第一医院	1930年1月	2017年1月
李寿英	人民医院	1928年4月	2017年1月
边淑敏	人民医院	1919年2月	2017年1月
李鸿祥	第三医院	1924年4月	2017年1月
浦钧宗	第三医院	1934年1月	2017年1月
周宗灿	医学部	1944年1月	2017年2月
张 坚	第一医院	1936年10月	2017年2月
夏广峰	第一医院	1933年12月	2017年2月
杨正雁	第一医院	1934年10月	2017年2月
徐树瑛	人民医院	1923年10月	2017年2月
刘素金	第三医院	1927年11月	2017年2月
李秋兰	口腔医院	1935年11月	2017年2月
张裕珠	口腔医院	1924年6月	2017年2月
尹 明	口腔医院	1958年8月	2017年2月
周淑华	医学部	1934年3月	2017年3月
曹玉辉	医学部	1948年9月	2017年3月

（续表）

(续表)

姓名	单位	出生日期	去世时间
王彦华	第一医院	1955年9月	2017年3月
张宝善	第一医院	1937年3月	2017年3月
刘淑贞	人民医院	1925年3月	2017年3月
刘忠兰	口腔医院	1926年5月	2017年3月
周志清	第六医院	1927年11月	2017年3月
陈 化	医学部	1926年12月	2017年4月
贺师鹏	医学部	1935年1月	2017年4月
侯 琳	医学部	1963年2月	2017年4月
贾成志	第一医院	1937年11月	2017年4月
尹大光	第一医院	1932年7月	2017年4月
严仁英	第一医院	1913年11月	2017年4月
徐 欢	人民医院	1923年12月	2017年4月
邓光祯	第三医院	1921年4月	2017年4月
童湘毅	肿瘤医院	1932年11月	2017年4月
张仪忠	肿瘤医院	1931年7月	2017年4月
庆 瑞	肿瘤医院	1944年12月	2017年4月
周佳音	医学部	1927年8月	2017年5月
赵郁彬	第一医院	1921年12月	2017年5月
曲天保	第一医院	1963年12月	2017年5月
高淑华	人民医院	1939年10月	2017年5月
呼业功	第三医院	1937年7月	2017年5月
陈大鸣	口腔医院	1932年2月	2017年5月
范少光	医学部	1935年12月	2017年6月
韩 伦	第一医院	1930年4月	2017年6月
陆效英	第一医院	1928年10月	2017年6月
刘万智	人民医院	1935年7月	2017年6月
孔繁祜	第三医院	1924年8月	2017年6月
秦凤英	口腔医院	1947年5月	2017年6月
王智稳	医学部	1924年11月	2017年7月
王家身	医学部	1927年1月	2017年7月
韩玉秀	医学部	1935年1月	2017年7月
夏立安	第三医院	1960年7月	2017年7月
李庆江	第三医院	1953年5月	2017年7月
童启哲	医学部	1917年8月	2017年8月
王 铭	医学部	1955年9月	2017年8月
柏椿年	第一医院	1926年8月	2017年8月
智焕琴	人民医院	1946年1月	2017年8月
陈 凡	医学部	1933年9月	2017年9月
张丽荣	第一医院	1934年2月	2017年9月

(续表)

(续表)

姓名	单位	出生日期	去世时间
董　超	第一医院	1937 年 11 月	2017 年 9 月
李杏村	人民医院	1934 年 10 月	2017 年 9 月
张玲敏	人民医院	1955 年 1 月	2017 年 9 月
张同琳	第三医院	1945 年 11 月	2017 年 9 月
朱锡莹	医学部	1927 年 10 月	2017 年 10 月
王　峰	医学部	1949 年 6 月	2017 年 10 月
郑战军	第一医院	1949 年 9 月	2017 年 10 月
刘清澜	第一医院	1926 年 1 月	2017 年 10 月
曾宪惠	第一医院	1931 年 1 月	2017 年 10 月
刘玉荣	人民医院	1936 年 3 月	2017 年 10 月
李文仲	人民医院	1924 年 5 月	2017 年 10 月
董景琦	人民医院	1936 年 1 月	2017 年 10 月
袁玉娥	人民医院	1935 年 7 月	2017 年 10 月
马宝新	口腔医院	1953 年 12 月	2017 年 10 月
孙立荣	医学部	1931 年 5 月	2017 年 11 月
刘新光	第一医院	1944 年 9 月	2017 年 11 月
马凌佩	人民医院	1947 年 9 月	2017 年 11 月
陶其敏	人民医院	1931 年 10 月	2017 年 11 月
陈寿芳	第三医院	1939 年 7 月	2017 年 11 月
姜学义	第三医院	1932 年 9 月	2017 年 11 月
刘廷桢	医学部	1921 年 2 月	2017 年 12 月
姜果昭	医学部	1937 年 1 月	2017 年 12 月
娄兰英	第一医院	1933 年 11 月	2017 年 12 月
赵　力	人民医院	1956 年 2 月	2017 年 12 月
刘世璋	口腔医院	1933 年 1 月	2017 年 12 月

（人事部、医学部人事部）

2017 年授予的名誉博士名单

序号	姓名	性别	国籍	职务	授予日期
1	萨勒曼·本·阿卜杜勒·阿齐兹·阿勒沙特	男	沙特阿拉伯王国	沙特阿拉伯王国国王	2017 年 3 月 14 日

（研究生院）

2017年授予的名誉教授名单

序号	姓名	性别	职业与现职务	授予日期	申报单位
1	迈克·乔丹 Michael I. Jordan	男	美国加州大学伯克利分校统计系主任	2017年10月10日	数学科学学院
2	托马斯·萨金特 Thomas J.Sargent	男	汇丰商学院萨金特数量经济与金融研究所所长、纽约大学教授	2017年11月28日	汇丰商学院

（党办校办）

2017年聘请的客座教授名单

序号	姓名	性别	职务	聘任时间	申报单位
1	彼得·格雷戈里 Peter Gregory	男	*Advanced Materials* 主编、Wiley 出版总监	2017年6月13日	化学与分子工程学院
2	布鲁斯·罗森 Bruce R. Rosen	男	Athinoula A. Martinos 生物医学成像中心主任，麻省总医院，哈佛大学	2017年12月5日	工学院
3	罗伯特·恰德 Robert L.Chard	男	牛津大学圣安学院执行院长	2017年6月13日	历史学系
4	亚当·尼尔森 Adam R. Nelson	男	威斯康星大学麦迪逊分校教育政策系教授	2017年7月18日	教育学院
5	野田勇夫 Isao Noda	男	美国特拉华大学材料科学与工程系教授	2017年9月12日	化学与分子工程学院
6	约克·席米德美伊 Jörg Schmiedmayer	男	维也纳工业大学教授	2017年12月5日	信息科学技术学院
7	张文卿	男	美国伊利诺（芝加哥）大学化学系教授	2017年6月13日	化学与分子工程学院

（党办校办）

党发、校发文件目录

2017 年部分党发文件目录

党发〔2017〕1 号	关于北京大学党政管理部门整体换届部分单位正职任职的通知
党发〔2017〕10 号	关于中共北京大学第一医院党员代表大会选举结果的批复
党发〔2017〕13 号	关于做好 2016 年北京大学基层党委书记抓基层党建述职评议考核工作的通知
党发〔2017〕14 号	关于印发《北京大学贯彻落实改进工作作风、密切联系群众八项规定的实施办法》的通知
党发〔2017〕15 号	关于印发《北京大学践行监督执纪"四种形态"的暂行实施办法》的通知
党发〔2017〕16 号	关于印发《北京大学问责制实施办法》的通知
党发〔2017〕17 号	关于印发《深入贯彻落实中央精神进一步加强和改进我校思想政治工作的任务分解方案》(一)的通知
党发〔2017〕18 号	关于认真学习贯彻落实《中共中央国务院关于加强和改进新形势下高校思想政治工作的意见》的通知
党发〔2017〕19 号	关于印发《北京大学中层领导人员选拔任用办法》的通知
党发〔2017〕20 号	关于印发《北京大学中层领导人员在企业和社会团体兼职管理办法》的通知
党发〔2017〕21 号	中共北京大学委员会关于进一步加强和改进新形势下党校工作的意见
党发〔2017〕22 号	中共北京大学委员会关于进一步加强教职工党支部建设的若干意见
党发〔2017〕23 号	中共北京大学委员会关于进一步加强学生党支部建设的若干意见
党发〔2017〕24 号	关于印发《北京大学共青团干部选拔任用办法》的通知
党发〔2017〕25 号	关于北京大学党政管理部门整体换届部分单位副职任职的通知
党发〔2017〕26 号	关于印发《中共北京大学委员会关于中国共产党北京市第十二次代表大会代表选举工作方案》的通知
党发〔2017〕29 号	关于"五一"、端午期间开展监督检查的通知
党发〔2017〕30 号	关于印发《北京大学关于学习习近平总书记系列讲话精神,贯彻全国高校思想政治工作会议精神,推进"两学一做"学习教育常态化制度化的实施方案》的通知
党发〔2017〕36 号	关于印发《中共北京大学委员会 2017 年工作要点》的通知
党发〔2017〕37 号	关于清明节期间贯彻落实"八项规定"精神,切实反"四风"问题的通知
党发〔2017〕38 号	关于成立北京大学学习贯彻全国高校思想政治工作会议和中央 31 号文件精神工作领导小组的通知
党发〔2017〕40 号	关于印发《深入贯彻落实中央精神进一步加强和改进我校思想政治工作的任务分解方案》(二)的通知
党发〔2017〕41 号	关于印发《深入贯彻落实中央精神进一步加强和改进我校思想政治工作的任务分解方案》(三——十)的通知
党发〔2017〕46 号	关于印发《北京大学保密工作规定》的通知
党发〔2017〕47 号	关于调整北京大学保密委员会组成人员的通知
党发〔2017〕48 号	关于转发《中共教育部党组贯彻落实〈中国共产党问责条例〉实施办法(试行)》的通知
党发〔2017〕50 号	关于印发《北京大学二级纪检监察组织负责人提名考察办法(试行)》的通知
党发〔2017〕51 号	关于印发《北京大学纪检监察案件通报办法》的通知
党发〔2017〕52 号	关于印发专项巡视反馈意见整改工作实施方案和督办单的通知

党发〔2017〕54号	关于印发《北京大学学生兼职辅导员管理办法（试行）》的通知
党发〔2017〕55号	关于医学部机关部处整体换届正职任职的通知
党发〔2017〕58号	关于印发《北京大学2017年党风廉政建设和反腐败工作主要任务分工》的通知
党发〔2017〕59号	关于中共北京大学考古文博学院党员大会选举结果的批复
党发〔2017〕61号	关于中共北京大学医学部公共教学部第三次党员大会选举结果的批复
党发〔2017〕62号	关于调整北京大学关心下一代工作委员会秘书处成员的通知
党发〔2017〕63号	关于第十八届工会委员会第十一次全体会议选举结果的批复
党发〔2017〕70号	关于印发赵洪祝同志在专项巡视北京大学党委情况反馈会上的讲话的通知
党发〔2017〕71号	关于印发郝平同志在中央第十三巡视组向北京大学党委反馈专项巡视情况会议上的表态讲话的通知
党发〔2017〕74号	关于印发《学习贯彻中央巡视组专项巡视反馈意见认真落实意识形态工作责任制整改实施方案》的通知
党发〔2017〕78号	关于调整学校领导班子成员分工安排的通知
党发〔2017〕79号	关于第十八届工会委员会第十三次全体会议选举结果的批复
党发〔2017〕82号	关于成立北京大学意识形态专项整改工作领导小组的通知
党发〔2017〕83号	关于成立北京大学机关收入分配改革工作执行小组的通知
党发〔2017〕84号	关于调整北京大学保密委员会组成人员的通知
党发〔2017〕86号	关于2017年国庆和中秋节期间落实中央八项规定精神的通知
党发〔2017〕87号	关于调整北京大学党史校史工作委员会的通知
党发〔2017〕90号	关于印发《中共北京大学委员会关于加强和改进新形势下思想政治工作的实施意见》的通知
党发〔2017〕92号	关于印发《北京大学校长办公会工作规则》的通知
党发〔2017〕93号	中共北京大学委员会关于认真学习贯彻党的十九大精神的通知
党发〔2017〕94号	郝平书记在北京大学传达学习党的十九大精神会议上的讲话
党发〔2017〕97号	中共北京大学委员会关于筹备召开中共北京大学第十三次党员代表大会的通知
党发〔2017〕98号	中国共产党北京大学第十三次党员代表大会党委委员和纪委委员候选人产生办法
党发〔2017〕99号	中国共产党北京大学第十三次党员代表大会代表产生办法
党发〔2017〕100号	关于成立北京大学第十三次党代会筹备工作组织机构的通知
党发〔2017〕101号	关于中共北京大学医学部第十三次党员代表大会选举结果的批复
党发〔2017〕103号	关于印发《北京大学党委常委会工作规则》的通知
党发〔2017〕104号	关于印发《中共北京大学委员会关于进一步加强党委常委会自身建设的意见》的通知
党发〔2017〕105号	关于印发《北京大学党政领导班子落实"三重一大"决策制度实施办法》的通知
党发〔2017〕106号	北京大学关于建立党风廉政建设工作沟通会商机制的实施意见
党发〔2017〕107号	关于调整北京大学党风廉政建设责任制领导小组组成人员的通知
党发〔2017〕108号	关于转发中共北京市委组织部《关于中共北京大学第十三次党员代表大会和第十三届委员会第一次全体会议、纪律检查委员会第一次全体会议选举结果的批复》的通知
党发〔2017〕109号	北京大学2017年度落实党风廉政建设责任制专项检查的通知
党发〔2017〕110号	关于调整北京大学离退休工作委员会、离退休工作领导小组的通知
党发〔2017〕111号	关于成立北京大学关心下一代专家委员会的通知
党发〔2017〕112号	关于调整北京大学关心下一代工作委员会的通知
党发〔2017〕113号	关于印发《中共北京大学委员会关于进一步加强和改进离退休工作的实施办法》的通知
党发〔2017〕116号	关于转发中纪委驻教育部纪检组《关于进一步纠正"四风"确保元旦春节期间廉洁过节的通知》的通知
党发〔2017〕117号	以党的十九大精神为指引开启中国特色世界一流大学发展新征程——在中国共产党北京大学第十三次党员代表大会上的报告
党发〔2017〕118号	关于印发《落实学校第十三次党代会精神任务分解方案》的通知
党发〔2017〕120号	北京大学关于加强纪检监察部门和审计部门协作配合的规定

2017年部分校发文件目录

校发〔2017〕4号	关于转发《财政部关于印发〈增值税会计处理规定〉的通知》的通知
校发〔2017〕7号	关于国家发展研究院行政班子任职的通知
校发〔2017〕14号	关于印发《北京大学本科生修读双学位专业管理办法》的通知
校发〔2017〕15号	关于印发《北京大学本科生修读辅修专业管理办法》的通知
校发〔2017〕18号	关于公布2016年度北京大学教材建设立项名单的通知
校发〔2017〕24号	关于印发《北京大学理工科民口科研经费管理办法（试行）》的通知
校发〔2017〕34号	关于成立北京大学城市治理研究院的通知
校发〔2017〕35号	北京大学校办企业领导人员廉洁从业若干规定
校发〔2017〕37号	北京大学关于进一步规范和加强校办企业国有资产管理的若干意见
校发〔2017〕38号	关于印发《北京大学非学历继续教育管理办法》的通知
校发〔2017〕40号	关于印发《北京大学国防项目经费管理办法（试行）》的通知
校发〔2017〕41号	关于印发《北京大学印章管理规定》的通知
校发〔2017〕45号	关于成立北京大学创新创业机构筹备组的通知
校发〔2017〕52号	关于成立北京大学丝绸之路与内亚研究中心的通知
校发〔2017〕53号	关于成立北京大学人工智能高等研究中心的通知
校发〔2017〕54号	关于成立北京大学曹雪芹美学艺术研究中心的通知
校发〔2017〕55号	关于成立北京大学蔡元培研究会的通知
校发〔2017〕56号	关于印发《北京大学官方微信公众号管理办法》的通知
校发〔2017〕57号	关于印发《北京大学科研财务助理岗位管理办法》的通知
校发〔2017〕65号	关于医学部公共教学部行政班子任职的通知
校发〔2017〕68号	关于印发《北京大学二级单位奖酬金管理规定》的通知
校发〔2017〕70号	关于印发《北京大学2017年行政工作计划》的通知
校发〔2017〕71号	关于调整北京大学继续教育指导委员会的通知
校发〔2017〕72号	关于调整北京大学120周年校庆筹备工作机构组成人员的通知
校发〔2017〕73号	关于做好120周年校庆筹备工作的通知
校发〔2017〕80号	关于成立北京大学南南合作与发展学院的通知
校发〔2017〕90号	关于数学及其应用教育部重点实验室（北京大学）领导班子任职的通知
校发〔2017〕91号	关于印发《北京大学科技开发技术合作项目及经费管理办法》的通知
校发〔2017〕93号	关于医学网络教育学院和医学部在职培训中心整合为"北京大学医学继续教育学院"的通知
校发〔2017〕101号	关于成立北京大学-中国残联精神残疾康复合作中心的通知
校发〔2017〕104号	关于成立北京大学安全生产管理委员会的通知
校发〔2017〕113号	关于国内出差城市间交通费报销管理的补充规定
校发〔2017〕118号	关于印发《北京大学公务卡管理办法》的通知
校发〔2017〕119号	关于印发《北京大学120周年校庆筹备委员会工作规则》的通知
校发〔2017〕120号	关于同意注销北京大学医学部劳动服务管理中心的批复

校发〔2017〕121号	关于印发《北京大学研究生学业奖学金管理办法》的通知	
校发〔2017〕122号	关于印发《北京大学博士研究生资助体系改革实施办法（试行）》的通知	
校发〔2017〕123号	关于印发《北京大学博士研究生校长奖学金管理办法》的通知	
校发〔2017〕124号	关于印发《北京大学博士研究生岗位奖学金管理办法（试行）》的通知	
校发〔2017〕125号	关于印发《北京大学学生临时困难补助管理办法》的通知	
校发〔2017〕126号	关于印发《北京大学献血补贴管理办法》的通知	
校发〔2017〕137号	关于成立北京大学党的理论创新研究中心的通知	
校发〔2017〕138号	关于成立北京大学汇丰商学院海上丝路研究中心的通知	
校发〔2017〕139号	关于成立北京大学会计发展研究中心的通知	
校发〔2017〕140号	关于成立北京大学中国老龄事业发展研究中心的通知	
校发〔2017〕141号	关于成立北京大学政府和社会资本合作（PPP）研究中心的通知	
校发〔2017〕152号	关于数学科学学院行政班子任职的通知	
校发〔2017〕153号	关于成立北京大学创新创业机构筹备委员会工作组的通知	
校发〔2017〕154号	关于撤销北京大学文化研究与发展中心的通知	
校发〔2017〕157号	关于印发《北京大学科研信息公开暂行办法》的通知	
校发〔2017〕159号	关于印发《北京大学建设工程投资评审规定》的通知	
校发〔2017〕160号	关于印发《北京大学建设工程管理审计规定》的通知	
校发〔2017〕161号	关于印发《北京大学教材选用管理办法》的通知	
校发〔2017〕162号	关于印发《北京大学境外教材选用管理暂行办法》的通知	
校发〔2017〕163号	关于成立北京大学教材建设委员会境外教材选用管理分委员会的通知	
校发〔2017〕164号	关于增补北京大学教材建设委员会组成人员的通知	
校发〔2017〕166号	关于印发《北京大学理工科虚体科研机构管理暂行办法》的通知	
校发〔2017〕167号	关于印发《北京大学教师教学工作管理办法》的通知	
校发〔2017〕168号	关于印发《北京大学本科生学籍管理办法》的通知	
校发〔2017〕169号	关于印发《北京大学本科考试工作与学习纪律管理规定》的通知	
校发〔2017〕170号	关于印发《北京大学研究生学籍管理办法》的通知	
校发〔2017〕171号	关于印发《北京大学学生违纪处分办法》的通知	
校发〔2017〕172号	关于印发《北京大学学生申诉处理办法》的通知	
校发〔2017〕173号	关于印发《北京大学医学部本科生学籍管理办法》的通知	
校发〔2017〕174号	关于印发《北京大学医学部本科考试工作与学习纪律管理规定》的通知	
校发〔2017〕175号	关于印发《北京大学医学部研究生学籍管理办法》的通知	
校发〔2017〕176号	关于印发《北京大学人文社会科学研究机构管理办法》的通知	
校发〔2017〕180号	关于授予刘思序、陈琳琳等516名同学2017—2018学年度博士研究生校长奖学金的决定	
校发〔2017〕182号	关于印发《北京大学学术委员会章程》的通知	
校发〔2017〕183号	关于印发《北京大学大众创业万众创新示范基地建设工作方案》的通知	
校发〔2017〕185号	关于公布《北京大学章程》（2017修订稿）的通知	
校发〔2017〕194号	关于印发《北京大学机构编制委员会工作规程》的通知	
校发〔2017〕200号	关于成立北京大学应用物理与技术研究中心的通知	
校发〔2017〕205号	关于成立社会科学学部办公室的通知	
校发〔2017〕206号	关于成立经济与管理学部办公室的通知	
校发〔2017〕207号	关于调整北京大学学术委员会的通知	
校发〔2017〕214号	关于公布北京大学第十一届学位评定委员会及学科学位评定分委员会委员名单的通知	
校发〔2017〕215号	关于印发《北京大学中央高校教育教学改革专项资金支出范围暂行规定》的通知	
校发〔2017〕216号	关于印发《关于加强学校公共空间管理工作的意见》的通知	
校发〔2017〕223号	关于调整校办产业管理委员会和办公会组成成员的通知	
校发〔2017〕225号	关于进一步完善教师教育培训体系的意见	

校发〔2017〕226号	关于增补北京大学第十一届学位评定委员会委员的通知
校发〔2017〕230号	关于印发《北京大学师德"一票否决"实施细则（试行）》的通知
校发〔2017〕233号	关于印发《北京大学外籍教师聘用管理办法》（试行）的通知
校发〔2017〕235号	关于成立北京大学全球女性领导力研究中心的通知
校发〔2017〕262号	关于印发《北京大学离退休人员活动费使用管理规定》的通知
校发〔2017〕266号	关于调整北京大学高精尖创新中心组织机构的通知
校发〔2017〕267号	关于调整北京大学重点实验室管理委员会的通知
校发〔2017〕270号	关于成立北京大学前沿计算研究中心的通知
校发〔2017〕271号	关于成立北京大学生态研究中心的通知
校发〔2017〕272号	关于成立北京大学现代农学院的通知
校发〔2017〕273号	关于成立北京大学创新创业学院的通知
校发〔2017〕274号	关于北京大学新结构经济学研究中心更名的通知
校发〔2017〕277号	关于印发《北京大学重点实验室主任招聘办法》的通知
校发〔2017〕278号	关于印发《北京大学教材建设委员会章程》的通知
校发〔2017〕280号	关于信息化建设与管理办公室机构调整的通知
校发〔2017〕284号	关于印发《北京大学一流大学建设高校建设方案（精编版）》的通知
校发〔2017〕292号	关于调整北京大学120周年校庆筹备工作机构组成人员及成立各专项工作组的通知
校发〔2017〕293号	北京大学分析测试中心行政班子调整的通知
校发〔2017〕296号	关于北京大学诊所式法律实验教学中心更名的通知
校发〔2017〕299号	关于北京大学校友会第九届理事会第一次会议选举结果的通知
校发〔2017〕300号	关于印发《北京大学领导班子成员薪酬管理规定》的通知
校发〔2017〕301号	关于成立北京大学医学部精准医疗多组学研究中心的通知
校发〔2017〕302号	关于调整北京大学财经工作领导小组组成人员的通知

表彰与奖励

党建与思想政治工作奖励

北京大学2017年度党务和思想政治工作先进集体

化学与分子工程学院党委
信息科学技术学院党委
外国语学院党委
深圳研究生院党委
机关党委
图书馆党委
民盟北京大学委员会
公共卫生学院党委
第一医院党委
农工党北京大学委员会

北京大学2017年度优秀党务和思想政治工作者——李大钊奖

刘虎威　化学与分子工程学院原党委书记　分析测试中心主任　教授
宁　琦　校党委委员　外国语学院院长　院党委委员　教授
沈兴海　九三学社北京大学委员会主委　第十二届北京市政协委员　化学与分子工程学院应用化学系主任　教授
马兰艳　校纪委委员　医学部纪委委员　第一医院督察室主任　研究员
李文胜　校党委委员　医学部党委副书记　教授

北京大学2017年度优秀党务和思想政治工作者

吴　岚　数学科学学院党委委员　教授
李东璘　数学科学学院数学中心党支部书记　助理研究员
张华伟　物理学院党委委员　天文学系党支部书记　副教授
杨金波　物理学院党委委员　教授
阎　云　化学与分子工程学院物理化学研究所党支部书记　副教授
王　菲　化学与分子工程学院党委副书记　助理研究员
白书农　生命科学学院党委委员　教授
秦咏梅　生命科学学院生物化学与分子生物学党支部书记　教授

陈耀华　城市与环境学院党委副书记　副教授
张志诚　地球与空间科学学院大陆动力学与资源工程研究所党支部书记　副所长　教授
夏　菁　地球与空间科学学院党委秘书　助理研究员
王　淼　心理与认知科学学院教工党支部宣传委员　院党委秘书　助理研究员
程　翔　信息科学技术学院电子教工一支部书记　副教授
杨　琦　信息科学技术学院党委秘书　助理研究员
傅　缤　工学院结构和固体学科党支部书记　高级工程师
张清平　工学院行政党支部书记　助理研究员
刘　卉　环境科学与工程学院党委副书记　讲师
黄　卉　中国语言文学系教工党支部书记　副教授
潘建国　中国语言文学系党委委员　教授
欧阳哲生　历史学系中国史党支部书记　教授
杨弘博　哲学系党委副书记　系副主任（兼）人文社会科学研究院副院长　院办公室主任　讲师
徐　春　哲学系马克思主义哲学教研室党支部书记　教授
张冬梅　外国语学院副院长　院工会常务副主席（兼）副研究员
唐金楠　艺术学院党委副书记　副院长（兼）讲师
杨德峰　对外汉语教育学院党委委员　教授
姚　骏　对外汉语教育学院汉语与习得党支部书记　副教授
范士明　国际关系学院党委副书记　副院长（兼）副教授
曲一铭　国际关系学院党委办公室主任　院党委秘书　助理研究员
崔建华　经济学院党委副书记　副院长（兼）副研究员
张洪峰　经济学院党委秘书　讲师
滕　飞　光华管理学院党委副书记　讲师
张　骐　法学院党委委员　法理法史党支部书记　教授
杜雪娇　法学院党委秘书　助理研究员
李　杨　信息管理系团委书记　讲师
崔　佳　社会学系党委委员　系党委秘书　助理研究员
周志忍　政府管理学院原党委书记　教授
严　洁　政府管理学院政治学系教师党支部书记　副教授
王成英　马克思主义学院科社所党支部书记　副所长　副教授
魏建国　教育学院教育财政所党支部书记　副所长　副研究员
马世妹　教育学院党委秘书　助理研究员
陈　刚　新闻与传播学院党委书记　副院长（兼）教授
徐金灿　新媒体研究院教工党支部书记　副教授
余淼杰　国家发展研究院党委委员　副院长　教授
郝光安　体育教研部直属党支部组织委员　教授
段艳平　继续教育学院党总支教工第三党支部书记　院总务办公室副主任　助理研究员
姚　丽　继续教育学院党总支教工第一党支部组织委员　昌平校区管理办公室行政室副主任
丁夕友　元培学院党委副书记　讲师
陈娇娇　深圳研究生院院长办公室党委办公室副主任　院党委秘书　团委副书记（兼）
赵亚波　深圳研究生院化学生物学与生物技术学院教工党支部书记
任羽中　党委政策研究室常务副主任　政策法规研究室副主任（兼）副研究员
李小菲　保卫部党支部副书记　助理研究员
杨学祥　继续教育部副部长　党支部书记　副研究员
王天兵　研究生院副院长　党支部书记　副研究员
张　琳　党委宣传部副部长　助理研究员

虎翼雄	党委组织部副部长　党校办公室主任（兼）　副研究员
陈征微	学生工作部副部长　讲师
李　楠	校团委副书记　讲师
朱博雅	工会文化体育青年女工工作部部长、机关团总支书记　助理研究员
孙战龙	会议中心副主任　党总支书记　副研究员
李明鑫	餐饮中心党总支第一支部书记
叶智勇	北大青鸟集团党委副书记兼组织委员　青鸟第二支部书记　青鸟仪器设备公司总经理　教授级高级工程师
马军长	产业党工委秘书　校产办机关党支部组织委员
杨　雪	直属单位党委委员　党委秘书　计算中心党支部组织委员　主任助理　办公室副主任　助理研究员
陶　娟	基金会行政部副部长　党支部宣传委员　助理研究员
季　红	图书馆党委副书记　副研究馆员
刘素清	图书馆党委组织委员　研究馆员
赵京环	出版社离退休二支部书记
徐京昕	校医院内科党支部书记　副主任技师
解利艳	燕园街道办事处综合办公室主任　党工委秘书　助理研究员
栾　斌	北大附中党委委员　资源中学党支部书记　高级教师
梁立新	北大附中初中党支部组织委员
郭召杰	九三学社北京大学委员会副主委　九三学社北京市委人口资源环境委员会委员　教授
张向英	致公党北京大学党支部副主委　校友工作办公室副主任　副研究员
陈变珍	农工党北京大学党支部副主委　房地产管理部住房管理办公室主任　助理研究员
尤力平	民主促进会北京大学委员会委员　物理学院高级工程师
林金龙	民建北京大学委员会第一支部主委　民建海淀区委员会科技委副主任　软件与微电子学院集成电路与智能系统系副主任　教授
李少华	民盟北京大学委员会副主委　哲学系宗教学系综合办主任　副研究员
丁　昱	民革北京大学党支部副主委　民革北京市委妇女委员会委员　外国语学院业务办公室主任　助理研究员
钱晓萍	基础医学院免疫学系党支部组织委员　副主任技师
王海英	基础医学院生物化学与分子生物学系党支部副书记　宣传委员　副教授
黄　卓	药学院分子与细胞药理学系党支部书记　特聘研究员
郝卫东	公共卫生学院党委书记　教授
陆　虹	护理学院党委书记　教授
于新亮	医学部公共教学部党委委员　行政党支部组织委员　团委书记　助理研究员
季素珍	第一医院皮肤性病科党支部书记　主任医师
李　航	第一医院纪委委员　学生党总支书记　主任医师　副教授
陈永红	第一医院儿科党支部书记　主任医师
薛　晴	第一医院妇产科党支部书记　教授　主任医师
聂红平	第一医院眼科中心党支部书记　主任医师　副教授
田文沁	人民医院医技机关联合党支部书记　输血科主任　主治医师
赵慧颖	人民医院重症医学科党支部书记　副主任医师
孙　红	人民医院急诊科党支部书记　急诊科护士长　主管护师
张　贺	人民医院机关二党支部书记　党委院长办公室副主任　管理助理研究员
魏　瑗	第三医院妇产科党支部书记　主任医师　副教授
闫　燕	第三医院耳鼻喉科党支部书记　主任医师　副教授
原春辉	第三医院普通外科党支部书记　手术部副主任　主任医师　副教授
朱　红	第三医院党委委员　呼吸内科党支部书记　副主任　主任医师
于海淼	口腔医院党院办党支部组织委员　管理研究实习员
姜　伟	口腔医院第三门诊部党支部书记

彭亦凡　肿瘤医院胃肠肿瘤中心三病区党支部书记　副主任医师
马向娟　肿瘤医院胸内二康复科党支部书记　主治医师
王向群　精神卫生研究所党委书记　主任医师
许　申　医学部党委组织部干部　助理研究员
张　娟　医学部主任办公室党委办公室党支部书记　副主任　副研究员
刘馨阳　医学部后勤党委办公室干部　总务处机关党支部组织委员　助理研究员
梁峰霞　医学部产业党总支委员　产业管理办公室党支部书记　综合办公室主任　副研究员
崔　涛　九三学社北京大学第二委员会副主委　副研究员

北京大学 2017 年度党务和思想政治工作奉献奖

魏中鹏　信息科学技术学院党委书记　副教授
张剑波　环境科学与工程学院党委副书记　教授
徐凤林　哲学系宗教学党支部书记　教授
姜望琪　外国语学院英语离退休党支部委员　教授
王逸梅　外国语学院英语离退休党支部书记　副教授
王辛夷　外国语学院俄语系原党支部书记　教授
堵德财　国际关系学院离退休二支部书记　工程师
李寒梅　国际关系学院党委书记　教授
沈青兰　国际关系学院外交学党支部书记　副教授
范士明　国际关系学院党委副书记　副院长（兼）　副教授
孙祁祥　经济学院院长　党委委员　教授
杜丽群　经济学院经济学教师党支部书记　教授
李　权　经济学院党委委员　副教授
王其文　光华管理学院离退休教师党支部书记　教授
孙　华　元培学院党委书记　副院长（兼）　教授
孙　丽　校长助理　工会主席　研究员
李　雄　保卫部副科调研员
杨爱民　创新创业机构筹备组副组长　学生资助中心原主任　教授
迟春霞　校工会副主席　机关党委委员　副研究员
张少林　保卫部应急分队队长　二级教师
叶智勇　北大青鸟集团党委副书记兼组织委员　青鸟第二支部书记　青鸟仪器设备公司总经理　教授级高级工程师
王桂明　保卫部保安中队大队长
秦　庆　燕园派出所退休员工
贺明勤　燕园派出所主任科员
王希祜　机关党委原委员　原昌平办事处党支部书记
何　健　后勤原党总支书记
张振铎　后勤党委机关三支部原党支部书记
宁士敏　后勤离退休党支部副书记
徐继英　动力中心党总支退休二支部副书记
刘　燕　校园服务中心党总支二支部书记　一级教师
马红梅　校园服务中心党总支委员　第一党支部组织委员
史录文　药学院药事管理与临床药学系党支部原支部书记　系主任　教授
李润涛　药学院原党委委员　教授

刘镇宇　药学院离退休党支部书记　研究员
解冬雪　药学院离退休党支部副书记 原党委书记 研究员
杜永香　药学院离退休党支部委员　助理研究员
王　玥　医学部公共教学部党委书记　教授
刘建平　第一医院党院办党支部委员　科员　经济员
李　利　第一医院普通外科党支部委员　普通外科教学护士长　主管护师
冷　强　第一医院退休第五党支部书记　主管护师
王桂芬　第一医院退休第七党支部委员
鲁永勤　人民医院影像医学党支部原支部书记　主管技师
田冬梅　人民医院退休二党支部原支部书记　主任科员
刘桂花　第三医院急诊科党支部原支部书记　主任医师
苗立英　第三医院超声诊断科党支部原支部书记　主任医师
侯小飞　第三医院泌尿外科党支部书记　主任医师　副教授
王军为　医学部党委统战部部长　研究员
孙晓华　医学部党委组织部副部长　副研究员
李　岩　医学部医院管理医学信息联合党支部书记　医院管理处副处长　研究员
姜　辉　医学部党委委员　继续教育处处长　第三医院泌尿外科副主任　生殖医学中心副主任　男科主任　教授　主任医师
郭艾花　医学部机关党委书记　研究员
刘穗燕　医学部工会党支部书记　常务副主席　研究员
戴　清　医学部人事处党支部书记　副处长　研究员

北京大学2017年度十佳学生党支部书记

刘庆彬　地球与空间科学学院2015级地质硕士生党支部书记
李昀祉　经济学院2013级本科生党支部书记
何　惧　马克思主义学院2015级硕士生党支部书记
刘欣然　公共卫生学院营养与食品卫生学系研究生党支部书记
张义日　软件与微电子学院2016级科技四苑硕士生党支部书记
高晓莹　公共卫生学院2014、2015级本科生党支部书记
汪卓群　环境科学与工程学院2015级硕士生党支部书记
齐新宇　第三临床医学院研究生五班党支部书记
钟治民　哲学系2014级博士生党支部书记
范庆辉　汇丰商学院2015级经济班党支部书记

（组织部）

集体和教师奖励

北京大学获 2017 年全国五一劳动奖状名单

北京大学医学部

(医学部)

北京大学获 2017 年全国巾帼文明岗名单

北京大学第三医院妇产科

(医学部)

北京大学获 2017 年首都劳动奖章名单

邓小南　历史学系
刘新民　第一医院

(工会)

北京大学获 2016 年北京市总工会工会工作标兵单位名单

北京大学工会

(工会)

北京大学获 2016 年北京市教育工会先进单位奖名单

北京大学工会
人民医院工会
第三医院工会

(工会)

北京大学获2017年北京市工人先锋号名单

第三医院药剂科

（工会）

北京大学获2016年北京市师德榜样名单

童坦君　基础医学院

（工会）

北京大学获2016年北京市师德先锋名单

钱铭怡　心理与认知科学学院
范后宏　数学科学学院
唐少强　工学院
宗秋刚　地球与空间科学学院
师曾志　新闻与传播学院
王　燕　公共卫生学院
王　俊　人民医院
周丽雅　第三医院
刘俊义　药学院
陈小葵　附小

（工会）

北京大学获第十三届北京市高等学校教学名师奖名单

李　玲　国家发展研究院
马中水　物理学院
王志军　信息科学技术学院
胡永华　医学部

（教务部）

北京大学获首届北京市高等学校青年教学名师奖名单

杨立华　哲学系
毕明辉　艺术学院
王月丹　医学部

（教务部）

北京大学第 21 届"我爱我师——最受学生爱戴的老师"暨"十佳教师"获奖名单

陈苏镇　历史学系
温东辉　环境科学与工程学院
吴增定　哲学系
王秀丽　新闻与传播学院
穆良柱　物理学院
孙飞宇　社会学系
黄　嵩　软件与微电子学院
张卫光　基础医学院
高占成　第二临床医学院
高学军　口腔医院

（团委）

北京大学 2016—2017 年度教学优秀奖

本科

邓明华　数学科学学院
周蜀林　数学科学学院
王　前　工学院
许甫荣　物理学院
廖慧敏　物理学院
赵卉菁　信息科学技术学院
王润声　信息科学技术学院
朱志伟　化学与分子工程学院
吴　凯　化学与分子工程学院
柴　真　生命科学学院
朱　健　生命科学学院
邹　鸿　地球与空间科学学院
盖增喜　地球与空间科学学院
谢绍东　环境科学与工程学院
楚建群　城市与环境学院
方　方　心理与认知科学学院
王　岚　中国语言文学系
许红霞　中国语言文学系
张新刚　历史学系
王　鑫　哲学系
张　海　考古文博学院
刘　霖　政府管理学院
雷少华　国际关系学院
郝　煜　经济学院
刘新立　经济学院
孟涓涓　光华管理学院

王亚平　光华管理学院
谷　凌　法学院
王　新　法学院
赵丹群　信息管理系
李　康　社会学系
秦海鹰　外国语学院
谷　裕　外国语学院
李　松　艺术学院
王洪喆　新闻与传播学院
张炳奎　马克思主义学院
王久高　马克思主义学院
张丹丹　国家发展研究院
刘林青　体育教研部
王洪福　国防大学战略教研部
胡健英　口腔医学院
李亦婧　基础医学院
田　华　第三医院
徐　阳　第一医院
范田园　药学院
宋　扬　外国语学院
胡又凡　信息科学技术学院
罗　欢　心理与认知科学学院
李　鸿　歌剧研究院
杨　航　第三医院
赵旻暐　第三医院
王维佳　新闻与传播学院
李　娜　化学与分子工程学院
范六民　生命科学学院
许德峰　法学院
李　维　历史学系
孙广宇　信息科学技术学院
刘国恩　国家发展研究院
刘晓雨　对外汉语教育学院
叶　炜　历史学系

（教务部）

研究生
卢　胱　数学科学学院
冒亚军　物理学院
陆元荣　物理学院
孟智勇　物理学院
陈　鹏　化学与分子工程学院
刘春立　化学与分子工程学院
郑晓峰　生命科学学院
宋述光　地球与空间科学学院
李　健　心理与认知科学学院
陈泳超　中国语言文学系
辛德勇　历史学系

秦大树　考古文博学院
周学农　哲学系
张　辉　经济学院
李怡宗　光华管理学院
翁　翕　光华管理学院
吴联生　光华管理学院
张志学　光华管理学院
刘　燕　法学院
申　静　信息管理系
吴利娟　社会学系
拱玉书　外国语学院
黄小寒　马克思主义学院
李道新　艺术学院
刘立新　对外汉语教育学院
曾　辉　深圳研究生院
孟　鸿　深圳研究生院
王文敏　深圳研究生院
Frank Hugh Koger　深圳研究生院
彭宇新　信息科学技术学院
蔡一茂　信息科学技术学院
雷晓燕　国家发展研究院
曹安源　工学院
宋　洁　工学院
冯长春　城市与环境学院
彭　建　城市与环境学院
蔡旭晖　环境科学与工程学院
李川昀　分子医学研究所
田　丽　新媒体研究院
黄悦勤　精神卫生研究所
赵一鸣　第三医院
高　岩　口腔医院
鲁凤民　基础医学院

（研究生院）

北京大学获全国第六届医学（医药）院校青年教师教学基本功比赛一等奖名单

李亦婧　基础医学院

（工会）

北京大学参加北京高校第十届青年教师教学基本功比赛获奖名单

优秀组织奖
北京大学

一等奖

李　鸿　歌剧研究院
张新刚　历史学系
杨　航　第三医院
刘玉雷　第三医院
斯　璐　肿瘤医院
胡　君　第一医院
王　硕　首钢医院

二等奖

刘新传　新闻与传播学院
肖　婷　光华管理学院
李浙民　肿瘤医院
赵　峰　第三医院
王　兴　肿瘤医院
魏潇凡　基础医学院
赵旻暐　第三医院
金　容　基础医学院
高志冬　人民医院
池　莹　第一医院
倪　诚　第三医院

三等奖

宋　扬　外国语学院
赵　波　国家发展研究院
祝　帅　新闻与传播学院
张晓鹏　人民医院
卢庆斌　公共卫生学院
胡又凡　信息科学技术学院
曲　波　物理学院
罗　欢　心理与认知科学学院

最佳教案奖

杨　航　第三医院
高志冬　人民医院
赵旻暐　第三医院
王　硕　首钢医院
刘玉雷　第三医院
胡　君　第一医院

最受学生欢迎奖

宋　扬　外国语学院
李　鸿　歌剧研究院
刘新传　新闻与传播学院
王　兴　肿瘤医院
斯　璐　肿瘤医院
赵旻暐　第三医院

赵　峰　第三医院
张晓鹏　人民医院
胡　君　第一医院
杨　航　第三医院
金　容　基础医学院
李浙民　肿瘤医院
王　硕　首钢医院
魏潇凡　基础医学院
刘玉雷　第三医院
倪　诚　第三医院

最佳演示奖
李　鸿　歌剧研究院
张新刚　历史学系
杨　航　第三医院
斯　璐　肿瘤医院
刘玉雷　第三医院
赵　峰　第三医院
胡　君　第一医院

优秀指导老师奖
李淑静　外国语学院
颜海英　历史学系
张　喆　第三医院
崔国庆　第三医院
王雪鹃　肿瘤医院
李克敏　第一医院
唐　强　首钢医院

（工会）

北京大学获2017年度国家科学技术奖名单

奖励类别	获奖等级	单位排序	获奖者					项目名称	校内单位
国家自然科学奖	2	1	张　锦	刘忠范	童廉明	彭海琳		低维碳材料的拉曼光谱学研究	化学与分子工程学院
	2	1	王世强	程和平	徐　明	魏朝亮	张幼怡	细胞钙信号及分子调控	生命科学学院
	2	1	王　龙	谢广明	肖　峰	孙元功	郑元世	网络化动态系统的分析与控制	工学院
国家技术发明奖	2	1	黄铁军　陈　杰	田永鸿	段凌宇	陈维强	王耀威	高效视觉特征分析和压缩关键技术	信息科学技术学院
国家科学技术进步奖	2	1	黄晓军　赵翔宇	王　昱　许兰平	刘启发　刘开彦	张晓辉　闫晨华	常英军　莫晓冬	单倍型相合造血干细胞移植的关键技术建立及推广应用	人民医院
	2	1	乔　杰　严　杰	汤富酬　赵　越	闫丽盈　廉　颖	李　蓉　刘　平	于　洋　李　敏	配子胚胎发育研究与生育力改善新方法的应用	第三医院
	2	1	季加孚　吕有勇	游伟程　潘凯枫	陈　凛　寿成超	沈　琳　邓大君	梁　寒　柯　杨	胃癌综合防治体系关键技术的创建及其应用	北京肿瘤医院

（科学研究部　郑英姿　刘　超　整理）

北京大学获2016年何梁何利基金科学与技术奖名单

科学与技术进步奖　龚旗煌　物理学院

（科研部）

北京大学2017年高等学校科学研究优秀成果奖（科学技术）名单

奖励类别	获奖等级	单位排序	获奖者	项目名称	校内单位
自然科学奖	1	1	李彦　杨烽　褚海斌　金钟　杨娟　王金泳　周薇薇	单壁碳纳米管可控生长与修饰	化学与分子工程学院
	1	1	吴学兵　王飞格　王然　左文文　易卫敏　孔民芝	发现宇宙早期发光最亮、中心黑洞质量最大的类星体	物理学院
	1	1	陈松蹊	高维数据统计推断方法	光华管理学院
	1	1	周专　张晨　王昌河　熊巍　汪世溶　郑良宏	量子化神经递质囊泡的分泌机理	分子医学所
	1	1	宋令阳　程翔　许晨　边凯归　王韬　张荣庆	移动终端间协作通信理论和优化技术	信息科学技术学院
	1	1	郭雪峰　贾传成　曹阳　刘松	高灵敏功能分子电子器件的设计、构筑及性能研究	化学与分子工程学院
	1	1	王平　汪定　黄欣沂　何德彪	匿名多因素身份认证理论与方法	软件工程中心
	2	1	徐东升　吴凯　郭国霖	界面限域反应法制备准一维光电功能材料的研究	化学与分子工程学院
	2	1	邹磊　肖仰华　赵东岩　汪卫　卢炎生	大规模图结构数据管理	计算机科学技术所
	2	1	沈志豪　宛新华　陈尔强　范星河　周其凤	液晶高分子及其嵌段共聚物的设计合成和凝聚态结构调控	化学与分子工程学院
	2	1	赵春生　刘鹏飞　马楠　冉靓　邓兆泽　徐婉筠　陈静　陈颖	中国华北地区霾的综合研究	物理学院
科技进步奖	2	1	周利群　李学松　张骞　王刚　何志嵩　张晓春　龚侃　宋毅　吴士良　肖云翔　李昕　张凯　蔡林　张崔建　郭应禄	泌尿外科微创技术的改良、创新及推广	第一医院
	2	1	秦其明　黄敬峰　黄文江　范闻捷　任华忠　常庆瑞　吴伶　王福民　张垚　叶回春　张成业　吴自华	面向农田生态过程的定量遥感监测关键技术创新与应用	地球与空间科学学院
	2	1	张益　李祖兵　安金刚　贺洋　肖锷　李智　陈硕　何冬梅　张智勇　邹立东　张杰　何临海　巩玺　陈晨　严颖彬　段登辉	口腔颌面创伤救治及继发畸形整复的基础和临床研究	口腔医院
	2	1	刘华杰	《檀岛花事：夏威夷植物日记》	哲学系
青年科学奖	无	无	关启安	无	数学科学学院
	无	无	李晴	无	生命科学学院

（科学研究部　郑英姿　刘超　整理）

北京大学获 2017 年度中华医学科技奖项目

获奖等级	单位排序	项目名称	获奖人	完成单位
1	1	促进周围神经再生与修复的创新性技术及其应用	姜保国 张培训 张殿英 殷晓峰 寇玉辉 韩娜 王天兵 党育 薛峰 付中国 孙玉山 徐海林 王艳华	人民医院
2	1	儿童脑发育障碍及相关疾病的临床、遗传与发病机制研究	姜玉武 王静敏 吴晔 张月华 顾强 季涛云 谢涵 杨小玲 高凯	第一医院
2	1	抗癌基因 PTEN 在维持基因组稳定性中的作用及其机理研究	尹玉新 梁会 王光熙 冯嘉汶 何世明 李扬 孙卓 陈铸鸿 朱明璐 张重	基础医学院
3	1/2	甲胎蛋白作为信号分子在肝癌发生发展中的作用	李刚 王珊珊 李超英 张超 李慧 蒋卫	基础医学院
3	1	泌尿外科微创技术的改良、创新及推广	周利群 李学松 张骞 王刚 何志嵩 张晓春 龚侃 宋毅	第一医院

（医学部科研处　张秋月　整理）

北京大学荣获 2017 年北京市科学技术奖名单

获奖等级	单位排序	获奖者	项目名称	校内单位
1	1	魏雄辉 邹美华 户春 李祥斌 万明金	烟道气除尘脱硫脱硝（DDS）技术及示范工程	化学与分子工程学院
2	1	姜玉武 王静敏 吴晔 顾强 季涛云 谢涵 高凯	儿童脑发育障碍及相关疾病的临床、遗传与发病机制研究	第一医院
3	1	薛晴 周应芳 曾诚 彭超 尹玲 肖豫	子宫内膜异位症中雌激素合成通路调控机制的研究	第一医院
3	1	周永胜 刘燕 刘云松 周彦恒 谢秋菲 姜婷	口腔硬组织的生物再生及其关键调控机制研究	口腔医院

（科学研究部　郑英姿　刘超　整理）

北京大学获 2016 年中国高校十大科技进展奖名单

获奖者	项目名称	单位
孟杰	发现原子核手征对称性和空间反射对称性的联立自发破缺	物理学院
郭雪峰	世界首例真实稳定可控的单分子电子开关器件	化学与分子工程学院

（科研部）

北京大学荣获 2017 年首届"全国创新争先"奖状名单

姓名	单位
彭练矛	信息科学技术学院
程和平	分子医学研究所
屠鹏飞	药学院
敖英芳	附属第三医院

北京大学获《全民科学素质行动计划纲要》"十二五"实施工作先进个人名单

饶　毅　生命科学学院
马冠生　公共卫生学院

(科研部)

北京大学获2016年首届"全国杰出科技人才"名单

乔　杰　第三医院

(科研部)

北京大学获第七届"全国优秀科技工作者"名单

乔　杰　第三医院
刘志红　计算机科学技术研究所
侯仰龙　工学院
王世强　生命科学学院
敖英芳　第三医院
邓旭亮　口腔医院
韩　芳　人民医院
李　彦　化学与分子工程学院

(科研部)

北京大学获第十四届"中国青年科技奖"名单

文再文　北京国际数学中心
孔　炜　基础医学院
段慧玲　工学院

(科研部)

北京大学荣获2017年第十四届中国青年女科学家奖名单

姓名	单位
张　研	生命科学学院
杨　莉	第一医院

北京大学荣获 2017 年未来女科学家计划名单

姓名	单位
黄芊芊	信息科学与工程学院
林丽利	化学与分子工程学院

北京大学荣获 2017 年第二十届茅以升北京青年科技奖名单

姓名	单位
彭海琳	化学与分子工程学院

（科学研究部　郑英姿　整理）

北京大学获北京市第十四届哲学社会科学优秀成果奖名单

一等奖 6 项

成果名称	成果类型	申报人	院系
超越市场与超越政府——论道德力量在经济中的作用（汉英对照）	著作	厉以宁	光华管理学院
社会资本与国家治理	著作	燕继荣	政府管理学院
未完成的转型：高等教育影响力与学生发展	著作	鲍威	教育学院
世界现代化历程（10 卷）	著作	钱乘旦	历史学系
Style and Rhetoric of Short Narrative Fiction: Covert Progressions Behind Overt Plots《短篇叙事小说的文体与修辞：显性情节后面的隐性进程》	著作	申丹	外国语学院
中国国家图书馆藏西域文书于阗语卷（一）	著作	段晴	外国语学院

二等奖 21 项

成果名称	成果类型	申报人	院系
1844 年经济学哲学手稿劳动观辨析	论文	林锋	马克思主义学院
内外之间：屏风意义的唐宋转型	著作	李溪	建筑与景观设计学院
柏拉图的本原学说：基于未成文学说和对话录的研究	著作	先刚	哲学系
性别观念现状及其影响——基于第三期全国妇女地位调查	论文	刘爱玉	社会学系
中国残疾预防对策研究	著作	郑晓瑛	人口研究所
Processing Trade, Tariff Reductions, and Firm Productivity: Evidence from Chinese Firms	论文	余淼杰	国家发展研究院
小国与国际关系	著作	韦民	国际关系学院
中国网络教育政策变迁——从现代远程教育试点到 MOOC	著作	郭文革	教育学院
外来规则与固有习惯：祭田法制的近代转型	著作	李启成	法学院
占有概念的二重性：事实与规范	论文	车浩	法学院
契丹小字词汇索引	著作	刘浦江	历史学系

(续表)

成果名称	成果类型	申报人	院系
京津冀区域发展报告	著作	李国平	政府管理学院
International Experience and FDI Location Choices of Chinese Firms: The Moderating Effects of Home Country Government Support and Host Country Institutions	论文	路江涌	光华管理学院
历史语言学方法论与汉语方言音韵史个案研究	著作	王洪君	中国语言文学系
唐诗近体源流	著作	钱志熙	中国语言文学系
经学文献的衍生和通俗化——以近古时代的传刻为中心	著作	顾永新	中国语言文学系
话本小说叙论——文本诠释与历史构建	著作	刘勇强	中国语言文学系
互联网等新媒体对社会舆论影响与利用研究	著作	谢新洲	新媒体研究院
革命式改革:改革开放时代的电影文化修辞	著作	王一川	艺术学院
北京大学图书馆藏"大仓文库"书志	著作	朱 强	图书馆
悖论研究	著作	陈 波	哲学系

(社会科学部)

北京大学第十三届人文社会科学研究优秀成果奖名单

一等奖33项

成果名称	成果类型	出版、发表或采纳单位	出版、发表或使用时间	申报人	院系
科技发展视阈下的媒体兴替	论文	《北京大学学报》	2015年第3期	程曼丽	新闻与传播学院
汉藏语言比较的方法与实践——汉、白、彝语比较研究	专著	北京大学出版社	2013年8月	汪 锋	中国语言文学系
临水的纳蕤思:中国现代派诗歌的艺术母题	专著	北京大学出版社	2015年11月	吴晓东	中国语言文学系
背过身去的大娘娘:地方民间传说生息的动力学研究	专著	北京大学出版社	2015年10月	陈泳超	中国语言文学系
网络时代的文学引渡	专著	广西师范大学出版社	2015年12月	邵燕君	中国语言文学系
徐松与《西域水道记》研究	专著	北京大学出版社	2015年12月	朱玉麒	历史学系
中国科举制度通史(宋代卷)	专著	上海人民出版社	2015年9月	张希清	历史学系
中国古代金属冶铸文明新探	专著	科学出版社	2014年3月	陈建立	考古文博学院
吴越题铭研究	专著	科学出版社	2014年1月	董 珊	考古文博学院
自然社会:自然法与现代道德世界的形成	专著	生活·读书·新知三联书店	2015年3月	李 猛	哲学系
儒家的精神之道和社会角色	专著	中华书局	2015年8月	王中江	哲学系
理解十八大以来的中国外交	论文	《外交评论》	2014年第2期	张清敏	国际关系学院
中国养老年金市场——发展现状、国际经验与未来战略	专著	经济科学出版社	2013年3月	孙祁祥	经济学院
Public Education Spending and Private Substitution in Urban China	论文	Journal of Development Economics	2015年8月	袁 诚	经济学院
Dynamic Pricing in the Presence of Individual Learning	论文	Journal of Economic Theory	2015年1月	翁 翕	光华管理学院

（续表）

成果名称	成果类型	出版、发表或采纳单位	出版、发表或使用时间	申报人	院系
Shell Games: The Long Term Performance of Chinese Reverse-Merger Firms	论文	The Accounting Review	2015年7月	张 然	光华管理学院
Closed-Form Expansion, Conditional Expectation, and Option Valuation	论文	Mathematics of Operations Research	2014年5月	李辰旭	光华管理学院
Industry-Level Analysis of Information Technology Return and Risk: What Explains the Variation?	论文	Journal of Management Information Systems	2015年8月	任 菲	光华管理学院
中国民法典编纂：观念、愿景与思路	论文	《中国法学》	2015年第4期	薛 军	法学院
破产法论——解释与功能比较的视角	专著	北京大学出版社	2015年3月	许德风（许德峰）	法学院
中国法制史大辞典	工具书	北京大学出版社	2015年8月	蒲 坚	法学院
Web用户查询日志挖掘与应用	专著	知识产权出版社	2014年3月	王继民	信息管理系
流动儿童发展的跟踪研究	专著	北京大学出版社	2014年1月	周 皓	社会学系
城镇双职工家庭夫妻合作型家务劳动模式——基于2010年中国第三期妇女地位调查	论文	《中国社会科学》	2015年第6期	佟 新	社会学系
社会转型与国家治理——中国政治体制改革取向及其政策选择	论文	《政治学研究》	2015年2月	徐湘林	政府管理学院
基于变革管理视角对三十年来机构改革的审视	论文	《中国社会科学》	2014年7月	周志忍	政府管理学院
莱蒙托夫研究	专著	北京大学出版社	2014年9月	顾蕴璞	外国语学院
自我、自由与伦理生活：亨利·詹姆斯研究	专著	北京大学出版社	2015年6月	毛 亮	外国语学院
近代日语的起源——幕末明治初期创制的新汉语词汇（日文）	专著	早稻田大学出版部	2015年9月	孙建军	外国语学院
中国转型的系统困境与改革方略	专著	北京大学出版社	2014年4月	魏 波	马克思主义学院
西方美术史	专著	北京大学出版社	2015年9月	丁 宁	艺术学院
解读中国经济（增订版）	专著	北京大学出版社	2014年9月	林毅夫	国家发展研究院
Corporate University: An Innovation of Organizational Learning in China	专著	New York: SCPG Publishing Corporation（USA）	2015年11月	吴 峰	教育学院

二等奖50项

成果名称	成果类型	出版、发表或采纳单位	出版、发表或使用时间	申报人	院系
中国广告学术史论	专著	北京大学出版社	2013年4月	祝 帅	新闻与传播学院
史记会注考证	古籍整理	上海古籍出版社	2015年4月	杨海峥	中国语言文学系
十三经注疏校勘记（全11册）	古籍整理	北京大学出版社	2015年10月	刘玉才	中国语言文学系
公寓里的塔：1920年代中国的文学与青年	专著	北京大学出版社	2015年10月	姜 涛	中国语言文学系
珍本宋集五种——日藏宋僧诗文集整理研究	专著	北京大学出版社	2013年3月	许红霞	中国语言文学系
"往东方去"：16—18世纪德意志与东方贸易	专著	社会科学文献出版社	2013年3月	徐 健	历史学系
里耶秦方与"书同文字"	论文	《文物》	2014年9月	陈侃理	历史学系
早期文字与埃及国家的起源	论文	《多元视角下的封建主义》	2013年11月	颜海英	历史学系
从九一八事变到卢沟桥事变	研究报告	《中日共同历史研究报告》	2014年10月	臧运祜	历史学系

（续表）

成果名称	成果类型	出版、发表或采纳单位	出版、发表或使用时间	申报人	院系
The Neolithic Ceremonial Complex at Niuheliang and Wider Hongshan Landscapes in Northeastern China	论文	Journal of World Prehistory	2013年4月	张海	考古文博学院
黑格尔《精神现象学》	译著	人民出版社	2013年1月	先刚	哲学系
表达与存在：梅洛-庞蒂现象学研究	专著	北京大学出版社	2013年5月	宁晓萌	哲学系
语言和意义的社会建构论	论文	《中国社会科学》	2014年第10期	陈波	哲学系
《庄子》浑沌话语：哲学叙事与政治隐喻	论文	《道家文化研究》	2015年12月	郑开	哲学系
首钢秘鲁铁矿项目的历史与变迁	论文	《国际政治研究》	2015年第1期	郭洁	国际关系学院
再论"德国的欧洲"与"欧洲的德国"	论文	《国际政治研究》	2014年第6期	连玉如	国际关系学院
成全缅甸，成就中国——中缅走适应性共赢之路	研究报告	外交部亚洲司	2015年	翟崑	国际关系学院
市场、社会行动与最低工资制度	论文	《经济研究》	2014年12月	叶静怡	经济学院
Demographics, Family/Social Interaction, and Household Finance	论文	Economics Letters	2015年秋	高明	经济学院
Intergenerational Mobility and Institutional Change in 20th Century China	论文	Explorations in Economic History	2015年10月	陈玉宇	光华管理学院
Social Networks and Externalities from Gift Exchange: Evidence from a Field Experiment	论文	Journal of Public Economics	2013年8月	林莞娟	光华管理学院
财政赤字的法律控制	专著	北京大学出版社	2013年9月	叶姗	法学院
In Search of a Place in the Sun: The Shadow Banking System with Chinese Characteristics	论文	European Business Organization Law Review	2014年第3期	郭雳	法学院
司法中的社会科学判断	论文	《中国法学》	2015年第6期	侯猛	法学院
环境利用权研究	专著	中国环境出版社	2013年3月	王社坤	法学院
信息检索用户实验设计中时间限制和任务次序的影响研究	论文	《图书情报工作》	2015年第1期	刘畅	信息管理系
方法论与生活世界——舒茨主体间性理论再讨论	论文	《社会》	2013年第1期	孙飞宇	社会学系
居住证制度改革新政：演进、挑战与改革路径	论文	《国家行政学院学报》	2015年第5期	陆杰华	社会学系
Reviving the Past for the Future?: The (In)compatibility between Confucianism and Democracy in Contemporary China	论文	Asian Philosophy	2014年5月	段德敏	政府管理学院
国家治理能力现代化研究——基于国家能力理论视角	论文	《法学评论》	2014年5月	张长东	政府管理学院
政治游说——《战国策》译读	古籍整理	首都师范大学出版社	2015年2月	朱本军	图书馆
语篇语义框架研究	专著	北京大学出版社	2015年4月	高彦梅	外国语学院
乌尔都语汉语词典	工具书	高等教育出版社	2014年5月	孔菊兰	外国语学院
"我这个时代"的德国——托马斯·曼长篇小说论析	专著	北京大学出版社	2014年1月	李昌珂	外国语学院
文本与语言——出土文献与早期佛经比较研究	专著	兰州大学出版社	2014年7月	陈明	外国语学院
当代西方生态资本主义理论	译著	北京大学出版社	2015年6月	郇庆治	马克思主义学院
异化劳动学说是马克思异化理论的惟一内容吗？——马克思早期异化理论体系阐释	论文	《人文杂志》	2014年4月	林锋	马克思主义学院
不平等、消费不足与内生经济周期	论文	《浙江社会科学》	2015年6月	贺大兴	马克思主义学院
影响北京市朝阳区老年人参加体育锻炼的因素分析	论文	《沈阳体育学院学报》	2013年1月	王东敏	体育教研部
华语电影大片：创作、营销与文化	专著	北京大学出版社	2014年9月	陈旭光	艺术学院

（续表）

成果名称	成果类型	出版、发表或采纳单位	出版、发表或使用时间	申报人	院系
强调范畴及其若干句法研究	专著	北京大学出版社	2015年1月	汲传波	对外汉语教育学院
进口类型、行业差异化程度与企业生产率提升	论文	《经济研究》	2015年8月	余淼杰	国家发展研究院
管理的境界	专著	机械工业出版社（华章出版社）	2014年9月	马浩	国家发展研究院
大学与市场的悖论	译著	北京大学出版社	2013年3月	郭建如	教育学院
超越卓越的平凡：北大人才选拔制度研究	专著	北京大学出版社	2015年6月	秦春华	教育学院
国家学位制度与大学学位制度比较分析	论文	《学位与研究生教育》	2013年9月	张冉	教育学院
The Trend of "Socializing Social Welfare" Policy in China	专著	Peter Lang AG, International Academic Publishers	2015年	丁华	社会科学调查中心
美国媒体涉华舆论特征及影响因素研究	研究报告	国家互联网信息办公室	2015年	田丽	新媒体研究院
京津冀基本医疗保障制度统筹面临若干问题	研究报告	人民日报内参部	2015年12月	王红漫	医学部公共教学部
香港公司法研究	专著	法律出版社	2015年8月	朱大明	深圳研究生院国际法学院

（社会科学部）

北京大学获第五届全国教育科学研究优秀成果奖名单

成果名称	成果类型	作者	院系	奖项等级
Effects of a Vocabulary Acquisition and Assessment System on Students' Performance in a Blended Learning Class for English Subject	论文	贾积有 陈宇灏 丁竹卉 阮美贤	教育学院	一等奖
知识商品化及其对高等教育公共性的侵蚀	论文	蒋凯	教育学院	二等奖
未完成的转型：高等教育影响力与学生发展	著作	鲍威	教育学院	三等奖
高校毕业生基层就业：从中央政策到地方政策	论文	马莉萍 刘彦林	教育学院	三等奖
理性的视角：走出高等教育"适应论"的历史误区	论文	展立新 陈学飞	教育学院	三等奖

（社会科学部）

北京大学获第六届钱端升法学研究成果奖名单

成果名称	成果形式	作者	院系	等级
公司法的观念与解释	著作	蒋大兴	法学院	一等奖
公法变迁与合法性	著作	沈岿	法学院	二等奖
公民生育权与社会抚养费制度研究	著作	湛中乐	法学院	三等奖
清末比附援引与罪刑法定存废之争——以刑律草案签注为中心	论文	李启成	法学院	提名奖

（社会科学部）

北京大学获第十九届安子介国际贸易研究奖名单

成果名称	成果类型	作者	院系	奖项等级
Processing Trade, Tariff Reductions, and Firm Productivity: Evidence from Chinese Firms	论文	余淼杰	国家发展研究院	二等奖
Chinese Style VIEs: Continuing to Sneak under Smog?	论文	郭雳	法学院	二等奖

（社会科学部）

北京大学获第五届吴玉章人文社会科学终身成就奖名单

厉以宁　光华管理学院

（社会科学部）

北京大学获批 2016 年度国家社科基金重大项目立项名单

项目名称	首席专家	院系
构建中国特色案例制度的综合系统研究	张骐	法学院
重读马克思：文本及其思想（十二卷本）	聂锦芳	哲学系
前丝绸之路青铜文化的年代研究	吴小红	考古文博学院
古代东方文学插图本史料集成及其研究	陈明	外国语学院

（社会科学部）

北京大学获批 2016 年度教育部哲学社会科学重大攻关项目立项名单

项目名称	首席专家	院系
国外马克思主义哲学重大基础理论问题研究	仰海峰	哲学系

（社会科学部）

北京大学第三届产学研合作奖名单

奖项	奖项等级	单位	获奖项目/个人
特别贡献奖		生命科学学院	北京大学生命科学华东产业研究院
先进集体奖	一等奖	生命科学学院	
	二等奖	信息科学技术学院	

(续表)

奖项	奖项等级	单位	获奖项目/个人
	二等奖	工学院	
	三等奖	城市与环境学院	
	三等奖	北京大学临床研究所	
	三等奖	北京大学人民医院骨肿瘤科	
优秀项目奖	一等奖	生命科学学院	北京大学-拜耳合作项目
	一等奖	北京大学第三医院	北医三院骨科3D打印科技成果转化
	一等奖	临床肿瘤学院	1.1类"注射用血管生成抑肽"临床试验批件及相关专利转让
	二等奖	工学院	朔州固废利用研发中心-中试基地建设与试验研究
	二等奖	化学与分子工程学院 信息科学技术学院	OLED EQE 提升的技术合作开发
	三等奖	软件工程国家工程研究中心	临床研究大数据平台
	三等奖	工学院	独立式新能源智能供电微网系统
	三等奖	信息科学技术学院	NGVCAT 视频技术研究项目
	三等奖	工学院	高清内镜系统的研制
项目合作先进个人奖		工学院	郑　强
		公共卫生学院营养与食品卫生学系	张玉梅
		环境科学与工程学院	谢绍东
		信息科学技术学院	袁晓如
		城市与环境学院	冯长春
		信息科学技术学院	张　超
		工学院	吴晓磊
		北京大学口腔医学院	孙玉春
		北京大学临床研究所	姚　晨
		生命科学学院	张泽民
		信息科学技术学院	郭等柱
		信息科学技术学院	张　诚
		工学院	于海峰
		数学科学学院	杨静平
产学研管理先进个人奖		北京大学医学部科研处	田　佳
		工学院	李咏梅
		信息科学技术学院	崔　玥
		城市与环境学院	唐　琳
		纳米器件物理与化学教育部重点实验室	张　娜
		第三医院	姜　雪

（科技开发部）

北京大学第九届实验技术成果奖名单

获奖等级	项目名称	获奖者	单位
一等奖	阴极荧光系统	朱 瑞 徐 军	物理学院
	间脑三维解剖模型的设计和应用	许鹿希 张卫光	基础医学院
二等奖	北京大学分析测试中心信息化综合管理系统的开发	周 江 陈明星 谢景林 潘 伟	化学与分子工程学院
	功能磁共振多参数监控系统	门卫伟 李志光 高家红	物理学院
	化学实验示教中心的建设与应用	高 珍 吕占霞 耿金灵 徐金荣 马锴果 赵 浩	化学与分子工程学院
	基于IP地址生命周期的无线网无感知认证系统	张晓军 付中南 张 扬 杨 加 崔 建	计算中心
	基于VR技术的沉浸式3D全息交互实验教学平台	郭艳军 陈 斌 熊文涛 崔 莹 李 梅 张进江	地球与空间科学学院
	一种小型薄膜蒸发装置	付宏征 吴 琼 石 洋	药学院
	倒置双光子活体微血管血流成像系列方法的建立	何其华 丛 馨 刘 皎 吴 晶 张雪明	医药卫生分析中心
	一种分离和富集糖基化多肽的测定方法	邹霞娟	医药卫生分析中心
三等奖	基于自助终端机的学生服务系统建设	邢承杰 来天平 高志同 刘佰军 龙新征 黄艺燕	计算中心
	基于EVM的宽带卫星信道测试及模拟平台	吕国成 董明科 冯梅萍	信息科学技术学院
	硅漂移探测器在X射线标识谱与吸收实验中的运用	贾春燕 冉书能	物理学院
	探针系统多场加载装置	张杨飞 张兰英 李 安 张 聪	工学院
	高纯锗（HPGe）γ探测系统的调试及其在环境放射性测量中的应用	许金艳 楼建玲 华 辉	物理学院
	头发中多环芳烃、尼古丁、可替宁和金属元素的同步分析方法	王 斌 李振江 霍文华	公共卫生学院
	中国黑色素瘤患者潜在分子治疗靶点的筛选平台	孔 燕 吴晓雯	肿瘤医院
	功能性纳米颗粒及细胞膜的无标记成像方法	袁 兰 何 冰	医药卫生分析中心
	眼部微量标本病毒检测技术	张 培 冯丽娜 黄 琛 王 薇	第三医院
	运用内镜活检进展期胃癌微量标本构建药物临床前研究最佳PDX模型	沈 琳 高 静	肿瘤医院

（实验室与设备管理部）

北京大学获第九届全国高校辅导员年度人物提名奖

卢 亮　新闻与传播学院

（学生工作部）

北京大学获第五届北京市高校辅导员职业能力大赛一等奖

席中海　生命科学学院

（学生工作部）

北京大学 2015—2016 学年度唐立新优秀辅导员奖名单

卢　亮	信息科学技术学院
刘　卉	环境科学与工程学院
郑清文	外国语学院
王一涵	信息科学技术学院
史　诗	法学院
高东旭	数学科学学院
贾润东	政府管理学院
吕　媛	学生就业指导服务中心
王明慧	学生工作部
李　楠	校团委

（学生工作部）

北京大学获 2016 年北京高校德育工作先进集体名单

地球与空间科学学院
政府管理学院
考古文博学院
医学部教育处学工部
地球与空间科学学院

（学生工作部）

北京大学获 2016 年北京高校优秀德育工作者名单

王久高	马克思主义学院
卢　亮	信息科学技术学院
刘　卉	环境科学与工程学院
李晓鹏	学生工作部
谷士贤	第三临床医学院
沈　鹏	医学部团委
张　莉	化学与分子工程学院
张红梅	药学院
张洪峰	经济学院
张莉鑫	学生就业指导服务中心
郑凌冰	医学部教育处
侯华伟	教育学院
郭　琦	基础医学院
唐金楠	艺术学院
路姜男	法学院
樊　志	城市与环境学院

（学生工作部）

北京大学获2016年北京高校优秀辅导员名单

于岩岩　第一临床医学院
王　菲　化学与分子工程学院
石　爽　基础医学院
李　钊　工学院
李彦恺　法学院
贾润东　政府管理学院
陶治旭　外国语学院

（学生工作部）

北京大学2016—2017年度优秀德育奖名单

获奖者	单位	获奖者	单位
王小溪	数学科学学院	史春风	马克思主义学院
董晓华	物理学院	蒋　承	教育学院
赵静贤	地球与空间科学学院	刘爽健	新闻与传播学院
濮国梁	工学院	陈　均	艺术学院
秦艳龙	信息科学技术学院	魏　朋	前沿交叉学科研究院
杨立江	化学与分子工程学院	张　蕾	人口研究所
高　音	生命科学学院	路　露	建筑与景观设计学院
曹广忠	城市与环境学院	张凡姗	深圳研究院
温东辉	环境科学与工程学院	陈征微	学生工作部
吴艳红	心理与认知科学学院	李晓鹏	学生工作部
杨薏璇	中国语言文学系	王志杰	青年研究中心
武静怡	历史学系	黎　泉	学生就业指导服务中心
金　英	考古文博学院	聂　晶	心理健康教育与咨询中心
李　猛	哲学系	任嘉庆	学生资助中心
曲一铭	国际关系学院	尤宇川	校团委
王宜然	经济学院	石长翼	校团委
龚六堂	光华管理学院	赵　艾	公共卫生学院
王冰山	法学院	王　丰	第六医院
李常庆	信息管理系	曹　菁	医学部团委
张　辰	政府管理学院	李　红	医学部教育处
刘　静	外国语学院	佟　巍	医学部教育处

（学生工作部）

北京大学2016—2017年度优秀班主任标兵名单

获奖者	单位	获奖者	单位
刘双龙	数学科学学院	袁 琳	外国语学院
周 伟	物理学院	刘爽健	新闻与传播学院
季建清	地球与空间科学学院	沙丽曼	元培学院
王宇凡	城市与环境学院	李 丽	对外汉语教育学院
陆克定	环境科学与工程学院	曾立武	深圳研究生院
杨薏璇	中国语言文学系	陆京京	第三医院
叶 姗	法学院	何 伟	口腔医院
陈 磊	光华管理学院	邹晓民	药学院
张春泥	社会学系	太善花	第四临床医学院
闫立佳	政府管理学院		

(学生工作部)

北京大学2016——2017年度优秀班主任名单

获奖者	单位	获奖者	单位
程 雪	数学科学学院	谢佳君	化学与分子工程学院
李天鹏	数学科学学院	杨小雨	化学与分子工程学院
刘保平	数学科学学院	滕俊琳	生命科学学院
邵嗣烘	数学科学学院	王小康	生命科学学院
吴 晟	物理学院	王青松	生命科学学院
张 贺	物理学院	肖俊宇	生命科学学院
魏 强	物理学院	冯仁青	生命科学学院
程 倩	物理学院	楚建群	城市与环境学院
上官晋沂	物理学院	李本纲	城市与环境学院
董 琳	地球与空间科学学院	童 昕	城市与环境学院
刘岳峰	地球与空间科学学院	刘思彤	环境科学与工程学院
王彦宾	地球与空间科学学院	李 健	心理与认知科学学院
熊文涛	地球与空间科学学院	范晓蕾	中国语言文学系
郭少军	工学院	吴西愉	中国语言文学系
卢海龙	工学院	赵冬梅	历史学系
韦小丁	工学院	刘彦琪	考古文博学院
席 鹏	工学院	李麒麟	哲学系
宋宛儒	工学院	刘莲莲	国际关系学院
依 那	信息科学技术学院	翟 崑	国际关系学院
李朝晖	信息科学技术学院	代瀚锋	国际关系学院
林宙辰	信息科学技术学院	王耀东	经济学院
刘 锋	信息科学技术学院	高 明	经济学院

(续表)

获奖者	单位	获奖者	单位
罗国杰	信息科学技术学院	吕瑞石	经济学院
王 源	信息科学技术学院	石 雷	经济学院
杨 智	信息科学技术学院	张鹏飞	经济学院
张史梁	信息科学技术学院	张 然	光华管理学院
刘卡尔顿	化学与分子工程学院	胡敏慧	光华管理学院
关东宇	光华管理学院	徐成冉	前沿交叉学科研究院
黄 晨	法学院	刘宏志	前沿交叉学科研究院
杜雪娇	法学院	杨晓静	前沿交叉学科研究院
彭 錞	法学院	邹启红	前沿交叉学科研究院
陈 岩	法学院	李洵哲	体育教研部
刘 畅	信息管理系	路 璐	建筑与景观设计学院
宋 磊	政府管理学院	余 璐	新媒体研究院
文丽华	外国语学院	陆晨源	燕京学堂
史 阳	外国语学院	龚 岳	深圳研究生院
周海燕	外国语学院	陈柯如	深圳研究生院
段映虹	外国语学院	李佩佩	深圳研究生院
古市雅子	外国语学院	巫汶航	深圳研究生院
闵雪飞	外国语学院	陈 艳	深圳研究生院
沈一鸣	外国语学院	李 倩	深圳研究生院
李宛霖	外国语学院	黄 薇	基础医学院
郑 萱	外国语学院	孙 宏	基础医学院
聂志红	马克思主义学院	黄 卓	药学院
蒋 凯	教育学院	蒋建军	公共卫生学院
马莉萍	教育学院	朱丽娜	护理学院
刘 岚	人口研究所	宝 辉	人民医院
张丹丹	国家发展研究院	陈 哲	人民医院
贾 妍	艺术学院	张爱京	第三医院
刘新传	新闻与传播学院	陈晓播	口腔医院
李鑫宇	元培学院	田春萍	中日友好临床医学院
王 昊	元培学院	牛建敏	第九临床医学院
王 申	元培学院	孙傲伊	公共卫生学院
蔡旻恩	前沿交叉学科研究院	邹 红	护理学院
许 扬	护理学院	石建春	第一医院
王心彤	医学部公共教学部	方爱珍	医学部教育处
陈晓雯	第一医院	栗昭霞	医学部教育处
岳思峰	第二临床医学院	张丝艳	医学部教育处
邓琳子	第五临床医学院	李 峰	医学部教育处
董美丽	口腔医学院	汪 恒	第三临床医学院
孔宪玲	医学部国际合作处		

（学生工作部）

北京大学2016—2017年度"青年岗位能手标兵"名单

林思聪　学生工作部
吕　帆　党委宣传部
张　丽　继续教育学院
王阿乐　财务部
刘　宁　继续教育学院
王　杨　纪委办公室
易　昕　教务部
赵春月　餐饮中心
赵　飞　图书馆
黄　赟　校友工作办公室
刘明乾　党委组织部
曹冠英　人事部
田巧娴　财务部
韩巧巧　校园服务中心
公绪晓　计算中心

（团委）

北京大学2016—2017年度"青年岗位能手"名单

于　菲　研究生院
刘　超　科学研究部
郭一杰　学生工作部
彭一明　计算中心
荆明伟　实验室与设备管理部
刘秀文　图书馆
刘　雯　教育基金会
朱本军　图书馆
王　单　会议中心
周　鹏　公寓服务中心
董小莉　总务部
刘　洋　校园服务中心
李　鑫　保卫部
刘金成　基建工程部
徐智勇　动力中心
纪小慧　学生工作部

（团委）

教师奖教金

北京大学2017年度奖教金名单

国华杰出学者奖

环境科学与工程学院
张远航

城市与环境学院
方精云

中国语言文学系
葛晓音

法学院
吴志攀

医学部
柯杨　张强

人文杰出青年学者奖

中文系
白一瑾　陈宝贤　陈晓兰　程苏东　蒋洪生　金永兵
李鹏飞　林幼菁　秦立彦　时胜勋　宋亚云　万艺玲
汪锋　王丽丽　杨海峥　张沛　朱彦

历史系
党宝海　韩巍　何晋　李隆国　李维　李新峰
牛可　叶纯芳　叶炜　赵冬梅　昝涛

考古文博学院
曹大志　陈冲　陈建立　崔剑锋　董珊　倪润安
曲彤丽　徐怡涛　张海

哲学系
程乐松　李猛　李四龙　刘哲　宁晓萌　王颂
王彦晶　吴飞　吴天岳　吴增定　先刚　杨立华
周学农　朱效民

博雅杰出青年学者奖

中文系
杜晓勤　刘子瑜　潘建国　詹卫东

历史系
尚小明　颜海英

考古文博学院
曹宏　沈睿文

哲学系
李麒麟　孟庆楠　王鑫

政府管理学院
常志霄　句华　宋磊　严洁

外语学院
陈明　高艳丽　李婷婷　刘迪南　马乃强　夏露
肖坤　许彤　杨国影　杨国政

唐立新奖教金

物理学院
马伯强　沈波

生命科学学院
李晴

地球与空间科学学院
张立飞　朱永峰

心理与认知科学学院
吴艳红

经济学院
冯科

光华管理学院
吴联生

法学院
刘燕

外语学院
拱玉书　王辛夷

马克思主义学院
郭建宁

	体育教研部
袁睿超	
	对外汉语教育学院
杨德峰	
	信息科学技术学院
金 芝　刘濮鲲　王 源	
	工学院
刘才山	
	城市与环境学院
冯长春　张照斌	
	餐饮中心
孙明玺	
	会议中心
李建富	
	社区服务中心
张启林	
	动力中心
陈 克　侯向东	
	校园服务中心
刘汝昕	
	公寓服务中心
张 伟	
	房地产管理部
胡姮霞	
	基建工程部
张俊学	
	总务部
黄 宇	

黄廷芳 / 信和青年杰出学者奖

	物理学院
刘开辉	
	化学与分子工程学院
陈 兴	
	地球与空间科学学院
沈 冰	
	新闻与传播学院
王维佳	
	国际关系学院
于铁军	
	信息管理系
黄文彬	
	社会学系
邓 锁	
	外语学院
胡旭辉　王斯秧	

	马克思主义学院
贺大兴	
	艺术学院
刘小龙	
	信息科学技术学院
梁 云	
	北大国发院
李力行	
	教育学院
蒋 承	
	城市与环境学院
周 丰	
	环境科学与工程学院
童美萍	
	教学中心
葛 颢	
	医学部
周 虹　马德福　吴 雪	

曾宪梓优秀教学奖

	物理学院
范祖辉　陆元荣　王洪庆	
	化学学院
裴 坚	
	心理与认知科学学院
毛利华	
	国际关系学院
梁云祥	
	光华管理学院
贾春新	
	社会学系
卢晖临	
	外语学院
韩加明　李淑静	
	对外汉语教育学院
刘超英	
	信息科学技术学院
边凯归　陆俊林　赵海燕	
	人口研究所
陈 功	
	工学院
王金枝	
	城市与环境学院
韩茂莉	
	环境科学与工程学院
刘建国	

王选青年学者奖

物理学院
李　源

生命科学学院
伊成器

社会学系
孙飞宇

外国语学院
闵雪飞

信息科学技术学院
张志勇

工学院
邹如强

绿叶生物医药杰出青年学者奖

化学与分子工程学院
罗佗平　聂洪港　王申林　杨　爽

生命科学学院
徐成冉　姚　蒙　钟上威

工学院
宋　洁

分子医学研究所
陈　雷　陈晓伟

医学部
付　毅　游富平　杨恩策　汪贻广　马　明　董甦伟

中国工商银行奖

光华管理学院
陈玉宇

经济学院
赵晓军　朱南军

光华管理学院
蔡洪滨　路江涌

国家发展研究院
黄　卓　吕晓慧

物理学院
黄森林　杨学林

地球与空间科学学院
季建清　王彦宾

国际关系学院
李扬帆

光华管理学院
龚六堂

外国语学院
陈　冰　刘琳琳

对外汉语教育学院
李海燕

人口研究所
黄成礼

工学院
吴晓磊

城市与环境学院
李宜垠　赵鹏军

纪委办公室监察室
龚文东

党委宣传部
胡运起

方正教师奖

马克思主义学院
顾海良

数学科学学院
李治平

物理学院
杨　宏

地球与空间科学学院
周煦之

新闻与传播学院
吕　艺

法学院
龚刃韧

信息管理系
李国新

社会学系
朱晓阳

外国语学院
马小兵

马克思主义学院
程美东

体育教研部
周正卿

对外汉语教育学院
刘元满

信息科学技术学院
邓习峰　王　玮

医学部
云彩红　姜　勇　王海俊　郭永青

教师教学发展中心
何　山

	党委统战部		体育教研部
张晓黎		卢福泉	
	财务部		艺术学院
邵 莉		陈旭光	
	学科建设办公室		信息科学技术学院
何 洁		黎 明	
	医学部		计算机科学技术研究所
范春梅		刘家瑛	
			教育学院
		蒋 凯	
			工学院
		段慧玲	
			环境科学与工程学院
		黄 艺	
			产业管理办公室
		林金龙	
			医学部
		时 杰 张卓莉 鲍永珍 敖英芳 孟焕新	

嘉里集团郭氏基金树人奖

	数学科学学院
刘张炬	
	物理学院
华 辉	
	地球与空间科学学院
陈 斌	
	经济学院
胡 涛	
	光华管理学院
张建君	
	法学院
陈兴良	
	外国语学院
黄燎宇	
	信息科学技术学院
林宙辰 吴文刚	
	工学院
王 昊	

杨芙清-王阳元院士教师奖

特等奖

	中国语言文学系
王 风	

优秀奖

	数学科学学院
赵玉凤	
	化学与分子工程学院
黄建滨	
	经济学院
周建波	
	外国语学院
高彦梅	

正大教师奖

	数学科学学院
毛 珩	
	物理学院
季 航 施可彬	
	化学与分子工程学院
马 骏	
	生命科学学院
张传茂	
	地球与空间科学学院
传秀云	
	心理与认知科学学院
罗 欢	
	新闻与传播学院
严富昌	
	国际关系学院
关贵海	
	经济学院
许云霄	
	光华管理学院
李辰旭	
	法学院
侯 猛	
	政府管理学院
袁瑞军	
	马克思主义学院
李 旸	

	体育教研部
李玉新	
	对外汉语教育学院
姚　骏	
	信息科学技术学院
康　宁　王爱民	
	计算机科学技术研究所
高良才	
	国家发展研究院
张晓波	
	工学院
曹安源	
	环境科学与工程学院
李天宏	

北京银行教师奖

	物理学院
钱维宏	
	化学与分子工程学院
沈兴海	
	生命科学学院
John Markolson	
	地球与空间科学学院
李　梅	
	心理与认知科学学院
包　燕	
	新闻与传播学院
田　丽	
	国际关系学院
王锁劳	
	光华管理学院
任　菲	
	法学院
叶　姗	
	信息管理系
陈建龙	
	社会学系
李建新	
	政府管理学院
路　风	
	外国语学院
李奇楠	
	体育教研部
郑　重	
	信息科学技术学院
段慧明　张　诚	

	国家发展研究院
马京晶	
	教育学院
吴筱萌	
	工学院
张　玺	
	北京国际数学研究中心
刘若川	

宝钢教师奖

特等奖提名奖

	数学科学学院
张平文	

优秀奖

	化学与分子工程学院
施祖进	
	信息科学技术学院
马修军	
	工学院
周　超	
	城市与环境学院
唐晓峰	

陈明、刘卿伉俪奖教金

	法学院
白桂梅　傅郁林　蒋大兴　汪建成　杨　明	

树仁学院教师奖

	物理学院
雷奕安	
	经济学院
李　权	
	光华管理学院
麻志明	
	体育教研部
钱永健	
	信息科学技术学院
韩德栋	
	教育学院
张　冉	

宝洁教师奖

数学科学学院
黄　海
贾　爽
刘文剑
蒋婷婷

物理学院

化学与分子工程学院

信息科学技术学院

工学院
戴志飞

通化东宝生命科学教师奖

生命科学学院
胡晓倩　胡迎春　李　毅

（基金会、人事部）

学生奖励

北京大学2017年优秀博士学位论文名单

单　位	指导教师	获奖学生	单　位	指导教师	获奖学生
数学科学学院	张恭庆	张　栋	地球与空间科学学院	莫宣学	李　壮
	田　刚	楚健春		刘树文	郭博然
	胡　俊	马　睿		李　琦	冯　逍
北京国际数学研究中心	韩　青	王　越		朱永峰	于　淼
物理学院	陈　斌	吴洁强		朱永峰	张慧超
	俞大鹏	王礼先	心理与认知科学学院	周晓林	胡　捷
	林　熙	付海龙	新闻与传播学院	师曾志	潘　飞
	冒亚军	刘兰雕	中国语言文学系	张　鸣	宁　雯
	张　冰	徐思遥		吴晓东	路　杨
	胡小永	柴　真		刘玉才	赵　培
	薛建明	盛　倩		袁毓林	朴敏浚
	赵春生	旷　烨	历史学系	荣新江	付　马
化学与分子工程学院	马　丁	林丽利		钱乘旦	梁跃天
	张　锦	张树辰		彭小瑜	包倩怡
	孙聆东	董　浩	考古文博学院	秦大树	李　鑫
	陈　兴	朱蕴韬	哲学系	孙尚扬	彭　睿
	李　彦	杨　烽		吴国盛	蒋　澈
	裴　坚	郑雨晴		叶　闯	董　心
	李子刚	胡　宽	国际关系学院	初晓波	李尧星
	甘良兵	李彦邦	国家发展研究院	姚　洋	邹静娴
	周恒辉	米英英	光华管理学院	龚六堂	高　然
生命科学学院	伊成器	李笑雨		刘　俏	汪小圈
	魏文胜	朱诗优		涂云东	王　莹
	魏文胜	周悦欣	工学院	侍乐媛	史忠顺
	汤富酬	朱　平	经济学院	孙祁祥	耿志祥
	汤富酬	侯　宇	法学院	梁根林	王华伟

单　位	指导教师	获奖学生	单　位	指导教师	获奖学生
法学院	甘培忠	彭运朋	医学部	陈英玉	苗广艳
	汪建成	胡星昊		韩文玲	原婉琼
社会学系	张　静	徐宗阳		杜晓娟	刘小锋
政府管理学院	袁　刚	袁　鹏		张　宏	解新芳
外国语学院	李　政	蒋家瑜		赵明辉	李建男
马克思主义学院	李少军	刘　寒		王贵强	周继远
艺术学院	李道新	张隽隽		徐小元	张霞霞
软件工程中心	王　平	汪　定		樊东升	徐连萍
信息科学技术学院	陈　清	李　星		王玉凤	吴赵敏
	黄　如	蒋晓波		涂　平	付文静
	刘濮鲲	汤恒河		郭　卫	鲍　兴
	周治平	邓清中		陈仲强	曲小辰
	张　路	牟力立		郭应禄	宁向辉
教育学院	陈向明	魏　戈		金　杰	崔　韵
物理学院	欧阳颀	张浩千		邓大君	甘　盈
工学院	王习东	孙永奇		周彦恒	付　玉
	陈十一	赵耀民		李巍然	黄一平
	张艳峰	史建平		冯海兰	赵　娜
	夏定国	李　彪		叶荣伟	李　楠
	王金枝	付俊杰		周德敏	司龙龙
城市与环境学院	方精云	陶胜利		焦　宁	申　涛
	柴彦威	谭一洺		张　强	汪小又
	朴世龙	赵　闯		张亮仁	张可辉
环境科学与工程学院	胡建信	李　力		贾彦兴	陶鹏宇
医学部	庄　辉	向宽辉			（研究生院）

北京大学2017年北京市普通高等学校优秀毕业生（春季）

物理学院
单　葳

化学与分子工程学院
杨　烽

生命科学学院
苏　乾　巨艳

考古文博学院
林　壹

哲学系
王　硕

光华管理学院
张　楚

政府管理学院
邓凌媛

艺术学院
张隽隽

对外汉语教育学院
崔　言

信息科学技术学院
刘日晨

前沿交叉学科研究院
张浩千

工学院
李　亮　史忠顺

城市与环境学院
陶胜利

分子医学研究所
刁举鹏

药学院
韦　玮

北京大学2017年北京市普通高等学校优秀毕业生（夏季）

数学科学学院
雷燕军　楚健春　任晓霞　蒋雨辰　艾广阔　史亚伟
吴梁羽　骆钇澐　魏宏济　黄　开　陈嘉杰　顾　超
李万山　段资政　沈　澈

物理学院
蒋　伟　贾振钊　程建朋　蒋庆东　付海龙　胡　芹
张　贺　倪志茂　王　猛　宋雪洋　王天宇　李泽阳
刘圣鹏　叶柄天　蒋经纬　余佳晨　张　彤　孙溢凡
金晨子　王彦琦

化学与分子工程学院
董　浩　林丽利　石　可　张振宇　吴曈勃　郑雨晴
乔雪玲　张树辰　郑黎明　崔智昊　盛　开　范　围
董陈杰　俞之骉　王　哲

生命科学学院
张金喆　李静宜　朱诗优　侯　宇　周悦欣　薛浩然
张紫剑　米昱芯　王琬越

地球与空间科学学院
王建华　李　岩　李　壮　刘　鹏　毛守迪　张彦垚
李家腾　李嘉政　李　蒙　刘证源　徐旺达　张　琪

心理与认知科学学院
胡　捷　章秀明　龚曦紫　邵艺多

软件与微电子学院
张宝亢　赵　磊　董燕萍　王守诚　孙　蕾　肖妍然
叶　嵩　张龙云　任　怡　税丹丹　宋　鹏　鲍　强
王玉建　丁海玲　冯新月　高　峰　杨智淳　余　斌
郭　政　张润峰　李富生　吕晨曦　吕　坤　刘　超
董　喆　杜　磊　樊子嫣　郭子溢　黄颖彤　史　磊
李成明　李凌云　耿　潇　吕思捷　徐　宇　李　然

新闻与传播学院
陈　思　韩　霜　王小羽　冯美娜　惠济州　胡元潇
张　涵　郑深宇　肖　杰　岳天舒

中国语言文学系
林　莹　濮　玥　宝诺娅　张庆雄　赵　昱　罗　静
路　杨　樊桔贝　韩维正　张哲茜　谢宇程阳　王文忆
刘　东　刘敏旗　王雨桐　王奕文

历史学系
史宏飞　常宇鑫　王健丁　黄　桢　陶　瑗　童　瑶
袁燮扬

考古文博学院
李　鑫　梁鑫蕊　胡毅捷　王静雪

哲学系
刘鹤亭　杨啸尘　于晓磊　董　彤　刘　星　孟繁昊
孔博琳　马卓文

国际关系学院
肖　雪　李尧星　宋建含　文　琅　罗　烨　吴其阳
陈傲寒　彭　华　张　硕　闫可瀛　何宛玲　毕蔚兰
伊　诺　苏建文　付　越

经济学院
刘铠维　郭佳奇　范雯琪　蒋欣芯　王晓蕾　熊　磊
董　博　张　帆　卢思竹　刘晨冉　林培锴　叶怡君
刘婧滢　李昀祉　张沛阳　周　彭

光华管理学院
王　健　胡诗阳　吴晶晶　薛　潇　郑闻莺　杜　丁
吴　文　张　楠　赵秋运　仇心诚　陈健雄　程振宇
梁志图　李茳淼　马国源　薛子钊　杨　宇　庄睿智
管智爽　唐轶一　沈悦然　李可纯　白书豪　冯寒野
梁淑淑　陈泽阳　孙亦非　武　达　郭世琪　李泽堃

法学院
付明燕　周国祥　金雪儿　邱舒婷　侯美林　刘俞含
何旦番　焦文娟　刘　晨　尚　东　石冰洁　王洪燕
王梦晓　王秦丽　谢春辉　杨　怡　张　爽　赵　桐
陈锦烽　胡　斌　张为易　包康赟　王昕佳　严婉怡
林昱睿　魏　然　马晨轩　周志鹏　杨诗翰　李梦梅

信息管理系
姜庆远　张劼圻　黄俊杰　李雅涵

社会学系
刘少强　刘小天　王斯敏　徐宗阳　张　颉　祝宇清
王嘉钰

政府管理学院
王志文　由　健　李春晓　王丽雅　杨　倩　马　柯
李　锋　王维华　许悦驰　岑松皓　林　禾　孟鑫禹

外国语学院
白艺茹　陈　希　霍　然　肖楚舟　吴石磊　吉　竞
黄超然　郑友洋　李雪菲　王　骞　吴奕凯　方　初
林依莉　何凤仪　姚安娜　陈　炜　田思伟

马克思主义学院
刘思源　裴　植

体育教研部
海若镜

艺术学院
阳　烁　李诗语　付煊屿

对外汉语教育学院
王　森　邢　思　李维宸

元培学院
雷进一　李雨晗　林雨晨　沓钰淇　雷渌瑁　汤鑫雯

高丽烨　任昶宇　曾　莹

深圳研究生院
常鹏鹰　胡　宽　顾志娟　吴少煌　高　洋　尼玛顿珠
魏淑媛　吴悠然　姚植洪　李佳星　李梦诗　王　丹
王冠琳　王建明　谢婷婷　杨　洋　张幸佳　赵月圆
柴高达　韩　婷　肖　颖　张传杰　张　帆　曾　俊
崔志斌　高迎红　刘怡君　曹祺文　陈君娴　李付琸
潘伟一　曹　文　吕惠玲　谭　瑞　王　毅　张若楠
魏世恩　李　阳　赵　伟　周华庆

信息科学技术学院
刘姚萍　马　郓　张彦彬　张　超　葛　涛　周新杰
蒋晓波　黄　乐　赵　帅　戚向波　崔一凡　王　然
叶　蕊　张　萌　赵　鹏　何天健　王　杰　胡　帆
牟文龙　高　飙　朱雅轩　刘兆恺　何　昊　钟泽轩
郭天魁　王　迪　李一龙　李　芊　孙　韬　张　爽
张　睿　潘丽晨　何宸锐　张先耀

国家发展研究院
袁　东　单敬雯　陈淑娴

教育学院
张优良　吴红斌　董　璐

人口研究所
丁冠文　张　旭

前沿交叉学科研究院
陈硕冰　徐小志　魏　静

工学院
孙永奇　吴　燕　史建平　朱贵之　苗鸿臣　肖厦子
陈轩泽　李　彪　陈培楷　范润东　史迪威　傅文泽
唐鹏飞　蒋涵宇

城市与环境学院
林　笠　赵红芳　陈彬辉　胡晓旭　史秋洁　刘霁轩
关汉岳　王黎越　陈思创

环境科学与工程学院
魏　恺　李　力　陶怡乐　吴昊怡　唐宇石

分子医学研究所
林　渊

歌剧研究院
方银河

建筑与景观设计学院
李彦超

新媒体研究院
张　翼　赵丹彤

燕京学堂
赵宇恒　陈祺祺　田　梦　张泽坤

基础医学院
牛　迪　张晓涵　詹江山

药学院
王　喻　侯宇泽

公共卫生学院
叶艺璇

护理学院
黄庆莹　靳　帅　王佳慧　叶丽媛　王雅辉

公共教学部
韩明月

第一临床医学院
陈咏冰　闻洁曦　翁浩宇

第二临床医学院
王　畅　汪基炜　张泽宇

第三临床医学院
陈　民　何婉毓　张瑞涛　李宗博

第四临床医学院
马　驰

第五临床医学院
陈　沁

口腔医学院
于　鹏

口腔医学院
唐　琳　李　芳

基础医学院
刘　亮　高立权　李英杰　向宽辉　原婉琼　苗广艳
王　翔　苏丽敏　郑　杰　刘小锋　张城林

药学院
司龙龙　汪小又　宋　玮　李　健　魏　雄　陈　恳
崔家玉　叶索夫　李红星　申　涛　杨嘉丽　陈金凤

公共卫生学院
黄亚阳　李　谦　李　慧　李　楠　马　媛　褚洪迁
徐相蓉　张旭熙　武　杰

医学人文研究院
孙浩令

第一临床医学院
张月苗　解新芳　李倩茜　王　晨　张霞霞　刘钟桧
李　腾　刘亚雷　余　丹

第二临床医学院
陈小丽　叶春祥　范丽娟　刘中砥　薛晨红　焦守斐
周　娇

第三临床医学院
魏　慧　阿达克·赛肯　曲小辰　刘　强　陈萧霖
崔岳毅

口腔医学院
朱建华　黄一平　李小曼　金婵媛　曲佳菲

临床肿瘤学院
付静静　章　程　何曦冉

精神卫生研究所
李　卉　王　瀚

中日友好临床医学院
张　铖　朱义江

第五临床医学院
于雪婧

深圳医学中心
程　苒

（学生工作部）

2017年北京大学优秀毕业生（春季）

物理学院
单　葳　陆正遥　徐子骏

化学与分子工程学院
杨　烽　赵志远　李　璁　杨　熠

生命科学学院
苏　乾　巨　艳　郭新阳　朱曼璐　李笑雨　王　卓
戴雄风

考古文博学院
林　壹

哲学系
王　硕

经济学院
张　静

光华管理学院
张　楚　陈　溪

政府管理学院
邓凌媛

艺术学院
张隽隽

对外汉语教育学院
李培毓　崔　言

信息科学技术学院
刘日晨　方孺牛

前沿交叉学科研究院
张浩千　黄　波

工学院
李　亮　史忠顺　谢　浩　黄　頔　唐敬达

城市与环境学院
陶胜利　崔桂鹏

环境科学与工程学院
周宇阳

分子医学研究所
刁举鹏

基础医学院
李　馨

药学院
韦　玮

（学生工作部）

2017年北京大学优秀毕业生（夏季）

数学科学学院
殷云剑　谢芳芳　林　锋　雷燕军　崔金杰　楚健春
王　越　任晓霞　黄　鹤　蒋雨辰　艾广阔　田　祺
刘晓倩　杨雪芹　黄丽晶　刘　淼　操甜芯　李　璐
刘智彬　卢唯阳　史亚伟　吴梁羽　陈景林　阎霄汉
骆钉澩　谢雨杉　金　辉　钱　鑫　魏宏济　黄　开
柳何园　李大为　陈嘉杰　安圣美　顾　超　肖非依
步　凡　林盛超　李万山　段资政　徐芦泽　陈宇航
刘　峥　李　越　沈　澈　徐　舜

物理学院
戴　颖　耿易星　褚新坤　岩　斌　蒋　伟　赵桐可
何　晟　潘凯强　郑飞鹏　贾振钊　程建朋　蒋盛翔
王　平　蒋庆东　鹿　鸣　付海龙　糜　健　彭金波

宋庆军　孙成伟　孙旭飞　胡　芹　柴　真　孙　惠
蒋　宁　旷　烨　张　贺　盛　倩　倪志茂　周美林
徐　源　国唯唯　李亚楠　田海东　王　猛　于文韬
吴　凡　宋雪洋　王天宇　李泽阳　刘圣鹏　冯顾言
叶柄天　蒋经纬　余佳晨　张　彤　刘新宇　孙溢凡
钟江南　金晨子　梁　宇　信子鸣　刘清元　祁　周
王子之　郭见青　王彦琦　陈　旭　马骏超

化学与分子工程学院
董　浩　张达奇　秦青松　林丽利　徐　帅　石　可
张振宇　孟　晓　阚晓伟　郑斯齐　李云龙　魏　晨
米英英　吴曈勃　迟　樾　郑雨晴　谢文俊　张录录
乔雪玲　刘思琪　齐立也　张树辰　郑黎明　杨晶辉
陈翔宇　冯轩宇　周旭豪　孙维维　张隽晔　刘　通

崔智昊	盛　开	曹梦雪	陈天阳	范　围	罗翌阳
董陈杰	马丽娜	俞之粟	尹　航	曹　阳	汉　露
张陆昊	王　哲				

生命科学学院

张　兴	张金喆	窦岩梅	李静宜	李昆仑	朱诗优
陶建立	侯　宇	侯　玫	马梦迪	周悦欣	朱　盼
吴宇婷	杨　云	薛浩然	孟柳映	施　瀚	赵毅超
高士洪	曹智杰	张紫剑	林美希	张天宇	米昱芯
严方雪	魏　铮	马韵羽	王琬越		

地球与空间科学学院

王建华	张慧超	王洪浩	李　岩	李　壮	杨　旭
侯晓琳	冯　玮	黄　璞	王　洋	刘家骏	刘　鹏
张瑞洁	钟　翔	金　欣	毛守迪	侯俊涛	杨诗琴
张彦垚	李家腾	姚　稀	张红伟	李嘉政	邱彦昆
李　蒙	张维晟	刘证源	孙翌馨	魏子寒	吴雨阳
冯雨宁	陈鸣飞	徐旺达	李　彤	张　琪	梁　菊
朱　贺					

心理与认知科学学院

| 胡　捷 | 印　丛 | 张　翼 | 陈斯琪 | 章秀明 | 龚曦紫 |
| 于雨坤 | 朱　晗 | 邵艺多 | 马鸣新 | 张馨蕊 | |

软件与微电子学院

张　硕	赵海洋	张宝亢	朱子瑶	张胡学	张　倩
张思齐	张志成	张志威	赵　磊	周成华	陈　焱
陈壮壮	董燕萍	金　鑫	汤　思	刘　利	刘　满
王守诚	卢星运	马敏钊	钱文君	卫军军	孙　蕾
肖妍然	徐　粲	魏红枪	徐丽瑶	叶　嵩	袁金瑶
张传号	张　浩	张龙云	莫文利	任　怡	税丹丹
宋　鹏	郭转转	孙弘莉	孙　洁	李　聪	王　岑
刘鹤群	王士彬	鲍　强	王玉建	任慈阳	盛啸然
蔡明荣	蔡　卓	谢丽玲	丁海玲	冯新月	高　峰
杨智淳	余　斌	张程茜	郭　政	张润峰	何智超
张　璇	吉培轩	郑晨骏	郑　浩	李富生	李　蒙
李　轩	李迎春	吕晨曦	吕　坤	陈　静	马官正
彭宇嘉	王立伟	李普铭	刘　超	曹　野	陈　东
董　喆	杜　磊	段险峰	樊子嫣	郭子溢	韩廷耕
刘凤鸣	黄颖彪	黄玉华	史　磊	孙　泳	李成明
李凌云	刘佳琳	李　彦	乔　玮	唐红艳	刘玉倩
耿　潇	江　帆	王　建	吕思捷	孙文亮	孙　浩
徐　宇	邹瑜强	宋伟博	李　然	牟冠宇	

新闻与传播学院

陈　思	郭晓康	韩　霜	宁　昕	王　淼	王小羽
张雪晶	王小敏	张　啸	冯美娜	惠济州	刘松岩
姚怡云	冯少杰	邓陈晖	胡元潇	李梦迪	周　晋
景　彤	王文超	李维维	邓玉成	张　涵	郑深宇
陈之殷	肖　杰	肖贤明	陈佳鑫	岳天舒	段雨濛

中国语言文学系

| 林　莹 | 彭　超 | 汪春涛 | 王平夷 | 李哲美 | 高　思 |

叶栩乔	李　瑞	濮　玥	宝诺娅	张庆雄	曹　东
曾静涵	赵　昱	罗　静	朱　姗	路　杨	林　品
樊桔贝	陈焕文	邓溪瑶	韩维正	谢雨新	杨梦媛
张哲茜	徐韫琪	谢宇程阳	王文忆	刘　派	段嘉懿
黄舫溦	郑　媛	刘　东	周昕晖	刘敏旗	余聪颖
王雨桐	高竞闻	王奕文	陈昭玉	侯沛妤	吴侑津
林淑琴	蔡彦恒	陈惠琳	王永昌	李艳琪	曹蕾蕾

历史学系

熊长云	史宏飞	常宇鑫	田梦雪	王健丁	严旎萍
翟　岳	谢幅英	惠　波	黄　桢	赵永磊	陶　瑛
蒋　悦	侯宁静	张心童	童　瑶	龚立雯	信　宁
袁燮扬	吕沭阳	林瑞福			

考古文博学院

| 李　鑫 | 梁鑫蕊 | 刘百舸 | 张　夏 | 郑贝贝 | 胡毅捷 |
| 张含悦 | 周思言 | 王静雪 | 黄泽方 | 马仁杰 | |

哲学系

邰建华	刘鹤亭	冯嘉荟	杨啸尘	谢清露	董书海
周小龙	程志翔	于晓磊	董　彪	王建宝	张文彦
刘　星	刘崇俊	刘雨桐	陈潇潇	孟繁昊	赵洪彬
徐振华	孔博琳	马卓文	张光福		

国际关系学院

方若冰	蔺紫鸥	王靖雯	肖　雪	李尧星	宋建含
于宏通	缪琳娟	文　琅	刘雪彬	乌昵尔	罗　烨
杨晨桢	傅广鹏	卢灿镛	欧立文	吴慧婷	吴其阳
陈傲寒	郝曦妍	杨起帆	刘孟禹	杜　帅	彭　华
孙小淇	张　硕	郭洁昕	杨颖晨	闫可瀛	张宇轩
董欣媛	丁北辰	张婧昕	何宛玲	毕蔚兰	刘　静
伊　诺	李欣达	张晓伟	苏建文	刘雷蕾	付　越
张　蕾	曹定铎				

经济学院

张钟文	耿志祥	刘铠维	郭佳奇	戴骊颖	范雯琪
蒋欣芯	李文广	王晓蕾	王　哲	尹珂嘉	张　婷
张逸昕	荆　旗	苏　莉	熊　磊	董　博	田露露
王　开	肖羽莎	宫　博	许弘毅	张　帆	杨喆淼
张　帆	卢思竹	张敏琦	杨紫涵	刘晨冉	游　捷
林培锴	刘志睿	黄金雨	张慧琳	叶怡君	杜震啸
刘松果	周琪玮	刘婧滢	隋诗华	潘煜涵	李昀祉
张沛阳	曲鸿昊	周　彭	李冠儒	王天娇	

光华管理学院

李江源	王　健	刘　晶	胡诗阳	郭　琨	高丹雪
张　竹	吴晶晶	薛　潇	张　典	张国玺	郑闻莺
艾　美	包　成	杜　丁	封世蓝	高　铭	吴　文
张　楠	祝子楠	宁　静	赵秋运	梁　萱	丁　成
方　铭	罗英华	孙常蕾	温　馨	仇心诚	包正钰
陈健雄	程振宇	段童琳	付英娇	梁志图	刘　婧
李茳淼	林毅坤	刘　婧	刘文哲	陆维翔	马国源

宋叶青	孙思伟	王梦妍	吴仪扬	薛子钊	杨芳音
杨 宇	游景稀	庄睿智	许晓琛	管智爽	张芩珲
陈睿哲	胡中游	赖伟杰	王卓然	刘晏吉	唐轶一
黄 昇	何 榕	王宇飞	沈悦然	伍启航	张育菲
李可纯	朱 珠	白书豪	付丝夏	冯寒野	罗丽娟
张 毅	张 禛	唐 嘉	顾政昊	梁淑淑	张思安
巴萃敏	刘 婧	陈泽阳	孙亦非	武 达	郭世琪
李泽堃	宋奕欣	王子瑶	高羽洋	王 月	张诺亚

法学院

张嘉伟	王子晨	付明燕	苟晨露	周国祥	焦钰杰
李 槊	孙点婧	金雪儿	李婧一	吴冬妮	徐温妮
车 晔	邱舒婷	尤保暖	范海伟	范 晓	何 清
侯美林	刘燎原	刘俞含	丁 丁	董亚军	葛媛媛
何旦番	何 平	黄 啸	姜 岩	焦文娟	康玮婷
李 洁	廖翎棋	刘 晨	刘 燕	陆徐倩	马玉松
尚 东	沈晓雨	石冰洁	王洪燕	王梦晓	王秦丽
王 瑛	武 旋	谢春辉	闫 云	杨 怡	叶 戬
尹 晴	张家帅	张嘉艺	张 倩	张 爽	张雪雯
赵 桐	陈锦烽	胡 斌	冷大伟	张为易	李潇潇
夏丁敏	李 真	包康赟	张心雨	李佳益	刘梦馨
王昕佳	李 滢	林惠妮	刘嘉柠	秦钰洁	刘 榴
乔静漪	郭幸芝	王钰灵	邹星光	严婉怡	林昱睿
魏 然	李 越	马晨轩	孙甜甜	周志鹏	徐朝雨
杨诗翰	李梦梅	马层思	田俊鑫		

信息管理系

涂志芳	郭 鑫	姜庆远	林子婕	张 璐	张劼圻
黄俊杰	李雅涵	黄 唯	余贝迪	刘涵蕊	

社会学系

邢建立	刘少强	刘小天	唐元超	王斯敏	黄世芳
徐宗阳	李 月	李隆虎	吴美琦	刘 璇	宋鑫淼
邵 巍	樊仁敬	陈叙同	刘思嘉	黄诗曼	张 颉
祝宇清	王嘉钰				

政府管理学院

刘禹君	王志文	王丽娜	由 健	李春晓	褚 亮
王丽雅	杨 倩	马 柯	范若曦	周文通	李 锋
王维华	邵梓捷	赵 娟	张 薇	赵雨淘	李子树
杜 浩	曹伟晓	张 远	许悦驰	李曦纳	黎钧宇
岑松皓	陈斯惟	林 禾	郑思尧	尚俊颖	孟鑫禹
刘星圻	张晓林				

外国语学院

王秋霞	蒋家瑜	胡延伟	白艺茹	万晓璋	王 婷
朱 鸽	薛 芳	陈 希	赵令君	朱 茜	霍 然
肖楚舟	陈嘉瑜	刘 微	吴石磊	吉 竟	黄超然
虞雪健	张欣云	郭晓琳	陈 健	羿 智	郑友洋
许茜茜	李雪菲	李鑫悦	王 骞	冯一帆	吴奕凯
甘俊晨	方 初	李坤逸	黄 金	宋 高	林依莉

朱 晨	何凤仪	关淑莲	吴张心安	张伊欣	欧 琨
徐鹏航	黄梦月	王 倩	姚安娜	陈 炜	王 琪
戴 雯	叶诗瑶	田思伟			

马克思主义学院

张 群	刘思源	王志芳	刘 琦	孙 越	凌加英
裴 植					

体育教研部

海若镜

艺术学院

阳 烁	陈敬哲	张 萌	甄 敏	李诗语	白浩然
付煊屿	李斯扬	李梦涵			

对外汉语教育学院

王 森	傅晓莉	陈 晨	刘婷娜	裴伯杰	邢 思
赵成程	李维宸				

元培学院

田荟琳	谭振洲	王沁雪	钟昕锐	罗翔鹏	郑天行
段雅琦	霍进一	李雨晗	林雨晨	沓钰淇	祁 萧
管宏宇	彭思涵	刘佳佳	雷渌瑨	汤鑫雯	张成飞
彭 湃	高丽烨	谢晓薇	付伟龙	钟晨扬	胡逸纯
邓博文	詹若涵	袁宏霖	任昶宇	曾 莹	

深圳研究生院

常鹏鹰	陈惠渝	胡 宽	陈燕霞	高佳彬	顾志娟
张 涵	周宇诗	吴家荣	吴 敏	吴少煌	程炜林
高 洋	南 菁	尼玛顿珠	乔 舒	阮韵晨	魏淑媛
刘 蓓	刘文园	裴伊亮	吴悠然	姚植洪	王弼宇
王 腾	武丹蕾	夏志毅	杨易霏	李佳星	李梦诗
李清越	戚雅林	李蕴雄	马 良	任永欢	舒文博
王 丹	王冠琳	王建明	王柯丁	王 习	姚兴成
肖穆颖	谢婷婷	邢剑宁	杨浚哲	杨 洋	余 淼
余 翔	张幸佳	赵苑君	赵月圆	郑 哲	周 秦
柴高达	程子豪	邓艳艳	董云鹏	韩 婷	黄 迪
李倩雯	林 莉	乔俊枫	王祝怡	王 焕	文 才
肖 颖	吴丛露	吴雨航	张传杰	张 帆	曾 俊
陈昊冉	崔志斌	高迎红	雷曼君	雷 鑫	李佩雨
刘怡君	罗美钰	孟 迪	曹祺文	陈君娴	李付琸
赵 辉	郑维豪	潘伟一	吴海龙	谢 靖	赵 畅
曹 文	付博华	吕惠玲	高源鸿	谭 瑞	汤曦童
王雅薇	王宇曦	谢娅舒	邵 姗	黄晓林	金彦含
孙小虎	王 毅	杨 帆	姚文彬	岳梦荻	张若楠
魏世恩	粟 辉	李岱峰	李 阳	陈致霖	关晓思
赵 伟	朱志清	周华庆	孙天宇	史抒鑫	

信息科学技术学院

刘姚萍	马 郅	蔡文波	张彦彬	邓清中	张权路
张 超	黄艳香	葛 涛	周新杰	李 刚	蒋晓波
王翠翠	黄 乐	张 晴	赵 猛	赵 帅	陈思明
汪 定	戚向波	汤恒河	胡 栋	刘鸿瑞	杨 雪

崔一凡	吕婷婷	王　然	叶　蕊	陈志鹏	张　萌			歌剧研究院			
罗杨成	张国威	赵　鹏	高明志	何天健	兰　铮	方银河					
刘宇琼	潘惊治	乔子健	王　杰	范非凡	范志巍			建筑与景观设计学院			
杨撒博雅	杨　硕	张东辉	杜思臻	胡　帆	林萍萍	胡　悦	李彦超				
陆鸿裕	戎江鹏	王　朝	杨蕴伦					新媒体研究院			
阿不都维力·阿布力克木		牟文龙	刘宇邦	王　皓		张　翼	赵丹彤	丁煜堃	李　冰	李　昊	杨莉明
高　飙	潘　成	汪若崴	张泽轩	张　彧	东帅亮			燕京学堂			
杨子岳	陈玮婕	高　远	郭秭含	朱雅轩	金天成	刘霄临	杨　天	陈正勋	赵宇恒	艾　文	陈祺祺
刘兆恺	何　昊	钟泽轩	林星宇	杨至轩	郭天魁	陈振兴	田　梦	肖琳琳	张泽坤		
李昀烛	王　迪	郑泽宇	李一龙	戴望之	李　芊			基础医学院			
曲　祺	孙　韬	杜若谷	虞湛源	张　爽	张　睿	牛　迪	张晓涵	王遇琦	杨　迪	叶　明	李润政
何　方	彭方玥	左　任	陈　睿	史舒扬	邹良川	王奕卉	詹江山				
何杭峰	徐梓楠	潘丽晨	何宸锐	苟向阳	邵　典			药学院			
胡敬植	张先耀	曾繁辉				王　喻	侯宇泽	李佳佳	黄　慧	孙家琦	单宇婷
		国家发展研究院						公共卫生学院			
邹静娴	袁　东	张　欣	单敬雯	沈诗涵	梁芳园	李甲森	叶艺璇	张天惟	王敏敏		
陈淑娴								护理学院			
		教育学院				张凯丽	黄庆莹	靳　帅	王佳慧	刘晓瑞	叶丽媛
张优良	魏　戈	吴红斌	董　璐	赵婧宏	余韧哲	李　君	王明宏	张力川	杨婷婷	王雅辉	任金颖
程启帆	杨亚晨					杨　猛	卜悠媛	马淑敏	陈福生		
		人口研究所						公共教学部			
丁冠文	吴金晶	张　旭	张茗翔	海鸿雁		韩明月	赵英希	王伟宇	李梦冉		
		前沿交叉学科研究院						第一临床医学院			
陈硕冰	徐小志	云泰康翔	周劲媛	王成彦	魏　静	陈咏冰	闻洁曦	翁浩宇	张慧婧	苏晓鸿	要雅君
林　玮	王晨曲	张明亮				王斯云	侯　昌	王雨蒙	香钰婷		
		工学院						第二临床医学院			
孙永奇	吴　燕	史建平	吴诗婷	朱贵之	李素莹	张泽宇	丁　雪	李　浩	梁海杰	齐清怡	汪基炜
张　琦	苗鸿臣	肖厦子	曲兆亮	韩　旺	李　颖	林维成	王　畅				
赵淞迪	朱朕田	顾　达	韩鹏昊	李　卯	陈轩泽			第三临床医学院			
王力华	李亚伟	李　彪	张健鹏	张新意	姜汉博	陈　民	何婉毓	张瑞涛	黄　骁	庞林涛	申　珅
陈培楷	范润东	刘开奇	张利娜	王志芳	席少飞	赵　诚	韩　钦	李宗博	丁楚凌	李鑫瀛	
周志浩	史迪威	傅文泽	唐昊宇	王冠邦	罗大有			第四临床医学院			
唐鹏飞	蒋涵宇	毛诗琦	张闻熙	李冠男	刘超一	马　驰					
吴　经	党向新							第五临床医学院			
		城市与环境学院				陈　沁	翁剑真				
林　笠	郑天立	赵红芳	朱文博	刘文秀	应凌霄			口腔医学院			
张梦竹	韩　杰	邱　爽	孙　岩	陈彬辉	胡晓旭	于　鹏	唐　琳	李　芳	李静文	崔圣洁	田杰华
王　雅	刘　鑫	史秋洁	王　悦	黄珊蕙	刘霁轩	陈子圆	王时敏				
王　泱	卫　然	张馨怡	关汉岳	方博文	熊云海			航天临床医学院			
郑　黛	贾智舒	王黎越	陈思创			梁惠棻	李昭泳				
		环境科学与工程学院						第二临床医学院			
翟紫含	魏　恺	王艺淋	庄明浩	李　力	陈越月	李炳雨					
马玉芳	陶怡乐	王　剑	吴昊怡	张雨宇	魏　赢			基础医学院			
唐宇石	张沥月	朱琴丹	崔雅惠			刘　亮	姚　倩	王　鹏	王玉飞	向宽辉	姚明解
		分子医学研究所				张玉林	原婉琼	苗广艳	夏妙然	秦晓丹	汤　明
郭文婷	李　品	林　渊				胡嫒嫒	刘　坤	付　婉	高立权	郭　欣	王　翔

陈霁云	郑 杰	曹 帅	李 松	张城林	董永强
陈真真	马 伟	朱娟娟	刘小锋	李睿智	韩 烁
李英杰	苏丽敏	雷 蕾			

药学院

吴 迪	杨思敏	叶索夫	陈金凤	董超然	司龙龙
汪小又	刘 彬	李 健	魏 雄	马迎聪	刘白璐
牛燕燕	郑 婷	梁 达	张 洋	傅洪哲	卢东渤
陈 恳	邹武捷	李佳朋	崔家玉	刘 伊	戈梦佳
宋 玮	李红星	申 涛	张亮亮	管颜青	肖樟平
杨嘉丽	毛蓓蓓	邹文星	仰佳佳	张 硕	

公共卫生学院

王海雪	程 兰	李 楠	马 媛	丁呈怡	李振江
刘莹颖	郑 棒	孙可欣	倪娜娜	张旭熙	徐相蓉
徐华东	董文坦	梁凤超	李 慧	刘 睿	任金威
李 谦	任巧萌	徐 凤	何永欢	徐婷婷	黄亚阳
褚洪迁					

护理学院

| 武 杰 | 周伟娇 | 马晓雯 | 营 晓 | | |

医学人文研究院

| 王晓蕊 | 孙浩令 | 陈翠婷 | | | |

第一临床医学院

张月苗	解新芳	黄晓芳	张 博	张丹凤	李 超
董锦沛	李倩茜	王慧慧	杜小曼	王 晨	丁方睿
刘亚雷	张霞霞	周继远	唐 博	夏瑞雪	李 腾
宁向辉	王 峰	黄 红	祁祯楠	侯启圣	刘钟桧
余 丹	柳家园	徐丹慧	刘秀娟		

第二临床医学院

陈小丽	叶春祥	范丽娟	刘中砥	薛晨红	焦守斐
甘雨舟	付 强	马艳茹	周 娇	殷华奇	何 银
张妍欢	吝泽华	郝倩云	钱玉泉	丁唤飞	杨素行
刘光宇	马晓路				

第三临床医学院

冯 璐	赵星星	柯 静	魏 慧	刘文正	刘 晰
阿达克·赛肯	张 哲	曲小辰	刘 强	陈萧霖	
潘宁宁	崔岳毅	刘 嫣	胡伟倪	徐连萍	刘丽思
陈宣伶	张正政				

口腔医学院

李小曼	张茗茗	樊灿灿	詹雅琳	毛清华	朱建华
周 维	赵 菲	葛志朴	赵 甜	金婵媛	黄一平
张怡美	付 玉	曲佳菲	赵 琛		

临床肿瘤学院

| 章 程 | 张玥伟 | 付静静 | 张超亭 | 何曦冉 | 韦 青 |
| 韩雪迪 | 吴 蔚 | 吴 帆 | 刘 丹 | | |

精神卫生研究所

| 王 瀚 | 李 卉 | 杨 柳 | 卢 青 | | |

第四临床医学院

| 万江波 | | | | | |

中日友好临床医学院

| 张 铖 | 朱义江 | 马金辉 | 任 维 | 刘瑜婷 | 申雅文 |

第九临床医学院

| 厉祥涛 | 李星辰 | | | | |

第五临床医学院

| 曹 原 | 刘光年 | 王晓培 | | | |

深圳医学中心

| 罗红学 | 程 莘 | 徐 旭 | 张真真 | | |

（学生工作部）

北京大学2016—2017学年"北京市三好学生"

单 位	姓 名	年 级	单 位	姓 名	年 级
数学科学学院	张 铖	2014级	哲学系	曲铁男	2016级
物理学院	韩兆宇	2014级	国际关系学院	宋婉玲	2014级
	李彩珍	2013级	经济学院	张皓辰	2015级
化学与分子工程学院	于秋红	2013级	光华管理学院	欧阳萌淞	2014级
生命科学学院	黄宇翔	2015级	法学院	潘 宁	2016级
心理与认知科学学院	韩晓春	2013级		余今朝	2014级
软件与微电子学院	孙高峰	2016级	信息管理系	尚闻一	2015级
	张义日	2016级	社会学系	张雨欣	2014级
新闻与传播学院	王登丰	2016级	政府管理学院	梁 宇	2016级
中国语言文学系	李 珣	2016级	外国语学院	王子欣	2014级
历史学系	李 墨	2016级	马克思主义学院	林圣哲	2016级
考古文博学院	罗登科	2016级	体育教研部	王一然	2016级

单 位	姓 名	年级	单 位	姓 名	年级
艺术学院	黄凌子	2015级	第二临床医学院	黄子雄	2011级
对外汉语教育学院	徐畅溪	2016级	第一临床医学院	徽晓兵	2011级
元培学院	陈一潇	2014级	护理学院	李妞妞	2014级
深圳研究生信息工程学院	高静楠	2015级	基础医学院	李泽丽	2015级
深圳研究生院新材料学院	胡江涛	2015级	第五临床医学院	刘东明	2013级
信息科学技术学院	陆光易	2014级	公共卫生学院	莫云辉	2014级
	张梦晓	2014级	第一临床医学院	欧阳雨晴	2010级
	张舒汇	2015级	口腔医学院	彭丽颖	2010级
国家发展研究院	邱晗	2016级	护理学院	王伟琲	2016级
教育学院	董倩	2016级	公共教学部	魏佳	2014级
工学院	杨旭三	2014级	第三临床医学院	伍楚君	2010级
城市与环境学院	申子靖	2014级	药学院	祝嵫	2013级
环境科学与工程学院	毋泽鹏	2014级	基础医学院	王麟	2016级
地球与空间科学学院	张岩	2016级	第三临床医学院	史尉利	2015级
基础医学院	陈一铭	2015级	药学院	沐黎敏	2016级
第二临床医学院	洪凡凌	2013级			

北京大学2016—2017学年"北京市优秀学生干部"

单 位	姓 名	年级	单 位	姓 名	年级
数学科学学院	俞辰捷	2015级	教育学院	李晓丹	2016级
物理学院	杨涵	2014级	工学院	孙北奇	2014级
化学与分子工程学院	毛承杰	2014级	城市与环境学院	张晓华	2014级
中国语言文学系	潘靓慧	2014级	基础医学院	朱梓铭	2015级
光华管理学院	李晓萱	2016级	第二临床医学院	龙泽	2013级
法学院	刘安东	2015级	口腔医学院	陈浩天	2013级
政府管理学院	贾润东	2016级	药学院	庞宁	2014级
外国语学院	王世杰	2014级	临床肿瘤医学院	丁广宇	2015级
元培学院	伍维晨	2015级			
信息科学技术学院	张元冬	2016级			

(学生工作部)

北京大学2016—2017学年学生个人奖励获奖名单

三好学生标兵

数学科学学院
代洪龙　张楠　王钰铭　付建婷　王欣　王炜飚
姜宰栋　李若泰　赵梓文　包诚杨　张铖　徐子睿
夏铭涛　仇嘉泽　罗金玥　龙吉昊　唐珑珂　李通宇
杨宇轩

物理学院
任娟娟　韩猛　陈华洲　李彩珍　刘东皓　潘廷瑞
白兰强　赵园红　陈晓菲　胡荣豪　王广娟　李鹏程
常恒心　杜进隆　张修营　陈平　韩兆宇　孙彰昊
娄媛　姚雨含　王峻　路裕焜　李齐治　杨纪翔
易近民　韩子钊　王玉　石乃琛　吴典

化学与分子工程学院
武振强　张云飞　马雯　李元鹤　李幸晓　于秋红
李天然　顾克骅　闫鹏起　王瑞琦　董建桐　陈世祺
金瑜　常丹琪　崔竞蒙　孙泽昊　朱理源　戴昱民
刘静嘉

生命科学学院
胡莉莉　李荣琴　管　哲　董　骥　郭　羽　谢夏青
邵世鹏　唐泽方　冯素敏　刘立洋　艾宇熙　王玉阁
黄宇翔　张楚珩　叶小洲　刘　畅

城市与环境学院
高　璟　刘　卓　杜　伟　马志远　易　侃　杨佳意
李慧蕾　王思雨　贺　勇　王照宇　申子靖　万　婕
邓鲁川

地球与空间科学学院
赵亮亮　林文彬　张　岩　胡兴帮　赵浩男　姚健鹏
安圣培　刘庆彬　陆　杰　张浩源　尹泽藩　纪　晴
韩潇霖

心理与认知科学学院
韩晓春　高晓雪　陈丽君　唐　潮　席可颂　樊浩雪

建筑与景观设计学院
彭瑶瑶

信息科学技术学院
陈维政　黎文浩　王方林　李　翔　邱绍岩　张　翔
苏宗明　顾小影　谈仲纬　王宏宇　洪申达　陆光易
邱博雅　林丽静　杨　潍　孙海萌　贾　灏　李　炜
张舒汇　厉扬豪　邓逸安　张梦晓　庄泽浩　崔　健
董　镇　余启航　汪益成　周昱杉　曹雁彬　张峻伟
白　荻　姚思羽　杨东升　姜宛彤　张可欣　王　伦
尉方音　朱嘉迪　陈一茹　丁哲章　杨宇喆　杨兆程

工学院
陈　斌　李　安　姚松柏　骆丹媚　孙东哲　孙牧旸
杨旭三　陈　矿　漆　锟　陈善恩　刘俊义　杨柳思
吴林佳　李昕宇　汪　靖　胡　昊　赵　宇　王榕金
曹禹凡

软件与微电子学院
张义日　王一博　王　帅　吴景峰　张　璐　周　浪
黄艳清　侯　哲　周大川　陈大晟　陈若男　王意涵
俞佳琪　李朝阳　张会茹　任一丹　罗思琦　刘芳作
贾春燕　郭海峰　董春涛　牛江盼　孙高峰　白云鹤
马　倩　王庆涛

环境科学与工程学院
张照男　郭峻瑜　陈乾坤　杨新平　毋泽鹏　宋　锴

中国语言文学系
焦一和　李浴洋　唐姆嘉　杨梦皎　张清莹　李　珣
曾笑盈　曲　楠　寇　鑫　刘晓晗　向思琦　李若白
张钰涵　韦楚祎　郝德娜　刘文欣　肖钰可　卜天泓

历史学系
荆　腾　栗河冰　伍智东　李　墨　郑叶凡　项浩男
宋舒杨　刘　璐　韦　翔　王雪霏

考古文博学院
王思渝　李云河　罗登科　杜圣伦　艾沁哲　王子寒

哲学系
王　苾　刘子琪　虎嘉瑞　孟雨桐　邱楚媛　倪逸偲
杜贵宇　江浩远　曲铁男

外国语学院
吴　扬　唐　格　王诗敏　孙晓雯　安　帅　袁　婧
王　梓　俞　婕　叶陈宁　龚哲浩　何健榕　郭奕佶
王子欣　张义荀　陈仁靖　柳　媛　张怡轩　李润华
李雅欣　金郁昂

艺术学院
娄　逸　黄凌子　祝子建　倪范晶　周若菲

对外汉语教育学院
万　谦　徐畅溪　潘佳晨

歌剧研究院
裴修文

国际关系学院
刘妍辰　冯　威　张志豪　熊文雪　程浩然　李孝效
宋婉玲　李典易　方承启　胡昕阳　张琪琪　李羽睿
刘兴沛

法学院
王　悦　于若楠　孙邦娇　董　柯　何　昕　彭粒一
董学智　冀　放　李则达　王海燕　高颖文　沈晨叶
杨婉仪　潘　宁　陈陌阡　杨　城　胡　翔　余今朝
吴俞阳　黄雅冰　朱子琳　张宇诗　吴可婷　李昊林
陈欣怡　贺晓朦　赵雪杉

信息管理系
陈　晨　王冰璐　刘姝雯　尚闻一　洪采菲

社会学系
赵晓航　庞圣民　苏　婉　许一鸣　张雨欣　王思远
梁欣怡

政府管理学院
张玉佩　雷明昊　杨　翔　肖　波　梁　宇　周　歆
郭　晨　牟春晖　朱玉慧兰

马克思主义学院
林圣哲　曹金龙

教育学院
董　倩　王辞晓

新闻与传播学院
王登丰　贾宸琰　何芷桐　黄凯欣　马晓龙　邓倩如
范书钥　丁楚晴

体育教研部
王一然

新媒体研究院
师　晨

经济学院
段志明　吴群锋　许茹纯　高震男　叶子萌　张富瑜
韩甜甜　黄　兴　钱留杰　刘宇璠　孙嘉澍　张皓辰

王飞宇　吴明轩　许婧婷

光华管理学院
李志冰　马海超　刘圣明　林淑君　王晓宇　何　蕾
高溢彤　周果女　黄清扬　王　楠　刘明辰　张武豪
欧阳萌淞　谢昀廷　齐华瑞　宋　佳　陈　晨　邵冠棋
杨洪智　杜佳宸　王福瑶　金子歆　米佳乐　陈妍汀
孙殿咏

人口研究所
林是琦

国家发展研究院
邱　晗　邱智敏　陈子浩

元培学院
王　馨　张玉滢　马大任　陈一潇　胡　琳　李星辰
李　健　刘德欣　窦鹏飞　张宏毅　王宇飞　曾锶娴
卜禹超　苏比丁·塔依尔　郭东麒　王浩男　黄道吉

燕京学堂
德爱森　陈水舒

前沿交叉学科研究院
邵丽娃　李茂东　任华英　陈号天　王轶楠　贾建荣
李　明　秦　为　郑良涛　陈琪浠　李应龙

分子医学研究所
姚　缘　安　妮

深圳研究生院
张紫欣　赵宜博　李思白　高静楠　白　婧　蔡金兰
郭　馨　宋　扬　孙　翼　袁　浩　张鹏鹏　袁子焰
李淑君　张乐陶　王海峰　应振强　陶卓霖　李靖旭
陈雄涛　甘　霖　朱伟豪　陈　瑶　王　川　李妞子
王　婷　唐　茂　郑　宇　朱殿濛　高于博　唐榕泽
薛　晗　蓝星宇　孙榕蔚　胡江涛　庞　程　邓春芳
李思洋

基础医学院
王　麟　谢　喆　钟丹丹　阿布都热依木江·艾力
王　渴　董　昭　严小娥　何　林　许炜智　曾婉嘉
杨泽亮　李泽丽　郭心卉　李咏枫　于子杨　陈一铭
陈　震　孙仰仰　潘雁楠　张　姗　王宇鑫　龚　晨
胥切实　郭思琦　韦仁杰　杨兴雯　彭靖予　虞千瑶
张庄宜　夏华钦　侯翔宇　孙斯曼　刘欣畅

药学院
李　凯　沐黎敏　李子圆　吴　勇　梁宇杰　王艺曈
郑小青　田振宇　祝　嵥　林凤闺蓉　夏热帕提·铁力
瓦尔迪　刘　曼　成羽溪　王　贺　刘当亮　郭楚宁

公共卫生学院
吴士艳　田　霖　廖春晓　谢俊卿　刘　伟　张鲁豫
刘　扬　金楚瑶　莫云辉　张　玥　周佐邑　庞智屿
王万州　李柴全

护理学院
刘聪颖　庞欣欣　李妞妞　温俏睿　吕瑾荗　王伟骈
白安颖

医学人文研究院
李志芳

公共教学部
周逸儒　魏　佳　朱莉雯

第一临床医学院
陈建宏　顾晓斌　陈素芳　逄　璐　纪光杰　陈宇珂
郭润碛　刘志浩　欧阳雨晴　徽晓兵　王银浩　任汐鹰

第二临床医学院
徐丽玲　裴旭颖　王若冰　邢　丹　王　超　张维宇
王　超　黄子雄　冒丹丹　洪凡凌

第三临床医学院
史尉利　王文静　耿　姣　张睿怡　陈君逸　张秀秀
伍楚君　王岳鑫　肖琪严　刘梦苑　肖　丹

口腔医学院
姜玺军　周培茹　齐亚平　易小松　李　晶　彭丽颖
李晓蓓　魏迪洋　王　玥　赵　昳　杨明媚

临床肿瘤学院
戴　瑢　王　林　周　婷

精神卫生研究所
汤欣舟

中日友好临床医学院
赵自芳　原亚莉　原　昊

第四临床医学院
陈　曦　邬　茜

第五临床医学院
张毓艺　刘东明　孙凯律

第九临床医学院
宋继鹏

深圳北京大学香港科技大学医学中心
蔡旖斐

航天临床医学院
邵达明　庄芷榕

三好学生

数学科学学院
杨　丰　龙子超　户　将　田舒丹　赵林杰　木英心
杜　燕　王倩雯　余海江　陈　里　徐兴成　金　晓
吴　迪　潘　昊　李从辉　韦东奕　陈　康　刘　璐
邱日明　柳红亮　任镜桥　谷青春　刘浩洋　夏　凡
吴京风　陈志茹　郑一荻　尹伯亚　沈梦瑞　姜　帆
余　冰　李勇锋　留方圆　夏明洋　张嘉宜　安　捷
梁德才　李向阳　贾晓东　秘志桐　白　成　张乐涛

龚世华	傅晶雪	张样攀	俞炳	丁允梓	陈成	张娜	董斌	陈起	谢肖	卜佩璇	陈影
杨浩艺	浦鸿铭	姚嘉豪	钟彦杰	赵颖珊	杨亦晨	郭亦垩	刘舒	刘志亮	刘雅杰	吴熙	吴勇
杨子杰	谢玙	房正阳	唐敦	姜杰东	李鹏程	肖锐	张旻烨	常文英	黄芙蓉	王帅	王月
陈喆	马思源	郭润晨	徐浩源	张子筠	汪懿洲	王成	谭灏诚	吴小慧	申森森	王旭升	娄宁
甘坦	郝天泽	窦泽皓	傅瑞得	陈子昂	武夷山	陈奕宸	赵秀兰	林若韵	于小淞	刘王莲	周万强
周康杰	余璞	许东	陈子恒	徐祺	徐杨见琛	陈珺娴	荆慧泽	赵欣书	周彤辉	施江陵	赖书畅
李子辉	陈中柱	吴俊威	郑重	魏笑寒	程晨	孙德恩	姚泽凡	夏陈马雅	关键鑫	王茗涵	许佳儒
李泽兴	李昊亚	孙家进	倪成卓	周国庆	孟培坤	赵银花	行凌波	张蕾	陈召龙	马骋	董武杰
贾泽宇	高瑞奇	杨远	王逸轩	张嘉琦	于翔宇	吴珂	曹亭	周浩文	柳晗宇	黄禹铖	米天雄
韩啸	王诺舟	陈方轶	朱峰	杨云帆	蔡天乐	杜锦超	成挺	周涵韬	毛威	胡俊男	陈俊含
陈坤	纪一博	侯霁开	古浩田	刘上	肖新宇	靳汝湄	彭诚	张宁	封凡	胡铭秋	李辰帅
蒋易惊	赵嘉熹					陈昱光	徐紫菀	常泰维	董学洋	高田昊	欧阳一夫

物理学院

李菁桢	韩中东	曹端云	曹启韬	段雪珂	葛佩佩
张国瑞	李文明	韩晓亮	汤雨诗	陈优帆	刘鹏
弓正	陶立	王虹宇	孙萧萧	王睿	祖帅
骆德锟	任霄	赵欣欣	袁伟	刘易	汤富杰
王鹏捷	吴嘉懿	侯瑞祥	刘力谱	戴攀曦	盛经纬
曾凌	秦伟伦	陈婷	谢柯盼	张鹏	李晨光
王凯杰	肖轲迪	汪知昌	任政学	陈志强	王佩佩
龙云飞	方凯生	王清	杨越	万逸	王所
骆佳伟	边珂	张帆	杨京寰	王健锋	周智勤
郭彦君	李琼	倪睿婧	梁卓轩	朱晨玉	白怀勇
韩冬	黄超	赖有方	孟凤凯	王士博	薛兴泰
章亮	梁艳霞	刘轶男	程倩	邵陈获	池骋
李鑫	林本川	许博岩	樊振豪	杨斌	胡召一
邵珠印	马扬	吴鑫辉	江鹏	高宇	孟聪
赵思齐	胥恒	张黎莉	王云祥	沈传杨	魏强
赵怡程	王非凡	熊超	牛文奇	陈偲涵	潘岱松
郭阳观	李嘉宇	胡泽远	梁致源	王天也	成星
朱哲毅	袁智扬	洪佳韵	郭伟轩	王希睿	孙金钊
罗杨程	赵辰宇	李博婷	邓翔天	杜世康	赵雅歌
曹睿枭	黎旭翔	李智慧	冯钰庭	司懿东方	殷若瑜
胡京津	李克谦	胡杨林	鲁双源	赵今超	杨帆
邱露颐	陈伟杰	邹瑜	傅浩宸	张哲宇	秦光辉
王天乐	许昭鉴	毕嘉川	刘越	张波尔	高学诗
许英伦	唐佳奕	彭朋	朱杰	李方闻	言浩雄
云沿淞	李瑞晨	汤玮辰	尹超	刘子鸣	聂彧奇
唐钺	姚睿骁	张思维	王海鄰	胡文翔	钟晨皓
俞钟承	何必硕	李鸿丞	周天罡	韩政沅	柳博
郭世安	王瑞琦	李玉童	亓瑞时	杨璧瑞	郭金康
李智超	李嘉轩				

化学与分子工程学院

林廷睿	刘卡尔顿	卢阳	赵自然	艾万鹏	戴晶鑫
王宇豪	谢霞	熊锦	袁浩森	张丰	张先浩
赵秋辰	赵子丰	周胜	常昊婧	邓兵	顾春晖

生命科学学院

方润	马翠艳	杜小敏	黄凡	张园园	蒋陈焜
刘悦晨	邵昕宁	杨明轩	张禾	柳溪溪	迟王菲
杨传真	姜冬青	蒿慧文	郭心怡	魏梦萍	赵梓伊
宁小涵	宋靖慧	李莉	曾虎	陈西茜	梅龙
汤定斌	王飞	常蕾	冯烨	鞠艳敏	邱伟林
吴文波	熊梁尧	徐瑞丹	杨超娟	何涛	张东慧
徐至韵	蔡甜甜	李琳	张迪	窦圣乾	厉威池
孙妍	程振朝	林巧玉	李雯	孙绍强	魏如雪
孙雨傲	朱淑怡	袁玮鸿	陈姮玉	李雅鑫	岳宗伟
高云	李子逸	王子璇	刘斯敏	曹铄	刘周泽蕊
魏静怡	房苑	李诗源	夏宁静	王诗莹	张弘韬
李小雨	黄司昊	张宇博	谈嘉程	董梓琪	梅文彬
朱鼎天	李佳芊	鲁双嘉	全宇轩	陈泽欣	王依琛
宋凯宏	杨靖锋	黄润洲	李博	王闻铭	陈子玉
段佳丽	苏嘉昱	吴奕忱	简依敏	童谣	王天贺
刘舸帆	陈峻松	潘登	刘菁菁	彭嘉慧	范家豪

城市与环境学院

许重阳	王晓玥	黎明	刘伯初	陈康琳	李圣晓
要伊桐	焦扬	刘慧颖	李桐	钟奇瑞	卓少杰
赵明月	胡文欣	陈薇晓	黄天博	刘伟健	汪浩
刘强	蒋鹏	方琰	李新月	韵潇	苏香燕
吴舒尧	徐超伟	王瑀琦	薛婷婷	薄岩	徐炜
胡绪千	刘云鹏	谭卓立	吕建晴	叶子君	武旭同
葛世栋	李跃	符祥文	胡熠娜	马昕琳	董英伟
蒋丹凝	李东	熊韦	黎一鸣	白梦灵	郑嘉睿
林浩茹	赵晔	项苏楠	郭金鑫	徐帅	刘瑞
杨萌祺	孙轶斌	张雯逍	郑树杰	阮军儒	张晨杨
王鹭	高瑜莹	曾奕翔	周韫卓	孔德华	黄晓红

吴 双	尹肖恩	马奕欣	白云昊	闻人贝妮	曹妤吉
张可尔	邓涵朵	李 捷	金泽润		

地球与空间科学学院

高 静	陈 彦	张添源	肖彦君	任 杰	王 潮
张成业	翟卫欣	周 彤	杨 川	胡方泱	常丁月
王家林	付敬浩	王茂江	任桂平	史忠奎	陈 瑞
李爱军	杜书恒	叶云涛	赵帅阳	齐澄宇	孙元亨
冯 禧	黄亦磊	乔雪园	于 杰	黄圣轩	孟楚浩
杨金福	金 续	黎晏彰	周子闵	陈逸然	陈瑷瑷
吴桐雯	朱 翀	苏 悦	张婧雯	秦树健	郝以鑫
王舰迎	倪培刚	秦 敏	杨志强	柴宝惠	唐文斌
徐 严	刘钰洋	孙曼仪	刘志扬	苏瑞冰	石永祥
王 静	韩甲源	兰云飞	吴逸夫	康峻侉	黄知劼
柳晓萱	李 银	徐运铎	赵泽严	孟浩瀚	张家港
周思阳	武于靖	张思源	万紫荆	金 恬	杨德鼎
郭 浩	王泽鑫	林 荣	张 昊	李然好	靳立晨
闵靖涛	王冠力	常啸寅	王筱煜	江世豪	

心理与认知科学学院

颜志强	汪南伯	孙 岚	苏金龙	林令瑜	张吉远
张 驰	韩扬眉	谷静阳	牟惊雷	裴欢昌	王雅琦
温 旭	李红霞	郎峻嵩	郑 磊	王原野	毛新瑞
茅 静	王 瑾	纪丽燕	王 婧	李天碧	万熙宇
陈乐天	朱镜榆	顾 相	赵 楠	张金铭	郭天翊
张锡超	张馨遇	江皓斌	唐 斌	陈俊宇	周 然

建筑与景观设计学院

赵稼楠	孟斯岸	郝 晟	林诗婷	张静瑜

信息科学技术学院

杨文瀚	姜正申	张盛楠	王 昊	夏继业	徐晶晶
李旭楠	蒋卓轩	林锦坤	余乐乐	林佳宝	谭继伟
孔祥宇	李 云	赵钰迪	余美华	李骏之	王龙刚
李 帅	田 宇	邓可君	杨建楠	张 衍	江佳伟
何相腾	方 聪	吴建龙	徐威迪	宋 涛	陈燕辉
唐志强	杨 凡	蒙萌萌	郭少锋	沈 磊	周晓梁
石琳琦	程晓亮	黄 东	贾德林	林再盛	王 干
李锐杰	周 一	林宇澄	何鸣晓	刘子钊	沈戈晖
魏亮晨	辛诗苑	许奕星	殷明慧	张梦帆	赵 彤
白茹梦	陈菲雅	黄 腾	赵 澈	杨廷翰	董自鸣
李志伟	阳庆红	杨瑞超	江忻玺	郑淇木	周晓慧
艾永琦	衡 稳	陶 砺	谢 澜	杨叶康	成 丰
李 赫	李振宇	都长平	潘 石	陈子扬	陈东维
马德红	徐梦炜	丁 琳	向国庆	汪权彬	吴 梦
徐楷斯	黄庆博	曹俊杰	徐泽厚	孙鹏晖	杜华阳
张 霞	刘强强	兰兆千	娄一翎	陆 璇	高云峰
李忱家	王金予	赵鑫泽	马树铭	高健博	邹红叶
向耀程	刘雨轩	宋思捷	陈子萍	秦海芳	禹宏康
张炜其	李宇琦	刘 璐	白彦威	张 涵	董俊辰
张立忠	宋 宇	王宝吉	许兆鹏	田树一	陈 伟
陈震鹏	夏乔林	杨 帅	李慧津	袁晨阳	沈 洋
唐 毅	吕凯晨	方旭旸	许鹤馨	郑佳慧	刘汉彻
黎才华	林心宜	吴萤西	吴文俊	姚 洋	曾沐焓
邵昱桐	于晓凡	吴瀚翔	刘 晖	周 洋	王易檀
王子宁	马 荣	王欣欣	李红改	林正晗	谢 旭
刘春晖	郭思敏	魏姚瑶	徐子扬	陆怀希	陈海涛
徐 达	陈 鹏	买钰鑫	孙靖渊	朱孟泽	贾仲凡
张煜皓	孙新昊	金逸伦	郑钦佩	宋永鑫	陈睿聪
吴昊泽	陈逸凡	梁 政	田晶晶	吴 越	张之远
邬椴鸽	徐 晟	戴 拓	孙之清	李卓翰	杜昆泰
代达劢	皮 旺	陈颖婕	吴 侃	曹胜操	秦雨轩
宋博宁	刘 辉	郑思泽	韩佳良	于力军	张茂森
林 阳	于筱涵	肖特特	周清逸	张一舟	朱琪豪
杨庆龙	孙闽旎	刘瀛成	苏嘉俊	吴 越	张云帆
邹雨恒	龚林源	吉如一	邓康乐	季卫明慧	朱 浩
刘翊邦	费天一	麦辉煜	林 涛	杜尚宸	史晨策
章沈键	吴润迪	胡煜章	朱熠恺	叶思源	吴子航
刘 潇	吴克文	张 航	胡 楠	霍明佳	林天梁
张天远	谷典典	陈宏鉴	程 晟	李 拙	曹 响
张 鑫	胡家琛	张海林	盛楷文	袁志超	贾伟杰
曹 苊	马知遥	张潞璐	冯浩然	王昊宇	孙凯风
庞子奇	关乃清	夏 宇			

工学院

陈 煜	袁 越	曲 娜	张兴玉	吕跃祖	王 芳
黄泽文	赵亚萍	杜 娟	余 龙	吴小虎	游加平
国晋菘	吴 昊	冯宇婷	梁 霄	杨宏韬	王嘉宇
陈军伟	余 彦	宦 强	江伟权	鹏乃夫	程 斌
严岑琪	汪 硕	方浩明	储昭强	陈云天	孟 晋
王 蒙	赵雨浓	杨艳涛	赵羚伊	吴松杰	
Bhattarai, Pravin		张 聪	闫 琛	罗 鹏	郭文臣
李 莉	岳 斌	张智琅	吕 帆	张 静	王 琦
陈倩滢	陈 梅	陈怡华	武逸峰	黄 欧	谭杰夫
段 野	丁 浩	冯韵迪	张明煜	邱凯旋	李雅娜
汤斯奇	王强中	张兰馨	刘晓德	李海月	刘 鹏
张 雷	孙 翰	朱晓映	夏荣煜	刘 杰	熊诗颖
王 伟	周金辉	章盛祺	樊振强	侯江东	李笑含
郭鑫星	彭 欣	胡枭汗	李强强	马 鑫	钱佳琛
钱 敞	王子琛	滕郁骏	应亚宸	庄煜洲	周 蒙
费 渝	张 琨	谢书猛	刘嘉牧	余昊明	朱守宠
吴若楠	张傲杰	赵 枫	鲁云龙	宗雨健	李振文
刘彦江	黄楚芸	卢思睿	张瀚文	林冠达	许逸伦
付思杰	徐劲草	邹正明	张 文		

软件与微电子学院

杨月洁	郭羽健	高星露	陈雅宸	陈怡洁	王 雪
张 静	余凌菲	彭 凯	金雨晴	陈 曦	杨舒涵

吴 超	李炜钊	席冠宇	张玉灶	肖小欣	吴 超	张 帆	梁 丽	杨思思	叶唯简	覃芬芬	张菁洲
王文华	王思敏	尹梦佳	朱家欣	张治邦	张富炳	钟灵瑶	张泽宇	杨熙程	李文曦	刘运晨	杨悦施
马秉林	刘 聪	张汶琳	赵仕琪	李金哲	孙 武	林 立	张 萌	彭一沁	柳元华奈	林爱霓	周靖雯
沈宏轩	冯继恩	任星彰	陈庆平	陈晓言	陆 睿	李泓霖	吕思婷	唐 琪	肖梦舟	李衍颖	刘明洋
张晓瑚	许繁华	魏安康	傅铭祥	张立勳	盛林林	邱彦琦	王卓远	王兰苓	董晓梦	张汐莹	陈敬谦
张朝卫	徐加成	李逍祥	陈 杰	武文嘉	卜宏哲	陈雪玲	吴清前				
李 斌	陈士海	周 望	李泽铭	康正伟	郭梦瑾			**历史学系**			
常瀛修	张晓娜	徐翊榕	王哲强	王赫楠	刘 奇	谷文文	谢能宗	柴 芃	曹金成	高翔宇	刘 浩
郑 磊	赵 东	王旌鸣	邱玄伟	张 楠	赵奕明	印 驰	单敏捷	梁馨蕾	潘 敦	刘 敏	陈 航
彭立彬	夏丹伟	唐荷茗	宋 瑜	刘年晏	才 卓	杨 茂	滕凯炜	王梦醒	张 弛	贾月洋	王一哲
张晋熙	杨永帅	徐新坤	刘家瑞	王 志	王陆宇	祁丽媛	陈祥军	李姝凝	王 尔	陈少卿	邓 成
蔡佩莲	秦 楠	张丽颖	张定发	李 赫	华传洲	尹明慧	高正亮	滕 菲	胡 斌	张悠然	陈 倩
任亚辉	缪 浩	闫思宇	冯小飞	陈叶菱	成相翼	黄承炳	陈 希	寇博辰	林巍宇	车佳敏	陈 皓
李 塱	李 丹	李 硕	孙艳峰	李文婷	付 彬	王 溥	黄天宇	丁国宗	时硕晨	孙唯瀚	王琚媛
蒲中柱	吴若瑜	王兴龙	杨 勇	李存伟	李依柔	徐一臻	陈思危	李孟泽	王 苗	王牧遥	林咏莎
夏海蛟	迟蕊沂	罗 琳	李素琛	唐小媚	唐嘉良	王嘉锐	冯斌涛	刘 霆	王子月	于 悦	王佳丽
刘伟伟	刘 鸿	王柄焱	李 玲	黄朝镇	郝昊天	邵如阳	李博涵	张浩天			
龚安琪	周子怡	马俊明	苏丽丽	李悦宁	彭 晨			**考古文博学院**			
姚 莹	姚慧敏	杨 越	杨亚杰	石 鹏	渠远航	范星盛	李昱龙	李 楠	张保卿	赵献超	张天宇
李 婷	吴铭英	王翔宇	黄国强	白 洋	桑海静	何 康	胡文怡	刘 拓	季 宇	张 吉	邹冠男
张亚通	孟学成	冯 征	马勇强	郭雨琦	冯 政	郭美玲	王 晶	刘亦方	杨若梅	管文韬	李 芃
杜知昊	田 青	刘 畅	冯 叶	张 宇	张 威	陆文琦	林 忻	马 力	崔孟龙	肖红艳	吕雪妍
秦米佳	韩 秋	冯 燚	朱亚卓	杨 斌	杨 珊	吴琪瑶	李春霞	侯柯宇	王可达	杨 俊	李嘉妍
张 珺	王丽君	付 强	曹翔东	唐 岩	张 翔	霍寅辰	羽紫琪				
苗 增	万涛涛	张思顿尼	孙小茹	柳 丹				**哲学系**			
		环境科学与工程学院				王生云	李天赐	钟治民	夏蕊泽	陈少卉	杨祖荣
李冰心	秦孟儒	魏婧淼	熊富忠	周宇轩	别鹏举	王 钊	杨偲勖	张茂钰	宫志翀	郭建斌	黄光旭
黄倩倩	刘树枫	文 雯	刘心怡	王海潮	吴 桢	许 玲	董 皓	毛蕊洁	王子剑	朱思婧	王冠军
付正辉	李宁宁	周丽玮	赵嫣然	蒋青松	代天娇	仲 威	朱子建	姚裕瑞	陆 炎	李培炜	王一楠
杨裕茵	郑云昊	张博雅	何 蕾	王玉珏	李梦仁	吴 娱	田 妍	朱 欣	胡兰双	申 琛	李 源
陈肖睿	范茜茜	刘福洋	李垚纬	童天丽	陈 翔	李伟伟	刘 莹	陈 栋	程 翔	王书文	徐玄灵
井泽华	张朴正	吴雅珍	胡裕民	武俊宏	张鼎怀	刘名再	康维阳	刘勉衡	朱江成	闫琦琛	张高博
袁沁妮	那天行					李浩田	山 冲	钟孔鹭	杨致东	谭依瑶	姚 瑶
		中国语言文学系				丁毅君	舒 展	岳鹭遥	肖明矣		
孔凡娟	刘 彬	宋 雪	陈琳琳	李远达	王玉玉			**外国语学院**			
薛 静	刘 文	倪志佳	高 策	付丹宁	欧阳月姣	严赋憬	刘 虹	田文娟	万秭兰	刘丽文	张雅能
叶 青	张明瑟	张鹏瀚	程珊珊	邓双军	王 璐	程 露	刘 畅	申明钰	闫敏佳	张 磊	卜晓晖
夏 雪	毛锦旖	杨 宸	蔡谨竹	王 璐	唐枭雄	翟新超	康乃馨	张晴晴	黄 蓉	唐嘉薇	薄一荻
袁乐琼	张文倩	张夏妍	王 鑫	高 源	吴南开	时 秋	潘啊媛	李桂东	程 烨	赵美园	杜贺裕
袁苗苗	杨 柳	邹 翔	华天韵	刘 佳	周 琦	朱若菡	王 晗	甘文雯	刘雅悦	马 骧	向 伟
项 蕾	赖 婷	樊迎春	郭天骄	李晓蓉	雷瑭洵	况霍凌霄	李夏菲	闫颂阳	涂瑾瑜	张叶秋晓	
李 巍	叶述晃	徐慧瑶	何诗航	周 旻	李宝蓝	张智颖	王乃伟	夏 琪	周春悦	刘小青	李贝贝
张 彧	李 涛	李亚祺	俞明雅	苏 鑫	王敏琪	张 婧	高泽宇	王 欢	后博文	尹子尤	陈志男
赵诗情	张 钊	毛士奇	郭伊阳	张 亿	杨小又	裘蓉蓉	谌皓碧	叶田恬	朱亚洲	冯舒琦	席琪婧
汪芯竹	姜 蕾	王远平	杨 丁	王可心	金琪然	顾莘亭	陈一帆	黄韵颐	李雪冰	戎思蘅	刘思聪
张家昱	黄敬凯	颜嘉慧	张颖惠	于欣池	罗 倩	何俊德	温华翼	胡佳典	陈卓涛	冯泓宇	江 澜

王嘉璐	张雅迪	胡榕	邹文卉	范开歆	郭笑遥
史雨晴	孟瑶	单晨	李旖旎	曹雨婷	陈庭羲
向嘉炜	葛思嘉	李陶源	卢宇嘉	王子璇	陈雅园
郭珂	向洋	杨依然	麦博	唐慰廷	尤丹倩
陈若蕴	潘昕宸	王舒羽	胡沭	夏禹	魏子义
倪梓璇	张皓莹	胡敏	梁佳成	许馨匀	周子楠
郑可欣	高扬然	陈方骐	文鸿志	章震尧	苏冠宇
刁慧琳	黄莉欣	阮筱姝	朱科萌	尼森	殷达
王雅丽	吕婷婷	梁颖怡	杨婧		

艺术学院

黄钧妍	徐蛙敏	蔡一晨	梅琳	阎家璐	王硕
王汉	艾欣	冯晗	张婷婷	薛熠	天格斯
王乐	孙茜蕊	刘芳宁	黄露莹	刘展宏	冯艳丽
高逸凡	漆袁雯	康笛	王伊	张泽君	何愉棋
王雅涵	郑雨琦	朱也	朱钰	张艺璇	周若瑾

对外汉语教育学院

蒋一笑	杨鸿禄	陈诗琦	邓彧君	丁丹妮	谢晓萌
刘路	洪韵雅	陈明非	张钰钗	于小珊	顾逸超
陈琳	姚秋宇	李姝姝	谭海瑞		

歌剧研究院

王冬	张龙

国际关系学院

谭星	王丽娜	曹德军	刘晓伟	孙大权	杜哲元
王雨菲	白云柯	耿炎焱	尚逸峰	庞林立	郭大平
陆凯蓉	连晨超	金美丹	马逸凡	杨黎泽	康朴
杨丹妮	程梦圆	吴诗卉	刘庆龙	梁嘉泽	吴昊昙
罗撅玲	刘晨曦	朱晓凡	刘宁	张雪	温晗静
李卓	甘楚巾	杨晟子	李婷	朱文玥	张天禄
吴谆	石可可	金佳莉	王碧佳	徐雨佳	王超
杨子欣	陈勇	丰峰	高绰璟	王璐	刘今
胡正琛	黄蕴仪	于飞扬	尚旸	崔晓欢	傅泽雨
于脱颖	李子沛	陈震坤	郭惠清	姜孜元	胡敬壹
博尔琛	陈柏男	宗晨曦	梁舒淇	王泽萍	曹湘宸
郭家书	赖雯燕	柳凌华	朱睿	罗波伶	周可
张燕临	李天旭				

法学院

唐俊烈	唐克威	田娅娟	王铧翊	杨春白雪	杨璟颖
翟志杰	张莘	赵轶君	庄慕平	曹芳	曾诗洋
曾文文	陈洁	陈敏	陈毓坤	程娇	赵育才
冯文琦	郭鹏	黄其杰	姜军	蒋睿鹏	李梦可
李蕊	李玮	刘伟	孟维治	沈祎	施洁雯
石伟	孙经纬	朱学磊	金曼	袁琳	王首杰
吴凯	张钰羚	王栋	蔡元培	孔令勇	廖秋子
李敏	王晓萱	武宁	林舒阳	何朕	唐诗
卓懿伟	祁慧	张晶晶	谢捷	汪怡安	黄时烨
王天雨	曾田	张恺簧	于文林	徐盛阳	任孝民

彭雨晨	罗远	刘冲	郑心怡	郦栋烨	宋璇
陈兆贤	陈冠琪	张璐	李亚鹏	喻清	陈雯怡
刘一玮	刘译矾	夏江皓	肖娇	孙梦迪	苏冠群
任雪彤	庞颖	靳澜涛	王盟茹	黄宇骁	王琛
王咪	易鸽	徐梦堃	姜宛如	郑力海	田浩宇
王旭	刘宜矗	李佳澎	汪睿恒	张维营	徐影
朱颖	邓伟	郭昌盛	李大何	戴玉婷	苏林璐
杨祖睿	李鑫	张仕锦	熊锦妍	李思颖	刘力帆
李一鸣	徐蕾	陈陶	姜琪	贺予希	阙涵宇
刘颖	朱梦圆	施明宇	丁卉	朱笑芸	杨嘉仪
胡敏喆	杨杨冬琪	林茵琪	袁艺殷	李昕航	王艺楠
田园	严丹华	雷琦	李枚远	包思雨	孙笑涵
梁雯菁	范月影	陈婉婷	钟鑫雅	郝家慧	张集森
李妮	孟繁哲	张一舒	彭雨溶	宋熠雯	张玉琢
陈英齐	陈卓唯	丁晨妍	路自宽	陈璨	于楚涵
杜中华	刘维希	徐章航	李秦洋	罗威	杨润润
俞笑	徐紫寰	蔡云飞	柳昊芃	柴萌萌	周宫炜

信息管理系

梁宵萌	赵怡然	王伟	孙家璇	陈美华	曾丽莹
王若佳	赵晓	安佳鑫	秦玥	油梦圆	赖纪瑶
赖婷	邓灵敏	严心月	蒋天骥	祝晗	黄骁
杨明仪	张瑶	车尚锟	杨子傲	钟嘉豪	陈诺
高铭	邓寒	高嘉骐	姚贺源	李孟阳	杨旭航

社会学系

开源	赵代博	贾晗琳	孙朔晗	王文澜	张巍卓
张浩	秦鹏飞	金炜玲	周兴晨	吕园园	左雯敏
刘仕豪	韦晓丹	程云飞	陈子晗	李永真	邹璟怡
尚书	吴柳财	符安之	黄鹏	张昆贤	黎书豪
孟奇	曾卓	王屏	张心宇	宋丹丹	代小雪
赵启琛	钟萌之	李晓雨	戴权益	杨锐	孙梦圆
善禹菁	付骥潇	赵珮昕	罗漪涵	冀星	肖亚宁
蔡洪波	邹靖	贾宇婧	玄子奇	王子豪	

政府管理学院

毛丽娟	彭金波	徐珊	王振宇	郭科	季程远
刘舒杨	彭云	张骥	董志霖	郭晟豪	高波
唐秀锋	王致博	王斌	武雪健	何邦振	张钦惠
刘海文	李闻笛	姜子莹	夏梦美	尹翔	黄昱然
谢予昭	郭宏樟	李梦瑶	李广兴	王俊	李磊
王怀乐	马乐	郑雅文	陈俊廷	彭志斌	姚昕言
张越	陈耕	袁旋宇	马若凡	郑韵含	宋颖妍
李照青	何琦	吴笑葳	史俊杰	苏中富	吕爽
马婕	张耀之	黄浩	刘怡君	沈奕彤	戴文奇
杨皓然					

马克思主义学院

华安	周东娜	易佳乐	任远	周龙辉	李亚男
樊静蓉	张泽坤	邓佳	何二龙	卢尚月	

教育学院

吕 莘　张必兰　何冰冰　徐 颖　王小青　刘彦林
孙永臻　肖 阳　高东旭　靳慧琴　李潇潇　杨海燕
丁洁琼　刘 霄

新闻与传播学院

翟秀凤　周 煜　卢南峰　姚 源　杨若兰　宋子节
季佳歆　许 诺　崔晨枫　马丽娟　童淑婷　王 琪
闫 皓　黄展豪　曹 星　佟金恒　田蔓菁　王 洁
陈雪梅　任雅菲　田丹迪　赵 坤　张 琳　顾倍源
熊成帅　徐仕佳　蒋乐来　杜羿萱　周 洁　何丽琼
年 欣　郑江浩　荣赛波　张泽钰　张 良　许慧娟
罗 毅　林 松　鲁雨锦　邹慧玲　邹 彤　蔡雨洋
冉雅涵　吕惠之　杨 泺　张嘉媛　刘子晴　阚佳欣
何心怡　胡雅琳

体育教研部

邹昀瑾　丁怡清

新媒体研究院

柏小林　赵珞琳　邓 筱　王学琛　及 桐　刘松吟
赵加仑

经济学院

易 天　张晓云　张轶龙　钱嫣虹　秦 云　郭 婷
余 航　侯思捷　张宁川　罗 娜　何西龙　唐奕波
郝艳东　谌泽昊　康倬群　钟泽铭　吴若璇　晏珅熔
吕有吉　韩 笑　张中弛　谢 杰　吴嘉卿　邓尚律
李玉婷　张 昴　黄雪菲　严云扬　陈嫣然　陈雨露
吴海青　李 仲　沙学康　郑艺伟　尚用馨　陈丽丽
詹佳佳　黄 叶　汪 煜　刘铮婷　韩清扬　吴雨桐
王梦笛　成琪然　李文康　邹海宁　赵煦风　贺 琰
关焱天　李 真　王志明　吴宏毅　谢潘宜　樊思鸣
贾 蕾　张瀚垚　邵锐成　奉恒纬　程陶然　马张弛
朱可彦　唐思勋　毕 悦　李江江　黄苏荣　倪文青
张蓝月　谭安然　尤 浩　寇腾腾　葛鑫杨　孔曦晨
洪欣欣　孙雨辰　李静昀　孙 琦　刘 琪　秦 颖
夏 楠　沃 迈　顾诚阳　孟星辰　朱 彤　王品达
陈即安　黄 茜　张晓榕　胡峻熙　夏宏远　李沫含
杨昭力　董婧延　张亦抒

光华管理学院

陈 康　余 音　李沙浪　廖 博　唐 瑄　何 捷
王雪芳　刘靓晨　王百强　曹光宇　黄 楠　刘 畅
朱菲菲　金 苗　刘海洋　邵如琛　余 雷　高 卉
胡琼晶　李隽卷　陈 渺　王博文　宿家瑞　潘沛宪
刘恬静　杜庆玲　黄宇健　方静怡　于雅菲　许志超
苏梦泽　任图南　周慧珺　李元雨　邓 喆　余伊琦
许 可　赵扶扬　洪润泽　王秋霞　张 烨　赵嘉琪
郭 理　褚旭斐　杨雨菲　施恒彬　张一凡　刘 悦
管经纬　李 力　胡邦毅　郭弘毅　冯 桓　陆 阳

莫思纯　王 颖　马 骁　李世豪　罗楼心　陈 磊
苏祖弘　白静雅　孙逸非　王文博　冷文浩　蒲定磐
林心悦　汪嘉倩　魏 卓　侯 越　唐艾妮　李 琳
邱昕瑶　周一航　秦 瑜　杨 巍　缪劲松　陈楷民
刘子加　何昕迪　毕新宇　朱婧姝　宋甘霖　傅小勇
白礼晴　寇雨婷　柴冰倩　李任平　俞 燕　晏子清
马 婵　沈李美慧　刘旭阳　黄一泓　谭天禹　孙锡萌
尼艾含　朱宇昕　袁清晗　赵昕玥　冯沁雪　冯涵嫣
王瑞瑶　马 悦　赵芸笛　王一凡　齐 雯　梅一伦
张凌瑄　胡 昊　郝若男　肖韦俐　孟舜英　史雅菲
马德隆　陈晓珩　梁 煦　欧 一　唐皓昱　常啸天
李可航　侯秋昊　卢礼威　李泽远　何玉麟　杨梓琳
邱钰清　孟德远　张诗媛　张瑞萱　滕 冉　马诗阳
沈铂涵　徐 豪　李敏宽　张俊锋　翟旭扬　姜 畅
席子涵　朱子沛　谢笑旸　杨成琳　赵 晗　曹成龙
徐铭威　邰梦玥　赵焕如　李庆泓

人口研究所

温 煦　罗雅楠　樊儒经　王 然　马德芳　王晓玮
李佳怿　丁若溪

国家发展研究院

王 出　徐 涵　陈思雨　段晓豪　李 岩　刘晓莹
祝辉煌　沈惠知　高 珏　孔晓婷　胡志安　李诗云
张治琛　许 多　关宝珠

元培学院

张浙航　王彬旭　何臻智　赵宇飞　吴明琨　谭祎宁
黄北辰　王子蔓　赵伊曼　吴语嫣　常 颖　孙一先
程 宬　许霭浡　黄文力　熊熙然　秦 臻　孙 菲
向志华　黄殊晏　万中一　林梓熙　李嘉文　胡梦雪
王孟儒　许子平　沈浩然　户俊鹏　曹林菁　苏 涵
伏贵荣　葛 楠　梁璐琪　张欣妍　梅鑫洋　王东宇
沙 非　刘书颖　蔡雨玹　窦文韬　马梓涵　张冠鹏
惠雅婕　汪 毅　郭 奕　郑 粤　李倩怡　张煜婕
楚显琨　安桂沁　陈丁香凝　宋英齐　贾文佳　郭嘉明
张烨垲　高 孜　赵天洋　张怡文　林紫君　彭念念
毛基恒　倪彦俊　秦林峰　毛 展　付昊皓　唐 妍
李晨光　张习书　姚豫飞　韦苏婉　潘新宇　韩思岐
于佳永　刁怡文　陈泽均　王思彤　戴洋港　马欣然
黄楚妍　王亦丁　刘婧姝　段雨璇　张瑞石　程翊华
苏 睿　陈思禹　朱寅杰　方嘉齐　章炜翊　郑新异
段敏萱　卫珉璇　苗翔宇　李涵渊　罗乙童　管鸿钊
杜 翀　魏 来　刘彦麟　申智惠　杨其方　李 博

燕京学堂

波杰西　爱 理　陈 炜　牛弘昊　付书娜　周天尧
章柔怡　胡晓艺　顾清扬　江安吉　侯 佳　钟 京
邓程程　天 佑　孙洛苒

前沿交叉学科研究院

郭潇　陈艳敏　胡玥　祝融峰　杨李　于俊韬
张鸿敏　张志博　朱秦毓　庄申甜　何康　梁浩
刘璐璐　彭勇　施逸豪　时旼旼　苏哲　王杰
王卫华　李梓维　周旭　亓月　田莹　贾凡
刘旸　慈海娜　张金灿　张哲朋　赵思源　孙潭霖
张嘉宾　丁廉　徐优俊　陈一欧　韩起明　冷赫
李瑞风　李雯雯　林泽川　全天飞　宋阳　田永路
熊旭深　袁凯　赵伟　谭聪伟　段元格　林潇
田丰　余先红　周文昊　吴润龙　陈学先　张超
柴巧会　宋启迪　王协盼　张益豪　方伟创　赵奕玲
林锋　范盈盈　刘春宏　刘琨　陈明明

分子医学研究所

李明立　赵志华　戚文峰　高凯瑜　闫晗　薛凯丽
李柳菊　张晓姗　赵宏　杨杰淳　吕佳　段菲菲
袁野

深圳研究生院

邵文斌　唐光辉　郭标　徐韬　陈航航　张晨
张浩　王伟　吴光周　包诣函　章慧珍　袁甜
张朴华　蒋毅　刘晖　钟奕纯　高融坦　郭怡彤
罗步景　邱成　徐睿　徐文静　姚爽　陈炜琳
韩谓　梁晨阳　刘宸缨　胡丹　李微硕　梁婷
廖志强　包恺　蔡雪　陈思成　卢奥博　秦士杰
卢鹏　马一华　许朝军　贾敏　张熙　李英祥
李玉　李志姣　刘馨宇　王凤阳　林歆睿　刘怡萍
张莹　毛赞富　孟杉　邵明夏　孙士林　王晓璇
熊莹萌　徐凯舟　徐梦辰　单良　曹镜明　郭晓敏
杨超　张健　邓志聪　杜明怀　何佩　姜欣欣
李一丹　卢晔　伍惠子　张杨青　周怡彬　郑欣嘉
朱留声　徐鹏　刘德芳　刘同超　江东　牛昭
牛志远　秦龙君　王经臣　王前　李俐娇　李杨
施偕里　杨渊　张泰玮　招熙琳　赵情　周杰
白燕　范梦迪　郝磊　楼燚航　苏琛　王代银
王迪松　张奕豪　钟尚儒　张运崇　曹阳　陈家辉
王霄　吴谦　徐汀　范逵　闫冠蓉　赵旭
包无瑕　郑晓梅　苏艳平　李想　吴陶然　陈雪
林祥凯　谭诗凡　袁毛宁　孙艺玲　靳兆晨　都闻心
闫立志　付灿苗　王平　安子轩　艾抒皓　陈创
詹筑京　熊延深　易芯　蔡泽彬　唐敏　麻岱迁
张静　王晓明　綦郑潇　石雨翔　乔莎　王倩倩
纪雪云　顾晟　黄靖佳　庄苑文　孙植成　潘文敏
王卉　皮嘉勇　曹珺然　蔡晓丹　黄均荣　李炜棉
赖宝玲　彭思宇　成铭　赵岩　张曦文　吴洋
蒋艳红　段瑶芸　朱丽娴　余敏　邵薏婷　郁文
朱莹莹　王佳易　国政　王力豪　李昱洁　杨育坤
肖康林　韩煜　冉璐　李琳霞　孙歌　林笑琦

杜幸芝　熊思琴　胡广晓　王珍　苏泉　韩佳运
扶禄城　李军祥　余巧垠　王子剑　王雨婷　熊略宏
郑君健　王咸钟　秦杰　冯波　曹润泽　余政
侯忻妤　衡喜丽　张泽宇　梁欣悦　帕维娜　王雪刚
张威　杨凯　杜春晖　邢倩　杨光　张璐婷
贾宇博　陈风雅　翁谋毅　曹开拓　姚飞　王卓
罗文　文纾可　金超　吴昊南　罗莉莎　张哲源
司岩岩　陈勇吉　姚晓东

基础医学院

周骏拓　李扬　于震维　安宇　刘莹　杜宁宁
齐雪唯　陈然　苏明泽　张含　耿晓强　叶晖
丁慧　周滋晶　赵扬　郭翔　赖建豪　许晨彤
郑璨　吴浩铭　张添卓　耿子涵　尹昂　贾一挺
杨卫利　俞冰　刘跃峰　张兴中　丁亚骏　连冠
刘诗颖　曹阳坡　刘雪静　曹滴旎　朱素杰　翟子超
杨建国　张卓君　李莹璐　詹相文　黄道园　江颖颖
范晓岑　田纳西　霍然　景虹波　许永杰　苏铭
刘璐　张明智　刘博雅　郑娇娇　赵超然　姜海
李雪映　黄丹丹　顾友余　俞双双　黄杨洋　何舒雅
龚泽　杨珂　王雪梅　王琰璞　章琳琪　郭雪媛
卢巍　宋佳　高佳宁　吕那云　郑环宇　张琛
孙舒宁　伏紫冰　顾洁予　张健维　邓心玥　陈雨萌
余坚祺　关苏敦　吴芃　董文欣　刘雪松　苏坤旍
王一铭　江雨荷　陈欢欢　彭扬帆　闻一凡　关筱媛
张文　岳慕心　张哲宁　贺淼　陈佳慧　杨凡
张钰洋　汪星霖　曾巧珠　王振帆　胡遂缘　杨臻
刘耘充　申宗颜　苏同　韩耕愚　覃一朗　蔡晨希
马一凡　马祝一　杨舒雅　侯玉珂　肖宇　韩冠鹏
苏晓凤　李慧　赵宁　周小婷　范祺　黄昕
郭澜　武娟　李小卉　刘创　叶项希　陈紫晗
苗欢欢　王佳佳　李吉云　李珂璇　黄姝伦　王鼎元
李可　曹梦奇　张生华　王迎南　李丽丽　刘轲
贾娜·木海　沙木哈·巴合提别克　陈瑶　翟墨
丁奇　张琳崎　王铎　侯嘉茵　韩通　张学超
张天旭　祖丽阿耶提·阿卜杜杰力力　董姗　滕霞
欧阳大方　陈欣婉　陈雨旸　张博　卞文杰　李德瑶
方位　胡雪嫣　张渝昕　李远婷　康晨璐　马丹宁
蒋旸　薛怡佳　周正涛　王智炜　胡玉鹏　李雅倩
潘孟乔　赵宁睿　张选俊　周伯丞　李金澎　张璐
李彦璋　吴冶君　张孟钦　黄齐　任佳雨　张展奕
刘硕子　周晨昱　李闻　朱科霖　伊喆　张海鹏
脱毓蓉　谢江淼　徐凡清　杨帅　金昭　党婉文
齐伟峻　张蔚　胡浩浦　李江　李晟铭　华文轩

药学院

廖理曦　马晓丽　孙婧媛　宋小敏　匡易　陈宽
张笑天　孟雨晴　钟婷　陈斌龙　邱崇　郭李盈

卜英子	李 骥	秦蒙蒙	黑 玉	刀愿坤	王超群
武瑞君	韦蒙燨	潘良坤	邱凌琪	梁启慧	詹 威
马 元	张 菌	张西武	张子沛	梁端韦	黄文慧
顾歆纯	何 娜	梁舒瑶	李俊蕾	海沙尔江·吾守尔	
范洪玮	洪 妍	郑丹萍	雷 丽	卜琦鑫	张朕僖
李志强	赖世荣	唐叔南	吴一鸣	张文杰	孟 坤
宋再伟	李晓桐	韩 琳	凌鑫宇	侯 宇	王 璐
王 宇	阳明春	陈永明	吕锦添	秦 川	李紫鹏
倪冰玉	陈 逸	胡利明	曹丹丹	戴偏玥	李玥璇
蔡冠星	吴 爽	梁钧銮	黄振城	熊剑亮	韩梦仪
麦艳娜	李克远	张晗玙	陈梅芳	谷延伦	郭昱辰
黄 涛	夏鹤铭	董 理	阿依江·伊斯马衣	朱宇豪	
杨 晔	李 铮	常丽颖	李雨琪	简伟哲	张守祺
苏晓璇	魏琦佳	李嘉嘉	梁可萱	王俊雨	王亚帅
王嘉程	于 晶	高义博	刘邦媛	高世桁	

公共卫生学院

董彦会	王 烁	徐荣彬	胡 康	刘胜兰	张 莎
杨晨璐	王菁菁	赵 琳	张慧峰	王栋芳	刘 硕
隽 娟	蔡 婷	程吟楚	项 骁	张 乐	孙 颖
马 俊	王梦莹	司佳卉	赵厚宇	赵文芝	夏浩业
何晶晶	火 达	申 鑫	孙美平	景日泽	王志成
彭丹璐	史 薇	张纯洁	张 慧	程之远	孟庆贺
陈 榴	任中夏	刘 姜	于孟轲	朱垚吉	张 宁
田 欣	魏玉虾	赵光义	李昕怡	朱 路	谌静宜
房庚雨	方 喆	王紫荆	徐金辉	王 实	王宗斌
杨 帆	姚晓莹	刘雅倩	张文楼	陈松建	王利康
付子璇	杜 敏	李妍玫	袁 硕	王 瑞	徐凌璐
王嘉豪	彭远舟	刘秋萍	李玉欢	肖 楚	李玥颖
陈文政	朱蕴卿	朱淑静	张蓝超	韩沛恩	于 欢
侯星朵	刘 巧	齐 彧			

护理学院

杜佳敏	刘珂珂	王 轶	李 洁	周 楠	陆薪莲
余欣鑫	金秀丹	徐安琪	杨 媛	张 楠	林 倩
赵雅洁	秦 丹	唐项涛	何学婷	王晨阳	肖海虹
谢威富	杨晓爽	王玉洁	张晓敏	陈相如	颜永阳
张靓囡	李梦诗	蔡 燕	杨 敏	于 淼	邹凯乐
李雅慧	肖红梅	张丰哲	张 利	符 鑫	张 乐
乔笑莹	黄 忻	郭佳影	庞金桃	张世翼	朱源棚

医学人文研究院

张靖宇	薛 晓	张 琪

公共教学部

全 芳	杨鸿滔	廖美霞	申舒廷	张森冰	邓奥弋
张 泉	陈 晨	郑 国	李明月	武一丹	姚秋琦
顾晴晴	陈素会	陆亦凡	刘 姝	乔 丹	李佳怡
马 尚	陈其佳				

第一临床医学院

宋丹羽	刘向君	张璐璐	关 豹	逄丽丽	李丽萍
张正奎	彭 鼎	崔 明	孙晓菁	樊 勇	张 达
吴 婷	陈 醒	傅晓娜	郭唯一	冀浩然	李红霞
王江宜	张仲斌	侯天芳	刘 明	李沁芮	顾秋华
周天瑜	易圣果	冯 程	鹿媛媛	杨 洋	陈善稳
吴培莉	薛 姣	邓 会	张 捷	罗 程	宋文静
施秋萍	王世轩	白坤昊	赵亚雯	王雅琴	曾 琦
欧尾妹	杨尧政	高 畅	贺丹眉	焦 洋	孔玉侠
魏雅慧	宋正阳	赵西璐	王若珺	钟文龙	周 斌
朱佳琳	姜雅楠	何培欣	林乐涛	洪 鹏	孙祎赢
杜毅聪	刘贝妮	张晓明	冯川琳	杨之辉	向泓雨
刘应南	马浩程	陈旭豪	李新飞	张文浩	崔 东
冷方达	李泽华	王竞雪	王兆伦	叶 欣	

第二临床医学院

苏 晴	刘以俊	张 思	郭延秀	刘奎生	李 明
石 琳	翁 鉴	李文雪	刘明远	高婷婷	林燕莺
刘佳佳	高学营	张 鹏	朱晓璐	卓钟灵	鲁宇青
洪 艳	李 慧	牛庆雨	许 晖	彭 芬	曹婷婷
任 欣	李 沼	陈家丽	额日登娜希	范 源	袁云雁
刘思尧	徐 帅	熊玮珏	孙泽文	尹伊楠	祝丽宇
张亦文	张 颖	龙绘斌	彭 鹏	秋宇典	花克涵
袁艺琳	符师宁	高子蕊	杨致远	程 功	崔浩然
皇秋莎	郭 莘	黄思议	孟漱石	刘凯琳	令狐丹丹
姚雪妍	陈妮姗	金铖钱	幸华杰		

第三临床医学院

刘冰川	张 稳	刘小燮	张晓圆	石媛媛	余慧镭
程 秦	刁文琦	高 帆	孙婉璐	廖艺璇	王河清
杨 宁	王文东	吴 超	管志远	杨 静	郑丹妮
李淑芳	叶圣龙	范蒙洁	姜蔚蔚	王艺萌	常晓丹
郭独一	刘容均	于 菲	汪羚利	高 娟	冯晔囡
赵梦林	王 丰	褚红玲	王晓晓	冀 拓	赵 晨
岑羽捷	聂 丹	温 越	王 奔	周柏林	袁 磊
邹 达	王震宇	马新然	周思宇	王宇宸	李 赓
张季蕾	林 矗	邢继尧	曹 汐	张逸璇	于 洲
张梦倩	刘雨诗	孟素坤	胡 静	杨馨蕊	刘芃菲
肖烨翡	李天萌				

口腔医学院

柳振坤	逄丽萍	王贵燕	荀 喆	刘文逸	宋莉莉
李 丹	杨 爽	郝柯屹	吕鸣樾	刘乙澍	苏 琳
张亚琼	杨文文	张 鹏	李永亮	马若晗	张 敏
曾 丽	陈 思	白云洋	汤祎燦	李 峥	刘 洋
郭润智	王高南	吕文馨	张皓羽	徐灵巧	文 曦
朱 林	靖无迪	孟沛琦	魏冬豪	刘颖君	王睿捷
刘若曦	王延峰	白珊珊	郭雨思	刘 朋	钟雯婕
杨 洋	张一凡	吴季霖	富晓娇	胡耒豪	姜 淞
张云帆	徐田松	黄华明	李梦迪	汤梓艳	郭燕宁
陈俊鹏	陈 鹏	杨雨卉	黄 燕	毕丹丹	张凌云

马珂楠　林芳汝

临床肿瘤学院

张攀攀　孟　桦　石　琦　于思帆　张　媛　石　晨
付　佳　于佳怡　吴晓雯　刘　菲　李　佼　王雅坤
吴　思　张盼盼　冯冬冬　傅润甲　杨　洁　徐　婷
冯君楠　乔　梦

精神卫生研究所

刘静然　孙娅京　潘美蓉　黄冰洁　徐德峰　岳晶丽
范自立　罗翔升

中日友好临床医学院

杜　雷　王　涛　时利军　邓　维　张传鹏　牛宏涛
鲍　林　顾鑫蕾　禹汶伯　何宇辉　温　悦　张　颀
黄杨钰　曾宇麟

第四临床医学院

武　斌　王　玲　戴一博　常徐尧　潘少容　宁　昕
陈盈宇　谢　通　张　铨　果　佳　张　晗　郑　岣
边　涛　孙伟桐　郑汉龙　王　颢

第五临床医学院

蒋岩岩　梅　迪　田馨园　史林平　申致远　李　明
马嘉健　黄新绿　程嗣达　续彦婷　李　佳　鲍予颀
艾　忻　韩雅婷　李怡婧　文鹏飞　李梦蕊

第九临床医学院

金　丹　刘志晨　王　芸　罗　楠

深圳北京大学香港科技大学医学中心

陈伟荻　刘雅菁

航天临床医学院

孟晓暄　韩柏林　卢亚辉　宁　洁　张　悦　史安腾
何妍君　许雍棠

首都儿科研究所

李　丹　于方圆

深圳医院

姚　绿　贾静静　李晓坤　孙军营

地坛医院

周　利　张曼卡

解放军302医院

孙子健

解放军306医院

董颖婕

回龙观医院

张　苹　张　琪

优秀学生干部

数学科学学院

刘立伟　徐鹤元　俞辰捷　叶　帆　赵朝熠

物理学院

赵　辉　孔凡航　黄彦琦　屈　苗　杨　涵　李聪乔　魏凡粟

化学与分子工程学院

邓毓晨　张永亮　李明智　毛承杰　周振汉

生命科学学院

朱子云　张　姗　李嘉冕　张子瑞　黄剑英

城市与环境学院

周序力　刘蓓蓓　张晓华

地球与空间科学学院

张　驰　王　霄　于曦彤

心理与认知科学学院

王梦静　孙若铭

建筑与景观设计学院

李　复

信息科学技术学院

林　逍　王羚宇　任笑萱　张元冬　贾　放　曾书豪
高翘楚　麻莉雅　谢志渊　穆嘉楠

工学院

徐致远　杨艳冉　于学成　石　哲　孙北奇

软件与微电子学院

杨瀚文　简冠宇　詹　悦　马慧芳　欧阳纯　陈雪君
蔡　程

环境科学与工程学院

刘宇心　段长宇

中国语言文学系

刘家玮　李　喆　潘靓慧　于汇文

历史学系

刘晓彦　刘佑民

考古文博学院

于　策　李卓朋

哲学系

段　锐　巩天成

外国语学院

何英杰　李　豪　王世杰　李木子　王舟飏

艺术学院

李尽沙　高　琰

对外汉语教育学院

蔡炜浩

国际关系学院

邓　涵　王立波　段陶然

法学院

刘安东　马毅豪　苏秋纳　冯泰来　曹　远　牛伟强
林浩阳　林鹰谷

信息管理系

张　帆　张恂达

社会学系

国曦今　李彧强

政府管理学院
贾润东　梁贞情　李佳琦
马克思主义学院
姚景谦
教育学院
李晓丹
新闻与传播学院
卢　敏　安晶丹　徐元正　王东雷
新媒体研究院
蒋　林
经济学院
章　森　梁义钦　刘家瑞　何　佳
光华管理学院
刘丽文　李晓萱　赵玮璇　田乙豆　关嘉昊　林奎朴
吴佳颖
人口研究所
雷介波　廖梓均
国家发展研究院
刘一璇
元培学院
李郁丛　王伟涛　邱丽颖　伍维晨
燕京学堂
徐　杨
前沿交叉学科研究院
郝天祎　王　锐　程　阳
分子医学研究所
郭步静
深圳研究生院
张　伸　沈　楠　王博文　王传胜　蔡重阳　吴宗勇
张闻捷　王艺霖　朱振民
基础医学院
刘永振　张　欣　朱梓铭　黄博轩　张天玥　李予靖
刘梦桐　张希寅　史书毓
药学院
庞　宁　徐兴农　薛雨晴　储志远
公共卫生学院
苏彬彬　陈思远
护理学院
王银平　张　阳
公共教学部
张春峰
第一临床医学院
王天爽　彭雪儿　许芊芊
第二临床医学院
李旭明　龙　泽
第三临床医学院
杨　霞　张启鸣

口腔医学院
薛竹林　陈浩天
临床肿瘤学院
丁广宇
第四临床医学院
冯　峥
第五临床医学院
贺　斌

优秀科研奖

数学科学学院
陈明娟　李奎杰　林志明　凌松波　胡盛清　王渝西
孟　琪　李　屹　陈　冲　黄家盛　赵洪鑫　郦　言
张　帅　马利敏　张静茹　匡阳钰　刘　芸　李　伟
王亚平　赵龙波　韩京俊　王　超　王　欣　隆璐帆
肖泰洪　戚　鲁　黄翔宇　刘思序　吴昌晶

物理学院
陈弘毅　孙宁晨　蒋　瞧　顾强强　李　琪　刘聪越
唐水晶　窦　晶　徐凌霄　徐紫嫣　李佳男　张　睿
赵文彬　刘　洋　陈　术　王艳霞　郭峥山　程玉田
王立晨　丁以民　燕保明　付　雷　张银峰　栗宇航
张成龙　吴丽莉　王逸伦　张　琨　项　玉　李　冲
王　栗　王雨佳　龙　凤　刘少帅　庄德浩　朱晓文
李浩松　刘昊昱　周　阳　摆　展　冯　俊　朱　怡
阳金珉　李　晶　王　群　杨大能　周小朋　欧伟科
陈　霖　弓殷强　张克龙　沈晓飞　汤雪杰　杨舒笛
杨　灿　陈　可　杜博文　王　硕　李晓晴　乔瑞喜
莫崇杰　刘校强　赵丽宸　董大山　刘明明　钟循启
石　剑　方　苑　殷克迪　郭　鑫　张景丰　白贤正
翁新震　刘　明　刘双龙　谢静雅　刘晓楠　武文斌
邱　添　徐田超　李　盼　肖相如　王旭东　姜美玲
查　亮　骆　洋　马文宗　宁远航　杨玉姣　丁石磊
傅煜铭　肖　丽　韩佳星　戴阿灿　薛云峰　王利博
朱吉鹏　戴必玮　汪　前　张亦依　潘学海　杨　罡
孙运生　耿　磊　仝　鑫　乔　越　粟恒奕

化学与分子工程学院
李晨龙　马玉芳　于梦虹　张　璇　赵香香　郭妍如
郭　毓　韩　含　胡子琦　黄蓉冰　李方园　梁和乐
潘　巍　史刘嵘　王浩博　王晓威　谢梓骞　辛　娜
叶淼云　翟筠秋　张佩值　张　简　周　奇　苏　凡
侯颖钦　黄　超　王艺蒙　徐　尧　肖安琪　袁天宇
张　浩　陈熙邦　姜　维　施昌霞　段东斑　陶广宇
李梦竹　朱　胜　高智悦　黎　建　葛　韵　李林楠
陈　南　陈　均　何逸仕　魏　莹　张玉哲　俞　超
吴雨桓　石　栋　薛荣荣　赵甜梦　李泽洲　苏　姗

王立刚	吴卓彦	袁晓涛	刘四维	谢芳柏	胡悦聪

生命科学学院

侯 林	尉晓林	万俊男	王 帅	薛瑞栋	张 健
王礼鹏	陈章华	乔 朔	史方圆	王梦瑶	易梦媛
赵颖华	戴 玉	廖杨洁	徐永萍	吴长城	于 浩
胡博强	刘晓萌	周文雄	郑逸韬	杨 磊	夏雨晴
郭生杰	程斯进	杨晓旭	金善钊	马 昭	续 然
李西莹	王子猛	张 健	徐艺维	杨彦芝	吴绍函
杨永烽	张 琪	郭秋芳	王 萍	降 帅	张雨薇
刘 洋	贾漠野	邵宇秀	申 单	王玉璞	倪睿阳
田 梦	王雨纯				

城市与环境学院

肖 悦	陶 玮	杨 晨	赵繁荣	肖 菁	张 昂
金璐璐	王鳘迪	陈培培	熊冠男	傅 豪	文 汇
潘雪莲	谢 涵	高世雄	兰心宇	章 迪	肖文杰
方文静	刘来保	李 彧	杨 莹	于铖浩	辛伟林
薛天翼	符婷婷	柯心然	夏星炫	杨 凌	陆金磊
吴婧一	权 璟	郑钞月	于欣源	柳 璨	童培峰
蔡怡青	秦艳伟	王瑞姣			

地球与空间科学学院

王冠玉	疏孙平	凌逸云	陈 工	赵文智	朱 文
秦 霏	李 爽	蒋启财	康 端	杨 婷	许晓明
刘持恒	张鑫龙	宋 超	齐程元	刘偌麟	张 慧
赵 炜	高仁强	晏艺真	郑 淼	王为中	甯 濛
王剑男	潘相茹	石思思	庄育龙	李明佳	曲华祥
陈宇轩	姬泽佳	张志强	习文强	徐安东	郑智嘉
陈 宁	柳政甫	黄建平	刘嘉辉	齐 楠	喻志超
李 莉	田崇瑞	马雨轩	董智开	田 罡	王 雯
方 鹏	聂宇靓	杨立辉	陈兴燃	周恩波	杨立明
马 健	刘菲菲	刘 璐			

心理与认知科学学院

熊 威	李 悦	汪雪莹	张 丽	丁 宇	冯树元
高天宇	黎翠红	苏忠斌	童 玉	吴 双	吴 薇
赵星楠	王逸璐	陈 昕	周 浩	罗霄骁	陈慧菁
唐文杰	吴 汉	陈冠鹏	郝 洋	张梦茹	陈雪瑶

信息科学技术学院

周 辰	周天伟	刘宇玺	廖雨泽	潘 多	唐鹏举
张 雪	王积银	肖梦梦	仲东来	王紫东	赵 阳
官 勇	郑 重	周龙飞	张剑坤	胡吉英	尹伊淳
沙 磊	刘俊成	许 晨	张 江	徐燮阳	郑琪霖
任泓宇	顾家远	王 博	魏 薇	郑舒宇	陈思飞
魏钦远	高嗣昂	沈 晟	钟 毅	李泽凡	关玉烁
李 炎	刘芳辰	高敬月	李 恬	樊乃嘉	朱路阳
贺 凯	曾清华	陈冰影	白博文	吴 丹	李元春
郑 凯	黄厚钧	倪天炜	肖博文	蔡懿韬	叶 天
钱 瑞	陈籽熹	李刘年	严思明	田贵宇	朱芯蓉

谭伯琛	王彦斌	胡 晗	李 超	韩丹虹	韩润泽
孙艺哲	徐志华	冀 炜	李 佩	马凌霄	毛航宇
王 硕	王晓阳	张 涛	张番栋	刘翔宇	陈逸人
吕天舒	伏 臻	宋 爽	王 聪	李美杰	林 敏
刘少飞	田 源	张 津	周思路	高 瞻	严石伟
张竟枢	王咪咪	王 然	黄祎程	廖 媛	罗炳峰
魏 爽	张建敏	董 未	胡志强	黄诗尧	赵创钿
倪星宇	张添诚	王梦迪	李佳蔚	吕栋杰	许烨闻
安震威	刘天宇	梁家硕	蔡琳琳	黄铁军	朱娟峰
陈潇潏	张晓东	赵东平	金美岑	王琬璐	杨勔譞
杨 琬	金纪诚	陈庆英	王义中	王钰翔	温 九
周昊宇	张芳芳	张晓德	李松江	史 博	王 韵
刘力俊	陶 明	商浩森	邹达明		

工学院

黄晟林	周 晶	薄云天	何叶冰	李 姝	王长显
王 琦	翟 冲	刘 洋	郭亚光	高 闯	封 雪
俞 玥	陈 敏	潘 欣	相耀磊	侯泽伟	张春一
刘鲁峰	高延子	杨振洲	张 慧	刘小军	郝进华
郭宇飞	高 飞	段培虎	胡子伦	李腾飞	洪 敏
胡战超	谭 臻	徐晓晓	黄智宇	黄静思	李海东
李春昕	王 勃	石 莹	梁子彬	夏之杰	陈延奇
王 欣	王黛芳	翟 盛	周 宁	郑永平	王允松
王 迪	袁 野	吴妮尔	张 强	曹 迪	薄 童
石蔚骅	饶诗杭	李佳桐	马泰来	刘 博	

环境科学与工程学院

陈灏轩	刘艳秋	徐范范	唐 溪	吴 丹	申恒青
陆文涛	刘明旭	汪 琦	王 蕾	屈 坤	李泽宇
王雨琪	张晓东	徐文杰	刘佳驹	赵小希	芦 玉
肖 瑶	刘金炜	杨忠臣	王雪娇	徐晔楠	

中国语言文学系

李林芳	葛 亮	林少芳	王启玮	巩淑云	黎潇逸
余德江	钟志辉	马娇娇	秦雅萌	高寒凝	葛旭东
朱佳艺	杨海潮	程 悦	赵绿原	黄思思	王 勇
青子文	刘凯健	张 石	徐芳依	王 昕	程梦稷
林悠然	魏久乔	刘 倩	向筱路	宋若飞	殷婉莹
韩庆宏	王 翊	鲁方昕	许典琳	章莎菲	高 薇
孙大海	陈若谷	祁 玥	周诗语	陈姵瑄	王佳明
黄泽禹	马睿启	鞠 晨	柯丽珍	毛静静	汪静之
高树伟	迟婧伊	刘美惠	李 派	夏 寅	李梦一
张铭益	郝子涓	彭笑笑	王瑞扬	王思萌	吴 比

考古文博学院

王昌月	刘 瑞	马丽亚·艾海提	蔺诗芮	王正原

艺术学院

杜若飞	姚 瑶	马丽云	石小溪	洪知永	石贤奎
叶 馨	黄思嘉	张 瑜	李苑彤	陆 洲	

对外汉语教育学院

郑又嘉	李 敏	吴婉秋	王 文	李 君	张 妍

国际关系学院

王裕庆　陈　永　安思齐　李家懿　先萌奇　刘彦良
曾文洁　郭　澜　毛思源　王瑜贺　张博宇　郭声霖

法学院

邵博文　方柏兴　耿　颖　郑舒倩　肖炜霖　叶逸群
薛前强

信息管理系

苗美娟　徐　敏　张　歌　钱　丰　焦祎凡　魏思仪

社会学系

林斯澄　牟思浩　周　颖　李莉萍　彭书婷　宋庆宇
覃　琳　崔思凝　张新辉　张樹沁　熊志颖　张晓晔
罗　祎　陈玉佩　李晓菁　白美妃　李澄一　康　昕
王子昭

政府管理学院

彭莹莹　郭俊雅　黎娟娟　曾奕婧　王华伟　古恒宇
丁方达　宋昌耀　塔　娜　李君然　宁　晶

马克思主义学院

朱　红　金德楠　张艳萍　刘临达

新闻与传播学院

刘　烨　王明慧　方晓恬　张　皓　吴尹君　张洪瑶
斯姝华　吴　悠　李欣遥　郭砚浓　舒卜粉　张斌禄
蓝泽齐　徐凌峰

体育教研部

李　娜

新媒体研究院

李雪莲　潘佼佼

经济学院

孙　瑞　禹思恬　唐　琦　王任远　汪欣怡　刘思源

人口研究所

张　远　丁盈盈　张青华

国家发展研究院

沈仲凯　赖　毅　冯超亚　李劲林　卢长俊　吴开明
刘　潇　童　晨

前沿交叉学科研究院

王　军　叶永鑫　吕品欧　孟令伟　牛晶晶　常兴华
谈振军　李博文　张　璐　罗祖源　李静云　麻砚涛
吴兴龙　尹　奇　张　慧　胡启万　丁　典　秦芳菲
秦难寻　王文佳　隋秀文　陈　嘉　刘旭钦　李　瑞
吴晓璇　李佳玉

深圳研究生院

杨志敏　刘雪瑞　彭　智　肖伟集　张光星　朱　敏
丁德东　简子云　刘宾杰　唐　涛　孙程洁　涂　倩
武丰瑾　鄢春华　蒋雪涵　李　舒　杨晓杨　石宛梓
王世震　张　硕　董培磊　何侵钦　兰银河　裴　超
石　涧　谢文聪　严娇娇　张　强　郑泽华　周小群
陈雯廷　梁　振　范天举　任文举　赵　冉　杨　冰

袁凯琦　张文豪　许桂森　李剑峰　邹振东　闵煜鑫
陈　伟　姚　超　顾月青　杨飞丽　陈褒扬　禹心郭
黄佳声　陈柱文　黄智辉　朱春彪　张同欢　陆小婵
邱淑娴　王冬园　陈亚杰　史晓东　秦　璇　袁鹏飞

基础医学院

吕天节　杨春媛　朱奕彰　王丽萍　张伟文　沈从乐
孟晓璐　赵美美　高瀚男　张昕玮　阴凯麟　王羽晴
彭书杰　刘正阳　李欢欢　唐婧姝　郭思思　曾　攀
何　莉　翁　琳　赵　茜　王　旭　张　萌　王云霞
薛俊慧　高　天　吴崇阳　袁富文　李方周　马　军
贾　梦　蔡小娥　徐　煜　王　菲　刘青颖　陈帅怡
赵珊珊　高　健　王　婷　郑　桐　杜亚琴　谭玉琴
任鹏伟　常　芬　孙　娟　王炳蔚　和晓堃　陈青芳
陶昶煜

药学院

吴秀稳　李　博　王　双　张　雷　郑怡然　王金龙
卢文博　韩　雅　金　晶　陈文君　王瑶琪　孙阿宁
李飘飘　邹　洋　姚　烨　殷晴晴　刘德春　彭光华
贺长栋　陈思聪　陈　颖　张　肖　王　婕　王　琦
高　也　王漫雪　李　灏　刘锦荣　文晓进　王晓阳
周童亮　刘海超　贺潇蒙　朱玉超　李伊丁　刘建忠
李　磊　阙梦圆　侯英子　靳雪芹　王　妍　李　曼
陈晓玲　张　沛　余　林　林兆晗　刘永清　张　珂
周雪莹　马天昊

公共卫生学院

郑　茹　王怡欣　张　婷　王　迪　张永亮　申　倩
李　迪　杜　倩　张敏佳　邢慧媛　金音子　刘　艳
宋雨亭　王　丹　王　琦　金冠一　黄可慧　王思琦
沈金平　钟倩雯　贾丽霞　张　欣

护理学院

秦莉媛　赵怡然　尚　丽　谢　钰　陈　静　张　琦
郭冠辰

医学人文研究院

葛海涛　柳之啸

公共教学部

王　宇　来晓真　魏　玮　王子轩

第一临床医学院

朱冬冬　陈丹阳

第二临床医学院

王　宇　李　晶　李松芳　李　博　刘显平　王依林
胡梦雨　刘敢伟　陈小锋

第三临床医学院

雍　磊　肖士渝　陶连元　王纪莲　朱巍巍　齐新宇
姚丽红　闫慧敏　杨林承　李璐瑶　何艺磊　董骐源
刘　擎

口腔医学院

李晓霞	佟佩远	刘 娟	危伊萍	张国昊	黄 燕
刘焱萍	王月君	李文悦	朱晓鸣	邓珂慧	郑小雯
王 禹	彭 俐				

临床肿瘤学院

白秀梅	王子鸣	吕孟竹	马 梦	王静远	于 欢

精神卫生研究所

张 晓	陈斯婧	邵 岩	赵琦华

中日友好临床医学院

赖世聪	王 琦	万伏银	韩 钧	矫宾宾	隗思媛
周 潜					

第四临床医学院

李祖昌

第五临床医学院

张 旸	贾适瑜	王 玉

第九临床医学院

张婧媛

首都儿科研究所

李晶晶

深圳医院

庄成乐

地坛医院

蔡胜男

解放军302医院

吴海沁

解放军306医院

姜 楠

回龙观医院

周衍芳

学习优秀奖

数学科学学院

薛庆源	卓 鑫	汪 湛	王恒亮	刘兆怡	郑灵超
邢 阳	段俊明	邹亚君	陶雪妍	何 顺	高 超
陈 鑫	赵明明	兰 添	李 影	郑 涛	陈 琦
刘思雨	周 鑫	李少晗	毛沈艺	李 翔	柳伊扬
沈剑豪	郑亦如	林大超	符张纯	朱洪辰	林浩彬
董子超	欧阳嘉林	姜德青	贾茗翔	杨文昊	霍煜琨
于 鹏	李卓琳	严煜凌	孙天宇	曹 阳	张海翔
王刚华	何治霖	梁家栋	何胜毅	刘镇源	张良宇
孙元逊	石茂国	姜兆恒	饶正昊	姚超竞	韩雨泽
叶林发	朱宇轩	傅颢硕	孙伟舰	卢维潇	舒亦展
崔圣宇	黄凯旋	卜 昊	贾子健	杨帅杰	刘一奇
曾 奕	潘文初	寇金润	王啸辰	苗淙瑞	韩如冰
张佳琦					

物理学院

陈阳阳	张慕容	王亚坤	熊斌武	魏祎雯	蔡超逸
何映萍	岳 莉	沈巧蓉	张 林	周志谋	张 铭
项晶罡	王子超	杨子宸	王子维	周泽瑞	刘笑桐
吴天玮	曾俊邦	凡 达	俞旭东	余泓烨	张昊文
廖思棋	程舒羽	汪嵩博	赵威伦	张湛伯	杨 光
刘秋实	王子鹏	陈文杰	沈学简	盖英达	李宇帆
韩 霄	江嘉杰	孙凤梧	许鑫杰	李铁义	赵 帅
王宇初	冯卓然	王元康	范子璞	蔡之远	李浩川
李佳宸	叶树森	林子阳	王 中	张程皓	陆 易
舒昱滔	王得地	程浩天	刘格良	刘芃妤	池昱霖
李 昊	葛博文	乔天宇	陈昊彦	陈跃元	黄 劼
刘海鑫	徐臻阳	计宇诚	陶昱茆	峻	罗明迪
李源波	曹颖康	仇清正	张也阳	欧阳云浩	徐奕放
程寅恪	龚文婷	茹星语	陈石川	陈恩泽	亢 议
曹秦瑜	王奕涵				

化学与分子工程学院

金 灿	尹昊琰	郭印良	陈 露	种丹丹	杨小雨
何姗姗	黄智超	肖 雨	时燕琳	冯汕城	张 澈
张 迪	涂 腾	吕泽玉	朱志扬	邓璟雯	杨俊峰
戴亚中	冯世强	贺麒霖	饶 禹	闫树鹏	谢泽威
谢丰羽	刘沁哲	周劲松	商 量	彭 超	蓝 童
高文昊	张亦驰	张金霞	孙克乙	靳鹏飞	商纪元
邹钟毓	辛天斯	宋楚涵	周家华	刘星驿	汤俊宸
朱家祺	贾国赓	范英杰	樊宇成	薛雅珍	杨 嵩
贺 鑫	段宇轩	郭师琛	黑 白	王健博	傅 裕
耿景行	邹林虎	李宇轩	张宇婷	游浩扬	徐海齐
王 硕	丁 聪	雷寅嘉	黄子洋	陈 煜	费怡凡
肖超玲	朱明轩	郭健庭	赵书海		

生命科学学院

杨 杜	于书玉	郭 珍	王世伟	代园祎	白 珂
耿 奇	郑昱豪	姚欣敏	谭 轲	周竟宇	胡梦玮
金 铃	杨闰晴	李子涵	李言达	张云帆	张景亮
翁翊菲	李 瑞	马鹏翔	张晓维	付云天	叶子彰
陆杨帆	周宜婧	凌弘毅	张毓昕	郑佳佳	谢霄鹤
朱 宜	刘宗壮	唐嘉祥			

城市与环境学院

邱安安	张 虹	蒋浩琼	林浩文	朱向东	余双雨
周尚哲	丁宗巨	安永睿	李 玮	黄琳珊	熊心雨
马素辉	李朴涵	孟丽婷	于国帅	吴婉金	傅琳涵
承书颖	王一萌	金安琪	张宏图	齐飞翔	杨 琼
单 良	蔡 茂	李亚玲	王振兴	黄浩峰	李霖源
刘 可	蒋 衍	吴语萱	吴秀琛	徐浩义	王俊凯
袁丹丹	舒业硕	安 黎			

地球与空间科学学院

温景充	龚世泽	龚旭日	赵琰喆	高鸿宇	冯 禄
段鉴书	唐钰开	陈春含	许 严	朱英杰	苏培臻
许午川	孔淑媛	凌 坤	方先君	卢国军	吴宜谦
祝奇文	邵俊宁	罗哲楷	沈泽盛	张梓航	张颢丹

石晓霏	李佳益	杨子珍	衣可心			丁永伟	黄国智	金　戈	孔令凯	李孟霖	林子晖

心理与认知科学学院

王一丹	杨　森	田　园	聂玉秀	王浩宇	曹馨月
张欣怡	周静仪	王　铖	王文佳	王佳萌	金梦婷
阮　盾	罗　敏	温　文			

信息科学技术学院

朱子骁	唐　浩	刘　超	王宗巍	关淘淘	阮恒心
马　阳	倪烨文	林武桃	邵　伟	朱纪乐	章嘉玺
李晟洁	郭梦婷	杨雨成	曹琳琳	白金泽	赵　丹
李念语	常　远	秦晓冉	常　媛	张淇媛	付天怡
刘天宇	仇晓明	冯　璐	吴凡毅	尹明晰	张　磊
李　成	王关清	汪震海	段袆纯	黄　鑫	魏大同
章玄润	黄舒婷	谢佳明	黄文豪	李　懿	王一雪
胡小龙	张子璐	上官吴凡	龚俊之	陈明辉	张馨月
李佳惠	丁菲菲	卢　帅	刘佳凡	陈牧歌	高勺丰
赵子栋	任旭彤	陈小康	顾亦宁	王　浩	杨凯欣
金　典	刘葭蔚	陈　静	程　旖	白天昊	张浩波
周铭洵	陈天宇	查玉安	钱智寅	肖命清	张文军
冯衍霖	杨嘉宏	张泊洋	邓哲也	王　柯	王家恒
黄世悦	薛冰聪	唐子杰	宣金辰	张　苏	王鹏飞
刘姝涵	胡宇瑄	张　凯	包慧语	段志健	马辛宇
银　帆	李书恒	李锦阳	赵义凯	常　卓	武　欣
娄　明					

工学院

陈旭东	熊　思	黄　苑	苏　奇	黄晓晓	赵　若
郑晨曦	陈李嵘	李肖音	谢忠杰	侯　璐	徐　露
张　洋	张开端	谭　洁	贺晓东	郝瑶瑶	张鹏宇
武籽臻	周文洋	刘　璐	申宇鹏	姚雪松	司济沧
龚　盛	陈　鹏	贺俊峰	韩逸伦	于　江	邱泓恺
刘沛婧	张　钰	周佳慧	李培豪	孙思嘉	陈婉雯
胡依雯	徐瑞宇	金录嘉	金瑞杨	易俊何	陈佳玉
张浩嵩	黄传崴	程丹旭	王国丞	初纯光	邱旭汶

软件与微电子学院

陈　尧	李　晟	刘　璨	刘严鸿	祁　弦	刘春晓
许　昕	王振东	王　昕	郑舒元	陈茂林	郑浩燃
李　然	吴鹏飞	朱晴晴	贾庆林	李昊星	陈洁婧
杨　霄	张煊茉	程　磊	吴学根	许冬容	常　堃
陈中樑	陈　颐	陈碧璇	陈钗平	程志强	陈　伟
迟　鑫	崔　璇	戴鹏程	林恩加	房雅琪	高天放
高正坤	郭佳雨	韩　勤	胡　慧	洪于翔	胡艺伟
姬月华	高佳仪	李春霞	林坯溯	林意洋	刘书元
刘晓娟	刘悦颜	罗　昶	马云飞	孟玮天	彭一宁
乔思渊	任师攀	舒星皓	孙　星	屠少辉	王春东
王宏玉	王　霁	王曼蕾	王　滔	王　越	汪祉良
吴鸿胎	徐丹萍	许方圆	杨　媛	杨宇宁	袁晓芳
张楠凌	张　聪	张　靖	张　茜	张书豪	张雅娴
张怡慧	张　越	张曾颖	周　艺	朱丹彤	陈伯韦

刘　鑫	刘依红	李艾宇	孟　亮	孙仁和	王　凯
夏一帆	谢锐华	杨　康	杨少雄	杨士乃	叶晓亮
尹　迁	张　彬	张旭东	赵银楼	崔璐莹	黄　颉
金　乾	李红艳	李　莉	李明明	刘　畅	翟金颖
张付文					

环境科学与工程学院

汪卓群	刘玥晨	盛安旭	王　航	包埒含	赵佳茵
董舒心	刘晓瑞	张丹丹	柯彦楚	刘元洋	张子敬
周方升	王睿煊				

中国语言文学系

孙慈姗	李子卓	黄馨怡	白　玲	陈芳荣	王　越
徐　懿	詹　婧	李宜幸	萧歆怡	黄秋怡	林仙月
金昭延	屈杨冰洁	赵莹钰	董慧慧	林　子	廖香玉
邓诗彦	孙永强	田　淼	蔡婧怡	郑行飞	傅其豪
朴素美	董春含	陈艺譞	尹径勋	柯　雪	

历史学系

井永馨	吴雪琪	姜瑞雯	黄　甜	牟维苗	史方正
周君恺	靳亚娟	田卫卫	陈新元	申　斌	张　蒙
魏运高丽	盛仁杰	王泽钧	曾　薇	李　芬	王　竣
王晓缘	徐　鹏	张柏惠	黄　浩	李宇恒	王跻崭
刘翔鹏	张　毅	陈烨轩	杨雅婷	赵玉骏	郭欣韵
刘欣然	岳昕灿	洪亦清	卫子轩	尹佳宁	潘欣源
刘泽辉	陈　耕	段舒扬	李玉蓉	刘　灿	杨　光
张辞修	高　燎	金之夏	姜子浩	刘　俊	米丁一
王　静	王景创	卢宇嘉	李思成		

考古文博学院

卢亚辉	徐斐宏	刘　婷	温建华	张予南	杨鹏宇
郭三娟	庄竣杰	章亿安	黄天翙	徐诗雨	冯　玥
吴　桐	钟雨婷	李晓敏	马思蒙	王诗雨	程环宇
徐艺菁	田夏林	冯莉雯	周　钰		

哲学系

韩　蒙	兰　洋	史少秦	王凯歌	刘　欢	侯杰耀
方　圆	崔容菠	许家瑜	秦晋楠	梁　田	吴蕊寒
曾浩年	朱林蕃	李牧今	刘佶鑫	王　悦	林　芳
苏兴池	刘东奇	刘　默	陈晗倩	赵文涛	彭宇航
张佳珣	闫培宇	徐　超	郝颖婷	刘元慧	汪　康
张晓天	李　科	许　可	程明贞	林　啸	张　帅
赵晓玉	袁　伟	王子瑜	顾逸凡	梁　时	王君菲
周兆霆	廖　城	张　丁	李梦寻	黄清扬	

外国语学院

杨司奇	张佳欣	欧阳诗怡	徐　涵	王文涛	曹梦玥
梁雨婷	商小琦	陈砚清	农　熙	李　上	暴凤明
彭　倩	杨　艳	陈剑平	菅田阳平	任小华	远　思
涂辰宇	卢胜男	赵彬宇	张泽懿	许阳莎	赖　微
何智慧	谢怀栋	陈　铭	张　源	方　芳	王楚童
刘江宁	韩　莹	余　悦	于迪阳	王逊佳	刘紫卉

李宛凝	黄炜鑫	白晶	郭娟娟	王相宜	高毅菲	杜雨林	梅奕来	杨丹妮	陈海雯	陈纯	庄莉昕
张家诚	李一杨	郑泽星	许洋	张若枫	刘永成	熊晶	李梓豪	姚远	刘薇	陈格	彭千钰
贾祎	焦易博	曾肖毅	王漪清	裴丹云	谢昌立	袁承鹏	董洁	王一帆	马伯韬		
黄琳	王越	李瑾	龚若晴	袁勇	岳昕			信息管理系			
许文迪	陶锐	张博雅	张心怡	唐羽影	金妍君	邱勇	李梅	黄巧芳	姚玲苗	李红澄	李恬
邵梦琪	刘汐雅	赖雨琦	蔡安妮	章烨雷	李毓琦	黄碧婷	吴诗慧	梁昌豪	张亮	彭悦	刘杰西
王一帆	庄思腾	韩翌旸	杨茜	王霄鸿	陈瑾怡	林殷年	杨家鑫	张影	韩佳衡	腾菲	宁传韵
邓晨予	孙启	王润	唐颂	蒋天若	孙一	曹旺	王恒屹	储晗	张雅乔	高浩然	
马骁	王佳妮	吴琪	王昵泥	王泽南	蔡子鑫			社会学系			
万明远	李牧翰	柳雨薇	陈宇珂	杨睿颖	季雨亭	孙静	赵珽健	彭海路	苗苗	梁维聪	潘冰心
许文婷	赵馨宇	赵宇丹	王思炜	巩固	张之垚	丰宝宾	刘林	赵鹏程	卓越	刘楠	乔诗钦
李林珂	何一丹	王乃懋				周珏	徐春蕾	罗兆勇	郭正蒙	刘雪伶	曲绍航
		艺术学院				薛雯静	周至宜				
闫晓颖	陈雨人	白晓晴	孙肇阳	庄沐杨	朱馨芽			政府管理学院			
李小川	岳思宇	刘家辰	岑天翔	于友嘤	代丽娜	王菁	杨姣	乔世政	孙瑜康	王志行	史霞
		对外汉语教育学院				朱华辉	冯晓璇	范文琦	伍叶露	张嘉怡	蒋欣佳
逯芝璇	冉兰	黄欣雨	钟泱	高玲燕	曹洪豫	阎晓韵	张赫	贾锐智	王艺潼	徐梓原	邝筱婷
曹嫣	陈惠芳					黄磊	朱晓羽	朱昱玮	赵洲洋	于越	原琳琳
		国际关系学院				王琬莹	彭桂蓉	朱婷	黄尧胜	林梦瑶	韩运运
周冰鸿	梁鸿	郭学武	林玉青	李琳	付星辰	金艺铭	刘昱宏	盛姜月	曲雪薇	苏楠	巫曼琳
郭雪婷	胡康琪	石马灵	姜圣畯	卢越洋	杨芷宁	杨天滢	陈雨亭	王明	施悦	钟林睿	潘湃
丁艺	庚炳哲	邢思儒	陈约霖	张建立	赵江宇	汪欢颜	李元琦	毕珂			
张茜	朱晨	章宸月	赵子禹	贾九鹏	王承玥			马克思主义学院			
王心怡	郭玉瑶	王博	李依杨	谢慧敏	张鹏	刘晓兰	韩致宁	邱华宇	蔡静雯	杨世禹	田曦
谢天屹	田恬	仲九真	危思安	李自清	禹周希	李琦莹	王卓群				
张卡林								教育学院			
		法学院				崔景颐	张文玉	李欣	王洋	李兰	付旺
王慧群	王彦光	王阳阳	吴雷焱	吴桐	徐励楠	孙博凡	白一平	卢可伦	郑力		
燕倩倩	赵继尧	艾慧	白云峰	采诗越	陈宸			新闻与传播学院			
陈静雯	戴明明	范令箭	范文艺	冯璟钰	付昊	张好	潘力军	蒋齐光	肖岚	王雨萱	赵天舒
郭小瑜	韩康麒	侯力嘉	李云舒	刘涛	罗慧	吴心怡	纪乃琰	李长鸿	庞菩	蔡依依	刘纯懿
马腾	马维杰	麦联俊	潘卓希	蔡仙	王越	辛嘉荷	杨承鑫	张钰瑶	杜正	向灵柯	赵伊然
孙新宽	吴奕锋	彭宁	尹婷	戴杺	孟醒	邱放	巴桑永吉	麦田			
张赛磊	姚一凡	冉红丽	石国玺	韩屹青	王依琪			体育教研部			
李金龙	陈琰琳	金昊宇	张一帆	胡玲玲	方若冰	付小青	朱赫				
左小平	汪琴	蔡心怡	俞柳婷	王聪	谭璇			经济学院			
苏阳阳	马振华	郭伟姗	张冰凌	姚洁	邵锋	王耀东	李睿	刘俊玮	刘华山	王沛韬	宫颖
李琳	王宥力	符舒程	韩圣与	段小寒	邹杨玉心	陈玫伊	侯明威	刘子琰	王琼慧	李依晨	钟世翔
苏兰	邓辉	蒋遐雏	石丹	钱梦珂	崔斌	章释启	杨颀	梁凤洁	杨阳	孙萌	庞浩
陈琦	张贡	杜彬彬	王鹏朝	王广颖	吴蔽	冯凤荻	陈帆	白士昊	王卓隽	郭占元	边正阳
王翼	魏顾瑶	宾颖	王靓迪	张录发	赵申豪	冯达	修忆	杨晨	唐昱阳	赵梓廷	段埋郴
梁忠	涂欣笃	姜萌	邵旖旎	陈思齐	王倩男	张孟越	叶昱彤	承子珺	林呼贤至	张贺	肖雯宇
程佳田	罗毅	许文韬	沈卓韵	余鑫甜	邹史超	汪国庆	诸宇灵	唐家平	何颖桢	葛一润	朱婧
马一丹	何铮	王思琪	陆迪	许辰扬	李瑞雪	李瑞奇	杨清承	李欣	张涵露	曾子扬	李东霖
郝韵珊	李晓璇	谢巍	苟怡然	于浩洋	张嘉倩	朱宇希	戴哲瑜	林雨昕	陈立雪	高舒曼	郭一帆
张萌萌	陈至仪	刘子靖	赵文珏	章旻慧	刘静涵	毛佳纯	张菀玲	蔡浩文	黄竞喆	王含	朱启晗
李婷婷	高悦然	许译文	温宇璇	王淑馨	苏为韬	刘馨蔚	孙鸿蕊	翟翟	林良杰	魏嘉蒙	赵启宁

尚昱丞

光华管理学院

吴学桐	李克曼	刘 岩	陈戴希	王梓雄	戴亦舒
钟覃琳	李 野	成 也	李江雁	张 林	周咏龙
张力培	刘翰林	白 琰	李佳奇	刘德斐	杨舒涵
王棋明	丛泽平	耿宗泽	郑怡婧	刘闰玖	董吉洋
彭思皓	何致远	曾颖青	黄静贤	翟祎雯	高佳伦
王苏欣	王亚南	付振泽	张雅洁	李 云	胡靓婧
张馨文	邓玉婷	张炎蒸	叶 晗	徐玉颖	吴宇晨
胡燕妮	周若馨	孙淑晓	杨文君	马雪静	卢天池
沈 睿	林婧颖	盛 夏	张慧中	刘冠华	蔡晓雨
李永箭	陈若冰	朱佳铭	徐琼依	黄冠群	徐安如
钟也楠	柯宇琦	汤宇琛	姜梓玥	徐浩敏	王若愚
张晓宇	刘玉科	赵梓博	朱 攀	汪 川	尧旻昊
郭兆祺	王宏浩	刘智昕	颜康平	马 欢	杨婧琳
胡希琳	魏占一	白惠天	续 继	陈文生	胡亚辉
吴 敏	辛 星	刘 进	许睿谦	汪荣飞	靳 菲
袁静婷	方 帅	施 浪	丁昊东	孙一林	陈泽航
包岱秦	王至纯	于子越	时昊天	杨欣翰	王子妍
袁锡林	秦 意	李杰明	李津宇	王雨晴	赵健宇
邱成卓	翁昱昊	陈逸林	吴治衡	张致毅	程 宇
吴 旌	仇博兵	施景佩	邓 祺	金子尧	李珍言
张喆鹏	周昊昱	刘明皓	李玥静	张欣然	毕钰坤
于思艺	李昕蔚	刘羽飞	王腾慧	朱 妮	叶永新
雷 玮	李艳琳	张 凯	林颖倩	崔世语	韩 超
何 羽	李 昂	刘尧远	罗熙枫	罗志薇	阮海博
孙华泽	王依诺	许光宇	张佩成	张思思	仲崇然
周 丹	崔 馨	李鹏杰	纪 铭	黄一舟	金凡镐
秦 悦	宋 扬	王红亮	王 卓	张晓鸽	周 翔
刘蓝予	林子祥				

人口研究所

吴超超	张昊璠	金 鑫	程云飞

元培学院

孙 浩	王 彬	姜 峰	姜家隆	王润坚	沈 聿
徐名琛	王维昊	黄启皓	杨思汀	杨 霞	杨昌恒
胡一征	孙雨东	白罗兰	霍 雨	骆人杰	赵依阁
方 睿	蔡晓琳	黄珏璞	王云龙	刘 波	白沅鹭
姜旭航	金桢杰	李彦熙	牟鸿禹	喻成源	颜芷邑
刘馨云	段浩东	田童话	李原榛	孟若为	徐敬旭
李 蒙	钱 江	张宸博	时 畅	周 墨	韦铭杰
余逸伦	汪雪岑	李金鑫	罗世通	罗琳山	周雨飞
焦毅磊	王瑀珲	秦若晨	周雯燕	蔡耀辉	王豪凯
杨沛泉	吴怡凡	陈 鹏	顾开元	倪临赟	钟希妍
周扬帆	张 峻	孙昕凯	詹志坚	熊方宇	甘浩辰
黄 乔	李相廷	蒋 莹	王宪盟	李雪莱	陈思如
赵柏瑞					

前沿交叉学科研究院

汪慧君	高 爽	徐晶晶	刘 灿	孙 雷	刘佳卉
胡佳盼	陈 伟	吴祎琳	徐云雪	严智强	余星星
周世杰	董一名	张诗杰	谭晓烨	白天煜	吴 岩
蔡德安	郑宇轩	程 婷	吴振豪	杨 柳	许丰丽
杨豫龙	孔含静	李 瑜	于海昕		

分子医学研究所

柴祖映	吴 晶	邬德超	赵德尧	魏国琴	李 鑫
王 潇	张郁林	陈耿佳	吴达仁	李 晨	郭文君
杜建勇	吴鸿昆	赵士群	庞美俊	艾珊珊	

深圳研究生院

薛 姝	杨 阳	高盼盼	田 璐	佟圣楠	邓帅帅
郑银鹏	武文欢	李 哲	牛冬晓	汪丹亚	王倩雯
包鹏巍	卜 凡	朱玉娟	常 悦	邓梦雨	潘丹阳
任玥玮	孙博轩	王萌岚	王秀芝	黄 頔	江悦婷
李思烨	李天一	马嘉翎	刘晨茹	罗立喆	马国凤
马亚东	商雪莹	邵哲文	王若林	徐健荣	程滢琳
邓静之	何佳欢	胡靖杭	胡周可	李 娟	齐雪蓉
吴 婧	赵江云	孙栋瑜	朱 波	王 玥	吴青青
葛建梅	李凤清	刘琳琳	汤学章	夏子乔	代兵兵
梁宏飞	吴晓芳	董程程	沈小雪	程之又	杨雪儿
许 睿	李振发	徐 蕾	丽 丝	康 健	冯薪铫
张菲菲	张晓宁	胡雅云	吴莹颖	张美璇	张继艳
张 敏	朱瑶瑶	夏诗霖	林 桐	都业达	邹晓航
栾碧莹	刘 力	孙梓涵	孟名扬	张 瑜	罗方焓
刘馨语	路嘉豪	范 欣	张静怡	魏林通	刘硕英
叶 亮	李 强	曹 洁	司 南	侯 娟	黄妤晴
胡志成	刘会宇	付敏言	李嘉禾	魏子庄	蔡锐帆
许诣铃	潘美娜	王 莹	胡蓓蓓	白 瑶	林君茹
李 凯	张晟浩	张 晨	张栖桐	张 冰	张 冉
汪 雨	马建兰	宋墨含	崔宛龙	严福源	金德弘
蓝天铭	罗 曼	王蓝苹	徐天娇	张瀛文	周 琴
赵文利					

基础医学院

袁宇瑶	王 林	陈亚云	陈 宇	贾英丽	陈曼丽
王一帆	周温婧	王君佩	邵钫钰	张云鹏	吴 勋
施江程	李美婷	程晓雷	李明浙	任立伟	杨建潇
张银连	周 喆	马小龙	刘帅帅	张 群	金嘉琪
席婧媛	施 展	闫慧格	孙儒雅	韩梦维	范天睿
霍燕斐	游铠强	何广怡	赖鑫源	周嘉栋	袁 毅
王倩倩	李明奕	唐蕴荻	姚义凡	王静甜	白青云
加淼冰	赵惠聆	顾阳阳	李 珊	刘家诚	郑丹蕾
侯 超	宋凤岐	李兮爔	郭怀珠	侯郡潇	李文强
施婵懿	陈汀蕙	顾远哲	张浩筠	田雅婧	汤 瑶
程雅雯	戴世爱	陈克难	李林蔚	谢宇非	刘雨奇
高田敬	陈卓婧	夏雨奇	丁朝伟	蒙星烨	王子乔
赵 芃	李 敏	张丽媛	许尧珂	温开凤	王珏雪

敖进涛	彭舒晨	冯　硕	李尚哲	谢双莲	曹骊亭
李志超	陈思运	赵　贤	彭茂桓	宋　锴	孙海璐
段安琪	王海旭	秦京京	李伊凡	杨启彦	徐丽娟
孔钦胜	杨子瑶	刘潇阳	张安汝	张　轩	宗　艺
付君君	高雅晴	王文豪	王　磊		
孜巴古丽·吾布力卡斯		刘　潇	吴雪玲	李晓北	
虞　亮	宋　诗	王晓萱	胡晴媚	张　奥	臧　璠
赵　帅	阿合米尔·阿布都马那甫				
买热排提·哈力木拉提		顾耀文	郭芷均	秦尔祥	
李雅秀	陈　丹	黄少栋	程心仪	陈元翀	池熙茭
陈芳漫	李宇轩	苏　昊	任　捷	杨春雪	丁泽华
包　洁	李天翊	李佳怡	刘晨虹	杨旻谌	张保宙
廖馨悦					

药学院

钱　慧	张驿帆	王　帅	高菲菲	于小桐	王利群
梁广楷	张　楠	陈　晴	李　敏	谭　畅	马伟豪
马学洋	康　颖	郝艳丽	李　芮	李　惠	罗　潇
周若婧	王岩航	王彦行	万方劼	李明慧	蔡思娜
张　诚	涂心宇	刘梦熙	许　琦	张雅慧	罗震寰
王乐淇	卫　晟	董伟东	刘晓莺	谭琳致	和子超
古丽妮葛尔·阿卜杜米吉提		巩志文	李　浩	徐　帅	
陈和祺	周　瑜				

公共卫生学院

杨忠平	彭华参	王梦楠	张静茹	宋绮莹	李怡雪
杨　俊	王汝佳	孟若谷	李嘉琛	李海龙	许艺凡
刘欣然	杨　川	高　迪	吴　瑶	程志浩	陈　俏
刘雨宁	郭沐凡	彭婷婷	陈春屹	刘晓非	吴　瑶
罗飞扬	罗冬梅	申泽薇	赵岚岚	魏　婧	吴博浩
杨若彤	孙至佳	王鑫培	周庆欣	黄紫婷	吴　俣
马雨佳	郭雪儿	南梦园	周　川	段宇祺	刘　宇
曹　茹	涂　舒	贺冰洁	蔡志环	汪亚萍	王月清
周吴平	康良钰	郭　佳			

护理学院

沈丽琼	李钊杨	李朝煜	于文华	傅　誉	苏　叶
王一卓	李　军	魏　霞	辛　宇	周丹丹	覃显慧
朱　丹	赵小燕	李　欣	王　迪	张卓越	王祉豪
杨　晟	王文玉	马雪倩	金仕达	刘偲佼	陈俊佳
杜叶繁	张亚丽	潘海浩	余洪钊	梁　杰	杨聪颖
潘靖宇	屈　萌	吕　鑫	韩晓旭	谢桂兰	王敬元
李泽祺	屈天歌	刘嘉琦	高　琦	李世盘	

医学人文研究院

黄媛媛

公共教学部

杜佳聪	王安意	汪睿瑞	苗　卉	张　羽	梁　洪
毕宇倩	赵雅怡	孔　悦			

第一临床医学院

杜剑彤	吴琼芳	李思雨	王丹清	陈泽洋	黄　聪
陈　蕾	李腾宇	刘圣杰	王子成	闫琳琳	刘瑞星
庞小溪	史宗明	王承恩	李白虹	张　玥	王　飒
孟思君	王留均	吴　锐	王佳平	刘雯雯	林云飞
王誉涵	李亚祺	白　薇	张真真	王　晓	牛曼曼
何渊慧	陈凤惟	李　媛	王振华	刘振华	陈旭羚
王萌璐	吴　朝	刘　义	詹永豪	马　帅	董晓琴
冯　琳	马永琛	于　靖	王怀玉	佟正灏	赵朕龙
刘晓妍	张傲然	苑　辰	王珂欣	翟凌云	陈佳琰
赵婧祎	徐贝宇	苏萌萌	罗江滢	邱建辉	王鼎予
孙名帅	刘勤一	李斯言	莫　然		

第二临床医学院

殷复粉	王　强	张雅薇	徐　俊	张芮君	王宜旭
马毓敏	张加敏	尹玉瑶	蒋洪朋	张　琛	王　宇
杨　康	张　静	孙　婧	张龙辉	李伟浩	邵　苗
邓利华	蒋丽蕾	肖文静	赵晓珍	王宇轩	赵红艳
杨　璐	李天琦	吴利新	翟铭雅	姚　田	谢文勇
李梦洋	包道日娜	兰　轲	王国苗	侯弘毅	李　杨
李　辉	王　楠	蔡震宇	徐郑丽	陈逍堃	杨文博
杨　帆	程文瑾	刘小扬	田周俊逸	高嘉翔	蔡　璇
喻　言	张沛阳	宋子琪	张天宇	张苏杰	李章来
史晨辰					

第三临床医学院

郝有亮	张家豪	王　鹏	姜　帅	闵丛丛	米文君
李　琪	李文迪	任一昕	李佳欣	温　杰	田丹阳
张　芊	王晓宇	李廷翠	张承铎	王富华	孙　洋
徐慧敏	高丽香	李维特	徐晓楠	邱　媛	陈雨菲
金　笑	赵志刚	范久亿	韦　莹	崔应谱	胡宇晴
邵嘉艺	原　备	陶河清	魏林苇	巩师毅	樊梓怡
付佳钰	何林辉	张高祺	高雨菲	李　卓	周子豪
何溪波	谢豫豪	袁　梦	王　宇		

口腔医学院

王雅慧	黄桂彬	国　慧	袁晓静	刘国景	任　真
朱文瑄	郑　燕	许　晓	郭小龙	杨　振	胡孟龙
黄晓伊	杨仲鹏	胡心怡	谢　静	张　瑞	石冰清
孙　源	何　筝	沈琳慧	詹凌璐	冯莎蔚	靳东思奇
白向松	刘雪楠	程梦琳	曹春玲	冯梦绮	樊壮壮
胡鑫浓	蒋亦然	李蕊婕	刘潇倩	杨乔林	王彦瑾
赵　笑	王安琪	卢　汉	贾宽宽	曾文敏	付肖依
温　静	连晓敏	吕航苗	柳星宇	邵玉子	吴政达
戴　心	周　东				

临床肿瘤学院

聂梦林	范英聪	韩子翰	宋马小薇	李排云	姜安娜
刘振振	杨晓伟	李北芳	石晋瑶	黄泽凯	高娟娟
崔　璨					

精神卫生研究所

陈文浩	董　敏	袁　靖	阚建宇

中日友好临床医学院
高 桐　臧晓慧　刘 会　赵婷婷　邵为朋　彭畔新
杨文艳　杨祖芳　于春子　彭 越

第四临床医学院
刘 悦　周 衡　张志军　郝志鑫　李 旭　吕卓恒
张维润　曹梦琢　伍庭芳　殷悦涵　李长润　马凌宇
高向阳　周报春　王晋超　郭斯翊

第五临床医学院
刘 颖　王 欢　李 昱　晁颖颖　何 砲　林萍萍
王贝宁　聂尚姝　居家宝　邓 旺　袁一迪　张悦怡
杨梦婷　袁 月　欧 凯　尹若昀　陆旻雅

第九临床医学院
赵 成　杨海南　王 琳　劳月琼

深圳北京大学香港科技大学医学中心
郑斯淇　亓 月　霍冰清

航天临床医学院
史瑞崎　单 勇　李竹君　王 玥　陈 斯　张存正
李 爽　韦智崴　廖指仪　薛毓琦　李夏珏　林欣颖

深圳医院
黄莉敏

回龙观医院
张 蒙

学习进步奖

数学科学学院
鲍怀锋　顾永豪

物理学院
杨千姿　王 帅　黄亦鹏　周丽颖　林益浩　邱 钰
贾 赫　王 羿　蒋同欢　谢永志　李殊言

化学与分子工程学院
刘锦民　王瑞琪　袁晨悦　于思颖　陈怡鑫　王昊东

生命科学学院
冯莎莎　郭岳峰

城市与环境学院
叶 竹　罗靖波　朱 熙　武东海　洪松柏　蔡 琼
端木一博　张子骄　周心怡　潘宇轩

心理与认知科学学院
魏 祺

信息科学技术学院
柏园超　陈国俊　周子凯　衣 壮　杨 垒　谢佩辰
胡彬彬　吴振南　王子辰　温林丰　张尉东　陈正胤
钱 韬　蒋政晗　林刘子轩　侯 忱　李 贺　王奕文
张先乐　牛临潇　阮小可　姬 晓　王 敬　董 平
张高翔　单旭东　吴 迪　李慕宇　范旻昊　刘子衡
孙雨奇　吴 箫　蒋天夫　旮 妍　江 月　宋明洁
马 泽

工学院
段高鹏　徐梓淇　任 朔　杨 林　王威力　秦加航
邢家诚　黄 琨　贾荟琳　郑骁键　林 彤　于 昊
张玖琪

环境科学与工程学院
王 雷　吴晓萍　陈黎皓锟　莫山圣　聂辰颐　汪昀鸿

中国语言文学系
龙清逸　李 征　秦雨菲　黄训节

考古文博学院
杨文悦

哲学系
赵真泽　张婉青　刘纪琪　刁超群　侍斯南

艺术学院
朱明静　钟晓艺　季 镇　陈璐涵

歌剧研究院
迟媛媛

国际关系学院
黄倩筠　段 勇　杨宜欣　李少文　汪以旻　张 新
葛佳琪　卢雨枫　范晓寒

法学院
陈月明　汪慧泳　刘利柯　郑 琪　董天赐　范晓璐
毛升平　潘 媛　陈美至　王 宇　姜天成　陈卓悦
杭 威　姜贺文

信息管理系
李 浩　吴 杰　雷 苗　德德玛

社会学系
李静钰　张琦英　高泽庆　袁 琳　谭 璇　钱弘慧
俞 彬　唐梓钧

政府管理学院
洪 治　金 雪　王珮琳　张玉洁　彭炼哲　佟 婧

新闻与传播学院
杨 杉　陆 辰　汤至纯　周 燚　彭 迟　刘明洋

新媒体研究院
钟 旺　梅元龙　王宇寒　尹 鹏　张 磊

经济学院
郑夏莹　容 畅　李润新　王 纯　黄律晓娜　徐太贤

人口研究所
王本喜　谭文静

国家发展研究院
宋春梅　徐竹西　潘佳佳　任丽霞　王霄彤　臧谋安
沈士竣　张云飞　韩 夏

前沿交叉学科研究院
胡玉琼　熊 盼　孙 辉　陈 虹　程 森　黄 荣
栾绪科　孙 鑫　王 媛　张雅蕾　张智宏　孙禄钊
王乾东　徐米琪　董飞宏　张嘉阳　陆舒敏　郭倩倩

陆昊阳　刘　冰　夏培雪　孙晓璇
基础医学院
李　娜　贺巾钊　王　滢　刘聪聪　李艳然　丁佳楠
药学院
殷一凡　韩蕙泽　卢予祺
公共卫生学院
谷一硕　李闵涛　巩　超　杜润茗　赖雪峰
护理学院
张学颖
医学人文研究院
魏依依
公共教学部
刘泽辰
第一临床医学院
苗原溢　刘林枝　高文娜　申镐源　程　立　杜　冲
宋营改　李　媛　李　刚　张　庆　谢瑞玲　韩　倩
王紫薇　周雪迎　牟　琳　杨洁瑾　卜姗姗　秦冉冉
孙晓娜　赵旭东　魏　锋　白　赟　姬超岳　郝清清
曹爽婕　沈重成　闫钇岑　蒋奕潇　李宗翰　王　婧
张泽菲
第二临床医学院
惠本刚
第三临床医学院
文佳宁　李焱冬　李　飞　王冰炎　葛李娜　刘珺玲
葛喜凤
口腔医学院
温兴龙　李梓萌　金珉廷　刘　浩　范可昂　孙时雨
马雨琪　杨坤坤　石宇彤
临床肿瘤学院
汤　欢　江维洋　姜彬彬　刘亚璐
深圳北京大学香港科技大学医学中心
贾会真
航天临床医学院
李德善
首都儿科研究所
李　森
深圳医院
高宏彬　杨　静
地坛医院
汪　笛
首钢医院
赵霄潇

实践公益奖

物理学院
魏　啸　潘志伟　苏英泽　李　想

化学与分子工程学院
高雪冬　胡　静
生命科学学院
李　鑫　彭晓韵　李　慧　王逸颖　丘光昱　王　峥
刘梦雅　张嵩元
城市与环境学院
毛　雯　郑乐怡
心理与认知科学学院
何欣露　刘彦韬
建筑与景观设计学院
梁　艳
信息科学技术学院
曹成坤　邵　鑫　谢文京　李庆涛　刘泽群　高　恺
邓若琪　丁一开　陈拓潮　时海彤　向东伟　杨昊璋
梁堃昌泰　武家伟　俞一凡　魏子成　崔修萍
工学院
李月莲　周立叶　翟锦鹏　王浩洁
软件与微电子学院
王家旂　司兵见
中国语言文学系
金秀珍　孙子绚　苏熙然　张灵凤　陈雯琦　王晓婷
陆墨梅
考古文博学院
王云飞　陈　鑫
哲学系
马森棋　颜海燕　李　宸　徐慧敏　施世泉　陈　沫
郝董凡　王诗瑜　潘　睿
外国语学院
刘　晨　满　园　刘　旭　谢泽中
艺术学院
赵凯欣　姜　来　王　媛
对外汉语教育学院
张媛媛
国际关系学院
梁　健　曾繁强　胡　炜　李志谦　褚成娜　陈得春
吴思敏　钱　婧　吕欣然　周子祺
法学院
童志文　张敏捷　王　慧　李小雨　沈罗怡　李思佳
蒋振馨
信息管理系
赵元斌　孟高慧　燕道德
社会学系
许立欣　樊欣然　段唐子煜　许天怡
政府管理学院
刘江远　北川力也
新闻与传播学院
邓驰旻　曾　辰

经济学院

呼倩	梁银鹤	武士杰	徐令仪	于俊涵	李浩
祝丽丽	汪文渊	袁梦雨	黄镡子	张可心	陈炜
林星辰	李婉君	韦霄娜	袁哲辉	宋若冲	林楠茜

光华管理学院

武丹	向梅	林炉生	耿华	安传军	蒋能三

燕京学堂

马莹祎　徐淑瑜

深圳研究生院

张艳婷　丁欢

基础医学院

王嫱怡	徐耀华	张燕丽	张嘉昕	陈琦婧	刘佳钰
张文佳	张铭津	王瑞洋	陈育坤	赵冰倩	吴锦欣
李文龙	郭萌	李赫	肖泽睿	代妮妮	张琳琳
张俊海	张熙浩	王朗然	慕婉荣	刘泽祥	张冬晶
胡忠林					

药学院

邹优　何梦婕　喻胜峰　代荣恒　吴俊荣

公共卫生学院

武子婷　刘春语　史乔心　刘春毅　姬学朝　史佳琪

护理学院

叶甜　苟华君

公共教学部

殷若宇　刘淙　倪秉泽

第一临床医学院

赵悦彤

第二临床医学院

林天雨　巫凯敏　许雅璇　张建

第三临床医学院

张雅文　葛雪飞　刘天娇　李艾为　马婧玥

口腔医学院

闫子玉

临床肿瘤学院

王惠

精神卫生研究所

梅婷　马增慧

地坛医院

曹卫华

优秀品德奖

物理学院

栾玉民　郭逸

化学与分子工程学院

熊炜　李耕　陈学敏　蒋佳弟　林恒宇

心理与认知科学学院

段可嘉

信息科学技术学院

李马丁	宋文凯	刘圣尧	李文鹏	张智鹏	樊鸿飞
吴行方	郭远	徐良威	杨阳	舒浩文	孙周易
姜仲毅	贾连成	张孝帅	游优	周仕林	秦文涛
康照东	胡黔江	张浩威	凌思捷	沈佳	穆子晗
肖寒琼					

工学院

周斌	刘颖	梁学	陈友琨	张子韬	谷昊昊
宁淳	林咏婕				

中国语言文学系

王小海　刘顺枫　蒋姗

考古文博学院

廖尉雅　蔡宁　项丽宇

外国语学院

关子宁

对外汉语教育学院

张行昊　林铭珊

歌剧研究院

毕航

国际关系学院

王龙林　黄玉堃　周岳翔　李峥　陈安琪

社会学系

邢雯　易莉萍　赵雨红　王嘉鑫　袁艺丹　王思凝

新闻与传播学院

甘诗卉　莫慧娟

经济学院

韩晨宇　孙宇　任淦　刘雪吟

基础医学院

关贵文　李楠楠　任超群　仲解健　代锦岳

药学院

保琦　程博洋

公共卫生学院

贾旭　简远志

护理学院

梁熠

第一临床医学院

尤倩

第二临床医学院

尹露

第三临床医学院

潘亚静　尼华

口腔医学院

杨帆　刁婧

临床肿瘤学院

杜晓娟

精神卫生研究所

张海峰

第四临床医学院

王小泉

社会工作奖

数学科学学院

李　畅	徐智韬	肖一君	张　林	黄译旻	陈佳杰
吴　极	王哲辉	张　鑫	胡展培	吴俊吉	汪子冲
王　亮	王飞骋	李心雨	蔡晓榕	黄　洋	黄志鹏
邓宇昊	张明嘉	陈鑫犇	柏旻皓	金泽文	韦静蓉
王　南	杜坤盎	孙浩轩	刘砚芳	温梦涛	陈玮乾
周毅皓	马赛玥	袁弘睿	高　乾	竺仕鹏	许准阳
陈宇凡	章宇哲	程晓鸥	马英浩	宋德英	李擎宇
陈轶凡

物理学院

王高云	姚伟鹏	王智明	闪普甲	王旌旭	刘艺苑
徐贤钧	冯　旭	念　达	季伟文	陈思玥	邹思琳
黎子凌	杨蓓斯	南　巍	汪子龙	房　晨

化学与分子工程学院

| 刘子豪 | 董逸帆 | 谢佳君 | 王子宁 | 余侨林 | 袁　堃 |
| 殷智斌 | 苏文霖 | 臧士豪 | 刘冰洁 | 刘琢玮 | 李皓宇 |
| 冯　凡 |

生命科学学院

高瑀泽	柳美玲	吕志聪	王美文	谭一敏	李晨煜
汪加军	卞　展	潘加伟	徐佳伟	王小康	王志娟
李齐恒	何仁喜	王　迪	郑阳臣	武照伐	石　强
陆　琪	郝　宸	张　冲	幺旻珺	张美玲	卜思涵
燕国智	孙　磊	蓝添翼	林　沐	方美琛	赖其梁
朱　舟	龚梓桑	彭金山	王天雨	何纾宇

城市与环境学院

| 韩　玥 | 刘　飞 | 范佳慧 | 云　翙 | 万　岱 | 罗　芊 |
| 徐　郡 | 黄博浩 | 康瀚文 | 王　婷 | 高　远 | 王晨玥 |

地球与空间科学学院

余黄露	蒙　聪	王　媛	刘立超	王　宁	刘　晗
覃　程	马天平	戴　琪	刘小辉	陶韵竹	叶　勃
曹寒冰	彭路赢	裴召文	孙唯一	宋思宇	刘　聪
程传宝	栗　进	林士扬	柴光胜	杨金璇	朱　递
贾舒斐

心理与认知科学学院

| 陈悦悌 | 田　琳 | 蒋雨蒙 | 李丹阳 | 孟秋辰 |

信息科学技术学院

熊晓亮	韩宇翔	谌灼杰	罗光涵	宋嘉文	尹雪帆
赵栋杨	冯雅姣	曹英魁	李天一	杨雁麟	徐　元
易　港	赵一辙	黄曲哲	丰　盛	刘煜非	周剑云
胡逸轩

工学院

吴旭东	夏仲弘	郑方毅	刘　乔	赵　磊	汤颖婷
张亭亭	肖雅婷	沈真全	向　婧	陈秋怡	倪　超
陆政元	陈艳艳	陈浩然	靳树威	王若飞

软件与微电子学院

余晓飞	杨　芳	王东升	陈子璐	程晓雪	王健雄
谭述江	孙康健	尹　强	林静露	马　越	吕朝辉
陈莉琛	曾湧棋	高　蓉	张耀伟	孙岩峰	李长松
陈俊同	曹莹莹	张　姣	侯博文	马忠灿	崔　泽
陈　楠	邓　娟	戴晶晶	沈六一	秦川雨	黄邦波
黄沛瑄	崔丽珺	王　辛	徐　腾	陈　翔	李　丹
李百川	李京航	邓　翀	柳　豹	张心彧	过　正
丁明媚	陈世杰	刘奇彧	沈懿馨	陈　鹏	程霄霄
陈　思	谭子珞	尚　琨	黄莉莹	黄菁菁	原寅娇
戴　兴	白沁捷	肖亦乐	周建新	崔帅星	左亚飞
银　萍	林蔚澜	刘　楠	樊　彬	朱煜东	廖奕明
梁　爽	曹　硕	徐　航	王泽楷	王舒杰	刘永才
李王昊	唐珂欣	刘国玲	彭　鹏	马　腾	陈则吾
马凯强	王　颖	黄雅丹	黄郭钰慧	黎浩然	郑明磊
王　丹	刘　顺	肖云峰	吴　琅	王嘉熙	冯辰翔
刘世昀	陈　立	黄子鑫	罗　夕	谷　欣	张　镇
孟从伍

环境科学与工程学院

| 提博雯 | 庄　嘉 | 张晨阳 | 冯　瑛 | 徐溶涓 | 安民得 |
| 马　源 | 郭佳宝 |

中国语言文学系

张　帅	王煜婕	咸慧洁	张小玲	赵　贤	陈嘉琳
沈婧楚	陈华晓	张　林	刘一凡	宋　爽	张沙洲
董　越	王顺利	肖吉雅	孙先成	马　说	陈　婕
刘世琪	王艺遥	王子怡	李思睿	马露戈	邹　泓
鄢予晨	陈宋蕙倩	赵晨蓉	缑清睿	陈晓蓓
姚张卓玥	丁　琳	黄多永	周琬琳	朱家碧	陈牧川
白升圭	金秀彬

历史学系

亓浩然	陈秋昊	赵文东	谭　畅	汤　硕	林　果
岑宇凡	陈锐霖	陈琬睿	周子其	张晨光	王　超
张子悦	吴　小	周瑜岚	许天赋	吴诗婷	徐紫昭
李朔方	纪浩鹏	金钟希	刘　媛	王　莹	杨园章

考古文博学院

| 刘晟宇 | 黄子文 | 梁　硕 | 张丰豪 | 陈宇轩 | 张致斌 |
| 陆敏慎 | 赵小雯 | 张　旭 |

哲学系

| 张月青 | 李佳轩 | 徐献杰 | 廖志民 | 李嫣然 | 黄培宏 |
| 孙　婷 | 陈嘉康 |

外国语学院

董欣然	吴红飞	段　愿	浦雨蝶	邓　艺	李　玥
黄馨蔚	王年军	张　源	高伟健	段　南	付红艾
袁若溪	陈志朋	朱珠娜尔	靳珂欣	郑雨荷	孟夏伊
张童童	杨　洋	周惠莹	邓卓元	王加骥	张晓桐

赵梦钰	陈欣宇	李瀚鸥	吕梦晗	吴启亮	何斯哲
赖璟	王玥	丁婷	王子月	李佳盈	胡玥
孟长洁	杨泽坤	陈昱	孙淼	陆言昔	赵嘉楷
王中煜	石砾	宋子豪	褚孝睿		

艺术学院

鞠高雅	吴倩如	王京晶	陈舒萍	裴蕾	任靳珊
沙士淳					

对外汉语教育学院

何海亮	杨扬	邹王番	张倩玉

歌剧研究院

于恒源

国际关系学院

李晟援	吕楠	施润茜	禹炫京	费弘雅	刘晏端
陈博文	刘迪雅	何凌云	王妤心泓	王怡旺	谢滨同
赵修杰	王越	买玲	倪港钧	黄凌晨	龚雨珂
李林静	张梦真	张明			

法学院

尹玉萍	张皓茹	周诚欣	庄晓月	高捷	韩梅
李倩芸	李仁睿	刘小冬	卢杰	鲁玉	马梓洋
潘月强	韩妍婷	李佳倩	金曼特	刁贵军	严明雯
叶莹	赵海迪	武岳	于玥晗	朱越超	李妍
苏晖阳	李逸斯	王晨焕	韩励豪	杨永济	高照
郭天琦	范思远	陈梓贤	岳媛	陈海燕	邓金朋
陆世娇	薛岩青	修智夫	黄涛	陈宗庆	蔡晶潼
赵雪松	张琦	梅玮凌	田炼	刘二源	黄子高
李婉玉	闫瑞	杭雅伦	肖雨林	汪佩琪	孙天

信息管理系

王晓笛	陈德里	马佳萌	王凤翔

社会学系

黄明珠	张益豪	摩西安琪	王浩	倪羌顿	司哲
谈磊					

政府管理学院

李天龙	陈方俊	王玥	牟林翰	张竞元	姚心宜
刘松顾	何家唯	林路懿	张津萌		

马克思主义学院

谢超林	陈皖驹	郑国平

教育学院

范逸洲	金文旺	戴君华	朱彦臻	林彦廷	徐晓雯
王宇	麻嘉玲	张慧睿			

新闻与传播学院

雷力	钱伟玲	张晨	邬楚钰	金越	吴萌
杜松涛	梁新意	明淳露	田林鑫	于子悦	李静爱
马静雅	苏杭	杨梦茹	于雅茹	孙静文	李颖颖
李彤	谭影子	赵艺伟	钟明晗	李鑫岩	

体育教研部

李敬敬

新媒体研究院

洪燕	余翔

经济学院

杨宾燕	宋煜	柳林	石琳	何思思	占海伟
郭碧莹	刘璐	陈越儿	侯戎	王梦瑶	张守玉
赵新玉	杨卓千	王昕	徐寅	林奕昕	孙兆昕
张雨萱	陈雨竹	许玚	钟尧	苏治成	

光华管理学院

杨钢	王磊	赵万荣	林贵成	李幸呈	成月
刘莹	张媛媛	叶薇	韩华	黄琬怡	谢忱
赖贝琪	吴炳蔚	郭宁	杜宜学	项文心	朱洁薇
靳如玉	孟凡瑶	刁翊航	朱俊瑞	王茜	陈思佳
王欣悦	吕聪子	郭力源			

人口研究所

汤子健	李响

国家发展研究院

冯婧	川野瑞双	沈童

元培学院

李春江	沈凌峰	陈裕晴	申云逸	袁一洋	李佳怡
王欢	许心晴	王霄	居田	王钦	石佳丽
李研	刘人榕	张祎	沈心怡	王星程	王蓄锐
翟颖佳	贺芸柯	徐银樾	周舟	周扬	张栋杰
张雪洽	谢婉怡	王鹿笛	谢昊洋	刘书铭	刘堂兴
杨帆	纪凤娇	谢璐阳	喻恩帅	王博宇	刘梦茹
贾晓文	付紫璇	李卓然	王雨琪	李泽坤	吴梓钦
杨晨鑫	施季青	宋培睿	李璐瑶	林琨	李欣然
苗彦豪	徐佳颖	徐弘笛	倪梓强	刘子瑞	吴宛睿
雷创	裴钰	万钊宏	罗天创	袁元	刘然
尹志祎	徐泽昊	王瑶			

燕京学堂

徐芮	王子宇	卢晓玫	李思聪

前沿交叉学科研究院

庞博	程赟绿	郑涛	马力	王安琪	周伯洲
雷阳	胡凌寒	刘祎	刘丹	梁如琪	

深圳研究生院

徐卓楠	张林星	赵志英	张晨	柴俊	周基明
杨明正	李思濛	权利	孙超	刘文光	刘艺萌
王立华	江奇睿	季沐含	梁裕彤	储庄	邓永宁
刘俐楠	任韵洁	田秋冶	罗益池	黄帆	黄晓璇
周楠	孙佳明	林雅芳	林艺杰	林正衡	刘玉珊
李洋	王星月	陶叶子	闫龙	刘国威	张盟
李昌鸿	乔芳芳	曾鑫	李鑫	杨扬	张凯帝
许晓特	张晓东	李科浇	徐丽薇	肖晓楠	车茂立
宁皎邑	唐珊	付欣宇	方上鹏	史戈	刘颖
陶金敖	马浩	廖雨晴	林秋君	叶路奇	胡云升
马洪坤	刘允鹏	朱凯琪	王思明	陈城杰	毛艺霖

梁皓凯	邓　扬	孙　睿	梅塔勒	张　伟	詹煜淳
范宁宁	廖林萍	余力鹏	杨　欢	叶兴银	孔祥夫
叶霄麒	王　鹏	王　靓	于　尧	易水平	高　畅
黄　赞	吴小宇	万　方	莫斯嘉	孔德飞	方　悦
赵　楠	曾金伟	汤　蓓	孟　鑫	王圣蕾	王娅力
李可可	郑佳宝	王宪一	王杰坤	朱亚楠	王飒飒
段春余	杜一萌	樊　洋			

基础医学院

王誉雅	李雪滢	陈雨菲	魏天笑	张　曦	陈　虹
郝倬锌	阿曼妮萨·图尔荪托合提		刘舒婷	李生振	
徐菱忆	王　浩	安宇昂	金梦颖	韩茹雪	李拟东
刘　悦	李诗雨	杨皓童	李睿博	王　轲	郭子睿
蒋思博	茉丽都尔·哈米提		黄贞华	侯　松	麻宇颉
李柏翰	罗　超	王鹿玄	陈晓曦	王建鑫	吴羽嘉
张梓宁	黄嘉琦	鲍子涵	江　杰	汤润华	杜　喆
张可祥	戚文秀				

药学院

李茜茜	杨燕燕	李　倩	仲家乐	李展韬	汪小清
李雪琦	吴柏林	陈　迪	贾盼盼	王大宽	苏　珊
代君健	李锴森	徐源蔚	魏绍鹏	崔一诺	张　梦
赵　耀	郭相孚	汤雪健	柏　林	哈拉莉	陈炳荣
吕博晨	王孟洋	孙嘉旭	程佳路	陈镇南	

公共卫生学院

石慧峰	刘佳兴	黄　超	李春晓	胥　洋	孙晓艳
李乐玲	赵丽君	何丽月	孟　莹	刘雪晴	李泽康
霍家康	高晓莹	张佳伟	闫泽玉	王廉皓	赵润茏
马　莹	王言频	任浩然			

护理学院

张婧姝	文　婧	涂思琪	姜玉德	陈　红	周　璇
张婉雪					

公共教学部

龙靖淼	王雨濛	娄　珂	王羽琪	陈奕帆	蔡　婷

第一临床医学院

丁光璞	王宇辰

第二临床医学院

陈伟彬	马慧云	林楚童	朱星昀	钟晓珠

第三临床医学院

魏庆广	甄敬飞	曹　琳	秦　萌	马国卓	李琰霏
杨嘉瑞	高玉菲	邵　睿			

口腔医学院

林春平	赵忠芳	郭厚佐	袁临天

临床肿瘤学院

杨　阳	林彧夫

中日友好临床医学院

刘千祺

第四临床医学院

李雯琪	陈盛彬

第五临床医学院

周　韵	申海洋	王　铎	李建坤

航天临床医学院

卞赟艺

五·四体育奖

化学与分子工程学院

尹东晓	黄志贤

哲学系

秦　芳

外国语学院

于　都	敬　文

国际关系学院

李宇婧	高经纬	郭雅欣

法学院

郭艺聪

第二临床医学院

陈逸凡

红楼艺术奖

建筑与景观设计学院

邱雨璇	綦　琪

哲学系

江湛瑶

外国语学院

刘雨晨

艺术学院

陈　可	汪雪倩

国际关系学院

梁浩然

法学院

周彦池

基础医学院

刘凌超	何　清

公共教学部

汤恩泽

第一临床医学院

张　玥

第二临床医学院

智　慧

第四临床医学院

卢　鹏

（学生工作部）

北京大学 2016—2017 学年"优秀班集体"获奖名单

序号	院系	班级
1	教育学院	2016 级硕士班
2	外国语学院	2014 级本科泰语班级
3	医学预科	2016 级临床医学 3 班
4	燕京学堂	2016 级硕士 3 班
5	医学预科	2016 级口腔医学 1 班
6	哲学系	2016 级硕士班
7	对外汉语教育学院	2016 级汉语国际教育硕士班
8	外国语学院	2016 级日语翻译硕士班级
9	新闻与传播学院	2016 级本科班
10	中国语言文学系	2016 级本科班
11	法学院	2015 级本科 2 班
12	国家发展研究院	2016 级研究生班
13	心理与认知科学学院	2016 级专硕班
14	地球与空间科学学院	2016 级遥感硕士班
15	环境科学与工程学院	2016 级硕士班
16	法学院	2016 级本科 3 班
17	化学与分子工程学院	2016 级本科生 3 班
18	人口研究所	2016 级专硕班
19	法学院	2016 级本科 1 班
20	考古文博学院	2016 级本科班
21	光华管理学院	2016 级本科 3 班
22	社会学系	2015 级本科班
23	物理学院	2015 级本科 3 班
24	国际关系学院	2015 级本科 1 班
25	政府管理学院	2015 级本科生班
26	生命科学学院	2016 级研 3 班
27	光华管理学院	2016 级本科 5 班
28	元培学院	2016 级 3 班
29	信息科学技术学院	2016 级本科 6 班
30	物理学院	2016 级本科 4 班
31	国际关系学院	2016 级本科 2 班
32	数学科学学院	2016 级硕士 3 班
33	信息管理系	2015 级本科班
34	信息科学技术学院	2014 级本科 4 班
35	医学部本科生系统	第三临床医学院 2013 级临床 5 班
36	医学部本科生系统	第五临床医学院 2014 级临床 2 班
37	医学部本科生系统	第四临床医学院 2014 级临床 3 班

（续表）

序号	院系	班级
38	医学部本科生系统	第三临床医学院 2014 级临床 5 班
39	医学部本科生系统	第一临床医学院 2014 级临床 1 班
40	医学部本科生系统	口腔医学院 2014 级口腔 2 班
41	医学部研究生系统	第三临床医学院研究生 4 班
42	医学部研究生系统	第三临床医学院研究生 2 班
43	医学部研究生系统	口腔医学院口腔颌面外科临床班
44	深圳研究生院	新材料学院 2015 级力学（先进材料与力学）班
45	深圳研究生院	城市规划与设计学院 2016 级硕士班

2016-2017 学年北京大学"先进学风班"获奖名单

序号	院系	班级
1	数学科学学院	2016 级本科 3 班
2	数学科学学院	2016 级硕士 1 班
3	数学科学学院	2016 级本科 5 班
4	物理学院	2016 级本科 3 班
5	物理学院	2016 级本科 5 班
6	化学与分子工程学院	2016 级本科 1 班
7	化学与分子工程学院	2016 级本科 4 班
8	生命科学学院	2016 级本科 2 班
9	生命科学学院	2016 级研究生 2 班
10	生命科学学院	2016 级研究生 1 班
11	地球与空间科学学院	2016 级本科 5 班
12	地球与空间科学学院	2015 级本科 1 班
13	地球与空间科学学院	2016 级本科 1 班
14	心理与认知科学学院	2016 级本科生班
15	心理与认知科学学院	2016 级博士班
16	新闻与传播学院	2016 级学术硕士班
17	新闻与传播学院	2016 级专业硕士班
18	新闻与传播学院	2015 级本科班
19	中国语言文学系	2016 级学硕班
20	中国语言文学系	2015 级本科班
21	中国语言文学系	2016 级创意写作班
22	历史学系	2016 级硕士班
23	历史学系	2016 级本科班
24	考古文博学院	2016 级博士班
25	哲学系	2016 级本科班
26	哲学系	2016 级博士班

（续表）

序号	院系	班级
27	国际关系学院	2016 级本科 1 班
28	经济学院	2016 级本科 5 班
29	经济学院	2015 级本科资源环境与产业经济学系
30	经济学院	2016 级博士班
31	光华管理学院	2015 级本科六班
32	光华管理学院	2016 级本科一班
33	光华管理学院	2016 级本科六班
34	法学院	2016 级法律硕士（非法学）2 班
35	法学院	2015 级本科 4 班
36	法学院	2016 级本科 4 班
37	信息管理系	2016 级硕士班
38	社会学系	2016 级本科班
39	政府管理学院	2016 级本科班
40	政府管理学院	2016 级硕士生班
41	外国语学院	2014 级本科法语班级
42	外国语学院	2016 级本科朝语班级
43	外国语学院	2015 级本科俄语班级
44	马克思主义学院	2016 级硕士生班
45	马克思主义学院	2016 级博士生班
46	北京大学体育教研部	2015-2017 研究生班
47	艺术学院	2016 级本科班
48	艺术学院	2016 级硕士班
49	对外汉语教育学院	2016 级语言学及应用语言学硕士班
50	对外汉语教育学院	博士生班
51	元培学院	2016 级 6 班
52	信息科学技术学院	2016 级本科 3 班
53	信息科学技术学院	2015 级本科 5 班
54	信息科学技术学院	2016 级本科 8 班
55	国家发展研究院	2015 级研究生班
56	教育学院	2015 级硕士班
57	教育学院	博士生班
58	人口研究所	2016 级学硕班
59	前沿交叉学科研究院	2016 级 cls1 班
60	前沿交叉学科研究院	常代班
61	前沿交叉学科研究院	2016 级 cls2 班
62	工学院	2016 级本科 4 班
63	工学院	2015 级本科材料航天班
64	工学院	2014 级本科理力班
65	城市与环境学院	2014 级博士生班
66	城市与环境学院	2014 本科城规班

（续表）

序号	院系	班级
67	城市与环境学院	2014本科环科班
68	环境科学与工程学院	2016级博士班
69	环境科学与工程学院	2015级博士班
70	燕京学堂	2016级硕士1班
71	燕京学堂	2016级硕士2班
72	医学预科	2016级生物医学英语班
73	医学预科	2016级临床医学7班
74	医学预科	2016级药学4班
75	医学部本科生系统	基础医学院2015级口腔2班
76	医学部本科生系统	第二临床医学院2013级临床4班
77	医学部本科生系统	公共卫生学院2015级预防1班
78	医学部本科生系统	航天临床医学院2014级临床9班
79	医学部研究生系统	药学院研究生4班
80	医学部研究生系统	公共卫生学院流行病与卫生统计学系研究生班
81	医学部研究生系统	护理学院研究生班
82	医学部研究生系统	第二临床医学院研究生1班
83	医学部研究生系统	第二临床医学院研究生8班
84	深圳研究生院	汇丰商学院2016级数量金融班
85	深圳研究生院	国际法学院2016级硕士班
86	深圳研究生院	环境与能源学院2016级硕士班

2016—2017学年北京大学"示范学生宿舍"获奖名单

宿舍楼	院系	学生类别	宿舍成员姓名
30#113	信息科学技术学院	本科生	麻莉雅 邬橄鸽 朱芃蓉 黎舜尧
37#634	信息管理系	本科生	德德玛 刘千慧 高春芝 张影
37#432	国际关系学院、中国语言文学系、社会学系、外国语学院	本科生	王子月 周嘉雯 王雪鸿 葛思嘉
勺园3#209	生命科学学院	博士生	刘俊娥 王志娟
33#324	外国语学院	本科生	席琪婧 曾肖毅 王卉 朱思橙
33#228	外国语学院	本科生	杨志松 刘子辰 陈一杭 周孟
29#321	生命科学学院、数学科学学院	本科生	李慧 拉毛切忠 王子璇 张明嘉
37#407	哲学系	本科生	王艺洁 徐慧敏 李婉婷 李嫣然
33#514	外国语学院	本科生	邹文卉 陈敏 曾惠兰 柳媛

（学生工作部）

北京大学2016—2017学年"创新奖"获奖名单

个人奖

学术类

数学科学学院
李从辉　孟　琪　张　钺　周康杰　代洪龙　董子超

物理学院
吴　典　郭金康　韩子钊　李嘉轩　王　舜　刘东皓
吴嘉懿　任娟娟　沈晓飞　赵园红　韩　冬　孙宁晨
王鹏捷　李彩珍　曹启韬　常恒心　李浩松　王　楷
许博岩　吕　鹏　赵怡程　韩　猛　杨舒笛　黄　超
任政学　白怀勇　王立晨　祖　帅　谢静雅　弓　正
邢文宇　孙萧萧　王非凡　王　所　骆德锟

化学与分子工程学院
王铭展　陈召龙　刘志亮　王　鑫　辛　娜　王　康
董武杰　王　腾　吴卓彦　吴　珂　谢　肖　张永亮
郭亦堃　赵自然　何逸仕　李思伟　郭印良　马汪洋
熊　锦

生命科学学院
李　莉　邱伟林　唐泽方　徐至韵　郭心怡　程斯进
鞠艳敏　李荣琴　宋靖慧　邵世鹏　董　骥　高　云
汤定斌　尉晓林　谢夏青　王　飞　李　琳　魏梦萍

生命科学学院
李雅鑫　徐永萍　窦圣乾　魏静怡　章将国

地球与空间科学学院
张成业　任　杰　赵文智　陈　彦　胡方泱　安圣培
赵亮亮　刘志扬　付敬浩　朱　文　李　爽

心理与认知科学学院
韩晓春　陆灵犀　孔改清

软件与微电子学院
冯　叶　杨　寒　彭立彬　孙仁和

深圳研究生院
张乐陶　庞　程　郁　文　廖林萍　袁鹏飞　吴　谦
吴昊南　刘德芳　袁　浩　顾月青　钟秀梅　杨　超
王　川　徐　鹏　鄢春华　石宛梓　姚晓东　陶卓霖
赵宜博　姚　飞　吴光舟　胡江涛　李思白　刘同超
郭怡彤　陈勇吉　徐　汀　杨　凯　张光星　朱　敏

信息科学技术学院
李　赫　李傲雪　周　洋　王积银　朱嘉迪　王云鹤
宋　爽　谭继伟　沈　洋　冀　炜　吴瀚翔　蒋卓轩
刘力俊　李　超　李　帅　黄　奇　杨　凡　谈仲纬
吴忠英　顾小影　阮恒心　许兆鹏　王龙刚　陶　明
黎文浩

前沿交叉学科研究院
吴润龙　任华英　邵丽娃　刘　旸　朱秦毓　张哲朋
贾建荣　亓　月　秦　为　谈振军　刘　琨　赵思源
周　旭　陈号天　李梓维　李佳玉　田　丰　张智宏
全天飞　陈学先　冷　赫　李瑜

工学院
郭亚光　相耀磊　杜　娟　杨旭三　黄　苑　漆　锟
刘　洋　姚松柏　梁　霄　陈　斌　刘　杰　杨振洲
段高鹏　骆丹媚　陈　梅　黄晓晓　王嘉宇　费　渝
杨柳思　方浩明　严岑琪　李肖音　李　安　储昭强
吴旭东　赵亚萍　杨宏韬　宦　强　冯宇婷　苏　奇
陈云天　陈　矿　高延子　王　伟　王允松　赵　若
程　斌

城市与环境学院
李　桐　胡文欣　郑国贸　李圣晓　章　迪　刘云鹏
薄　岩

环境科学与工程学院
王海潮　张博雅　王玉珏　付正辉　杨忠臣　郭峻瑜
蒋青松　刘明旭

分子医学研究所
艾珊珊　吴一获　李玉梅

中国语言文学系
薛　静　刘　彬　罗雅琳　高　策　李远达　康宇辰
孔凡娟　孙尧天　王　昕　张金光

历史学系
纪浩鹏　陈烨轩　杨园章　林鹮宇

哲学系
兰　洋　韩　蒙　倪逸偲

国际关系学院
孙大权

经济学院
张晓云　吴群锋

光华管理学院
刘　畅　刘海洋　陈力凡　张澍一　刘靓晨　许睿谦
许　可　王雪芳　李志冰　何　捷

法学院
蔡元培　王　栋　冀　放　王首杰　袁　琳　廖秋子
郭昌盛　徐梦莹　李佳澎　赵育才　肖炜霖

信息管理系
钱　丰　梁宵萌

社会学系
尚　书

政府管理学院
郭晟豪　季程远　罗心然　孙瑜康　宋昌耀　何邦振
刘舒杨　李君然

外国语学院
薛亘华　李　媛　刘　畅

马克思主义学院
刘临达

艺术学院
黄钧妍　艾　欣　冯　晗　娄　逸　赵雅杰

对外汉语教育学院
刘　路　蔡炜浩　李爱萍

国家发展研究院
傅虹桥　张　睿

教育学院
王辞晓　曾　妮　杨海燕　王小青

基础医学院
许炜智　王　麟　杨卫利　张晨冉　赵美美　张　欣
袁富文　俞　冰　刘跃峰　朱奕彰　赵　扬　翟子超
孟晓璐

药学院
刘永清　吴　勇　廖理曦　沐黎敏　刘海超　刘建忠
赖世荣　李　磊　宋小敏　田振宇　李子圆

公共卫生学院
刘雨宁　田耀华　胡贵平　王　烁　王政和　霍文华
姜颖颖　吴士艳

第一临床医学院
叶　欣　钟文龙　周　斌　王鼎予　郭唯一　张正奎
冯　程　杨　洋　陈建宏　崔　明　刘瑞星　陈善稳
孙晓菁　张　达　傅晓娜　邓　会　顾秋华　陈宇珂

第二临床医学院
令狐丹丹　金铖钺　黄子雄　幸华杰　刘敢伟　徐丽玲
刘奎生　王若冰　裴旭颖

第三临床医学院
伍楚君　王　奔　史尉利　王纪莲　齐新宇　刁文琦
陶连元　刘小燮　胡凯伦　郑丹妮

第四临床医学院
戴一博　宁　昕

第五临床医学院
文鹏飞　艾　忻　贾适瑜

口腔医学院
彭丽颖　文　曦　孟沛琦　杨文文　陈　思　刘福良
马若晗　张　敏　汤祎熳

临床肿瘤学院
李　莎　石　晨　张盼盼

中日友好医院临床医学院
时利军

深圳北京大学香港科技大学医学中心
蔡旖斐

解放军306医院
姜　楠　王丹丹

社会活动类

工学院
陆建洲

法学院
高　嵩

中国语言文学系
孟纹夙

医学部
周思佳

体育类

信息管理系
周广财

新闻与传播学院
王佳慧　陈会娟　李　飞

社会学系
王明磊

国际关系学院
王芷嫣

法学院
冯宇萱　陈卓菱　王梦名　陆　兴　朱紫晴

政府管理学院
魏春雨

团队奖

学术类
数学建模竞赛团队　数学竞赛团队

艺术类
学生合唱团　学生交响乐团　学生民乐团　学生舞蹈团

（学生工作部）

学生奖学金

北京大学2017—2018学年度博士研究生校长奖学金获奖名单

数学科学学院

刘思序　郦　言　李江涛　匡阳钰　张　楠　李　伟
王亚平　吴昌晶　何　迪　韩京俊　韦东奕　张科伟
李　徽　任偲骐　何俊材　周沛劼　金　晓　黄译旻
程　元　朱文浩　王宇鹏　郑朋坤　代洪龙　龙子超
户　将　孟　琪　李　屹　李　特　朱锦天　李勇锋
熊云丰　李　隆　房庄颜　孔潇然　王　坤　徐林雪
殷鉴远　李　弢　张喜悦　肖非依　谢宗楷　叶志强

物理学院

孙宁晨　李晨光　燕保明　肖英东　任　霄　王鹏捷
吴嘉懿　赵园红　胡荣豪　龚　畅　和世平　王宇飞
张　亚　方　俊　杜进隆　龙云飞　宋　琪　潘　瑞
万　逸　孔令剑　刘明明　张　茜　周智勤　方　苑
孟　璐　汤雨诗　杨肖易　陈文明　陈怡帆　周彦峰
费兆宇　孙风潇　韩　猛　陈　平　邓琪敏　温　琴
伏琰军　弓　正　刘　霄　李健国　吴鑫辉　付敬原
沈剑飞　赵怡程　牛欣翔　胥　恒　沈传杨　高　宇
葛　伟　肖朝凡　马驰川　韩家兴　梁　昊　李鹏飞
余阳阳　程博伟　李海龙　刘上锋　刘士琦　马骏超
王子潇　谢　昊　杨　辉　臧之昊　朱帝兆　陈俊延
王　超　李如梦　李　洋　岑哲航

化学与分子工程学院

高　鑫　高雪冬　韩　冬　韩梦婷　胡世超　史刘嵘
王　腾　王文慧　王　鑫　熊　锦　杨驰远　张　丰
张　梅　张　笑　赵秋辰　周　胜　陈　影　袁劲松
邓　兵　顾春晖　陈　起　郭印良　刘歆子建　孙德恩
杨俊峰　杨兰亭　杨　悦　于　越　张　澈　刘王莲
王旭升　王　康　李梦竹　顾克骅　李　耕　程　涛
吕泽玉　平一凡　王　月　周　亮　白英杰　陈　旭
程　熠　郭富成　韩　旭　刘文哲　鹿建华　王嘉禹
王　进　王李玎　杨巍璐　郑黎明　董武杰　宁莹莹
饶海霞　吴　珂　袁晓莹　高　雪

生命科学学院

邵世鹏　魏梦萍　夏雨晴　宁小涵　宋靖慧　程斯进
汪加军　刘一穹　徐至韵　张　宏　董　骥　樊　凡
李雅鑫　蒋陈焜　刘悦晨　苏子君　杨珮琳　李亚娟
王梦瑶　徐永萍　杨传真　臧维成　黄佳颖　戚　志
郭仲龙　王　欢　何　苑　于晓或　张雨薇　张远和
冯素敏　黄　盖　葛增祥　任荻秋　蒋家浩　陆文勋
汤飘飘　王欢欢　韩冰舟　张延松　康博熙　刘玉婷

地球与空间科学学院

赵文智　张成业　安圣培　赵亮亮　段站站　杨　川
林文彬　秦　霏　潘一凡　李　爽　常丁月　蒋启财
付敬浩　王茂江　鲁　昊　孙　帅　杨　婷　张　丹
王　潮　周弋涛　陈　彦　杜书恒　叶云涛　赵帅阳
黄建平　张志强　赵浩男

心理与认知科学学院

高晓雪　韩晓春　孔改清　江曜民　毛新瑞　王逸璐
郑　磊　龚曦紫　李炳灿

软件与微电子学院

贾　统

新闻与传播学院

敖　鹏　方晓恬

中国语言文学系

陈琳琳　李浴洋　秦雅萌　高寒凝　刘　文　寇　鑫
高　策　叶　青　谭　菲　吴　唅　肖映萱　许双双
周昕晖

历史学系

苗润博　赵　宇　张晓慧　沈　琛　李玉蓉　张辞修
张悠然

考古文博学院

王思渝　李云河　赵献超　胡文怡　张天宇

哲学系

王　莅　兰　洋　侯杰耀　杨祖荣　苗　玥　石　珹
皮佳佳　刘　铮　闫培宇　胡兰双　李　源

国际关系学院

冯　威　杜哲元

经济学院

何明洋　段志明　唐　琦　吴群锋　何西龙　张宁川

张　昴

光华管理学院
刘　岩　陈　康　刘靓晨　刘圣明　刘　畅　汪荣飞
刘海洋　李　力　许　可　叶永新

法学院
朱学磊　袁　琳　缪若冰　王首杰　冀　放　孔令勇
刘译矾　王宇坤

信息管理系
苗美娟　赵柯然

社会学系
张　韵　郭　冉　苏　婉

政府管理学院
孙瑜康　高　波　曾奕婧　梁　宇

外国语学院
张凌燕　李　芳　逯　璐　王国强　宋心怡

马克思主义学院
黄　斐

艺术学院
艾　欣　白晓晴　李诗语

对外汉语教育学院
刘　路

信息科学技术学院
黎文浩　张　雪　苏宗明　李　帅　谈仲纬　马靖寰
胡夏蒙　王云鹤　许　晨　杨　凡　贾润东　陆光易
程晓亮　白博文　邸博雅　郑子杰　陈俊洁　江佳伟
李嘉豪　李　赫　芮鼎然　刘泽学　张　喆　宋　宇
徐志华　胡智文　马凌霄　徐梦炜　李傲雪　李若宁
邱赫梓　王志轩　仇晓明　禹宏康　娄一翎　宋卫平
袁明宽　张祎晨　李国政　沈　睿　缪立明　盛　凯
杨　帆　胡敬植　卢丽强　栾云腾　潘丽晨　邹达明
陈　旭

国家发展研究院
刘亚琳　李诗云

教育学院
曾　妮　周丽萍　王辞晓

人口研究所
何　平　罗雅楠

前沿交叉学科研究院
周　旭　解晓雯　高　爽　刘　旸　陶　宽　张金灿
朱亚南　罗祖源　谭聪伟　高帅师　孔含静　陈学先
李　瑜　单婧媛　晓　娜　董飞宏　郑亦嘉　张雅文
谢雨彤　杨　晨　盛　南　刘晓婷　安　健　杨　梅
梁中新　王奕蓉　郑巧霞　朱秦毓　时旼旼　田　丰
林　锋　童津津　张翼飞　刘　丹　张益豪　王三山
沙梦吟　李　遥　李　响　何以琳

工学院
姚松柏　代　冲　郭兵兵　徐文静　周协波　黄泽文
相耀磊　肖天白　游加平　杨　任　冯宇婷　王嘉宇
杨振洲　杨旭三　杜　娟　宦　强　郝进华　李　程
郑方毅　段培虎　陈奕君　孟　伟　李肖音　姚梦碧
杨艳涛　王伟豪　张　磊　郭先文　李海月　罗建阳
翟　盛　李　巍　沈丹妮　陈怡华　吴大卫　熊佳铭
王君逸　吴佳熙　党向新　童文文　吴志鹏　白玉琦
李冠男　宋　进　张珂新　王冠邦　毛诗琦　张　帆

城市与环境学院
李　桐　胡文欣　肖文杰　汪　浩　李耀琪　柳　絮
方　琰　郑国贸　毛　康　马志远　连　旭　康　磊
林慧铭　徐泽琼　杨玮琳　孟文君

环境科学与工程学院
黄倩倩　吴　丹　刘明旭　王海潮　王玉珏　吴　桢
盛安旭　代天娇　杨裕茵

分子医学研究所
刘　兵　胡雪婷　吴一荻　周钦超　温　蔚　岳晏竹
韩成盛　许宏展　欧宇辉　张婕婕　杨正浩　杜莉莉
郝　菁

新媒体研究院
李雪莲

（研究生院）

北京大学2016—2017学年奖学金获奖学生名单

CASC奖学金一等

物理学院
袁　伟

心理与认知科学学院
王原野

前沿交叉学科研究院
张诗杰

CASC奖学金二等

地球与空间科学学院
陈　瑞　杜书恒　柴宝惠　刘钰洋　孟楚洁　王　静

城市与环境学院
承书颖　张晨杨

CASC 奖学金三等

物理学院

陈阳阳　窦　晶　邱　添　傅煜铭　杨玉姣　刘双龙

地球与空间科学学院

康峻侥　陆　杰

工学院

谷昊昊　李佳桐

ESEC 奖学金

外国语学院

黄韵颐　高扬然

Panasonic 育英奖学金

数学科学学院

林大超

新闻与传播学院

蔡雨洋

信息管理系

高　铭

外国语学院

尤丹倩

信息科学技术学院

关乃清

POSCO 奖学金

数学科学学院

徐杨见琛　龙吉昊

化学与分子工程学院

张　宁　胡铭秋

生命科学学院

李诗源

新闻与传播学院

曾　辰

中国语言文学系

肖钰可　邱彦琦

国际关系学院

危思安

光华管理学院

陈　晨

元培学院

施季青

信息科学技术学院

王易檀　郑思泽

城市与环境学院

郑嘉睿　赵　晔

SK 奖学金

物理学院

李聪乔

化学与分子工程学院

徐　植

光华管理学院

邰梦玥

外国语学院

王子璇

信息科学技术学院

刘姝涵

SPRIX 奖学金

国际关系学院

王　璐　谢慧敏

经济学院

何　佳　高舒曼

外国语学院

葛思嘉　李陶源　卢宇嘉　黄莉欣　阮筱姝　朱科萌

柏莱诗奖学金

数学科学学院

赵颖珊　杨亦晨

外国语学院

麦　博

深圳研究生院

黄靖佳　陈　瑶

宝钢奖学金

数学科学学院

郭润晨　张子筠

生命科学学院

王　飞

中国语言文学系

潘靓慧

历史学系

潘　敦

社会学系

张雨欣

信息科学技术学院

秦海芳

教育学院

张必兰

前沿交叉学科研究院

李梓维

国际关系学院

李嘉钰　胡玉锦

光华管理学院

徐玉颖　阳　磊　汪　川　王宏浩

信息科学技术学院

戴　拓

城市与环境学院

郑钞月　于欣源

奔驰奖学金

物理学院

肖轲迪　胡召一　王云祥　陆跃辉　胡泽远　洪佳韵
汪嵩博　姚雨含

中国语言文学系

张　钊　张丰楚

哲学系

唐心怡　王艺洁

经济学院

李　睿　陈玫伊　刘子琰　刘铮婷　韩清扬　陈立雪

光华管理学院

何　捷　张　凯　纪　铭　毕新宇　欧阳萌凇　张馨文
王福瑶　孙一林

法学院

邹史超　马一丹

外国语学院

薄一荻　李夏菲　万秭兰　叶田恬　孟夏伊　朱亚洲
范开歆　张皓莹

信息科学技术学院

周天伟　刘　璐　董　平　沈　洋　刘春晖　吴昊泽
工学院　余　彦　Bhattarai, Pravin　陈　梅　卢思睿
陈佳玉　邹正明

曾宪梓奖学金

数学科学学院

姜志承　刘德斌　韩雨泽　鲍怀锋　易　广

物理学院

袁文强　陈满堂　宋天奇　朱　杰　熊慧鑫　李　昊

化学与分子工程学院

林恒宇　樊宇成　杨　嵩　毕晓天

生命科学学院

饶思源　唐期望

地球与空间科学学院

赵兴鑫　李京寰　黄　杰　杨江南　王　宁

中国语言文学系

张沙洲　覃芬芬　孙永强

潮商会十一兄弟奖学金

物理学院

曾俊邦　李智慧

外国语学院

杨依然　吕婷婷

深圳研究生院

王佳易

戴德梁行奖学金

数学科学学院

李从辉　代洪龙　赵林杰　段俊明　欧阳嘉林　韩如冰

物理学院

王凯杰　赵　辉　韩　冬　梁艳霞

中国语言文学系

唐枭雄　曾笑盈　邹　翔　陈敬谦

历史学系

刘佑民

国际关系学院

石可可　王　超　于飞扬　崔晓欢　赖雯燕

社会学系

张巍卓

信息科学技术学院

谌灼杰　吴建龙　成　丰　任泓宇　尉方音

工学院

赵亚萍　王嘉宇　杜　娟　刘　鹏

帝人奖学金

数学科学学院

隆璐帆　张乐涛　王　欣

地球与空间科学学院

郑　淼　陈　宁　黎晏彰

心理与认知科学学院

吴　双

城市与环境学院

王瑀琦　刘云鹏

东宝奖学金

生命科学学院
邵宇秀　杨传真　陆　琪　郭　珍

方树泉奖学金

信息科学技术学院
魏大同　赵义凯

方正奖学金

数学科学学院
窦泽皓　傅瑞得　王刚华　吴俊威　何胜毅　杨　远
朱宇轩　王逸轩　张嘉琦　于翔宇　韩　啸　王诺舟
崔圣宇　卜　昊　蔡天乐

物理学院
王　睿　王逸伦　韩佳星　陈　可　李晓晴　骆佳伟
李文明　郭峥山　李　琪　刘　鹏　樊振豪　江　鹏

化学与分子工程学院
谢梓骞　赵子丰　苏　凡　郭　毓　李晨龙　袁晓涛
林若韵　王立刚　董建桐　张　浩　杜锦超　毛　威
封　凡　张亦弛

地球与空间科学学院
赵亮亮　王为中　李爱军　刘嘉辉　张志强　孙曼仪
吴桐雯

心理与认知科学学院
毛新瑞　李红霞　李丹阳　聂玉秀

软件与微电子学院
武文嘉　王赫楠　李素琛　李泽铭　孟学成　王旌鸣
杨　越　张亚通　彭　凯　王　帅

新闻与传播学院
方晓恬　王雨萱　汤至纯　王　洁　赵　坤　顾倍源
郑江浩　庞　菁　蔡依依　刘纯懿　邹　彤　冉雅涵
杨　涔　刘子晴　阙佳欣

中国语言文学系
王敏琪　赵诗情　王远平　王可心　黄敬凯　颜嘉慧
张钰涵　叶唯简　刘运晨　彭一沁

历史学系
陈　皓　丁国宗　王牧遥　刘　霆

哲学系
王子剑

国际关系学院
郭惠清　仲九真

法学院
赵轶君

社会学系
孟　奇　罗漪涵

政府管理学院
黄尧胜

外国语学院
陈志男　胡佳典

艺术学院
白晓晴　张婷婷　庄沐杨　刘展宏　冯艳丽　周若菲

对外汉语教育学院
李姝姝　万　谦　张钰钗

元培学院
袁一沣　李　研　骆人杰　方　睿　蔡晓琳　张　祎
曹林菁　段浩东　谢璐阳　喻恩帅　孟若为　钱　江
贾晓文　时　畅　李晨光　杨晨鑫　姚豫飞　张瑞石
苗彦豪　裴　钰　李雪莱　陈思如

深圳研究生院
刘德芳　李一丹　白　婧　袁　甜　乔　莎　杜春晖
郑　宇　甘　霖

信息科学技术学院
杨文瀚　王积银　王　硕　吴凡毅　刘力俊　董自鸣
江忻玺　王义中　唐　毅　吕凯晨　张峻伟　魏姚瑶
陈海涛　高匀丰　金　典　曹胜操　秦雨轩　张茂森
周清逸　孙闽旎　张云帆　陈拓潮　季卫明慧　麦辉煜
林　涛　史晨策　吴润迪　时海彤　杨昊璋　霍明佳
张　鑫

城市与环境学院
刘慧颖　章　迪　蒋鹏　薄　岩

环境科学与工程学院
刘宇心　王　航

建筑与景观设计学院
邱雨璇

新媒体研究院
潘佼佼

燕京学堂
顾清扬　波杰西

医学部
张　博　卞文杰　马丹宁　胡玉鹏　周伯丞　李金澎
池熙荧　周晨昱　李　闻　脱毓蓉　谢江淼　杨　帅
齐伟峻　李　江　李雨琪　梁可萱　刘邦媛　陈文政
刘　姝　乔　丹

费孝通奖学金

国际关系学院
马逸凡　李子沛

社会学系
赵代博　樊欣然

政府管理学院
贾润东　张玉洁

福光奖学金

数学科学学院
林浩彬

物理学院
张昊文　赖文昕　杨宗霖

化学与分子工程学院
李梓焓

经济学院
李　静

光华管理学院
林子晗　江冰森　詹文茜　朱志博　陈　双　胡毅喆
游　威　苏雨蓝

元培学院
詹志坚

信息科学技术学院
詹　源

冈松奖学金

物理学院
毕嘉川

化学与分子工程学院
陈　露

生命科学学院
魏如雪

信息科学技术学院
龚俊之

城市与环境学院
刘伟健　林浩茹

环境科学与工程学院
熊富忠　段长宇

共雅奖学金

经济学院
詹佳佳　何颖桢

光华管理学院
尼艾含

外国语学院
郑泽星　陈雅园

顾温玉生命科学奖学金

生命科学学院
陈姮玉　王世伟

光华奖学金

数学科学学院
赵梓文　包诚杨　贾泽宇　傅颢硕　卢维潇　李通宇
蒋易惊

物理学院
魏祎雯　王　栗　闪普甲　岳　莉　周丽颖　白怀勇
熊斌武　章　亮　陶　立　徐田超　李嘉宇　戴必玮
李克谦　汤玮辰　尹　超　聂彧奇　胡文翔　钟晨皓
何必硕　李鸿丞　杨璧瑞　陈石川　郭金康　李智超

化学与分子工程学院
梁和乐　种丹丹　何姗姗　王艺蒙　周　奇　顾春晖
陶广宇　吴小慧　赵秀兰　冯世强　何逸仕　黄禹铖
李辰帅　欧阳一夫　刘星驿　王　棣　赵勐群　费怡凡
郭健庭　张绪敖　刘环宇

生命科学学院
刘立洋　张弘韬　李佳芊　苏嘉昱　王天贺

地球与空间科学学院
孟浩瀚　王冠力　常啸寅

新闻与传播学院
吴尹君　吴　萌　杜松涛　蒋乐来　荣赛波　谭影子
吕惠之　何心怡

中国语言文学系
毛士奇　孙慈姗　郭伊阳　张　亿　杨小又　杨　丁
金琪然　张家昱　罗　倩　杨思思　廖香玉　张泽宇
杨熙程　杨悦施　朴素美　李泓霖　刘明洋　陈艺譞
王兰苓　卜天泓　张汐莹

国际关系学院
王丽娜　程梦圆　温晗静　赵江宇　丰　峰　王承玥
张琪琪　王　博　李羽睿

光华管理学院
秦　瑜　刘子加　刘闰玖　朱宇昕　徐洁敏　马　悦
李泽远　滕　冉　沈铂涵

法学院
吴　凯　李大何　刘一玮　李梦可　何　朕　郦栋烨
朱　颖　朱笑芸　杨杨冬琪　雷　琦　于楚涵　周宫炜

信息管理系
严心月　钟嘉豪　姚贺源　李孟阳

社会学系
孙　静　苏　婉　刘　林　张琦英　宋丹丹　高泽庆
王子昭　罗兆勇　谈　磊　邹　靖　王思凝

外国语学院

翟新超　倪霍凌霄　王　欢　陈一帆　李雪冰　何俊德
冯泓宇　胡　榕　邹文卉　史雨晴　李旖旎　曹雨婷
陈庭羲　王　玥　向　洋　潘昕宸　王舒羽　魏子义
倪梓璇　胡　敏　许馨匀　陈方骐　文鸿志　章震尧
王雅丽　梁颖怡

体育教研部

邹昀瑾

艺术学院

刘芳宁　高　琰　朱　也

元培学院

李春江　王　彬　王润坚　黄启皓　李佳怡　邱丽颖
王孟儒　白沅鹭　姜旭航　苏　涵　李星辰　牟鸿禹
翟颖佳　李　健　田童话　李原榛　徐敬旭　高　孜
张宸博　韦铭杰　付昊皓　程翊华　朱寅杰　钟希妍
周扬帆　张　峻　刘子瑞　罗天创　蒋　莹　管鸿钊

深圳研究生院

张　健　庞　程　袁鹏飞　陈勇吉　姚晓东　邓春芳
朱留声　单　良　蒋　毅　徐文静　刘怡萍　宋　扬
郭　馨　周　杰　苏　琛　苏艳平　顾　晟　许　睿
夏诗霖

信息科学技术学院

张剑坤　林锦坤　程晓亮　徐威迪　潘　石　李忱家
娄一翎　许鹤馨　周昱杉　白　荻　王欣欣　高敬月
徐子扬　朱路阳　朱孟泽　徐　晟　杜昆泰　代达劢
陈颖婕　朱琪豪　倪星宇　邹雨恒　李慕宇　叶思源
吴子航　刘　潇　张　航　陈宏崟　曹　响　段志健
冯浩然　王昊宇　庞子奇

人口研究所

谭文静

前沿交叉学科研究院

刘佳卉

工学院

吴旭东　冯宇婷　梁　霄　汪　硕　樊振强　庄煜洲
金录嘉　张　琨　宁　淳　鲁云龙

城市与环境学院

熊　韦　王思雨　白梦灵　孟丽婷　徐　帅　孙轶斌
王　鹭　邓鲁川

燕京学堂

陈水舒　德爱森　章柔怡　孙洛苒　付书娜

医学部

王智炜　张选俊　刘硕子　张海鹏　史书毓　胡浩浦
李嘉嘉　李玥颖

国家奖学金

数学科学学院

王倩雯　陈　里　龚世华　韦东奕　徐兴成　王渝西
李　屺　陈　冲　王哲辉　姜　帆　付建婷　肖泰洪
陈志茹　柳红亮　戚　鲁　刘浩洋　黄翔宇　陈　成
浦鸿铭　李　翔　张　钺　徐子睿　周康杰　夏铭涛
倪成卓　唐珑珂　朱　峰

物理学院

王广娟　谢柯盼　李鹏程　杨大能　祖　帅　王立晨
丁以民　李彩珍　刘东皓　张成龙　汤富杰　王鹏捷
龙　凤　白兰强　陈晓菲　秦伟伦　胡荣豪　王　楷
王佩佩　沈晓飞　杨舒笛　杨　越　梁卓轩　朱晨玉
陈华洲　任娟娟　曹启韬　韩　猛　徐紫嫣　黄　超
张修营　薛兴泰　谢静雅　袁智扬　王希睿　孙金钊
孙彰昊　王　峻　路裕焜　杨纪翔　易近民　韩子钊
王　玉　石乃琛

化学与分子工程学院

胡子琦　史刘嵘　王晓威　辛　娜　叶森云　翟筠秋
张　丰　张永亮　郭亦莹　侯颖钦　马　雯　张　娜
谢　肖　黎　建　娄　宁　李梦竹　葛　韵　陈召龙
袁天宇　李幸晓　徐　扬　周浩文　金　瑜　常丹琪
王子奕　朱理源　沈星宇　南天龙　张欣睿

生命科学学院

方　润　胡莉莉　马翠艳　李荣琴　管　哲　邵世鹏
郑逸韬　魏梦萍　宁小涵　李　莉　程斯进　陈西茜
徐至韵　唐泽方　窦圣乾　邱伟林　吴文波　李雅鑫
冯素敏　艾宇熙　王玉阁　全宇轩　黄宇翔　童　谣
潘　登

地球与空间科学学院

安圣培　胡方泱　林文彬　付敬浩　王茂江　史忠奎
张添源　任　杰　王　潮　陈　彦　孙元亨　冯　禧
黄亦磊　乔雪园　于　杰　黄圣轩　杨金福　胡兴帮
刘志扬　赵泽严　周思阳　万紫荆　王筱煜

心理与认知科学学院

高晓雪　韩晓春　李天碧　陈丽君　张吉远　王　婧
茅　静　席可颂　樊浩雪

软件与微电子学院

董春涛　李　晟　任星彰　周大川　郭海峰　黄艳清
白云鹤　陈大晟　陈若男　陈雪君　冯　政　郭雨琦
华传洲　黄国强　李金哲　李　硕　刘芳作　李朝阳
罗思琦　马　倩　马勇强　牛江盼　欧阳纯　任一丹
孙高峰　田　青　王丽君　王翔宇　王一博　吴景峰
许繁华　俞佳琪　张丽颖　张　璐　张　楠　张晓娜
詹　悦　周　浪　朱亚卓　冯　叶　李　斌　刘　聪
宋　瑜　苏丽丽　王柄焱　夏丹伟　张朝卫　张会茹
张义日　马慧芳　蔡　程

新闻与传播学院

翟秀凤　贾宸琰　卢　敏　宋子节　王登丰　金　越
孙静文　李　彤　邓倩如

中国语言文学系

王启玮	余德江	李远达	薛 静	朱佳艺	倪志佳
李 巍	罗雅琳	周 琦	林悠然	刘 倩	向筱路
宋若飞	刘家玮	袁苗苗	何诗航	向思琦	李若白
于欣池	张菁洲	李文曦	李衍颖		

历史学系

高翔宇	荆 腾	滕凯炜	栗河冰	高正亮	王 尔
李思成	陈烨轩	杨雅婷	陈祥军	李 墨	刘 璐
李孟泽	王雪霏				

考古文博学院

徐斐宏	王思渝	李云河	张天宇	郭美玲	邹冠男
杜圣伦	艾沁哲				

哲学系

王 苡	杨祖荣	王 钊	刘 莹	刘子琪	邱楚媛
王一楠	虎嘉瑞	孟雨桐	倪逸偲	陆 炎	江浩远
刘名再	肖明矣				

国际关系学院

陈 永	冯 威	吴昊昱	李孝效	毛思源	甘楚巾
曾文洁	李典易	高绰璟	胡昕阳	陈震坤	曹湘宸

经济学院

张轶龙	段志明	吴群锋	侯思捷	高震男	许茹纯
钟泽铭	张中弛	叶子萌	张沛阳	张富瑜	韩甜甜
黄 兴	钱留杰	刘宇瑶	张皓辰	吴明轩	许婧婷

光华管理学院

陈 康	李志冰	马海超	刘圣明	刘 畅	刘海洋
许 可	黄清扬	周慧珺	任图南	高溢彤	黄宇健
潘沛宪	施恒彬	苏梦泽	王晓宇	许志超	王 颖
白静雅	孙逸非	张力培	汪嘉倩	张武豪	邱昕瑶
杨 巍	田乙豆	何昕迪	晏子清	齐华瑞	黄一泓

法学院

袁 琳	董学智	冀 放	廖秋子	黄宇骁	胡 翔
李潇洋	董 柯	郭 鹏	何 昕	李 玮	彭粒一
王 悦	于若楠	孙邦娇	高颖文	李则达	陈陌阡
陈雯怡	潘 宁	祁 慧	沈晨叶	王海燕	杨婉仪
杨 城	彭思涵	李家杰	冯寒野	李嘉如	宋 瑞
卢欣怡	余今朝	吴俞阳	黄雅冰	张宇诗	吴可婷
包思雨	陈欣怡	贺晓朦	赵雪杉		

信息管理系

梁宵萌	王 伟	张 帆	王冰璐	刘姝雯	尚闻一

社会学系

庞圣民	张樹沁	吴柳财	赵晓航	彭书婷	韦晓丹
刘仕豪	许一鸣	王思远	梁欣怡		

政府管理学院

季程远	郭 科	郭晟豪	宋昌耀	伍叶露	杨 翔
李梦瑶	孙宇辰	林 禾	陈俊廷	马若凡	郑韵含
张耀之					

外国语学院

安 帅	康乃馨	张 婧	孙晓雯	吴 扬	唐 格
王 梓	徐 涵	刘丽文	王诗敏	李 豪	刘 畅
袁 婧	张叶秋晓	俞 婕	叶陈宁	龚哲浩	郭奕佶
王子欣	张义荀	陈仁靖	柳 媛	张怡轩	李润华
金郁昂					

马克思主义学院

刘临达	曹金龙	邓 佳	张泽坤

体育教研部

王一然

艺术学院

艾 欣	冯 晗	李尽沙	黄钧妍	祝子建	倪范晶

对外汉语教育学院

刘 路	蔡炜浩	于小珊	徐畅溪

元培学院

张浙航	何臻智	赵宇飞	黄殊晏	张冠鹏	张烨垲
张怡文	倪彦俊	陈思禹	方嘉齐	郑新异	郭东麒
黄道吉					

深圳研究生院

袁 浩	张鹏鹏	张乐陶	李靖旭	吴 谦	胡江涛
陶卓霖	王 珍	王 婷	王 川	吴昊南	伍惠子
袁子焰	李淑君	邓帅帅	牛冬晓	常 悦	黄 顿
江悦婷	马国凤	商雪莹	邵哲文	卢奥博	蔡金兰
刘馨宇	田 璐	姚 飞	赵宜博	钟奕纯	郭怡彤
李思白	高静楠	韩 谓	范梦迪	王迪松	应振强
江 东	石宛梓	王 前	李凤清	汤学章	李妞子
胡志成	黄妤晴	胡蓓蓓	蓝天铭	林 桐	刘 力
许诣铃	张 晨	程之又	胡雅云	朱殿濛	范 欣
路嘉豪	杜幸芝	高于博	陈雄涛	李炜棉	麻岱迁
熊思琴	宋墨含	徐 蕾			

信息科学技术学院

黎文浩	张 雪	肖梦梦	顾小影	谈仲纬	李旭楠
谭继伟	张 翔	王云鹤	郭少锋	周晓梁	陆光易
邱博雅	王宏宇	江佳伟	李元春	洪申达	宋 宇
章嘉玺	刘天宇	陆 璇	宋 爽	李美杰	殷明慧
白茹梦	许兆鹏	杨 潍	杨廷翰	李宇琦	王咪咪
陈 伟	张舒汇	厉扬豪	陶 砺	邓逸安	林丽静
赵 彤	陈震鹏	曹俊杰	张梦晓	魏 薇	曹雁彬
姜宛彤	朱嘉迪	陈一茹	杨宇喆	陈睿聪	田晶晶
吴 越	孙之清	吴 侃	于力军	吉如一	邓康乐
谷典典	曹 芃	马知遥			

国家发展研究院

陈子浩	邱 晗	李 岩	邱智敏

教育学院

王辞晓	何冰冰	徐 颖	董 倩

人口研究所

程云飞	王 然	李佳怿

前沿交叉学科研究院
胡玥　刘琨　李茂东　亓月　陈号天　邵丽娃
王轶楠　杨李　于俊韬　张志博　张哲朋　徐优俊
贾建荣　冷赫　李明　秦为　周文昊　吴润龙
陈琪湉　张超　李秋颖

工学院
张兴玉　姚松柏　骆丹媚　吕跃祖　黄苑　孙东哲
孙牧旸　吴小虎　陈矿　杨旭三　宦强　储昭强
孟晋　漆锟　赵羚伊　刘俊义　杨柳思　陈斌
李安　徐致远　袁越　曲娜　陈善恩　吴林佳
汪靖　胡昊　赵宇　王榕金子　曹禹凡

城市与环境学院
李桐　卓少杰　杜伟　汪浩　刘强　马志远
易侃　李圣晓　刘卓　要伊桐　李慧蕾　杨佳意
董英伟　王照宇　张晓华　申子靖　项苏楠

环境科学与工程学院
李梦仁　郭峻瑜　付正辉　陈肖睿　郑云昊　李冰心
周宇轩　蒋青松　李垚纬　宋锴

分子医学研究所
柴祖映　吴鸿昆　艾珊珊　邹德超

歌剧研究院
裴修文

建筑与景观设计学院
彭瑶瑶　赵稼楠

新媒体研究院
李雪莲　刘松吟　尹鹏

燕京学堂
徐杨

国睿奖学金

数学科学学院
胡盛清　李畅　徐智韬　陶雪妍

物理学院
陈婷　任政学　赵思齐　张林

软件与微电子学院
李赫　闫思宇

光华管理学院
管经纬　周果女

信息科学技术学院
杨勐讓　兰兆千　秦晓冉　孙鹏晖

海亮奖学金

物理学院
李冲　盛经纬　宁远航　邹瑜

化学与分子工程学院
魏莹　陈南

生命科学学院
吕志聪　王美文　迟王菲　杨杜　魏静怡　蓝添翼

地球与空间科学学院
杨志强　晏艺真　田崇瑞　尹泽藩　方先君

新闻与传播学院
雷力

历史学系
孙唯瀚　王苗

信息管理系
徐敏　曾丽莹

社会学系
曾卓

外国语学院
温华翼

马克思主义学院
李亚男

信息科学技术学院
汪震海　谢澜　宋明洁

教育学院
范逸洲　李欣　王洋　靳慧琴　卢可伦

前沿交叉学科研究院
刘春宏　董飞宏　张嘉阳

工学院
吕帆

城市与环境学院
方琰　张雯逍

环境科学与工程学院
杨新平

韩亚金融集团奖学金

国际关系学院
罗撄玲　杨晟子　胡正琛　章宸月　陈柏男　田恬

经济学院
宦颖　王沛韬　章释启　李文康　张孟越　贾蕾
汪国庆　谭安然　孔曦晨　孙雨辰

光华管理学院
赵玮璇　张佩成　沈李美慧　邓玉婷　朱佳铭　王瑞瑶
侯秋昊　吴旌

法学院
陈毓坤　李亚鹏　陈月明　李妮　徐章航

外国语学院
申明钰　后博文　李一杨　孙启　殷达

宏信奖学金

光华管理学院

胡邦毅　王博文　林颖倩　方静怡　苏祖弘　周　丹
李隽卷　张一凡

新媒体研究院

梅元龙　王宇寒　张　磊　钟　旺

鸿升奖学金

考古文博学院

徐诗雨　程环宇

信息科学技术学院

韩润泽　张番栋

工学院

李海月　石　莹

侯桂芳-李计忠奖学金

光华管理学院

李任平

华为奖学金

数学科学学院

王　超　王炜飚　薛庆源　俞　炳　安　捷　刘镇源
李昊亚

软件与微电子学院

付　彬　张汶琳　王庆涛

信息科学技术学院

尹伊淳　赵东平　李　成　向耀程　赵栋杨　金逸伦
韩佳良

黄昆李爱扶奖学金

物理学院

王　所

季羡林奖学金

新闻与传播学院

钱伟玲

外国语学院

潘啊嫒　张　磊　刘思聪　陈卓涛

佳能奖学金

数学科学学院

郑　涛　余　璞　陈子恒

物理学院

骆　洋　胡京津　傅浩宸

化学与分子工程学院

关键鑫　陈梓鸿

哲学系

王君菲

信息管理系

王若佳　李红澄　杨子傲

外国语学院

王　晗　王子月

信息科学技术学院

马树铭　张晓德　林　阳　苏嘉俊

环境科学与工程学院

赵嫣然　郭佳宝

金龙鱼奖学金

生命科学学院

刘斯敏　王诗莹　黄润洲　叶小洲　刘　畅

经济学院

成琪然　唐思勋　寇腾腾　沃　迈　胡峻熙

光华管理学院

赵芸笛　颜康平　秦　意　孙殿咏　周昊昱

信息科学技术学院

周　洋　杨东升　张可欣　章沈键　孙凯风

工学院

李昕宇　郭鑫星　周佳慧　滕郁骏　刘嘉牧

环境科学与工程学院

童天丽　陈　翔　井泽华　胡裕民　张鼎怀

君远奖学金

数学科学学院

姚嘉豪

物理学院

邱露颐

地球与空间科学学院

闵靖涛

心理与认知科学学院

陈慧菁

新闻与传播学院

姚　源

中国语言文学系

俞明雅

哲学系

王子瑜

	国际关系学院			元培学院	
赵子禹			黄楚妍		
	经济学院			**李惠荣奖学金**	
刘　琪					
	光华管理学院			数学科学学院	
叶　薇			郑灵超	何　顺	刘兆怡
	社会学系			物理学院	
钱弘慧			刘昊昱 张琨	侯瑞祥 刘力谱	孔凡航 王　硕
	外国语学院		边　珂 张帆	蒋瞧 刘轶男	陈优帆 魏　强
何英杰			牛文奇 王天乐	刘　越 张波尔	彭　朋 姚睿骁
	元培学院			化学与分子工程学院	
曾锶娴			黄　超 徐　尧	石　栋 赵甜梦	张玉哲
	深圳研究生院			国际关系学院	
顾月青			刘妍辰 张志豪	劉彥良 熊文雪	张　雪 徐雨佳
	国家发展研究院		罗波伶		
沈仲凯				法学院	
			李思颖		
	卡儿酷奖学金			元培学院	
	化学与分子工程学院		吴明琨 王　欢	张玉滢 孙雨东	白罗兰 葛　楠
黄芙蓉 周涵韬	胡俊男 陈俊含	彭　诚	颜芷邑 徐银榎	郭　奕 王堂兴	李卓然 王雨琪
	软件与微电子学院		陈泽均 王亦丁	顾开元 王宪盟	
杨瀚文 张　翔	苗　增			信息科学技术学院	
	经济学院		张盛楠 陈维政	王紫东 李　帅	周龙飞 蒋卓轩
王琼慧			沙　磊 刘俊成	李骏之 王宗巍	韩丹虹 曹英魁
	光华管理学院		徐梦炜 黄庆博	张晓东 杨　帅	衡　稳 郜红叶
王　楠 翟祎雯	张炎蒸		汪益成 李红改	刘瀛成 王梦迪	李　拙
	信息科学技术学院			前沿交叉学科研究院	
孙海萌 黎才华	高嗣昂		高　爽 汪慧君	慈海娜 赵　伟	刘旭钦
				工学院	
	柯创龙奖学金		王　芳 游加平	国晋菘 刘　杰	朱晓映 吴松杰
	数学科学学院		赵雨浓 张明煜		
董子超 孙元逊				分子医学研究所	
	深圳研究生院		魏国琴 张郁林		
武丰瑾					
	信息科学技术学院			**李彦宏奖学金**	
郑佳慧 周铭洵				数学科学学院	
			郑亦如		
	乐森旬白顺良奖学金			物理学院	
	地球与空间科学学院		沈学简		
倪培刚				化学与分子工程学院	
			陈世祺		
	乐生奖学金			生命科学学院	
	外国语学院		董梓琪		
周子楠				地球与空间科学学院	
			纪　晴		

赵　楠		心理与认知科学学院			
斯姝华		新闻与传播学院			
于汇文		中国语言文学系			
宋舒杨		历史学系			
崔孟龙		考古文博学院			
杜贵宇		哲学系			
金佳莉		国际关系学院			
张凌瑄		光华管理学院			
朱子琳		法学院			
油梦圆	洪采菲	信息管理系			
黄　鹏		社会学系			
李雅欣		外国语学院			
王　伊		艺术学院			
李倩怡		元培学院			
胡　楠	胡家琛	信息科学技术学院			
龚　盛		工学院			
李　东		城市与环境学院			
毋泽鹏		环境科学与工程学院			

廖凯原奖学金

数学科学学院
陈明娟　陈子昂　程　晨

物理学院
孙宁晨　张银峰　项　玉　戴攀曦　许博岩　潘岱松
吴　典　李嘉轩

化学与分子工程学院
戴亚中　高雪冬　李方园　李林楠　于秋红　吴卓彦　徐紫菀　常泰维　蔡辉宇

生命科学学院
冯　烨　郭　羽　谢夏青　高　云　张雨薇　王闽铭
刘菁菁

地球与空间科学学院
赵文智　杨　川　秦　霏　石永祥　黄知劼　徐运铎

心理与认知科学学院
孙　岚　唐　潮　张锡超　江皓斌

新闻与传播学院
王　琪　崔晨枫　田丹迪　鲁雨锦

中国语言文学系
杨梦皎　刘晓晗　韦楚祎　郝德娜

历史学系
韦　翔　王嘉锐　张浩天

考古文博学院
罗登科　杨若梅　王子寒

哲学系
王生云　张茂钰　林　啸　田　妍　朱思婧　王冠军
毛蕊浩　程　翔　李培炜　刘东奇　王书文　徐玄灵
刘勉衡　闫琦琛　张高博　李浩田　钟孔鹭　曲铁男
姚　瑶　岳鹭遥

国际关系学院
禹炫京　宋婉玲　于脱颖　胡敬壹　梁舒淇

经济学院
易　天　张晓云　钱嫣虹　秦　云　郭　婷　罗　娜
余　航　何西龙　张宁川　庞　浩　陈雨露　陈嫣然
吕有吉　吴海青　谌泽昊　邓尚律　黄雪菲　康倬群
梁凤浩　唐奕波　吴嘉卿　谢　杰　晏珅熔　李玉婷
刘华山　严云扬　吴若璇　韩　笑　郝艳东　李依晨
李　仲　郑艺伟　尚用馨　黄　叶　吴雨桐　王梦笛
贺　琰　关焱天　梁义钦　李　真　谢潘宜　奉恒纬
程陶然　朱可彦　李江江　倪文青　王飞宇　孙　琦
秦　颖　夏　楠　顾诚阳　孟星辰　朱　彤　王品达
陈即安　黄　茜　李沫含　杨昭力　董婧延　张亦抒

法学院
金　曼　王首杰　王　栋　蔡元培　刘译矾　邓　伟
曾诗洋　程　娇　冯文琦　黄其杰　施浩雯　孙经纬
唐俊烈　田娅娟　张　莘　赵育才　田浩宇　武　宁
汪怡安　汪睿恒　黄时烨　靳澜涛　林舒阳　罗　远
庞　颖　任雪彤　唐　诗　王天雨　徐盛阳　刘宜矗
苏林璐　刘力帆　李一鸣　徐　蕾　陈　陶　阙涵宇
刘　颖　朱梦圆　丁　卉　胡敏喆　陈美至　李昕航
田　园　严丹华　孙笑涵　梁雯菁　范月影　李昊林
林鹰谷　张一舒　宋熠雯　陈英齐　陈卓唯　路自宽
陈　璨　杜中华　刘维希　杨润润　俞　笑　柳昊芃

信息管理系
赵　晓

社会学系
邹璟怡

政府管理学院
刘舒杨	郭俊雅	张玉佩	刘江远	孙瑜康	张　骥
高　波	曾奕婧	郭宏樟	塔　娜	谢予昭	于　越
李君然	洪　治	王　菁	杨　姣	古恒宇	李　磊
陈方俊	李广兴	朱华辉	范文琦	黄　磊	武雪健
夏梦美	丁方达	冯晓璇	何邦振	贾锐智	朱晓羽
郑雅文	彭志斌	姚昕言	张　越	陈　耕	周　歆
袁旋宇	林梦瑶	盛姜月	王　玥	巫曼琳	李颖妍
李照青	何　琦	施　悦	吴笑葳	牟林翰	钟林睿
张竞元	姚心宜	朱玉慧兰	潘　湃	林路懿	刘怡君
汪欢颜	彭炼哲	李元琦	沈奕彤	毕　珂	戴文奇

外国语学院
程　烨	甘文雯	谌皓碧	王嘉璐	郭笑遥

马克思主义学院
任　远　樊静蓉

艺术学院
王　汉　闫晓颖　朱　钰

对外汉语教育学院
陈诗琦

元培学院
胡一征　李　蒙　章炜翊　李相廷

信息科学技术学院
关淘淘	许奕星	崔　健	龚林源	费天一	张天远

教育学院
李潇潇

人口研究所
王本喜

前沿交叉学科研究院
赵思源　孙潭霖

工学院
郭亚光　张智琅　周　蒙　谢书猛

城市与环境学院
许重阳	高　璟	赵繁荣	贺　勇	郭金鑫	万　婕

环境科学与工程学院
张照男　陈乾坤

分子医学研究所
赵德尧

医学部
彭靖予　吴冶君　夏华钦　郭楚宁

林超地理学奖学金

地球与空间科学学院
张成业

城市与环境学院
胡熠娜

环境科学与工程学院
刘元洋　武俊宏

林振芳奖学金

中国语言文学系
李林芳	焦一和	林少芳	刘　文	寇　鑫	李晓蓉
樊迎春	曲　楠				

历史学系
田卫卫	申　斌	盛仁杰	单敏捷	梁馨蕾	段舒扬
纪浩鹏|				

考古文博学院
李昱龙	张保卿	刘　瑞	赵献超	刘亦方	胡文怡
刘　拓	张　吉				

哲学系
李天赐	陈少卉	宫志翀	黄光旭	刁超群	李　源
申　琛|				

龙元长泽奖学金

物理学院
陈伟杰　言浩雄

外国语学院
蔡安妮

元培学院
吴宛睿

深圳研究生院
郑君健

欧阳爱伦奖学金

生命科学学院
张　琪

外国语学院
黄　蓉　马　骁

三菱东京日联银行奖学金

化学与分子工程学院
谢　霞	肖　雨	卢　阳	姜　维	刘雅杰

生命科学学院
史方圆	王　迪	朱淑怡	代园祎	于书玉

中国语言文学系
夏　雪	毛锦旖	唐姆嘉	高　源	徐慧瑶

经济学院

冯凤荻　刘俊玮　孙　萌　钟世翔　杨　阳

光华管理学院

吴　敏　施　浪　刘羽飞　成　月　王依诺

法学院

孔令勇　邓　辉　夏江皓　张恺簇　曾　田

三菱商事国际奖学金

国际关系学院

段陶然　王心怡　宗晨曦　郭家书

经济学院

赵梓廷　张　贺　张蓝月

光华管理学院

周一航　张晓宇　翁昱昊

三星奖学金

数学科学学院

仇嘉泽　周国庆

物理学院

许昭鉴　唐佳奕

化学与分子工程学院

高田昊

光华管理学院

赵梓博

法学院

李枚远　彭雨溶

社会学系

赵珮昕　薛雯静

外国语学院

尼　森

信息科学技术学院

杨雨成　孙新昊　宋永鑫　梁　政

社会学系

尚　书

信息科学技术学院

王关清

社会育才张海燕奖学金

历史学系

徐一臻

哲学系

谭依瑶

沈同奖学金

生命科学学院

谭一敏

苏州工业园区奖学金

化学与分子工程学院

肖安琪　荣自超　邱占萱　田枢衡　简繁冲

生命科学学院

曹　铄　谈嘉程　吴奕忱　范家豪

信息科学技术学院

王　聪　周　一　林　敏　刘少飞　田　源　赵　澈
张高翔　郑淇木　罗炳峰　魏　爽　沈戈晖　魏亮晨
杜华阳　张　霞　刘强强　于晓凡　关玉烁　林正晗
樊乃嘉

工学院

王　伟　陈　煜　薄云天　何叶冰　武逸峰　李　莉
张　聪　黄　欧　章盛祺　李培豪　钱佳琛　余昊明

唐立新奖学金

数学科学学院

吴昌晶　韩京俊　单敏捷　周沛劼　胡润杰　丁允梓
张　铖

物理学院

张成龙　王　星　陈华洲　韩　猛　项晶罡　韩兆宇
易近民

化学与分子工程学院

刘卡尔顿　朱　胜　崔竞蒙　刘静嘉　武江波

生命科学学院

薛瑞栋　常　蕾　房　苑　王玉阁　黄宇翔

地球与空间科学学院

郝以鑫　朱　递　柳晓萱　华思博　金　恬

心理与认知科学学院

席可颂

软件与微电子学院

陈　尧　刘　璨　刘严鸿

新闻与传播学院

贾宸琰　宋明真　李　彤

中国语言文学系

刘　东　杨薏璇

考古文博学院

王静雪　王　玥　邹冠男　管文韬　陆文琦

哲学系

韩　蒙

国际关系学院
周灿灿　牟　舣　刘念鸿　张　硕　韩　旭　余　欣
刘兴沛

经济学院
王耀东　张中弛　张　帆　王梦瑶　张皓辰

光华管理学院
唐　瑄　赵扶扬　雷　玮　范　围　林　睿　曾敬诚
郑钰云　王　月　徐旺达　宋甘霖　耿宗泽　杜佳宸
王一凡　卢礼威　席子涵

法学院
朱学磊　戴　杕　耿　颖　邱遥堃　陈陌阡　李梦梅
孔维园　邹星光　王嘉钰　崔格非　余今朝　吴俞阳

信息管理系
王冰璐　尚闻一

社会学系
邵　嬛　郭正蒙　曲绍航

政府管理学院
徐梓原　罗心然　邹瑞阳　孙宇辰　尚俊颖　林　禾

外国语学院
商小琦　卜晓晖　张泽懿　吴张心安　王歆赜　周思吉
张义荀　单　晨　郭　锐　夏　禹　苏冠宇

马克思主义学院
韩致宁　曹金龙

艺术学院
李斯扬　黄羽婷　倪范晶

对外汉语教育学院
李　水　田晓萌　蔡炜浩

元培学院
陈一潇　张冠鹏　伍维晨　倪彦俊　陈　鹏

深圳研究生院
李　豪　刘同超　胡江涛

信息科学技术学院
李豁然　李　佩　赵至真　周晓慧　顾家远　董　镇
李泽凡　吉如一　邓康乐　林天梁

国家发展研究院
张　睿　崔静远　刘佳佳

人口研究所
温　煦　黄国桂　阮航清　张吴瑶

前沿交叉学科研究院
王　杰

工学院
姚松柏　代　冲　于学成　陆建洲　俞　玥　孙北奇

城市与环境学院
王梦婷　马昕琳　李圣晓　李朴涵　申子靖

环境科学与工程学院
刘明旭　张朴正　袁沁妮

建筑与景观设计学院
郦宇琦

新媒体研究院
柏小林

燕京学堂
徐　杨　牛弘昊　黄舫溪

医学部
孙斯曼　王韦迪　袁　硕　宋　佳　李珂璇

唐立新优秀学生标兵奖学金

数学科学学院
张　楠

化学与分子工程学院
戴昱民

生命科学学院
董　骥

地球与空间科学学院
韩潇霖

新闻与传播学院
何芷桐

对外汉语教育学院
潘佳晨

元培学院
张宏毅

信息科学技术学院
姚思羽

前沿交叉学科研究院
郑良涛

分子医学研究所
安　妮

唐立新优秀学生干部奖学金

物理学院
黄彦琦

中国语言文学系
李　喆

考古文博学院
李卓朋

哲学系
巩天成

国际关系学院
邓　涵

法学院
曹　远

信息管理系

张恂达

社会学系

李彧强

政府管理学院

梁贞情

工学院

杨艳冉

唐仲英奖学金

数学科学学院

黄若谷　肖新宇

物理学院

赵嘉佶　张程皓　鲁霓　耿磊

化学与分子工程学院

董学洋　刘琢玮

生命科学学院

宋凯宏

地球与空间科学学院

武于靖

心理与认知科学学院

田玥　刘彦韬　郭天翊

新闻与传播学院

周洁

中国语言文学系

詹婧　邹赛云　吕思婷

历史学系

李芬

考古文博学院

凌亮优

国际关系学院

格桑卓玛　李林静

经济学院

肖荷　赵煦风　邵锐成　龚敏学

光华管理学院

程超意　李云　袁清晗　何玉麟　徐豪

法学院

杨牧野

信息管理系

李佳红

社会学系

徐春蕾

政府管理学院

彭桂蓉　吕爽

外国语学院

孟瑶　蒋天若

艺术学院

黄思嘉　郑雨琦

元培学院

徐名琛　吴语嫣　王伟涛　杨昌恒　刘人榕　罗世通
倪临赟　刘彦麟

信息科学技术学院

叶元　李恬　方鸿宇　武家伟

工学院

李笑含　彭欣　张浩嵩　程丹旭

城市与环境学院

谢杨

环境科学与工程学院

吴坤

医学部

刘佳钰　许志浩　李嘉浩

田村久美子奖学金

中国语言文学系

张明瑟　苏鑫　王卓远

王家蓉-王山奖学金

光华管理学院

李沙浪　成也　张林　沈睿　金苗　李力

巍璘奖学金

数学科学学院

蔡晓榕

物理学院

杨帆　许英伦

化学与分子工程学院

乔卓然

生命科学学院

陈子玉　段佳丽

地球与空间科学学院

杨德鼎　郭浩

心理与认知科学学院

朱镜榆　唐斌

中国语言文学系

姜蕾

历史学系

冯斌涛

考古文博学院

吕雪妍

社会学系
袁　琳　刘雪伶

元培学院
金桢杰　惠雅婕　熊方宇

信息科学技术学院
陈牧歌

工学院
侯江东　邢家诚　徐瑞宇　金瑞杨　易俊何　郑骁键
张傲杰　刘彦江　张瀚文

城市与环境学院
刘　瑞　郑树杰

吴达元-陈穗翘奖学金

信息管理系
安佳鑫

外国语学院
席琪婧

吴育庭奖学金

物理学院
贾　赫

地球与空间科学学院
李然好

深圳研究生院
国　政

信息科学技术学院
陈　鹏　陈逸凡

五四奖学金

数学科学学院
凌松波　张　帅　张静茹　吴　迪　王钰铭　陈　琦
李　影　吴　极　邱日明　汪　湛　兰　添　沈梦瑞
王飞骋　钟彦杰　符张纯　朱泱辰　姜德青　杨文昊
马思源　于　鹏　徐浩源　甘　坦　曹　阳　陈鑫犇
张海翔　叶　帆　李子辉　梁家栋　郑　重　孙家进
姜兆恒　饶正昊　陈玮乾　高瑞奇　陈方轶　黄凯旋
陈　坤　纪一博　侯霁开　杨宇轩　刘　上　潘文初
寇金润　王啸辰

物理学院
方凯生　王　清　乔瑞喜　董大山　钟循启　韩晓亮
王亚坤　刘　洋　杨　斌　姜美玲　李　盼　念　达
季伟文　张　铭　熊　超　沈巧蓉　杨子宸　梁致源
王子维　刘笑桐　吴天玮　杨蓓斯　汪　前　廖思棋
程舒羽　李博婷　杨　光　刘秋实　陈文杰　李宇帆
曹睿枭　司懿东方　王宇初　殷若瑜　范子璞　胡昊林
潘学海　李浩川　李佳宸　林益浩　陆　易　汪子龙
高学诗　刘芃妤　李方闻　粟恒奕　池昱霖　葛博文
李瑞晨　陈昊彦　王海鄩　刘海鑫　俞钟承　周天罡
徐奕放　程寅恪　韩政沅　柳　博　郭世安　茹星语
亓瑞时　曹秦瑜

化学与分子工程学院
黄蓉冰　王浩博　薛荣荣　杨小雨　刘子豪　马玉芳
尹昊琰　胡　静　陈珺娴　曹　亭　苏　姗　吴　熙
吴　勇　段东斑　贺麒霖　米天雄　谢泽威　刘沁哲
成　挺　靳汝湄　刘锦民　王瑞琪　周家华　黄兆和
臧士豪　杨　成　臧芷育　李和昀　陈怡鑫　耿景行
李宇轩　徐海齐　黄志贤　雷寅嘉

生命科学学院
侯　林　万俊男　王　帅　姜冬青　刘晓萌　杨　磊
李　鑫　潘加伟　李西莹　王小康　杨彦芝　郭秋芳
降　帅　续　然　黄　凡　王礼鹏　易梦媛　戴　玉
廖杨洁　吴长城　王子璇　张子瑞　郑昱豪　夏宁静
王逸颖　田　梦　黄司昊　朱鼎天　鲁双嘉　陈泽欣
王依琛　杨靖锋　李　博　凌弘毅　张毓昕　刘舸帆
龚梓桑　陈峻松　张嵩元　刘宗壮

地球与空间科学学院
翟卫欣　余黄露　朱　文　杨立明　肖彦君　高　静
赵帅阳　李　莉　唐文斌　刘庆彬　周恩波　宋　超
刘偌麟　郑智嘉　张　岩　姚健鹏　龚世泽　龚旭日
赵琰喆　冯　禄　陈春含　朱英杰　苏培臻　许午川
张家港　凌　坤　祝奇文　张　昊　靳立晨　李佳益
江世豪

心理与认知科学学院
颜志强　汪南伯　苏金龙　林令瑜　郑　磊　王浩宇
韩扬眉　何欣露　唐文杰　田　琳　赵星楠　蒋雨蒙
曹馨月　顾　相　陈雪瑶　张金铭　张馨遇　周　然

软件与微电子学院
冯　征　秦米佳　王哲强　张煊苿　常瀛修　蒲中柱
孙　武　席冠宇　赵仕琪　陈晓言　成相翼　陈雅宸
陈叶菱　迟蕊沂　付　强　郭梦瑾　康正伟　李炜钊
李存伟　刘　鸿　刘　奇　李　曌　孙艳峰　唐嘉良
王　志　魏安康　吴　超　吴　超　徐翊榕　杨舒涵
杨　姗　尹梦佳　余凌菲　张定发　张富炳　张　静
张玉灶　张治邦　朱家欣　陈士海　龚安琪　侯　哲
黄朝镇　唐荷茗　王　雪　张　珺　张　威　赵奕明
周子怡　周　望

新闻与传播学院
张　好　蒋齐光　安晶丹　纪乃琰　赵天舒　黄展豪
李长鸿　佟金恒　陈雪梅　李欣遥　明淳露　任雅菲

田林鑫	徐仕佳	彭 迟	马静雅	苏 杭	王东雷
邹慧玲	杜 正	刘明洋	张嘉媛	赵伊然	麦 田
胡雅琳					

中国语言文学系

巩淑云	黎潇逸	李亚祺	王玉玉	高 策	周 旻
付丹宁	欧阳月姣	叶 青	吴南开	叶述冕	高 薇
赖 婷	程珊珊	张 彧	蔡谨竹	杨 柳	袁乐琼
华天韵	李 珣	刘 佳	张文倩	黄馨怡	白 玲
汪芯竹	徐 懿	李宜幸	张颖惠	张 帆	梁 丽
钟灵瑶	姚张卓玥	蔡婧怡	刘文欣	傅其豪	周靖雯
孙子绚	唐 琪	董晓梦	陈雪玲	吴清前	

历史学系

曹金成	杨 茂	金钟希	刘 灿	陈 希	寇博辰
林魍宇	项浩男	王梦醒	张 弛	伍智东	邓 成
李姝凝	王景创	祁丽媛	滕 菲	王 莹	黄天宇
时硕晨	陈琬睿	王晓缘	洪亦清	周瑜岚	吴诗婷
李博涵					

考古文博学院

卢亚辉	刘晟宇	吴 桐	钟雨婷	李芃芃	王诗雨
吴琪瑶	杨文悦	蔺诗芮	王正原	陆敏慎	王可达
陈 鑫	冯莉雯	赵小雯			

哲学系

钟治民	夏崧泽	郭建斌	许 玲	胡兰双	朱 欣
陈 栋	李伟伟	刘 默	陈晗倩	刘元慧	康维阳
朱江成	廖 城				

国际关系学院

周冰鸿	刘晓伟	杜哲元	丁 艺	刘庆龙	连晨超
施润茜	庾炳哲	杨黎泽	楊芷寧	陈约霖	吴 谆
杨子欣	陈 勇	王立波	李志谦	王妤心泓	赵修杰
王 越	范晓寒	贾九鹏	钱 婧	柳凌华	周 可
张燕临	周子祺				

经济学院

冯 达	修 忆	唐昱阳	邹海宁	肖雯宇	马张弛
黄苏荣	李瑞奇	李 欣	张涵露	林雨昕	刘馨蔚
林良杰					

光华管理学院

马雪静	高 卉	宿家瑞	郭弘毅	何 羽	邓 喆
陈 渺	冯 桓	刘恬静	陆 阳	莫思纯	赵嘉琪
吴学桐	李佳奇	李 琳	缪劲松	王棋明	白礼晴
寇雨婷	柴冰倩	刘旭阳	叶 晗	林婧颖	孙锡萌
李永箭	陈若冰	钟也楠	赵昕玥	冯沁雪	柯宇琦
汤宇琛	王若愚	刘智昕	孟舜英	马德隆	陈晓珩
欧 一	杨婧琳	胡希茜	唐皓昱	金子歆	时昊天
李杰明	赵健宇	李敏宽	张俊锋	翟旭扬	姜 畅
朱子沛	李珍言	张喆鹏	刘明皓	徐铭威	于思艺

赵焕如	李昕蔚

法学院

王 越	孙新宽	尹 婷	涂欣筠	李 敏	李逸斯
梁 忠	石 丹	曾文文	陈 敏	陈思齐	戴明明
戴玉婷	范令箭	姜 军	刘 伟	石 伟	唐克威
杨春白雪	杨璟颖	郑力海	王 旭	郭昌盛	胡玲玲
谢 捷	陈兆贤	姜宛如	刘 冲	孙梦迪	王 翼
王 琛	王倩男	王依琪	肖 娇	喻 清	张 璐
张维营	郑心怡	李佳澎	王晓萱	徐梦堃	罗 毅
许文韬	熊锦妍	范思远	沈卓韵	许辰扬	贺予希
范晓璐	牛伟强	郝韵珊	谢 巍	于浩洋	张嘉倩
王 宇	张萌萌	王艺楠	陈至仪	章旻慧	刘静涵
高悦然	许译文	温宇璇	孟繁哲	梅奕来	张玉琢
陈海雯	陈卓悦	杭 威	姜贺文	熊 晶	李梓豪
姚 远	李秦洋	徐紫寰	蔡云飞		

信息管理系

秦 玥	焦祎凡	赖纪瑶	魏思仪	赖 婷	邓灵敏
彭 悦	蒋天骥	祝 晗	黄 骁	杨明仪	张 瑶
陈 诺	邓 寒	高嘉骐	曹 旺		

社会学系

张 浩	张新辉	左雯敏	牟思浩	周 颖	开 源
程云飞	熊志颖	彭海路	李澄一	赵雨红	刘 楠
乔诗钦	倪羌頔	康 昕	周 珏	谭 璇	俞 彬
肖亚宁	唐梓钧	许天怡	周至宜		

外国语学院

唐嘉薇	张晴晴	时 秋	周春悦	严赋憬	刘 虹
田文娟	张雅能	程 露	闫敏佳	农 熙	王乃伟
张智颖	夏 琪	刘小青	赵美园	杜贺裕	朱若菡
高泽宇	裘蓉蓉	郑雨荷	张童童	冯舒琦	戎思蘅
杨 婧	江 澜	唐羽影	吕梦晗	李毓琦	向嘉炜
王霄鸿	唐慰廷	陈若蕴	马 骁	杨泽坤	梁佳成
郑可欣	杨睿颖	许文婷	刁慧琳		

马克思主义学院

华 安	刘晓兰	张艳萍	易佳乐	金德楠	卢尚月
林圣哲					

体育教研部

丁怡清

艺术学院

王 硕	石小溪	王 乐	杜若飞	陈雨人	叶 馨
朱馨芽	陈舒萍	岳思宇	刘家辰	漆袁雯	康 笛
何愉棋	张艺璇	周若瑾			

对外汉语教育学院

邓彧君	丁丹妮	谢晓萌	蒋一笑	杨鸿禄	谭海瑞
洪韵雅	陈 琳				

元培学院

沈凌峰	孙 浩	姜家隆	沈 聿	黄北辰	常 颖

孙一先	王维昊	程 宬	杨思汀	杨 霞	王 霄	**工学院**				
赵依阁	黄珏璞	王云龙	王星程	李彦熙	喻成源	王长显	刘 洋	余 龙	吴 昊	杨宏韬	夏荣煜
张栋杰	蔡雨琰	刘馨云	张雪洽	谢昊洋	楚显琨	鹏乃夫	严岑琪	王 蒙	杨艳涛	黄静思	王强中
王博宇	刘梦茹	周 墨	余逸伦	林紫君	毛基恒	冯韵迪	刘晓德	梁子彬	周 宁	陈怡华	张 雷
李泽坤	汪雪岑	李金鑫	吴梓钦	周雨飞	于佳永	张兰馨	熊诗颖	李雅娜	段 野	岳 斌	姚雪松
焦毅磊	秦若晨	李欣然	杨沛泉	万钊宏	甘浩辰	秦加航	贺俊峰	韩逸伦	邱泓恬	薄 童	张 钰

深圳研究生院

王子琛	陆政元	黄传崴	于 昊	陈浩然	王国丞
郭 标	蒋雪涵	李 舒	徐 汀	董程程	蒋艳红
张玖琪	邱旭汶				
邵蕙婷	成 铭	陈亚杰	陆小婵	秦 璇	邱淑娴

城市与环境学院

史晓东	翁谋毅	邓志聪	何 佩	姜欣欣	李 哲
肖 悦	杨 晨	文 汇	潘雪莲	张 虹	韩 玥
刘 晖	朱玉娟	包 恺	蔡 雪	黄晓璇	金 超
刘蓓蓓	朱 熙	蔡 琼	吴舒尧	李新月	韵 潇
王晓璇	徐健荣	徐 韬	章慧珍	秦士杰	张 熙
苏香燕	武旭同	胡绪千	徐 炜	夏星炫	罗靖波
马嘉翎	张 莹	陈航航	王 伟	武文欢	李微硕
王 塱迪	薛天翼	薛婷婷	符婷婷	蒋丹凝	周心怡
梁 婷	卢 鹏	张泰玮	白 燕	楼燚航	钟尚儒
毛 雯	杨萌祺	王 婷	单 良	阮军儒	高瑜堃
牛志远	秦龙君	王海峰	杨 渊	綦郑潇	熊略宏
曾奕翔	刘 可	孔德华	黄晓红	尹肖恩	马奕欣
崔宛龙	余力鹏	蔡锐帆	栾碧莹	罗 曼	王雪刚
曹妤吉	邓涵朵	李 捷	金泽润		
吴小宇	张璐婷	朱莹莹	陈风雅	谭诗凡	张菲菲

环境科学与工程学院

易 芯	蓝星宇	孙艺玲	王子剑	付灿苗	詹筑京
徐范范	刘树枫	唐 溪	申恒青	文 雯	徐溶涓
唐 敏	余 政	韩 煜	曹润泽	金德弘	严福源
王 蕾	刘玥晨	肖 瑶	何 蕾	汪卓群	魏婧淼
邢 倩	王 卉				
李宁宁	张博雅	赵佳茵	柯彦楚	张子敬	

信息科学技术学院

分子医学研究所

朱子骁	熊晓亮	韩宇翔	仲东来	赵 阳	官 勇
李 鑫	王 潇	郭文君	杜建勇	吴达仁	庞美俊
林佳宝	李 翔	孔祥宇	曾清华	林再盛	王 干
李 晨					
李锐杰	杨建楠	李 超	孙艺哲	王晓阳	伏 臻

歌剧研究院

禹宏康	陶 明	刘子钊	张 津	林 逍	邵 鑫
毕 航	于恒源

田树一	杨叶康	付天怡	白彦威	廖雨泽	郑琪霖

建筑与景观设计学院

孙周易	方旭旸	黄文豪	林心宜	杨 垒	王一雪
孟斯岸	郝 晟				
吴瀚翔	沈 晟	王子宁	马 荣	王子辰	丁菲菲

新媒体研究院

郭思敏	贾仲凡	肖博文	郑钦佩	蔡懿韬	顾亦宁
洪 燕

蒋政晗	皮 旺	游 优	周仕林	刘 辉	程 旖

燕京学堂

王彦斌	杨庆龙	丁一开	陈天宇	凌思捷	肖命清
胡晓艺	周天尧

范旻昊	丰 盛	冯衍霖	杜尚宸	许烨闻	王 柯

医学部

黄世悦	安震威	宣金辰	胡宇瑄	包慧语	盛楷文
李德瑶	方 位	陈 丹	张渝昕	李远婷	康晨璐
袁志超	贾伟杰	胡逸轩	马辛宇	俞一凡	常 卓
蒋 旸	薛怡佳	周正涛	李雅倩	潘孟乔	赵宁睿

教育学院

张 璐	李彦璋	张孟钦	黄 齐	张展奕	朱科霖
李 兰	麻嘉玲	孙博凡	白一平
伊 喆	杨春雪	徐凡清	金 昭	张 蔚	李晟铭

人口研究所

华文轩	简伟哲	张守祺	古丽妮葛尔·阿卜杜米吉提		
张青华	雷介波	吴超超	樊儒经		
苏晓璇	魏琦佳	王俊雨	王亚帅	王嘉程	马天昊

前沿交叉学科研究院

于 晶	陈镇南	朱蕴卿	朱淑静	张蓝超	韩沛恩
郭 潇	胡玉琼	徐晶晶	于海昕	孙 霄	罗祖源
于 欢	侯星朵	刘巧齐彧		李佳怡	马 尚
熊 盼	孙 辉	陈 虹	程 森	胡佳盼	黄 荣
陈其佳					
栾绪科	张雅蕾	张智宏	孙禄钊	陈 伟	王乾东
吴祎琳	徐云雪	严智强	余星星	周世杰	吴晓璇

西南联大曾荣森奖学金

孔含静	李 瑜	程 婷	郭倩倩	陆舒敏	陆昊阳

化学与分子工程学院

隋秀文	夏培雪	徐米琪	许丰丽	杨 柳	郑宇轩
黄智超	李家毅
范盈盈	杨豫龙	蔡德安	陈 嘉	王文佳	吴振豪

西南联大国采奖学金

光华管理学院
周若馨　李世豪　何　蕾

国家发展研究院
祝辉煌

教育学院
杨海燕

西南联大奖学金

数学科学学院
徐子睿

物理学院
王希睿

化学与分子工程学院
周浩文

中国语言文学系
张菁洲

历史学系
李孟泽

哲学系
肖明矣

西南联大吴惟诚奖学金

地球与空间科学学院
康　端

谢培智奖学金

历史学系
王一哲

休斯顿校友会奖学金

化学与分子工程学院
朱明轩

地球与空间科学学院
苏瑞冰　孔淑媛

元培学院
霍　雨　袁　元　魏　来

信息科学技术学院
孙靖渊　邬榄鸽

医学部
党婉文　常丽颖

杨芙清-王阳元院士奖学金

数学科学学院
罗金玥　古浩田

生命科学学院
李小雨　简依敏

软件与微电子学院
桑海静　刘　畅

中国语言文学系
刘　彬　宋　雪　王　璐　林　立

历史学系
车佳敏　王子月

信息管理系
陈美华　陈　晨

元培学院
孙昕凯　黄　乔　杜　翀

信息科学技术学院
陈冰影　张立忠　张一舟　孙雨奇　张潞璐

工学院
于　江　黄楚芸　王若飞

城市与环境学院
刘伯初　周韫卓　吴　双　白云昊　张可尔

环境科学与工程学院
董舒心　吴雅珍

杨辛荷花品德奖

数学科学学院
严煜凌

化学与分子工程学院
张宇婷　丁　聪

生命科学学院
冯莎莎

中国语言文学系
张　萌　肖梦舟

历史学系
王　溥　邵如阳

考古文博学院
李晓敏　羽紫琪

哲学系
顾逸凡　梁　时　张丁舒　展

国际关系学院
朱　晨

光华管理学院
米佳乐

外国语学院
尹子尤　胡　沐

王奕文　　　　　信息科学技术学院

　　　　　　　　城市与环境学院
闻人贝妮

永旺奖学金

数学科学学院
沈剑豪

物理学院
朱哲毅

化学与分子工程学院
柳晗宇　张　睿

心理与认知科学学院
万熙宇

新闻与传播学院
年　欣

中国语言文学系
张清莹

信息管理系
车尚锟

社会学系
陈子晗　李永真

外国语学院
涂瑾瑜　何健榕

艺术学院
黄露莹

信息科学技术学院
于筱涵

城市与环境学院
黎一鸣

优衣库奖学金

新闻与传播学院
张斌禄

历史学系
陈思危

政府管理学院
王　明

艺术学院
张泽君

信息科学技术学院
黄曲哲

友利银行奖学金

光华管理学院
林心悦　唐艾妮　俞　燕　高佳伦　肖韦俐　常啸天

李可航　杨梓琳　袁锡林

外国语学院
张家诚　朱珠娜尔　陈瑾怡　邓晨予　石　砾　张之垚

张景钺-李正理奖学金

生命科学学院
王子猛　于　浩

张昀奖学金

生命科学学院
张美玲　杨明轩　卜思涵　林　沐

地球与空间科学学院
秦　敏

章文晋奖学金

化学与分子工程学院
陈　均

心理与认知科学学院
陈乐天　陈俊宇

历史学系
黄承炳　贾月洋　王琚媛　王佳丽

国际关系学院
梁　健　孙大权　张　茜　张　鹏

社会学系
林斯澄　张昆贤　冀　星

外国语学院
李桂东　刘雅悦　顾苇亭　郭　珂

工学院
江伟权　程　斌

芝生奖学金

历史学系
王泽钧

中国工商银行奖学金特等奖

经济学院
张　昂　樊思鸣　孙嘉澍

光华管理学院
王雪芳　汪荣飞　冷文浩　盛　夏　张诗媛

国家发展研究院
胡志安　许　多

中国工商银行奖学金优秀奖

经济学院
侯明威　沙学康　陈丽丽　汪　煜　王志明　吴宏毅
张瀚垚　毕　悦　尤　浩　葛鑫杨　洪欣欣　李静昀
张晓榕　夏宏远

光华管理学院
余　音　刘靓晨　王百强　黄　楠　林淑君　朱菲菲
余　雷　叶永新　余伊琦　刘明辰　刘冠华　邵冠棋
冯涵嫣　王至纯　邱钰清　陈妍汀

国家发展研究院
关宝珠　李劲林　张云飞　刘　潇　李诗云　韩　夏
赖　毅　刘晓莹　高　珏　王霄彤

中国商标专利事务所奖学金

化学与分子工程学院
冀　怡

生命科学学院
刘周泽蕊

哲学系
山　冲

光华管理学院
何致远

法学院
丁晨妍

中国石油奖学金

数学科学学院
李奎杰　姜宰栋

物理学院
赵丽宸　倪睿婧　李齐治　刘子鸣　唐　钺

化学与分子工程学院
熊　炜　夏济舟

地球与空间科学学院
王家林　马　健　张婧雯　兰云飞　吴逸夫　张浩源

信息科学技术学院
陈子萍　朱　浩　朱熠恺　吴克文

工学院
陈云天　孙　翰

环境科学与工程学院
别鹏举

医学部
陈雨旸　胡雪嫣

中营奖学金

深圳研究生院
沈小雪　蔡晓丹　陈柱文　赖宝玲　孔祥夫　司　南
王冬园　张同欢　杜明怀　张杨青　周怡彬　邱　成
姚　爽　李思烨　李英祥　刘晨茹　徐梦辰　张　浩
张瀛文　陈炜琳　王萌岚　许朝军　涂　倩　高盼盼
佟圣楠　高融坦　胡　丹　罗　文　马一华　郝　磊
王代银　张奕豪　代兵兵　梁宏飞　徐丽薇　张运崇
王经臣　施偕里　张哲源　曹珺然　王晓明　孙　歌
杨　光　艾抒皓　冯薪铫　纪雪云　皮嘉勇　石雨翔
唐　珊　王蓝苹　马建兰　张　敏　侯忻妤　李振发
杨　凯　杨育坤　闫立志　陈褒扬　林祥凯　冉　璐
高　畅　汤　蓓　肖晓楠　赵　旭　胡广晓　王咸钟
吴陶然　余巧垠　朱丽娴

钟天心奖学金

历史学系
杨园章　于　悦

外国语学院
李贝贝　张雅迪

（学生工作部）

共青团系统奖励

北京大学获2016—2017年度首都大学、中职院校"先锋杯"优秀团支部表彰名单

数学科学学院2016级博士班团支部
物理学院2016级4班团支部
化学与分子工程学院2014级3班团支部
生命科学学院2016级研究生PTN班团支部
信息科学技术学院2015级1班团支部
地球与空间科学学院2016级遥感硕士团支部
城市与环境学院2015级本科城市规划班团支部
环境科学与工程学院2016级硕士生团支部
考古文博学院2016级本科生团支部
哲学系2015级本科生团支部
经济学院2016级税务硕士团支部
光华管理学院2015级本科1班团支部
法学院2016级法律硕士(非法学)第4团支部
信息管理系2013级本科生团支部
政府管理学院2015级本科班团支部
外国语学院俄语系2014级本科团支部
新闻与传播学院2016级本科生团支部
马克思主义学院2016级硕士生团支部
教育学院2016级硕士团支部
对外汉语教育学院2016级团支部
前沿交叉学科研究院2016级CLS二班团支部
公共卫生学院2013级预防2班团支部
药学院2015级3班团支部
药学院2016级2班团支部
公共教学部2015级生物医学英语团支部
基础医学院2015级基础2班团支部
护理学院2015级护理6班团支部
人民医院肝胆外科团支部
第一医院急诊科团支部
第三医院急诊科团支部

北京大学获2016—2017年度首都大学、中职院校"先锋杯"优秀团干部表彰名单

周振汉　张　岩　聂艺菲　赵旭飞　刘　钘　谢　立　段陶然　张沛阳

林奎朴	刘 继	摩西安琪	王冬雷	吴明琨	朱彦臻	陈若男	金璐顿
徐 杨	陈子豪	何小璐	江 东	孙傲伊	王 冕	于新亮	李 杨
高 静	邹瑞阳	王 杨	左 丹	白 素	辛晓妮		

北京大学获2016—2017年度首都大学、中职院校"先锋杯"优秀团员表彰名单

徐鹤元	孙北奇	杨蓓斯	李嘉冕	汪益成	张晓华	潘靓慧	刘晓彦
方远炀	何凌云	刘家瑞	丁 一	刘怡君	高泽宇	高 琰	庞 菩
梅沙白	张冠鹏	王柄焱	蔡炜浩	唐 尧	莫晓冬	张亚男	龚 晨
祝 嶂	丁光璞	王恒辉	王悦亭	陈 执	李 璇		

北京大学2016—2017年度共青团系统先进集体表彰名单

北京大学红旗团委（6个）
共青团北京大学数学科学学院委员会
共青团北京大学城市与环境学院委员会
共青团北京大学历史学系委员会
共青团北京大学外国语学院委员会
共青团北京大学经济学院委员会
共青团北京大学药学院委员会

北京大学先进团委（8个）
共青团北京大学信息科学技术学院委员会
共青团北京大学环境科学与工程学院委员会
共青团北京大学国际关系学院委员会
共青团北京大学光华管理学院委员会
共青团北京大学法学院委员会
共青团北京大学政府管理学院委员会
共青团北京大学公共卫生学院委员会
共青团北京大学人民医院委员会

北京大学优秀团支部（50个）
数学科学学院2016级本科5班团支部
物理学院2016级本科4班团支部
化学与分子工程学院2016级本科4班团支部
生命科学学院2014级本科2班团支部
城市与环境学院2015级本科环科班团支部
地球与空间科学学院2016级遥感硕士班团支部
心理与认知科学学院2016级本科班团支部
信息科学技术学院2015级本科1班团支部
工学院2015级本科材料航空班团支部
环境科学与工程学院2016级博士班团支部

中国语言文学系 2014 级本科班团支部
历史学系 2016 级本科班团支部
哲学系 2016 级硕士班团支部
外国语学院 2015 级越南语团支部
艺术学院 2015 级本科班团支部
对外汉语教育学院 2016 级团支部
国际关系学院 2015 级本科 2 班团支部
国际关系学院 2016 级硕士班团支部
经济学院 2016 级税务硕士班团支部
光华管理学院 2015 级本科 1 班团支部
法学院 2015 级本科 2 班团支部
法学院 2016 级本科 1 班团支部
法学院 2016 级本科 3 班团支部
信息管理系 2015 级本科班团支部
社会学系 2015 级本科班团支部
政府管理学院 2016 级本科班团支部
马克思主义学院 2016 级硕士班团支部
教育学院 2016 级硕士班团支部
新闻与传播学院 2016 级本科班团支部
人口研究所 2016 级团支部
元培学院 2016 级本科 1 班团支部
前沿交叉学科研究院 2016 级生命科学联合中心 1 班团支部
前沿交叉学科研究院 2016 级数据科学 1 班团支部
第一医院 2014 级临床 1 班团支部
人民医院妇产科团支部
第三医院总务处团支部
口腔医院种植科团支部
肿瘤医院骨泌尿团支部
第六医院青年职工第 1 团支部
基础医学院 2015 级基础 2 班团支部
药学院 2015 级 1 班团支部
公共卫生学院 2015 级预防 2 班团支部
护理学院 2015 级 6 班团支部
公共教学部 2015 级生物医学英语团支部
深圳研究生院 2016 级环能团支部
社团团支部
爱心社团支部
法律援助协会团支部
京昆社团支部
山鹰社团支部
台湾研究会团支部

北京大学 2016—2017 年度共青团系统先进个人表彰名单

北京大学共青团标兵（10 名）
董子静　数学科学学院

傅程榆　法学院
龚元昆　肿瘤医院
贾润东　政府管理学院
李　彤　新闻与传播学院
李晓丹　教育学院
宋　玺　心理与认知科学学院
王怡旺　国际关系学院
赵文涛　哲学系
邹瑞阳　政府管理学院

北京大学优秀基层团委书记（10名）
贾方健　物理学院
李　杨　信息管理系
刘金秋　地球与空间科学学院
潘　援　光华管理学院
史　诗　法学院
孙傲伊　公共卫生学院
王艳超　外国语学院
王宇凡　城市与环境学院
魏　朋　前沿交叉学科研究院
许　扬　护理学院

北京大学学生会组织标兵（10名）
曹　星　新闻与传播学院
李佳盈　外国语学院
李尽沙　艺术学院
山　冲　哲学系
宋宇齐　教育学院
毋泽鹏　环境科学与工程学院
席可颂　心理与认知科学学院
熊文雪　国际关系学院
俞辰捷　数学科学学院
王博浩　基础医学院

北京大学十佳团支部书记（10名）
李一龙　城市与环境学院
陆建洲　工学院
芦　玉　环境科学与工程学院
苏坤旂　基础医学院
孙金钊　物理学院
王怡旺　国际关系学院
闫文斌　经济学院
杨振楠　第一医院
张宇诗　法学院
赵芸笛　光华管理学院

北京大学优秀新生团支部书记（10名）

包堉含　环境科学与工程学院
陈英齐　法学院
虢喆宇　光华管理学院
刘邦媛　药学院
史　戈　深圳研究生院
苏治成　经济学院
文鸿志　外国语学院
薛长莹　护理学院
张晓天　哲学系
张子卓　前沿交叉学科研究院

北京大学2017年度学生社团评优表彰结果

品牌社团（5个）

爱心社
法律援助协会
山鹰社
学生国际交流协会
阿卡贝拉清唱社（医学部）

十佳社团（10个）

自行车协会
燕园文化遗产保护协会
模拟联合国协会
学生书画协会
青年天文学会
中乐学社
台湾研究会
绿色生命协会
网球协会（医学部）
中医协会（医学部）

新锐社团（5个）

校园公益营建社
三秦文化协会
赛艇协会
南粤发展与人才促进研究会
健美协会

（团委）

毕业生名单

本科毕业生名单

一、概 况

2017届本科及第二学士学位毕业生毕业审查和学历证书发放工作，在各院系和教务部的共同努力下，于7月初基本结束，现已总结统计完毕。

北京大学校本部2017届应届普通本科毕业生总数2743人，经审查：

——本科毕业2614人，其中毕业并获得学士学位2605人（含软件工程二学位55人），毕业但不符合授予学位条件的9人。

——本科结业96人，其中95人可按规定在一年内修满学分申请换发毕业证书，符合学位授予条件的，可授予学士学位（含软件工程二学位2人）。

——专科毕业31人。

——肄业2人。

北京大学校本部2017届外国留学生应届毕业生272人，经审查：

——本科毕业253人，其中毕业并获得学士学位250人，毕业但不符合授予学位条件的3人。

——本科结业18人，其中18人可按规定在一年内修满学分申请换发毕业证，符合学位授予条件的，可授予学士学位。

——肄业1人。

校本部本科毕业并获得学士学位的共计2855人，具体分布如下：

——法学学士409人（含留学生71人）；

——工学学士170人（含留学生2人）；

——管理学学士148人（含留学生19人）；

——经济学学士382人（含留学生44人）；

——理学学士1140人（含留学生8人）；

——历史学学士106人（含留学生16人）；

——文学学士431人（含留学生77人）；

——艺术学学士19人（含留学生10人）；

——哲学学士50人（含留学生3人）。

北京大学医学部2017届应届普通本科毕业生总数641人（含春季毕业生2人），经审查：

——本科毕业635人（含春季毕业生2人），其中毕业并获得学士学位的634人（含春季毕业生2人）。

——本科结业6人，其中6人可按规定在一年内修满学分申请换发毕业证书，符合学位授予条件的，可授予学士学位。

北京大学医学部2017届外国留学生应届毕业生53人，经审查：

——本科毕业40人，其中毕业并获得学士学位40人。

——本科结业13人，可按规定在一年内修满学分申请换发毕业证，符合学位授予条件的，可授予学士学位。

北京大学医学部2017届港澳台应届毕业生13人，经审查：

——本科毕业13人，其中毕业并获得学士学位13人。

北京大学医学部本科毕业并获得学士学位的共计687人，具体分布如下：

——理学学士285人（含春季毕业生1人）；

——医学学士402人（含春季毕业生1人，港澳台、留学生53人）；

学校共授予1075人双学士学位，有175人获得辅修专业证书。其中：

——社会学系社会学专业双学位37人，辅修8人；

——国际关系学院国际关系与对外事务专业双学位49人，辅修4人；国际政治专业双学位15人（早稻田大学项目）；

——国家发展研究院经济学专业双学位686人，辅修43人；

——数学科学学院数学与应用数学专业双学位81人，辅修18人；统计学专业双学位6人；

——物理学院物理学专业双学位8人；

——心理学系心理学专业双学位66人，辅修14人；

——信息科学技术学院电子信息科学与技术专业辅修1人；计算机科学与技术专业双学位18人，辅修7人；计算机软件专业双学位1人；

——历史学系历史学专业双学位15人，辅修9人；

——中文系汉语言文学专业双学位29人；

——艺术学系艺术学专业双学位24人，辅修9人；

——哲学系哲学专业双学位14人，辅修14人；

——光华管理学院工商管理专业（创新创业管理方向）双学位20人，辅修5人；

——外国语学院日语专业辅修11人；德语专业辅修9人；法语专业辅修21人；

——生命科学学院生物科学专业双学位5人，辅修1人；

——法学院法学（知识产权）专业双学位1人；

——政府管理学院行政管理专业辅修1人。

二、校本部普通本科毕业生授予学士学位名单

法学学士学位338人

法学专业157人

张永卓	骆腾	赵浩霖	李琛	吴邦彦	林嘉珩
才智	吕一帆	包康赟	徐菊莹	曲奕臣	张心雨
马楠	沈心悦	赵心诺	刘冰玉	葛悠	李佳益
王宥人	刘梦馨	崔格非	宋书轩	王昕佳	李斯琪
陈梦娇	张敬越	万毅	李月	李滢	沈晓燕
林惠妮	刘嘉柠	陆雯菁	杨济玮	李泽林	张如梦
郭文婷	吴博宇	叶之悠	李昂	孔维园	乔婧
卢欣怡	杨琦	陈容月	章波	秦钰洁	刘榴
沈燕子	朱明渊	范雪晨	王子昂	徐浩哲	刘雅
方洪	于永达	娜米芽	胡忻同	乔静漪	蔡丹彤
李慧	余家豪	黄卓伊	郭幸芝	赵攀	郭彬冰
曾军翰	王钰灵	代鑫	张翕	王帝清	林德铭
刘汉堂	林玉萍	刘继	邹星光	唐宛茁	徐紫璇
徐伟男	严婉怡	史雪纯	韩仪	朱煜琪	陆艳
向天南	冉沙洣	陶然	陈嘉雯	薛静茹	姚晨曦
陈玥	许运鸿	李亚男	林俊秀	于朗宁	刘雨晴
唐盛	林昱睿	魏然	金珊珊	周欣	李越
马晨轩	赵雅丽	霍惠娟	吴言	梁盈	吕思雨
久米次仁	刘影路	贺孙甜甜		周志鹏	王鹏飞
徐朝雨	李岚静	王钰	潘祎	杨苏豫	尚珍珍
王之栋	戴维	符怡然	方茜	艾苗	张玉洁
吴林洋	赵朗朗	王丹	魏伟	耿晓云	吴亦九
杨诗翰	王为民	李梦梅	马层思	王陶然	孟迪
蔡孟珊	伍慧玲	罗嘉雯	益西达瓦		德吉曲珍
田俊鑫	杨迪	王钰仁	周琪坤	陈鑫	马艺玮
陈祥龙	刘志忠	兰亦帆	彭思涵	赵恬艺	汪逸舟
王子豪	韦嫣婷				

社会学专业 45人

董 晔　秘少凯　李重达　马占健　马安然　陈 晨
刘 璇　章涵青　黄晓慧　汤子君　宋鑫淼　金清灵
何家鑫　王馨雨　关山月　董秋童　欧阳明雪　刘静瑜
邵 嶷　周婧仪　樊仁敬　周玉婷　徐牧遥　杜艾玲
陈叙同　宋曼嘉　罗佳燕　戴瑶函　刘思嘉　黄诗曼
李沣恒　张 颉　齐云晴　祝宇清　王嘉钰　郭 钰
周凌岳　黄秋慧　常园青　刘大权　原铭泽　迟孟昕
马芳园　梅 玲　黄宇锋

社会工作专业 4人

宋子仪　罗颖筠　马旖浓　陈阳婧

国际政治专业 43人

拉海荣　饶斯慧　陈 圣　金枫铭　段苏倩　王雨珊
金 鹏　马睿智　孙小淇　杨 蕊　严澄峰　闫可瀛
高敬婷　张宇轩　谢 菁　闫书帝　王雨濛　佟琳楠
朱 镇　吴婧怡　王琳琳　丁北辰　左 鹭　张婧昕
胡 欣　丁 璐　何宛玲　张 纤　马子钦　龚若菡
伊 诺　文 浩　唐瑜繁　张婷鸽　孙 滢　孙 冰
杨 柳　陈家樂　陈曉婷　邓琳琳　陈悦莹　曹定锋
贾 畅

国际政治（国际政治经济学方向）专业 39人

周 璇　党予彤　刘佩灵　张 硕　贺一惠　郭洁昕
严逸伦　杨颖晨　米若钰　何曼菲　伍灏殷　于舒婷
张琇玲　董欣媛　胡瑞英　陈章萍　杨岚茜　毕蔚兰
聂 鑫　陈子衣　刘 静　杨诗涵　李欣达　边 旭
张晓伟　苏建文　刘雷蕾　刘一然　李依菲　马浩云
王一歌　张 蕾　白小玉　李雪妍　秦 琳　李星星
侯晓玮　朱诚达　唐忆村

国际政治经济学专业 5人

李 琳　刘馨炎　杨晓婷　李鸿献　夏 天

政治学与行政学专业 18人

姚胜中　瞿凌蔚　许悦驰　盛婷竹　方若琳　蒋锡泰
黎钧宇　彭 柳　雷依蒙　许 乐　樊 昕　付宇航
曾维钢　郑思尧　孙宇辰　尚俊颖　孟鑫禹
孟克·德尔格尔

政治学、经济学与哲学专业 18人

李雨晗　林雨晨　沓钰淇　祁 箫　张汝甜　尹含玥
刘佳佳　雷渌瑢　王伊昕　汤鑫雯　毛 飘　杨 曦
郝晓伟　左 玥　王燕彬　高丽烨　梁 霄　许 瑞

外交学专业 9人

张鑫焱　续一药　何婉筠　张力今　裴文垚　刘武铭
何 云　黄 震　付 越

工学学士学位 168人

能源与资源工程（能源与资源工程方向）专业 18人

史美程　唐昊宇　王冠邦　杨孟琪　吴心柳　张 煌
龚思琦　唐鹏飞　董启飞　严健文　赵悦楷　刘林壕
蒋昊洋　张新宇　冉少轩　王文生　张宇豪　汤岳衡

航空航天工程专业 1人

曹袭亚

航空与航天工程（航空科学与技术方向）专业 25人

佟国勋　罗 斌　王召阳　董煜钦　张智航　严 顺
李松涛　冷运琦　向东豪　陈良飞　汪 川　杨 演
李春波　朱 鹏　王艺龙　郑子达　吴 岩　秦志赟
裴鑫铖　王建华　李志强　项志伟　吕宇豪　陈颢匀
谭 新

工程力学（工程结构分析方向）专业 18人

邓 伟　傅文泽　黄天硕　吴钧杰　杨德晗　陈俊宇
吴志鹏　汪毅卿　易可欣　董 莫　王子琦　杨经宇
刘超一　李沛泽　姚振生　张仕琦　党向新　马家弟

环境工程专业 4人

何嘉颖　李明威　何 潇　何翔君

材料科学与工程专业 11人

方其翼　王梓屹　吴奕增　贾博宇　黎子良　赵克贤
蔡昆廷　宋 进　熊 丰　吴 炜　李冠男

生物医学工程专业 10人

梁子彧　童晓宇　胡劲滔　蒋涵宇　谢景明　毛诗琦
周 满　张闻熙　李韩博楠　马英康

软件工程二学位专业 55人

黄德冉　高 腾　彭科润　王煜坤　李宗扬　佟佳纬
胡晓威　曹 毅　周少洋　吕思捷　梁佳俊　夏春雨
潘光能　徐庆杰　邓先杰　张心坤　张 权　孙文亮
赵登科　郑伟伟　韩颖慧　董欣宁　孙 浩　张广瀛
彭 瀚　郭文轩　邹瑜强　李珍妮　杨瑞锋　朱尽怡
付博熠　郭记海　王圣方　宋伟博　任永旭　李 然
蒋银成　罗昊荣　范允标　艾桃桃　宋 泽　侯俊峰
陈邦泰　李 玉　王 超　冀 成　张 茜　张 亮
梁明明　邓子程　杜德亮　牟冠宇　翟永平　马逢艺
白超群

城市规划专业 26人

孙晨路　任珑韵　卫 俊　苗儒欣　董 玥　孙诗桐
孙 湛　杨晓彤　黄珊蕙　王 婷　刘霁轩　姚一帆
王 泱　胡天汇　向 林　夏 倩　李嘉宁　龙珂帆
孟 阳　卫 然　马啟传　肖 昊　陈远笛　刘 迪
洪若涌　李兆洋

管理学学士学位 129人

会计学专业 20人

董灵燕　张铭航　张天骄　谷江含　凌文青　刘峻豪
张 毅　杨 迪　张浩瑜　王茂竹　鲁 婕　翁龙军
殷存淳　王纬思　高晓莉　程 杰　李道裕　张诺亚
苏 林　唐雨晖

市场营销专业 24人

张亦涵　高子壹　唐致诚　方添钡　曹若莹　刘晓意
宋佳文　付　博　陈静梅　周之恒　徐　悦　杜胜楠
申劭婧　李晓璇　崔珍燕　杨　清　高羽洋　杜亦轩
谢银银　谭光瑀　李　翔　黎拂言　马瑞敏　国斌睿

行政管理专业 39人

乔元姬　白若芸　朱文婧　马莹菲　陈小凡　单凯雯
岑松皓　张心悦　王舒启迪　李瑶瑶　陈天和　黄　琳
林　禾　欧阳仪瑄　蓝丽娇　郭诗悦　邹瑞阳　任昱希
刘丛丛　杜　鹏　何嘉韬　拉巴片多　刘超飞　徐　蕾
李　晓　王一帆　孟　鑫　陈可鑫　欧　珠　杨蕊辰
赵可妮　刘星圻　赵　娜　姚智琦　符　康　肖静雅
祁志霞　马瑞娟　阿依达娜·赛里克

图书馆学专业 5人

王明朕　朱　婧　傅一程　童刘奕　于永浩

信息管理与信息系统专业 26人

卢晓航　黄俊杰　李沁芯　李汉文　蒙汪阳　李雅涵
黄　唯　杨　凡　余贝迪　刘涵蕊　王李祥　戴丛蔚
倪少康　王道弘　罗　尖　胡云怡　李曼依　牛嘉诚
付　强　闫增旺　赵艺轩　杨文宇　罗　晶　冀伟浩
刘佳亮　陈　颖

城市管理专业 15人

闫　璐　张　远　李曦纳　陈翠芳　吴缃艳　黄宏峰
朴姬莲　禚星辰　陈斯惟　王　凯　杨　艺　刘　盼
门·新纳　张晓林　袁子俊

经济学学士学位 338人

经济学专业 31人

元　燕　李　亮　张　帆　翟佳音　王禹石　梁佳欣
董明志　王昭华　徐倩淞　刘欣羽　沈　博　刘正铖
吴兴圣　冼名惠　曹　洋　周诗力　庄雄伟　袁雅婷
董靓钰　刘松果　庄麟升　刘诗惠　朱丽江　方　悦
周　彭　李冠儒　周　楚　陈奕彤　扈文琪　刘子琦
李轶凡

国际经济与贸易专业 14人

冯圣凯　宫　博　张敏琦　杨紫涵　仇天帝　黄金雨
周寒晓　蔡崇伦　王文颖　崔俊龙　张忆馨　张沛阳
韩鑫怡　曾霜旖

金融学专业 222人

虞　跃　李晨希　王卓然　谢　佳　刘子墨　杨韶爽
刘晏吉　卢　意　李艺璇　唐轶一　程大曦　曲　悦
姚虹旭　李笑涵　李思坦　黄　昇　岳　鑫　何　榕
王梦飞　李子晗　王宇飞　王楚乔　金彦琳　沈悦然
李尚宸　李　锋　耿晋哲　高　雅　刘咏函　陈朝熹
杨美晴　王　伟　马　涛　赵恬远　黄思庭　秦　政
伍启航　杨一凡　魏卓一　张育菲　张然荻　孙一喆
李卓健　杨子木　李可纯　刘芯蕊　于恺音　吴明轩
胡欣荣　任靖娜　杨　柳　李晨露　李　斌　李怡珊
李启萌　滕雨薇　黄佳琰　徐　琪　姚家辉　吴怡静
陆　迪　丛溢明　马牧春　杨紫涵　朱　珠　蒋　露
任　洁　胡智洋　何中华　李虹洁　左尔琪　白书豪
付丝夏　兰雪琳　冯寒野　梁宇鹏　朱嘉鑫　孙诗艺
罗丽娟　邹　勇　张　禛　郑钰云　潘炜鹏　林芸沁
唐　嘉　曾　宇　刘　易　顾政昊　王可怡　胡苏倩
黄　灿　梁淑淑　徐胜佳　唐佳强　雷子聪　高梦璇
黄禹铭　吴　越　丁夫汀　张思安　熊庆伟　蔡宇奎
李卓雅　巴萃敏　江叶帆　方世豪　刘　婧　郭　赫
陈泽阳　孙宫磊　孙亦非　张欣强　马晓峰　韩笑宇
武　达　卢施宇　孙　淼　郭世琪　袁若虹　燕　翔
朱宏谨　高鹏飞　屈楚彤　袁玮婷　李　莹　张　冰
刘晨曦　杜延芳　房　幸　张　航　王子瑾　李元哲
王梓馨　李泽堃　章　葳　雷子腾　宋奕欣　刘璞琳
王子瑶　曹木子　颜　琛　丁雨婷　王　月　张则林
龚昕月　刘钰滢　吕　晓　卢欣临　罗兆棠　海　峰
褚丹彤　柴闫明　杨娅侨　许弘毅　刘雪玄　吴　爽
张　帆　卢思竹　司　念　李济川　欧阳旭峰　王展鸿
刘畅之　李岳泽　王　蔚　杨雯婷　李偲颖　刘　蔚
袁世吉　刘志睿　郭叙成　沈　瑞　唐　晨　崔　京
胡　杨　田静雯　吴婧旸　谢　忱　王主丰　张慧琳
殷逸慧　朱倩瑜　钱晨笑　池冰轮　林谖钺　覃昭远
喻　琰　周琪玮　宁　可　刘婧滢　隋诗华　李　典
武学姝　王清扬　姜彦文　熊　峥　付若璇　高子涵
王　晗　王雪斐　曲鸿昊　马嘉玮　张成浩　王天娇
康恒溢　张乐凡　霍进一　饶思比　管宏宇　宋玉婷
邹壮壮　沈任之　杨明烨　班效劭　孟　飞　董怡楠
蔡天一　吴振宇　杨静怡　孙曦晗　柴达目　任昶宇

财政学专业 13人

蒋行苑　曾伟盈　胡　潇　朱钧陶　刘晨冉　游　捷
唐荣蓉　郭　莉　黄诗婷　朱佳楠　丁雪瑜　陈茜茜
朱丰珩

资源与环境经济学专业 17人

盖　特　霍冠廷　杨喆森　赵伟嘉　毛思汗　骆　臻
潘淑蓓　马怡然　于　茜　肖　迪　张维雅　叶怡君
陈彦博　潘煜涵　曾　竞　刘　丹　杨浩明

保险学专业 37人

陈济美　徐晓宇　廖　戈　程海宁　张家奕　刘思缇
孟令宜　林培锴　陈聿良　刘河清　高静涛　刘　倪
朱媛韬　吴鹿其　金家骅　杜震啸　龚渝涵　肖　晶
张舒婷　欧雪莲　李雪娇　孔柳絮　李昀祉　瞿　洋
赵晚嘉　张　力　阮婷婷　常一帆　王沁雪　甘子奇
姜雪梅　张士奇　陈云言　邓博文　何雨凡　鲁娇玲

吴博文

政治学、经济学与哲学专业 4 人
戴锴　宁安宁　于美玲　谢昊君

理学学士学位 1132 人

数学与应用数学专业 80 人
王　坤　白天衣　江章凯　黄佳云　王　翔　阎霄汉
蔡　期　骆钇澐　邱天蓝　韩松奇　谢雨杉　袁健榕
刘　畅　钱　鑫　邵春霖　陈　诚　周　围　左　浩
李昊坤　陆丹宁　黄　开　何育泽　安圣美　郝晨杰
李艺轩　何润生　顾　超　陈宣桦　余道骅　苏启舟
郑迪文　曹君旸　张　帅　王垚天　匡　尧　陈漪雯
邱子源　夏英凡　李万山　顾荻蔚　李岱遥　康　展
王竞飞　王皓婷　段资政　张天刚　刘　煜　马金灵
缪逸群　陈宇航　张毅良　王晨宇　刁炜宗　程　威
赵　霄　李　越　都汐滢　李星一　王誉铖　杨钜安
沈　澈　于　超　陈天罡　李泽茜　赵洛晨　曾思杰
陈格非　李胤臻　孙成章　张兆麒　刘诗霄　张浩文
何家豪　董梓惠　张成飞　谢晓薇　王瑞康　胡逸纯
周　萌　赵　秦

信息与计算科学专业 41 人
赵　伟　金　辉　秦　璐　黄　晃　柳何园　李大为
陈嘉杰　赵誉创　刁旭昊　仝　宇　童善因　林盛超
王明远　高　嵩　徐芦泽　陈　琪　姜嘉硕　陈嘉豪
徐　舜　鲁泠溪　郑翔文　于新智　刘宇奇　余　彪
杨志强　洪伟疆　何家兴　徐启东　张喜悦　周　策
刘　健　张海青　卢煜腾　刘子源　姜　航　王翰卿
段雅琦　顾潇屹　詹若涵　殷鉴远　袁宏霖

统计学专业 29 人
林语秋　陈景林　魏宏济　李　笑　刘默雷　陈高翔
肖非依　马玉聪　周宇泽　李远治　陆　畅　冯一晗
杨一凡　张　羲　张　欢　林秋实　刘　峥　张宇琪
石浩正　陶　钧　黄士菌　崔世杰　王　震　韩欣天
蔡　敏　付伟龙　钟晨扬　王庆嵩　丛　明

物理学专业 159 人
马　琳　李鹏飞　王阳开　陈　潜　吴　凡　段　威
李思璇　牛文奇　马驰川　梁　森　郎　睿　方　源
林　炜　宋雪洋　周子威　王天宇　万　晟　王思真
刘丹烁　陈思格　黄子儒　廖　忍　李泽阳　张　波
王语馨　霍浩岩　鲍依木　高　飞　范瑞华　毕成瑞
赵一帆　李宜泽　倪聪健　袁培松　卢嘉威　魏昊然
曹　雄　顾建男　宣黎阳　郭行健　刘圣鹏　陈伊郎
王抒阳　徐朋秋　王少莘　王　恩　骆胡凯　冯顾言
赵常盛　郑　泽　陈介威　沈佳瑜　李博瀚　章灿洵
徐昊伟　梁　昊　叶柄天　王圣豪　郑　力　费沉毅
王海闻　石晓彤　蒋经纬　周星哲　向鹏展　张正兴
陈　彦　余佳晨　李　晨　孙文武　谢亦奇　毛　江
滕怀远　李云炀　王心冉　史致远　唐宇辉　张怡雯
宋晨涛　郭鍵韬　张　彤　赵诗琪　陈　实　许　伟
姜金辰　刘罡宏　赵天昊　吴　攸　敖雨田　张知然
郑钦丹　陈俊延　陈毅勇　张　策　孙溢凡　傅周天
钟江南　岑哲航　金晨子　陈　诺　罗金铭　周远志
伍超能　邹作恒　廖临谷　毛　哲　高雪松　朱宇轩
信子鸣　李海龙　曹玉瑶　刘方舟　于志特　张子晨
刘清元　刘子豪　侯　爵　张恩浩　王　喆　祁　周
王子之　吴嘉豪　郭见青　王彦琦　刘童童　林智立
谢　雨　孙　奥　陈伊荻　宋　锐　张开元　董晓峰
刘辰旭　崔　哲　程安齐　魏　来　邓　璞　陈　旭
林少军　张雄祚　刘孝男　胡琪伟　刘斌文　杨昊文
张旭昕　马骏超　侯　尧　李林樘　钟昕锐　崔嘉诚
罗翔鹏　王斯达　郑天行　彭泽昀　彭　湃　陶松盛
董馨阳　宣奇汉　何旻浩

化学专业 90 人
邢仕杰　郑黎明　肖　熠　林　之　李文涛　廖培龙
沈　简　宋思诚　屈　沛　柴翊宸　车宇轩　许若凡
杨晶辉　陈　铎　李　响　骆昊天　范如本　吴　斌
白英杰　陈琦然　冯轩宇　杨逸豪　张隽晔　周俊良
刘　通　曹晓蓉　苏忆青　罗沁钰　张隽之　薛一斌
曹梦雪　孙雨霖　樊　星　田润泽　廖思安　郭涵韬
林嘉铖　冉隆豪　刘浩源　田　磊　许　星　刘荣莉
陈天阳　张　越　梅健达　陈宇非　范　围　许沛临
罗翌阳　娄鸣鹤　王子豪　熊芊芊　柳　笛　张　立
缑振东　杨　潞　王昌宇　龚　瑶　冯　鑫　许连杰
蔡　童　刘泽宇　陈　日　谭　惠　王　鑫　吴佼弈
邢　涵　陈宇轩　马丽娜　王嘉禹　王李玎　时佳乐
瓦庆博　盛　浪　齐　玥　沈睿豪　曹　阳　王亦轩
关欣怡　韩梦莹　王建鑫　陈　旭　刘逸芸　赵延涛
汉　露　宫心怡　张陆昊　余东耕　段育新　邹　磊

应用化学专业 5 人
张清韵　薛建国　赵拯浩　张哲铭　李　遥

化学生物学专业 18 人
陈　霖　周小洲　郭祉贤　宋汝怿　盛　开　周家宇
王睿轩　王　战　乔泽宇　张红星　王　钢　张　鑫
李佼峰　李泽华　葛睿琦　全柏峰　侯思雨　于位之

生物科学专业 80 人
周鼎龠　何帅欣　刘　薇　薛浩然　李帅琪　胡佳帅
肖维德　孟柳映　李　爽　牟雪浪　徐荣荣　施　瀚
赵毅超　李昔筱　吴锦淳　时雨晨　刘潭秋　高士洪
曹智杰　张紫剑　王中石　林美希　张天宇　陈逸坤
李雪阳　谢冠旖　米昱芯　端韵成　李　悦　严方雪
吴恺悦　文天牧　马　然　曾逸超　郑丁源　赵芯露

王云逸	郭梓聪	刘启源	魏 铮	易雪灵	牟天遥	刘源清	康家赫	冯 丰	赵 泽	吴 经	
张凤宇	唐晨晨	沈 昊	安 卉	杨 涵	张 蔚		电子信息科学与技术专业65人				
林 睿	马韵羽	傅嘉玮	石鹏双	余琮煜	房 巧	杨嘉辰	刘宇邦	刘 晨	谷 健	李志伟	吴秉昌
康博熙	谢 天	郑欣妍	焦 航	许雨晴	洪菁瑶	贺 轩	李哲豪	李 军	姚 琦	陈玮婕	刘 洋
丁 园	张二禾	王琬越	杨 安	赵一凡	霍一雯	于 韬	付宏宇	张 越	朱雅轩	段亚文	徐佳浩
许豪伟	郭琨研	王璐璐	李辰威	李康建	魏 源	王鹏锦	仇 涵	薛阶祺	周思凯	朱清扬	石 磊
刘文超	彭傲然	陆晓雨	蔡张颖	王卓青	朱佳怡	刁如心	曲 祺	董瑞祎	金 坤	孙 诚	宋梓源
张一童	韩冰舟					刘松阳	张云庚	高英国	胡嘉哲	张 爽	张 睿

天文学专业23人

张世杰	张逸轩	卢智聪	唐 尧	张博宣	黄思维
李泽峰	苏恩民	陈 琪	王伊人	吴晓晗	周星宇
熊昌睿	方其亮	何 潇	田 宇	王 超	余哲夫
孟 晰	张威东	王浩然	王 飞	屈应祺	

魏宇轩 尹 涛 岳 宇 伍洋君 曾林舟 李凌翔
魏后民 李和振 宋伟楠 王雨迪 郑潇龙 孙泽宇
王鹏飞 何宸锐 赵若愚 胡敬植 安 然 赵铜城
曾繁辉 孙铭锋 史 鑫 吴皓敏 金怡丰 石志文
张 明 苗力心 杨宛星 周诗培
阿不都维力·阿布力克木

地质学专业39人

田嘉铖	魏子寒	于 鑫	丁伟铭	陈鸣飞	徐旺达
张浩然	汪诗舜	贺旎妮	李 彤	周 仅	陈冠潼
王佳曦	徐祎贺	窦煜杰	段尚昌	王旭辉	宁健如
杨润宇	张山啸	胡 哲	张 琪	何思瑶	任龙龙
滕国旭	梁 菊	蓝 坤	李奕帆	朱 贺	李 威
田崇坤	郝 明	龙洞光	鲁学云	范云松	党 卓
张新新	涂 番	邵媛燕			

微电子科学与工程专业40人

薛秋月	卢丽强	汪若宬	张泽轩	吕 骁	王泽田
陈思杰	谢新锋	刘兆恺	施薛优	张林笙	朱雅珺
李 各	郭健元	李昊天	冯 振	吴钰婷	唐沁宜
戴望之	王旭松	孙 韬	虞湛源	康 健	王树民
孙 远	陈骁天	是 成	黄首东	张 晟	周文博
陈永进	胡俊杰	缪立明	范志康	黄佳欢	冯 喆
吴林东	刘珂飞	刘新宁	盛 凯		

地球化学专业8人

杨 晨	邱彦昆	赵洲峤	胡万程	张一宁	吴慧倩
陈卫东	高 萌				

材料化学专业36人

韩 旭	张硕仓	陆作雨	葛洪鑫	朱家豪	刘雨昕
陈翔宇	周旭豪	孙维维	徐 霖	陈 汗	冯 晟
黎俊岑	李姗姗	崔智昊	陈艺夫	陈天昊	冯伯阳
张 超	余长城	曹瀚尹	杜帅靖	符 隽	李思麒
卢 鑫	李海生	赖宇哲	陶子煦	俞之骉	贾浪浪
尹 航	李晓磊	刘文哲	王 哲	雷 博	汤 淼

人文地理与城乡规划专业22人

蒋筱雯	范 潇	姚秋蕙	沈 昕	郑 琪	赵骏腾
武欣玫	李佳鸣	郭雨臣	聂 卓	尹 远	黄慧婷
龚毓轩	郑 黛	贾智舒	吕品妍	张 玮	陈思创
李修贤	刘玉晨	王振国	计启迪		

地球物理学专业19人

沈胜意	杨 飙	蒋一然	李月芯	赵 越	李 蒙
张维晟	杨雨婷	孙金成	陈晨旭	周一剑	谭凤周
侯 郁	王冠之	王平川	吴雨阳	徐思航	赵雨心
杨孟泉					

环境科学专业42人

张馨怡	王 歆	谭淇耀	陆曾希	何毅鹏	白 雅
杨双全	王心怡	鲁 洋	方博文	赵 成	孙颖莉
张容榕	王黎越	刘鲁豫	向一凡	孟文君	杨笑寒
肖 寒	王浩宇	潘润彤	张逸潇	彭望远	杨梦溪
周书毅	华宁婧	陈成康	陈少祺	吴姗姗	王 位
孙若男	黄和清	施 艺	韩聪琰	徐艺辉	唐宇石
张沥月	朱琴丹	孙佳宁	谢 珊	崔雅惠	贺玎玲

空间科学与技术专业16人

李嘉政	王莉晶	李维新	刘耘博	田耀宇	郑少琦
顾文尧	孙翌馨	马小涵	陈 傲	朱逸帆	刘子璇
朱星宇	陈亚杰	顾舒杰	阳 柳		

生态学专业6人

郭 浩	关汉岳	王 然	刘思亮	戴景钰	李修平

大气科学专业15人

王林汉	魏 鑫	熊俊琰	黄逸伦	翁宏健	史明鉴
王令飞	刘 洋	李丹杨	王维钊	刘新宇	祝睿豪
梁 宇	李 洋	杨博文			

心理学专业34人

王中瑞	王忆豪	刘语桐	龚曦紫	王惠君	李 尧
于雨坤	朱 晗	崔 颢	王楚伦	李晓璇	邓希童
徐 洲	黄韵榛	朱湘仪	刘益瀚	王灵微	陈语嫣
黄 涛	李 遥	郭抗抗	邵艺多	刘建勋	姬朝云
马鸣新	张馨蕊	邵宇航	黄颂祺	牛泽萱	刘 赞

理论与应用力学专业17人

周郁城	马梓宁	叶恺昱	朱珏雍	史迪威	邹宗仁
罗大有	傅佳伟	於之杰	彭施瑞	陈岩亮	周 开

刘炳辉　陈苏雅　温　凯　曾　莹

智能科学与技术专业 28 人

施惠杰　庞博琛　高　飙　童羽强　谷　丰　杨际陶
蔡旻宇　张　宇　孙　然　王　尧　邢亚杰　马迪嘉
尉虎刚　蒋瑞珂　左　任　张雨潇　吴俊霖　陈　希
祝　娟　陈嘉乐　沈迪曼　田　敏　吴永芃　李瑞麟
程珈琪　徐梓楠　邵　典　张先耀

计算机科学与技术专业 185 人

李墨晨　朱瑜坚　娄　帅　苗　睿　苑　斌　王　越
梁皓天　杨卓妮　柴明轩　刘自然　吴　鹏　牟文龙
王　皓　田菁曳　郑子威　赵宇昕　周　周　潘　成
谭　震　张颖哲　陈　杰　张　彧　孙　猛　东帅亮
李煜东　杨子岳　德语心　张高翔　高　远　孙　伟
周　喆　王　佩　李源昊　朱　近　张闻涛　郭秾含
许瑞琦　金天成　乔袭明　何　昊　倪盛恺　赵宇航
钟泽轩　林星宇　成羽丰　汪思学　杨至轩　张泽华
孟筱妮　郭天魁　孙嘉裕　章嘉晨　张浩千　张天宇
李昀烛　卜天童　程锦远　王　迪　徐培杰　陈瑞麟
郑泽宇　金文钊　李一龙　王子瑞　吴　先　杨　川
王腾霄　张　溯　徐　昕　张悦眉　覃天聪　许楷濛
钱　莹　孙　雪　孙志玉　李　芊　徐浩川　王子祎
赵一鸣　陈子卿　谢毅泽　杜若谷　关尔佳格　吴成思
张　登　杭嘉雯　王曼晨　赵鹏宇　杜大有　肖思佳
姜雨萌　邓锦亮　段富尧　秦汉民　赵泽伟　万炽洋
施　展　黄乐玫　何卓论　钟　震　丁文迪　何云起
张馨月　吴天利　崔　磊　何　方　徐玉麟　韦宇晗
曹　亮　吴　涵　韦骁龙　赵若远　贾　驰　李笑宇
彭方玥　夏思烽　王逸之　张桐源　樊世雄　吴维晶
陈　睿　唐　爽　朱堂灿　杨　典　孔　维　邓铭劭
刘家霖　李哲涵　文敬司　易康睿　李祝祺　李　真
孙菁菁　邵嘉伦　黄　挺　王天明　王炜程　史舒扬
沈哲阳　邹良川　杨子奇　何　川　舒　彧　雷良锋
何杭峰　熊一远　任宣丞　门　睿　施悦凝　孟　彤
张欣勃　林　洋　王　冠　张　龙　卫渤林　潘丽晨
侯成龙　祝　悦　张化龙　王　婧　孟　钊　郁　哲
伯海潮　郑军祥　王　丰　罗浩然　王旭普　苟向阳
余仕琦　尤安升　张伯翰　李成志　向海韬　李宗儒
王　放　余晟兴　陈　玺　马薇薇　辛泽西　周　荆
黎　维　陈庆超　王绍会　施凯文
艾尔斯兰·买买提艾力

地理信息科学专业 15 人

伍昕钰　杨文宇　曹文溥　朱桂民　陈　旭　刘　政
陈嫣然　刘证源　孙　奇　程楚云　程俊毅　赵　聪
刘宝剑　冯雨宁　郭晓晔

数据科学与大数据技术专业 14 人

谢雨彤　余欣航　孙　霏　薛钟行　周誉轩　刘君雨
步　凡　朱垣金　吴　凡　郭宇航　陈浩宇　孙德志
齐　俊　王一飞

自然地理与资源环境专业 6 人

靳杰一　熊云海　孙慕天　王力博　张世东　杨昊臻

历史学学士学位 90 人

历史学专业 23 人

陈钰琪　宋上上　佳日一史　蒋　悦　武宇秋　龚立雯
信　宁　张钰鑫　张鑫坤　吕沭阳　林瑞福　程歆璐
陈蓁蓁　曾芬甜　陆嘉炜　周培京　张　媛　林　拓
覃许永　杨　梦　黄　鸿　王　绪　金清美

考古学专业 32 人

白　旻　杨婧雅　胡　凡　戴　伟　张含悦　周思言
刘牵牵　唐恒安　方铭璐　刘　琦　李佳胜　任林梅
史飞麟　王静雪　赵雅婧　张乐城　刘　硕　周振家
陈　青　邰凯玮　耿　茜　李星星　李罗敏　程独伊
逯　旗　任亚飞　牟　毅　高顺峨　扎西顿珠　张元阳
韩蕙如　穆则帕尔·穆铁礼甫

世界史专业 12 人

陶　瑷　侯宁静　张心童　沈丽颖　李天宁　刘相宜
郝仁娜　朱红杉　顾菱洁　徐欣悦　解双羽　王晨阳

外国语言与外国历史专业 12 人

张皓月　杨小铱　童　瑶　郭杰瑞　徐晏雯　袁燮扬
程援探　卿子凡　苏俊敏　龚　哲　赵静涵　欧阳钰宜

文物保护技术专业 8 人

胡毅捷　周逸航　陶　源　黄泽方　王　玥　马仁杰
马望博　徐逗秋

文物与博物馆学专业 3 人

方语谦　慈仁曲吉　张舒也

文学学士学位 354 人

汉语言文学专业 74 人

杨　洋　杨依依　王绯瑶　刘梦秋　赵椿萱　张润芝
陈汝嫣　徐韫琪　谢宇程阳　陈佳源　王佳琪　沈裕挺
向安然　刘　派　陈天如　刘韬嘉　陈　童　杨心仪
乔远波　罗敬涵　黄舫溇　李若愚　黄　慧　佘典旻
周昱均　郑　媛　刘雅琦　权美福　梁洛嘉　刘　东
霍怡帆　乔丹婷　许　婷　岑婧云　黄　琪　江　禾
陈昌媛　钱　茹　顾甡泳　李文玉　张　荷　王慧敏
陈俊好　冯子涵　简君雅　徐芷冰　王　琪　周宇彤
刘馨遥　李润楠　王雨桐　武姝言　赵梓超　董　俣
王博轩　高竞闻　崔颐超　王奕文　朱建强　胜慧聪
王睿妍　胡玉洁　王培洁　刘雅雯　秦　川　张郁晖
王浥尘　陈昭玉　余栢耀　何静宜　张作鸢　刘周岩
索湧烜　田若妍

汉语言专业 14人

徐　佳　　王文忆　　段嘉懿　　白　旭　　韩　歌　　孙　兰
童梦园　　田　彤　　杨　昌　　刘敏旗　　余聪颖　　朱　叶
王晓玉　　杨加玉

应用语言学专业 2人

康司辰　　田元贺

古典文献学专业 12人

张有成　　王雅婧　　何思雨　　陈霄元　　田九七　　陈　珊
周昕晖　　陈俊旭　　张　倩　　岳子衡　　石　筝　　唐敏琪

英语专业 42人

王　炬　　韩　卓　　钟　雪　　严胜男　　岳沈童　　黄修齐
吴张心安　樊佳欣　　赵婵媛　　李昊昱　　陶文婧　　张伊欣
欧　琨　　崔艺玲　　郭秋宁　　徐鹏航　　周依秀　　张　琪
肖芸芸　　黄梦月　　王　倩　　何琳琳　　李　乐　　姚安娜
周秋余　　李瑞琦　　王　萌　　田馨竹　　崔延瑞　　刘诗玮
张雨瑶　　骆　菲　　贾萌萌　　张希超　　李芊芊　　步　忱
刘　岩　　刘力铭　　吴吉昌　　支玉晨　　任军令　　谭振洲

俄语专业 16人

李坤逸　　吴　顿　　陈　鹏　　邓文凯　　郭欣立　　胡羽乾
何会泽　　徐导航　　蒋恩泽　　高晓煜　　顾新亚　　史勇平
萨若锦　　黄　金　　黄乐承　　余元帅

德语专业 15人

高　祥　　蒋　卓　　张京瑶　　洪蔚琳　　孙民裕　　吴寒婷
谷新远　　朱　晨　　敬海兰　　何凤仪　　丁　琳　　徐秋玉
施丹旖　　杨博凌　　林诗敏

法语专业 13人

李雪菲　　李孝严　　林欣然　　李　臻　　孔文瑾　　李　怡
万　楠　　关淑莲　　陈楚霞　　李宜霖　　马延婧　　余　宁
高　平

西班牙语专业 17人

李天娇　　陈　炜　　徐　恬　　张韵凝　　余　涵　　王　琪
孔　宸　　储茜茜　　周　瑶　　蒙亭伊　　戴　雯　　邵晶晶
史佳炜　　张　咪　　庄　妍　　赵婉秋　　周珅宇

阿拉伯语专业 14人

甘俊晨　　杨国昊　　王协力　　方　初　　高杰森　　曾敬诚
高　丰　　肖意达　　李　勇　　张　凛　　郭　聪　　张　怡
张江龙　　田荟琳

日语专业 15人

叶静宇　　徐一然　　凌超媚　　田雨卉　　侯利鑫　　徐佳妮
宋　高　　刘浩瀚　　林依莉　　龙继伟　　余　陈　　王林怡
江晓萌　　周建树　　吴品正

朝鲜语专业 14人

杨璐萍　　祁佳浩　　冯一帆　　李玥霖　　张家玮　　朱晓雪
张梦薇　　李泽昊　　隗鑫冉　　王　洁　　范宇新　　吴奕凯
贺钰爽　　徐家汇

缅甸语专业 13人

李鑫悦　　彭雨馨　　王知为　　张栋翰　　王　骞　　杨　洋

侯同尘　　潘芳玲　　郭彦琳　　刘月娇　　黄　斌　　徐安凤
王　丹

印地语专业 11人

陈可琦　　毛超予　　陈歆昱　　宋武乔　　费　都　　叶诗瑶
张雪薇　　田思伟　　王　紫　　谭　霖　　秦卓丽

广播电视学专业 35人

郭兆涵　　张　帆　　冯媛媛　　徐金凤　　秦绪莹　　王　嵘
杨博赢　　邹津波　　张梦溪　　刘之湄　　刘朔岑　　邓陈晖
胡元潇　　石　林　　毛殷平　　季　戍　　景　彤　　邓泽苗
王文超　　李维维　　胡晓妍　　凌杉杉　　张　涵　　陈　雪
肖　杰　　王天娇　　陈佳鑫　　岳天舒　　王泽华　　边　央
李　田　　杨凯月　　左应仙　　白怡凡　　赵　原

广告学专业 23人

赵紫馨　　陈俊文　　戴玉莹　　王　岚　　刘　挺　　叶茂源
董　慧　　李梦迪　　周　晋　　夏　坤　　廖　菁　　杨尚冀
严正宽　　邓玉成　　黄　镭　　简　萌　　肖贤明　　李雪阳
杨　阳　　郭季豪　　张　虹　　杨　凡　　朱曼婷

新闻学专业 14人

于文澜　　白春阳　　王　超　　郑嘉馨　　宋　琢　　符夏菁
陈之殷　　徐　芃　　王令薇　　王丹丹　　代骄阳　　李远朝
刘　婵　　王冰洁

编辑出版学专业 7人

黄萧玮　　李　彤　　郑深宇　　高　乔　　段雨濛　　任真如
赵春燕

外国语言与外国历史专业 3人

戴　俏　　徐慧麟　　陈　良

艺术学学士学位 9人

广播电视编导专业 6人

白浩然　　付煊屿　　冯　舒　　李梦涵　　黄亚茜　　郑珈辰

艺术史论专业 3人

唐　迪　　张璋奇玉　　李斯扬

哲学学士学位 47人

哲学专业 44人

刘嘉琪　　杨明晖　　何梦蕙　　张智珂　　李仁钦　　万　昆
冯斯琦　　张　聪　　孙哲楷　　饶悦宁　　刘　晨　　胡　可
付雪航　　刘雨桐　　陈潇潇　　张妍炜　　李超清　　孟繁昊
赵洪彬　　俞天诚　　郎　青　　侯书漪　　穆笑笑　　杨翼菡
方　方　　刘益强　　徐振华　　叶李庆　　郭子昊　　钟雯娣
陈芷欣　　谭文根　　孔令毓　　孔博琳　　陈　曦　　韩鹏程
马卓文　　经　晶　　王　丹　　张光福　　张瑜瑶　　吕东壑
谢志华　　李　喆

宗教学专业 3人

谢　韵　　尹　傲　　彭勃婧

三、校本部本科留学生授予学士学位名单

法学学士学位 71人

法学专业 16人
高世云　金常娥　金升铉　金头永　李汉强　李　瑟
李舜元　李茭宰　林承炫　龙　洋　马　克　申宰镐
许文松　宣泰润　严智秀　赵恩廷

国际政治专业 16人
岸浪晴佳　奥尔多　陈欣馨　崔承明　德　勒　董翰林
金礼恩　金信旭　金沅载　孔艺桥　柳然盛　美　琳
温承易　杨宜铭　郑孝潾　朱志原

国际政治（国际政治经济学方向）专业 17人
韩卓航　何　丹　蒋世丰　金兑桓　金仙京　金永光
李弘丽　李栩源　柳多情　朴进浩　阮贤明　佘雯雁
沈相仁　史天龙　吴泰康　谢伟健　张汉再

国际政治经济学专业 3人
朴珉奎　徐昌源　殷宝美

社会学专业 15人
池炫宙　崔基净　贾荣俊　金芙琼　李相勋　李英晖
李沅知　李知恩　李忠奎　朴钟哲　孙在佑　孙准珙
严柱玄　赵恩真　郑慧仁

外交学专业 3人
金相佑　李裕定　吴智敏

政治学、经济学与哲学专业 1人
李鼎凝

工学学士学位 2人

能源与动力工程（能源与资源工程方向）专业 1人
安德里亚

生物医学工程专业 1人
程世翊

管理学学士学位 19人

城市管理专业 1人
张祯恩

行政管理专业 5人
张艾莉　丁至莲　郑多美　鲍沙沙　潘星夫

会计学专业 5人
金艺瑟　朴相煜　王慧青　肖思集　尹纱琅

市场营销专业 4人
李忠泳　芮停裴　萧衍鸿　朱红菲

信息管理与信息系统专业 4人
白寅山　姜勇俊　李东根　倪时文

经济学学士学位 44人

财政学专业 1人
阿力让

国际经济与贸易专业 15人
阿丽雅　曾愉菱　黄度渊　黄芷文　金政道　金珠荣
李努力　李荣范　李在宪　李株昊　南惠仁　申志明
文　爱　尹胜铉　郑朝永

金融学专业 26人
陈继伟　陈近林　高胜铁　胡秋璐　黄信亨　金善俊
金泳硕　金正豪　金重勋　康玎莎舜　李凯文　李有彬
林敏君　林淑婷　刘相珉　潘克斯　朴琪媛　琴钟昊
权世罗　容　安　邢　正　杨时智　张佩雯　张舒琳
张　宥　郑子蕙

经济学专业 1人
黄御翘

政治学、经济学与哲学专业 1人
徐智明

理学学士学位 8人

大气科学专业 2人
韩世训　最主革

统计学专业 1人
菅乾道

心理学专业 4人
蔡佳利　陈　霖　林载根　张巧宁

信息与计算科学专业 1人
李财进

历史学学士学位 16人

考古学专业 1人
许旻珠

历史学专业 14人
方琇熙　高光男　韩地黄　姜孝俊　蒋东秀　金善佑
金庭毕　金伊莱　李娅娟　裴晟斗　宋珉曝　许志恩
张僖呈　郑善京

世界史专业 1人
杰米林赛

文学学士学位 77 人

编辑出版学专业 1 人

黄敏芊

广播电视学专业 3 人

金智慧　梁太熊　张希守

汉语言文学专业 47 人

崔在勋　权闰浩　李相溢　黄真一　韩炅吾　李相贤
片昭英　金敏赫　柳现皓　具武林　徐廷宅　尹汝勋
李昌美　姜昇希　金大贤　韩俊渊　侯沛妤　吴侑津
安英瑞　柳利儿　张峻荣　吴圣泽　罗暎恩　金铉宰
李炫周　尹　珉　林淑琴　蔡彦恒　廖嘉祈　金兑勋
朴智润　金美召　金珉撰　吴僖埈　禹智贤　卞韵知
尹仁贵　陈惠琳　陈美缘　丁那玄　伊藤雪乃　金甫根
姜旼志　王永昌　李艳琪　曹蕾蕾　真锅安理沙

广告学专业 26 人

都多艺　韩圣渊　韩贞兰　河北理那　姜　辰　姜世罗
金砗莹　金俊会　金在曎　鞠爱娃　具滋荣　李润世
李昇珉　李相幸　李炫升　李演勋　林志玟　罗乾恩
吕诗诗　朴志铉　王　铭　吴赫男　徐挺元　张美莹
赵胜衍　朱致莹

艺术学学士学位 10 人

广播电视编导专业 9 人

安德雷亚　韩优利　金希灿　金希宰　金芝惠　李俊珩
李源峻　柳锜烈　裴俊皓

广播电视编导（戏剧影视文学方向）专业 1 人

朴廷桓

哲学学士学位 3 人

哲学专业 3 人

朴星英　裴大镐　李美兰

四、校本部 2016 年毕业、2017 年授学士学位名单

校本部 2016 年毕业、2017 年授学士学位学生名单 12 人

材料科学与工程专业 1 人

钱　琨

法学专业 1 人

郑洋洋

工程结构分析专业 1 人

梅英男

国际政治专业 1 人

邹司晗

国际政治经济学专业 1 人

邓君蕊

汉语言学专业 1 人

严央子

航空航天工程（航空科学与技术方向）专业 1 人

赵奉晨

化学专业 1 人

陆阳彬

金融学专业 1 人

戴昊汝

生物科学专业 1 人

王　琳

哲学专业 1 人

缪则皓

智能科学与技术专业 1 人

杨佳宁

五、校本部 2016 年结业、2017 年换发毕业证书授予学位证书名单

本科结业换发毕业证书授予学位证书 99 人

保险专业 1 人

刘丰恺

材料化学专业 2 人

周家华　王京雨

财政学专业 2 人

高寒月　赖哲森

朝鲜语专业 1 人
苏放

大气科学专业 2 人
李玮　许申迪

德语专业 1 人
高云飞

地球化学专业 1 人
李其

地质学专业 1 人
周易

电子信息科学与技术专业 3 人
王炫　温栋春　王思辰

俄语专业 1 人
张皓若

法学专业 4 人
甘宜哲　沈泽乔　安南（留）　娜米（留）

广播电视编导专业 1 人
车芽（留）

国际经济与贸易专业 2 人
文智恩（留）　李显荣（留）

国际政治专业 2 人
蒋浩然（留）　杨元婷（留）

行政管理专业 2 人
周一昕　左冰白

航空航天工程专业 1 人
邢善谦

化学专业 3 人
陈宇钦　屈智博　裴紫馨

环境工程专业 1 人
付航

环境科学专业 2 人
朱泽宇　崔炫娥（留）

会计学专业 3 人
谭跃昕　杨林　李钟孝（留）

计算机科学与技术专业 3 人
郭秀甲　巢博怀　孙永杰

金融学专业 1 人
董舒羽

经济学专业 1 人
李远远

考古学专业 1 人
郭玲官（留）

历史学专业 1 人
白知恩（留）

能源与资源工程专业 2 人
韩斌　胡凌峰

社会学专业 2 人
李大燮（留）　金鋐涨（留）

生态学专业 2 人
秦在潮　刘路

生物科学专业 7 人
谢梦恬　赵博文　胡若成　母彬　许天赋　廖顺意（留）　刘树青（留）

世界历史专业 1 人
潘怡帆

市场营销专业 3 人
姜动　周碧瑶　李宣

数学与应用数学专业 6 人
李靖雯　陈智鹏　黎阳　邢天成　白天伟　孙华远

天文学专业 1 人
褚慈

统计学专业 2 人
童祖根　朱子润

外国语言与外国历史专业 2 人
陈思宇　谈玉衡

物理学专业 8 人
严煜　江一苇　王正　季彬逸　陈浩　李剑彬　范冀峰　陈冠楚

信息管理与信息系统专业 1 人
李泽宇

信息与计算科学专业 5 人
缪逸卓　江晓宇　彭超　刘艺　张振邦

艺术学（艺术史论方向）专业 1 人
李盛鲁（留）

英语专业 1 人
叶子杰

哲学专业 4 人
刘翰阳　张云帆　石德方　余浩洋

哲学（政治学、经济学与哲学方向）专业 1 人
王艳伟

政治学、经济学与哲学专业 2 人
魏忠凯　罗家胜

智能科学与技术专业 3 人
李欣蔚　李广袤　朴成浩（留）

中国文学专业 2 人
朱思洁　黄静远

六、医学部毕业生授予学士学位名单

普通全日制本科生授予学士学位634人

理学学士285人（含春季毕业生1人）

医学实验技术专业35人

杜明粲　斯郎曲西　夏梦凡　陈彦博　王滢浩　牛　迪
田潜睿　张晓涵　刘泽林　侯昕蕾　王遇琦　王　婕
焦　霏　周雨禾　刘元亘　呼延天如　史　真　王彦迪
王　亮　王璐薇　张临希　张一么　张小奕　杨　迪
蒲云罡　李笛天　叶　明　李润政　王帅星　马玉努
帕力旦·赛买提　努尔迪达·努尔布拉提　达娃卓玛
阿依地达尔·阿岩　凯丽比努尔·艾力木

医学检验技术专业23人

周　祎　李宗博　萧潇雨　李思琦　杜佳琳　李雪嫣
刘　祯　杨　扬　宋金鸽　刘航齐　高　菌　王子仪
丁楚凌　李鑫瀛　张文鑫　郭　帅　张江漪　靳龙阳
郑铸彪　丁　宁　支张卓玛　扎西央宗
谢姆斯耶·吾拉音

口腔医学技术专业7人

陈奕芃　衡墨笛　谢　翔　关嫒欣　王时敏　赵　轩
王子轩　呼延天意

药学专业105人

杨有为　张中义　邓　博　康　颖　王佳星　薛钧升
林凤闰蓉　陈　迪　黄雨佳　范鹏杨　杨　亮　王　璐
程文文　杨绪朋　梁烁斌　周淑荣　单宇婷　秦燕恬
谢文军　莫玉霖　马闻箫　王　哲　邓海亮　芦春洋
杜姣姣　高　宇　汪成翰　邹俊诚　张雪莉　聂玉瑶
李雪琦　李轶凡　孙家琦　于怡煊　侯　宇　祝　峪
黄星宇　王壮飞　任振超　侯宇泽　张贝宁　杜袆甜
陈启睿　仲家乐　吴柏林　王瑜江　陈永明　樊林杰
曲松波　雷　阳　陈智博　赵　帅　李佳佳　周楚杭
胡志敏　于　快　阳明春　高泽宇　韩　琳　李展韬
齐　彤　骆煜堃　樊志璞　李晓桐　覃思蓓　郝艳丽
盛伊娜　黎　翔　刘　睿　刘丹霓　朱本聪　姜雨彤
袁　宁　韩诗迪　贾盼盼　袁之航　黄　慧　王　瑶
周润祥　汪　洋　张嘉远　汪小清　王　宇　马伟豪
张美琪　宋再伟　王翰轩　郑航慈　李明华　谭　畅
朱海伦　吾尔开西·乃比江　祖蒲卡尔·阿不都合力力
伊帕尔·阿卜杜克热木

生物医学英语专业24人

常　伟　吴　亮　王伟宇　尹彩霞　丁　芮　贺明宇
宗纪元　刘文远　张乙辰　韩钊敏　韩明月　颜志颖
冯永康　孙一冰　赵英希　李梦冉　沈　莹　刘京晖
唐浩然　赵博轩　余秀芝　王　放　杨　辉　宋　奇
（春季）

护理学专业91人

汪　博　王晶玳　赵　妹　杜　军　张　强　朱银珍
王　颖　高卓然　张凯丽　韩世敏　黄庆莹　岳雷蛟
靳　帅　李　苗　何美坤　李艳梅　董　雪　龚庆庆
张虹科　王佳慧　高　畅　刘晓瑞　吴　颖　焦紫成
叶丽媛　赵朝旋　郭治鑫　吴　帆　谷红利　陶淑华
张俊伟　刘　洋　韦　惠　祝　尭　张力川　李　君
田　冲　焦勇勇　魏喜琢　廖　冉　鲁　寒　陈　元
王　炼　寸待丽　王明宏　蒋艳飞　罗文锋　李正禹
周　伟　杨　小　刘欣越　栗　佳　陈福生　朱　娅
刘胜志　刘　华　姜桂爽　孙一鸣　景冠达　黄成翠
林怡虹　王金鹏　唐　静　任金颖　曹　峰　李金粉
薛善东　王雅辉　石家亮　姜春云　黄晓园　司亚新
杨婷婷　宋美玲　卜悠媛　李智宇　杨　猛　赵麟鑫
文钟浒　郑欣怡　金众可　马淑敏　段玉玉　张心怡
原立芳　段淑敏　赵梦晨　王得文　高雪峰　亚男璐瑶
叶尔扎提·叶尔肯

医学学士350人（含春季毕业生1人）

临床医学专业169人

徐　铌　陈霜晨　肖世禹　冯川琳　杨之辉　陈相蓉
杨凤泊　丁光璞　钱溪琳　谷牧良　任雪盈　王一夫
曹爽婕　李子霁　黄竞舟　郭　玲　罗江滢　栗怡然
张晓明　杜晓婉　戴尚志　彭　程　朱　坤　向泓雨
王兴午　赵悦彤　季晓琳　尤　倩　翟婉佚　徐子衿
杨希春　费金韬　张　玥　许　婷　张　菁　刘　水
崔　璨　王　旭　许芊芊　江　路　赵　佳　吕昊润
邓　旺　刘天琪　符玉婷　王　锋　李　桦　朱　思
周小程　李　佳　鲍予頔　张旭晖　袁一迪　王　萌
黄贝尔　石晓磊　李天慈　王忠宇　贾慧敏　施青吕
居家宝　左　影　李笑溪　陈盛彬　杨鸣宇　郑　峒
施　崭　陈玉迪　果　佳　杨　磊　林泽群　王小泉
刘家伟　曹海旭　吴　薇　高向阳　张　晗　赵康卿
冯晖雄　张舒煜　赵　阳　马　可　许庭珉　林天雨
王倬榕　唐　睿　花克涵　蔡宇坤　李　博　李松芳
魏雨辛　杨元猛　郑焱楠　张伊佳　陈　曦　王　超

张万达	曾亚奇	秋宇典	陈潇	谭漫	许雅璇	杜明昊	张洋铭	高元绪	彭康宁	马啸	詹江山
王安邦	彭鹏	桂宇飞	甘宇	王辉杭	马慧云	糟小宾	陈曦	罗正鑫	褚文慧	何杏	何以琳
贺永新	韩权	杨妮	彭嘉婧	葛婷	林卓华	王奕卉	张子涵	周筱	苗宇桐	杨思远	张巧玲
龙绘斌	王颖	朱之昂	张沛阳	刘涛瑞	康冠楠	于琼洋	贺云野	黄浥淘			
丁镇涛	李文娟	赵荣佳	杨睿哲	王宇宸	冷俊胜						

口腔医学专业60人

郑静蕾	钟雯婕	姜又升	郭绎白	杨洋	王彦瑾
尤鹏越	李静芝	刘潇倩	魏迪洋	黎关火	张栌丹
张众	李婧宜	胡鑫浓	张一凡	张创为	李永韬
高雅	朱厚维	朱正达	陶俊杰	高晓敏	王延峰
杨乔林	范一鸣	罗昊	郭雨思	游浪	张誉
高璐	李蕊婕	周伟	吴慧竞	王爽	冯梦绮
朱原	霍芃呈	闫乐	周行红	朱忆颖	白珊珊
刘朋	李虎	李忠义	王顺吉	蒋亦然	李凤茹
曹春玲	蓝璘	王倩	路畅	游文喆	杜文瑜
孙现涛	张敏娟	张瑞娟	樊壮壮	李硕	杨旭岚

李赓	邵睿	高欣然	施集	肖琪严	朱思曼
陈威宇	高玉菲	张启鸣	常旭婷	崔应谱	李臻臻
张浩然	冒文君	胡宇晴	李晨迪	邵嘉艺	于佳鹭
蒋凤茹	张之良	周思宇	赵中凯	王震宇	段汝乔
傅龙	黄昀	张智荧	徐嘉雨	王仁吉	马新然
胡锦心	韦莹	姚卜文	弭馨宁	岳夏宇	李鹏飞
张艺阳	郭扬	周琪	丁蕾	穆巴拉克·伊力哈木	
热依扎·努尔苏力坦		刘硕硕（春季）			

预防医学专业69人

朱赫	陈博文	魏田	宋婧祺	杨晓淳	杨文蕾
宫会婷	朱小柔	刘心怡	陈榴	马骁	李晨雄
章皓	杨玲	蔡豪	吴瑶	张涛	李曼
韩冰峰	高迪	任中夏	黄浩	宁雪娟	饶夫阳
刘坦	侯超	吴曼	王蒙	魏伊慧	马逸杰
叶艺璇	杨朔	李甲森	张乐超	乔雨嘉	周一帆
程志浩	陈霄萌	陈正超	赵艺璇	雷园婷	赵寓藏
姚玺	王战	杨淞淳	邹永秋	彭正友	张泽鹏
郭苏影	赵思宇	张天惟	任贺	宋依明	吴汝聪
田洪瑞	赵心田	王敏敏	王俊锋	赵桐	段骁骁
周仁	何映东	岑亚财	周迪	顾学琳	刘沫玄
段小倩	闫会娜	康文博			

港澳台及留学生获得学士学位53人

医学学士53人

临床医学专业44人

克西柯	陈大嘉	菅翔平	青木悠	程章珏	岑明安
尹智	热妮亚	裴秀彬	李昭泳	李夏泳	李建相
吴英锡	吴东润	崔智宇	金加瑟	李希珍	刘世英
尹韩淞	姜旻慧	柳承铉	张嘉盈	张嘉恩	高伟杰
黄冠翔	祁子建	柯硕彦	李元花	李胤志	洪嘉琪
梁惠棻	王祥穌	李佳展	张郁泓	林巖	李颖绮
梁嘉慧	魏佩尧	黄景宜	陈家诚	岑昊江	远藤美代
李撒母耳	小中村绫乃				

口腔医学专业9人

金奎镇	尹廷准	李昭林	吉贤珉	白智然	金旻柱
黄柳尘	李炳雨	李在基			

基础医学专业51人

丰俊林	王国乾	龚玉柱	孙祎喆	蔡泽宇	张煦
靳远	王源	王子凡	武迪	李烨	王铖
金彤	宣锋	欧杨杰	赵川榕	徐丹	胡枭
宁静	王炳苏	胡志文	李明煜	侯睿	张泽铭
张顺	刘昌杰	朱帅	张楠	宋蕊	卢德华

七、医学部2016年毕业、2017年授学士学位名单

口腔医学专业3人（医学）
张慧　朴昭妍（留）　姜守泫（留）

临床医学专业2人（医学）
张元硕（留）　林晋颉（港澳台）

八、医学部2016年结业、2017年换发毕业证书授予学士学位名单

临床医学专业2人（医学）
隋　博　李金梅（留）

预防医学专业3人（医学）
王　磊　陈　明　李华铭（春季）

生物医学英语专业1人（理学）
丁晓晨（春季）

九、校本部获得双学位及辅修专业证书名单

校本部学生获得双学位证书752人

法学学士学位95人

国际政治专业15人（早稻田大学项目）
伊藤直哉　渡辺航平　酒井努　安宰亨　松本晟
木村隆太　安田龙也　伊藤怜　井上惠美　持田希帆
池永颂子　长谷七海　三富美晖　竹内雄登　文入太郎

国际关系与对外事务专业49人
白书豪　陈　良　代骄阳　代　鑫　樊佳欣　冯一帆
冯子涵　符　康　符夏菁　顾新亚　郭　聪　侯同尘
黄亚茜　佳日一史　姜金辰　蒋恩泽　金家骅　黎拂言
李晨露　林培锴　刘　晨　刘浩瀚　刘峻豪　刘　硕
刘益强　刘语桐　马薇薇　毛殷平　沈　博　沈丽颖
宋武乔　宋鑫淼　王　丹　王丹丹　王　炬　王主丰
魏　来　肖芸芸　徐　蕾　杨蕊辰　尹　傲　余　陈
张　荷　张江龙　张　凛　张雪薇　张　怡　张瑜瑶
赵晚嘉

社会学专业31人
陈天和　邓陈晖　董　玥　冯寒野　冯　舒　耿晓云
何凤仪　贾月洋　姜子莹　经　晶　李维维　林　禾
刘建勋　刘欣羽　穆笑笑　彭雨馨　秦卓丽　孙民裕
田思伟　王令薇　吴　颀　吴志强　徐倩淞　杨梦溪
杨颖晨　张润芝　朱　婧　朱　珠　庄麟升　庄　妍
孔艺桥（留）

管理学学士学位18人

工商管理专业（创新创业管理方向）18人
曾敬诚　池冰轮　褚丹彤　郭欣立　郭　钰　蒋　悦
金清美　刘　婵　刘畅之　刘　通　毛　哲　孙　韬
隗鑫冉　邢仕杰　张心童　周培京　周思言

康玎莎舜（留）

经济学学士学位413人

经济学专业413人
艾靖东　白　旻　白怡凡　包康赟　毕蔚兰　伯海潮
蔡　期　蔡　童　曹瀚尹　曹袭亚　曹晓蓉　曹　阳
岑松皓　曾　莹　陈冠潼　陈嘉杰　陈介威　陈梦娇
陈启远　陈容月　陈　睿　陈　珊　陈少祺　陈思创
陈思杰　陈斯惟　陈天罡　陈天昊　陈卫东　陈翔宇
陈小凡　陈歆昱　陈　旭　陈叙同　陈　雪　陈　彦
陈漪雯　陈宇航　陈悦莹　程安齐　程楚云　崔格非
崔世杰　崔雅惠　戴丛蔚　戴　雯　邓锦亮　邓文凯
邓泽苗　刁旭昊　丁伟铭　东帅亮　董　晔　杜大有
杜　鹏　段尚昌　范　围　范雪晨　范宇新　方　初
方　洪　符怡然　付　强　付伟龙　付宇航　傅嘉玮
傅文泽　高　萌　高　乔　龚立雯　龚若菡　龚思琦
顾　超　顾苏蔚　关汉岳　关山月　关淑莲　关欣怡
郭季豪　郭洁昕　郭抗抗　郭琨研　郭梓聪　韩聪琰
韩欣天　韩　仪　杭嘉雯　何　方　何嘉颖　何宛玲
贺钰爽　洪菁瑶　侯宁静　侯书漪　胡万程　胡逸纯
胡毅捷　胡羽乾　黄和清　黄宏峰　黄慧婷　黄佳云
黄　金　黄珊蕙　黄诗曼　黄首东　黄　唯　霍浩岩
霍一雯　计启迪　贾智舒　简　萌　蒋筱雯　焦　航
解双羽　金　坤　康　展　孔　宸　孔维园　孔文瑾
拉海荣　赖宇哲　李大为　李海龙　李鸿献　李佳鸣
李嘉宁　李坤逸　李林橦　李罗敏　李梦涵　李梦梅
李芊芊　李沁芯　李瑞麟　李姗姗　李思麒　李天宁
李曦纳　李　笑　李鑫悦　李星星　李依菲　李　勇
李远治　李玥霖　李泽昊　梁　莎　廖临谷　林德铭
林惠妮　林嘉珩　林美希　林秋实　林　睿　林少军
林　炜　林欣然　林昱睿　凌超媚　刘　冲　刘丛丛

刘涵蕊　刘汉堂　刘霁轩　刘　静　刘　榴　刘思嘉
刘馨遥　刘星圻　刘　璇　刘　洋　刘雨晴　刘玉晨
刘　峥　龙珂帆　卢丽强　卢　鑫　陆雯菁　陆　艳
逯　旗　路　贺　罗佳燕　罗金铭　罗　晶　吕东銎
吕品妍　吕沭阳　马丽娜　马鸣新　马望博　马韵羽
马占婕　梅英男　蒙汪阳　孟柳昳　孟　阳　缪立明
缪逸群　牟文龙　娜米芽　倪少康　聂　卓　宁健如
潘　祎　庞博琛　裴文垚　彭方玥　彭思涵　祁佳浩
祁丽媛　钱　茹　秦钰洁　任珊珊　尚珍珍　邵　巍
邵艺多　沈佳瑜　沈睿豪　沈心悦　沈燕子　沈哲阳
施丹旖　施　瀚　施　艺　史佳宁　史佳炜　史雪纯
史艺璇　宋　高　苏建文　苏忆青　孙　冰　孙晨路
孙金成　孙诗桐　孙甜甜　谭　惠　唐晨晨　唐鹏飞
唐　爽　唐宛苗　唐忆村　唐宇石　陶　源　田嘉铖
佟雨珂　汪逸舟　汪毅卿　王楚伦　王道弘　王帝清
王绯瑶　王浩宇　王皓婷　王嘉禹　王嘉钰　王　骞
王建鑫　王　洁　王　凯　王黎越　王李玎　王璐璐
王鹏飞　王平川　王庆嵩　王瑞康　王抒阳　王　婷
王为民　王　位　王文忆　王馨雨　王旭辉　王　泱
王一帆　王伊人　王亦轩　王钰灵　王誉铖　王　震
王子豪　王子琦　王子祎　王　紫　卫　俊　魏　然
魏　源　吴邦彦　吴博宇　吴恺悦　吴　鹏　吴品正
吴缃艳　吴心柳　吴亦九　吴雨阳　向安然　肖　昊
肖贤明　肖　阳　谢　珊　谢　天　谢晓薇　谢雨杉
谢雨彤　信　宁　邢天成　徐浩哲　徐家汇　徐　曼
徐荣荣　徐旺达　徐艺辉　徐梓楠　许　乐　许若凡
许雨晴　许悦驰　宣黎阳　闫可瀛　闫增旺　严胜男
严婉怡　严逸伦　杨国昊　杨岚茜　杨　柳　杨孟琪
杨诗涵　杨诗翰　杨笑寒　杨　洋　杨　艺　杨翼菡
楊鉅安　姚秋蕙　姚一帆　叶李庆　叶诗瑶　尹　远
于　超　于文澜　袁培松　岳　宇　张　超　张成飞
张　登　张栋翰　张凤宇　张浩然　张　煌　张　颉
张婧昕　张　蕾　张沥月　张清韵　张容榕　张　睿
张山啸　张世东　张　爽　张天刚　张　彤　张维晟
张晓林　张晓天　张心雨　张心悦　张欣勃　张新宇
张馨蕊　张馨怡　张琇玲　张妍炜　张逸潇　张毅良
张宇豪　张玉洁　张　远　张作鸢　章涵青　赵婵媛
赵椿萱　赵　攀　赵　霄　赵芯露　赵一凡　赵宇航
赵　越　赵　黛　郑迪文　郑丁源　郑黎明　郑思尧
郑潇龙　郑欣妍　钟晨扬　钟　雪　周　晋　周俊良
周凌岳　周书毅　周志鹏　朱　晨　朱明渊　朱文婧
朱晓雪　朱雅轩　朱　叶　朱煜琪　邹瑞阳

理学学士学位152人

大气科学专业1人

赵洲峤

计算机科学与技术专业18人

曹智杰　陈景林　陈宇非　陈语嫣　黄俊杰　刘证源
刘志睿　卢晓航　王力博　魏昊然　温　凯　伍洋君
薛秋月　杨　安　杨　凡　袁宏霖　赵誉创　郑　力

计算机软件专业1人

李兆洋

生物科学专业4人

白英杰　潘润彤　孙若男　王　歆

数学与应用数学专业76人

巴萃敏　陈亚杰　陈玉婷　陈津良　陈子卿　崔　京
方　悦　付丝夏　郭叙成　韩　旭　何　榕　何雨凡
侯　爵　胡欣荣　黄　灿　黄　涛　黄禹铭　霍进一
姜彦文　金晨子　金彦琳　李　典　李尚宸　李昀祉
李志伟　李子晗　梁佳欣　刘鲁豫　刘思缇　刘　蔚
刘晏吉　刘　政　卢思竹　罗兆棠　马晓峰　马怡然
钱晨笑　秦　政　屈楚彤　任昶宇　任　浩　沈　瑞
司　念　宋奕欣　苏　林　孙　奇　孙亦非　覃昭远
唐　嘉　王　恩　王　晗　王莉晶　王清扬　王天娇
王宇飞　王展鸿　吴明轩　吴　爽　伍启航　向一凡
谢昊君　许弘毅　杨雯婷　姚家辉　袁世吉　张　冰
张成浩　张　帆　张　航　张思安　张　腾　张天宇
赵伟嘉　朱倩瑜　朱琴丹　邹　勇

物理学专业5人

顾潇屹　黎俊岑　李辰威　李天然　赵拯浩

心理学专业47人

才　智　陈琪泓　陈汝嫣　陈　童　陈远笛　迟孟昕
丁　琳　董靓钰　董秋童　杜震啸　龚　瑶　顾菱洁
汉　露　何家鑫　何毅鹏　胡天汇　黄　慧　蒋　捷
敬海兰　李　慧　李　翔　罗敬涵　马芳园　毛　江
梅　玲　任林梅　石　筝　史舒扬　田荟琳　田　磊
王明朕　王　倩　王舒启迪　武宇秾　夏　倩　熊　峥
姚智琦　原铭泽　张京瑶　张　琪　张一宁　张泽轩
赵梓超　郑珈辰　朱　近　朱雅珺　邹津波

历史学学士学位13人

历史学专业13人

步　忱　陈奕彤　胡　哲　李培炜　李　遥　刘思亮
罗　尖　彭勃婧　彭　柳　徐　佳　岳子衡　朱　镇
祝宇清

文学学士学位25人

汉语言文学专业25人

艾　苗　陈泽阳　丁雨婷　董怡楠　方铭璐　郭　浩
洪蔚琳　胡　欣　蒋　露　靳杰一　李可纯　李斯扬
李　铮　李卓雅　刘一然　刘雨桐　骆　菲　马嘉玮

马延婧　孟鑫禹　唐　迪　王楚乔　王　月　张梦溪
郑深宇

艺术学学士学位 24 人

艺术史论专业 24 人

陈佳鑫　陈　琪　陈阳婧　崔　颢　郭彬冰　郭世琪
贺易之　黄静远　江　禾　姜　劲　林嘉琪　林枭雄
刘咏函　任珑韵　申劭婧　王林怡　王睿妍　王天娇
王一歌　杨美晴　杨　清　杨　洋　郑钦丹　周寒晓

哲学学士学位 12 人

哲学专业 12 人

陈昌媛　陈可琦　程大曦　崔延瑞　付煊屿　李佳璐
秦　川　沈裕挺　施美均　王　浩　王一飞　吴诗卉

外校学生在校本部获得双学位证书 179 人

经济学学士学位 179 人

经济学专业 179 人

安　迪　安靖宜　卜浩天　蔡翔宇　曹　萱　曹中一
曾　敏　陈华锐　陈　敏　陈维建　陈伟克　陈　熹
陈晓灿　陈　璇　陈　怡　陈　玥　陈玥卓　陈子扬
程家康　程　新　程　妍　崔　璨　杜宜聪　段　锐
冯小天　符丹荣　符植煜　付浩然　付锬盾　高佳贝
高健伟　高思悦　高子淋　龚家琦　龚　茜　谷梦媛
郭令仪　何维亦　贺　宇　洪佳雨　胡　洁　胡千红
胡雪晴　胡洋溢　胡云升　黄城岱　黄龙跃　贾兴华
贾英昊　江　涛　金　晨　康　迪　寇舒博　雷　望
李丹丹　李东琪　李和珉　李宏扬　李洪姗　李佳宁
李俊林　李　敏　李　祺　李　泉　李师贤　李思渊
李　喆　李志颖　梁　宁　梁　爽　廖书迪　林意成
令狐晶莹　刘　畅　刘颉阳　刘昊澄　刘济舟　刘嘉琪
刘磊磊　刘丽英　刘　璐　刘　萍　刘胜来　刘心曲
刘馨睿　刘艳艳　刘一鸣　刘　翼　刘　玥　刘子源
路天洋　罗予岑　马鸣海　马文静　马奕婷　满中意
潘柏林　彭天骄　齐涵博　齐麟睿　邵　驰　沈斯成
施　磊　石玉山　石芸婷　孙大卫　孙海同　孙　婕
孙一赫　谭　菲　谭小勇　陶海彤　陶　玮　田　帆
童晨馨　涂志远　万　博　王大钧　王浩丞　王嘉成
王今晨　王靖博　王梦迪　王梦柔　王　琼　王　玮
王彦博　王一帆　王以恒　王志豪　王子诚　吴　亮
吴兆雪　武　浩　武倩聿　夏　川　辛大伟　许姚芳
严颖嘉　杨静曦　杨珺怡　杨　磊　杨　默　杨亦枫
杨宇潇　杨志程　姚文佳　于也飞　俞雨榕　原　越
詹诗云　詹　悦　占　颖　张策尧　张　晨　张　池
张驰昱　张东东　张　丰　张晗雨　张宏博　张力翔
张　琦　张启明　张天贺　张天宇　张雪楠　张毅博
章冬杰　赵　晗　赵文琦　赵增祥　郑晶翔　郑宗威
周璟慧　周　倩　朱皓然　朱万锐　卓　越

校本部学生获得辅修专业证书 160 人

德语专业 8 人

郎　青　刘益瀚　欧　琨　石鹏双　吴锦淳　肖朝凡
杨韶爽　张宇琪

电子信息科学与技术专业 1 人

赵一帆

法语 17 人

陈嘉雯　方若琳　冯一晗　何家豪　华宁婧　金清灵
李佳益　李欣达　李雪妍　李　尧　刘君雨　马　然
王琳琳　吴姗姗　熊云海　徐鹏航　邹星光

工商管理专业（创新创业管理方向）专业 5 人

端韵成　蒋　卓　刘博宇　杨心仪　张舒婷

国际关系与对外事务专业 4 人

陈　沫　甘俊晨　刘　继　王协力

计算机科学与技术专业 7 人

陈思格　范志康　金　辉　李沛泽　卢智聪　张博宣
朱　贺

经济学专业 41 人

白若芸　白小玉　陈　晨　陈　鹏　黄　镭　蒋锡泰
孔令毓　李曼依　李瑞琦　李　越　李哲涵　梁　盈
林玉萍　刘　畅　刘嘉柠　刘敏旗　马仁杰　马卓文
时雨晨　孙　猛　唐昊宇　田雨卉　童　瑶　王鹏锦
王淇伟　王心怡　王昕佳　王垚天　王雨桐　吴婧怡
夏英凡　徐玉麟　徐振华　续一苡　薛阶祺　杨　迪
尹　航　张　虹　张钰鑫　张　鬺　朱宇轩

历史学专业 8 人

陈静梅　陈云言　董　俣　黄　琳　林雨晨　马金灵
文　浩　支玉晨

日语专业 11 人

丁雪瑜　高丽烨　孔柳絮　李岚静　李　蒙　李瑶瑶
王冠之　徐紫璇　于雨坤　周玉婷　李相溢（留）

社会学专业 8 人

龚昕月　季　宇　景　彤　李轶凡　刘佩灵　毛超予
王知为　郑嘉馨

数学与应用数学专业 1 人

陈鸣飞

计算机软件专业 14 人

白　雅　陈　傲　陈　汗　方世豪　方　源　郭行健
季彬逸　江　燕　李　军　刘子琦　沈　昊　喻　琰

翟佳音	张硕仓				

心理学专业 13 人

曾伟盈	何琳琳	陆 迪	陆嘉炜	马骏超	瞿 洋
唐宇辉	田 敏	田 彤	袁玮婷	张诺亚	张育菲
章 波					

艺术史论专业 4 人

常一帆	黄金雨	孔博琳	倪盛恺

艺术学专业 5 人

黄韵榛	李雪娇	马瑞敏	盛 开	张梦薇

哲学专业 13 人

曾维钢	曾 宇	陈炜栋	邓海默	都汐滢	高杰森
江晓萌	梁洛嘉	佘典旻	王文超	谢 忱	许运鸿
张璋奇玉					

十、医学部学生在校本部获得双学位及辅修专业证书名单

医学部学生获得双学位证书 144 人

法学学士学位 7 人

法学（知识产权）专业 1 人

常 伟

社会学专业 6 人

陈博文	段小倩	高欣然	郭苏影	李凤莲	苏 叶

管理学学士学位 2 人

工商管理专业（创新创业管理方向）2 人

范鹏杨　乔雨嘉

经济学学士学位 94 人

经济学专业 94 人

陈永明	陈正超	邓 博	邓海亮	丁 芮	董 雪
杜佳琳	杜明粲	段玉玉	高向阳	龚玉柱	郭冶鑫
韩冰峰	韩明月	韩钊敏	贺云野	侯宇泽	姜春云
焦紫成	靳 帅	康 颖	雷 阳	黎关火	李海伟
李甲森	李 曼	李正禹	李宗博	廖 冉	凌鑫宇
刘航齐	刘 华	刘京晖	刘晓瑞	刘心怡	龙绘斌
马淑敏	马玉努	聂玉瑶	牛 迪	彭 鹏	任振超
司亚新	唐浩然	田洪瑞	汪 博	王得文	王 放
王辉杭	王佳慧	王 婕	王金鹏	王俊锋	王 蒙
王敏敏	王奕卉	王 颖	王 战	王壮飞	韦 惠
魏 田	魏伊慧	吴 亮	吴 曼	吴 瑶	谢 翔
薛善东	颜志颖	阳明春	杨 辉	杨 玲	杨 朔
杨婷婷	杨晓淳	余秀芝	原立芳	张创为	张虹科
张 涛	张晓涵	赵朝旋	赵川榕	赵麟鑫	赵 妹
赵 阳	郑 峒	郑航慈	郑欣怡	仲 亮	周 仁
周 伟	宗纪元	邹俊诚	吾尔开西·乃比江		

理学学士学位 33 人

生物科学专业 1 人

栗 佳

数学与应用数学专业 5 人

崔应谱	聂志颖	石严洲	杨明达	朱本聪

天文学专业 1 人

张天惟

统计学专业 6 人

蔡 豪	何映东	靳 远	李 桦	李子骞	赵元鹤

物理学专业 1 人

叶艺璇

心理学专业 19 人

常旭婷	丁光璞	顾学琳	侯昕蕾	李天慈	莫玉霖
任中夏	宋婧祺	孙祎喆	王晶玭	吴 帆	吴 昊
肖琪严	叶丽媛	张浩然	张力川	赵 桐	周 琪
周雨禾					

历史学学士学位 2 人

历史学专业 2 人

陈 曦　王 璐

文学学士学位 4 人

汉语言文学专业 4 人

王 超	王璐薇	张泽鹏	周一帆

哲学学士学位 2 人

哲学专业 2 人

窦 妍　赵思宇

医学部学生获得辅修专业证书 15 人

行政管理专业 1 人

朱 赫

经济学专业 2 人

曹春玲　王彦迪

数学与应用数学专业 4 人

丁楚凌　李笛天　李　鑫　赵英希

心理学专业 1 人

马新然

历史学专业 1 人

王咏诗

德语专业 1 人

王　铎

法语专业 4 人

高　迪　郭雨思　李梦冉　李思琦

哲学专业 1 人

陈盛彬

研究生毕业生名单

毕业硕士生名单

数学科学学院

廖崇宁	吕梦帆	艾广阔	赵 巍	张兴松	任贤峰
蒋雨辰	许文昌	张 丽	许园园	孔小点	康 凯
陆道旭	田 祺	谢永嘉	贾 潇	李曦涛	曹巍韡
陆善孜	黄立鼎	赵晗琮	刘燕茹	翟利娟	徐 来
李佳宝	仲 恒	罗华刚	刘晓倩	常金龙	王晨旭
张博一	杨 正	余 岑	郭志腾	朱 挺	李 璐
李娅明	卢 晶	胡心宁	周 玉	王 硕	彭俊菁
张楚妍	顾智恺	张栩川	赵启程	张 立	张诗玉
操甜芯	曹 瑞	卢唯阳	邹 坤	杨新宇	杨 柳
李城宇	苏慧凝	史亚伟	李 铭	唐 盼	张 琪
李洁雯	李彬彬	孟繁易	陆宇豪	刘智静	胡 越
周天星	魏诗韵	吴梁羽	柳 洋	杨 宇	严 堃
冯杰波	刘 卓	陈 沁	陆逸波	刘 璐	蒋返桢
杨蕙瑄	黄丽晶	吴雅雯	唐 岚	翁恺云	刘智彬
孙泽宇	靳红响	张 诚	张婧倩	戴九如	李婷婷
喻怡雯	刘 淼	谢孟雪			

物理学院

符 巧	陈励治	晏晓东	商亮亮	何志伟	李 旭
张陆雨	国唯唯	文 超	洪 浩	张冬健	包 赟
蔡安慰	樊亚萌	田海东	盛 典	乔 雷	宋继烨
曹正民	林继配	樊宏杰	殷 杰	高树超	张彩凤
申攀攀	李金光	宋 炜	任振鑫	廖雪斌	李亚楠
胡亚运	王 磊	朱璐瑶	罗未萌	张树昕	梁文癸
张 允	詹辰晨	荆雨芒	迟 诚	冯 乾	钟胡天翔
李 波	娄伟坚	王子乔	陈志勇	吴 天	

化学与分子工程学院

邹 宇	张 伟	曹朋飞	曹 可	齐立也	刘 成
刘小冬	王凯峰	张陶娜	盖 涛	孟 丹	芮 斌
陈庆鑫	乔雪玲	王 鑫	刘思琪		

生命科学学院

鲍艺天	何 充	刘若飞	潘云龙	李永军	王雅萍
胡雪松	杨晓彤	窦云峰	田博书	郑良珺	刘 杨
王 璐	孙 雷				

地球与空间科学学院

陈 洋	张晓亮	侯俊涛	张恩瑜	展 佳	周庭红
谭毓雯	贾文博	金 欣	王雪琪	郑萌萌	李举材
张彦垚	朱声杰	胡 燕	庞大卫	郝红瑞	王 辉
杨玉勤	钱筱嫣	宋承泽	杨诗琴	范竣翔	张宇琪
陈 哲	谢越越	李 鹤	钟 翔	郑鸿云	毛守迪
刘 熠	强静雅	陈 飞	邹贵祥	张翰林	王欢欢
张红伟	原 璟	廖曼琪	董家鸣	田绍鸿	黄江辉
梁作奎	梁耀欢	魏梦祎	王 康	刘 晖	郝天琪
药 瑛	李家腾	贾志宾	黎晓东	杨帅伟	聂晓芹
张立杨	董轶婷	孔令杰	贺丽琴	熊紫倩	刘 鹏
吴梦羽	田方杰	杨 凡	姚 稀	张世伟	赵 鹏
赵 习	陈继伟	王双月	刘家骏	徐白玉	张瑞洁
高 展	关 晓				

心理学系

宋 萌	彭 璐	王家醇	段 妍	李嘉乐	金晓雨
刘天舒	沈祖菖	张 翼	王若衡	章秀明	王 璇
蔡文锋	王 超	可 钦	刘 影	肖 微	陈斯琪

王子璕	张曼莉	连昊昱	张　薇	高　歌	栾尚君	罗雅馨	谢福超	夏　天	童忠斌	范文娟	王　傲
魏海洋	杨诗露	庄淑婕				李　响	刘凤鸣	曹　月	翟启亮	焦德伟	陈培琳

软件与微电子学院

乔　玮	靳灿灿	王栋伟	彭　婷	唐小青	张翔宇	王平俊	何永棒	赵海洋	金　兴	陈伟强	韩邑康
张　伟	唐红艳	邢　亮	李思萦	彭洪涛	韩易菲	吕绍玮	史敏思	赵竞开	李粉英	徐　冉	严　正
吉晓琦	王舒蘅	霍　达	徐华憶	王勤政	吴亚琦	陈方诺	王立伟	唐　洁	孙　蕾	汤　思	韩　冰
胡　笛	邬进升	唐　斌	王　振	孟一凡	杨丹阳	韩　狄	左梦巧	李瑞瑞	戚锦斌	潘希龙	王士彬
陈　维	马文涛	孙文谦	苏　潘	庞大鸿	江志恒	高晓宇	李松健	孙开元	赵静茹	李　静	左光远
宋升升	刘家彣	卫　欣	张席维	王　镇	林冠廷	王　璨	翁亚男	魏　萌	刘　哲	官砚楚	李富生
林佩谕	郑艾思	肖延东	田涵聿	赖秋仲	许　浩	李凌云	耿思思	朱书盈	张馨月	吴一胜	潘伟民
黄柏甽	廖子萱	刘　康	李善融	李怡蘆	唐万容	孙　丛	赵　伟	包　祺	何雨尘	董　喆	刘少云
彭　孟	郑　洲	粟子明	张梦婷	刘梦佳	程　胜	洪琴雅	钱艳秀	郭　畅	聂奕凝	朱项宁	叶丹丹
吕　鑫	陈　喻	张亚飞	朱子瑶	袁金瑶	孙　泳	孙　源	薛　彪	孙　伟	何家欢	杨永恒	袁强强
李　丹	王守诚	王美芹	胡　凡	黄玉华	谢慧慧	贾晓鸣	蒋招杰	王　及	韩廷耕	尤　超	王志巍
吴煜垠	李　雷	梁闪星	郭楚晗	米　阳	何晓莉	张兴华	高京霞	王　蔚	吕婧淑	李海旺	武刘克
阙　颖	胡晅正	朱智彬	韦　涛	程　伟	高　俊	夏　龙	王　艳	季倩倩	李　蒙	刘金亮	赵　磊
吴菲菲	袁　婧	刘　萌	周天亮	王　贺	陈凯源	赵子涛	夏　晓	方　政	尤少华	赵周斌	张　帅
舒昌文	宾　望	王　强	张新蕾	戴　苍	涂　强	韩维浩	程斯祈	刘　满	梁　欣	王文涛	钟　鸣
高　峰	秦子准	周　鹏	张菲菲	王　岑	徐海明	张　浩	郑　浩	李淑媛	何　淼	郑　坤	张　鹏
江　红	孙鹏昆	郑晨骏	张磊磊	蒋佳秀	陈鹏礼	徐潇萌	刘冬雪	荣　勇	徐　粲	郭雅琦	崔　卿
胡云龙	董翔宇	张　帅	刘　威	陈立雅	金寿鹏	蔡　悦	刘向阳	王艺泽	罗　强	罗立翔	王佳乐
罗　盘	陈　静	蔡可为	李国馨	林维升	李姿颖	侯　静	杨智淳	梁　森	胡　菡	刘　旭	张映林
朱利方	张　诚	张志威	王宇琪	李雅琦	王海宇	谢　睿	李浩然	刘鹤群	李迎春	任　怡	曹晴晴
刘峥岩	曾　敏	张跃松	李　晨	徐顺利	王　礼	杨雨魁	锺易衡	刘　烽	耿　潇	任俊涛	申思琪
潘宇菲	王晓星	邱政伟	林人昕	林嘉明	鲁小娇	杜　希	田俊杰	张宇鑫	汪　念	代碧薇	吴　意
叶维恒	廖敬提	孙明月	张晓敏	陈　东	段夕超	肖妍然	郭子溢	郭　政	李海金	王　鹏	张　汉
杨和国	徐彬彬	顾少男	王　沛	蔡　卓	詹　东	刘　动	杨　敏	高泽波	梁嘉俊	钟　杰	王　晔
刘少杰	肖　龙	姚　莉	孙　杰	谢钧涛	黄本超	赵　普	廖细英	高　梁	章泰铭	宋颖昌	齐　良
宋　鹏	孙亚洲	吴员福	李　明	陈锡洋	汪雨哲	饶文军	郝旻岚	张　蒙	洪　浩	倪维材	于　宁
邵　晨	卢　青	周　洋	邓　磊	游博尧	张志康	曲　淼	王　岩	顾一蓼	丁海玲	姜大伟	唐密紫
李　洋	吕　坤	何智超	李　鑫	刘　超	谢冰青	李　顺	周　杨	胡竞文	李善涛	张　咪	郭诗宇
张国栋	王璐瑶	王雪飞	欧阳玮妮	袁　瑀	杜　磊	张龙云	范怡茹	王小燕	蔡明荣	杨煜冬	肖　莹
李天行	赵林欣	崔广英	黄文振	张海涛	樊茂华	许铭家	赵胜奥	盛啸然	栗亚博	黄哲康	张保坤
贾云龙	李　明	金　鑫	周晴漪	陈　坤	李路飞	王　博	刘　丽	刘正旿	金思辉	魏笑然	马敏钊
姜知凡	史可汉	张盛雄	梁丽芳	窦福成	刘玉倩	李　飞	段国辉	董笑蕊	卢星运	周世洋	龚　剑
胡锦程	王思可	彭宇嘉	吴淑宇	蒋宇昊	刘志超	谢佳芸	黄　可	张田宇	徐美惠	王　建	丁文玲
李　沫	吴京懋	张　琦	杨凯中	闫　伟	张程茜	马胜节	李翔宇	李坤乾	刘丽娟	胡　玉	何建霖
孙梓晋	施梦怡	李自捷	张诗哲	杨雨青	史　磊	李　浩	林明月	龚　帅	马骁尧	曾山松	孔令昌
龙　翔	魏世嘉	张　璇	孙　洁	杨梦浩	路康虹	林碧舒	钱泽斌	黄朝辉	章玲通	吴泽波	程　鑫
王　倩	刘　畅	宋　景	张胡学	陈金凤	林仙源	卫军军	龚锦成	张思齐	李　绪	常林云	张晓康
张雪梅	王　楠	叶　嵩	田宇轩	刘　鹏	王春朝	李大瑞	张显磊	张　月	余炳辉	郑　静	张　浩
冯新月	谢豪恩	萧筑云	张仕旻	林彦宏	刘　健	王　冲	潘　辉	谢文芳	高煜东	葛一凡	马官正
吴映萱	戴杏芳	陈正龍	陈浚玮	黄依萱	张　旭	刘艳平	杜　书	赵　磊	李　聪	陈逸倍	胡　江
李　垚	索　颖	陈　辉	李成明	朱臻玮	汪小龙	高　曦	姜　超	鲍唐成	吕　洋	张　浩	罗志鹏
彭　威	岳远博	雷　斌	鲁　晨	廖忠儒	郑宇飞	任绪果	刘于菌	张璐瑶	刘馨培	沈康君	钱文君
						侯义茹	吉培轩	程思洲	修天翔	李　璇	梅寒晴

徐利军	魏小雨	税丹丹	胡逸凡	赵海威	罗　航	\multicolumn{6}{c}{**中国语言文学系**}
张　玥	栗耀磊	王　涵	陈　露	岳　聪	辛冠杰	吕　昉	张亚婕	崔　璨	李安然	雷　蓓	王平夷
侯　佳	白先瑞	麻文鑫	杨　超	吴雨果	吴艳娣	傅善超	宝诺娅	李哲美	李　强	董　晨	濮　玥
张志成	王云荣	吴　昊	赵亚洪	周闻杰	卢华南	武　芝	杨　照	高　思	王孙涵之	汪春涛	王悉源
冯　亮	曹一唱	简廷耀	刘春煜	蔡佩珊	傅芳芳	陆浩斌	张　帆	赵学艺	朱宸仪	王亚男	李虹瑾
吴佳洪	黄颖彤	何宗辉	刘潇杨	郑研赜	范传奇	卢意芸	李　瑞	冯　韵	夏宇阳	贾晓华	赵　洁
邓平博	樊子嫣	李文楼	张　倩	张明月	徐丽瑶	李点点	徐毅发	赵市委	张庆雄	袁　硕	王卉媛
李　彦	张　威	刘佳琳	陈壮壮	熊方翼	李远祥	王诗雨	刘芳文	徐　畅	董　璐	张亚如	刘　杰
曾玉文	王玉建	任　珉	谢毅锋	李亚楠	谢丽玲	樊桔贝	李　琬	祁美玲	吕丽萍	陈光祖	龚希劼
刘慕霓	吴　博	李　轩	段险峰	傅玉峰	吕晨曦	倪文婷	霍丽婕	薛童心	黄凯怡	谢云开	叶栩乔
高　宇	鲍　强	丁洁怡	林梦姣	黄奕博	陈　屹	李　煊	李梦梦	李晚寒	吴飞鹏	池明明	唐芊尔
高文清	武文斌	苏旭昕	张德斌	万义麟	刘新正	朱洁瑾	邓溪瑶	刘　达	孙瑀蔓	温　馨	丁　鹏
赵　田	范云浩	张　芳	吴沁倬	刘江飞	郭子傲	洪哲熙	韩维正	杨可扬	陈圆圆	易凡钰	王珊珊
何　风	王乙闲	康丽娜	王程畅	蒋　翱	王彦楠	郑士波	刘　颖	唐小林	张梦甜	吴妍姝	陈焕文
张　硕	余　斌	莫文利	任慈阳	陈佳佩	张润峰	欧逸舟	张哲茜	吉云飞	邓洁舲	吴英奇	易　丹
周　杨	李　宾	陈奕彤	周成华	魏红枪	肖宇驰	童宛村	杨先溥	王欣玥	陈凯翔	韩思琪	杨梦媛
卫朝阳	罗博宇	苏　丹	陈　元	郭一娇	王　烨	陆正韵	郑晴和	赵安琪	谢宇航	谢雨新	牛丽娜
张宝亢	李普铭	吕云松	吴林锴	俞　雍	方　凯	潘逸飞	栗念跃	王超然			
唐　亮	魏韵健	刘　利	周如菁	江　帆	靳　晨	\multicolumn{6}{c}{**历史学系**}
张济骞	孙　悦	袁红念	王晴旭	冷　芳	吴文捷	莫永佳	肖艺伟	刘玉杰	史　记	谢帼英	张凯悦
孟　腾	田　原	武　翰	李三华	曹　宇	刘昌浩	苏载玓	田梦雪	刘育琦	余福海	卢伏夷	段鎝凌
曹　野	孙　硕	陈　翔	李　龙	李　滕	林均蔚	王忠明	翟　岳	高　源	黄明浩	张文钟	赵　亚
张城斌	孟业雄	赵　什	杨　浩	姚　尧	蒯义刚	惠　波	刘　彤	原　婧	龙芊良	陈　凯	吴芝融
姚　骞	刘永成	陈　宇	陶坤栋	陈　宾	刘乙墨	尹敏志	严旎萍	卿倩文	邵琳琳	李睿毅	吕飞跃
王　敏	顾晓晨	吕　超	王　兰	崔任平	左志芳	栾颖新	王健丁	吕　璠	李汉符	陈弘音	黄柏雯
汪　达	赵伟亭	李常实	张传号	张明琪	张恩发	常宇鑫					
蒋文喆	许书玮	路莹碧	马树成	孙弘莉	吴雨坤	\multicolumn{6}{c}{**考古文博学院**}
张胜凯	陈　焱	桂超贤	田　野	王煜东	张语轩	易诗雯	宋　殷	张　夏	贺逸云	王立铎	黄碧雄
金　顺	郭颖迪	周宸伊	王　宇	郭转转	董燕萍	孙宇峰	李　凯	姜圣芃	涂元葳	娃斯玛·塔拉提	
张嘉芸	李哲玮					杨　凡	李孔昭	梁鑫蕊	王雅芬	赵冰清	郝春阳
\multicolumn{6}{c}{**新闻与传播学院**}	郑贝贝	刘百舸	翟若普	王铂涵	王中伟	
林坤明	孙慕蓉	李　诗	张　琦	张梦鸽	向芝谊	\multicolumn{6}{c}{**哲学系**}
张　啸	牛　甦	李晓霞	龚恋雯	王紫祎	吕佳宁	冯子杰	郝鹏程	张　静	曾　馨	张　浩	刘明晖
唐国桥	茹西子	武新淇	郑永明	谢　莲	李明璇	杨南龙	张崇宁	李丹琳	袁睿琦	陶思圣	马歌阳
裴茝迪	冯美娜	姚怡云	于鸿鹤	王小敏	周诗妤	程　波	和　涛	谢清露	李大柱	彭凌璨	韩冬伊
苏少辉	王姝戎	王　丹	金文恺	王亚杰	赵　琳	程莹莹	程志翔	王　钊	周小龙	董书海	杨　翌
侯韶靖	惠济州	王雨濛	刘松岩	杜曙晖	王雨思	倪大元	沈美玲	仇　艳	胡万亨	王　磊	方欣捷
冯宝慧	李伟靖	秦　鼎	张雪晶	王小羽	韩　霜	夏和华	邱　羽	肖润武	陈灿普	贺　腾	杨啸尘
罗　昊	马元豪	宁　昕	岳佳琪	郭祥龙	李　然	吴丹彤	于晓磊	杨　越	贺敢硕	程高超	李　兵	王　强
邵安琪	李凌菲	宁　昕	王彦君	许楠楠	郭晓康	刘　畅	王　楠	贾光佐	冯嘉荟	冼俊燊	
李　娜	周莹莹	冯少杰	王彦君	孟艳芳	刘嘉怡	\multicolumn{6}{c}{**国际关系学院**}
王　淼	汪雪曼	皇甫凌雨	张一琪	陈馨怡	石香云	戴玉磬	陈嘉欣	杨嘉承	杜艳娇	宋文轩	刘雪彬
丁一然	靳亚聪	王　昱	刘煦尧	邱宝逸	贺　传	曾郁尧	杨起帆	蔺紫鸥	江宣儒	郝婧青	陈炯宇
王默玲	李　根	陈　颖	任宇岩	王洪轩	王一戎	李帅宇	曾伟晋	黎恒山	秦伟利	黄天元	张小庆
张月朦	刘彤桥	曾妙言	周思妤			龙萌瑶	李　泽	许明杰	吴伟铭	宁艺晴	罗　烨

乌昵尔	缪琳娟	宋佳骏	于宏通	秦 肯	周旭明	李万红	任 博	杨 洋	罗晓梅	李 鹏	张 馨
宋建含	张琪茜	吴其阳	王靖雯	姚苏薇	郭柏麟	熊 剑	曾二林	陈 鹏	刘 江	李艳梅	王秋懿
陈钰培	罗 洋	张先驰	杨晨桢	张晓晖	代易芮	胡中游	赵 蔚	徐喆菲	武国欣	晋睿智	丛自航
杨妍捷	王倩芸	方若冰	李俞柔	陈祉吟	陈傲寒	杨 纯	陈 明	曾琪光	兰庆元	续 猛	黄竑羲
张 帆	尉秋实	徐逸杰	曾 一	聂 晓	刘孟禹	蒋雅茜	赖伟杰	杨霄凡	张 巍	王 凯	蔡沛颖
车苑莹	黄铃雅	陈婧嫣	肖 雪	文 琅	郝曦妍	赵佳磊	綦雯雯	张 典	姚 尚	司 德	张宗光
邵子剑	许文芳	徐若杰	王东阳	何 鲜	曾 顺	梁莹爽	孙嘉康	周木红	张 志	季 通	国晓慧
涂纵驰	龚俊亮	徐懿川	姜 林	吴俊群	彭 华	郝 琎	贾皓扬	尹 菲	王欧南	孙冬妮	王泽皓
杜 鹏	张银涛	杜 帅				黄 煜	范跃伟	李 涛	尚 军	周洪彬	金如梅
		经济学院				赵瑞超	朱楠枝	吴晶晶	杨阿吉	陈睿哲	李 洋
杨品杰	程万里	石 雷	郭佳奇	李西振	常一尧	许嘉捷	宛茹雪	段童琳	杨 宇	张建伟	余常虹
高瑛泽	吕滨滨	杨惠雯	李婉婧	李思婕	雷康昕	贾 淼	杨 帅	徐 驰	庄庆服	马丽君	葛启惠
符妍舢	赵志浩	熊 磊	王玲焱	肖羽莎	黄 翔	徐旭阳	杨明亚	阮冠中	李 珊	孙晓彤	杨唯蜜
金 亮	吴敬云	许 硕	殷无弦	孙嘉泽	尹洋标	陈易东	周 杨	王鲁蒙	张 斌	李晓蕾	赵建春
郭 楠	王逸萱	赵 宇	白柠瑞	王昱杰	张惟佳	王一什	钟 鸣	苑兆鑫	王永华	韩 硕	吴 茜
胡 东	包宇翔	王方舟	冯 可	叶 明	陈 广	吴国楷	胡秋生	胡 颖	黄珊珊	王 芳	罗华东
周奕纯	张 婷	苏 莉	王晓蕾	张疏竹	王 成	邓统银	江 帆	赵传海	陈 樱	柳 清	赵叶飞
丁匡达	陈 苏	芮思佳	姜宁馨	葛艺璇	田露露	刘云涛	陈斌生	张雨晴	刘 星	李天予	郑闻莺
胡哲妮	高 原	申 思	杨柳婷	郑淦林	王 越	徐子涵	于天骄	陈 晨	马保良	吴 涛	谢万彬
范雯琪	王思凯	朱杨昆	蒋欣芯	赖旖虹	卢宇轩	肖 伟	薛 潇	王龙华	李卓恒	谭默涵	毛心宇
冯 月	张 瑶	王 开	荆 旗	张霖梅	刘倩岑	苏佳媛	王 鹏	徐子涵	翁鼎钧	张家豪	王 琳
黄 青	余 臻	袁运凯	李鹏程	张菁窈	陈剑隽	曹 健	田承北	李佐天	刘 哲	李丽娜	李宗文
郭 昊	吕苑章	郭科琪	高子涵	郭宇宸	周 缘	柴睿敏	程 晨	张庭彬	刘轶超	侯琼皓	徐 亮
陈同舟	石瑞琳	钱林凯	孔 蕊	周虹先	李锦晔	朱豪杰	王 宁	李 勇	王勋尧	陈伟强	宫 宇
黎旭桃	胡正刚	林 浩	唐晟博	赵小萌	詹媛媛	门雪松	谢睿华	雷蕾娅	陈兴慧	范鲁彬	蒋 政
王颖青	李文广	方涵之	宗韶晖	刘云恒	杜岩松	黄兴源	李晓波	钟立力	孙 臻	赵 媛	南 征
杨 懿	周曦彤	廖君君	田宝光	董 博	张逸昕	夏青竹	王光琦	孙 腾	王 弢	马骁飞	苏 伟
戴骊颖	熊力治	刘雨桐	钱丛艺	李丽荣	闫 日	刘苗苗	张开明	许大光	王 桐	毕小川	高 雷
胡淑颖	尹珂嘉	王 哲				吕 薇	董婵媛	包正钰	宁 静	杜 娴	吴仪扬
		光华管理学院				刘盈杏	郭青柏	厉晓冬	薛子钊	孙思伟	鲍 娜
许凌波	曹庆昊	易霓虹	蔺怿霏	仇心诚	王 慧	万 强	陆维翔	陈 磊	程振宇	李建永	李付山
管智爽	张千玉	胡昭伟	孙常蕾	李云霞	延 续	范思婕	陈逸凡	沈春燕	王金可	唐 珍	张国玺
王志强	董骄阳	武韶懋	何彦樟	齐薪添	温 馨	于 前	王若溪	张少强	汤 逊	宋叶青	周 文
许晓琛	苏东灵	丁 成	周 妍	姜静妍	林祎露	覃 杰	王 强	魏 民	张 倩	邓月月	葛文亮
胡璟怡	方 铭	杜 丁	徐敏喆	张 驰	罗英华	傲 德	杨 瑾	聂 馨	何冬冬	王俊彪	罗雅菲
龙 鑫	丰齐同	张芩晖	顾雅坤	夏李欣泽	王丹烨	于菁华	潘宇轩	王林林	徐镜非	杨 枫	张浩宇
郭 雪	范云静	吴鹏超	张金楠	杨 扬	陈海燕	郑飞龙	程逸豪	李莊森	史言飞	刘 婧	刘 毅
张生亮	胡耀仟	杜 宏	刘京卫	方浩媛	曲 鹏	柴英楠	游景稀	逯 尧	庄 超	钟 鸣	张贻程
于 冲	樊星宇	许雪爱	刘 琳	尹 璐	范 睿	蒋贝贝	黄宣玮	范淳雅	王 薇	高 兴	王 剑
乔 磊	江劲竹	李 琦	杨文超	张 朋	李 杰	周 亮	祝子楠	李 靖	胡启冬	杜 静	段谢非
邱泰辉	黄晓芳	张 宸	蓝晓郸	王 研	杨云崧	付仁杰	赖小辉	唐 晟	廖志波	王 莹	李 鹏
王 峥	赵治东	牛 刚	张 岚	徐立冰	邹妮妮	路 煜	黄 山	杨 沐	魏晓冬	王 松	于 菲
陈 溪	徐显刚	于大川	邱当杰	史国阳	马亚军	张凤海	姜 洋	马 杰	汤 洋	张 楠	周开元
霍树青	刘 宁	史 宁	李 恒	潘公博	王艺汀	李宇峰	孙俪嘉	文卫华	卢金达	李 岩	金成姬
张 琳	张子健	屈忠禹	丁 捷	陈思奇	石 宇	王康佳	贾亚楠	王园昨	郭逐迤	高茂翔	岳 昆

淦赛华	李若兰	章诗琪	张翻番	封　帆	杨　丹	焦文娟	许新宇	周　莹	龚　姝	张　倩	林晓晴
马　珂	丘文浩	蔡金旭	王　群	董兴华	于凤田	徐丹丹	张　顼	胡红舟	谢春辉	赵　桐	赵　一
严金龙	梁志图	浦卫丽	李　坤	郑　辉	陈思南	成　越	杨一帆	周艺歌	李盈坡	陈锦烽	李毅科
董　植	林毅坤	王鹏飞	陈未染	王春兰	张　磊	刘媛媛	王　琳	欧　宇	李宇雯	胡　勇	武　旋
林　昉	梁　丹	张运金	胡文韶	张　蕾	孙贤龙	闫　云	司　诺	黄　祎	黄芯蕊	殷梓介	何　志
文　岩	康秋雯	陈大伟	夏云飞	王奕楠	胡熠星	张宁远	王　非	陈显丽	刘　晨	栾丽瑶	李　欣
秦玠衡	顾光辉	赵　沛	李　晨	田春根	罗常青	曾凌勇	罗羽霄	薛平丹	马　月	钟慧艺	何　清
张杨洋	刘庆超	陶江平	高建强	桂志远	李方洁	张　爽	张苏楠	陈佳茹	蔡　佳	余晨霄	张文怡
刘中土	库　颖	周　冬	杨芳音	刘文哲	任　婧	张岸汀	张辰睿	王敬超	董亚军	张　静	杨黎明
戴永拓	王梦妍	刘　琳	庄睿智	黄　亮	张　舒	吴雪华	尹　晴	闵兆鹏	靳章辉	赵亚坤	徐　瑶
李维伦	赵晨宇	刘　婧	陈健雄	成　浩	丁思远	段相宇	贾志怡	曹伊敏	于凯文	李玥盈	张现彬
陈　丛	祝瀚霏	蔡雪飞	南夏阳	李　治	张　帆	丁　丁	王星星	姜　岩	董　浩	杨　宁	王　飞
董昆仑	甘　丹	钟荣威	侯春琳	蔡　锴	杨志坤	张　喆	郑雨涵	侯钰烨	陈　欣	徐　瑶	曹俸瑜
徐　乐	杨成峰	王韵娜	何一林	高丽娜	张贵洲	马玉松	王晨子	周轩宇	许一君	燕晓伟	蒋燎原
王毓龄	罗　彬	庄昭鹏	周　斌	张夷平	齐　跃	牟　慧	兰云柯	牛佩瑶	杨　晨	冀世纪	吴宗璇
苏　娜	兰　琼	汤科祥	李嘉缘	潘林晖	黄海波	郭冉冉	杨　怡	吴　琼	张　晨	吴建每	杨　雯
肖　阳	付英娇	张　鹏	康　阳	赵敏娜	马国源	何　平	谷利云	孙柯晓	吴雪青	方　瑞	沈晓雨
马　涛	许　帆	胡浩杰	王　超	胡启源	李　娟	赵嘉妮	方　策	刘　燕	董雅婧	李湖婷	程　影
巩　洁	李　毅	马占田	刘重洲	张　帆	谷光欣	张嘉艺	徐明利	马德强	王超远	李秀秀	汤雅淇
赵　敏	陈晓颖	汪晟昊	张　淼	吴　勇	杨　曦	吴启萌	徐艳艳	杜　楠	王梦晓	王超慧	梁忠英
张　哲	许盼盼	张　浩	刘　欣	李　冕	吴　倩	朱芯瑶	吴陶钧	胡　皓	王银儿	伍　涛	李　洁
吾兰·包开汗		李　享	王　刚	郑伟强	刘　洁	张济科	蔡沈铭	刘　煜	高毅航	王　涛	何旦番
宋宁峰	胡爱军	温朝晖	白牧宸	纪岳扬	陈　吟	张　伟	陈茜茜	金　鑫	韩嘉怡	王　峰	张　墨
郭艺娟	黄　晔	左进全	康　炜	王　波	乔明浩	刘张彬	钟丽娜	马　可	刁少红	单婷婷	吕欣桐
						周相杜	张　贺	杨晶晶	刘俞含	周　偶	谢邱雨

法学院

邵明潇	付明燕	伊　强	李本亚	沈祺超	鲁　杰	宋晨阳	刘　勇	陈　歆	叶凌芸	王秦丽	陈　琳
汪书璇	杨　肯	王　涛	胡瑞琪	左　益	周梦瑶	贺韵辉	颜雨杰	邱　仪	刘峻巍	赵　勇	崔利娟
王　鹏	宋雨薇	徐华阳	冯时佳	孙　毅	石立宇	任定鼎	黄　啸	曹子寒	王　茜	王雨石	余大友
邱舒婷	钱文强	徐晋阳	郗星晨	时振平	任　钰	石冰洁	董怡岑	蔡国保	段英子	范海伟	方潇逸
匡红宇	张嘉伟	陈文昊	金飞艳	戴沣兰	吴冬妮	陈嘉明	毛清扬	皇甫泽莹	李钦琪	董　尧	吴美曦
贾　雪	姬莹莹	王曦羚	曹晓萍	徐温妮	苟晨露	沈韵秋	王　慧	叶　谳	王婧娟	姚淞文	宋靓雪
黎　玥	孙点婧	王子晨	孙嘉珣	邓璐婷	白雨潇	周志雯	吴芷筠	沈力栋	郭　璇	葛媛媛	耿　琛
金雪儿	张詠茵	李思佳	沈　寒	张奕晨	刁媛媛	彭丽君	杨　地	尚　东	王晓鹤	张　旭	柳云南
张露露	韩　越	李晓蓉	潘　程	刘祥名	周国祥	陈嘉希	梁晓红	袁义萍	庄　瑜	陆琳玲	刘　可
黄月盈	张　军	王岩枫	李　檠	张　萱	焦钰杰	管彬儒	刘燎原	周　霞	李　璐	陆徐倩	夏　婧
徐冰彦	任爱枫	雷宇京	朱逸秋	张　东	崔若男	袁　林	盛佳慧	艾嘉伦	曹如冰	杨　芸	任文倩
盛星宇	曹　源	尤保暖	白紫薇	李婧一	闫若铭	李　伟	李汀钊	王　瑛	贾婷婷	谢依杨	杨　帆
杨秋宇	徐　爽	曾　理	王融擎	梁　晨	叶开儒	张雪雯	杨　潼	黄　晟	李昕卓	黎晓曦	卓　欢
李瑞升	苏晓慧	周杰武	秦玉娥	彭　博	韩操行	项颂雨	侯美林	罗　天	董碧莹	李　毅	杨　帆
洪加军	杨　瑜	穆晶璐	郭晓龙	傅文隽	姜　婉	杨华君	张　蓉	陈飞鹏			
季建明	吴元涛	范华剑	宋　佳	姜阿英	赵君瑶						

信息管理系

王梦璇	王鸿渐	康玮婷	彭晓明	孙　赫	许泽阳	高玉帅	王昕琪	赵域航	涂志芳	宋筱璇	云梦妍
吴明华	王　洁	苏　桐	范　晓	夏英英	车　晔	王林武	杨　珊	郭　鑫	杨昕辰	王　哲	姜庆远
彭湖湾	陈俊光	张家帅	赵毅川	王洪燕	顾一鸣	沈宇飞	姜明雪美	钱　欣	王申罡	刘丹丹	张　璐
廖翎棋	谭思瑶	李蓟晨	朱嘉豪	张桐源	张　莹	林子婕	李宇佳	张瑾贤	刘芝玮	李振淼	尉　鑫

张晓芳	周翔	张申扬	赵炳容	王琪斯	金玮
赵薇	程珊珊	孙静			

社会学系

张芳	王斯敏	方超	刘晗	龚芸	黄世芳
吴美琦	张雨晴	罗霄恒	缪亚敏	毛一凡	肖腾飞
咸金彤	卜凡	刘开标	张艺芋	汤澄	王柯懿
刘小天	常入文	庄皓琰	唐元超	金婧怡	赖嘉雯
彭丽虹	刘浩	姜宇航	张瑞辰	马志谦	董彦峰
马晓玲	杨世昌	郑佑之	周思丽	邢建立	薛思孝
张兴博	陈雅晗	杨霁	马倩	韦雨含	杨沫
周倩玉	赵茉钰	谌青	刘少强	李振玮	卢晓宇
求羽雁	高清				

政府管理学院

李诗涵	韩丰蔚	邓凌媛	林朝晖	刘思语	朱春昊
刘思源	王丽雅	郑方圆	李禹君	李强	李思宇
邱亦雯	韦祯烨	虎彬彬	侯亚杰	黄敏聪	汪星宇
阳火亮	惠珺	郑晗	胡孝楠	刘硕	唐依芳菲
武曒辉	张鹏	江祉谊	马柯	董子仲	孙鹏
袁翊珊	冯若沙	宋宇	王丽娜	夏浩然	李茵
郝凌瑶	王茂林	杨倩	苏憭睿	黄小熙	郭莉莉
任刚强	杨倩	赵雨淘	吴玲玲	叶隽彤	王志文
李子树	杨舟	侯琳	吴庭宇	李春晓	党成孝
施晓铭	周隆武	徐鹏	李敏	刘晴	褚亮
周宏露	何福祥	范若曦	李琦	董晓雯	张旭
林玥洋	由健	寇冠彪	徐迟	张一持	徐然
诸葛蔡延	章忠	王皙倩	吴博	玄忠盛	丁帅
李浩	耿聪	杜浩	关佳琪	韩硕	孔令龙
李恺	李洋	刘兆亮	苏静	王瑾	武广业
杨光	郑添	杨洪	厉萍	杜伟	李慧君
刘明阳	赵倩	张海娟	王佳平	李睿帅	任庆运
商宪文	徐胜超	杨超	张晨辰	张娅婷	周华平
查雯蝶	姜达	胡顿	刘欣	钱力	刘拓
黄欣	靳捷	罗闻	孟祥春	苏丽珠	苏鹏
张薇	王春萌	杨玥	陈玉建	董译聪	刘英男
刘玉琴	帅志聪	孙茂	王承丞	王军凯	刘佳音
鲁沛	张扬	郭冰	都健健	苏城育	吉天祥
梁孝磊	孟月	袁泉	王锋	曹俊	吴晓佳
陈凯歌	窦鹏鹏	于震	耿鑫	李莎莎	王海鹏
史科路	王晓梅	许涛	杨扬	刘泓辉	牟凌
刘琼	陈庆国	刘长辉	刘瑞	李春伟	李凯
邵琦敏	王宝龙	王靖	王昕	杨文君	叶涵
章鹏炜	周云	王天浩	林月婷	王潇逸	谷旋
纪世新	贾梦怡	李静	廖川程	倪淼	钱鹏
王薇	杨丽娟	弋凡	游晓霞		

外国语学院

苗灯秀	马陶然	梁欣然	李潇伊	陈可薇	方艳
姜一秀	宗帅	程雪	李昕	石娇	陈嘉瑜
黄郁惠	杨心悦	杨笛	王慧中	黄超然	张丽芳
王上	张欣云	戴婧	秦媛	仁青多吉	何青鹏
马宇晨	周冠宇	张群	周佳	边慧媛	赵晔
陈肖	羿智	张一哲	宋妍若然	王梦璇	耿炎
陈健	吕如羽	张梦	俞月圆	杨梦斌	吴石磊
许茜茜	苗绮云	马学敏	霍红丽	郑友洋	王雪
薛倩	虞雪健	管玲玉	嵇阳	张婧	董芷卉
刘微	宋心怡	石冬芳	刘金	陈静雯	吉竞
于寘	罗雅方	裘宇飞	郭晓琳	胡俊麟	盛越
练箫箫	林博雅	杨欣	贾秋华	肖楚舟	张伊伊
李靓奕	张文瀚	李雯蕊	葛格	杜艳爱	张秋旻
熊怡萱	刘建伦	范宇亮	谢丹阳	王泽禹	陈希
李扬	管文林	沈文迪	李新煜	伊丹	万晓璋
胡忆如	徐倚天	张慧生	张乐	金畔竹	陈宜婷
徐冬羽	付超华	李杨	王淑慧	刘佳婧	杨生
邹鸿宇	戚悦	秦瑞宇	韩诺	李帆杰	朱曼青
余诗	金丹	栗洁歆	朱鸽	张依依	王妮男
曾妙妙	敬斐然	刘香雪	吴承芸	赵令君	孙萌
杨习妍	彭帆	李庆松	赵晗荻	刘洋	白艺茹
薛芳	黄少安	刘政	李君怡	洪欣怡	陈蕾
葛培媛	张琳琳	张容	王婷	狄竞	王晨光
李贺	郑晓烨	朱茜	戚梦苑		

马克思主义学院

董红亮	刘张玉洁	梅雄	范蒙	张一沁	陈欣
孙梦婵	宋佳鸿	刘燊	张群	王志芳	李斌
宗高磊	许杰	程耀宾	栋王静	任高菱子	
田雪乔	孙越	刘琦	刘思源	刘力	夏文

体育教研部

陈靖	高祯聆	林凌峰	郭雨丝	海若镜	师捷

艺术学院

张萌	卢虹伊	陈敬哲	高名柔	陈菁菁	刘颖
李诗语	胡亚飞	陈艺婕	令狐小	马故渊	王上
薛迎辉	焦傲	范萍萍	林楚天	石坤	甄敏
王可萌	李黎明				

对外汉语教育

李采易	崔言	吴倩倩	刘玉成	王惠敏	刘莎
傅晓莉	李若男	吕中华	范麿京	李维宸	何杰杰
周庭蓓	史洪阳	林楠	刘恋	甘露佳	赵帅
刘婷娜	邓亚玲	丁晓旭	谢海金	赵成程	王媛媛
简欢欢	吴明芳	于春雪	张燕楠	尹雪雪	魏学慧
刘晶祎	李水	刘禹廷	刘峰	杨灿	邢思
熊镇业	陈麒璇	陈晨	芮旭东	裴伯杰	陈平

深圳研究生院

鞠传伦 于承铭 邓鑫豪 刘 畅 饶德孟 冯 超 陈珍启 韩 婷 何 想 张斌凡 尔古玛玛 李 鑫
盛礼理 张泽涛 张敬钊 任宇超 陈 阵 魏琥珀 陈虹宇 张玉昆 陈 蕾 黎建君 孙 淼 文 才
李 源 佘炀杰 李 双 杨 宇 周龙生 葛凡华 何 诗 宗 亮 张惠璇 徐吉鹏 阮韵晨 郭牧琦
陈光国 王一丹 王文明 夏雨纯 申 娜 孟 伟 李倩雯 林 莉 李 团 司梦林 林济源 邓艳艳
张 涵 孙 畅 杨 博 松鸿蒙 邵 姗 姜怡朵 杨 杰 马凯莉 张香丽 黄宇谦 李若峤 林文盛
张轩玮 乔俊枫 刘辰巍 庄 欣 冯园园 吴 奇 俞 驰 张若辰 谭 瑞 岳梦荻 徐思晗 李思奇
冉亚林 任重阳 韩晓天 谢 元 高佳彬 张宇杰 吴华妹 林经纬 徐亚茹 李怡萱 乔 舒 张 满
高梦泉 赵会娟 吴开元 马 俊 侯聪逸 张 庄 闫宗遂 刘 扬 王雅薇 张轶航 周天宇 李楷文
张建国 闫培发 郭纪家 钱 亮 陈利华 雷 蕾 王 茜 杨 帆 曹洪彬 柳俊宏 汪 婷 朱 凯
周 艺 林雅婧 卿 崦 李雅莹 孙景亭 毛家颖 许盼盼 姚兴成 袁伟嘉 陈梦姝 孙雨石 龚菌涵
张 翔 侯奇江 李松涛 董旭琛 秦少华 刘 婧 刘恩泽 刘 祥 吴丛露 王 锐 黄 硕 李相彬
文 镭 梁 成 肖宇翔 董云鹏 唐伊豆 张 欢 刘梦婕 董海明 田 媛 薛宇杰 李金晖 付博华
袁 升 张 涛 李俊茂 何雪翔 罗中良 陈 琪 马 矗 张晚晴 朱格林 刘添添 赵俊超 李祥杰
孙 符 李 阳 韩 晴 高源鸿 丁志文 陈美诗 刘涌斌 姚文彬 唐 悦 唐 浩 李 硕 柴高达
刘艳娇 戴雨横 陆 涛 唐 诚 刘腾尧 赵 璐 吕承应 李思思 燕红磊 任永欢 郭渺渺 吴希凯
张 帆 谢娅舒 史秀萍 陈 旭 高乐彬 陈君娴 王 焕 赵静湉 余 昊 朱文舟 鲁 溪 于小惠
向笑楚 段家琪 许 明 岳新欣 孙 雯 金秀如 张 睿 苏仲涛 王 芷 苏 静 胡 杨 李晓橹
唐 松 尼玛顿珠 谢宾伦 徐 杨 廖雅君 杨林青 陈宇明 覃明杰 李志豪 姚凯莉 胡林直 张 强
刘青蓝 任剑润 包金梅 王琮淙 何葭月 陈 昕 曹 文 李 珂 刘爽爽 姜秀宝 朱小思 肖 颖
鲁海芳 李岱峰 唐红波 陈彦彤 徐博研 罗晓月 张 霖 赵云霞 罗 璇 刘 丛 王 毅 吴庭禄
汤 跃 高 斌 柴凡凯 林凌漂 周 颖 刘 通 王晗昱 郭永朝 刘梦娇 黎雪然 孙 冉 徐 丽
马永超 韩 青 詹 萍 李 通 王斌伟 胡怡君 陈 浩 张 辉 黄泽湖 杜 康 李宣晔 徐文俊
万 莉 曹祺文 江建通 任 怡 刘晓梦 陶世博 乐晓辉 陶树宁 彭东建 林 欣 徐 琦 高雪濛
陈衣达 吉 薇 马 良 汤曦童 陈敬钰 郑亦哲 洪丽丽 南 菁 李 伟 张黎明 黎健蔚 叶蔚炜
孙小虎 杨方方 郑毓欣 庞瑞涛 赵月圆 何东冉 付 玥 张汉球 郑康洵 张 青 刘 璐 吴少煌
李兆田 康 魏 刘 念 朱 洁 祁小玉 何曼莉 李海丽 边望之 王茂峻 张翱霄 余亚军 陈 飞
林兆祺 胡 靓 安金晨 周宇诗 覃元元 彭胜男 谢婷婷 黄安平 姚 侃 汪 佳 陈 陈 李贞爱
尹 梦 龚元治 魏世恩 杨 帆 朱悦山 罗佳佳 侯馨远 高迎红 李西良 杨 华 唐金萍 丛麟骁
张江勇 陈 锦 潘伟一 杨志强 张 婧 刘大路 李佩雨 武丹蕾 贺佳琳 卢成怡 陈治翰 章世园
滕高烽 粟 辉 顾志娟 王艺馨 李珊珊 赵晨旭 钱心臻 李无言 代 欣 张雨薇 冯冠豪 张 楠
王宁宇 张 越 刘 轲 卢幸烨 李 璟 李蕴雄 陈九源 孟 迪 李三鸿 戴高鹤 彭 波 黄积善
戴 聪 吴雨航 朱濛濛 黄志浩 王 涛 谈 威 彭志杰 何俊清 高 洋 郑亚飞 张书坤 王浩峰
蒋一峰 吴 昊 吴海龙 张志远 王 镇 马 蕾 罗正萍 雷志辉 郑 璇 沈 丽 官庆兰 黄密龙
刘 威 赵维姗 杜嵩楠 巨 鑫 张若楠 郝红珊 王 腾 董明坤 梁 彧 葛艺舟 李 爽 杨易霏
粟后发 陈燕霞 申一蕾 余慧芳 章 明 张婧璇 易炜铭 刘 婧 杨 彤 张 畅 杜启芳 邢剑宁
耿梦悦 金彦含 黄 迪 叶 昱 徐 昕 姚 倩 王砚天 刘恩宇 黄 颖 唐 颖 刘 洋 罗骁迪
颜家英 李巧玲 魏 东 刘道宁 吕惠玲 史晶晶 李佳星 张 艳 梁 晨 郭 玺 邓 航 向 斐
黄晓林 岳 汀 贺楚珺 高书成 范红蕾 余立夫 杨智浙 姜婧姝 吴家荣 赵 伟 杨 越 张 博
王冠森 李国杨 魏淑媛 卢 凯 肖梦嫄 阮慧婷 欧慧玲 程 江 李知擎 郑力克 刘梦颖 王 习
潘韵竹 程珊珊 郭 璐 刘清香 范世鹏 吴佳玮 刘斯旸 梁超凡 赵峻峰 高 蕾 刘文园 曾 俊
林梦芸 程子豪 方 勇 张莉萍 任鸿启 陈诚绀 张 鹏 胡皓亮 宋明悦 郭月华 张 燕 杨浚哲
王祝怡 卢红娟 赵 畅 谢 靖 林静雯 李克一 罗茂宾 马晔赟 周 曦 周 亮 胡跃峰 范文可
涂鹏程 张应霜 王宇曦 范 佳 陈 龙 林源鑫 杨 洋 牟洺锐 戚雅林 程炜林 程亦丹 韩俊飞
陈 真 许 晔 谭正林 于 翔 巩力睿 杨适豪 徐 可 王粤宁 黄 冰 徐 伟 刘 畅 谢肖容
　　　　　　　　　　　　　　　　　　　　　　　　雷 鑫 田雨霁 尚 珂 刘 易 赵格格 罗鸿伟

郑非	王宇石	孙娟姗	吴佳蔓	王冠琳	韩冬	周鲁东	鄢科	高诗简	郝鹏	赵鹏	谢利娟
柏余斌	周恬	陈琦	周佳芮	苏明超	王孟冬	魏嫣然	张驰昱	侯晨波	应元翔	吴冀平	董国栋
唐薇	高杰	郑渊文	胡蝶	范雪	郑炳蔚	刘鸿瑞	江东灿	乔子健	徐袁媛	夏丁	朱晓旻
李韦	张亮	龚翱	陈逸群	薛浩琼	龚德伟	苏扬	叶蕊	胡耀全	何成海	臧琳飞	陈旭东
姚植洪	覃奕君	赵丽	洪雅雯	余淼	左源	和灿斌	王睿	杨雪	杜思臻	王恺悦	孙诗晴
许祚	鄢佩	李奕熹	原鹏	沈桐羽	衣晓辉	刘喆	李琦	薛博文	罗帆	赵鑫	孙开成
唐博	李梦诗	郭勇	叶楠	丁伟	李元坤	朴成哲	张泽亚	崔国栋	李凡丁	郭航燕	宋晶晶
李茜茜	王丹	李重阳	张文琦	张升	朱志清	桂一鸣	胡二猛	王康达	张骁	李天时	张国威
黄筠哲	戴燕丽	先庭宏	张双	于斯凡	刘金	周扬	郑晴	曹萱	王虎	张恂	杨文娟
彭朝明	蔡朝通	刘婷婷	关炜翔	刘燕清	沈启盟	张东辉	王杰	程耀	沈熳婷	王玮	丁怡婧
周真	王献秀	刘通	郭帅	欧汉树	陈晓定	仲雪	李宝	关清文	杨彬	孙婕	姜鹏
王冬卉	罗林	诸洁芳	邓露	屈婧逸	谢玉婷	王丽萍	林泽燕	杨建波	吕婷婷	刘欢欢	官平胤
佟旻	王之奇	崔绍瑄	谢欣妤	孙斌	陶丹	代彬丁	刘宇琼	曹元欢	朱锦华	侯放	黄子翟
王弼宇	李清越	郭雨飞	王梓	郑哲	彭康哲	王小宁	韩元霖	王轲兰	铮	田啸	杨晓波
王建明	王昊宸	魏月界	李晟	李宁	叶小根	李晓光	王哲	王皓	高源	王杰西	赵璐
许宜哲	丁柯利	丁畅	王晓天	梁爽	庞宇	吴磊	徐悦	李元骏	李晨	邓诗弘	李尚霖
易文姝	李敏	黄晓军	郭俊锋	游娜	文品	魏芳芸	王然	李卫婷	高晓旸	黄智超	郝雷朋
刘梦	尚可	安麒宇	孙悦	李鹏飞	王紫雯	王子一	庄煜昕	蔡康	杨小东	周洋洋	齐荣嵘
朱明婵	肖穆颖	何都都	张幸佳	戴翔	杨志伟	崔一凡	王卓	周鹏	崔达	许云楠	张磊
陈大烨	李韵	唐超	李抗	彭小珊	禹雅典	张婷玉	李鹏	黄文鸿	李敏	潘惊治	郝蔚琳
王楚	甄阳楠	张洞天	高一放	毕滢垚	梁爽	张蓉芳	罗宇翔	王智鑫	钱霏巍	范志巍	陈家泽
朱柏华	刘诗萌	原林	方磊	封明	熊佳维	杨撒博雅	林镇安	杨硕	朱臻慧	姜梦吟	刘赵梁
汤忠宇	陈政良	隋思誉	余耀江	赵杰	孙瑞	黄权隆	应文豪	李本超	马畅	聂旭辉	马舒蕾
陈华	尹晨坤	丁振	熊雯娜	仲宏亮	李雄伟	张晓密	卫湘蕾	孟佳	马子昂	孙豪泽	郭令仪
邓惠峰	蒋林建	李文	周倩	叶峰	庞昊	林凤绿	姚杰雄	史亚博	黄斌	杜睿桓	叶唐陟
施洁	邓民杰	徐旭东	吴敏	欧阳倩蓉	肖融	邱亚星	李睿	何刚	胡文翔	戎江鹏	包楚权
覃之意	侯军威	田任忠	叶钰颖	程学彬	刘晔	杨蕴伦	刘硕	王亮	胡帆	李紫烨	梁晔华
吴婷	王琳	王玮	刘怡君	鲁学振	杜晓彬	刘丹萌	刘婉月	齐龙晨	崔文	丁宇辰	张黎哲正
韩卓	季朝晖	王柯丁	刘一鸣	陈枫馨	余嵩	厉颖	吴昊泽	林萍萍	孙宗禹	杜焱	曾益
吴悠然	吕品贤	武楠	卢和平	赵苑君	李亚楠	徐泽林	吕超	韩喆	严磊	曲佳萌	周叶
姜姗	黄倩倩	黄云琪	赵可欣	田兵	夏志毅	朱林	王宇鹭	任晋晋	林华山	田帆	吕潇
罗婷婷	余紫楠	梁伟	王法智	郝舒佳	朱风	丁佳	高飞	元玉慧	牛学军	陈宇辉	黄一鸣
王远	岳亮	朱少华	刘聪	周全	陈昊冉	赵韫禛	刘成东	肖刘明镜	曾齐齐	高明志	邹恺蘅
刘洋	崔志斌	刘思瑶	张亚川	崔欣扬	周宇	彭啸锋	朱富勇	杨祖洋	焦振宇	郝彬	张高瀚
程紫鹏	张颖	罗美钰	龙妍	苏星海	张烁文	陆鸿裕					
乔予	雷曼君	刘建	裴伊亮	史抒鑫	程筱雨						

国家发展研究院

胡世聪	吴慕华	王琳	姜富超	余展昌	周文辉	侯国栋	柴文超	吴克谦	阮鹏飞	黄欣宇	沈诗涵
屈玟希	刘昕曈	诸宏博	来千汇	罗斓	乌日罕	冯涛	任翊诚	巫丽敏	房启超	徐博立	石襄禹
吴远贵	周荃芳	陈丽萍	赵科峰	沈畅	郑钰锐	李慧丰	高兵	梁芳园	魏成	唐诗晨	周越
周志远	何细鹏					单敬雯	陈淑娴	刘雪媛	黄杨荔	张凌泽	赖致远

信息科学技术学院

						杨思琪	苏熊	杨骏威	胡钰曦	石晓伟	徐岩廷
徐江	郑秀玉	沈灵	王君龙	谭思远	赵玮泽	李靖恒	杨荃				

教育学院

范非凡	陈志鹏	黄乐呼	张萌	杨江申	罗杨成						
万剑宏	李杨珂	张曦光	杨芳华	王异秀	曹一童	方洋	高洁	胡钰铂	程启帆	陈思	谭浩羽
王朝	何天健	吴蕾	钱程	倪燎	易芸甿	于思化	白砚华	黄思佳	贺依婷	曾庆泉	于思琪

游 杰	董 璐	罗 乐	陈 萍	张皓宇	于佳鑫	李 烨	高艺珅	王 悦	周 朕	黎 斌	李 沭
郭胜军	马 潇	张智鑫	杨亚晨	李 珊	王 也	许耀中	尚子吟	付雅洁	孔莹晖	栗腊月	马雯蕊
杨宇潇	孟 欢	傅翰文	汪梦姗	汪 峡	王 磊	高 茜	谭潘军	梁湉湉	王晓利		

环境科学与工程学院

夏 洁	刘乃嘉	翟雅楠	宗小宁	余韧哲	廉亚飞
张 蕾	万蜓婷	黄思颖	漆袁旻	李虹辉	仇冠楠
赵婧宏	陈烨秋雨				

人口研究所

海鸿雁	杨 翊	韩丽媛	石 旸	张茗翔	宋嘉楠
石 超	纳 菌	林瑜珊	汪 然	张嘉琪	徐 晨
李长宸	王凤茹怡	柳 旭	赵烨娜	程文楚	
谢 旭	丁冠文	侯璟晖	章书婷	白 雪	韩佳琪
陈 靖	张琬茹	付艳艳	刘博文	侯 健	

前沿交叉学科研究院

毕 盛	陈乃修	艾亮霞	高键东

工学院

李 浩	孔俊丽	李子森	李佳维	陈 曦	张熠乐
周 梦	周翼南	韩旭东	陈 磊	范润东	姜汉博
谌浩章	李嘉东	吴少磊	邹光阳	李金国	毛奕霖
李 颖	王鹏昊	刘开奇	陈培楷	朱孟广	齐佳宏
尹 伟	陈水煜	成 乔	孟 雪	尹泽夏	李大蔚
刘燕妮	林勤业	付 野	张新意	胡 喆	毛 锐
孙 慧	单婷玉	储晓春	仓玮烨	王 欢	王 茜
金 粲	张利娜	黄超宇	米 亮	兰帅辉	王圣博
孙晓斌	谢金良	李 冉	王 丰	高晓峰	雷雅云
张 涛	张瑞杰	牟江涛	赵 烁	梁 静	张 鑫
李昭炯	王晓飞	孟德攀	高 依	丛 林	刘 枫
潘 峰	张一鸣	熊开莉	李昌健	孙加亮	林 敏
赵 鑫	张士顺	肖志伟	杨春兰	李 卯	韩鹏昊
李 颖	仲树栋	胡 溪	王瑜哲	黄沛萱	万 立
王亚梅	赵 阳	朱朕田	朱 宇	皇小箫	郭建飞
李小丽	孙云龙	程 德	席少飞	彭智勇	陈 钊
赵青山	姚 伟	张梦秋	杨 玥	凌 波	高红敏
王力华	赵淞迪	王志芳	雷 力	袁剑雄	倪靖龙
顾 达	石大雷	渠开可	丁伟卓	刘承涛	于源森
邱小春	宋利莎	崔津一	李 丽	韩乃琪	曹志义

城市与环境学院

李新元	庞昊田	朴世禺	李新生	张志祥	李文娟
韩 杰	王 雅	邱 爽	王思阳	王 丹	李建平
许芸松	刘俊男	欧阳文婷	陈彬辉	徐春雪	刁晶晶
唐辉栋	王思竹	尹懿行	史秋洁	张成龙	代 莹
郭记龙	谭世鑫	马苏芮	姜星星	肖景馨	高婷婷
帅歌伟	董 瑶	李 超	张维琦	钟岳志	邓春燕
陈云谦	邢 娟	张雅昕	徐丽萍	牛大卫	刘 鑫
张纾苒	陈进斌	梁千里	张梦竹	孙 岩	黎 婕
赵丹阳	祁 梦	徐鐄钦	邓安琪	宋晶晶	胡晓旭

分子医学研究所

秦 彤	张新新

燕京学堂

陈振兴	陈祺祺	秦梓瀚	黄大卫	付端凌	刘 畅
李景疆	赵宇恒	张泽坤	杨 天	刘霄临	马小菲
袁 祎	陈正勋	肖琳琳	冯 雪	田 梦	缪舒瑾
林孟洁	孟怡然	张俊斓			

歌剧研究院

方银河	崔 鑫	卓友国	朱 茜	石亮俊

建筑与景观设计院

田 旭	胡 悦	蔡 扬	苏文强	闫 丽	任 雷
王秦乔丹	李彦超	邓晔也	沈 楠	商姗姗	蒋春燕
韩亚楠	李 凡	陈冠云			

新媒体研究院

丁煜堃	李自瑜	陈绮筠	张华麟	张 翼	陈佩贤
李雨昂	龚淳诺	李 昕	赵丹彤	燕熙迪	张 钰
师振伟	方梦琦	练 可	李蓓蓓	叶珊杉	齐英如
张隆悦	李 冰	李 昊	夏 金	刘鸿博	王婧琦
魏楚楚	白映莎	林珈卉	马鑫磊	李依容	谢 宁
陈伶娜	王 萌	杨 璐	宗航宇	宋 今	张星辰
林 竟					

基础医学院

金 彪	宋 哲	冯永良	李 硕	滕睿頔	李曼郁
王 璇	安苑铭	董 敏	岳冠军	田 辰	吴星宇
张 倩	范雪营	朱丽妍	高玉华	卢 玮	朱 青
卫凯平	乔露华	熊 庆	徐西占	高立权	李立强
夏 鹏	郭成立	焦运燊	蔡 娟	张 晶	刘怀存
杨晓宁	张剑妹	林宪娟	郝淑贤	许丁文	王 婷
巴合提亚尔·胡瓦提别克		张梦倩	宋 茜	房 雷	
张 妍	李善欣	李英杰	陈 聪	陈 慧	江 路
梁敬敬	朱玥荃	李 冉	刘旭骏	胡媛媛	刘 坤
原 帅	李 颖	李 秀	赵 阳	孙 强	王晓琨

李睿智　张　莹　王　哲　王妍坤　康佳蕊

药学院

陈加贝　何　维　胡小波　周　泉　吴竞轩　徐仁洋
陈倩雨　牟海栋　孙奕星　郝丽娜　夏梦婕　郭　爽
郑　婷　邹武捷　张子威　李红星　梁　达　张　卓
陈　昶　覃小雅　周　鑫　魏　巍　文彦照　黄　智
孙若轩　孙智明　赵晓科　傅洪哲　吴　迪　杨博威
姚庆宇　吴　凡　韩　茹　陈　镕　杨　益　朱思源
马凌云　岳婷婷　王子琪　李润润　刘卫中　官梦歆
吴佳栓　从双晨　李　欣　杨嘉丽　刘润哲　宋晓宁
洪艺华　张文杰　张　硕　刘　爽　林少辉　于　晨
李思修　邹　乔　张炙林　胡英杰　于嘉轩　郭　阳
周　鑫　姚　鑫　徐晓涵　吕剑波　杨　琴　余家沛
刘海倩　石亚娟　马永凡　季　泠　李紫薇　杨小燕
施伦勇　刘发旺　王功新　王　超　仰佳佳　樊宁宁
张晓荣　何　柳　邹文星　杜小雷　华　勇　周照秀
王天畅　刘　焕　管颜青　陈月梅　王晓婷　王　君
刘晓娜　屈小又　雷冏茜　张　洋　郝方然　吴一帆
王　丁　胡桂珍　李茹一　邱百灵　阿木古布　王俊杰
刘　园　张　悦　张　毅　张亮亮　杨梦依　肖樟平
肖　婷　杨洮乙　吴　凯　刘燕燕　杨凌飞　郭希颖
王雷博　刘白璐　刘　乐　刘泽辉　陈　灿　刘倩欣
杨　兵　潘坤明　吴丽瑶　戈梦佳　赵　晶　王昱曦
刘经建　王　玲　翟凯丽　姜　锴　盛　涛　孔维崎
赵　亮　刘　伊　马莉莉　刘　阳　钟敏涛　桑晓冬
李佳朋　杜朝阳　刘志艳　范丽萍　王文华　田　华
王艳艳　陈　恳　崔家玉　李　樾　刘亚欧　温瑞睿

公共卫生学院

蔡文强　王吟曦　李春燕　白江梁　刘国峰　侯晓鸿
李　夏　李振江　何永欢　张　继　范爱琴　李雅秋
赵　倩　蓝丰颖　张代均　谢　甜　吴天伟　高盼君
任巧萌　张庭浩　郑　棒　王　楠　吴筱音　潘子奇
李　舜　王祎星　董　梁　孙凯歌　刘慧彬　王乐乐
霍昱浩　杨燕芬　徐　腾　周　涛　马　睿　李　林
曹　宇　苏在明　董烨华　郭美含　蔡敏章　曹　扬
吴柯叶　赵雨薇　卢　畅　陈楚康　单　娇　冯宇彤
张　怡　潘昱廷　李晴雨　扎西德吉　程　兰　王海雪
徐相蓉　刘　丹　田　甜　靳媛媛　殷琼洲　刘冬静
王同瑜　高　莹　林丽玲　徐　凤　何亚盛　徐婷婷
王炜昱　张　超　李　珍　周　倩　孙　黎　刘　阳
高　倩　刘文丽　何婷超　任金威　代　旭　李　慧
刘　琰　刘　睿　黄亚阳　杨　阳　丁子尧　石琰琴
刘奇琛　李宏宇　潘　璐　薛新玥　胡　捷　刘莹颖
孙洪亚　张　媛　朱　雷　臧　英　刘小康　李　谦
陈　琳　阎思瑾　倪娜娜　孟令瑜　马娜娜　李荣佳

徐子茜　陶　熙　穆婉莹　曹　炜　毛阁琦　孙靖琴
陈启贺　冯金秋　韩　慧　何　欢　张旭熙　李　鹏
丁呈怡　单　雪　郭　杰　胡亚楠　董文坦　徐华东
焦玮玉　吴梦凡　何　耀　宋辛祈　闫静静　陈立雪

护理学院

路简羽　杨　婧　马晓雯　刘　芹　武　杰　周伟娇
司龙妹　营　晓　刘东晖　张真真　刘雪娇　田家利
李　晓　沈晶晶　岳洁雅

医学人文研究院

管泽宇　焦守玮　吴　苗　陈翠婷　孙浩令　乔姗姗
赵　佳　刘梦林

第一临床医学院

钱　萍　白　静　刘钟桧　康　琦　李尚霖　吴世鹤
李梦伊　许　辉　郑雅琳　曲琳琳　沈智洲　宋婧媛
刘　誉　魏骐骄　范燕彬　李　慧　华　爽　费沛沛
张伟伟　孙　越　卢晓彤　王小慧　王晶雪　王　群
张洪鹏　段　楠　刘娅琪　余　丹　戴菊华　吴雪莲
杨婉娜　王云霞　易　亮　蔡青青　宫坤婧　程　茜
魏天桐　袁　茉　赵晨旭　许　萌　张丽丽　黄　红
冷　凤　王若朴　倪梦凡　王池真　金婷婷　王晓慧
张婧秋　潘子涵　吕光辉　郑嘉堂　祁祯楠　滕雨明
刘秀娟　柳家园　张玉祥　曹振朋　庞　凯　于　涛
侯启圣　鲍婷婷　李真真　孙丽昕　殷梦梅　彭　川
宋运佳　徐　丹　徐丹慧　秦　冉

第二临床医学院

王思祁　王润之　宋幸鹤　张懿敏　薛玉娟　李　娜
朱思敏　丁唤飞　夏　伟　李嘉琪　何　银　赵成龙
线海鹏　张妍欢　刘冬月　王　宁　王晓晓　刘　瑶
周　娇　邹云东　许琳琳　任伟霞　杨　欣　赵　婷
牛亚芹芹　郝倩云　钱玉泉　王　越　岑泽华　王铁童
卢淑媛　王楬媛　左书凝　满益勇　李　真　陈信豪
马晓路　方　静　封　旭　任　仙　王亚洲　袁　峰
朱振杰　张　帆　殷华奇　陈溢勋　王焕瑞　王熙鹏
刘光宇　匡思杰　李仕进　杨崇威　刘大方　张　璐
朱静远　郑朋腾　任嘉瑜　杨素行　刘晓江　苗泽群

第三临床医学院

苏凯杰　张晓威　李天杰　牛蕾蕾　许　欣　贾婉璐
田　沛　冯　璐　杨贵亭　陈宣伶　李敏霞　景子洋
乔钰惠　高　翔　李亚旋　安文成　杜晓艳　刘圆圆
梁启刚　姚思华　黄　英　赵惠娟　陈　萍　崔英秋
李　丹　赵星星　海　宝　刘　灿　牛国栋　吴　敏
王　硕　陈　振　李熊辉　罗智超　杨　震　禹　雪
张金露　尚　欢　苏　捷　玉应香　杨　朋　张兴厅
文　栋

第四临床医学院

来佑青	杜家敏	刘　鹏	黄冬梅	张　婷	张　威
张晨鑫	刘百川				

口腔医学院

罗志强	于　杨	崔　振	韩淑慧	宁　静	陈奕廷
马绮君	梁乃文	张冠华	李晓旭	闵赛南	刘坤杰
周　贤	李明哲	孙　乾	杨　盼	吕婉琪	张友冬
刘晓丹	毛清华	刘　云	赵　甜	李欣欣	石　磊
魏　菱	柳晓辰	张　慧	张莹莹	王斯维	王之尊
王怡然	秦淑祺	刘乃昕	王　月	范　聪	于江利
刘旭红	邓　珂	寇玉倩	毕小成		

精神卫生研究所

王延菲	卢　青	伍智镠	王　瀚	李　卉	杨　柳
熊凌川	李　田	赵福君	史欣欣	王菲菲	陈珊瑜
钟　颖					

临床肿瘤学院

张航瑜	田德全	常艳丽	韩雪迪	胡俊刚	张玥伟
付静静	丁　珂	安启明	吴　帆	吴　蔚	胡　博
王家圆	司加慧	李晓红	许会影	吴健伟	张敬南
林艳棠	吕纯鑫	周传永	王　方	王亚旗	陈明义
晏　婧	韩萌萌	高哈尔·卡德尔汉		邓莉莎	

第五临床医学院

杨　鲁	孔　夏	杨路焕	刘赪阳	程亚芬	李　彩
刘晓杰	刘一洲	高　铭	郑婷婷	韩　玉	林悄然
刘彤彤	张方圆	刘光年	王晓培		

中日友好临床医学院

陈丽莎	高　腾	钱宇婷	张亚妹	刘瑜婷	任　维
张亚运	李彦敏	张梦圆	邱娇娇	申雅文	韩　华
蔡金玲	甘世保	李笑艳	赵珊珊	李　京	金萍萍

韩伟强	陈凤发	毛天立	张　铖	陈有荣	张瑜廉
刁统祥	赵立言	许洋洋	聂强强	朱义江	

第九临床医学院

张惠丹	王军军	闫　维	高培良	冯宏达	刘　璐
许　斌	祝孟海	厉祥涛	肖萌萌	张　裕	李星辰
李　颖					

航天临床医学院

山　霞	吴　迪	李　超	杨　成	焉双梅	李　芹
周　易	刘彦含				

首都儿科研究所

万春蕾	刘京晶	刘婉婷	迟明月	孙中媛

民航临床医学院

|高　峰|

北京大学/香港科技大学医学中心

刘　丹	苏美玲	张　婷	林健静	周靖程	程　苘
徐　旭	王　猛	周　波	王　展	陈　然	肖华娟
李玉霞	姚宁宁	李青霞	张真真	王　罗	李艳芬

首钢总医院

|刘　欢|王其飞|

北京地坛医院

种雪静	张　英	马艳华	张一帆	管晓庆	刘　婷
隆　靖					

解放军第302医院

许　祥	张　可	刘贝贝	马　燕

解放军第306医院

张　驰	范　欣	沈白玉	宋向卫

北京回龙观医院

刘　静	宋丽丽	于　婷	徐　亮

毕业博士生名单

数学科学学院

甘　庭	吴　硕	任晓霞	林　锋	于浩然	王淑丽
彭　波	强　喆	孔祥顺	冯致程	李振业	任宪坤
崔金杰	李蔚明	李　季	马　睿	张　栋	邵　辉
郑文利	张　猛	熊杰超	王　越	苗　旺	李艳芳
黄　鹤	李照男	朱景龙	简高鹏	雷燕军	张金华
祝　捷	沈　黎	殷云剑	郑云瑞	蔡永强	张光剑
刘　畅	胡凯博	楚健春	罗钧峰	俞翰君	王文龙
刘海洋	谢芳芳	白　洋	杨雪芹	周　慧	邹长武
孙嘉城	袁慧莉	梁　爽	张宇宏	韩世予	程　诚

物理学院

于海旺	吴　锦	陆正遥	刘雪峰	徐子骏	吴　琼
岳　健	单　葳	刘红娜	贺盈波	宗　华	张冬明
纪子衡	令狐克寰	郭　璐	王飞格	徐　源	李　渝
蒋　宁	旷　烨	王礼先	谭晓晓	付建波	冯晓辉
梁　赢	张文龙	吕柄江	彭金波	杜腾飞	王　猛
王　鹏	蒋庆东	张振韬	朱少奇	戴　颖	程建朋
褚新坤	孙　惠	张扬威	侯孟军	宋庆军	胡志猛
艾瑜霏	杜小珍	胡　芹	潘凯强	吴幸军	陈艺灵
陶江川	包燕军	王志敏	王　坤	蒋盛翔	李荣凤

李明鑫	郑飞鹏	孙旭飞	王　伟	王江帆	王　波	陶建立	窦岩梅	刘晓琴	周嘉鼎	朱　平	郭　晓
耿易星	申时行	胡　慧	刘　烁	岩　斌	何　晟	赵珊珊	韩静丹	张　丹	李　黎	高居一	许一娜
李　亮	田继挺	张　宸	张连学	申化泽	李　晶	朱　颖	林晓雅	周悦欣	刘　阳	范小英	李春梅
张冯望东	吴洁强	闻　波	徐旭坤	杨自钦	付海龙	周维真	刘　哲	杨　扬	崔　韶	王　萌	赵　丹
宋凌霜	韩　蕊	胡柏山	谢子昂	金庄维	宋志刚	胡　欢	廉腾飞	张超群	杨　璐	邓博文	余家钰
贾振钊	于文韬	陆征辉	孙成伟	季清斌	李任重	杨　云					
熊伟浩	李　骥	叶　萌	赵继飞	王　平	杨文云			地球与空间科学学院			
石米杰	周　彬	柴　真	卢吉光	毛润欣	蒋　伟	菅汉超	景　欣	朱文萍	陈红瑾	陈兴强	张海真
雷名威	王　浒	刘雅琪	鹿　鸣	倪志茂	蒋炜光	吴　玮	常浩琼	张　璐	郭　舟	崔　鑫	刘　亮
杨锦怡	俞骁翀	朱军高	刘逸清	颜世莉	黄　浦	付　强	于向前	吕　丹	冯　玮	于　璇	杨　彬
刘兰雕	盛　倩	张照茹	严通行	王宗鹏	糜　健	王代刚	杨　博	田泽普	阴从元	潘松圻	于世美
陈振兴	刘　欣	张　贺	张西通	李　建	胡安琪	侯晓琳	张华添	王星光	李　超	苑　蕾	刘培刚
刘　鑫	李　刚	徐思遥	张　泼	李世昂	周美林	魏　巍	黄　璞	刘红光	王洪浩	喻星星	张慧茜
赵桐可	陈　晶	江金丰	张立胜	龚琴容	仝冰冰	刘志鹏	贺鹏超	李　超	胡传胜	王　璐	陈龙耀
田　芳						刘凤麟	裴仲添	冯丽霞	郭博然	张单明	王　洋
		化学与分子工程学院				孟繁露	王建华	杨家英	叶　昕	孙克克	曹春山
纪　梅	杨　熠	杨　烽	胡翠云	王冉冉	刘　瑞	郑光高	赵丽莎	刘经纬	蔡郁文	翟俪娜	郑　波
赵志远	胡　墨	刘栋栋	平　静	王晓龙	陈　超	冯　逍	李　岩	曹　凯	熊金红	郭　文	杨宗玉
王　洋	赵　艳	吴瞳勃	曹志超	魏　晨	梁欣庭	邓　轲	于　淼	石开波	张慧超	徐　蕾	周　敏
金淑娟	刘　旭	曹怀卿	殷雨丹	王　俊	郑晓宇	杨　旭	白　莹	李　壮	刘　振	冯　帆	邓世彪
方思敏	张艳鹤	张芳庭	张治平	张振宇	赵瑞颖	周金胜					
谢文俊	唐　欢	李　杰	李云龙	米英英	刘佳佳			心理学系			
张达奇	张一丁	陈忠涛	毕慧敏	刘　丹	宋环君	周　宓	王　觅	赵春黎	高雅玥	印　丛	宋　弋
魏保生	何　丹	赵　浩	付翔宇	张　涛	阚晓伟	陈　涛	胡　捷	王海侠	贾　珂	姚泥沙	庄雅婷
孟银杉	唐　娟	刘　亮	胡继云	崔　阳	石　可			新闻与传播学院			
徐　帅	邱方亿	孟　晓	孙乾辉	郁凯文	张　骏	巩向飞	姚　雪	王舒怀	陈　思	杨欣茹	潘　飞
张梦瑶	杨　丽	张录录	师　楠	文　豪	林　立	杨　睿	彭　婷	商　伟	沈　清		
徐林楠	吴　峥	郑斯齐	柴世强	秦青松	郁　尧			中国语言文学系			
颜　凯	迟　樾	赵一芳	马邦俊	黄彦捷	李　甜	郝凯利	于泳波	林子敏	李寒光	路　杨	张志娟
王越超	张　欣	吴金雄	李为真	李彦邦	姚肖男	黄锐杰	唐田恬	王　芳	严　明	黄　河	于　谦
郑雨晴	刘玉静	张志坤	李泽繁	张树辰	常凤霞	柏英杰	沈秀英	金　涛	张学谦	肖艳平	何　瑛
董　浩	林丽利	朱蕴韬	刘艳华	邱　然	袁铭宏	赵　昱	陈　红	林　品	董岑仕	林　莹	崔晓红
杨承锋						惠天羽	陈秀然	丁　姝	孙启华	刘　芳	范洪杰
		生命科学学院				刘佳怡	曹　东	王先云	吴　可	宁　雯	罗　静
霍　伟	李笑雨	杨志蕊	朱曼璐	苏　乾	王　卓	韩　达	杨林玉	赵　培	游富凯	苏扬剑	邢　程
戴雄风	郭冬姝	黄　宁	巨　艳	郭新阳	王学耕	都轶伦	朱　姗	墙　斯	彭　超	蔡芷瑜	吴沂沄
雷　业	朱晨旭	杨佳宁	苗　品	马梦迪	李昆仑	范芊婀	田祥胜	刘月悦	朴　婕	陈春莲	余静远
吴　钰	姬亚朋	关俊宏	戴熙慧敏	房昱含	曹　越	曾静涵					
朱军豪	闫　博	侯　宇	管玉坤	刘禹兵	俞　波			历史学系			
李若岩	郑亚风	于　游	李　妙	刘明明	张金喆	杨　鑫	王　浩	刘庆霖	惠　慧	廖基添	于　月
崔雅轩	李静宜	凌俊杰	丁良工	郝丽宏	郑正高	郭　纯	刘　旭	张　展	赵永磊	付　马	詹学昭
朱　盼	赵广厚	朱诗优	董晓冬	吴宇婷	杨造鹏	李　洋	熊长云	亓民帅	马思宇	黄　桢	闫建飞
丁浩女	侯信锋	侯　玫	雷　莹	张　兴	甄　刚	陈　雪	张　海	聂文华	包倩怡	刘　芳	张亦冰
陈　杰	宋瑞玲	李　佳	杨明玉	李曾龙	林光忠	郭晨晖	梁跃天	张　静	邱昭惟	王　倩	郭洪伯
肖凌云	李　鹏	陈祖龙	陈少霞	颜林林	许晓玮	刘　鸣	史宏飞	杜佳峰	王　毅		

考古文博学院
潘攀　林壹　林崇诚　蒋宇超　翁彦俊　李鑫

哲学系
郑华　田禾　王硕　林安鸿　莫悦宁　刘美平
刘博玲　张龑　刘崇俊　汪志坚　谢馨后　韩骁
朱雷　王涵　陈前军　彭杉杉　蒋澈　张朋
吕明烜　吕东超　任劭婷　郜建华　王皓　彭睿
王嘉　杨维宇　张文彦　刘星　张晓芳　张阳
肖力千　姜帆　袁蓓　米媛　刘鹤亭　许彤
皮迷迷　熊怡雯　周红宇　董彪　邹小娟　王小超
潘斌　王建宝　吴湘　邢鑫　董心

国际关系学院
汪卫华　田少颖　杨晓华　邓好雨　海泽龙　年玥
俞凤　马嘉鸿　张康　才仁卓玛　修光敏　卞恒沁
李尧星　李定华　虎翼雄

经济学院
任杰　曾江　张静　王茜　陈晓飞　李雯轩
许真　赵艳朋　黄昊　林靖　台航　杨梅
李智慧　唐广应　李杨　张钟文　耿志祥　赵仲匡
黄璇　邹青　安然　潘水洋　周超　任秋潇
庄媛媛　盖静　黄昕　刘铠维　李宇轩　袁堂钢
许天启

光华管理学院
张楚　孙宁　蒋海涛　高铭　王健　朱雪宁
种法辉　王福晗　施雨水　辜仲谅　程坦　徐佳
刘晶　王莹　赵秋运　洛桑扎西　王茜萌　周楷唐
李江源　魏丽莹　冯铄　王征　庞嘉伟　高然
郎艺　梁萱　栾世栋　何雨泽　张楠　封世蓝
郝兆伟　高丹雪　李燃　谭帅　陈靖　吴文
刘媛媛　杨金峰　胡诗阳　赵琬迪　张竹　郭琨
王菲菲　毛日佑　张开　万飞　汪小圈　常国珍
韦欣

法学院
周源祥　赵玄　刘博文　刘仑　侯庆辰　李真
孙晶晶　胡星昊　李曼　张为易　孙璐璐　康家昕
胡斌　梁增然　何婧　彭运朋　耿保江　袁国何
高大应　王一鸣　张晓　潘佳　杨楠楠　张菊霞
秦静云　金晓文　代辉　夏丁敏　高尚　林毓敏
冷大伟　李潇潇　朱峰　吉冠浩　沈丹丹　范宇文
王华伟　陆华强　张金平　刘天骄　赵兴洪　贾元
蔡元臻　张万顺　胡洪

信息管理系
钱昆　张劼圻　左平熙　董舞艺　李爱新　陈家昌
朱爱菊　刘丽芝　李易宁　陈建安

社会学系
赵巍巍　季蕾　吕涛　许英康　申秋　李代

刘敏　刘浩　邓保群　张林　徐宗阳　向伟
王华菊　卢尧选　张文杰　庄家炽　李月　陈锦航
陈树志　李隆虎　向宁

政府管理学院
韩磊　孔雪琳　李景华　王海明　黄彰国　杨中浩
李锋　刘伟　蔡潇彬　王展　郭凤林　王维华
周麟　刘浩　曹伟晓　牛玲玲　邵梓捷　邱珍
高霈宁　董杨　袁鹏　徐淑华　拉加当周　彭芃
吴迪　周文通　丁肇启　岳春颖　赵娟　江卓
付相波　毛立云　杨俊峰　张博

外国语学院
王靖　陈曦　肖坤　时晓　田剪秋　刘苏曼
李民　詹雪　蒋家瑜　覃琳　周云　梁波
郑春光　李颖　刘淼　秦平　唐微　徐蕾
张美兰　王佳玘　金美玲　魏李萍　张典　陈铮
李小元　王秋霞　刘海英　张璐　许瀚艺　胡延伟
霍然　徐园园　吴赟培　罗静　寇媛媛

马克思主义学院
陈金山　徐越　许文星　裴植　章舜粤　刘寒
张谡　陈玉兰　宋海云　崔琳璐　贾雷兰池
赵建春　杨菁　李雪梅　薛方圆　丁栩翔　凌加英
郑雅洁　刘锋

艺术学院
吴燕武　仝妍　张隽隽　魏雪娥　赵立诺　李宁
林立敏　佟佳家　胡雪　李卿　万永婷　阳烁

对外汉语教育
李培毓　葛锴桢　金沛沛　王森

深圳研究生院
胡学佳　薛亮　赵冰川　杜晓霞　孟高帆　朱琳瑜
郭益安　孟芳　赵若荷　周华庆　谢名胜　孟思璇
赵辉　刘蓓　张子春　周艳梅　郑楠　张华宇
郭朝阳　毛瑜　乔创　龙茂乾　陆峰　马琳
屈默龙　王雷锋　寻桑妮　黎婷　林科　梁学锋
刘洋　陈惠渝　胡宽　孙天宇　李付琤　常鹏鹰
张艺瀚　贺巧巧　李爽　刘梦源　陈萍　曹晓峰
袁誉乐　陈新政　唐华园　杨丹　郑维豪　吴晓君
马骁　汪鲁顺　杨倩倩　张潇潇　陈凯仁

信息科学技术学院
朱飞　李舟　李森　戴少阳　刘日晨　方孺牛
彭佩玺　曹健　许坤　许宇光　陈杰　罗宁
方舒　王鹏　高雷雷　胡栋　孟祥锋　韩梦迪
刘翔　王翠翠　刘小青　郭化盐　刘大河　邢星星
尹宁　鲁扬扬　马晓　张慧琳　刘蒙　朱晓琪
戚向波　刘三军　陆旻　张盼盼　杨英君　井玉欣
杨帆　张立　陈冰炎　张晴　马郅　周明昕
彭焕发　赵帅　林旸　赵天琪　李刚　刘阳国
李星　周畅　周新杰　朱哌锟　麻晶晶　刘姚萍

李　辰	汪　定	张　宸	邓清中	杨　扬	王　皓	史建平	张奥宇	李三百	陈　燕	谢晨月	马宗强
朱宁莉	丛瑛瑛	杨向林	陈　喆	郑永安	原振华	曲兆亮	张泽群	朱贵之	孙永奇	钟灵煦	于文君
刘永强	李俊晖	赵　猛	张灵箫	张权路	张　超	顾小舟	陶　勇	钟芳盼	张　昊	肖厦子	李亚伟
黄艳香	蔡文波	刘靖骞	黄　乐	樊姣荣	蒋晓波	蔡　月	张　昭	韩　旺	杨婷云	王添洁	唐慧莹
姚金戈	沈明华	张彦彬	尹　珺	董　悦	汤恒河						

城市与环境学院

王闻昊	葛　涛	毛逸飞	黎　宣	朱家鑫	郑　何	崔桂鹏	陆小璇	王　琛	陶胜利	王洪波	刘焱序
苏　驰	王志钢	徐　畅	陈思明	陈科吉	胡巍巍	林　笠	崔娜娜	赵红芳	赵　闯	王蓓丽	林　楠
牟力立	隋　岩	刘　跃	刘　欢	姜通晓	姜廷松	阮佳萍	贾玉婕	郑天立	侯懿珊	田　地	范帅邦

国家发展研究院

						任小林	屠　李	严正兵	伍　佳	安　帅	周　沂
田　萌	崔晓敏	游五岳	张　韵	邹静娴	王　旭	张翼飞	索南吉	毛熙彦	朱文博	刘文秀	苏　舒
纪　洋	谭语嫣	袁　东	戴若尘	李　冉	智　琨	李　晶	乔治洋	谭一洺	应凌霄	任世龙	孙　妍
张　欣	徐　腾					张乔棻	杨　震	孙道胜			

教育学院

环境科学与工程学院

王运锋	刘永辉	刘　静	刘丽彬	张婷婷	潘小明	苗伟杰	贾胜兰	周宇阳	黄柳斌	张晓玲	吴蓉蓉
纪多辙	薛　晏	苏天照	聂　晶	伍银多	魏　戈	龙玉娇	谭照峰	李　晶	庄明浩	翟紫含	郑　竞
温剑波	陈昭志	杜　江	吴红斌	纪洪波	吴　迪	刘禹含	梁嘉良	徐　栋	张延君	桂梦瑶	王宝琳
朱菲菲	毛　君	陈　峰	杨　晋	张玉荣	李四平	李芸邑	李小滢	李　力	王艺淋	王彦文	李　莉
汪　滢	刘姝殷	张优良	郑振锋	郭　琳	李海鹏	魏　恺	张　丽	靳雅娜			
段海峰	吴华杰	单耀军	史晓燕								

人口研究所

分子医学研究所

						雷　蕾	鄢守宇	肖成路	刁举鹏	维力斯	吴　迪
茆长宝	黄衍华	周　爽	宣　华	周勇义	张　旭	韩晓帆	简崇书	钟晓明	周小海	谷俊中	郭文婷
黄庆波	田　阳	张　刚	吴金晶			韩晓蕊	高　露	冯园庆	杨欣壮	李　品	梁生辉
						路福建	林　渊	王怡玫			

前沿交叉学科研究院

新媒体研究院

| 邹　珂 | 张浩千 | 羊　晋 | 黄　波 | 史文佳 | 李佟清 | 陈征微 | 赵　琳 | 杨莉明 | 陈春彦 | 吕晓轩 | |
| 李昭君 | 于　晶 | 陈瑞飞 | 林　玮 | 刘　荣 | 张明亮 | | | | | | |

基础医学院

李雅礼	舒小婷	朱子建	云泰康翔	赵其锦	席静怡	薛瑞琪	沙　莎	樊贵真	刘　闯	翟　蕾	李鸣佳
谢含仪	李美慧	汪非凡	陈硕冰	李秋珵	张树清	刘威利	段建辉	崔元辰	王志鹏	李　雪	张弈庄
邓小兵	徐小志	刘　靖	黄慧鑫	王成彦	习雨琳	段　昊	邓嘉成	岳路鹏	张　路	李　馨	尹　晨
袁　媛	段鸿洋	贠　涛	张荣飞	孙祥忠	田博元	谢郭佳	陆小鹏	杨婧祎	罗丽达	李　秋	卢　秦
多丽娜	陈碧清	张晓玲	江　海	金璐頔	孙　圳	张超华	刘小锋	孙昊昱	何　博	柳江枫	高雪娇
吴远浩	张　功	王紫薇	周　平	曾维倩	王增淼	李婉津	刘　亮	王雨楠	王光宇	吴　越	苏丽敏
魏　静	周劲媛	王秋月	唐敬龙	涂星辰	王晨曲	陈霁云	马　伟	朱　骞	俞欣荷	张　钰	王　鹏
李珍珠	张伟林	赵　亮	李　佳	贾昭君		王　楠	刘　宇	王雨辰	史俊秀	夏妙然	曹　帅

工学院

						郑丹凤	王　翔	胡　蝶	李　刚	刘书理	赵子方
杨　婧	庞明姝	石花朵	王向荣	史忠顺	黎一江	陈　哲	桂　淼	乔　雪	汪　盼	都　潇	秦晓丹
耿　爽	祁诚恳	黄　顿	谢　浩	吴　斌	袁克彬	周　源	陈　琳	柳　鑫	董永强	李立方	杨巧艳
李　亮	唐敬达	郑文捷	杜华睿	谢柏盛	杨君宇	马　可	鲜米洗努尔·阿布来提		陈　娜	贾　石	
李　昆	陈　亮	吴天昊	尚菲菲	张　园	应宇枰	关　键	宋　畅	范华昊	向宽辉	巩晓婷	王文耀
孙梦荷	李阿明	刘白伊郦	吴文昊	胡　玥	赵　艺	秦　瑞	王志燕	寿小婧	邵丹青	谢　楠	蔡石鹰
王在存	张振国	刘传琨	徐明泽	吕香霖	姬松松	胡偌碧	雷　蕾	闫　薇	曹　清	黄元利	张云沛
何鸿宇	胡斯特	孙俊勇	刘　湃	马　明	牛天晓	张城林	张江兰	姚　倩	王玉飞	王　帅	姚明解
李　彪	陈　兴	张　琦	付俊杰	邱　彬	刘　浩	张玉林	朱　珠	苗广艳	张树松	原婉琼	马骏凡
吴　宁	胡延超	周志浩	陈轩泽	李素莹	王靖瑶	卢剑飞	朱娟娟	陈真真	郭　欣	王大为	李　松
吴　燕	吴诗婷	马小年	苗鸿臣	周　坤	赵耀民	郑　杰	王　娜	王新娟	孔璐璐	许姚芳	李　慧
郝宇清	周佳玲	周　凯	杨子煜	张健鹏	陈子天	艾思志	宋金芝	姜　涛	汤　明	刘舒萌	王书亚
庞　博	李景慧	鄢慧君	王晋阳	吴小芳	王晴飞						

| 阳检明 | 付 婉 | 马 腾 | 韩 烁 | 刘天会 | 丛 敏 | 徐 欢 | 何 云 | 管 添 | 林维成 | 牛慧敏 | 蒋子涵 |

药学院

张可辉	罗 枭	姬利延	王艳辉	杨安琪	曹明楠	安勇博	张 臻	刘 蓉	陈祎霏	汪基炜	翟 瑶
王 锰	张高兰	孟 帅	叶索夫	卢加琪	司龙龙	王郑封	陈 颖	范丽娟	龚思倩	杨志煜	甘雨舟
韩利强	聂小燕	马陶陶	宋 玮	刘瑜洁	李 健	刘 俊	朱华群	崔済夏	边志磊	付 强	王树娟
孙婧菁	申 涛	陶鹏宇	韦 玮	周琪乐	王建斌	李 琨	宋江曼	鲍 兴	王世东	冯长江	汪 洋
石玉杰	努尔艾买提江·阿布来提		林微微	张艳芬		王 斌	蒋亦林	杜依青	陈 博	邓玖旭	李 韬
牛 霞	沙 勐	魏 雄	董超然	杨思敏	刘 彬	叶春祥	彭畅立	李 扬	陈小丽	胡钦瑞	谭瑞义
程仲彬	陈金凤	吕海宁	林 燕	汪小又	马迎聪	赵一馨	孙晓晨	王立娜	伍满燕	马艳茹	薛 倩
毛蓓蓓	梁公文	刘晓岩				薛晨红	向雅娟	刘 凡	王朝斌	徐小龙	安立哲
						杨庆亚	张晓萌	刘中砥	慕 腾	焦守斐	王少东
						方志伟	梁舒婷	姚昱欧			

公共卫生学院

陈 丽	曾 静	高丽芳	冯 瑶	王媛媛	梁凤超
闫赖赖	陶丽丽	曲 直	马 媛	李 楠	韦 潇
张 妍	李 敏	杨 娜	李炜修	张 洋	孙可欣
褚洪迁	李 烨	罗友晖			

第三临床医学院

吴舟桥	常 宁	阎德熹	郭雨欣	安俊学	王丁然
许翔宇	邢添瑛	王月琪	刘雨蒙	吴 峥	黄东宁
张瑞涛	赵 诚	赵欣童	庞林涛	李文静	钟珺文
陆浩平	李颖源	李寒阳	刘 丹	申 珅	李轶雯

医学人文研究院

| 刘 辉 | 王晓蕊 | 李扶摇 | 李长瑾 |

第一临床医学院

屈晓旋	曹 敏	曲 卉	付 俊	衷弘熙	戚聂聂
张 旻	翁浩宇	孙 鹏	孙婷婷	柏中胜	朱雨泽
刘旭妍	邓力宾	程 丝	曹煜东	张 冬	张 正
沈依萌	徐文瑞	陈咏冰	张 瑞	王雨蒙	何舒婷
吴重为	胡天驹	刘 鹭	张俊光	李卓扬	宋 晗
吴向伟	蒋 欣	张慧婧	戴昱旭	张梦莹	苏晓鸿
侯 昌	陈挺杰	王斯云	尚可为	李海蛟	程 彤
闻洁曦	要雅君	罗 洁	香钰婷	李 倩	曹雅晶
杨梦璐	伊骏飞	梁新全	陈渝龙	冯 烨	李建男
彭 芬	章清萍	丁方睿	王 琦	王 晨	张婧薇
柴晓宇	齐媛媛	夏瑞雪	卫晓红	刘诗琴	王 雪
赵嘉惠	刘媛媛	王 峰	崔 韵	姜 健	牛小溪
路 丹	杨 威	马 玲	李 腾	虞 浩	张 璋
黄 盼	李东晓	于 文	刘爱杰	曹彬彬	李 婷
王凤娟	尚晨光	李 超	孙建军	张月苗	周继远
于善栋	唐 博	解新芳	刘亚雷	王 佳	张霞霞
张瑞珺	付文静	范成河	宁向辉	彭双鹤	王 璐
霍 焱	高 歌	孙佳鹏	黄晓芳	刘仕祺	田小娟
陈 曦	李博雅	许珍真	张丹凤	安 萌	何晓全
李婧婧	许慧莹	董锦沛	李秋钰	李 超	余 勋
张倩茹	刘圆圆	李 璟	杜小曼	李倩茜	方筱静
张 博	李白冰	汤 韵	王慧慧		

第二临床医学院

马 瑞	何 静	林胜逸	王益勤	梁 晨	董碧璇
周 莹	高海成	齐清怡	方 璇	丁 雪	王洁玮
李 浩	郭 浩	王旸烁	徐碧荷	梁海杰	谢乙宁
刘 贺	朴振宇	张新羽	陈海清	王 畅	魏 晋
程雅琳	曹赛赛	胡 萍	李玄庶	臧荟然	徐凌子

王 润	喻剑舟	韩 钦	何婉毓	姚响芸	余培峰
陈 民	黄 骁	赵 然	管祎祺	申 叶	张明洲
陈志彦	胡嘉艺	张 璐	马云龙	曲小辰	李伦旭
王晶晶	宁尚龙	靳 瑛	高紫璇	易雁鸿	崔岳毅
张曜耀	刘 晰	柯 静	王 健	庞欣欣	左 波
徐连萍	王秉翔	张 哲	关湘萍	李晨曦	刘 强
齐岩松	张正政	王少杰	胡乐林	刘子源	胡伟倪
王子健	潘宁宁	马媛媛	李 莉	孙晓燕	杨 琨
刘文正	阿达克·赛肯		郭艳红	濮 田	张丽洁
魏 慧	戴 珊	王恒恒	袁 亮	费 晗	陈萧霖
刘 嫣	刘丽思	赵逢源			

第四临床医学院

| 黄 勇 | 姜矞恒 | 王子昀 | 马 驰 | 钟文耀 | 李国珅 |
| 张统一 | 万江波 | 杜伟力 | 李 伟 | | |

口腔医学院

贾鹏程	徐 偲	陆 丞	田 畅	朱晔丹	唐 琳
陈秋雯	姜蔚然	李静文	邓少纯	王林川	黄秀玲
李米雪子	李 莎	崔圣洁	于 鹏	李 芳	高展翼
辛天艺	沈 潇	田诗雨	周 凤	张芳菲	吴 灵
曹思聪	赵 丹	柳玉树	陈子圆	张严妍	汪晓彤
田杰华	李雨舟	冯婷婷	龙赟子	王梦晨	裴晓庆
魏 泰	何临海	任 雯	赵 琛	吴伯海	张 词
曲佳菲	李小曼	陈李彤	吕 悦	张彦聪	李 然
葛志朴	金婵媛	孟 贺	陈青筱	赵 娜	张献丽
敖 霜	王诗沁	张怡美	付 玉	黄一平	刘 洋
崔彩云	詹雅琳	李 雪	轩 艳	李 越	周 维
朱建华	吕 欣	李冰清	唐 璇	樊灿灿	林倚帆
秦雪嫣	张茗茗	王 翠	焦 剑	沈时岳	许向亮

精神卫生研究所

| 吴赵敏 | 游 阳 | 孟 颖 | 尚莉莉 | 谢小萌 | 黄 芳 |

| 赵　昕 | 范滕滕 | 宓为峰 | 张晓晰 | 董　平 | 廖文静 |
| 王　慧 | 赵梦婕 | 李　静 | | | |

临床肿瘤学院

杨永勇	王天怡	夏　楠	刘　震	袁文青	张超亭
章　程	甘　盈	黄丹丹	盛舒言	谢　梦	葛　赛
何曦冉	石　瑀	朱　敏	郭阳阳	张静依	王海星
况　鹏	庞丽娜	张理意	万　蕊	尤　静	贾　静
刘　丹	韦　青	张善渊	徐　达	庄　孟	刘道宁
张大奎	魏　炜	金　璠			

第五临床医学院

| 宋　刚 | 陈　沁 | 刘祎妮 | 陈新旺 | 文　玮 | 翁剑真 |
| 崔海梦 | 李伟峰 | 李雨薇 | 丁思引 | 曹　原 | 于雪婧 |

中日友好临床医学院

| 尹利国 | 赵婉妮 | 张真霞 | 李金勇 | 马路遥 | 马金辉 |

第九临床医学院

| 李　倩 | 赵　晟 | 牛鹿原 |

首都儿科研究所

| 谢　秋 | 钱　坤 | 王宇阳 |

北京大学／香港科技大学医学中心

| 吴　琦 | 朱玉霞 | 罗红学 | 叶晓阳 |

首钢总医院

付永强

北京地坛医院

冯胜虎

解放军第302医院

| 吴　娟 | 史继静 |

留学生研究生毕业生名单

毕业硕士生名单

新闻与传播学院

Kim, Chanhee
Choi, See Woong

中国语言文学系

Ock Kyung Jung
Tsunetsugu Kazuhiro
Chai, Shinkwang
Jungin Choi
Wen-Yu Kielia Ling
Sangkeum Ou
Siew Wen Jia
Namgoung Min

历史学系

Fukasawa Tomoyuki
Mefano Fares Tomaz
Pang Koon Kein
Hu, Yuzhang

哲学系

Choong Hock Keong
Minuck Chung
Wong Jing Zher

国际关系学院

Chung Haengun
Aphakorn Sae-Sue
Fu, Guangpeng
Lize, Clemence Louise Marie
Ricardo Ivan Barrios
Langleben, Shahaf
Wirth, Wladimir
Lie, Mimi Cathrine
Hall, Christopher
Chang, Dong Yeon
Roman, Sarah
Letoublon, Andréa
Iv, Meyzhen
Coulange Gautier, Marie, Etienne, Patric
Kim, Eunah
Blandin, Apolline
Grimm, Victoria Edith
Chou, Connie
Ooms, Bjorn
Nagashima(Pereiaslovs`Ka), Monica
Steidl, Christian Josef
Ee, Feng Hui Dileen
Chin Nyong, Lee
Brembati, Federico
Stevens, Flora
Phang, Jun Jie
Glatthard, Moritz Alexander Christian
Ruckthongsuk, Mark Sirapob

Godet, Marie Claire Adele
Goh, Hui Ting Sherry
Montrone, Ilaria
Sun, Guorui
Kim, Hyung Woo
Hofstede, Sense Egbert
Badamdamdin, Myagmarsuren
Won, Jung Hwan
Qiuyuan Li
Oliver, Steindler
Roh Chan Ho
Sebastian Thomas Hicks
Larsen, Mathias Lund
Chataigne, Solene
Jun, Jin
Croise, Florian
Nevzat, Soylu
Kitado, Akira
Schiebroek, Marleen
Kweon, Yun Jin
Chua, Shan Jee
Clivio, Carlotta
Kuwahara, Michiko
Leger Parizeault, Thierry
Gomez Marrero, Catalina Ana
Park Rakyung
Nuttee, Jantravisut
Cotillon, Hannah Louise
Markovskaya, Anna
Bak Ikhu
Sukhbaatar, Chandmani
Matteo David, Lindley
Panizzardi, Matteo
Baby, Jessica Diane
Zadro, Alessandro
Stevens, Friso Michiel Sijbrand
Zhao, Zhu Jun
Kishi, Satoru
Halder, Benjamin Robert
Polochova, Vendula
Laidlaw, Katrina Norma Ebbesen

光华管理学院

Han Dongok
Sha, Mu

法学院

Yifan Qin
Phonethavixay , Souksakhone
Ly, Sokrithea
Chanthaphone, Sinthalay
Wongsuryrat, Manaswee
Chung, Anthony, Ka Boo
Sengbandith, Phonethana
Damdinsuren, Ariunaa
Borja, Luis Felipe
Kim, Seyoon
Tang Alan
Hsu, Nathan
Oh, Taeheon
Goh, Zuo Qi
Yan, Khu Pin
Quach, Poul
Nyamsuren, Enkhmunkh
Erkhembayar, Gansukh
Gest, Lauren Yvonne
Baek, Jiyeon
Hui Guo, Yong
Park, Hyun

社会学系

Miri Kim
Jin Souk Shim
Jungsu Kim
Fuli Li

政府管理学院

Philipp Gustav Kurt Wolfgang Freiherr Vo
Bastian Maximilian Busshardt
Michael Edward Wingrove
Nicholas Waln
Laurence Andrew Benedict Antao
Lavinia Jing Fung
Jennifer Wai-Man Fong
Marco Thomas Bridgford
Xiaoou Yang
Santoyo Meza, Omar Arturo
Soh, Siao Tin
Mrelashvili, Natia
Aissa, Mohamed
Koh, Hyeona
Mametibraimov, Beksultan
Shin, Yongmoon
Thon, Abraham Thon Chagai
Erdweg, Kai Erik
Okrah, Charles
Kassim, Kassim Mgeni
Hussain, Ayathulla

Kwarteng, Cherub
Petrossian, Tatevik
Scott, Shandy Sue-Ann
Sebih, Hayet
Christopher An Doan Thien Nguyen
Adhnan, Ashiyath Alaika
Nebauer, Teresa Maria
Putera Satria Sambijantoro
Dzihwema, Augustus Tapfumangeyi
Kerga, Bilen Gizework
Lee, Jason
Morton, Andrew Russell
Hamdan, Asya Ali
Wutsika, Millicent
Sichinga, Stengene Sangwani
Jibrial, Salamatu
Msoffe, Frank Wilbard
Lau, May Quen
On, Bunna
Amare, Netsanet Begashaw
Puturidze, Ketevan
Santos Saint Romain, Carlos Eduardo
Cassim, Felix
Tippkaemper, Linda
Secher, Kristian Janus Skoubo
Hashimoto Emi
Muzongwe, Chilweza Musonda
Stewart, Shane O'brian
Zhikai Chen
Jarso, Duba Guyo

艺术学院

Xi Dai
Sun Hye Bok
Yanghae Sul

深圳研究生院

Sanyanga Fortune
Prasetya Brian Yogie
Canlisoy Cansin Alican
Modino Lovisa Tuwilika
Saidani Safa
Khedar Harsh
Edgar Arturo Ollervides Perez
Shan Shan Jenny Huang
Goodwin Evan Wayne
Blaszak, Piotr Lukasz
Kulshrestha, Shubham

Ayub, Hamza
Veronica Karin Simone Akermo
Sendayung, Mega Ranty
Hesse Alexandra Eve
Nielsen, Simon Uldbaek
Hoyle Caleb Jack
Anastasiia Fesenko
Barg, Julian
Liudmila Shadrina
Berrajaa, Mahmoud
Laidoja, Lagle
Monteiro Gontijo, Jose Augusto
Chen, Chih-Lin
Yahya, Fayeza
Lemyre, Xavier
Souissi, Fayrouz

燕京学堂

Lim, Zi Kun
De Toffol, Marco
Hammer, Julia
Legrand, Julien
Wiater, Dennis Patrick
Kuran, Kent
Nguyen, Linh Thi Phuong
Gonzalez Munoz, Magdalena
Brosch, Ricarda Beatrix
Palmer, Alex
Rocker, Tobias
Watson, Thomas
Kelkar, Keshav
Brennan, Joseph Patrick
Ursu, Anca Elena
Fang, Xinyue
De Oliveira Braga, Thiago
Tessema, Samrawit Habte
Davis, Declan
Alice Yih An Su
Kim, Eun Seo
Grigoryan, Ani
Mbanjwa, Thuthukile
Ashcroft, Robert James
Layne Sterling Vandenberg
Mazur, Joseph Ryan
Schulman, Mary Kathleen Hannon
Smeets, Laurent
Sato, Mio

Heilmann, Katrin Marie
Leonovich, Iuliia
Ilina, Anastasiia
Khalessi, Daniel Kourosh
Brecevic, Andrea
Watson, Honey Barbara
Sarah Margaret Finn
Abbey, Cody
Reschke De Borba, Cibele
Khumalo, Nothando
Cypris, Maya
Schwarzwald, Kevin
Jang, Myungjee
Simakhodskiy, Danila
Arterburn, Jason
Ng, Li Ki
Thomas, Rose-Ann
Mikalajunaite, Ugne
Matsumoto, Naoya
Painter, Kyle Van Nuyse
Zavala Guzman, Hector
Ngai, Edward
Rukato, Wadeisor Tendiso
Ucar, Muhammet Hamza
Brandse, Rosa
Angeli, Nicola
De Smedt, Joanna
French, Alicia Laryn
Griffin, Benjamin Peter
Ulker, Onurcan
Nontshokweni, Sihle Isipho
Tse, Lok Tin Jackson
Genc Huseyin Oguz

新闻与传播学院
Nakamura, Taiki
Lee, Glafira

考古文博学院
Cheng, Chee Wei
Lee, Taehyune

经济学院
Edward Ma
Yoon Su Kim
Logunov, Oleg

光华管理学院
Yeo Joo Yoon
Tomasz Kolasa

Fan Yang
Chi Zhang
Enatsu Minori
Nanakdewa, Kevin Andrew
Lee, Dongho
Roh, Jung Hoon
Pan, Laurent
Wang, Shu Hui
Kiticharoensak, Ornrapee
Wong, Yin Yin
Nitescu, Christian
Jilani Ammar
Dae Yael Jung
Dunn, Emily Madeline
Shanru Lu
Rozencweig, Joel
Cho, Hyunkyung
Park Sehun
He, Yi
Han, Brendan
Bao, Robert Cheng
Astier, Timothée
Lin Sheng
Lee, Kyung Yun
Kim Do Hun
Schwing, Clelia Marie-Isabelle Elisabeth
Myagmar, Enkh-Amgalan
Su Phing Yeap
Acharya, Atulya
Parashar, Kshitij Kumar
Kubota, Reika
Epstein, Bennett Spencer
Jiaqi Ren
Tan, Mingxuan Michelle

对外汉语教育
Yasmine Ramadan Khalil Ibrahim
Virah Linchanthara
Kim, Jubeen
Thanattrai, Praesukon
Dechgusonpitark, Varradech
Heo, Sung
Sae-Xu, Thingthing
Li, Yiran
Jeon Seo Hyung
Jung, Eunhye
Chun, Da Rok

Jang, Soojin
Narkrugsa, Pariwat
Fan, Na
Tapia Salas, Alejandra Isabel
Altaher Rasha
Grogan Finlay Wallace
Jonathan Louis Goldberg
Sengsuebphol, Narupon
Baltakis, Jonas
Li, Meng Xi
Lubka Karlis
Chinkulkitniwat, Kasamon
Li, Qian Yuan
Boughzala, Khalil
Guan Xiaosi
Yamamoto, Naoko
Sinha, Neetu
Kocharyan, Sergey
Preissner, Sebastian Horst
Shuai Jun
Sikola, Tomas
Lambert, Karras James
Choi Yung
Higgins Perez, Niall Enrique

南南合作与发展学院

Izomova, Rafoatkhon
Zergua, Fikre Gizaw
Long, Vichda
Riak, Awan Andrew Guol
Qudratova, Sanavbar
Da Silva, Joanico
Chipande, Doroteia Alberto
Werede, Liya Kassa
Assinde, Virgilio Salomao
Nadew, Atrsaw Necho
Bambi, William
Sikalubya, Muyobozi
Woldeab Tesfamichael, Amanuel
Haknazarzoda Komiljon,
Nyangana, Olwethu Mbalentle
Omole, Kolawole Elijah
Khumalo, Sandile
Machoko, Owen
Mariyam, Raushan
Ladu, George Alfred Yatta
Dhoal, James Dhoal Gatduel

Manirambona Kizimana, Deo
Machako, Kudakwashe
Siwale, Arthur
Fakih, Aymane
Jong, Blaise Cha

毕业博士生名单

化学与分子工程学院
Muhammad Asim Farid
Hsien-Wei Hu

生命科学学院
Diogo Gomes Alves

地球与空间科学学院
Wang Hang

心理学系
Philip Blue

中国语言文学系
Ha Jung Mi
Ahyoung Lee
Jung Keoyul
Park Minjun
Choi Shinhye
So Hyun Park
Nattanit Chamsuwanwong

历史学系
Han,Sang Jun
Shiraishi Masato
Walid Abdallah

考古文博学院
Bae Hyunjoon
Choi,Guk Hee

哲学系
Chang Pei-Yu
Jung Kak Kim
Ying Xiao Fei
Park,Hye Seung
Sungho Park

国际关系学院
Wang Xiang Ning Cinderella
Rui Lin
Jung,Wonsik
Yi Han

经济学院
Kang Hogu
Lee,So Young

Yi Zhang
Monthinee Teeramungcalanon
Dongshu Liu
Yi Xu
    光华管理学院
Youngjin Ko
    法学院
Kim, Mincheol
    政府管理学院
Nguyen Trong Hoa
Young Hyun Song
    外国语学院
Kim Minjung
    艺术学院
Sunghee Doe
Choi Sangyoul
    对外汉语教育
Ha Doo Jin
    信息科学技术学院
Shi Fang

    国家发展研究院
Lafarguette Romain
    教育学院
Ryu Keikoh
    工学院
Alice Cheng
Hassina Tabassum
Ivan Vuletic
Morteza Tayefi-Nasra
Jaewon Joo
Amit Lal
Sarish Rehman
    环境科学与工程学院
Muhammad Ahmad
    分子医学研究所
Wang Qin Yi
    第三临床医学院
陈冠仲

附　录

2017年部分媒体报道索引

主题	副题	作者	作者单位	报刊名称	出版日期	版面
一个"生于忧患，长于忧患"的朝代		邓小南	北京大学历史学系教授	光明日报	1/2/2017	06
别用人生意经送灭青春理想				光明日报	1/3/2017	13
大学当培养巨人	对话人：韩毓海（北京大学中文系教授）			光明日报	1/3/2017	13
北大人民医院北院区后年5月竣工	位于回龙观"1818街区"，主体工程已封顶；昌平近年来已承接中心城区人口34.2万人			新京报	1/3/2017	A07
北大明年起停止学历继续教育招生	包括夜大、网络教育，自学考试等北大并非首例停止学历继续教育招生			北京青年报	1/10/2017	A7
我就是想试试写本"小书"	《六说文学教育》小引	陈平原	北京大学中国语言文学系教授	北京日报	1/9/2017	16
赵忠贤屠呦呦获国家最高科技奖	共有279个项目、7名科技专家和1个国际组织获奖			北京青年报	1/10/2017	A3
在今日北大寻找蔡元培		胡俊	北京大学教育基金会副秘书长	光明日报	1/10/2017	13
转变发展方式迫在眉睫		厉以宁	北京大学光华管理学院教授	人民日报	1/4/2017	7
光环下的屠呦呦在想些什么		卢晓东	北京大学教育学院研究员	中国科学报	1/10/2017	4
本科生院——流本科教育变革的方向				中国科学报	1/10/2017	5
走近2016年度国家最高科学技术奖得主	赵忠贤 半世纪研磨超导体 屠呦呦 一辈子专注青蒿素			人民日报	1/10/2017	6
屠呦呦：坚持到底的中国"劲草"				中国教育报	1/10/2017	03
体现权力与权利和平衡		湛中乐	北京大学法学院教授	中国教育报	2/21/2017	03
北大教授茶座：与大师对话人生		肖瑞平	北京大学分子医学研究所所长	光明日报	2/23/2017	14
北大120周年纪录片开机				北京日报	2/24/2017	5
"社会主义是很吃香的"	兼析思想模糊信念动摇现象的诱因	黄宗良	北京大学国际关系学院教授	北京日报	2/27/2017	15
人文纪录片《与北大同行》在京开机				中国科学报	2/28/2017	6
展示国家情怀的魅力	谈《国家情怀》的意义	张颐武	北京大学中国语言文学系教授	光明日报	2/24/2017	12
当前的改革难度何在		周其仁	北京大学国家发展研究院教授	北京日报	2/27/2017	13
北大科研团队提出纯光学超声探测新方法				光明日报	2/27/2017	1
最爱是教师	记北京大学经济学院院长孙祁祥			人民日报	3/6/2017	17
信任的力量		张颐武	北京大学中国语言文学系教授	光明日报	3/3/2017	16

(续表)

主题	副题	作者	作者单位	报刊名称	出版日期	版面
中国步入消费黄金期		颜色	北京大学光华管理学院教授	北京青年报	3/5/2017	02
全国政协常委厉以宁：城市房产70年后怎么办？				北京日报	3/5/2017	3
北大：自招考核实行一对多答辩				北京日报	3/12/2017	5
努力实现"近者悦，远者来"		郝平		中国教育报	3/13/2017	04
北大学习习近平总书记视察北京重要讲话精神			北京大学党委书记	北京青年报	3/18/2017	04
加强对"一带一路"建设历史依据的研究	湛如委员（北京大学外国语学院南亚学系教授）建议			中国青年报	3/13/2017	2
北大启动2017年自主招生				光明日报	3/17/2017	06
激活经典 服务当代		袁行霈	北京大学中国语言文学系教授	光明日报	3/20/2017	11
发挥教育在传承优秀传统文化中的基础性作用		刘宇辉	北京市教育委员会主任	光明日报	3/20/2017	11
"无数铃声遥过碛，应驮白练到安西"	从文物特征看汉唐中西文化交流	齐东方	北京大学考古文博学院教授	北京日报	3/20/2017	15
大学要有"遥远的掌声"		陆绍阳	北京大学新闻与传播学院院长、教授	人民日报	3/20/2017	5
"让世界上最优秀的年轻人愿意来"	北京大学数学学科集聚一流青年学者，培养基础学科尖人才			中国教育报	3/22/2017	1、3
弘扬传统文化应注意意转化		张颐武	北京大学中国语言文学系教授	人民日报	3/24/2017	24
北大学子对话比尔·盖茨				光明日报	3/25/2017	16
北京大学催化氢化研究取得重大突破				光明日报	3/27/2017	06
世界上最富的那个人为北大学生"划重点"				科技日报	3/27/2017	3
大数据分析与应用技术国家工程实验室成立				中国青年报	3/27/2017	9
不是"文明的冲突"，而是"文明的回归"		钱乘旦	北京大学历史学系教授	北京日报	3/27/2017	17
兼顾个性与公众利益的平衡		周其仁	北京大学国家发展研究院教授	北京日报	3/27/2017	15
现代大学制度怎么建才"管用"		吴志攀	北京大学常务副校长	北京日报	3/27/2017	18
教授播文石研野人生				人民日报	3/29/2017	13
北大清华特殊类型自主招生即将起报名				中国教育报	3/21/2017	03
北京大学：拉齐主修辅修"水平线"	课程不再区分 共同纳入总成绩			北京青年报	3/31/2017	A5
大城、小城、大学		任羽中	北京大学政策法规研究室主任	中华读书报	4/5/2017	18
以学校武术教育助力国脉传承		王登峰	教育部体育卫生与艺术教育司司长	中国教育报	4/7/2017	08
北大科研成果给戒烟者送福音	北京大学第六医院陆林教授课题组找到消除烟瘾的新方法			中国教育报	4/7/2017	08

(续表)

主题	副题	作者	作者单位	报刊名称	出版日期	版面
北大汇丰商学院将在英国牛津设校区				北京青年报	4/8/2017	06
开放会通的"新子学"		陈鼓应	北京大学哲学系教授	光明日报	4/8/2017	11
适时恢复自主自愿生育的常态		穆光宗	北京大学人口所教授	北京日报	4/10/2017	14
这将是对人类的重大文化贡献		楼宇烈	北京大学哲学系教授	北京日报	4/10/2017	16
通识教育还需创造性转化		秦春华	北京大学考试研究院院长	光明日报	4/11/2017	13
卖房创业的北大毕业生王胜地：要相信奋斗的力量				中国青年报	4/11/2017	12
北京大学发布双学位/辅修新政				中国科学报	4/11/2017	6
北大放宽专业转出限制				中国青年报	4/13/2017	4
全员育人，编外班主任给力	北大医学部基础医学院请来优秀校友兼职班主任			中国教育报	4/13/2017	03
玉山高，玉水清，玉水清流不贮泥	忆陈岱孙先生			学习时报	4/7/2017	07
陈岱孙与哈佛				学习时报	4/7/2017	07
中国经济学的世界贡献		姚洋	北京大学国家发展研究院院长	人民日报	4/17/2017	15
国之所需 我之所问		杨芙清	北京大学信息科学技术学院教授	人民日报	4/17/2017	6
北大：设英系人数上限 北师大：设9个实验班	北京大学和北京师范大学招办介绍今年高招计划			北京青年报	4/15/2017	05
增强马克思主义研究的整体性		赵家祥	北京大学哲学系教授	人民日报	4/24/2017	16
架桥人：丝绸之路上贸易的担当者		荣新江	北京大学中国古代史研究中心教授	北京日报	4/24/2017	17
尊重行政规划的法制属性		姜明安	北京大学法学院教授	北京日报	4/24/2017	13
不断巩固马克思主义在高校的指导地位	北京大学召开马克思主义学院成立25周年大会			中国教育报	4/27/2017	05
中美人文交流跟睛须向"下"看		王栋	北京大学中美人文交流研究基地执行副主任	环球时报	4/25/2017	14
语文教育的一个目标是培养语感		陆俭明	北京大学中国语言文学系教授	光明日报	4/30/2017	08
发掘汉语文学的丰赡与精微		陈晓明	北京大学中国语言文学系教授	人民日报	5/2/2017	24
谢冕：青春诗情永不消退		谢冕	北京大学中国语言文学系教授	人民日报	5/4/2017	24
"中国梦" 激扬 "青春梦"	北京大学党委书记郝平谈五四精神与青年学子			人民日报	5/4/2017	17-19
用中国特色社会主义法治理论为法学教育奠基	各地高校师生学习贯彻习近平总书记在中国政法大学考察时的重要讲话			光明日报	5/6/2017	03
想杵生所想 急学生所急	记北京大学数学科学学院教授张平文			光明日报	5/6/2017	06
加强个人信息保护刻不容缓		姜明安	北京大学法学院教授	人民日报	5/8/2017	

（续表）

主题	副题	作者	作者单位	报刊名称	出版日期	版面
丝绸之路是一条活的道路	关于丝绸之路与东西文化交流研究中的几个问题	荣新江	北京大学历史学系教授	北京日报	5/8/2017	15
北大马克思主义学院的"两传三大"	北大党委书记郝平致辞，副书记于鸿君讲话			北京日报	5/8/2017	14
北京大学"变革社会中的学术自由"研讨会召开				中国教育报	5/8/2017	05
小事关涉民心		潘 维	北京大学国际关系学院教授	北京日报	5/9/2017	13
中国学者书写的英国历史	钱乘旦主编的《英国通史》读后	胡 莉	北京大学历史学系副教授	光明日报	5/9/2017	16
张充和在北大				文摘报	4/29/2017	5
矛盾是进步的阵痛		林建华	北京大学校长	光明日报	5/9/2017	13
加强党委对高校哲学社会科学工作的领导		郝 平	北京大学党委书记	中国教育报	5/11/2017	06
一校一刊一时代群星汇《新青年》		李浴洋	北京大学中国语言文学系博士生	北京青年报	5/9/2017	B7
北大将在雄安新区建医学中心				北京青年报	5/13/2017	07
自主招生未过关 北大发来"鼓励信"	考生及家长："感觉很暖心" 校方：看到优秀的学生没有通过初审感到惋惜			北京青年报	5/14/2017	09
丝绸专家笔下的丝绸之路	北师大、北理工等京内多所高校对接河北雄安	荣新江	北京大学历史学系教授	北京日报	5/15/2017	16
林毅夫："一带一路"带动沿线国家实现双赢		林毅夫	北京大学国家发展研究院教授	北京日报	5/15/2017	18
北大写给落选考生的一封信				文摘报	5/16/2017	3
清华北大等高校周末扎堆举办开放日	今年在京招生计划六有望在现场向考生正式发布	刘忠范	北京大学纳米科学与技术研究中心主任	北京青年报	5/18/2017	A6
要对中国石墨烯产业有所担当				光明日报	5/21/2017	06
高校"大类招生"怎么招	北京大学：大类招生有新举措			光明日报	5/21/2017	06
传承中华优秀传统文化需要发展古文献学		孙钦善	北京大学中国语言文学系教授	人民日报	5/22/2017	16
用数字解决问题		周其仁	北京大学中国经济研究中心教授	北京日报	5/22/2017	14
新增专业服务"一带一路"倡议	记者探营清华北大等高校校园开放日			中国教育报	5/22/2017	1、3
冯至的诗与思		柯 杨		光明日报	5/22/2017	16
培养更多黄大年式优秀知识分子			北京大学副校长	中国教育报	5/27/2017	03
关爱失败者 北大鼓励信值得鼓励				北京日报	5/24/2017	15
铁肩担道义 碧血铸丰碑	从李大钊看共产党人担当精神			光明日报	5/29/2017	05
"勤谱公死，凛凛犹生"	写在纪念邓广铭先生诞辰110周年之际	李华瑞		光明日报	5/30/2017	7
留学，近代中国的五次浪潮		余 昌		北京日报	5/31/2017	16

(续表)

主题	副题	作者	作者单位	报刊名称	出版日期	版面
"双一流"建设应兼顾效率与公平		陈平原	北京大学中国语言文学系教授兼系主任，中央文献研究院馆员	人民日报	6/1/2017	7
转变思路，用好课堂主渠道		孙熙国	北京大学马克思主义学院执行院长、教授、博士生导师	光明日报	6/1/2017	14
治理规模是常量也是变量		周雪光	北京大学社会学系兼职教授	北京日报	6/5/2017	16
传统节庆：怎样在传承中创新		高丙中	中国民族学会副会长、北京大学社会学教授	光明日报	6/3/2017	12
探索中国人文社会科学高等教育发展之路		刘伟	北京大学前副校长、中国人民大学校长	光明日报	6/6/2017	13
"俯首甘为师生牛"	读钱理群《我的教师梦》《做教师真难，真好》	柳袁照		中国教育报	6/12/2017	10
发展共享经济要遇到哪些难点	共享经济的难点是什么	周其仁	北京大学国家发展研究院教授	北京日报	6/12/2017	13
莫言小说入北大自主招生测试题	北大自主招生考试昨日开考 为考生"量身定制"测试题			北京青年报	6/12/2017	A1、A6
北大清华等高校自主招生启幕				中国教育报	6/12/2017	1
企业家一定要懂经济学的一个重大变化	社会人假设已取代经济人假设	厉以宁	北京大学光华管理学院名誉院长、资深教授	北京日报	6/12/2017	14
北大校友捐资千万设文化基金	为北大明年120周年校庆献礼			北京青年报	6/13/2017	A5
中国经济学应加强历史研究和教学		厉以宁	北京大学光华管理学院名誉院长、资深教授	光明日报	6/13/2017	11
专家学者会聚北大五四论坛研讨	当代中国与21世纪马克思主义理论创新			中国教育报	6/15/2017	5
自主招生不是"另一次高考"	访北京大学考试研究院院长秦春华			光明日报	6/15/2017	6
海闻：真正的改革开放始于1977年的高考				新京报	6/15/2017	A14
何谓"西山"	北京西山地理范围的历史考察	李好 毛智周	北京大学城市与环境学院，武汉大学历史学院	北京日报	6/19/2017	6
今天，为什么重提王选精神		田刚	北京大学副校长	光明日报	6/19/2017	11
别忘了电影是艺术		戴锦华	北京大学中国语言文学系比较文学研究所教授、北京大学电影与文化研究中心主任	人民日报	6/22/2017	12
冰糖鸡蛋		陈平原	北京大学中国语言文学系教授、系主任	人民日报	6/24/2017	12
"直觉的教育无用论"背后		卢晓东	北京大学教务部副部长	中国科学报	6/27/2017	5

(续表)

主题	副题	作者	作者单位	报刊名称	出版日期	版面
"一国两制"的伟大构想与成功实践		饶戈平	北京大学法学院教授，中华司法研究会副会长	光明日报	6/29/2017	2
不能用西方标准解读中国哲学		楼宇烈	北京大学哲学系教授，国际儒学联合会顾问	人民日报	6/30/2017	7
《国民浅训》：于流离生死之间留告后人		夏晓虹	北京大学中国语言文学系教授	北京日报	7/3/2017	16
日本侵华"自供状"	关于《日本侵华密电·七七事变》	李玉 等	李玉：北京大学国际关系学院教授	北京日报	7/3/2017	16
旧邦新命	"中国文化二十四品"读后	程苏东	北京大学中国语言文学系讲师，哲学系博士后	光明日报	7/4/2017	16
北大毕业典礼 校长妙语谈"吃亏"				北京青年报	7/5/2017	A5
北大校长寄语毕业生："吃亏是福，守住底线"				北京日报	7/5/2017	5
弦诵幸未绝	诗歌折射的西南联大岁月	张曼菱	北京大学校友，独立制片人和导演	光明日报	7/7/2017	13
周培源：越伟大越谦虚				中国教育报	7/10/2017	8
寻找中国红利的"源源泉"		厉以宁	北京大学社会科学学部主任，北京大学光华管理学院名誉院长	北京日报	7/10/2017	16
大数据与历史学科学化		李伯重	北京大学历史学系教授	北京日报	7/10/2017	15
资本主义社会的理论建构图与哲学批判		仰海峰	北京大学哲学系教授	光明日报	7/10/2017	15
读质著贵在品出原汁原味		赵家祥	北京大学哲学系教授	人民日报	7/12/2017	7
高校应把制度建设摆在重要位置		陈宝剑	北京大学校长助理	人民日报	7/14/2017	7
增强改革的双向穿透力		周其仁	北京大学国家发展研究院教授	北京日报	7/17/2017	16
更好地写出完整的人类史		钱乘旦	北京大学历史学系教授，北京大学世界史研究院院长	北京日报	7/17/2017	15
文化自信本身是一个有破有立的过程		陈培永	北京大学马克思主义学院研究员	北京日报	7/17/2017	14
中国传统文化中的相互性价值观		王东	北京大学哲学系教授	光明日报	7/17/2017	15
"一流本科专业"相关政策须反思？		卢晓东	北京大学教育学院研究员	中国科学报	7/18/2017	5
马克思主义是发展着的理论	从"两个必然"到"两个决不会"	赵家祥	北京大学哲学系教授	光明日报	7/31/2017	15
网络信息技术推动史学研究进入新时代		李伯重	北京大学历史学系教授	人民日报	7/31/2017	16
大学生对鲁迅有高度敬意		温儒敏	北京大学语文教育研究所所长	北京日报	8/2/2017	11
温儒敏：人们阅读口味变得很粗了		温儒敏	北京大学语文教育研究所所长	北京日报	8/2/2017	11
北大将优先为受洪灾新生发放助学金	北大清华已启动经济困难学生资助			北京青年报	8/2/2017	A6

(续表)

主题	副题	作者	作者单位	报刊名称	出版日期	版面
通古今之变，观三千年文学	简评《中国文学通史》	陈晓明	北京大学中国语言文学系教授	人民日报	8/4/2017	24
从"重农抑商"到"工商皆本"	中国传统社会商业观的曲折演变	李伯重	北京大学历史学系教授	北京日报	8/7/2017	15
北大女生世锦赛"跑马"	当律师还是当职业运动员？			中国青年报	8/7/2017	5
创业教育，应该是一种怎样的教育		闵维方 岳昌君 张莉鑫 陈东敏	闵维方（北京大学教育学院名誉院长 北京大学原党委书记）岳昌君（北京大学教育学院副院长）张莉鑫（北京大学就业指导中心主任）陈东敏（北京大学前沿交叉学科研究院教授）	光明日报	8/12/2017	07
经济增长周开非连续性飞跃		周其仁	北京大学国家发展研究院教授	北京日报	7/31/2017	17
讲好思政课尤需学术积淀		程美东	北京大学马克思主义学院教授、副院长	北京日报	8/14/2017	15
固守"西天取经"得来的教条危信甚巨		林毅夫	北京大学国家发展研究院名誉院长、教授	北京日报	8/14/2017	15
迈向世界一流大学的坚实步伐	十八大以来北京大学发展追求新变化			光明日报	8/14/2017	05
扎根中国大地办大学		郝 平	北京大学党委书记	光明日报	8/14/2017	05
数读北大		郝 平	北京大学党委书记	光明日报	8/14/2017	5
我看北大这五年		陈佳洱		光明日报	8/14/2017	5
坚定不移走中国特色社会主义法治政府建设之路	创"中国模式"探"中国路径"	姜明安	北京大学宪法与行政法研究中心主任	光明日报	8/22/2017	1
印象乐黛云先生		戴锦华	北京大学中国语言文学系比较文学研究所教授	光明日报	8/18/2017	14
空间结构是影响城市发展的重要因素		李国平	北京大学政府管理学院教授、副院长	北京日报	8/28/2017	14
"幸福观"是生活方式的选择		钱理群	北京大学中国语言文学系教授	北京日报	8/28/2017	18
倾听思想的花开		谢冕	北京大学中国语言文学系教授	光明日报	8/29/2017	16
让学生爱上读书，新教材才算成功	专访义务教育语文统编教材总主编、北京大学中文系教授温儒敏			文汇报	9/1/2017	11
"你好同学"——光明开学大直播"走进北京大学				光明日报	9/3/2017	4
北大迎340名"00后"新生				北京青年报	9/3/2017	4
志在富民	费孝通先生的学术追求	熊跃根	北京大学社会学系教授	北京日报	9/4/2017	15

(续表)

主题	副题	作者	作者单位	报刊名称	出版日期	版面
"世界最强国必须有引领世界的能力"	专访北大世界史研究院院长、《英国通史》总主编钱乘旦教授（上）			中国青年报	9/4/2017	2
国家治理目标构成论		燕继荣	北京大学政府管理学院教授	北京日报	9/4/2017	14
转学政策放松了！		卢晓东	北京大学教务部副部长	中国科学报	9/5/2017	5
加大中华文化海外传播力度		陆俭明	北京大学中国语言文学系教授	人民日报	9/5/2017	8
"世界最强国必须有引领世界的能力"	专访北大世界史研究院院长、《英国通史》总主编钱乘旦教授（下）			中国青年报	9/11/2017	2
环顾左右，自杀预防重点锁定三类人群	北京大学医学部受访	付东红		北京青年报	9/12/2017	B7
用精湛医术回报党和国家	记北京大学第三医院耳鼻喉科主任马芙蓉			光明日报	9/13/2017	09
《儒藏》编纂进展顺利				光明日报	9/14/2017	09
贾谊：一个汉代士大夫的政治生活样本		于迎春	北京大学中国语言文学系教授	中国青年报	9/15/2017	4
自觉回应时代问题的人学研究		丰子义	北京大学哲学系教授	光明日报	9/18/2017	15
储蓄与消费是此消彼长的关系吗	回答关于经济高杠杆率与储蓄关系的几个疑问	姚洋	北京大学国家发展研究院院长	北京日报	9/18/2017	14
北大师生社区文艺造花园				北京日报	9/19/2017	8
"杂家"与"通人"	金克木和他的《八股新论》			光明日报	9/21/2017	16
我国城市化已发生了新变化		徐建国	北京大学国家发展研究院教授	北京日报	9/25/2017	14
低生育文化影响难以逆转	日韩为何跳不出"低生育陷阱"	穆光宗	北京大学人口研究所教授	北京青年报	9/25/2017	17
95所"一流学科高校"21所在北京	三部委昨公布42所"一流大学建设高校"北京占8席	潘维		北京青年报	9/22/2017	A3
137所高校入围世界一流大学和一流学科建设名单				人民日报	9/22/2017	14
"双一流"大学将有进有出	北大清华入等42所高校入选世界一流大学建设高校，北京交通大学等95所高校入选一流学科建设高校			新京报	9/22/2017	A05
北大公布"双一流"建设方案	到二〇二〇年整体建成世界一流大学			中国教育报	9/23/2017	01、04
彰显中国学派的独特精神			北京大学国际关系学院教授、中国与世界研究中心主任	人民日报	9/24/2017	5
北大国子监讲堂：在创新中发展中华优秀文化				中国青年报	9/26/2017	8
以人为本是中华优秀传统文化的核心价值		楼宇烈	北京大学宗教研究院名誉院长	光明日报	9/25/2017	07
温儒敏：人大的哺育是毕生动力源		温儒敏	北京大学语文教育研究所所长	新京报	9/26/2017	06/07
国家治理现代化应体现以人民为中心		丰子义	北京大学哲学系教授	人民日报	9/28/2017	7

(续表)

主题	副题	作者	作者单位	报刊名称	出版日期	版面
澄清历史 坚定信念		闫志民	北京大学马克思主义学院教授	人民日报	9/28/2017	16
卓越的学术从哪儿来?		林建华	北京大学校长、党委副书记	人民日报	10/9/2017	5
北大日楼待游客数千人				北京青年报	10/9/2017	4
文化自信是对中国自古至今先进文化的自信		陈培永	北京大学马克思主义学院研究员	北京日报	10/9/2017	14
立于礼，成于乐		楼宇烈	北京大学哲学系教授、国际儒学联合会顾问	北京日报	10/9/2017	13
中国道路稳健的辩证法		潘维	北京大学国际政治系教授	北京日报	10/9/2017	16
汤一介先生与《儒藏》		吴志攀	北京大学常务副校长	北京日报	10/9/2017	16
谱写中国特色社会主义新篇章		郭建宁	北京大学马克思主义学院教授、教育部中国特色社会主义理论体系研究中心特约研究员	光明日报	10/16/2017	15
北大"渐冻症"女博士捐献器官感动网友				新京报	10/16/2017	A09
告别百分制!		卢晓东	北京大学教务部副部长	中国科学报	10/17/2017	5
北大学生提议设校园自然保护小区				中国青年报	10/18/2017	9
一位老教授的西南联大记忆		舒心		光明日报	10/18/2017	14
温儒敏：办教育要守正创新						
从新的历史起点出发努力实现中国梦		闫志民	北京市中国特色社会主义理论体系研究中心特约研究员	人民日报	10/18/2017	14
习近平给南南合作与发展学院首届硕士毕业生回信高校应把握历史机遇再立新功		郝平	北京大学党委书记	光明日报	10/19/2017	4
以十九大精神为指引做"双一流"建设的标杆		郝平	北京大学党委书记	中国教育报	10/20/2017	2
跟着党去奋斗 就坚定走向光明走向胜利		潘维	北京大学国际政治系教授	光明日报	10/23/2017	8
青年人要有理想 有本领 有担当		潘援	北京大学光华管理学院2014级硕士研究生	光明日报	10/23/2017	8
首家习近平新时代中国特色社会主义思想研究中心成立				北京日报	10/26/2017	8
北大要走向世界一流大学的前列				新京报	10/28/2017	A05
北大再办"世界马克思主义大会"				中国教育报	10/27/2017	3

(续表)

主题	副题	作者	作者单位	报刊名称	出版日期	版面
从经济学视角看文化自信		林毅夫	北京大学国家发展研究院名誉院长、北京大学南南合作与发展学院院长	人民日报	10/27/2017	24
充分认识习近平文艺思想的重大意义		董学文	北京大学中国语言文学系教授	人民日报	10/27/2017	24
北京大学传达学习贯彻十九大精神				中国科学报	10/31/2017	6
夺取反腐败斗争压倒性胜利	是攻坚战 也是持久战	庄德水	北京大学廉政建设研究中心副主任	人民日报	10/31/2017	17-18
建设覆盖纪检监察系统的检举举报平台	是现实需要 也是政治性要求	庄德水	北京大学廉政建设研究中心副主任	人民日报	10/31/2017	18
北京高校诗社浪潮中倔强生长				北京日报	11/1/2017	8
美学大师朱光潜不给生命终点				北京青年报	11/1/2017	B5
西南联大80年校庆杨振宁出席发言				北京青年报	11/2/2017	A5
西南联大建校80周年纪念大会举行				中国教育报	11/2/2017	3
西南联大80周年 37位老校友汇聚北大				新京报	11/2/2017	A09
在传入新时代勇担使命		郝 平	北京大学党委书记	人民日报	11/2/2017	17-19
高校社科界学习贯彻十九大精神座谈会发言摘编	为全球治理贡献中国智慧和力量	于鸿君	北京大学党委常务副书记	中国教育报	11/3/2017	06
冯友兰：中国哲学的传统和世界哲学的未来				中国青年报	11/3/2017	4
西南联大揭示了什么教育规律		卢晓东	北京大学教务部副部长	中国科学报	11/7/2017	5
依靠人民创造历史伟业		郭建宁	北京大学中国特色社会主义理论体系研究中心副主任	光明日报	11/11/2017	6
北大"学术大咖"解读十九大精神				中国教育报	11/11/2017	02
颠覆？渐变？温儒敏剧透高等语文改革方向	"北大培文杯"创意写作大赛启动	谢新洲	北京大学新媒体研究院院长	中国青年报	11/13/2017	11
彰显与时俱进的理论品格		宇文利	北京大学马克思主义学院副院长、教授	人民日报	11/13/2017	7
社会政策要做出新的调整		程美东	北京大学马克思主义学院教授、副院长	人民日报	11/14/2017	7
他用一生探寻经世济民之道	著名经济学家、北大教授萧灼基逝世			光明日报	11/15/2017	06
				中国教育报	11/16/2017	03
沪剧《雷雨》唱响北大未名湖畔				文汇报	11/18/2017	3

(续表)

主题	副题	作者	作者单位	报刊名称	出版日期	版面
带领人民创造美好生活		郭建宁	北京大学中国特色社会主义理论体系研究中心副主任	人民日报	11/20/2017	20
北大：新时代新篇章	努力创建世界一流大学			光明日报	11/21/2017	1、2
"圣人恒无心，以百姓心为心"		叶自成	北京大学国际关系学院教授	北京日报	11/20/2017	16
北大第十三次党代会聚焦"七大任务"				中国科学报	11/21/2017	6
从全球视野看现代化进程		钱乘旦	北京大学历史学系教授、国务院学位委员会历史学科组成员、北京大学博雅讲席教授	人民日报	11/22/2017	7
开启中国特色世界一流大学发展新征程	北京大学第十三次党代会召开			中国教育报	11/22/2017	1、04
厉以宁：贯彻新发展理念深化供给侧结构性改革		厉以宁	北京大学光华管理学院名誉院长	光明日报	11/22/2017	1
新文学百展在北大红楼开幕		杭侃	北京大学考古文博学院院长	北京日报	11/23/2017	6
北大的老校门		叶朗	北京大学艺术学院名誉院长	北京日报	11/23/2017	17
叶朗：传承中华优秀传统文化是大学的重要使命				光明日报	11/24/2017	1
北大新时代昂首阔步再出发				人民日报	11/23/2017	1、19
新时代凸显发展的整体性协调性		丰子义	北京大学哲学系教授	人民日报	11/25/2017	7
创伤液治愈的"中国模式"		钟艳宇 汪铁铮	北京大学人民医院	光明日报	11/26/2017	10
将青春梦融入中国梦	学习贯彻党的十九大精神中央宣讲团走进湖南大学、北京大学、郑州大学宣讲			光明日报	11/25/2017	03
北京大学肿瘤医院用音乐关怀患者		程美东	北京大学马克思主义学院教授、副院长	人民日报	11/27/2017	10
中国方案的中国特色		薛凤旋	北京大学客座教授、曾任香港大学教授	北京日报	11/27/2017	7
检视《清明上河图》每个细节		王思斌	北京大学社会学系教授	中国教育报	11/30/2017	16
新时代的民生发展与制度建设				北京青年报	12/2/2017	05
曹文轩曹文芳：兄妹"开荒"儿童文学		叶朗	北京大学哲学系教授	北京日报	12/2/2017	13
人生境界又可称为"胸襟"和"气象"				北京日报	12/4/2017	14
"整合照料"：安养、乐活和善终		穆光宗	北京大学人口所教授	北京日报	12/4/2017	14

(续表)

主题	副题	作者	作者单位	报刊名称	出版日期	版面
持续走向富裕的必由之路		潘维	北京大学国际关系学院教授	北京日报	12/4/2017	13
消弭"修昔底德陷阱"思维		叶自成	北京大学国际关系学院教授	人民日报	12/10/2017	5
知识本身已经形成了一种共同体		袁明	北京大学国际关系学院教授、燕京学堂院长	北京日报	12/11/2017	14
发挥"X 效率",更好调动积极性		厉以宁	北京大学光华管理学院名誉院长	北京日报	12/11/2017	14
消除属地化管理的弊端		燕继荣	北京大学政府管理学院教授	北京日报	12/11/2017	14
林毅夫：中国要善得利用后发优势		林毅夫	北京大学国家发展研究院名誉院长	北京青年报	12/11/2017	A9
推出"专业类国标"需要格外谨慎		卢晓东	北京大学教育学院研究员	中国科学报	12/12/2017	5
文化自信增强主体自信		乐黛云	曾任北京大学比较文学与比较文化研究所所长	人民日报	12/12/2017	24
北大的翻尾石鱼				北京日报	12/14/2017	13
展现马克思思想中的理论逻辑		赵家祥	北京大学哲学系教授	光明日报	12/18/2017	15
经济形势好了,问题还有一些	最近在几个省的调查	厉以宁	北京大学光华管理学院名誉院长	光明日报	12/18/2017	14
陈平原：在希望的田野上跳舞		陈平原	北京大学中国语言文学系教授	中国教育报	12/19/2017	09
北京大学举行学术研讨会	深入研究习近平新时代中国特色社会主义思想			中国教育报	12/21/2017	05
张恭庆：建设数学强国服务伟大梦想		张恭庆	北京大学数学科学学院教授、中科院院士	光明日报	12/23/2017	1
对思考城市发展问题有启发意义		张颐武	北京大学中国语言文学系教授	北京日报	12/25/2017	20
"强起来"政治经济学的要旨		顾海良	北京大学中国道路与中国化马克思主义协同创新中心主任	北京日报	12/25/2017	13
创新的最优单位是"群"		周其仁	北京大学国家发展研究院教授	北京日报	12/25/2017	13
一场"星火燎原"的教育生态变革				中国教育报	12/27/2017	04
北大清华 A+ 级学科数量并列榜首	教育部学位与研究生教育发展中心公布全国第四轮学科评估结果			北京青年报	12/28/2017	A6
"红船精神"的当代要求		程美东	北京大学马克思主义学院教授、副院长,北京市中国特色社会主义理论体系研究中心特约研究员	光明日报	12/28/2017	06、07
二〇一八年：为民族复兴而冲刺		姚洋	北京大学国家发展研究院院长、教授	人民日报	12/29/2017	5

（续表）

主题	副题	作者	作者单位	报刊名称	出版日期	版面
这个奖不用自己吹自擂	第四届思勉原创奖获奖感言（纪念恢复高考40周年）	陈平原	北京大学中国语言文学系教授	北京青年报	12/29/2017	B10
那是决定自己命运的关键时刻		陈平原	北京大学中国语言文学系教授	北京青年报	12/29/2017	B10
北京大学："双一流"建设坚实一步				光明日报	12/30/2017	08
2020年若干学科率先进入世界一流大学前列		饶毅	北京大学理学部主任、北京大学讲席教授、"千人计划"国家特聘专家	光明日报	12/30/2017	08
建设世界一流的信息与工程学科群		高文	北京大学信息与工程科学部主任、中国工程院院士	光明日报	12/30/2017	08
成为全球有重大影响力的人文学术重镇		申丹	北京大学人文学部主任、外国语学院教授、教育部长江特聘教授	光明日报	12/30/2017	08
构建中国特色、北大风格、世界一流的社会科学学科体系		杨河	北京大学社会科学学部主任、教授、中国特色社会主义理论研究中心主任	光明日报	12/30/2017	08
使经管学科群成为世界最具学术影响力的学科群落		张国有	北京大学经济与管理学部主任、光华管理学院教授	光明日报	12/30/2017	08
建设世界一流医学中心		詹启敏	北京大学副校长、医学部主任、中国工程院院士	光明日报	12/30/2017	08

校历

北京大学 2016—2017 学年校历

第一学期（2016.8.25—2017.1.17）

星期 周次	日月	一	二	三	四	五	六	日
	八月	22/29	23/30	24/31	25	26	27	28
1	九月	5	6	7	1	2	3	4
2		12	13	14	8	9	10	11
3		19	20	21	15	16	17	18
4		26	27	28	22	23	24	25
5	十月	3	4	5	29	30	1/8	2/9
6		10	11	12	6	7	15	16
7		17	18	19	13	14	22	23
8		24/31	25	26	20	21	29	30
9	十一月	7	1	2	27	28	5	6
10		14	8	9	3	4	12	13
11		21/28	22/29	23/30	10	11	19	20
12	十二月	5	6	7	17	18	26	27
13		12	13	14	1	2	3	4
14		19	20	21	8	9	10	11
15		26	27	28	15	16	17	18
16	2017年一月	2	3	4	22	23	24	25
17		9	10	11	29	30	31	1/8
18		16	17	18	5	6	7	14/15

第一学期

一、新生报到：9月3日
  深圳研究生院：8月22日
二、新生体检和入学教育：9月4—11日
  本科新生训练营：9月4—6日
  深圳研究生院：8月23—28日
三、校本部本科生选课指导：9月8日
四、新生开学典礼：9月9日
  深圳研究生院：8月25日
五、上课：
  校本部：9月12日
  医学部：在校本科生8月29日
  本科新生和研究生9月12日
  深圳研究生院：8月29日
六、在校学生注册：
  校本部：9月12—16日
  医学部：8月31日—9月4日
  深圳研究生院：8月29日、30日
七、中秋节：9月15日放假，全校停课
八、全校中层干部大会：9月23日
九、国庆节：
  10月1—7日放假，全校停休
  10月8日、9日公休，课程照常进行
十、校学位评定委员会议：11月16日
十一、新生"爱乐传习"项目暨纪念
  "一•二九"运动师生歌会：12月9日
十二、元旦：
  12月31日公休，课堂、考试照常进行
  2017年1月1日放假，全校停课
  2017年1月2日补休，考试课照常进行
十三、停课复习考试：
  1月2—15日
  深圳研究生院：1月9—15日
十四、教职工代表大会年会：1月12日
十五、学生寒假：1月16日—2月19日
  （研究生寒假时间由导师妥善安排）
十六、校学位评定委员会议：1月9日
十七、教职工轮休：1月18日—2月15日
  （2月16日上班）

北京大学 2016—2017 学年校历

第二学期（2017.2.16—2017.7.11）

星期 周次	日月	一	二	三	四	五	六	日
1	二月	13	14	15	16	17	18	19
2		20/27	21/28	22	23	24	25	26
3	三月	6	7	1	2	3	4	5
4		13	14	8	9	10	11	12
5		20	21	15	16	17	18	19
6		27	28	22	23	24	25	26
7	四月	3	4	29	30	31	1/8	2/9
8		10	11	5	6	7	15	16
9		17	18	12	13	14	22	23
10		24	25	19	20	21	29	30
11	五月	1	2	26	27	28	6	7
12		8	9	3	4	5	13	14
13		15	16	10	11	12	20	21
14		22/29	23/30	24/31	25	26	27	28
15		5	6	17	18	19	3	4
16	六月	12	13	7	8	9	10	11
17		19	20	14	15	16	17	18
18		26	27	21	22	23	24	25
	七月	3	4	28	29	30	1/8	2/9
		10	11	5	6	7	14	15

第二学期

一、上课：2月20日
二、在校学生注册：
  2月20—24日
  深圳研究生院：2月20日、21日
三、全校中层干部大会：3月3日
  校本部运动会：4月21—23日、21日
四、本科生招生开放日：5月20日
  停课复习考试：
  校本部：6月12日—25日
  深圳研究生院：6月26日—7月9日
五、校庆：
  5月4日教职工上班、校本部停课
  5月4日教职工上班、校本部停课
六、停课复习考试：
  校本部：6月26日—7月9日
  医学部：6月26日—7月2日
七、学生暑假：
  校本部：6月26日开始
  医学部：7月10日开始
  深圳研究生院：7月3日开始
  （研究生暑假时间由导师妥善安排）
八、毕业典礼：6月26日—7月7日
九、办理离校手续：7月3—7日
  深圳研究生院：7月3—6日
十、校学位评定委员会议：6月30日
十一、校本部暑期学校：7月3日—8月4日
十二、教职工轮休：7月12日—8月23日
  （8月24日上班）
十三、2016级本科生军训：8月16—29日

清明节、劳动节、端午节放假按国务院办公厅公布2017年节假日安排
待国务院办公厅公布2017年节假日后另行通知

校本部、医学部上课时间：
第一节 08:00—08:50　第二节 09:00—09:50　第三节 10:10—11:00
第四节 11:10—12:00　第五节 13:00—13:50　第六节 14:00—14:50
第七节 15:10—16:00　第八节 16:10—17:00　第九节 17:10—18:00
第十节 18:40—19:30　第十一节 19:40—20:30　第十二节 20:40—21:30

深圳研究生院上课时间：
第一节 08:00—08:50　第二节 09:00—09:50　第三节 10:10—11:00
第四节 11:10—12:00　第五节 13:30—14:20　第六节 14:30—15:20
第七节 15:40—16:30　第八节 16:40—17:30　第九节 18:30—19:20
第十节 19:30—20:20　第十一节 20:30—21:20

北京大学2017—2018学年校历

第一学期（2017.8.24—2018.1.16）

周次	月\日 星期	一	二	三	四	五	六	日
	八月	21/28	22/29	23/30	24/31	25	26	27
1	九月	4	5	6	7	1	2	3
2		11	12	13	14	8	9	10
3		18	19	20	21	15	16	17
4		25	26	27	28	22	23	24
5	十月	2	3	4	5	29	30	1/8
6		9	10	11	12	6	7	15
7		16	17	18	19	13	14	22
8		23/30	24/31	25	26	20	21	29
9	十一月	6	7	1	2	27	28	5
10		13	14	8	9	3	4	12
11		20	21	15	16	10	11	19
12		27	28	22	23	17	18	26
13	十二月	4	5	29	30	24	25	3/10
14		11	12	6	7	1/8	2/9	17
15		18	19	13	14	15	16	24
16		25	26	20	21	22	23	31
17	2018年一月	1	2	27	28	29	30	7
18		8	9	3	4	5	6	14
		15	16	10	11	12	13	21
		22/29	23/30	17	18	19	20	28
				24/31	25	26	27	

第一学期

一、新生报到
　校本部、医学部：8月28日
　留学生：9月1—2日
二、新生体检和入学教育：9月3—10日
　本科新生训练营：9月3—5日
　深圳研究生院新生选课指导：8月29日—9月3日
　校本部本科生选课指导：9月7日
三、校本部开学典礼：9月8日
　新生开学典礼：9月8日
　本科新生和研究生：9月11日
　深圳研究生院新生开学典礼：9月4日
四、在校学生注册
　校本部：9月11—15日
　医学部：8月28日—9月1日
　深圳研究生院：9月4—5日
五、上课
　校本部：9月11日
　医学部：9月4日
　深圳研究生院：9月4日
六、国庆节
　9月30日、10月8日公休，课堂照常进行
　10月1—7日放假，全校停课
七、校学位评定委员会议：11月15日
八、奖教金、奖学金颁发典礼：12月1日
九、"新生'爱乐传习'"项目暨纪念"一二·九"运动师生歌会：12月9日
十、元旦
　常进行
　2018年1月1日放假
十一、停课复习考试
　校本部、医学部：1月2—14日
　深圳研究生院：1月15—21日
十二、校学位评定委员会会议：1月5日
十三、教职工代表大会年会：1月10日
十四、学生寒假
　校本部、医学部：1月15日—2月25日
　深圳研究生院：1月22日—2月25日（研究生寒假时间由导师妥善安排）
十五、教职工轮休
　校本部、医学部：1月17日—2月21日
　（2月22日上班）
　深圳研究生院：1月24日—2月21日
　（2月22日上班）

第二学期（2018.2.22—2018.7.17）

周次	月\日 星期	一	二	三	四	五	六	日
	二月	19/26	20/27	21/28	15	16	17	18
1	三月	5	6	7	22	23	24	25
2		12	13	14	1	2	3	4
3		19	20	21	8	9	10	11
4		26	27	28	15	16	17	18
5	四月	2	3	4	22	23	24	25
6		9	10	11	29	30	31	1/8
7		16	17	18	5	6	7	15
8	五月	23/30	24/31	25	12	13	14	22
9		7	8	9	19	20	21	29
10		14	15	16	26	27	28	13
11		21/28	22/29	23/30	3	4	5	20
12	六月	4	5	6	10	11	12	27
13		11	12	13	17	18	19	3
14		18	19	20	24/31	25	26	10
15	七月	25	26	27	7	1	2	17
16		2	3	4	14	8	9	24
17		9	10	11	5	15	16	1/8
18		16	17	18	12	13	14	15
					19	20	21	22

第二学期

一、上课：2月26日
二、在校学生注册
　校本部、医学部：2月26—27日
　深圳研究生院：2月26日—3月2日
三、校本部运动会：4月20—22日，校本部教职工上班，校本部停课
四、本科生招生开放日：5月19日
五、校庆：5月4日教职工上班，校本部停课
六、停课复习考试
　校本部：6月18日—7月1日
　医学部：7月2—15日
　深圳研究生院：7月2—8日
七、校学位评定委员会会议：7月6日
八、学生暑假
　校本部：7月2日开始
　医学部：7月16日开始
　深圳研究生院：7月9日开始（研究生暑假时间由导师妥善安排）
九、毕业教育：7月2—13日
　办理离校手续：7月9—13日
　校本部毕业典礼：7月10—11日
　毕业典礼：7月7日
　深圳研究生院毕业学校：7月9日—7月10日
十一、校本部暑期学校：7月9日—8月10日
十二、教职工轮休
　校本部、医学部：7月18日—8月22日
　（8月23日上班）
　深圳研究生院：7月18日—8月19日
　（8月20日上班）
十三、2017级本科生军训：8月16—29日

清明节、劳动节、端午节放假安排按待国务院办公厅公布2018年节假日安排后另行通知

校本部、医学部上课时间
第一节 08:00—8:50　第二节 09:00—9:50　第三节 10:10—11:00
第四节 11:10—12:00　第五节 13:00—13:50　第六节 14:00—14:50
第七节 15:10—16:00　第八节 16:10—17:00　第九节 17:10—18:00
第十节 18:40—19:30　第十一节 19:40—20:30　第十三节 20:40—21:30

深圳研究生院上课时间
第一节 08:00—8:50　第二节 09:00—9:50　第三节 10:10—11:00
第四节 11:10—12:00　第五节 13:30—14:20　第六节 14:30—15:20
第七节 15:40—16:30　第八节 16:40—17:30　第九节 18:30—19:20
第十节 19:30—20:20　第十一节 20:30—21:20